Einband: Werkstatt für creative Computeranwendungen Bringmann, Lohfelden
Graphische Gestaltung: MMM, Köln
Druck: Westermann Druck, Zwickau
Fotos: Pressebilderdienst Horst Müller, Düsseldorf
Archiv AGON-Sportverlag
Panini

ISBN 3-89784-215-7

BUNDESLIGA-ALMANACH

Ein Handbuch für Fans

AGON
Sportverlag

INHALT

INHALT

DIE VEREINE

Von Aachen bis Zwickau

Vom strahlenden Meister und souveränen Titelverteidiger über die im tristen Mittelmaß daherdümpelnde graue Maus bis hin zur Eintagsfliege in der Zweiten Liga - auf den folgenden Seiten sind alle Vereine, die zwischen 1963 und 2001 in deutschen Bundesligen um Punkte, Tore, Meisterschaften oder auch Nichtabstiegsplätze kämpften, verewigt.

ALEMANNIA AACHEN

(Aachener Turn- und Sportverein Alemannia 1900 e.V.)

Gründung: 16. Dezember 1900
Farben: Schwarz-Gelb
Stadion: Tivoli (Kapazität: 22.500)

Krefelder Str. 187, 52070 Aachen
Tel: 0241-938400, Fax: 0241-9384010
www.alemannia-aachen.de

	Liga	Platz	Punkte	Tore	Zuschauer
	(63-67: RL West)				
67/68	BL	**11.**	34:34	52:66	16.891
68/69	BL	**2.**	38:30	57:51	16.290
69/70	BL	**18.**	17:51	31:83	15.873
	(70-74: RL West)				
74/75	2.BL	**15.**	30:46	57:71	5.807
75/76	2.BL	**12.**	36:40	45:53	4.897
76/77	2.BL	**7.**	43:33	69:56	6.362
77/78	2.BL	**14.**	34:42	51:62	5.033
78/79	2.BL	**7.**	40:36	54:47	6.016
79/80	2.BL	**7.**	41:35	59:56	7.026
80/81	2.BL	**5.**	53:31	76:55	11.581
81/82	2.BL	**9.**	41:35	47:39	8.958
82/83	2.BL	**9.**	40:36	49:53	4.584
83/84	2.BL	**6.**	44:32	49:43	7.105
84/85	2.BL	**5.**	43:33	60:46	8.165
85/86	2.BL	**8.**	43:33	58:45	6.538
86/87	2.BL	**5.**	46:30	55:36	5.430
87/88	2.BL	**6.**	46:30	60:45	5.506
88/89	2.BL	**7.**	41:35	58:55	6.007
89/90	2.BL	**19.**	30:46	52:63	5.847
	(90-94: AOL Nordrhein)				
	(94-99: RL West/Südwest)				
99/00	2.BL	**8.**	46	46:54	16.483
00/01	2.BL	**10.**	46	42:60	11.628

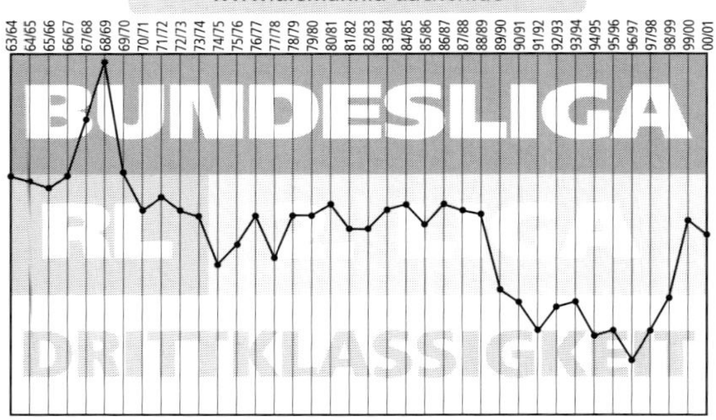

BUNDESLIGATRAINER
Michael Pfeifer (7/67-6/69)
Georg Stollenwerk (7/69-12/69)
Willibert Weth (12/69-6/70)

1. LIGA

Höchste Siege: 5:1 vs. Neunkirchen (3.2.68) (H)
4:1 in Nürnberg (17.8.68) (A)
Höchste Niederlagen: 0:4 vs. Bayern (19.8.67) (H)
0:6 bei 1860 (16.3.68) (A)

REKORDSPIELER		REKORDSCHÜTZEN	
Erwin Hermandung (67-70)	**98**	Erwin Hermandung (67-70)	**19**
Rolf Pawellek (67-70)	**93**	Heinz-Gerd Klostermann (67-69)	**16**
Josef Thelen (67-70)	**88**	Hans-Jürgen Ferdinand (67-68)	**14**
Josef Martinelli (67-70)	**84**	Roger Claessen (68-70)	**11**
Erwin Hoffmann (67-70)	**83**	Ion Ionescu (68-70)	**10**

2. LIGA

Höchste Siege: 8:1 vs. SW Essen (17.11.74) (H)
5:1 in Bielefeld (14.3.87) (A)
Höchste Niederlagen: 0:4 vs. Schalke (11.8.89) (H)
0:6 beim BVB (22.2.75) (A)

REKORDSPIELER		REKORDSCHÜTZEN	
Jo Montanes (74-89)	**479**	Heinz-Josef Kehr (76-82)	**54**
Norbert Buschlinger (81-90)	**283**	Hubert Clute-Simon (78-82)	**52**
Johannes Kau (76-90)	**219**	Theo Gries (85-89)	**47**
Helmut Balke (77-83)	**195**	Winfried Stradt (78-81)	**38**
Rolf Kucharski (74-80)	**191**	Gernot Ruof (84-87	**38**
Fred Jansen (75-84)	**187**	Rolf Kucharski (74-80)	**37**
Dietmar Grabotin (79-84)	**181**	Günter Delzepich (84-90)	**30**
Günter Delzepich (84-90)	**179**	Andreas Brandts (84-89)	**27**
Helmut Schütt (74-84)	**170**	Helmut Rombach (82-90)	**27**
Willi Reuter (74-79)	**159**	Wayne Thomas (80-84)	**24**

Als im August '63 die erste Bundesliga-Saison angepfiffen wurde, war man in Aachen sauer, da nicht dabei. Der größte Verein im Westen fühlte sich vom Ausschuss, der über die Auswahl der Klubs zu entscheiden hatte und dem mit Franz Kremer der Präsident des Rivalen 1.FC Köln angehörte, verschaukelt. Derart verärgert, mischten die Alemannen in den Folgejahren gehörig die neue Regionalliga West auf und stießen 1965 bis ins Pokalfinale gegen den BVB vor, schafften es aber erst im dritten Aufstiegsrundenanlauf, sich für das Oberhaus zu qualifizieren. Dort sorgte die durch den »Uru« Troche spektakulär verstärkte Pfeifer-Elf vor allem auf heimischem Geläuf für Furore und verlor in der Saison 67/68 auf dem Tivoli nur ein einziges Spiel - dieses freilich gleich zum Auftakt mit 0:4 gegen die Bayern. Im nächsten Jahr verlor das enge Stadion zwar einiges von seinem Schrecken, dafür hielten sich die »Kartoffelkäfer« aber auf des Gegners Platz schadlos und wurden am Ende gar sensationell Vize-Meister. Herausragende Spieler dieser Tage waren Keeper Prokop, Hermandung und Martinelli im Mittelfeld, die Stürmer Ferdinand und Klostermann sowie der Belgier Claessen und der Rumäne Ionescu - für letztere musste der Klub damals außerordentlich tief in die Tasche greifen.

Doch 1970 stieg der gefeierte Vize sang- und klanglos ab und schaffte es weder in den 70ern noch in den 80ern, an diese »Goldenen Jahre« anzuknüpfen. Während sich am Tivoli die Trainer die Klinke in die Hand gaben, spielte Alemannia zwar oft oben mit, versagte jedoch stets, wenn es darauf ankam. Im Mai '90 stieg der mittlerweile mit rund zwei Millionen DM verschuldete Klub gar ab und fristete neun Jahre lang ein wenig erquickliches Drittligadasein. Erst unter der Regie von Werner Fuchs (der kurze Zeit später leider verstarb) gelang den Schwarz-Gelben der Wiederaufstieg. Und dann dauerte es auch gar nicht mehr so lange, bis sich die Zweite Liga wieder an die Alemannia und den Tivoli gewöhnt hatte.

LR AHLEN

(Leichtathletik Rasensport Ahlen e.V.)

Gründung: 1. Juni 1996 (Fusion)
Farben: Rot-Weiß
Stadion: Wersestadion (11.000)

August-Kirchner-Str. 14, 59229 Ahlen
Tel: 02382-701358, Fax: 02382-701357
www.lrahlen.de

	Liga	Platz	Punkte	Tore	Zuschauer
als TuS Ahlen					
(63-66: LL Westfalen-Mitte)					
(66-79: VL Westfalen)					
(79-94: nicht erfasst)					
(94/95: VL Westfalen)					
(95/96: OL Westfalen)					
(96-00: RL West/Südwest)					
00/01	2.BL	**6.**	54	61:53	6.384

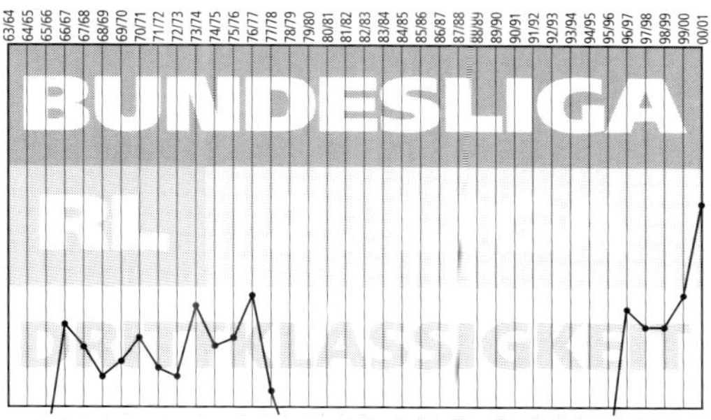

Um ein Haar wäre der ebenso erstaunliche wie kometenhafte Aufstiegszug des LR Ahlen erst in der Bundesliga zum Stehen gekommen, aber das wäre des Guten dann doch vielleicht ein bisserl zu viel gewesen. In nur fünf Jahren hatten Präsident und Hauptsponsor Helmut Spikker sowie Trainer Joachim Krug den darbenden TuS Ahlen (mit ein paar Handvoll Dollar) von der Bezirks- in die Regionalliga geführt. 1996 dann die Fusion mit Lokalrivalen Blau-Weiß und die von Spikkers Firma »LR International« inspirierte Umbenennung, und nach vier Jahren »Stagnation« gelang mit Trainer Tenhagen der Aufstieg in Liga Zwei. Dessen Nachfolger Neururer hätte die mit Routiniers gespickte Truppe um ein Haar ins Oberhaus geführt. Aber was nicht ist, kann ja noch kommen...

2. LIGA

Höchste Siege: 5:2 vs. Chemnitz (7.4.01) (H)
3:0 in Mannheim (11.2.01) (A)
Höchste Niederlagen: 3:6 vs. St. Pauli (12.8.00) (H)
1:5 in Reutlingen (16.9.00) (A)

REKORDSPIELER		REKORDSCHÜTZEN	
Dirk Langerbein (00-01)	**34**	Marcus Feinbier (00-01)	**13**
Marcus Feinbier (00-01)	**32**	Marc Arnold (00-01)	**11**
Stefan Fengler (00-01)	**32**	Cyrille Florent Bella (00-01)	**11**
Andreas Zimmermann (00-01)	**30**	Zeljko Sopic (00-01)	**5**
R. Daschner, M. Hamann (00-01)	**28**	D. Schuster, H. Spörl (00)	**3**

VIKTORIA ASCHAFFENBURG

(Sportverein Viktoria 1901 e.V. Aschaffenburg)

Gründung: 6. August 1901
Farben: Blau-Weiß
Stadion: Stadion am Schönbusch (9.000)

Postfach 110314, 63719 Aschaffenburg
Tel: 06021-88828, Fax: 06021-88102

	Liga	Platz	Punkte	Tore	Zuschauer
(63/64: AL Hessen)					
(64/65: LL Hessen)					
(65-70: AL Hessen)					
(70/71: RL Süd)					
(71-78: Al Hessen)					
(78-85: AOL Hessen)					
85/86	2.BL	**13.**	35:41	57:59	5.076
86/87	2.BL	**18.**	24:52	46:71	3.842
(87-88: AOL Hessen)					
88/89	2.BL	**18.**	34:42	47:60	4.667
(89-93: AOL Hessen)					
(93/94: LL Hessen-Süd)					
(94-01: OL Hessen)					

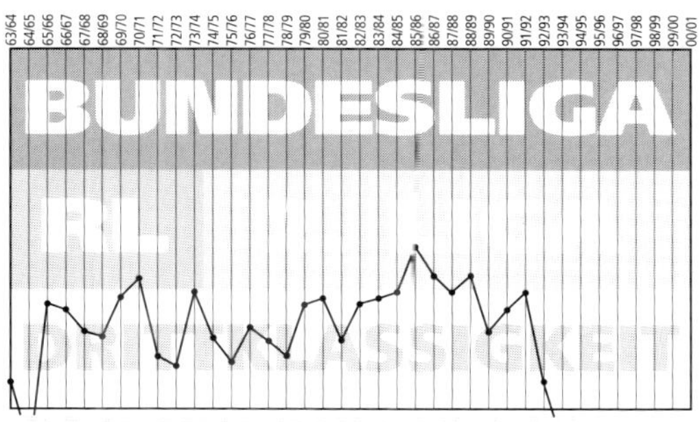

Früher, ja früher einmal, da war Aschaffenburg eine große, naja, eine halbwegs große Nummer im deutschen Fußball. Zehn Jahre lang, bis 1960, hielt sich die Viktoria in der höchsten Spielklasse, dann aber ging es erst mal nur noch in eine Richtung: abwärts. Bis in die Mitte der 80er Jahre hinein kickte man im Schatten der hessischen Konkurrenz, dann führte Kurt Geinzer die Blau-Weißen in die Zweite Liga. Mit elf Heimsiegen brachte der Neuling den Klassenerhalt erstaunlich souverän unter Dach und Fach. Im Folgejahr startete Viktoria zwar mit einem spektakulären 4:1 in Kassel, doch am Ende mussten die Mainfranken, die ihren Torjäger und Publikumsliebling Cezary Tobollik verloren, in den Abstiegsapfel beißen. Zwei Jahre später versuchte man es noch einmal mit einem durch eine Handvoll Altstars (Rudi Bommer, Holger Friz, Klaus Theiss) aufgemotzten Kader - vergeblich. Wieder langte es nur zum 18. Platz. Die Zweite Liga schien für Aschaffenburg eine Nummer zu groß zu sein. 1992 erreichte die Viktoria noch einmal die Aufstiegsrunde zur Zweiten Liga, scheiterte aber nach gutem Start an Unterhaching und Reutlingen.Rudi Bommer verließ Aschaffenburg in Richtung (Eintracht) Frankfurt, und ein Jahr später war man in der Landesliga gelandet. Zwar gelang der sofortige Wiederaufstieg in die neue Hessenliga, doch ans Tor zur Drittklassigkeit klopfte man seitdem zu zaghaft. Stets lagen zwei, drei andere Vereine vor der Viktoria. Zuletzt waren es sogar sogar neun.

2. LIGA

Höchste Siege: 6:0 vs. Saarbrücken (16.5.87) (H)
4:1 bei Hessen Kassel (26.7.86) (A)
Höchste Niederlagen: 1:6 vs. Fort. Köln (6.11.88) (H)
1:5 bei RW Essen (27.9.86) (A)

REKORDSPIELER		REKORDSCHÜTZEN	
Hans-Peter Knecht (85-89)	**97**	Hans-Peter Knecht (85-89)	**29**
Ingo Aulbach (85-89)	**92**	Cezary Tobollik (85-86)	**18**
Peter Löhr (85-89)	**84**	Ralf Haub (88-89)	**16**
Markus Schäfer (85-89)	**80**	Dieter Lindenau (85-89)	**15**
L. Kramer, D. Lindenau (85-89)	**78**	Radomir Dubovina (85-87)	**13**

FC AUGSBURG

(Fußball-Club Augsburg e.V.)

Gründung: 1. Juli 1969 (Fusion)
Farben: Rot-Grün-Weiß
Stadion: Rosenaustadion (32.354)

Donauwörther Str. 170, 86154 Augsburg
Tel: 0821-411880, Fax: 0821-415312
www.fcaugsburg.de

	Liga	Platz	Punkte	Tore	Zuschauer
(69-73: AL Bayern)					
(73/74: RL Süd)					
74/75	2.BL	**12.**	37:39	61:63	11.060
75/76	2.BL	**15.**	32:44	57:56	8.522
76/77	2.BL	**9.**	40:36	72:73	9.014
77/78	2.BL	**14.**	34:42	57:54	4.216
78/79	2.BL	**18.**	28:48	55:89	4.142
(79/80: AOL Bayern)					
80/81	2.BL	**18.**	24:52	55:88	2.553
(81/82: AOL Bayern)					
82/83	2.BL	**17.**	32:44	32:54	3.369
(83-94: AOL Bayern)					
(94-00: RL Süd)					
(00/01: OL Bayern)					

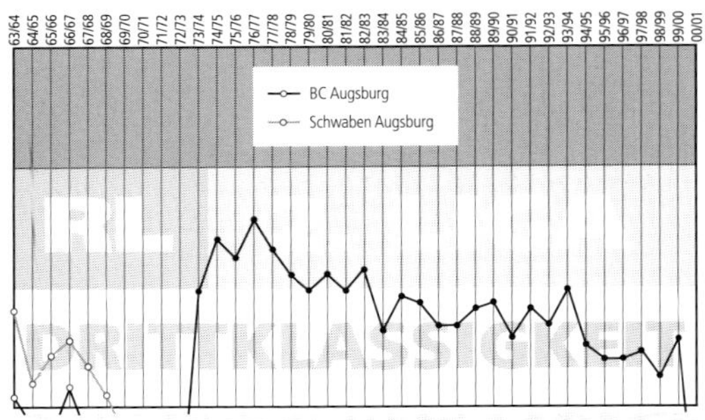

2. LIGA

Höchste Siege: 8:0 vs. Pirmasens (27.5.78) (H)
6:2 bei Eintr. Trier (5.12.76) (A)
Höchste Niederlagen: 1:4 vs. VfB Stuttgart (24.9.76) (H)
0:7 bei Fort. Köln (30.4.83) (A)

REKORDSPIELER		REKORDSCHÜTZEN	
Georg Beichle (76-79)	**184**	Georg Beichle (76-79)	**63**
Hans Jörg (74-81)	**181**	Hans Jörg (74-81)	**52**
Wolfgang Haug (74-78)	**150**	Wilhelm Hoffmann (74-77)	**33**
Heinz Michallik (74-78)	**113**	Klaus Vöhringer (74-77)	**26**
Claus Brandmair (74-83)	**99**	Harald Aumeier (76-78)	**20**

Es ist schon ein Jammer: Da bringt der Augsburger Fußball Jahr für Jahr begnadete Kicker hervor (von Robert Birner und Helmut Haller über Bernd Schuster und Kalle Riedle bis hin zu Darius Kampa reicht die Galerie), doch im Ligageschehen hat es nie zu einem Plätzchen an der Sonne gereicht. Ein einziges Mal waren die Rot-Grün-Weißen ganz nah dran: Als Aufsteiger wurde der Teilfusionsklub 1973/74 mit Italien-Rückkehrer Haller sensationell Meister der Regionalliga Süd - und verfehlte die Bundesliga in der fälligen Aufstiegsrunde um ein einziges Pünktchen. In der Zweiten Liga Süd kamen die Augsburger dann trotz teilweise namhafter Trainer (Max Merkel, Werner Olk) nie über die Rolle des Mitläufers heraus, als beste Platzierung war lediglich ein neunter Rang drin.

Der letzte größere sportliche Erfolg datiert aus der Saison 93/94, als der FCA nach zwölfjähriger Pause zum sechsten Mal Meister der Bayernliga wurde - für mehr reichte es dann allerdings nicht: In der Aufstiegsrunde landete man weit abgeschlagen hinter Düsseldorf, Braunschweig und Paderborn. In der Regionalliga hielten sich die Kicker von der Wertach zumeist im gesicherten Mittelfeld auf, schafften in der Saison 99/00 auch die sportliche Qualifikation für die neue Regionalliga Süd, doch dann folgte der Schock: Der DFB verweigerte den Augsburgern, bei denen kurz zuvor der Hauptsponsor abgesprungen war, aufgrund »fehlender wirtschaftlicher Leistungsfähigkeit« die Lizenz. Damit war der Klub erstmals in seiner langen und abwechslungsreichen Geschichte in die Viertklassigkeit abgerutscht.

BABELSBERG 03

(Sportverein Babelsberg 1903 e.V.)

Gründung: 10. Dezember 1991 (1903)
Farben: Blau-Weiß
Stadion: Karl-Liebknecht-Stadion (14.490)

Karl-Liebknecht-Str. 35, 14482 Potsdam
Tel: 0331-705800, Fax: 0331-705803
www.svbabelsberg03.de

Liga	Platz	Punkte	Tore	Zuschauer
(63-65: Bezirksliga Potsdam)				
(65-68: DDR-Liga, Staffel Nord)				
(68-71: Bezirksliga Potsdam)				
(71/72: DDR-Liga, Staffel B)				
(72/73: Bezirksliga Potsdam)				
(73-80: DDR-Liga, Staffel B)				
(80/81: Bezirksliga Potsdam)				
(81-89: DDR-Liga, Staffel B)				
(89-91: Bezirksliga Potsdam)				
(91/92: Bezirksliga)				
(92/93: LL Brandenburg-Süd)				
(93-96: VL Brandenburg)				
(96/97: OL Nordost-Nord)				
(97-00: RL Nordost)				
(00/01: RL Nord)				

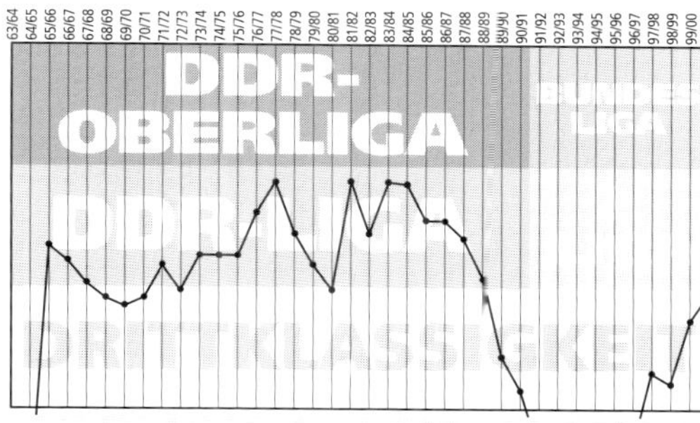

In den 60er Jahren handelte es sich bei Rotation bzw. Motor Babelsberg, der aus dem 1903 entstandenen »SC Jugendkraft« hervorging, um einen waschechten Fahrstuhlklub. Erst Mitte der 70er hatte die Pendelei zwischen Bezirks- und DDR-Liga ein vorläufiges Ende, und Anfang der 80er wussten sich die Filmstädter sogar stets auf den vorderen Rängen zu platzieren - für die Oberliga reichte es indes nie. Kurz nach der Wende stiegen die Motor-Kicker dann wieder in die Bezirksliga Potsdam ab, traten aus dem Verein aus und riefen der Traditionslinie folgend wieder den SV Babelsberg 03 ins Leben. Allmählich arbeiteten sich die Nulldreier in die Verbandsliga vor, allmählich strömten nun auch wieder die Fans ins »Karli«. Sie sahen '96 und '97 zwei Meistersaisons in Folge, vier Jahre Regionalliga und konnten sich zuletzt an überaus gepflegtem Fußball ergötzen, mit dem es die Elf von Wundercoach Andreev gar in die Zweite Liga schaffte.

HSV BARMBEK-UHLENHORST

(Hamburger Sportverein Barmbek-Uhlenhorst 1923 e.V.)

Gründung: 15. Oktober 1923
Farben: Blau-Gelb
Stadion: Wilhelm-Rupprecht-Platz (6.000)

Steilhooper Str. 210a, 22307 Hamburg
Tel: 040-618608
www.hsv-bu.de

2. LIGA

Höchste Siege: 3:1 vs. Wolfsburg (15.3.75) (H)
(kein Auswärtssieg)
Höchste Niederlagen: 0:6 vs. St. Pauli (19.4.75) (H)
1:7 in Bielefeld (21.12.74) (A)

REKORDSPIELER		REKORDSCHÜTZEN	
Dietrich Siemering (74-75)	**38**	Ralf Kelm (74-75)	**8**
Uwe Dreyer (74-75)	**36**	Klaus Fock (74-75)	**6**
Helmut Sandmann (74-75)	**36**	Wolfgang Hagemann (74-75)	**6**
Viktor Eglitis (74-75)	**35**	Viktor Eglitis (74-75)	**5**
L. Hinrichs, M. Schenk (74-75)	**35**	Ulrich Schulz (74-75)	**5**

	Liga	Platz	Punkte	Tore	Zuschauer
(63/64: RL Nord)					
(64-66: AL Hamburg)					
(65-74: RL Nord)					
74/75	2.BL	20.	20:56	34:86	1.721
(75-81: AOL Nord)					
(81/82, 89-92, 99-01: VL Hamburg)					

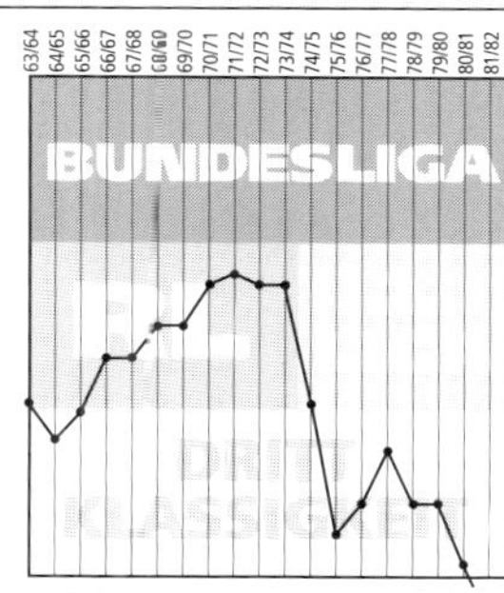

BU hat Fußball-Weltgeschichte geschrieben. Andy Brehme, WM-Held von 1990, erlernte nämlich das Fußball-1x1 bei den Blau-Gelben, bei denen Papa Brehme seit Urzeiten als Platzwart, Interimstrainer und Mädchen für alles tätig ist. Ansonsten fällt Barmbeks Eintrag in die Fußball-Historie eher kärglich aus. In den 70ern dank altgedienter HSV-Recken phasenweise Hamburgs Nummer 2, langte es 74/75 gar zum Einzug in die 2. Liga, wo es allerdings zur Bruchlandung kam. Immerhin gab es am Rothenbaum - damaliges Ausweichdomizil, da der BU-Platz keinen Zaun hatte - ein 1:0 über den BVB. Danach gab es nur noch wenig zu lachen an der Steilshooper Straße. Ein sportlicher und finanzieller Dauer-Tiefflug, den auch eine von Kulturgrößen wie Heino und Roberto Blanco bespielte Benefiz-Single nicht stoppen konnte, endete 1983 in der Bezirksliga. Erst Ende der 80er regenerierte sich BU und vergnügt sich heute in der Verbandsliga Hamburg.

KSV BAUNATAL

(Kultur- und Sportverein Baunatal e.V.)

Gründung: 13. April 1964 (Fusion)
Farben: Schwarz-Weiß
Stadion: Parkstadion (8.578)

Altenbaunaer Str. 45, 34225 Baunatal
Tel: 0561-493553, Fax: 0561-9491081
www.ksv-baunatal.de

	Liga	Platz	Punkte	Tore	Zuschauer
(70/71 + 72-74: OL Hessen)					
(71/72: LL Hessen-Nord)					
Hessen)					
(74-76: AL Hessen)					
76/77	2.BL	**15.**	33:43	64:82	6.115
77/78	2.BL	**16.**	34:42	55:80	2.981
78/79	2.BL	**19.**	26:50	49:67	3.258
(79-91: AOL Hessen)					
(91-94 + 95-99: LL Hessen-Nord)					
(94/95 + 95-99: OL Hessen)					

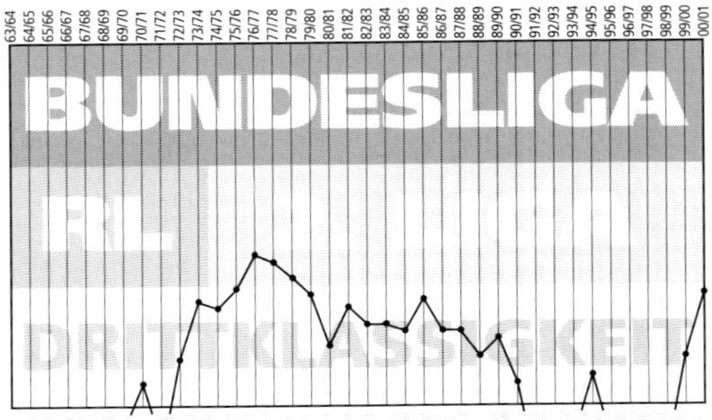

Die späten 70er Jahre stellten zweifelsfrei den Höhepunkt aller fußballerischen Bemühungen des KSV dar. In der Saison 75/76 setzte man sich souverän gegen die Konkurrenz aus Kassel und Bürstadt durch, was den Aufstieg in die Zwote Liga nach sich zog. Dort startete der KSV spektakulär und bezwang 1860 München mit 2:0. In dem Stil ging es freilich nicht weiter: Schneller, als jedem Neuling lieb sein kann, fanden sich die Hessen im Abstiegskampf wieder. Diesen wusste man zweimal mit Ach und Krach zu überstehen, dann aber erfolgte die Rückkehr in die Niederungen der Hessenliga, der man seitdem mit wenigen Ausnahmen und ohne größere Ambitionen treu blieb.

2. LIGA

Höchste Siege: 5:1 vs. Würzburg 04 (9.3.77) (H)
5:2 in Pirmasens (12.3.77) (A)
Höchste Niederlagen: 0:5 vs. VfB Stuttgart (8.5.77) (H)
0:7 in Offenbach (4.9.76) (A)

REKORDSPIELER		REKORDSCHÜTZEN	
Manfred Grawunder (76-79)	**105**	Erhard Hofeditz (76-78)	**24**
Peter Schüler (76-79)	**98**	Klaus Ganz (76-79)	**21**
Gerhard Reinbold (76-79)	**91**	Eckhard Deterding (77-78)	**14**
Hans-Dieter Diehl (76-79)	**90**	Herbert Maciossek (76-78)	**13**
Klaus Ganz (76-79)	**90**	Siegfried Bronnert (76-78)	**12**

SPVGG BAYREUTH

(Spielvereinigung Bayreuth 1921 e.V.)

Gründung: 23. Juli 1921
Farben: Schwarz-Gelb
Stadion: Städtisches Stadion Bayreuth (21.500)

Jakobstr. 33, 95447 Bayreuth
Tel: 0921-67787
www.spvgg-bayreuth.de

	Liga	Platz	Punkte	Tore	Zuschauer
(63-69 + 70/71: AL Bayern)					
(69/70 + 71-74: RL Süd)					
74/75	2.BL	**9.**	40:36	53:50	4.432
75/76	2.BL	**5.**	47:29	71:55	5.085
76/77	2.BL	**14.**	34:42	60:64	4.387
77/78	2.BL	**4.**	48:28	79:50	4.011
78/79	2.BL	**2.**	52:24	86:53	5.279
79/80	2.BL	**13.**	37:43	77:82	3.753
80/81	2.BL	**9.**	39:37	60:53	3.144
81/82	2.BL	**20.**	22:54	40:76	4.153
(82-85: AOL Bayern)					
85/86	2.BL	**18.**	31:45	40:73	1.559
(86/87: AOL Bayern)					
87/88	2.BL	**17.**	33:43	55:66	2.000
88/89	2.BL	**17.**	34:42	52:60	2.740
89/90	2.BL	**18.**	31:45	54:59	1.549
(90-94: AOL Bayern)					
(94-97 + 98/99: OL Bayern)					
(97/98 + 99-01: LL Bayern-Nord)					

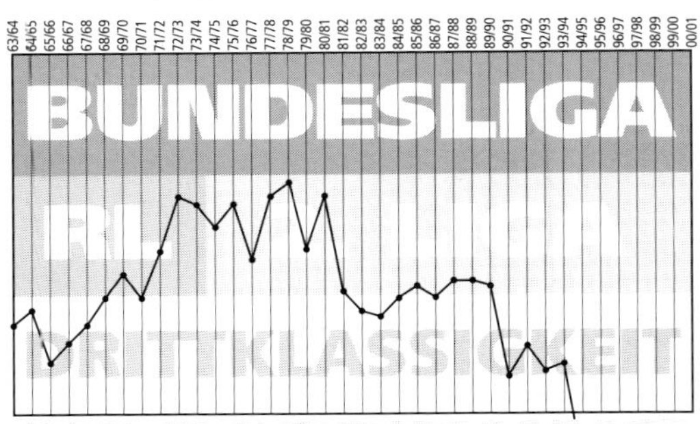

Übermäßig mit Ruhm bekleckert hat sich die SpVgg in den 90er Jahren ja nun nicht gerade. Es sind eher die 70er und 80er, in deren Glanz man sich heute noch sonnen könnte - hätte man nicht gerade andere Sorgen. In der Saison 70/71 waren die Gelb-Schwarzen zum dritten Mal Meister der

Bayernliga geworden - mit satten 15 Punkten Vorsprung auf den Zweiten (Weiden). Unter der Regie von Coach Jenö Vince etablierte sich Bayreuth in der Regionalliga und gehörte auch zu den sicher qualifizierten Gründungsmitgliedern der Zweiten Liga Süd. Mit dem österreichischen Torschützenkönig Wolfgang »Bobby« Breuer spektakulär verstärkt, hielten sich die Altstädter zunächst nicht nur aus dem dortigen Abstiegskampf heraus, sondern begannen, sich in den oberen Tabellenregionen umzutun. Ein erster Paukenschlag erfolgte in der Spielzeit 77/78: Mit dem neuen Trainer Heinz Elzner, der aus Hof gekommen war, holte die SpVgg erstaunliche 31:7 Punkte und ging als überlegener Herbstmeister in die Winterpause. In der Rückrunde brach das Team nach einer Reihe von Ausfällen aber ein, sodass letztlich nur ein vierte Platz heraussprang. Im nächsten Jahr lief es für die Gelb-Schwarzen dann freilich noch besser. Nach einem tollen Start und einer turbulenten Schlussphase beendete man die Serie einen Punkt hinter 1860 als Vizemeister - und verpasste den möglichen Aufstieg in die Bundesliga in den Entscheidungsspielen gegen Uerdingen (1:1, 1:2) nur denkbar knapp.

Wenige Monate später sorgte die SpVgg erneut für Schlagzeilen, als man den FC Bayern mit einem 1:0 aus dem DFB-Pokal kegelte. In der Liga hingegen lief es weniger erfreulich, mit dem Aufstieg hatten die Oberfranken vorerst nichts mehr zu tun. Sechs Jahre hielt man sich noch in der zweiten Liga, wobei man die letzten fünf Spielzeiten jeweils auf einem Abstiegsplatz beendete und zweimal vom Lizenzentzug eines Konkurrenten profitierte - mehr war mit den bescheidenen finanziellen Mitteln nicht drin. So fand das letzte große Fußballfest in Bayreuth bereits im Mai '87 statt, als die SpVgg zum fünften und vorerst letzten Mal Meister der Bayernliga wurde.

2. LIGA

Höchste Siege: 7:1 vs. Pirmasens (8.4.78) (H)
5:0 in Eppingen (9.11.80) (A)
Höchste Niederlagen: 0:6 vs. Hertha BSC (15.5.82) (H)
0:6 in Schalke (25.10.81) (A)

REKORDSPIELER		REKORDSCHÜTZEN	
Herbert Horn (74-82)	**285**	Uwe Sommerer (74-86)	**106**
Wolfgang Mahr (74-86)	**271**	Manfred Größler (74-82)	**76**
Harald Bleckert (74-82)	**265**	Wolfgang Breuer (74-82)	**58**
Manfred Größler (74-82)	**262**	Jörg Wolff (87-90)	**38**
Uwe Sommerer (74-86)	**256**	Klaus Brand (74-80)	**37**
Rüdiger Scheler (79-90)	**200**	Rüdiger Scheler (79-90)	**32**
Wolfgang Breuer (74-82)	**198**	Helmut Schmitz (79-82)	**29**
Klaus Brand (74-80)	**188**	Heinz Schneider (85-90)	**27**
Reinhard Brendel (75-86)	**187**	Herbert Horn (74-82)	**22**
Rolf Kaul (74-80)	**182**	Reinhard Brendel (75-86)	**21**

BLAU-WEISS 90 BERLIN

(Sportliche Vereinigung Blau-Weiß 1890 e.V. Berlin)

Gründung: 28. Juni 1992 (27. Juli 1927)
Farben: Blau-Weiß
Stadion: Sportplatz an der Rathausstraße (ca. 2.000)

Rathausstr. 10a, 12105 Berlin
Tel: 030-7065092, Fax: 030-7065093

TITEL
Deutscher Meister 1905 (als Union 92 Berlin)

	Liga	Platz	Punkte	Tore	Zuschauer
(63-74: RL Berlin)					
(74-78: AL Berlin)					
(78/79 + 81-83: LL Berlin)					
(79-81 + 83/84: AOL Berlin)					
84/85	2.BL	**7.**	39:37	66:56	3.522
85/86	2.BL	**2.**	47:29	76:48	10.653
86/87	BL	**18.**	18:50	36:76	21.284
87/88	2.BL	**7.**	43:33	65:48	4.520
88/89	2.BL	**8.**	41:35	56:54	6.820
89/90	2.BL	**9.**	37:39	46:52	3.798
90/91	2.BL	**6.**	44:32	55:42	2.355
91/92	2.BL	**4.**	30:34	41:50	2.539

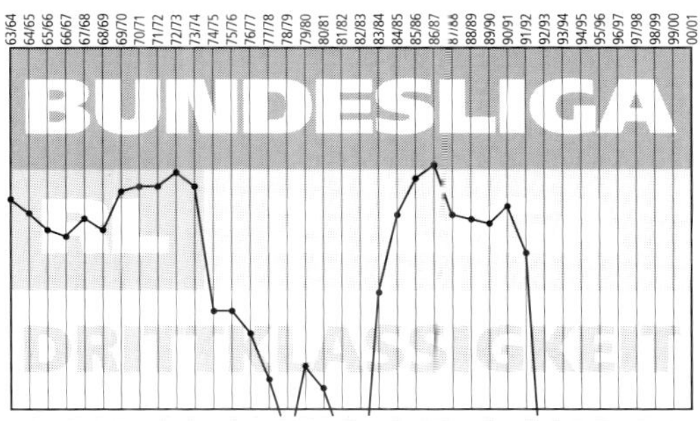

Das erste zarte Anklopferchen an die Pforte der Bundesliga unternahm der Berliner Traditionsverein, dessen unbestrittene Sternstunde von 1905 datiert, in der Saison 72/73, als die Blau-Weißen als Berliner Meister an der Aufstiegsrunde teilnahmen. Gegen Fortuna Köln, Mainz, St. Pauli und den KSC kam man allerdings nicht über die Rolle des Kanonenfutters heraus und landete abgeschlagen auf dem letzten Platz. Es blieb für einige Zeit der letzte Versuch, in höhe-

1. LIGA

Höchste Siege: 4:1 vs. Waldhof (10.6.87) (H)
3:1 in Frankfurt (24.4.87) (A)
Höchste Niederlagen: 1:4 vs. Bremen (6.9.86) (H)
0:7 beim BVB (26.9.86) (A)

REKORDSPIELER		REKORDSCHÜTZEN	
Karlheinz Riedle (86-87)	**34**	Karlheinz Riedle (86-87)	**10**
Manfred Hellmann (86-87)	**33**	Wolfgang Schüler (86-87)	**6**
Jörg Gaedke (86-87)	**32**	Egon Flad (86-87)	**5**
Egon Flad (86-87)	**30**	Bodo Mattern (86-87)	**5**
H. Feilzer, M. Schmidt (86-87)	**26**	D. Brefort, S. Dinauer, H. Feilzer	**2**

ren Klassen Fuß zu fassen: Die Mariendorfer stiegen bis in die Landesliga ab und spielten fortan nur noch die sechste bis achte Geige in Berlin. Doch ebenso rasch erfolgte dann der Aufstieg, an dem die Finanzspritzen eines vermögenden Fans nicht ganz unbeteiligt waren: 1983 wurde Blau-Weiß Meister der Landesliga, 1984 Meister der Oberliga, schaffte 1985 einen guten siebten Platz in der Zweiten und 1986 schließlich gar den Aufstieg in die Bundesliga. Und da Hertha und TeBe im selben Jahr den Zweitligalöffel abgeben mussten, waren die Mannen von Coach Bernd Hoss urplötzlich eindeutig die Nummer eins in Berlin. Dies jedoch nicht für allzulange, der Erstliga-Auftritt blieb eine Eintagsfliege. Die Blau-Weißen sorgten zwar gelegentlich für eine Überraschung, beendeten die Saison jedoch auf dem 18. Platz. Finanziell hatte sich das Abenteuer Bundesliga durchaus gelohnt, die Kassen waren nach dem guten Zuschauerzuspruch und dem Verkauf von Kalle Riedle nach Bremen gefüllt. Doch wen die Berliner auch holten, in der Nähe der Aufstiegsränge wurde Blau-Weiß nur noch selten gesehen. Die Ambitionen sanken, zudem taten sich nun immer größere Löcher in der Kasse auf. 1992 war dann endgültig Schicht: Die SpVgg Blau-Weiß 90 musste Konkurs anmelden. Nachfolgeverein SV Blau-Weiß 92 hat es mittlerweile immerhin schon wieder in die Landesliga geschafft.

BUNDESLIGATRAINER
Bernd Hoss (7/86-6/87)

2. LIGA

Höchste Siege: 6:0 vs. Remscheid (16.4.88) (H)
4:0 bei TeBe (16.11.85) (A)
Höchste Niederlagen: 2:7 vs. Düsseldorf (18.6.89) (H)
1:6 in Bayreuth (14.10.89) (A)

REKORDSPIELER		REKORDSCHÜTZEN	
Michael Schmidt (84-92)	**219**	Thorsten Schlumberger (87-92)	**44**
Thorsten Schlumberger (87-92)	**146**	Leo Bunk (84-86)	**40**
Jürgen Haller (84-90)	**141**	Thomas Adler (88-91)	**39**
Peter Stark (84-89)	**127**	Jörg Gaedke (84-89)	**32**
Stanislav Levy (88-92)	**125**	Stefan Dinauer (84-90)	**26**
Holger Gehrke (84-92)	**121**	Bodo Mattern (84-86)	**23**
Reinhard Mager (84-89)	**115**	René Deffke (89-92)	**17**
Stefan Dinauer (84-90)	**114**	Norbert Bebensee (84-86)	**13**
Jörg Gaedke (84-89)	**114**	Wolfgang Schüler (87-88)	**13**
Dirk Schlegel (87-90)	**107**	Manfred Hellmann (84-88)	**12**

HERTHA BSC BERLIN

(Berliner Sport-Club Hertha 1892 e.V.)

Gründung: 25. Juli 1892
Farben: Blau-Weiß
Stadion: Olympiastadion (76.243, im Umbau)

Hanns-Braun-Str., Friesenhaus II, 14053 Berlin
Tel: 030-3009280, Fax: 030-30092899
www.herthabsc.de

TITEL
Deutscher Meister 1930 und 1931
DFB-Liga-Pokal 2001

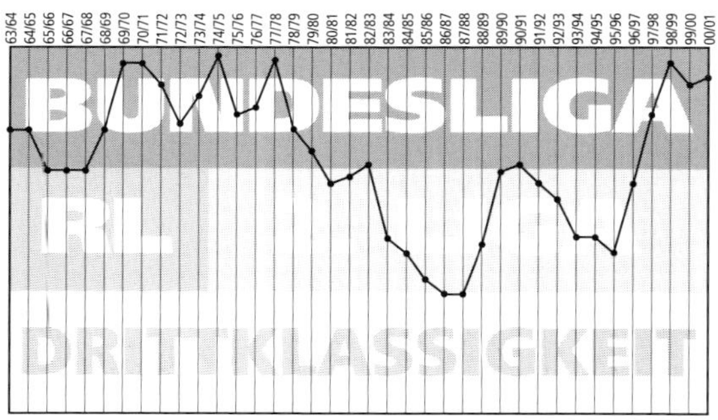

Das Kapitel Bundesliga gestaltete sich für die Hertha anfangs nicht eben allzu ruhmreich: Schon bei den letzten Endrunden um die »Deutsche« hatte der Berliner Meister nicht gerade den stärksten Eindruck hinterlassen, und diesen Eindruck wussten die Herthaner in den ersten beiden Spielzeiten zu bestätigen. Zwei 14. Plätze sprangen da heraus, fast permanent steckte Hertha im Abstiegskampf - erstklassig waren in Berlin allein die teilweise atemberaubenden Zuschauerzahlen. Und die Gehälter. 1965 bekam der DFB Wind von den in Berlin gängigen Finanzsitten und verurteilte den Klub zum Abstieg in die Regionalliga. Zwar hatten auch andere Bundesligisten gegen den einen oder anderen oder auch gleich alle Statuten verstoßen, doch die Hertha-Offiziellen waren als Einzige so ungeschickt, sich dabei erwischen zu lassen.

Drei Jahre und zwei gescheiterte Aufstiegsrunden später kehrte Hertha ins Oberhaus zurück. Die ausgehungerten Berliner Fußballfreunde, die in der Zwischenzeit von Tasmania nicht eben übermäßig verwöhnt worden waren, belohnten die sportliche Renaissance mit einem wahren Ansturm. Im September 1969 - Hertha mischte endlich oben mit - sahen (offiziell) handgestoppte 88.075 Fans im Olympiastadion das 1:0 gegen den 1.FC Köln. Doch kaum schickten sich die Herthaner an, mit solch begnadeten Kickern wie Varga, Gayer, Horr, Steffenhagen und Brungs zur nationalen Spitze aufzusteigen, schlitterten sie in die nächste Krise, die durch den Bundesligaskandal ausgelöst wurde. Da die »alte Dame« bis zum Hals in dem Bestechungssumpf steckte, sich nachweislich hatte kaufen lassen, wurden nach und nach insgesamt 15 Spieler gesperrt - was natürlich einen sportlichen Abschwung mit sich brachte. Erst unter der Regie von »Sir« Georg Keßler blühte die hoch verschuldete Hertha wieder auf und erlebte mit Kickern wie Uwe Kliemann, Kurt und Luggi Müller, Wolfgang Sidka, Erwin Kostedde und natürlich Erich Beer eine echte Glanzzeit. In der Spielzeit 74/75 wurde das homogene und und für seine Heimstärke bekannte Ensemble hinter den überragenden Gladbachern Vizemeister. Dieser Erfolg konnte in den Folgejahren freilich nicht bestätigt werden, zwar erreichte Hertha zweimal das Endspiel um den DFB-Pokal und 1979 auch das UEFA-Cup-Halbfinale gegen Roter Stern Belgrad (0:1, 1:2), doch in der Bundesliga ging es stetig abwärts. Ein Jahr nach dem Bravourstück auf internationaler Ebene stiegen die Berliner in die Zweite Liga ab, wobei zum Klassenerhalt am Ende gerade einmal zwei Törchen fehlten. Der Wiederaufstieg gelang erst im zweiten Anlauf und blieb 82/83 auch nur ein einjähriges Intermezzo, ein Aufflackern alter Berliner Herrlichkeit, ein kurzes Revival einer alten Fußballmacht, an der die Zeichen der Zeit nicht spurlos vorübergegangen waren. Doch war das Ende der Fahnenstange noch nicht erreicht, nach einer katastrophalen Saison stieg Hertha 1986 gemeinsam mit TeBe in die Oberliga ab - das erbärmliche Gekicke tun sich durchschnittlich nur noch 5.000 Zuschauer an. Zwei Jahre dauert das unerquickliche Gastspiel im Amateurbereich, und nach einer Konsolidierungssaison schafft Hertha BSC Berlin ausgerechnet im Jahr des Mauerfalls die Rückkehr in die Bundesliga, die abermals einen Zuschauerboom auslöst. Mit der sportlichen Qualifikation ist es jedoch (noch) nicht allzuweit her: Nach nur einem Jahr steigen die Hauptstädter wieder ab, und zwar reichlich sang- und klanglos. In den kommenden Jahren machte Hertha dann eher durch auffallend häufigen Wechsel des leitenden Personals als durch bahnbrechende fußballerische Darbietungen auf sich aufmerksam, zudem sah es um die Finanzlage immer mieser aus - Mitte der 90er Jahre fehlten dem Verein um die zehn Mio. Mark. Als Glücksgriff erwies sich Anfang '96 die Verpflichtung von Trainer Jürgen Röber, der Hertha nicht nur vor dem abermaligen Sturz in die Drittklassigkeit bewahrte, sondern ein Jahr später in die Bundesliga führte und dort dauerhaft etablierte.

Mittlerweile gehört der Verein wieder zur nationalen Spitze, erreichte in der Saison 98/99 den dritten Platz, als Folge dessen die Champions League und in dieser sogar die Zwischenrunde. Nun ist die durch viele Ufa-Millionen aufgepäppelte Hertha also endlich da, wo sie nach ihrer Ansicht schon lange hingehört. Fehlen eigentlich nur noch ein paar Titel.

BUNDESLIGATRAINER

Josef Schneider (7/63-3/65)
Gerhard Schulte (3/65-6/65)
Helmut Kronsbein (7/68-3/74)
Hans Eder (3/74-6/74)
Georg Kessler (7/74-6/77)
Kuno Klötzer (7/77-10/79)
Hans Eder (10/79-12/79)
Helmut Kronsbein (12/79-6/80)
Georg Gawliczek (7/82-6/83)
Werner Fuchs (7/90-11/90)
Pal Csernai (11/90-3/91)
Peter Neururer (3/91-5/91)
Karsten Heine (5/91-6/91)
Jürgen Röber (7/97-...)

	Liga	Platz	Punkte	Tore	Zuschauer
63/64	BL	**14.**	24:36	45:65	34.606
64/65	BL	**14.**	25:35	40:62	36.781
		(65-68: RL Berlin)			
68/69	BL	**14.**	32:36	31:39	42.843
69/70	BL	**3.**	45:23	67:41	41.675
70/71	BL	**3.**	41:27	61:43	43.833
71/72	BL	**6.**	37:31	46:55	23.793
72/73	BL	**13.**	30:38	53:64	24.417
73/74	BL	**8.**	33:35	56:60	28.803
74/75	BL	**2.**	44:24	61:43	36.955
75/76	BL	**11.**	32:36	59:61	23.717
76/77	BL	**10.**	34:34	55:54	25.384
77/78	BL	**3.**	40:28	59:48	25.515
78/79	BL	**14.**	29:39	40:50	16.655
79/80	BL	**16.**	29:39	41:61	23.457
80/81	2.BL	**3.**	64:20	123:42	20.062
81/82	2.BL	**2.**	48:28	84:47	18.789
82/83	BL	**18.**	20:48	43:67	22.624
83/84	2.BL	**11.**	37:39	64:57	7.658
84/85	2.BL	**14.**	35:41	50:59	7.409
85/86	2.BL	**17.**	31:45	50:62	5.064
		(86-88: AOL Berlin)			
88/89	2.BL	**13.**	36:40	45:44	8.073
89/90	2.BL	**1.**	53:23	65:39	13.016
90/91	BL	**18.**	14:54	37:84	15.479
91/92	2.BL	**3.**	35:29	46:61	7.970
92/93	2.BL	**5.**	53:39	82:55	6.522
93/94	2.BL	**11.**	37:39	48:42	7.820
94/95	2.BL	**11.**	32:36	41:45	7.101
95/96	2.BL	**14.**	42	37:35	7.368
96/97	2.BL	**3.**	58	58:38	17.820
97/98	BL	**11.**	43	41:53	53.069
98/99	BL	**3.**	62	59:32	51.250
99/00	BL	**6.**	50	39:46	46.083
00/01	BL	**5.**	56	58:52	38.731

1. LIGA

Höchste Siege: 9:1 vs. BVB (18.4.70) (H)
5:0 in Frankfurt (28.1.78) (A)
Höchste Niederlagen: 0:6 vs. HSV (5.4.80) (H)
0:6 in Bremen (5.4.91) (A)

REKORDSPIELER		**REKORDSCHÜTZEN**	
Michael Sziedat (71-80)	**280**	Erich Beer (71-79)	**83**
Holger Brück (72-80)	**261**	Lorenz Horr (69-77)	**75**
Erich Beer (71-79)	**253**	Michael Preetz (97-01)	**65**
Lorenz Horr (69-77)	**240**	Karl-Heinz Granitza (76-79	**34**
Hanne Weiner (72-79)	**217**	Erwin Hermandung (71-77)	**34**
Erwin Hermandung (71-77)	**192**	Wolfgang Gayer (69-72)	**30**
Wolfgang Sidka (71-80)	**184**	Holger Brück (72-80)	**26**
Uwe Kliemann (74-80)	**168**	Arno Steffenhagen (68-72)	**26**
Gerd Grau (72-78)	**157**	Franz Brungs (68-71)	**24**
Arno Steffenhagen (68-72	**132**	Wolfgang Sidka (71-80)	**24**

2. LIGA

Höchste Siege: 8:0 vs. Wattenscheid (8.11.80) (H)
6:0 beim OSV Hannover (30.5.81) (A)
Höchste Niederlagen: 0:5 vs. Uerdingen (25.3.92) (H)
1:5 in Oberhausen (31.3.85) (A)

REKORDSPIELER		**REKORDSCHÜTZEN**	
Mike Lünsmann (88-96)	**188**	Theo Gries (88-94)	**68**
Theo Gries (88-94)	**148**	Thomas Remark (80-84)	**55**
Nico Kovac (91-96)	**148**	Werner Killmaier (80-84)	**49**
Walter Junghans (88-94)	**143**	Mike Lünsmann (88-96)	**40**
Dieter Timme (80-86)	**143**	Heikko Glöde (83-86)	**29**
Horst Ehrmantraut (80-85)	**140**	Jürgen Mohr (80-82)	**26**
Torsten Gowitzke (85-93)	**128**	Axel Kruse (89-97)	**22**
Edmund Stöhr (80-85)	**120**	Gregor Grillemeier (84-86)	**21**
Marco Zernicke (88-94)	**117**	Lothar Wesseler (80-82)	**19**
Gregor Quasten (80-84)	**113**	Basler (91-93), Demandt (92-94)	**17**

TASMANIA BERLIN

(Sport-Club Tasmania 1900 Berlin)

Emser Str. 86, 12051 Berlin
Tel: 030-6267848

Gründung: 9. Juni 1900 (3. Februar 1973)
Farben: Blau-Weiß
Stadion: Stadion Neukölln (6.000)

	Liga	Platz	Punkte	Tore	Zuschauer
(63-65: RL Berlin)					
65/66	BL	**18.**	8:60	15:108	19.400
(66-73: RL Berlin)					
als SV Tasmania 73 Berlin-Neukölln					
(81-91: AOL Berlin)					
(91-94, 96/97 + 99/00: VL Berlin)					
(94-96 + 00/01: LL Berlin)					
(97-99: OL Nordost-Nord)					

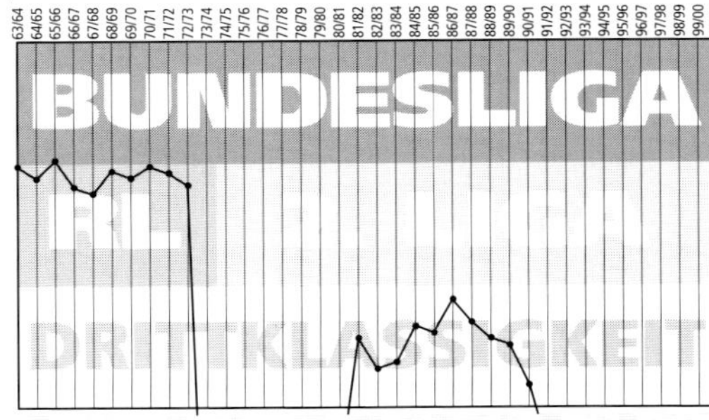

Als der DFB dem dreimaligen Berliner Meister, der 1963 die Bundesliga nur knapp verpasst hatte, zwei Jahre später aus (sport-)politischen Gründen einen Platz in selbiger anbot, griff man beherzt zu. Das Ergebnis ist bekannt, Tasmania stellte eine ganze Reihe von nach wie vor gültigen Negativrekorden auf. Finanziell überstand der Klub das Abenteuer Bundesliga eigentlich ganz gut, doch die späteren Wiederaufstiegsversuche gingen ins Geld. Bis 1972 erreichte Tasmania noch dreimal die Aufstiegsrunde zur Bundesliga, scheiterte dort aber jeweils ziemlich kläglich. Ein Jahr darauf war der Finanzofen dann vollends aus, wegen vergleichsweise lächerlicher 800.000 DM Schulden musste man Konkurs anmelden. Nachfolgeverein SV Tasmania '73 Berlin-Neukölln hat ebenfalls bereits wechselhafte Zeiten hinter sich, den sportlichen Höhepunkt stellte bislang 1987 der dritte Platz in der Oberliga dar.

1. LIGA

Höchste Siege: 2:0 vs. KSC (14.8.65) (H)
(kein Auswärtssieg)
Höchste Niederlagen: 0:9 vs. Duisburg (26.3.66) (H)
2:7 in Nürnberg (18.965) (A)

REKORDSPIELER		**REKORDSCHÜTZEN**	
Hans-Günter Becker (65-66)	**33**	Wulf-Ingo Usbeck (65-66)	**4**
Klaus Konieczka (65-66)	**30**	Lothar Zeh (65-66)	**3**
Horst Szymaniak (65-66)	**29**	Peter Engler (65-66)	**2**
Wulf-Ingo Usbeck (65-66)	**28**	Wolfgang Neumann (65-66)	**2**
Peter Engler (65-66)	**26**	Wolfgang Rosenfeldt (65-66)	**2**

BUNDESLIGATRAINER
Franz Linken (7/65-11/65)
Heinz-L. Schmidt (11/65-6/66)

TENNIS BORUSSIA BERLIN

(Berliner Tennis Club Borussia e.V.)

Gründung: 9. April 1902
Farben: Lila-Weiß
Stadion: Mommsenstadion (11.500)

Waldschulallee 34-42, 14055 Berlin
Tel: 030-3069610, Fax: 030-3029347
www.tebe.de

TITEL
Deutscher Amateurmeister 1988

	Liga	Platz	Punkte	Tore	Zuschauer
(63-74: RL Berlin)					
74/75	BL	**17.**	16:52	38:89	10.469
75/76	2.BL	**1.**	54:22	86:43	5.322
76/77	BL	**17.**	22:46	47:85	17.346
77/78	2.BL	**10.**	36:40	58:57	1.088
78/79	2.BL	**11.**	36:40	58:61	1.885
79/80	2.BL	**13.**	35:41	57:65	1.478
80/81	2.BL	**17.**	32:52	47:71	3.344
(81-85: AOL Berlin)					
85/86:	2.BL	**19.**	29:47	48:73	1.972
(86-91: AOL Berlin)					
(91-93: AOL Nordost-Nord)					
93/94	2.BL	**19.**	26:50	42:60	1.840
(94-98: RL Nordost)					
98/99:	2.BL	**6.**	54	47:39	3.730
99/00:	2.BL	**13.**	40	42:50	2.606
(00/01: RL Nord)					

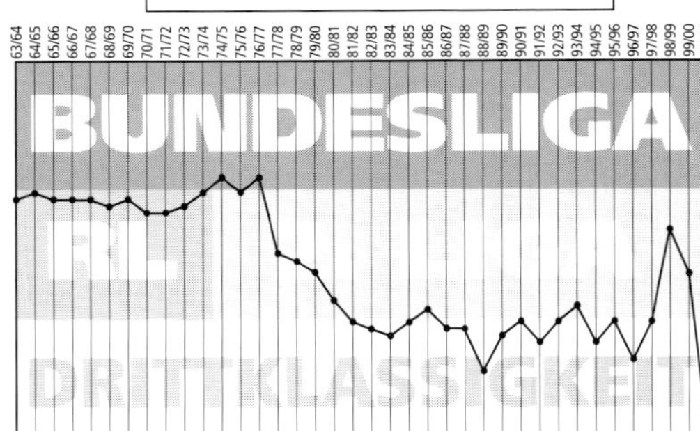

Nur selten vermochten die Tennis-Borussen der lokalen Konkurrenz den Rang abzulaufen, sowohl was die sportliche und finanzielle Seite angeht, vor allem aber, was den Zuspruch der Zuschauer anbelangt. Zwischen '63 und '74 wurden die »Veilchen« zweimal Meister der Regionalliga und nahmen fünfmal an der Aufstiegsrunde zur Bundesliga teil, bis es dann '74 endlich klappte und TeBe erstklassig war. Allein: Es interessierte kaum jemand. Nach einem Jahr und 16:52 Punkten war man wieder abgestiegen, und auch das zweite Gastspiel währte 76/77 nur eine Saison. TeBe versank im Mittelmaß, verpasste die Quali für die eingleisige Zweite und verließ die Oberliga trotz all der Trainer- und Spielerwechsel nur für zwei kurze Intermezzi - bis Mitte der 90er. Da nämlich stieg die »Göttinger Gruppe« als Sponsor bzw. Besitzer ein, sanierte den hoch verschuldeten Verein und kaufte Trainer Gerland einen Kader zusammen, der auch einem Bundesligisten gut zu Gesicht gestanden hätte. Mit 32 (!) Punkten Vorsprung marschierte TeBe in die Zweite Liga, die an und für sich nur eine Durchgangsstation sein sollte, aber vorerst zur Endstation geriet: Trainerwechsel, Abstieg, Lizenzentzug, noch mal Abstieg, Sponsorrückzug. Erstmals in seiner Geschichte ist TeBe viertklassig - aber immerhin gibt es den Klub noch.

BUNDESLIGATRAINER
Georg Gawliczek (7/74-6/75)
Rudi Gutendorf (7/76-6/77)

1. LIGA

Höchste Siege: 4:0 vs. Bremen (31.8.74) (H)
3:2 in Duisburg (21.3.75) (A)
Höchste Niederlagen: 1:5 vs. Duisburg (6.11.76) (H)
0:9 beim FC Bayern (10.9.76) (A)

REKORDSPIELER		REKORDSCHÜTZEN	
Jürgen Schulz (74-77)	**67**	Benny Wendt (76-77)	**20**
Ditmar Jakobs (74-77)	**63**	Norbert Stolzenburg (74-75)	**13**
Hans Sprenger (74-77)	**52**	Peter Geyer (74-75)	**6**
Hubert Birkenmeier (74-77)	**50**	Jürgen Rumor (74-75)	**6**
Karlheinz Subklewe (74-77)	**42**	Jürgen Schulz (74-77)	**6**

2. LIGA

Höchste Siege: 9:0 vs. Holstein Kiel (17.2.79) (H)
5:0 beim Spandauer SV (11.4.76) (A)
Höchste Niederlagen 0:4 vs. BW Berlin (16.11.85) (H)
1:6 bei Fort. Köln (20.3.76) (A)

REKORDSPIELER		REKORDSCHÜTZEN	
Jürgen Schulz (75-81)	**177**	Norbert Stolzenburg (75-81)	**76**
Norbert Stolzenburg (75-81)	**144**	Wolfgang Schilling (78-81)	**19**
Wolfgang Schilling (78-81)	**105**	Heinz-Josef Kehr (77-78)	**18**
Frank Marczewski (78-81)	**102**	Winfried Stradt (77-78)	**16**
Hans Sprenger (75-79)	**93**	Berkemeier, Bittlmayer, Ciric	**14**

1.FC UNION BERLIN

(1. Fußball-Club Union Berlin e.V.)

Gründung: 20. Januar 1966 (1906)
Farben: Rot-Weiß
Stadion: Alte Försterei (18.100)

Hämmerlingstr. 80-88, 12555 Berlin
Tel: 030-6566880, Fax: 030-65668866
www.fc-union-berlin.de

TITEL
DDR-Pokalsieger 1968

Liga Platz Punkte Tore Zuschauer

(63-66 + 69/70: DDR-Liga, Staffel Nord)
(66-69 + 70-73: OL der DDR)
(73-76: DDR-Liga, Staffel B)
(76-80 + 82-84: OL der DDR)
(80-82: DDR-Liga, Staffel B)
(84/85 + 89-91: DDR-Liga, Staffel A)
(85-89: OL der DDR)
(89-91: DDR-Liga, Staffel A)
(91-94: AOL Nordost-Mitte)
(94-00: RL Nordost)
(00/01: RL Nord)

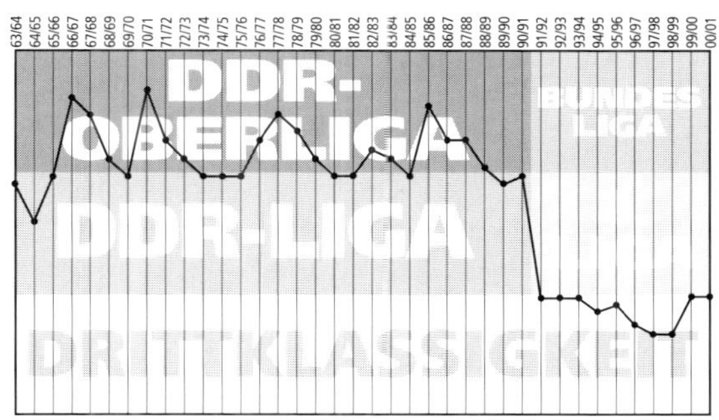

Ihren größten Erfolg auf nationaler Ebene errangen die Kicker aus Oberschöneweide im Jahre 1968, als sie sich im Finale des FDGB-Pokals gegen Jena durchsetzten und dem FC Carl Zeiss nebenbei das erste Double in der Geschichte des DDR-Fußballs versauten. Apropos versauen: Mit der Teilnahme am Europapokal der Pokalsieger war dann aus sportpolitischen bzw. funktionärstechnischen Gründen leider Essig, Union musste zähneknirschend zurückziehen. Schlimmer noch: Im Jahr der vermeintlichen Eroberung Europas stieg Union zum ersten - und wahrlich nicht zum letzten - Male aus der Oberliga ab. Nach einem Jahr gelang zwar der Wiederaufstieg, drei weitere Spielzeiten später ging es dann allerdings auch schon wieder in die DDR-Liga. Kurz: Union Berlin etablierte sich als waschechte Fahrstuhltruppe, als eine Art Bayer Uerdingen des Ostens. Nach dem Mauerfall waren die »Eisernen« ein Jahrzehnt lang in der Drittklassigkeit zu Hause und erreichten in dieser Zeit viermal die Aufstiegsrunde zur Zweiten Liga, in der man jedoch je zweimal sportlich wie finanziell scheiterte. Erst in der Saison 2000/01 - zwischenzeitlich war ein Konkurs so gerade eben noch abgewendet worden - machte Union den längst überfälligen Aufstieg unter der Regie des bulgarischen Trainers Wassilev klar. Im selben Jahr erreichte Union das Pokalfinale gegen Schalke, das zwar 0:2 verloren ging, aber nichtsdestotrotz den Weg in den Europacup öffnete.

WACKER 04 BERLIN

(Sport-Club Wacker 1904 e.V.)

Gründung: 1949 bzw. 1994 (1904)
Farben: Lila-Weiß
Stadion: Wacker-Platz am Wackerweg (8.000)

Wackerweg 26, 13403 Berlin
Tel: 030-4124370, Fax: 030-49893219
www.im-netz.de/alemannia1890

	Liga	Platz	Punkte	Tore	Zuschauer
(63-74: RL Berlin)					
74/75	2.BL	**13.**	33:43	54:68	1.511
75/76	2.BL	**16.**	31:45	51:82	1.827
76/77	2.BL	**18.**	27:49	43:79	881
(77/78: AL Berlin)					
78/79	2.BL	**20.**	21:55	33:87	1.195
(79-81: AOL Berlin)					
(81-87: VL Berlin)					
(87-91: AOL Berlin)					
(91/92: AOL Nordost-Nord)					
(92-01: VL Berlin)					

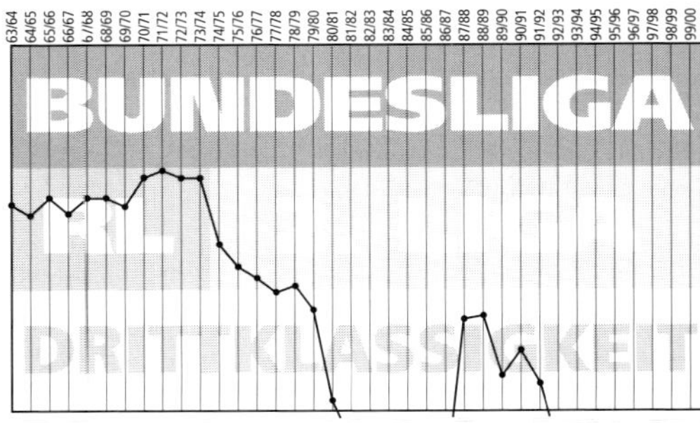

1994 traten die Fußballer des nunmehr aufgelösten SC Wacker 04 Reinickendorf dem Traditionsklub Berliner FC 1890 Alemannia bei, der mittlerweile unter dem Namen BFC Alemannia 90/Wacker in der Verbandsliga aufläuft. Während die große Zeit der Alemannia nun schon einige Vierteljahrhunderte zurückliegt, sorgte Wacker in den 70ern für Furore: Viermal in Folge erreichten die Lila-Weißen die Aufstiegsrunde zur Bundesliga, vier Jahre spielten sie unter Trainern wie Zeljko Cajkovski und Georg Gawliczek in der Zweiten Liga Nord - und das gar nicht mal so schlecht. Doch Ende der 70er Jahre war es mit der Herrlichkeit vorbei.

2. LIGA

Höchste Siege: 3:0 vs. Wilhelmshaven (29.9.74) (H)
3:1 in Aachen (8.6.75) (A)
Höchste Niederlagen: 0:7 vs. Uerdingen (14.4.79) (H)
0:7 bei Hannover 96 (16.11.74) (A)

REKORDSPIELER		REKORDSCHÜTZEN	
Michael Müller (74-79)	**137**	Rainer Liedtke (74-79)	**35**
Peter Bien (74-79)	**135**	Wolfgang John (74-76)	**29**
Rainer Liedtke (74-79)	**129**	Rainer Fischer (74-77)	**21**
Reinhard Lindner (74-79)	**126**	Reinhard Lindner (74-79)	**20**
Ingo Krüger (74-79)	**108**	Horst Lunenburg (74-77)	**18**

ARMINIA BIELEFELD

(Deutscher Sport-Club Arminia Bielefeld e.V.)

Gründung: 3. Mai 1905
Farben: Schwarz-Weiß-Blau
Stadion: Alm (26.600)

Melanchthonstr. 31a, 33615 Bielefeld
Tel: 0521-9661110, Fax: 0521-9661111
www.arminia-bielefeld.de

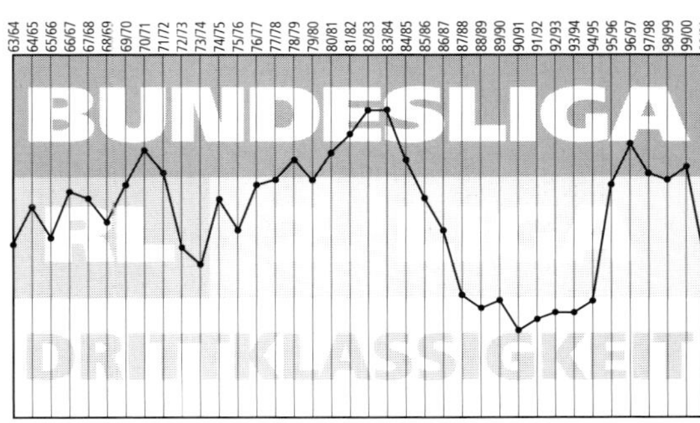

1963 gehörte die Arminia, deren Fans schon seit jeher ein dickes Fell ihr eigen nennen mussten, zu den 20 Gründungsmitgliedern der Regionalliga West - an die Bundesliga wagte man in Bielefeld noch nicht im Traum zu denken, schließlich hatte man zuvor fast ein Jahrzehnt in der Drittklassigkeit verbracht und war erst im Jahr zuvor wieder aufgestiegen. Nachdem sich die Arminen im Mittelfeld der Regionalliga etabliert hatten, näherten sie sich dann Stück für Stück der Spitze. Verdienter Lohn der Mühen war im Jahre 1970 die Vizemeisterschaft (hinter dem VfL Bochum) und die Teilnahme an der Aufstiegsrunde zur Bundesliga. Und siehe da, gleich im ersten Anlauf setzten sich die Ostwestfalen unter der Regie des polnischen Trainers Egon Piechaczek gegen Osnabrück, Alsenborn, TeBe und den KSC durch - die Arminia war erstklassig! In der folgenden Bundesligasaison schaffte der Neuling mit einigen sensationellen Auswärtssiegen in der Endphase der Saison überraschend den Klassenerhalt - doch schon einen Tag nach der feucht-fröhlichen Feier im Ferienbad Travemünde wurde der Bundesligaskandal publik, an dem der DSC Arminia nicht ganz unbeteiligt war, wie sich alsbald herausstellte. Zunächst stritten die Offiziellen noch alles ab, doch im Oktober 1971 platzte der Ballon aus Schiebereien, Verleumdungen und Lügen. Arminia-Boss Stute gestand, den Ausgang zahlreicher Spiele mit größeren Summen Bargeld beeinflusst zu haben. Die Folgen waren katastrophal: Arminia wurde zum Zwangsabstieg verurteilt, der Ruf war dahin, die Fans verprellt und um die Finanzen sah es auch nicht gerade knorke aus. Mit Mühe hielt sich der düpierte Verein, dessen Leistungsträger wie Braun, Burdenski oder Roggensack allesamt gegen dringend benötigte blanke Münze eingetauscht worden waren, in der Regionalliga und schaffte mit Ach und Krach die Qualifikation für die neue Zweite Liga Nord.

Zur allgemeinen Überraschung reifte das Team um Graul, Hey, Pohl, Gelsdorf und Lienen schnell zu einem Spitzenteam und belegte auf Anhieb den vierten Platz. Zwei Jahre später lief's noch besser: Erst im entscheidenden dritten Spiel (nach einem 4:0 auf der Alm hatte man sich im Rückspiel ein 0:4 geleistet) scheiterte Arminia im Kampf um den Aufstieg mit 0:2 am Vizemeister der Süd-Liga, 1860 München. Im Jahr darauf kam es abermals zu einem »Endspiel«, diesmal jedoch mit einem glücklicheren Ausgang: Der DSC gewann mit 2:0 bei Fortuna Köln und stieg als Meister in die Bundesliga auf.

	Liga	Platz	Punkte	Tore	Zuschauer
	(63-70: RL West)				
70/71	BL	**14.**	29:39	34:53	23.918
71/72	BL	**18.**	19:49	41:75	17.197
	(72-74: RL West)				
74/75	2.BL	**4.**	50:26	68:47	11.700
75/76	2.BL	**9.**	42:34	49:46	9.755
76/77	2.BL	**2.**	50:26	72:39	10.465
77/78	2.BL	**1.**	51:25	74:40	9.192
78/79	BL	**16.**	26:42	43:56	25.332
79/80	2.BL	**1.**	66:10	120:31	12.200
80/81	BL	**15.**	26:42	46:65	20.892
81/82	BL	**12.**	30:38	46:50	18.713
82/83	BL	**8.**	31:37	46:71	18.294
83/84	BL	**8.**	33:35	40:49	14.195
84/85	BL	**16.**	29:39	46:61	12.509
85/86	2.BL	**4.**	45:31	60:47	5.152
86/87	2.BL	**9.**	38:38	58:55	5.812
87/88	2.BL	**20.**	22:54	29:67	3.259
	(88-94: AOL Westfalen)				
	(94/95: RL West/Südwest)				
95/96	2.BL	**2.**	57	55:45	10.411
96/97	BL	**14.**	40	46:54	20.784
97/98	BL	**18.**	32	43:56	21.092
98/99	2.BL	**1.**	67	62:32	11.659
99/00	BL	**17.**	30	40:61	18.960
00/01	2.BL	**13.**	41	53:46	10.701

BUNDESLIGATRAINER

Egon Piechaczek (7/70-11/71)
Jan Notermans (1/72-6/72)
Milovan Beljin (7/78-10/78)
Otto Rehhagel (10/78-6/79)
Hans-Dieter Tippenhauer (7/80-10/80)
Willi Nolting (10/80-11/80)
Horst Franz (12/80-6/82)
Horst Köppel (7/82-6/83)
Karlheinz Feldkamp (7/83-3/84)
Gerd Roggensack (3/84-6/85)
Ernst Middendorp (7/97-6/98)
Hermann Gerland (7/99-6/00)

Den dortigen Klassenerhalt verspielte man zwar durch eine unglaubliche Pleitenserie im Frühjahr, kehrte aber nach einem Jahr Auszeit wieder in die Eliteliga zurück. Im zweiten Anlauf klappte es besser, unter Horst Franz und Horst Köppel wurde die Alm wieder zu so etwas ähnlichem wie einer Festung. Im August 1982 zierte Bielefeld gar die Tabellenspitze und zweimal in Folge erreichte Arminia den achten Platz. Glorreiche Zeiten. Leider waren sie 1985 auch schon wieder gegessen, der stetige Aderlass von Stammspielern war nicht länger zu kompensieren und die Ostwestfalen stiegen ab. Unaufhaltsam ging es abwärts, drei Jahre später sogar in die Oberliga, in der man sieben Jahre lang auf die Rückkehr in den ordentlich bezahlten Fußball warten musste. Weniger glorreiche Zeiten.

Doch ebenso schnell, wie es einst runtergegangen war, ging es dann auch wieder rauf. Mit einer Reihe von Altstars wie Walter, Bode, Eck und von Heesen gelang 1995 nicht nur der Aufstieg, sondern im Jahr darauf sogar der Durchmarsch in die Bundesliga. Der DSC konnte sich von einem Großteil seiner Schudlen befreien, sogar das baufällige Stadion wurde im großen Stil aufgemöbelt. Zunächst schien sich die Arminia im Oberhaus auch etablieren zu können, schaffte man doch 1997 relativ locker den Klassenerhalt. Letzten Endes scheint es für Arminia Bielefeld momentan aber doch eher nur zu einer besseren Fahrstuhltruppe zu reichen, denn auf Abstieg und Wiederaufstieg folgte postwendend wieder der Abstieg. Schlimmer noch: In der Saison 2000/01 drohte sogar der abermalige Absturz in die Regionalliga. Mit viel Mühe konnte die Katastrophe aber noch einmal verhindert werden.

1. LIGA

Höchste Siege: 5:0 vs. Darmstadt (21.4.79) (H)
4:0 beim FC Bayern (10.3.79) (A)
Höchste Niederlagen: 1:7 vs. Braunschweig (28.6.72) (H)
1:11 beim BVB (6.11.82) (A)

REKORDSPIELER		REKORDSCHÜTZEN	
Wolfgang Pohl (78-85)	**167**	Frank Pagelsdorf (78-84)	**28**
Helmut Schröder (78-85)	**148**	Stefan Kuntz (96-98)	**25**
Detlef Schnier (80-85)	**147**	Gerd-Volker Schock (80-82)	**23**
Wolfgang Kneib (80-85)	**133**	Norbert Eilenfeldt (78-81)	**22**
Karlheinz Geils (80-84)	**131**	Siggi Reich (84-85)	**18**
Frank Pagelsdorf (78-84)	**128**	Karlheinz Geils (80-84)	**16**
Dirk Hupe (81-85)	**121**	Gregor Grillemeier (82-84)	**14**
Norbert Dronia (80-85)	**110**	Pasi Rautiainen (82-85)	**13**
Ulrich Büscher (80-85)	**91**	Giuseppe Reina (96-98)	**13**
Pasi Rautiainen, Thomas Stratos	**89**	Ewald Lienen (81-83)	**12**

2. LIGA

Höchste Siege: 11:0 vs. Arm. Hannover (23.5.80) (H)
5:1 bei West. Herne (8.9.76) (A)
Höchste Niederlagen: 1:5 vs. Aachen (5.5.87) (H)
0:5 in Bocholt (12.2.78) (A)

REKORDSPIELER		REKORDSCHÜTZEN	
Helmut Schröder (77-88)	**165**	Norbert Eilenfeldt (76-88)	**59**
Norbert Eilenfeldt (76-88)	**164**	Christian Sackewitz (76-80)	**49**
Wolfgang Pohl (74-80)	**152**	Volker Graul (74-80)	**42**
Roland Peitsch (75-80)	**140**	Bruno Labbadia (98-01)	**39**
Uli Stein (76-96)	**133**	Roland Peitsch (75-80)	**28**
Wolfgang Schilling (74-78)	**130**	Ewald Lienen (74-77)	**24**
Manfred Wolf (74-78)	**113**	Helmut Schröder (77-88)	**22**
Wolfgang Kneib (85-88)	**108**	Gerd-Volker Schock (79-80)	**21**
Jonny Hey (74-77)	**102**	Fritz Walter (95-96)	**21**
Andreas Ellguth (85-88)	**100**	Artur Wichniarek (00-01)	**18**

1.FC BOCHOLT

(1. Fußball-Club Bocholt 1900 e.V.)

Am Hünting 19, 46399 Bocholt
Tel: 02871-30795, Fax: 02871-31809

Gründung: 18. September 1900
Farben: Schwarz-Weiß
Stadion: Stadion am Hünting (18.000)

	Liga	Platz	Punkte	Tore	Zuschauer
(63-74: LL Niederrhein)					
(74-77: AL Niederrhein)					
77/78	2.BL	**18.**	32:44	65:70	6.000
(78-80: AOL Nordrhein)					
80/81	2.BL	**12.**	38:46	66:70	6.333
(81-94: AOL Nordrhein)					
(94-97: RL West/Südwest)					
(97-01: OL Nordrhein)					

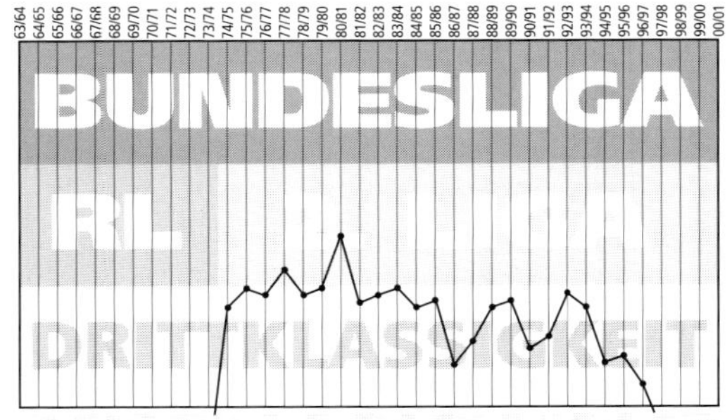

2. LIGA

Höchste Siege: 6:0 vs. Lüdenscheid (16.8.80) (H)
3:0 bei Holstein Kiel (26.4.81) (A)
Höchste Niederlagen: 0:3 vs. Hertha BSC (21.12.80) (H)
0:5 bei Hertha BSC (7.2.81) (A)

REKORDSPIELER		**REKORDSCHÜTZEN**	
Lutz Philipp (77-81)	**78**	Manfred Bockenfeld (80-81)	**14**
Uwe Montelett (77-81)	**77**	Norbert Runge (77-78)	**14**
Hans Roeloffzen (77-81)	**77**	Uwe Montelett (77-81)	**13**
Wolfgang Keuken (77-81)	**63**	Peter Müller (77-81)	**12**
Peter Müller (77-81)	**58**	Reinhard Majgl (80-81)	**11**

Ende der 60er Jahre ging es mit dem Bocholter Fußball aufwärts, was freilich zunächst einmal für Olympia, den Lokalrivalen der Schwarz-Weißen, zu gelten hatte. In der Saison 69/70 lieferten sich die beiden punktgleichen Klubs ein Entscheidungsspiel um den Aufstieg in die Verbandsliga - Olympia gewann 4:3. Vier Jahre später war es dann aber auch für den FC so weit, der sich in der dritthöchsten Spielklasse gleich pudelwohl fühlte und 1976 erstmals ans Tor zur Zweiten Liga klopfte. In der Aufstiegsrunde scheiterte das Team des Bocholter Urgesteins Friedel Elting nur um ein einziges Tor, schaffte im Folgejahr dann aber souverän den erstmaligen Sprung in den bezahlten Fußball. In der Zweiten Liga verkaufte sich der 1.FC hervorragend, stellte so manchem Favoriten ein Bein und verpasste den Klassenerhalt abermals nur um ein einziges Tor. Bocholt ging als einer der besten Auf- und Absteiger in die Annalen der Zweiten Liga Nord ein. Zwei Jahre später jedoch war der 1.FC wieder da und lehrte die Konkurrenz erneut so manches Mal das Fürchten: So gewannen Eltings Kicker als einzige Elf bei Werder Bremen (2:1). Doch reichte in der Saison 80/81 selbst ein 12. Platz (von 22) nicht zum Klassenerhalt: Die eingleisige Zweite Liga stand vor der Tür. Und das war's dann auch. Bis auf ein Viertelfinale im DFB-Pokal gegen Bayern München (1:2) ist der 1.FC Bocholt danach nicht weiter aufgefallen.

VFL BOCHUM

(Verein für Leibesübungen Bochum 1848 Fußballgemeinschaft e.V.)

Castroper Str. 145, 44728 Bochum
Tel: 0234-951848, Fax: 0234-951895
www.vfl-bochum.de

Gründung: 1. Juli 1848 (15. April 1938)
Farben: Blau-Weiß
Stadion: Ruhrstadion (33.000)

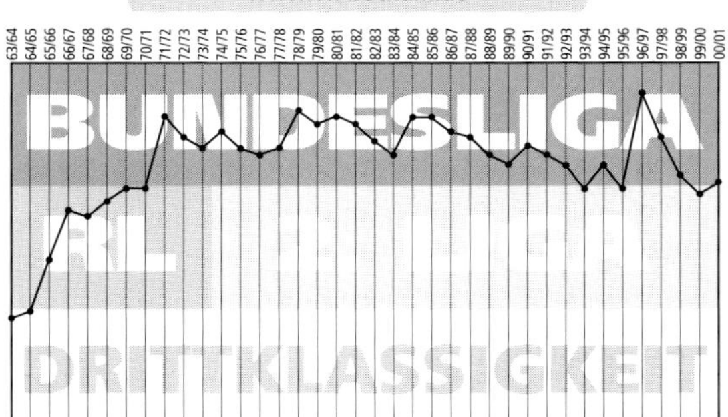

Just zu der Zeit, als sich die Kollegen aus Dortmund, Schalke und Meiderich anschickten, in der neuen und aufregenden Bundesliga für Sensationen zu sorgen, stiegen die Kicker des VfL Bochum in die (drittklassige) Verbandsliga Westfalen ab. Nichtsdestoweniger versprach Präsident Wüst, den Klub alsbald in die Bundesliga zu führen. Bei dieser Ankündigung soll es zu einer ganzen Reihe von Lachern und zu fröhlichem Schenkelklopfen gekommen sein. Doch zwei Jahre später hatte man dank eines Münzwurfs im Entscheidungsspiel gegen die SpVgg Erkenschwick immerhin schon mal die Regionalliga erreicht, und im zweiten Anlauf gelang den Mannen um den famosen Torjäger

Hans Walitza 1971 der Sprung in die Bundesliga. Von der Stärke der Bochumer hatten sich drei Jahre zuvor bereits der KSC, Stuttgart, M'gladbach und der FC Bayern überzeugen können, die der VfL auf seinem Weg ins Pokalfinale (1:4 vs. 1.FC Köln) düpiert hatte.

In der Bundesliga erreichten die Bochumer auf Anhieb ein ausgeglichenes Punktekonto und einen einstelligen Tabellenplatz. Es war indes eine der wenigen Spielzeiten, in der der VfL den Klassenerhalt schon sehr frühzeitig unter Dach und Fach bringen konnte. Stets zählte der Klub zu den heißesten Abstiegsaspiranten, oft schien er hoffnungslos in untersten Tabellenregionen festzustecken, doch stets konnte er sich aus der Bedrängnis befreien und am Ende der Saison im Haus Frein, der Vereinsgaststätte, den Verbleib im Oberhaus begießen. Ob seiner Hartnäckigkeit, dem Abstiegsteufel im vorletzten, letzten oder aber allerletzten Moment noch von der Schippe zu springen, verdiente sich die »graue Maus der Bundesliga« das durchaus anerkennende Prädikat »unabsteigbar«. Dabei drückten den Klub, der zumeist im Schatten seiner Nachbarn aus Essen, Gelsenkirchen, Dortmund, Duisburg oder auch Oberhausen stand, stets akute Geldsorgen, sodass die besten Kicker verkauft werden mussten. Hans Walitza machte 1974 den Anfang, später folgten Abel, Eggeling, Tenhagen, Pinkall, Kuntz - um nur einige zu nennen.

Ende der 70er, Anfang der 80er Jahre erlebte Bochum eine kleine, aber feine Hochzeit - um danach gleich wieder in den Tabellenkeller zurückzukehren. Immer enger wurde es nun, 1990 waren gar Relegationsspiele gegen Saarbrücken vonnöten, um die Klasse zu erhalten. Drei Jahre später nutzte allerdings alles nichts mehr, die Maus war aus und musste runter, der VfL war ziemlich absteigbar geworden - was man nach dem sofortigen Wiederaufstieg denn auch gleich ein zweites Mal unter Beweis stellen durfte. Nach der erneuten Rückkehr in die Bundesliga (in souveränster Manier) aber schien es eine Zeitlang, als würde Bochum zu gänzlich neuen Ufern aufbrechen. Mit blitzsauberem Angriffsfußball hatte der VfL die Zweite Liga gestürmt, und im gleichen Stil machte er auch eine Etage höher weiter. Am Ende stand der fünfte Platz und der Einzug in den UEFA-Cup, womit natürlich noch nicht einmal die durchgedrehtesten Opimisten gerechnet hatten. Auf internationaler Bühne zeigte man sich von der besten Seite, eliminierte Trabzonspor und Brügge und scheiterte ehrenvoll an Ajax Amsterdam. Weniger ehrenvoll freilich der Abstieg, der Bochum im selben Jahr auf dem völlig falschen Fuß erwischte. Doch es sollte nicht der letzte sein: Auf den dritten Wiederaufstieg folgte prompt der dritte direkte Wiederabstieg, der vierte insgesamt. Langsam scheint man sich im Ruhrstadion daran zu gewöhnen...

1. LIGA

Höchste Siege: 6:0 vs. Nürnberg (28.5.83) (H)
6:0 in Schalke (9.5.81) (A)
Höchste Niederlagen: 0:5 vs. FC Bayern (20.2.92) (H)
1:7 in M'gladbach (24.9.94) (A)

REKORDSPIELER		REKORDSCHÜTZEN	
Michael Lameck (72-88)	**518**	Hans-Joachim Abel (77-82)	**60**
Lothar Woelk (77-89)	**385**	Hans Walitza (71-74)	**53**
Walter Oswald (78-91)	**353**	Uwe Wegmann (85-95)	**52**
Franz-Josef Tenhagen	**306**	Jupp Kaczor (74-81)	**51**
Ralf Zumdick (81-93)	**282**	Stefan Kuntz (83-99)	**47**
Thomas Kempe (85-93)	**234**	Uwe Leifeld (85-91)	**46**
Rob Reekers (86-95)	**219**	Werner Balte (71-77)	**38**
Uwe Wegmann (85-95)	**214**	Michael Lameck (72-88)	**38**
Werner Scholz (72-81)	**207**	Christian Schreier (81-84)	**35**
Michael Eggert (72-80)	**206**	Frank Schulz (83-87)	**30**

BUNDESLIGATRAINER

Hermann Eppenhoff (7/71-6/72)
Heinz Höher (7/72-6/79)
Helmut Johannsen (7/79-6/81)
Rolf Schafstall (7/81-6/86)
Hermann Gerland (7/86-6/88)
Jupp Tenhagen (7/88-6/89)
Reinhard Saftig (7/89-4/91)
Rolf Schafstall (4/91-6/91)
Holger Osieck (7/91-11/92)
Jürgen Gelsdorf (11/92-11/94)
Klaus Toppmöller (11/94-6/98)
Ralf Zumdick (7/00-2/01)
Rolf Schafstall (2/01-6/01)

2. LIGA

Höchste Siege: 6:1 vs. Offenbach (28.4.00) (H)
5:0 in Wolfsburg (21.10.95) (A)
Höchste Niederlagen: 2:6 vs. TeBe (24.10.99) (H)
1:4 beim TSV 1860 (25.9.93) (A)

REKORDSPIELER		REKORDSCHÜTZEN	
Peter Peschel (93-00)	**94**	Peter Peschel (93-00)	**28**
Dariusz Wosz (93-96)	**65**	Uwe Wegmann (93-94)	**22**
Thomas Stickroth (95-00)	**63**	Achim Weber (99-00)	**19**
Christian Herrmann (93-96)	**49**	Henryk Baluszynski (95-00)	**11**
Thomas Reis (95-00)	**49**	Peter Közle (95-96)	**11**

	Liga	Platz	Punkte	Tore	Zuschauer
(63-65: AL Westfalen)					
(65-71: RL West)					
71/72	BL	**9.**	34:34	59:69	17.485
72/73	BL	**12.**	31:37	50:68	13.142
73/74	BL	**14.**	30:38	45:57	15.100
74/75	BL	**11.**	33:35	53:53	15.109
75/76	BL	**14.**	30:38	49:62	15.966
76/77	BL	**15.**	29:39	47:62	13.862
77/78	BL	**14.**	31:37	49:51	20.091
78/79	BL	**8.**	33:35	47:46	22.096
79/80	BL	**10.**	32:36	41:44	19.289
80/81	BL	**9.**	33:35	53:45	18.876
81/82	BL	**10.**	32:36	52:51	15.424
82/83	BL	**13.**	28:40	43:49	14.252
83/84	BL	**15.**	28:40	58:70	17.612
84/85	BL	**9.**	34:34	52:54	21.035
85/86	BL	**9.**	32:36	55:57	13.631
86/87	BL	**11.**	32:36	52:44	16.115
87/88	BL	**12.**	30:38	47:51	14.494
88/89	BL	**15.**	26:42	37:57	14.066
89/90	BL	**16.**	29:39	44:53	16.495
90/91	BL	**14.**	29:39	50:52	16.887
91/92	BL	**15.**	33:43	38:55	16.899
92/93	BL	**16.**	26:42	45:52	21.424
93/94	2.BL	**1.**	48:28	56:34	15.677
94/95	BL	**16.**	22:46	43:67	23.957
95/96	2.BL	**1.**	69	68:30	14.827
96/97	BL	**5.**	53	54:51	27.316
97/98	BL	**12.**	41	41:49	23.617
98/99	BL	**17.**	29	40:65	21.117
99/00	2.BL	**2.**	65	68:39	13.133
00/01	BL	**18.**	27	30:67	17.862

BONNER SC

(Bonner Sport-Club 01/04 e.V.)

Gründung: 18. Juni 1965 (Fusion)
Farben: Rot-Blau
Stadion: Sportpark Nord (12.000)

Kölnstr. 250, 53117 Bonn
Tel: 0228-672627, Fax: 0228-9678831
www.bonner-sc.de

Liga	Platz	Punkte	Tore	Zuschauer
(63-66, 67/68 + 71-76: VL Mittelrhein)				
(66/67 + 68-71: RL West)				
76/77 2.BL	**16.**	33:43	53:72	7.066
(78-81, 85-91 + 92-94: AOL Nordrhein)				
(81-85 + 91/92: VL Mittelrhein)				
(94-96 + 97/98: RL West/Südwest)				
(96/97 + 98-00: OL Nordrhein)				
(00/01: VL Mittelrhein)				

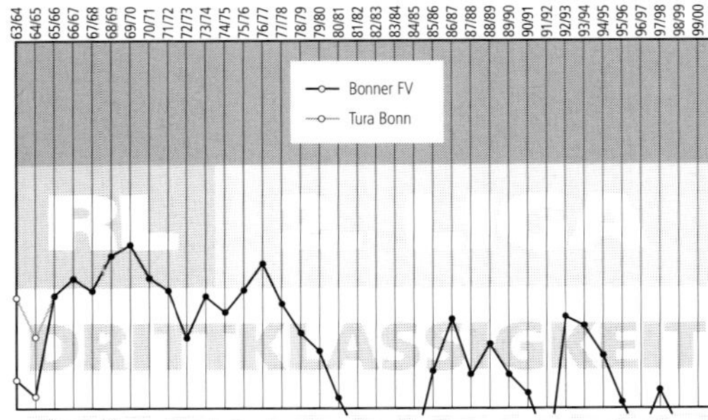

Als die deutsche Ligenstruktur anno 1963 neu geordnet wurde, begrub man in der Hauptstadt flugs das Kriegsbeil: Am 18. Juni 1965 fusionierten die alten Rivalen, der Bonner FV, Verein der Akademiker, und Tura Bonn, der Klub der Arbeiter, zum Bonner SC. Als erstes Ziel steckte man sich den baldigen Aufstieg in die Regionalliga West, der durch ein doppeltes Hintertürchen gleich in Anlauf eins geschafft wurde: Meister Düren verzichtete, Düsseldorf und RWE stiegen in die Bundesliga auf und machten gleich zwei Plätze frei. Doch trotz eines aus Schalke verpflichteten Quartetts blieb es nur bei einem kurzen Gastspiel im Konzert der Halbgroßen. Vorerst, denn schon 1968 gelang der Wiederaufstieg. Mit Stars wie Troche, Glenski (Aachen), Waddey (M'gladbach) oder Bergfelder (Köln) und jungen Talenten wie Cremer oder einem gewissen Hannes Bongartz hielten sich die Bonner immerhin drei Jahre in der Regionalliga, dann wurde der Abstieg unausweichlich. Vier Jahre dümpelte der BSC weitgehend ambitionslos in der Verbandsliga umher, bevor Martin Luppen das Kommando übernahm. Prompt wurden die Bonner Mittelrheinmeister und überstanden auch die Aufstiegsrunde zur Zweiten Liga. Sportlich wurde die Saison 76/77, die zum Höhepunkt der Vereinsgeschichte wurde, erfolgreich abgeschlossen (wenngleich der Klassenerhalt erst am 38. Spieltag klargemacht wurde), doch kurz darauf verweigerte der DFB dem Klub aus wirtschaftlichen Gründen die Lizenz. Von diesem Schock hat sich der BSC trotz aller Anstrengungen bis heute nicht erholt.

2. LIGA

Höchste Siege: 4:0 vs. Wuppertal (9.10.76) (H)
3:0 in Wolfsburg (14.5.77) (A)
Höchste Niederlagen: 0:2 vs. Göttingen (26.3.77) (H)
0:6 in Münster (28.8.76) (A)

REKORDSPIELER		REKORDSCHÜTZEN	
Norbert Lenzen (76-77)	**37**	Walter Hoffmann (76-77)	**12**
Reiner Greiffendorf (76-77)	**36**	Ulrich van den Berg (76-77)	**8**
Walter Hoffmann (76-77)	**35**	Norbert Lenzen (76-77)	**7**
Pedro Milasincic (76-77)	**35**	Pedro Milasincic (76-77)	**6**
Günter Schwaba (76-77)	**34**	Eckhard Deterding, Wolle Thier	**4**

STAHL BRANDENBURG

(Fußball-Club Stahl Brandenburg e.V.)

Gründung: 1. April 1998 (1955)
Farben: Blau-Weiß
Stadion: Stadion am Quenz (15.500)

Thüringer Str. 251, 14470 Brandenburg
Tel: 03381-302588

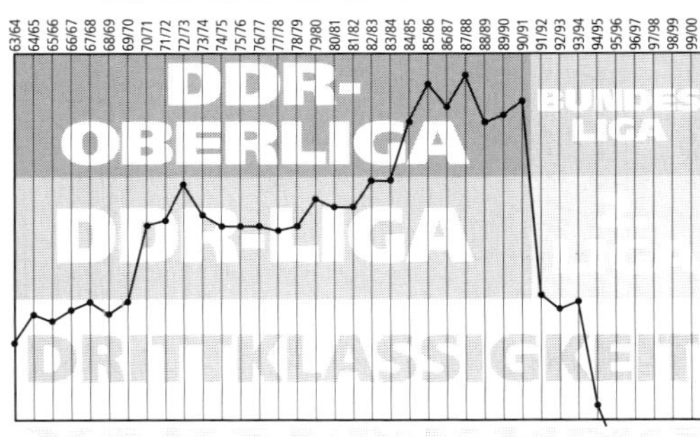

In der Ewigen Tabelle der DDR-Oberliga belegt die BSG Stahl mit 174:190 Punkten den 22. Platz - nur zwei Ränge vor den Exoten Stahl Thale und Fortschritt Meerane. Brandenburg war eben im Fußball lange Zeit nur eine kleine Nummer. Bis zum Jahr 1984. Da nämlich trug die traditionell gute Nachwuchsarbeit erstmals derart fette Früchte, dass sich die Stahl-Kicker in der Aufstiegsrunde zur Oberliga gegen Schwerin, Zwickau, Dessau und Suhl durchsetzen konnten. In der höchsten DDR-Spielklasse kam die BSG erstaunlich schnell zurecht und zog 1986 durch einen fünften Platz in den UEFA-Pokal ein. Die Spiele gegen Coleraine (1:1, 1:0) und den späteren Sieger IFK Göteborg (0:2, 1:1) gehören zu den Highlights der Vereinsgeschichte. Als es vier Jahre später nach der umstrittenen Formel »2+6« um die Qualifikation für die beiden Bundesligen ging, sah es für einige Zeit so aus, als könnten es die Brandenburger ins Oberhaus schaffen. Nach einer Schwächephase reichte es dann aber gerade mal so eben für die Zweite Liga Nord, in der die Stahl-Kicker nach gutem Auftakt und einigen tollen Siegen völlig einbrachen und am Ende abgeschlagen Letzter wurden. Als Folge dessen verließen weitere Leistungsträger den Klub (u.a. Roy Präger), der angestrebte Wiederaufstieg blieb ein Traum. Das Einzige, was sich bei den Stahl-Kickern danach noch ändern sollte, waren Stadion- und Vereinsname. 1995 und 1996 wechselten sie dann auch noch mal die Liga und stiegen zweimal ab.

	Liga	Platz	Punkte	Tore	Zuschauer
(63-70: BL Potsdam)					
(70-84: DDR-Liga)					
(84-90: OL der DDR)					
(90/91: OL Nordost)					
91/92	2.BL	**12.**	23:41	37:53	3.181
(92-94: AOL Nordost-Nord)					
(94/95: RL Nordost)					
(95/96: OL Nordost-Nord)					
(96-01: VL Brandenburg)					

2. LIGA

Höchste Siege: 4:0 vs. St. Pauli (8.9.91) (H)
4:2 bei Fort. Köln (23.8.91) (A)

Höchste Niederlagen: 1:4 vs. B'schweig (19.10.91) (H)
0:3 bei Hertha BSC (5.10.91) (A)

REKORDSPIELER		**REKORDSCHÜTZEN**	
Roy Präger (91-92)	**32**	Eberhard Janotta (91-92)	**9**
Eberhard Janotta (91-92)	**31**	Thomas Grether (91-92)	**8**
Andreas Lindner (91-92)	**30**	Dietmar Bletsch (91-92)	**3**
Thomas Grether (91-92)	**29**	Roy Präger (91-92)	**3**
Falk Zschiedrich (91-92)	**27**	Falk Zschiedrich (91-92)	**3**

EINTRACHT BRAUNSCHWEIG

(Braunschweiger Turn- und Sportverein Eintracht von 1895 e.V.)

Gründung: 15. Dezember 1895
Farben: Blau-Gelb
Stadion: Stadion an der Hamburger Straße (25.000)

Hamburger Str. 210, 38112 Braunschweig
Tel: 0531-232300, Fax: 0531-2323030
www.eintracht.com

TITEL
Deutscher Meister 1967

	Liga	Platz	Punkte	Tore	Zuschauer
63/64	BL	**11.**	28:32	36:49	19.606
64/65	BL	**9.**	28:32	42:47	18.792
65/66	BL	**10.**	34:34	49:49	14.540
66/67	BL	**1.**	43:25	49:27	35.270
67/68	BL	**9.**	35:33	37:39	14.427
68/69	BL	**4.**	37:31	46:43	15.230
69/70	BL	**16.**	28:40	40:49	14.308
70/71	BL	**4.**	39:29	52:40	17.344
71/72	BL	**12.**	31:37	43:48	12.118
72/73	BL	**17.**	25:43	33:56	13.667
(73/74: RL Nord)					
74/75	BL	**9.**	36:32	52:43	17.788
75/76	BL	**5.**	39:29	52:48	22.604
76/77	BL	**3.**	43:25	56:38	19.743
77/78	BL	**13.**	32:36	43:53	17.578
78/79	BL	**9.**	33:35	50:55	16.311
79/80	BL	**18.**	20:48	32:64	13.229
80/81	2.BL	**2.**	65:19	102:44	10.714
81/82	BL	**11.**	32:36	61:66	18.405
82/83	BL	**15.**	27:41	42:65	13.954
83/84	BL	**9.**	32:36	54:69	14.470
84/85	BL	**18.**	20:48	39:79	12.883
85/86	2.BL	**12.**	36:40	65:62	5.584
86/87	2.BL	**17.**	32:44	52:47	7.288
(87/88: AOL Nord)					
88/89	2.BL	**9.**	38:38	43:43	9.140
89/90	2.BL	**7.**	39:37	55:51	10.555
90/91	2.BL	**13.**	35:41	53:52	6.748
91/92	2.BL	**7.**	33:31	54:48	5.623
92/93	2.BL	**19.**	41:51	65:73	7.304
(93/94: AOL Nord)					
(94-01: RL Nord)					

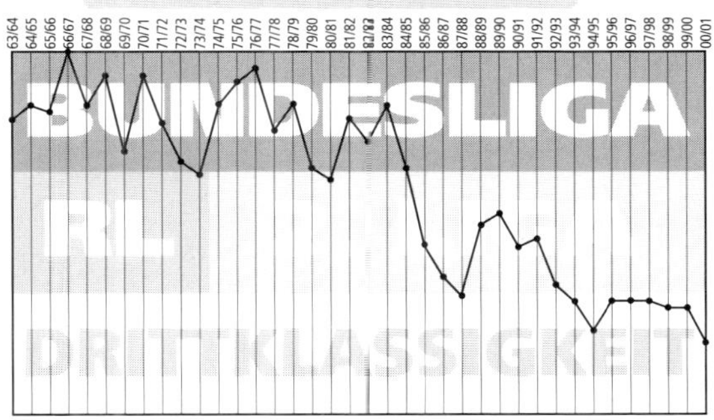

In den ersten Bundesligajahren hielten die stets als einer der ganz heißen Abstiegskandidaten gehandelten Zonenrandgebietler stets ganz ordentlich mit - mehr aber auch nicht. In der Saison 66/67 zahlte sich dann allerdings die Arbeit des emsigen Trainer Helmut Johannsen aus, und zwar auf eine Weise, mit der kaum ein Experte gerechnet hatte: Der BTSV wurde vollkommen sensationell Deutscher Meister! Zwar hatten sich die »Löwen« dabei in erster Linie als Meister des Minimalismus entpuppt und mit nur 49 Toren 43 Punkte (weniger sollten nie mehr zur Schale reichen) eingefahren, doch was zählte, war allein der Titel. Vor allem die Herren Wolter, Meyer, Moll, Kaack und Schmidt - die Hintermannschaft der Eintracht - wurden mit einem Schlag berühmt.

Im Europacup der Meister erreichten die Braunschweiger die dritte Runde, in der man sich Juventus Turin erst nach einem 0:1 im dritten Spiel geschlagen geben musste. In der Bundesliga lief es für den Titelverteidiger dagegen weniger berauschend, in der Meisterfrage spielte Eintracht in den nächsten Jahren keine Rolle mehr. Eher schon mischte man nun im Abstiegsrennen mit, jedoch nicht immer erfolgreich: 1973 ging's für eine Ehrenrunde in die Regionalliga. Die Zeit nach dem sofortigen Wiederaufstieg gehörte dann zu den glanzvollsten Perioden des BTSV. In der Saison 76/77 landete man nur einen Punkt hinter Meister Gladbach, und Namen wie Merkhoffer, Zembski,

1. LIGA

Höchste Siege: 6:0 vs. VfB Stuttgart (5.4.75) (H)
7:1 in Bielefeld (28.5.72) (A)
Höchste Niederlagen: 0:6 vs. M'gladbach (29.10.77) (H)
0:10 in M'gladbach (11.10.84) (A)

REKORDSPIELER		REKORDSCHÜTZEN	
Franz Merkhoffer (68-84)	**419**	Lothar Ulsaß (64-71)	**84**
Bernd Franke (71-85)	**345**	Wolfgang Frank (74-78)	**52**
Wolfgang Grzyb (66-78)	**305**	Bernd Gersdorff (69-77)	**51**
Peter Kaack (63-73)	**299**	Ronald Worm (79-85)	**48**
Reiner Hollmann (74-84)	**259**	Erich Maas (64-70)	**42**
Klaus Gerwien (63-73)	**237**	Dietmar Erler (70-80)	**39**
Dietmar Erler (70-80)	**236**	Klaus Gerwien (63-73)	**31**
Joachim Bäse (63-73)	**234**	Danilo Popivoda (75-80)	**30**
Friedhelm Haebermann (69-78)	**229**	Ludwig Bründl (71-76)	**28**
Bernd Gersdorff (69-77)	**203**	Jürgen Moll (63-69)	**28**

Handschuh, Franke oder Grzyb (jedes Kind wusste damals, wie der Name geschrieben wird) besaßen einen guten Klang. Doch leider war der Glanz nicht von Dauer: 1977 absolvierte die Eintracht ihr letztes Spiel im Europacup (vs. Eindhoven), 1985 die letzte Begegnung in der Bundesliga (vs. Bayern), acht Jahre später dann gar die letzte Partie in der Zweiten Liga (vs. Duisburg).

Seit neun Jahren versucht Braunschweig nun bereits schon, der häufig doch recht tristen Regionalligasuppe zu entfliehen. Einige Male war man nah dran, einige Male sogar ganz nah, doch stets kam noch irgendwas dazwischen. Dabei scheinen die Voraussetzungen von Jahr zu Jahr eigentlich immer besser zu werden.

BUNDESLIGATRAINER

Helmut Johannsen (7/63-6/70)
Otto Knefler (7/70-6/73)
Branko Zebec (7/74-6/78)
Werner Olk (7/78-3/79)
Heinz Lucas (3/79-10/79)
Uli Maslo (10/79-4/83)
Heinz Patzig (4/83-6/83)
Aleksandar Ristic (7/83-4/85)
Heinz Patzig (4/85-6/85)

2. LIGA

Höchste Siege: 7:0 vs. Oldenburg (25.4.81) (H)
6:2 bei RW Essen (27.8.80) (A)
Höchste Niederlagen: 0:4 vs. Hertha BSC (23.8.80) (H)
1:7 in Bielefeld (22.89.85) (A)

REKORDSPIELER		REKORDSCHÜTZEN	
Bernd Buchheister (85-93)	**216**	Bernd Buchheister (85-93)	**60**
Heinz-Günter Scheil (85-93)	**189**	Holger Aden (89-93)	**52**
Bernd Gorski (85-91)	**156**	Ronald Worm (80-87)	**44**
Tino Löchelt (86-93)	**152**	Lars Ellmerich (80-87)	**29**
Andreas Pospich (85-91)	**147**	Stefan Holze (89-92)	**24**

B WERDER BREMEN

(Sport-Verein Werder Bremen von 1899 e.V.)

Gründung: 4. Februar 1899
Farben: Grün-Weiß
Stadion: Weserstadion (35.282)

Am Weserstadion 7, 28205 Bremen
Tel: 0421-434590, Fax: 0421-43459553
www.werder-online.de

TITEL

Deutscher Meister 1965, 1988 und 1993
Deutscher Pokalsieger 1961, 1991, 1994 und 1999
Europapokal der Pokalsieger 1992
Deutscher Amateurmeister 1966, 1985 und 1991
Deutscher Super-Cup 1988, 1993 und 1994
DFB-Hallen-Masters 1992

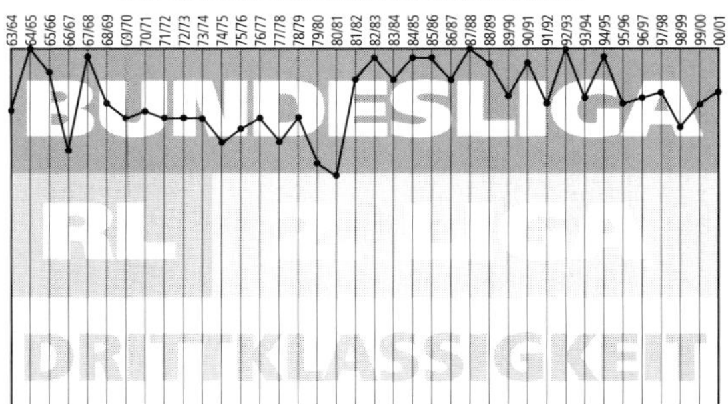

Als es im Frühjahr 1963 um die »Zulassung« zur Bundesliga ging, stand die Teilnahme des SV Werder nie zur Debatte. Zu konstant hatte sich der Klub zuvor in der Regionaliga Nord präsentiert. Dennoch zählte Werder eher zu den Außenseitern, als der Startschuss zur ersten Saison fiel. Diese beendeten die Grün-Weißen als Zehnter, um im Folgejahr für einen Paukenschlag zu sorgen: Unter der Regie von Willi Multhaup wurde die »graue Maus« von der Weser 1965 völlig überraschend Deutscher Meister. Ein Erfolg, der in erster Linie auf eine bärenstarke Abwehr zurückzuführen war - und an den die Grün-Weißen in der Folge nur gelegentlich anzuknüpfen vermochten. Konstanz war damals ein Fremdwort im Weserstadion: Nach dem Beinaheabstieg von 1967 wurde man im Folgejahr Vizemeister, um danach wieder im tristen Mittelmaß zu versinken. Obwohl Jahr für Jahr neue Stars und bald auch Trainer geholt wurden, kam Werder nicht mehr über den neunten Rang hinaus. Besonders krass fiel die Lücke zwischen Anspruch und Wirklichkeit in der Spielzeit 71/72 aus, als Werder im Stile eines AC Mailand auf dem Transfermarkt zuschlug und für teuer Geld Weist, Neuberger (beide BVB), Laumen, Dietrich (beide Gladbach) sowie Weber (Hertha) kaufte. Doch die »Millionentruppe« kickte nur einen

BUNDESLIGATRAINER

Willi Multhaup (7/63-6/65)
Günther Brocker (7/65-9/67)
Fritz Langner (9/67-6/69)
Fritz Rebell (7/69-3/70)
Hans Tilkowski (3/70-6/70)
Robert Gebhardt (7/70-9/71)
Willi Multhaup (9/71-10/71)
Sepp Piontek (10/71-5/72)
Fritz Langner (5/72-6/72)
Sepp Piontek (7/72-6/75)
Herbert Burdenski (7/75-2/76)
Otto Rehhagel (2/76-6/76)
Hans Tilkowski (7/76-12/77)
Fred Schulz (1/78-6/78)
Wolfgang Weber (7/78-1/80)
Fritz Langner (2/80-6/80)
Otto Rehhagel (7/81-6/95)
Aad de Mos (7/95-1/96)
Hans-Jürgen Dörner (1/96-8/97)
Wolfgang Sidka (8/97-10/98)
Felix Magath (10/98-5/99)
Thomas Schaaf (5/99-...)

	Liga	Platz	Punkte	Tore	Zuschauer
63/64	BL	**10.**	28:32	53:62	19.712
64/65	BL	**1.**	41:19	54:29	26.788
65/66	BL	**4.**	45:23	76:40	21.007
66/67	BL	**16.**	29:39	49:56	17.455
67/68	BL	**2.**	44:24	68:51	20.810
68/69	BL	**9.**	34:34	59:59	18.536
69/70	BL	**11.**	31:37	38:47	16.509
70/71	BL	**10.**	33:35	41:40	20.842
71/72	BL	**11.**	31:37	63:58	20.899
72/73	BL	**11.**	31:37	50:52	15.196
73/74	BL	**11.**	31:37	53:62	24.086
74/75	BL	**15.**	25:43	45:69	19.253
75/76	BL	**13.**	30:38	44:55	20.952
76/77	BL	**11.**	33:35	51:59	18.455
77/78	BL	**15.**	31:37	48:57	19.605
78/79	BL	**11.**	31:37	48:60	17.179
79/80	BL	**17.**	25:43	52:93	17.685
80/81	2.BL	**1.**	68:16	97:33	10.500
81/82	BL	**5.**	42:26	61:52	23.680
82/83	BL	**2.**	52:16	76:38	24.704
83/84	BL	**5.**	45:23	79:46	31.377
84/85	BL	**2.**	46:22	87:51	20.609
85/86	BL	**2.**	49:19	83:41	23.630
86/87	BL	**5.**	40:28	65:54	20.107
87/88	BL	**1.**	52:16	61:22	19.300
88/89	BL	**3.**	44:24	55:32	16.576
89/90	BL	**7.**	34:34	49:41	16.296
90/91	BL	**3.**	42:26	46:29	17.876
91/92	BL	**9.**	38:38	44:45	15.538
92/93	BL	**1.**	48:20	63:30	19.177
93/94	BL	**8.**	36:32	51:44	21.873
94/95	BL	**2.**	48:20	70:39	21.885
95/96	BL	**9.**	44	39:42	24.682
96/97	BL	**8.**	48	53:52	28.469
97/98	BL	**7.**	50	43:47	26.815
98/99	BL	**13.**	38	41:47	26.420
99/00	BL	**9.**	47	65:52	27.706
00/01	BL	**7.**	53	53:48	29.023

enttäuschenden elften Platz heraus und verschliss nicht weniger als vier Trainer. In dem Stil ging es bis Ende der 70er weiter. Sportlich bekam Werder nur ganz selten etwas auf die Reihe, während die Schulden wuchsen und die Fans immer spärlicher ins Weserstadion pilgerten. 1980 war schließlich das Ende der Fahnenstange erreicht: Nach einer wahren Horror-Saison mit 93 Gegentoren stiegen die Bremer in die Zweite Liga Nord ab.

Doch der vermeintliche Absturz erwies sich im Nachhinein als Glücksgriff: Werders Neuanfang und -aufbau gelang ebenso wie die sofortige Rückkehr in die Bundesliga, und 1982 hatte man sich als einer der besten Aufsteiger aller Zeiten bereits wieder in der nationalen Spitze zurückgemeldet. Als Vater des Aufschwungs galt dabei Otto Rehhagel, der in Bremen vom vielfach gefeuerten Feuerwehrmann zum Erfolgstrainer mutierte und unter dessen Regie stets einstellige Tabellenplätze belegte. Nach und nach verwandelte der ehrgeizige Coach, der ein besonderes Gespür dafür besaß, abgetakelte Altstars zu reaktivieren und zu alter Klasse zurückzuführen, aber auch eine Vielzahl junger Talente hervorbrachte, die biedere Werder-Truppe in eine echte Spitzenmannschaft, die sich alsbald auch auf europäischer Bühne anschicken sollte, für Furore zu sorgen. Drei Vizemeisterschaften folgte in der Saison 87/88 der langersehnte zweite Meistertitel. Tragende Säulen waren damals Spieler wie Reck, Bratseth, Borowka, Otten und Votava, während im Offensivbereich die Herren Meier, Neubarth, Riedle, Ordenewitz und Veteran Manni Burgsmüller wirbelten. 1993 waren es dann in erster Linie der Österreicher Herzog und der Neuseeländer Rufer, die die Glanzlichter setzten, dank derer sich König Otto über seine dritte Schale freuen konnte. In der damaligen Zeit gehörte der SV Werder zu den eifrigsten Titelsammlern im Lande, wurde zweimal DFB-Pokalsieger und errang im Mai 1992 durch ein 2:0 gegen den AS Monaco sogar den Europapokal der Pokalsieger.

Nach dem Abschied Rehhagels, den es ausgerechnet zum Konkurrenten Bayern München zog, wurde es ruhiger um den Verein. Weder Aad de Mos und Dixie Dörner noch Wolfgang Sidka oder Felix Magath vermochten das schlingernde Werder-Schiff wieder in erfolgreichere Gewässer zu manövrieren. Erst unter dem ehemaligen Abwehrrecken Thomas Schaaf wurde es besser, gerechter Lohn: Pokaltitel Nr. Vier, errungen gegen den FC Bayern.

1. LIGA

Höchste Siege: 8:1 vs. Offenbach (26.11.83) (H)
7:0 in M'gladbach (30.4.66) (A)
Höchste Niederlagen: 1:7 vs. M'gladbach (21.3.87) (H)
2:9 in Frankfurt (14.1.81) (A)

REKORDSPIELER		REKORDSCHÜTZEN	
Dieter Burdenski (72-88)	**444**	Frank Neubarth (82-96)	**97**
Horst-Dieter Höttges (64-78)	**420**	Rudi Völler (82-87)	**97**
Dieter Eilts (86-01)	**386**	Marco Bode (89-01)	**94**
Werner Görts (66-78)	**363**	Werner Görts (66-78)	**73**
Karl-Heinz Kamp (70-84)	**361**	Arnold Schütz (63-72)	**69**
Mirko Votava (85-97)	**357**	Uwe Reinders (77-85)	**67**
Marco Bode (89-01)	**348**	Norbert Meier (81-90)	**66**
Oliver Reck (87-98)	**345**	Wynton Rufer (89-95)	**59**
Frank Neubarth (82-96)	**317**	Andreas Herzog (92-01)	**57**
Thomas Wolter (84-98)	**312**	Jürgen Röber (74-80)	**57**

2. LIGA

Höchste Siege: 6:0 vs. Aachen (7.4.81) (H)
4:1 in Osnabrück (15.2.81) (A)
Höchste Niederlagen: 1:2 vs. Bocholt (9.8.80) (H)
0:2 in Aachen (5.9.80) (A)

REKORDSPIELER		REKORDSCHÜTZEN	
Klaus Fichtel (80-81)	**42**	Erwin Kostedde (80-81)	**29**
Erwin Kostedde (80-81)	**42**	Norbert Meier (80-81)	**16**
Jonny Otten (80-81)	**41**	Uwe Reinders (80-81)	**16**
Norbert Siegmann (80-81)	**40**	Benno Möhlmann (80-81)	**13**
Karl-Heinz Kamp, Norbert Meier	**39**	K.-H. Kamp, Norbert Siegmann	**4**

OSC BREMERHAVEN

(Olympischer Sport-Club Bremerhaven von 1972 e.V.)

Gründung: 14. Februar 1972 (1893)
Farben: Rot-Weiß
Stadion: Nordseestadion (10.000)

Am Stadion 10, 27580 Bremerhaven
Tel: 0471-87071, Fax: 0471-805751
www.osc-bremerhaven.de

	Liga	Platz	Punkte	Tore	Zuschauer
(63-74: RL Nord)					
(74-77: AOL Nord)					
77/78	2.BL	**19.**	32:44	61:88	2.973
(78/79: AOL Nord)					
79/80	2.BL	**18.**	27:49	52:79	2.116
(80-85: AOL Nord)					
(85-88, 90/91 + 96-01: VL Bremen)					
(88-90 + 91-96: LL Bremen)					

Armes Bremerhaven! 93 gibt es nicht mehr, der OSC dümpelt im Verbandsliga-Niemandsland, auch Hoffnungsträger FCB hat aufgegeben. Dabei fing es '72 so toll an: Großverein OSC stürmte im Sauseschritt in Liga 2, wo allerdings rasch wieder Schluss war. Zwei gescheiterte Versuche hinterließen einen Schuldenberg und so schlossen sich 1992 die OSC-Leistungskicker dem VfB Lehe an, der anschließend unter dem Namen FCB immerhin kurz in der Regionalliga spielte.

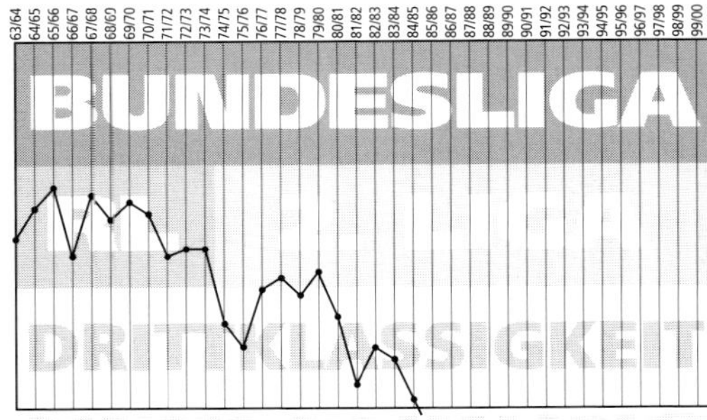

2. LIGA

Höchste Siege: 4:0 vs. Aachen (10.5.80) (H)
4:0 bei OSV Hannover (16.3.80) (A)
Höchste Niederlagen: 1:4 vs. Bielefeld (10.11.79) (H)
1:7 in Uerdingen (9.10.77) (A)

REKORDSPIELER		REKORDSCHÜTZEN	
Mohammed Amiq (77-80)	**66**	Mohammed Amiq (77-80)	**14**
Uwe Dreyer (77-80)	**65**	Volker Ohling (77-78)	**12**
Erich Busch (77-80)	**61**	Vitomir Rogoznica (77-78)	**12**
Peter Freund (77-80)	**61**	Paul Linz (79-80)	**11**
Manfred Gräber (77-80)	**55**	Bernd Brexendorf (77-78)	**8**

VFR BÜRSTADT

(Verein für Rasensport Bürstadt 1910 e.V.)

Postfach 1323, 68638 Bürstadt
Tel/Fax: 06206-71172

Gründung: 1. Februar 1910
Farben: Schwarz-Weiß
Stadion: Robert-Kölsch-Stadion (12.000)

	Liga	Platz	Punkte	Tore	Zuschauer
(63-67, 68-72 + 74-77: AL Hessen)					
(67/68: VL Hessen-Süd)					
(72-74: RL Süd)					
77/78	2.BL	**18.**	25:51	48:68	2.941
(78/79: AOL Hessen)					
79/80	2.BL	**14.**	37:43	57:68	3.300
80/81	2.BL	**13.**	37:39	54:66	2.689
(81-84: AOL Hessen)					
84/85	2.BL	**18.**	31:45	48:56	2.090
(85-93: AOL Hessen)					
(93-96 + 97-99: OL Hessen)					
(96/97 + 99-01: LL Hessen-Süd)					

Neben den vier Jahren, die die Hessen mit leidlichem Erfolg in der Zweiten Liga verbrachten, stellt das Erringen der Amateurmeisterschaft anno 1975 (3:0 vs. Victoria Hamburg) zweifelsfrei den größten Triumph dar. Ab der Mitte der 80er Jahre hielt sich der VfR dann lange tapfer in der Oberliga, in welche die junge Elf von Spielertrainer Rafael Sanchez nach einem dreijährigen Landesliga-Intermezzo in diesem Jahr auch wieder zurückkehrte.

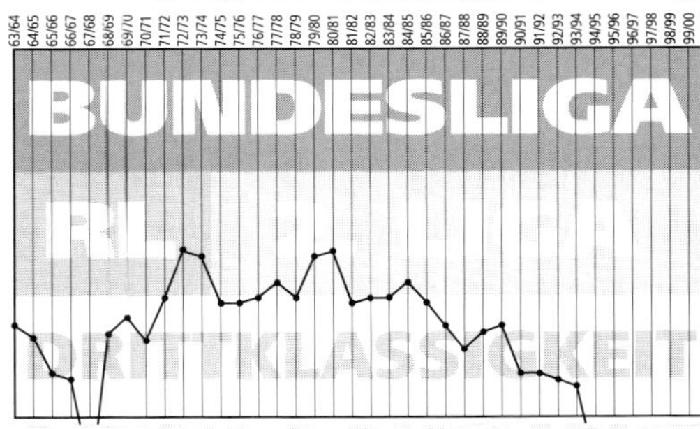

2. LIGA

Höchste Siege: 7:2 vs. Duisburg (8.9.84) (H)
9:0 in Pirmasens (22.4.78) (A)
Höchste Niederlagen: 1:4 vs. FSV Frankfurt (11.8.79) (H)
0:7 in Offenbach (31.3.78) (A)

REKORDSPIELER		REKORDSCHÜTZEN	
Horst Schauß (77-81)	**101**	Hans-Otto Jordan (77-81)	**27**
Gerhard Rohatsch (79-85)	**97**	Guido Stetter (77-81)	**22**
Franz Ludwig (79-85)	**95**	Gerhard Rohatsch (79-85)	**17**
Guido Stetter (77-81)	**95**	Karlheinz Walter (79-81)	**15**
Willi Reuter (79-85)	**82**	Reiner Lange (77-80)	**11**

SC CHARLOTTENBURG

(Sport-Club Charlottenburg-Berlin e.V.)

Gründung: 15. September 1902
Farben: Schwarz-Weiß
Stadion: Mommsenstadion (11.500)

Waldschulallee 34, 14055 Berlin
Tel: 030-3028434, Fax: 030-3062203
www.scc-berlin.de

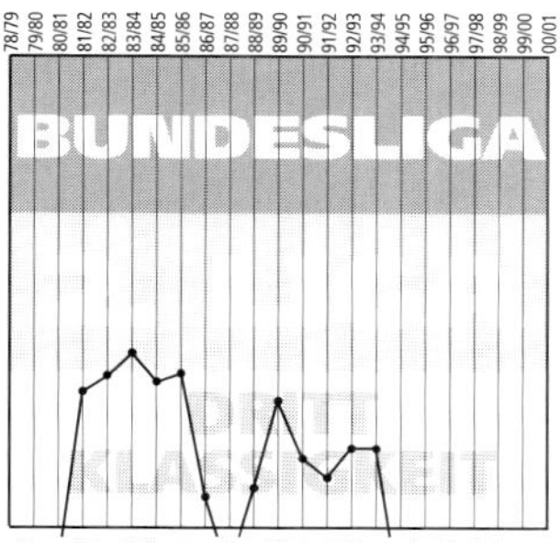

2. LIGA

Höchste Siege: 8:1 vs. Saarbrücken (20.5.84) (H)
2:1 in Osnabrück (12.2.84) (A)
Höchste Niederlagen: 0:3 vs. KSC (24.3.84) (H)
1:5 in Wattenscheid (31.3.84) (A)

REKORDSPIELER		REKORDSCHÜTZEN	
Jörg Gaedke (83-84)	**38**	Jörg Gaedke (83-84)	**15**
Andreas Köpke (83-84)	**38**	Thorsten Schlumberger (83-84)	**9**
Jürgen Schulz (83-84)	**36**	Robert Hanschitz (83-84)	**4**
Edmund Malura (83-84)	**34**	Bernd Vittinghoff (83-84)	**4**
Thorsten Schlumberger (83-84)	**34**	Frank Marczewski (83-84)	**3**

Der SC Charlottenburg war eieigentlich immer eher für seine Leichtathleten als seine Kicker bekannt. Doch am Anfang der 80er Jahre machten auch diese einmal von sich reden: Wie ein Hurrikan stürmten die jungen Talente durch die Ligen, eroberten die Oberliga Berlin im Sturm und zogen mit Hurra und Halali in die Zweite Liga ein. Doch trotz des Zukaufs einiger handverlesener Routiniers und einem Slobodan Cendic auf der Baank blieb es nur bei einem kurzen Ausflug, nach einem Jahr war der Spaß vorbei und die Fußballer spielten fortan wieder die zweite Geige im Verein. Daran hat sich bis heute eigentlich nicht viel geändert.

	Liga	Platz	Punkte	Tore	Zuschauer
(81-83: AOL Berlin)					
83/84	2.BL	**18.**	29:47	49:68	3.889
(84-87 + 88-91: AOL Berlin)					
(87/88: LL Berlin)					
(91-94: AOL Nordost-Mitte)					
(94-96 + 97-99: OL Nordost-Nord)					
(96/97: RL Nordost)					
(99-01: VL Berlin)					

CHEMNITZER FC

(Chemnitzer Fußball-Club e.V.)

Gründung: 15. Januar 1966 (1946)
Farben: Hellblau-Weiß
Stadion: Stadion an der Gellertstraße (15.000)

Reichenhainer Str. 154, 09125 Chemnitz
Tel: 0371-5615811, Fax: 0371-5615812
www.chemnitzerfc.de

TITEL
DDR-Meister 1967

	Liga	Platz	Punkte	Tore	Zuschauer
(63-70 + 71-90: OL der DDR)					
(70/71: DDR-Liga, Staffel Süd)					
(90/91: OL Nordost)					
91/92	2.BL	**4.**	36:28	35:50	4.541
92/93	2.BL	**7.**	50:42	64:56	3.522
93/94	2.BL	**9.**	39:37	34:44	3.116
94/95	2.BL	**12.**	32:36	44:49	4.276
95/96	2.BL	**15.**	42	43:51	3.989
(96-99: RL Nordost)					
99/00	2.BL	**11.**	43	42:49	7.600
00/01	2.BL	**18.**	16	24:78	4.171

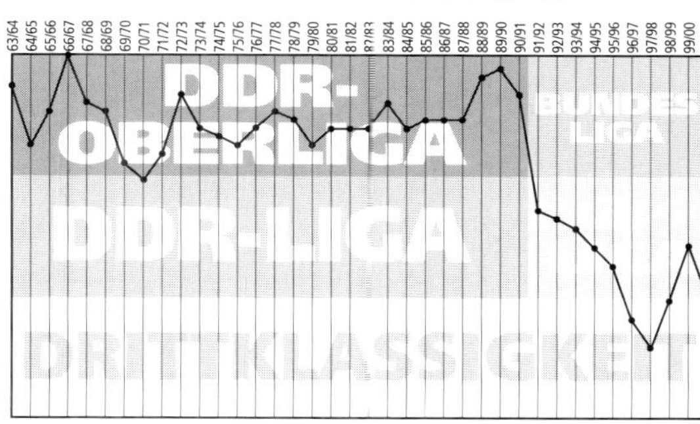

Just zu dem Zeitpunkt, da der Fußball in Karl-Marx-Stadt wie in der gesamten DDR einem staatlich verordneten Umstrukturierungsprozess unterlag, steuerte der am 15. Januar 1966 höchst offiziell in »FC Karl-Marx-Stadt« umbenannte bzw. ausgegliederte Verein auf den bisherigen Höhepunkt seiner Geschichte zum, die im Übrigen im Jahre 1920 mit der Gründung des Polizei-Sportvereins Chemnitz begonnen hatte. Aber das nur am Rande. In die Spielzeit 66/67 gingen die Karl-Marx-Städter jedenfalls einmal mehr als krasser Außenseiter, als besserer Punktelieferant für die wirklichen Favoriten, die da Jena, Leipzig und Vorwärts Berlin hießen. Doch sollten die Mannen von Coach Horst Scherbaum in diesen Monaten über sich hinauswachsen. Der FCK erwischte einen Traumstart und ließ sich trotz einiger Durchhänger bis zum Saisonende nicht mehr vom begehrten Platz an der Sonne vertreiben. Zum ersten Male war Karl-Marx-Stadt »richtig« Meister der DDR geworden. Die in der zweiten Hälfte der 50er

Jahre errungenen drei Titel zählten nicht, zeichnete doch schließlich der SC Wismut Aue für sie verantwortlich, der allein aus politischen Gründen kurzzeitig den Namen »Karl-Marx-Stadt« im Wappen trug. Erstmals traten die Mittelsachsen nun im Europapokal an, bekamen es im Landesmeister jedoch gleich mit einem dicken Brocken, dem RSC Anderlecht, zu tun, und scheiterten mit 1:3 (vor 45.000 Zuschauern!) und 1:2.

Nach dem sensationellen Titelgewinn war die Erfolgsgeschichte der Himmelblauen dann aber auch schon wieder fürs Erste beendet, nur einen Sommer tanzte der FCK an der Spitze. Zwar sollte man die »Großen« im Laufe der Jahre noch häufig ärgern, vor allem im heimischen Dr.-Kurt-Fischer-Stadion war Karl-Marx-Stadt lange Zeit eine Macht, doch musste man sich fortan eher nach unten denn nach oben orientieren. Der vorläufige Tiefpunkt war in der Saison 69/70 erreicht: Gemeinsam mit Stahl Eisenhüttenstadt stieg der allzuoft überheblich agierende FCK in die DDR-Liga ab. Ein lehrreicher, ein heilsamer Schock - mit einer stark verjüngten Elf gelang den Himmelblauen gleich der erhoffte Wiederaufstieg. In der Oberliga setzte sich das Team nun auf Dauer fest, pendelte in den 70er und 80er Jahren jedoch beständig zwischen den Positionen sieben und elf - mehr war für den reinen Fußballverein, der ohne die Unterstützung eines Kombinats auskommen musste, beim besten Willen nicht drin. Zweimal erreichten die Mittelsachsen in dieser Zeit das Endspiel um den FDGB-Pokal, zogen dort jedoch sowohl 1983 gegen den 1.FC Magdeburg (0:4) als auch 1989 gegen Dynamo Berlin (0:1) den Kürzeren. Zweimal sollten sich die Himmelblauen unter der Regie von Hans Meyer auch noch für den Europacup qualifizieren: 1989, als Vizemeister der letzten regulären DDR-Saison, erreichte der FCK die dritte Runde gegen Juventus Turin, wohingegen man ein Jahr später, nun schon als CFC, in Runde eins zweimal 0:2 gegen den BVB verlor. Immerhin qualifizierte sich Chemnitz halbwegs souverän für die Zweite Liga, der man von allen Ostklubs - sieht man einmal von Hansa Rostock ab - am längsten angehörte. Im Frühjahr 1993 bestand dann sogar noch einmal die Chance auf einen veritablen Titel und den Einzug in den Europapokal, doch nach dem tollen Sieg über Meister Bremen vergurkten die Chemnitzer das DFB-Pokal-Halbfinale mit 1:2 gegen die Amateure von Hertha BSC Berlin. Dies bedeutete mithin auch das Ende der Ära Meyer. Drei Jahre später stieg der CFC zum ersten Male in seiner Vereinsgeschichte in die Drittklassigkeit ab, in die man nach einem nur zweijährigen Intermezzo im Unterhaus des deutschen Fußballs mittlerweile auch schon wieder zurückgekehrt ist.

2. LIGA

Höchste Siege: 5:0 vs. Greuther Fürth (3.12.99) (H)
5:2 bei Mainz 05 (9.4.95) (A)
Höchste Niederlagen: 0:4 vs. Wolfsburg (12.4.96) (H)
0:5 in Rostock (14.11.94) (A)

REKORDSPIELER		REKORDSCHÜTZEN	
Ulf Mehlhorn (91-01)	**204**	Steffen Heidrich (91-93)	**29**
Thomas Laudeley (91-01)	**184**	Silvio Meißner (93-96)	**21**
Torsten Bittermann (91-01)	**183**	Thorsten Boer (91-93)	**17**
Olaf Renn (91-01)	**166**	Steven Zweigler (92-95)	**17**
Sven Köhler (91-01)	**125**	Sixten Veit (92-95)	**16**
Heiko Gerber (91-96)	**119**	Torsten Gütschow (95-96)	**15**
Lutz Wienhold (92-00)	**105**	Olaf Renn (91-01)	**14**
Holger Hiemann (91-95)	**91**	Lutz Wienhold (92-00)	**12**
Silvio Meißner (93-96)	**89**	Ervin Skela (99-01)	**11**
Sixten Veit (92-95)	**89**	Marco Dittgen (99-01)	**10**

ENERGIE COTTBUS

(Fußball-Club Energie Cottbus)

Gründung: 31. Januar 1966
Farben: Rot-Weiß
Stadion: Stadion der Freundschaft (21.000)

Stadion der Freundschaft, 03042 Cottbus
Tel: 0355-756950, Fax: 0355-713026
www.fcenergie.de

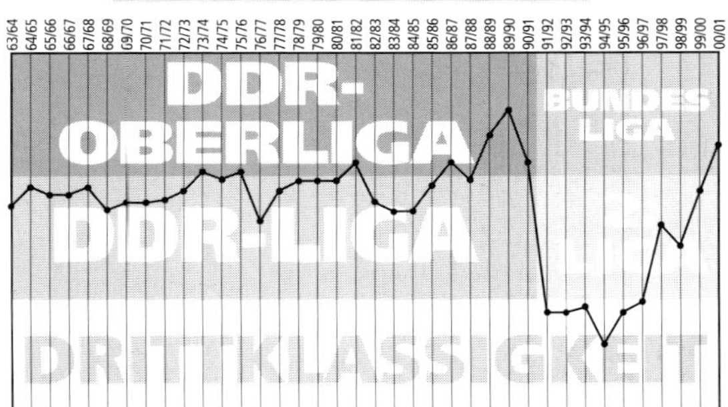

Im April des Jahres 1963 erhielt Cottbus nicht nur ein schmuckes Leistungssportzentrum, sondern mit dem SC Aktivist Brieske-Senftenberg auch gleich noch einen Absteiger aus der Oberliga, dessen Kicker sich sogleich dem flugs aus der Taufe erhobenen SC Cottbus anschlossen bzw. angeschlossen wurden. Eine Dekade lang schnupperte der 1966 in BSG Energie umbenannte Verein hartnäckig am Wiederaufstieg, doch die DDR-Liga, Staffel A, verließen die Lausitzer schließlich erst im Sommer 1973.

Die Freude über den Aufstieg währte indes nicht allzu lange. Die beachtlichen 9.000 Fans, die durchschnittlich die Heimspiele verfolgten, bekamen keinen einzigen Sieg zu sehen, dafür aber teilweise happige Schlappen wie ein 0:7 gegen Lok Leipzig. Da man sich auch auswärts nicht gerade als Wunderteam hervortat, standen am Ende der Saison 10:42 Punkte und der letzte Platz zu Buche. Sehr viel mehr war auch im zweiten Anlauf, der bereits in der übernächsten Saison erfolgte, nicht drin. Diesmal ergatterte man immerhin zwölf Pluspünktchen, und am 17. April 1976 konnten sich die Anhänger der Ro-Weißen tatsächlich über einen Heimsieg, ein 1:0 gegen Chemie Halle, freuen.

Nach diesen beiden leidlich erfolgreichen Versuchen, in der Oberliga Fuß zu fassen, mussten sich die Lausitzer bis zum Anfang der 80er Jahre gedulden. Von 1979 bis 1981 erreichten die Energie-Kicker jeweils die Aufstiegsrunde, schafften den Sprung in die Oberliga aber schließlich erst im dritten Anlauf. Doch welch Jammer, erneut blieb es nur bei einem einjährigen Intermezzo im Oberhaus des DDR-Fußballs. Zwar ließ die BSG erstmals einen Verein hinter sich (Chemie Buna Schkopau) und feierte gar zwei Heimsiege (3:2 gegen Aue, 4:3 gegen Frankfurt), doch elf Punkte waren zum Klassenerhalt natürlich viel zu wenig. Danach sah es für kurze Zeit so aus, als würden die Cottbusser in die Bezirksliga durchgereicht. Erst nach einem Trainerwechsel - Fritz Bohla ersetzte den glücklosen Günter Guttmann - bekam Energie noch die Kurve.

1986 war es dann mal wieder so weit: Als Vizemeister der Staffel A stieg die Fahrstuhltruppe zum vierten Mal in die Oberliga auf und obwohl man es zwischenzeitlich gar auf einstellige Tabellenplätze schaffte, sprang am Ende wieder nur ein 13. Rang (Heimsiege: 3) heraus. Aber diesmal war's ein Knäpperchen: Union Berlin lag nur um einen Punkt besser, Stahl Riesa gar nur um ein gutes Dutzend Tore.

Energie - kein Wunder bei dem Namen - ließ nicht locker. 1988 war das Stehaufmännchen des DDR-Fußballs als überlegener DDR-Liga-Meister schon wieder in die Oberliga zurückgekehrt. Und diesmal geschah das Wunder: Cottbus schaffte den Klassenerhalt, dank acht (!) Heimsiegen sogar relativ locker. Über 13.000 Zuschauer erfreuten sich in dieser Saison durchschnittlich an den heldenhaften Taten der BSG Energie. Im nächsten Jahr kam's noch doller: Im Stadion der Freundschaft verloren die Lausitzer kein einziges Spiel und belegten mit einem positiven Punktekonto am Ende gar den siebten Platz. Als es dann im Folgejahr aber um die Wurst der Qualifikation für die beiden ersten Bundesligen ging, ging Energie der Saft aus und beendete die Saison auf dem üblichen 13. Platz.

Erstmals war Cottbus nun drittklassig. Doch obwohl die Mannschaft fast komplett auseinanderbrach, hielt sich der am 1. Juli 1990 in FC Energie umbenannte Verein in der Spitzengruppe der Oberliga Nordost (Mitte). Der erste ernsthafte Aufstiegsversuch in die Zweite Liga scheiterte 1994, in der nächsten Saison verpflichtete Energie Ex-Nationalcoach Ede

Mit vereinten Kräften klären die Cottbusser Tomislav Piplica, Rudi Vata und Jörg Scherbe hier vor den Schalkern Sand (l.) und Hajto.

Geyer. Ein Glücksgriff. Dank einer fast schon unheimlichen Serie von 57 Pflichtspielen ohne Niederlage ging das Jahr 1997 in die Vereinsannalen ein, zumal man neben dem Aufstieg dann auch noch den Einzug ins Pokalfinale gegen den VfB Stuttgart (0:2) feiern konnte. Dann trat ein, was zuvor kaum einer für möglich gehalten hatte: Die Zweite Liga stellte für Energie nur eine Durchgangsstation dar, im Sommer 2000 war der Aufstieg in die bundesdeutsche Eliteklasse perfekt. Und als Krönung dieser sensationellen Erfolgsgeschichte schaffte die anfangs oft belächelte Multi-Kulti-Truppe aus der Lausitz dann sogar tatsächlich den Klassenerhalt. Gleich im allerersten Anlauf. Und das, obwohl man den 13. Platz gleich um zwei Punkte verfehlte...

BUNDESLIGATRAINER
Eduard Geyer (7/00-7/01)

	Liga	Platz	Punkte	Tore	Zuschauer
(63-73: DDR-Liga, Staffel Nord/B)					
73/74	OL	**14.**	10:42	16:58	8.692
(74/75: DDR-Liga, Staffel D)					
75/76	OL	**14.**	12:40	23:63	5.462
(76-81: DDR-Liga, Staffel D)					
81/82	OL	**13.**	11:41	21:62	7.423
(82-86: DDR-Liga, Staffel B/A)					
86/87	OL	**13.**	18:34	19:45	8.931
(87/88: DDR-Liga, Staffel A)					
88/89	OL	**10.**	23:29	29:41	13.092
89/90	OL	**7.**	27:25	36:37	11.055
90/91	OL	**13.**	16:36	21:38	6.029
(91-94: AOL Nordost-Mitte)					
(94-97: RL Nordost)					
97/98	2.BL	**8.**	45	38:36	8.632
98/99	2.BL	**11.**	41	48:42	7.671
99/00	2.BL	**3.**	58	62:42	10.392
00/01	BL	**14.**	39	38:52	16.068

1. LIGA

Höchste Siege: 4:1 vs. Schalke (3.2.01) (H)
3:1 in Leverkusen (23.3.01) (A)
Höchste Niederlagen: 1:4 vs. BVB (18.8.00) (H)
0:4 beim 1.FC Köln (28.4.01) (A)

REKORDSPIELER		**REKORDSCHÜTZEN**	
Tomislav Piplica (00-01)	**34**	Vasile Miriuta (00-01)	**11**
Bruno Akrapovic (00-01)	**30**	Antun Labak (00-01)	**7**
Antun Labak (00-01)	**30**	Franklin Bitencourt (00-01)	**4**
Rudi Vata (00-01)	**30**	Sebastian Helbig (00-01)	**4**
A. Kobylanski, V. Miriuta (00-01)	**29**	Andrzej Kobylanski (00-01)	**3**

2. LIGA

Höchste Siege: 5:0 vs. Uerdingen (17.6.99) (H)
4:0 in Oberhausen (22.8.99) (A)
Höchste Niederlagen: 0:3 vs. St. Pauli (9.5.99) (H)
1:4 beim 1.FC Köln (18.12.99) (A)

REKORDSPIELER		**REKORDSCHÜTZEN**	
Detlef Irrgang (97-00)	**84**	Antun Labak (97-00)	**24**
Witold Wawrzyczek (97-00)	**81**	Franklin Bitencourt (98-00)	**17**
Antun Labak (97-00)	**79**	Steffen Heidrich (98-00)	**13**
Mike Jesse (97-00)	**74**	Detlef Irrgang (97-00)	**13**
Tomislav Piplica (98-00)	**68**	Witold Wawrzyczek (97-00)	**10**

DARMSTADT 98

(Sportverein Darmstadt 1898 e.V.)

Gründung: 22. Mai 1898 (1919)
Farben: Blau-Weiß
Stadion: Böllenfalltor (24.000)

Nieder-Ramstädter-Str. 170, 64285 Darmstadt
Tel: 06151-666698, Fax: 06151-666699
www.sv98.de

	Liga	Platz	Punkte	Tore	Zuschauer
(63/64: AL Hessen)					
(64-70: RL Süd)					
(70/71: AL Hessen)					
(71-74: RL Süd)					
74/75	2.BL	**10.**	39:37	68:62	4.555
75/76	2.BL	**7.**	43:33	76:64	4.086
76/77	2.BL	**6.**	46:30	68:48	3.735
77/78	2.BL	**1.**	58:18	90:43	5.866
78/79	BL	**18.**	21:47	40:75	14.585
79/80	2.BL	**4.**	48:32	81:42	4.460
80/81	2.BL	**1.**	55:21	85:42	6.737
81/82	BL	**17.**	21:47	46:82	12.508
82/83	2.BL	**7.**	43:34	77:61	5.137
83/84	2.BL	**12.**	35:41	48:72	3.995
84/85	2.BL	**15.**	35:41	2:64	3.707
85/86	2.BL	**10.**	41:35	63:57	3.775
86/87	2.BL	**4.**	47:29	72:48	4.711
87/88	2.BL	**3.**	47:29	48:32	5.405
88/89	2.BL	**11.**	37:39	56:57	3.982
89/90	2.BL	**16.**	33:43	43:55	3.545
90/91	2.BL	**17.**	33:43	46:54	4.255
91/92	2.BL	**2.**	31:33	41:49	4.592
92/93	2.BL	**24.**	32:60	43:79	2.790
(93/94: AOL Hessen)					
(94-98: RL Süd)					
(98/99: OL Hessen)					
(99-01: RL Süd)					

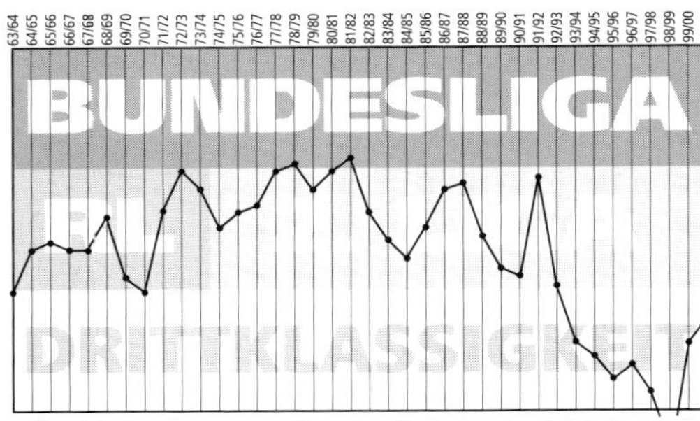

1. LIGA

Höchste Siege: 3:0 vs. Bremen (26.5.79) (H)
2:0 in Duisburg (15.5.82) (A)
Höchste Niederlagen: 1:7 vs. VfB Stuttgart (9.6.79) (H)
1:6 beim HSV (14.11.81) (A)

REKORDSPIELER		REKORDSCHÜTZEN	
Edwin Westenberger (78-82)	**64**	Peter Cestonaro (78-82)	**21**
Dieter Rudolf (78-82)	**58**	Bodo Mattern (81-82)	**13**
Uwe Hahn (78-82)	**57**	Uwe Hahn (78-82)	**10**
Peter Cestonaro (78-82)	**56**	Guido Stetter (81-82)	**7**
Willibald Weiss (78-82)	**46**	Walter Bechtold (78-79)	**5**

Der Stern des SV Darmstadt 98, eines Vereins, der stets im Schatten von Größen wie Eintracht Frankfurt, Kickers Offenbach oder auch Waldhof Mannheim zu kicken hatte, ging Anfang der 70er Jahre auf. Zum vierten Male errangen die »Lilien« 1971 den Titel des Hessenmeisters und schafften somit den direkten Wiederaufstieg in die Regionalliga Süd. Unter der Regie von Udo Klug machte man bereits zwei Jahre später die Meisterschaft in der Regionalliga und damit die Teilnahme an der Aufstiegsrunde zur Bundesliga klar, in welcher jedoch an Rot-Weiß Essen kein Weg vorbeiführte.

Auch in der Zweiten Liga mischten die Darmstädter stets auf den vorderen Plätzen mit und stiegen 1978 nach einer furiosen Saison gemeinsam mit dem 1.FC Nürnberg in die Bundesliga auf. Im Oberhaus wurde den anfangs von Lothar Buchmann trainierten »Feierabendprofis« die fehlende Erfahrung und Cleverness zum Verhängnis. Obwohl man spielerisch gut mithalten konnte, stand am Ende nur der 18. Platz zu Buche. Nach einer tollen Spielzeit, die erneut von der Meisterschaft in der Süd-Liga gekrönt wurde, unternahmen die Lilien einen erneuten Anlauf, dem jedoch nicht mehr Erfolg beschieden war. Mit einem Schuldenberg im Rücken stieg Darmstadt gleich wieder ab. Einmal besaß der Klub dann noch die Chance, im Konzert der Großen mitzumischen, verlor 1988 jedoch das dritte und entscheidende Relegationsspiel gegen Waldhof Mannheim mit 4:5 nach Elferschießen. Es folgten schwere Zeiten, sportlich wie finanziell. Während der drohende Konkurs abgewendet werden konnte, stieg Darmstadt 1993 in die Oberliga ab. Fünf Jahre später landeten die Lilien gar in der Viertklassigkeit, dies jedoch zum Glück nur interimsweise.

BUNDESLIGATRAINER

Lothar Buchmann (7/78-4/79)
Klaus Schlappner (4/79-6/79)
Werner Olk (7/81-3/82)
Manfred Krafft (3/82-6/82)

2. LIGA

Höchste Siege: 8:0 vs. Salmrohr (30.5.87) (H)
7:1 in Homburg (2.11.80) (A)
Höchste Niederlagen: 1:5 vs. Fort. Köln (31.3.84) (H)
0:6 bei Stut. Kickers (21.2.76) (A)

REKORDSPIELER		REKORDSCHÜTZEN	
Oliver Posniak (80-89)	**290**	Uwe Kuhl (82-90)	**69**
Edwin Westenberger (74-84)	**281**	Peter Cestonaro (76-83)	**68**
Dieter Rudolf (74-84)	**265**	Walter Bechtold (74-80)	**48**
Rafael Sanchez (83-93)	**231**	Manni Drexler (74-78)	**43**
Willi Wagner (74-83)	**223**	Bruno Labbadia (84-87)	**43**
Freddy Heß (87-93)	**218**	Horst Neumann (79-81)	**38**
Wilhelm Huxhorn (84-93)	**214**	Henrik Eichenauer (87-93)	**35**
Uwe Kuhl (82-90)	**199**	Rainer Künkel (74-76)	**29**
Volker Kispert (83-90)	**194**	Michael Blättel (88-91)	**28**
Willibald Weiß (74-81)	**191**	Bernhard Trares (85-89)	**28**

BORUSSIA DORTMUND

(Ballspielverein Borussia 1909 Dortmund e.V.)

Gründung: 19. Dezember 1909
Farben: Schwarz-Gelb
Stadion: Westfalenstadion (68.600)

Strobelallee, Postfach 100 509, 44005 Dortmund
Tel: 0231-90200, Fax: 0231-9020105
www.borussia-dortmund.de

	Liga	Platz	Punkte	Tore	Zuschauer
63/64	BL	**4.**	33:27	73:57	22.113
64/65	BL	**3.**	36:24	67:48	24.078
65/66	BL	**2.**	47:21	70:36	24.906
66/67	BL	**3.**	39:29	70:41	26.104
67/68	BL	**14.**	31:37	60:59	21.877
68/69	BL	**16.**	30:38	49:54	23.096
69/70	BL	**5.**	36:32	60:67	18.703
70/71	BL	**13.**	29:39	54:60	17.974
71/72	BL	**17.**	20:48	34:83	16.011
		(72-74: RL West)			
74/75	2.BL	**6.**	46:30	65:44	23.568
75/76	2.BL	**2.**	52:24	93:37	26.884
76/77	BL	**8.**	34:34	73:64	43.187
77/78	BL	**11.**	33:35	57:71	37.805
78/79	BL	**12.**	31:37	54:70	27.941
79/80	BL	**6.**	36:32	64:56	34.243
80/81	BL	**7.**	35:33	69:59	33.120
81/82	BL	**6.**	41:27	59:40	27.848
82/83	BL	**7.**	39:29	78:62	26.031
83/84	BL	**13.**	30:38	54:65	20.306
84/85	BL	**14.**	30:38	51:65	24.512
85/86	BL	**16.**	28:40	49:65	22.573
86/87	BL	**4.**	40:28	70:50	32.129
87/88	BL	**13.**	29:39	51:54	27.921
88/89	BL	**7.**	37:31	56:40	29.176
89/90	BL	**4.**	41:27	51:35	34.810
90/91	BL	**10.**	34:34	46:57	33.564
91/92	BL	**2.**	52:24	66:47	41.188
92/93	BL	**4.**	41:27	61:43	38.831
93/94	BL	**4.**	39:29	49:45	40.381
94/95	BL	**1.**	49:19	67:33	40.914
95/96	BL	**1.**	68	76:38	41.886
96/97	BL	**3.**	63	63:41	51.516
97/98	BL	**10.**	43	57:55	51.887
98/99	BL	**4.**	57	48:34	60.867
99/00	BL	**11.**	40	41:38	58.791
00/01	BL	**3.**	58	62:42	61.318

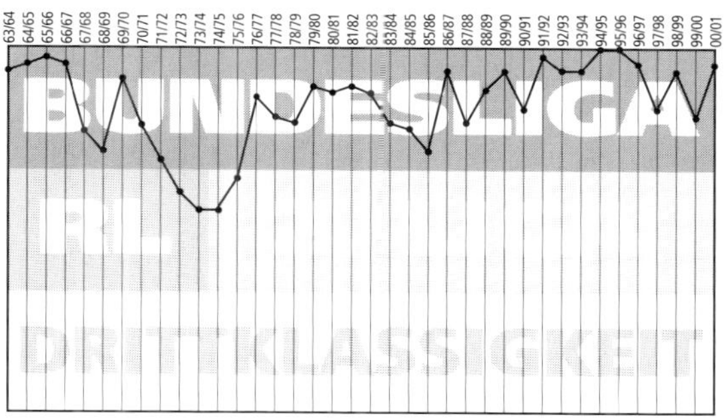

1. LIGA

Höchste Siege: 11:1 vs. Bielefeld (6.11.82) (H)
6:1 beim 1.FC Köln (23.8.94) (A)
Höchste Niederlagen: 1:5 vs. Bremen (4.9.71) (H)
0:12 bei M'gladbach (29.4.78) (A)

REKORDSPIELER		**REKORDSCHÜTZEN**	
Michael Zorc (81-98)	**463**	Manfred Burgsmüller (76-83)	**135**
Günter Kutowski (84-96)	**288**	Michael Zorc (81-98)	**131**
Lothar Huber (76-86)	**254**	Lothar Emmerich (63-69)	**115**
Stefan Klos (90-99)	**254**	Stéphane Chapuisat (91-99)	**102**
Eike Immel (78-86)	**247**	Andreas Möller (87-00)	**71**
Dieter Kurrat (63-72)	**247**	Sigfried Held (65-79)	**44**
Sigfried Held (65-79)	**230**	Timo Konietzka (63-65)	**42**
Andreas Möller (87-00)	**228**	Heiko Herrlich (95-01)	**41**
Manfred Burgsmüller (76-83)	**224**	Norbert Dickel (86-90)	**40**
Stéphane Chapuisat (91-99)	**218**	Michael Rummenigge (88-94)	**36**

Als es 1963 um die Auswahl der Vereine für die erste Bundesligasaison ging, gab es bei einem Bewerber überhaupt kein Vertun: Borussia Dortmund. Der Tabellenführer der ewigen Oberliga West hatte schließlich das letzte echte Endspiel um die »Deutsche« für sich entscheiden können, am 29. Juni bezwang der BVB den 1.FC Köln mit 3:1. Und so gehörten die Schwarz-Gelben in den ersten Jahren der neuen Spielklasse auch stets zu den großen Favoriten. Doch aus der Titelverteidigung wurde nichts, im ersten Jahr war Köln einfach zu stark, die Bierstädter landeten auf dem vierten Platz. In den nächsten beiden Spielzeiten lag die Meisterschaft dagegen in greifbarer Nähe, doch zweimal zog der BVB in einem entscheidenden Spitzenspiel kurz vor Saisonultimo den Kürzeren: Im Mai 1965 verlor man 0:3 in Bremen, ein Jahr später kostete ein 0:2 gegen 1860 München den Titel. Die zweite Niederlage war freilich zu verschmerzen, hatte Borussia doch wenige Tage zuvor als erste deutsche Mannschaft überhaupt einen Europapokal erringen können. Im Cup der Pokalsieger blieb der BVB mit 2:1 n.V. gegen den FC Liverpool siegreich. Auf nationaler Ebene ging es für den Vizemeister dagegen allmählich abwärts: Nach einem noch halbwegs akzeptablen dritten Rang geriet der BVB in der Saison 67/68 erstmals in akut abstiegsgefährdende Tabellenregionen, zudem gingen den Borussen mit Tilkowski, Schmidt, Libuda, Emmerich und Held allmählich immer mehr Leistungsträger verlustig - und adäquater Ersatz war nicht in Sicht. 1969 verbrauchte man drei Trainer und schrammte nur haarscharf am Abstieg in die Regionalliga vorbei. Immer weiter ging es nun bergab: Die Zuschauer blieben ob der kläglichen Leistungen der Kicker immer häufiger dem Stadion Rote Erde fern, Jahr für Jahr verlor die Mannschaft weiter an Substanz, während sich die Trainer die Klinke in die Hand gaben. Negativer Höhepunkt wie logische Folge dieser Entwicklung war der Abstieg, der am 28. Juni 1972 besiegelt war.

In der Regionalliga West ging es fast im gleichen Stil weiter. Der BVB krebste meilenweit vom Wiederaufstieg entfernt im Tabellenmittelfeld herum und verlor vor trister Kulisse Spiele gegen Mannschaften wie Arminia Gütersloh, 1.FC Mülheim-Styrum oder Rot-Weiß Lüdenscheid. Immerhin verbesserte sich die haarsträubende Finanzlage zum großen Glück der Borussen durch die Einführung der Zweiten Liga sowie die Vergabe der WM 1974 nach Deutschland: Mit dem Westfalenstadion erhielt der BVB ein wahres Schmuckkästchen.

Nun ließ auch der sportliche Aufschwung nicht länger auf sich warten und nach vier Jahren Abstinenz kehrte Dortmund 1976 wieder in die Bundesliga zurück.

Mit einem extrem begeisterungsfähigen Publikum im Rücken gehörten Abstiegssorgen fürs Erste der Vergangenheit an, der BVB orientierte sich im Gegenteil nach oben und verpasste zweimal nur nur knapp die Teilnahme am UEFA-Cup. 1982 war es dann allerdings so weit und die Schwarz-Gelben unternahmen einen kurzen Abstecher auf die internationale Bühne. Prompt ging es in der Bundesliga wieder abwärts, die Trainer lebten in Dortmund wieder gefährlicher und der BVB schlitterte in eine existentielle Krise, sportlich wie finanziell. 1986 wäre der Ofen um ein Haar aus gewesen - doch in der Relegation gegen Fortuna Köln rettete »Kobra« Wegmann in allerletzter Minute ein entscheidendes drittes Spiel, in dem die Dortmunder dann schließlich den Klassenerhalt klarmachen konnten.

Kurz darauf trat ein neuer Vorstand an, und dank der umsichtigen Arbeit von Dr. Rauball, Dr. Niebaum und Michael Meier gelang es dem Verein, seine Schulden allmählich abzubauen. Da passte es natürlich ganz gut ins Konzept, dass der BVB nach der Beinahe-Katastrophe gleich schon wieder eine sensationell gute Saison aufs Parkett legte und als Vierter den UEFA-Cup erreichte. Zwei Jahre später mussten die Dortmunder dann auch schon wieder ein Plätzchen in ihrem zwischenzeitlich doch arg verstaubten Trophäenschrank freimachen: In einem tollen Pokalfinale schlug der BVB Werder Bremen mit 4:1. Der Triumph von Berlin läutete eine neue Ära des Erfolgs ein, zu deren Perfektion freilich noch ein Mosaiksteinchen fehlte: Ottmar Hitzfeld. Der ehemalige Stuttgarter kam 1991 als relativ unbeschriebenes Trainerblatt nach Dortmund und verließ die Stadt sechs Jahre später (auch dies ein Rekord) im Triumph: Unter seiner Regie erreichte der BVB niemals eine schlechtere Platzierung als den vierten Rang, in seine Amtszeit fielen nicht nur zwei Meisterschaften (1995 und 1996), sondern mit dem Gewinn der Champions League am 28. Mai 1997 (durch ein 3:1 gegen Juventus Turin) auch der größte Erfolg der Vereinsgeschichte. Auch der Weltpokal soll an dieser Stelle nicht unter den Tisch fallen.

Als er den Dortmunder Trainerstuhl kurz nach dem historischen Sieg im Olympiastadion räumte, hatte er aus einem durchschnittlichen Bundesligaverein eine europäische Spitzenmannschaft gemacht - und ein Vakuum hinterlassen, das die Borussia vor einige Probleme stellen sollte. Weder Nevio Scala noch Michael Skibbe oder Bernd Krauss bekamen die hochbezahlten Starkicker so recht in den Griff, sodass ein eilends zu Hilfe gerufener Udo Lattek im Frühsommer 2000 gar den durchaus möglichen und zeitweise recht nahen Abstieg in die Zweite Liga verhindern musste. Mit Matthias Sammer, dem verlängerten Arm Hitzfelds in den Meisterjahren 1995 und 1996, scheint das Borussen-Schiff, das durch den Börsengang des Vereins mit einer ganzen Reihe von exzellenten (und exzellent teuren) Kickern besetzt werden konnte, nun wieder in erfolgreichere Gewässer zu schippern.

TITEL

Deutscher Meister 1956, 1957, 1963, 1995 und 1996
Deutscher Pokalsieger 1965 und 1989
Champions-League-Sieger 1997
Europapokal der Pokalsieger 1966
Weltpokal 1997
Deutscher Supercup 1989, 1995 und 1996
DFB-Hallen-Masters 1990, 1991, 1992 und 1999

BUNDESLIGATRAINER

Hermann Eppenhoff (7/63-6/65)
Willi Multhaup (7/65-6/66)
Heinz Murach (7/66-4/68)
Oswald Pfau (4/68-12/68)
Helmut Schneider (12/68-3/69)
Hermann Lindemann (3/69-6/70)
Horst Witzler (7/70-12/71)
Herbert Burdenski (1/72-6/72)
Otto Rehhagel (7/76-4/78)
Carl-Heinz Rühl (5/78-4/79)
Uli Maslo (4/79-6/79)
Udo Lattek (7/79-5/81)
Rolf Bock (5/81-6/81)
Branko Zebec (7/81-6/82)
Karlheinz Feldkamp (7/82-4/83)
Helmut Witte (4/83-6/83)
Uli Maslo (7/83-10/83)
Helmut Witte (10/83-10/83)
Hans-Dieter Tippenhauer (10/83-11/83)
Horst Franz (11/83-6/84)
Friedhelm Konietzka (7/84-10/84)
Erich Ribbeck (10/84-6/85)
Pal Csernai (7/85-4/86)
Reinhard Saftig (4/86-6/88)
Horst Köppel (6/88-6/91)
Ottmar Hitzfeld (7/91-6/97)
Nevio Scala (7/97-6/98)
Michael Skibbe (7/98-2/00)
Bernd Krauss (2/00-5/00)
Udo Lattek (5/00-6/00)
Matthias Sammer (7/00-...)

Dortmunds Kalle Riedle zieht ab, sein Schalker Kontrahent Yves Eigenrauch kommt zu spät.

2. LIGA

Höchste Siege: 7:0 vs. Leverkusen (20.12.75) (H)
4:0 in Oberhausen (8.3.75) (A)
Höchste Niederlagen: 1:3 vs. SW Essen (24.5.75) (H)
1:4 in Münster (26.5.76) (A)

REKORDSPIELER		REKORDSCHÜTZEN	
Lothar Huber (74-76)	**75**	Hans-Werner Hartl (74-76)	**23**
Horst Bertram (74-76)	**75**	Lothar Huber (74-76)	**18**
Hans-Joachim Wagner (74-76)	**71**	Egwin Wolf (74-76)	**16**
Mirko Votava (74-76)	**68**	Gerd Kasperski (75-76)	**15**
Hans-Gerd Schildt (74-76)	**67**	Burkhard Segler (74-76)	**14**

DYNAMO DRESDEN

(1. Fußball-Club Dynamo Dresden)

Gründung: 12. April 1953
Farben: Schwarz-Gelb
Stadion: Rudolf-Harbig-Stadion (29.900)

Lennéstr. 12, 01069 Dresden
Tel: 0351-439430, Fax: 0351-4394313
www.dynamo-dresden.de

BUNDESLIGATRAINER

Helmut Schulte (7/91-6/92)
Klaus Sammer (7/92-4/93)
Ralf Minge (4/93-6/93)
Sigfried Held (7/93-11/94)
Horst Hrubesch (11/94-3/95)
Ralf Minge (3/95-6/95)

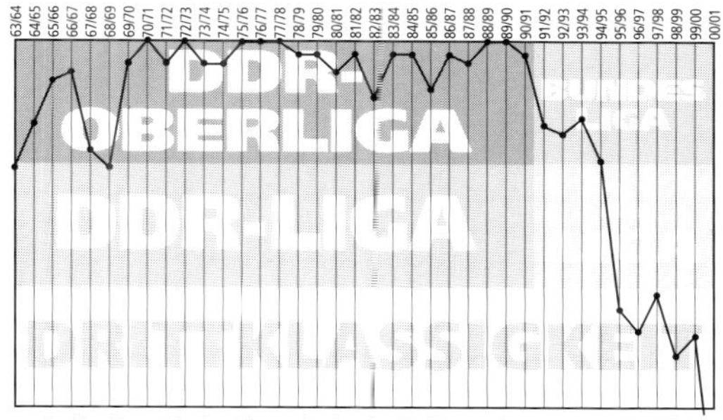

Es war nicht allein die attraktive Spielweise, dank derer der Dynamo Dresden zu einem der beliebtesten Klubs im Osten Deutschlands aufstieg, auch die Tatsache, dass man sich bald als Gegenspieler des so verhassten BFC Dynamo profilieren konnte, kam bei vielen Fans, die mit Dresden sonst wenig am Hut hatten, gut an. Dabei vermochte sich »DD« erst zu Beginn der 70er Jahre dauerhaft in der Oberliga der DDR zu etablieren. Der Garant für den Aufschwung nahm zur Jahresmitte 1969 erstmals auf dem Dresdner Trainerbänkchen Platz: Walter Fritzsch. Unter seiner fachkundiger Anleitung stieg Dynamo gleich wieder in die Oberliga auf und stellte dort als Dritter den ersten einer ganzen Reihe von Rekorden auf - besser schnitt nie ein Neuling ab. Dresden zeigte fortan »den schönsten, den attraktivsten und manchmal auch den erfolgreichsten Fußball« (Hubert Knobloch). Dem ersten Teil der Aussage des Radiomannes ist vorbehaltlos zuzustimmen, der letztere scheint doch ein wenig untertrieben, denn allein in den 70er Jahren stellte Dynamo eine Macht dar und eroberte nicht weniger als fünf Meistertitel. 1971 und 1977 gelang sogar das Double, unvergessen bleiben auch die zahlreichen Europacupschlachten, so z.B. die legendären Spiele gegen Bayern München im Herbst 1973 (3:4 und 3:3). Doch Ende der 70er erhielten die Sachsen einen schier übermächtigen Kontrahenten: den Berliner FC Dynamo, der von Stasi-Chef Erich Mielke protegiert bzw. gepusht wurde. Für die Schwarz-Gelben blieb vorerst nur die Rolle des Spielverderbers, denen man in den Endspielen um den FDGB-Pokal immerhin dreimal gerecht werden konnte. 1982, 1984 und 1985 verhinderte man in heldenhafter Manier ein mögliches »Doppel« des BFC.

Ende der 80er Jahre drehte Dresden dann noch einmal mächtig auf, eroberte zwei Meister- und einen Pokaltitel und drang 1989 bis ins Halbfinale des UEFA-Cups vor. Aus den Annalen des DDR-Fußballs verabschiedete sich Dynamo als Vizemeister und mit einem der zwei Tickets für die Bundesliga in der Tasche. Dort schaffte man dreimal mehr oder weniger sensationell den Klassenerhalt, bevor sich die finanzielle Schlinge der Misswirtschaft derart eng um den Hals des Vereins zog, dass der DFB dem sportlichen Absteiger denn gleich auch noch die Lizenz für die Zweite Liga verweigerte. Ein rasanter Absturz, der in der viertklassigen Oberliga ein vorläufiges Ende fand. Am fälligen Neuaufbau versuchten sich danach eine ganze Reihe von Trainern, jedoch bislang ohne durchschlagenden Erfolg. Leider.

TITEL

DDR-Meister 1953, 1971, 1973, 1976, 1977, 1978, 1989 und 1990
FDGB-Pokalsieger 1952, 1971, 1977, 1982, 1984, 1985 und 1990

	Liga	Platz	Punkte	Tore	Zuschauer
	(63/64: DDR-Liga, Staffel Süd)				
64/65	OL	**10.**	23:29	34:38	20.846
65/66	OL	**5.**	28:34	34:31	25.308
66/67	OL	**4.**	27:25	35:31	20.395
67/68	OL	**13.**	21:31	25:33	19.615
	(68/69: DDR-Liga, Staffel Süd)				
69/70	OL	**3.**	31:21	36:26	18.500
70/71	OL	**1.**	39:13	56:29	22.769
71/72	OL	**3.**	33:19	59:30	23.038
72/73	OL	**1.**	42:10	61:30	24.231
73/74	OL	**3.**	35:17	55:40	27.231
74/75	OL	**3.**	32:20	42:30	25.923
75/76	OL	**1.**	43:9	70:23	28.395
76/77	OL	**1.**	38:14	66:27	29.385
77/78	OL	**1.**	41:11	70:25	30.231
78/79	OL	**2.**	39:13	59:19	24.154
79/80	OL	**2.**	42:10	65:22	24.615
80/81	OL	**4.**	34:18	49:37	25.769
81/82	OL	**2.**	34:18	50:24	22.462
82/83	OL	**7.**	29:23	51:43	22.538
83/84	OL	**2.**	37:15	61:28	25.154
84/85	OL	**2.**	38:14	69:34	24.769
85/86	OL	**6.**	28:24	40:39	19.769
86/87	OL	**2.**	36:16	52:24	19.000
87/88	OL	**3.**	33:19	47:24	19.308
88/89	OL	**1.**	40:12	61:26	22.215
89/90	OL	**1.**	36:16	47:26	20.220
90/91	OL	**2.**	32:20	48:28	10.013
91/92	BL	**14.**	34:42	34:50	16.543
92/93	BL	**15.**	27:41	32:49	15.668
93/94	BL	**13.**	30:34	33:44	16.074
94/95	BL	**18.**	16:52	33:68	16.579
	(95-00: RL Nordost)				
	(00/01: OL Nordost-Süd)				

1. LIGA

Höchste Siege: 3:0 vs. Wattenscheid (14.9.91) (H)
3:1 in Düsseldorf (25.4.92) (A)
Höchste Niederlagen: 0:4 vs. Frankfurt (19.3.94) (H)
0:5 beim FC Bayern (22.8.93) (A)

REKORDSPIELER		REKORDSCHÜTZEN	
Matthias Maucksch (91-95)	**118**	Torsten Gütschow (91-93)	**12**
Detlef Schößler (91-95)	**113**	Olaf Marschall (93-94)	**11**
Hans-Uwe Pilz (91-95)	**107**	Uwe Jähnig (91-95)	**10**
Sven Kmetsch (91-95)	**93**	Dirk Zander (91-93)	**10**
Uwe Jähnig (91-95)	**84**	Johnny Ekström (94-95)	**7**

FORTUNA DÜSSELDORF

(Düsseldorfer Turn- und Sportverein Fortuna 1895 e.V.)

Gründung: 5. Mai 1895
Farben: Rot-Weiß
Stadion: Rheinstadion (55.850)

Flinger Broich 87, 40235 Düsseldorf
Tel: 0211-238010, Fax: 0211-232771
www.fortuna-duesseldorf.de

TITEL
Deutscher Meister 1933
Deutscher Pokalsieger 1979 und 1980
Deutscher Amateurmeister 1977

	Liga	Platz	Punkte	Tore	Zuschauer
	(63-71: RL West)				
71/72	BL	**13.**	30:38	40:53	14.784
72/73	BL	**3.**	42:26	62:45	25.763
73/74	BL	**3.**	41:27	61:47	23.751
74/75	BL	**6.**	41:27	66:55	20.225
75/76	BL	**12.**	30:38	47:57	16.487
76/77	BL	**12.**	31:37	52:54	18.252
77/78	BL	**5.**	39:29	49:36	20.171
78/79	BL	**7.**	37:31	70:59	15.413
79/80	BL	**11.**	32:36	62:72	16.352
80/81	BL	**13.**	28:40	57:64	14.880
81/82	BL	**15.**	25:43	48:73	13.211
82/83	BL	**9.**	30:38	63:75	11.986
83/84	BL	**14.**	29:39	63:75	18.574
84/85	BL	**15.**	29:39	53:66	10.610
85/86	BL	**14.**	29:39	54:78	8.379
86/87	BL	**17.**	20:48	42:91	9.772
87/88	2.BL	**5.**	46:30	63:38	5.626
88/89	2.BL	**1.**	49:27	85:52	8.522
89/90	BL	**9.**	32:36	41:41	18.779
90/91	BL	**12.**	32:36	40:49	15.378
91/92	BL	**20.**	24:52	41:69	12.775
92/93	2.BL	**21.**	34:58	45:65	5.739
	(93/94: AOL Nordrhein)				
94/95	2.BL	**3.**	43:25	51:35	8.877
95/96	BL	**13.**	40	40:47	21.427
96/97	BL	**16.**	33	26:57	19.240
97/98	2.BL	**7.**	46	52:54	5.848
98/99	2.BL	**18.**	28	35:59	5.934
	(99/00: RL West/SW)				
	(00/01: RL Nord)				

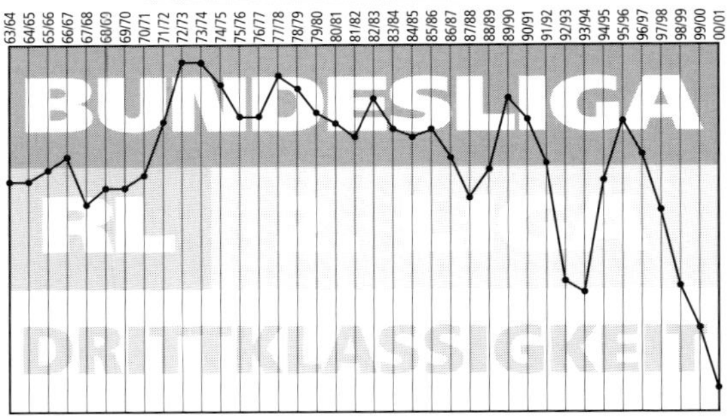

1. LIGA

Höchste Siege: 7:0 vs. BVB (23.9.83) (H)
6:1 in Darmstadt (16.9.78) (A)
Höchste Niederlagen: 0:7 vs. VfB Stuttgart (15.3.86) (H)
0:7 beim FC Bayern (6.2.82) (A)

REKORDSPIELER		REKORDSCHÜTZEN	
Gerd Zewe (72-87)	**440**	Klaus Allofs (75-81)	**71**
Sepp Weikl (77-87)	**303**	Reiner Geye (71-77)	**66**
Heiner Baltes (71-81)	**279**	Wolfgang Seel (73-82)	**59**
Wolfgang Seel (73-82)	**274**	Thomas Allofs (78-92)	**57**
Egon Köhnen (66-81)	**272**	Günter Thiele (79-86)	**44**
Rudi Bommer (76-85)	**264**	Gerd Zewe (72-87)	**41**
Ralf Dusend (77-87)	**239**	Ralf Dusend (77-87)	**40**
Dieter Brei (72-81)	**221**	Dieter Herzog (71-76)	**40**
Reiner Geye (71-77)	**195**	Gerd Zimmermann (74-80)	**40**
Wilfried Woyke (66-79)	**190**	Rudi Bommer, Atli Edvaldsson	**38**

Es mag ja durchaus Vereine geben, die zweimal in Folge aufsteigen. Und dann gibt es noch solche, die den Durchmarsch in umgekehrter Richtung schaffen. Doch in nur fünf Jahren von der Bundesliga in die Oberliga und gleich wieder retour - das kann nur Fortuna Düsseldorf. Wobei es dem Meister von 1933 auch durchaus zuzutrauen wäre, bei einem der nächsten Anläufe nach oben oder unten eine Spielklasse mal eben zu überspringen. In der ungeliebten Zweitklassigkeit der Regionalliga hatte man 1963 starten müssen, die Aufnahme in die Eliteliga blieb Fortuna als einem der »Härtefälle« (O-Ton DFB) verwehrt. Das tat weh, zumal mit Köln und Meiderich zwei Vereine aus unmittelbarer Nachbarschaft mittun durften und der ruhmreiche Pokalfinalist von 1962 nicht.

Nachdem die Düsseldorfer ausgeschmollt hatten, besannen sie sich wieder auf den Fußballsport, den sie ja in durchaus gefälliger Form zu praktizieren wussten. Dummerweise stand ihren Aufstiegsbemühungen zunächst stets mindestens ein starker Konkurrent im Wege, erst im dritten Anlauf fluppte es endlich mit der Bundesliga. Für die Elf von Kuno Klötzer blieb es jedoch vorerst nur ein einjähriges Gastspiel, zu groß war der Mangel an Erfahrung und Cleverness. Erst im Jahre 1971 kamen sich die mittlerweile von Heinz Lucas trainierte Fortuna und die Bundesliga wieder näher, und beim zweiten Versuch zeigte man sich gewappnet. Der Klassenerhalt stellte die Landeshauptstädter vor keine größeren Probleme, und im Folgejahr landete man mit Kickern wie Geye, Budde, Herzog, Hesse und Zewe bereits auf einem sensationellen dritten Platz. In nur zwei Jahren hatte es die Fortuna von Auswärtskicks in Hamborn oder Lünen zu internationalen Auftritten in Dänemark, Österreich und der DDR gebracht.

Als Heinz Lucas 1975 den Verein verließ, schien es zunächst mit der Fortuna abwärts zu gehen. Zwei Jahre versanken die Düsseldorfer im Mittelmaß, das verwöhnte Publikum im nagelneuen Rheinstadion begann zu murren. Unter der Regie von Dietrich Weise, der die gescheiterten Manni Krafft und Sepp Piontek schnell vergessen ließ, fand ein Neuaufbau statt, der zu einem kurzfristigen Wiedererstarken der Fortuna führte. Zimmermann, Köhnen, Brei, Seel, Lund und Allofs hießen damals die Helden, die nicht nur zwei einstellige Tabellenplätze erreichten, sondern vor allem im Pokal für Furore sorgten und endlich auch mal wieder etwas für die Titelbilanz des Altmeisters taten: 1979 und 1980 gewann die Fortuna jeweils den DFB-Pokal und durfte folglich auch noch einmal im Europacup ran. Besonders erfolgreich gestaltete sich dabei die Saison 1978/79, als man sich gegen Craiova, Aberdeen, Servette Genf und Banik Ostrau durchsetzte und in einem unvergesslichen Finale mit 3:4 n.V. am FC Barcelona scheiterte. Es war einer der letzten Höhepunkte für den Verein, der zusehends in Finanznöte geriet und seine stärksten Kicker (wie Klaus und Thomas Allofs) verkaufen musste. Als logische Folge stieg Düsseldorf 1987 zum ersten Male in die Zweite Liga ab - der Auftakt eines teilweise fast schon kuriosen Daseins als Fahrstuhltruppe erster Güte. Selten waren von nun an Spielzeiten, in denen sich die Fans der Fortuna langweilen mussten. Entweder kämpfte man um den Aufstieg, oder aber man steckte im tiefsten Abstiegsstrudel. Nach 1987 kehrte Fortuna Düsseldorf noch zweimal in die Bundesliga zurück, stieg im selben Zeitraum allerdings auch zweimal bis in die Ober- bzw. Regionalliga ab. Konstanz herrschte dabei eigentlich nur, was die Auswahl der Trainer anging: Alle zwei Jahre, wenn nicht öfter, nimmt Aleks Ristic auf der Düsseldorfer Bank Platz, nur um dann früher oder später von wechselnden Präsidenten wieder entlassen zu werden. Zwar wäre die Fortuna in der Saison 200/01 um ein Haar in der Viertklassigkeit verschwunden, doch spätestens im Jahr 2005 kicken die wieder in der Bundesliga. Jede Wette.

BUNDESLIGATRAINER

Kuno Klötzer (7/66-6/67)
Heinz Lucas (7/71-4/75)
Manfred Krafft (4/75-6/75)
Sepp Piontek (7/75-4/76)
Manfred Krafft (4/76-6/76)
Dietrich Weise (7/76-6/78)
Hans-Dieter Tippenhauer (7/78-10/79)
Otto Rehhagel (10/79-12/80)
Heinz Höher (12/80-6/81)
Jörg Berger (7/81-10/82)
Willibert Kremer (10/82-4/85)
Dieter Brei (4/85-4/87)
Gerd Meyer (4/87-6/87)
Aleksandar Ristic (7/89-12/90)
Josef Hickersberger (1/91-8/91)
Rolf Schafstall (8/91-1/92)
Jürgen Gede (1/92-3/92)
Horst Köppel (3/92-6/92)
Aleksandar Ristic (7/95-11/96)
Rudi Wojtowicz (11/96-6/97)

2. LIGA

Höchste Siege: 6:2 vs. Remscheid (31.7.87) (H)
7:2 bei BW 90 Berlin (18.6.89) (A)
Höchste Niederlagen: 0:3 vs. Mainz (23.5.99) (H)
0:5 in Homburg (12.8.92) (A)

REKORDSPIELER		REKORDSCHÜTZEN	
Michael Schütz (87-93)	**112**	Sven Demandt (87-89)	**49**
Jörg Schmadtke (87-93)	**109**	Igli Tare (97-99)	**24**
Sven Backhaus (87-95)	**104**	Marek Lesniak (97-99)	**16**
Ralf Loose (87-93)	**97**	Richard Cyron (92-95)	**15**
Andreas Kaiser (87-93)	**79**	Michael Preetz (87-89)	**15**

MSV DUISBURG

(Meidericher Spielverein 02 e.V. Duisburg)

Gründung: 17. September 1902
Farben: Blau-Weiß
Stadion: Wedaustadion (30.128)

Westender Str. 36, 47138 Duisburg
Tel: 0203-429240, Fax: 0203-4292444
www.msv-duisburg.de

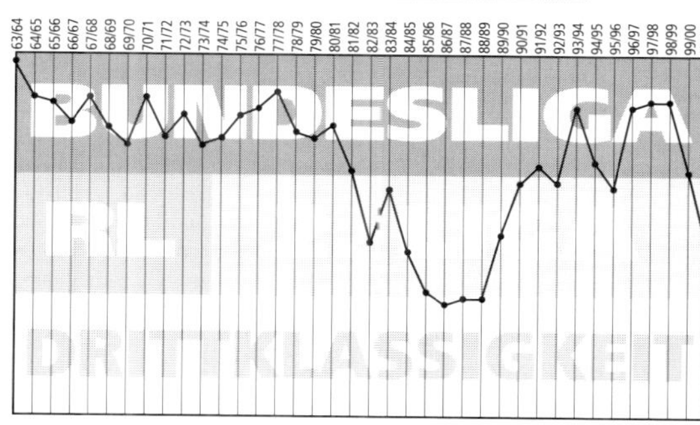

Das erste Jahr war dann auch gleich das erfolgreichste: Hinter dem 1.FC Köln galoppierten die Zebra überraschend als Vizemeister über die Ziellinie der ersten Bundesligasaison. An dem von »Riegel-Rudi« Gutendorf perfektionierten Abwehrsystem biss sich 63/64 die Konkurrenz die Zähne aus, während vorne Boss« Rahn, »Pille« Gecks, »Eia« Krämer, »Lulu« Nolden oder Heinz Versteeg, für den offensichtlich kein Spitzname mehr übrig war, für Schwung sorgten. Am Ende erreichten Rudis Riegelkünstler völlig verdient den zweiten Platz und hatten nebenbei die geographischen Kenntnisse Uwe Seelers erweitert, der vor Saisonstart gefragt hatte: »Meiderich, wo liegt das eigentlich?« Nach dem 0:4 seines HSV im Wedaustadion wusste er es. Doch ebenso schnell, wie sich die Zebras aus dem Schatten der lokalen Konkurrenz gekickt hatten, verschwanden sie im Mittelmaß. Schon bald sollten einstellige Tabellenplätze das Höchste der Gefühle darstellen, woran auch ausgewiesene Fachleute wie Hermann Eppenhoff, Gyula Lorant oder Zapf Gebhardt nichts ändern konnten. Allenfalls im Pokal setzte der MSV Duisburg, wie der Verein mittlerweile hieß, noch das ein oder andere Glanzlicht. 1966 erreichten die Zebras das Endspiel gegen Bayern München, das mit 2:4 jedoch ebenso verloren ging wie das Finale von 1975, in welchem man Frankfurt mit 0:1 unterlag. Immerhin überließ die Eintracht dem MSV den frei gewordenen UEFA-Cup-Platz - für die Duisburger eine willkommene Abwechslung, nachdem man sich in den Jahren zuvor primär im Abstiegskampf zu profilieren hatte. Der Spaß war zwar schon in der zweiten Runde nach einem Duell mit Levski-Spartak Sofia vorbei, doch schien der Abstecher die Zebras zu beflügeln. Einstellige Tabellenplätze waren die Folge, und die Saison 77/78 krönte man mit dem regulären Erreichen des UEFA-Cups. In diesem gab sich der MSV Duisburg nun nicht so schnell geschlagen, eliminierte u.a. Carl Zeiss Jena, Racing Straßburg und Honved Budapest, bevor im Halbfinale dann ausgerechnet der Nachbar aus Mönchengladbach die Endstation darstellte.

Da die Zebras trotz dieser Erfolge finanziell darben und Jahr für Jahr einen personellen Aderlass verkraften mussten, kehrten sie schon bald wieder in den Tabellenkeller zurück und mussten 1982 zum ersten Mal aus der Bundesliga absteigen. Die Mannschaft fiel auseinander, und aus dem erhofften Wiederaufstieg wurde zunächst weder direkt noch indirekt was. Schlimmer noch: Vier Jahre später rutschte der MSV gar in die Oberliga Nordrhein ab, in der man drei Jahre lang ausharren musste, bevor es wenigstens schon einmal wieder in die Zweite Liga gehen konnte. Der Schuldenberg war mittlerweile bis auf ein überschaubares Häufchen abgebaut worden, und 1991 kehrten die von einer Reihe alter Haudegen wie Lienen, Woelk, Notthoff, Struckmann und Macherey angeführten Duisburger dann sogar schon wieder in die Bundesliga zurück. Der MSV entwickelte sich in der Folge zwar zu einer Art Fahrstuhltruppe, verbrachte aber immerhin sieben Zehntel der 90er Jahre im Oberhaus und erreichte nach einer starken Saison 97/98, die mit dem achten Platz abgeschlossen wurde, zum dritten Mal das Finale des DFB-Pokals. Dieses ging gegen die Bayern zwar erneut verloren (1:2), doch da der Vizemeister die Champions League bevorzugte, durfte das Team von Friedhelm Funkel in der letzten Auflage des Europapokals der Pokalsieger mitmischen. Freilich nicht für allzu lange, denn bereits in der ersten Runde schieden die Zebras durch ein 1:1 und 0:5 gegen Racing Genk aus.

TITEL

Deutscher Amateurmeister 1987

	Liga	Platz	Punkte	Tore	Zuschauer
63/64	BL	**2.**	39:21	60:36	25.119
64/65	BL	**7.**	32:28	46:48	21.395
65/66	BL	**8.**	36:32	70:48	19.973
66/67	BL	**11.**	33:35	40:42	17.296
67/68	BL	**7.**	36:32	69:58	15.314
68/69	BL	**12.**	32:36	33:37	15.309
69/70	BL	**15.**	29:39	35:48	15.688
70/71	BL	**7.**	35:33	43:47	14.705
71/72	BL	**14.**	27:41	36:51	13.583
72/73	BL	**10.**	33:35	53:54	12.357
73/74	BL	**15.**	29:39	42:56	14.192
74/75	BL	**14.**	30:38	59:77	15.671
75/76	BL	**10.**	33:35	55:62	12.030
76/77	BL	**9.**	34:34	60:51	18.301
77/78	BL	**6.**	37:31	62:59	16.205
78/79	BL	**13.**	30:38	43:56	12.771
79/80	BL	**14.**	29:39	43:57	15.133
80/81	BL	**12.**	29:39	45:58	13.988
81/82	BL	**18.**	19:49	40:77	11.383
82/83	2.BL	**11.**	37:39	55:57	4.157
83/84	2.BL	**3.**	50:26	69:41	9.100
84/85	2.BL	**13.**	35:41	56:63	4.056
85/86	2.BL	**20.**	15:61	34:86	1.684
		(86-89: AOL Nordrhein)			
89/90	2.BL	**10.**	37:39	50:58	7.703
90/91	2.BL	**2.**	53:23	70:34	11.567
91/92	BL	**19.**	30:36	43:55	20.252
92/93	2.BL	**2.**	60:32	65:40	11.957
93/94	BL	**9.**	36:32	41:52	22.967
94/95	BL	**17.**	20:48	31:64	19.904
95/96	2.BL	**3.**	56	55:37	10.754
96/97	BL	**9.**	45	44:49	18.299
97/98	BL	**8.**	44	43:44	16.133
98/99	BL	**8.**	49	48:45	15.413
99/00	BL	**18.**	22	37:71	12.925
00/01	2.BL	**11.**	45	46:40	6.292

BUNDESLIGATRAINER

Rudi Gutendorf (7/63-3/65)
Willi Schmidt (3/65-6/65)
Hermann Eppenhoff (7/65-6/67)
Gyula Lorant (7/67-6/68)
Robert Gebhardt (7/68-6/70)
Rudi Faßnacht (7/70-10/73)
Willibert Kremer (10/73-3/76)
Rolf Schafstall (3/76-6/76)
Otto Knefler (7/76-11/77)
Carl-Heinz Rühl (11/77-5/78)
Rolf Schafstall (7/78-6/79)
Heinz Höher (7/79-2/80)
Friedhelm Wenzlaff (2/80-11/81)
Kuno Klötzer (11/81-6/82)
Willibert Kremer (7/91-4/92)
Uwe Reinders (4/92-6/92)
Ewald Lienen (7/93-11/94)
Hannes Bongartz (11/94-6/95)
Friedhelm Funkel (7/96-3/00)
Seppo Eichkorn (3/00-6/00)

1. LIGA

Höchste Siege: 7:0 vs. K'lautern (6.4.68) (H)
9:0 bei Tasmania Berlin (26.3.66) (A)
Höchste Niederlagen: 1:7 vs. K'lautern (10.4.94) (H)
0:7 beim HSV (26.9.81) (A)

REKORDSPIELER		REKORDSCHÜTZEN	
Michael Bella (64-78)	**405**	Ronald Worm (71-79)	**71**
Bernard Dietz (70-82)	**394**	Bernard Dietz (70-82)	**70**
Detlef Pirsig (65-77)	**336**	Rudi Seliger (71-82)	**65**
Rudi Seliger (71-82)	**288**	Herbert Büssers (72-82)	**52**
Hartmut Heidemann (63-72)	**262**	Rainer Budde (67-73)	**49**
Manfred Manglitz (63-71)	**257**	Bernd Lehmann (67-76)	**43**
Herbert Büssers (72-82)	**256**	Horst Gecks (63-69)	**41**
Ronald Worm (71-79)	**231**	Werner Krämer (63-67)	**37**
Gerhard Heinze (75-82)	**205**	Theo Bücker (73-78)	**32**
Bernd Lehmann (67-76)	**200**	Klaus Wunder (71-74)	**32**

2. LIGA

Höchste Siege: 5:0 vs. SSV Ulm (18.11.84) (H)
6:0 in Schweinfurt (18.8.90) (A)
Höchste Niederlagen: 2:7 vs. Darmstadt (15.3.86) (H)
2:7 in Bürstadt (8.9.84) (A)

REKORDSPIELER		REKORDSCHÜTZEN	
Franz-Josef Steininger (82-93)	**239**	Michael Tönnies (89-91)	**40**
Michael Struckmann (82-93)	**166**	Roland Wohlfarth (82-84)	**38**
Patrick Notthoff (84-93)	**140**	Michael Struckmann (82-93)	**33**
Heribert Macherey (83-91)	**138**	Pascal Notthoff (82-86)	**31**
Manfred Dubski (82-86)	**134**	Manfred Dubski (82-86)	**23**
Pascal Notthoff (82-86)	**134**	Ferenc Schmidt (85-96)	**23**
Ferenc Schmidt (85-96)	**126**	Uwe Kober (89-91)	**20**
Udo Lay (82-85)	**110**	Michael Preetz (92-93)	**17**
Toni Puszamszies (85-91)	**88**	Franz-Josef Steininger (82-93)	**15**
Mike Voßnacke (83-90)	**82**	Volker Abramczik, Marcus Marin	**13**

VFB EPPINGEN

(Verein für Bewegungsspiele 1921 e.V. Eppingen)

Gründung: 22. Januar 1921
Farben: Rot-Schwarz
Stadion: Waldstadion (12.000)

Bahnhofstr. 3, 75031 Eppingen
Tel: 07262-8593

	Liga	Platz	Punkte	Tore	Zuschauer
(63-73: LL Rhein-Neckar)					
(73-79: VL Nordbaden)					
(79/80: AOL Baden-Württemberg)					
80/81	2.BL	**20.**	22:54	44:86	2.432
(81/82: AOL Baden-Württemberg)					
(82-80: VL Nordbaden)					
(90/91: AOL Baden-Württemberg)					
(91-93: VL Nordbaden)					
(93-97: LL Rhein-Neckar)					
(97-01: VL Nordbaden)					

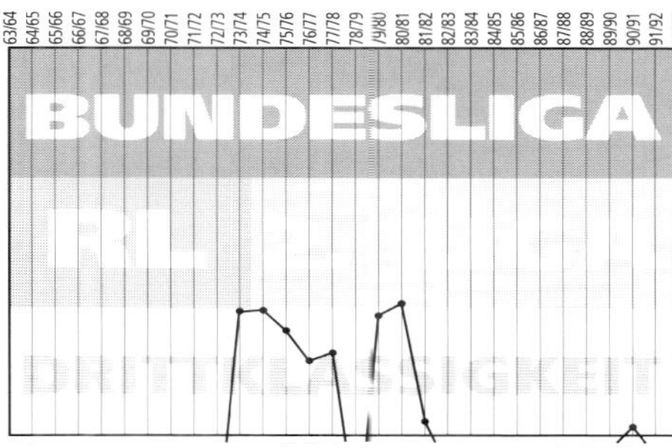

Die meisten Menschen werden Eppingen wohl auch noch in 100 Jahren in erster Linie mit dem großen 2:1-Sieg über den HSV, der Mutter aller Pokalsensationen, in Verbindung bringen. Das war 1975, man schrieb die zweite Hauptrunde, und in der vierten war gegen Werder Bremen Schicht. Fußballdeutschland vergaß Eppingen. Fünf Jahre später sorgten die Provinzkicker abermals für Aufsehen, als sie binnen zweier Jahre von der Verbandsliga in die Zweite Liga Süd düsten, dort nach nur sieben Siegen als Tabellenletzter die Segel strichen und in einem ebenfalls recht beachtlichenTempo wieder zurück in die Verbandsliga rauschten. Mittlerweile ist der VfB gar in die Landesliga abgerutscht.

2. LIGA

Höchste Siege: 5:1 vs. FSV Frankfurt (28.2.81) (H)
(kein Auswärtssieg)
Höchste Niederlagen: 0:5 vs. Bayreuth (9.11.80) (H)
0:6 bei Stut. Kickers (27.9.80) (A)

REKORDSPIELER		REKORDSCHÜTZEN	
Volker Gebhard (80-81)	**37**	Erwin Rupp (80-81)	**8**
Erwin Rupp (80-81)	**37**	Wolfgang Loes (80-81)	**7**
Klaus Teichmann (80-81)	**37**	Harry Griesbeck (80-81)	**6**
Martin Kunzmann (80-81)	**35**	Peter Jakob (80-81)	**5**
Friedhelm Sturm (80-81)	**35**	Reiner Ackermann (80-81)	**4**

ROT-WEISS ERFURT

(Fußball-Club Rot-Weiß Erfurt e.V.)

Gründung: 26. Januar 1966 (1895)
Farben: Rot-Weiß
Stadion: Steigerwaldstadion (20.000)

Arnstädter Str. 55, 99096 Erfurt
Tel: 0361-347660, Fax: 0361-34766
www.rot-weiss-erfurt.de

TITEL
DDR-Meister 1954 und 1955

	Liga	Platz	Punkte	Tore	Zuschauer
(63/64, 65/66 + 67-71: OL der DDR)					
(64/65, 66/67 + 71/72: DDR-Liga, Staffel Süd)					
(72-90: OL der DDR)					
(90/91: OL Nordost)					
91/92	2.BL	**12.**	17:47	36:75	2.713
(92-94: AOL Nordost-Süd)					
(94-00: RL Nordost)					
(00/01: RL Süd)					

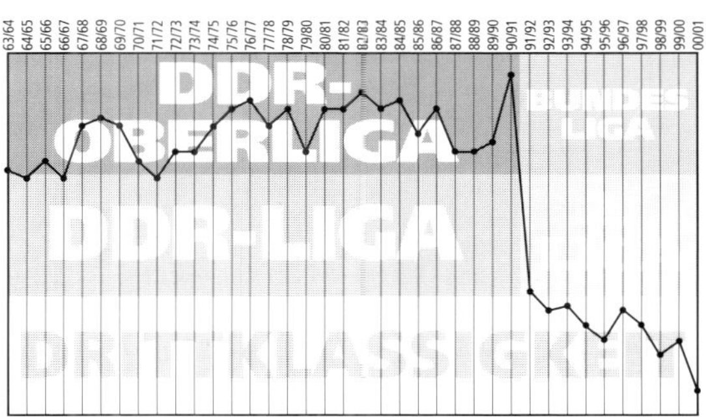

Die sportliche Laufbahn von Rot-Weiß Erfurt gleicht einer Achterbahnfahrt, vor allem, was die nur leidlich glorreichen 60er Jahre anbelangt. Erst ab der Saison 72/73 konnten sich die Kicker aus der Blumenstadt dauerhaft in der Oberliga etablieren, zuvor waren sie nicht weniger als viermal aus der Eliteklasse der DDR abgestiegen. Doch nun setzte sich der RWE »oben« fest, wenngleich das Georgij-Dimitroff-Stadion in den ersten Saisons so manches Duell der Kellerkinder erlebte. Im weiteren Verlauf der 70er Jahre durften sich die Erfurter dann allmählich etwas nach oben orientieren, doch stellte der fünfte Platz, den die Rot-Weißen in der Saison 82/83 unter der Regie von Trainer Manfred Pfeifer erreichten, bereits das Nonplusultra dar. Zu mehr reichte es leider nicht, zwar geriet man nur noch selten in Abstiegsnöte, doch genau so rar waren auch die Momente, in denen man glaubte, in den Titelkampf eingreifen zu können. Die Mittelfeldränge verließen die so heimstarken Thüringer aufgrund ihrer chronischen Auswärtsschwächelei nur noch in Ausnahmefällen, zeitweilig schien man die Abschlussplätze sieben oder neun abonniert zu haben.

Auch der Pokal brachte da nur ganz selten Abwechslung. Ein einziges Mal schlich sich die graue Maus der Oberliga in ein Endspiel um den FDGB-Pokal. Am 17. Mai 1980 führten die Rot-Weißen vor 45.000 Zuschauern im Berliner Stadion der Weltjugend bis zur 81. Minute mit 1:0 gegen favorisierten FC Carl Zeiss Jena, um dann doch noch mit 1:3 n.V. zu verlieren.

In der letzten Oberliga-Saison drehte der RWE überraschend auf, belegte am Ende einen sensationellen dritten Platz und verfehlte die Bundesliga nur um einen Punkt. Dafür hatte es das Team des Trainergespanns Kurbjuweit/Schnuphase in die Zweite Liga und darüber hinaus in den UEFA-Cup geschafft. Dort schalteten die Rot-Weißen den FC Groningen aus, kegelten auf nationaler Ebene den BVB aus dem Pokal - und legten in der Zweiten Liga eine absolute Gurkensaison hin, die folgerichtig mit dem Abstieg endete. Im Gegensatz zu anderen Größen des Ost-Fußballs schafften es die Thüringer in der Folge immerhin, die Klasse zu halten - trotz massiver finanzieller Schwierigkeiten.

2. LIGA

Höchste Siege: 4:0 vs. Halle (4.4.92) (H)
2:1 in Halle (9.5.92) (A)
Höchste Niederlagen: 1:6 vs. Saarbrücken (16.11.91) (H)
0:6 beim SC Freiburg (24.8.91) (A)

REKORDSPIELER		REKORDSCHÜTZEN	
Carsten Sänger (91-92)	**32**	Zeljko Buvac (91-92)	**8**
Uwe Schulz (91-92)	**30**	Jürgen Heun (91-92)	**7**
Heiko Räthe (91-92)	**29**	Uwe Schulz (91-92)	**5**
Jürgen Heun (91-92)	**29**	Jörg Schmidt (91-92)	**4**
Thomas Linke (91-92)	**27**	Abel, Arndt, Gottlöber, Weinrich	**2**

SPVGG ERKENSCHWICK

(Spielvereinigung 1916 e.V. Erkenschwick e.V.)

Gründung: 9. Juni 1916
Farben: Schwarz-Rot
Stadion: Stimbergstadion (20.000)

Postfach 1344, 45734 Oer-Erkenschwick
Tel: 02368-1462, Fax: 02368-890836
www.spvgg-erkenschwick.de

	Liga	Platz	Punkte	Tore	Zuschauer
(63-69: AL Westfalen)					
(69-74: RL West)					
74/75	2.BL	**16.**	29:47	49:70	3.998
75/76	2.BL	**18.**	29:47	45:69	2.861
(76-78: AL Westfalen)					
(78-80: AOL Westfalen)					
80/81	2.BL	**21.**	22:62	46:91	2.724
(81-94: AOL Westfalen)					
(94-99: RL West/Südwest)					
(99/00: OL Westfalen)					
(00-01: VL Westfalen 2)					

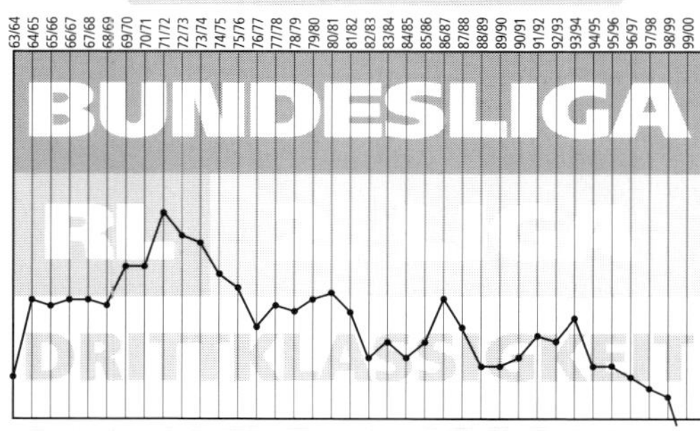

1969 war ein gutes Jahr für die Erkenschwicker Kickerei: Im vierten Anlauf stieg die SpVgg endlich in die Regionalliga auf und krönte diesen Erfolg mit dem Einzug ins Finale um die Deutsche Amateurmeisterschaft. In Krefeld verlor die Elf von »Kalli« Matejka jedoch mit 1:2 gegen den SC Jülich. In der Regionalliga schrammte die SpVgg zunächst einige Male knapp am Abstieg vorbei, qualifizierte sich dann aber schließlich sicher für die neue Zweite Liga Nord.

Dort verschlissen die Erkenschwicker in zwei Jahren gleich vier Trainer, darunter Heinz Murach und Fritz Langner, was freilich nur wenig daran ändern konnte, dass Klubs wie Hannover 96, Bielefeld oder der BVB schlicht und ergreifend eine Nummer zu groß waren. Nach zwei Jahren mit einigen wenigen Highlights, darunter ein 2:0 über den Erzrivalen Preußen Münster oder ein 5:2 gegen Fortuna Köln, stieg die Spielvereinigung 1976 wieder ab. Vier Jahre später kehrte sie noch einmal zurück, doch selbst mit solch Kickern wie Hans-Jürgen Wittkamp, Uwe Eplinius oder Franz-Josef Laufer war die damals anstehende Qualifikation für die eingleisige Zweite Liga ein Ding der Unmöglichkeit. Heutzutage wäre man ja schon mit der Regionalliga zufrieden...

2. LIGA

Höchste Siege: 5:1 vs. Spandau (21.12.75) (H)
3:0 in Wolfsburg (17.11.74) (A)
Höchste Niederlagen: 0:4 vs. West. Herne (31.8.75) (H)
1:7 bei Hannover 96 (14.9.74) (A)

REKORDSPIELER		REKORDSCHÜTZEN	
Dieter Walter (74-76)	**72**	Horst Koschmieder (74-76)	**18**
Horst Koschmieder (74-76)	**71**	Hubert Tenbrink (74-76)	**14**
Gisbert Horsthemke (75-81)	**65**	Wolfgang Pache (80-81)	**11**
Lothar Philipp (74-76)	**62**	Dieter Walter (74-76)	**10**
Hubert Tenbrink (74-76)	**62**	Detlef Schramm (74-76)	**9**

ROT-WEISS ESSEN

(Sport-Club Rot-Weiß Essen e.V.)

Hafenstraße 97a, 45356 Essen
Tel: 0201-861440 , Fax: 0201-864444
www.rot-weiss-essen.de

Gründung: 1. Februar 1907
Farben: Rot-Weiß
Stadion: Georg-Melches-Stadion (25.600)

TITEL
Deutscher Meister 1955
Deutscher Pokalsieger 1953
Deutscher Amateurmeister 1992

	Liga	Platz	Punkte	Tore	Zuschauer
	(63-66: RL West)				
66/67	BL	**18.**	25:43	35:53	22.412
	(67-69: RL West)				
69/70	BL	**12.**	31:37	41:54	18.234
70/71	BL	**18.**	23:45	48:68	19.154
	(71-73: RL West)				
73/74	BL	**13.**	31:37	56:70	15.322
74/75	BL	**12.**	32:36	56:68	14.097
75/76	BL	**8.**	37:31	61:67	15.476
76/77	BL	**18.**	22:46	49:103	12.789
77/78	2.BL	**2.**	50:26	82:49	8.217
78/79	2.BL	**8.**	39:37	68:62	4.230
79/80	2.BL	**2.**	52:22	97:54	7.471
80/81	2.BL	**8.**	47:37	99:74	5.119
81/82	2.BL	**11.**	38:38	60:62	6.468
82/83	2.BL	**14.**	33:43	56:60	4.378
83/84	2.BL	**17.**	29:47	48:63	5.137
	(84-86: AOL Nordrhein)				
86/87	2.BL	**10.**	38:38	70:69	7.896
87/88	2.BL	**11.**	34:42	53:60	5.564
88/89	2.BL	**16.**	35:41	54:60	6.524
89/90	2.BL	**6.**	42:34	49:46	6.690
90/91	2.BL	**15.**	34:42	49:52	6.161
	(91-93: AOL Nordrhein)				
93/94	2.BL	**20.**	29:47	44:60	6.100
	(94-96: RL West/Südwest)				
96/97	2.BL	**17.**	29	47:74	6.765
	(97/98: RL West/Südwest)				
	(98/99: OL Nordrhein)				
	(99/00: RL West/Südwest)				

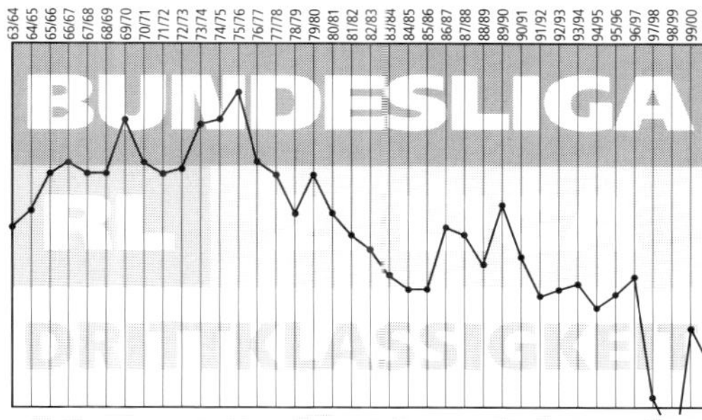

1. LIGA

Höchste Siege: 5:1 vs. Offenbach (30.11.74) (H)
4:0 in Offenbach (27.8.75) (A)
Höchste Niederlagen: 1:8 vs. Frankfurt (7.5.77) (H)
1:9 in Frankfurt (5.10.74) (A)

REKORDSPIELER		REKORDSCHÜTZEN	
Willi Lippens (66-76)	**172**	Willi Lippens (66-76)	**79**
Günter Fürhoff (69-77)	**153**	Horst Hrubesch (75-77)	**38**
Dieter Bast (70-77)	**149**	Manfred Burgsmüller (69-76)	**32**
Gerd Wörmer (73-77)	**123**	Dieter Bast (70-77)	**28**
Hansi Dörre (66-77)	**120**	Günter Fürhoff (69-77)	**20**

Durch den Abstieg aus der Oberliga West hatten sich die Essener schon anno 1961 um die Teilnahme an der ersten Bundesligasaison gebracht und so hielt sich das Geschrei in Grenzen, als es im August 1963 ohne die Rot-Weißen los ging. Aber ein bisschen neidisch war man damals schon... Da sich in der Regionalliga West jedoch eine ganze Reihe von »Härtefällen« eingefunden hatten, kam es auch dort zu einer ganzen Reihe von durchaus spektakulären Partien. Den ersten Essener Aufstiegsversuchen war aufgrund der starken Konkurrenz jedoch kein großer Erfolg beschieden. Erst 1966 marschierte die Elf von der Hafenstraße als Vize gemeinsam mit Meister Düsseldorf durch die Aufstiegsrunde geradewegs in die Bundesliga hinein, wo man im ersten Heimspiel ausgerechnet dem FC Schalke ein ordentliches 4:1 mit auf den Weg gab. Im weiteren Verlauf der Saison wurden derartige Erfolgserlebnisse aber immer seltener und so trat man nach einem Jahr - gemeinsam mit den Düsseldorfern - auch schon wieder den Weg in die Regionalliga an.

Dort versuchte es RWE zur Abwechslung mal mit einem Frischling auf der Trainerbank: Erich Ribbeck. Und es funktioniert: Zweimal in Folge erreicht die Mannschaft des Lockenkopfes die Aufstiegsrunde. Beim ersten Versuch scheitert man noch knapp an Hertha BSC, im zweiten Anlauf ist dann gegen die Essener Torfabrik kein Kraut mehr gewachsen.

Doch auch das zweite Gastspiel in der Bundesliga währt nicht lange. Hält man im ersten Jahr aufgrund der überragenden Heimstärke - im Stadion an der Hafenstraße geht kein Spiel verloren - die Klasse, so ist in der Skandalsaison 70/71 trotz eines sensationellen Auftakts incl. Tabellenführung am dritten Spieltag schon frühzeitig der Ofen aus. Abgeschlagen wird RWE Letzter. Wieder vergehen bis zur Rückkehr zwei Jahre. Doch als man in der Saison 1973/74 gemeinsam mit Fortuna Köln den Aufstieg packt, zeigte man sich den Anforderungen der Bundesliga wesentlich besser gewappnet: Vor allem die Offensivabteilung der Essener vermochte Experten und Zuschauer in den folgenden vier oder besser dreieinhalb Jahre zu begeistern: Harry de Vlugt, Dieter Bast, Manni Burgsmüller, Fleming Lund, Horst Hrubesch, Frank Mill und vor allem natürlich der unvergessliche Willi Lippens sorgten mit ihren Toren und Tricks dafür, dass das Bundesligalicht von Rot-Weiß Essen weiterbrannte. In der Saison 1975/76, der erfolgreichsten der jüngeren Vereinsgeschichte, landet die Elf von Ivica Horvath, der im Juli Diethelm Ferner abgelöst hat, auf dem achten Rang - lächerliche zwei Pünktchen vom Vierten entfernt. Knapp 21 Jahre nach dem ersten Europapokalauftritt eines deutschen Vereins überhaupt (RWE verlor mit 0:4 gegen die Hibs aus Edinburgh) schrammen Neues, Bast, Lippens und Co. nur haarscharf am UEFA-Cup vorbei. Umso schlimmer dann der Absturz: Ohne die aus Geldmangel verkauften Lippens (BVB) und Burgsmüller (Uerdingen) bekommt RWE kein Bein mehr auf die Erde und mutiert zur Schießbude der Liga. Ein Debakel jagt das nächste, 103 Gegentreffer bedeuten Platz 18.

Bis Ende der 70er Jahre besitzen die Essener als Vizemeister des Nordens noch zweimal die Chance auf eine Rückkehr ins Oberhaus, müssen sich aber in der Relegation 1978 dem 1.FC Nürnberg (0:1, 2:2) und 1980 dem Karlsruher SC (1:5, 3:1) geschlagen geben. Danach hat RWE alle Hände voll zu tun, sich in der Zweiten Liga zu halten. Dies gelingt jedoch nur bis 1984, dann besiegelt ein 2:3 in Schalke den bitteren Gang in die Oberliga. Dort feiert man ein unfreiwilliges Wiedersehen mit dem alten Lokalrivalen ETB, zum Spitzenspiel Rot- Weiß gegen Schwarz-Weiß strömen rekordverdächtige 30.000 Zuschauer. Doch der Aufstieg folgt erst 1986 und nach einer sportlich durchaus erfolgreichen Konsolidierungsphase beginnen turbulente Zeiten: Zweimal wird RWE die Lizenz entzogen, zwischenzeitlich rutscht der Pokalfinalist von 1994 gar in die (viertklassige) Oberliga ab und steht 2001 - nun wieder in der Regionalliga - kurz vor dem Konkurs, dafür aber sportlich ganz gut da.

BUNDESLIGATRAINER

Fritz Pliska (7/66-5/67)
Herbert Burdenski (7/69-5/71)
Willi Vordenbäumen (5/71-6/71)
Horst Witzler (7/73-9/73)
Diethelm Ferner (9/73-6/75)
Ivica Horvath (7/75-9/76)
Hermann Erlhoff (9/76-6/77)

2. LIGA

Höchste Siege: 6:0 vs. Wuppertal (10.9.77) (H)
6:2 bei OSV Hannover (6.9.80) (A)
Höchste Niederlagen: 0:5 vs. Saarbrücken (26.11.83) (H)
3:7 in Aachen (17.8.79) (A)

REKORDSPIELER		REKORDSCHÜTZEN	
Dirk Pusch (81-91)	**253**	Frank Mill (77-81)	**83**
Frank Kurth (86-97)	**192**	Ralf Regenbogen (86-91)	**45**
Dietmar Klinger (77-83)	**184**	Horst Hrubesch (77-78)	**41**
Dirk Helmig (83-97)	**167**	Dirk Helmig (83-97)	**39**
Jürgen Kaminsky (77-83)	**167**	Matthias Herget (78-82)	**38**
Ralf Regenbogen (86-91)	**153**	Jürgen Wegmann (81-94)	**32**
Matthias Herget (78-82)	**142**	Karlheinz Meininger (78-81	**31**
Karl-H. Gundersdorff (78-84)	**139**	Detlef Laibach (83-89)	**23**
Karl Richter (80-84)	**136**	Willi Lippens (79-81)	**23**
Oliver Koch (83-90)	**132**	Volker Abramczik (86-90)	**20**

SCHWARZ-WEISS ESSEN

(Essener Turnerbund Schwarz-Weiß Essen e.V.)

Gründung: 11. April 1881
Farben: Schwarz-Weiß
Stadion: Uhlenkrug (20.000)

Am Uhlenkrug 40, 45133 Essen
Tel: 0201-472431, Fax: 0201-473646
www.etb-schwarz-weiss.de

TITEL

Deutscher Pokalsieger 1959

	Liga	Platz	Punkte	Tore	Zuschauer
	(63-74: RL West)				
74/75	2.BL	**12.**	34:42	55:69	2.909
75/76	2.BL	**7.**	44:32	63:52	4.377
76/77	2.BL	**8.**	43:33	63:55	4.609
77/78	2.BL	**20.**	45:92	45:92	1.865
	(78-94: AOL Nordrhein)				
	(94-01: OL Nordrhein)				

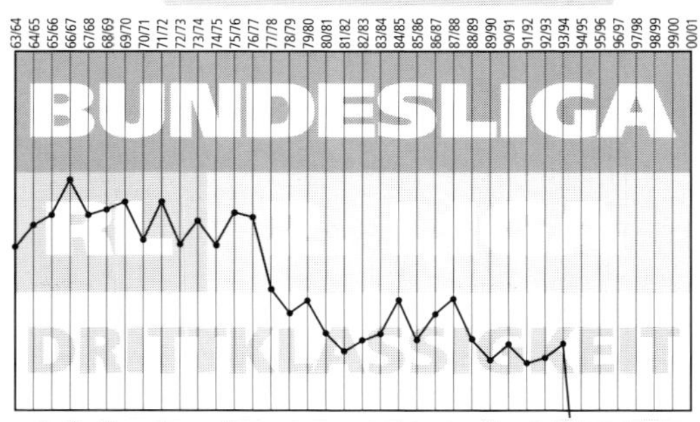

Kein Zweifel, die besten Jahre des ETB Schwarz-Weiß Essen liegen nun schon geraume Zeit zurück. Dabei hätte eigentlich gar nicht mal so viel gefehlt, und der Pokalsieger von 1959 wäre vier Jahre später als Gründungsmitglied der Bundesliga ins Rampenlicht gerückt. Doch ein Abstecher in die Zweite Liga West und wohl vor allem die Vorbehalte von ETB-Boss Gerloff kosteten den Essenern den Startplatz in der neuen Liga. Kuno Klötzers Erfolgstruppe brach auseinander, innerhalb weniger Wochen wurden den Schwarz-Weißen die Nationalspieler Steinmann, Trimhold, Küppers und Klöckner sowie Goalgetter Rummel vor der Nase weggekauft. Allen Unkenrufen zum Trotz hält sich die Rumpftruppe in der Regionalliga und nimmt 1967 sogar an der Bundesliga-Aufstiegsrunde teil - ein Punkt fehlt am Ende zum großen Glück: Neunkirchen, der Unterlegene im 59er Pokalfinale, steigt auf, ETB bleibt im Unterbau.Und dies auch nur bis 1978, denn nach vier Jahren in der Zweiten Liga muss der »Lackschuhklub« in die Oberliga Nordrhein absteigen, der man seitdem bis zum heutigen Tage treu geblieben ist.

2. LIGA

Höchste Siege: 5:0 vs. Barmbek-Uhlen. (9.11.74) (H)
4:1 in Herford (2.10.76) (A)
Höchste Niederlagen: 0:3 vs. Herford (23.10.77) (H)
1:8 in Aachen (17.11.74) (A)

REKORDSPIELER		REKORDSCHÜTZEN	
Hans Wulf (74-78)	**118**	Hans Fritsche (74-77)	**54**
Klaus Albert (74-77)	**106**	Herbert Zimmer (74-77)	**23**
Franz-Josef Laufer (74-77)	**101**	Herbert Bals (74-76)	**16**
Herbert Zimmer (74-77)	**101**	Günther Riepert (74-78)	**15**
Hans Fritsche (74-77)	**98**	Urban Klausmann (77-78)	**13**

EINTRACHT FRANKFURT

(Eintracht Frankfurt Fußball AG)

Gründung: 1. Juli 2000 (8. März 1899)
Farben: Rot-Schwarz-Weiß
Stadion: Waldstadion (61.146)

Grüneburgweg 58-62, 60322 Frankfurt
Tel: 069-955030, Fax: 069-95503110
www.eintracht-frankfurt.de

TITEL
Deutscher Meister 1959
Deutscher Pokalsieger 1974, 1975, 1981 und 1988
UEFA-Pokal-Sieger 1980

	Liga	Platz	Punkte	Tore	Zuschauer
63/64	BL	**3.**	39:21	65:41	26.561
64/65	BL	**8.**	29:31	50:58	22.561
65/66	BL	**7.**	38:30	64:46	28.906
66/67	BL	**4.**	39:29	66:49	27.770
67/68	BL	**6.**	38:30	58:51	20.924
68/69	BL	**8.**	34:34	46:43	21.881
69/70	BL	**8.**	34:34	54:54	18.151
70/71	BL	**15.**	28:40	39:56	23.075
71/72	BL	**5.**	39:29	71:61	21.900
72/73	BL	**8.**	34:34	58:54	13.714
73/74	BL	**4.**	41:27	63:50	25.237
74/75	BL	**3.**	43:25	89:49	23.511
75/76	BL	**9.**	36:32	79:58	21.317
76/77	BL	**4.**	42:26	86:57	24.184
77/78	BL	**7.**	36:32	59:52	23.925
78/79	BL	**5.**	39:29	50:49	24.175
79/80	BL	**9.**	32:36	65:61	20.517
80/81	BL	**5.**	38:30	61:57	20.863
81/82	BL	**8.**	37:31	83:72	20.276
82/83	BL	**10.**	29:39	48:57	19.927
83/84	BL	**16.**	27:41	45:61	20.759
84/85	BL	**12.**	32:36	62:67	22.273
85/86	BL	**15.**	28:40	35:49	15.744
86/87	BL	**15.**	25:43	42:53	17.638
87/88	BL	**9.**	31:37	51:50	10.482
88/89	BL	**16.**	26:42	30:53	15.016
89/90	BL	**3.**	41:27	61:40	25.046
90/91	BL	**4.**	40:28	63:40	23.545
91/92	BL	**3.**	50:26	76:41	20.026
92/93	BL	**3.**	42:26	56:39	24.159
93/94	BL	**5.**	38:30	57:41	30.841
94/95	BL	**9.**	33:35	41:49	28.256
95/96	BL	**17.**	32	43:68	27.388
96/97	2.BL	**7.**	48	43:46	14.458
97/98	2.BL	**1.**	64	50:32	21.790
98/99	BL	**15.**	37	44:54	34.994
99/00	BL	**14.**	39	42:44	33.545
00/01	BL	**17.**	35	41:68	28.964

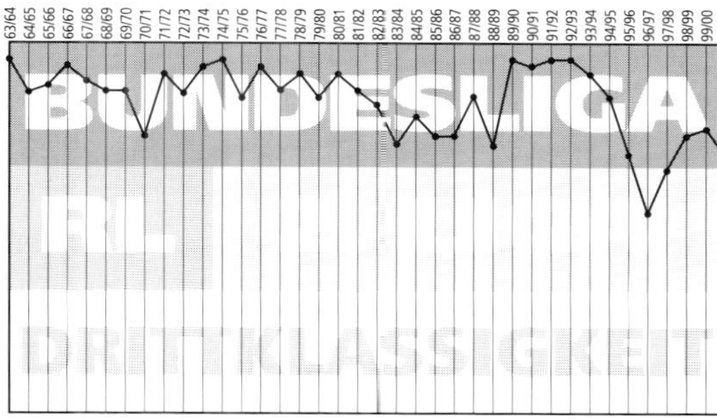

1. LIGA

Höchste Siege: 9:1 vs. RW Essen (5.10.74) (H)
8:1 bei RW Essen (7.5.77) (A)
Höchste Niederlagen: 0:7 vs. KSC (19.9.64) (H)
0:7 beim 1.FC Köln (29.10.83) (A)

REKORDSPIELER		REKORDSCHÜTZEN	
Karl-Heinz Körbel (72-91)	**602**	Bernd Hölzenbein (67-81)	**160**
Jürgen Grabowski (65-80)	**441**	Bernd Nickel (67-83)	**141**
Bernd Nickel (67-83)	**426**	Jürgen Grabowski (65-80)	**109**
Bernd Hölzenbein (67-81)	**420**	Anthony Yeboah (90-95)	**68**
Ralf Falkenmayer (80-93)	**337**	Wilhelm Huberts (63-70)	**65**
Manfred Binz (84-96)	**336**	Bum Kun Cha (79-83)	**46**
Willi Neuberger (74-83)	**267**	Wolfgang Solz (63-68)	**46**
Uwe Bindewald (88-01)	**242**	Karl-Heinz Körbel (72-91)	**45**
Dietmar Roth (87-96)	**237**	Uwe Bein (89-94)	**38**
Peter Kunter (65-76)	**234**	Andersen, Bechtold, Möller	**33**

Nach einigen Anlaufschwierigkeiten fand sich die Frankfurter Eintracht eigentlich gut in der neuen Bundesliga zurecht. Hin und wieder sorgte sie für ein paar Highlights und landete in den ersten Jahren stets im oberen Tabellendrittel - mehr aber auch nicht. Den Verantwortlichen, die sich noch im Glanz des Meistertitels von 1959 und des sagenumwobenen Europapokal-Endspiels im Jahr darauf gegen Real Madrid (3:7) sonnten, war das natürlich zu wenig. Nun gut, 1964 standen die Adlerträger im Finale des DFB-Pokals (0:2 vs. 1860 München) und in der Saison 66/67 lieferten sie sich mit der anderen Eintracht aus Braunschweig lange Zeit ein packendes Duell um die Meisterschaft, doch am Ende sprangen keine zählbaren Erfolge heraus. Bereits damals machte die »launische Diva« ihrem Ruf alle Ehre, folgten Kantersiegen gegen den Tabellenführer peinliche Heimschlappen gegen das Schlusslicht. Anfang der 70er gerieten die Frankfurter dann gar erstmals in akute Abstiegsnöte, und das trotz solch erfahrener Recken wie Kunter, Lutz, Heese oder Kalb und begnadeten Kickern wie Hölzenbein, Grabowski oder Nickel. Erst am letzten Spieltag der Saison 70/71 zog die Eintracht den Kopf aus der Schlinge, allerdings war in dieser Spielzeit ja nun nicht unbedingt alles mit rechten Dingen zugegangen.

Das Beinahe-Abstiegsjahr erwies sich als Ausrutscher. Zwar musste man sich 72/73 über zwei Schlappen gegen den Erzrivalen Kickers Offenbach ärgern, der zudem die außerordentliche Frechheit besaß, sich in der Endabrechnung vor der Eintracht zu platzieren, doch ganz allgemein ging es nun aufwärts. Als Glücksgriff erwies sich dabei 1973 die Verpflichtung von Trainer Dietrich Weise: Gleich schalteten sich die Adlerträger wieder in den Kampf um den Titel ein, zudem kam die Tormaschine der Hessen nun ordentlich auf Touren. Als Lieblingsgegner entpuppten sich dabei in jenen Tagen die Rot-Weiß-Essener, denen die Eintracht einige Male kräftig (u.a. 6:0, 8:1, 9:1) einschenkte. Als Belohnung für den Aufwärtstrend sackte die Weise-Elf 1974 und 1975 den DFB-Pokal ein. Fünf Jahre später folgte der (bislang) größte Triumph der Vereinsgeschichte, als die Eintracht durch ein 1:0 gegen M'gladbach den UEFA-Cup gewann. Prompt ging es in der Bundesliga abwärts, in den 80er Jahren steckten die Frankfurter fast permanent im Abstiegskampf, 1984 wie 1989 erfolgte die Rettung erst in den Relegationsspielen gegen Duisburg bzw. Saarbrücken. Umso überraschender brachen dann Anfang der 90er wieder bessere, teilweise sogar glanzvolle Zeiten an. Unter der Regie von Berger, Stepanovic und Toppmöller zelebrierten all die Beins, Möllers, Gaudinos, Okochas, Binze und Yeboahs teilweise berauschenden Fußball (»Fußball 2000«) und etablierten sich für einige Spielzeiten als ernst hafter Titelaspirant. 1992, im vielleicht besten Jahr, hätte es um ein Haar zur Meisterschaft gereicht, doch bei Absteiger Rostock leistete sich die Eintracht ein extrem überflüssiges 1:2. Als die Erfolge ausblieben, war auch bald mit »Fußball 2000« Essig. Die Adlerträger rutschten in Richtung Tabellenkeller, die Trainer gaben sich die Klinke in die Hand und allzu häufig hörte man in dieser Zeit skurrile Geschichtchen über »Zwietracht Zankfurt«. Das Ende der Fahnenstange war 1996 erreicht, als das Gründungsmitglied der Bundesliga in die Zweite Liga abstieg. Nach dem zwischenzeitlichen Wiederaufstieg ging es fünf Jahre später erneut runter, den »Fußball 2000« hatte man sich irgendwie anders vorgestellt.

2. LIGA

Höchste Siege: 4:1 vs. Nürnberg (31.8.97) (H)
3:2 in Leipzig (17.5.97) (A)
Höchste Niederlagen: 2:3 vs. Leipzig (2.11.96) (H)
0:5 in K'lautern (2.12.96) (A)

REKORDSPIELER		REKORDSCHÜTZEN	
Oka Nikolov (96-98)	**65**	Urs Güntensperger (96-98)	**11**
Uwe Bindewald (96-98)	**64**	Thomas Sobotzik (97-98)	**10**
Alexander Schur (96-98)	**51**	Ralf Weber (96-98)	**10**
Alexander Kutschera (96-98)	**49**	Maurizio Gaudino (96-97)	**9**
P. Hubtchev, U. Güntensperger	**44**	Becker, Schur, Westerthaler	**5**

BUNDESLIGATRAINER

Paul Oßwald (7/63-4/64)
Ivica Horvath (4/64-6/65)
Elek Schwartz (7/65-6/68)
Erich Ribbeck (7/68-6/73)
Dietrich Weise (7/73-6/76)
Dieter Roos (7/76-11/76)
Gyula Lorant (11/76-11/77)
Dettmar Cramer (11/77-6/78)
Otto Knefler (7/78-12/78)
Friedel Rausch (1/79-6/80)
Lothar Buchmann (7/80-6/82)
Helmut Senekowitsch (7/82-9/82)
Branko Zebec (9/82-10/83)
Dietrich Weise (10/83-12/86)
Timo Zahnleitner (12/86-6/87)
Karlheinz Feldkamp (7/87-9/88)
Pal Csernai (9/88-12/88)
Jörg Berger (12/88-4/91)
Dragoslav Stepanovic (4/91-3/93)
Horst Heese (3/93-6/93)
Klaus Toppmöller (7/93-4/94)
Karl-Heinz Körbel (4/94-6/94)
Jupp Heynckes (7/94-4/95)
Karl-Heinz Körbel (4/95-3/96)
Dragoslav Stepanovic (4/96-6/96)
Horst Ehrmanntraut (7/98-12/98)
Reinhold Fanz (12/98-4/99)
Jörg Berger (4/99-12/99)
Felix Magath (12/99-1/01)
Rolf Dohmen (1/01-4/01)
Friedel Rausch (4/01-6/01)

FSV FRANKFURT

(Fußballsportverein Frankfurt 1899 e.V.)

Gründung: 20. August 1899
Farben: Blau-Schwarz
Stadion: Bornheimer Hang (24.000)

Am Erlenbruch 1, 60386 Frankfurt
Tel: 069-4208980 , Fax: 069-42089829
www.fsv-frankfurt.de

TITEL
Deutscher Amateurmeister 1972

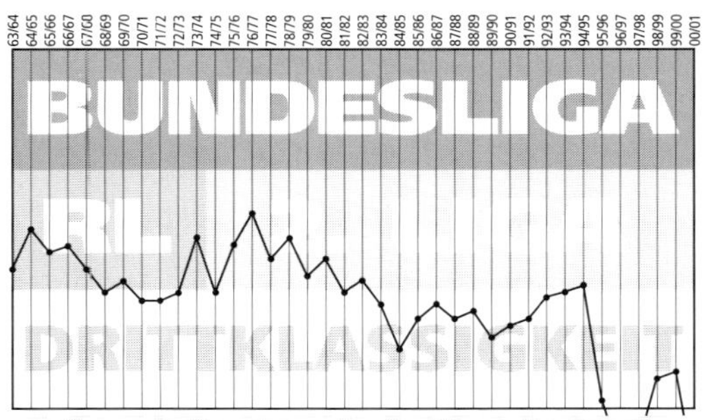

Aus dem Schatten des übermachtigen Lokalrivalen konnten die Bornheimer bislang nur selten treten - sieht man einmal von der überaus erfolgreichen Damenmannschaft ab. Auch bei der Einführung der Bundesliga führte an der Eintracht kein Weg vorbei, war der FSV doch ausgerechnet 1961 erstmals aus der Oberliga Süd abgestiegen. Als Meister ging es zwar direkt wieder nach oben, doch nun stellte die die neue Heimat vorerst die Regionalliga dar. Dort kämpften die Frankfurter vier Jahre lang erfolgreich gegen den Abstieg, mussten dann aber anno 1968 erstmals den Gang in die drittklassige Amateurliga Hessen antreten. Bis 1975 pendelten die Schwarzblauen nun zwischen den Ligen, zu schwach für die Regionalliga, zu stark für die Hessenliga. In Neuwied reichte es 1972 allerdings zu einem 2:1-Sieg gegen den TSV Marl-Hüls, durch den sich der FSV fortan Deutscher Amateurmeister nennen durfte - einer der größten Erfolge der Vereinsgeschichte. Drei Jahre später gelang den Bornheimern unter der Regie des emsigen Rolf Birkhölzer auch endlich der Sprung in die Zweite Liga Süd. In den Spielen gegen Ulm und Homburg ließ sich die Elf um Josef Sarroca und Dieter Agatha die Aufstiegsbutter nicht mehr vom Brot des Hessenmeisters nehmen.

Sechs Jahre hielten sich die Bornheimer in der Zweiten Liga und lieferten sich dort teilweise recht hitzige Duelle mit der Konkurrenz aus Offenbach, Darmstadt, Baunatal oder auch

Hanau und Kassel um die Vormachtstellung in Hessen (hinter der Eintracht natürlich). Doch zumeiste zogen die Schwarzblauen den Kürzeren, als beste Platzierung sprang für die »Bernemer Buben« lediglich ein siebter Platz in der Saison 76/77 heraus. Von daher war es auch kein Wunder, dass sich der FSV für die eingleisige Zweite Liga nicht zu qualifizieren konnte. Jedenfalls nicht im ersten Anlauf, denn nach der vierten Hessenmeisterschaft kehrten die Frankfurter 1982 noch einmal zurück. Das zweite Gastspiel dauerte jedoch ebenso wie das dritte, auf das sich die FSV-Fans dann bis zur Spielzeit 94/95 gedulden mussten, nur ein Jährchen und war garniert von zahlreichen happigen Niederlagen. Die anschließenden Jahre verbrachten die Bornheimer dann im stetigen Wechsel zwischen Regional- und Oberliga.

	Liga	Platz	Punkte	Tore	Zuschauer
(63-68, 69/70 + 73/74: RL Süd)					
(68/69, 70-73 + 74/75: AL Hessen)					
75/76	2.BL	**13.**	35:41	49:63	3.882
76/77	2.BL	**7.**	40:36	65:58	2.856
77/78	2.BL	**15.**	34:42	54:62	2.177
78/79	2.BL	**12.**	34:42	59:66	2.774
79/80	2.BL	**18.**	32:48	63:97	3.475
80/81	2.BL	**15.**	32:44	51:76	2.913
(81/82: AOL Hessen)					
82/83	2.BL	**19.**	26:50	50:86	2.287
(83-94: AOL Hessen)					
94/95	2.BL	**18.**	12:56	39:103	1.349
(95/96 + 98-00: RL Süd)					
(96-98 + 00/01: OL Hessen)					

2. LIGA

Höchste Siege: 7:1 vs. Mainz 05 (12.10.75) (H)
4:1 in Neunkirchen (17.2.79) (A)
Höchste Niederlagen: 1:7 vs. VfB Stuttgart (24.8.75) (H)
0:7 bei Hannover 96 (14.5.95) (A)

REKORDSPIELER		REKORDSCHÜTZEN	
Peter Rübenach (75-80)	**175**	Paul-Werner Hofmann (76-81)	**58**
Paul-Werner Hofmann (76-81)	**158**	Hubert Klein (75-81)	**57**
Hubert Klein (75-81)	**158**	Josef Sarroca (79-83)	**21**
Karlheinz Volz (75-80)	**153**	Wolfgang Metzler (75-77)	**17**
Richard Engel (75-79)	**142**	Werner Killmaier (77-79)	**16**

FREIBURGER FC

(Freiburger Fußball-Club e.V.)

Gründung: 17. Dezember 1897
Farben: Rot-Weiß
Stadion: Schönbergstadion (5.000)

Wiesentalstr. 2, 79115 Freiburg
Tel: 0761-706352, Fax: 0761-706351
www.freiburger-fc.de

TITEL
Deutscher Meister 1907

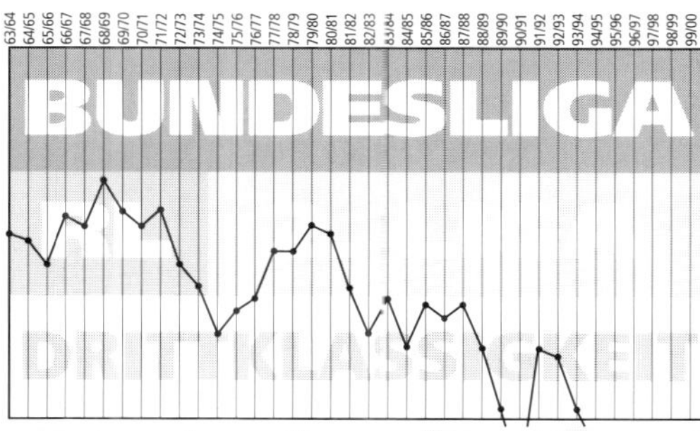

	Liga	Platz	Punkte	Tore	Zuschauer
(63-74: RL Süd)					
(74-77: AL Südbaden)					
77/78	2.BL	**13.**	35:41	58:71	3.715
78/79	2.BL	**13.**	33:43	58:75	3.532
79/80	2.BL	**9.**	43:37	78:83	3.190
80/81	2.BL	**10.**	39:37	76:75	2.842
81/82	2.BL	**19.**	23:53	52:88	4.542
(82-90 + 91-94: AOL Baden-Württemberg)					
(90/91, 94-99 + 00/01: VL Südbaden)					
(99/00: LL Südbaden)					

2. LIGA

Höchste Siege: 10:2 vs. Würzburg 04 (8.3.80) (H)
6:2 beim FSV Frankfurt (7.3.81) (A)
Höchste Niederlagen: 1:5 vs. 1860 München (6.2.82) (H)
1:7 bei MTV Ingolstadt (17.2.79) (A)

REKORDSPIELER		REKORDSCHÜTZEN	
Karl-Heinz Schulz (77-82)	**176**	Paul Linz (80-82)	**36**
Heinz-Dieter Derigs (77-82)	**141**	Karl-Heinz Schulz (77-82)	**27**
Karl-Heinz Mießmer (77-81)	**106**	Heinz-Dieter Derigs (77-82)	**25**
Jürgen Marek (77-81)	**103**	Jürgen Marek (77-81)	**24**
Alfred Metzler (77-80)	**94**	Karl-Heinz Bührer (77-79)	**20**

Obwohl der FFC nur ein einziges Jahr (56/57) in der Oberliga verbrachte, war er bei Gründung der Regionalliga Süd mit von der Partie. Dort stellten die Breisgauer zumeist nur eine kleine Nummer dar - bis auf die Saison 68/69. Punktgleich mit Meister Karlsruher SC erreichte das Team von Bernd Oles die Aufstiegsrunde zur Bundesliga und landete dort punktgleich mit Rot-Weiß Oberhausen, das sich im letzten Spiel ein 0:0 ermauerte, auf dem zweiten Platz. Es hätte also nicht viel gefehlt, und der Freiburger Fußball hätte sich bereits 25 Jahre vor Finkes Sportclub (der damals noch in der Amateurliga gegen Lörrach und Mörsch kickte) in den Annalen der Bundesliga verewigt. So aber blieb es bei der Regionalliga, bevor man sich ab 1974 für drei Jahre zum Lokalrivalen in die Amateurliga Südbaden gesellte. Als souveräner Meister marschierte der FFC dann 1977 mit 12:0 Punkten durch die Aufstiegsrunde in die Zweite Liga, in der man sich jedoch nur fünf Jahre halten konnte. In dieser Periode kam es im Freiburger Fußball dann auch endgültig zum Machtwechsel, fortan spielte der FFC nur noch die zweite Geige. Aufgrund akuter Finanznot musste der Verein gar zuletzt sein Möslestadion an den SC verkaufen und spielt nun im Schönbergstadion um Verbandsligapunkte.

SC FREIBURG

(Sport-Club Freiburg e.V.)

Gründung: 30. Mai 1904
Farben: Rot-Weiß
Stadion: Dreisamstadion (25.000)

Schwarzwaldstr. 193, 79117 Freiburg
Tel: 0761-385510, Fax: 0761-3855150
www.scfreiburg.de

	Liga	Platz	Punkte	Tore	Zuschauer
	(63-78: AL Südbaden)				
78/79	2.BL	**15.**	32:44	51:75	2.132
79/80	2.BL	**6.**	46:34	68:54	4.080
80/81	2.BL	**7.**	41:35	57:50	3.779
81/82	2.BL	**15.**	34:42	49:54	5.033
82/83	2.BL	**8.**	42:34	50:45	3.666
83/84	2.BL	**7.**	43:33	50:49	3.047
84/85	2.BL	**8.**	38:38	45:49	2.368
85/86	2.BL	**16.**	33:43	54:62	2.900
86/87	2.BL	**8.**	39:37	59:56	3.334
87/88	2.BL	**10.**	38:38	61:63	3.295
88/89	2.BL	**5.**	42:34	66:52	4.439
89/90	2.BL	**13.**	34:42	53:52	3.704
90/91	2.BL	**9.**	40:36	54:48	4.277
91/92	2.BL	**3.**	37:27	52:41	6.706
92/93	2.BL	**1.**	65:27	102:57	8.174
93/94	BL	**15.**	28:40	54:57	14.614
94/95	BL	**3.**	46:22	66:44	16.815
95/96	BL	**11.**	42	30:41	21.819
96/97	BL	**17.**	29	43:67	22.236
97/98	2.BL	**2.**	61	57:36	17.768
98/99	BL	**12.**	39	36:44	20.882
99/00	BL	**12.**	40	45:50	22.543
00/01	BL	**6.**	55	54:37	24.338

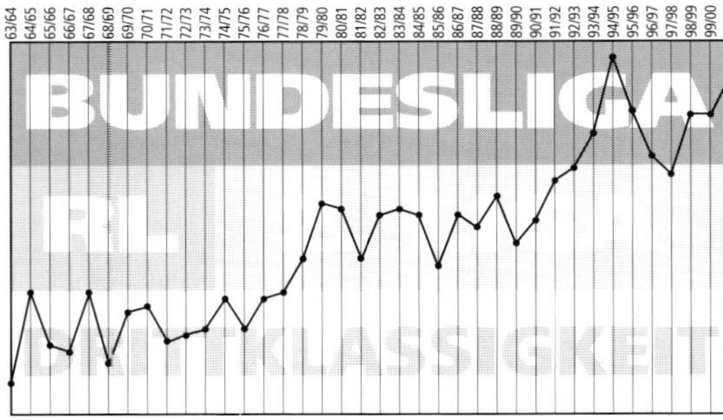

1. LIGA

Höchste Siege: 5:0 vs. Rostock (17.9.99) (H)
4:0 beim VfB Stuttgart (23.4.94) (A)
Höchste Niederlagen: 0:4 vs. HSV (21.2.97) (H)
1:6 beim FC Bayern (20.11.99) (A)

REKORDSPIELER		REKORDSCHÜTZEN	
Andreas Zeyer (93-01)	**182**	Rodolfo Esteban Cardoso (93-95)	**28**
Ralf Kohl (93-01)	**147**	Uwe Wassmer (93-99)	**23**
Jörg Schmadtke (93-97)	**131**	Andreas Zeyer (93-01)	**23**
Maximilian Heidenreich (93-97)	**114**	Adel Sellimi (98-01)	**22**
Richard Golz (98-01)	**101**	Uwe Spies (93-97)	**20**

BUNDESLIGATRAINER
Volker Finke (7/93-...)

2. LIGA

Höchste Siege: 6:0 vs. Erfurt (24.8.91) (H)
5:0 in Meppen (3.4.98) (A)
Höchste Niederlagen: 1:6 vs. Fort. Köln (19.5.88) (H)
0:6 in Schalke (28.10.83) (A)

REKORDSPIELER		REKORDSCHÜTZEN	
Karl-Heinz Schulz (82-91)	**287**	Joachim Löw (78-89)	**81**
Rolf Maier (80-92)	**285**	Souleyman Sané (85-88)	**56**
Joachim Löw (78-89)	**252**	Uwe Spies (90-93)	**32**
Reinhard Binder (78-84)	**219**	Thomas Schweizer (86-93)	**30**
Gabor Zele (78-86)	**219**	Robert Birner (80-84)	**24**
Günter Wienhold (78-90)	**205**	Paul Dörflinger (78-81)	**24**
Karl-Heinz Wöhrlin (78-84)	**197**	Martin Braun (90-93)	**22**
Franz Weber (84-89)	**180**	Marek Majka (88-91)	**21**
Udo Lay (85-91)	**176**	Hans Meisel, Dimitrios Moutas	**20**
Hans-Peter Schulzke (79-85)	**164**	Charly Schulz, Franz Weber	**20**

Bis in die Mitte der 70er Jahre hinein spielte der Sport-Club im badischen Kickgeschehen nur eine untergeordnete Rolle - um es einmal ganz vorsichtig auszudrücken. Jahrzehntelang waren die Freiburger in der drittklassigen Amateurliga Südbaden zu Hause, in der sie sich unter den Augen von ein paar Dutzend Rentnern und Wochenendurlaubern, die sich beim Wandern verlaufen hatten, von Mannschaften wie Südstern Singen, Kuppenheim oder VfB Bühl düpieren lassen mussten. Immerhin hielt der Sport-Club beständig die Klasse (obwohl es so manches Mal eng wurde) und schaffte es 1965 und 1968 sogar zweimal in die Aufstiegsrunde zur Regionalliga. Doch sowohl der VfR Pforzheim als auch der VfL Neckarau erwiesen sich als zu stark für die Freiburger. Trostlose Zeiten.

Besser wurde es kurioserweise erst, als der Freiburger FC, die unumstrittene Nummer Eins in der Stadt, in die Amateurliga Südbaden abgestiegen war. Endlich kam es nun mal wieder zu zünftigen Lokalderbys, die vor mehr als einer Schar Unentwegter stattfanden und in denen der SC prompt die Nase vorn hatte. In der Saison 74/75 landete man als Vizemeister erstmals vor dem einst so übermachtigen Rivalen, vier Plätze gar. In den nächsten Jahren normalisierte sich das Kräfteverhältnis zwar wieder und 1977 entschwand der Fußball-Club gen Zweite Bundesliga, doch der Ehrgeiz schien geweckt und nur zwei Jahre später folgten die Dreisam-Sportler den Fußballern vom Möslestadion in die Zweite Liga nach. Dort geriet der Sport-Club schon bald nicht nur in sportliche, sondern auch in wirtschaftliche Kalamitäten. Doch irgendwie kam der Verein über die Runden und schaffte mit Glück und Geschick den kaum für möglich gehaltenen Klassenerhalt. In den Folgejahren begann man sich nicht nur in der Zweiten Liga zu etablieren, sondern lief ganz nebenbei auch dem FFC den Rang ab, der bald darauf die Segel strich und in der Oberliga verschwand. Doch auch für den SC lief nicht alles rund: So ließen die Fans den Verein auch in sportlich erfolgreichen Zeiten schmählich im Stich, sodass Boss Stocker oft gezwungen war, die besten Kicker an die Konkurrenz zu verticken. Sogar die Trainer waren nicht sicher. Als die Freiburger Ende 1988 die Tabellenspitze erklommen, schnappte sich die Frankfurter Eintracht mit Jörger Berger kurzerhand den Vater des Erfolgs. Sechs Trainer später übernahm Volker Finke das Ruder, und mit ihm wurde alles gut. In einem wahrlich atemberaubenden Tempo mutierten die Kicker des biederen Zweitligisten ohne Zaster und Zuschauer zu den in der ganzen Republik geliebten »Breisgau-Brasilianern«, die mit ihrem erfrischenden Fußball bis in den UEFA-Cup stürmten, während im stets ausverkauften Dreisamstadiontempel die abknickbaren Flutlichtmasten mit Strom aus dem vereinseigenen Solarkraftwerk versorgt werden. Doch bis es so weit war, musste noch eine Menge Arbeit investiert werden. In der Saison 92/93, dem Jahr des mehr als souveränen Aufstiegs in die Bundesliga, hatte der Sport-Club seine Schulden abgebaut und konnte erstmals investieren. Die Fans nahmen die attraktive Spielweise der Finke-Elf an, Freiburg war plötzlich »in«. In der Bundesliga gelang nach einer Klassenerhaltsrettung in letzter Sekunde der bereits erwähnte Sprung in den UEFA-Cup und auch von dem Rückschlag der Saison 96/97, die den Sport-Club interimsweise in die Zweite Liga stürzte, haben sich die Herren Stocker und Finke nicht beirren lassen. Der Erfolg, der sich nach dem sofortigen Wiederaufstieg alsbald einstellen sollte, gab ihnen Recht: In der Saison 2000/01 zog Freiburg zum zweiten Mal in den UEFA-Cup ein.

SPVGG GREUTHER FÜRTH

(Spielvereinigung Greuther Fürth e.V.)

Gründung: 23. September 1903 (1. Juli 1996)
Farben: Grün-Weiß
Stadion: Playmobil-Stadion (15.500)

Laubenweg 60, 90765 Fürth
Tel: 0911-7910150, Fax: 0911-79101515
www.greuther-fuerth.de

TITEL
Deutscher Meister 1914, 1926 und 1929
DFB-Hallen-Masters 2000

	Liga	Platz	Punkte	Tore	Zuschauer
(63-74: RL Süd)					
74/75	2.BL	**15.**	34:42	40:48	5.553
75/76	2.BL	**10.**	37:39	64:52	5.256
76/77	2.BL	**8.**	40:36	55:51	6.423
77/78	2.BL	**6.**	46:30	73:42	4.248
78/79	2.BL	**4.**	49:27	66:45	5.058
79/80	2.BL	**7.**	44:36	56:51	4.795
80/81	2.BL	**14.**	35:41	54:54	3.321
81/82	2.BL	**14.**	35:41	61:60	5.263
82/83	2.BL	**18.**	31:45	55:75	3.778
(83-87: AOL Bayern)					
(87-91: LL Bayern-Nord)					
(91-94: AOL Bayern)					
(94-97: RL Süd)					
97/98	2.BL	**9.**	45	32:32	7.252
98/99	2.BL	**8.**	49	40:31	6.261
99/00	2.BL	**7.**	46	30:39	6.327
00/01	2.BL	**5.**	54	55:38	6.566

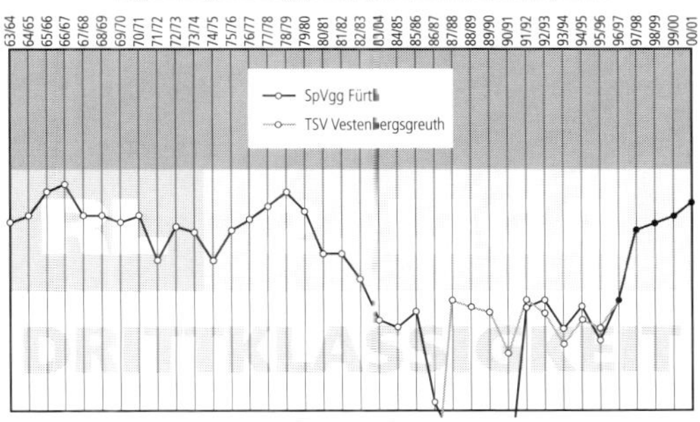

2. LIGA

Höchste Siege: 8:0 vs. Neunkirchen (20.12.80) (H)
5:0 bei Stut. Kickers (22.4.01) (A)
Höchste Niederlagen: 1:4 vs. Nürnberg (20.10.79) (H)
0:5 in Chemnitz (3.12.99) (A)

REKORDSPIELER		REKORDSCHÜTZEN	
Bernhard Bergmann (74-83)	**322**	Klaus Heinlein (74-80)	**54**
Hermann Grabmeier (74-83)	**251**	Eduard Kirschner (78-80)	**48**
Peter Löwer (74-81)	**231**	Erich Unger (74-78)	**43**
Helmut Klump (74-80)	**201**	Fred Schaub (80-83)	**36**
Klaus Heinlein (74-80)	**190**	Wolfgang Metzler (80-83)	**32**
Wolfgang Lausen (74-80)	**174**	Paul-Werner Hofmann (74-76)	**29**
Fritz Heubeck (74-79)	**165**	Frank Türr (97-01)	**26**
Klaus Rütten (76-81)	**139**	Lorenz Hilkes (75-77)	**21**
Erich Unger (74-78)	**133**	Fritz Heubeck (74-79)	**18**
Petr Skarabela (97-01)	**123**	Florian Hinterberger (78-82)	**18**

Die Geschichte des TSV Vestenbergsgreuth ist schnell erzählt: DFB-Pokal, 1995, erste Runde, Bayern München, 1:0. Sehr viel mehr Worte muss man über den Dorfverein, der im Februar 1974 gegründet wurde und 13 Jahre später in die Bayernliga aufstieg, eigentlich nicht verlieren. Ein anderes Kaliber ist da schon die SpVgg Fürth, deren Glanzzeiten allerdings schon viele Jahrzehnte zurückliegen. Nach Einführung der Bundesliga waren die Fürther exakt 20 Jahre in der Zweitklassigkeit beheimatet: Die Mittelfranken verbrachten elf Spielzeiten in der Regionalliga Süd (die beste Platzierung stellte 66/67 der dritte Rang dar) und mischten neun Jahre in der Zweiten Liga mit, in der als Optimum ein vierter Platz aus der Spielzeit 78/79 zu verzeichnen ist. Als die eingleisige Zweite eingeführt wurde, gerieten die Kleeblätter in Schwierigkeiten und mussten 1983 nach einem 0:3 in Augsburg am letzten Spieltag absteigen. Vier Jahre später war die SpVgg gar in die Landesliga abgestürzt. Als 1994 die Rückkehr in die Bayernliga gelang, traf man erstmals auf den TSV (1987 hatte man sich genau verpasst), qualifizierte sich gemeinsam für die neue Regionalliga und am 1. Juli war es schließlich so weit: Die Fußballabteilung des TSV trat der SpVgg bei. Unter neuem Namen und mit frischen Kräften gelang sogleich der Aufstieg in die Zweite Liga, in welcher man sich bislang prächtig verkauft hat und Jahr für Jahr zu steigern wusste.

GÖTTINGEN 05

(1. Sport-Club von 1905 e.V. Göttingen)

Gründung: 30. Juni 1905
Farben: Schwarz-Gelb
Stadion: Jahnstadion (17.500)

Schützenanger 1, 37081 Göttingen
Tel: 0551-31480, Fax: 0551-3054867
www.goettingen05.de

	Liga	Platz	Punkte	Tore	Zuschauer
(63/64: AL Niedersachsen-Ost)					
(64-74: RL Nord)					
74/75	2.BL	**10.**	39:37	60:66	6.348
75/76	2.BL	**11.**	37:39	63:54	3.199
76/77	2.BL	**17.**	31:45	57:67	3.368
(77-80: AOL Nord)					
80/81	2. BL	**18.**	32:52	67:98	3.076
(81-94: AOL Nord)					
(94/95, 96-98: RL Nord)					
(95/96 + 98/99: OL Niedersachsen/Bremen)					
(99/00: RL Nord)					
(00/01: OL Niedersachsen/Bremen)					

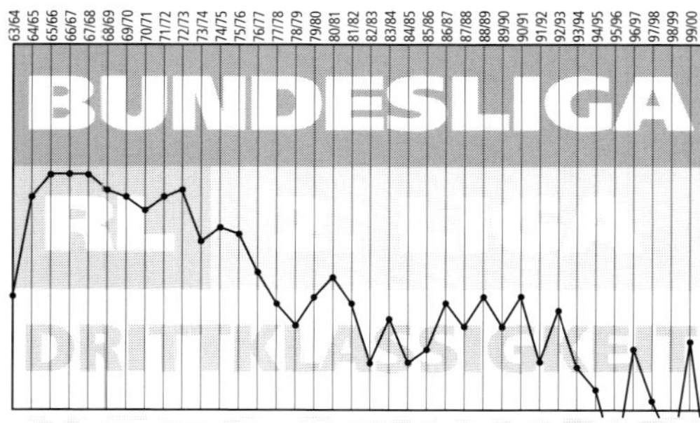

2. LIGA

Höchste Siege: 9:0 vs. Wolfsburg (7.5.77) (H)
4:0 in Spandau (27.12.75) (A)
Höchste Niederlagen: 1:4 vs. Hannover 96 (14.12.80) (H)
1:7 in Oberhausen (30.5.81) (A)

REKORDSPIELER		REKORDSCHÜTZEN	
Jürgen Krawczyk (74-77)	**105**	Walter Plaggemeyer (74-77)	**26**
Walter Plaggemeyer (74-77)	**102**	Klaus Wolf (74-76)	**26**
Lothar Hübner (74-77)	**98**	Harald Snater (80-81)	**21**
Harald Evers (74-77)	**83**	Wilfried Klinge (76-77)	**18**
Helmut Hinberg (74-77)	**75**	Horst Hayer (75-77)	**17**

Am 31. August 1974 war die Göttinger Welt noch in Ordnung. Ein 2:2 beim BVB bugsierte die Elf von Trainer Roder auf Rang 1 der Zweitligatabelle, und in der Unistadt grassierte das Fußballfieber. Schon sechs Jahre zuvor hatte 05 in der Aufstiegsrunde zur 1. Liga kräftig ans Tor zum Oberhaus geklopft - doch zwei Niederlagen in letzter Minute zerstörten die Träume der Recken um Regisseur Kurtchen Krauss. Auch 74/75 kam bald die Ernüchterung: Rang 10 am Saisonende war zwar mehr, als man zuvor erhofft hatte, doch die Sache mit dem grassierenden Fußballfieber hatte sich leider nicht halten können. Logische Folge: Schmalhans war fortan Küchenmeister im Jahnstadion. 1977 erfolgte der Abstieg, 1980/81 gab es ein kurzes Profifußball-Comeback, das unglücklicherweise mit der Zusammenlegung der beiden Zweitligastaffeln korrespondierte und damit von vorneherein zum Scheitern verurteilt war. Ende der 80er schienen die Schwarz-Gelben dann endlich wieder auf Zweitligakurs zu steuern, doch zwei Aufstiegsrundenteilnahmen vergingen ungenutzt. 1995 ging es gar in Liga 4, und seitdem ist man in Göttingen eigentlich vornehmlich mit dem Verhindern des finanziellen Debakels beschäftigt. So reichte es 2001 sportlich zum Sprung in die Regionalliga - doch die Lizenz ging an Relegationsverlierer Kiel, weil die Kassen mal wieder leer waren.

FC GÜTERSLOH

(Fußball-Club Gütersloh 2000 e.V.)

Gründung: 17. Februar 2000 ()
Farben: Blau-Weiß-Grün
Stadion: Heidewaldstadion (12.500)

Willy-Brand-Platz 2, 33330 Gütersloh
Tel: 05241-210730, Fax: 05241-210731
www.fcg2000.de

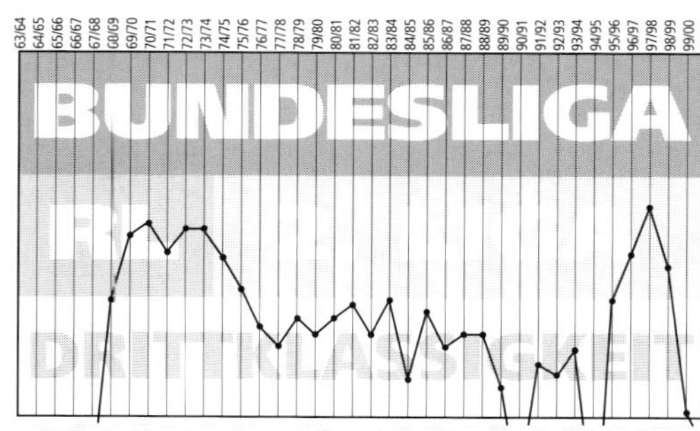

Was den Fußball in Gütersloh angeht, so sind die wirklich wichtigen Entscheidungen eigentlich immer an irgendwelchen Tischen, häufig im Beisein eines Rechtsanwalts, gefallen. Da wäre zunächst einmal der 12. Mai 1978. An diesem Tage schlossen sich die »Blauen« und die »Grünen«, die DJK und die SVA, die beiden Erzrivalen aus der Waschmaschinenstadt, zum FC Gütersloh zusammen. Als der erfolgreichere der Fusionisten galt die DJK, die es 1974 mit einer Mischung aus alten Haudegen wie Roggensack und Braun sowie jungen Talenten (u.a. Granitza, Oswald) in die Zweite Liga Nord schaffte und sich dort immerhin zwei Jahre halten konnte. Bei der SVA standen dagegen nur

	Liga	Platz	Punkte	Tore	Zuschauer
(63-68: LL Westfalen)					
(68/69: AL Westfalen)					
(69-74: RL West)					
74/75	2.BL	**14.**	32:44	57:63	3.881
75/76	2.BL	**19.**	28:48	52:70	3.115
(76-78: AL Westfalen)					
(78-90 + 91-94: AOL Westfalen)					
(90/91: VL Westfalen)					
(94/95: OL Westfalen)					
(95/96: RL West/Südwest)					
96/97	2.BL	**13.**	42	43:51	5.533
97/98	2.BL	**5.**	55	43:26	6.552
98/99	2.BL	**15.**	37	39:58	5.513
(99/00: RL West/Südwest)					
(00/01: OL Westfalen)					

2. LIGA

Höchste Siege: 6:1 vs. Mainz 05 (4.10.98) (H)
5:2 in Jena (23.2.97) (A)
Höchste Niederlagen: 0:5 vs. Wuppertal (21.3.76) (H)
1:6 bei Hannover 96 (28.9.74) (A)

REKORDSPIELER		**REKORDSCHÜTZEN**	
Christian Meyer (96-99)	**95**	Heinz Rudloff (74-76)	**29**
Willi Landgraf (96-99)	**94**	Christian Meyer (96-99)	**18**
Wojciech Choroba (96-99)	**83**	Angelo Vier (97-98)	**18**
Ulrich Granzow (74-76)	**76**	Wolfgang Rummenigge (74-76)	**17**
Walter Oswald (74-76)	**72**	Flock, Roggensack, van der Ven	**10**

drei Spielzeiten Regionalliga im Bewerbungsschreiben. Von der Fusion ging zunächst nicht der erhoffte Schub aus, wenngleich der FCG nach dem überstandenen »Netto-Liga-Verfahren« im Mai 1984 erstmals Westfalenmeister wurde. Nach einem kurzen Ausrutscher in die Verbandsliga ging es für Grün-Weiß-Blauen Mitte der 90er Jahre dann steil aufwärts: Nur ein Jahr nach dem Erringen der zweiten Westfalenmeisterschaft stieg Gütersloh 1996 in die Zweite Liga auf und hätte seine Erfolgsgeschichte, die eng mit den Namen Volker Graul (Manager), Heribert Bruchhagen (Marketing) und später auch Hannes Linßen (Trainer) verknüpft ist, zwei Jahre später fast sogar mit dem Aufstieg in die Bundesliga gekrönt. Vier Unentschieden in den letzten vier Spielen verhinderten die Sensation. Dabei hatten die Westfalen vor Saisonbeginn mit Heiko Bonan, Stefan Böger und Goalgetter Dirk van der Ven drei Leistungsträger verkaufen müssen, um überhaupt eine Lizenz zu erhalten. Nach dem Beinahe-Aufstieg fingen die Probleme dann aber erst richtig an. »Wir müssen aufpassen, dass es uns nicht so ergeht wie anderen Klubs, die nach verpasstem Aufstieg nach unten durchgereicht werden«, mahnte Hannes Linßen. Umsonst. Im Juni 1999 stieg der FCG aus der Zweiten Liga ab und stellte am 26. November beim Amtsgericht Bielefeld einen Insolvenzantrag. Der »FC Gütersloh 2000 e.V.«, der am 23. Februar ins Leben gerufen wurde und alle Mannschaften des FCG (von 1978) aufnahm, konnte dann von Glück sprechen, dass er in der Saison 2000/01 in der Oberliga Westfalen und nicht etwa in der Landesliga antreten durfte. Dort kam der »neue« FCG auf einen achtbaren vierten Platz.

HALLESCHER FC

(Hallescher Fußball-Club e.V.)

Gründung: Juni 1991 (26. Januar 1966)
Farben: Rot-Weiß
Stadion: Kurt-Wabbel-Stadion (23.860)

Kantstr. 1, 06110 Halle (Saale)
Tel: 0345-4441293 Fax: 0345-4441616
www.hallescherfc.org

TITEL
DDR-Meister 1953
FDGB-Pokalsieger 1956 und 1962

	Liga	Platz	Punkte	Tore	Zuschauer
(63/64: OL der DDR)					
(64/65, 73/74 + 84-87: DDR-Liga)					
(65-73, 74-84 + 87-90: OL der DDR)					
(90/91: OL Nordost)					
91/92	2.BL	**11.**	27:37	35:47	3.638
(92-94: AOL Nordost-Mitte)					
(94/95, 97/98 + 00/01: OL Nordost-Süd)					
(95-97 + 98-00: VL Sachsen-Anhalt)					

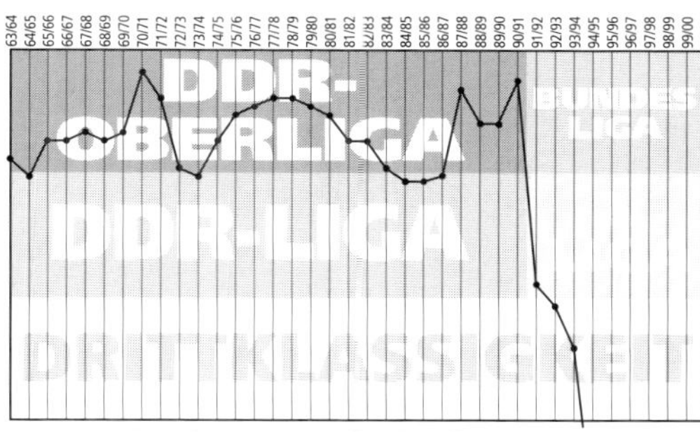

Durch den vierten Rang in der letzten Oberliga-Saison der DDR (nach dem Titel von 1953 und dem dritten Platz der Saison 70/71 die beste Platzierung der Vereinsgeschichte) schaffte der HFC 1991 die Quali für die Zweite Liga. Nach einem tollen Start konnte die Elf den Abgang von Regisseur Wosz im Winter nicht verkraften und stieg noch sang- und klanglos ab. Finanzielle Probleme führten bald zu einem großen personellen Aderlass und zum Abstieg in die Verbandsliga. Mittlerweile aber kickt der HFC immerhin schon wieder in die Oberliga und ist damit am Lokalrivalen VfL 96 vorbeigezogen.

2. LIGA

Höchste Siege: 4:1 vs. Erfurt (5.10.91) (H)
3:1 bei Mainz 05 (13.10.91) (A)
Höchste Niederlagen: 1:2 vs. Erfurt (4.4.92) (H)
0:4 in Erfurt (9.5.92) (A)

REKORDSPIELER		**REKORDSCHÜTZEN**	
Giesbert Penneke (91-92)	**32**	Lutz Schülbe (91-92)	**5**
Uwe Lorenz (91-92)	**31**	Dariusz Wosz (91-92)	**5**
René Tretschok (91-92)	**30**	Dirk Wüllbier (91-92)	**5**
Dirk Wüllbier (91-92)	**29**	Sergej Gozmanow (91-92)	**4**
Jens Adler, Timo Lange (91-92)	**28**	Alexander Löbe, René Tretschok	**3**

HAMBURGER SV

(Hamburger Sport Verein e.V.)

Gründung: 29. September 1887
Farben: Blau-Weiß-Schwarz
Stadion: Volksparkstadion (55.000)

Sylvesterallee 7, 22525 Hamburg
Tel: 040-415501, Fax: 040-41551060
www.hsv.de

	Liga	Platz	Punkte	Tore	Zuschauer
63/64	BL	**6.**	32:28	69:60	32.246
64/65	BL	**11.**	27:33	46:56	35.446
65/66	BL	**9.**	33:34	64:52	23.099
66/67	BL	**14.**	30:38	37:53	25.563
67/68	BL	**13.**	33:35	51:54	18.559
68/69	BL	**6.**	36:32	55:55	20.595
69/70	BL	**6.**	35:33	57:54	17.230
70/71	BL	**5.**	37:31	54:63	16.608
71/72	BL	**10.**	33:35	52:52	17.336
72/73	BL	**14.**	28:40	53:59	18.020
73/74	BL	**12.**	31:37	53:62	24.086
74/75	BL	**4.**	43:25	55:38	31.433
75/76	BL	**2.**	41:27	59:32	32.400
76/77	BL	**6.**	38:30	67:56	31.283
77/78	BL	**10.**	34:34	61:68	30.906
78/79	BL	**1.**	49:19	78:32	39.130
79/80	BL	**2.**	48:20	86:35	35.868
80/81	BL	**2.**	49:19	73:43	31.739
81/82	BL	**1.**	48:20	95:45	33.930
82/83	BL	**1.**	52:16	79:33	28.345
83/84	BL	**2.**	48:20	75:36	27.614
84/85	BL	**5.**	37:31	58:49	22.048
85/86	BL	**7.**	39:29	52:35	18.133
86/87	BL	**2.**	47:21	69:37	22.012
87/88	BL	**6.**	37:31	63:68	15.115
88/89	BL	**4.**	43:25	60:36	14.934
89/90	BL	**11.**	31:37	39:46	18.381
90/91	BL	**5.**	40:28	60:38	24.264
91/92	BL	**12.**	34:42	32:43	20.843
92/93	BL	**11.**	31:37	42:44	23.233
93/94	BL	**12.**	34:34	48:52	30.974
94/95	BL	**13.**	29:39	43:50	30.435
95/96	BL	**5.**	50	52:47	28.568
96/97	BL	**13.**	41	46:60	29.655
97/98	BL	**9.**	44	38:46	31.288
98/99	BL	**7.**	50	47:46	22.799
99/00	BL	**3.**	59	63:39	40.080
00/01	BL	**13.**	41	58:58	41.466

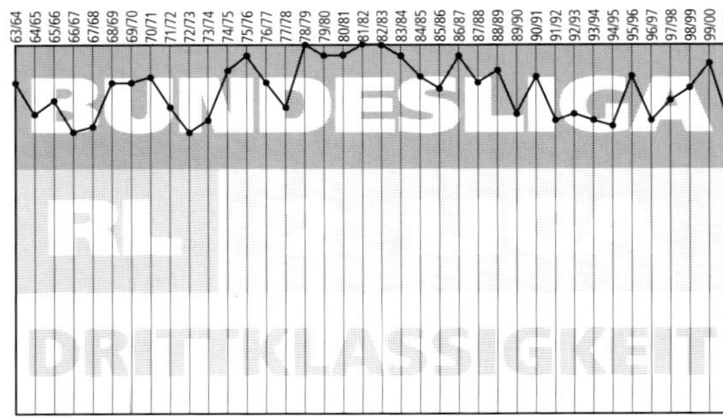

Zu den Abstiegskandidaten oder Anwärtern auf einen gesicherten Platz im Mittelfeld hat der Hamburger SV eigentlich nie gezählt, das hätte auch nicht zum Selbstverständnis des einzigen Gründungsmitglieds der Bundesliga, der ihr von Anbeginn der Zeit, also 1963, bis zum heutigen Tage permanent angehörte. Gerade in den ersten Jahren der neuen Spielklasse ging der Abo-Meister der Oberliga Nord und frischgebackene Pokalsieger vom August 1963 (3:0 gegen Meister Dortmund) stets zumindest als Mitfavorit ins Rennen. Der Glanz war jedoch schnell verblasst, zu oft war der ruhmreiche HSV in Mittelfeld und -maß stecken geblieben. Über den sechsten Platz aus der Premierensaison kamen die Hanseaten trotz aller Anstrengungen nicht hinaus. So hatte man beispielsweise vor der Saison 67/68 den Teamkader u.a. um Bubi Hönig, Hans Schulz, Werner Krämer und Arkoc Özcan aufgepäppelt und musste am Ende froh sein, einen 14. Platz ergattert und die totale Katastrophe verhindert zu haben. Dass der HSV im gleichen Jahr das Endspiel im Europapokal der Pokalsieger erreichte (0:2 vs. AC Mailand), hatte mehr mit Glück als mit Geschick zu tun. Auch in der Spielzeit 72/73 - der ersten ohne Kapitän, Torjäger und Idol Uwe Seeler - schrammten die Nordlichter nur knapp am Abstieg in die Regionalliga vorbei.

Unter der Regie des jungen Trainer Klaus-Dieter Ochs wurde zwar einiges besser, doch war noch längst nicht alles Gold, was da im HSV-Leibchen über den Platz lief. Dank einer erfolgreichen Einkaufspolitik stieß der HSV gegen Mitte der 70er Jahre dann endlich in die Regionen vor, in welchen er nach Meinung von Dr. Peter Krohn, dem umtriebigen Präsidenten und späteren Manager, schon lange hingehörte. An der Seite von Routiniers wie Volkert, Nogly und Björnmose konnten die jungen Talente Kaltz, Kargus, Hidien oder Memering aufblühen und zur Renaissance des HSV beitragen. Mit Kuno Klötzer auf der Trainerbank wurden die Hamburger 1976 Vizemeister und Pokalsieger und eroberten im Folgejahr auch den zugehörigen Europapokal - das finale 2:0 gegen den

1. LIGA

Höchste Siege: 8:0 vs. KSC (12.2.66) (H)
6:0 bei Hertha BSC (5.4.80) (A)
Höchste Niederlagen: 0:5 vs. FC Bayern (4.5.74) (H)
2:9 beim TSV 1860 (7.3.64) (A)

REKORDSPIELER		**REKORDSCHÜTZEN**	
Manfred Kaltz (71-91)	**581**	Uwe Seeler (63-72)	**137**
Thomas von Heesen (80-94)	**368**	Thomas von Heesen (80-94)	**99**
Ditmar Jakobs (79-90)	**323**	Horst Hrubesch (78-83)	**96**
Harald Spörl (87-01)	**321**	Manfred Kaltz (71-91)	**76**
Peter Nogly (69-80)	**320**	Franz-Josef Hönig (67-74)	**62**
Felix Magath (76-86)	**306**	Georg Volkert (71-78)	**62**
Caspar Memering (71-82)	**303**	Harald Spörl (87-01)	**60**
Richard Golz (87-98)	**273**	Gert Dörfel (63-72)	**58**
Klaus Zaczyk (69-78)	**262**	William Hartwig (78-84)	**52**
Rudi Kargus (71-80)	**254**	Jan Furtok (88-93)	**51**

TITEL

Deutscher Meister 1923, 1928, 1960, 1979, 1982 und 1983
Deutscher Pokalsieger 1963, 1976 und 1987
Europapokal der Landesmeister 1983
Europapokal der Pokalsieger 1977
Deutscher Ligapokal 1973
Deutscher Supercup 1977
DFB-Hallen-Masters 1987

RSC Anderlecht bescherte dem HSV den vorerst größten Erfolg der Vereinsgeschichte. 1978 stellte man die Weichen zu höheren nationalen Weihen: Günter Netzer wurde Nachfolger Krohns, Branko Zebec neuer Trainer. Prompt wurde die mittlerweile um Kicker wie Magath, Keegan, Buljan, Hartwig und Hrubesch verstärkte Elf Meister. Goldene Zeiten brachen an: Bis zur Mitte der 80er Jahre führte in der Titelfrage nun am HSV kein Weg mehr vorbei, und auch international mischte man in vorderster Front mit. 1980 erreichte der frischgebackene Titelträger auf Anhieb das Endspiel im Europapokal der Landesmeister, verlor aber gegen Nottingham Forest mit 0:1. Nichtsdestotrotz: Die Hanseaten waren nun endlich da, wo sie schon immer hingewollt hatten. Der HSV etablierte sich als Hauptkonkurrent und Erzrivale des FC Bayern, wurde hinter den Münchnern zweimal Vizemeister und engagierte, um dieses doppelte Malheur zu korrigieren, Ernst Happel. Der geniale Grantler aus Wien verwandelte den HSV in eine Offensiv- und Pressingmaschine, gegen die kein Fußballkraut gewachsen schien. Zweimal hintereinander wurden Kaltz & Co. Meister, legten dabei eine Serie von 36 Spielen ohne Niederlage hin und sicherten sich im Mai 1983 auch die Krone Europas. Im Finale des Europacups der Meister bezwang der HSV Juventus Turin mit 1:0. Anschließend versäumten es die Hanseaten leider, die alternden Stars durch frische Kräfte zu ersetzen. 1987 bäumte sich der HSV noch einmal gegen den drohenden Absturz ins Mittelmaß auf, wurde zum Ende der Ära Happel Vizemeister und Pokalsieger, doch die Zeichen der Zeit waren unübersehbar und in den Folgejahren unternahmen die Hamburger so manchen Betriebsausflug in den Tabellenkeller. Kein Trainer wollte die launische Truppe, deren Gesicht sich von Jahr zu Jahr immer schneller ändern sollte, in den Griff bekommen. Stars kamen und gingen, die Sorgen indes blieben. Und die Schulden. Erst der Verkauf von Thomas Doll (Lazio zahlte 17 Mio. DM) sanierte 1991 den konkursgefährdeten Klub. Unter der Regie von Frank Pagelsdorf kam es 1997 zu einem Neuaufbau, der sich anfangs gut anließ, doch auch mit dem herrlichen Neuen Volksparkstadion im Rücken und einer Champions-League-Teilnahme auf dem Konto konnten es die Verantwortlichen um Werner Hackmann nicht verhindern, dass der HSV Jahr für Jahr Leistungsträger an die Konkurrenz verliert. Bis zum alten Glanz scheint es noch ein weiter Weg zu sein.

BUNDESLIGATRAINER

Martin Wilke (7/63-5/64)
Georg Gawliczek (7/64-4/66)
Josef Schneider (4/66-6/67)
Kurt Koch (7/67-5/68)
Georg Knöpfle (7/68-6/70)
Klaus-Dieter Ochs (7/70-6/73)
Kuno Klötzer (7/73-6/77)
Rudi Gutendorf (7/77-10/77)
Arkoc Özcan (10/77-6/78)
Branko Zebec (7/78-12/80)
Aleksandar Ristic (12/80-6/81)
Ernst Happel (7/81-6/87)
Josip Skoblar (7/87-11/87)
Willi Reimann (11/87-1/90)
Gerd-Volker Schock (1/90-3/92)
Egon Coordes (3/92-9/92)
Benno Möhlmann (9/92-10/95)
Felix Magath (10/95-5/97)
Frank Pagelsdorf (7/97-9/01)
Kurt Jara (10/01-...)

FC ST. PAULI

(Fußball-Club St. Pauli von 1910 e.V.)

Gründung: 15. Mai 1910 (1924)
Farben: Braun-Weiß
Stadion: Millerntor-Stadion (20.725)

Auf dem Heiligengeistfeld, 20359 Hamburg
Tel: 040-3178740, Fax: 040-31787429
www.fcstpauli.de

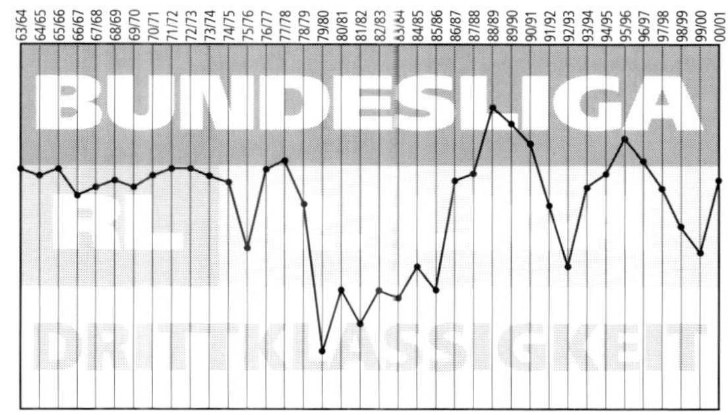

Das war schon ganz schön bitter. Obwohl der FC St. Pauli in den letzten zehn Jahren zuvor stets einstellige Tabellenplätze erreicht hatte, in der ewigen Tabelle der Oberliga Nord (der alten, der »echten«) knapp hinter Werder auf dem dritten Platz landete und eigentlich auch ausreichend Qualifikationspunkte aufwies, verweigerte der DFB 1963 die Startgenehmigung für die Bundesliga - zwei Hamburger Vereine waren nicht drin, und am HSV führte nun mal kein Weg vorbei. Echt gemein.

Noch viel ärgerlicher war es dann aber in den folgenden Jahren, dass es mit dem Aufstieg in die Eliteliga einfach nicht fluppen wollte. Bis 1974 wurden die Paulianer in der Regionalliga Nord viermal Meister und dreimal Vizemeister, und besaßen sechs Versuche, in der Aufstiegsrunde zur Bundesliga einen Treffer zu landen. Doch die Hamburger zogen nur Nieten. Mal war's Pech, mal Ungeschick, mal der Schiri, gelegentlich auch nur das Torverhältnis. So wie 1966: Da scheiterte man an den punktgleichen Rot-Weißen aus Essen, gegen die man zuvor zweimal gewinnen konnte. Manchmal waren die anderen aber auch einfach nur besser, so wie 1973 Fortuna Köln oder 1972 Offenbach und Essen. Hinter diesen beiden Vereinen liegt St. Pauli in der »Ewigen Tabelle der Aufstiegsspiele zur Bundesliga« (dat gibt's wirklich) übrigens auf Platz drei. Letzter bleibt mit 1:15 Punkten der VfB Lübeck. Aber das nur am Rande. Die verzweifelten Kiez-Kicker mussten also nach anderen Wegen suchen, die Bundesliga zu erreichen. Da kam die 1974 eingeführte Zweite Liga und das neue Aufstiegssystem gerade recht. Und siehe da, im dritten Anlauf hatte es der FC St. Pauli endlich in die Bundesliga geschafft. Das war 1977 und geschah nicht zuletzt dank der fußballerischen Fähigkeiten von Männern wie Franz Gerber, Dietmar Demuth, Walter Oswald oder Niels Tune-Hansen, denen Trainer Diethelm Ferner noch ein paar taktische Kniffe hatte beibringen können. Für die Bundesliga erwiesen sich die Hamburger allerdings noch zu grün. Abgeschlagen landete die Elf vom Millerntor, die fatalerweise für einen Großteil der Spiele ins klobige Volksparkstadion umgezogen war, auf dem letzten Platz und verabschiedete sich mit einem 0:5 gegen den neuen Meister Köln aus der Bundesliga.

Der Aufstieg hatte viel Geld gekostet, und nach der Rückkehr in die Zweite Liga Nord stand der Verein schon bald vor riesigen Finanzproblemen. Diese waren im wahrsten Sinne des Wortes selbst verschuldet, und da es zudem ein wenig heftig an korrekter Buchführung und Versteuerung haperte, blieb dem DFB gar keine andere Möglichkeit, als St. Pauli 1979 die Lizenz zu entziehen. Insgesamt sieben harte Jahre verbrachte der Verein in den Niederungen der Oberliga Nord, rutschte dort zeitweise ins Tabellenmittelfeld ab und konnte als Trikotsponsor lediglich eine Kneipe an Land ziehen. Unter der Regie von Michael Lorkowski gelang 1984 mit einer stark verjüngten Elf der Wiederaufstieg in die Zweite Liga, in der man sich aber trotz des Zukaufs einiger Routiniers, darunter HSV-Veteran Peter Nogly, nicht halten konnte und direkt wieder abstieg.

Im nächsten Anlauf klappte es besser. Willi Reimann führte die Hamburger 1986 nicht nur in die Zweite Liga, sondern hätte um ein Haar auch für den Durchmarsch in die Bundesliga gesorgt. Als Dritter qualifizierte sich Pauli für die Relegationsspiele gegen Homburg, in denen dann allerdings die Nerven versagten - das alte Aufstiegsrunden-syndrom! Einem 1:3 im Waldstadion konnten die Braun-Weißen nur ein 2:1 entgegensetzen. Doch St. Pauli war nun zu dem »etwas anderen Klub« geworden und mutierte langsam zu einem Zuschauermagneten. Ein gutes Jahr später - mittlerweile hatte Helmut Schulte das Trainerruder übernommen - war das Wunder dann aber im zweiten Anlauf perfekt: Dank der überragenden Heimstärke im engen Wilhelm-Koch-Stadion stieg der FC St. Pauli zum zweiten Mal in die Bundesliga auf.

Sportlich - und auch mythologisch - folgten nun die vielleicht besten und schönsten Jahre der Vereinsgeschichte. Drei Jahre lang lehrten die Kiez-Kicker den Favoriten (zumindest auf heimischem Geläuf) das Fürchten, und der FC St. Pauli avancierte vollends zum »Kult-Klub« - was auch immer man darunter verstehen mag. Sportlich kam es dagegen zu Rückschlägen. 1991 ging einmal mehr ein entscheidendes Aufstiegs- bzw. in diesem Fall Abstiegsspiel verloren: das 1:3 im dritten Relegationsmatch gegen die Stuttgarter Kickers bedeutete den Abstieg. Doch mittlerweile ist St. Pauli trotz zahlreicher Rückschläge, Finanzkalamitäten und Beinahe-Abstürze ins Amateurlager bereits zum zweiten Male in die Bundesliga zurückgekehrt. Und diesmal möchte man schon ein wenig länger als nur drei bzw. zwei Jahre dort verweilen.

	Liga	Platz	Punkte	Tore	Zuschauer
	(63-74: RL Nord)				
74/75	2.BL	**3.**	50:26	77:48	3.033
75/76	2.BL	**14.**	34:42	70:82	2.216
76/77	2.BL	**1.**	54:22	69:36	6.441
77/78	BL	**18.**	18:50	44:86	12.408
78/79	2.BL	**6.**	43:33	56:49	2.400
	(79-84: AOL Nord)				
84/85	2.BL	**17.**	33:43	48:59	4.307
	(85/86: AOL Nord)				
86/87	2.BL	**3.**	49:27	63:45	7.672
87/88	2.BL	**2.**	49:27	65:38	8.122
88/89	BL	**10.**	32:36	41:42	20.358
89/90	BL	**13.**	31:37	31:46	17.923
90/91	BL	**16.**	27:41	33:53	17.240
91/92	2.BL	**4.**	35:29	40:38	11.698
92/93	2.BL	**17.**	43:49	47:52	13.000
93/94	2.BL	**4.**	45:31	47:39	14.665
94/95	2.BL	**2.**	44:24	58:33	16.554
95/96	BL	**15.**	38	43:51	21.614
96/97	BL	**18.**	27	32:69	23.210
97/98	2.BL	**4.**	56	43:31	14.762
98/99	2.BL	**9.**	45	49:46	12.834
99/00	2.BL	**14.**	39	37:45	13.076
00/01	2.BL	**3.**	60	70:52	16.034

BUNDESLIGATRAINER

Diethelm Ferner (7/77-6/78)
Helmut Schulte (7/88-2/91)
Horst Wohlers (2/91-6/91)
Uli Maslo (7/95-4/97)
Klaus-Peter Nemet (4/97-6/97)
Dietmar Demuth (7/01-...)

1. LIGA

Höchste Siege: 5:1 vs. Uerdingen (17.6.89) (H)
5:2 in Uerdingen (8.12.95) (A)
Höchste Niederlagen: 0:5 vs. 1.FC Köln (29.4.78) (H)
0:7 in Düsseldorf (12.5.90) (A)

REKORDSPIELER		**REKORDSCHÜTZEN**	
André Trulsen (88-97)	**160**	André Golke (88-91)	**25**
Jürgen Gronau (88-97)	**117**	Dirk Zander (88-91)	**20**
Klaus Thomforde (88-97)	**100**	Franz Gerber (77-78)	**16**
André Golke (88-91)	**98**	Juri Sawitschew (95-97)	**14**
Jan Kocian (88-91)	**90**	Jens Scharping (95-97)	**12**
Dirk Dammann (90-97)	**81**	Jürgen Gronau (88-97)	**11**
Dirk Zander (88-91)	**80**	Martin Driller (95-97)	**10**
Peter Knäbel (88-91)	**68**	Klaus Ottens (88-91)	**8**
Klaus Ottens (88-91)	**67**	Carsten Pröpper (95-97)	**8**
Waldemar Steubing (88-91)	**66**	André Trulsen (88-97)	**7**

2. LIGA

Höchste Siege: 10:2 vs. Wolfsburg (21.12.74) (H)
6:0 in Barmbek-Uhlenhorst (26.4.75) (A)
Höchste Niederlagen: 1:5 vs. Solingen (9.9.84) (H)
0:5 in Göttingen (21.8.74) (A)

REKORDSPIELER		**REKORDSCHÜTZEN**	
Klaus Thomforde (84-99)	**217**	Rüdiger Wenzel (74-88)	**59**
André Trulsen (86-01)	**206**	Franz Gerber (76-88)	**42**
Jürgen Gronau (84-95)	**202**	Marcus Marin (93-00)	**40**
Dietmar Demuth (74-88)	**192**	Horst Neumann (74-79)	**33**
Dirk Dammann (91-99)	**179**	Dirk Zander (86-94)	**31**
Holger Stanislawski (93-01)	**151**	Martin Driller (91-95)	**29**
Rüdiger Wenzel (74-88)	**137**	Rolf Höfert (74-79)	**28**
Horst Neumann (74-79)	**132**	Ivan Klasnic (97-01)	**26**
Bernd Hollerbach (91-95)	**128**	André Golke (84-88)	**24**
Stephan Hanke (94-00)	**119**	J. Sawitschew, J. Scharping	**20**

FC HANAU 93

(1. Hanauer Fußball-Club 1893 e.V.)

Gründung: 23. März 1893
Farben: Schwarz-Weiß
Stadion: Herbert-Dröse-Stadion (16.000)

Martin-Luther-King-Str. 14, 63452 Hanau
Tel: 06181-995000, Fax: 06181-995050
www.welcome.to/hfc

	Liga	Platz	Punkte	Tore	Zuschauer
(63/64, 66-68 + 73-75: AL Hessen)					
(64-66 + 68-71: LL Hessen-Mitte)					
(71-73 + 75/76: LL Hessen-Süd)					
(76-78: AL Hessen)					
78/79	2.BL	**17.**	29:47	72:98	3.816
(79-82 + 84-86: AOL Hessen)					
(82-84 + 86/87: LL Hessen-Süd)					
(87-94: Bezirksoberliga Frankfurt-Ost)					
(94/95: Bezirksliga Hanau)					
(95-00: Kreisliga A)					
(00-01: Bezirksliga Hanau)					

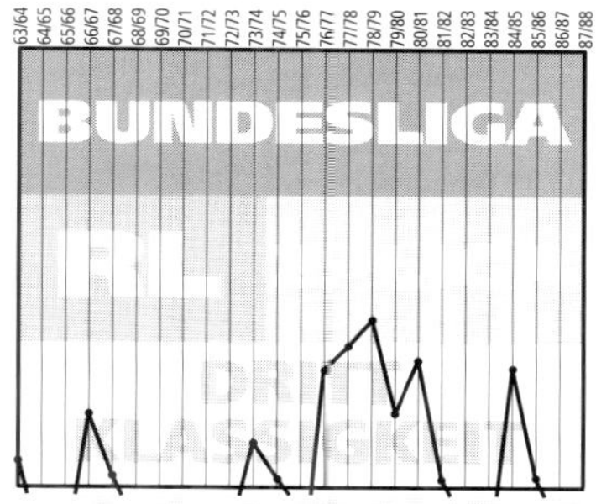

Die Glanzzeiten des ältesten Fußballverein Hessens liegen schon eine ganze Weile zurück, um ganz ehrlich zu sein, sind aus der Zeit nach dem Zweiten Weltkrieg eigentlich nur noch wenige Erfolgsmeldungen zu verkünden. Anno 1953 gewann Hanau mal gegen Bayern München, den damaligen Tabellenführer der 2. Liga Süd, mit 4:1 und dies, glaubt man den Zeitungsberichten, auch noch vollkommen verdient.

Ein Vierteljahrhundert später stiegen die 93er als Hessenmeister in die Zweite Liga Süd auf. Trainer war damals Manfred Brunner, als tragende Säulen der Mannschaft sind Torjäger Kalle Schleiter, Ede Malura, Günter Oleknavicius sowie Ex-Stuttgarter Dieter Schwemmle zu nennen. Am vierten Spieltag landen die Schwarz-Weißen mit einem 5:1 gegen den FSV Frankfurt den ersten und vielleicht auch schönsten Sieg im Profifußball. Gegen den OFC, der mit dem gebürtigen Hanauer Rudi Völler antritt, erreicht man ein 2:2. Mit dem spektakulären Torverhältnis von 72:98 und nur zwei Punkten Rückstand auf das rettende Ufer stieg der HFC gleich wieder ab - der Auftakt zu einem krassen Absturz, der erst in der Kreisliga A ein vorläufiges Ende finden sollte.

2. LIGA

Höchste Siege: 5:1 vs. FSV Frankfurt (19.8.78) (H)
3:1 in Baunatal (13.1.79) (A)
Höchste Niederlagen: 1:5 vs. Bayreuth (19.5.79) (H)
1:8 in Trier (30.9.78) (A)

REKORDSPIELER		REKORDSCHÜTZEN	
Karlheinz Schleiter (78-79)	**37**	Karlheinz Schleiter (78-79)	**15**
Walter Seitz (78-79)	**37**	Heiko Dymalla (78-79)	**12**
Karl Walter (78-79)	**36**	Dieter Schwemmle (78-79)	**11**
Heiko Dymalla (78-79)	**35**	Günter Oleknavicius (78-79)	**7**
Michael Krumbe (78-79)	**35**	Michael Bordt, Fred Kromm	**6**

ARMINIA HANNOVER

(Sport-Verein Arminia e.V. Hannover)

Gründung: 1. Mai 1910
Farben: Grün-Weiß
Stadion: Bischofsholer Damm (14.000)

Bischofsholer Damm 119, 30173 Hannover
Tel: 0511-810448, Fax: 0511-818481
www.arminia-hannover.de

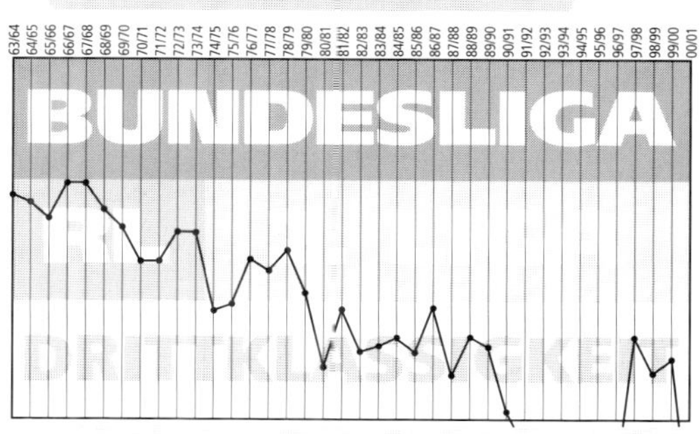

Unter der Regie von Trainer Hans Hipp erreichte die Arminia, die in ihrer langen Geschichte nur selten einmal über die Rolle der zweiten Geige in Hannover hinauskommen sollte, 1967 und 1968 als Meister der Regionalliga Nord die Aufstiegsrunde zur Bundesliga. Während man sich im ersten Anlauf noch ganz achtbar aus der Affäre zog und als Dritter immerhin Hertha BSC Berlin und Bayern Hof hinter sich ließ, reichte es im zweiten Versuch nur zum fünften und letzten Platz. Da der Klub in den Folgejahren immer weiter ins Mittelmaß absackte und so manches Mal gar gegen den Abstieg kämpfen musste, rutschte er bei der Einführung der Zweiten Liga dann 1974 sogar in die Drittklassigkeit ab. Freilich nicht für lange: SVA-Boss Höxtermann holte mit Trainer

Gerd Bohnsack und dem bundesligaerprobten Charly Mrosko zwei erfahrene Männer, mit denen die Arminen 1975 Vizemeister wurden und an der Qualifikationsrunde zur Zweiten Liga teilnehmen durften. Wieder blieb es nur bei der Teilnahme, Bayer Leverkusen und Union Solingen waren stärker. Doch im nächsten Jahr klappte es dann ausnahmsweise endlich einmal: Arminia Hannover wurde vier Punkte vor dem VfL Wolfsburg Meister und setzte sich in der Aufstiegsrunde halbwegs souverän gegen den SC Herford und Union 06 Berlin durch. Der Jubel kannte keine Grenzen, zumal man sich nun auch endlich wieder auf zünftige Lokalderbys freuen konnte: Wenige Wochen zuvor war Hannover 96 aus der Bundesliga abgestiegen... In den Stadtduellen zogen die Grün-Weißen zwar zweimal knapp (0:1, 1:2) den Kürzeren, belegten am Ende aber einem sicheren 13. Platz. In der Folgesaison sah es ähnlich aus: Der SVA landete weit hinter den 96ern auf dem 15. Rang, schaffte aber am 7. Januar 1978 ein enthusiastisch gefeiertes 2:1 bei den »Roten«. Und als die Arminia im Jahr darauf sogar drei Derbypunkte (auswärts 1:1, flottes 3:2 daheim) errang und in der Abschlusstabelle drei Ränge vor dem Rivalen landete, da träumte so manch einer am Bischofsholer Damm vom Machtwechsel. Doch der Traum war schnell geplatzt: Mit nur 17 Punkten stieg Arminia im nächsten Jahr in die Oberliga ab. 1982 schaffte man es noch einmal in die Aufstiegsrunde, in der freilich ein 1:5 in Lüttringhausen das Aus besiegelte. Neun Jahre darauf landete der SVA in der Verbandsliga, in der man zwischenzeitlich gar um den Klassenerhalt bangen musste. Mit Rainer Behrends, einem der Aufstiegshelden von 1976, als Trainer gelang 1997 durch ein 4:0 über den Heider SV jedoch schon wieder der Sprung in die Regionalliga Nord, der man bis zur Neuordnung der Amateurligenwelt im Jahre 2000 sicher angehörte.

	Liga	Platz	Punkte	Tore	Zuschauer
(63-74: RL Nord)					
(74-76: AOL Nord)					
76/77	2.BL	**13.**	38:38	64:62	5.708
77/78	2.BL	**15.**	34:42	63:78	3.733
78/79	2.BL	**12.**	36:40	56:65	2.648
79/80	2.BL	**19.**	17:59	40:92	2.723
(80-91: AOL Nord)					
(91-94: VL Niedersachsen)					
(94-97: OL Niedersachsen/Bremen)					
(97-00: RL Nord)					
(00/01: OL Niedersachsen/Bremen)					

2. LIGA

Höchste Siege: 6:0 vs. Solingen (4.9.76) (H)
5:1 bei West. Herne (2.10.76) (A)
Höchste Niederlagen: 2:6 vs. West. Herne (12.3.77) (H)
0:11 in Bielefeld (23.5.80) (A)

REKORDSPIELER		REKORDSCHÜTZEN	
Rainer Behrends (76-80)	**139**	Karl-Heinz Mrosko (76-79)	**56**
Roland Hoffmann (76-80)	**136**	Norbert Bebensee (76-80)	**25**
Norbert Bebensee (76-80)	**135**	Rainer Behrends (76-80)	**23**
Michael Krüger (76-80)	**130**	Michael Krüger (76-80)	**18**
Karl-Heinz Mrosko (76-79)	**103**	Wolfgang Wallek (77-79)	**12**

HANNOVER 96

(Hannoverscher Sportverein von 1896 e.V.)

Gründung: 12. April 1896 (1913))
Farben: Schwarz-Weiß-Grün
Stadion: Niedersachsenstadion (50.418)

Clausewitzstr. 2, 30175 Hannover
Tel: 0511-282096, Fax: 0511-813609
www.hannover96.de

TITEL
Deutscher Meister 1938 und 1954
Deutscher Pokalsieger 1992
Deutscher Amateurmeister
1960, 1964 und 1965

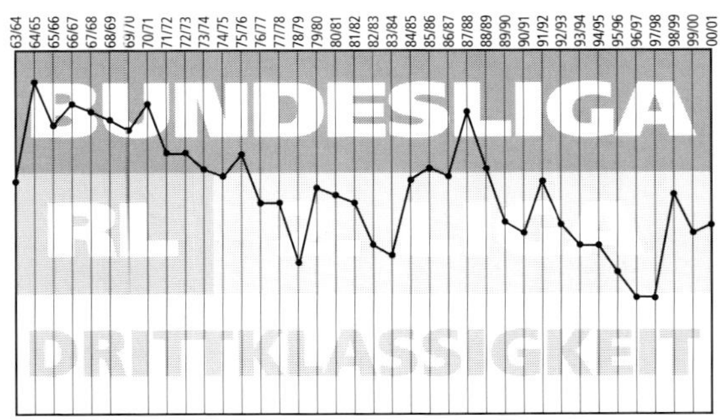

Spätestens im Juni 1964 war bei den Roten der Frust über die Nichtberücksichtigung in Sachen Bundesliga vergessen. Doch es war nicht der 2:0-Sieg gegen den SV Wiesbaden, durch den sich Hannover 96 zum zweiten Male mit dem Titel des Deutschen Amateurmeisters schmücken durfte, nein, es war das 3:1 gegen Hessen Kassel, mit dem die Truppe von Helmut »Fifi« Kronsbein den Aufstieg in die Bundesliga endgültig perfekt machte - 70.000 Fans im Niedersachsenstadion waren aus dem Häuschen. Dem Triumph in der Aufstiegsrunde folgte eine sensationeller Premierensaison im Oberhaus, vor allem der Auftakt hatte es in sich: Nacheinander bezwangen die 96er die beiden letzten Deutschen Meister, den BVB und den 1.FC Köln, mit 2:0 und übernahmen die Tabellenführung! Der Spaß war zwar schnell vorbei, doch am Ende belegte der Neuling einen hervorragenden fünften Platz und stellt mit fast 41.000 Zuschauern einen neuen Besucherekord auf. Im sich anschließenden Messepokal schaltet Hannover nach dem FC Porto (5:0, 1:2) beinahe auch den FC Barcelona aus (2:1, 0:1, nach dem 1:1 im dritten Spiel entscheidet das Los für die Katalanen), in der Bundesliga hingegen rutschten die Niedersachsen ins Mittelmaß ab. Und im April 1966 ist es dann zum ersten Mal so weit: Nach einem 2:2 gegen den 1.FC Nürnberg wird Fifi Kronsbein entlassen - es wird nicht der letzte Rauswurf in Hannover bleiben: In insgesamt 14 Jahren Bundesliga verschliss der Verein nicht weniger als 18 Trainer. Am Abtauchen in die Durchschnittssuppe änderte sich freilich wenig, an den fünften Platz von 1965 kamen die Hannoveraner nie mehr heran. Vor der Saison 67/68 versuchten es die Verantwortlichen mit der finanziellen Brechstange und verpflichteten mit Skoblar und Heynckes zwei Superstars, die das Team nach vorne schießen sollten. Doch das Experiment ging in die Hose: In den Jahren bis 1970 kam das Duo auf vergleichsweise enttäuschende 55 Tore, während die Roten auf den Plätzen 10, 11 und 13 landeten und ihre Trainergalerie um die Namen Mülhausen, Cajkovski, Pilz und Johannsen erweiterten.

Im gleichen Maße, in dem sich der sportliche Niedergang fortsetzte, sanken die Zuschauerzahlen in den Keller. Als Hannover, längst zu einer der grauen Mäuse der Bundesliga mutiert, 1972 nur mit Hängen und Würgen den 16. Platz erreichte (ebenso schwierig gestaltete sich mittlerweile auch das Erhalten der Lizenz), wollten das keine 18.000 Fans mehr sehen. In der folgenden Spielzeit retteten sich die 96er erst am letzten Spieltag durch das »Wunder von Wuppertal« vor dem Abstieg - beim Tabellendritten gelang ein tolles 4:0. Doch ein Jahr später konnte selbst der in der größten Not zurückgeholte Kronsbein den Absturz nicht mehr verhindern. Immerhin gelang Fifi mit einem aufgerüsteten Kader die erste Meisterschaft in der neuen Zweiten Liga Nord und damit der direkte Wiederaufstieg. Als es in der Bundesliga aber nicht nach Wunsch lief, war der Trainer seinen Job auch schon wieder los. Einmal mehr fruchtete der Wechsel wenig und Hannover verschwand wieder in der Zweiten Liga, wobei man bald von Glück reden konnte, dass man nicht ganz woanders verschwand, denn nur mit größter Anstrengung und viel gutem Willen vonseiten des DFB vermied der Verein den Konkurs. Erst Mitte der 80er Jahre waren die Roten aus dem Ärgsten heraus, schafften es für drei Jahre noch einmal ins Oberhaus und errangen 1992 (als Zweitligist) gegen M'gladbach sogar den DFB-Pokal. Doch in den 90ern lief beileibe nicht alles perfekt: Ein Führungschaos erster Güte führte zu einem zweijährigen Intermezzo in der Regionalliga Nord.

1. LIGA

Höchste Siege: 6:0 vs. Neunkirchen (18.9.65) (H)
5:1 bei Tasmania Berlin (2.10.65) (A)
Höchste Niederlagen: 0:5 vs. FC Bayern (1.2.86) (H)
0:7 beim VfB Stuttgart (8.2.86) (A)

REKORDSPIELER		REKORDSCHÜTZEN	
Jürgen Bandura (64-74)	**298**	Hans Siemensmeyer (65-74)	**72**
Hans Siemensmeyer (65-74)	**278**	Willi Reimann (70-74)	**44**
Rainer Stiller (66-76)	**254**	Ferdinand Keller (70-72)	**39**
Peter Anders (66-76)	**236**	Walter Rodekamp (64-68)	**38**
Hans-Josef Hellingrath (67-73)	**199**	Jürgen Bandura (64-74)	**34**
Horst Podlasly (64-71)	**187**	Siggi Reich (85-89)	**33**
Walter Rodekamp (64-68)	**123**	Josip Skoblar (67-70)	**30**
Christian Breuer (66-70)	**122**	Jupp Heynckes (67-70)	**25**
Otto Laszig (64-69)	**118**	Gregor Grillemeier (87-89)	**14**
Willi Reimann (70-74)	**112**	Bertl, Gräber, Mülhausen	**13**

2. LIGA

Höchste Siege: 8:0 vs. KSC (24.11.86) (H)
7:2 in Oldenburg (30.5.81) (A)
Höchste Niederlagen: 1:5 vs. KSC (6.8.83) (H)
0:5 in Oldenburg (2.5.92) (A)

REKORDSPIELER		REKORDSCHÜTZEN	
Jörg Sievers (89-01)	**336**	Dieter Schatzschneider (78-83)	**131**
Karsten Surmann (80-92)	**266**	Frank Hartmann (80-87)	**46**
Peter Anders (74-81)	**222**	Peter Hayduk (79-84)	**38**
Jürgen Rynio (79-84)	**194**	Siggi Reich (86-90)	**35**
Mathias Kuhlmey (84-96)	**188**	Jochen Heisig (89-93)	**33**
Martin Groth (89-95)	**182**	Jürgen Milewski (76-78)	**32**
Axel Sundermann (89-94)	**175**	Klaus Wunder (76-78)	**32**
Bernd Gorski (79-84)	**168**	Peter Dahl (74-77)	**30**
Rainer Scholz (76-83)	**168**	Karsten Surmann (80-92)	**29**
Horst Kinkeldey (76-82)	**161**	Roland Stegmayer (74-77)	**24**

BUNDESLIGATRAINER

Helmut Kronsbein (7/64-4/66)
Hannes Kirk (4/66-6/66)
Horst Buhtz (7/66-2/68)
Karlheinz Mülhausen (2/68-6/68)
Zlatko Cajkovski (7/68-12/69)
Hans Pilz (1/70-6/70)
Helmut Johannsen (7/70-11/71)
Hans Hipp (11/71-3/73)
Hannes Baldauf (3/73-3/74)
Helmut Kronsbein (3/74-1/76)
Hannes Baldauf (1/76-6/76)
Werner Biskup (7/85-11/85)
Jürgen Rynio (11/85-1/86)
Jörg Berger (1/86-3/86)
Helmut Kalthoff (3/86-6/86)
Jürgen Wähling (7/87-9/88)
Hans Siemensmeyer (9/88-3/89)
Reinhard Saftig (3/89-6/89)

	Liga	Platz	Punkte	Tore	Zuschauer
	(63/64: RL Nord)				
64/65	BL	**5.**	33:27	48:42	40.985
65/66	BL	**12.**	30:38	59:57	31.682
66/67	BL	**9.**	34:34	40:46	24.417
67/68	BL	**10.**	34:34	48:52	23.144
68/69	BL	**11.**	32:36	47:45	23.198
69/70	BL	**13.**	30:38	49:61	24.237
70/71	BL	**9.**	33:35	53:49	24.409
71/72	BL	**16.**	23:45	54:69	17.609
72/73	BL	**16.**	26:42	49:65	16.258
73/74	BL	**18.**	22:46	50:66	19.267
74/75	2.BL	**1.**	54:22	93:39	15.475
75/76	BL	**16.**	27:41	48:60	26.629
76/77	2.BL	**5.**	43:33	73:48	8.597
77/78	2.BL	**5.**	43:33	68:57	6.072
78/79	2.BL	**15.**	34:42	57:68	5.942
79/80	2.BL	**3.**	52:24	70:38	10.414
80/81	2.BL	**4.**	56:28	88:49	8.363
81/82	2.BL	**5.**	45:31	72:52	10.844
82/83	2.BL	**12.**	36:40	70:72	3.096
83/84	2.BL	**14.**	32:44	54:69	3.549
84/85	2.BL	**2.**	50:26	79:58	14.782
85/86	BL	**18.**	18:50	43:92	26.099
86/87	2.BL	**1.**	56:20	86:48	18.668
87/88	BL	**10.**	31:37	59:60	22.000
88/89	BL	**18.**	19:49	36:71	16.014
89/90	2.BL	**8.**	38:38	53:43	8.032
90/91	2.BL	**10.**	38:38	49:49	7.667
91/92	2.BL	**5.**	34:30	34:37	7.977
92/93	2.BL	**9.**	48:44	60:60	6.663
93/94	2.BL	**12.**	37:39	49:46	6.964
94/95	2.BL	**12.**	31:37	52:50	9.806
95/96	2.BL	**16.**	37	38:48	9.268
	(96-98: RL Nord)				
98/99	2.BL	**4.**	57	52:36	20.053
99/00	2.BL	**10.**	44	56:56	12.824
00/01	2.BL	**9.**	46	52:45	11.043

OSV HANNOVER

(Oststädter Sportverein von 1923 Hannover e.V.)

Gründung: 1923 (1933)
Farben: Rot-Weiß
Stadion: Oststadtstadion (10.000)

Carl-Loges-Str. 12, 30657 Hannover
Tel: 0511-6044477

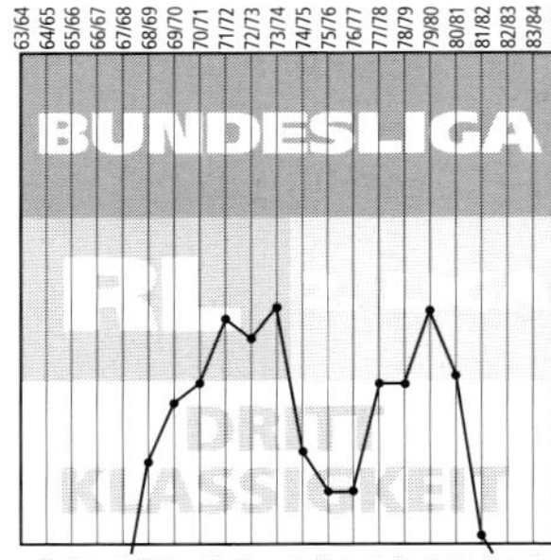

In den 70ern ging es für den OSV Hannover steil aufwärts. Drei Jahre verbrachten die Rot-Weißen in der Regionalliga, und nach einem nur knapp an Wacker Berlin und Kiel gescheiterten Aufstiegsversuch im Frühjahr 1978 gesellten sie sich unter der Regie von Ex-Bundesligaprofi Charly Mülhausen in der Saison 79/80 schließlich zu den beiden Lokalrivalen Hannover 96 und SV Arminia in die Zweite Liga Nord. Dort reichte es für den OSV zu einem guten zwölften Rang, in der internen Stadtmeisterschaft belegte man nur aufgrund des schlechteren Torverhältnisses hinter 96 Platz zwei. Die Qualifikation für die eingleisige Zweite Liga verfehlten die Oststädter als 22. dann um Welten, woraufhin der Klub im Rekordtempo in der Versenkung irgendwelcher Bezirksligen verschwand.

	Liga	Platz	Punkte	Tore	Zuschauer
(63-65: LL Hannover)					
(65-68: VL Niedersachsen-Süd)					
(68-71: AL Niedersachsen)					
(71-74: RL Nord)					
(74-79: AOL Nord)					
79/80	2.BL	**12.**	36:40	55:79	2.516
80/81	2.BL	**22.**	19:65	41:108	1.319
(81/82: AOL Nord)					
(82/83: VL Niedersachsen)					
(83-93: nicht erfasst)					
(93-99: Bezirksliga Hannover-Süd)					
(99-01: Bezirksklasse Hannover, Staffel 4)					

2. LIGA

Höchste Siege: 4:1 vs. Lüdenscheid (11.8.79) (H)
5:1 in Herford (8.3.80) (A)
Höchste Niederlagen: 0:6 vs. Hertha BSC (30.5.81) (H)
1:9 in Solingen (4.11.79) (A)

REKORDSPIELER		REKORDSCHÜTZEN	
Wolfgang Rischker (79-81)	**78**	Bernd Krumbein (79-81)	**25**
Frank Witter (79-81)	**76**	Heinz Bartels (79-81)	**10**
Reinhard Dittel (79-81)	**73**	Herbert Pösger (79-80)	**8**
Uli Meisner (79-81)	**71**	Volker Diers (79-81)	**7**
Michael Knopf (79-81)	**68**	Uli Meisner (79-81)	**7**

TSV HAVELSE

(Turn- und Sportverein Havelse e.V.)

Gründung: 5. August 1912
Farben: Rot-Weiß
Stadion: Wilhelm-Langrehr-Stadion (6.000)

Hannoversche Str. 90-92 , 30823 Garbsen
Tel: 05137-10454, Fax: 05137-10452
www.tsv-havelse.de

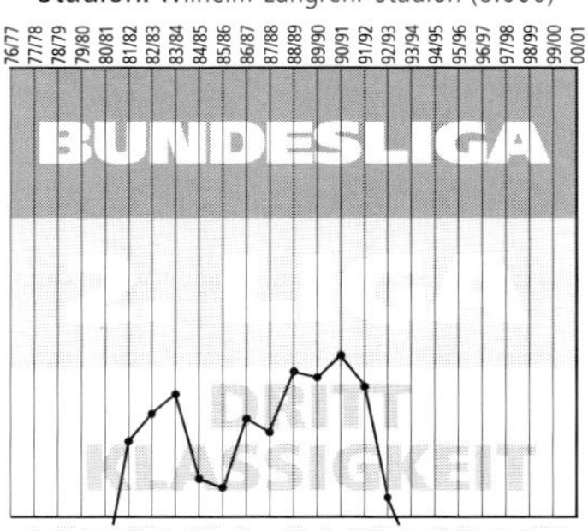

Der TSV, der auf den nach dem ersten Ball benannten »FC Pelikan« zurückgeht, ist trotz seines Rufs als »Klein-Schalke« stets ein Dorfverein gewesen. Dank einer vorzüglichen Nachwuchsarbeit und des Geschicks der Trainer Hans Siemensmeyer und Volker Finke entwickelte sich der Klub in den 80er Jahren jedoch kontinuierlich nach oben und stieg 1990 schließlich sogar als Vizemeister der Oberliga Nord in die Zweite Liga auf. Dort besaß man mit Lars Beike, der in der Aufstiegsrunde das entscheidende 3:2 gegen Wuppertal erzielt hatte, jedoch nur einen einzigen Spieler mit Profi-Erfahrung. Das konnte eigentlich kaum gut gehen, und so war es kein Wunder, dass der Havelser Talentschuppen (darunter Jens Todt, Thomas Vogel und Stefan Beneking) nur auf dem 19. Platz landete. Nachdem ein direkter Wiederaufstiegsversuch 1992 an Fort. Köln und 1860 München scheiterte, rutschte der Vorortklub dann auch bald wieder in die Viert- bzw. Fünftklassigkeit ab.

	Liga	Platz	Punkte	Tore	Zuschauer
(63-80: nicht erfasst)					
(80-81: VL Niedersachsen)					
(81-90: AOL Nord)					
90/91	2.BL	**19.**	19:57	44:82	3.480
(91-93: AOL Nord)					
(93/94: VL Niedersachsen)					
(94-01: OL Niedersachsen/Bremen)					

2. LIGA

Höchste Siege: 4:1 vs. Schweinfurt (8.8.90) (H)
(kein Auswärtssieg)
Höchste Niederlagen: 1:5 vs. Osnabrück (16.6.91) (H)
2:5 in Darmstadt (20.10.90) (A)

REKORDSPIELER		REKORDSCHÜTZEN	
Karl Eggestein (90-91)	**36**	Bernardino Capocchiano (90-91)	**14**
Bernardino Capocchiano (90-91)	**35**	Dirk Spannuth (90-91)	**4**
Joachim Gehrmann (90-91)	**34**	Andreas Müller (90-91)	**3**
Holm Mauritz (90-91)	**33**	Jens Todt (90-91)	**3**
Willi Kronhardt (90-91)	**32**	Willi Kronhardt (90-91) (u.a.)	**2**

VFR HEILBRONN

(Verein für Rasenspiele 1896 Heilbronn)

Gründung: 1. Oktober 1896
Farben: Schwarz-Weiß
Stadion: Frankenstadion (17.284)

Badstr. 100, 74702 Heilbronn
Tel: 07131-626127, Fax: 07131-962841
www.vfr-heilbronn.de

	Liga	Platz	Punkte	Tore	Zuschauer
(63-69: AL Nordwürttemberg)					
(69-74: RL Süd)					
74/75	2.BL	**17.**	30:46	51:78	4.484
(75-78: AL Nordwürttemberg)					
(78/79, 84-86 + 98/99: VL Württenberg)					
(79-84 + 86/87: AOL Baden-Württemberg)					
(97/98 + 99-01: OL Baden-Württemberg)					

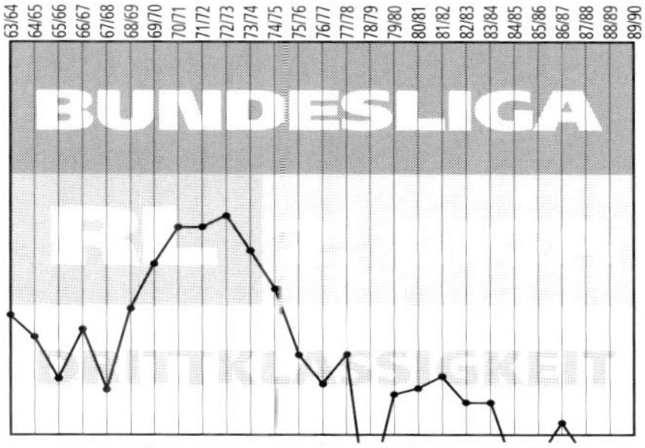

Höchste Siege: 5:1 vs. Schweinfurt (3.8.74) (H)
3:1 in Fürth (16.11.74) (A)
Höchste Niederlagen: 0:3 vs. Nürnberg (14.9.74) (H)
0:8 in Pirmasens (22.3.75) (A)

REKORDSPIELER		REKORDSCHÜTZEN	
Karl-Heinz Frey (74-75)	**37**	Roland Mall (74-75)	**8**
Werner Haaga (74-75)	**37**	Manfred Grimm (74-75)	**7**
Reinhold Fanz (74-75)	**36**	Petar Micic (74-75)	**7**
Klaus Kubasik (74-75)	**36**	Karl-Heinz Frey (74-75)	**6**
Manfred Grimm (74-75)	**33**	Klaus Kubasik (74-75)	**6**

Nicht zuletzt dank eines sagenumwobenen 4:1-Triumphes gegen den Lokalrivalen Union Böckingen gelang dem VfR im Jahre 1969 endlich der seit langem angestrebte Aufstieg in die Regionalliga Süd. Nachdem das erste Jahr dort glücklich über die Runden gebracht worden war, stießen die Schwarz-Weißen schon bald in gesicherte Mittelfeldregionen vor. In der Pokal-Saison 70/71 erlebte der VfR dann eine echte Sternstunde: Nach Siegen über die Stuttgarter Kickers, den KSC und SSV Reutlingen qualifizierte sich der »Stolz des Unterlandes« für die erste Hauptrunde, in der die Elf um die Stars Schmidt, Mayer und Griesbeck Titelverteidiger Kickers Offenbach ein Beinchen stellte: 15.000 Zuschauer bejubelten ein 2:0. Im anschließenden Achtelfinale war dann zwar Endstation, aber auch beim 0:4 in Schalke verkaufte sich der VfR lange Zeit recht ordentlich.

1973 qualifizierten sich die Heilbronner mit den Toren Bernd Hoffmanns sicher für die Zweite Liga Süd, musste den Goalgetter jedoch aufgrund der prekären Finanzlage zum KSC ziehen lassen. Überhaupt, das liebe Geld: Wie ein roter Faden ziehen sich die pekuniären Kalamitäten durch die bewegte Vereinsgeschichte, mehr als einmal stand der VfR auf der Kippe. Das war schon in den 30er Jahren so, als man vom DFB für ein halbes Jahr verbannt wurde, das war 1997 und 2001 so, als das Finanzamt zur Pfändung anrückte und das war auch nach dem Abstieg aus der Zweiten Liga, in der man sich nur ein Jährchen halten konnte, der Fall. In den 80er und 90ern verschlug es den Traditionsverein für einige Jahre in die Verbandsliga, doch mit Trainer Eike Immel ging es 1999 immerhin schon wieder in die Oberliga zurück. So richtig voll wurde es im schmucken Frankenstadion allerdings zuletzt im Sommer 1997 - als die Backstreet Boys ein Open-Air gaben.

SC HERFORD

(Sport-Club Herford e.V.)

Gründung: 16. Juni 1972 (1907)
Farben: Blau-Weiß-Schwarz
Stadion: Ludwig-Jahn-Stadion (18.400)

Postfach 2624, 32016 Herford
Tel: 05221-23233 o. 53405
www.sc-herford.de

	Liga	Platz	Punkte	Tore	Zuschauer
(63-73 : LL Westfalen-Ost)					
(73-76: AL Westfalen)					
76/77	2.BL	**14.**	36:40	62:63	6.934
77/78	2.BL	**17.**	33:43	51:58	5.260
(78/79: AOL Westfalen)					
79/80	2.BL	**17.**	31:45	48:69	4.200
80/81	2.BL	**16.**	32:52	48:65	2.857
(81-86: AOL Westfalen)					
(86-99: VL Westfalen-Nordost)					
(99-01: OL Westfalen)					

Die einschneidenden Ereignisse im Herforder Fußball gingen in den 60er und 70er Jahren über die Bühne. 1967 vereinigten sich die SpVgg Union 08, damals in der Landesliga beheimatet, und der Bezirkligist VfB Einigkeit 07 zum Herforder Sportclub, der sich im Juni 1972 schließlich mit dem SuS 1928 zum Sport-Club Herford zusammenschloss. In der Konzentration der Kräfte sahen die Kluboberen damals die einzige Chance, auf sportlicher Ebene etwas zu reißen. Und obwohl sich so manch Anhänger der ehedem rivalisierenden Klubs gar nicht mit der Fusioniererei anfreunden wollte, behielten die Entscheidungsträger Recht: Bereits in der Saison 72/73 stiegen die Westfalen in die Verbandsliga auf, wurden dort auf Anhieb zweimal in Folge Vizemeister und schafften 1976 unter der Regie von Trainer Otmar Calder gar den Sprung in die Zweite Liga Nord. Dort überraschte der Sport-

Club zunächst mit einer fast ausgeglichen Bilanz und einem guten 14. Platz, und auch in der Folgesaison hätte es beinahe zum Klassenerhalt gereicht: Im Fernduell mit dem VfL Osnabrück fehlte am Ende nur ein einziges Törchen... Nach dem sofortigen Wiederaufstieg kratzte man zwar dank des Herner Lizenzentzuges noch einmal die Kurve, doch die Qualifikation für die eingleisige Zweite Liga lag für die Elf von Hannes Baldauf jenseits aller Möglichkeiten. Ab 1986 reichte es auch nicht mehr für die Oberliga, in die man erst satte 13 Jahre später wieder aufsteigen konnte.

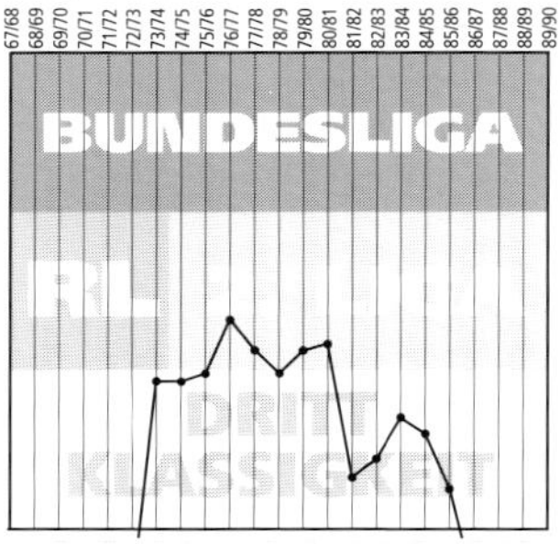

2. LIGA

Höchste Siege: 5:0 vs. Wacker Berlin (29.1.77) (H)
3:0 bei SW Essen (23.10.77) (A)
Höchste Niederlagen: 0:5 vs. Hertha BSC (12.4.81) (H)
1:5 in Wanne-Eickel (19.4.80) (A)

REKORDSPIELER		REKORDSCHÜTZEN	
Herbert Bittner (76-81)	**146**	Uwe Pallaks (76-81)	**63**
Karl-Friedr. Stremming (76-81)	**142**	Manfred Wehmeier (76-81)	**23**
Uwe Pallaks (76-81)	**141**	Herbert Bittner (76-81)	**22**
Manfred Wehmeier (76-81)	**141**	Bernd Laube (76-80)	**19**
Wolfgang Flüshöh (76-81)	**126**	Wolfgang Flüshöh (76-81)	**17**

WESTFALIA HERNE

(Sportclub Westfalia 1904 e.V. Herne)

Westring 260, 44629 Herne
Tel: 02323-23406 o. 23449
www.scwherne.de

Gründung: 17. Juni 1904
Farben: Blau-Weiß
Stadion: Westfalia-Stadion am Schloß

	Liga	Platz	Punkte	Tore	Zuschauer
(63-68 + 70-74: RL West)					
(68-70 + 74/75: AL Westfalen)					
75/76	2.BL	**10.**	40:36	60:57	5.162
76/77	2.BL	**11.**	39:37	77:73	3.271
77/78	2.BL	**12.**	35:41	53:59	2.556
78/79	2.BL	**5.**	43:33	65:47	3.158
(79-90: AOL Westfalen)					
(90-96: VL Westfalen-Südwest)					
(96-98: LL Westfalen, Staffel 3)					
(99-01: OL Westfalen)					

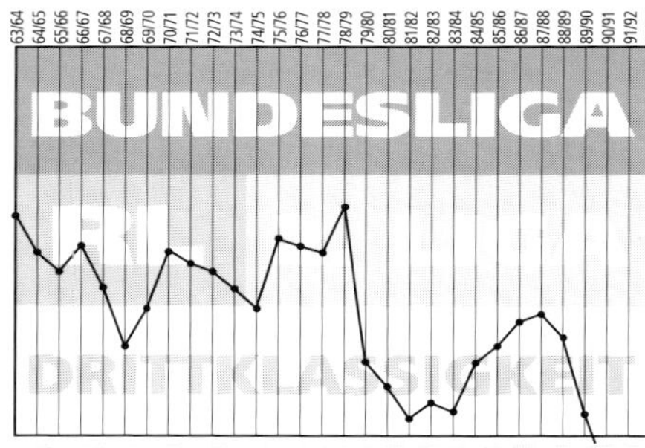

2. LIGA

Höchste Siege: 8:2 vs. Wolfsburg (13.2.77) (H)
6:2 bei Arm. Hannover (12.3.77) (A)
Höchste Niederlagen: 1:5 vs. Bielefeld (8.9.76) (H)
0:5 in Aachen (13.6.76) (A)

REKORDSPIELER		REKORDSCHÜTZEN	
Hartmut Sinn gen (75-79)	**129**	Bernd Ochmann (75-79)	**33**
Bernd Ochmann (75-79)	**113**	Hans-Joachim Abel (75-78)	**31**
Herbert Bals (76-79)	**106**	Herbert Bals (76-79)	**26**
Sören Busk (76-79)	**105**	Hartmut Sinnigen (75-79)	**23**
Günter Kuczirski (76-79)	**90**	Karl-Heinz Brücken, Sören Busk.	**15**

Ende der 50er Jahre, da war Westfalia Herne eine große Nummer: 1959 wurde die Elf von Fritz Langner mit sechs Punkten Vorsprung vor dem 1.FC Köln Westdeutscher Meister, im Jahr darauf Vizemeister. Tilkowski, Benthaus und Pyka kickten für Deutschland, der 20jährige Clement wurde Torschützenkönig, das schicke Stadion Schloss Strünkede platzte aus allen Nähten. Glorreiche Zeiten. Dummerweise hielt der Herner Ruhm nicht bis zur Einführung der Bundesliga vor und so musste Westfalia 1963 in der Regionalliga starten, aus der man fünf Jahre später gar verschwunden sein sollte.

Mit dem ehemaligen RWO-Erfolgscoach Werner Stahl kehrten die Herner 1970 in die Regionalliga zurück, kamen dort jedoch nicht über die Rolle des Punktelieferanten hinaus. Nach einer einjährigen Ehrenrunde in der Amateurliga spazierte der Westfalenmeister dann mit großem Elan durch die Aufstiegsrunde und schoss sich gegen Spandau und Oldenburg ans (vorläufige) Ziel der Träume, die Zweite Liga. Tankstellen-Großhändler Erhard Goldbach (»Goldin«) stieg als Sponsor ein, und mit seiner finanzkräftigen Hilfe etablierte sich Herne im Ligamittelfeld. Bald hatte sich der undurchsichtige Goldbach zum Alleinherrscher im Klub aufgeschwungen, der folgerichtig ab Juli '77 »SC Westfalia-Goldin 04« hieß. Doch wenige Wochen nach Abschluss der so erfolgreichen Saison 78/79 stand Interpol vor der Geschäftsstelle: Goldbach war pleite und Westfalia kurz darauf in der Oberliga, da vom DFB der Lizenz erleichtert. Ein Schock, von dem sich die Herner lange nicht erholen konnten. Auf dem Tiefpunkt seiner Geschichte stand der Verein 1996 in der Landesliga vor dem Konkurs - und feierte danach mit dem direkten Durchmarsch in die Oberliga so etwas wie eine Wiedergeburt. Am Schloss sind wieder bessere Zeiten in Sicht.

FC BAYERN HOF

(Fußballclub Bayern Hof 1910 e.V.)

Gründung: 1. Juni 1910
Farben: Schwarz-Gelb
Stadion: Stadion Grüne Au (20.000)

Oelsnitzer Str. 101, 95028 Hof
Tel: 09281-73250, Fax: 09281-732516
www.bayern-hof.de

	Liga	Platz	Punkte	Tore	Zuschauer
(63-74: RL Süd)					
74/75	2.BL	**4.**	46:30	65:46	5.880
75/76	2.BL	**9.**	41:35	60:56	3.817
76/77	2.BL	**12.**	37:39	61:53	3.665
77/78	2.BL	**17.**	33:43	45:62	2.816
(78-80, 83/84 + 88-90: AOL Bayern)					
(80-83, 84-88 + 90-94: LL Bayern-Nord)					
(94-01: OL Bayern)					

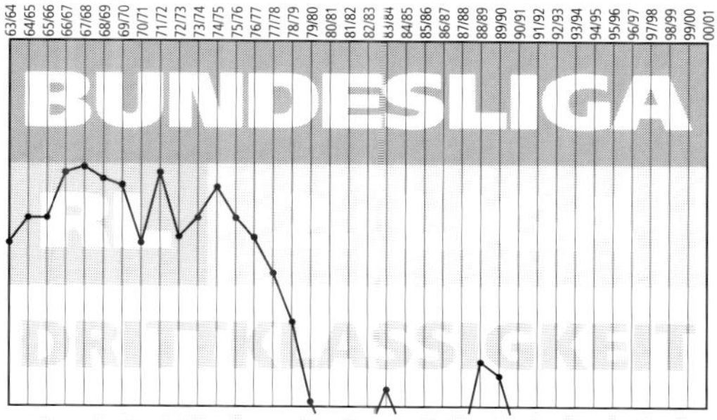

Auch mit Kultvereinen meint es das Schicksal nicht immer gut: Dreimal klopfte Bayern Hof zu Regionalliga-Zeiten ans Tor zum Oberhaus, dreimal schüttelte der Pförtner in Gestalt der Aufstiegsrunde den Kopf. Beim ersten Versuch (1967) reichte es trotz einiger hübscher Siege (5:2 vs. Neunkirchen, 2:1 vs. Hertha) nur zum vierten Platz, im zweiten Anlauf (1968) wurde der frischgebackene Süddeutsche Meister gar nur Fünfter. Da das Schicksal schließlich auch 1972 andere Vereine im Visier hatte, blieb Hof, von der Münchner Abendzeitung einst zur »fußballfreudigsten Stadt Deutschlands« erhoben, fürs Erste zweitklassig. Immerhin düpierte man wenige Wochen später im Ligapokal, der während der Olympischen Spiele ausgetragen wurde, Bayern, 1860 und den VfB Stuttgart, bevor im Viertelfinale gegen Schalke Endstation war. Ein feiner Achtungserfolg. Zu mehr sollte es bei den Gelb-Schwarzen dann auch leider nicht mehr reichen. In der ersten Saison der Zweiten Liga Süd, für die sich die Bayern sicher hatten qualifizieren können, lag man bis zum letzten Spieltag auf dem zweiten Platz, um sich schließlich noch von Pirmasens und Schweinfurt verdrängen zu lassen. Drei Jahre später stieg der Klub, dem nicht zuletzt aufgrund seiner geographischen Lage der finanzielle Background fehlte, in die Bayernliga ab, der man mit einigen Kunstpausen seither treu geblieben ist.

2. LIGA

Höchste Siege: 7:2 vs. Augsburg (3.4.77) (H)
4:1 bei Stut. Kickers (18.8.74) (A)
Höchste Niederlagen: 0:3 vs. Bayreuth (19.9.76) (H)
2:6 in Nürnberg (9.11.74) (A)

REKORDSPIELER		REKORDSCHÜTZEN	
Rudolf Fichtner (74-78)	**143**	Hartmut Werner (74-78)	**44**
Karl-Heinz Zapf (74-78)	**143**	Hans-Oskar Feulner (74-78)	**33**
Lothar Wolf (74-78)	**135**	Karl-Heinz Zapf (74-78)	**32**
Franz Dürrschmidt (74-78)	**129**	Reinhard Lippert (74-78)	**23**
Hans-Oskar Feulner (74-78)	**124**	Günther Michl (76-78)	**22**

FC HOMBURG

(Fußball-Club 1908 Homburg-Saar e.V.)

Gründung: 15. Juni 1908
Farben: Grün-Weiß
Stadion: Waldstadion (22.500)

Untere Allee 42, 66424 Homburg
Tel: 06841-93080, Fax: 06841-930830
(www.fchreport.de)

TITEL
Deutscher Amateurmeister 1983

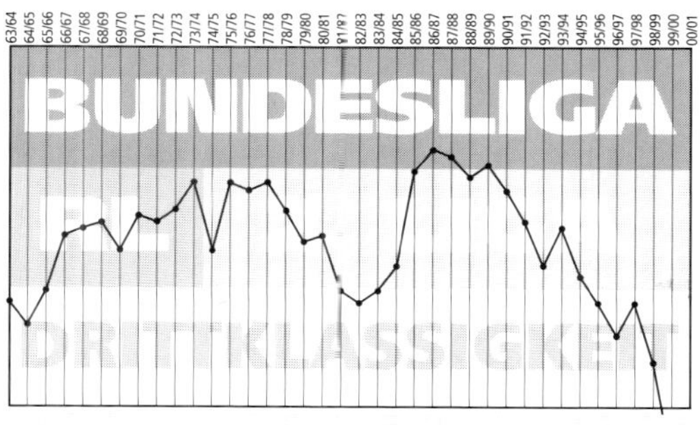

Der FC Homburg, lange Zeit nur ein unbeschriebenes Blatt im saarländischen Fußball, kam erst Mitte der 60er Jahre auf Touren. 1966 schaffte es die Truppe um Torjäger Karlheinz Vogt in die Regionalliga, in der man jedoch nur leidlich mithalten konnte. Erst als der junge Bauunternehmer Udo Geitlinger eher zufällig das Amt des Vorsitzenden übernahm, ging es mit dem Verein aufwärts. Unter der Regie des ebenfalls noch recht frischen Trainers Uwe Klimaschefski konnten sich die Grün-Weißen bald auch in oberen Tabellenregionen umsehen und schafften 1974 mit einem tollen Endspurt noch die Qualifikation für die Zweite Liga. Einige Male platzierten sich die Homburger in nächster Aufstiegsnähe, machten sich aber zunächst vor allem im DFB-Pokal einen Namen. Prominente Opfer waren Hannover, Nürnberg sowie 1860 und Bayern München. Da der FCH allerdings im Alltag zu schwächeln begann, verpasste er 1980 die eingleisige Zweite Liga und musste sich drei Jahre lang mit Gegnern wie Glas-Chemie Wirges oder FC St. Wendel abgeben. Zwei Jahre nach dem Wiederaufstieg gelang dem erstarkten FCH dann in der Saison 85/86 sogar etwas überraschend der Sprung in die Bundesliga. Noch überraschender kam dann freilich der Klassenerhalt, nicht zuletzt dank der Spieler, die mit Hilfe des berüchtigten »Ommer-Modells« geholt worden waren, darunter Buncol, Wojcicki, Hartwig und Schäfer. Im Folgejahr ließ sich das »Wunder von Homburg« nicht wiederholen, und auch nach der sofortigen Rückkehr ins Oberhaus zierte der FCH meist das Tabellenende. Beachtlich dafür die Zahl der verbrauchten Trainer: acht Stück in drei Jahren! Danach rückte Fußball-Homburg nur noch selten ins Rampenlicht, 1992 beispielweise, als man im Pokal abermals die Bayern ärgerte. Drei Jahre später ärgerte man sich dann nur noch wahlweise über sich selbst bzw. Die Ungerechtigkeit der Fußballgötter, als der Verein in die Regionalliga abstieg. Kurz darauf hob die Steuerfahndung den Zeigefinger, Ommer stieg aus und 1999 musste sich der Klub gar in die Viertklassigkeit verabschieden. Noch ist er auf der Landkarte des Fußballs allerdings zu finden.

	Liga	Platz	Punkte	Tore	Zuschauer
(63-66: AL Saarland)					
(66-74: RL Südwest)					
74/75	2.BL	**14.**	34:42	71:74	2.585
75/76	2.BL	**3.**	51:25	72:41	3.268
76/77	2.BL	**4.**	49:27	84:56	3.459
77/78	2.BL	**3.**	49:27	65:45	2.485
78/79	2.BL	**7.**	43:33	65:47	3.468
79/80	2.BL	**12.**	37:43	58:62	2.750
80/81	2.BL	**11.**	38:38	66:69	2.936
(81-84: AOL Südwest)					
84/85	2.BL	**16.**	34:42	57:58	1.899
85/86	2.BL	**1.**	49:27	75:42	4.967
86/87	BL	**16.**	21:47	33:79	8.111
87/88	BL	**17.**	24:44	37:70	8.085
88/89	2.BL	**2.**	47:29	55:36	4.465
89/90	BL	**18.**	24:44	33:51	7.682
90/91	2.BL	**4.**	45:31	42:37	3.169
91/92	2.BL	**6.**	32:32	41:36	3.981
92/93	2.BL	**16.**	43:49	50:53	1.747
93/94	2.BL	**10.**	37:39	53:46	1.856
94/95	2.BL	**17.**	23:45	41:63	1.781
(95-99: RL West/Südwest)					
(99-01: OL Südwest)					

2. LIGA

Höchste Siege: 7:1 vs. Mainz 05 (13.6.76) (H)
6:1 in Bayreuth (9.11.85) (A)
Höchste Niederlagen: 1:7 vs. Darmstadt (2.11.80) (H)
2:8 bei Stut. Kickers (23.12.79) (A)

REKORDSPIELER		REKORDSCHÜTZEN	
Manfred Lenz (74-86)	**303**	Manfred Lenz (74-86)	**91**
Jesper Petersen (75-86)	**226**	Harald Diener (74-79)	**54**
Gregor Quasten (75-80)	**185**	Uwe Freiler (84-95)	**34**
Horst Ehrmantraut (75-86)	**162**	Daniel Jurgeleit (88-93)	**34**
Tobias Homp (90-95)	**157**	Gerhard Pankotsch (74-78)	**33**
Gerd Schwickert (76-86)	**157**	Gerd Schwickert (76-86)	**31**
Albert Müller (74-79)	**156**	Sergio Maciel (90-95)	**25**
Harald Diener (74-79)	**140**	Michael Hubner (91-93)	**24**
Sergio Maciel (90-95)	**139**	Herbert Demange (79-81)	**23**
Bernd Beck (78-86)	**137**	Otmar Ludwig (74-75)	**21**

1. LIGA

Höchste Siege: 5:2 vs. Frankfurt (17.9.87) (H)
2:0 beim KSC (7.4.90) (A)
Höchste Niederlagen: 0:4 vs. Nürnberg (5.9.87) (H)
0:6 in Bremen (8.5.87) (A)

REKORDSPIELER		REKORDSCHÜTZEN	
Uwe Freiler (86-88)	**66**	Uwe Freiler (86-88)	**15**
Roman Wojcicki (86-88)	**59**	Wolfgang Schäfer (86-88)	**12**
Wolfgang Schäfer (86-88)	**55**	Lothar Dittmer (87-90)	**8**
Thomas Stickroth (86-88)	**49**	Roman Wojcicki (86-88)	**8**
Tom Dooley (86-88)	**48**	Sergio Maciel (89-90)	**7**

BUNDESLIGATRAINER

Fritz Fuchs (7/86-8/86)
Udo Klug (8/86-5/87)
Gerd Schwickert (5/87-6/87)
Uwe Klimaschefski (7/87-10/87)
Gerd Schwickert (10/87-2/88)
Slobodan Cendic (2/88-6/88)
Sepp Stabel (7/89-4/90)
Manfred Lenz (4/90-6/90)

I ESV INGOLSTADT

(Eisenbahner Sport-Verein Ingolstadt-Ringsee e.V.)

Gründung: 15. Februar 1919 (1951)
Farben: Schwarz-Weiß
Stadion: ESV-Stadion (15.000)

Geisenfelder Str. 1, 85053 Ingolstadt
Tel: 0841-65313, Fax: 0841-9611037
www.esv-ingolstadt.de

TITEL
Deutscher Amateurmeister 1979

Lange Zeit war der ESV, der es in grauer Vorzeit - damals freilich noch als VfB - immerhin schon einmal in die höchste deutsche Spielklasse, die Gauliga, gebracht hatte, die klare Nummer eins im Ingolstädter Fußball. Während der »kleine« MTV noch zu Auswärtsspielen nach Trostberg, Dachau oder Neugablonz reisen musste, maß der Klub der Eisenbahner seiner Kräfte mit Fußballgrößen wie dem Bayern München, Kickers Offenbach oder dem 1.FC Nürnberg. Bis 1972 verbrachten die Schwarz-Weißen sieben mehr oder minder aufregende Jahre in der Regionalliga Süd, als beste Platzierung steht jedoch lediglich ein elfter Rang (70/71) zu Buche. Am

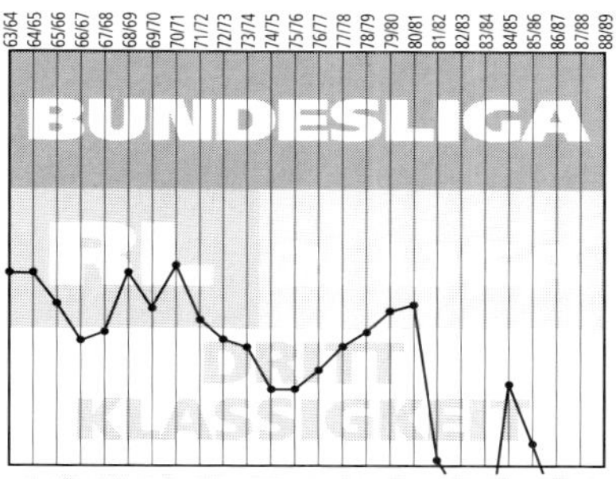

Ende der 70er Jahre drehte der Klub der Eisenbahner dann noch einmal ordentlich auf: Die Elf von Horst Pohl stieg nicht nur mit Pauken und Trompeten in die Zweite Liga Süd auf, sondern sicherte sich durch ein 4:1 über Hertha Zehlendorf auch den Titel des Deutschen Amateurmeisters. Im Vorjahr war man im Finale noch knapp am SV Sandhausen gescheitert.

Das stadtinterde Duell in der Zweiten Liga entschied dann zwar der MTV für sich (2:1 und 2:2), doch landete der ESV zwei Plätze vor dem Konkurrenten und sicherte sich so eine zweite Saison im Unterhaus. Eine dritte Spielzeit blieb den Oberbayern aufgrund der angesagten Eingleisigkeit und trotz eines Franz Gerbers im Sturm dann leider versagt, man musste sich mit der Erinnerung trösten, so manch Favoriten ein Bein gestellt zu haben. Unvergessen das 6:1 gegen Waldhof oder auch das 3:2 gegen den KSC. Nach dem »Abstieg« verlor der ESV ein wenig den Faden (und auch mehrmals die Klasse) und spielte schon bald nur noch die zwote Geige in der Stadt.

2. LIGA

Höchste Siege: 6:1 vs. Waldhof (16.11.80) (H)
4:1 in Eppingen (12.10.80) (A)
Höchste Niederlagen: 1:6 vs. Völklingen (31.5.80) (H)
0:10 beim KSC (2.2.80) (A)

REKORDSPIELER		REKORDSCHÜTZEN	
Werner Michalka (79-81)	**66**	Franz Gerber (80-81)	**23**
Norbert Hartmann (79-81)	**64**	Herfried Ruhs (79-81)	**16**
Herfried Ruhs (79-81)	**63**	Werner Killmaier (79-80)	**14**
Dusan Basic (79-81)	**59**	Dusan Basic (79-81)	**13**
D. Schwemmle, W. Zieglmeier	**58**	Dieter Schwemmle (79-81)	**11**

	Liga	Platz	Punkte	Tore	Zuschauer
(63-66 + 68-72: RL Süd)					
(66-68 + 72-78: AL Bayern)					
(78/79: AOL Bayern)					
79/80	2.BL	**17.**	34:46	57:89	3.450
80/81	2.BL	**16.**	31:45	62:92	1.787
(81/82 + 84-86: AOL Bayern)					
(82-84, 86-90 + 91-94: LL Bayern-Süd)					
(90/91 + 94-01: Bezirks-OL Oberbayern)					

I MTV INGOLSTADT

(Männer-Turn-Verein 1881 Ingolstadt e.V.)

Gründung: 16. Juli 1881
Farben: Lila-Weiß
Stadion: MTV-Stadion (10.000)

Friedhofstr. 10, 85049 Ingolstadt
Tel: 0841-34633, Fax: 0841-35833
www.mtv-in.de

	Liga	Platz	Punkte	Tore	Zuschauer
(65/66, 67-69 + 76/77: LL-Bayern Süd)					
(66/67, 69-76 + 77/78: AL Bayern)					
78/79	2.BL	**11.**	35:41	62:82	3.147
79/80	2.BL	**19.**	29:51	58:81	2.180
(80-85 + 87-92: AOL Bayern)					
(85-87, 92-94 + 95-00: LL Bayern-Süd)					
(94/95 + 00/01: OL Bayern)					

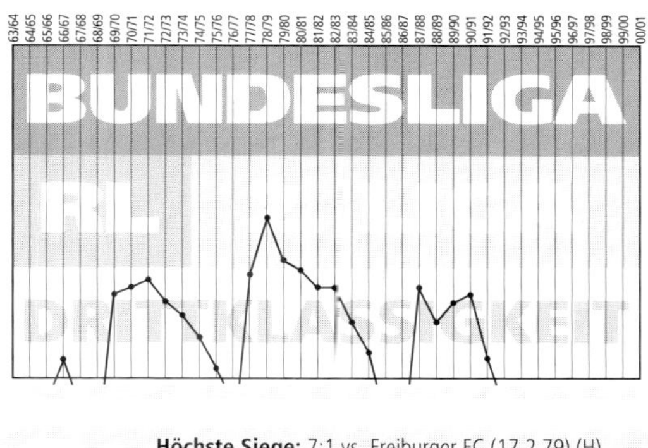

Jahrzehntelang war der (ungleich ältere) MTV nur die Nummer zwei in der Stadt - zumindest, wenn es um Fußball ging. Doch 1976 löste der Abstieg aus der Bayernliga wohl so etwas wie eine Trotzreaktion aus, denn in nur zwei Jahren marschierten die Mannen von Trainer Richert geradewegs von der Landes- in die Zweite Liga hinein. Zwar profitierten man dabei vom Verzicht des Meisters aus Haßfurt, doch erstmals seit Äonen hatten sich die Lila-Weißen vor dem ESV platziert. Zwei Jahre währte das Gastspiel bei den Profis, wobei der MTV zwar nicht als Sensationsteams in die Annalen einging, aber zumindest gelegentlich als Stolperstein herhalten konnte. Und, was vielleicht wichtiger war, als die Lokalrivalen wieder in der Bayernliga angelangt waren, übernahmen die Männer-Turner die Herrschaft in der Stadt.

2. LIGA

Höchste Siege: 7:1 vs. Freiburger FC (17.2.79) (H)
3:1 bei Würzburg 04 (26.1.80) (A)
Höchste Niederlagen: 1:4 vs. Fürth (9.6.79) (H)
0:5 bei 1860 München (7.10.78) (A)

REKORDSPIELER		REKORDSCHÜTZEN	
Walter Anspann (78-80)	**77**	Hans Krostina (78-80)	**24**
Georg Weißberger (78-80)	**75**	Georg Weißberger (78-80)	**21**
Richard Stöckle (78-80)	**73**	Richard Stöckle (78-80)	**16**
Hans Borchert (78-80)	**71**	Vesely-Giles Schenk (78-80)	**12**
Edmund Stöhr (78-80)	**71**	Walter Anspann (78-80)	**11**

CARL ZEISS JENA

(Fußball-Club Carl Zeiss xx)

Gründung: 20. Januar 1966
Farben: Blau-Gelb-Weiß
Stadion: Ernst-Abbe-Sportfeld (11.960)

Oberau 3, 07745 Jena
Tel: 03641-765100, Fax: 03641-202022
www.fc-carlzeiss-jena.de

TITEL
DDR-Meister 1963, 1968 und 1970
FDGB-Pokalsieger 1960, 1972, 1974 und 1980

	Liga	Platz	Punkte	Tore	Zuschauer
(63-90: OL der DDR)					
(90/91: OL Nordost)					
91/92	2.BL	**5.**	33:31	39:36	4.406
92/93	2.BL	**8.**	50:42	66:59	3.708
93/94	2.BL	**17.**	34:42	38:41	3.618
(94/95: RL Nordost)					
95/96	2.BL	**6.**	48	49:54	4.523
96/97	2.BL	**12.**	42	44:49	5.260
97/98	2.BL	**16.**	33	39:61	4.116
(98-00: RL Nordost)					
(00/01: RL Süd)					

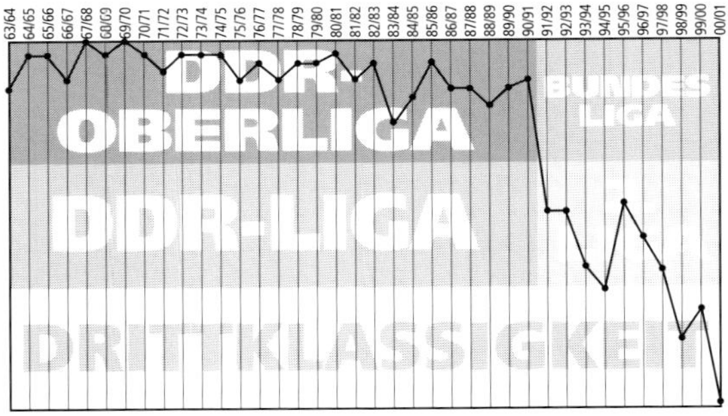

2. LIGA

Höchste Siege: 6:1 vs. Mainz 05 (20.10.95) (H)
5:0 in Wuppertal (15.10.93) (A)
Höchste Niederlagen: 0:4 vs. Bochum (3.11.95) (H)
0:6 bei Fort. Köln (25.3.96) (A)

REKORDSPIELER		REKORDSCHÜTZEN	
Olaf Holetschek (91-98)	**195**	Heiko Weber (91-98)	**35**
Heiko Weber (91-98)	**149**	Olaf Holetschek (91-98)	**29**
Jens Gerlach (91-98)	**125**	Jonathan Akpoborie (92-94)	**26**
Bernd Schneider (91-98)	**124**	Mark Zimmermann (92-98)	**25**
Perry Bräut gam (91-94)	**115**	Olaf Schreiber (91-94)	**17**
Mario Röser (91-98)	**115**	Bernd Schneider (91-98)	**13**
Matthias Wentzel (91-98)	**109**	Michael Molata (91-94)	**12**
Olaf Schreiber (91-94)	**103**	Axel Wittke (91-94)	**10**
Axel Wittke (91-94)	**101**	Karsten Hutwelker (95-96)	**8**
Udo Fankhänel (91-94)	**91**	Carsten Klee, Timo Löhnert	**8**

Seit Anbeginn der Zeit, oder sagen wir mal, spätestens seit dem Wiederaufstieg in die Oberliga der DDR in der Saison 55/56 gehört der FC Carl Zeiss Jena zu den beliebtesten Vereinen im Osten Deutschlands. Eigentlich kein Wunder, denn der Klub gehörte auch bald zu den erfolgreichsten und rangiert in der Ewigen Tabelle der DDR-Oberliga, eine der wenigen ewigen Tabellen, die diese Bezeichnung wohl auch völlig zu Recht trägt, noch vor den beiden Dynamos aus Berlin und Dresden auf Platz eins. Auf dem letzten Platz rangiert mit Motor Suhl übrigens ebenfalls ein Verein aus Thüringen - aber das nur am Rande.

Als in der Bundesrepublik die Bundesliga in den Startlöchern saß, war Jena gerade zum ersten Mal Meister geworden. Der FCC zeichnete sich in jenen Tagen durch einen ungemein wuchtigen Angriffsfußball aus, das Korsett der Mannschaft bestand aus Keeper Fritzsche, Torjäger Müller sowie den Brüdern Peter und Roland Ducke. Den noch unter dem Namen »SC Motor Jena« errungenen Titel von 1963 vermochte die Elf von Georg Buschner zunächst nicht zu bestätigen, doch 1965 hatten sich die Thüringer schon wieder auf den zweiten Platz vorgearbeitet, was zugleich die zweite von insgesamt neun Vizemeisterschaften - DDR-Rekord - bedeutete. Buschner setzte nach, baute weiter kontinuierlich auf und ließ sich auch von solchen herben Rückschlägen wie in der Saison 65/66, als sein Team nach langer Führungsarbeit am letzten Spieltag durch Vorwärts Berlin noch von der Tabellenspitze verdrängt wurde. Lohn der Mühen war der zweite Meistertitel von 1968, den der FCC nicht zuletzt seiner überragenden Heimstärke zu verdanken hatte: 26:0 Punkte - DDR-Rekord!

Bis weit in die 80er Jahre hinein war der FC Carl Zeiss nun nicht mehr aus der nationalen Spitze wegzudenken. In den meist recht spannenden Rennen um die Meisterschaft kam es zu tollen Duellen mit Magdeburg, Dresden und Berlin. Der »Jenaer Weg«, womit jener wuchtige, körperbetonte Offensivfußball aus einer gesicherten Deckung heraus gemeint war, fand unter dem späteren Auswahltrainer Buschner auch in der Nationalelf Anwendung. Und mit solch Titanen des DDR-Fußballs wie Kurbjuweit, Bransch, Stein, Vogel, Weise, Blockwitz oder Schnuphase sorgte man gelegentlich auch im Europacup für Furore: 1970, 1971 und 1978 erreichte Jena jeweils das Viertelfinale, 1981 über die Stationen AS Rom, FC Valencia, Newport County und Benfica Lissabon gar das Endspiel (im Pokalsieger-Cup), das vor der legendären Geisterkulisse von Düsseldorf mit 1:2 verloren ging.

Den Rest der 80er Jahre hatte der FCC dann nur noch wenig zu bestellen. Ein einziges Mal langte es noch für das FDGB-Pokalfinale, die Zeiten der Vizemeisterschaften waren vorerst vorbei. Nur mit Mühe qualifizierten sich die Thüringer denn im Jahre 1990 auch für die Zweite Liga. In dieser konnte man sich drei Jahre lang recht ordentlich behaupten, doch nach einem dramatischen Abstiegskampf, in welchem dem FCC eine 0:2-Schlappe am letzten Spieltag gegen das bereits abgestiegene TeBe zum Verhängnis wurde, musste Jena 1994 in die Oberliga. Nach dem direkten Wiederaufstieg legten die Thüringer unter der Regie von Eberhard Vogel eine tolle Saison hin, die mit dem sechsten Platz abgeschlossen wurde, konnten an diese Leistungen aber nicht anknüpfen und stiegen 1998 zum zweiten Mal ab. Alle späteren Rückkehrversuche scheiterten meist schon im Frühstadium, und in der Saison 2000/01 rutschte der FCC gar in die Viertklassigkeit ab.

1.FC KAISERSLAUTERN

(1. Fußball-Club e.V. Kaiserslautern)

Gründung: 2. Juni 1900
Farben: Rot-Weiß
Stadion: Fritz-Walter-Stadion (41.582)

Fritz-Walter-Str. 1, 67663 Kaiserslautern
Tel: 0631-31880, Fax: 0631-3188290
www.fck.de

TITEL

Deutscher Meister 1951, 1953, 1991 und 1998
Deutscher Pokalsieger 1990 und 1996
Deutscher Supercup 1991
DFB-Hallen-Masters 1997

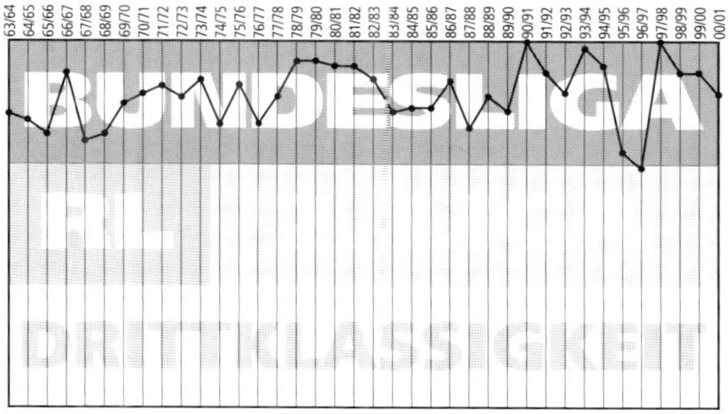

BUNDESLIGATRAINER

Günther Brocker (7/63-2/65)
Werner Liebrich (2/65-6/65)
Gyula Lorant (7/65-6/67)
Otto Knefler (7/67-3/68)
Egon Piechaczk (3/68-5/69)
Dietrich Weise (5/69-6/69)
Gyula Lorant (7/69-3/71)
Dietrich Weise (3/71-6/73)
Erich Ribbeck (7/73-6/78)
Karlheinz Feldkamp (7/78-6/82)
Rudi Kröner (7/82-3/83)
Ernst Diehl (3/83-6/83)
Dietrich Weise (7/83-10/83)
Manfred Krafft (11/83-6/85)
Hannes Bongartz (7/85-11/87)
Sepp Stabel (11/87-6/89)
Gerd Roggensack (7/89-2/90)
Karlheinz Feldkamp (2/90-6/92)
Rainer Zobel (7/92-6/93)
Friedel Rausch (7/93-3/96)
Eckhard Krautzun (3/96-6/96)
Otto Rehhagel (7/97-10/00)
Andreas Brehme (10/00-...)

1. LIGA

Höchste Siege: 7:0 vs. KSC (26.3.83) (H)
7:1 in Duisburg (10.4.94) (A)
Höchste Niederlagen: 0:5 vs. VfB Stuttgart (5.12.70) (H)
0:7 in Duisburg (6.4.68) (A)

REKORDSPIELER		**REKORDSCHÜTZEN**	
Werner Melzer (74-86)	**374**	Klaus Toppmöller (72-80)	**108**
Dietmar Schwager (64-75)	**320**	Stefan Kuntz (89-95)	**75**
Ernst Diehl (67-78)	**314**	Thomas Allofs (82-86)	**61**
Josef Pirrung (69-81)	**305**	Josef Pirrung (69-81)	**61**
Axel Roos (84-01)	**303**	Roland Sandberg (73-77)	**60**
Gerald Ehrmann (84-96)	**292**	Hans-Peter Briegel (75-84)	**47**
Reiner Geye (77-86)	**290**	Reiner Geye (77-86)	**47**
Ronnie Hellström (74-84)	**266**	Olaf Marschall (94-01)	**47**
Wolfgang Wolf (78-88)	**248**	Harald Kohr (86-89)	**45**
Andreas Brehme (81-97)	**242**	Andreas Brehme (81-97)	**43**

Zweimal Meister, zweimal Pokalsieger, nur einmal sitzengeblieben und ein Stadion, vor dem jeder Spieler mächtig Respekt besitzt - für einen Klub aus einer Stadt dieser Größenordnung hört sich die Bundesligabilanz des 1.FC Kaiserslautern eigentlich nicht schlecht an. Doch in den ersten Jahren lief es gar nicht rund im Pfälzer Getriebe: 1963 mussten die »Roten Teufel« sogar um die Aufnahme in die Bundesliga bangen, denn überraschend nominierte der DFB den 1.FC Saarbrücken als ersten Vertreter des Südwestens. Der FCK musste in der letzten Oberliga-Saison 1962/63 also noch etwas zeigen. Was er dann auch tat, eindrucksvoll Meister wurde und in den erlauchten Kreis der Gründungsmitglieder der Bundesliga aufstieg.

Dort lief es in den ersten Jahren allerdings nur selten nach Wunsch, vor allem auswärts. Hätte es damals nur Heimspiele gegeben, so wären die Lauterer heute wohl um ein paar Trophäen reicher. Doch in der Fremde präsentierte sich der FCK stets derart kraftlos, ängstlich und ungeschickt, dass man den Rest der 60er Jahre vornehmlich im Abstiegssumpf steckend verbrachte. Den negativen Höhepunkt stellte dabei die Saison 67/68 dar, als sich der FCK auf des Gegners Platz in schnöder Regelmäßigkeit Schlappen, Klatschen und Debakel einhandelte, darunter ein 0:7 in Duisburg-Meiderich oder ein 2:8 auf dem Gladbacher Bökelberg. Oft und gerne tat sich der FCK zu dieser Zeit auch gegen die »Kleinen« der Liga, zu denen man ja eigentlich selbst zählte, schwer. So holten die Wonder-Boys von Tasmania Berlin ein Viertel ihrer gesamten Punkte, also zwei, gegen den 1.FC K'lautern, der zudem mit dem ewigen Makel leben muss, dem ewigen Schlusslicht den einzigen auswärtigen Punktgewinn ermöglicht zu haben.

Besser wurde es erst in den 70er Jahren, und zwar nicht nur, was die Lauterer Gastspiele anging, sondern insgesamt. Einstellige Tabellenplätze wurden nun zur Regel, und spätestens mit dem 7:4 gegen Bayern München (nach einem 1:4-Rückstand) wurde der Betzenberg endgültig zur Legende. Vor allem die Bayern bekamen in der Pfälzer Bastion stets ihr Fett weg, so dass Paul Breitner seinen Mannen Mitte der 80er empfahl, die Punkte einfach per Post zu schicken. 1972 erreichte der FCK das Pokalfinale, in der man freilich das Pech hatte, gegen die beste Schalker Elf aller Zeiten antreten zu müssen (0:5), und erstmals auch den UEFA-Cup. Dort drangen die Lauterer auf Anhieb bis ins Viertelfinale vor, um ausgerechnet an Borussia M'gladbach und dann auch noch recht derbe (1:2 und 1:7) zu scheitern. Nichtsdestotrotz: Der 1.FC K'lautern hatte sich von einem Abstiegskandidaten zu einer ambitionierten Spitzenmannschaft entwickelt. Tragende Säulen waren damals neben Neues, Melzer, Pirrung, Riedl und dem jungen Briegel Regisseur Bongartz, die Torjäger Toppmöller und Geye sowie natürlich die beiden Schweden Ronnie Hellström und Benny Wendt.

	Liga	Platz	Punkte	Tore	Zuschauer
63/64	BL	12.	26:34	48:69	18.092
64/65	BL	13.	25:35	41:53	20.194
65/66	BL	15.	26:42	65:23	15.849
66/67	BL	5.	38:30	43:42	16.914
67/68	BL	16.	28:40	39:67	12.489
68/69	BL	15.	30:38	45:47	12.488
69/70	BL	10.	32:36	44:55	13.521
70/71	BL	8.	34:34	54:57	16.058
71/72	BL	7.	35:33	59:53	15.514
72/73	BL	9.	34:34	58:68	11.486
73/74	BL	6.	38:30	80:69	14.466
74/75	BL	13.	31:37	56:55	17.731
75/76	BL	7.	37:31	66:60	19.997
76/77	BL	13.	29:39	53:59	17.922
77/78	BL	8.	36:32	64:63	21.127
78/79	BL	3.	43:25	62:47	25.611
79/80	BL	3.	41:27	75:53	22.842
80/81	BL	4.	44:24	60:37	22.187
81/82	BL	4.	42:26	70:61	20.487
82/83	BL	6.	41:27	57:44	19.997
83/84	BL	12.	30:38	68:69	17.875
84/85	BL	11.	33:35	56:60	15.820
85/86	BL	11.	30:38	49:54	15.823
86/87	BL	7.	37:31	64:51	26.211
87/88	BL	14.	29:39	53:62	20.346
88/89	BL	9.	33:35	47:44	20.653
89/90	BL	12.	31:37	42:55	23.901
90/91	BL	1.	48:20	72:45	30.440
91/92	BL	5.	44:32	58:42	31.848
92/93	BL	8.	35:33	50:40	31.305
93/94	BL	2.	43:25	64:36	32.387
94/95	BL	4.	46:22	58:41	35.560
95/96	BL	16.	36	31:37	34.893
96/97	2.BL	1.	68	74:28	35.216
97/98	BL	1.	68	63:39	36.706
98/99	BL	5.	57	51:47	39.957
99/00	BL	5.	50	54:59	38.788
00/01	BL	8.	50	49:54	37.754

In der Saison 78/79 mischten die Pfälzer erstmals ganz oben mit, lagen bis zum 26. Spieltag an der Spitze und schafften am Ende den dritten Rang. Diese Platzierung wusste die Elf von Kalli Feldkamp im Folgejahr zu wiederholen, und der unverkennbare Aufwärtstrend setzte sich zunächst auch in den 80er Jahren fort. Anfangs sorgte der FCK wieder in Pokalwettbewerben für Aufsehen. 1981 erreichte er das nationale Finale gegen Frankfurt (1:3), und im Frühjahr 1982 schaffte man es u.a. durch ein fulminantes 5:0 vs. Real Madrid ins UEFA-Cup-Halbfinale gegen den späteren Sieger IFK Göteborg. Im Anschluss an diese Erfolge fielen die Pfälzer jedoch wieder ins Mittelmaß zurück, aus dem sie sich eigentlich erst Anfang der 90er zurückmeldeten. Und wie: Sensationell wurde eine vom Verletzungspech gebeutelte Elf der Namenlosen erst Pokalsieger, dann 1991 sogar Deutscher Meister! Und wieder hieß der Trainer Kalli Feldkamp. Unter seinem Nachfolger Friedel Rausch hätte es drei Jahre später beinahe schon wieder geklappt, doch am Ende waren die Bayern um einen Punkt besser. In die Ära Rausch fiel freilich auch der Tiefpunkt der Vereinsgeschichte, der ebenso unerwartet kam wie der Titel von 1991. Am 18. Mai 1996 verabschiedete sich K'lautern nach einer katastrophalen Saison in die Zweite Liga. Ein Schock für die »ganze Region«, in der es nun für alle Zeiten und Leute nur noch abwärts gehen konnte - wie all die tränenüberströmten Pfälzer in Presse, Funk und Fernsehen kundtaten. Der FCK wäre nicht der FCK, wäre es nicht mal wieder ganz anders gekommen: Otto Rehhagel kam in die Pfalz, und dem souveränen Wiederaufsteiger gelang mit dem vierten Meistertitel eine nicht minder souveräne Sensation. Mit einem Schlag hatten sich die Lauterer in der nationalen Spitze zurückgemeldet, auch wenn es am Ende der Rehhagelschen Trainerzeit zu einigen Irritationen kam.

2. LIGA

Höchste Siege: 7:0 vs. Lübeck (18.5.97) (H)
4:1 bei RW Essen (11.10.96) (A)
Höchste Niederlagen: (keine Heimniederlage)
0:2 in Mannheim (23.11.96) (A)

REKORDSPIELER		REKORDSCHÜTZEN	
Harry Koch (96-97)	**33**	Pavel Kuka (96-97)	**14**
Andreas Brehme (96-97)	**32**	Jürgen Rische (96-97)	**12**
Martin Wagner (96-97)	**31**	Olaf Marschall (96-97)	**10**
Jürgen Rische (96-97)	**30**	Martin Wagner (96-97)	**7**
Frank Greiner, Uwe Wegmann	**28**	Uwe Wegmann (96-97)	**7**

KARLSRUHER SC

(Karlsruher Sport-Club von 1894 Mühlburg-Phönix e.V.)

Gründung: 16. Oktober 1952 (1894)
Farben: Blau-Weiß
Stadion: Wildparkstadion (33.796)

Adenauerring 17, 76131 Karlsruhe
Tel: 0721-9643450, Fax: 0721-9643469
www.ksc.de

TITEL
Deutscher Meister 1909
(als Phönix Karlsruhe)
Deutscher Pokalsieger 1955 und 1956
DFB-Hallen-Masters 1995

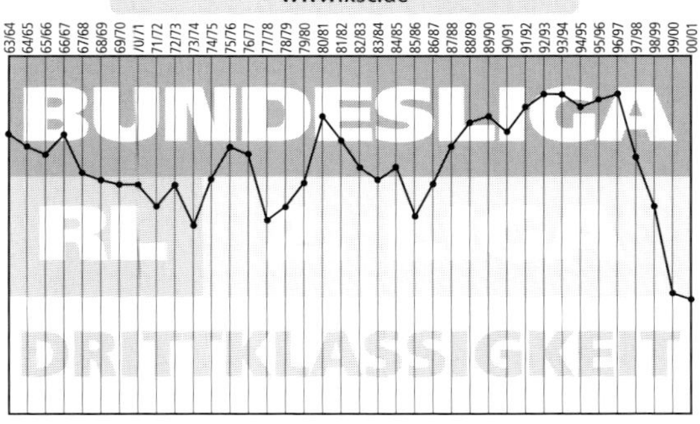

Die Geschichte des Karlsruher SC stellt sich als ein einziges Auf und Ab dar - gerade, was die Zeit nach der Einführung der Bundesliga anbelangt. In den Jahren zuvor hatte sich der KSC in der Oberliga Süd fest etabliert und dreimal als Meister die Endrunde um die Deutsche Meisterschaft erreich, in der neuen Spielklasse langte es hingegen vorerst nur zum Kellerkind. Nach einem 13. Platz zum Auftakt gaben die Badener bereits in der zweiten Saison den Klassenerhaltslöffel ab, erhielten ihn aber dank des Lizenzentzuges für Hertha BSC und der Aufstockung der Bundesliga noch einmal zurück. Doch trotz einiger spektakulärer Transfers, u.a. fanden Cieslarczyk, Jendrosch, Christian Müller und die kapitalen Fehleinkäufe Sekularac und Granström den Weg in den Wildpark, kam der KSC auf keinen grünen Zweig und stieg 1968 nach einer völlig missratenen Saison folgerichtig ab.

Die Rückkehr ins Oberhaus gestaltete sich weit schwieriger als erwartet. Zwar wurden die Badener in der starken Regionalliga Süd einmal Meister und dreimal Vize, doch in der Aufstiegsrunde scheiterte man jeweils an der Konkurrenz aus dem Westen. Und so mussten sich die Fans des KSC bis zur Einführung der Zweiten Liga Süd gedulden, die der Verein im Sturm eroberte. Mit den Neuzugängen Schäfer, Struth und Kalb schafften die heimstarken Karlsruher 1976 relativ locker den Klassenerhalt, doch schon in der nächsten Saison ging es wieder abwärts - der Beginn der fröhlichen Fahrstuhljahre des Sport-Clubs. Bis 1987 wechselten die Liftboys aus dem Badener Land gleich fünf Mal die Liga und fast ein Dutzend Mal die Trainer und verpflichteten ganze Heerscharen von Legionären, die kurze Zeit später wieder für kleines Geld vertickt werden mussten. Kontinuität herrschte eigentlich nur, was die angespannte Finanzlage anging.

In der Saison 86/87 probierte es der KSC mal wieder mit einem neuen Coach, Winnie Schäfer - ein tiefer Griff in den Glückstopf. Nach schwachem Start, der von einem 0:8 in Hannover gekrönt wurde, schaffte der Trainerfrischling mit einer Truppe aus jungen Hüpfern und alten Säcken sensationell den Aufstieg und - ungleich sensationeller - den dauerhaften Verbleib in der Bundesliga. Zwar wechselten regelmäßig die Früchte seiner Arbeit (Sternkopf, Scholl, Fink, Tarnat, Kahn) zum FC Bayern, doch Schäfer führte den KSC allmählich immer weiter nach oben, bis 1993 der Sprung in den UEFA-Cup und im Jahr darauf sogar um ein Haar der Einzug ins Finale gelang - unvergessen das 7:0 gegen den FC Valencia.

Unvergessen freilich auch der Absturz des KSC in der Saison 97/98, der zwei Jahre später in die Regionalliga führte - so hatte man sich das Konzept »KSC 2000« eigentlich nicht vorgestellt. Immerhin tat der Verein mit Stefan Kuntz, der eine junge Elf in die Zweite Liga führte, mal wieder einen echten Glücksgriff.

BUNDESLIGATRAINER

Kurt Sommerlatt (7/63-1/65)
Helmut Schneider (1/65-10/65)
Werner Roth (10/65-11/66)
Paul Frantz (11/66-10/67)
Georg Gawliczek (10/67-2/68)
Bernhard Termath (2/68-6/68)
Carl-Heinz Rühl (7/75-6/77)
Manfred Krafft (7/80-11/81)
Max Merkel (11/81-6/82)
Horst Franz (7/82-1/83)
Lothar Strehlau (2/83-6/83)
Werner Olk (7/84-3/85)
Lothar Buchmann (3/85-6/85)
Winfried Schäfer (7/87-3/98)
Jörg Berger (3/98-6/98)

1. LIGA

Höchste Siege: 7:2 vs. 1860 München (13.6.81) (H)
7:0 in Frankfurt (19.9.64) (A)
Höchste Niederlagen: 1:7 vs. Schalke (9.4.77) (H)
0:9 bei 1860 München (27.2.65) (A)

REKORDSPIELER		REKORDSCHÜTZEN	
Gunther Metz (87-98)	**278**	Emanuel Günther (80-85)	**37**
Burkhard Reich (91-98)	**200**	Sean Dundee (95-98)	**36**
Lars Schmidt (87-95)	**197**	Rainer Schütterle (89-94)	**35**
Michael Harforth (81-92)	**181**	Horst Wild (63-67)	**34**
Eberhard Carl (89-97)	**177**	Stefan Groß (80-85)	**30**
Srecko Bogdan (87-93)	**170**	Manfred Bender (92-97)	**29**
Dirk Schuster (91-97)	**167**	Sergej Kirjakow (92-98)	**29**
Rainer Schütterle (89-94)	**155**	Thomas Häßler (94-98)	**28**
Rudi Wimmer (75-83)	**151**	Gerhard Bold (80-83)	**27**
S. Kirjakow, Michael Wittwer	**145**	E. Carl, H. Hermann, C. Müller	**25**

2. LIGA

Höchste Siege: 10:0 vs. ESV Ingolstadt (2.2.80) (H)
5:0 in Baunatal (2.6.79) (A)
Höchste Niederlagen: 0:4 vs. Völklingen (14.6.75) (H)
0:8 bei Hannover 96 (24.11.86) (A)

REKORDSPIELER		REKORDSCHÜTZEN	
Emanuel Günther (77-87)	**186**	Emanuel Günther (77-87)	**98**
Michael Harforth (77-87)	**168**	Raimund Krauth (77-80)	**40**
Rudi Wimmer (74-80)	**142**	Karl-Heinz Struth (77-80)	**39**
Wilfried Trenkel (74-80)	**132**	Rainer Krieg (98-00)	**34**
Rainer Ulrich (74-80)	**124**	Rainer Schütterle (85-00)	**26**
Stefan Groß (78-86)	**121**	Bernd Hoffmann (74-75)	**25**
Raimund Krauth (77-80)	**104**	Karl Berger (74-78)	**24**
Karl-Heinz Struth (77-80)	**94**	Michael Harforth (77-87)	**22**
Uwe Dittus (79-86)	**92**	Stefan Groß (78-86)	**20**
Herm. Kohlenbrenner (77-80)	**90**	Gerhard Bold, Wolfgang Schüler	**19**

	Liga	Platz	Punkte	Tore	Zuschauer
63/64	BL	**13.**	24:36	42:55	19.107
64/65	BL	**15.**	24:36	47:62	23.434
65/66	BL	**16.**	24:44	35:71	23.524
66/67	BL	**13.**	31:37	54:62	22.655
67/68	BL	**18.**	17:51	32:70	18.873
	(68-74: RL Süd)				
74/75	2.BL	**1.**	50:26	76:50	17.156
75/76	BL	**15.**	30:38	46:59	32.219
76/77	BL	**16.**	28:40	53:75	29.699
77/78	2.BL	**7.**	45:31	76:54	9.735
78/79	2.BL	**5.**	47:29	77:50	8.247
79/80	2.BL	**2.**	59:21	104:52	8.435
80/81	BL	**10.**	32:36	56:63	24.217
81/82	BL	**14.**	27:41	50:68	29.921
82/83	BL	**17.**	21:47	39:86	16.522
83/84	2.BL	**1.**	57:19	94:45	12.053
84/85	BL	**17.**	22:46	47:88	15.642
85/86	2.BL	**7.**	43:44	64:50	5.135
86/87	2.BL	**2.**	52:24	79:49	9.602
87/88	BL	**15.**	29:39	37:55	20.297
88/89	BL	**11.**	32:36	48:51	18.342
89/90	BL	**10.**	32:36	32:39	18.779
90/91	BL	**13.**	31:37	46:52	17.234
91/92	BL	**8.**	41:35	48:50	16.086
92/93	BL	**6.**	39:29	60:54	18.797
93/94	BL	**6.**	38:30	46:43	20.586
94/95	BL	**8.**	36:32	51:47	19.592
95/96	BL	**7.**	48	53:47	26.260
96/97	BL	**6.**	49	55:44	25.588
97/98	BL	**16.**	38	48:60	26.096
98/99	2.BL	**5.**	56	54:43	15.289
99/00	2.BL	**18.**	27	35:56	10.550
	(00/01: RL Süd)				

HESSEN KASSEL

(Kasseler Sportverein Hessen e.V.)

Gründung: 3. Februar 1998 (1945/1993)
Farben: Rot-Weiß
Stadion: Auestadion (23.000)

Belgische Str. 21, 34121 Kassel
Tel: 0561-25474, Fax: 0561-9223676
www.ksv-hessen.de

	Liga	Platz	Punkte	Tore	Zuschauer
(63-74: RL Süd)					
(74-78: AL Hessen)					
(78-80: AOL Hessen)					
80/81	2.BL	**4.**	48:28	59:35	12.447
81/82	2.BL	**8.**	43:33	56:46	11.000
82/83	2.BL	**4.**	45:31	69:54	9.236
83/84	2.BL	**4.**	48:28	68:39	7.516
84/85	2.BL	**4.**	49:27	72:48	9.327
85/86	2.BL	**5.**	44:32	58:47	5.411
86/87	2.BL	**19.**	22:54	40:75	3.080
(87-89: AOL Hessen)					
89/90	2.BL	**17.**	33:43	35:64	5.567
(90-94: AOL Hessen)					
(94-98: RL Süd)					
(98/99: Kreisliga A)					
(99/00: Bezirksliga Kassel)					
(00/01: Bezirks-Oberliga Kassel)					

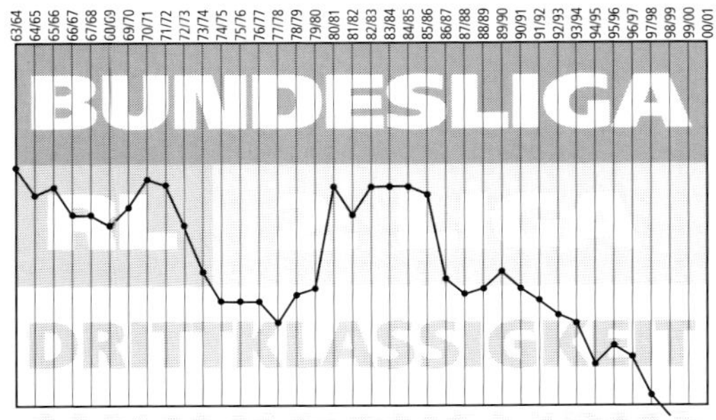

2. LIGA

Höchste Siege: 7:1 vs. ESV Ingolstadt (20.9.80) (H)
5:0 in Salmrohr (14.9.86) (A)
Höchste Niederlagen: 0:6 vs. Stut. Kickers (18.3.90) (H)
1:8 in Fürth (6.2.82) (A)

REKORDSPIELER		**REKORDSCHÜTZEN**	
Hans Wulf (80-90)	**231**	Heinz Traser (81-85)	**52**
Uwe Eplinius (81-87)	**201**	Peter Cestonaro (82-86)	**43**
Helmut Hampl (80-85)	**161**	Helmut Hampl (80-85)	**43**
Walter Horch (80-85)	**159**	Uwe Pallaks (81-84)	**24**
Volker Münn (81-86)	**151**	Dieter Hecking (85-90)	**18**
Heinz Traser (81-85)	**128**	Dirk Bakalorz (84-86)	**17**
Thomas Freudenstein (83-90)	**127**	Ulrich Wielandt (80-84)	**17**
Gerhard Grau (80-84)	**125**	Thomas Freudenstein (83-90)	**16**
Michael Deuerling (83-87)	**121**	Peter Kempa (80-83)	**16**
Peter Cestonaro (82-86)	**120**	Horst, Knauf Otmar Ludwig	**15**

Als erster Meister der Regionalliga Süd besaß der KSV 1964 die Chance, als einer der ersten Aufsteiger in die Annalen der Bundesliga einzugehen. Klappte aber nicht - Hannover war in der Aufstiegsrunde stärker. Da in der Folge als höchstes der Gefühle nur ein dritter Platz drin war, wurde es auch 1974 nichts mit der Quali für die Zweite Liga und mit einem Mal waren die Löwen aus Kassel drittklassig. Doch als drei Jahre später Rudi Kröner Trainer wurde, ging es aufwärts. 1980 stieg der KSV als Meister der Hessenliga in die Zweite Liga Süd auf, in der es dummerweise gleich um die Qualifikation fürs eingleisige Unterhaus ging. Doch die Löwen ließen sich nicht schrecken und schafften einen tollen vierten Platz, wobei ein 1:5 in Darmstadt am Ende eine noch größere Sensation verhinderte. Zwei Jahre später landete Kassel wieder auf dem vierten Platz, diesmal kostete ein 1:5 in Stuttgart kurz vor Toreschluss den Relegationsplatz. Das gleiche Spiel im nächsten Jahr, diesmal mit Jörg Berger auf der Bank: Zwei Pünktchen fehlen zur Bundesliga. 1985 kam es dann noch tragischer: Drei Spieltage vor Schluss besitzt Tabellenführer KSV sechs Punkte Vorsprung auf einen Nichtaufstiegsplatz und wird nach einem 0:2 in Nürnberg am Ende Vierter. Von diesem Schock konnte sich der Verein nie mehr erholen: Zwei Jahre später stieg Kassel in die Oberliga ab. 1994 machte der KSV pleite, drei Jahre später auch der neu entstandene FC. Im Februar 1998 startete schließlich der »neue« KSV, der es bereits in die Landesliga geschafft hat.

HOLSTEIN KIEL

(Kieler Sportvereinigung Holstein von 1900 e.V.)

Gründung: 7. Oktober 1900
Farben: Blau-Weiß-Rot
Stadion: Holstein-Stadion (10.500)

Westring 501, 24106 Kiel
Tel: 0431-331824 , Fax: 0431-338037
www.holstein-kiel.de

Ein Sieg in Reutlingen - und alles wäre vielleicht ganz anders gekommen. Ende Juni 1965 besaßen die Kieler Störche noch die winzige Chance auf den Aufstieg in die Bundesliga: Dazu musste ein möglichst hoher Sieg beim SSV her, während zugleich die Wormatia aus Worms beim Tabellenführer der Aufstiegsrunde gewinnen musste. Der hieß leider M'gladbach. Dennoch durfte Kiel für ein paar Minuten hoffen: Koll erzielte in der 40. Minute das 1:0, Bedürftig traf in der 69. für Worms - nun fehlten »nur« noch fünf Tore. Kurz darauf war der Spuk vorbei, beide Spielen endeten 1:1. Hätten die Störche doch nur nicht gegen Worms (3:4) gepatzt... So aber verblieb Holstein vorerst in der Regional- und später in der Oberliga Nord.

TITEL
Deutscher Meister 1912
Deutscher Amateurmeister 1961

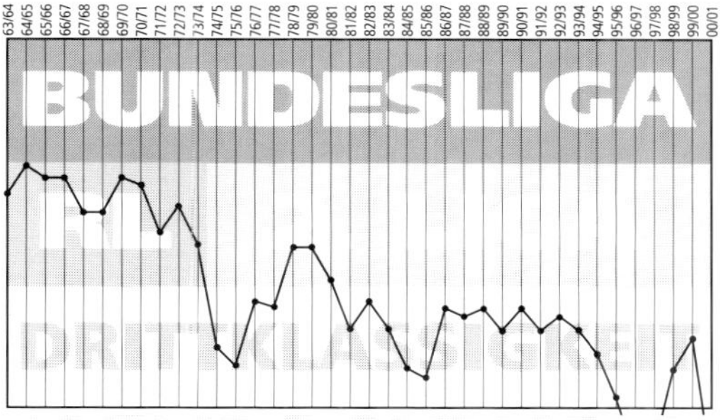

In der Saison 77/78 spielte sich der Klub wieder ins Rampenlicht. Ein vierter Platz reichte zur Teilnahme an der Aufstiegsrunde, in der man ebenso wie Wacker Berlin die nötigen Punkte für die Zweite Liga Nord holen konnte. Zum Einstand reichte es für die Elf von Kuno Böge zu einem sicheren 14. Platz, auf dem die Störche auch im zweiten Jahre - wenngleich mit großen Schwierigkeiten - landeten. Nach einem Fehlstart (4:16 Punkte) war es um den neuen Coach Arkoc Özcan geschehen, und erst in den letzten beiden Spielen sicherte sich die KSV ein drittes Jahr Zweitliga-Fußball, das dann allerdings auch das letzte sein sollte. Nach dem Abstieg bzw. dem mehr als deutlichen Verpassen der Qualifikation für die eingleisige Zweite Liga verbrachte Holstein Kiel 15 lange Jahre in der Drittklassigkeit, nach dem 1996er Abstieg sah es dann sogar kurzzeitig nach dem Finanztod aus. Mittlerweile sind die Störche jedoch wieder zurück in der Regionalliga, wobei sie freilich von den Finanznöten der Konkurrenz profitierten.

2. LIGA

Höchste Siege: 7:1 vs. Osnabrück (31.5.80) (H)
4:0 bei Fort. Köln (7.3.80) (A)
Höchste Niederlagen: 0:3 vs. Bocholt (26.4.81) (H)
0:9 bei TeBe (17.2.79) (A)

REKORDSPIELER		REKORDSCHÜTZEN	
Bernd Jordt (78-81)	**116**	Manfred Jochimiak (78-81)	**23**
Dieter Wendland (78-81)	**107**	Dieter Wendland (78-81)	**18**
Jochen Aido (78-81)	**105**	Harry Witt (78-81)	**18**
Dietmar Tönsfeldt (78-81)	**99**	Axel Möller (78-81)	**12**
Immo Stelzer (78-81)	**90**	Bernd Brexendorf, Bernd Jordt	**11**

	Liga	Platz	Punkte	Tore	Zuschauer
(63-74: RL Nord)					
(74-78: AOL Nord)					
78/79	2.BL	**14.**	35:41	40:62	8.158
79/80	2.BL	**14.**	33:43	61:67	5.947
80/81	2.BL	**19.**	31:53	48:81	4.207
(81-94: AOL Nord)					
(94-96: RL Nord)					
(96-98: OL Hamburg/Schleswig-Holstein)					
(98-00: RL Nord)					
(00/01: OL Hamburg/Schleswig-Holstein)					

1.FC KÖLN

(1. Fußball-Club Köln 01/07 e.V.)

Gründung: 13. Februar 1948
Farben: Rot-Weiß
Stadion: Müngersdorfer Stadion (42.000)

Postfach 420 251, 50896 Köln
Tel: 0221-9436430, Fax: 0221-4301851
www.fc-koeln.de

TITEL
Deutscher Meister 1962, 1964 und 1978
Deutscher Pokalsieger 1968, 1977, 1978 und 1983
Deutscher Amateurmeister 1981
DFB-Hallen-Masters 1993

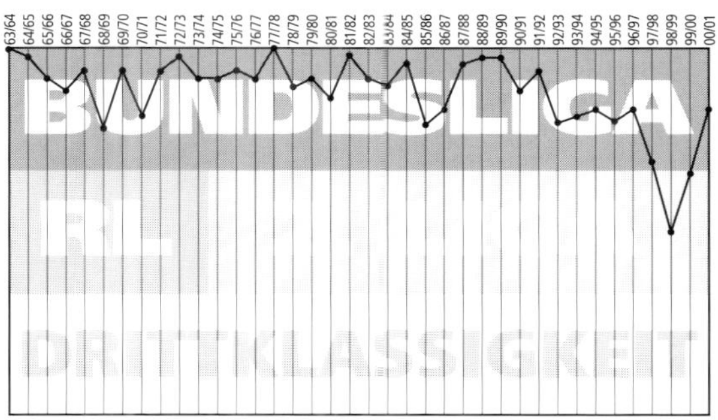

Anfang der 60er Jahre war der 1.FC Köln eine Macht. Viermal in Folge wurden die Geißböcke souverän Westdeutscher Meister und bestritten die beiden letzten »echten« Finalspiele um die Deutsche Meisterschaft (1962 erfolgreich, 1963 eher nicht). Da Präsident Franz Kremer einer der treibenden Kräfte bei der Einführung der Bundesliga war und seinen Verein in aller Ruhe auf diese vorbereiten konnte, war es kein Wunder, dass der FC auch in der ersten Saison als absoluter Topfavorit galt und dieser Rolle auch vollauf gerecht wurde. Mit der Kölner Alleinherrschaft war es dann allerdings schon im nächsten Jahr wieder vorbei, die Elf um Sturm, Schäfer, Thielen, Hornig und den jungen Wolfgang Overath musste Werder Bremen den Vortritt lassen. In den folgenden Jahren sackte der FC dann sogar ins Mittelmaß ab, woran auch eine Reihe von Trainerwechseln nur wenig ändern konnte. Selbst Willi Multhaup, der Bremer Meistertrainer, bekam in Müngersdorf kein Bein auf die Erde, verabschiedete sich 1968 aber immerhin mit dem Pokaltitel: Im Finale zu Ludwigshafen bezwangen die Kölner den Regionalligisten VfL Bochum mit 4:1. Doch in der Meisterschaft sollte es noch einige Zeit in Anspruch nehemn, bis der 1.FC Köln mal wieder in höhere

	Liga	Platz	Punkte	Tore	Zuschauer
63/64	BL	**1.**	45:15	78:40	33.028
64/65	BL	**2.**	38:22	66:45	31.559
65/66	BL	**5.**	44:24	74:41	26.395
66/67	BL	**7.**	37:31	48:48	23.538
67/68	BL	**4.**	38:30	68:52	22.112
68/69	BL	**13.**	32:36	47:56	24.943
69/70	BL	**4.**	43:25	83:38	24.210
70/71	BL	**11.**	33:35	46:56	18.805
71/72	BL	**4.**	43:25	64:44	13.870
72/73	BL	**2.**	43:25	66:51	11.003
73/74	BL	**5.**	39:29	69:56	15.365
74/75	BL	**5.**	41:27	77:51	18.153
75/76	BL	**4.**	39:29	62:45	25.329
76/77	BL	**5.**	40:28	83:61	31.040
77/78	BL	**1.**	48:20	86:41	34.645
78/79	BL	**6.**	38:30	55:47	20.058
79/80	BL	**5.**	37:31	72:55	26.506
80/81	BL	**8.**	34:34	54:55	18.158
81/82	BL	**2.**	45:23	72:38	23.534
82/83	BL	**5.**	43:25	69:42	17.117
83/84	BL	**6.**	38:30	70:57	16.286
84/85	BL	**3.**	40:28	69:66	17.913
85/86	BL	**13.**	29:39	46:59	13.035
86/87	BL	**10.**	35:33	50:53	16.636
87/88	BL	**3.**	48:20	57:28	21.362
88/89	BL	**2.**	45:23	58:30	20.032
89/90	BL	**2.**	43:25	54:44	21.402
90/91	BL	**7.**	37:31	50:43	19.860
91/92	BL	**4.**	44:32	58:41	22.948
92/93	BL	**12.**	28:40	41:51	27.043
93/94	BL	**11.**	34:34	49:51	30.934
94/95	BL	**10.**	32:36	54:54	30.934
95/96	BL	**12.**	40	33:35	30.547
96/97	BL	**10.**	44	62:62	29.839
97/98	BL	**17.**	36	49:64	26.912
98/99	2.BL	**10.**	45	46:53	13.282
99/00	2.BL	**1.**	54	68:39	26.314
00/01	BL	10.	46	59:52	32.690

BUNDESLIGATRAINER

Georg Knöpfle (7/63-6/66)
Willi Multhaup (7/66-6/68)
Hans Merkle (7/68-6/70)
Ernst Ocwirk (7/70-6/71)
Gyula Lorant (7/71-4/72)
Rolf Herings (4/72-6/72)
Rudi Schlott (7/72-9/73)
Zlatko Cajkovski (9/73-12/75)
Georg Stollenwerk (1/76-6/76)
Hennes Weisweiler (7/76-4/80)
Karl-Heinz Heddergott (4/80-10/80)
Rolf Herings (10/80-11/80)
Rinus Michels (11/80-8/83)
Hannes Löhr (8/83-2/86)
Georg Kessler (2/86-9/86)
Christoph Daum (9/86-6/90)
Erich Rutemöller (7/90-8/91)
Jörg Berger (9/91-2/93)
Wolfgang Jerat (2/93-4/93)
Morten Olsen (4/93-8/95)
Stefan Engels (8/95-3/96)
Peter Neururer (4/96-9/97)
Lorenz Köstner (10/97-6/98)
Ewald Lienen (7/00-...)

Tabellenregionen vorstoßen konnte. Mit dem neuen Trainer Rudi Schlott sprang 1973 immerhin schon einmal die Vizemeisterschaft heraus - satte elf Punkte hinter Bayern München. Dennoch: Der FC war wieder da. Unter der Regie von Tschik Cajkovski, Georg Stollenwerk und natürlich Hennes Weisweiler, der 1976 aus Barcelona zurückkehrte, waren die Kölner stets auf den vorderen Plätzen zu finden. 1975 gelang sogar der Einzug ins Halbfinale des UEFA-Cups, doch dort scheiterte der FC ausgerechnet am rheinischen Rivalen Borussia M'gladbach (1:3, 0:1). Drei Jahre später drehte die Weisweiler-Elf den Spieß um und landete ihren größten Coup: In dem spannenden Duell mit den Fohlen behielten die Geißböcke die Oberhand und sackten im April 1978 die Meisterschale ein, auf der sie einen Monat später dann auch den DFB-Pokal stellen konnten: Das 1:0 im Wiederholungsspiel gegen Hertha machte das Double, das zuvor nur dem FC Schalke und dem FC Bayern gelungen war, perfekt.

An diesen Triumph konnte der 1.FC Köln, der sich bald den Beinamen »launische Diva vom Rhein« erworben hatte, nie mehr anknüpfen. Die Erfolgserlebnisse wurden immer seltener, die Liste der Trainer, die es in Köln nicht packten, immer länger. Besonderes Geschick legte die Vereinsführung an den Tag, wenn es darum ging, verdiente Spieler und Idole der Fans zu vergraulen. Ausgerechnet im Jahr des bis dato schlechtesten Abschneidens in der Liga, der Saison 85/86, drang der FC dann sensationell ins UEFA-Cup-Finale gegen Real Madrid vor - das 1:5 aus dem Hinspiel in Madrid konnten die Köln im Berliner »Heimspiel« dann nicht mehr korrigieren. Kurz darauf kam es unter der Regie des damals noch völlig unbekannten Christoph Daum zu einer Renaissance. Zweimal ärgerte der FC die Bayern ganz gehörig und wurde Vizemeister. Doch während (!) der WM 1990 wurde Daum gefeuert, und mit dem FC ging es rapide bergab. Mit wechselnden Trainern gestaltete man den Abstiegskampf einige Jahre erfolgreich, doch 1998 musste das Urgestein der Bundesliga schließlich absteigen - ausgerechnet der Ex-Kölner Uwe Fuchs stieß den FC ins Elend. Im Folgejahr schnupperten die Domstädter gar für bange Monate an der Regionalliga und mussten sich in den Lokalderbys von der kleinen Fortuna düpieren lassen, doch im zweiten Anlauf gelang dem Geißbock dann der souveräne Wiederaufstieg. Als Architekten des Aufschwungs zeichneten dabei in erster Linie die drei »L« verantwortlich: Trainer Lienen, Manager Linßen und Kapitän Lottner.

1. LIGA

Höchste Siege: 8:0 vs. Schalke (8.11.69) (H)
6:0 bei Tasmania Berlin (30.10.65) (A)
Höchste Niederlagen: 1:6 vs. VfB Stuttgart (1.6.91) (H)
0:7 beim FC Bayern (15.5.71) (A)

REKORDSPIELER		REKORDSCHÜTZEN	
Harald Schumacher (73-87)	**422**	Hannes Löhr (64-78)	**167**
Wolfgang Overath (63-77)	**409**	Dieter Müller (73-81)	**159**
Pierre Littbarski (78-93)	**406**	Pierre Littbarski (78-93)	**116**
Hannes Löhr (64-78)	**381**	Klaus Allofs (81-87)	**88**
Heinz Simmet (67-78)	**357**	Wolfgang Overath (63-77)	**84**
Wolfgang Weber (63-77)	**356**	Toni Polster (93-98)	**79**
Bernd Cullmann (70-83)	**341**	Heinz Flohe (66-79)	**77**
Harald Konopka (71-84)	**335**	Karl-Heinz Thielen (63-73)	**56**
Heinz Flohe (66-79)	**329**	Christian Müller (63-66)	**46**
Bodo Illgner (85-97)	**326**	Bernd Rupp (69-72)	**46**

2. LIGA

Höchste Siege: 6:1 vs. Nürnberg (7.11.99) (H)
4:0 in Oberhausen (9.4.99) (A)
Höchste Niederlagen: 1:4 vs. St. Pauli (14.9.98) (H)
1:6 bei Hannover 96 (10.9.98) (A)

REKORDSPIELER		REKORDSCHÜTZEN	
Alexander Voigt (98-00)	**57**	Dirk Lottner (98-00)	**17**
Markus Pröll (98-00)	**56**	Georgi Donkov (99-00)	**9**
Georgi Donkov (99-00)	**54**	Markus Kurth (99-00)	**9**
Christian Springer (98-00)	**53**	Christian Springer (98-00)	**8**
Thomas Cichon (98-00)	**49**	Dorinel Munteanu, Christian Timm	**7**

FORTUNA KÖLN

(Sportclub Fortuna Köln e.V.)

Gründung: 21. Februar 1948
Farben: Rot-Weiß
Stadion: Südstadion (12.000)

Am Vorgebirgstor 1-3 50969 Köln
Tel: 0221-93641870, Fax: 0221-93641823
www.fortuna-koeln.de

	Liga	Platz	Punkte	Tore	Zuschauer
	(63-65: LL Mittelrhein)				
	(65-67: AL Mittelrhein)				
	(67-73: RL West)				
73/74	BL	**17.**	25:43	46:79	11.556
74/75	2.BL	**5.**	46:30	69:43	3.481
75/76	2.BL	**4.**	45:31	74:49	3.208
76/77	2.BL	**12.**	38:38	67:62	1.392
77/78	2.BL	**4.**	48:28	79:62	3.071
78/79	2.BL	**4.**	47:29	84:52	1.177
79/80	2.BL	**6.**	45:31	79:54	2.192
80/81	2.BL	**9.**	46:38	83:67	1.862
81/82	2.BL	**10.**	39:37	70:72	3.332
82/83	2.BL	**6.**	43:33	76:50	3.993
83/84	2.BL	**9.**	38:38	66:65	2.985
84/85	2.BL	**11.**	36:40	58:67	949
85/86	2.BL	**3.**	46:30	64:52	2.979
86/87	2.BL	**14.**	35:41	51:66	2.053
87/88	2.BL	**12.**	34:42	58:67	1.624
88/89	2.BL	**4.**	45:31	80:57	3.457
89/90	2.BL	**14.**	34:42	48:60	2.064
90/91	2.BL	**11.**	37:39	51:53	1.662
91/92	2.BL	**11.**	25:39	39:50	1.316
92/93	2.BL	**6.**	50:42	56:44	2.043
93/94	2.BL	**15.**	36:40	53:49	1.686
94/95	2.BL	**8.**	34:34	55:49	2.737
95/96	2.BL	**8.**	46	37:37	1.421
96/97	2.BL	**11.**	42	52:47	1.874
97/98	2.BL	**6.**	46	53:53	2.322
98/99	2.BL	**14.**	40	49:55	4.762
99/00	2.BL	**16.**	35	38:50	4.310
	(00/01: RL Nord)				

BUNDESLIGATRAINER
Volker Kottmann (7/73-12/73)
Willi Holdorf (1/74-6/74)

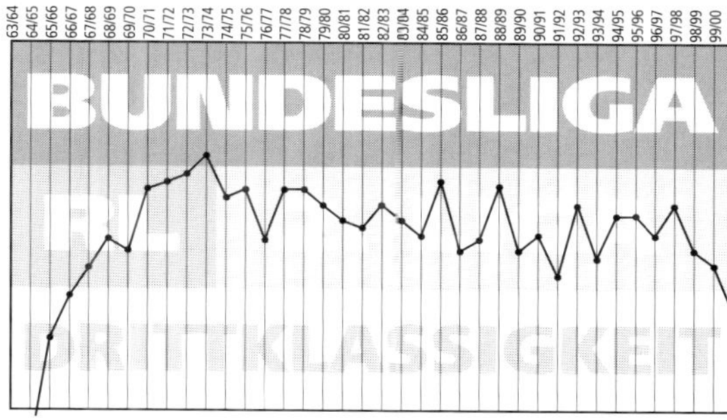

1. LIGA

Höchste Siege: 3:0 vs. Duisburg (6.4.74) (H)
3:1 in Duisburg (19.10.73) (A)
Höchste Niederlagen: 0:3 vs. FC Bayern (18.8.73) (H)
1:6 in Schalke (2.3.74) (A)

REKORDSPIELER		REKORDSCHÜTZEN	
Wolfgang Fahrian (73-74)	**34**	Rolf Kucharski (73-74)	**9**
Wolfgang Glock (73-74)	**33**	Karl-Heinz Struth (73-74)	**9**
Karl-Heinz Struth (73-74)	**33**	Wolfgang Glock (73-74)	**7**
Helmut Bergfelder (73-74)	**32**	Lothar Wesseler (73-74)	**4**
Hans-Günter Neues (73-74)	**32**	Gerd Zimmermann (73-74)	**4**

2. LIGA

Höchste Siege: 7:0 vs. Mülheim (3.5.75) (H)
7:0 in Osnabrück (3.11.79) (A)
Höchste Niederlagen: 1:6 vs. Stut. Kickers (5.10.86) (H)
0:6 in Nürnberg (16.9.84) (A)

REKORDSPIELER		REKORDSCHÜTZEN	
Jürgen Niggemann (85-98)	**357**	Karl-Heinz Mödrath (74-82)	**143**
Hans-Jürgen Gede (79-91)	**344**	Bernd Grabosch (82-86)	**49**
Hannes Linßen (74-84)	**311**	Otmar Ludwig (75-79)	**49**
Hans-Jörg Schneider (90-00)	**285**	Hans-Jürgen Gede (79-91)	**48**
Karl-Heinz Mödrath (74-82)	**247**	Hannes Linßen (74-84)	**44**
Dirk Lottner (89-97)	**231**	Dirk Lottner (89-97)	**41**
Dirk Hupe (88-94)	**212**	Uwe Fuchs (87-95)	**38**
Ralf Außem (84-91)	**194**	Uwe Helmes (83-88)	**35**
Günter Hutwelker (82-90)	**193**	Dirk Kurtenbach (83-91)	**32**
Andreas Brandts (89-96)	**192**	Hermann-Josef Werres (80-86)	**28**

Erst 1965 den Niederungen der Landesliga entflohen, gelangte der Südstadtklub 1973 gleich im ersten Aufstiegsrundenanlauf ans Ziel der Träume, in die Bundesliga. Da es während der Saison und auch in der anschließenden Qualifikationsrunde prächtig gelaufen war, glaubte Jean Löring, seit Ende der 50er Präsident, Mäzen, Interimstrainer, Alleinherrscher und größter Fan der Fortuna, sich für die Bundesliga nicht großartig verstärken zu müssen und vertraute auf die Aufstiegself, zu der später lediglich der dickliche Peruaner Julio Baylon stieß. Auf die Bank setzte Löring den Konditionstrainer des 1.FC Köln, Volker Kottmann, was sich, um es vorsichtig zu sagen, nicht als die optimale Lösung erwies. Später wurde Kottmann vom ehemaligen Zehnkämpfer Willi Holdorf abgelöst. Und beinahe hätte das Abenteuer Bundesliga für Fortuna dann auch ein glückliches Ende gefunden. Doch während die Kölner 0:4 in Offenbach verloren, schaffte Konkurrent Wuppertal in der 81. Minute noch ein 2:2 beim heimstarken VfB Stuttgart. Der SC Fortuna stieg ab und kehrte trotz zahlreicher Versuche nie mehr wieder. Häufig war die Löring-Truppe nah dran, gelegentlich sogar ganz nah, und im Mai 1986 eigentlich schon sicher drin. Doch denkbar knapp und kobrawegmannseischuld scheiterte Fortuna in der Relegation am BVB. Eben jene Dortmunder hatte man drei Jahre zuvor im DFB-Pokal-Halbfinale mit 5:0 gedemütigt, um dann das »Kölner Endspiel« gegen den FC unglücklich mit 0:1 zu verlieren. Das waren auch schon die sportlichen Höhepunkte des »ewigen Zweitligisten«, aus dem in der Ära Schumacher, die Ende 2000 auf unnachahmliche Art von Löring beendet wurde, ein ehemaliger und verschuldeter Zweitligist wurde. Knapp scheiterte die Fortuna danach am Wiederaufstieg, ebenso knapp schrammte man allerdings auch an der Pleite vorbei.

VIKTORIA KÖLN

(Sportclub Viktoria 1904 Köln e.V.)

Gründung: 1. Juli 1994 (1904)
Farben: Schwarz-Weiß
Stadion: Flughafen-Stadion (10.000)

Merheimer Heide, 51103 Köln
Tel: 0221-896991, Fax: 0221-894976
www.scb-preussen-koeln.de

	Liga	Platz	Punkte	Tore	Zuschauer
(63-72 + 73/74: RL West)					
(72/73 + 74-78: AL Mittelrhein)					
78/79	2.BL	**16.**	32:44	53:60	3.474
79/80	2.BL	**4.**	46:30	77:52	3.963
80/81	2.BL	**11.**	41:43	67:79	3.540
(81-94: AOL Nordrhein)					
(94/95: RL West/Südwest)					
(95-97 + 98-01: OL Nordrhein)					
(97/98: VL Mittelrhein)					

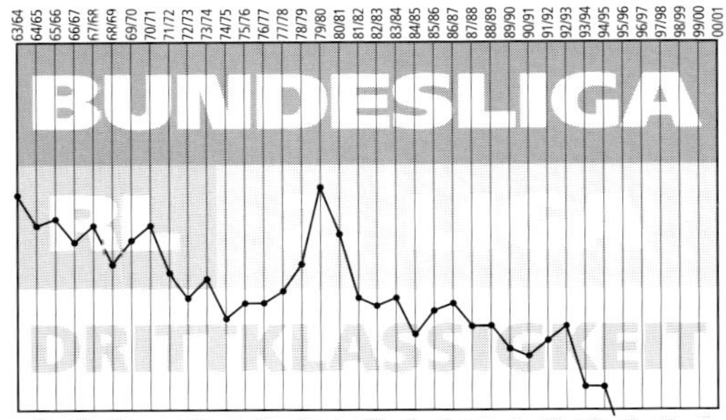

Nur drei Jahre mischte die Viktoria, entstanden aus dem ruhmreichen Preußen Dellbrück und nach Fusion und Umbenennung nun als »SCB Preußen Köln« (das B steht für den Stadtteil Brück) in der Oberliga Nordrhein auflaufend, im Profifußball mit - dies aber mitunter gar nicht mal so schlecht. Unter der Regie der FC-Legenden Pott und Habig hätten es die Kölner, die mit der Hilfe von Mäzen Mühlens (4711) Kicker wie Jendrossek, Helmschrot, Künkel, Hermes oder Segler holen konnten, fast auch in die eingleisige Zweite Liga geschafft. Aber eben nur fast. Alle späteren Wiederaufstiegsversuche scheiterten meist kläglich.

2. Liga

Höchste Siege: 9:2 vs. Lüdenscheid (2.6.79) (H)
5:1 in Herford (26.1.80) (A)
Höchste Niederlagen: 2:6 vs. Osnabrück (20.9.80) (H)
2:6 in Bocholt (29.3.81) (A)

REKORDSPIELER		REKORDSCHÜTZEN	
Eckard Fischer (78-81)	**101**	Bernd Ochmann (79-81)	**27**
Bernd Hermes (79-81)	**86**	Frank-Michael Schonert (79-81)	**19**
Jürgen Jendrossek (78-81)	**83**	Jürgen Jendrossek (78-81)	**18**
Hans-Peter Großmann (79-81)	**74**	Klaus Czizewski (78-79)	**15**
Bernd Ochmann (79-81)	**72**	Rainer Künkel (80-81)	**14**

EINTRACHT KREUZNACH

(Sportgemeinde Eintracht e.V. 1902 Bad Kreuznach)

Gründung: 1932 (1. April 1902)
Farben: Blau-Weiß
Stadion: Friedrich-Moebus-Stadion (18.000)

Pfingstwiese, 55545 Bad Kreuznach
Tel: 0671-28602 o. 28929

	Liga	Platz	Punkte	Tore	Zuschauer
(63-67, 71-73 + 74/75: AL Südwest)					
(67-71: Bezirksliga Nahe)					
(73-74: RL Südwest)					
75/76	2.BL	**19.**	23:53	49:83	3.316
(76-78: AL Südwest)					
(78-88: AOL Südwest)					
(88-93 + 97-00: VL Südwest)					
(93-95 + 96-97: LL Südwest-West)					
(95/96: Bezirksliga Nahe)					

Die große Stunde des Kreuznacher Fußballs schlug 1975, als die Eintracht in toller Manier zuerst die Amateurliga Südwest und in der Aufstiegsrunde dann auch Trier und Dudweiler aufmischte. Nach einem Jahr Zweite Liga stieg man zwar gleich wieder ab, nach einigen herausragenden Heimspielen, u.a. gegen Waldhof (6:4), Pirmasens (6:3) und Reutlingen (6:1) aber immerhin nicht als Letzter. Mittlerweile kicken die Kreuznacher wieder in der Oberliga.

2. Liga

Höchste Siege: 6:1 vs. Reutlingen (8.5.76) (H)
3:1 in Reutlingen (8.11.75) (A)
Höchste Niederlagen: 1:3 vs. Nürnberg (22.11.75) (H)
0:6 in Pirmasens (20.12.75) (A)

REKORDSPIELER		REKORDSCHÜTZEN	
Karl-Heinz Volp (75-76)	**37**	Karl-Heinz Volp (75-76)	**15**
Peter Zacher (75-76)	**36**	Jürgen Wilhelm (75-76)	**14**
Jürgen Wilhelm (75-76)	**33**	Jens Holste (75-76)	**4**
Karl Alber (75-76)	**32**	Peter Zacher (75-76)	**4**
Günther Brust (75-76)	**32**	Reinhold Scherpp, Manfred May	**3**

VFB LEIPZIG

(Verein für Bewegungsspiele e.V. Leipzig)

Gründung: 1. Juni 1991 (1893)
Farben: Blau-Weiß
Stadion: Bruno-Plache-Stadion (13.000)

Connewitzer Str. 21, 04289 Leipzig
Tel: 0341-869990, Fax: 0341-8699911
www.vfbleipzig.de

TITEL
Deutscher Meister 1903, 1906 und 1913
Deutscher Pokalsieger 1936
FDGB-Pokalsieger 1957, 1976, 1981, 1986 und 1987

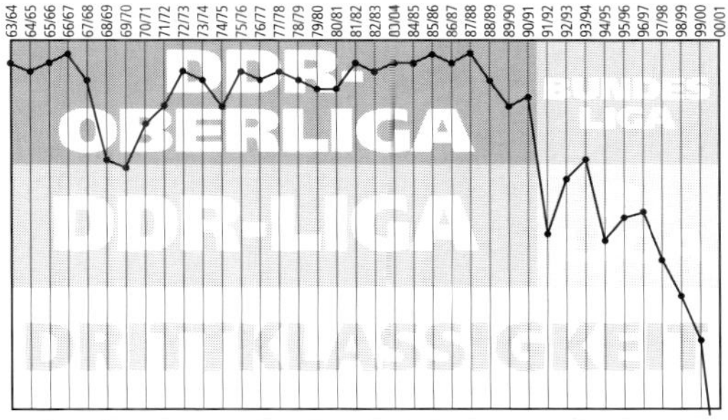

	Liga	Platz	Punkte	Tore	Zuschauer
(63-69 + 70-90: OL der DDR)					
(69/70: DDR-Liga, Staffel Süd)					
(90/91: OL Nordost)					
91/92	2.BL	**7.**	31:33	42:42	2.906
92/93	2.BL	**3.**	58:34	66:45	3.185
93/94	BL	**18.**	17:51	32:69	9.982
94/95	2.BL	**13.**	30:38	44:44	3.460
95/96	2.BL	**9.**	45	35:49	4.997
96/97	2.BL	**8.**	46	53:54	4.499
97/98	2.BL	**15.**	39	31:51	4.946
(98-00: RL Nordost)					
(00/01: OL Nordost-Süd)					

BUNDESLIGATRAINER
Bernd Stange (7/93-2/94)
Jürgen Sundermann (2/94-4/94)
Damian Halata (4/94-6/94)

1. LIGA

Höchste Siege: 1:0 vs. KSC (30.10.93) (H)
1:0 beim BVB (7.9.93) (A)
Höchste Niederlagen: 1:4 vs. HSV (17.9.93) (H)
1:6 in M'gladbach (26.3.94) (A)

REKORDSPIELER		REKORDSCHÜTZEN	
Frank Edmond (93-94)	**33**	Dirk Anders (93-94)	**8**
Dirk Anders (93-94)	**32**	Jürgen Rische (93-94)	**6**
Maik Kischko (93-94)	**32**	Steffen Heidrich (93-94)	**4**
Jürgen Rische (93-94)	**32**	Frank Edmond (93-94)	**4**
Matthias Lindner (93-94)	**31**	Florian Weichert (93-94)	**3**

2. LIGA

Höchste Siege: 6:1 vs. Waldhof (27.10.96) (H)
3:0 bei Hertha BSC (12.3.95) (A)
Höchste Niederlagen: 1:4 vs. Fort. Köln (21.5.98) (H)
0:6 in Meppen (5.10.97) (A)

REKORDSPIELER		REKORDSCHÜTZEN	
Frank Edmond (91-98)	**174**	Steffen Heidrich (94-98)	**42**
Nico Däbritz (91-98)	**164**	Jürgen Rische (91-96)	**39**
Matthias Lindner (91-97)	**143**	Bernd Hobsch (91-93)	**26**
Maik Kischko (91-97)	**132**	Franklin Sp. Bitencourt (92-98)	**19**
Jürgen Rische (91-96)	**126**	Dirk Anders (91-93)	**14**

Die Saison 68/69 ging als schwarzes Jahr in die ansonsten recht erfolgreiche Geschichte von Lok Leipzig ein: Nach einem völlig verpatzten Start fand sich das mit Nationalspielern und Oberligaveteranen gespickte Team im tiefsten Keller der Tabelle wieder, aus dem es bis zum Schluss kein Entrinnen gab. Der sensationelle Abstieg war in erster Linie das Resultat einer geradezu desaströsen Offensivleistung: In 26 Spielen gelangen den Stürmern jämmerliche 16 Törchen. Diese Katastrophensaison entpuppte sich als einmaliger Ausrutscher, Lok gelang der direkte Wiederaufstieg und übernahm bald auch wieder die Vorherrschaft in der Stadt. In der Oberliga hingegen reichte es indes meist nur zu einem Platz in der erweiterten Spitzengruppe oder im oberen Mittelfeld. Dabei besaßen die Blau-Gelben eigentlich immer eine Mannschaft, die jede andere zu schlagen in der Lage war - und ebenso gern nach rauschenden Siegen in Schlagerspielen dann zu Hause gegen das Schlusslicht verlor. Zu unbeständig, zu launenhaft pflegte sich der 1.FC Lok, die »Sphinx der Oberliga«, zu präsentieren. Nicht von ungefähr schienen sich die Nachkommen des ersten Deutschen Meisters überhaupt in den Pokalwettbewerben am wohlsten zu fühlen: 1957 errang der damalige SC Lokomotive durch ein hart umkämpftes 2:1 n.V. gegen den Absteiger Empor Rostock zum ersten Male den FDGB-Pokal. Acht Jahre später folgte dann sogar der erste Triumph auf europäischer Ebene: Im Mai 1965 gewann Lok durch ein 4:0 über den IFK Norrköping den »IFC-Cup« - eine recht hübsch anzuschauende, aber leider völlig unbedeutende Trophäe. Für Furore sorgten die Leipziger aber weiterhin primär im FDGB-Pokal. Von den sieben Endspielen, die sie bis 1987 erreichen konnten, gewannen sie immerhin vier und durften sich somit auch des Öfteren im Europapokal umtun. In der Saison 73/74 drang Lok bis ins Halbfinale gegen Tottenham vor, und 1987 schaffte es die Elf aus Probstheida gar ins Endspiel gegen Ajax Amsterdam, das unglücklich mit 0:1 verloren ging.

In der letzten Oberliga-Saison qualifizierte sich Lok mit einiger Mühe für die Zweite Liga, in der man ab Juli 1991 als »VfB Leipzig« auflief und zwei Jahre später sensationell in die Bundesliga aufstieg. Doch das Glück währte nur ein Jahr, dann war Leipzig wieder in der Zweiten Liga und noch dazu verschuldet. Angesichts der sportlichen Perspektivlosigkeit verließen immer mehr Leistungsträger den VfB, mit dem es nun zusehends abwärts ging: 1998 erfolgte der Abstieg in die Regionalliga und zwei Jahre später sogar der Sturz in die Oberliga, womit die Probstheidaer erstmals seit langer Zeit wieder hinter den Lokalrivalen aus Leutzsch, den FC Sachsen, zurückgefallen waren. Und das tat richtig weh.

BAYER LEVERKUSEN

(Bayer 04 Leverkusen Fußball GmbH)

Gründung: 1. April 1999 (15. Juni 1904)
Farben: Rot-Weiß-Schwarz
Stadion: BayArena (22.500)

Bismarckstr. 122-124, 51373 Leverkusen
Tel: 0214-86600, Fax: 0214-62709
www.bayer04.de

TITEL
Deutscher Pokalsieger 1993
UEFA-Pokal-Sieger 1988
DFB-Hallen-Masters 1994

	Liga	Platz	Punkte	Tore	Zuschauer
(63-73: RL West)					
(73-75: AL Mittelrhein)					
75/76	2.BL	**15.**	32:44	46:61	4.574
76/77	2.BL	**10.**	40:36	59:58	3.099
77/78	2.BL	**8.**	39:37	58:51	2.956
78/79	2.BL	**1.**	59:17	87:34	7.921
79/80	BL	**12.**	32:36	45:61	12.786
80/81	BL	**11.**	30:38	52:53	11.211
81/82	BL	**16.**	25:43	45:72	9.152
82/83	BL	**11.**	29:39	43:66	8.730
83/84	BL	**7.**	34:34	50:50	10.427
84/85	BL	**13.**	31:37	52:54	8.793
85/86	BL	**6.**	40:28	63:51	8.969
86/87	BL	**6.**	39:29	56:38	11.507
87/88	BL	**8.**	32:36	53:60	8.124
88/89	BL	**8.**	34:34	45:44	10.286
89/90	BL	**5.**	39:29	40:32	12.915
90/91	BL	**8.**	35:33	47:46	11.784
91/92	BL	**6.**	43:33	53:39	13.533
92/93	BL	**5.**	40:28	64:45	13.820
93/94	BL	**3.**	39:29	60:47	17.315
94/95	BL	**7.**	36:32	62:51	17.932
95/96	BL	**14.**	38	37:38	17.695
96/97	BL	**2.**	69	69:41	19.245
97/98	BL	**3.**	55	66:39	19.762
98/99	BL	**2.**	63	61:30	20.697
99/00	BL	**2.**	73	74:36	21.235
00/01	BL	**4.**	57	54:40	21.467

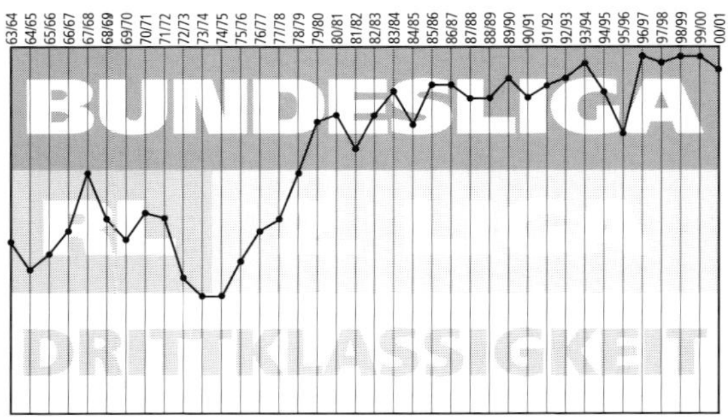

1. LIGA

Höchste Siege: 6:1 vs. Wattenscheid (7.12.91) (H)
9:1 beim SSV Ulm (18.3.00) (A)
Höchste Niederlagen: 1:5 vs. M'gladbach (14.2.81) (H)
1:6 bei Hannover 96 (14.2.81) (A)

REKORDSPIELER		REKORDSCHÜTZEN	
Rüdiger Vollborn (83-99)	**401**	Ulf Kirsten (90-00)	**170**
Thomas Hörster (79-91)	**332**	Herbert Waas (82-90)	**72**
Ulf Kirsten (90-00)	**315**	Christian Schreier (84-91)	**63**
Christian Wörns (91-98)	**211**	Bum Kun Cha (83-89)	**52**
Herbert Waas (82-90)	**209**	Paulo Sergio (93-97)	**47**
Christian Schreier (84-91)	**203**	Arne Ökland (80-83)	**43**
Markus Happe (91-00)	**189**	Andreas Thom (89-95)	**37**
Markus Happe (91-00)	**188**	Paulo Rink (97-01)	**29**
Bum Kun Cha (83-89)	**185**	Falko Götz (84-88)	**26**
Ioan Lupescu (90-96)	**183**	Rudi Völler (94-96)	**26**

In der Regionalliga war Bayer Leverkusen lange Zeit nur eine kleine Nummer, gegen die arrivierten Klubs im Westen hatte man nichts zu kamellen. Nur ein einziges Mal durchbrach der Werksklub die Tristesse der Mittelmäßigkeit. Das war 1968, als man nach außerordentlichen Aktivitäten auf dem Transfermarkt Meister wurde und in der Aufstiegsrunde lediglich den Kickers aus Offenbach den Vortritt lassen musste. Nach dem Scheitern versackte Bayer dann gleich wieder im Mittelmaß. Die Bundesliga blieb ein ferner Traum, erst recht natürlich nach dem Abstieg von 1973.

Nach dem unfreiwilligen Intermezzo in der Mittelrheinliga, das dem Verein aber ganz gut zu tun schien, stieg Leverkusen mit Manfred Rummel und reformierter Mannschaft in die Zweite Liga Nord auf. Dort hatte es der Traditionsklub erneut schwer, sich gegen die Konkurrenz zu behaupten, jedoch nicht unbedingt sportlich, da lief's gar nicht mal so schlecht, sondern imagemäßig. Bayer? Wer ist denn das? Schnell hatte Leverkusen das Image des herz- und geschichtslosen »Plastikklubs« weg, der einzig und allein dank der Finanzspritzen des Konzerns am Leben erhalten wurde. Als sich der Verein mit Willibert Kremer als Trainer und einer ganzen Reihe von Neuzugängen, deren prominentester der Düsseldorfer Nationalspieler Dieter Herzog war, anschickte, ans Tor zur Bundesliga zu klopfen, sahen sich viele bestätigt, und so konnte es nicht weiter verwundern, dass eben nur kleine Teile Fußball-Deutschlands in Verzückung gerieten, als Bayer Leverkusen 1979 in die Bundesliga aufstieg. Übrigens gemeinsam mit Bayer Uerdingen, womit für manchen Fan die Welt komplett zusammenbrach.

Wie nicht anders zu erwarten, waren die Bayer-Kicker in den ersten Jahren vornehmlich im Abstiegskampf beschäftigt, der dank der Erfahrung von Profis wie Hörster, Gelsdorf, Demuth, Hermann, Eigl oder Vöge jedoch glücklich überstanden werden konnte. Ganz eng wurde es 1982, als man den rettenden 15. Platz um zwei Tore verfehlte und in der Relegation gegen Offenbach (1:0, 2:1) »nachsitzen« musste. Von solchen Zitterspielen wollte man in Leverkusen fortan nichts mehr wissen, und so wurde mit Dettmar Cramer ein Trainer von Weltrang verpflichtet, unter dessen Regie sich denn auch tatsächlich der Wandel zur Spitzenmannschaft vollzog. Das zarte Pflänzchen der fußballerischen Klasse wuchs zunächst nur langsam, doch Stück für Stück ging es aufwärts. 1984 sprang erstmals ein einstelliger Tabellenplatz heraus, 1987 sammelte man mit Cramer-Nachfolger Ribbeck erste Erfahrungen im Europacup, die sich bereits im Folgejahr auszahlen sollten. Und zwar nicht zu knapp: Über die Stationen Austria

Wien, FC Toulouse, Feyenoord Rotterdam, FC Barcelona und Werder Bremen erreichte Bayer die UEFA-Cup-Finalspiele gegen Espanol Barcelona, in denen der bergische Löwe spektakulär (0:3, 6:2 n.E.) triumphierte - nach wie vor der größte Erfolg der Vereinsgeschichte. Den in der jüngeren Vergangenheit tat sich Bayer mit dem Titelsammeln schwer. Spätestens seit der Mitte der 90er Jahre gehören die Leverkusener dank erstklassigen Personals und meist auch solcher Trainer stets zu den heißesten Anwärtern auf die Meisterschale, doch mehr als ein schlapper Pokaltitel (errungen im Juni 1993 gegen die Amateure von Hertha BSC) und drei Vizemeisterschaften sprangen dabei trotz aller Bemühungen bislang nicht heraus. Auch in der Champions League war für Bayer stets frühzeitig Schicht. In den entscheidenden Momenten versagten Leverkusen bislang noch immer die Nerven, am augenscheinlichsten wurde dies am letzten Spieltag der vorletzten Saison, als man den bereits sicher geglaubten Meistertitel, der das I-Tüpfelchen auf eine Klassesaison gewesen wäre, durch eine jämmerliche 0:2-Pleite in Unterhaching noch in letzter Sekunde verspielte.

BUNDESLIGATRAINER

Willibert Kremer (7/79-11/81)
Gerd Kentschke (11/81-6/82)
Dettmar Cramer (7/82-6/85)
Erich Ribbeck (7/85-6/88)
Rinus Michels (7/88-4/89)
Jürgen Gelsdorf (4/89-5/91)
Peter Herrmann (5/91-6/01)
Reinhard Saftig (7/91-5/93)
Dragoslav Stepanovic (5/93-4/95)
Erich Ribbeck (4/95-4/96)
Christoph Daum (7/96-10/00)
Rudi Völler (10/00-11/00)
Berti Vogts (11/00-4/01)
Klaus Toppmöller (7/01-...)

2. LIGA

Höchste Siege: 8:1 vs. Lüdenscheid (14.4.79) (H)
4:1 in Solingen (16.4.77) (A)
Höchste Niederlagen: 0:4 vs. Lüdenscheid (16.9.77) (H)
0:7 beim BVB (20.12.75) (A)

REKORDSPIELER		REKORDSCHÜTZEN	
Walter Posner (75-79)	**141**	Matthias Brücken (77-79)	**35**
Norbert Ziegler (75-79)	**137**	Frank-Michael Schonert (75-77)	**26**
Hans-Jürgen Scheinert (75-79)	**135**	Dieter Herzog (76-79)	**23**
Peter Klimke (75-79)	**125**	Franz-Peter Hermann (76-79)	**20**
Fred Bockholt (75-79)	**117**	Klaus Bruckmann (77-79)	**19**

VFB LÜBECK

(Verein für Bewegungsspiele Lübeck)

Gründung: 1. April 1919 (1945)
Farben: Grün-Weiß
Stadion: Lohmühle (17.889)

Bei der Lohmühle 13, 23554 Lübeck
Tel: 0451-474433, Fax: 0451-471314
www.vfb-luebeck.de

	Liga	Platz	Punkte	Tore	Zuschauer
(63-74: RL Nord)					
(74-77: LL Schleswig-Holstein)					
(77-83: AOL Nord)					
(83-93: VL Schleswig-Holstein)					
(93/94: AOL Nord)					
(94/95: RL Nord)					
95/96	2.BL	**13.**	44	40:45	7.668
96/97	2.BL	**16.**	36	32:53	6.189
(97-01: RL Nord)					

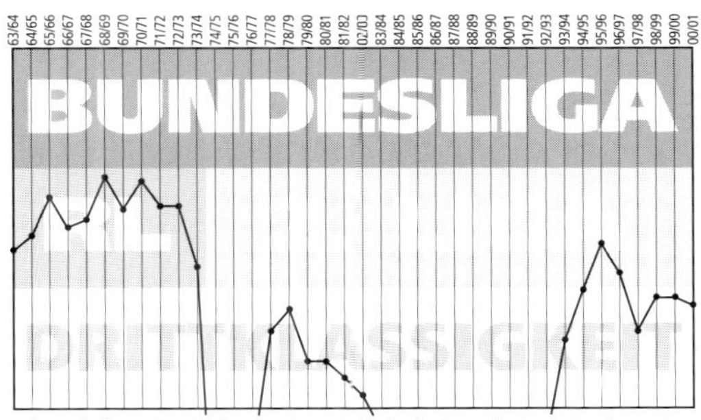

Elf Jahre lang hatte der VfB die Stadt Lübeck in der Regionalliga Nord würdig vertreten, 1969 als Vizemeister gar die Aufstiegsrunde zur Bundesliga erreicht (1:15 Punkte, 10:28 Tore, letzter Platz, olympische Idee in Ehren gehalten), und dann das! Ausgerechnet in der letzten Saison vor Einführung der Zweiten Liga leisteten sich die Nordmänner eine absolute Minus-Leistung und rutschten in die drittklassige Landesliga Schleswig-Holstein ab, während Lokalrivale Phönix Lübeck in der neuen Oberliga Nord antreten durfte. Peinlich, peinlich. Erst drei Jahre später vermochten die Grün-Weißen diesen Faux-Pas zu korrigieren. Doch 1983 war es mit der Herrlichkeit auch schon wieder vorbei: In einem waschechten Abstiegskampfherzschlagfinale ging der VfB mit leeren Händen aus und musste fortan wieder gegen Vereine wie Kilia Kiel oder Strand 08 antreten. Die Leidenszeit in der Verbandsliga war erst 1993 beendet, und in einem atemberaubenden Tempo drangen die Lübecker mit Trainer Michael Lorkowski bis in die Zweite Liga vor. Zwei Jahre darauf ging's zwar auch schon gleich wieder retour, doch wurden damals die infrastrukturellen Vorausetzungen für eine Rückkehr geschaffen. Jetzt muss der VfB Lübeck halt nur noch aufsteigen - einige Male war er nah genug dran.

2. LIGA

Höchste Siege: 4:1 vs. Meppen (2.3.97) (H)
3:0 bei Fort. Köln (25.5.97) (A)
Höchste Niederlagen: 1:4 vs. Hertha (5.10.96) (H)
0:7 in K'lautern (18.5.97) (A)

REKORDSPIELER		REKORDSCHÜTZEN	
Maik Wilde (95-97)	**68**	Daniel Jurgeleit (95-97)	**24**
Daniel Jurgeleit (95-97)	**67**	Michael Koch (95-97)	**11**
André Golke (95-97)	**63**	Markus Aerdken (95-97)	**4**
Felix van der Steen (95-97)	**58**	André Golke (95-97)	**4**
Holger Behnert (95-97)	**57**	Alexander Löbe, Thomas Möller	**4**

ROT-WEISS LÜDENSCHEID

(Rot-Weiß Lüdenscheid e.V.)

Gründung: 1. Juli 1971 (1908)
Farben: Rot-Weiß
Stadion: Stadion Nattenberg (20.000)

Postfach 24 41, 58474 Lüdenscheid
Tel: 02351-23736
www.rot-weissluedenscheid.de

	Liga	Platz	Punkte	Tore	Zuschauer
(63-66: LL Westfalen)					
(66-73 + 74-77: AL Westfalen)					
(73/74: RL West)					
77/78	2.BL	**13.**	35:41	59:75	5.708
78/79	2.BL	**19.**	22:54	49:106	1.996
79/80	2.BL	**16.**	32:44	56:73	4.054
80/81	2.BL	**20.**	27:57	43:83	1.578
(81-88 + 90-93: AOL Westfalen)					
(88-90, 93/94 + 97-01: VL Westfalen)					
(94-97: OL Westfalen)					

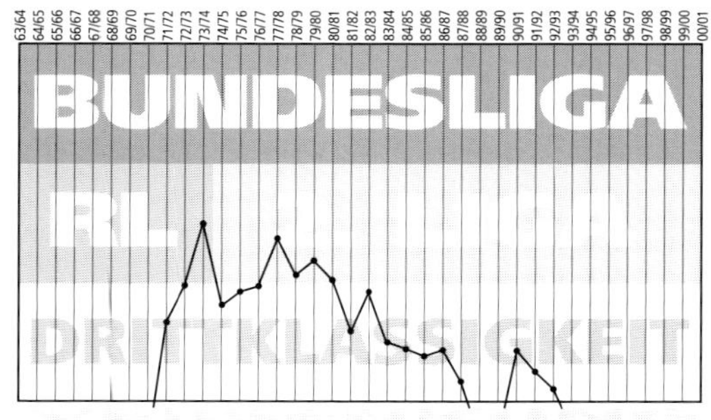

2. LIGA

Höchste Siege: 5:1 vs. TeBe (27.10.79) (H)
4:0 in Leverkusen (16.9.77) (A)
Höchste Niederlagen: 2:5 vs. Hannover 96 (27.5.78) (H)
2:9 bei Vikt. Köln (2.6.79) (A)

REKORDSPIELER		REKORDSCHÜTZEN	
Hans-Joachim Wrede (77-81)	**146**	Hans-Jürgen Offermanns (77-79)	**20**
Volker Rieske (77-81)	**132**	Ranko Petkovic (79-81)	**20**
Paul Scheermann (77-81)	**124**	Klaus Wolf (79-81)	**19**
Wilfried Holtkamp (77-81)	**106**	Hubert Clute-Simon (77-79)	**16**
Adalbert Grzelak (77-80)	**104**	Manfred Lopatenko (77-81)	**16**

Gerade erst aus der Verschmelzung der Sportfreunde 08 mit dem RSV Höh entstanden, legten die Rot-Weißen anno 72/73 im nagelneuen Stadion Nattenberg eine großartige Saison aufs Parkett und stiegen mit Regisseur Charly Schütz in die Regionalliga auf. Der ehemalige Italienlegionär, einst auch für Werder und den BVB am Ball, hängte zwar bald darauf seine Stiefel an den Nagel, doch mit Reinhold Wosab, ebenfalls ein Ex-Borusse, gelang den Bergstädtern ein durchaus achtbarer zehnter Platz - für die seinerzeit gerade anstehende Qualifikation zur Zweiten Liga war das freilich zu wenig. Drei Jahre später kehrten die Sauerländer dann mit Kickern wie Grzelak, Jürgens, Clute-Simon oder Reiners in den Profifußball zurück. Vier Jahre hielten sich die Rot-Weißen in der Zweiten Liga Nord, vier Jahre, die einen ständigen Überlebenskampf bedeuteten. In der ersten Saison profitierte das Team von Klaus Hilpert noch vom Elan des Aufstiegs, im Folgejahr war jedoch Hopfen und Malz verloren, Lüdenscheid stieg als 19. ab - und rutschte nach den Lizenzentzügen für St. Pauli und Herne gleich wieder hoch. Geschwind rüstete Rot-Weiß auf - Koitka, Petkovic und Wolf kamen - und hielt ein weiteres Jahr die Klasse, bevor 1981 mit der eingleisigen Zweiten Liga endgültig Feierabend war. Und auch in den höheren Amateurklassen spielten die Bergstädter bald nur noch eine untergeordnete Rolle.

FSV MAINZ 05

(1. Fußball- und Sport-Verein Mainz 05 e.V.)

Gründung: 16. März 1905
Farben: Rot-Weiß
Stadion: Stadion am Bruchweg (15.500)

Dr.-Martin-Luther-King-Weg, 55122 Mainz
Tel: 06131-375500, Fax: 06131-3755033
www.mainz05.de

TITEL
Deutscher Amateurmeister 1982

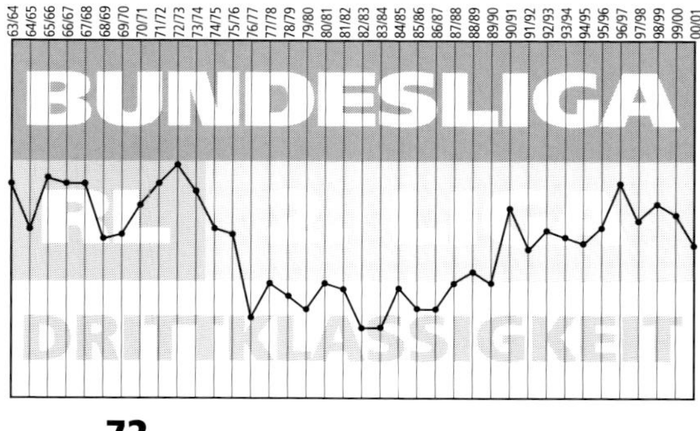

Neben K'lautern und Worms ist Mainz 05 der einzige Südwestklub, der das Kunststück fertig brachte, von 1946 bis 1963 in der höchsten deutschen Spielklasse zu kicken. Doch wie die Wormatia schaffte es der FSV nicht, sich für die Bundesliga zu qualifizieren. Auch in der neuen Regionalliga Südwest kam man zunächst nicht auf Touren, da hatten die »Meenzer« genug damit zu tun, den Lokalrivalen Weisenau auf Distanz zu halten - und selbst das klappte nicht immer. Doch 1973 war es endlich so weit und die 05er konnten als Meister einen Versuch in der Aufstiegsrunde starten. Und nach den ersten Spielen roch es stark nach Bundesliga: Dem 3:0 gegen St. Pauli und 1:1 beim KSC folgte ein 5:1 gegen BW 90 Berlin. Auch nach dem ernüchternden 0:3 bei Fortuna Köln besaß der FSV noch alle Chancen, doch nach einem 2:2 am Millerntor und der aufstiegsentscheidende Nullnummer gegen Köln landete man nur auf dem dritten Platz.

Von der Zweiten Liga hatte Mainz 05 nach zwei Jahren die Nase voll und zog sich aus wirtschaftlichen Gründen nach der Saison 75/76, die mit einem zwölften Rang abgeschlossen worden war, in die Amateurliga Südwest zurück. Eine Verschuldung wollte man am Bruchweg nicht riskieren - hätten alle Vereine derart ehrenvoll gehandelt, wer weiß, wer sich heute in den Bundesligen tummeln würde... Doch wie dem auch sei, statt gegen Offenbach und Nürnberg ging es für die Mainzer nun wieder gegen Weisenau und Eisbachtal. Das wollten nur wenige Fans sehen, und der FSV musste lange darben. Im Juni 1982 gab es für die Rot-Weißen dann endlich wieder einen Grund zum Jubeln: Durch ein 3:0 gegen Werder Bremen wurde der FSV Deutscher Amateurmeister. Ein feiner Erfolg, der jedoch überstrahlt wurde von der Rückkehr in den bezahlten Fußball, die 1988 interimsweise, ab 1990 dann dauerhaft gelang. Der erste Versuch war u.a. aufgrund einer eklatanten Verletzungsmisere gescheitert, die über die Feierabendprofis hereingebrochen war. Im zweiten Anlauf klappte es unter der Regie von Robert Jung und mit Routiniers wie Ruof, Hönnscheidt oder Mähn dann schon wesentlich besser: Am Ende der Saison 90/91 lag der FSV mit einem positiven Punktekonto auf dem achten Platz. In den Folgejahren wusste sich der FSVin der Zweiten Liga zu etablieren, erlebte einige Sternstunden, darunter eine im Pokal, die eine Fanfreundschaft mit Bor. M'gladbach begründen sollte, kam aber gelegentlich auch der Abstiegszone nah. Im Herbst 1995 übernahm Wolfgang Frank das Trainerzepter am Bruchweg und verwandelte die Durchschnittstruppe vorübergehend in eine echte Spitzenelf, die den Aufstieg 1997 erst am letzten Spieltag durch ein 4:5 gegen den direkten Konkurrenten Wolfsburg verpasste. Da freilich war Frank bereits durch Reinhard Saftig ersetzt worden, unter dem dann wieder Mittelmaß angesagt war.

	Liga	Platz	Punkte	Tore	Zuschauer
(63-74: RL Südwest)					
74/75	2.BL	**11.**	38:38	63:60	3.984
75/76	2.BL	**12.**	36:40	81:92	3.066
(76-78: AL Südwest)					
(78-88: AOL Südwest)					
88/89	2.BL	**19.**	29:47	44:76	4.227
(89/90: AOL Südwest)					
90/91	2.BL	**8.**	41:35	45:52	4.784
91/92	2.BL	**9.**	30:34	39:38	3.922
92/93	2.BL	**12.**	46:46	54:58	3.738
93/94	2.BL	**13.**	37:39	46:51	3.437
94/95	2.BL	**14.**	30:38	50:55	3.694
95/96	2.BL	**11.**	44	37:41	4.028
96/97	2.BL	**4.**	54	50:34	6.819
97/98	2.BL	**10.**	44	55:48	6.851
98/99	2.BL	**7.**	50	48:44	6.223
99/00	2.BL	**9.**	45	41:42	6.388
00/01	2.BL	**14.**	40	37:45	5.416

2. LIGA

Höchste Siege: 7:1 vs. FSV Frankfurt (18.6.95) (H)
5:0 in Erfurt (13.8.91) (A)
Höchste Niederlagen: 1:6 vs. Meppen (20.9.88) (H)
0:7 in Darmstadt (11.6.89) (A)

REKORDSPIELER		REKORDSCHÜTZEN	
Jürgen Klopp (90-01)	**325**	Sven Demandt (94-01)	**55**
Peter Neustädter (94-01)	**214**	Jürgen Klopp (90-01)	**52**
Stephan Kuhnert (88-99)	**211**	Abderrahim Ouakili (94-01)	**32**
Michael Müller (88-96)	**206**	Fabrizio Hayer (90-99)	**27**
Steffen Herzberger (90-00)	**202**	Gerd Klier (74-76)	**27**
Christian Hock (94-01)	**194**	Thomas Ziemer (94-01)	**27**
Sven Demandt (94-01)	**179**	Erwin Hohenwarter (74-76)	**25**
Guido Schäfer (88-96)	**177**	Steffen Herzberger (90-00)	**24**
Fabrizio Hayer (90-99)	**176**	Gustav Policella (96-01)	**24**
Dimo Wache (95-01)	**155**	Christian Hock (94-01)	**21**

WALDHOF MANNHEIM

(Sportverein Waldhof Mannheim 07 e.V.)

Gründung: 11. April 1907
Farben: Blau-Schwarz
Stadion: Carl-Benz-Stadion (27.000)

Postfach 310 446, 68246 Mannheim
Tel: 0621-764150, Fax: 0621-7641520
www.waldhof-mannheim.de

Am Ende der 60er schienen die Waldhof-Buben den ständigen Zweikampf um die Vorherrschaft in der Stadt endgültig gegen den VfR verloren zu haben - in der Saison 69/70 stieg der SV als 20. und Letzter aus Regionalliga Süd ab. Zwei Jahre später waren die Waldhöfer jedoch wieder obenauf: Da hatten sie nach der zweiten Meisterschaft in der Nordbadenliga, in welcher nun auch der VfR zu Hause war, das Entscheidungsspiel um den Aufstieg mit 1:0 gegen den FC Singen gewonnen und zudem einen neuen Hauptsponsor an Land gezogen. Dies hatte zwar zur Folge, dass man für einige Jahre als »SV Chio Waldhof« auflaufen und sich in allen Stadien verspotten lassen musste, aber immer-

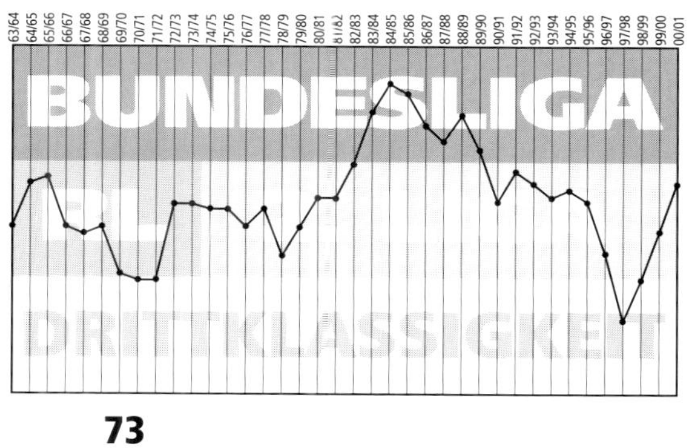

hin war so das Überleben in der Regionalliga und ab 1974 auch in der Zweiten Liga Süd gesichert, für die sich die Mannheimer souverän qualifizieren konnten. Mit dem Abstieg des VfR waren im folgenden Jahr dann auch alle fußballmachttechnischen Fragen innerhalb der Stadtgrentzen geklärt. Dagegen gehörten die Waldhöfer in der Zweiten Liga vorerst nur zu den Durchschnittsmannschaften. Nach oben war stets mächtig Luft, und mit dem Abstieg hatte man nur in der Saison 78/79 zu tun - ausgerechnet unter der Regie des alten Hasen Georg Gawliczek. Erst am vorletzten Spieltag ermauerte sich Mannheim ein 0:0 gegen Hanau und damit den Klassenerhalt.

Unter Nachfolger Klaus Schlappner, der ab Mitte 1980 das Sagen hatte, kam es dann zu einem kaum für möglich gehaltenen Aufschwung. 1981 und 1982 landete der Klub, der ab 1979 nun endgültig als »SV Waldhof Mannheim« antrat, jeweils auf dem sechsten Platz, und in der Saison 82/83 gelang den Schlappner-Schützlingen dann mit soliden sieben Punkten Vorsprung auf einen Nichtaufstiegsplatz im wahrsten Sinne des Wortes ihr Meisterstück - das »Waldhof-Wunder« war perfekt. In der Bundesliga stellten die Mannheimer, deren junge Nachwuchskräfte sich an Routiniers wie Heck, Sebert oder Bührer orientieren konnten, dann gleich im Auftaktmatch ihre außerordentliche Heimstärke unter Beweis und bezwangen Werder Bremen in Ludwigshafen mit 2:0. Ins dortige Südweststadion hatte Mannheim umziehen müssen, da sich weder die Arena am Alsenweg noch das Rhein-Neckar-Stadion des Lokalrivalen VfR als bundesligatauglich erwies. Im ersten Jahr war die Begeisterung über die Leistung der Waldhof-Buben auch derart groß, dass sich der Umzug nicht negativ auswirkte, im Gegenteil: 25.000 Zuschauer im Schnitt hätten beide Mannheimer Stadien zusammen kaum aufnehmen können. Doch das Interesse der Fans ließ schon bald spürbar nach, und das, obwohl der SVW in seiner zweiten Saison den Einzug in den UEFA-Pokal nur aufgrund des schlechteren Torverhältnisses gegenüber dem HSV verpasste. Als Waldhof im Folgejahr »nur« auf dem achten Platz landete, wollten das keine 15.000 Leute mehr begutachten. Mitte 1987 kam es zu einem Umbruch: Trainer Schlappner und Idol Sebert hörten auf, Nationalspieler Kohler, Torjäger Walter und Ballkünstler Gaudino wechselten nach Köln bzw. Stuttgart. Der Neuaufbau ging in die Hose: Coach Felix Latzke scheiterte frühzeitig, und auch mit Nachfolger Sebert wurde es kaum besser. Der SVW rutschte immer tiefer in den Abstiegsschlamassel, was immer weniger Zuschauer sehen wollten. 1990 war es dann schließlich um Waldhof geschehen - ausgerechnet im Jahr der Rückkehr an den renovierten Alsenweg musste der Klub in die Zweite Liga absteigen.

Wiederaufstiegsversuche unter Trainern wie Toppmöller, Sundermann, Stielike, wieder Schlappner und dann auch noch mal Sebert scheiterten zunächst knapp, später jedoch immer kläglicher. Selbst das herrliche Carl-Benz-Stadion, im Februar 1994 eingeweiht, konnte das kickende Personal, bei dem kaum noch waschechte »Waldhof-Buben« dabei waren, nicht beflügeln. Ende der 90er Jahre musste der SVW gar einen zweijährigen Abstecher in die Regionalliga Süd unternehmen, um sich - rundumerneuert - wieder in höhere Regionen vorwagen zu können. Und siehe da, 2001 fehlte nur ein einziger Punkt zur erträumten Rückkehr in die Bundesliga.

BUNDESLIGATRAINER

Klaus Schlappner (7/83-6/87)
Felix Latzke (7/87-11/88)
Günter Sebert (11/88-6/90)

	Liga	Platz	Punkte	Tore	Zuschauer
	(63-70 + 72-74: RL Süd)				
	(70-72: AL Nordbaden)				
74/75	2.BL	**8.**	40:36	52:42	4.913
75/76	2.BL	**8.**	42:34	64:55	3.562
76/77	2.BL	**11.**	37:39	70:57	3.545
77/78	2.BL	**8.**	42:34	76:50	3.845
78/79	2.BL	**16.**	31:45	46:56	2.797
79/80	2.BL	**11.**	38:42	57:69	3.303
80/81	2.BL	**6.**	45:31	65:43	4.484
81/82	2.BL	**6.**	44:32	51:44	8.079
82/83	2.BL	**1.**	52:24	83:38	7.016
83/84	BL	**11.**	31:37	45:58	25.177
84/85	BL	**6.**	37:31	47:50	18.920
85/86	BL	**8.**	33:35	41:44	14.675
86/87	BL	**14.**	28:40	52:71	12.647
87/88	BL	**16.**	28:40	35:50	13.068
88/89	BL	**12.**	31:37	43:52	12.389
89/90	BL	**17.**	26:42	36:53	11.063
90/91	2.BL	**7.**	42:34	60:47	5.672
91/92	2.BL	**2.**	38:26	44:31	6.950
92/93	2.BL	**4.**	55:37	66:53	6.167
93/94	2.BL	**6.**	40:36	45:45	7.303
94/95	2.BL	**5.**	42:26	48:35	10.792
95/96	2.BL	**7.**	46	49:47	6.722
96/97	2.BL	**15.**	40	45:56	6.703
	(97-99: RL Süd)				
99/00	2.BL	**12.**	42	50:56	7.699
00/01	2.BL	**4.**	59	57:42	7.281

1. LIGA

Höchste Siege: 6:1 vs. Offenbach (26.5.84) (H)
3:0 in K'lautern (10.6.89) (A)
Höchste Niederlagen: 0:4 vs. FC Bayern (15.3.86) (H)
0:6 beim FC Bayern (17.9.83) (A)

REKORDSPIELER		REKORDSCHÜTZEN	
Uwe Zimmermann (83-90)	**215**	Fritz Walter (83-87)	**55**
Roland Dickgießer (83-90)	**208**	Karl-Heinz Bührer (83-90)	**42**
Karl-Heinz Bührer (83-90)	**182**	Thomas Remark (83-86)	**18**
Alfred Schön (83-88)	**151**	Gerd Dais (87-90)	**15**
Dimitrios Tsionanis (83-90)	**146**	Uwe Freiler (88-90)	**15**
Fritz Walter (83-87)	**129**	Bernd Klotz (84-88)	**13**
Günter Sebert (83-87)	**128**	Günter Sebert (83-87)	**13**
Ulf Quaisser (83-89)	**126**	Manfred Bockenfeld (87-89)	**12**
Rainer Scholz (83-88)	**99**	Maurizio Gaudino (84-87)	**9**
Jochen Müller (86-90)	**97**	Peter Lux, Alfred Schön	**9**

2. LIGA

Höchste Siege: 8:0 vs. Lüttringhausen (6.2.83) (H)
5:0 in Pirmasens (27.8.77) (A)
Höchste Niederlagen: 2:5 vs. Saarbrücken (21.10.78) (H)
0:7 bei Stut. Kickers (24.11.79) (A)

REKORDSPIELER		REKORDSCHÜTZEN	
Günter Sebert (74-83)	**325**	Günter Sebert (74-83)	**69**
Wolfgang Böhni (74-83)	**298**	Hans Hein (78-83)	**49**
Walter Pradt (74-82)	**278**	Wolfgang Böhni (74-83)	**38**
Oskar Bauer (75-83)	**255**	Jörg Kirsten (92-95)	**37**
Roland Dickgießer (78-94)	**254**	Fritz Walter (81-83)	**32**
Norbert Hofmann (90-97)	**229**	Karl-Heinz Harm (74-80)	**31**
Karl-Heinz Harm (74-80)	**169**	Karl-Heinz Bührer (79-83)	**27**
Stefan Knapp (76-83)	**169**	Werner Heck (75-77)	**24**
Hans Hein (78-83)	**165**	Jörg Wolff (90-92)	**22**
Peter Schneider (74-79)	**153**	Werner Adler (74-77)	**21**

VFR MANNHEIM

(Verein für Rasenspiele e.V. Mannheim)

Gründung: 2. November 1911
Farben: Blau-Weiß-Rot
Stadion: Rhein-Neckar-Stadion (12.000)

Theodor-Heuss-Anlage, 68165 Mannheim
Tel: 0621-415430, Fax: 0621-411174
www.vfr-mannheim.de

TITEL
Deutscher Meister 1949

	Liga	Platz	Punkte	Tore	Zuschauer
(63-71 + 73/74: RL Süd)					
(71-73: AL Nordbaden)					
74/75	2.BL	**20.**	26:50	43:85	3.490
(75-78: AL Nordbaden)					
(78-94: AOL Baden-Württemberg)					
(94-01: RL Süd)					

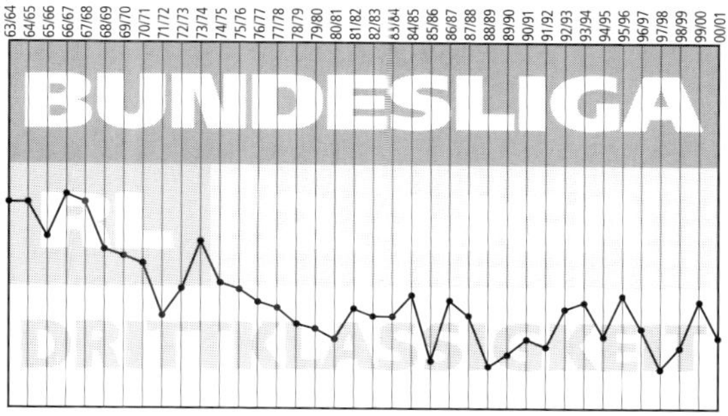

2. LIGA

Höchste Siege: 4:0 vs. Worms (16.11.74) (H)
3:0 in Saarbrücken (31.5.75) (A)
Höchste Niederlagen: 0:5 vs. Saarbrücken (30.11.74) (H)
1:6 in Homburg (23.11.74) (A)

REKORDSPIELER		REKORDSCHÜTZEN	
Bernd Detterer (74-75)	**38**	Ludwig Hartmann (74-75)	**14**
Bernd Schwarzweller (74-75)	**38**	Branislav Krstic (74-75)	**7**
Rolf Schmitt (74-75)	**37**	Manfred Mattes (74-75)	**4**
Ludwig Hartmann (74-75)	**35**	Bernd Schwarzweller (74-75)	**4**
Manfred Mattes (74-75)	**35**	Diringer, Schmitt, Spankowski	**3**

Anfang der 70er Jahre sah es um den Fußball in Mannheim alles andere als gut aus: Da gesellte sich der VfR 1971 zum bereits ein Jahr zuvor abgestiegenen SV Waldhof in die Amateurliga Nordbaden, wo seit 1969 auch schon der VfL Neckarau wartete. Grund zum Jubeln besaß damit lediglich der gerade aufgestiegene Landesligist Phönix Mannheim, der sich nun gleich auf sechs Lokalderbys freuen durfte. Nach einer Saison war der Spaß aber auch schon wieder vorbei: Waldhof stieg auf, Phönix ab - nur der VfR und Neckarau blieben vorerst der Drittklassigkeit verhaftet. Die ehedem so ruhmreichen Rasensportler, die nach dem Krieg bis 1963 in der höchsten Spielklasse zu Hause gewesen waren, sah sich aufgrund erheblicher wirtschaftlicher Schwierigkeiten kurz darauf sogar dazu gezwungen, ihr Stadion nebst Klubhaus an die Stadt zu verkaufen. Sportlich ging es indes aufwärts: Dem VfR gelang 1973 die Rückkehr in die Regionalliga und im Folgejahr mit viel Glück sogar der Sprung in die Zweite Liga Süd. Doch schon im nächsten Jahr war der VfR wieder in die Drittklassigkeit abgerutscht, der man seitdem ohne Unterbrechung treu geblieben ist. 1996 ergab sich dann noch einmal die Chance, der Sensationsmeisterschaft von 1949 (errungen durch ein 3:2 n.V. gegen den BVB) einen weiteren Titel an die Seite zu stellen, doch im Endspiel um die Amateurmeisterschaft verlor der VfR gegen Ulm mit 1:2.

SV MEPPEN

(Sportverein Meppen von 1912 e.V:)

Gründung: 29. November 1912
Farben: Blau-Weiß
Stadion: Emslandstadion (16.500)

Lathener Str. 15a, 49716 Meppen
Tel: 05931-93010, Fax: 05931-930150
www.svmeppen.de

Erst im dritten Anlauf schaffte es Meppen in die Regionalliga Nord, und dies auch eigentlich nur, da die Liga auf 18 Plätze aufgestockt wurde. Genau diesen 18. Rang bekleideten die überforderten Emsländer in der Saison 70/71 denn auch, doch schon im nächsten Jahr kehrte der SVM zurück und schlug sich fortan achtbar. In der Qualifikation zur Zweiten Liga Nord hatten die Blau-Weißen jedoch keine Schnitte, der SV Meppen, der vor Saisonstart in einem Freundschaftskick noch den Weltpokalsieger Ajax Amsterdam herausgefordert und 17.000 Zuschauer ins heimische Hindenburgstadion gelockt hatte, musste 1974 in die Oberliga Nord »absteigen« und verlor vorübergehend den sportlichen Erfolgsfaden,

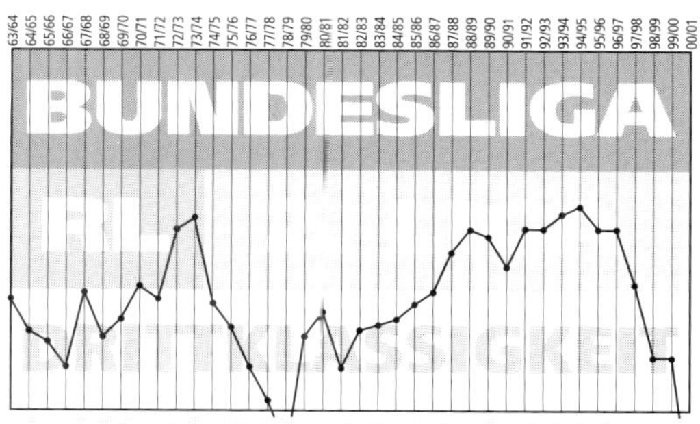

was in der Spielzeit 78/79 eine Ehrenrunde in der Verbandsliga Niedersachsen zur Folge hatte. Auf dem vorläufigen Tiefpunkt der Vereinsgeschichte wurde indes das Fundament zur dringend nötigen finanziellen Konsolidierung und zum sportlichen Aufschwung gelegt. Nach dem sofortigen Wiederaufstieg etablierte sich der SVM schnell im erlauchten Kreis der Spitzenteams des Nordens und stieg eine knappe Dekade nach dem Absturz in die Viertklassigkeit und gerade rechtzeitig zum 75-jährigen Vereinsjubiläum in die Zweite Liga auf. Dort gedachten Trainer Persike und Manager van Zoest, zwei echte Meppener Urgesteine, das Unternehmen Klassenerhalt mit der eingespielten Aufstiegstruppe in Angriff zu nehmen. Zur allgemeinen Verblüffung ging die Rechnung auf: Ohne einen einzigen Spieler mit Zweitligaerfahrung hielten die Meppener Feierabendprofis die Klasse - lediglich der Finne Myyry und der Amerikaner Caligiuri hatten den Kader verstärkt. Bald verstummte das Lachen der Konkurrenz über die Provinztruppe mit ihren Fans von der Gummistiefelfront, Namen wie Thoben, Menke oder van der Pütten kamen den Reportern bald flüssiger über die Lippen. Denn der SV Meppen galt zwar alljährlich als einer der heißesten Abstiegsaspiranten, landete jedoch meist im sicheren Mittelfeld - nur in der Saison 90/91 musste bis zum letzten Spieltag gebibbert werden. Unter Trainer Horst Ehrmanntraut wusste sich der kampfstarke SVM bald auch spielerisch zu steigern und erklomm neue Tabellenhöhen - dabei irgendwie immer mit derselben Mannschaft: Der Meppener an sich scheint nicht gerne zu wechseln. Von der Truppe, die einst den Aufstieg bejubelt hatte, waren 1994 immer noch acht Stammspieler dabei. Doch auch die konnten (bis auf Böttche, Deters, Vorholt und Thoben) nicht ewig für den SVM spielen, und so war es 1998 mit der Zweitligaherrlichkeit im Emslandstadion vorbei, woran auch Wolfgang Rolff, der vierte Trainer in elf Jahren, nichts ändern konnte. Zwei Spielzeiten später rutschte Meppen dann sogar in die Oberliga ab.

	Liga	Platz	Punkte	Tore	Zuschauer
(63-70 + 71/72: AL Niedersachsen)					
(70/71 + 72-74: RL Nord)					
(74-78 + 79-87: AOL Nord)					
(78/79: VL Niedersachsen)					
87/88	2.BL	**14.**	34:42	55:72	5.478
88/89	2.BL	**10.**	37:39	55:54	5.468
89/90	2.BL	**11.**	36:40	47:57	4.354
90/91	2.BL	**16.**	34:42	35:42	5.307
91/92	2.BL	**6.**	30:34	36:37	7.600
92/93	2.BL	**10.**	47:45	41:43	4.728
93/94	2.BL	**7.**	39:37	48:52	5.391
94/95	2.BL	**6.**	41:27	54:38	7.270
95/96	2.BL	**10.**	44	45:43	6.776
96/97	2.BL	**10.**	44	44:48	7.851
97/98	2.BL	**18.**	27	35:61	5.749
(98-00: RL Nord)					
(00/01: OL Niedersachsen/Bremen)					

2. LIGA

Höchste Siege: 6:0 vs. Leipzig (5.10.97) (H)
6:1 in Mainz (20.9.88) (A)
Höchste Niederlagen: 0:5 vs. Freiburg (3.4.98) (H)
1:6 in Freiburg (17.5.90) (A)

REKORDSPIELER		**REKORDSCHÜTZEN**	
Robert Thoben (87-98)	**361**	Robert Thoben (87-98)	**61**
Thomas Böttche (87-98)	**332**	Josef Menke (87-97)	**50**
Eckhard Vorholt (87-98)	**296**	Martin van der Pütten (87-94)	**46**
Bernd Deters (87-98)	**276**	Rainer Rauffmann (92-95)	**37**
Josef Menke (87-97)	**245**	Eckhard Vorholt (87-98)	**31**

BORUSSIA MÖNCHENGLADBACH

(Borussia Verein für Leibesübungen 1900 e.V. Mönchengladbach)

Gründung: 1. August 1900
Farben: Grün-Weiß-Schwarz
Stadion: Bökelbergstadion (34.500)

Bökelstr. 165, 41063 Mönchengladbach
Tel: 02161-92930, Fax: 02161-929319
www.borussia.de

TITEL

Deutscher Meister 1970, 1971, 1975, 1976 und 1977
Deutscher Pokalsieger 1960, 1973 und 1995
UEFA-Cup-Sieger 1975 und 1979

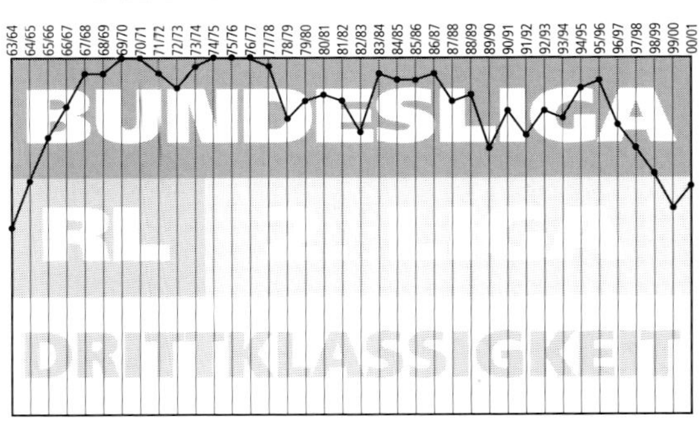

1965 war ein gutes Jahr für die Bundesliga, kamen mit den Borussen und den Bayern doch gleich zwei Klubs hinzu, die den deutschen Fußball mit unterschiedlichen Spielkulturen prägen sollten. Im Gegensatz zu den Münchnern aber, die gleich oben mitmischten und sofort mit ihrer Titelsammelei begannen, fiel den Gladbachern, die sich in der Aufstiegsrunde gegen Kiel, Reutlingen und Worms durchgesetzt hatten, der Start in die neue Spielklasse schwer. In den beiden ersten Jahren war für die junge Elf um Netzer, Heynckes, Laumen, Rupp, Wimmer und Vogts nur Mittelfeldplatzierungen drin. Mit ihrem frischen Offensivfußball profilierten sich die »Fohlen« dann bald als torhungrigste Mannschaft der Liga und Gladbach kletterte zweimal bis auf den dritten Rang hinauf. Doch das war Weisweiler immer noch zu wenig. Ausgerechnet als die Torfabrik vom Bökelberg mal ein kleines Päuschen einlegte und nicht für den besten Sturm verantwortlich zeichnete, gelang der Borussia die erste Meisterschaft. Weisweiler hatte die Abwehr zuvor mit den Routiniers Sieloff und Müller verstärkt und prompt kassierte die Borussia nur 29 Gegentreffer statt wie sonst üblich um die 45 - damit war der Weg zum Titel frei. Und die Gladbacher, die sich nun endgültig ins Herz der deutschen Fußballfans gespielt hatten, konnten ihr Meisterstück im nächsten Jahr sogar wiederholen - das war zu Bundesligazeiten noch keinem Verein gelungen.

Für drei Jahre überließen die Fohlen nun den Bayern das Feld und sahen sich in Europa um. Im Cup der Meister kam es 1971 zu jenem legendären 7:1 gegen Inter Mailand, das dosenwurfbedingt annulliert werden musste. Im gleichen Wettbewerb stand der Borussia 1977 (Finale) und 1978 (Halbfinale) das grandiose Team des FC Liverpool im Erfolgsweg, im Cup der Pokalsieger langte es 1974 nur zum Halbfinale gegen den AC Milan. Doch im UEFA-Cup, da fühlten die Gladbacher sich wohl. Zwar verlor man auch hier ein Endspiel gegen Liverpool (1973), doch in den Jahren 1975 und 1979 ließ man sich in den finalen Spielen weder von Twente Enschede (0:0, 5:1) noch von Roter Stern Belgrad (1:0, 1:1) stoppen. Die vorerst letzten Endspiele verlor der Titelverteidiger dann 1980 gegen Eintracht Frankfurt.

Auch in der Bundesliga kehrten die Fohlen noch einmal zu altem Glanz zurück, drehten nach dem Titel-Hattrick der Bayern den Spieß um und eroberten in den Jahren 1974 bis 1977 ihre Meisterschaften drei bis fünf - die erste noch unter Weisweiler, die beiden nächsten mit Udo Lattek, der (ausgerechnet) von den Bayern an den Bökelberg kam. Doch auch der Meistertrainer konnte nicht verhindern, dass sich die Waagschale im großen Duell der Aufsteiger von 1965 immer mehr zu Gunsten der Bayern neigte. Der Zweikampf war eben zu ungleich, da die Borussia nur über ein halb so großes Stadion verfügte und immer wieder Stammspieler verkaufen musste, um überleben zu können: Rupp, Heynckes, Laumen, Dietrich, Netzer, Simonsen, Rahn, Matthäus, Effenberg, Herrlich, Deisler - die Reihe ließe sich beliebig fortführen. So ging es mit den Gladbachern allmählich abwärts. Mit Jupp Heynckes, der Lattek 1979 ablöste, hielten sich die Fohlen meist noch im oberen Tabellendrittel, schafften auch noch einige Male den Einzug in den UEFA-Cup, aber mit der Vergabe von Titeln hatte man vorerst nicht mehr allzu viel zu tun. Erst unter der Regie von Bernd Krauss kam es zu einem erfreulichen Fohlen-Revival. Zweimal in Folge schaffte es die Elf um Andersson, Effenberg, Pflipsen und Dahlin in den UEFA-Cup und gewann Mitte 1995 nach langer Durststrecke auch mal wieder einen Titel - im DFB-Pokalfinale ließ man Wolfsburg keine Chance (3:0). Umso schmerzlicher dann der mit dem Abstieg in die Zweite Liga verbundene Niedergang. Zwei Jahre musste die Borussia darben, dann sorgte ein Hans Meyer, in dem viele schon einen neuen »Hennes« sehen, für die Rückkehr ins Glück.

	Liga	Platz	Punkte	Tore	Zuschauer
	(63-65: RL West)				
65/66	BL	**13.**	29:39	57:68	20.959
66/67	BL	**8.**	34:34	70:49	21.681
67/68	BL	**3.**	42:26	77:45	20.959
68/69	BL	**3.**	37:31	61:46	19.740
69/70	BL	**1.**	51:17	71:29	24.698
70/71	BL	**1.**	50:18	77:35	20.189
71/72	BL	**3.**	43:25	82:40	15.755
72/73	BL	**5.**	39:29	82:61	13.778
73/74	BL	**2.**	48:20	93:52	20.084
74/75	BL	**1.**	50:18	86:40	20.033
75/76	BL	**1.**	45:23	66:37	22.801
76/77	BL	**1.**	44:24	58:34	24.403
77/78	BL	**2.**	48:20	86:44	24.278
78/79	BL	**10.**	32:36	50:53	19.714
79/80	BL	**7.**	36:32	61:60	18.031
80/81	BL	**6.**	37:31	68:64	28.262
81/82	BL	**7.**	40:28	61:51	20.870
82/83	BL	**12.**	28:40	64:63	17.052
83/84	BL	**3.**	48:20	81:48	20.586
84/85	BL	**4.**	39:29	77:53	19.025
85/86	BL	**4.**	42:26	65:51	16.652
86/87	BL	**3.**	43:25	74:44	17.324
87/88	BL	**7.**	33:35	55:53	15.043
88/89	BL	**6.**	38:30	44:43	14.420
89/90	BL	**15.**	30:38	37:45	20.466
90/91	BL	**9.**	35:33	49:54	20.119
91/92	BL	**13.**	34:42	37:49	21.417
92/93	BL	**9.**	35:33	59:59	22.419
93/94	BL	**10.**	35:33	65:59	25.892
94/95	BL	**5.**	43:25	66:41	29.124
95/96	BL	**4.**	53	52:51	28.783
96/97	BL	**11.**	43	46:48	28.889
97/98	BL	**15.**	38	54:59	25.035
98/99	BL	**18.**	21	41:79	25.312
99/00	2.BL	**5.**	54	60:43	19.075
00/01	2.BL	**2.**	62	62:31	20.291

1. LIGA

Höchste Siege: 12:0 vs. BVB (29.4.78) (H)
7:1 in Bremen (21.3.87) (A)
Höchste Niederlagen: 0:7 vs. Bremen (30.4.66) (H)
1:7 in Wolfsburg (7.11.98) (A)

REKORDSPIELER		**REKORDSCHÜTZEN**	
Berti Vogts (65-79)	**419**	Jupp Heynckes (65-78)	**195**
Uwe Kamps (82-98)	**389**	Herbert Laumen (65-71)	**97**
Herbert Wimmer (66-78)	**366**	Hans-Jörg Criens (82-94)	**92**
Christian Hochstätter (82-98)	**339**	Günter Netzer (65-73)	**82**
Hans-Günter Bruns (78-90)	**331**	Uwe Rahn (80-89)	**81**
Wolfgang Kleff (68-82)	**321**	Allan Simonsen (72-79)	**76**
Hans-Jörg Criens (82-94)	**290**	Hans-Günter Bruns (78-90)	**61**
Jupp Heynckes (65-78)	**283**	Martin Dahlin (91-97)	**60**
Michael Klinkert (89-99)	**274**	Wilfried Hannes (75-86)	**58**
Martin Schneider (90-99)	**266**	Christian Hochstätter (82-98)	**55**

2. LIGA

Höchste Siege: 6:1 vs. Mainz (21.5.00) (H)
4:0 in Saarbrücken (17.12.00) (A)
Höchste Niederlagen: 2:3 vs. Hannover 96 (22.8.99) (H)
0:4 in Mannheim (29.10.00) (A)

REKORDSPIELER		**REKORDSCHÜTZEN**	
Arie van Lent (99-01)	**68**	Arie van Lent (99-01)	**33**
Uwe Kamps (99-01)	**67**	Igor Demo (99-01)	**13**
Marcel Witeczek (99-01)	**64**	Peter van Houdt (00-01)	**12**
Peter Nielsen (99-01)	**63**	Marcel Ketelaer (99-00)	**10**
Max Eberl (99-01)	**61**	Marcel Witeczek (99-01)	**9**

BUNDESLIGATRAINER

Hennes Weisweiler (7/65-6/75)
Udo Lattek (7/75-6/79)
Jupp Heynckes (7/79-6/87)
Wolf Werner (7/87-11/89)
Gerd vom Bruch (11/89-9/91)
Jürgen Gelsdorf (10/91-11/92)
Bernd Krauss (11/92-12/96)
Hannes Bongartz (12/96-11/97)
Norbert Meier (12/97-3/98)
Friedel Rausch (4/98-11/98)
Rainer Bonhof (11/98-6/99)
Hans Meyer (7/01- ...)

1.FC MÜLHEIM

(1. Fußballclub Mülheim-Styrum 1923 e.V.)

Gründung: 10. Juni 1923
Farben: Schwarz-Weiß
Stadion: Sportplatz Moritzstraße (ca. 1.000)

Moritzstr. 45a, 45476 Mülheim/Ruhr
Tel/Fax: 0208-406486
www.1fc-muelheim.de

Eingekeilt zwischen Größen wie Duisburg, Oberhausen, Schalke, Essen und Düsseldorf hat es der 1.FC Mülheim wahrlich nie leicht gehabt - doch die 70er Jahre können sich durchaus sehen lassen: Im Juni 1972, just als die Nationalelf in Brüssel Europameister wurde, gelang den »Styrumer Löwen« als Niederrheinmeister der Aufstieg in die Regionalliga West. Dort schaffte der 1.FC nicht nur einen famosen achten Platz, sondern sorgte auch für einige handfeste Überraschungen wie das 3:0 in Bielefeld oder das 2:1 beim BVB. Im nächsten Jahr trieb es die Elf von Ala Becker noch toller, nicht zuletzt dank der 17 Treffer des späteren Kaiser-Assis Holger Osieck schaffte der Vorortverein Platz vier und damit die Qualifikation für die Zweite Liga. Hier landete die heimstarke Truppe um Mertes, Nover, Eilenfeldt und Sikora zunächst auf dem achtbaren elften Rang, doch im nächsten Jahr konnten auch zwei Trainerwechsel den Abstieg nicht verhindern. Am letzten Spieltag gewann Konkurrent Leverkusen in Wattenscheid, das furiose 5:1 des 1.FC gegen Bielefeld war umsonst.

Der folgende Absturz: schlimm bis brutal. In der Verbandsliga holte Mülheim ganze neun Zähler und stieg gleich noch mal ab. Nach einem zwischenzeitlichen »Hoch« in den 80ern sind die Löwen mittlerweile in der Kreisliga A zu Hause.

	Liga	Platz	Punkte	Tore	Zuschauer
(63-71: LL Niederrhein)					
(71/72: AL Niederrhein)					
(72-74: RL West)					
74/75	2.BL	**11.**	36:40	47:64	3.832
75/76	2.BL	**17.**	30:46	54:76	2.768
(76/77: AL Niederrhein)					
(77-79 + 85-98: LL Niederrhein)					
(79-85: VL Niederrhein)					
(98-01: Bezirksliga Niederrhein)					

2. LIGA

Höchste Siege: 6:1 vs. Spandau (2.11.75) (H)
5:4 in Spandau (2.5.76) (A)
Höchste Niederlagen: 0:4 vs. Göttingen (21.2.76) (H)
0:7 bei Fort. Köln (3.5.75) (A)

REKORDSPIELER		REKORDSCHÜTZEN	
Reiner Greiffendorf (74-76)	**75**	Klaus-Dieter Bone (75-76)	**12**
Herbert Stoffmehl (74-76)	**73**	Alfons Sikora (74-76)	**11**
Norbert Eilenfeldt (74-76)	**68**	Holger Osieck (74-76)	**10**
Klaus-Dieter Mackowiak (74-76)	**63**	Reiner Greiffendorf (74-76)	**9**
Holger Osieck (74-76)	**56**	Karl-Heinz Jonas (74-76)	**9**

BAYERN MÜNCHEN

(Fußball-Club Bayern München e.V.)

Gründung: 27. Februar 1900
Farben: Rot-Weiß
Stadion: Olympiastadion (69.000)

Postfach 900 451, 81504 München
Tel: 089-699310, Fax: 089-644165
www.fcbayern.de

TITEL
Deutscher Meister
1932, 1969, 1972, 1973, 1974, 1980, 1981, 1985, 1986, 1987, 1989, 1990, 1994, 1997, 1999, 2000 und 2001
Deutscher Pokalsieger
1957, 1966, 1967, 1969, 1971, 1982, 1984, 1986, 1998 und 20000
Europapokal der Landesmeister
1974, 1975 und 1976
Champions League 2001
Europapokal der Pokalsieger 1967
UEFA-Cup-Sieger 1996
Weltpokal 1976
Deutscher Supercup 1983, 1987 und 1990
DFB-Liga-Pokal 1997, 1998, 1999 und 2000

Sie schimpften und stampften mit allen zur Verfügung stehenden Füßen auf und schrien Zeter und Mordio, doch es nutzte alles nichts: Für den FC Bayern blieb die Tür zur Bundesliga 1963 versperrt. Alle guten Platzierungen der Vorjahre waren umsonst, der DFB gab Nürnberg, Stuttgart, 1860 und dem KSC den Vorzug, Bayern musste mit Wut im Bauch nachsitzen. Und das zwei Jahre lang, denn in der Aufstiegsrunde 1964 scheiterte die Elf von Tschik Cajkovski an Borussia Neunkirchen bzw. Tasmania Berlin. Doch im nächsten Anlauf machten es die Bayern besser und ließ Saarbrücken, Aachen und Te-Be keine Schnitte - endlich, endlich war der Klub in der Bundesliga.

Mit einer zum überwiegenden Teil aus dem eigenen Nachwuchs rekrutierten Mannschaft, darunter bereits die jungen Maier und Beckenbauer sowie die Stürmer Brenninger und Nafziger, nicht zu vergessen die »Auswärtigen« Ohlhauser und natürlich Gerd Müller, eroberten die Münchner die Beletage des deutschen Fußballs und die Herzen der Anhänger im Sturm. Auf Anhieb landete Bayern auf dem dritten Platz (hätte man doch nur nicht das erste Saisonspiel gegen den späteren Meister 1860 verloren...) und wurde durch ein 4:2 gegen Duisburg Pokalsieger.

Den zugehörigen Europacup holte sich der FCB im nächsten Jahr in Nürnberg gegen die Glasgow Rangers ab. Überhaupt hatten die Bayern nun fast jedes Jahr auf der europäischen Bühne zu tun - die einzigen Ausnahmen bildeten die Spielzeiten 68/69, 78/79 und 92/93. Große Ausnahmen blieben auch die Jahre, in denen die Münchner nicht um den Titel mitspielten - das kam nach 1968 nur noch ganz selten vor. Eine geradezu ungeheuerliche Durstrecke stellten dabei die Jahre 1974 bis 1979 dar, als Bayern zweimal nur auf zweistelligen Tabellenplätzen landete. Zur Entschuldigung muss vorgebracht werden, dass die Bayern zu dieser Zeit ein neues Hobby entdeckt hatten, nämlich den Europapokal der Landesmeister zu gewinnen, und zudem einige der ganz Großen ihre Stiefel an den Nagel hängten oder aber in den Umkleidekabinen der US-Operettenliga abstellten: Müller, Maier, Beckenbauer, Hoeneß, Roth, Schwarzenbeck - Spielerpersönlichkeiten, die den Fußball der 70er geprägt hatten. Allein Breitner gehörte auch noch in den 80ern zu den Superstars der Liga, ein Jahrzehnt, das abermals eine große Bayern-Elf um Rummenigge, Augenthaler, D. Hoeneß, Kögl, Pflügler, Wohlfarth und Matthäus sah. Die 90er Jahre gehörten Scholl, Kahn, Effenberg, Elber und immer noch Matthäus, und auch für die nächste Dekade stehen schon Kandidaten in den Startlöchern.

Und die Konkurrenz? In den 70ern lieferten sich Bayern und die Gladbacher Jahr für Jahr packende Duelle und machten den Titel neun Jahre lang unter sich aus. In den 80ern waren es die Nordlichter, zunächst der HSV, dann Werder, die den Münchnern einige Male in die Meistersuppe spucken konnten. Später muckte auch der 1.FC Köln auf. In letzter Zeit sind es vor allem Dortmund und Leverkusen, die mit Vehemenz an der Vorherrschaft des Rekordmeisters rütteln. Der herrschte nämlich in den letzten Jahren gar nicht mal mit einer derart unerschütterlichen Dominanz, wie es die nackten Zahlen auszudrücken scheinen. Einige Male kam die Meisterschaft nur in letzter Sekunde zustande, und dies auch nur, weil der Konkurrenz die Nerven versagten. Und genau darin lag schon immer die große Stärke des FC Bayern: In den entscheidenden Momenten einfach »da« zu sein. Das war im Mai 1975 im Pariser Finale gegen Leeds so, das war auch im Mai 2001 in der 94. Minute im Volksparkstadion so. Ausnahmen (Barcelona '98) bestätigen bekanntlich die Regel.

	Liga	Platz	Punkte	Tore	Zuschauer
	(63-65: RL Süd)				
65/66	BL	**3.**	47:21	71:38	24.843
66/67	BL	**6.**	37:31	62:47	20.122
67/68	BL	**5.**	38:30	68:58	21.924
68/69	BL	**1.**	46:22	61:31	25.177
69/70	BL	**2.**	47:21	88:37	23.459
70/71	BL	**2.**	48:20	74:36	23.893
71/72	BL	**1.**	55:13	108:38	27.748
72/73	BL	**1.**	54:14	93:29	30.943
73/74	BL	**1.**	49:19	95:53	34.308
74/75	BL	**10.**	34:34	57:63	34.230
75/76	BL	**3.**	40:28	72:50	32.467
76/77	BL	**7.**	37:31	74:65	29.347
77/78	BL	**12.**	32:36	62:64	29.575
78/79	BL	**4.**	40:28	69:46	32.115
79/80	BL	**1.**	50:18	84:33	38.056
80/81	BL	**1.**	53:15	89:41	32.936
81/82	BL	**3.**	43:25	77:56	32.936
82/83	BL	**4.**	44:24	74:33	30.834
83/84	BL	**4.**	47:21	84:41	29.625
84/85	BL	**1.**	50:18	79:38	32.508
85/86:	BL	**1.**	49:19	82:31	26.562
86/87:	BL	**1.**	53:15	67:31	36.934
87/88:	BL	**2.**	48:20	83:45	27.483
88/89:	BL	**1.**	50:18	67:26	28.852
89/90:	BL	**1.**	49:19	64:28	34.726
90/91:	BL	**2.**	45:23	74:41	34.950
91/92:	BL	**10.**	36:40	59:61	32.085
92/93:	BL	**2.**	47:21	74:45	46.036
93/94:	BL	**1.**	44:24	68:37	48.878
94/95:	BL	**6.**	43:25	55:41	54.839
95/96:	BL	**2.**	62	66:46	59.766
96/97:	BL	**1.**	71	68:34	58.097
97/98:	BL	**2.**	66	69:37	54.286
98/99:	BL	**1.**	78	76:28	55.376
99/00:	BL	**1.**	73	73:28	51.471
00/01:	BL	**1.**	63	62:37	49.528

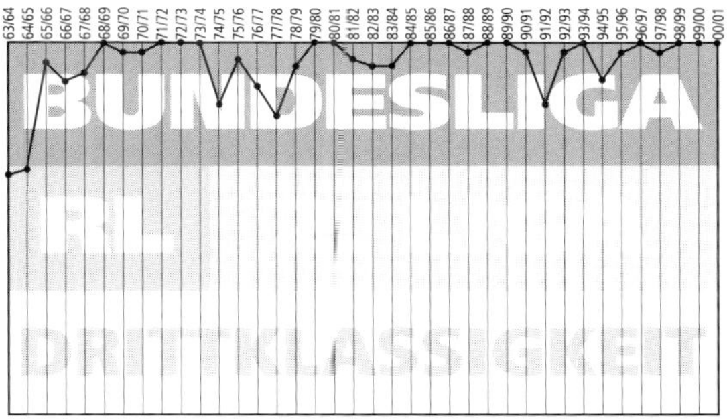

BUNDESLIGATRAINER

Zlatko Cajkovski (7/65-6/68)
Branko Zebec (7/68-3/70)
Udo Lattek (3/70-1/75)
Dettmar Cramer (1/75-12/77)
Gyula Lorant (12/77-2/79)
Pal Csernai (3/79-5/83)
Reinhard Saftig (5/83-6/83)
Udo Lattek (7/83-6/87)
Jupp Heynckes (7/87-10/91)
Sören Lerby (10/91-3/92)
Erich Ribbeck (3/92-12/93)
Franz Beckenbauer (1/94-6/94)
Giovanni Trapattoni (7/94-6/95)
Otto Rehhagel (7/95-4/96)
Franz Beckenbauer (4/96-6/96)
Giovanni Trapattoni (7/96-6/98)
Ottmar Hitzfeld (7/98- ...)

1. LIGA

Höchste Siege: 11:1 vs. BVB (27.11.71) (H)
7:1 in M'gladbach (24.3.79) (A)
Höchste Niederlagen: 0:7 vs. Schalke (9.10.76) (H)
1:7 in Düsseldorf (9.12.78) (A)

REKORDSPIELER		REKORDSCHÜTZEN	
Sepp Maier (65-79)	**473**	Gerd Müller (65-79)	**365**
Gerd Müller (65-79)	**427**	Karl-H. Rummenigge (74-84)	**162**
Georg Schwarzenbeck (66-80)	**416**	Roland Wohlfarth (84-93)	**119**
Klaus Augenthaler (77-91)	**404**	Dieter Hoeneß (79-87)	**102**
Franz Beckenbauer (65-77)	**396**	Uli Hoeneß (70-79)	**86**
Bernd Dürnberger (72-85)	**375**	Lothar Matthäus (84-00)	**85**
Franz Roth (66-78)	**322**	Paul Breitner (70-83)	**83**
Karl-H. Rummenigge (74-84)	**310**	Franz Roth (66-78)	**72**
Lothar Matthäus (84-00)	**302**	Mehmet Scholl (92-01)	**70**
Hans Pflügler (81-95)	**277**	Rainer Ohlhauser (65-70)	**64**

1860 MÜNCHEN

(Turn- und Sportverein München von 1860 e.V.)

Gründung: 25. April 1899 (1860)
Farben: Weiß-Blau
Stadion: Olympiastadion (69.000)

Grünwalder Str. 114, 81547 München
Tel: 089-64278560, Fax: 089-64278580
www.tsv1860.de

TITEL
Deutscher Meister 1966
Deutscher Pokalsieger 1942 und 1964
DFB-Hallen-Masters 1996

	Liga	Platz	Punkte	Tore	Zuschauer
63/64	BL	**7.**	31:29	66:50	31.949
64/65	BL	**4.**	35:25	70:50	26.765
65/66	BL	**1.**	50:18	80:40	29.316
66/67	BL	**2.**	41:27	60:47	23.621
67/68	BL	**12.**	33:35	55:39	19.611
68/69	BL	**10.**	34:34	44:59	16.012
69/70	BL	**17.**	25:43	41:56	14.923
		(70-74: RL Süd)			
74/75	2.BL	**5.**	45:31	64:45	22.194
75/76	2.BL	**4.**	47:29	78:55	14.345
76/77	2.BL	**2.**	56:20	78:29	19.654
77/78	BL	**16.**	22:46	42:60	28.894
78/79	2.BL	**1.**	53:23	75:38	15.858
79/80	BL	**13.**	30:38	42:53	28.967
80/81	BL	**16.**	25:43	49:67	23.805
81/82	2.BL	**4.**	45:31	87:56	11.511
		(82-91: AOL Bayern)			
91/92	2.BL	**10.**	30:34	31:32	13.866
		(92/93: AOL Bayern)			
93/94	2.BL	**3.**	47:29	55:38	15.865
94/95	BL	**14.**	27:41	41:57	28.366
95/96	BL	**8.**	45	52:46	32.105
96/97	BL	**7.**	49	56:56	37.147
97/98	BL	**13.**	41	43:54	29.348
98/99	BL	**9.**	41	49:56	28.417
99/00	BL	**4.**	53	55:48	27.282
00/01	BL	**11.**	44	43:55	25.276

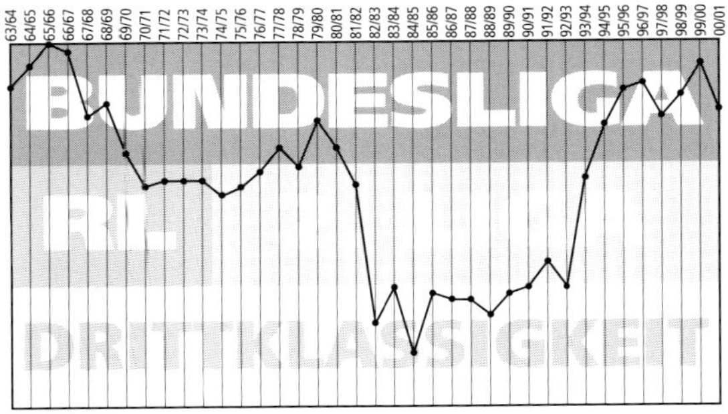

1. LIGA

Höchste Siege: 9:0 vs. KSC (27.2.65) (H)
9:1 in Neunkirchen (16.4.66) (A)
Höchste Niederlagen: 1:5 vs. BVB (18.2.95) (H)
2:7 beim KSC (13.6.81) (A)

REKORDSPIELER

Petar Radenkovic (63-70) **215**
Manfred Wagner (63-70) **187**
Alfred Heiß (63-70) **169**
Rudolf Zeiser (63-70) **167**
Harald Cerny (95-01) **160**
Bernhard Winkler (94-01) **157**
Daniel Borimirov (95-01)..... **156**
Wilfried Kohlars (63-70) **141**
Hans Reich (63-69).......... **141**
Zeljko Perusic (65-70)....... **138**

REKORDSCHÜTZEN

Rudi Brunnenmeier (63-68) ... **66**
Bernhard Winkler (94-01)..... **63**
Peter Grosser (63-69) **49**
Hans Küppers (63-68) **47**
Wilfried Kohlars (63-70)...... **45**
Alfred Heiß (63-70).......... **40**
Timo Konietzka (65-67) **30**
Klaus Fischer (68-70)........ **28**
Martin Max (99-01).......... **27**
Daniel Borimirov, Olaf Bodden **25**

Um sich doch noch für die Bundesliga qualifizieren zu können, verpflichtete der TSV 1860 Mitte 1961 mit Max Merkel einen neuen Trainer - und die Rechnung ging auf: 1963 wurden die »Löwen« letzter Meister der Oberliga Süd und waren somit bei der Einführung der neuen Spielklasse dabei. Dort spielten die Sechziger teilweise meisterlich auf, dies jedoch fast ausschließlich im heimischen Stadion an der Grünwalder Straße: 6:1 gegen Dortmund, 7:1 über Schalke und Saarbrücken, den HSV fertigte man gar mit 9:2 ab. Auswärts lief bei den Löwen indes kaum etwas zusammen. Den dann doch etwas enttäuschenden siebten Platz der Auftaktsaison überstrahlte freilich der feine Triumph im DFB-Pokal, den die Merkel-Elf nach Siegen über den BVB, K'lautern, Saarbrücken und Altona durch ein 2:0 gegen Eintracht Frankfurt perfekt machte. In der folgenden Spielzeit mischten Radenkovic, Brunnenmeier und Co. bis kurz vor Schluss an der Tabellenspitze mit und landeten auf einem vierten Platz, der wiederum von Pokalerfolgen in den Schatten gestellt wurde. Diesmal brillierten die Löwen sogar auf internationaler Ebene: Über die Stationen US Luxemburg, FC Porto, Legia Warschau und AC Turin drangen sie bis ins Finale des Europacups der Pokalsieger vor, das im Wembley-Stadion über die Bühne ging. West Ham United nutzte den Heimvorteil und gewann 2:0. Dem größten Erfolg auf internationaler Ebene ließ der TSV 1860 München in der Saison 65/66 den größten Triumph in der Bundesliga folgen: Obwohl sich Merkels Motivations- und Trainingsmethoden abgenutzt hatten und er den Löwen nach deren Geschmack zuviel »Peitsche« und zu wenig »Zuckerbrot« verordnete, behauptete sich das Team um Regisseur Grosser in einem spannenden Vierkampf mit Werder Bremen, Neuling Bayern und dem BVB und wurde Meister. Die 60er Jahre schienen sich - wie naheliegend eigentlich - für die Sechziger zum goldenen Jahrzehnt zu entwickeln.

Doch kaum brach die neue Dekade an, waren die Löwen auch schon abgestiegen. Während mit dem FC Bayern nun ein neuer Stern am deutschen Fußballhimmel aufging, war es für die Löwen nach der Demission Merkels Ende 1966 immer weiter abwärts gegangen. Keiner seiner sechs (!) Nachfolger vermochte diese Entwicklung zu stoppen, und so rutschte der inzwischen auch nicht zu knapp verschuldete TSV, der gezwungen war, seine Stars zu Schleuderpreisen zu verkaufen, 1970 in die Regionalliga Süd ab. Es sollte einige Zeit in Anspruch nehmen, bis sich der Verein einigermaßen erholt hatte - sportlich. Denn finanziell sah es zur Mitte der 70er Jahre übel aus, mit jedem gescheiterten Wiederaufstiegsversuch, darunter auch einer mit Max Merkel, war der Schuldenberg wieder ein Stückchen angewachsen. Eine Besserung der angespannten Lage trat erst ein, als die Löwen unter der Regie von Heinz Lucas nach einem wahren Relegationskrimi gegen Arminia Bielefeld (0:4, 4:0, 2:0) 1977 endlich die Rückkehr in die Bundesliga schaffte. In den nächsten fünf Jahren ging es bei den Sechzigern so richtig schön drunter und drüber: Abstieg, Wiederaufstieg, Abstieg, Lizenzentzug - wieder einmal hatte der Klub, als Geld da war, nichts besseres zu tun, als es mit beiden Händen aus dem Fenster und direkt in die Rachen von alternden Starkickern wie Flohe, Kapellmann oder Klinkhammer zu werfen. Am Ende lag der Schuldenstand bei über sechs Millionen Mark und die Löwen auf der sportlichen Intensivstation der Bayernliga.

Neun lange, teils furchtbare Jahre musste der ehedem so ruhmreiche TSV 1860 in der Bayernliga kicken. Doch als 1992 »Löwendompteur« Werner Lorant und sein Ziehvater-Präsident Wildmoser das Kommando übernahmen, wurde alles wieder gut. Und zwar im Rekordtempo: Sensationell schaffte die Elf um Berg, Miller, Trares, Störzenhofecker, Winkler und Pacult 1993/94 den Durchmarsch von der Bayern- in die Bundesliga. Und im Gegensatz zu den unseligen 70er Jahren schafften es die Löwen danach auch relativ souverän, die Klasse zu halten. 1997 kehrte der TSV nach 27-jähriger Abstinenz sogar ins europäische Geschäft zurück und hätte es drei Spielzeiten später beinahe in die Champions League geschafft, musste nach dem Scheitern gegen Leeds United dann allerdings mit dem UEFA-Cup vorlieb nehmen. Am meisten freuten sich die Fans der Löwen in dieser tollen Saison 1999/2000, die mit dem vierten Platz abgeschlossen wurde, freilich über die Siege (1:0 und 2:1) in den beiden Lokalderbys gegen die »Roten«, gegen die Bayern - es waren die ersten seit über 22 Jahren...

2. LIGA

Höchste Siege: 7:0 vs. Worms (27.3.82) (H)
5:1 beim SC Freiburg (2510.81) (A)
Höchste Niederlagen: 1:3 vs. Mainz 05 (24.8.74) (H)
0:4 in Chemnitz (15.11.91) (A)

REKORDSPIELER		REKORDSCHÜTZEN	
Alfred Kohlhäufl (74-79)	**139**	Ferdinand Keller (74-76)	**46**
Bernhard Hartmann (74-79)	**137**	Georg Metzger (74-79)	**39**
Georg Metzger (74-79)	**128**	Rudi Völler (81-82)	**37**
Alfred Herberth (74-79)	**99**	Hans Haunstein (75-79)	**21**
Jan-Hoiland Nielsen (74-79)	**99**	William Hartwig (74-77)	**20**
Hans Haunstein (75-79)	**95**	Franz Gerber (78-79)	**19**
William Hartwig (74-77)	**87**	Alfred Herberth (74-79)	**19**
Wilhelm Bierofka (74-79)	**84**	Peter Pacult (93-94)	**18**
Anton Nachreiner (76-79)	**70**	Peter Falter (75-77)	**17**
Thomas Miller (91-94)	**67**	Alfred Kohlhäufl (74-79)	**17**

BUNDESLIGATRAINER

Max Merkel (7/63-12/66)
Hans-Wolfgang Weber (12/66-2/67)
Gunter Baumann (2/67-6/67)
Albert Sing (7/67-10/68)
Hans Pilz (1 /68-6/69)
Fritz Langner (7/69-11/69)
Franz Binder (11/69-6/70)
Heinz Lucas (7/77-6/78)
Eckhard Krautzun (7/79-9/79)
Alfred Baumann (9/79-10/79)
Carl-Heinz Rühl (10/79-6/81)
Werner Lorant (7/94- ...)

PREUSSEN MÜNSTER

(Sportclub Preussen 1906 e.V. Münster)

Gründung: 30. April 1906
Farben: Schwarz-Weiß-Grün
Stadion: Preußenstadion (21.700)

Siemensstr. 56 , 48153 Münster
Tel: 0251-987270, Fax: 0251-9872740
www.scpreussen-muenster.de

TITEL
Deutscher Amateurmeister 1994

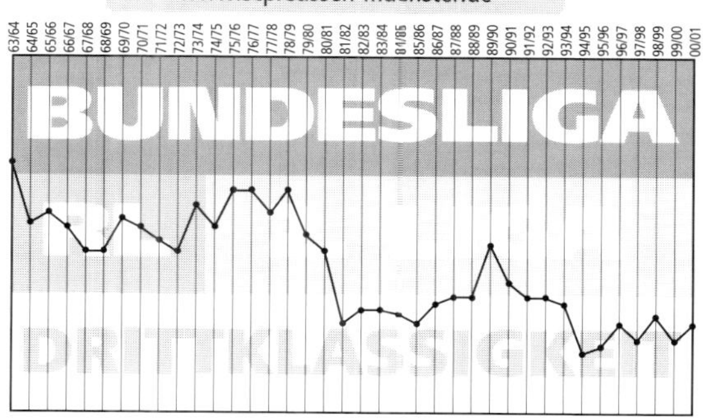

Beinahe wäre Preußen 1963 mit einem jungen Offensivtalent namens Günter Netzer in die erste Bundesligasaison gegangen, doch Papa Netzer sah seinen Filius nur ungern so fern der der Heimat, und so musste die Elf von Richard Schneider mit den Neuzugängen Kiß, Rummel und Bente auskommen. Ob der junge Netzer die Preußen vor dem kommenden sportlichen Schicksal bewahrt hätte, bleibt allerdings zu bezweifeln. Dabei war Münsters Auftakt nicht von den schlechtesten aller Eltern. Nach fünf Spieltagen und zwei feinen 4:2-Siegen gegen Meiderich und Stuttgart standen die Preußen auf dem fünften Platz - und rutschten nach einer Pleitenserie mit 3:15 Punkten auf Rang 15 ab, den man bis Saisonende nicht mehr verlassen sollte. Am Ende fehlte ein Punkt zum rettenden Ufer bzw. zur Berliner Hertha, deren rettendes 3:1 gegen 1860 freilich mit barer Münze erkauft worden war - wie sich später, für Preußen zu spät, herausstellen sollte. Mit einer nahezu unveränderten Mannschaft sollte es nach dem Abstieg gleich wieder nach oben gehen, in der Regionalliga sprang jedoch nur Platz acht heraus - den Verantwortlichen dämmerte allmählich, dass man die Abenteuer »Bundesliga« und »Wiederaufstieg« vielleicht doch ein bisserl zu blauäugig angegangen war. Die Einsicht kam zu spät, die Mannschaft fiel auseinander, die Preußen hatten sich verschuldet. In den nächsten Jahren hatte man alle Hände voll damit zu tun, die

Finanzen in den Griff zu bekommen. Sportlich hatte sich Preußen zu einer Durchschnittstruppe entwickelt, die hier und da auch schon mal unter die Räder kam - wie im Mai 1973 beim 0:9 in Dortmund. Rund drei Jahre später kam Münster nach einem 4:1 gegen den gleichen Gegner der Bundesliga noch einmal ganz nah, verlor jedoch auf der Zielgeraden die Nerven und Punkte gegen Gütersloh und Fortuna Köln.

Mit neuem hochkarätigen Personal auf Bank und Rasen unternahm der SCP weitere Anläufe in Richtung Oberhaus, die zweimal knapp und dreimal weniger knapp scheiterten. Nach der verpassten Qualifikation zur eingleisigen Zweiten Liga mussten die von Finanznöten geplagten Preußen 1981 dann sogar in die Oberliga Westfalen absteigen. Während sich die wirtschaftliche Lage nun ein wenig entspannte, fiel Münster hinter die Konkurrenz aus Hamm, Gütersloh und Paderborn zurück. Erst 1989 kehrten die Preußen der Oberliga im zweiten Aufstiegsrundenanlauf den Rücken und stiegen gemeinsam mit Duisburg in die Zweite Liga auf. Doch während die Zebras 1991 voller Elan in die Bundesliga galoppierten, stürzten die Preußen-Adler im selben Jahr wieder in die Oberliga ab. Nach zwei gescheiterten Wiederaufstiegsversuchen tat der SCP 1994 immerhin mal wieder etwas für die arg angestaubte Titelsammlung und wurde durch ein 1:0 gegen Offenbach Deutscher Amateurmeister. In der Regionalliga hingegen sprang bislang maximal ein vierter Platz heraus.

BUNDESLIGATRAINER

Richard Schneider (7/63-6/64)

	Liga	Platz	Punkte	Tore	Zuschauer
63/64	BL	**15.**	23:27	34:52	21.733
	(64-74: RL West)				
74/75	2.BL	**9.**	42:34	73:63	5.854
75/76	2.BL	**3.**	49:27	65:42	8.514
76/77	2.BL	**6.**	43:33	73:52	8.112
77/78	2.BL	**3.**	49:27	65:47	12.257
78/79	2.BL	**3.**	51:25	59:25	8.026
79/80	2.BL	**10.**	36:40	53:59	3.721
80/81	2.BL	**13.**	36:48	48:72	4.090
(81-89: AOL Westfalen)					
89/90	2.BL	**12.**	36:40	45:65	10.349
90/91	2.BL	**18.**	29:47	35:59	8.503
(91-94: AOL Westfalen)					
(94-00: RL West/Südwest)					
(00/01: RL Nord)					

1. LIGA

Höchste Siege: 4:2 vs. Meiderich (7.9.63) (H)
3:0 in Stuttgart (15.2.64) (A)
Höchste Niederlagen: 1:3 vs. Bremen (7.12.63) (H)
0:5 beim HSV (11.1.64) (A)

REKORDSPIELER		REKORDSCHÜTZEN	
Klaus Bockisch (63-64)	**30**	Hermann Lulka (63-64)	**9**
Dagmar Drewes (63-64)	**30**	Manfred Rummel (63-64)	**7**
Werner Lungwitz (63-64)	**29**	Manfred Pohlschmidt (63-64)	**6**
Hermann Lulka (63-64)	**28**	Klaus Bockisch (63-64)	**3**
Heinz-Rüdiger Voß (63-64)	**28**	Karl-Heinz Kiß (63-64)	**3**

2. LIGA

Höchste Siege: 7:0 vs. Spandau (16.8.75) (H)
4:0 bei Fort. Köln (8.10.76) (A)
Höchste Niederlagen: 2:6 vs. Hertha BSC (25.11.89) (H)
1:7 in Aachen (4.11.89) (A)

REKORDSPIELER		REKORDSCHÜTZEN	
Karl-Heinz Krekeler (74-81)	**246**	Ranko Petkovic (76-79)	**32**
Werner Fuchs (74-80)	**194**	Klaus Wolf (76-78)	**31**
Rolf Grünther (74-79)	**187**	Edmund Kaczor (75-80)	**29**
Benno Möhlmann (74-78)	**150**	Benno Möhlmann (74-78)	**27**
Horst Angel (74-80)	**139**	Rolf Blau (74-77)	**25**
Dietmar Linders (76-80)	**125**	Elmar Jürgens (78-80)	**24**
Friedhelm Schütte (77-80)	**104**	Hans-Werner Moors (74-76)	**23**
Rolf Blau (74-77)	**100**	Werner Fuchs (74-80)	**20**
Edmund Kaczor (75-80)	**99**	Heinz-Bernd Kipp (74-76)	**19**
Roland Mall (76-79)	**96**	Rolf Grünther (74-79)	**17**

N BORUSSIA NEUNKIRCHEN

(Borussia Verein für Bewegungsspiele e.V. Neunkirchen/Saar)

Gründung: 24. Juli 1905
Farben: Schwarz-Weiß
Stadion: Ellenfeldstadion (29.000)

Postfach 1342, 66538 Neunkirchen
Tel: 06821-88395, Fax 06821-88775
www.borussia-neunkirchen.de

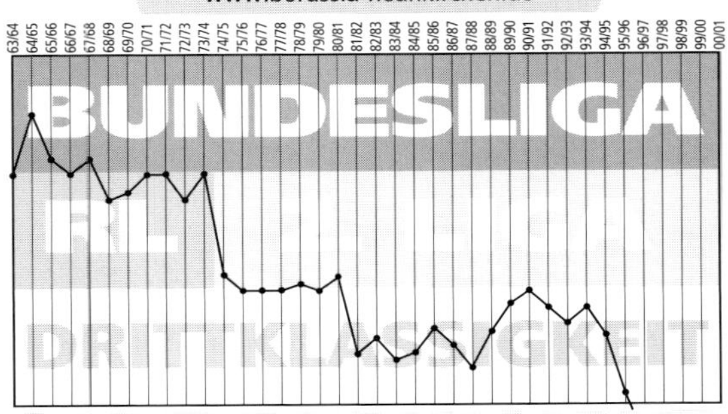

1963 knapp durch das Rost der Qualifikationskriterien gefallen, unterstrich die Borussia aus Neunkirchen ihre Bundesliga-Ambitionen im Folgejahr mit Vehemenz: Der Meisterschaft in der Regionalliga Südwest folgte der Siegeszug durch die Aufstiegsrundengruppe 1, in der man auch den FC Bayern (München, nicht Hof) hinter sich ließ. Heißa, Bundesliga, hurra! Ohne einen einzigen Neuzugang stürzte sich der VfB ins Abenteuer - und die Geschichte ging gut. Am 27. Spieltag machte Borussia den Klassenerhalt durch ein furioses 4:0 gegen Frankfurt klar und wurde am Ende Zehnter. Doch das zweite Jahr sollte sich für den Aufsteiger am schwersten erweisen - Neunkirchen war der erste Klub, auf den diese Weisheit voll und ganz zutraf (schließlich war man ja auch so ziemlich der erste Aufsteiger). Den negativen Höhepunkt stellte dabei ein 1:9 auf eigenem Platz gegen 1860 München dar, die Entscheidung im Abstiegskampf fiel jedoch am drittletzten Spieltag, als das »Schalke des Südwestens« beim »echten« Schalke mit 0:2 verlor.

Mit einer neuformierten und recht jungen Mannschaft startete Neunkirchen gleich den nächsten Anlauf, wurde unter der Regie von Zeljko Cajkovski (Tschiks Bruder) vor dem 1.FC Saarbrücken Südwestmeister und setzte sich in der Aufstiegsrunde knapp gegen Schwarz-Weiß Essen durch. In der Bundesliga konnte das Team der jungen Hüpfer, das primär von der Kraft lebte, aber nur ansatzweise mithalten und landete sehr schnell im Tabellenkeller, aus dem es kein Entrinnen mehr geben sollte. Ihr für wohl sehr lange Zeit letztes Bundesligaspiel bestritten die Schwarz-Weißen am 25. Mai 1968 bei Werder Bremen, es endete mit einem achtbaren 1:2.

Dreimal erreichte Borussia bis 1974 noch die Aufstiegsrunde, dreimal scheiterte man deutlich. Als erster von 40 Profivereinen wurde der VfB dann in die neue Welt der Zweiten Ligen eingeordnet - und stieg nach einer wahren Katastrophensaison sogleich in die Verbandsliga Saarland ab. Dort war man zwar konkurrenzlos und wurde dreimal in Folge locker Meister, doch kehrte Neunkirchen schließlich erst 1978 in die Zweite Liga zurück. Freilich nicht für allzu lange, denn schon nach einem Jahr war wieder Feierabend - was im übrigen auch für das letzte Gastspiel im Profifußball (80/81) galt: Als 20. bzw. 19. stieg die Borussia gleich wieder ab. Danach versank das »Schalke des Südwestens« im Mittelmaß der Oberliga. Einmal noch, 1991 war's, klopfte man halbherzig an die Zweite-Liga-Pforte - fünf Jahre später war Neunkirchen viertklassig.

BUNDESLIGATRAINER
Horst Buhtz (7/64-6/66)
Zeljko Cajkovski (7/67-6/68)

	Liga	Platz	Punkte	Tore	Zuschauer
	(63/64: RL Südwest)				
64/65	BL	**10.**	27:33	44:48	18.775
65/66	BL	**17.**	22:46	32:82	18.763
	(66/67: RL Südwest)				
67/68	BL	**17.**	19:49	33:93	9.787
	(68-74: RL Südwest)				
74/75	2.BL	**18.**	28:48	49:73	3.587
	(75-78: AL Saarland)				
78/79	2.BL	**20.**	24:52	47:84	4.079
	(79/80: AOL Südwest)				
80/81	2.BL	**19.**	23:53	44:85	2.658
	(81-94: AOL Südwest)				
	(94-96: RL West/Südwest)				
	(96-01: OL Südwest)				

1. LIGA

Höchste Siege: 4:0 vs. Frankfurt (10.4.65) (H)
2:1 beim HSV (23.1.65) (A)
Höchste Niederlagen: 1:9 vs. TSV 1860 (11.4.66) (H)
0:10 in M'gladbach (4.11.67) (A)

REKORDSPIELER		REKORDSCHÜTZEN	
Dieter Schock (64-68)	**88**	Günter Kuntz (64-68)	**22**
Günter Kuntz (64-68)	**80**	Elmar May (64-66)	**18**
Erich Leist (64-68)	**73**	Heinz Simmet (64-66)	**13**
Günter Schröder (64-66)	**60**	Wolfgang Gayer (67-68)	**12**
Horst Kirsch (64-68)	**56**	Hans Linsenmaier (67-68)	**8**

2. LIGA

Höchste Siege: 5:1 vs. ESV Ingolstadt (25.10.80) (H)
4:1 in Nürnberg (23.11.74) (A)
Höchste Niederlagen: 1:5 vs. Bayreuth (9.6.79) (H)
0:8 in Fürth (20.12.80) (A)

REKORDSPIELER		REKORDSCHÜTZEN	
Hans-Werner Eichhorn (74-79)	**76**	Heinz-Jürgen Henkes (74-81)	**13**
Heinz-Jürgen Henkes (74-81)	**74**	Hans-Werner Eichhorn (74-79)	**11**
Willi Ertz (74-81)	**70**	Bernhard Roth (78-81)	**11**
Norbert Georg (78-81)	**65**	Peter Schmidt (74-75)	**11**
Dietmar Conrad (78-81)	**63**	Josef Johann (74-75)	**10**

1.FC NÜRNBERG

(1. Fußball-Club Nürnberg Verein für Leibesübungen e.V.)

Gründung: 4. Mai 1900
Farben: Rot-Weiß
Stadion: Frankenstadion (44.500)

Valznerweiherstr. 200, 90480 Nürnberg
Tel: 0911-940790, Fax: 0911-9407977
www.1.fc.nuernberg.com

In den ersten Jahren der Bundesliga lief es für den Rekordmeister gar nicht nach Wunsch. Abschlussplatzierungen zwischen sechs und zehn hatten zur Folge, dass sich das Trainerkarussell im Frankenland schneller drehte als sonstwo in der Republik. Herbert Widmayer gebührt dabei die Ehre, am 30. Oktober 1963, vier Tage nach einem 0:5 gegen K'lautern, als erster Trainer in der Geschichte der Bundesliga überhaupt in die Wüste geschickt worden zu sein. Erst unter seinem fünften Nachfolger, Max Merkel, ging es mit dem »Club« aufwärts. Und wie: Am dritten Spieltag übernahm die völlig umgekrempelte Elf die Tabellenführung, die bis zum letzten Schlusspfiff der Saison nicht mehr abgegeben

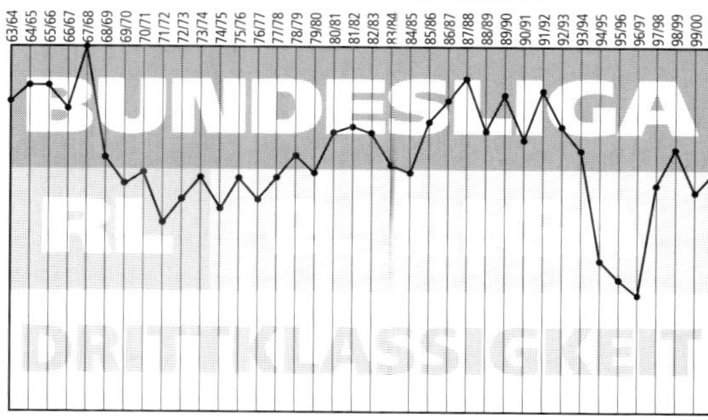

wurde: eindrucksvoll holte der Club seinen neunten Titel. Auf nicht minder eindrucksvolle Weise schaffte es der FCN dann allerdings auch, in negativer Form in die Annalen einzugehen: Als erster amtierender Meister stiegen die Franken aus der Bundesliga ab. Die Erfolgself war auseinander gegangen und der Trainer wohl ausnahmsweise mal zu spät entlassen worden - plötzlich war Nürnberg in der Regionalliga! Und fast noch schlimmer: Bis zur Rückkehr ins Oberhaus sollten satte neun Jahre vergehen!

Zweimal, 1971 und 1974, versagten den Clubberern in der Aufstiegsrunde die Nerven, 1976 zog man als Süd-Vize in der Relegation gegen Borussia Dortmund den Kürzeren (2:3, 0:1). Zwei Jahre später traf man mit Rot-Weiß Essen erneut auf einen Klub aus dem Revier, doch diesmal hatte der Club die Nase mit 1:0 und 2:2 die Nase vorn - zum Aufstiegshelden avancierte dabei Keeper Manni Müller, der kurz vor Schluss einen Elfer des Esseners Hrubesch hielt. Doch das Glück war nicht von langer Dauer, wie nun für den 1.FC Nürnberg überhaupt eigentlich nichts mehr von langer Dauer sein sollte: Der Rekordmeister, ein Titel, der im Juni 1987 an den FC Bayern verloren wurde, mutierte bald zur Fahrstuhlmannschaft. Am ruhigsten ging es für die Fans des Clubs noch in der Zeit zwischen 1985 und 1994 zu, in der Nürnberg ausnahmsweise mal die Klasse halten konnte, eine hoffnungsvolle Mannschaft besaß, gelegentlich die Großen ärgerte und es sogar in den UEFA-Cup schaffte. Doch auch diese Periode des sportlichen Hochs war geprägt von dem nur schwer nachvollziehbaren Kuddelmuddel, den die äußerst seltsame Vereins- und Finanzpolitik der Club-Oberen nach sich zog. Nicht nur einmal stand man vor dem absoluten Aus. Und so musste man als Anhänger des FCN in den letzten 30 Jahren eigentlich immer um irgendetwas zittern: Lizenz, Klassenerhalt, Aufstieg oder schlichtweg um die Existenz. Das wird wohl auch noch ein Weilchen so bleiben.

TITEL
Deutscher Meister
1920, 1921, 1924, 1925, 1927,
1936, 1948, 1961 und 1968
Deutscher Pokalsieger
1935, 1939 und 1962

1. LIGA

Höchste Siege: 7:2 vs. Tasmania Berlin (18.9.65) (H)
4:0 bei Werder Bremen (21.10.67) (A)
Höchste Niederlagen: 0:6 vs. VfB Stuttgart (27.4.84) (H)
0:7 beim VfB Stuttgart (5.11.83) (A)

REKORDSPIELER		REKORDSCHÜTZEN	
Thomas Brunner (80-94)	**328**	Heinz Strehl (63-69)	**76**
Andreas Köpke (86-99)	**280**	Dieter Eckstein (85-94)	**66**
Dieter Eckstein (85-94)	**189**	Franz Brungs (65-68)	**50**
Heinz Strehl (63-69)	**174**	Georg Volkert (65-81)	**37**
Ferdinand Wenauer (63-69)	**168**	Werner Heck (80-84)	**34**
Horst Leupold (63-69)	**167**	Jörn Andersen (85-88)	**28**
Marc Oechler (88-99)	**163**	Sergio Zarate (90-94)	**22**
Norbert Eder (78-84)	**154**	Horst Weyerich (78-84)	**21**
Joachim Philipkowski (85-92)	**154**	Thomas Brunner, Werner Dreßel	**18**
Jörg Dittwar (87-93)	**150**	D. Lieberwirth, Tasso Wild	**18**

2. LIGA

Höchste Siege: 6:0 vs. FSV Frankfurt (23.12.79) (H)
7:3 bei Mainz 05 (7.9.75) (A)
Höchste Niederlagen: 0:4 vs. VfB Stuttgart (16.4.77) (H)
1:6 beim 1.FC Köln (7.11.99) (A)

REKORDSPIELER		REKORDSCHÜTZEN	
Norbert Eder (74-80)	**150**	Hans Walitza (74-78)	**71**
Peter Stocker (75-80)	**131**	Dieter Nüssing (74-77)	**38**
Dieter Lieberwirth (75-85)	**130**	Horst Weyerich (75-85)	**27**
Slobodan Petrovic (74-78)	**119**	Martin Driller (97-01)	**26**
Hans Walitza (74-78)	**118**	Norbert Eder (74-80)	**22**

	Liga	Platz	Punkte	Tore	Zuschauer
63/64	BL	**9.**	29:31	45:46	24.924
64/65	BL	**6.**	32:28	44:38	27.482
65/66	BL	**6.**	39:29	54:43	25.085
66/67	BL	**10.**	34:34	43:50	23.519
67/68	BL	**1.**	47:21	71:37	37.233
68/69	BL	**17.**	29:39	45:55	25.884
		(69-74: RL Süd)			
74/75	2.BL	**6.**	42:34	70:52	13.131
75/76	2.BL	**2.**	54:22	78:42	19.586
76/77	2.BL	**5.**	49:27	77:51	10.799
77/78	2.BL	**2.**	53:23	75:46	16.340
78/79	BL	**17.**	24:44	36:67	34.422
79/80	2.BL	**1.**	61:19	88:38	18.935
80/81	BL	**14.**	28:40	47:57	28.122
81/82	BL	**13.**	28:40	53:72	20.643
82/83	BL	**14.**	28:40	44:70	17.821
83/84	BL	**18.**	14:54	38:85	14.379
84/85	2.BL	**1.**	50:26	71:45	14.388
85/86	BL	**12.**	29:39	51:54	27.182
86/87	BL	**9.**	35:33	62:62	25.275
87/88	BL	**5.**	37:31	44:40	24.614
88/89	BL	**14.**	26:42	36:54	17.458
89/90	BL	**8.**	33:35	42:46	23.197
90/91	BL	**15.**	29:39	40:54	21.929
91/92	BL	**7.**	43:33	54:51	34.640
92/93	BL	**13.**	28:40	30:47	31.135
93/94	BL	**16.**	28:40	41:55	32.817
94/95	2.BL	**15.**	30:38	38:47	14.954
95/96	2.BL	**17.**	33	33:40	15.158
		(96/97: RL Süd)			
97/98	2.BL	**3.**	59	52:35	22.010
98/99	BL	**16.**	37	40:50	34.994
99/00	2.BL	**4.**	55	54:46	17.279
00/01	2.BL	**1.**	65	58:35	20.356

BUNDESLIGATRAINER
Herbert Widmayer (7/63-10/63)
Jenö Csaknady (11/63-6/64)
Gunther Baumann (7/64-6/65)
Jenö Csaknady (7/65-11/66)
Jenö Vincze (11/66-12/66)
Max Merkel (1/67-3/69)
Robert Körner (3/69-4/69)
Kuno Klötzer (4/69-6/70)
Werner Kern (7/78-12/78)
Robert Gebhardt (12/78-6/79)
Horst Heese (7/80-3/81)
Fritz Popp (3/81-5/81)
Fred Hoffmann (5/81-6/81)
Heinz Elzner (7/81-9/81)
Udo Klug (9/81-10/83)
Rudi Kröner (10/83-12/83)
Heinz Höher (1/84-6/88)
Hermann Gerland (xx)
Dieter Lieberwirth (xx)
Arie Haan (xx)
Willi Entenmann (xx)
Dieter Renner (xx)
Rainer Zobel (1/94-6/94)
Willi Reimann (7/98-12/98)
Friedel Rausch (12/98-6/99)
Klaus Augenthaler (7/01- ...)

ROT-WEISS OBERHAUSEN

(Sport-Club Rot-Weiß Oberhausen 1904 e.V.)

Gründung: 18. Dezember 1904
Farben: Rot-Weiß
Stadion: Niederrheinstadion (21.318)

Rechenacker 62, 46049 Oberhausen
Tel: 0208-25730, Fax: 0208-200102
www.rwo-online.de

	Liga	Platz	Punkte	Tore	Zuschauer
(63-69: RL West)					
69/70	BL	**14.**	29:39	50:62	16.779
70/71	BL	**16.**	27:41	54:69	14.383
71/72	BL	**15.**	25:43	33:66	10.024
72/73	BL	**18.**	22:46	45:84	6.090
(73/74: RL West)					
74/75	2.BL	**18.**	27:49	38:66	4.312
(75-78: AL Niederrhein)					
(78/79: AOL Nordrhein)					
79/80	2.BL	**15.**	33:43	46:67	3.268
80/81	2.BL	**14.**	35:49	59:84	2.467
(81-83: AOL Nordrhein)					
83/84	2.BL	**16.**	31:45	51:62	4.732
84/85	2.BL	**12.**	35:41	64:70	3.289
85/86	2.BL	**11.**	37:39	61:60	3.349
86/87	2.BL	**16.**	33:43	52:55	1.890
87/88	2.BL	**16.**	33:43	48:54	2.977
(88/89 + 93/94: AOL Nordrhein)					
(89-93: VL Niederrhein)					
(94/95: OL Nordrhein)					
(95-98: RL West/Südwest)					
98/99	2.BL	**12.**	41	40:47	3.892
99/00	2.BL	**6.**	49	43:34	4.896
00/01	2.BL	**12.**	45	45:50	4.592

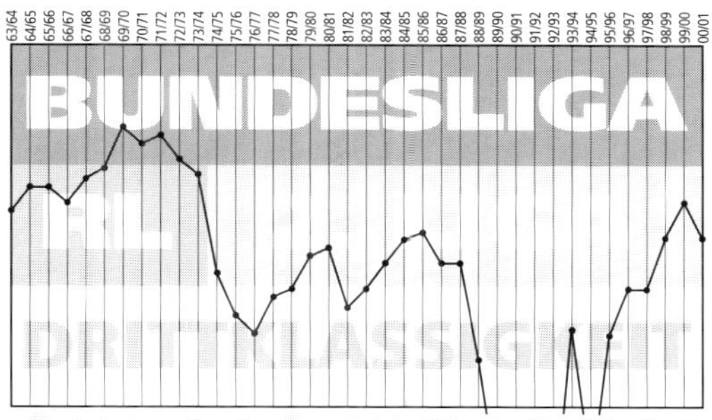

BUNDESLIGATRAINER

Alfred Preißler (7/69-6/71)
Günther Brocker (7/71-11/72)
Friedhelm Kobluhn (11/72-12/72)
Heinz Murach (1/73-6/73)

1. LIGA

Höchste Siege: 8:1 vs. HSV (26.9.70) (H)
4:0 in Braunschweig (6.9.69) (A)
Höchste Niederlagen: 0:5 vs. FC Bayern (16.9.72) (H)
0:7 beim FC Bayern (19.2.72) (A)

REKORDSPIELER		REKORDSCHÜTZEN	
Friedhelm Dick (69-73)	**126**	Lothar Kobluhn (69-73)	**36**
Hermann-Josef Wilbertz (69-73)	**116**	Hugo Dausmann (69-73)	**15**
Werner Ohm (69-73)	**108**	Hans Schumacher (70-73)	**15**
Lothar Kobluhn (69-73)	**107**	Ditmar Jakobs (71-73)	**12**
Wolfgang Scheid (69-73)	**105**	Franz Krauthausen (69-71)	**12**

2. LIGA

Höchste Siege: 7:1 vs. Göttingen (30.5.81) (H)
4:0 bei Fort. Köln (5.9.87) (A)
Höchste Niederlagen: 1:6 vs. Hertha BSC (9.5.81) (H)
2:7 bei Hannover 96 (17.1.81) (A)

REKORDSPIELER		REKORDSCHÜTZEN	
Konrad Eickels (83-88)	**163**	Manfred Burgsmüller (84-86)	**36**
Detlef Krella (84-88)	**124**	Detlef Krella (84-88)	**35**
Helmut Gorka (84-88)	**119**	Theo Schneider (83-86)	**23**
Ralf Quabeck (79-85)	**107**	Achim Weber (98-01)	**21**
Paul Hahn (83-86)	**103**	Angelo Vier (99-01)	**18**
Hans-Jürgen Wloka (80-85)	**103**	Dieter Allig (80-85)	**15**
Michael Brocker (79-86)	**101**	Stefan Dauber (83-86)	**15**
Jürgen Luginger (98-01)	**98**	Detlef Dezelak (87-88)	**14**
Theo Schneider (83-86)	**98**	Adis Obad (99-01)	**14**
Dieter Allig (80-85)	**95**	Jörg Lipinski (98-01) (u.a.)	**13**

Als RWOler macht man ja so einiges mit. Den Aufstieg von 1969 beispielsweise, als man sich im letzten Qualifikationsspiel zu einem 0:0 gegen den punktgleichen Freiburger FC und damit in die Bundesliga zitterte. Oder jene güldenen Wochen später im Oktober, als Rot-Weiß nach den 4:0- bzw. 3:1-Siegen gegen die Ex-Meister Braunschweig und Bremen die Tabellenspitze zierte. Nicht zu vergessen natürlich das brillante 8:1 gegen den HSV im September 1970 - war das ein Fest am Niederrhein. Doch natürlich gehört auch der traurige Abstieg von 1973 und die unselige Verwicklung in den Bundesliga-Skandal dazu. Das darf ja nun auch nicht unter den Tisch fallen. Ebenso wenig wie das wenig heldenhafte Durchgereichtwerden in die nichtigen Niederungen der Niederrheinliga, in welcher die Kleeblätter drei Jahre verbringen mussten. Erst nach einer Serie von 32:2 Punkten schaffte RWO als Meister der Oberliga Nordrhein den Sprung zurück ins Profigeschäft. Der war freilich nicht von allzu langer Dauer, zwei Jahre später ging's in die Oberliga zurück und 1983 dann auch schon wieder rauf. Mit einer ganzen Reihe von routinierten Altstars, von denen Wolfgang Funkel, Wolfgang Kleff und Manni Burgsmüller nur die prominentesten waren, gedachte Oberhausen nun noch einmal anzugreifen. Zweite Liga rechnete sich nicht, die Bundesliga sollte es schon sein. Doch nach fünf Jahren, in denen ein elfter Platz das Optimum darstellte, kam es mal wieder ganz anders: RWO wurde kurz vor Saisonbeginn wegen finanzieller Unregelmäßigkeiten die Lizenz entzogen, alle Spieler gingen, das, was kam, holte 4:68 Punkte und kassierte 153 Gegentore. In den nächsten Jahren schlitterten die Kleeblätter knapp an der Landesliga vorbei, kehrten aber 1993 unter der Regie von Fred Bockholt immerhin schon mal in die Oberliga zurück. Fünf weitere Jahren mussten sich die Fans im zwischenzeitlich auf Vordermann gebrachten Niederrheinstadion noch gedulden, dann konnten sie sich wieder an Zweitligagekicke erfreuen.

KICKERS OFFENBACH

(Offenbacher Fußball-Club Kickers 1901 e.V.)

Gründung: 27. Mai 1901
Farben: Rot-Weiß
Stadion: Bieberer Berg (31.500)

Bieberer Str. 282 , 63071 Offenbach
Tel: 069-9819010, Fax: 069-98190150
www.ofc.de

TITEL
Deutscher Pokalsieger 1970

	Liga	Platz	Punkte	Tore	Zuschauer
	(63-68: RL Süd)				
68/69	BL	**18.**	28:40	42:59	19.058
	(69/70: RL Süd)				
70/71	BL	**17.**	27:41	49:65	17.650
	(71/72: RL Süd)				
72/73	BL	**7.**	35:33	61:60	16.287
73/74	BL	**10.**	31:37	56:62	13.678
74/75	BL	**8.**	38:30	72:62	19.795
75/76	BL	**17.**	27:41	40:72	14.981
76/77	2.BL	**3.**	53:23	86:52	8.178
77/78	2.BL	**5.**	46:30	88:54	5.751
78/79	2.BL	**6.**	43:33	86:62	6.763
79/80	2.BL	**8.**	43:37	78:64	8.085
80/81	2.BL	**2.**	50:26	87:42	8.816
81/82	2.BL	**3.**	46:30	70:67	10.789
82/83	2.BL	**2.**	50:26	77:45	10.135
83/84	BL	**17.**	19:49	48:106	12.596
84/85	2.BL	**19.**	30:44	43:56	4.184
	(85-87: AOL Hessen)				
87/88	2.BL	**8.**	39:37	56:49	4.464
88/89	2.BL	**15.**	35:41	51:53	4.779
	(89-94: AOL Hessen)				
	(94/95: RL Süd)				
	(95-97: OL Hessen)				
	(97-99: RL Süd)				
99/00	2.BL	**17.**	35	35:58	11.570
	(00/01: RL Süd)				

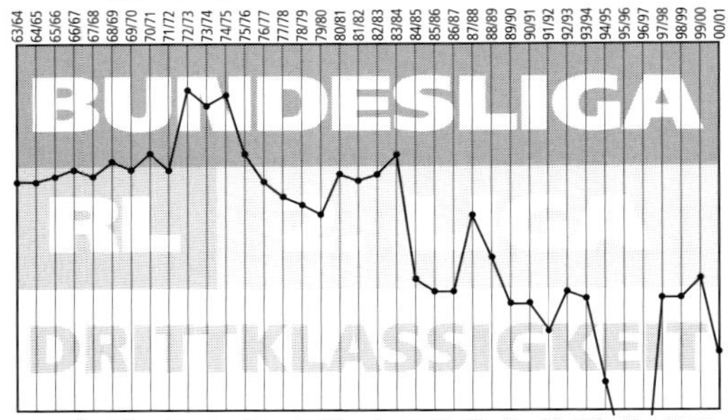

1. LIGA

Höchste Siege: 6:0 vs. FC Bayern (24.8.74) (H)
6:3 in Bremen (12.10.74) (A)
Höchste Niederlagen: 3:7 vs. Bremen (11.5.84) (H)
0:9 beim FC Bayern (13.3.84) (A)

REKORDSPIELER		REKORDSCHÜTZEN	
Xx (x)	**133**	Erwin Kostedde (72-75)	**52**
Manfred Ritschel (72-76)	**128**	Josef Hickersberger (72-76)	**29**
Winfried Schäfer (70-75)	**125**	Siggi Held (72-76)	**25**
Josef Hic<ersberger (72-76)	**118**	Manfred Ritschel (72-76)	**25**
Hans Schmidradner (72-76)	**104**	Norbert Janzon, Winfried Schäfer	**21**

2. LIGA

Höchste Siege: 7:0 vs. Baunatal (4.9.76) (H)
5:0 beim ESV Ingolstadt (30.11.80) (A)
Höchste Niederlagen: 0:4 vs. Stut. Kickers (23.4.00) (H)
1:6 in Bochum (28.4.00) (A)

REKORDSPIELER		REKORDSCHÜTZEN	
Gerd Paulus (77-89)	**305**	Walter Krause (76-83)	**97**
Walter Krause (76-83)	**236**	Uwe Bein (79-83)	**58**
Kurt Geinzer (77-83)	**187**	Hermann Bitz (76-79)	**40**
Michael Grünewald (78-88)	**178**	Uwe Höfer (80-85)	**39**
Bernd Walz (76-83)	**148**	Michael Kutzop (79-83)	**30**
Thomas Martin (78-83)	**127**	Dieter Müller (87-89)	**26**
Bernd Fuhr (78-89)	**125**	Hans-Peter Knecht (78-82)	**24**
Günter Franusch (79-85)	**122**	Michael Grünewald (78-88)	**23**
Michael Kutzop (79-83)	**120**	Franz Michelberger (81-83)	**20**
Uwe Bein (79-83)	**119**	Alfred Seiler (76-79)	**20**

BUNDESLIGATRAINER

Paul Oßwald (7/68-6/69)
Alfred Schmidt (7/70-970)
Rudi Gutendorf (9/70-2/71)
Kuno Klötzer (2/71-6/71)
Gyula Lorant (7/72-4/74)
Otto Rehhagel (4/74-12/75)
Zlatko Cajkovski (1/76-6/76)
Lothar Buchmann (7/83-3/84)
Hermann Nuber (3/84-6/84)

Das 2:0 gegen TuS Neuendorf am 19. Juni 1968 machte es perfekt: Offenbach war in der Bundesliga. Endlich. Viel zu lange schon hatte der Klub in der Regionalliga darben müssen. Doch auf die Anhänger des OFC sollte in den nächsten Jahren noch einiges zukommen Bis 1972 stiegen die Offenbacher je zweimal auf und ab, wobei die Entscheidungen jeweils immer erst am letzten Spieltag fiel. Das dritte und schönste Gastspiel in der Bundesliga währte dann freilich vier Jahre, in denen sich die Kickers in die Herzen vieler Fußballfans stürmten. Unvergessen das 6:0 zum Saisonauftakt gegen den FC Bayern mit all seinen frischgebackenen Weltmeistern und dem Debütanten Rummenigge oder das 4:3 aus der gleichen Saison gegen Meister Gladbach, bei dem Erwin Kostedde, der erste Farbige im Dress der deutschen Nationalelf, das »Tor des Jahres« schoss.

Kurz zuvor noch in der Relegation an Braunschweig (1:0, 0:2) und Leverkusen (0:1, 1:2) gescheitert, schafften es die Kickers 1983 mit Trainer Lothar Buchmann und seiner kontrollierten Defensive ein letztes Mal ins Oberhaus, worauf nach dem Abstieg jedoch der freie Fall in die Oberliga Hessen folgte. Den vermeintlichen Betriebsunfall korrigierte der OFC zwar zwei Jahre später, doch sorgte der Lizenzentzug von 1989 abermals für lange Gesichter rund um den Bieberer Berg. Von diesem Zwangsabstieg hat sich der finanziell angeschlagene Verein bis auf den heutigen Tag nicht erholen können, auch die Zweitligasaison 99/00, in der selbst Peter Neururer den Abstieg nicht verhindern konnte, brachte keine Linderung.

VFB OLDENBURG

(Verein für Bewegungsspiele von 1897 Oldenburg e.V.)

Gründung: 24. Oktober 1897
Farben: Blau-Weiß
Stadion: Marschwegstadion (15.000)

Berliner Platz 1, 26122 Oldenburg
Tel: 0441-3619550, Fax: 0441-3619551
www.vfb-oldenburg.de

	Liga	Platz	Punkte	Tore	Zuschauer
(63-71: RL Nord)					
(71/72: AL Niedersachsen)					
(72-74: RL Nord)					
(74-80: AOL Nord)					
80/81	2.BL	**15.**	34:50	64:89	6.452
(81-90: AOL Nord)					
90/91	2.BL	**12.**	36:40	58:53	6.390
91/92	2.BL	**2.**	38:26	56:39	8.138
92/93	2.BL	**22.**	34:58	57:90	4.835
(93/94: AOL Nord)					
(94-96: RL Nord)					
96/97	2.BL	**18.**	27	33:67	4.663
(97-00: RL Nord)					
(00/01: OL Niedersachsen/Bremen)					

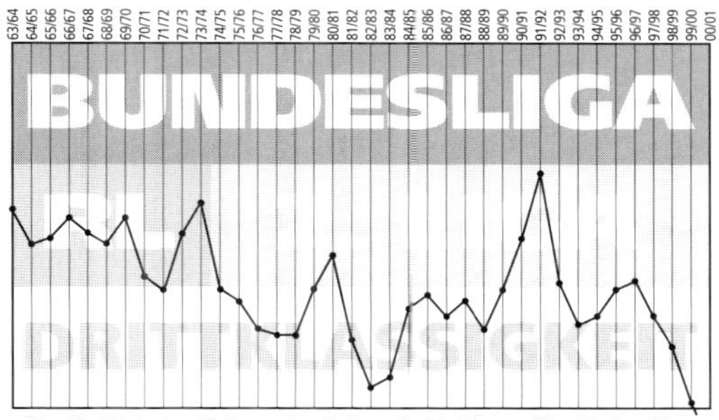

2. LIGA

Höchste Siege: 6:1 vs. Osnabrück (6.10.91) (H)
3:1 bei RW Essen (5.3.91) (A)
Höchste Niederlagen: 2:7 vs. Hannover 96 (30.5.81) (H)
0:7 in Braunschweig (25.4.81) (A)

REKORDSPIELER		REKORDSCHÜTZEN	
Carsten Linke (90-93)	**110**	Radek Drulak (90-93)	**50**
Jörg Wawrzyniak (90-93)	**108**	Carsten Linke (90-93)	**26**
Thomas Gerstner (90-93)	**105**	Michail Rousajew (90-92)	**17**
Wolfgang Steinbach (90-93)	**104**	Volker Ohling (80-81)	**14**
Krzysztof Zajac (90-93)	**101**	Jörg Wawrzyniak (90-93)	**13**

Beim ersten Versuch war der VfB 1975 noch an Herne und Spandau gescheitert, im zweiten Anlauf machten es die Oldenburger dann geschickter und stiegen als Meister der Oberliga Nord 1980 direkt in die Zweite Liga auf. Dummerweise stand dort gerade die Quali für die Eingleisigkeit an, und so musste der VfB trotz eines achtbaren 15. Platzes auch gleich schon wieder runter. 1988 verlor man das Finale um die Amateurmeisterschaft mit 4:5 n.E. gegen Trier, doch zwei Jahre später durften die Fans des VfB dann jubeln: Da stiegen die Blau-Weißen mit Trainer Sidka und Manager Assauer wieder in die Zweite Liga auf. Und nach einem ansehnlichen zwölften Rang zum Einstieg legte der VfB in der Saison 91/92 dann richtig los: Die Abwehr ein Bollwerk, vorne traf Radek Drulak, wie er wollte - am Ende fehlte nur ein einziger Punkt zum Aufstieg in die Bundesliga! Ein knappes Jahr später war das Oldenburger Zweitligalicht dann auch schon wieder erloschen. 1996 kam es noch einmal zu einem einjährigen Gastspiel im Unterhaus, doch pünktlich zum neuen Jahrtausend stieg der VfB dann sogar in die viertklassige Oberliga ab.

VFL OSNABRÜCK

(Verein für Leibesübungen von 1899 e.V. Osnabrück)

Gründung: 17. April 1899
Farben: Lila-Weiß
Stadion: Piepenbrock-Stadion (19.711)

Scharnhorststr. 50, 49084 Osnabrück
Tel: 0541-770870, Fax: 0541-7708711
www.vfl.de

TITEL
Deutscher Amateurmeister 1995

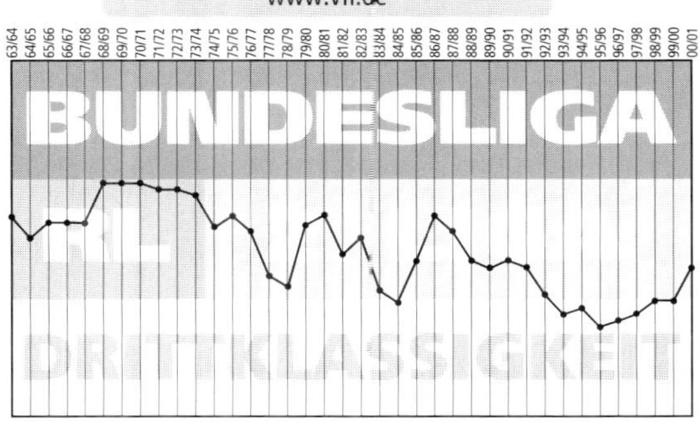

Hätten 1963 allein sportliche Kriterien den Ausschlag gegeben, so wäre der VfL Osnabrück Gründungsmitglied der Bundesliga geworden. Da jedoch auch die wirtschaftliche Situation berücksichtigt wurde, durfte sich Eintracht Braunschweig freuen. In den nächsten Jahren taten die geschockten Osnabrücker wenig, um die Entscheidung des DFB zu korrigieren: In der Regionalliga landete man meist unter ferner liefen. Erst gegen Ende der 60er Jahre erschien der Fußball der Lila-Weißen konkurrenzfähig, und gleich fünfmal erreichten sie die Aufstiegsrunde zur Bundesliga, in den Jahren 1969 bis 1971 sogar jeweils als Meister. Doch es wollte kein einziges Mal klappen: Fünf Versuche, fünf Nieten - nur der FC St. Pauli war mit sechs erfolglosen Teilnahmen unglücklicher bzw. ungeschickter. Dabei hatte der VfL das Pech, gleich viermal auf übermächtige Gegner zu treffen, die die ansonsten recht spannenden Aufstiegsrundengruppen eindeutig dominierten. Nur 1969 wurde es richtig eng, als sich der VfL mit Rot-Weiß Essen um den begehrten Platz an der Sonne balgte. Bis zum siebten Spieltag blieb die Elf von Trainer Radoslav Momirski ungeschlagen, dann kassierte sie an der Hafenstraße eine vorentscheidende 1:3-Niederlage und musste einmal mehr auf das nächste Jahr hoffen.

An diese trotz des letztendlichen Scheiterns glorreichen Zeiten konnte der VfL in der Zweiten Liga nie mehr anknüpfen. Meist musste man sich eher nach unten denn nach oben orientieren, als beste Platzierung steht nach wie vor ein sechster Platz zu Buche. Dennoch hatten die Osnabrücker nur selten unmittelbar mit dem Abstieg zu tun. Nun gut, 1978 war es knapp, und ein Jahr später war man eigentlich schon in der Oberliga, bis dann die Lizenzentzüge für St. Pauli und Herne für Aufatmen an der Bremer Brücke sorgten. Und nach dem einjährigen Abstecher in die Oberliga kehrte der Nordmeister gestärkt in die Zweite Liga zurück, zu deren Urgestein man sich bald zählen durfte. Gelegentlich mischten die Lila-Weißen dann auch mal einen Bundesligisten im Pokal auf. Zu erinnern wäre da an das legendäre 5:4 bei den Bayern, ein 4:1 gegen Gladbach und zwei 3:1-Siege gegen Schalke und den BVB - doch mehr als das Viertelfinale war nie drin. Als größter Erfolg der jüngeren Vereinsgeschichte gilt somit das 4:2 über die Stuttgarter Kickers im Endspiel um die Deutsche Amateurmeisterschaft von 1995 - da war der VfL gerade seit zwei Jahren wieder in der Drittklassigkeit gelandet. Diesmal freilich verblieb man dort für etwas länger.

2. LIGA

Höchste Siege: 6:0 vs. SW Essen (14.12.74) (H)
5:1 in Wuppertal (8.12.79) (A)
Höchste Niederlagen: 0:7 vs. Fort. Köln (3.11.79) (H)
1:7 in Kiel (31.5.80) (A)

REKORDSPIELER		REKORDSCHÜTZEN	
Lothar Gans (75-84)	**293**	Gerd-Volker Schock (74-84)	**95**
Dirk Gellrich (83-93)	**273**	Heikko Glöde (86-90)	**55**
Ralf Heskamp (83-92)	**236**	Ralf Lehmann (79-84)	**54**
Gerd-Volker Schock (74-84)	**205**	Paul Linz (85-88)	**52**
Uwe Seiler (75-89)	**203**	Herbert Mühlenberg (74-78)	**49**
Karl-Friedrich Wessel (78-84)	**196**	Horst Feilzer (79-81)	**45**
Klaus-Willi Baumanns (74-80)	**193**	Claus-Dieter Wollitz (89-93)	**43**
Rolf Meyer (78-83)	**184**	Heinz-Dieter Greif (75-78)	**32**
Reinhold Nordmann (74-79)	**175**	Uwe Jursch (86-91)	**31**
Ulf Metschies (81-88)	**174**	Detlef Olaidotter (79-83)	**26**

	Liga	Platz	Punkte	Tore	Zuschauer
	(63-74: RL Nord)				
74/75	2.BL	**8.**	42:34	81:62	5.955
75/76	2.BL	**6.**	45:31	61:47	8.033
76/77	2.BL	**9.**	43:33	84:77	6.222
77/78	2.BL	**16.**	33:43	56:62	4.058
78/79	2.BL	**18.**	29:47	49:71	5.921
79/80	2.BL	**8.**	40:36	64:68	5.737
80/81	2.BL	**6.**	52:32	76:50	8.229
81/82	2.BL	**13.**	37:39	49:59	7.953
82/83	2.BL	**10.**	38:38	66:65	4.146
83/84	2.BL	**19.**	29:47	46:66	5.458
	(84/85: AOL Nord)				
85/86	2.BL	**14.**	35:41	48:57	5.598
86/87	2.BL	**6.**	44:32	69:66	7.795
87/88	2.BL	**9.**	38:38	47:47	5.158
88/89	2.BL	**14.**	36:40	58:66	3.664
89/90	2.BL	**15.**	33:43	58:69	5.829
90/91	2.BL	**14.**	35:41	51:55	5.974
91/92	2.BL	**9.**	31:33	45:54	6.188
92/93	2.BL	**20.**	41:51	63:72	5.278
	(93/94: AOL Nord)				
	(94-00: RL Nord)				
00/01	2.BL	**15.**	37	40:52	10.698

SC PADERBORN

(Sport-Club Paderborn 07 e.V.)

Gründung: 1. Juli 1985 (Fusion)
Farben: Blau-Weiß-Schwarz
Stadion: Hermann-Löns-Stadion (12.985)

Hermann-Löns-Str. 127, 33104 Paderborn
Tel: 05254-4500, Fax: 05254-4549
www.scpaderborn07.de

Obwohl die Geschichte des SC Paderborn reich an Fusionen ist, die dem Zweck dienten, die Kräfte zu bündeln, hat es bislang nur zu einer einzigen Saison im Profifußball gelangt. Doch der Reihe nach. Als 1963 der Startschuss zur Bundesliga fiel, kickten der SV schloß-Neuhaus und Grün-Weiß Paderborn als Aushängeschilder der Stadt in der viertklassigen Landesliga Westfalen-Ost. Anfang der 70er Jahre wurden sie jedoch sowohl vom 1.FC Paderborn, der 1968 aus dem SV 1913 und dem VfJ 1908 entstanden war, als auch von TuS Sennelager überflügelt. 1973 fusionierte dieser TuS Sennelager dann mit dem mehr oder weniger in der Versenkung verschwundenen SV Schloß-Neuhaus zum TuS Schloß Neuhaus, der sich in der

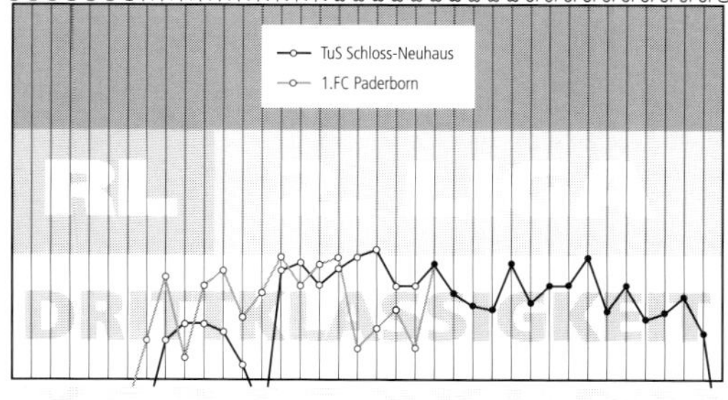

neuen Oberliga in der Spitzengruppe etablierte und 1982 als Westfalenmeister in die Zweite Liga aufstieg. Dort war man jedoch chancenlos, selbst zwei Trainerwechsel konnten den sang- und klanglosen Abstieg als Tabellenletzter nicht verhindern. Im Juli 1985 schloss sich der Verein mit dem mittlerweile chronisch abstiegsbedrohten 1.FC Paderborn zum TuS Paderborn-Neuhaus zusammen, der 1994 als Westfalenmeister noch einmal die Chance auf die Zweite Liga besaß, in der Aufstiegsrunde aber an Düsseldorf scheiterte. Der 1997 in SC Paderborn 07 umbenannte Klub verpasste drei Jahre später die Qualifikation für die neue Regionalliga Nord, stieß dann als erneuter Westfalenmeister jedoch bald nach.

	Liga	Platz	Punkte	Tore	Zuschauer
(63-65 + 69/70: LL Westfalen-Ost)					
(65-69: Bezirksklasse)					
(70-78: AL Westfalen)					
(78-82: AOL Westfalen)					
82/83	2.BL	**20.**	22:54	43:92	2.861
(83-94: AOL Westfalen)					
(94-00: RL West/Südwest)					
(00/01: OL Westfalen)					

2. LIGA

Höchste Siege: 3:1 vs. Stut. Kickers (2.10.82) (H)
2:0 in Fürth (14.5.83) (A)
Höchste Niederlagen: 0:5 vs. Wattenscheid (7.5.83) (H)
0:7 in Darmstadt (29.4.83) (A)

REKORDSPIELER		REKORDSCHÜTZEN	
Oswald Semlits (82-83)	**37**	Dieter Dannenberg (82-83)	**16**
Norbert Dölitsch (82-83)	**36**	Werner Schuck (82-83)	**7**
Dieter Dannenberg (82-83)	**35**	Johann Kriar (82-83)	**6**
Johann Kriar (82-83)	**33**	Norbert Dölitsch (82-83)	**5**
Peter Hobday (82-83)	**31**	Pedro Aguilar, Reiner Polder	**2**

FK PIRMASENS

(Fußballklub 1903 Pirmasens e.V.)

Gründung: 10. Juni 1903
Farben: Blau-Weiß
Stadion: Stadion Zweibrücker Str. (15.000)

Zweibrücker Str. 150, 66954 Pirmasens
Tel: 06331-45598, Fax: 06331-228190
www.fkpirmasens.purespace.de

	Liga	Platz	Punkte	Tore	Zuschauer
(63-74: RL Südwest)					
74/75	2.BL	**2.**	48:28	76:62	4.919
75/76	2.BL	**14.**	33:43	66:78	3.218
76/77	2.BL	**18.**	19:57	43:85	1.621
77/78	2.BL	**20.**	6:70	25:120	866
(78-92: AOL Südwest)					
(92/93 + 95-97: VL Südwest)					
(93-95: LL Südwest)					
(97-99 + 00/01: OL Südwest)					
(99/00: RL West/Südwest)					

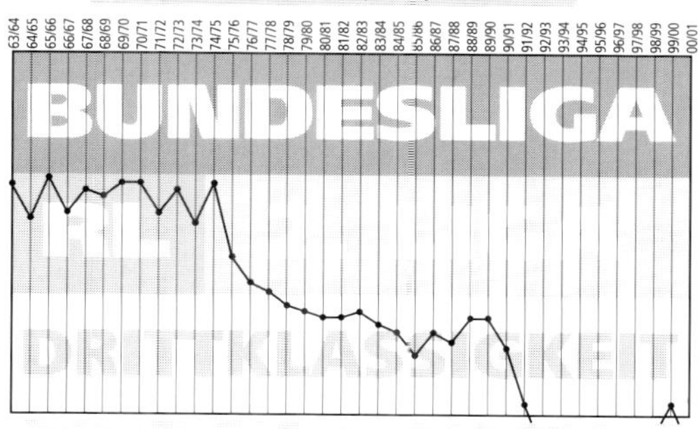

2. LIGA

Höchste Siege: 8:0 vs. Heilbronn (22.3.75) (H)
4:0 in Regensburg (19.3.77) (A)
Höchste Niederlagen: 0:9 vs. Bürstadt (22.4.78) (H)
0:8 in Augsburg (27.5.78) (A)

REKORDSPIELER		REKORDSCHÜTZEN	
Dieter Weinkauff (74-78)	**107**	Dieter Weinkauff (74-78)	**38**
Klaus Pudelko (74-77)	**105**	Harry Ehrhart (74-76)	**29**
Guntram Gentes (74-77)	**104**	Alfred Seiler (74-76)	**27**
Herm. Kohlenbrenner (74-77)	**102**	Georg Beichle (74-76)	**22**
Volker Faul (74-78)	**92**	Heinz Rudloff (76-78)	**13**

Der Aufnahme des FK Pirmasens, immerhin der Südwestmeister der Jahre 1958 bis 1960, in die Bundesliga scheiterte noch an der Stärke des 1.FC K'lautern, in den späteren Jahren scheiterten die Blau-Weißen hingegen an sich selbst. Bis zum Jahre 1971 erreichten die Kicker aus der Schuhstadt viermal die Aufstiegsrunde zur Bundesliga, doch die Konkurrenz erwies sich stets als mindestens eine Nummer zu groß. Einmal war man allerdings ganz nahe dran: 1966 lag der FK punktgleich mit Düsseldorf an der Spitze, kämpfte Hertha BSC mit 2:1 nieder und musste zugleich am Radio mitverfolgen, wie die Fortuna in Offenbach mit 5:1 gewann und aufgrund des besseren Torverhältnisses in die Bundesliga aufstieg. Bei allen anderen Aufstiegsrunden blieb Pirmasens Statist, spielte dann aber bei den ersten echten Relegationsspielen eine der Hauptrollen. Vor dem Start der Zweiten Liga Süd hatte der Klub erstmals ganz tief in die Taschen gegriffen und mit Michl, Nielsen, Beichle, Seiler und Krauth einige Hochkaräter an Land gezogen, woraufhin der heimstarken Truppe von Bernd Hoss prompt die Vizemeisterschaft gelang. In der fälligen Relegation gegen den Nordzweiten, Bayer Uerdingen, kam der FK auf dem heimischen Horeb nur zu einem 4:4 und leistete sich in der Grotenburg gar ein 0:6 - die Bundesliga blieb vorerst in weiter Ferne. Auch ein Freundschaftskick gegen Real Madrid konnte die Fans da nicht trösten. Für den FK ging es nun rapide abwärts, in die Saison 77/78 ging der verschuldete Klub mit einer besseren Juniorenelf, die immerhin sechs Punkte erobern konnte und stieg in die Oberliga ab. In den 90er Jahren wäre Pirmasens beinahe gänzlich von der Fußball-Landkarte verschwunden, doch von der Landesliga kletterte die einstige Kick-Hochburg bis 1999 zügig in die Regionalliga empor.

JAHN REGENSBURG

(Sport- und Schwimmverein Jahn 2000 Regensburg)

Gründung: 1. Juli 2000 (1899)
Farben: Rot-Weiß
Stadion: Jahnstadion (15.000)

Prüfeninger Str. 57a, 93049 Regensburg
Tel: 0941-22392, Fax: 0941-22330
www.ssv-jahn.de

	Liga	Platz	Punkte	Tore	Zuschauer
(63-65 + 66/67: AL Bayern)					
(65/66: LL Bayern-Mitte)					
(67-74: RL Süd)					
(74/75: AL Bayern)					
75/76	2.BL	**17.**	30:46	48:74	4.649
76/77	2.BL	**19.**	19:57	42:87	3.588
(77/78: AL Bayern)					
(78-83, 88-90 + 96-99: LL Bayern-Mitte)					
(83-88 + 90-94: AOL Bayern)					
(94-96 + 99/00: OL Bayern)					
(00/01: RL Süd)					

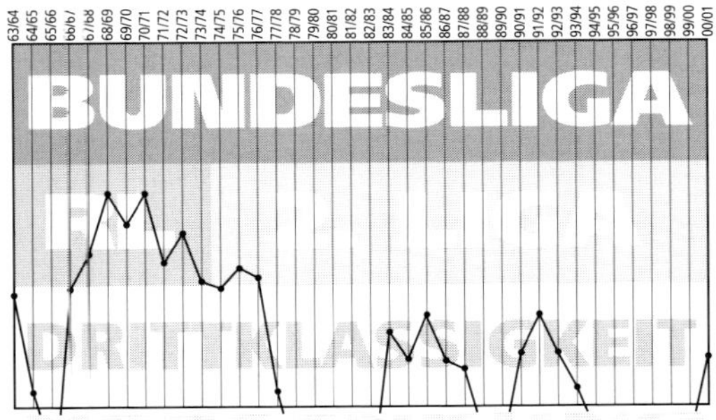

Mitte der 60er Jahre erlebte der arg gebeutelte SSV einen Aufschwung, mit Trainer- Rückkehrer »Bimbo« Binder gelang der Durchmarsch von der Landes- in die Regionalliga - dort schrieb der Regensburger Gerd Faltermeier Geschichte, indem er beim 3:2 gegen den VfR Mannheim 1971 das erste »Tor des Monats« erzielte. Jahn schlitterte damals knapp an der Aufstiegsrunde zur Bundesliga vorbei. Für die Zweite Liga reichte es erst 1975, und nach zwei Jahren stieg der SSV auch schon wieder ab und wurde bis in die Landesliga durchgereicht. Doch zuletzt ging es aufwärts, unter der Regie von Karsten Wettberg schaffte Regensburg im Jahr 2000 als einziger Oberligist die Qualifikation für die Regionalliga.

2. LIGA

Höchste Siege: 5:1 vs. Augsburg (8.5.77) (H)
4:2 in Reutlingen (13.6.76) (A)
Höchste Niederlagen: 0:4 vs. Pirmasens (19.3.77) (H)
0:8 beim VfB Stuttgart (13.5.77) (A)

REKORDSPIELER		REKORDSCHÜTZEN	
Reinhold Mathes (75-77)	**76**	Herfried Ruhs (75-77)	**21**
Hans Meichel (75-77)	**73**	Ernst Hodel (75-77)	**10**
Michael Hümmer (75-77)	**67**	Gerd Schneider (75-77)	**10**
Werner Michalka (75-77)	**67**	Rüdiger Watzl (75-77)	**8**
Ernst Hodel (75-77)	**66**	Bernd Laube (75-77)	**7**

FC REMSCHEID

(Fußball-Club Remscheid e.V.)

Gründung: 1. Juli 1990 (1908)
Farben: Blau-Weiß
Stadion: Röntgen-Stadion (12.463)

Postfach 110 146, 42861 Remscheid
Tel: 02191-601023 , Fax: 02191-667277
www.fcremscheid.de

Unter drei verschiedenen Namen war der Remscheider Fußball insgesamt fünf Jahre zweitklassig, was wie folgt zustande kam: Ende der 70er zeigte der aufstrebende BV 08 Lüttringhausen dem Lokalrivalen VfB 06/08 Remscheid, der wiederum 1971 aus der Fusion des BV 08 Remscheid mit dem Deutschen Amateurmeister von 1968, dem VfB Marathon Remscheid, entstanden war, die Hacken. Die Blau-Weißen schafften den Durchmarsch in die Oberliga Nordrhein und drei Jahre darauf auch den Aufstieg in die Zweite Liga. Das erste Gastspiel währte nach einem verheißungsvollen Auftakt allerdings nur zwei Jahre, und 1985 benannte sich der Verein in BVL Remscheid um.

Gemeinsam mit Duisburg, Wuppertal und Aachen dominierte Remscheid nun die starke Oberliga Nordrhein, in der Spielzeit 87/88 gelang gar die Rückkehr in die Zweite Liga, die jedoch nicht von langer Dauer war. Im Juli 1990 schlossen sich schließlich die beiden Drittligisten BVL 08 und VfB 06/08 (dieser war 1986 in die Oberliga nachgerückt) zum FC Remscheid zusammen. Prompt stiegen die Mannen von Detlef Pirsig, der vom Duisburger mittlerweile zum Remscheider Urgestein aufgestiegen war, wieder in die Zweite Liga auf. Dort hielt sich die Elf um Keeper Stocki, Torjäger Pröpper und die Litauer Jakubauskas und Bridaitis je-

TITEL
Deutscher Amateurmeister 1968 und 86

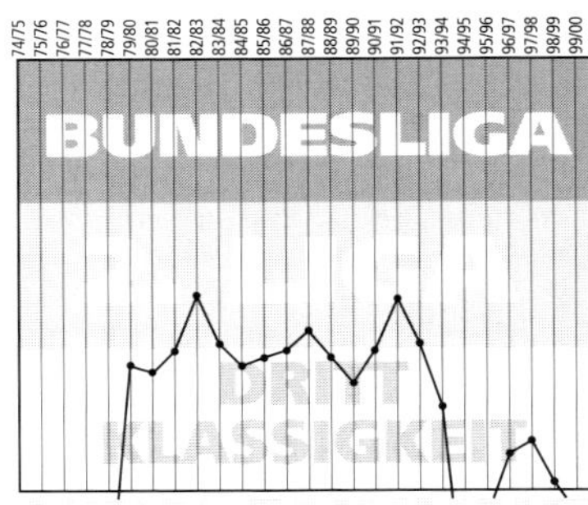

	Liga	Platz	Punkte	Tore	Zuschauer
- als BV Lüttringhausen -					
(63-76: Bezirksklasse)					
(76-78: LL Niederrhein)					
(78/79: VL Niederrhein)					
(79-82: AOL Nordrhein)					
82/83	2.BL	**13.**	34:42	53:76	4.426
83/84	2.BL	**20.**	18:58	36:87	3.221
(84-87: AOL Nordrhein)					
87/88	2.BL	**18.**	29:47	54:74	2.544
(88-91: AOL Nordrhein)					
91/92	2.BL	**8.**	31:33	39:38	2.294
92/93	2.BL	**23.**	33:59	50:83	1.913
(93/94: AOL Nordrhein)					
(94-96 + 99-01: OL Nordrhein)					
(96-99: RL West/Südwest)					

doch wieder nur zwei Jährchen: Abermals lieferte Remscheid eine starke erste Saison ab, doch in der Mammutsaison 92/93 ging den FClern die Puste aus - und so hieß es dann erneut: Back to the roots, back to the Oberliga. Später waren noch einmal drei Jahre Regionalliga drin, mittlerweile ist der FCR nur noch Verbandsligist.

2. LIGA

Höchste Siege: 6:3 vs. Hannover 96 (19.5.83) (H)
3:1 in Bielefeld (22.8.87) (A)
Höchste Niederlagen: 1:5 vs. Wattenscheid (26.8.87) (H)
0:8 in Mannheim (6.2.83) (A)

REKORDSPIELER		**REKORDSCHÜTZEN**	
André Stocki (82-93)	**132**	Carsten Pröpper (91-93)	**24**
Zdenko Kosanovic (82-93)	**128**	Frank Kremer (83-88)	**18**
Martin Tilner (87-93)	**109**	Kurt Balewski (82-88)	**15**
Kurt Balewski (82-88)	**106**	Peter Langer (82-84)	**13**
Hans-Jürgen Schmidt (87-93)	**80**	Ingmar Putz, Lothar Steinhauer	**12**

SSV REUTLINGEN

(Sport- und Schwimmverein Reutlingen 1905 e.V.)

Gründung: 9. Mai 1905
Farben: Schwarz-Rot-Weiß
Stadion: Stadion Kreuzeiche (15.146)

Kaiserstr. 2, 72764 Reutlingen
Tel: 07121-3259960, Fax: 07121-32599622
www.ssv-reutlingen.de

TITEL
Deutscher Amateurmeister 1974 und 1997

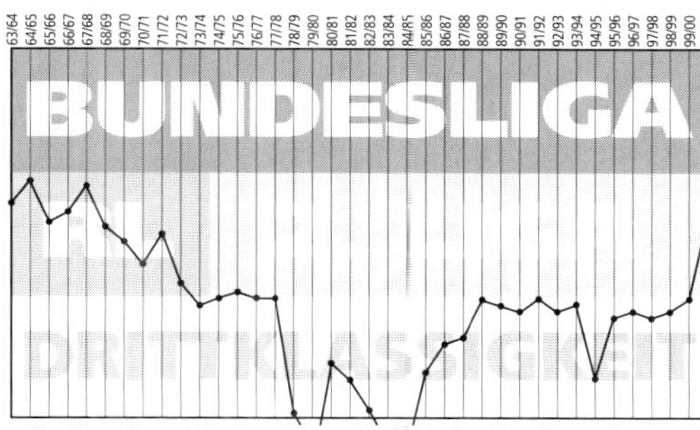

	Liga	Platz	Punkte	Tore	Zuschauer
(63-73: RL Süd)					
(73-75: AL Schwarzwald-Bodensee)					
75/76	2.BL	**20.**	13:63	35:99	2.786
(76-78: AL Schwarzwald-Bodensee)					
(78/79, 80-83 + 85-94: AOL Baden.-Württ.)					
(79/80 + 83-85: VL Württemberg)					
(94-00: RL Süd)					
00/01	2.BL	**7.**	53	64:52	7.062

2. LIGA

Höchste Siege: 8:2 vs. Saarbrücken (26.11.00) (H)
3:1 in Chemnitz (19.11.00) (A)
Höchste Niederlagen: 2:6 vs. Darmstadt (12.10.75) (H)
0:5 bei 1860 München (16.8.75) (A)

REKORDSPIELER		**REKORDSCHÜTZEN**	
Hans Eippert (75-76)	**38**	Olivier Djappa (00-01)	**18**
Rudi Murmann (75-76)	**37**	Hans Eippert (75-76)	**13**
Robert Lühr (75-76)	**36**	Alexander Malchow (00-01)	**9**
Godfried Aduobe (00-01)	**34**	Hans Düren (75-76)	**6**
Denis Lapaczinski (00-01) (u.a.)	**33**	Denis Lapaczinski (00-01)	**6**

Als Vize der Regionalliga Süd (hinter den Überfliegern des FC Bayern München) besaß der SSV im Sommer 1965 die große Chance, sich über die Aufstiegsrunde für die Bundesliga zu qualifizieren. In die Partien gegen Worms, Kiel und vor allem M'gladbach ging die Elf von Trainer Georg Wurzer als krasser Außenseiter, verkaufte sich nichtsdestotrotz prächtig und landete mit nur einem Punkt Rückstand hinter den Fohlen auf Platz zwei. Derlei spielerische Qualität gab's im idyllischen Stadion Kreuzeiche aber bald nur noch selten zu sehen, 1973 stieg der Sport- und Schwimmverein aus der Regionalliga ab. Der direkte Wiederaufstieg wurde verpasst, dafür hielt sich Reutlingen in der Amateurmeisterschaft schadlos und holte sich durch ein 2:1 gegen den VfB Remscheid den Titel ab. Im Folgejahr ließ der frischgebackene Meister den Kontrahenten aus Aalen, Eppingen und Offenburg keine Chance und schaffte unter der Regie von Rudi Schießl den Sprung in die Zweite Liga Süd - beim letzten Spiel der Aufstiegsrunde feierten über 16.000 Fans die Rückkehr in den Profifußball. Von solchen Zahlen war der SSV jedoch bald weit entfernt: Als am siebten Spieltag der erste Sieg gefeiert werden konnte, lag Reutlingen bereits auf dem 20. und letzten Platz, den man bis zum Saisonende fest abonniert hatte. Doch es sollte noch schlimmer kommen, bald musste der SSV, dereinst eine feste Größe im süddeutschen Fußball, einige Ehrenrunden in der Verbandsliga Württemberg einlegen. In den 90ern ging es wieder aufwärts, wie einige Teilnahmen an den Zweitliga-Aufstiegsrunden und der Amateurtitel von 1997 belegen. Dank der vorzüglichen Arbeit von Präses Dieter Winko und Coach Armin Veh gelang drei Jahre später nicht nur die Rückkehr in die Zweite Liga, sondern dann tatsächlich auch der souveräne Klassenerhalt.

HANSA ROSTOCK

(Fußball-Club Hansa Rostock e.V.)

Gründung: 28. Dezember 1965
Farben: Weiß-Blau
Stadion: Ostseestadion (30.000)

Trotzenburger Weg 14, 18057 Rostock
Tel: 0381-499990, Fax: 0381-4999970
www.fc-hansa.de

TITEL
DDR-Meister 1991
DFB-Hallen-Masters 1998

	Liga	Platz	Punkte	Tore	Zuschauer
63/64	OL	**2.**	33:19	40:23	14.471
64/65	OL	**5.**	28:24	37:33	10.846
65/66	OL	**4.**	28:24	41:34	8.615
66/67	OL	**10.**	26:26	27:27	15.808
67/68	OL	**2.**	34:18	37:27	13.269
68/69	OL	**4.**	29:23	42:33	13.269
69/70	OL	**12.**	21:31	22:33	11.269
70/71	OL	**8.**	25:27	31:25	13.923
71/72	OL	**9.**	24:28	27:24	10.192
72/73	OL	**10.**	20:32	36:44	8.423
73/74	OL	**7.**	25:27	37:35	13.692
74/75	OL	**13.**	29:35	29:35	11.519
	(75/76: DDR-Liga, Staffel A)				
76/77	OL	**14.**	20:32	23:41	20.538
	(77/78: DDR-Liga, Staffel A)				
78/79	OL	**14.**	15:37	30:46	14.077
	(79/80: DDR-Liga, Staffel A)				
80/81	OL	**10.**	20:32	35:47	22.385
81/82	OL	**8.**	25:27	37:40	17.154
82/83	OL	**8.**	28:24	38:40	16.615
83/84	OL	**9.**	24:28	32:41	13.000
84/85	OL	**10.**	21:31	37:51	10.100
85/86	OL	**13.**	20:32	31:46	10.838
	(86/87: DDR-Liga, Staffel A)				
87/88	OL	**9.**	23:29	42:49	14.269
88/89	OL	**4.**	29:23	34:31	20.308
89/90	OL	**6.**	27:25	38:33	10.649
90/91	OL	**1.**	35:17	44:25	10.031
91/92	BL	**18.**	31:45	43:55	11.541
92/93	2.BL	**11.**	46:46	54:52	3.349
93/94	2.BL	**8.**	39:37	51:56	3.585
94/95	2.BL	**1.**	46:22	66:30	7.044
95/96	BL	**6.**	49	47:43	23.563
96/97	BL	**15.**	40	35:46	17.503
97/98	BL	**6.**	51	54:46	17.278
98/99	BL	**14.**	38	49:58	15.679
99/00	BL	**15.**	38	44:60	15.712
00/01	BL	**12.**	43	34:47	13.211

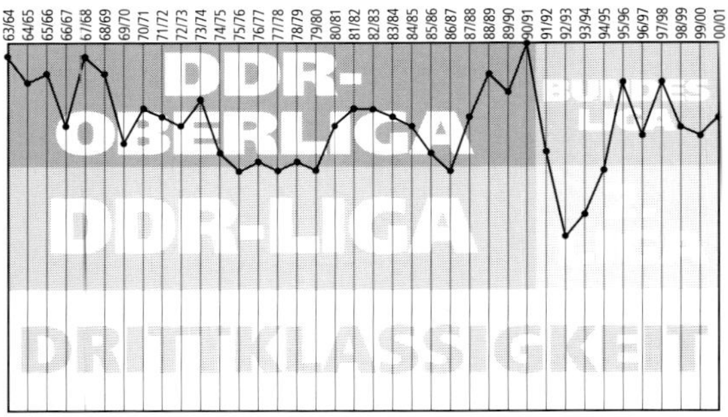

In den 60er Jahren galt der SC Empor Rostock, Vorläufer des heutigen FC Hansa und Nachkomme der Sensationsmannschaft der BSG Empor Lauter, die im November 1954 kurzerhand vom Erzgebirge an die Ostsee delegiert wurde, als »Ewiger Zweiter« - ein Titel, den man sich durch drei Vizemeisterschaften in Serie hatte sichern können. Von 1962 bis 1964 lag Rostock jeweils lange an der Tabellenspitze, ließ sich jedoch noch auf den letzten Metern abfangen. Zu der offensichtlichen Nervenschwäche gesellte sich bald auch noch ein handfestes Stürmerproblem, denn von Jahr zu Jahr trafen die Spitzen des im Dezember 1965 als »FC Hansa Rostock« aus dem Gesamtverein herausgelösten Klubs immer seltener ins Schwarze. Damit ging dann nahezu zwangsweise auch ein allmähliches Absacken ins Mittelmaß einher: In der Saison 66/67 rutschte die Elf von Gerhard Gläser, dem Nachfolger des großen Walter Fritzsch, auf den zehnten Platz ab - in 26 Spielen waren ihr kümmerliche 27 Törchen gelungen. Und auch das FDGB-Pokalfinale ging verloren: 0:3 gegen Motor Zwickau.

Im nächsten Jahr waren es zwar nur zehn Treffer mehr, also insgesamt 37 (davon allein 15 durch Gerd Kostmann, den neuen Torjäger), aber das reichte schon wieder zum Sprung an die Spitze bzw. auf den damaligen Standardtabellenplatz der Rostocker, den zweiten. Zu dieser Zeit konnte freilich noch niemand ahnen, dass die fünfte Vizemeisterschaft auch zugleich die letzte sein sollte. Während es in der Oberliga allmählich immer weiter abwärts ging, war Rostock nun erstmals auch im Europapokal mit von der Partie. Doch beide Anläufe, den Messecup zu erringen, scheiterten in der zweiten Runde an italienischen Spitzenmannschaften: 1968 der AC Florenz (3:2, 1:2), 1969 Inter Mailand (3:2, 1:2). Tolle Spiele, eine nette Abwechslung auch für die Fans, die im Ostseestadion mit ansehen mussten, wie sich ihre Helden immer weiter von den oberen Tabellenregionen entfernten und Schicksalsspiele gegen Stahl Riesa oder Vorwärts Stralsund austrugen. So richtig Spaß schien das nicht zu machen, denn in der Saison 72/73, in der Hansa auf einem müden zehnten Platz landete, verzeichnete man mit 8.400 den schlechtesten Zuschauerschnitt aller Zeiten.

2. LIGA

Höchste Siege: 6:0 vs. Wolfsburg (3.4.95) (H)
4:0 in Wattenscheid (28.5.95) (A)
Höchste Niederlagen: 0:2 vs. RW Essen (31.10.93) (H)
0:5 bei Hannover 96 (4.6.94) (A)

REKORDSPIELER		REKORDSCHÜTZEN	
Timo Lange (92-95)	**110**	Olaf Bodden (92-95)	**22**
Heiko März (92-95)	**102**	Timo Lange (92-95)	**18**
Hilmar Weilandt (92-95)	**102**	Slawomir Chalaskiewicz (92-95)	**16**
Daniel Hoffmann (92-95)	**100**	Stefan Beinlich (94-95)	**15**
Mike Werner (92-95)	**100**	Jens Dowe (92-94)	**13**

BUNDESLIGATRAINER
Uwe Reinders (7/91-3/92)
Erich Rutemöller (3/92-6/92)
Frank Pagelsdorf (7/95-6/97)
Ewald Lienen (7/97-3/99)
Andreas Zachhuber (3/99-9/00)
Friedhelm Funkel (9/00- ...)

Zwei Jahre später stieg Rostock zum ersten Mal in die DDR-Liga ab - ausgerechnet ein von Joachim Streich verschossener Elfmeter am letzten Spieltag gegen die bereits abgestiegenen Kollegen aus Stralsund kostete Hansa den Klassenerhalt und stellte zugleich den Beginn der Rostocker Fahrstuhljahre dar. Fünfmal in Folge wechselte der Klub die Spielklasse: Für die DDR-Liga, in der sich Mannschaften wie Rotes Banner Trinwillershagen und Motor Wolgast tummelten, war Hansa einfach zu stark, doch in der Oberliga kassierte man Niederlage auf Niederlage und stieg zweimal als Tabellenletzter ab.

Erst 1980/81 konnte der FC Hansa den Teufelskreis durchbrechen: Mit Trainer Harry Nippert stieg die Truppe nicht nur souveränst auf - 43:1 Punkte und 77:8 Tore sprechen eine recht deutliche Sprache, in der Aufstiegsrunde sah es ähnlich aus - sondern schaffte in der Folgesaison auch endlich einmal den Klassenerhalt. Sechs Jahre lang dümpelte Hansa fortan im Mittelfeld der Liga umher - für die Nerven der Fans eine wahre Wohltat, doch für die Vereinsführung, den Trainerstab und die Mannschaft, die an guten Tagen jeden Gegner zu schlagen in der Lage war, eine mittelgroße Enttäuschung. Am 3. Mai 1986 wurden die Gesichter der Betroffenen dann noch länger Nach dem 0:4-Debakel in Riesa musste die launische Diva Hansa einmal mehr in die DDR-Liga absteigen. Doch im Gegensatz zu früheren Zeiten vermochten sich die Ostseekicker nach dem sofortigen Wiederaufstieg in der Oberliga zu etablieren und landeten nach starken Leistungen auf einstelligen Tabellenplätzen. Die Krönung des Aufschwungs, bei dem nicht zuletzt die exzellente Nachwuchsarbeit der Rostocker Talenteschmiede eine große Rolle spielte, stand aber erst noch bevor. Ausgerechnet in der allerletzten Oberliga-Saison der DDR, die über die Aufnahme in die ersten beiden Bundesligen entscheiden sollte, wurde Hansa Meister - und das auch noch mit einem Trainer aus dem Westen! Doch auch Uwe Reinders konnte nicht verhindern, dass sich die Rostocker bereits nach einem Jahr wieder aus der Bundesliga verabschieden mussten. Der Meistertrainer wurde bald gefeuert, die Finanzlage sah alles andere als rosig aus und der Wiederaufstieg lag in weiter Ferne - die Hansa-Kogge stand 1993 am Scheideweg. Doch sie schipperte in die richtige Richtung: Der überfällige Neuaufbau wurde von Männern wie Jürgen Heinsch, Peter-Michael Diestel und Frank Pagelsdorf eingeleitet, und als Hansa 1995 in die Bundesliga zurückkehrte, stieg man durch den Absturz von Dynamo Dresden plötzlich zum Aushängeschild und Hoffnungsträger des gesamten Ostens auf. Hansa enttäuschte die Fußballfreunde nicht: Mit schickem Angriffsfußball mischte Rostock die Liga auf und verpasste die Qualifikation für den UEFA-Cup erst am letzten Spieltag durch ein dummes 0:1 gegen den 1.FC Köln. So gut lief es in den nächsten Jahren zwar längst nicht mehr, doch zog Hansa den Kopf bislang noch immer rechtzeitig aus der Abstiegsschlinge, wusste sich finanziell zu konsolidieren und verfügt mit dem Ostseestadion über ein modernes Schmuckkästchen, das zumindest im Osten der Republik seinesgleichen sucht. Jetzt wird es nur mal langsam wieder Zeit für eine zünftige Vizemeisterschaft.

1. LIGA

Höchste Siege: 5:1 vs. BVB (14.8.91) (H)
3:0 in Bremen (3.4.99) (A)
Höchste Niederlagen: 0:4 vs. FC Bayern (27.2.99) (H)
1:6 beim FC Bayern (9.9.98) (A)

REKORDSPIELER		REKORDSCHÜTZEN	
Hilmar Weilandt (91-01)	**156**	Oliver Neuville (97-99)	**22**
Timo Lange (95-01)	**145**	Steffen Baumgart (95-01)	**21**
Steffen Baumgart (95-01)	**140**	Jonathan Akpoborie (95-97)	**20**
Radwan Yasser (96-01)	**113**	Stefan Beinlich (95-97)	**19**
Marco Zallmann (95-01)	**112**	Victor Agali (98-01)	**17**
Martin Pieckenhagen (96-01)	**110**	Slawomir Majak (97-01)	**15**
Slawomir Majak (97-01)	**108**	Magnus Arvidsson (99-01)	**13**
Perry Bräutigam (95-00)	**98**	Sergej Barbarez (96-98)	**13**
Heiko März (91-98)	**95**	Igor Pamic (97-99)	**13**
Stefan Studer (95-98)	**89**	Michael Spies (91-92)	**13**

1.FC SAARBRÜCKEN

(1. Fußball-Club Saarbrücken e.V.)

Gründung: 18. April 1903
Farben: Blau-Schwarz
Stadion: Ludwigsparkstadion (35.286)

Berliner Promenade 12, 66111 Saarbrücken
Tel: 0681-971440, Fax: 0681-9714 414
www.fc-saarbruecken.de

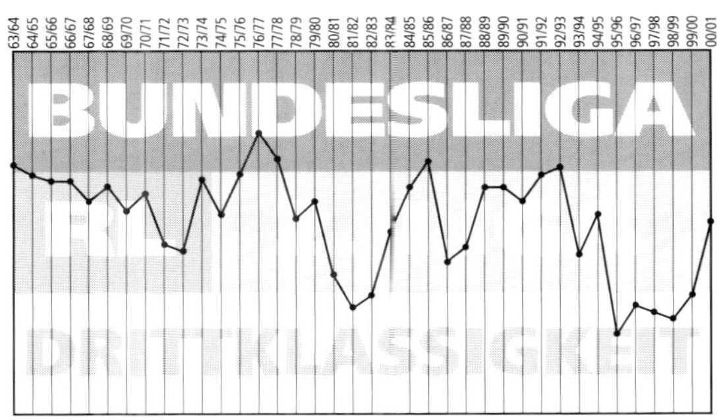

Dass der 1.FC Saarbrücken zu den Gründungsmitgliedern der Bundesliga zählte, empfanden nicht wenige als handfesten Skandal - vor allem natürlich die Konkurrenz aus Neunkirchen und Pirmasens, die in den Jahren zuvor besser abgeschnitten hatte und lautstarke Bedenken bezüglich der Objektivität einiger Mitglieder der Bundesliga-Kommission im Speziellen und dem Saarländer Hermann Neuberger im Besonderen äußerte. Doch der vermeintliche Fehler war schnell korrigiert. In der ersten Bundesligasaison machte der FCS eigentlich nur ein einziges Mal positiv auf sich aufmerksam, als er nämlich - abgeschlagen an letzter Stelle liegend - bei Tabellenführer 1.FC Köln sensationell mit 3:1

gewann. Eine feine Überaschung, ein feiner Sieg - doch vom letzten Platz bewegten sich die Saarbrücker nicht mehr fort und gingen so als erster Absteiger in die Geschichte der Bundesliga ein. Mit dem Wiederaufstieg wurde ein junger Spund namens Jupp Derwall beauftragt, und zunächst ließ sich die Geschichte auch ganz ordentlich an. Als Meister der Regionalliga Südwest erreichte der 1.FC Saarbrücken die Aufstiegsrunde zur Bundesliga, in der man jedoch das Pech hatte, auf den FC Bayern München zu stoßen - und mit dem war damals nicht eben gut Kirschen essen. Nach dem 0:5 im Stadion an der Grünwalder Straße konnte man sich daheim in Saarbrücken auf eine weitere Regionalliga-Saison einstellen. Unter der Regie von Bernd Oles unternahm man gleich im nächsten Jahr einen erneuten Anlauf, doch diesmal waren Essen und St. Pauli stärker. Ganz ähnlich sah es anno 1967, als man gegen Offenbach und Aachen kein Land sah, und 1974 aus, als der FCS in seiner Gruppe gar Letzter wurde - noch hinter Wattenscheid und Wacker 04 Berlin. Von der Bundesliga schien Saarbrücken meilenweit entfernt, selbst der zwischenzeitlich engagierte blutjunge Otto Rehhagel hatte es nicht richten können.

Noch während der Aufstiegsrunde traf der DFB erneut eine äußerst umstrittene Entscheidung pro Saarbrücken (und das, obwohl Neuberger erst ein Jahr später Präses wurde): Diesmal ging es um die Qualifikation für die neue Zweite Liga Süd. Der SV Alsenborn lag nach sportlichen Kriterien eindeutig vor dem FCS, doch nach einem Einspruch der Saarbrücker sollten plötzlich auch wirtschaftliche Gesichtspunkte berücksichtigt werden und Alsenborn war draußen. Und diesmal wusste Saarbrücken das Geschenk auch besser zu nutzen, denn zwei Jahre später stieg die Elf von Slobodan Cendic als souveräner Süd-Meister in die Bundesliga auf. Dort lief es anfangs gar nicht gut, die Nzuzugänge schlugen nicht ein, und ehe sich Cendic versah, war er durch Manni Krafft ersetzt worden, dem in einem tollen Endspurt tatsächlich noch der Klassenerhalt gelang - nicht zuletzt dank eines 6:1 gegen Bayern München, von dem sie sich im Ludwigspark heute noch erzählen. Im nächsten Jahr war es dann allerdings auch schon wieder mit der Saarbrücker Bundesligaherrlichkeit vorbei, auch ein neuerlicher Trainerwechsel (Tilkowski) brachte keine Rettung.

In den 80er Jahren wurde es dann aber erst so richtig turbulent. Dem Abrutschen in die Oberliga samt drohender Pleite folgte 1983 der Wiederaufstieg und zwei Jahre später der Relegationstriumph über Arminia Bielefeld (2:0, 1:1) - der 1.FC Saarbrücken war wieder Bundesligist. Doch der Sprung ins Oberhaus war zu früh gekommen, die Klimaschefski-Elf bekam nie ein Bein auf die Erde und stieg mit deutlichem Rückstand wieder ab. Ende der 80er standen den Saarländern abermals Relegationsspiele ins Haus, die gegen Eintracht Frankfurt (0:2, 2:1) und den VfL Bochum (1:1, 0:1) knapp verloren wurden. Mit Peter Neururer auf der Trainerbank stellte man sich zwei Jahre später geschickter an und stieg als Meister der zweigeteilten Liga directement in die Bundesliga auf. Nach einem tollen Start leistete sich der FCS in der Schlussphase der Saison jedoch eine unglaubliche Negativserie, erzielte über 13 Stunden lang nicht einen Treffer und stieg als Tabellenletzter ab - am 20. Spieltag hatte man noch auf dem zehnten Platz gelegen. 1995 traf ein Lizenzentzug den Klub bis ins Mark, der Konkurs konnte nur durch einen Vergleich abgewendet werden. Unter Klaus Toppmöller ging es sportlich aufwärts, dem Wiederaufstieg ließ der 1.FC Saarbrücken 2001 einen starken achten Platz folgen. Die Chancen stehen gut, das 100-jährige in einer der beiden Bundesligen feiern zu können.

BUNDESLIGATRAINER

Helmut Schneider (7/63-6/64)
Slobodan Cendic (7/76-10/76)
Manfred Krafft (10/76-2/78)
Hans Tilkowski (2/78-6/78)
Uwe Klimaschefski (7/85-4/86)
Wolfgang Seel/Walter Müller (4/86-6/86)
Peter Neururer (7/92-6/93)

1. LIGA

Höchste Siege: 6:1 vs. FC Bayern (16.4.77) (H)
5:2 in M'gladbach (14.11.92) (A)
Höchste Niederlagen: 0:6 vs. K'lautern (26.4.86) (H)
1:7 bei 1860 München (9.11.63)

REKORDSPIELER		REKORDSCHÜTZEN	
Egon Schmitt (76-78)	**68**	Roland Stegmayer (76-78)	**19**
Ludwig Denz (76-78)	**62**	Dieter Krafczyk (63-64)	**13**
Dieter Ferner (76-78)	**62**	Harry Ellbracht (76-78)	**12**
Bernd Förster (76-78)	**61**	Rainer Schönwälder (63-64)	**11**
Heinz Traser (76-78)	**59**	L. Denz, W. Lorant, E. Wynalda	**9**

2. LIGA

Höchste Siege: 7:1 vs. Osnabrück (15.9.89) (H)
6:1 in Erfurt (16.11.91) (A)
Höchste Niederlagen: 0:5 vs. Darmstadt (24.5.87) (H)
1:8 in Charlottenburg (20.5.84) (A)

REKORDSPIELER		REKORDSCHÜTZEN	
Norbert Schlegel (83-90)	**208**	Norbert Schlegel (83-90)	**38**
Wenanty Fuhl (86-94)	**206**	Heinz Traser (74-81)	**38**
Ernst Traser (74-85)	**204**	Ludwig Denz (74-81)	**35**
Walter Müller (78-87)	**184**	Rainer Künkel (78-80)	**33**
Michael Nushöhr (83-92)	**179**	Werner Heck (78-80)	**32**
Ludwig Denz (74-81)	**178**	Felix Magath (74-76)	**29**
Eugen Hach (87-92)	**167**	Michael Preetz (90-92)	**29**
Egon Schmitt (74-81)	**163**	Anthony Yeboah (88-90)	**26**
Alfred Wahlen (87-92)	**150**	Michael Blättel (83-85)	**24**
Kurt Knoll (83-90)	**132**	Michael Krätzer (89-94)	**22**

	Liga	Platz	Punkte	Tore	Zuschauer
63/64	BL	**16.**	17:43	44:72	16.333
	(64-74: RL Südwest)				
74/75	2.BL	**7.**	41:35	72:52	11.538
75/76	2.BL	**1.**	57:19	66:28	14.692
76/77	BL	**14.**	29:39	43:55	27.057
77/78	BL	**17.**	22:46	39:70	22.305
78/79	2.BL	**8.**	41:35	70:58	5.937
79/80	2.BL	**5.**	47:33	69:56	6.350
80/81	2.BL	**17.**	28:48	43:61	4.905
	(81-83: AOL Südwest)				
83/84	2.BL	**10.**	38:38	61:69	8.079
84/85	2.BL	**3.**	49:27	70:41	7.525
85/86	BL	**17.**	21:47	39:68	15.553
86/87	2.BL	**15.**	34:42	53:71	3.924
87/88	2.BL	**13.**	34:42	57:67	2.970
88/89	2.BL	**3.**	46:30	53:43	5.152
89/90	2.BL	**3.**	46:30	58:33	10.006
90/91	2.BL	**5.**	44:32	47:30	6.385
91/92	2.BL	**1.**	42:22	52:30	10.550
92/93	BL	**18.**	23:45	37:71	20.730
93/94	2.BL	**14.**	37:39	58:69	5.331
94/95	2.BL	**7.**	35:33	45:43	4.887
	(95-00: RL West/Südwest)				
00/01	2.BL	**8.**	50	48:59	9.045

FSV SALMROHR

(Fußballsportverein Salmrohr 1921 e.V.)

Zum Burgberg 4, 54528 Salmtal
Tel: 06578-98200, Fax: 06578-982020
www.fsvsalmrohr.de

Gründung: 1921
Farben: Rot-Schwarz
Stadion: Salmtalstadion (12.000)

In beeindruckender Schnelligkeit vollzog sich in den 70er Jahren der Marsch des kleinen Dorfvereins von der Kreisklasse bis in die Oberliga Südwest. 1973 mit Spielertrainer Horst Brand gerade einmal in die Bezirksliga aufgestiegen, kreuzte man fünf Jahre später bereits mit Größen wie Mainz, Neunkirchen oder Homburg die Klingen. Und das überaus erfolgreich: Bald war der FSV nicht mehr aus der Spitzengruppe wegzudenken, wurde 1985 Südwestmeister und stieg ein Jahr später als Vize in die Zweite Liga auf. Nach einem prima Start (1:1 gegen den KSC, 2:0 in Saarbrücken) kassierte die Elf von Robert Jung, zu der auch »Euro-Eddy« Schmitt zählte, jedoch Niederlagen in Serie und stieg als Letzter ab, obwohl es im März unter Spielertrainer Klaus Toppmöller noch einmal kurzfristig aufwärts ging. Seit damals hält sich der FSV, der 1990 durch ein 2:0 gegen Rheydt Meister der Amateure wurde, solide als Dritt- bzw. Viertligist.

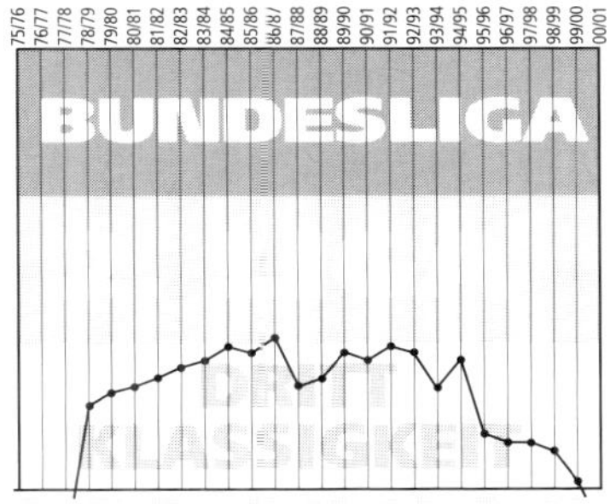

TITEL
Deutscher Amateurmeister 1990

	Liga	Platz	Punkte	Tore	Zuschauer
(63-73: nicht erfasst)					
(73-77: Bezirksliga)					
(77/78: AL Rheinland)					
(78-86: AOL Südwest)					
86/87	2.BL	**20.**	21:55	48:94	1.842
(87-94: AOL Südwest)					
(93-00: RL West/Südwest)					
(00-01: OL Südwest)					

2. LIGA

Höchste Siege: 4:0 vs. Fort. Köln (11.4.87) (H)
2:0 in Saarbrücken (2.8.86) (A)
Höchste Niederlagen: 0:5 vs. Kassel (14.9.86) (H)
0:8 in Darmstadt (30.5.87) (A)

REKORDSPIELER

Klaus-Dieter Augst (86-87) **36**
Herbert Herres (86-87) **34**
Manfred Plath (86-87). **33**
Alfred Weyland (86-87) **32**
Edgar Schmitt, Klaus Toppmöller. **31**

REKORDSCHÜTZEN

Norbert Rolshausen (86-87) **13**
Klaus-Dieter Augst (86-87). **12**
Hamid Ali-Doosti (86-87). **10**
Edgar Schmitt (86-87) **4**
Alfred Weyland (86-87). **2**

SCHALKE 04

(Fußball-Club Gelsenkirchen-Schalke 04 e.V.)

Postfach 200 861, 45843 Gelsenkirchen
Tel: 0209-700870, Fax: 0209-7008750
www.schalke04.de

Gründung: 4. Mai 1904
Farben: Blau-Weiß
Stadion: Arena AufSchalke (60.215)

TITEL
Deutscher Meister 1934, 1935, 1937
1939, 1940, 1942 und 1958
Deutscher Pokalsieger 1937,
1972 und 2001
UEFA-Cup-Sieger 1997

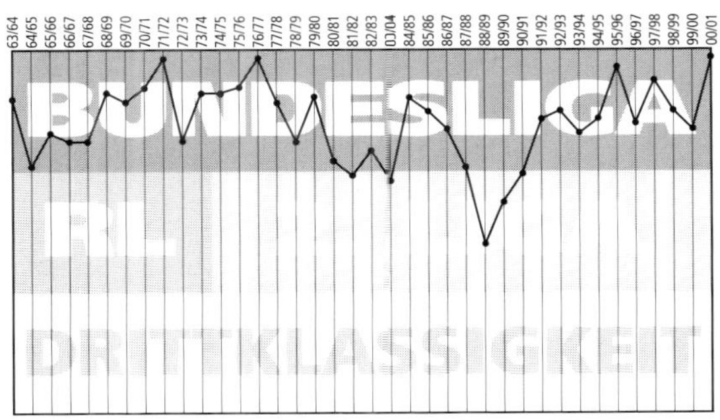

In den ersten Bundesligajahren sah es für den einst ruhmreichen FC Schalke 04 alles andere als gut aus. Sprang in der Auftaktsaison noch ein halbwegs zufrieden stellender achter Rang heraus, so landeten die Königsblauen, die an und für sich über eine hervorragende Mannschaft verfügten, 1965 abgeschlagen auf dem letzten Platz. Doch Schalke stieg nicht ab, da sich Hertha BSC beim Verteilen von Hand- und Schwarzgeldern ein bisserl zu ungeschickt angestellt hatte und die Bundesliga im folgenden Wirrwarr auf 18 Vereine aufgestockt wurde. Zwei weitere Jahre überstand man glücklich den Abstiegskampf, und am Ende der 60er verfügten die Schalker endlich über eine konkurrenzfähige Mannschaft, die sich - dank des Bayern-Doubles von 1968 - auch mal wieder im Europacup, dem der Pokalsieger, versuchen durfte. Und hier lieferte die Elf um Nigbur, Fichtel, van Haaren, Scheer,

	Liga	Platz	Punkte	Tore	Zuschauer
63/64	BL	**8.**	29:31	51:53	19.125
64/65	BL	**16.**	22:38	45:60	24.740
65/66	BL	**14.**	27:41	33:55	26.342
66/67	BL	**15.**	30:38	37:63	22.553
67/68	BL	**15.**	30:38	42:48	20.949
68/69	BL	**7.**	35:33	45:40	21.559
69/70	BL	**9.**	34:34	43:54	19.525
70/71	BL	**6.**	36:32	44:40	19.950
71/72	BL	**2.**	52:16	76:35	25.430
72/73	BL	**15.**	28:40	46:61	18.873
73/74	BL	**7.**	37:31	72:68	38.743
74/75	BL	**7.**	39:29	52:37	38.329
75/76	BL	**6.**	37:31	76:55	32-321
76/77	BL	**2.**	43:25	77:52	37.303
77/78	BL	**9.**	34:34	47:52	33.689
78/79	BL	**15.**	28:40	55:61	32.309
79/80	BL	**8.**	33:35	40:51	25.324
80/81	BL	**17.**	23:45	43:88	27.603
81/82	2.BL	**1.**	51:25	70:35	25.632
82/83	BL	**16.**	22:46	48:68	27.854
83/84	2.BL	**2.**	55:21	95:45	16.355
84/85	BL	**8.**	34:34	63:62	27.670
85/86	BL	**10.**	30:38	53:58	18.374
86/87	BL	**13.**	32:36	50:58	23.220
87/88	BL	**18.**	23:45	48:84	22.180
88/89	2.BL	**12.**	36:40	58:51	14.114
89/90	2.BL	**5.**	43:33	69:51	23.074
90/91	2.BL	**1.**	57:19	64:29	29.078
91/92	BL	**11.**	34:42	45:45	39.954
92/93	BL	**10.**	34:34	42:43	36.184
93/94	BL	**14.**	29:39	38:50	32.890
94/95	BL	**11.**	31:37	48:54	37.519
95/96	BL	**3.**	56	45:36	36.508
96/97	BL	**12.**	43	35:40	36.493
97/98	BL	**5.**	52	38:32	47.674
98/99	BL	**10.**	41	41:54	40.723
99/00	BL	**13.**	39	42:44	38.011
00/01	BL	**2.**	62	65:35	43.940

BUNDESLIGATRAINER

Georg Gawliczek (7/63-4/64)
Fritz Langner (4/64-6/67)
Karl-Heinz Marotzke (7/67-11/67)
Günther Brocker (11/67-11/68)
Rudi Gutendorf (11/68-9/70)
Slobodan Cendic (9/70-6/71)
Ivica Horvath (7/71-6/75)
Max Merkel (7/75-3/76)
Friedel Rausch (3/76-12/77)
Uli Maslo (12/77-5/78)
Ivica Horvath (7/78-3/79)
Gyula Lorant (3/79-12/79)
Dietmar Schwager (12/79-4/80)
Fahrudin Jusufi (4/80-5/81)
Rudi Assauer/Redepennig (5/81-6/81)
Sigfried Held (7/82-1/83)
Jürgen Sundermann (1/83-6/83)
Diethelm Ferner (7/84-6/86)
Rolf Schafstall (7/86-12/87)
Horst Franz (12/87-6/88)
Aleksandar Ristic (7/91-4/92)
Klaus Fischer (5/92-6/92)
Udo Lattek (7/92-1/93)
Helmut Schulte (1/93-10/93)
Jörg Berger (10/93-10/96)
Huub Stevens (10/96- ...)

Lütkebohmert und Rückkehrer Libuda ihr Gesellenstück ab: Erst im Halbfinale gegen Manchester City war Schicht. Schalke war nun auf dem Vormarsch, auch und gerade in der Bundesliga. In der Saison 71/72 lieferten sich die Knappen mit den Bayern einen tollen Zweikampf um den Titel, gaben die Meisterschale erst am letzten Spieltag aus den Händen und holten in beeindruckender Manier den DFB-Pokal: Im Finale setzte es ein 5:0 gegen den 1.FC K'lautern. Doch im Zuge des Bundesliga-Skandals, in den Schalke tiefer verstrickt war, als es zunächst den Anschein hatte, fiel diese große Elf auseinander.

Mitte der 70er Jahre schien sich Schalke zu erholen, griff mit dem genialen Sturmduo Abramczik/Fischer noch einmal an und gab 1977 einen guten Vizemeister ab. Zweimal war so auch noch der UEFA-Cup drin, doch das war's dann auch schon - Anfang der 80er musste aufgrund der chronisch leeren Kassen das Vorzeigepersonal verscherbelt werden, die fast logische Folge war der erste Abstieg der Vereinsgeschichte überhaupt. Es sollte nicht der letzte bleiben. Um 1985, der Stern des jungen Olaf Thon ging gerade auf, schienen die Fahrstuhljahre vorbei zu sein, doch schon 1988 musste Schalke wieder in die Zweite Liga und stand kurz darauf mit einem halben Beinchen bereits in der Oberliga, bevor es unter Neururer aufwärts und mit Ristic dann wieder in die Bundesliga ging. Dort überstanden die Königsblauen die Ära des »Sonnenkönigs« Günter Eichberg ebenso wie die Beinahepleite und den einen oder anderen Abstiegskampf. Unter Jörg Berger, der in größter Not geholt wurde, fand ein Aufschwung statt, den Huub Stevens ab Oktober 1996 fortsetzte und im Mai 1997 mit dem sensationellen Gewinn des UEFA-Cups krönte. Zwar gab es danach auch den ein oder anderen Rückschlag, doch dank der zielstrebigen Arbeit des Gespanns Assauer/Stevens schaffte der FC Schalke 04 tatsächlich den Wandel zu einer echten Spitzenmannschaft, die drei Jahre vor dem 100-jährigen Vereinsjubiläum fast den achten Meistertitel unter Dach und Fach gebracht hätte. Doch auch über den gegen Union Berlin errungenen Pokalsieg konnte Königsblau sich freuen.

1. LIGA

Höchste Siege: 6:1 vs. Offenbach (4.10.72) (H)
7:0 beim FC Bayern (9.10.76) (A)
Höchste Niederlagen: 0:6 vs. Bochum (9.5.81) (H)
0:11 in M'gladbach (7.1.67) (A)

REKORDSPIELER		REKORDSCHÜTZEN	
Klaus Fichtel (65-88)	**477**	Klaus Fischer (70-81)	**182**
Norbert Nigbur (66-83)	**355**	Olaf Thon (84-01)	**52**
Rolf Rüssmann (69-81)	**304**	Erwin Kremers (71-79)	**50**
Klaus Fischer (70-81)	**295**	Ingo Anderbrügge (91-00)	**46**
Olaf Thon (84-01)	**290**	Helmut Kremers (71-80)	**45**
Herbert Lütkebohmert (68-79)	**286**	Rüdiger Abramczik (73-88)	**44**
Michael Büskens (92-01)	**246**	Klaus Täuber (84-87)	**39**
Jiri Nemec (93-01)	**239**	Klaus Scheer (69-75)	**38**
Yves Eigenrauch (91-01)	**229**	Ebbe Sand (99-01)	**36**
Helmut Kremers (71-80)	**226**	Martin Max, Youri Mulder	**33**

2. LIGA

Höchste Siege: 6:0 vs. Bayreuth (25.10.81) (H)
4:0 in Lüttringhausen (5.2.84) (A)
Höchste Niederlagen: 1:5 vs. Hertha BSC (7.4.84) (H)
0:4 in Solingen (17.9.83) (A)

REKORDSPIELER		REKORDSCHÜTZEN	
Jürgen Luginger (88-91)	**108**	Ingo Anderbrügge (88-91)	**36**
Ingo Anderbrügge (88-91)	**100**	Alexander Borodjuk (89-91)	**29**
Michael Prus (88-91)	**100**	Peter Sendscheid (89-91)	**28**
Andreas Müller (88-91)	**86**	Manfred Drexler (81-84)	**20**
Günter Schlipper (88-91)	**78**	Klaus Täuber (83-84)	**19**
Jens Lehmann (88-91)	**74**	Hans-Joachim Abel (83-84)	**14**
Peter Sendscheid (89-91)	**69**	Olaf Thon (83-84)	**14**
Michael Opitz (81-84)	**66**	Norbert Janzon (81-82)	**13**
Rainer Edelmann (88-90)	**65**	Andreas Müller (88-91)	**13**
Thomas Kruse (81-84)	**63**	V. Abramczik, G. Schlipper	**12**

SCHWEINFURT 05

(1. Fußball-Club Schweinfurt 05)

Gründung: 5. Mai 1905
Farben: Schwarz-Rot-Grün
Stadion: Willy-Sachs-Stadion (15.000)

Hadergasse 11, 97421 Schweinfurt
Tel: 09721-18405, Fax: 09721-22241
www.fcschweinfurt05.de

	Liga	Platz	Punkte	Tore	Zuschauer
(63-74: RL Süd)					
74/75	2.BL	**3.**	48:28	65:59	7.858
75/76	2.BL	**18.**	26:50	50:72	4.237
(76-78: AL Bayern)					
(78-83, 84/85 + 86-90: AOL Bayern)					
(83/84 + 85/86: LL Bayern-Nord)					
(86-90: AOL Bayern)					
90/91	2.BL	**20.**	13:63	26:95	2.202
(91-94: AOL Bayern)					
(94-98: OL Bayern)					
(98-01: RL Süd)					

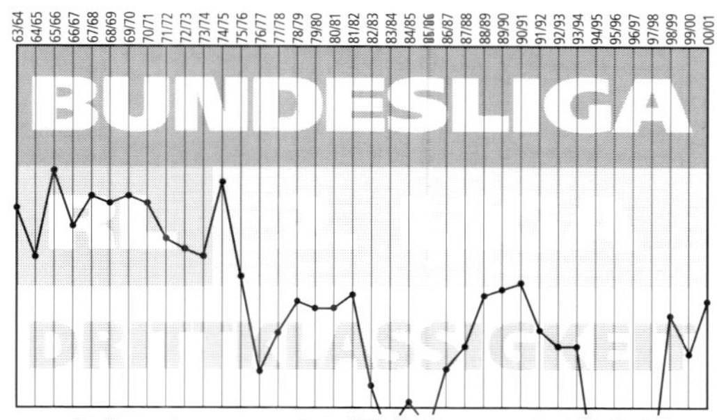

Der Oberliga Süd (der alten, der »echten«) hatte der FC Schweinfurt von der Gründung bis zur Auflösung angehört - dennoch reichte es 1963 nicht zur Aufnahme in die Bundesliga, denn schließlich konnten fünf andere Klubs das Gleiche von sich behaupten. Auch der Regionalliga Süd blieb der FC05 bis 1974 treu - obwohl er 1966 die große Chance besaß, sich nach oben zu verabschieden. Die »Schnüdel« waren damals unter Gunter Baumann als Nachfolger der Münchner Bayern Meister der Regionalliga geworden und durften an der Aufstiegsrunde zur Bundesliga teilnehmen. Doch gleich das erste Spiel in Saarbrücken ging mit 2:4 verloren und am Ende schaffte man mit drei Punkten nur den vierten Platz. Bis die Grün-Weißen mal wieder Tuchfühlung mit dem Oberhaus aufnehmen konnten, sollten neun Jahre ins Land ziehen. 1974/75, in der ersten Saison der neuen Zweiten Liga Süd, verfehlte die Elf von Istvan Sztani die Meisterschaft nur um zwei Punkte, den Relegationsplatz gar nur um ein paar Törchen - Schweinfurt landete auf dem undankbaren dritten Rang. Doch ein Jahr später sollte es mit dem 18. Platz noch eine Ecke undankbarer werden. In den 80er Jahren rutschte der FC05 dann sogar in die Landesliga ab, erholte sich jedoch schon bald wieder, sodass es 1990 zur Bayernmeisterschaft und zu einem Kurztrip in die Zweite Liga reichte. Dabei sprangen jedoch lediglich zwei Siege gegen Waldhof und Saarbrücken heraus, Schweinfurt ging völlig unter. Im dritten Anlauf unter der Regie von Djuradj Vasic dürfen es in der Spielzeit 2001/02 aber gern auch ein paar Erfolgerlebnisse mehr sein.

2. LIGA

Höchste Siege: 4:1 vs. VfR Mannheim (31.8.74) (H)
4:1 in Bayreuth (15.3.75) (A)
Höchste Niederlagen: 0:6 vs. Duisburg (18.8.90) (H)
0:5 beim KSC (2.11.74) (A)

REKORDSPIELER		**REKORDSCHÜTZEN**	
Wolfram Thaumüller (74-76)	**76**	Lothar Emmerich (74-76)	**37**
Horst Raubold (74-76)	**74**	Harald Aumeier (74-76)	**23**
Harald Aumeier (74-76)	**72**	Werner Seubert (74-76)	**22**
Gert Brunnhuber (74-76)	**68**	Rainer Skrotzki (74-76)	**8**
Wolfgang Dramsch (74-76)	**67**	Joachim Reuß (90-91)	**6**

BSV SCHWENNINGEN

(Ballsportverein 07 Schwenningen)

Gründung: 1974 (1907)
Farben: Blau-Weiß
Stadion: Gustav-Strohm-Stadion (18.000)

Postfach 3053, 78019 Villingen-Schwenningen
Tel: 07720-63806

1976 war ein gutes, sogar ein sehr gutes Jahr für den sportbegeisterten Schwenninger. Nicht nur, dass es die Cracks des Schwenninger ERC endlich wieder in die Oberliga Süd geschafft hatten, überraschend sorgten damals auch die Fußballer für positive Schlagzeilen: Unter der Regie von Trainer Michael Pfeiffer hatte es der ansässige Ballsportverein in der Amateurliga Schwarzwald-Bodensee doch tatsächlich zur Meisterschaft gebracht. In der Aufstiegsrunde setzte sich der Klub, der gerade einmal zwei

2. LIGA

Höchste Siege: 3:2 vs. Regensburg (13.11.76) (H)
(kein Auswärtssieg)
Höchste Niederlagen: 0:5 vs. Stut. Kickers (27.11.76) (H)
1:10 bei Bayern Hof (19.3.77) (A)

REKORDSPIELER		**REKORDSCHÜTZEN**	
Karl-Heinz Wöhrlin (76-77)	**35**	Stefan Novkovic (76-77)	**7**
Stefan Novkovic (76-77)	**33**	Wolfgang Roßband (76-77)	**5**
Heinz Hauser (76-77)	**32**	Ninoslav Crnjanin (76-77)	**3**
Wolfgang Rothe (76-77)	**31**	D. Bartel, H. Lindner, J. Marek	**2**
Wolfgang Roßband (76-77)	**28**	F. Michelberger, W. Rothe	**2**

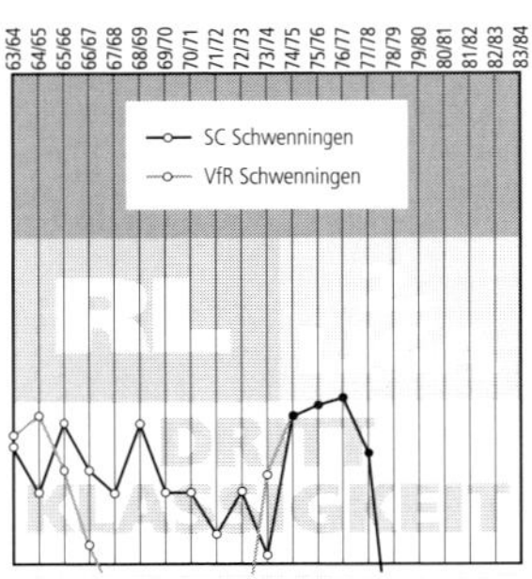

TITEL
Deutscher Amateurmeister 1952

Jahre zuvor aus der Fusion des Sportclubs 1925 mit dem Deutschen Amateurmeister von 1952, dem VfR 1907 Schwenningen, gegen Villingen, den VfR Mannheim und schließlich auch im Entscheidungsspiel gegen Ludwigsburg (4:0) durch. Doch die Zweite Liga erwies sich für den BSV als eine Nummer zu groß: Nach den ersten Niederlagen war die Euphorie dahin, und schon bald trug Schwenningen die Rote Laterne, die man bis zum Saisonende nicht mehr los wurde. Nach verfehlter Qualifikation für die Oberliga Baden-Württemberg musste der BSV ein Jahr darauf in die Verbandsliga, womit das Ende der Fahnenstange jedoch noch nicht erreicht war: Mittlerweile ist der Klub in der Bezirksliga Schwarzwald zu Hause.

	Liga	Platz	Punkte	Tore	Zuschauer
(63-76: AL Schwarzwald-Bodensee)					
76/77	2.BL	**20.**	15:61	31:102	4.091
(77/78: AL Schwarzwald-Bodensee)					
(78-84: VL Württemberg)					

UNION SOLINGEN

(1. Fußball-Club Union Solingen 1990 e.V.)

Gründung: 1. Oktober 1897 (1990)
Farben: Blau-Gelb
Stadion: Stadion am Hermann-Löns-Weg (10.000)

Naturpark 20, 42697 Solingen
Tel: 0212-71754
(www.union-solingen.com)

	Liga	Platz	Punkte	Tore	Zuschauer
(63/64, 69-73 + 74/75: VL Niederrhein)					
(64/65 + 66-69: LL Niederrhein)					
(65/66: Bezirksklasse)					
(73/74: RL West)					
75/76	2.BL	**13.**	36:40	45:56	4.410
76/77	2.BL	**19.**	20:56	46:96	2.776
77/78	2.BL	**9.**	39:37	60:60	4.883
78/79	2.BL	**9.**	39:37	47:49	3.947
79/80	2.BL	**9.**	38:38	66:55	4.053
80/81	2.BL	**7.**	50:34	76:61	4.224
81/82	2.BL	**16.**	33:43	51:62	5.583
82/83	2.BL	**16.**	32:44	56:76	3.545
83/84	2.BL	**5.**	44:32	70:54	5.347
84/85	2.BL	**6.**	41:35	64:70	3.186
85/86	2.BL	**15.**	34:42	48:64	2.252
86/87	2.BL	**12.**	35:41	51:65	2.130
87/88	2.BL	**15.**	34:42	48:65	2.193
88/89	2.BL	**20.**	20:56	24:77	1.982
(89/90: AOL Nordrhein)					
(90-94, 96-98 + 00/01: VL Niederrhein)					
(94-96: OL Nordrhein)					
(98-00: LL Niederrhein)					

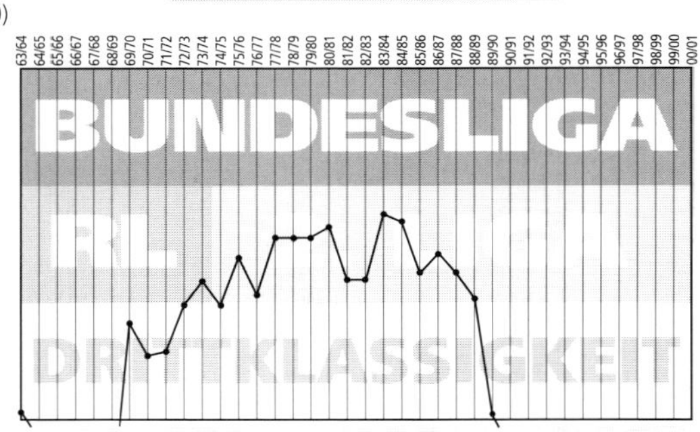

2. LIGA

Höchste Siege: 9:1 vs. OSV Hannover (4.11.79) (H)
7:2 in Spandau (10.8.75) (A)
Höchste Niederlagen: 0:4 vs. Saarbrücken (18.6.89) (H)
0:6 bei Arm. Hannover (4.9.76) (A)

REKORDSPIELER		**REKORDSCHÜTZEN**	
Wolfgang Krüger (75-88)	**426**	Werner Lenz (75-83)	**95**
Günter Diekmann (78-87)	**321**	Daniel Jurgeleit (82-88)	**59**
Jürgen Elm (78-85)	**247**	Wolfgang Schäfer (81-84)	**44**
Werner Lenz (75-83)	**236**	Wilfried Seegler (78-82)	**40**
Dirk Römer (82-89)	**236**	Demir Hotic (83-87)	**32**
Helmut Pabst (77-84)	**217**	Günter Diekmann (78-87)	**26**
Sieghardt Heise (78-85)	**214**	Wolfgang Krüger (75-88)	**26**
Daniel Jurgeleit (82-88)	**193**	Engelbert Buschmann (82-86)	**24**
Dirk Hupe (75-81)	**187**	Hans-Günter Plücken (76-78)	**22**
Volker Diergardt (83-88)	**183**	Jürgen Elm (78-85)	**21**

Die Weichen zum Aufstieg in die Zweite Liga stellten die Solinger bereits 73/74, als sie sich mit Spielertrainer Horst-Dieter Stockhausen in der letzten Regionalliga-Saison schon einmal im Profifußball aufwärmen konnten - für eine direkte Qualifikation hätte Union schon Erster werden müssen. Das taten die Klingenstädter dann auch, aber erst im Folgejahr: Überlegen wurde der Klub, der bis April 1974 unter dem Namen »Ohligser SC Solingen« angetreten war, Niederrheinmeister und überstand auch die Aufstiegsrunde. In der Zweiten Liga erwischte Union einen Auftakt nach Maß und setzte sich durch ein 7:2 in Spandau gleich frech an die Spitze. In solche Regionen sollte man bald nur noch ganz selten vorstoßen, in den 80ern schnupperte Union immerhin einige Male am dritten Platz. Doch sportlich war meist Schmalhans Küchenmeister, und das nicht zuletzt, da in den Solinger Kassen ständig Ebbe herrschte und man den Mini-Etat oft mit dem Verkauf der besten Spieler ausgleichen musste. 14 Jahre ging das gut, dann stieg Union gleich zweimal in Folge ab, meldete Konkurs an und verbrachte zwei Jahre in der Landesliga. Mittlerweile scheint sich der Verein erholt zu haben.

SPANDAUER SV

(Spandauer Sport-Verein 1894 e.V.)

Gründung: 1. November 1894 (1920)
Farben: Rot-Weiß
Stadion: Sportplatz an der Neuendorfer Str. (2.500)

Streitstr. 86, 13587 Berlin
Tel: 030-35504417, Fax: 030-35504418
www.spandauer-sv.de

	Liga	Platz	Punkte	Tore	Zuschauer
(63-74: RL Berlin)					
(74/75: AL Berlin)					
75/76	2.BL	**20.**	8:68	33:115	1.852
(76-78: AL Berlin)					
(78-91: AOL Berlin)					
(91-94: AOL Nordost-Nord)					
(94-99: RL Nordost)					
(99-01: VL Berlin)					

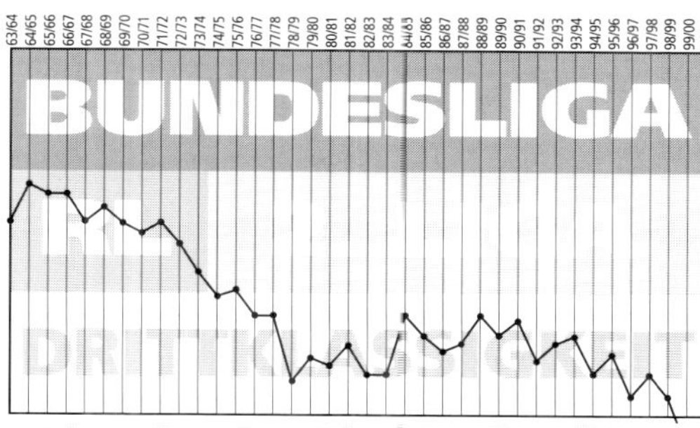

Sensationell und irgendwie auch eher zufällig schaffte der Spandauer SV 1975 den Aufstieg in die Zweite Liga Nord. In den letzten Jahren der Regionalliga Berlin hatte man sich nun wirklich nicht gerade übermäßig mit Ruhm bekleckert, doch im ersten Jahr der neuen Oberliga Berlin nutzten die Rot-Weißen die Abwesenheit der Rivalen Hertha BSC, Tennis Borussia (beide in der Bundesliga beschäftigt) und Tasmania (gerade in Konkurs gegangen), hielten sich Hertha Zehlendorf und Westend 01 vom Leib und zogen als Berliner Meister in die Aufstiegsrunde ein. Mit Westfalia Herne traf man dort auf einen überaus starken, mit dem VfB Oldenburg dagegen auf einen unterirdisch schwachen Gegner - das reichte. Mit 4:4 Punkten und 5:11 Toren zog Spandau in die Zweite Liga ein - und ging mit fliegenden Fahnen, Pauken, Trompeten und was man sonst noch so alles dabei hatte, unter. Den Feierabendprofis gelangen neben zwei 1:0-Siegen gegen Leverkusen und Osnabrück nur vier Remis (darunter immerhin eins in Aachen), die Elf von Fritz Martin ging mit acht Punkten und 33:115 Toren als »Tasmania Berlin der Zweiten Liga« in die Geschichte ein. Nach dem Abstieg blieb Spandau 23 Jahre drittklassig, hielt dabei auch fünf Jahre in der Regionalliga mit, musste dann aber den finanziellen Löffel abgeben und einen Neuanfang in der Verbandsliga wagen, aus der nun leider einer in der Landesliga geworden ist.

2. LIGA

Höchste Siege: 1:0 vs. Leverkusen (15.2.76) (H)
(kein Auswärtssieg)
Höchste Niederlagen: 2:7 vs. Solingen (10.8.75) (H)
0:7 in Münster (16.8.75) (A)

REKORDSPIELER		REKORDSCHÜTZEN	
Ulrich Bechem (75/76)	**38**	Manfred Schwarze (75-76)	**8**
Peter Kuschke (75-76)	**38**	Peter Heinrich (75-76)	**5**
Peter Heinrich (75-76)	**37**	Günter Bremekamp (75-76)	**3**
Frank Marczewski (75-76)	**36**	Jürgen Suchanek (75-76)	**3**
Manfred Schwarze (75-76)	**36**	Michael Hornig, Holger Zippel	**3**

STUTTGARTER KICKERS

(Sport-Verein Stuttgarter Kickers e.V.)

Gründung: 21. September 1899
Farben: Blau-Weiß
Stadion: Waldau-Stadion (11.544)

Königsträßle 56, 70597 Stuttgart
Tel: 0711-767100, Fax: 0711-7671010
www.stuttgarter-kickers.de

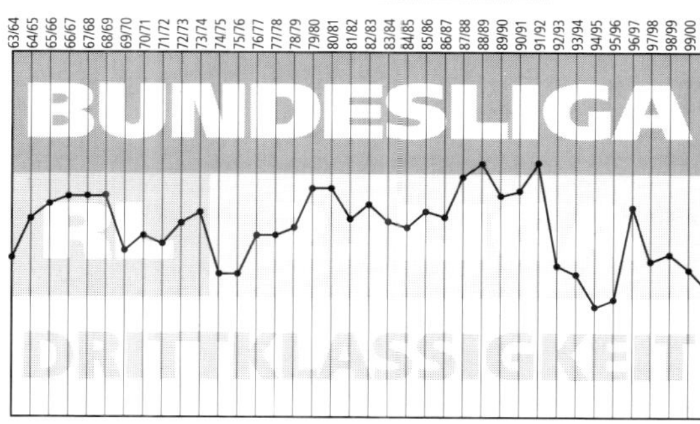

Fast drei Jahrzehnte verbrachten die »Blauen« aus Degerloch durchgängig in der Zweitklassigkeit, doch zwischen dem Abstieg aus der Oberliga Süd anno 1960 bis zum Sprung in die Bundesliga von 1988 waren die Kickers mehr als einmal nahe dran, die Klasse zu wechseln. Doch der Reihe nach. In der Regionalliga Süd landeten die Stuttgarter mit schnöder Regelmäßigkeit auf Mittelfeldplätzen. Zwar hatte man nur selten etwas mit dem Abstiegskampf zu tun, doch auch nach oben hin war stets viel Luft. An die Klasse von Mannschaften wie Hof, Offenbach, Nürnberg oder Karlsruhe reichten die Kickers lange nicht heran, lediglich in den Jahren 1967 bis 1969 schnupperte die Elf von

Georg Wurzer an der Aufstiegsrunde - 1969 andeten die Kickers sogar nur einen einzigen Punkt hinter Meister KSC auf dem vierten Platz. Als es einige Jahre später um Zweitligapunkte ging, war Stuttgart-Degerloch jedoch bereits wieder ins Mittelmaß oder noch darunter hinaus abgesackt. In den ersten beiden Spielzeiten brachten die Kickers den Klassenerhalt jeweils erst am vorletzten Spieltag unter Dach und Fach. Ein einziges Mal hatten die »Blauen« in der Saison 75/76 allerdings auch Anlass zu schier grenzenlosem Jubel, hatten sie doch immerhin das erste Aufeinandertreffen mit den »Roten« aus Bad Cannstatt, die soeben aus der Bundesliga abgestiegen waren, mit 2:0 für sich entscheiden können. Im Rückspiel rückte der VfB die Kräfteverhältnisse aber wieder zurecht, gewann 5:0 und stieg im Folgejahr wieder in die Bundesliga auf, während sich die Kickers mühsam einen zehnten Platz zusammenkickten. Lange Zeit schaute der VfB dann nur noch im Degerloch vorbei, um sich Talente der Kickers zu angeln: Allgöwer, Kelsch, Buchwald, Täuber, Klinsmann, Bobic - die Liste der Abgänge musste alle paar Jahre auf Vordermann gebracht werden.

Ende der 70er Jahre hatten sich die Kickers nicht zuletzt dank ihrer guten Nachwuchsarbeit, deren Früchte der VfB im reifen Zustand abzupflücken pflegte, wieder nach oben gepirscht. Mehrere Jahre mischten die Stuttgarter im Rennen um den Aufstieg mit, brachten sich aber zum Leidwesen von Präsident Axel Dünnwald-Metzler, der seit 1979 das Sagen hatte, stets im Endspurt selbst um alle Chancen. Dies hatte ein ständiges Nachrücken auf der Trainerbank zur Folge. Weder Hans-Dieter Roos, Slobodan Cendic, Jürgen Sundermann, Horst Buhtz oder Dieter Renner konnten es dem ehrgeizigen Dünnwald-Metzler, dessen Maxime »Aufstieg und sonst gar nix« lautete, recht machen. Unter der Regie Renners zogen die Kickers gar ins DFB-Pokalfinale gegen den HSV (1:3) ein, mithin der größte Erfolg seit anno dazumal, doch am Ende musste auch er gehen. Erst mit Manfred Krafft klappte es. In der Saison 87/88 zeigten die Kickers der Konkurrenz die Hacken und stiegen als Meister in die Bundesliga auf. Endlich waren die »Blauen« am Ziel und den »Roten« wieder ebenbürtig - doch leider nur, was die Spielstätte, nicht die Spielstärke anbelangte. Da die Arena unter dem Fernsehturm als zu klein galt, zogen die Kickers ins ungeliebte Neckarstadion des Lokalrivalen um. Ein folgenschwerer Fehler, denn »daheim« gingen gleich neun Spiele verloren, darunter fast alle gegen die anderen Kellerkinder, und am Ende mussten die Kickers nur aufgrund des schlechteren Torverhältnisses gegenüber Frankfurt, Bochum und Nürnberg absteigen.

Bereits zwei Jahre später gelang die Rückkehr. Als Dritter hatten sich die Kickers für die Relegation gegen den favorisierten FC St. Pauli qualifiziert, der in drei spannenden Spielen ausgeknockt werden konnte. Trainer Zobel wurde als Vater des Aufstiegs gefeiert. Wieder zog der Verein ins Neckarstadion um, und wieder holte man in der klobigen Schüssel nicht die zum Klassenerhalt notwendigen Punkte - am Ende fehlte ein einziger. Von diesem zweiten Abstieg sollte sich der Klub nicht so schnell erholen: Die Mannschaft brach auseinander und 1994 waren die Kickers in der Regionalliga Süd verschwunden. Manager Wolfgang Wolf leitete den überfälligen Neuaufbau ein, führte die Blauen im zweiten Anlauf in die Zweite Liga und hätte beinahe auch den Durchmarsch ins Oberhaus geschafft, doch am Ende reichte es »nur« zum fünften Platz. Gerade als die Kickers sich wieder in der Zweiten Liga zu etabliert haben schienen, da rutschten sie auch schon wieder in den Keller. Im Jahr 2000 rettete sie noch der Lizenzentzug für Tennis Borussia Berlin, doch im Folgejahr konnte selbst Rückkehrer Zobel den Abstieg nicht verhindern. Immerhin spielt man jetzt wieder in einer Liga mit dem VfB - auch wenn's nur dessen Amateure sind.

BUNDESLIGATRAINER

Manfred Krafft (7/88-6/89)
Rainer Zobel (7/91-6/92)

	Liga	Platz	Punkte	Tore	Zuschauer
	(63-74: RL Süd)				
74/75	2.BL	**16.**	33:43	52:61	4.471
75/76	2.BL	**16.**	32:44	57:70	5.777
76/77	2.BL	**10.**	39:37	59:53	6.025
77/78	2.BL	**10.**	40:36	63:71	2.743
78/79	2.BL	**9.**	41:35	68:59	3.826
79/80	2.BL	**3.**	52:28	94:54	4.118
80/81	2.BL	**3.**	48:28	81:40	4.229
81/82	2.BL	**7.**	43:33	76:55	2.995
82/83	2.BL	**5.**	44:32	78:51	4.596
83/84	2.BL	**8.**	39:37	54:52	3.553
84/85	2.BL	**9.**	37:39	51:49	3.106
85/86	2.BL	**6.**	43:33	73:55	3.875
86/87	2.BL	**7.**	42:34	72:55	3.588
87/88	2.BL	**1.**	51:25	89:49	5.949
88/89	BL	**17.**	26:42	41:68	11.761
89/90	2.BL	**4.**	45:31	68:48	4.517
90/91	2.BL	**3.**	51:25	63:32	6.486
91/92	BL	**17.**	31:45	53:64	11.981
92/93	2.BL	**15.**	43:49	60:59	3.883
93/94	2.BL	**16.**	35:41	42:50	3.977
	(94/95: RL Süd)				
96/97	2.BL	**5.**	53	38:27	4.427
97/98	2.BL	**12.**	44	44:47	4.071
98/99	2.BL	**13.**	41	38:53	3.365
99/00	2.BL	**15.**	39	49:58	3.954
00/01	2.BL	**17.**	34	31:51	4.265

1. LIGA

Höchste Siege: 3:0 vs. M'gladbach (8.4.89) (H)
4:1 beim FC Bayern (5.10.91) (A)
Höchste Niederlagen: 0:6 vs. Bremen (16.11.88) (H)
0:6 in K'lautern (3.9.88) (A)

REKORDSPIELER		REKORDSCHÜTZEN	
Ralf Vollmer (88-92)	**62**	Marcus Marin (91-92)	**13**
Wolfgang Wolf (88-92)	**60**	Dimitrios Moutas (91-92)	**12**
Alois Schwartz (88-92)	**51**	Wolfgang Schüler (88-89)	**9**
Andreas Keim (88-92)	**46**	Ralf Vollmer (88-92)	**8**
Thomas Ritter (91-92)	**36**	Demir Hotic (88-89)	**7**

2. LIGA

Höchste Siege: 8:1 vs. Würzburg 04 (12.9.76) (H)
8:0 beim SSV Ulm (14.11.87) (A)
Höchste Niederlagen: 0:5 vs. Fürth (22.4.01) (H)
0:7 in Offenbach (23.9.77) (A)

REKORDSPIELER		REKORDSCHÜTZEN	
Eckhard Müller (75-86)	**332**	Uwe Dreher (78-83)	**66**
Ralf Vollmer (83-94)	**275**	Ralf Vollmer (83-94)	**62**
Dieter Dollmann (74-83)	**266**	Karl Allgöwer (77-80)	**59**
Dieter Finke (81-87)	**196**	Klaus Täuber (80-83)	**50**
Rolf Gerstenlauer (74-81)	**194**	Werner Nickel (79-83)	**45**
Dieter Renner (74-80)	**190**	Andreas Merkle (81-86)	**43**
Peter Stichler (75-86)	**180**	Tomislav Maric (96-00)	**42**
Horst Haug (74-79)	**169**	Bernd Hoffmann (75-79)	**39**
Bernd Schindler (83-88)	**167**	Horst Haug (74-79)	**33**
Ralf Forster (82-88)	**147**	Dieter Dollmann (74-83)	**27**

VFB STUTTGART

(Verein für Bewegungsspiele Stuttgart 1893 e.V.)

Gründung: 9. September 1893
Farben: Weiß-Rot
Stadion: Gottlieb-Daimler-Stadion (54.248)

Mercedesstr. 109, 70372 Stuttgart
Tel: 0711-5500775, Fax: 0711-5500733
www.vfb-stuttgart.de

	Liga	Platz	Punkte	Tore	Zuschauer
63/64	BL	**5.**	33:27	48:40	40.959
64/65	BL	**12.**	26:34	46:50	31.167
65/66	BL	**11.**	32:36	42:48	27.190
66/67	BL	**12.**	33:35	48:54	30.558
67/68	BL	**8.**	35:33	65:54	25.948
68/69	BL	**5.**	36:32	60:54	21.440
69/70	BL	**7.**	35:33	59:62	20.735
70/71	BL	**12.**	30:38	49:49	18.654
71/72	BL	**8.**	35:33	52:56	21.252
72/73	BL	**6.**	37:31	71:65	15.185
73/74	BL	**9.**	31:37	58:57	25.533
74/75	BL	**16.**	24:44	50:79	26.504
75/76	2.BL	**11.**	36:40	67:60	11.634
76/77	2.BL	**1.**	57:19	100:36	22.074
77/78	BL	**4.**	39:29	58:40	54.003
78/79	BL	**2.**	48:20	73:34	41.296
79/80	BL	**3.**	41:27	75:53	39.500
80/81	BL	**3.**	46:22	70:44	30.074
81/82	BL	**9.**	35:33	62:55	25.695
82/83	BL	**3.**	48:20	80:47	27.526
83/84	BL	**1.**	48:20	79:33	31.129
84/85	BL	**10.**	33:35	79:59	22.648
85/86	BL	**5.**	41:27	69:45	21.638
86/87	BL	**12.**	32:36	55:49	20.678
87/88	BL	**4.**	40:28	69:49	26.313
88/89	BL	**5.**	39:29	58:49	24.886
89/90	BL	**6.**	36:32	53:47	24.886
90/91	BL	**6.**	38:30	57:44	28.897
91/92	BL	**1.**	52:24	62:32	34.063
92/93	BL	**7.**	36:32	56:50	27.090
93/94	BL	**7.**	37:31	51:43	30.025
94/95	BL	**12.**	30:38	52:66	32.715
95/96	BL	**10.**	43	59:62	35.503
96/97	BL	**4.**	61	78:40	40.156
97/98	BL	**4.**	52	55:49	37.011
98/99	BL	**11.**	39	41:48	29.059
99/00	BL	**8.**	48	49:47	24.751
00/01	BL	**15.**	38	42:49	21.170

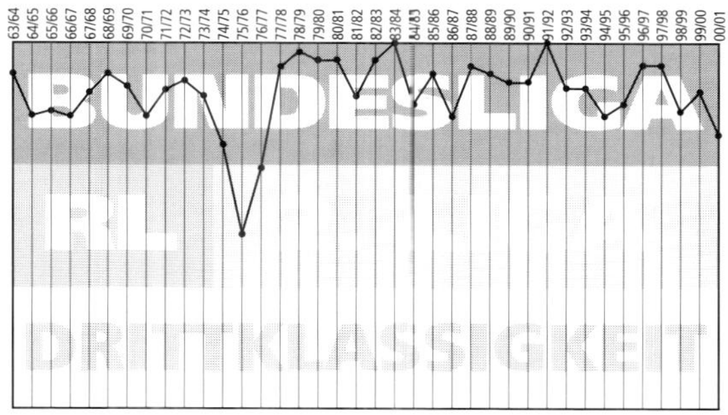

TITEL
Deutscher Meister
1950, 1952, 1984 und 1992
Deutscher Pokalsieger
1954, 1958 und 1997
Deutscher Amateurmeister 1963 und 1980
Deutscher Supercup 1992

Die ersten Jahre der Bundesliga, für die man sich nur mit Ach und Krach hatte qualifizieren können, verliefen für den VfB Stuttgart alles andere als zufrieden stellend - der fünfte Platz aus der Auftaktsaison war da schon das Höchste der Gefühle. Eifrig wurden leitendes und kickendes Personal ausgetauscht, bis man schließlich mit Trainer Gunther Baumann, den Legionären Gress und Larsson sowie den Hoffnungsträgern Köppel und Handschuh glücklich wurde und in höhere Tabellenregionen vordrang. Doch der Vorstoß verpuffte ohne bleibende Resultate, und so war die Ära Baumann auch schon bald wieder beendet.

Neuer Trainer, neues Glück - das klappte jedoch erst im vierten Anlauf. Mit Hermann Eppenhoff erlebte Stuttgart einen kurzen Aufschwung, der den VfB 1974 bis ins UEFA-Cup-Halbfinale gegen Feyenoord Rotterdam führte. Dieser feine Erfolg stand in krassem Gegensatz zum Auftreten in der Liga, in der die Schwaben immer tiefer sanken, bis sie sich im Juni 1975 schließlich in der Zweiten Liga wiederfanden - noch dazu verschuldet. Der erste Wiederaufstiegsversuch scheiterte jämmerlich, und so blieb es Jürgen Sundermann vorbehalten, mit einer jungen und begeisternden Elf um Roleder, Hitzfeld, Müller, Ohlicher, Förster und Martin zurück in die Bundesliga und dort geradewegs auf den vierten Rang zu stürmen. Die beste Platzierung der Vereinsgeschichte übertraf die tolle Truppe im Folgejahr sogar noch, als sie sich mit dem HSV einen Zweikampf um den Titel leistete und am Ende knapper Zweiter wurde. Urplötzlich war aus dem VfB eine echte Spitzenmannschaft geworden, die sich auch von Rückschlägen nicht aus dem Konzept bringen ließ und in den Folgejahren stets um den Titel mitspielen konnte. Ausgerechnet der unauffälllige Sundermann-Nachfolger Helmut Benthaus landete dann in der Saison 1983/84 den ganz großen Coup: Angeführt von den Leitwölfen Sigurvinsson, Förster und Ohlicher behuielt der VfB in einem

1. LIGA

Höchste Siege: 7:0 vs. Nürnberg (5.11.83) (H)
7:0 in Düsseldorf (15.3.86) (A)
Höchste Niederlagen: 0:5 vs. BVB (16.3.96) (H)
1:7 beim BVB (14.3.64) (A)

REKORDSPIELER		REKORDSCHÜTZEN	
Karl Allgöwer (80-91)	**338**	Karl Allgöwer (80-91)	**129**
Günther Schäfer (80-97)	**331**	Fritz Walter (87-94)	**102**
Guido Buchwald (83-94)	**325**	Hermann Ohlicher (73-85)	**96**
Hermann Ohlicher (73-85)	**318**	Jürgen Klinsmann (84-89)	**79**
Eike Immel (86-95)	**287**	Fredi Bobic (94-99)	**69**
Helmut Roleder (72-86)	**280**	Karl-Heinz Handschuh (66-74)	**64**
Karlheinz Förster (77-86)	**272**	Hansi Müller (77-82)	**54**
Willi Entenmann (65-75)	**237**	Walter Kelsch (77-84)	**51**
Manfred Weidmann (67-75)	**234**	Krassimir Balakov (95-01)	**48**
Bernd Förster (78-86)	**222**	Horst Köppel (66-73)	**44**

BUNDESLIGATRAINER

Kurt Baluses (7/63-2/65)
Rudi Gutendorf (2/65-12/66)
Albert Sing (12/66-6/67)
Gunther Baumann (7/67-6/69)
Franz Seybold (7/69-6/70)
Branko Zebec (7/70-4/72)
Karl Bögelein (4/72-6/72)
Hermann Eppenhoff (7/72-12/74)
Albert Sing (12/74-6/75)
Jürgen Sundermann (7/77-6/79)
Lothar Buchmann (7/79-6/80)
Jürgen Sundermann (7/80-6/82)
Helmut Benthaus (7/82-6/85)
Otto Baric (7/85-3/86)
Willi Entenmann (3/86-6/86)
Egon Coordes (7/86-6/87)
Arie Haan (7/87-3/90)
Willi Entenmann (3/90-11/90)
Christoph Daum (11/90-12/93)
Jürgen Röber (12/93-4/95)
Jürgen Sundermann (4/95-6/95)
Rolf Fringer (7/95-8/96)
Joachim Löw (8/96-5/98)
Winfried Schäfer (7/98-12/98)
Rainer Adrion (1/99-5/99)
Ralf Rangnick (5/99-2/01)
Felix Magath (2/01- ...)

dramatischen Vierkampf um den Titel die Nerven und wurde nach 32 Jahren endlich wieder Deutscher Meister. Rund eine Dekade später sollte ein gänzlich anderer Trainertyp dieses Kunststück wiederholen: Dank eines späten Kopfballtores von Guido Buchwald holten sich die von Christoph Daum trainierten Schwaben im Ma 1992 den vierten Meistertitel ab. Unter seinem Vor-Vorgänger Arie Haar war der VfB drei Jahre zuvor nur knapp am größten Erfolg der Vereinsgeschichte vorbeigeschrammt, als die UEFA-Cup-Finalspiele gegen Maradona und den Rest des SSC Neapel vergeigt wurden (1:2, 3:3). Ein weiteres Finale bestritten die Stuttgarter im Mai 1998 im Cup der Pokalsieger, nachdem man auf nationaler Ebene gegen Energie Cottbus gesiegt hatte, gegen den FC Chelsea: 0:1 hieß es am Ende in Stockholm. Damals war Joachim Löw der Trainer, der den Klub kurzfristig nach oben führte. Doch den Status einer Spitzenmannschaft verlor der VfB dann mit dem Auseinanderfallen des »Magischen Dreiecks« Balakov-Elber-Bobic.

2. LIGA

Höchste Siege: 8:0 vs. Regensburg (13.5.77) (H)
7:1 beim FSV Frankfurt (24.8.75) (A)
Höchste Niederlagen: 0:2 vs. Mainz 05 (12.9.75) (H)
0:4 in Saarbrücken (17.1.76) (A)

REKORDSPIELER		REKORDSCHÜTZEN	
Dragan Holcer (75-77)	**73**	Ottmar Hitzfeld (75-77)	**33**
Hermann Ohlicher (75-77)	**72**	Hermann Ohlicher (75-77)	**30**
Helmut Roleder (75-77)	**67**	Dieter Hoeneß (75-77)	**19**
Bernd Martin (75-77)	**65**	Markus Elmer, Bernd Martin	**11**
Bernd Schmider (75-77)	**61**	Hans Müller, Hans-J. Weller	**11**

EINTRACHT TRIER

(Sportverein Eintracht Trier 1905 e.V.)

Gründung: März 1948 (1905)
Farben: Blau-Weiß-Schwarz
Stadion: Moselstadion (13.294)

Am Stadion 1, 54292 Trier
Tel: 0651-1467133, Fax: 0651-1467171
www.sv-eintracht-trier05.de

TITEL

Deutscher Amateurmeister 1988 und 1989

	Liga	Platz	Punkte	Tore	Zuschauer
(63-73: RL Südwest)					
(73-76: AL Rheinland)					
76/77	2.BL	**17.**	28:48	46:68	7.227
77/78	2.BL	**12.**	35:41	58:64	4.808
78/79	2.BL	**10.**	36:40	58:57	5.358
79/80	2.BL	**15.**	36:44	60:57	4.575
80/81	2.BL	**8.**	41:35	56:52	5.116
(81-94: AOL Südwest)					
(94-00: RL West/Südwest)					
(00/01: RL Süd)					

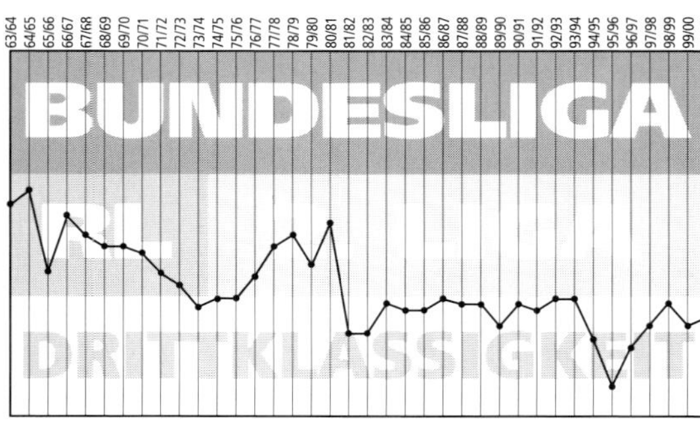

Während ihrer zehnjährigen Zugehörigkeit zur Regionalliga Südwest gehörte die Eintracht aus Trier nicht gerade zu den Klassenbesten, doch 64/65 wäre ihr beinahe der große Wurf gelungen. Gleich zum Auftakt schlug man den haushohen Favoriten 1.FC Saarbrücken mit 3:1, hielt sich auch ansonsten prächtig und landete am Ende auf Rang drei - zwei Punkte hinter Wormatia Worms und einem Platz in der Aufstiegsrunde zur Bundesliga. Mehr war vorerst nicht drin, und 1973 verabschiedete sich Trier in die Drittklassigkeit. Die Mannschaft brach völlig auseinander, was dem in die finanzielle Bredouille geratenen Vereinen allerdings auch einen totalen Neuanfang ermöglichte. Wie sich alsbald herausstellen sollte, hatte diese Lösung etwas für sich, denn 1975 sicherte sich die neue, unter der Obhut von Trainer Loßmann stehende Elf die Meisterschaft in der Rheinlandliga und setzte sich ein Jahr später als Titelverteidiger in der Aufstiegsrunde gegen Borussia Neunkirchen und - sieh an - die Wormatia aus Worms durch. In der Zweiten Liga Süd, in der sich damals Giganten wie 1860, Stuttgart, Nürnberg oder Offenbach tummelten, gerieten die Moselstädter schnell in akute Abstiegsgefahr, aus der sie der neue Trainer Hans-Dieter Roos erst in letzter Sekunde befreien konnte. In den nächsten Jahren aber wusste sich die Eintracht in der Zweiten Liga zu etablieren und erlebte ihre sportliche Blütezeit mit vielen unvergesslichen Siegen im schmucken Moselstadion. Dieses schienen die Zuschauer jedoch allzu häufig zu verschmähen, denn trotz ansehnlichen Fußballs kamen selten fünfstellige Besucherzahlen zustande, was den nicht eben üppig gefüllten Vereinskassen wenig förderlich war. So sah man sich Ende der 70er gezwungen, den Kader zu verkleinern. Nichtsdestotrotz hätte sich die Eintracht in der Saison 80/81 beinahe auch für die eingleisige Zweite Liga qualifiziert, bis kurz vor Schluss lag man im Soll, doch durch drei Schlappen in den letzten drei Spielen verspielten die Moselkicker noch den bereits sicher geglaubten Startplatz.

Nach dem »Abstieg« startete die Eintracht zahlreiche Anläufe zum Wiederaufstieg, die jedoch alle mehr oder weniger frühzeitig zum Scheitern verurteilt waren - zwischenzeitlich lief den Trierern gar der Lokalrivale FSV Salmrohr den Rang ab. Stets landete man unter den ersten Sechs, doch spätestens in der Aufstiegsrunde versagten dem späteren Pokalschreck (Hallo Dortmund, hallo Schalke) die Nerven. So geschehen 1987, 1993 und 1994. In den Jahren 1988 und 1989 konnte sich die Eintracht freilich jeweils mit dem Titel des Deutschen Amateurmeisters trösten. Die größte Chance zum Aufstieg verpasste das Team von Trainer Paul Linz zuletzt in der Saison 2000/01, als man den Platz an der Sonne am letzten Spieltag durch ein 0:1 gegen die Amateure des VfB Stuttgart vergurkte. Und das auch noch im Moselstadion.

2. LIGA

Höchste Siege: 8:1 vs. Hanau (30.9.78) (H)
4:0 in Pirmasens (1.4.78) (A)
Höchste Niederlagen: 0:5 vs. Waldhof (13.9.80) (H)
2:6 beim MTV Ingolstadt (17.11.79) (A)

REKORDSPIELER		REKORDSCHÜTZEN	
Michael Veit (76-81)	**176**	Lothar Leiendecker (77-81)	**61**
Reiner Brinsa (76-81)	**174**	Franz Michelberger (77-81)	**29**
Erwin Zimmer (76-81)	**164**	Erwin Hermandung (77-81)	**27**
Erwin Hermandung (77-81)	**151**	Georg Müllner (76-80)	**23**
Gerd Fink (77-81)	**142**	Reiner Brinsa, Wolfgang Schlief	**17**

KFC UERDINGEN

(Krefelder Fußball-Club Uerdingen 1905 e.V.)

Gründung: 17. November 1905
Farben: Blau-Rot
Stadion: Grotenburg-Stadion (34.500)

Postfach 110, 47812 Krefeld
Tel: 02151-490522, Fax: 02151-490510
www.kfc-online.de

TITEL
Deutscher Pokalsieger 1985
DFB-Hallen-Masters 1988

	Liga	Platz	Punkte	Tore	Zuschauer
(63-71: VL Niederrhein)					
(71-74: RL West)					
74/75	2.BL	**2.**	51:25	66:38	7.150
75/76	BL	**18.**	22:46	28:69	13.536
76/77	2.BL	**4.**	43:33	78:52	7.687
77/78	2.BL	**7.**	41:35	75:64	6.321
78/79	2.BL	**2.**	53:23	83:44	5.066
79/80	BL	**15.**	29:39	43:61	13.642
80/81	BL	**18.**	22:46	47:79	11.054
81/82	2.BL	**12.**	38:38	47:57	5.118
82/83	2.BL	**3.**	48:28	65:44	7.193
83/84	BL	**10.**	31:37	66:79	15.194
84/85	BL	**7.**	36:32	57:52	13.717
85/86	BL	**3.**	45:23	63:60	11.264
86/87	BL	**8.**	35:33	51:49	11.340
87/88	BL	**11.**	31:37	59:61	10.031
88/89	BL	**13.**	31:37	50:60	9.827
89/90	BL	**14.**	30:38	41:48	9.467
90/91	BL	**17.**	23:45	34:54	7.891
91/92	2.BL	**1.**	39:25	47:29	5.468
92/93	BL	**17.**	24:44	35:64	8.127
93/94	2.BL	**2.**	47:29	39:30	3.434
94/95	BL	**15.**	25:43	37:52	13.250
95/96	BL	**18.**	26	33:56	10.923
96/97	2.BL	**9.**	44	46:44	3.436
97/98	2.BL	**13.**	43	36:40	3.805
98/99	2.BL	**16.**	31	34:57	3.064
(99/00: RL West/Südwest)					
(00/01: RL Nord)					

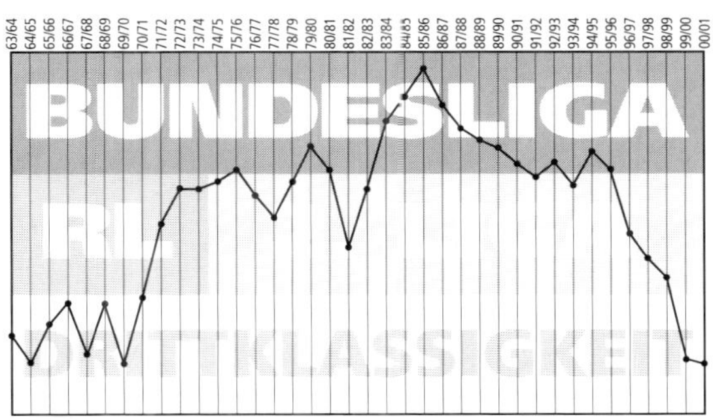

In den frühen 60ern ging es in der Krefelder Fußballwelt recht beschaulich zu. In der Eishockeyhochburg rückten die Balltreter des FC Bayer 05 eigentlich erstmals im Juli 1963 in den Blickfeld, nachdem sie den Aufstieg in die Verbandsliga Niederrhein gepackt hatten. Acht Jahre später kletterte der Werksklub dann sogar noch eine Liga höher, und das, obwohl der frischgebackene Meister in der Aufstiegsrunde mit Arminia Gütersloh und dem VfL Klafeld nur auf dem dritten Platz gelandet war. Doch da Mittelrheinmeister Jülich von vorneherein verzichtet hatte und neben Rot-Weiß Essen auch Fortuna Düsseldorf in die Bundesliga aufstieg, durften am Ende schließlich alle drei Kontrahenten in die Regionalliga West aufrücken.

Auf Anhieb erreichte der von Klaus Quinkert trainierte Neuling einen achtbaren siebten Platz, und langsam begann sich nun das sportinteressierte Krefelder Publikum stärker für die Elf um Kroke, Hahn, Falter, Sondermann, Lüttges und Burgsmüller zu interessieren. Und die wurde immer besser, vor allem der von der Essener Ersatzbank verpflichtete Manni Burgsmüller drehte auf: In drei Jahren erzielte der schmächtige Stürmer 80 Tore und trug so sein Scherflein dazu bei, dass aus der unscheinbaren Grotenburg eine Festung und aus Bayer eine echte Spitzenmannschaft wurde, die zweimal

Dritter wurde und die Aufstiegsrunde zur Bundesliga nur knapp verfehlte. Im Juni 1975 aber war es dann so weit, nach einem tollen zweiten Platz in der ersten Saison der nigelnagelneuen Zweiten Liga Nord erreichten die Uerdinger ihre ganz private Aufstiegsrunde, die beiden Qualifikationsspiele gegen den Südvize, den FK Pirmasens. Auf dem Horeb erkämpften sich die Quinkert-Mannen ein recht schmeichelhaftes 4:4, dem sie vier Tage später in der Grotenburg ein rauschendes 6:0 folgen ließen - mit dabei bereits der blutjunge Friedhelm Funkel. Erstmals bereicherte Bayer 05 Uerdingen die Bundesliga mit seiner Anwesenheit, viele weitere Jahre der Erstklassigkeit sollten folgen, wenngleich sich die Krefelder im ersten Versuch noch überfordert zeigten. Nur sechs Siege konnten errungen werden (darunter immerhin ein 2:1 gegen die Bayern und ein 2:1 auf dem Betzenberg), abgeschlagen wurden Funkel, Wloka, Raschid und Co. Letzter.

Drei Jahre später unternahmen die Uerdinger einen neuen Anlauf. Unter der Regie von Horst Buhtz sicherte sich die kontinuierlich aufgebaute Elf in einem spannenden Finish den zweiten Platz (hinter den »Kollegen« aus Leverkusen) und setzte sich in den fälligen Qualifikationsspielen mit 1:1 und 2:1 gegen die starke SpVgg aus Bayreuth durch. Und diesmal konnten sich die Krefelder immerhin schon zwei Jahre in der bundesdeutschen Eliteliga halten, bevor es dann wieder gegen Union Solingen und Fortuna Köln ging.

Der dritte Aufstieg wurde im Juni 1983 mit dem Triumph in den Relegationsspielen gegen Schalke 04 (3:1 und 1:1) perfekt gemacht - und das mit einer Mannschaft, die sich eigentlich noch im Neuaufbau befand. Der während der Saison für Werner Biskup eiongesprungene Timo Konietzka machte aus der Not eine Tugend und verordnete seiner Truppe forschen Angriffsfußball, für den der freche Aufsteiger mit einem zehnten Platz belohnt wurde. Doch es sollte noch besser kommen, dem FC Bayer 05 Uerdingen standen die erfolgreichsten Jahre der Vereinsgeschichte bevor, die eng mit dem Namen Kalli Feldkamp verbunden sind. Der nämlich ersetzte im Sommer 1984 den nach Dortmund wechselnden Konietzka, setzte dessen Offensivkonzept fort und führte den Klub zu seinem bislang größten Triumph: Im Finale des DFB-Pokals bezwang der Außenseiter den Titelverteidiger und hohen Favoriten Bayern München mit 2:1, und das auch noch völlig verdient. Die Krefelder hatten damit zugleich ihre erste, in der Meisterschaft nur knapp verfehlte Europapokalteilnahme in der Tasche. Und auch auf internationaler Bühne sorgte die Elf um Herget, Klinger, Raschid und die Funkel-Brüder mächtig fur Furore. In einem der spektakulärsten Europacupspiele der 80er Jahre machte Bayer gegen Dynamo Dresden aus einem 1:3 zur Halbzeit noch ein 7:3 und zog nach dem 0:2 im Hinspiel ins Halbfinale gegen Atlético Madrid ein. Gegen die Spanier setzte es zwar zwei Niederlagen (2:3, 0:1), doch da die Feldkamp-Truppe sich auch in der Bundesliga in guter Form präsentierte, konnte man sich durch den dritten Platz erneut für das internationale Geschäft qualifizieren. Die UEFA-Cup-Teilnahme verlief dann allerdings weniger spektakulär, in der dritten Runde verlor Bayer zweimal 0:2 gegen den FC Barcelona und das war's dann auch schon mit dem Europapokal und Uerdingen. An diese großartigen Leistungen konnte der Verein nie mehr anknüpfen, nach dem Abschied Feldkamps zu Eintr. Frankfurt zur Jahresmitte 1987 sprang maximal ein elfter Platz heraus. Die Sensationstruppe verwandelte sich zunehmend in eine waschechte »graue Maus der Liga« und dann bald auch schon zur zünftigen Fahrstuhlmannschaft: Der erste Abstieg von 1991 konnte noch mit dem sofortigen Wiederaufstieg gekontert werden, auch nach dem zweiten kehrte man sogleich ins Oberhaus zurück, als wäre man nie fort gewesen. In der Saison 94/95 schafften es die Liftboys vom Niederrhein dann sogar, die Klasse als 15. zu halten, eine Leistung, an der Trainer Friedhelm Funkel großen Anteil besaß. Doch am 18. Mai 1996 ward der mittlerweile vom Konzern abgelöste und in KFC Uerdingen umbenannte Klub dann zum letzten Mal in der Bundesliga gesehen (2:0 in St. Pauli, zweimal traf Erik Meijer). Drei Jahre später rutschten die von allen guten Grotifanten verlassenen Krefelder gar in die Regionalliga ab. Hier versucht man sich nun an einem Neuaufbau. Angesichts der bescheidenen finanziellen Mittel keine leichte Aufgabe.

1. LIGA

Höchste Siege: 7:3 vs. Hannover 96 (25.5.89) (H)
5:0 bei Hannover 96 (12.11.88) (A)
Höchste Niederlagen: 1:6 vs. FC Bayern (25.2.96) (H)
1:7 in M'gladbach (30.5.81) (A)

REKORDSPIELER		REKORDSCHÜTZEN	
Friedhelm Funkel (75-90)	**254**	Friedhelm Funkel (75-90)	**59**
Wolfgang Funkel (84-91)	**210**	Stefan Kuntz (86-89)	**32**
Dietmar Klinger (83-91)	**208**	Wolfgang Funkel (84-91)	**31**
Matthias Herget (83-89)	**173**	Holger Fach (87-91)	**27**
Franz Raschid (75-87)	**166**	Matthias Herget (83-89)	**24**
Norbert Brinkmann (75-87)	**153**	Marcel Witeczek (86-91)	**22**
Horst Steffen (88-96)	**151**	Franz Raschid (75-87)	**21**
Ludger van de Loo (79-88)	**143**	Peter Loontiens (83-86)	**19**
Marcel Witeczek (86-91)	**142**	Larus Gudmundsson (84-87)	**17**
Werner Vollack (75-88)	**134**	Wolfgang Schäfer (84-86)	**17**

BUNDESLIGATRAINER

Klaus Quinkert (7/75-6/76)
Horst Buhtz (7/79-6/81)
Timo Konietzka (7/83-6/84)
Karlheinz Feldkamp (7/84-6/87)
Horst Köppel (7/87-12/87)
Rolf Schafstall (12/87-6/88)
Horst Wohlers (7/89-11/90)
Timo Konietzka (11/90-6/91)
Friedhelm Funkel (6/91-5/96)
A. Reuterhahn/H.-U. Thomale (5/96-6/96)

2. LIGA

Höchste Siege: 7:1 vs. Bremerhaven (9.10.77) (H)
7:0 bei Wacker Berlin (14.4.79) (A)
Höchste Niederlagen: 0:4 vs. Osnabrück (21.5.82) (H)
0:7 in Leverkusen (22.10.77) (A)

REKORDSPIELER		REKORDSCHÜTZEN	
Norbert Brinkmann (74-83)	**211**	Friedhelm Funkel (74-79)	**66**
Franz Raschid (74-83)	**198**	Jan Mattsson (76-79)	**51**
Friedhelm Funkel (74-79)	**152**	Wolfgang Lüttges (74-79)	**36**
Paul Hahn (74-79)	**134**	Franz Raschid (74-83)	**30**
Ludwig Lurz (74-79)	**129**	Hans-Jürgen Wloka (74-79)	**21**
Hans-Jürgen Wloka (74-79)	**129**	Heinz Mostert (74-79)	**20**
Paul Hesselbach (76-82)	**123**	Norbert Hofmann (81-83)	**18**
Heinz Mostert (74-79)	**116**	Claus-Dieter Wollitz (96-98)	**18**
Ludger van de Loo (76-83)	**105**	Heiko Laessig (91-94)	**17**
Axel Jüptner (91-98)	**97**	Horst Feilzer, Peter Loontiens	**14**

SSV ULM 46

(Schwimm- und Sportverein Ulm 1846 e.V.)

Gründung: 5. Mai 1970 (1846)
Farben: Schwarz-Weiß
Stadion: Donaustadion (22.500)

Stadionstr. 17, 89073 Ulm
Tel: 0731-18460, Fax: 0731-1846101
www.ssvulm1846.de

TITEL
Deutscher Amateurmeister 1996

	Liga	Platz	Punkte	Tore	Zuschauer
- TSG Ulm 1846 -					
(63-65: RL Süd)					
(65/66 + 69/70: AL Nordwürttemberg)					
(66-69: LL Württemberg)					
- 1.SSV Ulm 1928 -					
(63-65 + 66-70: AL Nordwürttemberg)					
(65/66: LL Württemberg)					
- SSV Ulm 1846 -					
(70-78: AL Nordwürttemberg)					
(78/79: AOL Baden-Württemberg)					
79/80	2.BL	**16.**	36:44	51:57	6.590
80/81	2.BL	**5.**	47:29	59:39	5.537
(81-83: AOL Baden-Württemberg)					
83/84	2.BL	**13.**	32:44	58:68	7.211
84/85	2.BL	**20.**	22:54	48:81	4.165
(85/86: AOL Baden-Württemberg)					
86/87	2.BL	**13.**	35:41	55:63	4.475
87/88	2.BL	**19.**	29:47	51:75	3.167
(88-94: AOL Baden-Württemberg)					
(94-98: RL Süd)					
98/99	2.BL	**3.**	58	63:51	10.720
99/00	BL	**16.**	35	36:62	20.321
00/01	2.BL	**16.**	34	42:58	10.247

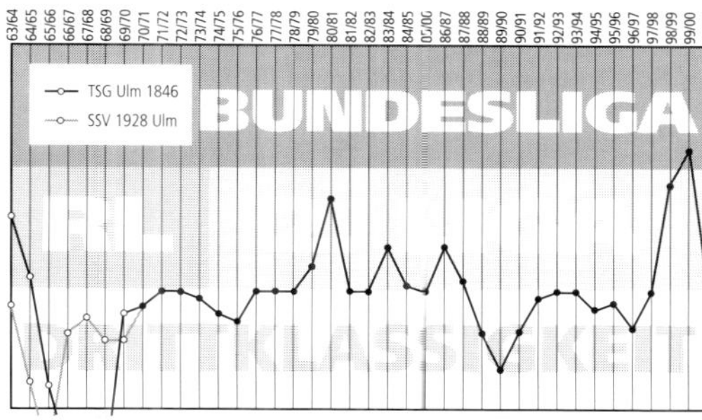

1. LIGA

Höchste Siege: 3:0 vs. Frankfurt (18.12.99) (H)
2:1 in Wolfsburg (15.12.99) (A)
Höchste Niederlagen: 1:9 vs. Leverkusen (18.3.00) (H)
2:6 in K'lautern (29.4.00) (A)

REKORDSPIELER		REKORDSCHÜTZEN	
Philipp Laux (99-00)	**34**	Hans van der Haar (99-00)	**10**
Oliver Unsöld (99-00)	**34**	David Allen Zdrilic (99-00)	**6**
Oliver Otto (99-00)	**33**	Rainer Scharinger (99-00)	**4**
Rui Manuel Marques (99-00)	**32**	Janusz Gora (99-00)	**3**
Joachim Stadler (99-00)	**31**	Leandro (99-00)	**3**

In nur vier Jahren von der Regionalliga in die Bundesliga und gleich wieder zurück bis runter in die Oberliga - das schafft noch nicht einmal Fortuna Düsseldorf. Keine Frage, die Fans des SSV Ulm haben in der letzten Zeit allerhand mitgemacht. In den 60er und 70ern war es im Ulmer Fußball wesentlich ruhiger zugegangen: Lange Jahre mühten sich die Turn- und Sportgemeinde (TSG), die immerhin acht Jahre in der alten Oberliga Süd verbracht hatte, und der in derlei Sphären gänzlich unbedarfte 1. Schwimm- und Sportverein in dritt- oder viertklassigen Amateurligen ab, bis sie 1970 endlich auf die Idee eines Zusammenschlusses kamen. Prompt wurde der neue Klub 1972 und 1973 Meister der Nordwürttemberg-Liga, scheiterte aber in den Aufstiegsrunden zur Regionalliga. Erst im vierten Anlauf waren die Ulmer Bemühungen von Erfolg gekrönt, als Meister der Oberliga Baden-Württemberg gelangte die Elf von Peter Jendrosch direkt nach oben. Im Profigeschäft hielten sich die »Spatzen« wacker und holten 1981 einen großartigen fünften Platz heraus - für die eingleisige Zweite Liga war dies jedoch leider zu wenig, am Ende fehlte ein einziges Pünktchen. Den Rest der 80er Jahre verbrachte der SSV mehr oder weniger zwischen den Ligen: Zweimal stieg Ulm noch in die Zweite Liga auf, nur um im jeweils zweiten Jahr wieder abzusteigen. Nach einer kleinen Verschnaufpause vollbrachte Ralf Rangnick dann ein kleines Fußballwunder, als er plötzlich wie aus dem Nichts mit dem SSV auftauchte und sensationell den Durchmarsch in die Bundesliga schaffte. Doch das Glück währte nicht lange: Nach dem nur knapp verpasstem Klassenerhalt rutschten die Spatzen schnell in den Tabellenkeller der Zweiten Liga, aus dem es kein Entrinnen gab. Der SSV wurde durchgereicht, jedoch nicht in die Regional-, sondern sogar in die Oberliga. Mit Sponsor Kinowelt gab's Ärger, der DFB verweigerte die Lizenz - in Ulm steht man vor einem Scherbenhaufen.

2. LIGA

Höchste Siege: 7:0 vs. Lüttringhausen (11.2.84) (H)
4:0 bei Würzburg 04 (3.4.80) (A)
Höchste Niederlagen: 0:8 vs. Stut. Kickers (14.11.87) (H)
0:6 beim KSC (5.5.84) (A)

REKORDSPIELER		REKORDSCHÜTZEN	
Erich Steer (79-88)	**200**	Dieter Kohnle (79-87)	**44**
Günter Berti (79-88)	**186**	Maximilian Hauck (83-85)	**23**
Dieter Kohnle (79-87)	**136**	Siegfried Schneider (79-81)	**19**
Walter Kubanczyk (79-85)	**134**	Waldemar Steubing (87-88)	**17**
Roland Boley (79-85)	**124**	Robert Birner (83-85)	**15**
Peter Assion (83-88)	**119**	Neven Rudic (86-88)	**14**
Josef Beller (79-85)	**100**	Dragan Trkulja (98-01)	**14**
Walter Modick (79-84)	**96**	David Allen Zdrilic (98-99)	**12**
Thomas Schmidt (84-88)	**91**	Janusz Gora, Sascha Rösler	**11**
Hans-Peter Steck (84-88)	**72**	Uwe Spies, Peter Szupak	**11**

BUNDESLIGATRAINER
Martin Andermatt (7/99-6/00)

SPVGG UNTERHACHING

(Spielvereinigung Unterhaching e.V.)

Gründung: 1. Januar 1925
Farben: Rot-Blau
Stadion: Stadion am Sportpark (15.053)

Am Sportpark 1, 82008 Unterhaching
Tel: 089-61559160, Fax: 089-615591688
www.spvggunterhaching.de

Als die Bundesliga laufen lernte, waren sie in Unterhaching schon froh, wenn die heimischen Kicker nicht über die eigenen Füße fielen - für sportliche Erfolge sorgten zunächst nur Bobfahrer, Rodler und an guten Tagen auch schon mal die Schafkopfspieler unter den Zaungästen beim Training. Doch Mitte der 70er wurde dann (fast) alles anders: Der damalige Bürgermeister Engelbert Kupka schwang sich zum Präsidenten und die erste Elf der Spielvereinigung zum Überflieger auf. 1976 wurde Unterhaching Meister der B-Klasse, 1977 folgte die A-Klasse und 1979 war dann auch schon der Titel in der Bezirksklasse fällig. Seit September 1977 saß Peter Grosser als unumschränkter Herrscher auf der Trainerbank, und der ehemalige 1860-Profi machte bald da weiter, wo er aufgehört hatte: 1981 wurde die SpVgg Meister der Landesliga und stieg in die Bayernliga auf, zu deren Titelträger man sich schon zwei Jahre später aufschwingen konnte. In der fälligen Aufstiegsrunde zur Zweiten Liga hatten die Rot-Blauen dann aber keine Schnitte.

Mehr Glück hatte Unterhaching unter der Regie von Karsten Wettberg, der seit 1987 das Sagen hatte. Der Bayernmeister ließ in der Aufstiegsrunde Reutlingen und Edenkoben hinter sich und war damals erstmals in der Zweiten Liga angelangt. Diese erwies sich für die Bayern allerdings eine Nummer zu groß, die SpVgg stieg ebenso wie 92/93 (mit Rainer Adrion auf der Bank) nach nur einem Jährchen wieder ab. Erst im dritten Anlauf unter Lorenz-Günther Köstner schafften die Kicker mit dem Bob im Wappen dann endlich den angestrebten Klassenerhalt in Liga zwei - und das nicht etwa auf irgendeinem popeligen 13. oder 14. Platz, sondern als Vierter. Vier Punkte fehlten am Ende zur absoluten Mega-Sensation. In den nächsten Jahren etablierte sich die SpVgg als vor allem im heimischen Sportpark unbequemer Gegner, dessen Stärken in Defensive, Teamgeist, Moral und Kampfkraft lagen. Als die Hachinger dann im 1999 schließlich sogar in die Bundesliga aufstiegen, war die Sensation, die eigentlich gar keine mehr war, da sie sich schon lange angedeutet hatte, perfekt. Und auch im Oberhaus kannten die Rot-Blauen keinen Respekt vor großen Namen: Nicht nur, dass sie mit ihrer herausragenden Heimstärke als Zehnter souverän den Klassenerhalt schafften, sie durften sich sogar als Meistermacher betätigen. Doch diese große Leistung konnte Unterhaching im Folgejahr leider nicht bestätigen. Im Sportpark lief es nicht wie gewohnt, auswärts bekamen die Köstner-Schützlinge kein Bein auf die Erde und eine Verletzungsmisere tat ihr Übriges. So kehrte man 2001 also wieder in die Zweite Liga zurück, in der die SpVgg eine Premiere erlebte: Sie galt als Favorit.

TITEL
DFB-Hallen-Masters 2001

	Liga	Platz	Punkte	Tore	Zuschauer
(63-70: Kreisliga C)					
(70-76: Kreisliga B)					
(76/77: Kreisliga A)					
(77-79: Bezirksliga)					
(79-81: LL Bayern-Süd)					
(81-89: AOL Bayern)					
89/90	2.BL	**20.**	29:47	43:61	1.894
(90-92: AOL Bayern)					
92/93	2.BL	**18.**	42:50	58:67	2.512
(93/94: AOL Bayern)					
(94/95: RL Süd)					
95/96	2.BL	**4.**	52	52:38	2.175
96/97	2.BL	**6.**	49	35:29	1.782
97/98	2.BL	**11.**	44	41:35	1.917
98/99	2.BL	**2.**	63	47:30	2.334
99/00	BL	**10.**	44	40:42	7.397
00/01	BL	**16.**	35	35:59	7.419

BUNDESLIGATRAINER
Lorenz-Günther Köstner (7/99-6/01)

1. LIGA

Höchste Siege: 5:2 vs. Hertha BSC (24.9.00) (H)
3:1 beim BVB (11.4.00) (A)
Höchste Niederlagen: 1:4 vs. BVB (12.5.01) (H)
1:6 in Wolfsburg (10.3.01) (A)

REKORDSPIELER		REKORDSCHÜTZEN	
Danny Schwarz (99-01)	**68**	André Breitenreiter (99-01)	**15**
Matthias Zimmermann (99-01)	**66**	Altin Rraklli (99-01)	**10**
Markus Oberleitner (99-01)	**63**	Oliver Straube (99-01)	**7**
Altin Rraklli (99-01)	**62**	Markus Oberleitner (99-01)	**6**
Jan Seifert (99-01)	**60**	J. Seifert, J. Seitz, M. Spizak	**5**

2. LIGA

Höchste Siege: 5:0 vs. Lübeck (26.5.96) (H)
4:0 in Uerdingen (5.5.97) (A)
Höchste Niederlagen: 1:4 vs. St. Pauli (7.6.98) (H)
1:6 in Saarbrücken (2.3.90) (A)

REKORDSPIELER		REKORDSCHÜTZEN	
Alfonso Garcia (92-99)	**137**	Alfonso Garcia (92-99)	**21**
Ralf Bucher (92-99)	**135**	Altin Rraklli (97-99)	**18**
Jörg Bergen (92-99)	**134**	Jörg Bergen (92-99)	**14**
Matthias Lust (95-99)	**134**	Markus Oberleitner (95-99)	**14**
Jürgen Wittmann (95-99)	**112**	Andreas Hartig (95-99)	**12**
Peter Zeiler (95-99)	**106**	Abdelaziz Ahanfouf (97-99)	**11**
Andreas Hartig (95-99)	**95**	Reiner Leitl (89-93)	**11**
Thomas Radlspeck (95-98)	**94**	Helmut Lemberger (92-93)	**11**
Alexander Strehmel (96-99)	**94**	Matthias Lust (95-99)	**11**
Ivica Vladimir (92-99)	**94**	Frank Schmöller (95-97)	**11**

RÖCHLING VÖLKLINGEN

(Sportverein Röchling Völklingen 1906 e.V.)

Gründung: 1966 (1906)
Farben: Schwarz-Rot
Stadion: Hermann-Neuberger-Stadion (17.000)

Stadionstraße, 66333 Völklingen
Tel: 06898-294604

	Liga	Platz	Punkte	Tore	Zuschauer
(63-74: RL Südwest)					
74/75	2.BL	**13.**	34:42	56:54	3.525
75/76	2.BL	**6.**	45:31	72:65	3.839
76/77	2.BL	**16.**	32:44	47:71	1.969
(77/78: AL Saarland)					
(78/79: AOL Südwest)					
79/80	2.BL	**20.**	22:58	49:101	2.378
(80-82 + 83/84: AOL Südwest)					
(82/83 + 84-89 VL Saarland)					
(89-98: LL Saarland-Südwest)					
(98-01: VL Saarland)					

2. LIGA

Höchste Siege: 5:0 vs. KSC (14.12.74) (H)
6:1 beim ESV Ingolstadt (31.5.80) (A)
Höchste Niederlagen: 2:5 vs. Saarbrücken (21.9.74) (H)
1:3 bei Stut. Kickers (8.12.79) (A)

REKORDSPIELER		REKORDSCHÜTZEN	
Walter Spohr (74-80)	**149**	Walter Spohr (74-80)	**33**
Roland Latz (74-80)	**124**	Karl-Heinz Granitza (75-77)	**32**
Peter Piroth (74-80)	**114**	Gerd Warken (74-77)	**25**
Jürgen Stars (74-77)	**112**	Gilbert Dussier (74-75)	**17**
Hans-Werner Kremer (74-80)	**107**	Horst Schauß (75-77)	**15**

In der Regionalliga Südwest schien Völklingen zunächst auf Platzierungen im gesicherten Mittelfeld abonniert,doch zu Beginn der 70er qualifizierten sich die Schwarz-Roten zweimal in Folge als Vizemeister für die Aufstiegsrunde zur Bundesliga. Dort fungierte Röchling zwar nur als Kanonenfutter für Klubs wie Offenbach oder Essen, aber immerhin hatte man schon einmal eine Duftnote gesetzt. Diesen Aufwärtstrend führte der Braunschweiger Meistertrainer Helmut Johannsen ab 1973 fort: Sicher qualifizierte sich sein Team für die neue Zweite Liga Süd, hielt dort wacker mit und setzte das ein oder andere Glanzlicht - unvergessen beispielsweise das sensationelle 5:0 über den Tabellenführer und späteren Aufsteiger KSC im Dezember 1974. 1975 wurde Herbert Binkert Trainer, und unter seiner Regie setzte sich Völklingen sogar im oberen Tabellendrittel fest. Nach dieser tollen Saison verließ Torschützenkönig Granitza den SV gen Hertha BSC, der zweite große Verlust nach dem Abgang des Luxemburgers Dussier, die Stürmer trafen nicht mehr, es ging abwärts. Und obwohl der SV Röchling den rettenden 15. Platz schaffte, zog man sich 1977 aus finanziellen Gründen - die Stahlkrise - freiwillig aus der Zweiten Liga zurück. Ein Comeback-Versuch zwei Jahre später scheiterte kläglich, und nach und nach sackte der Verein in die Niederungen des saarländischen Amateurfußballs ab. Mittlerweile scheint jedoch eine Trendwende erreicht, 1998 gelang der Aufstieg in die Verbandsliga.

DSC WANNE-EICKEL

(Deutscher Sport-Club Wanne-Eickel e.V.)

Hauptstr. 27, 44651 Herne
Tel: 02325-62474
www.dsc-fussball.de

Gründung: 1971 (1912)
Farben: Schwarz-Gelb
Stadion: Stadion Wanne-Süd (14.000)

	Liga	Platz	Punkte	Tore	Zuschauer
(63-78: AL Westfalen-Südwest)					
78/79	2.BL	**13.**	35:41	66:66	3.895
79/80	2.BL	**11.**	36:40	63:71	3.045
(80-93: AOL Westfalen)					
(93-01: VL Westfalen-Südwest)					

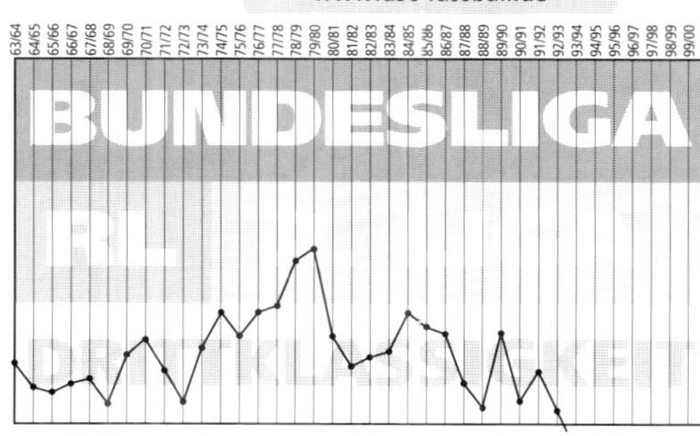

Als aus dem Turnerbund Eickel im Jahre 1971 der DSC Wanne-Eickel wurde, hatten es die Fußballer dank der Hilfe von Mäzen Heitkamp immerhin zum Status »Urgestein der Verbandsliga Westfalen, Gruppe Südwest« gebracht. Als Vizemeister hinter den Überfliegern aus Lüdenscheid erreichte der DSC sechs Jahre später die Vorrunde um die Deutsche Amateurmeisterschaft und schaffte ein Jahr später als überlegener Meister und Aufstiegsrundentriumphator über Wolfsburg und Göttingen den Sprung in die Zweite Liga Nord. Unter der Regie von Günter Luttrop zeigte Wanne-Eickel durchaus ansprechenden und nebenbei auch recht erfolgreichen Fußball, der jedoch meist nur von einer Handvoll Anhänger goutiert wurde. Dass es in Wanne-Eickel durchaus Potential gab, bewies der Ansturm auf das Bochumer Ruhrstadion, als Wanne-Eickel in der zweiten Runde des DFB-Pokals auf den

VfL traf: Gut 5.000 DSC-Fans wurden Zeuge eines wahren Pokalkrimis, in dem ihre Helden jedoch überaus unglücklich mit 2:4 n.V. verloren. Die Elf um Wischniewski, Kosien und Lücke wusste auch im oft so schwirigen zweiten Jahr, in dem Anton Burghardt auf der Trainerbank Platz genommen hatte, zu überzeugen und landete am Ende der Saison 79/80 auf dem elften Rang. Sportlich sah es also prima aus, doch wirtschaftlich lag einiges im Argen. Angesichts der katastrophalen Finanzsituation entschloss sich der DSC, die Lizenz am Saisonende freiwillig zurückzugeben und einen Neuanfang in der Oberliga Westfalen zu starten. Die Fans waren entsetzt, zahlreiche Spieler verließen den Klub - allein der SC Herford freute sich, blieb ihm doch so der Abstieg erspart. Aus dem Neuanfang wurde indes ein Daueraufenthalt, erst in der Ober-, ab 1993 dann in der Verbandsliga, in der sich die Fußballer im Mai 2000 selbständig machten.

2. LIGA

Höchste Siege: 5:1 vs. Herford (19.4.80) (H)
4:0 bei Wacker Berlin (26.8.78) (A)
Höchste Niederlagen: 3:6 vs. RW Essen (15.12.79) (H)
0:6 in Bielefeld (19.1.80) (A)

REKORDSPIELER		REKORDSCHÜTZEN	
Klaus Wischniewski (78-80)	**74**	Norbert Lücke (78-80)	**32**
Peter Wieczorek (78-80)	**69**	Roland Kosien (78-80)	**26**
Roland Kosien (78-80)	**67**	Jürgen Mauthe (78-80)	**16**
Henning Keese (78-80)	**66**	Ingo Peter (78-80)	**11**
Hans-Jürgen Oehler (78-80)	**66**	Peter Leske (78-80)	**8**

WATTENSCHEID 09

(Sportgemeinschaft Wattenscheid 1909 e.V.)

Gründung: 18. September 1909
Farben: Schwarz-Weiß
Stadion: Lohrheidestadion (19.500)

Lohrheidestr. 82, 44866 Bochum-Wattenscheid
Tel: 02327-92090, Fax: 02327-920920
www.sgwattenscheid09.de

	Liga	Platz	Punkte	Tore	Zuschauer
(63-69: AL Westfalen)					
(69-74: RL West)					
74/75	2.BL	**7.**	46:30	72:53	4.074
75/76	2.BL	**8.**	43:33	71:58	3.991
76/77	2.BL	**15.**	33:43	65:80	2.544
77/78	2.BL	**6.**	41:35	76:65	2.513
78/79	2.BL	**10.**	36:40	49:47	2.041
79/80	2.BL	**5.**	46:30	72:57	2.121
80/81	2.BL	**10.**	42:42	62:6	2.576
81/82	2.BL	**17.**	31:45	41:62	3.268
82/83	2.BL	**15.**	33:43	59:65	2.473
83/84	2.BL	**15.**	32:44	58:74	2.837
84/85	2.BL	**10.**	36:40	61:68	2.063
85/86	2.BL	**9.**	43:33	63:56	1.673
86/87	2.BL	**11.**	38:38	59:66	2.001
87/88	2.BL	**4.**	47:29	62:48	2.234
88/89	2.BL	**6.**	42:34	68:58	3.432
89/90	2.BL	**2.**	51:25	70:35	4.810
90/91	BL	**11.**	42:51	42:51	11.819
91/92	BL	**16.**	32:44	50:60	9.513
92/93	BL	**14.**	28:40	46:67	9.219
93/94	BL	**17.**	23:45	48:70	11.276
94/95	2.BL	**10.**	33:35	50:52	2.115
95/96	2.BL	**18.**	31	38:57	2.291
(96/97: RL West/Südwest)					
97/98	2.BL	**14.**	40	41:41	2.637
98/99	2.BL	**17.**	30	31:46	2.250
(99/00: RL West/Südwest)					
(00/01: RL Nord)					

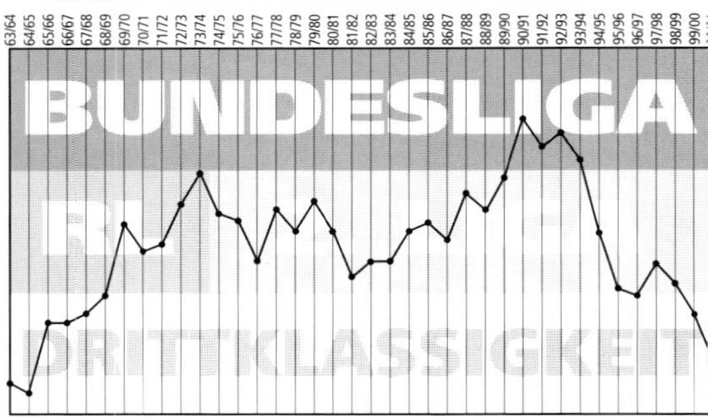

1. LIGA

Höchste Siege: 5:1 vs. KSC (7.5.94) (H)
4:1 beim VfB Stuttgart (29.9.90) (A)
Höchste Niederlagen: 0:4 vs. Bochum (8.12.90) (H)
0:7 beim FC Bayern (24.11.90) (A)

REKORDSPIELER		REKORDSCHÜTZEN	
Thorsten Fink (90-94)	**125**	Souleyman Sane (90-94)	**39**
Stefan Emmerling (90-94)	**120**	Thorsten Fink (90-94)	**25**
Hans-Werner Moser (90-94)	**119**	Uwe Tschiskale (90-94)	**21**
Jörg Bach (90-94)	**118**	Marek Lesniak (92-94)	**18**
Souleyman Sane (90-94)	**117**	Uwe Neuhaus (90-94)	**12**

Im Sommer 1969 konnte sich Wattenscheid endlich aus dem Sumpf der Verbandsliga Westfalen befreien und höheren Dingen widmen. Der Aufstiegsrunde in die Bundesliga beispielsweise, die der in allen Bereichen aufstrebende Verein als Meister der Regionalliga West im Jahre 1974 erreichen konnte. Neben 09-Urgestein Hubert Schieth saß damals Kalli Feldkamp auf der Trainerbank, während auf dem Rasen eine äußerst spielstarke und angriffslustige Wattenscheider Elf um Koitka, Kontny, Bongartz, Jendrossek, Horsch und Hammes wirbelte. In der Aufstiegsrunde erwischten die Schwarz-Weißen einen tollen Start, brachten sich aber durch zwei Niederlagen gegen Nürnberg selbst um die Früchte ihrer ansehnlichen Arbeit. Somit war vorerst die Zweite Liga angesagt, wobei sich das Wattenscheider Publikum auf den ersten Superstar der neuen Spielklasse freuen konnte: Als Ersatz für Hannes Bongartz, der Schalke die Rekordablösesumme von 750.000 DM wert war, holte Klaus Steilmann, der Präsident und unumschränkte Herrscher bei der SG 09, den WM-Star Carlos Babington ins Lohrheidestadion. Doch der Sensationstransfer zahlte sich nicht aus: Als der Argentinier vier Jahre später in seine Heimat zurückkehrte, war Wattenscheid längst in der Sackgasse der Mittelmäßigkeit gelandet. Zwischenzeitlich musste man gar so manches Mal um den Klassenerhalt bangen, und am Ende der Saison 81/82, der ersten in der Eingleisigkeit, schien der Zweitligazug für den 17. schon abgefahren - gerettet wurden die Steilmänner schließlich durch den Lizenzentzug für 1860 München.

In den Folgejahren wurde es zunächst nicht besser: Zweimal landeten die Wattenscheider mit Ach und Krach auf dem 15. Platz, bevor es gegen Mitte der 80er Jahre zu einem unverkennbaren Aufschwung kam. Gerd Roggensack hätte die Schwarz-Weißen bereits in der Saison 87/88 um ein Haar in die Bundesliga oder zumindest in die Relegation geführt, doch am Ende fehlten zwei Törchen zum dritten Platz. Besser machte es der gefeierte Rückkehrer Hannes Bongartz, der die Wattenscheider in der erfolgreichsten Periode der Vereinsgeschichte trainieren sollte. Am 10. Mai 1989 konnte die Bongartz-Elf Vollzug melden, durch ein 5:1 gegen Hertha BSC war der Aufstieg in die Bundesliga unter Dach und Fach gebracht worden. Zur allgemeinen Überraschung fanden sich die Wattenscheider schnell im Oberhaus zurecht. Mit Kickern wie Moser, Fink, Hartmann, Neuhaus, Tschiskale und Sane landeten die Schwarz-Weißen fernab aller Sorgen auf einem elften Platz und betätigten sich durch ein 3:2 gegen die Bayern gar als Meistermacher für K'lautern. Doch die folgenden Jahre bedeuteten Abstiegskampf pur. Zweimal ging die Geschichte gut, doch 1994 musste die SG wieder in die Zweite Liga zurück. Und es ging weiter abwärts: 1999 stieg Wattenscheid bereits zum zweiten Mal in die Regionalliga ab, und gelegentlich roch es sogar schon nach Oberliga.

BUNDESLIGATRAINER

Hannes Bongartz (7/90-3/94)
Frank Hartmann (3/94-6/94)

2. LIGA

Höchste Siege: 6:0 vs. Lüdenscheid (30.9.78) (H)
5:0 in Schloß-Neuhaus (7.5.83) (A)
Höchste Niederlagen: 2:5 vs. Fort. Köln (3.8.85) (H)
0:8 bei Hertha BSC (8.11.80) (A)

REKORDSPIELER		REKORDSCHÜTZEN	
Gerd Drews (75-87)	**314**	Peter Kunkel (78-88)	**87**
Peter Kunkel (78-88)	**310**	Ewald Hammes (74-80)	**86**
Günter Tinnefeld (78-86)	**274**	Uwe Tschiskale (85-90)	**72**
Manfred Behrendt (74-84)	**259**	Gerd Drews (75-87)	**55**
Harald Kügler (83-90)	**240**	Carlos Babington (74-78)	**46**
Thomas Siewert (82-90)	**230**	Helmut Reiners (78-83)	**37**
Hans-Jürgen Zimmer (77-84)	**225**	Maurice Banach (88-90)	**33**
Helmut Zyla (74-82)	**224**	Jürgen Jendrossek (74-77)	**31**
Ewald Hammes (74-80)	**217**	Waldemar Steubing (82-85)	**29**
Burkhard Steiner (78-87)	**194**	Sergio Allievi, Hans-G. Bruns	**25**

OLYMPIA WILHELMSHAVEN

(Turn- und Sportverein Rüstringen Olympia Wilhelmshaven)

Gründung: 15. Oktober 1945
Farben: Schwarz-Weiß
Stadion: Friedensstraße (13.500)

Freiligrathstr. 81, 26384 Wilhelmshaven
Tel: 04421-305657

	Liga	Platz	Punkte	Tore	Zuschauer
(63-69: AL Niedersachsen)					
(69-74: RL Nord)					
74/75	2.BL	**17.**	27:49	54:81	3.349
(75-80 + 82-88: AOL Nord)					
(80-82 + 88/89: VL Niedersachsen)					
(89-92: LL Niedersachsen-West)					
(92-01: Kreis- bzw. Bezirksliga)					

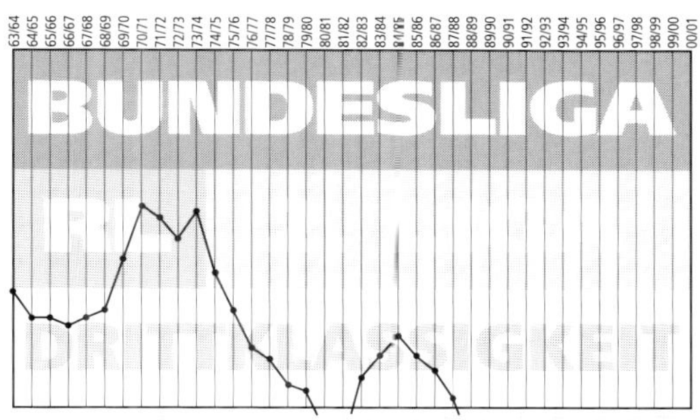

Wahrlich mit Glück schaffte der TSR Olympia anno 1974 den Sprung in die 2. Liga. Zwar hatte Bezirksrivale VfB Oldenburg in der Schlusstabelle mehr Punkte als die Olympioniken auf dem Konto - doch die hatten in den Jahren zuvor fleißig Qualifikationszähler gesammelt. Es dauerte auch nur ein Jahr, dann bot sich Oldenburg die Chance zur Revanche, denn die 2. Liga war für die Kicker aus der Marinestadt eine Nummer zu groß. Damit begann das Wilhelmshavener Fußballchaos, zu dem der TSR einige sportliche Höhenflüge und unzählige Eskapaden im außersportlichen Bereich beisteuerte. Seit 1992 ist es dem Lokalrivalen SVW vorbehalten, die Fußballwelt an der Jade zu beglücken. Gelingen tut das den Rot-Gelben aber nur selten. 2001 gab es vom DFB die rote Drittligakarte. Man hatte schlecht gewirtschaftet.

2. LIGA

Höchste Siege: 4:0 vs. Oberhausen (23.11.74) (H)
2:0 bei Fort. Köln (26.4.75) (A)
Höchste Niederlagen: 2:4 vs. Uerdingen (21.9.74) (H)
2:6 in Wolfsburg (14.12.74) (A)

REKORDSPIELER		REKORDSCHÜTZEN	
Bernd Helmschrot (74-75)	**38**	Willi Götz (74-75)	**15**
Rainer Struckmann (74-75)	**38**	Hans-Peter Gummlich (74-75)	**11**
Karl-Heinz Noldt (74-75)	**37**	Rainer Struckmann (74-75)	**10**
Willi Götz (74-75)	**36**	Rainer Hotopp (74-75)	**6**
Werner Jaschik (74-75)	**35**	Claus Brune (74-75)	**5**

VFL WOLFSBURG

(Verein für Leibesübungen Wolfsburg Fußball GmbH)

Gründung: 23. Mai 2001 (1945)
Farben: Grün-Weiß
Stadion: VfL-Stadion am Berliner Ring (20.150)

Elsterweg 5, 38446 Wolfsburg
Tel: 05361-851747, Fax: 05361-851748
www.vfl-wolfsburg.de

	Liga	Platz	Punkte	Tore	Zuschauer
	(63-74: RL Nord)				
74/75	2.BL	**19.**	26:50	61:89	3.243
	(75/76: AOL Nord)				
76/77	2.BL	**20.**	16:60	46:119	2.040
	(77-92: AOL Nord)				
92/93	2.BL	**14.**	45:47	65:69	5.061
93/94	2.BL	**5.**	40:36	47:45	5.387
94/95	2.BL	**4.**	43:25	51:40	5.984
95/96	2.BL	**12.**	44	41:46	4.880
96/97	2.BL	**2.**	58	52:29	5.880
97/98	BL	**14.**	39	38:54	16.014
98/99	BL	**6.**	55	54:49	15.956
99/00	BL	**7.**	49	51:58	14.966
00/01	BL	**9.**	47	60:45	13.194

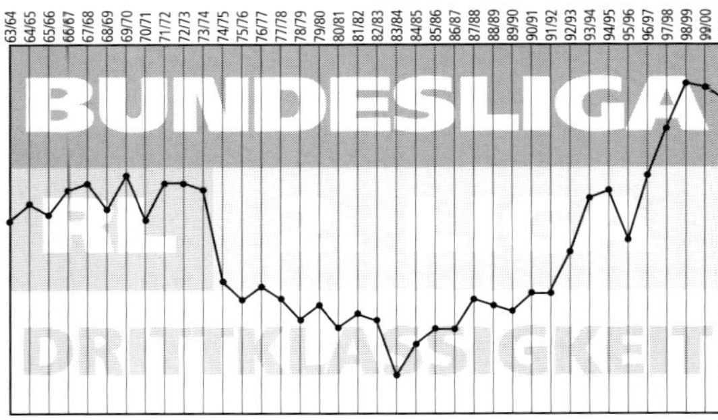

BUNDESLIGATRAINER
Willi Reimann (7/97-3/98)
Wolfgang Wolf (3/98 - ...)

1. LIGA

Höchste Siege: 7:1 vs. M'gladbach (7.11.98) (H)
5:2 beim VfB Stuttgart (8.4.2000) (A)
Höchste Niederlagen: 2:7 vs. Bremen (19.9.99) (H)
1:6 in Duisburg (29.5.99) (A)

REKORDSPIELER		REKORDSCHÜTZEN	
Waldemar Kryger (97-01)	**110**	Andrzej Juskowiak (98-01)	**36**
Frank Greiner (97-01)	**108**	Roy Präger (97-99)	**22**
Claus Reitmaier (98-01)	**102**	Jonathan Akpoborie (99-01)	**20**
Andrzej Juskowiak (98-01)	**93**	Charles Akonnor (98-01)	**12**
Charles Akonnor (98-01)	**84**	Krzysztof Nowak (98-01)	**10**
Krzysztof Nowak (98-01)	**83**	Zoltan Sebescen (99-01)	**10**
Detlev Dammeier (97-00)	**74**	Jürgen Rische (99-01)	**9**
Patrick Weiser (99-01)	**65**	Marijan Kovacevic (97-99)	**7**
Roy Präger (97-99)	**62**	Dietmar Kühbauer (00-01)	**7**
Holger Ballwanz (97-00)	**56**	Dorinel Munteanu (99-01)	**6**

Selbst im überschaubaren norddeutschen Fußball war der VfL Wolfsburg im Jahre 1963 nur eine kleine Nummer. Nun gut, die Elf von Ludwig Lachner war gerade in die neue Regionalliga Nord aufgestiegen und hatte das Endspiel um die Deutsche Amateurmeisterschaft (0:1 gegen den VfB Stuttgart) erreicht, doch was war das schon gegen die wirklich großen Vereine, gegen die die Kicker aus der VW-Stadt nun anzutreten hatten? Doch die Wolfsburger hielten sich prächtig und stiegen mit dem ungarischen Trainer Imre Farkaszinski alsbald zu einem ernst zu nehmenden Aufstiegsaspiranten auf. Den vorläufigen Höhepunkt des Aufwärtstrends durfte die kleine Schar der Wolfsburger Anhängerschaft am Ende der Saison 69/70 erleben: Hinter dem VfL Osnabrück wurde die Elf um Matz, Krause, Thun, Borutta und »Wanze« Kemmer Vizemeister und durfte somit an der Aufstiegsrunde zur Bundesliga teilnehmen. Doch nach 1:5 Punkten aus den ersten drei Spielen gegen Offenbach, Pirmasens und Bochum war der Zug in Richtung Bayern München und Konsorten schon sehr schnell abgefahren.

Mit der Einführung der Zweiten Ligen kam für den VfL das vorläufige Aus. Zwar vermochte man sich dank ordentlicher Platzierungen für die Premierensaison zu qualifizieren, doch dort bekamen die Wolfsburger kein Bein auf die Erde und stiegen als Vorletzter ab. Lag's am Trainer? An der zu defensiven Ausrichtung? Am kleinen Stadion und dem geringen Zuschauerzuspruch? Oder gar an den ungewohnten Gegnern aus dem Westen der Republik? Fragen über Fragen, die auch nach der zweiten und vorerst letzten Zweitliga-Saison 76/77 nicht hinreichend geklärt werden konnten. Mit kümmerlichen 16 Punkten und ordentlichen 119 Gegentreffern endete der VfL als abgeschlagenes Schlusslicht. Der Wiederaufstiegsversuch scheiterte in der Qualifikationsrunde an Wanne-Eickel und Viktoria Köln, und in der Oberliga gaben fortan bis weit in die 80er Jahre hinein andere Nordlichter den Ton an. Für den VfL Wolfsburg brachen harte Zeiten an. 1984 schlitterten die Grün-Weißen nur knapp an der Viertklassigkeit vorbei, rappelten sich aber unter Wolf-Rüdiger Krause wieder auf und schafften vier Jahre später als Vizemeister den Sprung in die Aufstiegsrunde - in der man dann freilich kläglichst versagte.

Bis zum Beginn der 90er Jahre mussten die treuen Fans der Wölfe, die sich bis dahin in den entscheidenden Momenten stets etwas zahnlos präsentiert hatten noch gedulden, dann leiteten Trainer Ernst Menzel und Manager Peter Pander die Wende zum Guten ein. 1991 und 1992 wurde der VfL jeweils überlegen Meister der Oberliga Nord und schaffte dann auch endlich - im vierten Anlauf - die Rückkehr in die Zweite Liga. In der Aufstiegsrunde setzte sich das mittlerweile von Uwe Erkenbrecher eingestellte Team gegen die Berliner Vereine FC und Union sowie den FSV Zwickau durch.

In der ersten Saison nach 15-jähriger Abstinenz musste der mit zahlreichen Routiniers wie Dammeier, Ballwanz oder Brunner verstärkte VfL lange um den Klassenerhalt und kurz darauf dann auch um die Lizenz zittern, doch schon in der folgenden Spielzeit kletterten die Schützlinge von »Retter« Eckhard Krautzun auf einen respektablen fünften Platz. Und

2. LIGA

Höchste Siege: 6:2 vs. Wilhelmshaven (14.12.74) (H)
4:0 in Chemnitz (12.4.96) (A)
Höchste Niederlagen: 0:5 vs. Wuppertal (23.4.77) (H)
0:9 in Göttingen (7.5.77) (A)

REKORDSPIELER		REKORDSCHÜTZEN	
Detlef Dammeier (92-97)	**152**	Siggi Reich (92-96)	**59**
Holger Ballwanz (92-97)	**143**	Wolfgang Wallek (74-77)	**24**
Siggi Reich (92-96)	**130**	Wolf-Rüdiger Krause (74-75)	**19**
Jann Jensen (92-97)	**121**	Detlef Dammeier (92-97)	**16**
Uwe Zimmermann (93-97)	**116**	Jacek Frackiewicz (92-95)	**16**
Frank Lieberam (92-96)	**111**	Stefan Meissner (94-97)	**16**
Hans-Jürgen Brunner (92-95)	**88**	Piotr Tyszkiewicz (95-97)	**13**
Stefan Meissner (94-97)	**88**	Holger Ballwanz (92-97)	**11**
Peter Kleeschätzky (92-97)	**86**	Stefan Holze (92-95)	**11**
Bruno Akrapovic (92-94)	**79**	Roy Präger (95-97)	**11**

dann ging alles ganz schnell: Im Herbst 1994 standen die Wölfe erstmals an der Tabellenspitze, im Sommer 1995 im Pokalfinale (0:3 vs. M'gladbach), im Juni 1997 nach dem unvergesslichen 5:4 im »Endspiel um den Aufstieg« gegen Mainz in der Bundesliga und im September 1999 dann schließlich sogar im UEFA-Pokal. Eine sensationelle Entwicklung, an der neben Erfolgstrainer Wolfgang Wolf, der seit März 1998 als Nachfolger von Willi Reimann das Sagen hat, und Manager Pander auch der VW-Konzern nicht ganz unschuldig ist. Nach langem Zaudern gaben die Autoleute ihre Zurückhaltung auf und investier(t)en in die neue »Fußball GmbH«, mit der die Wölfe vor einer großen Zukunft stehen könnten.

WORMATIA WORMS

(Verein für Rasenspiele Wormatia Worms 1908 e.V.)

Gründung: 23. Mai 1908
Farben: Rot-Weiß
Stadion: Wormatia-Stadion (21.000)

Alzeyer Str. 131, 67549 Worms
Tel: 06241-75345, Fax: 06241-74320
www.wormatia08.de

	Liga	Platz	Punkte	Tore	Zuschauer
(63-74: RL Südwest)					
74/75	2.BL	**19.**	27:49	36:66	3.746
(75-77: AL Südwest)					
77/78	2.BL	**9.**	42:34	63:56	3.777
78/79	2.BL	**3.**	50:26	66:33	4.453
79/80	2.BL	**10.**	38:42	67:73	3.213
80/81	2.BL	**12.**	37:39	60:70	3.247
81/82	2.BL	**18.**	24:52	34:74	3.574
(82-93: AOL Südwest)					
(93-98: VL Südwest)					
(98-01: OL Südwest)					

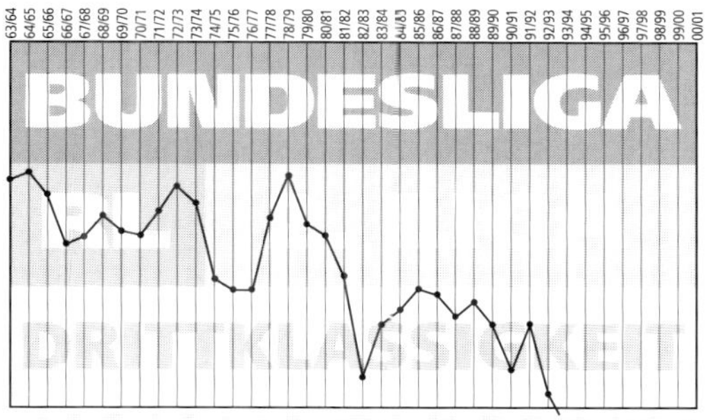

Die zu seligen Oberliga-Südwest-Zeiten noch so ruhm- und erfolgreiche Wormatia aus Worms kam der Bundesliga im Laufe der 60er und 70er Jahre nur noch selten nahe. Hatten 1964 als Dritter noch zwei Punkte zur Aufstiegsrunde gefehlt, sicherte man sich im Folgejahr durch die Vizemeisterschaft hinter Saarbrücken die Chance zum Klassensprung - in der Aufstiegsrunde sprang dann aber nur ein einziger Sieg heraus. Ansonsten fiel der VfR Wormatia in der Regionalliga nicht weiter auf und wäre um ein Haar auch einfach so in die Drittklassigkeit abgerutscht, hätte Theley nicht in letzter Sekunde einen Sensationssieg gegen Saarbrücken gelandet. Damit ermöglichte der VfB den Wormsern die Qualifikation für die Zweite Liga Süd, mit der der Klub schon gar nicht mehr gerechnet hatte. In Windeseile wurde eine (teure) Mannschaft zusammengekauft, die jedoch nie den Ansprüchen genügen konnte - der DFB verweigerte Wormatia die Lizenz, was jedoch nicht weiter wild war, da man als 19. sowieso abgestiegen wäre. 1977 kehrte Worms zurück und zeigte sich diesmal den Anforderungen besser gewappnet: Im ersten Jahr schaffte Wormatia locker den Klassenerhalt, im zweiten schrammte man als Dritter nur knapp an der Bundesliga vorbei. Doch sollten sich in dieser erfolgreichen Saison bereits die vereinsinternen Querelen häufen, damit einher gingen Trainerwechsel und finanzielle Schwierigkeiten - die Chance zum dauerhaften Aufschwung wurde vertan. Die logische Folge: 1982 stieg der hochverschuldete VfR ab und wäre um ein Haar gar in die Verbandsliga durchgereicht worden - aber das hatte ja noch bis 1993 Zeit. Fünf Jahre später konnte die Wormatia dann auch endlich mal wieder etwas feiern - nämlich den Aufstieg in die Oberliga.

2. LIGA

Höchste Siege: 6:0 vs Augsburg (30.9.78) (H)
3:0 beim ESV Ingolstadt (7.4.81) (A)
Höchste Niederlagen: 0:4 vs. Nürnberg (15.2.75) (H)
0:7 bei 1860 München (27.3.82) (A)

REKORDSPIELER		REKORDSCHÜTZEN	
Walfried Günther (74-82)	**204**	Bodo Mattern (79-81)	**42**
Heinrich Schmieh (74-82)	**189**	Werner Seubert (77-79)	**40**
Peter Klag (74-82)	**151**	Bernd Nathmann (79-82)	**34**
Bernd Nathmann (79-82)	**115**	Peter Klag (74-82)	**23**
Heinz Lubanski (77-82)	**112**	Lothar Wesseler (78-80)	**23**

WÜRZBURG 04

(Würzburger Fußballverein e.V.)

Gründung: 22. Mai 1981 (1904)
Farben: Blau-Weiß
Stadion: Sepp-Endres-Sportanlage (3.500)

Mainaustr. 32, 97082 Würzburg
Tel: 0931-42535, Fax: 0931-4174228
www.wuerzburgerfv.de

	Liga	Platz	Punkte	Tore	Zuschauer
(63/64 + 66-70: LL Bayern-Nord)					
(64-66 + 70-76: AL Bayern)					
76/77	2.BL	**13.**	37:39	49:81	6.566
77/78	2.BL	**11.**	38:38	52:53	4.627
78/79	2.BL	**14.**	33:43	40:62	3.839
79/80	2.BL	**21.**	21:59	42:82	2.882
(80/81: AOL Bayern)					
(81-83: Kreisliga C)					
(83-85: Kreisliga B)					
(85/86: Kreisliga A)					
(86-88: Bezirksliga Bayern-West)					
(88-91: Bezirksoberliga Bayern)					
(91-99: LL Bayern-Nord)					
(99-01: OL Bayern)					

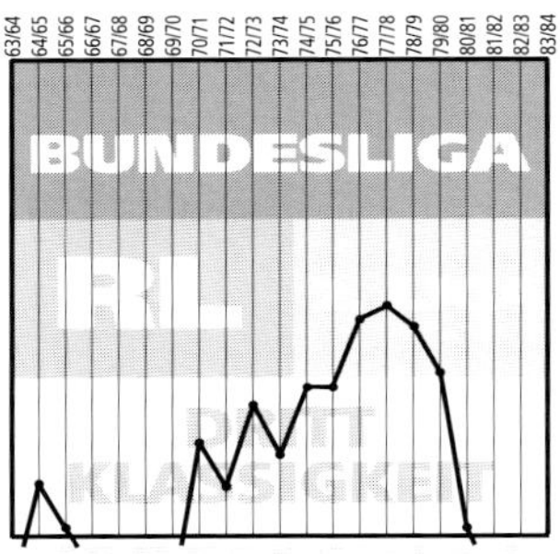

2. LIGA

Höchste Siege: 4:0 vs. Offenbach (31.8.77) (H)
3:0 in Bürstadt (18.3.78) (A)
Höchste Niederlagen: 0:4 vs. Ulm (3.4.80) (H)
2:10 beim Freiburger FC (8.3.80) (A)

REKORDSPIELER		REKORDSCHÜTZEN	
Friedhelm Groppe (76-80)	**121**	Klaus Sterz (76-80)	**28**
Klaus Sterz (76-80)	**117**	Lothar Emmerich (76-78)	**25**
Walter Szaule (76-80)	**110**	Erich Schmitt (77-80)	**20**
Harald Borngräber (77-80)	**106**	Friedhelm Groppe (76-80)	**10**
Bernd Göbel (76-80)	**96**	Detlev Bruckhoff, Günter Fürhoff	**9**

In den frühen 70ern lieferten sich der 1.FV von 1904 und die Kickers einen ebenso spannenden wie erbitterten Zweikampf um die fußballerische Vorherrschaft in der Stadt Würzburg, den die Blau-Weißen 1976 schließlich vorerst für sich entscheiden konnten: Punktgleich mit Wacker München wurde der FV Zweiter der Bayernliga, verlor zwar das Entscheidungsspiel mit 0:2, stieg aber durch den Verzicht des Meisters in die Zweite Liga auf. Dort hielt sich der Arbeiterverein immerhin vier Jahre über Wasser, wobei allerdings nicht weniger als neun Trainer verbraucht wurden. Da zudem auch der ein oder andere Routinier verpflichtet worden war (als prominentester sei hier Lothar Emmerich genannt, der 1977 prompt Torschützenkönig wurde), sah es nach dem Abstieg gar nicht gut um die Penunzen aus. Ein Jahr hielt sich der FV noch in der Bayernliga, dann musste er mit 2,5 Mio. DM Schulden auf dem Buckel Konkurs anmelden. Eine Woche nach der Auflösung des Vereins entstand so der »Würzburger FV«, der insgeheim gehofft hatte, in der Landesliga starten zu dürfen. Da sich der Verband quer stellte, kam es allerdings zwangsläufig zu einem totalen Neuaufbau in der Kreisliga C - und er gelang. Gerade einmal zehn Jahre gingen ins Land, da traf man in der Landesliga bereits wieder auf die alten Spezis von den Kickers, die dann mit dem Aufstieg in die Bayernliga in der Saison 98/99 endgültig wieder als Nummer eins in der Stadt abgelöst wurden.

WÜRZBURGER KICKERS

(Fußball-Club Würzburger Kickers e.V.)

Gründung: 17. November 1907
Farben: Rot-Weiß
Stadion: Stadion am Dallenberg (18.000)

Mittlerer Dallenbergweg 49, 97082 Würzburg
Tel: 0931-76620, Fax: 0931-76618
www.wuerzburger-kickers.de

	Liga	Platz	Punkte	Tore	Zuschauer
(63-77: AL Bayern)					
77/78	2.BL	**19.**	17:59	38:93	2.583
(78-83 + 90/91: AOL Bayern)					
(83-90, 91-97 + 98-01: LL Bayern-Nord)					
(97/98: OL Bayern)					

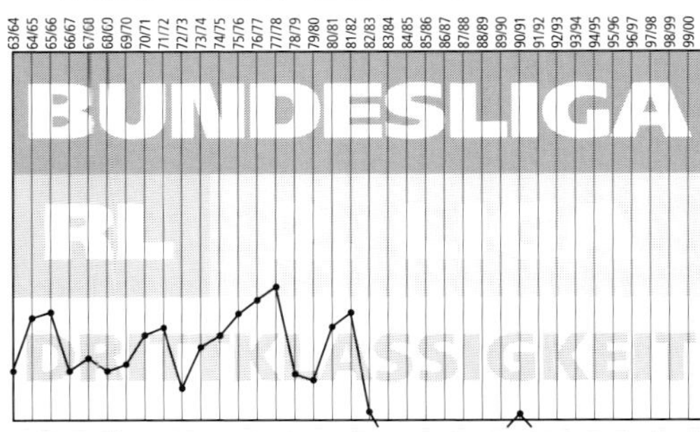

Es führt kein Weg daran vorbei: In Würzburg sind die Kickers mal wieder nur die Nummer zwei - wie so oft in der langen Geschichte der beiden Erzrivalen. Nur selten hatte man im ewigen Duell die Nase vorn, doch die 60er gehörten eindeutig den Rot-Weißen. So war man 1963 als Gründungsmitglied der eingleisigen Bayernliga mit von der Partie, während sich der

FV noch in der Landesliga abstrampelte. Bis Anfang der 70er Jahre lagen die Kickers vorne, dann wurden die Karten neu gemischt - zu Gunsten des FV, der nun eindeutig die Vorherrschaft in der Stadt übernahm und 1976 in die Zweite Liga aufstieg. Doch nur ein Jahr später folgte die Elf von Trainer Richard Saller nach, als erster Würzburger Verein wurden die Kickers Meister der Bayernliga und schafften den Direktaufstieg - der FV war zuvor ja »nur« Vizemeister geworden. Es sind die feinen Unterschiede, die den Ausschlag geben. Doch wie dem auch sei, Fußball-Würzburg konnte sich in der Saison 77/78 gleich über zwei Zweitligisten freuen. Das erste der mit großer Spannung erwarteten Derbys endete 2:2, im zweiten gingen die Rot-Weißen mit 0:4 unter. Zu diesem Zeitpunkt war die Luft allerdings auch schon ein bisschen raus, denn während sich der FV im sicheren Tabellenmittelfeld tummelte, fristeten die Kickers ein abgeschlagenes Dasein auf dem vorletzten Rang - und stiegen denn auch wenige Wochen später ab. Es blieb das einzige Gastspiel des Klubs im Profifußball, der dafür auch finanziell bluten musste, wenngleich nicht ganz so heftig wie die Konkurrenz. Bald waren die Kickers in der Landesliga gelandet, die Oberliga war in den 90ern einfach eine Nummer zu groß - dummerweise dann bald auch wieder der FV...

2. LIGA

Höchste Siege: 3:0 vs. Nürnberg (23.10.77) (H)
(kein Auswärtssieg)
Höchste Niederlagen: 2:5 vs. Bürstadt (15.1.78) (H)
0:6 beim SV Waldhof (6.8.77) (A)

REKORDSPIELER		REKORDSCHÜTZEN	
Erwin Markert (77-78)	**38**	Lothar Emmerich (77-78)	**9**
Klaus-Dieter Dewinski (77-78)	**32**	Paul Ulsamer (77-78)	**4**
Lothar Wardanjan (77-78)	**32**	Bruno Werner (77-78)	**4**
Bruno Werner (77-78)	**32**	Erwin Markert (77-78)	**3**
Reinhold Metzger, Rainer Scholz	**31**	Rainer Scholz, Lothar Wardanjan	**3**

WUPPERTALER SV

(Wuppertaler Sport-Verein e.V.)

Gründung: 8. Juli1954 (Fusion)
Farben: Rot-Blau
Stadion: Stadion am Zoo (28.000)

Hubertusallee 4, 42117 Wuppertal
Tel: 0202-741285, Fax: 0202-742466
wsv.wtal.de

	Liga	Platz	Punkte	Tore	Zuschauer
(63-72: RL West)					
72/73	BL	**4.**	40:28	62:49	19.247
73/74	BL	**16.**	25:43	42:65	14.789
74/75	BL	**18.**	12:56	32:86	8.670
75/76	2.BL	**5.**	45:31	76:53	7.434
76/77	2.BL	**3.**	47:29	81:55	7.806
77/78	2.BL	**11.**	36:40	56:59	4.907
78/79	2.BL	**17.**	30:46	46:57	3.883
79/80	2.BL	**20.**	16:60	35:84	2.113
(80-92: AOL Nordrhein)					
92/93	2.BL	**13.**	45:47	55:50	6.980
93/94	2.BL	**18.**	31:45	44:52	5.756
(94-99: RL West/Südwest)					
(99-01: OL Nordrhein)					

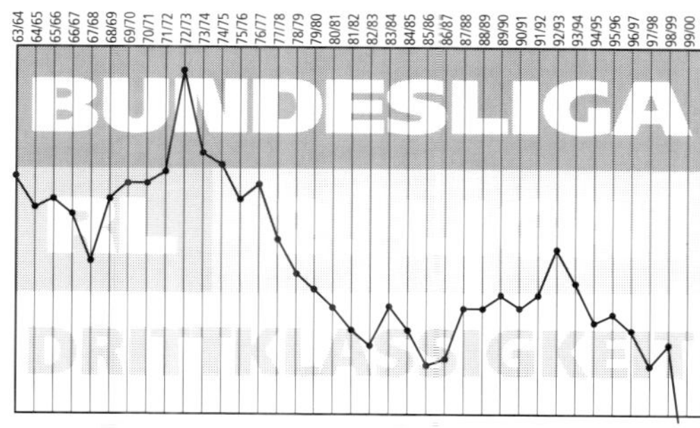

BUNDESLIGATRAINER
Horst Buhtz (7/72-10/74)
Janos Bedl (10/74-6/75)

1. LIGA

Höchste Siege: 5:0 vs. Duisburg (26.5.73) (H)
2:1 in Schalke (4.11.72) (A)
Höchste Niederlagen: 0:5 vs. M'gladbach (5.5.73) (H)
1:7 in M'gladbach (26.1.74) (A)

REKORDSPIELER		REKORDSCHÜTZEN	
Gustav Jung (72-75)	**97**	Günter Pröpper (72-75)	**39**
Erich Miß (72-75)	**87**	Gustav Jung (72-75)	**21**
Günter Pröpper (72-75)	**87**	Jürgen Kohle (72-74)	**16**
Herbert Stöckl (72-75)	**87**	Franz Gerber (74-75)	**12**
Heinz-Dieter Lömm (72-75)	**86**	Manfred Cremer (72-75)	**11**

Die ersten Jahren des Wuppertaler SV in der Regionalliga West glichen eher einer Achter- denn einer Schwebebahnfahrt: Gleich in der Premierensaison wurden die Rot-Blauen hinter Aachen Vizemeister, verloren dann aber die Qualifikationsspiele zur Aufstiegsrunde gegen den FK Pirmasens mit 0:2 und 1:2. Ein Jahr später holte sich der WSV den Erfolgstrainer der Pirmasenser, Adi Preißler, der den Bergischen Löwen gen Bundesliga führen sollte. Doch mit der Aufstiegsfrage hatte der WSV nun fürs Erste nichts mehr zu tun, in der Spielzeit 67/68 musste man sich sogar eher nach unten orientieren. Erst unter Preißlers Nachfolgern Kuno Klötzer und Horst Buhtz ging es aufwärts, und am Ende der 60er hatte sich Wuppertal wieder in den Spitzengruppe etabliert. In den Jahren 1969 und 1970 landete der WSV auf dem dritten Platz, wobei damals das Schlagwort vom »besten Dritten, den es ja gab« die Runde machte. In der folgenden Spielzeit erlebte die Regionalliga West dann freilich den »besten Meister, den es je gab und später noch geben sollte«: Die Buhtz-Elf kam am Ende der Saison 71/72 auf überragende 60:8 Punkte und satte 111:23 Tore, von denen der Ex-Essener Günter »Meister« Pröpper allein 52 (!) erzielt hatte. In der Aufstiegsrunde setzte die Elf um Müller, Cremer, Hermes, Lömm, Reiche, Miß und eben Pröpper ihren Siegeszug fort und zog mit acht Siegen in den acht Spielen gegen Osnabrück, Neunkirchen, Bayern Hof und Tasmania Berlin mit Glanz und Gloria in die Bundesliga ein. Und auch dort machten die Buhtz-Schützlinge nach einigen verständlichen Anfangsschwierigkeiten da weiter, wo sie aufgehört hatten und wiesen die Gegnerschaft mit forschem Angriffsfußball in ihre Schranken. Vor allem im heimischen Stadion am Zoo erschien der WSV fast unbezwingbar und landete am Ende einer in jeder Beziehung eindrucksvollen Saison als einer der besten Aufsteiger aller Zeiten auf dem vierten Platz. Doch ist für diese Spezies ja bekanntlich das zweite Jahr zumeist das schwerste, und das bekamen die Schwebebahnstädter nun auch zu spüren. Das UEFA-Cup-Aus in der ersten Runde war dabei noch zu verschmerzen, Ruch Chorzow war halt einfach stärker (1:4, 5:4), doch musste der WSV bis zur 81. Minute des letzten Spieltag um den Klassenerhalt zittern, ehe Lömms 2:2 in Stuttgart die Erlösung brachte. In der nächsten Spielzeit erlosch dann freilich das Wuppertaler Bundesligalicht, Buhtz hatte es verpasst, die Elf rechtzeitig zu verjüngen. Nur zwei Siege konnten die Rot-Blauen in der Saison 74/75 erringen, das bedeutete Platz 18 und den Abstieg in die Zweite Liga. Etwaige Träume von einem baldigen Wiederaufstieg waren schnell geplatzt, allein 76/77 mischte der WSV mal an der Tabellenspitze mit. Am Ende der Talfahrt, die mit erheblichen Finanz- und Lizenzsorgen verbunden war, stand schließlich 1980 der Abstieg in die Oberliga. Über ein Jahrzehnt mussten die Fans auf die Rückkehr in die Zweite Liga warten, doch als es dann endlich geschafft war, stieg der WSV nach zwei Jahren auch schon wieder ab. Die Kassen waren währenddessen nicht voller geworden - den Konkurs konnte man 1997 noch abwenden, doch nach dem Lizenzentzug (1999) als Folge ausstehender Beträge an die Berufsgenossenschaft war der WSV erstmals in seiner Geschichte viertklassig.

2. LIGA

Höchste Siege: 6:1 vs. Wolfsburg (20.11.76) (H)
5:0 in Gütersloh (21.3.76) (A)
Höchste Niederlagen: 0:5 vs. Jena (15.10.93) (H)
0:6 bei RW Essen (10.9.77) (A)

REKORDSPIELER		REKORDSCHÜTZEN	
Lothar Dupke (75-80)	**158**	Rainer Budde (75-79)	**43**
Peter Redder (75-80)	**153**	Günter Pröpper (75-79)	**35**
Jürgen Berghaus (75-79)	**126**	Willi Götz (75-78)	**30**
Erich Miß (76-80)	**126**	Peter Redder (75-80)	**23**
Gerhard Pecl (75-80)	**122**	Antoine Fagot (77-80)	**22**
Bernhard Hermes (75-79)	**119**	Franz Gerber (75-76)	**19**
Rainer Budde (75-79)	**112**	Helmut Lausen (75-78)	**18**
Günter Pröpper (75-79)	**107**	Jürgen Berghaus (75-79)	**17**
Vladimir Kovacic (77-80)	**94**	Michael Tönnies (92-94)	**17**
Antoine Fagot (77-80)	**89**	Peter Hayduk (77-79)	**16**

FSV ZWICKAU

(Fußballsportverein Zwickau e.V.)

Gründung: 27. April 1912 (1990)
Farben: Rot-Weiß
Stadion: Westsachsenstadion (14.200)

Geinitzstr. 22, 08058 Zwickau
Tel: 0375-370091, Fax: 0375-370098
www.fsv-zwickau.de

	Liga	Platz	Punkte	Tore	Zuschauer
(63-83: OL der DDR)					
(83-85: DDR-Liga, Staffel B/D)					
(85/86 + 88/89: OL der DDR)					
(86-88 + 89-91: DDR-Liga, Staffel B)					
(91-94: AOL Nordost-Süd)					
94/95	2.BL	**16.**	29:39	32:50	6.388
95/96	2.BL	**5.**	49	39:48	5.897
96/97	2.BL	**14.**	42	34:48	6.496
97/98	2.BL	**17.**	28	32:55	4.209
(98-00: RL Nordost)					
(00/01: OL Nordost-Süd)					

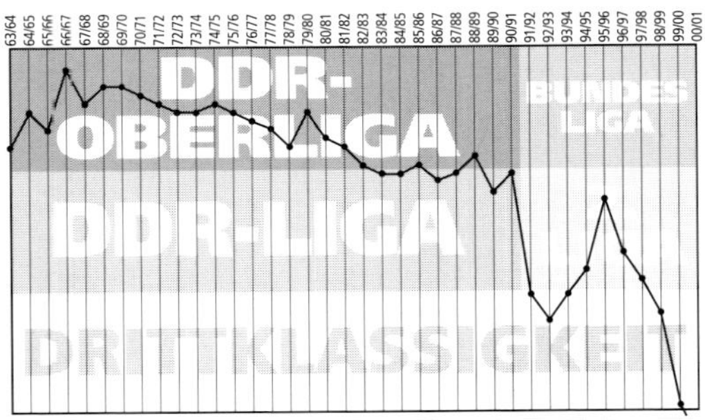

Kurz bevor im Westen die erste Bundesligasaison angepfiffen wurde, errangen die Kicker der BSG Motor Zwickau durch ein 3:0 über Chemie Zeitz in Altenburg den FDGB-Pokal. Ein feiner Erfolg, der freilich nicht darüber hinwegtäuschen konnte, dass die Sachsen in der Oberliga der DDR mittlerweile nur noch die Rolle eines Mitläufers einnahmen. In den ersten Jahren des Ostfußballs hatte dies noch anders ausgesehen, da hatte man unter dem Namen »Spielgemeinschaft Planitz« 1948 die Ostzonenmeisterschaft und zwei Jahre später als »ZSG Horch Zwickau« den ersten Titel der frischgebackenen Oberliga einheimsen können - wenngleich der letztere Erfolg stets mit dem Makel der Manipulation (um nicht zu sagen: Schiebung) behaftet blieb. Wie dem auch sei, in Meisterschaftsdingenen besaß Zwickau bald nur noch eingeschränktes Mitspracherech, die »Zentrale Sportgemeinschaft«, die ab 1950 als »Betriebssportgemeinschaft« auf- und antrat, rutschte schon bald ins Mittelmaß ab. Allein die Erfolge im Pokal sorgten alle Jahre wieder für eine hübsche Abwechslung vom oft so tristen Liga-Alltag: Im April 1967, vier Jahre nach dem ersten Triumph, brachten die Motor-Kicker durch ein 3:0 gegen Hansa Rostock ihren zweiten Pokaltitel unter Dach und Fach. Lohn des verdienten Erfolges war die erneute Teilnahme im Europapokal der Pokalsieger, die jedoch ebenso wie die von1963 (1:0 und 0:2 gegen MTK Budapest) nur eine Runde währte: Gegen Torpedo Moskau verlor Zwickau zweimal mit 0:1.

Am 1. Mai 1968 erfolgte die nächste Umbenennung des Vereins, doch auch als »BSG Sachsenring Zwickau« kamen die Sachsen nicht über einen fünften Platz in der Oberliga heraus. Und das, obwohl mit Jürgen Croy einer der großartigsten deutschen Keeper aller Zeiten zwischen den Zwickauer Pfosten stand. 14 Jahre hechtete der bärenstarke Zerberus für die Rot-Weißen, absolvierte 94 Länderspiele und stand auch bei den legendären WM-Spielen von 1974, vor allem natürlich dem 1:0 von Hamburg, im Tor der DDR-Auswahl. Ein Jahr später trugen sich die Zwickauer durch ein finales 6:5 nach Elfmeterschießen gegen Dynamo Dresden zum dritten und letzten Male in die Siegerliste des FDGB-Pokals ein - den entscheidenden Strafstoß verwandelte Keeper Croy höchstselbst. Und auch auf internationaler Ebene konnte Sachsenring nun für Furore sorgen, und zwar nicht zu knapp: Dem 2:0 und 0:0 gegen Panathinaikos Athen ließ die Elf von Trainer Kluge einen wahren Europacup-Krimi gegen den AC Florenz folgen, der nach einem 0:1 im Herzen der Toskana und einem 1:0 im Georgi-Dimitroff-Stadion erst im Elfmeterschießen entschieden werden konnte. Schütze des entscheidenden Strafstoßes zum 5:4: Jürgen Croy. Im Viertelfinale schaltete Sachsenring auch noch Celtic Glasgow (1:0 und 1:1) aus, dann jedoch war gegen den RSC Anderlecht Schicht (0:3, 0:2). Es war der letzte größere Erfolg des Vereins, der in den 80er Jahren dann sogar zu einer Fahrstuhlmannschaft mutierte und dreimal in Folge in die DDR-Liga abstieg. So verpasste der am 3. Januar 1990 in »FSV Zwickau« umbenannte DDR-Ligist schließlich auch eine günstige Ausgangsposition, um sich für eine der beiden Bundesligen zu bewerben und wurde in der Qualifikationsrunde zur Zweiten Liga hinter Eisenhüttenstadt und Lok Leipzig nur Dritter.

Drei Spielzeiten mussten die FSV-Fans warten, dann konnte nach einer fantastischen Serie von über einem Jahr ohne Pflichtspielniederlage der Aufstieg bejubelt werden. Vier Jahre verbrachte der FSV in der Zweiten Liga, wobei man 1995 eigentlich schon abgestiegen war, durch die Lizenzentzüge für Dresden und Saarbrücken dann aber noch in letzter Sekunde am grünen Tisch gerettet wurde. In der Folgesaison zeigte die Mannschaft von Gerd Schädlich dann derart starke Leistungen, dass zwischenzeitlich sogar der Aufstieg in die Bundesliga im Bereich des Möglichen lag. Am Ende landete Zwickau auf einem sensationell guten fünften Platz. Doch nach dem Abstieg von 1998 wurde der chronisch finanzschwache Klub zwei Jahre später dann schließlich sogar in die Oberliga durchgereicht.

TITEL
DDR-Meister 1951
FDGB-Pokalsieger 1963, 1967 und 1975

2. LIGA

Höchste Siege: 4:0 vs. St. Pauli (24.8.97) (H)
3:1 beim SC Freiburg (8.5.98) (A)
Höchste Niederlagen: 0:4 vs. Unterhaching (3.8.97) (H)
0:5 bei Fort. Köln (18.6.95) (A)

REKORDSPIELER		REKORDSCHÜTZEN	
Lars Hermel (94-98)	**123**	Jörg Kirsten (95-97)	**23**
Sven Günther (94-98)	**103**	Lars Hermel (94-98)	**18**
Peter Keller (94-98)	**80**	Carsten Klee (96-98)	**13**
Bernd Tipold (94-97)	**76**	Bernd Tipold (94-97)	**10**
André Barylla (94-98)	**74**	Gabriel Bertalan (94-96)	**7**

Auf und ab und hoch und runter

Als es in Aufstiegsrunden und Relegationsspielen noch so richtig zur Sache ging

Im hiesigen Profifußball geht es momentan etwas fantasielos zu, zumindest, was die ebenso interessante wie bedeutsame Frage des Auf- und Abstiegs betrifft. Bar jeglicher Originalität steigen die drei nach dem letzten Spieltag am weitesten unten platzierten Vereine der Bundesliga direkt in die Zweite Liga ab, die wiederum ihre drei (zumindest nach Punkten) stärksten Vertreter ins Oberhaus schickt, während die Klubs auf den Rängen 15 bis 18 zum Abgang in die Regionalliga Nord oder Süd verdonnert werden. Die beiden dritten Ligen schicken dafür jeweils den Meister und Vizemeister nach oben, entlassen die vier Schlusslichter in die jeweiligen Oberligen und so weiter und so fort. Die Auf- und Abstiegsangelegenheiten sind von den zuständigen Funktionären der Landesverbände und des DFB mittlerweile straff und ordentlich durchgeregnet worden. »Endlich«, werden manche erleichtert aufseufzen - »leider, leider« klagen hingegen andere, die sich noch an die nervenaufreibenden und schweißtreibenden Duelle in den Relegation- und Qualifikationsspielen oder gar in der legendären Aufstiegsrunde zur Bundesliga zu erinnern vermögen. Doch für solche Spiele oder gar Turniere ist im vollgestopften Terminkalender des Fußballs heutzutage offensichtlich kein Plätzchen mehr - im Gegensatz zum mitreißenden U.I.-Cup oder dem wirklich wichtigen Ligapokal etwa. Doch wollen wir hier gar nicht viel herummeckern, schließlich sollten wir uns glücklich schätzen, dass unser geliebter Fußball überhaupt noch über eine Auf- und Abstiegsregelung nach sportlichen Kriterien verfügt - man denke da nur einmal an die Kollegen vom Eishockey und Basketball oder gar an Amerika - und werfen stattdessen einen nur ansatzweise nostalgisch verklärten Blick zurück.

In der ersten Auflage der Aufstiegsrunde erhielt im Juni 1964 zumindest ein kleiner Teil jener Klubs, die sich bei der Einführung der Bundesliga bzw. der Aufnahme in selbige übergangen, verschaukelt oder sonstwie über den Tisch gezogen gefühlt hatten, die Chance, der deutschen Fußballwelt zu beweisen, dass man mit ihrer Nichtberücksichtigung einen Fehler begangen hatte. So standen Borussia Neunkirchen, dem frischgebackenen Meister der Regionalliga Südwest, in der Gruppe 1 gleich drei Vereine aus Großstädten gegenüber, die im Vorjahr bundesligaaufnahmetechnisch primär an der Existenz eines besser eingestuften Lokalrivalen gescheitert waren: Tasmania Berlin an Hertha, der FC St. Pauli am Hamburger SV und schließlich der FC Bayern am TSV 1860 München. In Gruppe 2 sahen sich Hannover 96 und Alemannia Aachen als die Rächer der Entrechteten an, mit dabei ferner der Überraschungsmeister des Südens, Hessen Kassel, und auch der FK Pirmasens, der sich vorab, in der Qualifikation zur Qualifikation sozusagen, sensationell gegen den hochgelobten West-Vizemeister Wuppertaler SV durchgesetzt hatte. Und der FK machte am ersten Spieltag gleich da weiter, wo er aufgehört hatte: Souverän bezwang man Aachen, den Aufstiegskandidaten Nr. 1, mit 3:0. Doch auch die Pirmasenser Bäume wuchsen nicht in den Himmel, denn schon vier Tage später kassierten Kapitulski, Dausmann und Co. ein 0:2 beim neuen Tabellenführer Hannover, der seiner Mitfavoritenrolle gerecht zu werden schien. Die Alemannia dagegen schien von allen guten Geistern verlassen, verlor daheim gegen Kassel und am dritten Spieltag dann auch noch mit 1:2 in Hannover - 0:6 Punkte, der Traum von der Bundesliga war am Tivoli rekordverdächtig schnell ausgeträumt. Die Vorentscheidung fiel schließlich am fünften Spieltag, als Pirmasens am heimischen Horeb gegen Hannover seine letzte Chance nutzen wollte und 96 ins offene Messer lief: 0:4. Den Aufstieg brachten die Niedersachsen dann vier Tage später vor 70.000 Zuschauern (im

Schnitt kamen 62.000) (!) endgültig durch ein 3:1 gegen Hessen Kassel unter Dach und Fach. Auch in der Gruppe 1 kam es zu einigen handfesten Überraschungen - denn trotz eines wahrlich eklatanten Fehlstarts (1:5 bei Tasmania Berlin) setzte sich ausgerechnet der Außenseiter aus dem kleinen Neunkirchen gegen die Vertreter der großen Metropolen durch. Lange hatte es eher nach den Bayern ausgesehen, die zum Auftakt ein fulminantes 4:0 beim FC St. Pauli hinlegten und nach dem 1:1 gegen die Tasmanen zu einem verdienten 1:0 in Neunkirchen (Tor: Ohlhauser) kamen. Eine Woche später dann die Wende: Der FC Bayern konnte im Heimspiel gegen die Borussia den wahrscheinlich entscheidenden Schritt gen Oberhaus tun - und stolperte. Durch einen von Ringel verwandelten Elfer (23.) gingen die Gäste in Führung, und so sehr sich die Bayern auch ins Zeug legten, gegen den überragenden Torhüter der Borussen, den 1,96-Meter-Mann Willi Ertz, war an diesem Tage kein Kraut gewachsen. Ertz schien tausend Hände zu haben, mit denen er im Minutentakt die unmöglichsten Bälle von der Linie oder aus dem Winkel kratzte. Einen der wenigen Konter schloss Günter Kuntz (77.) schließlich zum 2:0-Endstand ab. Bayern war geschockt, und zwar so sehr, dass die Elf von Tschik Cajkovski auch gleich noch das anschließende Match bei Tasmania Berlin mit 0:3 verlor. Die Borussia hingegen landete einen glücklichen 1:0-Erfolg in St. Pauli, den Ringel in der 85. Minute klarmachte, und kletterte auf den zweiten Rang. Somit stand im Saarbrücker Ludwigspark, in den die Schützlinge von Horst Buhtz aufgrund ihres kleinen Stadions Ellenfeld hatten umziehen wollen, ein echtes Endspiel auf dem Programm: Borussia musste gegen die punktgleiche, aber aufgrund des besseren Torverhältnisses führende Tasmania gewinnen, den Berlinern reichte wiederum ein Unentschieden - doch in diesem Falle konnten auch die einen Punkt hinter dem Führungsduo liegenden Bayern noch hoffen, einen hohen Sieg gegen den abgeschlagenen FC St. Pauli vorausgesetzt. Und in der Tat brannten die Münchner auch ein echtes Feuerwerk ab, sie fegten die Hamburger mit einem satten 6:1 vom Platz. Bei einem Remis im Ludwigspark wäre Bayern damit in der Bundesliga gewesen - doch schon in der 10. Minute gelang May das 1:0 für die Borussia. Keeper Ertz hielt den Sieg fest, womit Neunkirchen in der Bundesliga und die erste große Sensation in der Aufstiegsrunde perfekt war.

Keeper Ertz ärgerte die Münchner Bayern

Im nächsten Jahr waren die Münchner natürlich wieder mit von der Partie, in der Regionalliga Süd hatten sie sich den Ärger von der Seele geschossen und in 36 Punktspielen schier unglaubliche 146 Treffer erzielt. Die Kontrahenten in der Aufstiegsrundengruppe 2 lauteten 1.FC Saarbrücken, Tennis Borussia Berlin und erneut die Alemannia aus Aachen, die allgemein als schärfster Konkurrent der Bayern angesehen wurde. Wieder erwischten die

Mit 7:0 überrollte Borussia M'gladbach am 16. Juni 1965 den SSV Reutlingen und tat damit einen gewaltigen Schritt in Richtung Bundesliga. Hier erzielt Jupp Heynckes das erste seiner drei Tore, im Hintergrund lauern Waddey und Laumen (verdeckt).

Mannen von Tschik Cajkovski einen guten Start und gewannen durch zwei Tore von Gerd Müller 2:0 gegen TeBe, während sich Aachen zu einem mühsamen 2:1 gegen den 1.FC Saarbrücken, dem die Experten keine allzu großen Chancen einräumten, quälte. Dass es sich beim FCS jedoch keinesfalls um reines Kanonenfutter handelte, mussten schon eine Woche später die Bayern feststellen, die ihre gute Ausgangsposition durch ein 0:1 bei den Saarländern wieder verspielen. Da auch die anderen Klubs patzten, besaßen nach dem vierten Spieltag noch alle vier Mannschaften die Chance auf Platz 1. Mit fünf Punkten lagen die Bayern, die sich in den Duellen mit Aachen als Punktsieger (2:1, 1:1) erwiesen hatten, vor dem FCS und der Alemannia (jeweils 4:4 Zähler), auch TeBe lag mit drei Punkten noch durchaus in Reichweite. Freilich nicht mehr allzu lange, denn nun drehten die Bayern auf: Im heimischen Stadion an der Grünwalder Straße fegten sie Saarbrücken mit einem 5:0 vom Platz und setzten eine Woche später mit dem 8:0 in Berlin noch einen drauf. Riesiger Jubel in München, Trauer dagegen erneut in Aachen - die Alemannia musste ein weiteres Jahr in der Regionalliga darben. Mehr Glück, und ganz objektiv auch wesentlich mehr Können, hatte da schon Nachbar Mönchengladbach: Nach dem souverän errungenen Regionalliga-Titel bekam es die Truppe von Hennes Weisweiler in der Gruppe 1 mit Nordmeister Holstein Kiel, dem ambitionierten SSV Reutlingen und Außenseiter Wormatia Worms zu tun. Ihrer Favoritenrolle wurde die Borussia gleich im Auftakt-Match gerecht und siegte in Worms mit 5:1, je zweimal trafen Rupp und Heynckes, die zusammen mit ihrem Innensturmspezi Netzer bereits 67 Tore in der Regionalliga erzielt hatten. Zunächst erwiesen sich etwas überraschend nicht die Kieler »Störche« als Hauptkonkurrent der »Fohlen«, sondern der SSV Reutlingen, den die Gladbacher dann aber am vierten Spieltag mit 7:0 recht deutlich in die Schranken wiesen. Eine Woche später erwischte es zwar auch die Weisweiler-Schützlinge (2:4 in Kiel), doch am letzten Spieltag machte der VfL dann gegen Wormatia Worms alles klar - nur ganz kurz lag eine Sensation in der Luft, acht Minuten nach der Wormser Führung (61.) glich Netzer zum 1:1-Endstand aus.

Der Westen dominierte die Aufstiegsrunden

Mit Bayern und Borussia hatten damit zwei Vereine den Sprung in die Bundesliga geschafft, die dieser bald ihren Stempel aufdrücken sollten. Die einen etwas schneller (Bayern wurde Dritter und ging als bis dato bestplatzierter Aufsteiger in die Annalen ein), die anderen etwas später (der erste Gladbacher Meistertitel datiert bekanntlich von 1970).

Während sich die Nationalelf auf die WM in England vorbereitete, stritten auch 1966 wieder acht Vereine um den Sprung ins Oberhaus. Erneut gehörten, wie eigentlich in jedem Jahr, die beiden Klubs aus dem Westen zu den Favoriten: Meister Düsseldorf und Vize Essen. Die Fortuna musste sich

Die glorreiche Elf, die im Juni 1967 (endlich) den Aufstieg von Alemannia Aachen in die Bundesliga perfekt machte: Gronen, Glenski, Walter, Seel, Martinelli, Nievelstein, Thelen, Hermandung, Hoffmann, Ferdinand und Prokop (v.l.n.r.).

Eine rassige Strafraumszene aus dem Aufstiegsrundenspiel Fortuna Düsseldorf gegen den 1.FC Nürnberg, das die Rheinländer am 13. Juni 1971 vor 22.000 Zuschauern am Flinger Broich mit 2:1 für sich entscheiden konnten. Es klärt Keeper Franke.

in ihrer Gruppe 1 mit Offenbach, Pirmasens sowie Hertha BSC Berlin auseinander setzen, wobei die Experten eigentlich nur den Zwangsabsteiger von 1965, die Hertha, als gefährlichen Konkurrenten einstuften. Pustekuchen! Drei Spiele waren absolviert, da konnten sich die Berliner eigentlich schon wieder auf die neue Regionalligasaison konzentrieren: Nach dem müden 1:1 gegen Pirmasens (vor 80.000 Zuschauern!) und der 0:1-Schlappe in Offenbach bezog Hertha in Düsseldorf eine desillusionierende 1:4-Klatsche. Doch auch die Fortuna patzte, verlor mit 2:3 beim starken FK Pirmasens und musste bis zum letzten Spieltag um den Aufstieg bangen. Erst das 5:1 in Offenbach machte alles klar, und die Rheinländer retteten sich über das bessere Torverhältnis (gegenüber Pirmasens) in die Bundesliga.

St. Pauli: Sechs Anläufe, Null Aufstiege

Dorthin schaffte es schließlich auch der zweite Westklub, Rot-Weiß Essen. Trotz zweier 0:1-Niederlagen gegen den Nordmeister St. Pauli sollte es für die RWEler reichen: Während die Elf von Trainer Fritz Pliska alle restlichen Begegnungen zu gewinnen vermochte, leisteten sich die Hamburger zwei vermeidbare Niederlagen in Schweinfurt und Saarbrücken. Aufgrund der weniger kassierten Tore (10:6) stieg Essen in die Bundesliga auf, St. Pauli (10:8) blieb nur der undankbare zweite Platz - immerhin die beste Platzierung der Paulianer, die sich insgesamt sechsmal für die Aufstiegsrunde qualifizieren konnten, zumeist jedoch nicht über die Rolle des Punktelieferanten hinauskamen. Doch auch RWE sollte sich noch als häufig gesehener Gast in der Aufstiegsrunde erweisen...

Ein Jahr später hatte sich der DFB endlich dazu durchgerungen, die Gruppen auf je fünf Teilnehmer (bei fünf Regionalligen lag dies ja eigentlich auch auf der Hand) zu vergrößern. Und wieder war ein Essener Verein ganz vorne mit dabei, diesmal freilich versuchten sich die als »Lackschuhklub« verschrienen Schwarz-Weißen am Unternehmen Bundesliga. Doch im Mai und Juni 1967 führte an der Borussia aus Neunkirchen, die sich allmählich zu einem waschechten Aufstiegsspezialisten entwickelte, einfach kein Weg vorbei. Trotz einiger Aussetzer konnten sich die Saarländer am letzten Spieltag sogar ein 0:1 gegen Hertha BSC leisten. Die Berliner wiederum lockten zwar wieder einmal die meisten Besucher an, sammelten jedoch auch am wenigsten Punkte und landeten noch hinter Arminia Hannover und dem FC Bayern Hof auf einem vernichtenden fünften Platz. Nicht besser erging es in der anderen Gruppe den Kollegen von Tennis Borussia, die ebenso wie Saarbrücken und Göttingen keine Schnitte gegen die zwei Topfavoriten aus Offenbach und Aachen besaßen. Am achten Spieltag fiel hier die Entscheidung: Während die Alemannia TeBe mit 7:2 abschoss, verloren die übernervösen Kickers daheim gegen Saarbrücken mit 3:4 - im dritten Anlauf hatte es Aachen endlich in die Bundesliga geschafft.

Stolz präsentieren Pröpper (l.) und Reichert den »Ehrenpokal« der Firma »Auto-Magier«. Ob die Wuppertaler ihn für sportliche Wundertaten, versiertes Einparken oder herausragende Leistungen beim Ziehen von Seitenscheiteln erhielten, ist nicht überliefert.

Hertha und Offenbach im dritten Anlauf

1968 war es dann aber sowohl für Offenbach als auch für Hertha BSC Berlin endlich so weit - beide Vereine gestalteten ihre Aufstiegsrundenteilnahmen jeweils im dritten Versuch endlich erfolgreich. Dabei lieferten sich die Kickers aus Offenbach mit der »Millionentruppe« von Bayer Leverkusen ein spannendes Rennen um den so begehrten Platz an der Sonne: Da auch Tennis Borussia Berlin, Arminia Hannover und selbst der TuS Neuendorf durchaus mitzuhalten verstanden, ging es in fast allen Partien der Gruppe 1 sehr eng zu, so stellten die Schlagerspiele der Hauptkontrahenten echte Krimis dar: Im ersten Aufeinandertreffen rettete Bayer-Außen Strelzcyk seiner Truppe in der Schlussminute ein 1:1, im Rückspiel war es Kickers-Stürmer Becker, der Sekunden vor dem Abpfiff zum 2:1 für Offenbach einlochte. Und letztlich waren es genau diese zwei Punkte, die Offenbach in der Endabrechnung vorne lag... Doch nicht nur in Hessen wurde im Juni 1968 gejubelt, sondern endlich auch in Berlin. Dort hatte die Hertha nicht nur abermals einen Zuschauerrekord aufgestellt (zu den vier Heimspielen kamen 300.000 Fans!), sondern endlich auch die überfällige Rückkehr in die Bundesliga gepackt. Letzten Endes setzte sich die»Alte Dame« dabei souverän gegen Rot-Weiß Essen, das nach nur einem Jahr bereits wieder die Bundesligasegel hatte streichen müssen, Bayern Hof, Göttingen 05 und den Sensationsmeister aus dem Südwesten, den SV Alsenborn, durch.

Erstmals war der erfolgsverwöhnte Westen damit komplett leer ausgegangen, doch schon im nächsten Jahr schlug er zurück: Die Aufstiegsrunde von 1969 wurde von der Farbkombination Rot-Weiß dominiert. Während sich Oberhausen mit einem schmeichelhaften 0:0 auf eigenem Platz gegen den punktgleichen, jedoch um zwei Tore schlechteren Freiburger FC ins Ziel rettete (nur einen Punkt dahinter: Alsenborn), behaupteten sich in der anderen Gruppe die Nachbarkicker aus Essen unter der Regie von Interimstrainer Willi Vordenbäumen auf eindrucksvolle Weise gegen den VfL Osnabrück, Karlsruher SC, TuS Neuendorf und Tasmania Berlin und stellten mit 14:2 Punkten auch einen neuen Aufstiegsrundenrekord auf. Entscheidend dafür verantwortlich war dabei die brandgefährliche Sturmreihe der Essener, die von Lippens (10 Tore), Littek (5) und Fürhoff (4) angeführt wurde und auch in der Bundesliga für Furore sorgen sollte. Dieses Mal sogar immerhin schon für zwei Jahre...

Auch 1970 trafen sich in der Aufstiegsrunde wieder einige der üblichen Kandidaten, welche für die Regionalliga offenbar zu stark, für die Bundesliga aber zu schwach waren. Offenbach konnte sich nur ein Jahr im Oberhaus halten, abermalige Anläufe unternahmen ferner der KSC, Tennis Borussia und Hertha Zehlendorf (bereits 1969 dabei) aus Berlin, Pirmasens und Alsenborn aus dem Südwesten und auch Osnabrück. Lediglich Wolfsburg sowie die beiden Westklubs Bochum und Bielefeld betraten Neuland. Prompt setzte sich die Arminia, die mit aller Macht in die Bundesliga strebte, im Dreikampf mit Karlsruhe und Alsenborn durch - Osnabrück und Tennis Borussia fungierten nur als besseres Kanonenfutter. Beim DSC dagegen hatten sich der mutige Kurs der Vereinsführung und vor allem die immensen Investitionen des vergangenen Jahres ausgezahlt, doch stand den Ostwestfalen dann bald schon gewaltiger Ärger ins Haus: Um (in des Wortes wahrster Bedeutung) keinen Preis wollte die Arminia den Platz im Oberhaus wieder hergeben und setzte, als es sportlich eng wurde, erneut auf die Macht des Mammons. Diesmal freilich in Form von Bestechung und Schiebung - der Bundesligaskandal stand vor der Tür. Direkt von diesem betroffen war dann später auch Kickers Offenbach, der zweite Aufsteiger von 1970. Die Hessen hatten in ihrer Gruppe neben den überraschend starken Zehlendorfern auch den hohen Favoriten, den VfL Bochum, hinter sich gelassen. Am Bieberer Berg konnte nach dem 4:1 gegen Pirmasens Vollzug gemeldet werden, da Bochum zur gleichen Stunde seine letzte Chance durch ein peinliches 0:1 bei Schlusslicht Wolfsburg verspielte.

Ein Jahr mussten die aufstrebenden Bochumer nachsitzen, dann aber rückten sie - nach dem zweiten Meistertitel in Serie nach. Erneut traf man dabei in der Aufstiegsrunde ausschließlich auf alte Bekannte: Karlsruher SC, Pirmasens, Osnabrück und zur Abwechslung auch mal wieder Tasmania Berlin. Doch wie die Gegner auch lauteten, beim Unterfangen, das Vorjahresmalheur zu korrigieren, ließen sich die Bochumer von niemandem stoppen. Allein in Pirmasens, wo schon so mancher Favorit gestolpert war, kassierte der VfL eine 0:1-Niederlage, den Rest der Spiele entschied er ausnahmslos für sich und stellte somit den Essener Rekord aus dem Jahr 1969 ein. Auf die gleiche Zahl von Punkten, nämlich 14:2, kam auch der andere Westklub, Fortuna Düsseldorf. Die Elf von Heinz Lucas, in der solch begnadete Kicker wie Geye, Herzog, Budde oder auch Köhnen standen, blieb dabei sogar unbesiegt. Nach den souveränen Anfangserfolgen gegen St. Pauli (3:1), in Nürnberg (2:0), gegen Neunkirchen (2:0), das sich auch mal wieder in der Aufstiegsrunde blicken ließ, und bei Wacker Berlin (4:2) ließ die Konkurrenz resigniert die Köpfe hängen, und so konnte die Fortuna den Wiederaufstieg bereits am achten Spieltag, nach dem 3:0 gegen die wackeren Berliner, gebührend begießen. Altmeister Nürnberg enttäuschte auf der ganzen Linie, auch St. Pauli hatten die Experten ein bisserl mehr zugetraut - selten verlief eine Runde einseitiger.

Der Triumphzug der Schwebebahnstädter

Doch schon im nächsten Jahr erlebte die Fußballwelt noch eine Steigerung, für die der Wuppertaler SV, der die Aufstiegsrunde 1971 noch als »bester Dritter, den es je gab« verpasst hatte, verantwortlich zeichnete. Unter der fachkundigen Anleitung von Horst Buhtz hatten die Schwebebahnstädter eine bärenstarke Saison hingelegt: 60:8 Punkte, 111:23 Tore, von denen allein 52 (!) auf das Konto von Mittelstürmer Günter Pröpper gingen. Und genau in diesem Stil machten der WSV und »Meister« Pröpper dann auch in der Aufstiegsrunde weiter: Dem 3:0 zum Auftakt bei Tasmania Berlin folgten ein 2:0 gegen Bayern Hof sowie ein 2:0 in Neunkirchen, den ersten Gegentreffer kassierte der WSV erst beim 2:1 in Hof - am sechsten Spieltag! Am Ende standen acht Siege, 16:0 Punkte, 26:5 Tore und natürlich der Aufstieg in die Bundesliga. Allein die Krone des besten Torschützen blieb Pröpper (8 Treffer) versagt: Der Neunkirchener Jürgen Papies kam auf neun Treffer, davon allein fünf beim 10:0-Rekordsieg seiner Borussia gegen Tasmania Berlin (am fünften Spieltag!). In der Parallelgruppe ging es derweil wesentlich spannender zu, hier kreuzten erstmals Rot-Weiß Essen und Offenbach, diese beiden ewigen Pendler zwischen den Ligen, die Klingen - trotz aller Aufstiegsrundenteilnahmen waren sich diese zwei Klubs bislang immer aus dem Weg gegangen. Durch die Gruppe 2, die St. Pauli, Wacker Berlin und Röchling Völklingen komplettierten, marschierten sie dann jedoch nahezu im Gleichschritt: Kaum hatten die Kickers mit dem 0:0 in St. Pauli gepatzt, taten es ihnen die Essener gleich und kamen am Millerntor ebenfalls nur zu einer Nullnummer. Da auch die beiden direkten Aufeinandertreffen jeweils mit einem Remis (2:2 und 1:1) endeten, musste am Ende das Torverhältnis entscheiden - und hier hatte Offenbach dank der abschließenden 6:0-Siege in Berlin und gegen St. Pauli das bessere Ende für sich.

Wie nicht anders zu erwarten, holten die Rot-Weißen den verpassten Aufstieg im Folgejahr flugs nach. Weder Neuling Darmstadt 98 noch die altbekannten Mitstreiter Osnabrück, Wacker Berlin und Völklingen besaßen den Hauch einer Chance, die Mannschaft von Horst Witzler gab in Form zweier Unentschieden (je 2:2 in Berlin und Darmstadt) nur zwei Punkte ab und lag am Ende sechs Zähler vor dem Zweitplatzierten Darmstadt. Auch in der anderen Gruppe war einmal mehr ein Klub aus dem Westen erfolgreich, dieses Mal handelte es sich um Vizemeister Fortuna Köln. Als Gegner versuchten

Während sich Stürmerkollege Lömm in leicht abseitsverdächtiger Position auf dem Boden rekelt, locht Günter »Meister« Pröpper zum 3:1 für Wuppertal gegen Borussia Neunkirchen ein. Der WSV dominierte die Aufstiegsrunde 1972 nach Belieben.

sich neben den ebenso hartnäckig antretenden wie notorisch erfolglosen Vereinen St. Pauli und KSC der FSV Mainz und Blau-Weiß 90 Berlin, die beiden Überraschungsmeister im Südwesten bzw. in Berlin. Doch auch die Fortuna beherrschte ihre Gruppe souverän, triumphierte jeweils 2:1 in Karlsruhe und Hamburg und überrollte Blau-Weiß Berlin gleich mit 7:0. Nach dem 3:0 der Kölner gegen Mainz war die Sache dann eigentlich schon gelaufen, und am letzten Spieltag konnte sich die Löring-Truppe ein 2:3 auf eigenem Platz gegen St. Pauli erlauben - was der rauschenden Aufstiegsfeier freilich keinen Abbruch tat.

In der letzten Auflage der bei den Fans äußerst beliebten Aufstiegsrunde (half sie doch vorzüglich, die Sommerpause zu überbrücken) setzten sich mit Tennis Borussia Berlin und Eintracht Braunschweig ausnahmsweise einmal zwei Klubs durch, die weder dem Westen noch dem Süden angehörten. Dabei gehörten vor allem die Spiele in der Gruppe 1 zu den interessantesten in der Geschichte der Aufstiegsrunde. Von Beginn an ging es drunter und drüber: Da gewann Nürnberg zum Auftakt 1:0 gegen Braunschweig, ging jedoch mit 0:5 bei Wacker Berlin unter. Die Eintracht verlor auch gegen Wattenscheid (2:3), gewann dann aber bei Tabellenführer Berlin. Nun lag Wattenscheid vorne, woraufhin die SG prompt daheim 1:2 gegen Nürnberg verlor. Die Franken kanzelten drei Tage später Wacker Berlin mit 9:1 ab, nur um anschließend in Braunschweig zu verlieren (0:2). So ging es bis zum letzten Spieltag, an dem der 1.FC Nürnberg bei den abgeschlagenen Saarbrückern gewinnen musste, um den Aufstieg perfekt zu machen. Doch der FCS erkämpfte sich ein ehrenvolles 2:2, womit - dank des besseren Torverhältnisses - der Weg für die Braunschweiger frei war. In der anderen Gruppe jubelten am Ende überraschend die Veilchen aus Berlin: Als haushoher Favorit galt Rot-Weiß Oberhausen, als Geheimtipp fungierte der FC Augsburg, der sich mit Italien-Heimkehrer Helmut Haller verstärkt hatte. Auch Neunkirchen war noch einmal dabei, dazu selbstredend der FC St. Pauli, der seinen sechsten Anlauf registrierte, und zur Abwechslung mal Letzter wurde - die Neuordnung der Fußballwelt, die zweigleisige Zweite Liga, war da bereits unter Dach und Fach.

Über die Qualifikation zur Relegation

Am 8. Juni fanden die letzten vier Spiele der Aufstiegsrunde statt, die von einer Dominanz des Westens geprägt gewesen war: Von den insgesamt 22 Glücklichen, die es auf diesem Wege in die Bundesliga schafften, handelte es sich bei mehr als der Hälfte (12) um Vertreter des Westens. Viermal waren Klubs aus dem Süden erfolgreich und je zweimal Vereine aus dem Norden, Südwesten oder Berlin. An die Stelle der Aufstiegsrunden, zu deren traditonellem Rüstzeug Wassereimer, Eisbeutel, Rechenschieber und Kofferradio gehörten, traten nun die »Qualifikationsspiele zur Bundesliga«, in denen der Zweite der Zweiten Liga

Nord und der Vizemeister des Südens den dritten Aufsteiger ermitteln sollten. Der spannende WM-Endrundentouch ging damit zwar verloren, doch konnten sich die Fans nun immerhin auf zwei echte Finalspiele freuen. Den Anfang, und zwar nicht den schlechtesten, machten im Juni 1975 der FK Pirmasens und Bayer 05 Uerdingen, wobei zwei wahrlich begeisternde Begegnungen und satte 14 Tore den Ärger über die abgeschaffte Aufstiegsrunde schnell vergessen ließen. Nach dem dramatischen 4:4 auf dem gefürchteten Horeb machten die Uerdinger mit einem fulminanten 6:0-Heimsieg den (ersten) Aufstieg in die Bundesliga perfekt - Riesenjubel in der Grotenburg, wohingegen man in Pirmasens noch einige Zeit mit der Leistung der Schiedsrichter haderte - am verdienten Erfolg der Krefelder gab es jedoch nichts zu rütteln. Auch den nächsten Vergleich gestaltete der Nord-Vize gegen den Vertreter des Südens siegreich, wobei es im Duell der Altmeister aus Nürnberg und Dortmund wesentlich enger zuging. Im Frankenstadion schaffte der BVB dank eines späten Treffers von Wolf einen etwas schmeichelhaften 1:0-Sieg, der sechs Tage später nur mit Ach und Krach über die Runden gebracht werden konnte. Wieder brachte ein Tor erst in den letzten Minuten die Entscheidung, diesmal war es Huber, der wenige Sekunden vor dem Abpfiff zum Dortmunder 3:2 einlochte. Später waren sich dann alle einig, dass beide Mannschaften den Aufstieg verdient gehabt hätten. Dies konnte man nach dem Hinspiel der Qualifikationsrunde des nächsten Jahres nur bedingt behaupten: In einem furiosen Sturmlauf schossen Moors, Lienen, Schilling und Eilenfeldt für Arminia Bielefeld ein hochverdientes 4:0 gegen 1860 München heraus. Wieder schien der Weg für den Vizemeister der Zweiten Liga Nord frei, auf der Alm knallten bereits die Korken - das Rückspiel in München stellte für die bärenstarken Arminen offenbar nur noch eine lästige Pflichtübung dar. Doch der DSC hatte seine Rechnung ohne den Wirt, in diesem Falle 1860-Coach Heinz Lucas, gemacht, der seine Elf für das Rückspiel im Olympiastadion optimal ein- und aufstellte. Zwei Doppelschläge durch Nachreiner und Haunstein sowie Hartwig und Metzger hatten den Vorsprung der Arminia schon nach 53 Minuten egalisiert - da auf beiden Seiten keine weiteren Tore fielen, war das Wunder vom Olympiastadion perfekt. Das spannende und leider auch extrem harte Entscheidungsspiel im Frankfurter Waldstadion entschieden die Löwen gegen die konsternierten Arminen dann schließlich mit 2:0 für sich - Hartwig (77.) und Metzger (88.) schossen 1860 nach sieben langen Jahren wieder in die Beletage des deutschen Fußballs zurück.

0:4 und 4:0 - das Wunder von München

Nicht minder dramatisch ging's im folgenden Jahr zwischen dem 1.FC Nürnberg und den Rot-Weißen aus Essen zu. RWE ging dabei als leichter Favorit ins Rennen, dreimal war der Klub schließlich schon aufgestiegen. In Nürnberg musste die Elf um Torjä-

Große Freude in der Südstadt: Durch das 3:0 gegen Mainz rückte Fortuna Köln der Bundesliga im Juni 1973 immer näher. Während sich Keeper Fahrian den überragenden Glock geschnappt hat, wird Struth (l.) von einem unbekannten Anhänger geherzt.

Der Anfang vom Ende für Fortuna Köln: Ausgerechnet der spätere Fortune Dirk Hupe staubt im dritten Relegationsspiel zu Düsseldorf zum 1:0 für Borussia Dortmund ein. Gede, Niggemann, Werres und Orkas sind machtlos. Endstand: 8:0.

ger Hrubesch (41 Treffer!) zunächst aber eine Niederlage einstecken, Hans Walitza erzielte in der 79. Minute das Tor des Tages. Acht Tage später dann das Rückspiel im Essener Georg-Melches-Stadion: Zweimal geht Nürnberg in Front, zweimal schaffen die Hausherren den Ausgleich. Ab der 60. Minute spielt nur noch RWE, Angriff auf Angriff rollt auf den Kasten von Manni Müller, der an diesem Tage offensichtlich 1000 Hände hat. In der 86. Minute aber scheint es um den FCN geschehen: Elfmeter für RWE! Doch Müller hält den Schuss des sonst so sicheren Schützen Hrubesch, der Club rettet das 2:2 über die Zeit, der Wiederaufstieg ist perfekt!

Zwei Jahre später besaßen die Rot-Weißen - in der Zwischenzeit war wieder einmal Uerdingen aufgestiegen (1:1 und 2:1 gegen die SpVgg Bayreuth) - dann abermals die Chance auf den Sprung ins Oberhaus. In Karlsruhe verlor RWE zwar zunächst klar mit 1:5, doch noch gaben sich Lippens, Mill und Co. nicht geschlagen: Nach 72 Minuten stand es 3:0, und um ein Haar wäre die Aufholjagd vom Erfolg gekrönt gewesen - ein abgefälschter Kullerball von Dittus bedeutete dann aber den Anschlusstreffer und damit das Aus für Essen.

1981 klopften mit Offenbach und Braunschweig abermals zwei Traditionsvereine ans Tor zur Bundesliga. Im Hinspiel, das auf dem Bieberer Berg über die Bühne ging, fiel das goldene Törchen einmal mehr kurz vor Spielende: Trumpf brachte die Fans der Kickers in der 88. Minute zum Jubeln. Den psychologischen Vorteil des späten Siegtreffers konnten die Hessen freilich nicht nutzen, im Rückspiel drehte die Eintracht den Spieß um und gewann dank eines Doppelschlags von Grobe (49.) und Worm (50.) mit 2:0. Im nächsten Jahr unternahm Offenbach einen erneuten Aufstiegsanlauf, wobei den Kickers diesmal ein dritter Platz hinter Schalke und Hertha reichte - durch die Zusammenlegung der beiden Zweiten Ligen war aus der Qualifikation mittlerweile eine Relegation geworden. In den fälligen Spielen bekam es der OFC im Juni 1982 folglich mit dem Tabellensechzehnten der Bundesliga, Bayer Leverkusen, zu tun, der sich im direkten Vergleich beider Teams nicht unbedingt als besser, jedoch als wesentlich cleverer erwies. Die Kicker aus der Pillenstadt holten ein 1:0 in Offenbach heraus und machten mit dem 2:1 im Haberland-Stadion alles klar. Im Folgejahr blieb erstmals der Zweitligist siegreich, was an und für sich nicht weiter verwunderlich war, da es sich schließlich um die Uerdinger Spezialisten handelte: Im dritten Relegations- bzw. Qualifikationsversuch blieben die Krefelder zum dritten Mal Sieger. Leidtragender war in diesem Falle der FC Schalke 04, der sich Wochen zuvor noch königlich über das Erreichen des 16. Platzes gefreut hatte.

Kobra Wegmann rettete den BVB

Wenn auch in nächsten Jahren zumeist die klassenhöheren Relegationsteilnehmer dominierten - so machte Eintracht Frankfurt mit den Meidericher

Saarbrücken und St. Pauli im Pech

Zebras kurzen Prozess (5:0, 1:1) - so gab es doch hin und wieder handfeste bis faustdicke Überraschungen. So stellte der 1.FC Saarbrücken im Juni 1985 den Bielefelder Arminen (2:0, 1:1) gekonnt ein Beinchen, und auch ein Jahr später wäre es um ein Haar zum Sturz des Favoriten gekommen: Da gewann Fortuna Köln das Hinspiel gegen Borussia Dortmund verdient mit 2:0, führte auch zur Pause im Westfalenstadion mit 1:0 und sah lange Zeit wie ein sicherer Bundesligist aus - bis Zorc (54.) und Raducanu (68.) das Spiel kippten und Jürgen »Kobra« Wegmann in allerletzter Sekunde das erlösende 3:1 markierte. Im dritten und entscheidenden Match überrannte der überglückliche BVB dann eine frustrierte und zudem stark ersatzgeschwächte Fortuna in Düsseldorf mit sage und schreibe 8:0. Ein Kantersieg mit absolutem Seltenheitswert, denn bei den folgenden Auseinandersetzungen kam es stets zu sehr knappen Ergebnissen: So standen 1987 auch Bundesligist Homburg und der FC St. Pauli vor einem dritten Spiel, doch nach dem 1:3 in Homburg vermochten die Hamburger den Spieß nicht mehr entscheidend umzudrehen und gewannen nur mit 2:1. Ein wenig besser machte es da schon der SV Darmstadt 98, der Waldhof Mannheim nach zweimaligem Rückstand mit 3:2 bezwang und im hochdramatischen Rückspiel ein drittes Spiel erzwang: Nur wenige Sekunden nach Peter Lux' 2:0 für Waldhof in der 87. Minute traf Kuhl zum 2:1. Doch die Freude währte nur vier Tage, denn nach dem Elfmeterschießen im Entscheidungsspiel zu Saarbrücken (4:5) mussten die Lilien in der Zweiten Liga bleiben. Noch ärger erwischte es freilich danach den 1.FC Saarbrücken, der sich sowohl 1989 als auch 1990 in einem spannenden Endspurt den dritten Platz gesichert hatte, nur um zweimal in der Relegation zu scheitern. Im ersten Anlauf blitzte der FCS dabei gegen Eintracht Frankfurt (0:2 und 2:1) ab, beim zweiten Versuch hatte der VfL Bochum das glücklichere Ende für sich - nach dem 1:0 im Ludwigspark rettete Uwe Leifeld dem VfL im Rückspiel ein schmeichelhaftes 1:1. Mit eben diesem Ergebnis trennten sich zwölf Monate später auch St. Pauli und die Kickers aus Stuttgart - und das gleich zweimal: Erneut musste ein drittes Spiel entscheiden. Dieses ging am 29. Juni in Gelsenkirchen über die Bühne und endete mit einer kleinen Sensation, denn nicht der FC St. Pauli, sondern der Zweitligist triumphierte. Vollmer, Cayasso und Fengler schossen die Kickers mit einem 3:1 ins Oberhaus.

Es war das vorerst letzte Relegationsspiel. Nach der Aufnahme der Ost-Vereine in die Bundesligen wurde die Relegation nach insgesamt zehn Auflagen (sieben Mal setzte sich der Bundesligist durch, drei Mal jubilierte der klassentiefere Verein) heimlich, still und leise begraben. Seitdem wird ganz profan am letzten Spieltag auf- und abgestiegen. Ohne Verlängerung, Wassereimer und Kofferradio. Schade eigentlich.

Löwen auf der Ehrenrunde - am 11. Juni 1977 machte 1860 München durch ein 2:0 im dritten Qualifikationsspiel gegen Arminia Bielefeld den Aufstieg perfekt. Es freuen sich: Hartmann, Herberth, Kohlhäufl, Nielsen, Bierofka, Falter und Agatha.

DIE SPIELER

Von Aas bis Zyla

Von Bayerns Jan-Einar Aas bis hin zu Wattenscheids Helmut Zyla - Hunderte von Kickern haben den Bundesligen in den vergangenen 38 Jahren ihren Stempel aufgedrückt. Auf den folgenden Seiten sind sie alle aufgeführt (die fett gedruckten Angaben beziehen sich auf die erste Bundesliga), das heißt: fast alle. Profis, die weniger als 50 Zweitliga-Einsätze auf dem Buckel und ferner keine einzige Minute in der Eliteklasse des deutschen Fußball absolviert haben, konnten aus platztechnischen Gründen leider nicht berücksichtigt werden.

A

SPIELER	GEBURT	STATIONEN	BILANZ
Aas, Jan-Einar	12.10.55	**79-81 Bayern**	**13/1**
Abbé, Ernst	4.6.48	**66-69 Ein. Frankfurt**	**13/3**
Abel, Hans-Joachim	25.6.52	**72-74 Düsseldorf 6/1**	**183/70**
		75-78 West. Herne 73/31	103/45
		77-82 Bochum 144/60	
		82-83 Schalke 33/9	
		83-84 Schalke 30/14	
Abramczik, Rüdiger	18.2.56	**73-80/87-88 Schalke**	**316/77**
		202/44, 80-83 BVB 90/30	47/9
		83-84 Nürnberg 24/3	
		85-87 RWO 47/9	
Abramczik, Volker	27.5.64	**82-83 Schalke**	**3/1**
		81-84 Schalke 52/12	188/45
		84-85 Duisburg 37/13	
		86-90 RW Essen 99/20	
Abutovic, Aleksandar	9.8.65	**88-89 Nürnberg**	**1/0**
		90-91 Schweinfurt	18/0
Achatz, Helmut	20.10.48	74-77 Bayern Hof	95/10
Acimovic, Jovan	21.6.48	**76-78 Saarbrücken**	**41/1**
Ackermann, Klaus	20.3.46	**67-69 M'gladbach 60/10**	**260/31**
		69-74 K'lautern 157/20	75/8
		74-76 BVB 58/8	
		76-79 BVB 43/1	
		79-80 Herford 17/0	
Ackermann, Rainer	7.6.57	78-85 Stut. Kickers	143/2
Ackermann, Rolf	15.3.47	**67-68 KSC**	**1/0**
Adamczuk, Dariusz	21.10.69	**92-93 Ein. Frankfurt**	**5/0**
Addo, Otto	9.6.75	98-99 Hannover 96	30/7
		99-01 BVB	**54/11**
Adelmann, Reinhold	30.3.46	**65-67 Nürnberg 17/0**	**32/0**
		68-69 Hertha 15/0	
Aden, Holger	25.8.65	**89-90 Leverkusen 2/0**	**24/13**
		89-93 Braunschweig 98/52	118/59
		92-95 Bochum 22/13	
		93-94 Bochum 20/7	
Adhemar	24.4.72	**00-01 Stuttgart**	**11/7**
Adler, Oliver	14.10.67	98-01 RWO	93/0
Adler, Reinhard	9.2.47	**74-75 TeBe**	**10/0**
Adler, Thomas	23.1.65	88-91 BW Berlin 100/39	**19/2**
		91-92 Uerdingen 31/9	131/48
		92-93 Uerdingen 19/2	
Adler, Werner	31.12.46	74-77 Waldhof	82/21
Adrion, Rainer	10.12.53	**80-82 Stuttgart**	**22/0**
Adzic, Silvio	23.9.80	**00-01 K'lautern**	**6/1**
Aerdken, Markus	5.12.71	92-93 St. Pauli 28/5	61/14
		93-94 Wuppertal 11/5	
		95-97 Lübeck 22/4	
Agaciak, Frank	17.2.64	84-92 Fort. Köln	75/0
Agali, Victor	29.12.78	**98-01 Rostock**	**66/17**
Agatha, Dieter	14.12.56	76-79 1860 München 37/1	**9/0**
		77-78 1860 München 9/0	134/4
		79-81 Münster 62/0	
		82-83 FSV Frankfurt 35/3	
Agerbeck, Henrik	10.9.56	**78-80 Hertha**	**55/12**
Agostino, Paul	9.6.75	**97-01 1860 München**	**68/20**
Aguilar, Pedro	21.7.60	82-83 Schl.-Neuhaus 27/2	90/6
		85-87 Kassel 63/4	
Ahanfouf, Abdelaziz	14.1.78	97-99 Unterhaching 45/11	**27/1**
		99-01 Rostock 17/0	45/11
		00-01 Unterhaching 10/1	
Ahlen, Markus von	1.1.71	**89-93 Leverkusen 24/1**	**38/2**
		93-94 Bochum 15/2	149/12
		94-95 Bochum 14/1	
		95-98 Meppen 70/7	
		98-99 Uerdingen 22/1	
		99-01 Aachen 42/2	
Ahlf, Markus	28.11.77	**96-97 St. Pauli**	**1/0**
		98-01 St. Pauli	39/0
Ahlsen, Per-Egil	4.1.58	**90-91 Düsseldorf**	**11/0**
Ahnefeld, Wilfried	8.10.48	**67-69 Hannover 96**	**10/1**
		74-75 Wolfsburg	22/0
Aido, Jochen	27.3.47	78-81 Kiel	105/0
Aigner, Rainer	4.9.67	**90-91 Bayern 1/0**	**17/0**
		91-92 Düsseldorf 16/0	
		92-93 Düsseldorf	35/2
Ailton	19.7.73	**98-01 Bremen**	**72/28**
Akonnor, Charles	12.3.74	92-98 Fort. Köln	153/26
		98-01 Wolfsburg	**84/12**
Akpoborie, Jonathan	20.10.68	90-92 Saarbrücken 53/9	**144/61**
		92-94 Jena 74/26	145/44
		95-96 Waldhof 18/9	
		95-97 Rostock 47/20	
		97-99 Stuttgart 58/21	
		99-01 Wolfsburg 39/20	
Akrapovic, Bruno	26.9.67	92-94 Wolfsburg 79/0	**30/0**
		94-97 Mainz 97/2	226/2
		98-00 TeBe 50/0	
		00-01 Cottbus 30/0	
Albayrak, Erhan	5.4.77	**95-96 Bremen**	**2/0**
Albert, Erwin	27.3.54	**77-78 Hertha**	**2/0**
Albert, Klaus	8.2.51	74-77 SW Essen 106/7	216/15
		77-79 Fort. Köln 48/5	
		79-81 Vikt. Köln 62/3	
Albertz, Jörg	29.1.71	**90-92 Düsseldorf 23/1**	**122/23**
		92-93 Düsseldorf	35/3
		93-96 HSV 99/22	
Albracht, Jörg	30.11.63	82-87 Solingen 13/0	**2/0**
		92-94 Wuppertal 78/0	91/0
		95-96 Schalke 2/0	
Albrecht, Richard	26.5.36	**63-65 Nürnberg**	**29/4**
Albrecht, Werner	30.3.53	80/81 Bocholt 26/0	59/0
		83-85 RWO 33/0	
Albustin, Thorsten	4.1.74	**96-97 Duisburg 1/0**	**3/0**
		98-99 M'gladbach 2/0	
Alder, Christian	3.9.78	**97-00 Bielefeld**	**8/0**
		98-99 Bielefeld	6/1
Alfes, Helmut	11.2.56	79-81 Lüdenscheid	74/3
Alger, Paul	13.8.43	**67-68 1.FC Köln**	**1/0**
Alhaus, Reiner	27.12.55	**78-79 Duisburg**	**21/1**
Alhaus, Reiner	27.12.55	79-82 Stut. Kickers	61/6
Allemann, Anton	6.1.36	**64-66 Nürnberg**	**50/8**
Allgöwer, Karl	5.1.57	77-80 Stut. Kickers	116/59
		80-91 Stuttgart	**338/129**
Allgöwer, Ralf	4.4.64	**86-87 Stuttgart 2/1**	**13/1**
		87-88 Stut. Kickers	20/2
		88-89 Stut. Kickers 11/0	
Allievi, Sergio	17.1.64	84-86 Wattenscheid 66/22	**129/15**
		86-90 K'lautern 112/14	183/33
		91-92 Dresden 17/1	
		92-93 Unterhaching 26/5	
		94-95 Düsseldorf 26/3	
		95-99 Wattenscheid 65/3	
Allig, Dieter	16.8.59	79-80 Wuppertal 30/6	125/21
		80-85 RWO 95/15	
Allig, Manfred	24.7.57	79-81 Bürstadt 45/1	54/1
		85-86 Aschaffenburg 9/0	
Allofs, Klaus	5.12.56	75-81 Düsseldorf 169/71	**424/177**
		81-87 1.FC Köln 177/88	
		90-93 Bremen 78/18	
Allofs, Thomas	17.11.59	78-82/89-92 D'dorf 182/57	**378/148**
		82-86 K'lautern 126/61	
		86-89 1.FC Köln 70/30	
Alms, Gernot	7.10.62	**91-92 Rostock**	**34/0**
		92-94 Rostock	44/0
Alpugan, Ünal	3.8.73	**98-01 Schalke**	**42/1**
Altendorff, Hans-Joachim	22.12.40	**63-71 Hertha**	**70/10**
		74-75 Wacker Berlin	16/1
Alter, André	20.8.73	**93-94 Wattenscheid**	**10/0**
Alves, Alex	30.12.74	**99-01 Hertha**	**38/12**
Amadou, Moudachirou	11.12.71	97-99 Cottbus 59/4	112/6
		99-00 KSC 24/2	
		00-01 Hannover 96 29/0	
Amiq, Mohammed	7.7.49	77-80 Bremerhaven	66/14
Amrath, Klaus	25.1.54	**78-79 M'gladbach**	**8/2**
Anagnostou, Chrissovalantis	15.8.75	**97-99 M'gladbach**	**12/0**

SPIELER	GEBURT	STATIONEN	BILANZ
Ananiev, Antonio	8.5.65	**96-97 1.FC Köln**	**4/0**
		97-98 Leipzig 14/0	46/0
		99-01 Chemnitz 32/0	
Anderbrügge, Ingo	2.1.64	**84-88 BVB 76/7**	**292/53**
		88-91 Schalke	100/36
		91-00 Schalke 216/46	
Anders, Dirk	26.9.66	91-93 Leipzig 72/14	**60/9**
		93-94 Leipzig 32/8	126/20
		94-96 K'lautern 22/1	
		95-96 Duisburg 13/5	
		96-97 Duisburg 6/0	**60/9**
		97-99 Fürth 35/0	
		00-01 Chemnitz 6/1	
Anders, Peter	29.6.46	66-76 Hannover 96	**236/9**
		74-81 Hannover 96	222/18
Andersen, Erik Bo	14.11.70	**98-00 Duisburg**	**25/2**
Andersen, Henrik	7.5.65	**90-98 1.FC Köln**	**125/5**
Andersen, Jörn	3.2.63	**85-88 Nürnberg 78/28**	**243/67**
		88-93 Ein. Frankfurt 98/33	
		90-92 Düsseldorf 42/5	
		93-95 HSV 18/1	
		94-95 Dresden 7/0	**243/67**
Andersson, Björn	20.7.51	**74-77 Bayern**	**47/1**
Andersson, Patrik	18.8.71	**93-99 M'gladbach 174/10**	**212/11**
		99-01 Bayern 38/1	
Andersson, Thomas	11.12.56	**82-83 Bochum**	**5/0**
Andexer, Hans-Jürgen	19.12.50	74-76 Osnabrück	52/7
Andree, Hans-Joachim	6.7.50	**70-72 BVB 45/1**	**63/2**
		73-75 Ein. Frankfurt 18/1	31/1
		75-76 Kreuznach 31/1	
Andresen, Gerd	30.3.56	78-80 Kiel	52/0
Anfang, Markus	12.6.74	**95-97 Düsseldorf 37/0**	**40/0**
		97-98 Schalke 3/0	
Angel, Horst	13.5.52	74-80 Münster	139/10
Angele, Eduard	10.12.51	74-76 Gütersloh 46/2	**50/1**
		76-80 Bielefeld 82/2	128/4
		78-81 Bielefeld 50/1	
Angermund, Lothar	11.11.52	**74-75 Wuppertal**	**7/0**
		75-78 Wuppertal	26/2
Anicic, Michael	18.10.74	**92-96 Ein. Frankfurt**	**35/5**
Ankovic, Andrija	16.7.38	**66-68 K'lautern**	**21/4**
Anspann, Walter	31.8.56	78-80 MTV Ingolstadt	77/11
Anthes, Holger	9.8.62	80-81 FSV Frankfurt 25/2	**15/4**
		81-82 Ein. Frankfurt 15/4	29/2
		83-84 Osnabrück 4/0	
Anweiler, Uwe	9.1.61	87-90 Bayreuth	76/0
Anzill, Werner	19.4.40	**63-64 1860 München**	**2/0**
Aracic, Ilija	15.11.70	94-96 Chemnitz 45/4	**25/6**
		98-99 TeBe 17/8	83/14
		98-00 Hertha 25/6	
		00-01 Bielefeld 21/2	
Arbinger, Alfred	6.6.57	**76-77 Bayern**	**6/0**
		78-80 TeBe	51/5
Arilson	11.6.73	**95-96 K'lautern**	**10/0**
Armbrust, Karl	21.8.46	79-82 Freiburger FC	85/0
Arnold, Hans	8.10.41	**63-71 Stuttgart**	**204/9**
Arnold, Marc	19.9.70	90-91 Stut. Kickers 3/0	**35/2**
		94-95 BVB 9/0	105/17
		95-97 Hertha 39/3	
		97-98 Hertha 26/2	
		98-00 KSC 37/3	
		00-01 Ahlen 26/11	
Arnstätter, Sascha	8.11.77	**98-99 Ein. Frankfurt**	**2/0**
Arnswald, Hans-Jürgen	24.9.57	75-78 Pirmasens 40/1	73/2
		78-80 Waldhof 33/1	
Artmann, Karl-Heinz	9.1.45	**69-70 BVB 3/0**	**21/3**
		72-73 RWO 18/3	
Arvidsson, Magnus	12.2.73	**99-01 Rostock**	**62/13**
Arweladse, Archil	22.2.73	**00-01 1.FC Köln**	**26/7**
Arweladse, Rewas	5.9.69	**93-94 1.FC Köln**	**7/1**
		99-00 RWO	2/0
Asamoah, Gerald	3.10.78	98-99 Hannover 96	21/4
		99-01 Schalke	**62/8**
Asanin, Sladjan	13.8.71	**98-99 M'gladbach**	**31/3**
		99-01 M'gladbach	53/8
Aslund, Sanny	29.8.52	**75-76 Bremen**	**19/4**
Assauer, Rudi	30.4.44	**64-70 BVB 119/8**	**307/12**
		70-76 Bremen 188/4	
Assion, Peter	24.8.59	83-88 SSV Ulm	119/2
Audehm, Thomas	2.5.67	**92-94 Wattenscheid**	**2/0**
Auernhammer, Hans	9.10.33	**63-64 1860 München**	**8/2**
Aufseß, Markus von	1.8.65	87-90 Bayreuth	82/5
Augenthaler, Klaus	26.9.57	**77-91 Bayern**	**404/52**
Augst, Klaus-Dieter	23.7.58	84-85 Offenbach 27/2	63/14
		86-87 Salmrohr 36/12	
Augustin, Ralf	27.9.60	**78-81 BVB**	**12/2**
		81-82 Aachen	6/0
Aulbach, Ingo	5.8.62	85-89 Aschaffenburg	92/1
Aumann, Raimond	12.10.63	**84-94 Bayern**	**216/0**
Aumeier, Harald	19.7.52	74-76 Schweinfurt 72/23	**12/0**
		76-78 Augsburg 55/20	209/66
		77-79 Braunschweig 12/0	
		79-80 Völklingen 22/7	
		80-82 Bayreuth 60/16	
Außem, Ralf	1.9.60	**79-80 1.FC Köln**	**1/0**
Außem, Ralf	1.9.60	80-81 Vikt. Köln 33/3	319/23
		81-84 Hannover 96 92/5	
		84-91 Fort. Köln 194/15	
Aust, Friedhelm	9.5.51	**71-72 Ein. Frankfurt**	**10/0**
Azima, Mohamed Semida	17.10.68	90-93 Fort. Köln 53/8	62/8
		92-93 Oldenburg 9/0	
Azizi, Khodadad	22.6.71	**97-98 1.FC Köln**	**20/5**
		98-00 1.FC Köln	30/5
Azzouzi, Rachid	10.1.71	89-93 Duisburg 48/1	**64/3**
		91-95 Duisburg 64/3	194/9
		95-97 Fort. Köln 43/0	
		97-01 Fürth 103/8	

B

Baake, Hans-Jürgen	2.3.54	**74-75 Wuppertal 15/0**	**41/1**
		75-76 Wuppertal 38/4	76/6
		76-77 TeBe 19/1	
		77-78 TeBe 38/2	
		79-80 Hertha 7/0	
Babatz, Christoph	3.9.74	92-96 Hannover 96 57/4	**26/0**
		97-00 HSV 26/0	78/7
		00-01 Mainz 21/3	
Babbel, Markus	8.9.72	**91-92/94-00 Bayern 182/9**	**242/10**
		92-94 HSV 60/1	
Babendererde, Andreas	22.7.62	**91-92 Rostock**	**1/0**
		91-92 Halle	8/1
Babic, Marko	21.1.81	**00-01 Leverkusen**	**3/0**
Babington, Carlos	20.9.49	74-78 Wattenscheid	120/46
Bach, Jörg	20.11.65	88-90 Wattenscheid 45/5	**202/13**
		90-94 Wattenscheid 118/9	88/6
		94-95 HSV 28/0	
		95-97 Düsseldorf 56/4	
		97-99 Düsseldorf 43/1	
Bachmann, Ernst	10.8.45	74-75 Mülheim 34/1	55/3
		79-80 RWO 21/2	
Bachorz, Heinrich	26.11.50	76-79 Wattenscheid 77/15	95/19
		78-79 Lüdenscheid 18/4	
Backes, Hans-Peter	10.6.53	74-75 Fort. Köln 17/3	56/4
		75-76 Augsburg 11/1	
		77-78 Pirmasens 22/0	
		79-80 SC Freiburg 6/0	
Backhaus, Sven	1.6.68	**86-90 Düsseldorf**	**21/0**
		87-89/92-95 Düsseldorf 104/8	159/10
		95-96 Wattenscheid 19/0	
		99-01 RWO 36/2	
Bade, Alexander	25.8.70	**91-93/00-01 1.FC Köln 10/0**	**15/0**
		95-96 Uerdingen 5/0	57/0
		96-98 Uerdingen 57/0	
Bäger, Mario	25.6.64	**85-88 Uerdingen**	**4/0**
Bähr, Markus	10.9.74	**94-98 KSC**	**34/1**

SPIELER	GEBURT	STATIONEN	BILANZ
		98-00 1.FC Köln	26/1
Bähre, Harry	22.7.41	**63-67 HSV**	**78/2**
Bär, Manfred	17.1.62	**80-81 Schalke**	**2/0**
Bäron, Karsten	24.4.73	**92-00 HSV**	**124/39**
Bärwolf, Daniel	13.5.73	94-96 Leipzig 49/8	67/9
		97-98 Jena 18/1	
Bäse, Joachim	2.9.39	**63-73 Braunschweig**	**234/5**
Bäsler, Hans-Jürgen	28.3.38	**65-66 Tasmania**	**17/0**
Bäumer, Jens	9.8.78	**97-98 KSC**	**11/0**
Bäumer, Jens	9.8.78	98-00 KSC 55/4	58/4
		00-01 M'gladbach 3/0	
Bäurle, Markus	15.10.69	**91-93 Nürnberg**	**20/0**
Baffoe, Anthony	25.5.65	**83-84 1.FC Köln 2/0**	**74/4**
		85-86 RWO 33/2	125/14
		86-87 Stut. Kickers 19/0	
		89-92 Düsseldorf 72/4	
		87-89 Fort. Köln 73/12	
Bagheri, Karim	20.2.74	97-98/99-00 Bielefeld	**29/4**
		98-99 Bielefeld	22/2
Bahr, Nils	16.12.69	**90-93 HSV**	**10/0**
Bahr, Rolf	4.5.49	74-76 Bielefeld	60/0
Baiano, Junior	14.3.70	**95-96 Bremen**	**32/2**
Baich, Riccardo	28.10.73	**93-94 HSV**	**2/0**
		94-95 FSV Frankfurt	19/0
Baier, Jürgen	29.6.58	80-82 Fürth 66/2	**31/1**
		82-85 Fort. Köln 106/5	392/14
		85-86 Hannover 96 31/1	
		86-87 Aschaffenburg 31/2	
		87-89 Offenbach 56/1	
		89-93 Darmstadt 133/4	
Bakalorz, Dirk	22.8.63	81-84 RW Essen 53/5	**65/8**
		84-86 Kassel 71/17	190/31
		86-88 M'gladbach 39/5	
		88-90 Ein. Frankfurt 26/3	
		90-93 Darmstadt 66/9	
Balakov, Krassimir	29.3.66	**95-01 Stuttgart**	**178/48**
Balcerzak, Manfred	4.5.49	76-78 Herford	73/2
Baldauf, Hannes	9.3.38	**65-66 Hannover 96**	**5/0**
Balevski, Vanco	18.12.47	**76-77 KSC**	**20/2**
		77-78 KSC	16/1
Balewski, Kurt	5.6.58	82-88 Remscheid 106/15	135/16
		88-89 Solingen 22/1	
		92-93 Wuppertal 7/0	
Balke, Helmut	22.1.49	74-76 Bielefeld 67/10	304/22
		76-77 Bonn 32/3	
		77-83 Aachen 195/7	
		83-84 Duisburg 10/2	
Ballack, Michael	26.9.76	95-96 Chemnitz 15/0	**96/14**
		97-99 K'lautern 46/4	15/0
		99-01 Leverkusen 50/10	
Ballwanz, Holger	7.9.67	**89-92 HSV 41/3**	**97/5**
		92-97 Wolfsburg 143/11	146/11
		97-00 Wolfsburg 56/2	
		00-01 Hannover 96 3/0	
Bals, Herbert	14.3.43	74-75 Mülheim 12/4	25[illegible]/55
		74-76 SW Essen 60/16	
		76-79 West. Herne 106/26	
		82-84 Lüttringhausen 73/9	
Balte, Werner	17.2.48	**71-77 Bochum**	**170/38**
Baltes, Heiner	19.8.49	**71-81 Düsseldorf**	**279/11**
Baluszynski, Henryk	15.7.72	**94-98/00-01 Bochum**	**56/6**
		95-96/99-00 Bochum 41/11	63/13
		98-99 Bielefeld 22/2	
Balzis, Ralf	31.7.65	84-85 Offenbach 5/2	**65/14**
		85-87 HSV 30/9	55/11
		87-89 Ein. Frankfurt 35/5	
		91-93 Osnabrück 50/9	
Banach, Maurice	9.10.67	88-90 Wattenscheid 69/33	**63/26**
		86-88 BVB 14/2	69/33
		90-92 1.FC Köln 49/24	
Bandura, Jürgen	22.6.40	**64-74 Hannover 96**	**298/34**
Banovic, Ivica	2.8.80	**00-01 Bremen**	**17/0**
Bansemer, Günther	3.8.58	**79-82 Düsseldorf**	**14/1**
Bany, Ralph	1.9.64	**89-93 KSC**	**56/0**

SPIELER	GEBURT	STATIONEN	BILANZ
Banza, Jean Kasongo	26.6.74	**99-00 Wolfsburg**	**11/2**
		00-01 Duisburg	7/0
Baranek, Miroslav	10.11.73	**00-01 1.FC Köln**	**16/2**
Baranowski, Matthias	8.2.67	86-87 RWO 34/11	**27/4**
		87-88 1.FC Köln 11/3	108/27
		88-92 Homburg 52/11	
		89-90 Homburg 16/1	
		90-91 Schweinfurt 22/5	
Barbarez, Sergej	17.9.71	92-93 Hannover 96 18/2	**126/41**
		96-98 Rostock 59/13	18/2
		98-00 BVB 36/6	
		00-01 HSV 31/22	
Barfuß, Peter	11.4.44	**66-67 HSV**	**1/0**
Bargfrede, Hans-Jürgen	10.3.59	84-88 St. Pauli 96/14	**15/1**
		88-90 St. Pauli 15/1	102/14
		89-90 Münster 6/0	
Bartel, Dieter	15.10.51	76-77 Schwenningen 18/2	158/27
		76-78 Homburg 27/2	
		77-78 Bürstadt 21/4	
		78-80 RW Essen 40/11	
		80-84 RWO 52/8	
Bartels, Heinz	8.1.51	79-81 OSV Hannover	60/10
Barten, Mike	20.11.73	**98-01 Bremen**	**27/0**
Barth, Enrico	6.10.69	93-97 Waldhof	95/0
Bartram, Jan	6.3.62	**88-91 Uerdingen**	**74/9**
Barylla, André	31.10.67	94-98 Zwickau	74/0
Baschetti, Mirko	2.12.71	90-93 Osnabrück 48/0	96/0
		98-01 Hannover 96 48/0	
Basenach, Bertram	29.8.62	86-89 Saarbrücken	64/0
Bashi, Clirim	5.2.71	99-01 Aachen	60/0
Basic, Dusan	26.3.50	79-81 ESV Ingolstadt	59/13
Basikow, Klaus	12.6.37	**65-66 Tasmania**	**14/0**
Basler, Mario	18.12.68	89-91 RW Essen 54/6	**210/59**
		88-89/99-01 K'lautern 40/5	128/23
		91-93 Hertha 74/17	
		93-96 Bremen 92/36	
		96-00 Bayern 78/18	
Bast, Dieter	28.8.51	**70-77 RWE 149/28**	**412/54**
		77-83 Bochum 192/24	102/2
		83-86 Leverkusen 71/2	
		86-89 RW Essen 102/2	
Bast, Rudolf	11.2.37	**65-66 Nürnberg**	**9/1**
Basten, Klaus	1.10.63	**85-87 Uerdingen**	**7/0**
		87-88 Solingen 35/10	67/17
		88-89 Osnabrück 32/7	
Bastian, Dirk	15.3.68	**86-87 Homburg**	**1/0**
		90-92 Homburg	18/3
Bastrup, Lars	31.7.55	**75-76 Offenbach 18/2**	**77/20**
		76-77 Offenbach	31/11
		81-83 HSV 59/18	
Bastürk, Yildiray	24.12.78	**97-99/00-01 Bochum**	**74/6**
		99-00 Bochum	30/7
Basualdo, José	20.6.63	**89-91 Stuttgart**	**44/2**
Bauer, Heinrich	11.6.35	**63-65 K'lautern**	**7/0**
Bauer, Oskar	24.9.56	75-83 Waldhof 255/10	**7/1**
		83-84 Waldhof 7/1	324/10
		86-87 Osnabrück 69/0	
Bauerkämper, Rolf	24.2.47	**73-74 Fort. Köln**	**18/1**
		74-76 Fort. Köln 46/9	96/15
		76-78 Trier 50/6	
Baumann, Carsten	7.10.46	**71-73 Bremen**	**21/3**
Baumann, Frank	29.10.75	94-98 Nürnberg 68/5	**92/8**
		98-99 Nürnberg 30/1	68/5
		99-01 Bremen 62/7	
Baumann, Karsten	14.10.69	**88-98 1.FC Köln 220/9**	**261/9**
		98-00 BVB 41/0	15/2
		00-01 RWO 15/2	
Baumann, Rolf	14.6.63	**87-88 Stuttgart**	**3/0**
Baumanns, Dieter	15.9.48	74-77 Aachen	99/16
Baumanns, Klaus-Willi	15.9.48	74-80 Osnabrück	193/4
Baumgart, Steffen	5.1.72	94-95 Rostock 33/10	**172/27**
		95-98 Rostock 85/16	33/10
		98-00 Wolfsburg 32/5	

SPIELER	GEBURT	STATIONEN	BILANZ
		99-01 Rostock 55/5	
Baya, Zoubaier	15.5.71	97-98 SC Freiburg	29/6
		98-01 SC Freiburg	**85/15**
Bayerschmidt, Uli	3.3.67	**86-88 Bayern 4/1**	**45/1**
		88-91 Nürnberg 41/0	
		91-94 Hertha	83/0
Bayertz, Markus	29.1.71	**90-91 Uerdingen**	**2/0**
		91-92 Uerdingen	7/0
Baylon, Julio	10.9.50	**73-74 Fort. Köln**	**13/1**
		75-76/77-78 Fort. Köln 33/7	52/10
		76-77 Homburg 19/3	
Bebensee, Norbert	15.7.53	76-80 Arm. Hannover 135/25	**4/0**
		80-83 Hannover 96 86/12	292/50
		84-86 BW Berlin 71/13	
		86-87 BW Berlin 4/0	
Becher, Hans-Jürgen	21.9.41	**63-71 Schalke**	**201/2**
Bechmann, Karl-Heinz	7.2.44	**63-67 Schalke 75/7**	**143/10**
		67-70 Aachen 68/3	
Bechtold, Walter	25.7.47	**65-69 Ein. Frankfurt 74/33**	**131/46**
		70-71 Offenbach 28/8	176/48
		74-80 Darmstadt 176/48	
		78-79 Darmstadt 29/5	
Beck, Bernd	18.7.56	78-81/85-86 Homburg 137/19	**47/2**
		82-83 Hertha 23/1	244/35
		86-87 Homburg 24/1	
		81-84 Hertha 69/14	
		84-85 Offenbach 38/2	
Beck, Harald	29.7.57	75-77 Stuttgart	16/1
		77-82 Stuttgart	**32/4**
Beckenbauer, Franz	11.9.45	**65-77 Bayern 396/44**	**424/44**
		80-82 HSV 28/0	
Beckenbauer, Stefan	1.12.68	**92-93 Saarbrücken**	**12/0**
		93-94 Saarbrücken	12/1
Beck, Mikkel Venge	12.5.73	93-96 Fort. Köln	79/26
Becker, Edmund	18.7.56	77-86 KSC	66/10
		80-85 KSC	**94/9**
Becker, Gerd	18.10.43	**68-69 Offenbach**	**27/4**
Becker, Hans-Günter	31.8.38	**65-66 Tasmania**	**33/0**
Becker, Manfred	27.12.40	**65-66 K'lautern**	**1/0**
Becker, Matthias	19.4.74	**93-96 Ein. Frankfurt 37/4**	**45/4**
		96-97 E. Frankfurt 28/5	60/6
		97-98 Stuttgart 8/0	**45/4**
		98-99 Hannover 96 5/0	
		99-00 Offenbach 27/1	
Becker, Michael	11.9.62	88-94 Mainz	112/6
Becker, Ralf	26.9.70	**93-95 Leverkusen 23/1**	**38/2**
		95-96 St. Pauli 15/1	45/4
		96-98 Stut. Kickers 15/1	
		00-01 Reutlingen 30/3	
Becker, Volker	12.12.46	**65-66 Tasmania**	**6/0**
Beckers, Marc	19.10.73	**93-94 M'gladbach**	**2/0**
		97-99 Düsseldorf	11/0
Beckfeld, Klaus	6.10.43	**68-69 BVB**	**4/0**
Beeck, Christian	18.12.71	91-92 Brandenburg 23/1	**43/0**
Beeck, Christian	18.12.71	**95-97 Rostock 26/0**	86/6
		97-99 Düsseldorf 34/3	
		99-00 Cottbus 29/2	
		00-01 Cottbus 17/0	
Beer, Christian	5.10.58	**79-82 Leverkusen**	**4/0**
Beer, Erich	9.12.46	**68-69 Nürnberg 25/2**	**342/95**
		69-71 RWE 64/10	30/9
		71-79 Hertha 253/83	
		81-82 1860 München 30/9	
Beer, Wolfgang de	2.1.64	**81-82 Duisburg 1/0**	**182/0**
		82-86 Duisburg	61/0
		86-00 BVB 181/0	
Beermann, Jens	4.5.59	79-80 Bremerhaven 3/0	76/8
		84-88 St. Pauli 73/8	
Begerau, Robert	17.7.47	**73-75 Düsseldorf**	**2/0**
Beginski, Uwe	13.12.59	**78-80 HSV 2/0**	**36/0**
		80-83 Darmstadt 48/1	107/1
		81-82 Darmstadt 34/0	
		82-83 Osnabrück 17/0	

SPIELER	GEBURT	STATIONEN	BILANZ
		83-85 Kassel 42/0	
Behnert, Holger	31.10.64	95-97 Lübeck	57/3
Behrends, Rainer	11.10.51	74-75 Wolfsburg 19/0	158/23
		76-80 Arm. Hannover 139/23	
Behrendt, Manfred	2.10.50	74-76/77-84 Wattenscheid	295/0
		259/0, 76-77 Göttingen 36/0	
Behrens, Uwe	10.4.59	**79-82 Bremen**	**16/4**
		80-81 Bremen	6/1
Behres, Paul	22.7.53	77-78 Waldhof	6/0
Beichle, Georg	16.9.48	**70-71 Offenbach 2/0**	**28/3**
		71-73 Hannover 96 26/3	184/63
		74-76 Pirmasens 75/22	
		75-79 Augsburg 109/41	
Beierle, Markus	2.6.72	95-98 Stut. Kickers 55/16	**77/23**
		98-00 Duisburg 59/21	55/16
		00-01 1860 München 18/2	
Beierlorzer, Bertram	31.5.57	77-80 Nürnberg 63/4	**160/2**
		78-81 Nürnberg 56/2	63/4
		81-86 Bayern 73/0	
		86-88 Stuttgart 31/0	
Beiersdorfer, Dietmar	16.11.63	**86-92 HSV 174/14**	**254/21**
		92-96 Bremen 64/6	
		95-96 1.FC Köln 16/1	
Bein, Uwe	26.9.60	79-83 Offenbach 119/58	**300/91**
		83-84 Offenbach 34/14	119/58
		84-87 1.FC Köln 64/17	
		87-89 HSV 52/22	
		89-94 E. Frankfurt 150/38	
Beinlich, Stefan	13.1.72	94-95 Rostock 34/15	**162/48**
		95-97 Rostock 67/19	34/15
		97-00 Leverkusen 80/24	
		00-01 Hertha 15/5	
Beiroth, Benno	10.12.42	**71-73 Düsseldorf**	**2/0**
Belanow, Igor	25.9.60	**89-91 M'gladbach**	**24/4**
		90-92 Braunschweig	38/13
Belarbi, Rachid	7.11.64	**85-88 Hannover 96**	**9/0**
		86-87 Hannover 96 22/0	81/0
		88-90 Schalke 45/0	
		90-91 Münster 10/0	
		92-93 St. Pauli 4/0	
Bella, Michael	29.9.45	**64-78 Duisburg**	**405/13**
Beller, Josef	18.5.54	77-78 Bayern Hof 30/5	130/11
		79-85 SSV Ulm 100/6	
Bellut, Hermann-Dieter	4.5.43	**67-70 Ein. Frankfurt**	**47/3**
Bemben, Michael	28.1.76	**98-99/00-01 Bochum**	**25/0**
		99-00 Bochum	28/1
Bena, Stefan	23.8.36	**64-65 1860 München 9/0**	**57/3**
		65-67 Hannover 96 48/3	
Benatelli, Frank	19.8.62	**82-92 Bochum**	**192/13**
Bender, Horst	11.11.54	**74-75 K'lautern 2/0**	**37/1**
		76-78 Saarbrücken 35/1	139/2
		75-79 Saarbrücken 55/1	
		79-80 Völklingen 36/1	
		80-82 Bayreuth 48/0	
Bender, Manfred	24.5.66	**89-92 Bayern 77/9**	**229/42**
		92-97 KSC 101/29	28/5
		96-99 1860 München 51/4	
		99-00 KSC 2/0	
		00-01 Saarbrücken 26/5	
Beneking, Stefan	24.5.69	90-91 Havelse 6/0	**5/0**
		92-93 SC Freiburg 12/0	18/0
		93-97 SC Freiburg 5/0	
Bengsch, Peter	24.5.54	**75-76 Hannover 96**	**1/0**
		76-77 Hannover 96	7/0
Benken, Sven	20.4.70	**97-99 Bremen 29/0**	**75/2**
		99-01 Rostock 46/2	
Ben Slimane, Mehdi	5.1.73	97-98 SC Freiburg 28/6	**44/5**
		98-00 SC Freiburg	33/6
		00-01 M'gladbach 5/0	
Bensmann, Walter	16.5.38	**63-64 Münster**	**4/0**
Bente, Karl-Heinz	13.9.41	**63-64 Münster**	**21/0**
		77-79 Freiburger FC 73/10	89/13
		80-81 SC Freiburg 16/3	

SPIELER	GEBURT	STATIONEN	BILANZ
Benthaus, Helmut	5.6.35	**63-65 1.FC Köln**	**38/2**
Benz, Hans	30.1.62	81-83 SC Freiburg	54/11
Berbatov, Dimitar	30.1.81	**00-01 Leverkusen**	**6/0**
Berdoll, Marc	6.4.53	**76-77 Saarbrücken**	**17/1**
Berg, Horst	8.9.41	**64-65 Neunkirchen 7/1**	**134/14**
		67-69 Braunschweig 54/5	2/0
		69-70 1860 München 23/1	
		70-72 Hannover 96 50/7	
		74-75 Völklingen 2/0	
Berg, Peter	7.1.55	**73-76 Offenbach**	**29/3**
		76-80 Offenbach	84/8
Berg, Rainer	21.8.65	85-90 Darmstadt 77/0	**33/0**
		91-94 1860 München 67/0	149/0
		94-97 1860 München 33/0	
		97-98 Nürnberg 5/0	
Berg, Wolfgang	10.5.51	74-75 BVB 12/0	94/2
		75-78 Bielefeld 63/0	
		78-79 Osnabrück 19/2	
Berg van den, Ulrich	29.10.49	**72-76 Schalke**	**60/4**
		76-77 Bonn	31/8
Berge, Klaus	4.10.61	83-84 Schalke 22/2	**33/0**
		84-85/87-88 Schalke 14/0	44/5
		85-86 Saarbrücken 19/0	
		86-87 Saarbrücken 22/3	
Bergen, Jörg	27.6.66	92-99 Unterhaching	134/14
		99-01 Unterhaching	**24/0**
Berger, Karl	13.6.51	**71-73 Stuttgart 29/4**	**83/13**
		75-77 KSC 54/9	68/24
		74-78 KSC 63/24	
		78-79 Fort. Köln 5/0	
Berger, Patrik	10.11.73	**95-96 BVB**	**27/4**
Bergfeld, Manfred	13.3.61	**81-82 M'gladbach**	**6/0**
Bergfelder, Helmut	21.11.46	**67-68 1.FC Köln 1/0**	**33/3**
		73-74 Fort. Köln 32/3	167/13
		74-76 Fort. Köln 29/2	
		76-81 Trier 138/11	
Berghaus, Jürgen	8.10.53	**74-75 Wuppertal**	**7/2**
		75-79 Wuppertal 126/17	166/18
		82-84 Lüttringhausen 40/1	
Bergmann, Bernhard	23.12.48	74-83 Fürth	322/12
Bergs, Magnus	27.8.56	**80-81 BVB 2/0**	**8/0**
		84-85 Braunschweig 6/0	
Bergter, Klaus	11.4.53	77-80 Lüdenscheid	73/3
Berkemeier, Winfried	22.1.53	**73-75 1.FC Köln 4/0**	**98/11**
		75-78 TeBe	71/14
		76-77 TeBe 33/2	
		78-79 Nürnberg 32/4	
		79-80 Schalke 29/5	
Berkenhagen, Sven	13.12.66	**91-92 Stut. Kickers**	**7/0**
		92-93 Stut. Kickers	27/2
Berking, Horst-Dieter	1.3.40	**64-67 KSC**	**55/6**
Berlepp, Frank	22.2.59	80-85 Darmstadt	21/0
		81-82 Darmstadt	**11/0**
Bernard, Günter	4.11.39	**63-73 Bremen**	**287/0**
Bernardo	20.4.65	**91-92 Bayern**	**4/0**
Bernecker, Willi	9.3.56	77-79 Augsburg 60/6	**22/1**
		79-80 MTV Ingolstadt 20/2	262/17
		80-89 Darmstadt 182/9	
		81-82 Darmstadt 22/1	
Bernhardt, Peter	31.3.45	74-77 Pirmasens	71/0
Berntsen, Tommy	18.12.73	00-01 Ein. Frankfurt	**3/0**
Berry, Austin	5.4.71	92-93 SC Freiburg	11/1
		93-94 SC Freiburg	**1/0**
Berthold, Thomas	12.11.64	**82-87 E. Frankfurt 111/17**	**332/22**
		91-92 Bayern 30/1	
		93-00 Stuttgart 191/4	
Berti, Günter	31.7.55	79-88 SSV Ulm	186/4
Bertl, Horst	24.3.47	**70-72 Hannover 96 60/1**	**174/38**
		74-79 HSV 114/25	
Bertram, Horst	16.11.48	**70-71 Offenbach 2/0**	**96/0**
		74-76 BVB	75/0
		71-79 BVB 94/0	**96/0**
Bertrams, Werner	14.8.58	78-83 Aachen	100/23
Berz, Manfred	13.4.38	**63-65 Schalke**	**30/8**

SPIELER	GEBURT	STATIONEN	BILANZ
Besl, Hubert	25.11.59	79-82/85-86 Bayreuth 113/16	132/17
		82-83 SC Freiburg 19/1	
Bester, Marinus	16.1.69	**90-92/93-95 Bremen 15/0**	**48/5**
		92-93/00-01 HSV 28/5	
		93-94 Schalke 5/0	
Bestschastnich, Wladimir	1.4.74	**94-97 Bremen**	**56/11**
Bettenstaedt, Till	20.1.76	**94-95 Schalke**	**1/0**
Beuchel, René	31.7.73	**92-95 Dresden 49/1**	**56/1**
		95-96 Ein. Frankfurt 7/0	38/0
		96-97 Ein. Frankfurt 19/0	
		97-98 Zwickau 19/0	
Beverungen, Klaus	24.9.51	**70-74 Schalke 49/6**	**129/25**
		74-77 Ein. Frankfurt 61/16	37/16
		77-78 St. Pauli 19/3	
		78-79 St. Pauli 17/9	
		78-79 West. Herne 20/7	
Beyer, Harald	21.9.38	**63-64 Hertha 24/5**	**27/5**
		64-65 BVB 3/0	
Beyel, Jörg	2.10.69	88-90 Aachen 24/8	85/13
		90-91 Duisburg 15/2	
		92-93 Wuppertal 2/0	
		95-96 Wattenscheid 7/0	
		96-97 RW Essen 25/2	
		98-00 RWO 12/1	
Beyer, Siegfried	18.7.43	**69-71 HSV**	**33/3**
Biagioli, Aaron	26.1.65	88-90 RW Essen 47/1	75/4
		90-92 Mainz 28/3	
Bialon, Uwe	20.8.63	**82-83 Stuttgart**	**1/0**
		83-84 Lüttringhausen 23/4	65/10
		85-86 TeBe 33/6	
		87-88 Wattenscheid 9/0	
Bicanic, Miroslav	29.10.69	**96-97 Duisburg 14/1**	**18/1**
		98-99 Rostock 4/0	
Bicici, Hakan	1.8.70	89-91/92-94 Hannover 96	82/3
Bieber, Siegmar	4.1.68	89-90 Schalke 8/1	51/2
		92-93 Wuppertal 14/0	
		98-00 RWO 29/1	
Bien, Peter	28.2.51	74-79 Wacker Berlin	135/3
Bierhoff, Oliver	1.5.68	**86-88 Uerdingen 31/4**	**73/10**
		88-90 HSV 34/6	
		89-90 M'gladbach 8/0	
Biernat, Jaroslaw	6.9.60	**86-89 Ein. Frankfurt**	**12/1**
		87-88 Solingen 22/5	39/7
		89-90 Bayreuth 17/2	
Bierofka, Daniel	7.2.79	**00-01 1860 München**	**28/3**
Bierofka, Wilhelm	21.1.53	74-79 1860 München	84/5
		77-78 1860 München	**27/1**
Biesenkamp, Peter	22.8.46	**71-75 Düsseldorf**	**72/6**
Bihn, Egon	16.11.54	**73-76 Offenbach 49/3**	**61/5**
		76-78 Ein. Frankfurt 12/2	68/18
		78-82 Worms 68/18	
Bilic, Slaven	11.9.68	**93-96 KSC**	**66/5**
Biliskov, Marino	17.3.76	**99-01 Wolfsburg**	**40/2**
Billmann, Jürgen	21.12.42	**63-66 Nürnberg**	**13/1**
Binder, Reinhard	17.10.55	78-84 SC Freiburg	219/18
Bindewald, Uwe	13.8.68	**88-96/98-01 Ein. Frankfurt**	**242/2**
		96-98 Ein. Frankfurt	64/2
Binz, Manfred	22.9.65	**84-96 E. Frankfurt 336/26**	**349/26**
		97-99 BVB 13/0	31/4
		99-00 Offenbach 31/4	
Birkenmeier, Hubert	24.5.49	**74-77 TeBe**	**50/0**
		75-76 TeBe 35/0	111/0
		77-79 Freiburger FC 76/0	
Birkhölzer, Rolf	29.9.49	**68-69 1.FC Köln**	**12/0**
Birner, Robert	16.2.58	75-78 Augsburg 12/1	127/40
		80-84 SC Freiburg 66/24	
		83-85 SSV Ulm 49/15	
Biskup, Werner	26.4.42	**66-67 Düsseldorf 29/1**	
		68-72 1.FC Köln 111/10	**140/11**
Bistram, André	25.3.62	**86-88 Schalke 38/9**	**42/9**
		87-88 St. Pauli	5/0
		88-90 St. Pauli 4/0	
Bitencourt, Franklin	24.2.69	92-98 Leipzig 83/19	**45/5**

SPIELER	GEBURT	STATIONEN	BILANZ
		93-94 Leipzig 22/1	128/36
		98-00 Cottbus 45/17	
		00-01 Cottbus 23/4	
Bittcher, Ulrich	10.9.57	**75-83 Schalke 168/19**	**252/22**
		81-82 Schalke	38/10
		83-87 BVB 84/3	
Bittengel, Günter	14.7.66	91-97 Uerdingen	81/12
		92-96 Uerdingen	**72/8**
Bittermann, Torsten	3.2.68	91-01 Chemnitz	183/7
Bittl, Josef	9.3.49	79-81 ESV Ingolstadt	55/8
Bittlmayer, Albert	8.11.52	**74-75 TeBe**	**20/2**
		74-75 Nürnberg 6/1	35/15
		75-76 TeBe 29/14	
Bittner, Herbert	22.5.52	**70-71 Bielefeld 1/0**	**4/0**
		76-81 Herford 146/22	238/35
		81-82 Braunschweig 3/0	
		81-84 Osnabrück 92/13	
Bittorf, Ulrich	2.9.59	**79-80/81-83 Bochum 36/4**	**86/10**
		80-81 Herford 40/5	165/17
		82-84 Leverkusen 37/3	
		84-85 Nürnberg 30/6	
		85-86 Nürnberg 13/3	
		86-88 RWO 68/5	
		88-89 Solingen 27/1	
Bitz, Hermann	21.9.50	**70-75 K'lautern 132/15**	**208/21**
		75-76 Offenbach 34/1	106/40
		76-79 Offenbach 106/40	
		79-81 1860 München 42/5	
Bjelica, Nenad	20.8.71	**00-01 K'lautern**	**13/1**
Björnmose, Ole	7.5.44	**66-71 Bremen 137/21**	**323/52**
		71-77 HSV 186/31	
Blabl, Norbert	3.11.65	**83-84 Nürnberg**	**1/0**
Bläser, Josef	11.12.52	**72-74 1.FC Köln**	**21/1**
		74-79 Aachen	148/14
Blättel, Michael	29.9.60	**79-81 Ein. Frankfurt 13/0**	**102/13**
		83-85 Saarbrücken 63/24	159/52
		85-86 Saarbrücken 32/8	
		86-87 Düsseldorf 28/2	
		87-88 Homburg 29/3	
		88-91 Darmstadt 96/28	
Blank, Stefan	10.3.77	97-98 Wattenscheid 14/0	**7/0**
		98-00 Hannover 96 45/9	59/9
		00-01 Stuttgart 7/0	
Blankenburg, Horst	10.7.47	**69-70 1860 München 31/1**	**75/1**
		75-77 HSV 44/0	22/0
		80-81 Münster 22/0	
Blasey, Heinz	1.1.48	**70-77 RW Essen**	**90/0**
		77-78 RW Essen 36/0	80/0
		78-79 Hannover 96 21/0	
		79-80 Wanne-Eickel 23/0	
Blau, Rolf	21.5.52	**71-73 Hannover 96 34/3**	**224/24**
		74-77 Münster 100/25	133/28
		77-78 St. Pauli 34/1	
		78-82 Bochum 123/14	
		82-83 Hertha 33/6	
		83-84 Hertha 33/3	
Blechinger, Horst	26.9.40	**66-68 Schalke**	**64/6**
Blechschmidt, Rainer	20.12.53	**72-76 Offenbach 66/5**	**83/6**
		76-78 Offenbach	69/17
		78-79 Hertha 17/1	
Bleckert, Harald	2.12.51	74-82 Bayreuth	265/5
Bleidick, Hartwig	26.12.44	**68-73 M'gladbach**	**114/6**
Bless, Heinrich	9.11.62	**83-85 Düsseldorf**	**3/0**
Blessin, Alexander	28.5.73	**98-99 Stuttgart**	**7/0**
		99-01 Stut. Kickers	45/6
Bliss, Brian	28.9.65	91-92 Chemnitz 13/0	96/1
		92-94/95-96 Jena 83/1	
Blome, Heinz-Jürgen	14.12.46	**71-73 Bochum**	**16/0**
Blümig, Klaus-Ulrich	5.12.52	75-78 Bayern Hof	82/4
Bluhm, Andreas	21.12.73	**93-95 M'gladbach**	**6/0**
Blumenthal, Hans-Herbert	3.10.48	**70-76 Hannover 96**	**40/0**
		74-78 Hannover 96	63/2
Blusch, Peter	11.6.42	**64-68 E. Frankfurt 110/5**	**174/10**
		68-70 1.FC Köln 44/3	

SPIELER	GEBURT	STATIONEN	BILANZ
		70-71 K'lautern 20/2	
Bobel, Tomasz	29.12.74	98-00 Fort. Köln 58/0	67/0
		00-01 Duisburg 9/0	
Bobic, Fredi	30.10.71	92-94 Stut. Kickers	62/26
		94-99 Stuttgart 148/69	**201/86**
		99-01 BVB 53/17	
Bochert, Jens	15.12.64	**89-90 HSV**	**2/0**
Bochtler, Michael	15.10.75	**93-96/97-98 Stuttgart 35/1**	**54/1**
		96-97 St. Pauli 19/0	
Bockenfeld, Manfred	23.7.60	80-81 Bocholt	41/14
		81-87 Düsseldorf 178/20	**336/34**
		87-89 Waldhof 64/12	
		89-94 Bremen 94/2	
Bockholt, Fred	24.6.43	**66-71 RW Essen 78/0**	**220/0**
		72-75 Offenbach 77/0	117/0
		75-79 Leverkusen 117/0	
		79-81 Leverkusen 65/0	
Bockisch, Klaus	5.12.38	**63-64 Münster**	**30/3**
Bodden, Olaf	4.5.68	**89-90 M'gladbach 3/0**	**92/27**
		91-92 Rostock 22/2	61/22
		92-95 Rostock 61/22	
		94-98 1860 München 67/25	
Bode, Jörg	22.8.69	**89-94 HSV 82/3**	**163/7**
		95-01 Bielefeld	89/5
		96-98/99-00 Bielefeld 81/4	
Bode, Marco	23.7.69	**89-01 Bremen**	**348/94**
Bodenstein, Mike	17.9.78	**96-98 KSC**	**4/0**
Bodog, Tomas	27.9.70	98-99 SSV Ulm 30/3	**23/2**
		99-00 SSV Ulm 23/2	43/3
		00-01 Mainz 13/0	
Boduszek, Jürgen	27.10.50	**69-71 BVB**	**4/1**
Böckmann, Udo	15.7.52	**71-72 Bochum**	**1/0**
Bödeker, Ralf	12.5.58	**78-82 M'gladbach**	**32/1**
Böger, Stefan	1.6.66	**91-92 Rostock 34/2**	**129/4**
		92-93 Duisburg 31/1	72/1
		93-95 Duisburg 57/2	
		95-96 Fort. Köln 13/0	
		96-97 Gütersloh 28/0	
		97-99 HSV 38/0	
Böhm, Lothar	18.2.56	**83-84 Bremen**	**1/0**
Böhme, Jörg	22.1.74	92-93 Jena 2/0	**96/13**
		94-95 Nürnberg 16/1	43/3
		95-96 Ein. Frankfurt 18/1	
		96-98 1860 München 23/1	
		98-99 Bielefeld 25/2	
		99-00 Bielefeld 25/1	
		00-01 Schalke 30/10	
Böhni, Wolfgang	6.3.48	**66-67 KSC 1/0**	**9/1**
		74-83 Waldhof	298/38
		83-84 Waldhof 8/1	
Böhnke, Michael	13.12.59	80-81 Bremen	1/0
		81-84 Bremen	**25/1**
Böhringer, Siegfried	26.10.40	**63-67 Stuttgart**	**16/1**
Böhs, Udo	15.8.43	**73-74 RW Essen**	**12/0**
		74-75 Worms 38/0	76/0
		77-78 Bürstadt 38/0	
Bönighausen, Siegfried	20.3.55	**76-77 RW Essen 25/1**	**117/6**
		77-80 RW Essen	89/12
		80-83 BVB 44/2	
		83-85 Bochum 48/3	
Bönisch, Karl	24.5.60	81-84/85-87 Kassel	119/13
Bönnen, Herbert	21.8.42	**65-66 1.FC Köln**	**5/1**
Boer, Thorsten	12.8.68	91-93 Chemnitz 72/17	85/17
		93-94 TeBe 13/0	
Boers, Peter	24.11.46	**73-74 Fort. Köln**	**28/0**
		74-78 Fort. Köln	133/3
Böse, Frank	14.2.69	94-95 St. Pauli	1/0
		95-97 St. Pauli	**8/0**
Böttche, Thomas	14.2.65	87-98 Meppen	332/11
Bogdan, Srecko	5.1.57	85-87 KSC	75/13
		87-93 KSC	**170/8**
Bogdanovic, Rade	21.5.70	**98-01 Bremen**	**56/15**
Bohne, Frank	22.8.64	83-87 Osnabrück	60/8
Bohnsack, Klaus	21.7.40	**64-71 Hannover 96**	**107/1**

SPIELER	GEBURT	STATIONEN	BILANZ
Bohrmann, Harry	26.3.52	**71-72 Bochum**	**1/0**
Bold, Gerhard	16.3.55	75-76 Mainz 25/0	**121/29**
		78-80 KSC 75/19	100/19
		80-83 KSC 97/27	
		84-86 K'lautern 24/2	
Boley, Roland	13.3.58	79-85 SSV Ulm	124/2
Boljat, Mario	31.8.51	**79-80 Schalke**	**9/2**
Bolzek, Thorsten	7.7.68	**88-89 Bochum**	**22/2**
		89-91 Fort. Köln	57/21
Bomm, Peter	9.12.47	**72-74 Bochum**	**3/0**
Bommer, Rudi	19.8.57	**76-85 Düsseldorf 264/38**	**417/54**
		85-88 Uerdingen 83/13	47/3
		88-89 Aschaffenburg 33/2	
		92-96 Ein. Frankfurt 70/3	
		96-97 Ein. Frankfurt 14/1	
Bonacic, Luka	21.3.55	**79-80 Bochum**	**10/0**
Bonan, Heiko	10.2.66	**91-93 Bochum 69/6**	**122/12**
		93-95 KSC 53/6	28/4
		96-97 Gütersloh 28/4	
Bone, Klaus-Dieter	9.8.54	74-75 St. Pauli 5/0	129/32
		75-76 Mülheim 32/12	
		76-77/78-80 Fort. Köln 63/8	
		77-78 Aachen 29/12	
Bongartz, Hans	3.10.51	**74-78 Schalke 131/24**	**298/39**
		78-84 K'lautern 167/15	
Bonhof, Rainer	29.3.52	**70-78 M'gladbach 231/42**	**311/57**
		80-83 1.FC Köln 74/14	
		82-83 Hertha 6/1	
Bonn, Heinz	27.1.47	**70-73 HSV**	**13/0**
Bontchev, Alexander	30.11.65	**91-92 Duisburg**	**2/0**
		92-93 Darmstadt	17/1
Booth, Scott	16.12.71	**97-98 BVB**	**10/1**
Bopp, Gerhard	6.1.49	74-76 Fürth 52/14	70/19
		75-76 Mainz 18/5	
Borchers, Ronald	10.8.57	**75-84 E. Frankfurt 169/24**	**213/28**
		84-85 Bielefeld 26/4	
		86-87 Waldhof 18/0	
Borchert, Eberhard	22.5.41	**63-65 Hertha**	**10/3**
Borchert, Hans	11.11.55	78-80 MTV Ingolstadt 71/0	138/0
		80-83 Augsburg 67/0	
Bordan, Andreas	14.5.64	**82-83 Bochum**	**3/0**
		84-85 Darmstadt	5/0
Bordel, Wolfgang	27.12.39	**63-67 Bremen**	**18/0**
Bordon, Marcelo José	7.1.76	**99-01 Stuttgart**	**51/2**
Bordt, Michael	18.8.56	**74-75 Offenbach**	**1/0**
Bordt, Michael	18.8.56	75-76 FSV Frankfurt 22/6	67/15
		76-77 Göttingen 22/3	
		78-79 Hanau 23/6	
Borg, Hasse	4.8.53	**77-83 Braunschweig**	**139/7**
		80-81 Braunschweig	33/2
Borges, Marcio	20.1.73	**99-00 Bielefeld**	**2/0**
		00-01 Bielefeld	26/1
Borgmann, Heinz-Dieter	31.1.40	**66-67 RWE**	**8/1**
Borgmeier, Rainer	5.4.66	**91-94 Schalke**	**2/0**
Borimirov, Daniel	15.1.70	**95-01 1860 München**	**156/25**
Borkenhagen, Dirk	16.1.65	**83-84 Ein. Frankfurt**	**1/0**
Born, Stefan	7.3.58	**81-82 M'gladbach**	**3/0**
Bornemann, Andreas	15.9.71	91-98 SC Freiburg	2/0
		95-96/99-00 SC Freiburg	**6/0**
Borngräber, Harald	5.3.53	77-80 FV Würzburg	106/2
Borodjuk, Alexander	30.11.62	89-91 Schalke 61/29	**83/14**
		91-94 Schalke 63/12	77/32
		93-96 SC Freiburg 20/2	
		95-96 Hannover 96 16/3	
Borowka, Ulrich	19.5.62	**81-87 M'gladbach 149/11**	**388/19**
		87-96 Bremen 239/8	
Borteiro, Juan-Carlos	19.5.43	**67-68 Aachen**	**1/0**
Borutta, Karl	8.12.35	**65-67 Bayern**	**29/0**
Borutta, Karl-Heinz	26.12.48	74-77 Wolfsburg	67/6
Bosz, Peter	21.11.63	**97-98 Rostock**	**14/0**
Botteron, René	17.10.54	**80-82 1.FC Köln 39/3**	**71/4**
		82-83 Nürnberg 32/1	
Bounoua, Mourad	30.7.72	97-99 Stut. Kickers 41/3	**7/0**

SPIELER	GEBURT	STATIONEN	BILANZ
		98-99 Ein. Frankfurt 7/0	100/10
		Hannover 96 59/7	
Box, Jens-Peter	11.3.56	74-85 St. Pauli	77/1
		77-78 St. Pauli	**6/1**
Boy, Hans-Peter	10.2.64	82-83 FSV Frankfurt	15/1
		84-86 Ein. Frankfurt	**17/0**
Boyens, Fritz	12.10.42	**63-65 HSV**	**26/3**
Boysen, Hans-Jürgen	30.5.57	**80-85 KSC 72/5**	**104/5**
		83-84 KSC	37/6
		85-86 Saarbrücken 32/0	
Bracht, Helmut	11.9.29	**63-64 BVB**	**11/0**
Bracht, Uwe	10.7.53	**71-84 Bremen**	**272/24**
		80-81 Bremen	37/2
Bradler, Hans-Jürgen	12.8.48	**71-75 Bochum**	**44/0**
		75-79 West. Herne	71/0
Bräutigam, Perry	28.3.63	91-94 Jena 115/0	**98/0**
		94-95 Nürnberg 34/0	149/0
		95-98/99-00 Rostock 98/0	
Brajkovic, Elvis	12.6.69	**94-96 1860 München**	**18/0**
Brakelmann, Klaus	10.10.48	**67-71 BVB**	**49/0**
Branco, Serge	11.10.80	**00-01 Ein. Frankfurt**	**18/2**
Brand, Christian	23.5.72	91-93 Oldenburg	35/2
		96-99 Bremen 59/4	**104/9**
		99-00 Wolfsburg 1/0	
		99-01 Rostock 44/5	
Brand, Klaus	17.4.55	74-80 Bayreuth 188/37	**4/0**
		80-81 Uerdingen 4/0	198/38
		81-82 Uerdingen 5/1	
Brand, Markus	19.9.74	**92-93 Nürnberg**	**9/0**
		94-95 Nürnberg	8/0
Brandmair, Claus	21.5.53	74-83 Augsburg	99/2
Brandt, Reinhard	6.10.53	76-80 Arm. Hannover	84/0
Brandt, Rolf	20.8.53	75-80 Wattenscheid	52/0
Brandts, Andreas	9.4.62	**82-83/86-88 M'gladbach**	**33/3**
		84-86/87-89 Aachen 128/27	320/53
		89-96 Fort. Köln 192/26	
Braner, Harald	19.8.43	**63-67 K'lautern**	**88/12**
Brasas, Stefan	31.8.67	89-91/93-94 Stut. Kickers 46/0	**41/0**
		91-92 Stut. Kickers 8/0	170/1
		92-93 Saarbrücken 27/0	
		94-98 Meppen 124/1	
		98-99 Bremen 6/0	
Brase, Wolfgang	7.2.39	**63-67 Braunschweig**	**97/2**
Bratseth, Rune	19.3.61	**86-95 Bremen**	**230/12**
Brauburger, Jürgen	7.6.62	82-83 FSV Frankfurt 12/1	72/4
		85-87 Aschaffenburg 60/3	
Braun, Andreas	17.10.60	78-82 Freiburger FC	67/7
Braun, Lutz	3.6.66	88-89 Aschaffenburg 24/1	**1/0**
		92-93 Unterhaching 19/1	97/2
		93-94 1860 München 38/0	
		94-95 Nürnberg 16/0	
		94-95 1860 München 1/0	
Braun, Martin	18.11.68	90-93 SC Freiburg 106/22	**89/4**
		93-95 SC Freiburg 51/2	129/23
		95-97 1.FC Köln 38/2	
		99-00 KSC 23/1	
Braun, Nico	26.10.50	**71-73 Schalke**	**35/14**
Braun, Ulrich	23.8.41	**70-72 Bielefeld**	**66/5**
		74-75 Gütersloh	12/1
Brdaric, Thomas	23.1.75	**93-94 Stuttgart 10/1**	**62/10**
		94-95 Düsseldorf 20/1	100/25
		95-96 Düsseldorf 10/0	
		96-99 Fort. Köln 80/24	
		99-01 Leverkusen 42/9	
Bredenfeld, Hermann	3.11.47	**68-70 Hertha 33/6**	**89/11**
		75-77 KSC 56/5	63/4
		77-78 KSC 24/1	
		78-81 Vikt. Köln 39/3	
Bredow, Uwe	22.8.61	91-93 Leipzig	68/0
		93-94 Leipzig	**18/1**
Brefort, Dieter	13.5.62	**83-84 HSV 2/1**	**22/3**
		84-88/89-90 BW Berlin 70/6	89/8
		86-87 BW Berlin 20/2	
		88-89 Hertha 19/2	

B

SPIELER	GEBURT	STATIONEN	BILANZ
Bregman, Kees	8.8.47	**74-79 Duisburg 143/6**	**203/6**
		80-82 Bielefeld 60/0	85/2
		82-84 Duisburg 70/1	
		84-85 Fort. Köln 15/1	
Brehm, Werner	15.5.54	**72-73 K'lautern**	**1/0**
Brehme, Andreas	9.11.60	80-81 Saarbrücken 36/3	**301/50**
		81-86/93-97 K'lautern	68/3
		242/43, 86-88 Bayern 59/7	
		96-97 K'lautern 32/0	
Brei, Dieter	30.9.50	**70-72 Bielefeld 42/3**	**263/33**
		72-81 Düsseldorf 221/30	
Breitenreiter, André	2.10.73	91-94 Hannover 96 72/10	**144/28**
		94-98 HSV 71/12	72/10
		97-00 Wolfsburg 24/1	
		99-01 Unterhaching 49/15	
Breitkreutz, Matthias	12.5.71	94-95 Rostock 29/1	**116/12**
		95-97/98-01 Rostock 73/7	29/1
		96-98 Bielefeld 43/5	
Breitner, Paul	5.9.51	**70-74/78-83 Bayern 255/83**	**285/93**
		77-78 Braunschweig 30/10	
Breitzke, Günter	29.6.67	**88-92 BVB**	**89/18**
		92-93 Düsseldorf 27/7	69/10
		93-94 Wuppertal 30/2	
		94-95 Homburg 12/1	
Bremer, Martin	11.5.54	**78-79 Darmstadt**	**3/0**
		78-79 Waldhof 12/2	57/7
		79-81 FSV Frankfurt 45/5	
Bremke, Karsten	25.6.71	**97-98 Bielefeld**	**6/0**
		98-99 Bielefeld	7/0
Bremser, Dirk	1.10.65	89-90 Münster 35/4	**55/5**
		90-91 Duisburg 36/5	153/15
		91-92 Duisburg 27/1	
		92-93 Uerdingen 28/4	
		93-97 Hertha 82/6	
Brendel, Reinhard	21.12.56	75-80 Bayreuth 152/19	**36/0**
		80-83 Nürnberg 20/0	226/21
		83-85 Saarbrücken 39/0	
		85-86 Bayreuth 35/2	
		86-88 Homburg 16/0	
Brendesaether, Geirmund	22.3.70	**96-97 Bielefeld**	**13/0**
Brenninger, Dieter	16.2.44	**65-71 Bayern 190/59**	**271/74**
		72-75 Stuttgart 81/15	18/1
		75-76 Stuttgart 18/1	
Breski, Jörg	28.5.63	**84-85 Bielefeld**	**4/0**
Bressem, Bernd	4.6.65	**85-86 HSV**	**6/0**
		86-87 RWO	22/1
Breuer, Christian	24.4.39	**66-70 Hannover 96**	**122/11**
		74-75 Aachen	31/1
Breuer, Franz-Josef	9.9.48	75-78 Aachen 72/20	104/25
		78-80 Solingen 12/1	
		79-80 Bremerhaven 20/4	
Breuer, Wolfgang	24.5.44	74-82 Bayreuth	198/58
Brexendorf, Bernd	21.10.54	**73-75 Bremen**	**11/0**
		77-78 Bremerhaven 38/8	143/24
		78-79 West. Herne 37/5	
		79-81 Kiel 68/11	
Bridaitis, Viktor	18.5.65	91-93 Remscheid	56/4
Briegel, Hans-Peter	11.10.55	**75-84 K'lautern**	**240/47**
Briem, Herbert	12.6.57	83-84 SC Freiburg	15/1
		84-85 Stuttgart	**2/0**
Brings, Franz-Wilhelm	19.10.60	**79-82 Duisburg**	**16/0**
Brinkmann, Ansgar	5.7.69	87-91 Osnabrück 95/6	**29/1**
		90-91 Münster 17/2	257/25
		93-95 Mainz 55/7	
		96-97 Gütersloh 20/2	
		97-98 Ein. Frankfurt 17/3	
		98-99 Ein. Frankfurt 29/1	
		99-00 TeBe 29/1	
		00-01 Osnabrück 24/4	
Brinkmann, Norbert	16.6.52	74-83 Uerdingen	211/8
		75-87 Uerdingen	**153/2**
Brinkrolf, Hans-Geo.	25.2.56	74-76 Gütersloh 58/0	79/0
Brinsa, Reiner Hans-Georg	1.8.52	78-80 Osnabrück 21/0	
		74-75 Neunkirchen 28/1	202/18
		76-81 Trier 174/17	
Britz, Axel	16.1.69	**89-91 1.FC Köln**	**21/0**
		91-92 Fort. Köln	6/1
Brocker, Michael	21.9.58	**78-79 Duisburg**	**6/0**
		79-86 RWO	101/5
Broden, Josef	2.4.27	**63-66 Schalke**	**5/0**
Brögger, Lars	22.3.70	**91-92 Düsseldorf**	**8/0**
		92-93 Düsseldorf	17/2
Bronnert, Siegfried	6.9.44	**66-68 Ein. Frankfurt**	**24/12**
		76-78 Baunatal	55/12
Brosda, Werner	28.6.47	**73-74 RWE**	**4/0**
		74-76 Bielefeld	61/6
Brozulat, Dieter	23.5.43	**69-71 RWO**	**67/7**
Bruckhoff, Detlef	8.4.58	**76-77 TeBe 5/0**	**16/0**
		77-78 TeBe 13/0	104/15
		78-80 FV Würzburg 63/9	
		80-81 Darmstadt 28/6	
		81-82 Darmstadt 11/0	
Bruckmann, Kai	20.11.70	**94-95 Schalke**	**1/0**
Bruckmann, Klaus	9.10.53	**72-77 Duisburg 75/4**	**193/9**
		77-79 Leverkusen	75/19
		79-83 Leverkusen 118/5	
Bruder, Uli	30.1.53	77-80 Freiburger FC	85/5
Brück, Holger	30.9.47	**72-80 Hertha**	**261/26**
		80-81 Hertha 40/1	53/1
		81-82/89-90 Kassel 13/0	
Brücken, Karl-Heinz	24.9.47	**70-72 Bielefeld 61/8**	**71/8**
		74-76 Düsseldorf 10/0	71/15
		76-78 West. Herne 71/15	
Brücken, Matthias	23.7.53	**75-76 1.FC Köln 9/2**	**28/3**
		76-77 FV Würzburg 16/1	123/45
		77-79 Leverkusen 71/35	
		79-80 Leverkusen 19/1	
		80-81 Vikt. Köln 36/9	
Brückner, Hans-Jörg	31.3.70	92-95 Meppen	50/2
Brügmann, Holger	6.7.60	**84-85 Braunschweig**	**6/0**
Brühl, Michael	8.10.59	82-84 Lüttringhausen	53/7
Bründl, Ludwig	23.11.46	**66-68 1860 München 42/13**	**150/42**
		68-69 1.FC Köln 13/1	
		71-76 Braunschweig 95/28	
Brummer, Axel	25.11.61	**79-84 K'lautern**	**73/7**
		84-89 Offenbach	68/4
Brune, Claus	1.10.49	**68-71 Hannover 96 61/11**	**62/11**
		72-73 Wuppertal 1/0	25/5
		74-75 Wilhelmshaven 25/5	
Brungs, Franz	4.12.36	**63-65 BVB 54/23**	**235/97**
		65-68 Nürnberg 97/50	
		68-71 Hertha 84/24	
Brunn, Uwe	20.11.67	**90-91 M'gladbach**	**6/0**
		91-01 Osnabrück	75/0
Brunnenmeier, Rudi	11.2.41	**63-68 1860 München**	**119/66**
Brunner, Hans-Jürgen	2.2.65	84-85 Nürnberg 14/2	**88/3**
		85-90 Nürnberg 88/3	141/7
		89-90 Aachen 13/1	
		91-92 1860 München 10/0	
		92-95 Wolfsburg 88/4	
		95-96 Wattenscheid 16/0	
Brunner, Thomas	10.8.62	**80-94 Nürnberg**	**328/18**
		84-96 Nürnberg	74/7
Bruns, Florian	21.8.79	**99-01 SC Freiburg**	**25/1**
Bruns, Friedhelm	24.12.39	**64-65 Duisburg**	**2/0**
Bruns, Hans-Günter	15.11.54	**74-77 Schalke 20/2**	**366/63**
		76-78 Wattenscheid	58/25
		78-90 M'gladbach 331/61	
		79-80 Düsseldorf 15/0	
Bruns, Horst	23.10.64	87-91 Meppen	83/4
Bruns, Matthias	19.8.57	**77-85 Braunschweig**	**159/11**
		80-86 Braunschweig	39/5
Bruske, Erwin	4.1.36	**65-66 Tasmania**	**7/0**
Buca, W. Pacheco	1.5.59	**79-80 HSV**	**1/0**
Buchberger, Heinz-Peter	24.9.49	**70-72 Duisburg 21/0**	**25/0**
		72-73 Hertha 4/0	28/1

SPIELER	GEBURT	STATIONEN	BILANZ
		74-76 Homburg 28/1	
Bucher, Jürgen	22.3.57	75-76 Nürnberg 1/0	95/0
		78-80 MTV Ingolstadt 69/0	
		80-81 TeBe 25/0	
Bucher, Ralf	6.4.72	92-99 Unterhaching	135/0
		99-01 Unterhaching	**28/0**
Buchheister, Bernd	21.9.62	85-93 Braunschweig	216/60
Buchwald, Guido	24.1.61	79-83 Stut. Kickers 146/18	**334/28**
		83-94 Stuttgart 325/28	177/21
		97-98 KSC 9/0	
		98-99 KSC 31/3	
Buck, Andreas	29.12.67	88-90 SC Freiburg 65/0	**265/15**
		90-97 Stuttgart 165/10	65/0
		97-01 K'lautern 100/5	
Buckley, Delron	7.12.77	95-00 Bochum	35/3
		96-99/00-01 Bochum	**60/7**
Buckmaier, Eduard	9.6.66	86-87 Braunschweig 32/3	**75/4**
		88-96 Wattenscheid 77/5	109/8
		90-94 Wattenscheid 75/4	
Budde, Christoph	11.2.63	**85-90 M'gladbach**	**42/4**
Budde, Klaus	14.9.45	**71-75 Düsseldorf**	**117/30**
Budde, Rainer	1.5.48	**66-67 Düsseldorf 8/1**	**207/62**
		67-73 Duisburg 149/49	112/43
		72-75 Schalke 50/12	
		75-79 Wuppertal 112/43	
Bücher, Oliver	6.5.61	**79-83 Düsseldorf**	**22/0**
Bücker, Theo	10.7.48	**69-72 BVB 62/13**	**235/46**
		73-78 Duisburg 153/32	34/4
		81-84 Schalke 34/4	
		82-83 Schalke 20/1	
Bühler, Uwe	3.2.60	**82-85 KSC 25/3**	**40/4**
		83-84 KSC	28/8
		85-86 Ein. Frankfurt 15/1	
Bühner, Holger	8.8.66	91-92 Erfurt 6/0	**3/0**
		93-94 Leipzig 3/0	26/3
		93-94 Rostock 17/3	
		94-95 Zwickau 3/0	
Bührer, Karl-Heinz	20.10.59	77-79 Freiburger FC 57/20	**182/42**
		79-83 Waldhof 125/27	182/47
		83-90 Waldhof 182/42	
Büns, Kurt	24.7.49	**71-76 Düsseldorf**	**35/0**
Bürger, Henning	16.12.69	**91-92 Schalke 5/0**	**53/1**
		92-93 Saarbrücken 32/1	120/3
		93-95 Saarbrücken 53/1	
		97-98 Nürnberg 28/1	
		98-99 Nürnberg 16/0	
		99-01 St. Pauli 39/1	
Büscher, Ulrich	20.10.58	77-78 Bielefeld 29/0	**91/2**
		78-79 Osnabrück 20/0	111/3
		79-87 Bielefeld 62/3	
		80-85 Bielefeld 91/2	
Büskens, Michael	19.3.68	88-89 Düsseldorf	1/0
		89-92 Düsseldorf 101/6	**359/20**
		92-01 Schalke 246/13	
		99-00 Duisburg 12/1	
Büssers, Herbert	30.10.49	**72-82 Duisburg**	**256/52**
		82-84 Duisburg	65/9
Büttner, Steffen	2.11.63	**91-92 Dresden**	**16/0**
Bugera, Alexander	8.8.78	**97-99 Bayern 3/0**	**35/2**
		98-00 Duisburg 25/2	
		00-01 Unterhaching 7/0	
Bugla, Ralf	13.2.62	80-83 RW Essen	72/7
Bugri, Francis	9.11.80	**99-00 BVB**	**3/0**
Buhsfeld, Helmut	17.3.51	77-78 Bocholt 31/7	66/15
		79-80 RWO 35/8	
Bujan, Damir	29.3.66	90-91 BW Berlin 24/1	174/22
		91-97 Meppen 150/21	
Bulajic, Spasoje	24.11.75	98-00 1.FC Köln	30/3
		00-01 1.FC Köln	**15/0**
Bulanow, Igor	15.11.63	89-93 Osnabrück	65/1
Buljan, Ivan	11.12.49	**77-81 HSV**	**103/22**
Bulut, Erol	30.1.75	**99-01 Ein. Frankfurt**	**7/0**
Bulut, Mahmut	1.7.59	78-81 Fürth	61/15
Buncol, Andrzej	21.9.59	**86-87 Homburg 30/5**	**185/21**

SPIELER	GEBURT	STATIONEN	BILANZ
		87-92 Leverkusen 123/14	60/6
		92-95 Düsseldorf 60/6	
		95-97 Düsseldorf 32/2	
Bunk, Leo	23.10.62	81-82 1860 München 24/1	**23/1**
		84-86 BW Berlin 74/40	167/55
		86-87 Stuttgart 23/1	
		87-90 Aachen 58/13	
		89-90 Stut. Kickers 11/1	
Bunte, Michael	6.2.64	**83-86 Düsseldorf**	**54/0**
Bunzenthal, Oliver	15.11.72	**95-96 Ein. Frankfurt**	**12/0**
		96-97 Ein. Frankfurt	5/0
Burdenski, Dieter	26.11.50	**70-71 Schalke 3/0**	**478/1**
		71-72 Bielefeld 31/0	35/0
		72-88 Bremen 444/1	
		80-81 Bremen 35/0	
Burghardt, Anton	9.6.42	**68-71 Duisburg**	**60/0**
Burgsmüller,	22.12.49	**69-71/74-76 RWE 74/32**	**447/213**
Manfred		76-77 Uerdingen 7/1	57/37
		76-83 BVB 224/135	
		83-84 Nürnberg 34/12	
		84-86 RWO 50/36	
		85-90 Bremen 115/34	
Burgsmüller, Wilhelm	18.1.32	**63-64 BVB**	**19/0**
Buric, Damir	7.7.64	**88-90 Waldhof 46/2**	**121/8**
		90-91 Waldhof 11/0	70/3
		92-98 SC Freiburg 46/3	
		93-97/98-99 Freiburg 75/6	
		99-00 M'gladbach 13/0	
Burik van, Dick	20.11.73	**97-01 Hertha**	**103/3**
Burmeister, Martin	4.5.55	78-80 Kiel	52/0
Bury, Klaus	24.1.50	78-81/83-89 SC Freiburg	125/6
Busch, Erich	28.4.54	77-80 Bremerhaven	61/0
Busch, Gerhard	7.9.57	**76-77 Düsseldorf**	**5/0**
		77-78 Bocholt 22/1	100/7
		78-80 KSC 39/2	
		80-81 Lüdenscheid 39/4	
Buschlinger, Norbert	6.12.57	**80-81 K'lautern**	**7/0**
		81-90 Aachen	283/3
Buschmann,			
Engelbert	9.3.59	82-86 Solingen	85/24
Busk, Sören	10.4.53	76-79 West. Herne	105/15
Buskirk van, John	13.4.72	**95-96 Uerdingen**	**1/0**
		96-99 Uerdingen	59/8
Bustos, Sergio	20.12.72	**92-94 Nürnberg**	**8/0**
		94-95 Nürnberg	19/3
But, Vladimir	24.9.77	**96-99 BVB 57/7**	**81/11**
		00-01 SC Freiburg 24/4	
Butrej, Michael	26.6.68	92-93 Braunschweig 36/4	108/9
		93-97 Wolfsburg 72/5	
Butt, Hans-Jörg	28.5.74	96-97 Oldenburg	20/1
		97-01 HSV	**133/19**
Buttgereit, Werner	15.6.59	**78-80 Duisburg 17/1**	**136/6**
		80-81 RWO 40/1	92/3
		83-88 Uerdingen 119/5	
		81-83 Uerdingen 52/2	
Butz, Michael	25.12.65	**84-85 Bielefeld**	**1/0**
Butz, Stefan	13.9.62	**81-84 Bielefeld**	**15/0**
Buvac, Zeljko	13.9.61	91-92 Erfurt 21/8	112/21
		92-95 Mainz 91/13	

C

Cajkovski, Zlatan	3.8.54	75-76 Augsburg 31/3	85/9
		76-77 Offenbach 21/2	
		77-79 Waldhof 26/3	
		79-80 SSV Ulm 7/1	
Caligiuri, Paul	9.3.64	87-89 Meppen 45/1	**15/0**
		91-92 SC Freiburg 18/0	63/1
		95-96 St. Pauli 15/0	
Caliskan, Mahmut	25.1.66	**92-93 1.FC Köln**	**1/0**
Campbell, Noel	11.12.49	**73-74 Fort. Köln**	**29/0**
		74-78 Fort. Köln	110/16
Cardoni, Manuel	22.9.72	**96-97 Leverkusen**	**1/0**

SPIELER	GEBURT	STATIONEN	BILANZ
Cardoso,	17.10.68	**89-90 Homburg 14/0**	**180/42**
Rodolfo Esteban		90-93 Homburg	111/13
		93-95 SC Freiburg 63/28	
		95-97 Bremen 32/2	
		96-98/99-01 HSV 71/12	
Carl, Eberhard	13.5.65	**89-97 KSC**	**177/25**
		97-00 Stut. Kickers	68/8
Carnell, Bradley	22.1.77	**98-01 Stuttgart**	**64/3**
Carracedo, Marcello	16.4.70	**89-92 Düsseldorf**	**46/2**
Caspary, Alex	25.12.61	**85-86 Ein. Frankfurt**	**12/0**
Catic, Hajrudin	23.3.75	95-00 Fort. Köln 56/4	79/8
		00-01 Waldhof 23/4	
Catizone, Giuseppe	20.9.77	**99-00 Stuttgart**	**5/0**
Cayasso Reid, Juan	24.6.61	90-91 Stut. Kickers	31/8
		91-92 Stut. Kickers	**15/2**
Cebinac, Srdjan	8.12.39	**65-66 1.FC Köln**	**3/1**
Cebinac, Zvezdan	8.12.39	**67-69 Nürnberg 55/6**	**93/8**
		69-71 Hannover 96 38/2	
Celic, Dragutin	19.8.62	**90-91 Hertha**	**14/1**
		91-92 Hertha 3/0	25/0
		92-93 Jena 22/0	
Cerny, Harald	13.9.73	**92-94 Bayern 16/1**	**176/13**
		95-01 1860 Münch. 160/12	
Cesar Silva, Julio	8.3.63	**94-99 BVB 80/7**	**92/7**
		99-00 Bremen 12/0	
Cestonaro, Peter	14.5.54	**73-74 Duisburg 1/0**	**57/21**
		76-83 Darmstadt 125/68	245/111
		78-82 Darmstadt 56/21	
		82-86 Kassel 120/43	
Cha, Bum-kun	22.5.53	**78-79 Darmstadt 1/0**	**308/98**
		79-83 E. Frankfurt 122/46	
		83-89 Leverkusen 185/52	
Chalaskiewicz	29.11.63	92-95 Rostock 89/16	**46/1**
Slawomir		**95-98 Rostock 46/1**	104/16
		97-98 Jena 15/0	
Chaloupka, Pavel	4.5.59	88-89 Düsseldorf	15/5
		89-90 Düsseldorf	**22/4**
Chapuisat, Stéphane	28.6.69	**90-91 Uerdingen 10/4**	**228/106**
		91-99 BVB 218/102	
Chatzis, Nikolaos	2.5.76	96-01 Stut. Kickers	74/2
Chiquinho	21.3.74	**97-99 M'gladbach**	**24/2**
		99-00 M'gladbach 12/3	30/3
		00-01 RWO 18/0	
Chmielewski, Stefan	21.1.68	88-91 RW Essen	69/1
Chmielewski,	21.1.68	**86-91 Uerdingen**	**72/0**
Thorsten		91-92 Uerdingen 8/0	51/1
		97-99 St. Pauli 42/1	
		00-01 Reutlingen 1/0	
Choroba, Wojciech	3.5.66	96-99 Gütersloh	83/4
Christensen, Bent	4.1.67	**91-93 Schalke**	**49/8**
Christians, Sven	28.1.67	**92-95 Bochum**	**40/3**
		93-94 Bochum	32/2
Christiansen, Thomas	11.3.73	**00-01 Bochum**	**12/1**
Christofte, Kim	24.8.60	**92-94 1.FC Köln**	**43/0**
Cichon, Thomas	9.7.76	**95-98/00-01 1.FC Köln**	**83/0**
		98-00 1.FC Köln	49/5
Cichy, Johann	2.6.32	**63-65 Duisburg**	**22/1**
Cieslarczyk, Hans	3.5.37	**64-68 KSC**	**66/18**
Cimander, Waldemar	27.5.55	82-88 Stut. Kickers	146/0
Ciric, Sasa	11.1.68	97-98 Nürnberg 17/9	**37/14**
		98-99 Nürnberg 28/13	49/23
		99-00 TeBe 32/14	
		00-01 Ein. Frankfurt 9/1	
Cissé, Lamine	12.12.71	99-01 Waldhof	56/4
Ciuca, Daniel	1.6.66	98-01 RWO	76/4
Cizek, Martin	9.6.74	**98-00 1860 München 33/0**	**47/0**
		00-01 Unterhaching 14/0	
Claaßen, Christian	22.5.69	90-93 Oldenburg 75/7	**5/0**
		95-96 HSV 5/0	189/37
		95-98 Meppen 81/20	
		00-01 Osnabrück 33/10	
Claesen, Nicolaas	1.10.62	**84-86 Stuttgart**	**29/11**
Claessen, Roger	26.9.41	**68-70 Aachen**	**44/11**
Clarke, Alan	3.2.62	84-89 BW Berlin	73/8
		86-87 BW Berlin	**15/0**
Classen, Manfred	30.12.43	**70-71 1.FC Köln**	**3/0**
Clauß, Andreas	13.1.69	**89-90 Waldhof**	**7/0**
		90-97 Waldhof	50/0
Clute-Simon, Hubert	5.7.55	77-79 Lüdenscheid 51/16	**20/2**
		73-82 Aachen 133/52	269/94
		82-83 Schalke 20/2	
		83-84 Schalke 28/10	
		84-86 Hertha 57/16	
Colding, Sören	2.9.72	**00-01 Bochum**	**16/0**
Collet, Rudolf	20.8.58	79-83 Darmstadt	69/16
		81-82 Darmstadt	**9/1**
Conrad, Alexander	15.11.66	**84-87/89-91 E. Frankfurt**	**24/0**
		16/0, 88-89 BVB 8/0	38/0
		89-90 Kassel 1/0	
		91-92 Erfurt 5/0	
		94-95 FSV Frankfurt 32/0	
Conrad, Dietmar	9.10.54	78-81 Neunkirchen	63/3
Coordes, Egon	13.7.44	**69-71 Bremen 50/1**	**157/9**
		71-75 Stuttgart 107/8	20/0
		75-76 Stuttgart 20/0	
Copado, Francisco	19.7.74	**93-96 HSV 13/0**	**18/0**
		98-00 TeBe	52/6
		00-01 Unterhaching 5/0	
Cordes, Peter	16.7.48	75-77 West. Herne 48/4	71/4
		78-79 Neunkirchen 23/0	
Corneliusson, Dan	2.10.61	**83-84 Stuttgart**	**28/12**
Coulibaly, Ismail	15.4.78	**00-01 SC Freiburg**	**28/2**
Covic, Ante	31.8.75	**94-95 Stuttgart 13/2**	**62/6**
		95-96 Nürnberg 24/1	52/5
		96-97 Hertha 28/4	
		97-00 Hertha 44/4	
		00-01 Bochum 5/0	
Cramer, Heiko	30.7.71	95-98 Jena	59/5
Crawatzo, Heinz	4.7.36	**64-65 Schalke 27/2**	**44/2**
		65-66 KSC 17/0	
Cremer, Manfred	28.10.46	**72-75 Wuppertal 70/11**	**86/12**
		75-76 Saarbrücken 22/2	53/3
		76-77 Saarbrücken 16/1	
		77-78 Pirmasens 31/1	
Criens, Hans-Jörg	18.12.60	**82-94 M'gladbach 290/92**	**303/94**
		93-94 Nürnberg 13/2	11/1
		94-95 Nürnberg 11/1	
Croonen, Markus	19.3.64	**85-86 Bochum**	**4/0**
Cryns, Willy	29.8.52	76-77 Solingen 20/0	**2/0**
		77-78 Bielefeld 24/1	79/2
		78-79 Bielefeld 2/0	
		80-81 Kiel 35/1	
Cullmann, Bernd	1.11.49	**70-83 1.FC Köln**	**341/29**
Cullmann, Carsten	5.3.76	98-00 1.FC Köln	42/4
		00-01 1.FC Köln	**25/3**
Cuntz, Günther	12.11.44	**67-68 KSC**	**1/0**
Curko, Goran	21.8.68	95-96 Nürnberg 34/0	119/0
		98-99 TeBe 33/0	
		99-00 Offenbach 27/0	
		00-01 Bielefeld 9/0	
		00-01 Reutlingen 16/0	
Curtianu, Alexandru	11.2.74	**98-99 HSV**	**8/0**
Cvetkovic, Zvezdan	18.4.60	**87-90 Waldhof**	**65/1**
Cyliax, Gerhard	23.8.34	**63-68 BVB**	**101/6**
Cyron, Richard	11.2.65	**91-92 HSV 13/1**	**61/11**
		92-95 Düsseldorf	55/15
		95-97 Düsseldorf 48/10	
Czernotzky, Peter	18.2.47	**67-68 Neunkirchen 29/0**	**135/1**
		68-69 Nürnberg 8/0	19/0
		69-71 RWE 64/1	
		74-76 Düsseldorf 34/0	
		76-77 Homburg 19/0	
Czizewski, Klaus	28.10.51	76-77 Bonn 1/0	60/17
		78-79 Vikt. Köln 28/15	
		82-83 Lüttringhausen 31/2	

D

SPIELER	GEBURT	STATIONEN	BILANZ
Dabrowski, Christoph	1.7.78	**98-01 Bremen**	**49/3**
Dachlauer, Kurt	29.8.40	**63-65 Nürnberg**	**16/3**
Däbritz, Nico	26.8.71	91-98 Leipzig 164/12	**35/0**
		93-94 Leipzig 24/0	184/15
		98-00 Wolfsburg 19/0	
		00-01 Hannover 96 20/3	
Daei, Ali	21.3.69	**97-98 Bielefeld 25/7**	**99/19**
		98-99 Bayern 23/6	
		99-01 Hertha 51/6	
Dämgen, Michael	6.4.61	83-85 SC Freiburg 70/8	**70/3**
		85-89 Uerdingen 70/3	104/9
		89-90 Aachen 34/1	
Dämpfling, Günter	11.11.56	75-76 Nürnberg 8/0	**11/0**
		76-77 Regensburg 26/0	163/9
		77-80 Nürnberg 14/0	
		78-79 Nürnberg 11/0	
		79-82 SC Freiburg 75/6	
		82-84 Hannover 96 40/3	
Dahl, Peter	14.2.48	**73-76 Hannover 96**	**22/2**
		74-77 Hannover 96	59/30
Dahlin, Martin	16.4.68	**91-97 M'gladbach 125/60**	**133/60**
		98-99 HSV 8/0	
Dahmani, Faouzi	8.12.49	74-75 SW Essen 9/0	53/6
		79-81 RWO 44/6	
Dahms, Michael	22.12.56	84-88 St. Pauli	97/9
		88-91 St. Pauli	**65/2**
Dais, Gerd	11.8.63	**82-83 KSC 1/0**	**63/15**
		83-84 KSC 12/0	78/11
		84-85 Homburg 9/2	
		87-90 Waldhof 62/15	
		90-92 Waldhof 57/9	
Dakic, Zeljko	27.6.69	**92-93 Uerdingen**	**11/0**
		93-94 Uerdingen 16/1	29/2
		94-95 Waldhof 13/1	
Dalmus, Klaus	4.12.64	**89-90 Waldhof**	**1/0**
Damerau, Manfred	23.5.54	80-84 Kassel	67/0
Damjanoff, Georg	12.10.45	**70-71 Duisburg 16/1**	**104/13**
		71-72 Bielefeld 30/5	200/3
		73-76 Hannover 96 58/7	
		74-75 Hannover 96 34/1	
		76-77 Bayreuth 27/0	
		77-81 Hannover 96 118/0	
		80-81 Oldenburg 21/2	
Dammann, Dirk	14.8.67	**90-97 St. Pauli**	**81/2**
		91-99 St. Pauli	179/5
Dammeier, Detlef	18.10.68	86-87 Hannover 96 32/2	**172/10**
		87-89 Hannover 96 47/3	213/20
		89-92 HSV 51/2	
		92-97 Wolfsburg 152/16	
		97-00 Wolfsburg 74/5	
		00-01 Bielefeld 29/2	
Daniel, Jörg	9.7.51	74-75 Fort. Köln 5/0	**112/0**
		75-76 Solingen 38/0	43/0
		76-81 Düsseldorf 112/0	
Daniel, Thorsten	12.4.71	**92-94 Wattenscheid**	**7/0**
Danielsen, John	13.7.39	**65-70 Bremen**	**131/17**
Dannenberg, Dieter	4.2.59	82-83 Schl.-Neuhaus 35/16	109/40
		83-86 Stut. Kickers 72/24	
		86-87 RWO 2/0	
Danner, Dietmar	29.11.50	**71-80 M'gladbach 179/27**	**198/27**
		80-81 Schalke 19/0	
Danner, Volker	21.8.42	**63-64 Saarbrücken 25/0**	**180/0**
		66-70 M'gladbach 93/0	
		70-73 Duisburg 62/0	
Danzberg, Dieter	12.11.40	**63-65 Duisburg 15/1**	**17/1**
		65-66 Bayern 2/0	
Daras, Dimitrios	21.4.56	**75-78 Bremen**	**4/0**
		80-81 Kiel 29/6	48/7
		81-82 Solingen 19/1	
Dardai, Pal	16.3.76	96-97 Hertha	10/0
		97-01 Hertha	**74/4**
Daschner, Reinhold	16.10.69	**90-91 1.FC Köln**	**6/0**
		92-96 Hannover 96 107/17	135/18
		00-01 Ahlen 28/1	
Dauber, Stefan	1.8.61	**82-83 Düsseldorf**	**3/0**
		83-86 RWO	72/15
Daun, Markus	10.9.80	**00-01 Leverkusen**	**3/0**
Dausmann, Hugo	12.9.42	**65-66 Bremen 14/5**	**51/20**
		69-70/72-73 RWO 37/15	
Dech, Dieter	17.5.48	79-81 RWO	75/0
Decheiver, Harry	8.3.70	**95-97 SC Freiburg 41/17**	**49/20**
		97-98 BVB 8/3	
Dedé	18.4.78	**98-01 BVB**	**84/4**
Dedic, Wolfgang	17.12.63	**81-82 Duisburg**	**2/0**
Deering, Chad	2.9.70	**93-94 Schalke 6/0**	**21/0**
		96-97 Wolfsburg	26/5
		97-98 Wolfsburg 15/0	
Deffke, René	9.11.66	89-92 BW Berlin 73/17	192/46
		92-94 Fort. Köln 79/27	
		94-95 Hertha 16/2	
		94-95 Wolfsburg 12/0	
		95-96 Jena 12/0	
Degen, Horst	7.11.54	**73-76 Düsseldorf**	**12/0**
		76-80 Fort. Köln 115/2	226/4
		80-81 Bocholt 39/1	
		83-86 RWO 72/1	
Degen, Jürgen	7.11.67	**91-92/93-94 K'lautern**	**19/5**
		92-93 Düsseldorf 24/2	31/3
		98-99 Hannover 96 7/1	
Dehn, Horst	20.8.37	**63-66 HSV**	**34/6**
Dehoust, Matthias	14.12.73	92-97 Waldhof 69/5	90/6
		97-98 Leipzig 21/1	
Deinert, Hans-Dietmar	6.10.48	78-80 SC Freiburg	50/6
Deisler, Sebastian	5.1.80	s	62/7
		99-01 Hertha 45/6	
Deißenberger, Peter	1.11.76	**00-01 Ein. Frankfurt**	**1/0**
Del'Haye, Karl	18.8.55	**74-80 M'gladbach 87/14**	**184/21**
		80-84 Bayern 74/7	
		85-87 Düsseldorf 23/0	
Delzepich, Günter	21.3.58	84-90 Aachen	179/30
Demandt, Sven	13.2.65	**84-87/90-92 D'dorf 108/21**	**139/27**
		87-89 Düsseldorf 74/49	317/121
		89-90 Leverkusen 31/9	
		92-94 Hertha 64/17	
		94-01 Mainz 179/55	
Demange, Herbert	24.5.59	**77-79 Schalke 31/4**	**38/4**
		79-81 Homburg 62/23	182/51
		82-84 RW Essen 64/18	
		84-87 Saarbrücken 56/10	
		85-86 Saarbrücken 7/0	
Dembinski, Jacek	20.12.69	**97-00 HSV**	**69/11**
Demirkiran, Ünal	24.6.79	**99-00 SSV Ulm**	**2/0**
		00-01 SSV Ulm	2/0
Demo, Igor	18.9.75	99-01 M'gladbach	56/13
Demuth, Dietmar	14.1.55	74-79 St. Pauli 113/14	**141/18**
		77-78 St. Pauli 34/4	192/19
		79-83 Leverkusen 92/14	
		83-84 Offenbach 15/0	
		84-88 St. Pauli 79/5	
Dengel, Christoph	20.1.74	**95-96 K'lautern**	**2/0**
		96-98 Fort. Köln	32/4
Denz, Ludwig	1.1.49	**69-70 1860 München 3/1**	**162/20**
		71-72 RWO 34/3	206/37
		72-74 Hannover 96 63/7	
		74-81 Saarbrücken 178/35	
		76-78 Saarbrücken 62/9	
		81-82 Fürth 28/2	
Deppe, Jaro	10.4.48	**67-73 Braunschweig**	**57/17**
Derbfuß, Paul	8.10.37	**63-64 Nürnberg**	**15/0**
Derigs, Heinz-Dieter	19.10.53	77-82 Freiburger FC	141/25
Dermech, Fahed	26.11.66	92-93 Wolfsburg 19/1	72/4
		98-99 TeBe 23/3	
		00-01 Hannover 96 30/0	
Derow, Klaus-Dieter	25.11.48	76-78 Herford	65/0
Detari, Lajos	24.4.63	**87-88 Ein. Frankfurt**	**33/11**

D

SPIELER	GEBURT	STATIONEN	BILANZ
Deterding, Eckhard	13.4.48	**69-71 Bremen 16/1**	**44/8**
		72-74 Hannover 96 28/7	141/36
		74-76 Münster 53/16	
		76-77 Bonn 26/4	
		77-78 Baunatal 37/14	
		78-79 Hannover 96 25/2	
Deters, Bernd	18.8.61	87-98 Meppen	276/3
Detsch, Jürgen	27.7.47	**69-70 Hannover 96**	**1/0**
		74-76 Fürth	16/1
Detterer, Bernd	24.12.48	74-75 VfR Mannheim 38/2	172/12
		75-77/78-80 Homburg 134/10	
Deuerling, Karl	1.5.46	**67-68 Bayern**	**1/0**
Deuerling, Michael	12.2.62	83-87 Kassel 121/14	127/14
		87-88 SSV Ulm 6/0	
Deutscher, August	15.12.50	74-78 Bayern Hof	69/6
Dewinski, Klaus-Dieter	31.8.50	**72-76 Bochum**	**19/1**
		76-77 Bonn 17/0	49/0
		77-78 Würz. Kickers 32/0	
Dezelak, Detlef	1.8.64	**84-85 1.FC Köln**	**1/0**
		86-87 RW Essen 26/9	106/28
		87-88 RWO 38/14	
		88-89/90-91 RW Essen 35/4	
		89-90 Münster 7/1	
Diallo, Mamadou	28.8.71	**98-99 Duisburg**	**7/0**
Diane, Taifour	1.11.72	**94-95 Leverkusen**	**1/0**
		99-01 Aachen	60/15
Diarra, Boubacar	15.7.79	97-98 SC Freiburg	19/0
		98-01 SC Freiburg	**77/1**
Dick, Friedhelm	3.4.44	**69-73 RWO**	**126/3**
Dickel, Norbert	27.11.61	**84-86 1.FC Köln 33/5**	**123/45**
		86-90 BVB 90/40	
Dickert, Pierre	3.8.60	**79-80 Hertha**	**3/0**
		80-82 Hertha 53/10	126/29
		82-83 Aachen 30/8	
		83-85 Saarbrücken 43/11	
Dickgießer, Roland	9.11.60	78-94 Waldhof	254/9
		83-90 Waldhof	**208/7**
Dickhaut, Mirko	11.1.71	**93-96 Ein. Frankfurt 89/7**	**142/10**
		96-97 Ein. Frankfurt 31/2	62/4
		97-99/00-01 Bochum 53/3	
		99-00 Bochum 31/2	
Dickkopf, Karl-Heinz	7.2.52	76-77 Wolfsburg 8/0	83/6
		78-79 Baunatal 38/5	
		80-81 Göttingen 37/1	
Didi	24.2.76	**99-00 Stuttgart**	**2/0**
Dieckmann, Holger	5.2.43	**64-69 HSV**	**100/2**
Dieckmann, Klaus-Dieter	27.3.59	80-89 Solingen	179/0
Diefenbach, Jürgen	27.3.56	**75-80 Hertha**	**104/2**
		80-81 Hertha	17/0
Diehl, Ernst	28.3.49	**67-78 K'lautern**	**314/18**
Diehl, Hans-Dieter	30.3.51	**75-76 K'lautern**	**9/1**
		76-79 Baunatal	90/1
Diehl, Hans-Dieter	23.8.41	**63-64 Saarbrücken**	**21/0**
Diekmann, Günter	22.9.54	77-78 Bremerhaven 23/2	344/28
		78-87 Solingen 321/26	
Diener, Harald	18.2.48	74-79 Homburg 140/54	160/58
		79-80 Völklingen 20/4	
Dier, Gerd	7.4.49	74-79 Worms	89/17
Diergardt, Volker	26.4.58	**80-81 Düsseldorf 1/0**	**22/0**
		81-83 Bielefeld 21/0	221/0
		83-88 Solingen 183/0	
		88-89 RW Essen 38/0	
Diericke, Ralf von	27.7.61	80-81 Osnabrück 8/0	**14/0**
		83-84 Düsseldorf 14/0	35/0
		88-89 Solingen 27/0	
Diers, Volker	15.3.58	79-81 OSV Hannover	65/7
Dierßen, Bernd	28.8.59	77-80 Arm. Hannover 92/6	**140/13**
		80-83/89-90 Hann. 96 118/16	247/27
		83-84 Schalke 37/5	
		84-87 Schalke 87/8	
		87-89 Hannover 96 53/5	
Dietrich, Frank	2.12.59	81-82 Osnabrück 20/1	50/7
		85-86 TeBe 20/4	

SPIELER	GEBURT	STATIONEN	BILANZ
		88-89 Hertha 10/2	
Dietrich, Peter	6.3.44	**66-67 RWE 28/3**	**213/21**
		67-71 M'gladbach 103/11	
		71-76 Bremen 82/7	
Dietterle, Helmut	2.6.51	**74-78 Stuttgart**	**42/2**
		75-77 Stuttgart	26/4
Dietz, Bernard	22.3.48	**70-82 Duisburg 394/70**	**495/77**
		82-87 Schalke 101/7	34/1
		83-84 Schalke 34/1	
Dikhtiar, Sergej	26.8.75	**93-96 Schalke**	**13/2**
		97-99 Wattenscheid 61/6	79/7
		00-01 Saarbrücken 18/1	
Dinauer, Stefan	27.5.63	84-90 BW Berlin	114/26
		86-87 BW Berlin	**17/2**
Dinzey, Michél	15.10.72	**94-95 Stuttgart 14/0**	**88/2**
		95-96 St. Pauli 30/0	43/7
		96-97 Hertha 30/5	
		97-98 Hertha 29/1	
		98-00 TSV 1860 15/1	
		00-01 Hannover 96 13/2	
Dittberner, Oliver	18.10.68	90-91 Stut. Kickers	13/0
		91-92 Stut. Kickers	**1/0**
Dittel, Reinhard	24.1.49	**71-76 Hannover 96**	**39/0**
		76-77 Hannover 96 11/0	84/0
		79-81 OSV Hannover 73/0	
Dittgen, Marco	19.8.74	**93-94 K'lautern 4/0**	**23/3**
		94-95 Dresden 19/3	49/10
		95-01 Chemnitz 43/10	
		00-01 Waldhof 6/0	
Dittmer, Lothar	2.9.63	**86-88 HSV 31/5**	**61/13**
		87-90 Homburg 30/8	42/7
		90-92 Waldhof 42/7	
Dittrich, Heribert	3.9.48	**67-68 Schalke**	**4/0**
Dittus, Uwe	3.8.59	79-86 KSC 92/11	**111/4**
		80-85 KSC 111/4	127/13
		86-87 Aschaffenburg 35/2	
Dittwar, Jörg	1.8.63	85-86 Bayreuth	32/1
		87-93 Nürnberg	**150/12**
Djappa, Olivier	22.11.69	93-94 RW Essen 18/4	51/22
		00-01 Reutlingen 33/18	
Djordjevic, Borisa	30.10.53	**81-83 HSV**	**9/0**
Djordjevic, Borivoje	2.8.48	78-80 Trier	52/8
Djordjevic, Kristijan	6.1.76	**95-01 Stuttgart**	**66/5**
Djorkaeff, Youri	9.3.68	**99-01 K'lautern**	**51/14**
Dlugajczyk, Bogdan	3.5.64	89-94 Meppen	70/5
Dobat, Arthur	6.4.39	**65-68 KSC**	**72/16**
Dobiasch, Bernd	3.6.57	**73-80 K'lautern**	**13/3**
Dobrowolski, Igor	27.8.67	**95-97 Düsseldorf**	**15/4**
		97-99 Düsseldorf	39/10
Dörenberg, Herbert	27.8.45	74-78 Darmstadt	107/7
Dörfel, Bernd	18.12.44	**63-68 HSV 88/17**	**139/21**
		68-70 Braunschweig 51/4	
Dörfel, Gert	18.9.39	**63-72 HSV**	**224/58**
Dörfler, Rolf-Dieter	29.4.46	**69-70 Duisburg**	**1/0**
Dörflinger, Paul	23.1.55	**79-80 Duisburg 4/0**	**14/4**
		78-79/80-81 Freiburg 48/24	51/24
		79-80 Hertha 10/4	
		80-81 Hertha 3/0	
Döring, Winfried	11.3.52	80-82 Kassel 60/6	94/7
		82-93 FSV Frankfurt 34/1	
Dörmann, Norbert	31.8.58	**76-79 Schalke 27/2**	**60/2**
		79-81 BVB 33/0	146/18
		81-84/86-87 Aachen 107/14	
		84-86 RWO 39/4	
Dörr, Falk	24.6.41	**63-64 Münster**	**7/1**
Dörr, Rainer	4.6.55	**76-77 Ein. Frankfurt**	**1/0**
		77-79 Augsburg 63/5	149/7
		79-80 FV Würzburg 25/0	
		80-82 Bayreuth 61/2	
Dörre, Hans	14.11.46	**66-77 RW Essen**	**120/8**
		77-78 RW Essen	11/2
Dogan, Mustafa	1.1.76	93-94 Uerdingen	2/0
		94-96 Uerdingen	**31/0**
Dogu, Ersan	20.4.72	**95-96 Bremen**	**5/0**

D

SPIELER	GEBURT	STATIONEN	BILANZ
Dohmen, Rolf	4.4.52	75-78 Fort. Köln 72/8	**59/1**
		77-80 KSC 82/6	248/21
		80-82 KSC 59/1	
		82-85 Darmstadt 94/72	
Doll, Thomas	9.4.66	**90-91/98-01 HSV 74/4**	**102/7**
		93-96 Ein. Frankfurt 28/3	
Dollberg, Christian	3.11.71	**95-96 1.FC Köln**	**11/0**
Dollmann, Dieter	12.9.47	74-83 Stut. Kickers	266/27
Dombi, Tibor	11.11.73	**99-00 Ein. Frankfurt**	**15/0**
Dominguez, Jose	16.2.74	**00-01 K'lautern**	**7/1**
Donkov, Georgi	2.6.70	**96-98 Bochum 53/13**	**72/14**
		99-00 1.FC Köln	54/9
		00-01 1.FC Köln 19/1	
Dooley, Thomas	12.5.61	84-86 Homburg 74/18	**199/20**
		86-88 Homburg 48/2	74/18
		88-93 K'lautern 107/13	
		94-95 Leverkusen 16/2	
		95-97 Schalke 28/3	
Dordevic, Bratislav	24.7.46	**70-71 K'lautern**	**5/0**
Dorfner, Hans	3.7.65	84-85 Nürnberg 34/5	**188/22**
		85-86/90-93 Nürnberg 77/5	34/5
		86-91 Bayern 111/17	
Dorn, Regis	22.12.79	**00-01 SC Freiburg**	**15/4**
Dotchev, Pavel	28.9.65	**92-93 HSV**	**8/0**
Dotzler, Hans	10.6.57	**80-81 Uerdingen**	**3/0**
Dowe, Jens	1.6.68	**91-92/97-99 Rostock 88/12**	**143/16**
		92-94 Rostock	74/13
		94-96 1860 München 51/4	
		96-97 HSV 4/0	
Doyle, John	16.3.66	**93-94 Leipzig**	**7/0**
Drabow, Dietmar	14.1.63	89-92 BW Berlin	76/7
Dramsch, Wolfgang	22.7.49	74-76 Schweinfurt 67/0	280/0
		76-78 Osnabrück 65/0	
		78-82 Aachen 148/0	
Drazic, Darko	17.1.63	**91-97 Düsseldorf**	**56/4**
		92-98 Düsseldorf 70/5	75/5
		99-00 RWO 5/0	
Dreher, Bernd	2.11.66	**86-89 Leverkusen 9/0**	**151/0**
		90-96 Uerdingen 131/0	70/0
		91-94 Uerdingen 70/0	
		98-01 Bayern 11/0	
Dreher, Horst	19.9.55	74-76 Bielefeld 12/0	**23/0**
		76-77 Bonn 15/0	27/0
		79-82 Düsseldorf 23/0	
Dreher, Uwe	13.5.60	78-83 Stut. Kickers	137/66
Dremmler, Wolfgang	12.7.54	**74-79 Braunschweig 138/9**	**310/15**
		79-86 Bayern 172/6	
Drescher, Detlef	15.10.55	79-81 RW Essen	57/6
Drescher, Dirk	28.2.68	**85-86 Bochum**	**1/0**
Drescher, Jakob	23.6.39	**65-67 Bayern**	**29/4**
Dressel, Olaf	19.9.68	**87-93 Bochum**	**82/3**
		93-94 Bochum	13/0
Dreßel, Werner	30.8.58	**77-80 Bremen 94/20**	**229/45**
		80-82 HSV 16/3	22/1
		81-84 Nürnberg 67/18	
		83-86 BVB 52/4	
		88-90 Braunschweig 22/1	
Dreßen, Hans-Georg	30.12.64	**82-89/90-91 M'gladbach**	**130/21**
		89-90 1.FC Köln 17/0	**147/21**
Drewes, Dagmar	9.12.37	**63-64 Münster**	**30/0**
Drews, Gerhard	26.4.54	75-87 Wattenscheid	314/55
Drews, Günter	9.7.67	**84-87 Leverkusen 46/1**	**112/10**
		87-89 Hannover 96 43/8	
		89-92 Nürnberg 23/1	
Drexler, Manfred	26.6.51	74-78 Darmstadt 119/43	**89/12**
		78-79 Darmstadt 22/4	181/63
		79-83 Schalke 67/8	
		81-84 Schalke 62/20	
Dreyer, Björn	27.7.77	**99-01 SC Freiburg**	**9/1**
Dreyer, Uwe	14.8.52	**73-74 Bremen**	**2/0**
		74-75 Barmbek-Uhl. 36/3	155/7
		75-77 Göttingen 54/0	
		77-80 Bremerhaven 65/4	
Driller, Martin	2.1.70	**89-91 BVB 41/5**	**109/16**
		91-95 St. Pauli 103/29	161/55
		95-97 St. Pauli 49/10	
		98-99 Nürnberg 19/1	
		97-01 Nürnberg 58/26	
Drincic, Zdravko	1.5.72	**98-99/00-01 Bochum**	**32/4**
		99-00 Bochum	5/0
Dringelstein, Jürgen	6.12.46	**68-70 HSV**	**28/2**
Dronia, Norbert	19.10.57	**78-80 Duisburg 52/0**	**162/8**
		80-85 Bielefeld 110/8	
Drsek, Pavel	22.9.76	**99-00 Duisburg**	**12/1**
		00-01 Duisburg	33/1
Drulak, Radek	12.1.62	90-93 Oldenburg 83/50	101/50
		93-94 Chemnitz 18/0	
Dubajic, Slobodan	19.2.63	**91-95 Stuttgart**	**116/7**
Dubovina, Radomir	1.8.53	80-81 Bürstadt 12/0	**5/0**
		81-82 Fürth 16/8	174/30
		82-83 Offenbach 25/2	
		83-84 Offenbach 5/0	
		85-87 Aschaffenburg 69/13	
		87-89 Solingen 52/7	
Dubski, Manfred	19.9.54	**72-79 Schalke 73/2**	**190/11**
		78-82 Duisburg 117/9	210/23
		82-86 Duisburg 134/23	
		86-88 RWO 56/0	
		88-89 Solingen 20/0	
Dudda, Jürgen	6.1.52	**71-73 Braunschweig**	**27/2**
		74-77 Wolfsburg	55/8
Dudek, Helmut	14.12.57	**78-80 M'gladbach**	**6/0**
Dürnberger, Bernd	17.9.53	**72-85 Bayern**	**375/38**
Dürrschmidt, Franz	7.11.47	74-78 Bayern Hof	129/12
Dürrschnabel, Willi	7.2.45	**63-68 KSC**	**91/10**
Duijnhofen, Rein van	5.9.67	99-00 Bochum	16/0
		00-01 Bochum	**33/0**
Dulz, Hans-Georg	31.10.36	**63-68 Braunschweig**	**109/15**
Dum, Manfred	30.3.61	83-87 Solingen 120/18	197/35
		87-89 Saarbrücken 64/17	
		89-90 SC Freiburg 13/0	
Dumpert, Heinrich	26.4.66	87-90 Bayreuth	72/6
Dundee, Sean	7.12.72	**95-98 KSC 85/36**	**141/50**
		99-01 Stuttgart 56/14	
Dundee, Sean	7.12.72	92-94 Stut. Kickers	7/0
Dunga, Carlos	31.10.63	**93-95 Stuttgart**	**54/7**
Dupke, Lothar	28.3.51	**74-75 Wuppertal**	**33/3**
		75-80 Wuppertal	158/5
Duric, Demir	18.11.76	94-95 FSV Frankfurt	17/0
		96-97 St. Pauli	**1/0**
Durkovic, Vladimir	6.11.38	**66-67 M'gladbach**	**10/0**
Dusek, Michael	10.11.58	**79-88 K'lautern**	**210/10**
Dusend, Ralf	28.9.59	**77-87 Düsseldorf 239/40**	**309/42**
		87-90 Nürnberg 70/2	
Duve, Jens	25.9.62	**85-86 HSV 6/0**	**55/3**
		86-88 St. Pauli	49/2
		88-91 St. Pauli 49/3	
Dworrak, Markus	23.1.78	99-00 1.FC Köln	6/0
		00-01 1.FC Köln	**3/0**
Dworschak, Matthias	8.4.74	**94-96 Ein. Frankfurt**	**8/1**
		96-97 Ein. Frankfurt 11/0	52/0
		98-99 Hannover 96 24/0	
		99-00 Offenbach 17/0	
Dybek, Arnold	4.5.75	**96-97 Schalke**	**1/0**
		98-99 Düsseldorf	28/0
Dybowski, Wilhelm	6.1.54	75-81 Göttingen	72/13
Dyk van, Christian	29.7.50	77-79 Aachen	56/2
Dzafic, Emir	8.9.72	**98-99 Bochum**	**6/1**
Dzaka, Anel	19.9.80	**00-01 Leverkusen**	**1/0**
Dzieciol, Joachim	25.11.52	76-78 Herford 61/8	157/12
		78-82 Solingen 96/4	
Dziwior, Janosch	19.9.74	**94-97/00-01 1.FC Köln**	**57/3**
		97-99 Gütersloh 62/2	88/3
		99-00 1.FC Köln 26/1	
Dzoni, Vilson	24.9.50	**79-81 Schalke**	**55/6**
		82-86 Wattenscheid	130/1

E

SPIELER	GEBURT	STATIONEN	BILANZ
Ebbers, Marius	4.1.78	**98-99 Duisburg**	**2/0**
		00-01 Duisburg	17/5
Ebenhöh, Manfred	10.5.48	**66-67 Nürnberg**	**1/1**
Eberl, Max	21.9.73	**91-92 Bayern 1/0**	**43/0**
		93-96 Bochum 15/0	111/0
		94-97 Bochum 27/0	
		97-99 Fürth 35/0	
		98-99 M'gladbach 15/0	
		99-01 M'gladbach 61/0	
Eck, Armin	8.12.64	85-86 Bayreuth 34/7	**170/21**
		87-89 Bayern 39/2	56/13
		89-94 HSV 129/19	
		95-96 Bielefeld 22/6	
		96-97 Bielefeld 2/0	
Eck, René van	18.2.66	**98-99 Nürnberg**	**16/0**
		99-00 Nürnberg	22/0
Eckel, Uwe	6.7.66	**88-89 K'lautern 2/0**	**12/0**
		91-92 HSV 10/0	
Eckel, Uwe	6.7.66	89-91 Hannover 96	35/9
Eckert, Wolfgang	15.12.52	75-76 Regensburg 35/4	70/6
		76-78 FV Würzburg 35/2	
Eckstein, Dieter	12.3.64	84-85 Nürnberg 37/13	**287/84**
		85-89/90-94 Nürnberg 189/66	58/14
		88-91 Ein. Frankfurt 70/14	
		93-95 Schalke 30/4	
		95-96 Waldhof 21/1	
Eckstein, Helmut	23.8.51	76-79 FV Würzburg 70/2	149/4
		78-81 Worms 79/2	
Edelmann, Reiner	19.3.65	**83-85 Waldhof 2/0**	**32/2**
		87-88 Schalke 30/2	99/18
		88-90 Schalke 65/10	
		90-91 Münster 34/8	
Eder, Hans	14.11.34	**63-72 Hertha**	**57/0**
Eder, Norbert	7.11.55	74-80 Nürnberg 150/22	**286/11**
		78-84 Nürnberg 154/5	150/22
		84-88 Bayern 132/6	
Edmond, Frank	23.12.66	91-98 Leipzig	174/8
		93-94 Leipzig	**33/4**
Edvaldsson, Atli	3.3.57	**80-82 BVB 30/11**	**224/59**
		81-85 Düsseldorf 122/38	
		85-88 Uerdingen 72/10	
Effenberg, Stefan	2.8.68	**87-90/94-98 M'gladbach 191/33, 90-92/98-01 Bayern 143/33**	**334/66**
Eggeling, Frank	27.7.63	**81-82 Bochum 5/0**	**10/0**
		82-83 Braunschweig 5/0	49/9
		83-84 RW Essen 22/0	
		84-85 Solingen 27/9	
Eggeling, Heinz-Werner	17.4.55	**73-80 Bochum 148/20**	**218/37**
		79-80 Braunschweig 16/4	23/4
		80-81 Uerdingen 27/10	
		81-84 BVB 27/3	
		81-82 Uerdingen 6/0	
		83-84 Osnabrück 17/4	
Eggert, Michael	29.9.52	**72-80 Bochum 206/26**	**233/30**
		80-82 Nürnberg 27/4	
Eggert, Peter	8.6.43	**74-77 TeBe**	**20/1**
		75-76 TeBe	37/2
Egli, André	8.5.58	**84-85 BVB**	**31/6**
Ehlers, Uwe	8.3.75	93-95 Rostock 36/2	**95/3**
		95-00 Rostock 80/3	36/2
		00-01 1860 München 15/0	
Ehmann, Eugen	14.2.45	**65-68 KSC**	**56/5**
Ehmke, Peter	22.7.53	**72-74 Schalke 40/6**	**106/9**
		74-75 1.FC Köln 8/0	69/11
		77-79 RW Essen 69/11	
		79-81 Uerdingen 58/3	
Ehrhart, Harry	3.7.53	74-76 Pirmasens 61/29	134/57
		76-77 Bielefeld 30/11	
		77-79 Homburg 43/17	
Ehrmann, Gerald	18.2.59	**82-84 1.FC Köln 2/0**	**294/0**

SPIELER	GEBURT	STATIONEN	BILANZ
		84-96 K'lautern 292/0	9/0
		96-97 K'lautern 9/0	
Ehrmantraut, Horst	11.12.55	75-79 Homburg 130/13	**81/1**
		79-80 Ein. Frankfurt 13/0	302/31
		80-85 Hertha 140/15	
		82-83 Hertha 30/1	
		85-86 Homburg 32/3	
		86-88 Homburg 38/0	
Eiben, Manfred	21.11.53	75-76 1860 München	1/0
		77-78 1860 München	**2/0**
Eich, Peter	18.6.63	90-91 Waldhof 23/0	156/0
		92-95 Homburg 102/0	
		00-01 Saarbrücken 31/0	
Eichenauer, Henrik	7.7.68	**86-88 Waldhof**	**11/1**
		87-93 Darmstadt	124/35
Eichhorn, Hans-Werner	25.8.48	74-79 Neunkirchen	76/11
Eichhorn, Joachim	9.7.64	**83-84 Offenbach**	**9/0**
		84-85 Offenbach	29/1
Eichin, Thomas	9.10.66	**85-99 M'gladbach**	**180/0**
		94-95 Nürnberg	10/1
Eichmann, Bernd	12.2.66	89-95 Saarbrücken	121/1
		92-93 Saarbrücken	**33/0**
Eickels, Konrad	11.6.56	**77-78 Saarbrücken**	**25/3**
		78-80 Saarbrücken 68/5	287/23
		80-81 Münster 39/6	
		81-82 Fürth 17/0	
		83-88 RWO 163/12	
Eickerling, Manfred	13.9.51	75-78 Leverkusen 77/2	123/2
		78-80 Vikt. Köln 46/0	
Eidinger, Stefan	7.11.62	**85-86 Hannover 96**	**2/0**
		86-87 Hannover 96	2/0
Eigenbrodt, Hans-Walter	4.8.35	**63-64 Ein. Frankfurt**	**15/0**
Eigendorf, Lutz	16.7.56	**79-82 K'lautern 53/7**	**61/9**
		82-83 Braunschweig 8/2	
Eigenrauch, Yves	24.4.71	90-91 Schalke	7/1
		91-01 Schalke	**229/3**
Eigenwillig, Eckehard	17.4.55	78-80 Wanne-Eickel 51/7	80/11
		80-81 Erkenschwick 29/4	
Eigl, Kurt	7.3.54	**74-78 HSV 66/13**	**138/20**
		78-79 Darmstadt 33/5	
		79-82 Leverkusen 39/2	
Eigner, Bernd	1.5.72	**96-97 St. Pauli**	**23/2**
Eijkelkamp, René	6.4.64	**97-99 Schalke**	**44/6**
Eilenberger, Ralf	16.11.65	85-90 Wattenscheid 67/0	**54/0**
		90-94 Wattenscheid 54/0	82/0
		96-97 Oldenburg 15/0	
Eilenfeldt, Norbert	17.2.56	74-76 Mülheim 68/4	**212/48**
		76-80/86-88 Bielefeld 164/59	232/63
		78-81 Bielefeld 68/22	
		81-86 K'lautern 127/25	
		84-85 Schalke 17/1	
Eilers, Tom	17.3.70	89-93 Darmstadt 48/0	56/0
		93-95 Mainz 8/0	
Eilts, Dieter	13.12.64	**86-01 Bremen**	**386/7**
Eisele, Günther	30.6.46	**67-72/73-74 Stuttgart**	**52/0**
Eisele, Hans	7.8.40	**63-71 Stuttgart**	**196/5**
Eisenhofer, Karl	4.9.34	**63-64 Ein. Frankfurt**	**2/0**
Eisenmenger, Carsten	15.6.67	91-93 SC Freiburg 53/0	66/0
		94-96 Hannover 96 13/0	
Eismann, Ingo	26.1.48	74-77 Wolfsburg	67/0
Eiteljörge, Herbert	27.11.34	**63-64 Münster**	**26/0**
Eitzert, Dirk	1.11.68	**89-93 Bochum**	**34/0**
		93-94 Bochum	13/0
Ekström, Johnny	5.3.65	**88-89 Bayern 23/7**	**69/16**
		94-95 Dresden 30/7	18/5
		95-96 Ein. Frankfurt 16/2	
		96-97 Ein. Frankfurt 18/5	
Elber, Giovane	23.7.72	**94-97 Stuttgart 87/41**	**189/94**
		97-01 Bayern 102/53	
Elberfeld, Horst	18.9.74	96-97 Oldenburg 32/10	87/21
		98-99 Gütersloh 32/6	
		00-01 Fürth 23/5	

SPIELER	GEBURT	STATIONEN	BILANZ
Elbert, Klaus	12.2.60	**83-84 Offenbach**	**1/0**
		84-85 Offenbach	3/0
Elfering, Bernd	9.10.56	75-79 Leverkusen 22/5	105/10
		78-82 Solingen 83/5	
Elfert, Gerhard	6.9.42	**65-67 M'gladbach 42/4**	**97/8**
		67-71 Braunschweig 55/4	
Elgert, Norbert	13.1.57	**75-76/78-81 Schalke**	**57/12**
		75-76 West. Herne 14/3	95/24
		81-82 Schalke 20/5	
		82-83 Osnabrück 1/0	
		82-84 Wattenscheid 61/16	
Elkjaer-Larsen, Preben	11.9.57	**76-77 1.FC Köln**	**9/1**
Ellbracht, Harry	13.9.53	**75-77 Bochum 21/8**	**113/29**
		76-78 Saarbrücken 58/12	6/1
		78-79 Bielefeld 20/5	
		79-80 Bielefeld 6/1	
		79-81 1860 München 14/4	
Eller, Sven	24.9.79	**97-98 KSC**	**1/0**
Ellguth, Andreas	28.8.64	**83-85 Bielefeld 17/0**	**43/0**
		85-88 Bielefeld 100/8	157/9
		88-89 Homburg 32/1	
		89-90 Homburg 26/0	
		96-98 Gütersloh 25/0	
Ellmerich, Lars	2.1.61	**79-85 Braunschweig 57/4**	**71/4**
		80-87 Braunschweig 77/29	137/40
		87-88 SSV Ulm 15/1	
		87-90 Homburg 14/0	
		88-89 Homburg 31/8	
		90-91 Oldenburg 14/2	
Elm, Jürgen	24.6.52	75-78 SW Essen 70/2	317/23
		78-85 Solingen 247/21	
Elmer, Markus	21.12.52	**73-80 Stuttgart 105/4**	**147/6**
		75-77 Stuttgart	55/11
		80-83 Leverkusen 42/2	
Elsener, Rudolf	18.2.53	**78-79 Ein. Frankfurt**	**33/6**
Elser, Frank	5.10.58	**80-81 Stuttgart 2/0**	**16/1**
		81-83 Aachen 52/5	203/20
		83-85 SSV Ulm 47/3	
		85-88 Stut. Kickers 104/12	
		88-89 Stut. Kickers 14/1	
Elting, Josef	29.12.44	**65-70 Schalke 64/0**	**151/0**
		70-74 K'lautern 87/0	16/0
		76-77 Wuppertal 16/0	
Emans, Franz	5.12.50	**71-72 RWO**	**9/2**
Emara, Mohammed	10.6.74	**98-01 Rostock**	**60/0**
Emerson, Ferreira da Rosa	4.4.76	**97-00 Leverkusen**	**82/11**
Emerson, Luiz Firmino	28.7.73	**91-92 HSV 4/1**	**27/2**
		96-97 St. Pauli 23/1	
Emig, Karl-Heinz	29.6.62	79-82 Waldhof 33/2	**64/1**
		82-83 Hertha 9/0	292/18
		83-84 Hertha 30/0	
		84-88 Darmstadt 147/14	
		88-90 K'lautern 55/1	
		92-93 Unterhaching 45/0	
		93-95 Wolfsburg 37/2	
Emilio, Luciano	12.12.78	**97-98 1.FC Köln**	**2/0**
		98-99 1.FC Köln 4/0	28/1
		99-00 Aachen 24/1	
Emmerich, Lothar	29.11.41	**63-69 BVB**	**183/115**
		74-76 Schweinfurt 64/37	131/71
		76-78 FV Würzburg 42/25	
		77-78 Würz. Kickers 25/9	
Emmerling, Stefan	10.2.66	**87-89 K'lautern 28/1**	**249/8**
		88-90 Wattenscheid 50/6	106/6
		90-94 Wattenscheid 120/4	
		94-95 Wattenscheid 10/0	
		94-95 Hannover 96 14/0	
		95-96 Duisburg 32/0	
		96-00 Duisburg 101/3	
Enders, Peter	21.9.48	**68-72 Hertha 94/1**	**137/2**
		73-76 Offenbach 43/1	
Enders, Peter	21.9.48	76-78 Herford 27/1	36/2

SPIELER	GEBURT	STATIONEN	BILANZ
		78-79 Arm. Hannover 9/1	
Endress, Jochen	3.11.72	**93-01 Stuttgart**	**69/1**
Endrulat, Peter	10.8.54	**74-75 Schalke 1/0**	**7/0**
		75-76 Erkenschwick 3/0	63/0
		77-78 BVB 6/0	
		78-81 TeBe 60/0	
Engel, Richard	2.10.46	75-79 FSV Frankfurt	142/13
Engelmann, Jörg	4.9.63	91-93 Leipzig	38/8
		93-94 Leipzig	**3/0**
Engels, Stefan	6.9.60	**78-89 1.FC Köln**	**236/39**
		88-90 Fort. Köln	16/7
Engler, Peter	3.9.36	**65-66 Tasmania**	**26/2**
Englert, Fred	20.8.43	**69-70 RWE**	**7/2**
Enke, Robert	24.8.77	95-96 Jena	3/0
		98-99 M'gladbach	**32/0**
Entenmann, Rudi	19.5.40	**63-69 Stuttgart**	**86/6**
Entenmann, Willi	25.9.43	**65-75 Stuttgart**	**237/28**
		75-76 Stuttgart	8/0
Eplinius, Uwe	7.9.58	80-81 Erkenschwick 38/1	239/12
		81-87 Kassel 201/11	
Epp, Thomas	7.4.68	**87-92 Bochum 68/7**	**77/8**
		89-90 Saarbrücken 15/4	147/34
		92-93 Stut. Kickers 33/14	
		93-97 Waldhof 67/12	
		97-98 Ein. Frankfurt 32/4	
		98-99 Ein. Frankfurt 9/1	
Erceg, Tomislav	22.10.71	**96-97 Duisburg**	**5/0**
Erhard, Guido	6.10.69	88-89 Offenbach 1/0	**16/4**
		91-94 1860 München 9/2	51/8
		94-95 1860 München 16/4	
		95-96 Wolfsburg 14/2	
		96-98 Mainz 27/4	
Erich, Uwe	24.12.37	**63-64 Duisburg**	**2/0**
Eriksson, Jan	24.8.67	**92-94 K'lautern**	**37/4**
Erkenbrecher, Uwe	14.11.54	**72-75 Bremen**	**24/1**
		75-77 Wattenscheid 19/0	46/1
		78-79 Baunatal 27/1	
Erler, Dietmar	7.4.47	**68-70 BVB 28/2**	**264/41**
		70-80 B'schweig 236/39	1/0
		80-81 Braunschweig 1/0	
Erlhoff, Hermann	22.12.44	**67-70 Schalke 75/8**	**162/15**
		70-76 RWE 87/7	
Ernst, Arno	29.9.41	**65-67 M'gladbach**	**4/0**
Ernst, Fabian	30.5.79	**98-00 HSV 48/0**	**76/2**
		00-01 Bremen 28/2	
Ernst, Rainer	31.12.61	**90-91 K'lautern**	**18/2**
Ernst, Ronny	7.5.76	**96-97 1860 München**	**8/0**
		97-98 Fürth 19/0	33/0
		99-00 Waldhof 14/0	
Ernst, Thomas	23.12.67	**87-94 Ein. Frankfurt 5/0**	**59/0**
		94-95 FSV Frankfurt 27/0	46/0
		95-00 Bochum 19/0	
		96-01 Bochum 52/0	
		00-01 Stuttgart 2/0	
Ertl, Stefan	21.4.69	**92-93 M'gladbach 9/1**	**14/1**
		93-94 Fort. Köln 7/0	14/0
		97-98 K'lautern 5/0	
		99-00 Offenbach 7/0	
Ertz, Willi	28.5.43	**64-68 Neunkirchen**	**44/0**
		74-81 Neunkirchen	70/0
Esch, Karl-Heinz	12.9.39	**66-67 Hannover 96**	**5/0**
Eschbach, Daniel	5.10.73	**96-97 1.FC Köln**	**2/0**
		98-99 Uerdingen	2/0
Etterich,	16.8.51	**71-74 Bochum**	**72/10**
Hans-Günther	16.8.51	75-79 West. Herne 89/6	132/10
		79-80 Wuppertal 14/1	
		80-81 FSV Frankfurt 25/3	
		82-83 Schl.-Neuhaus 4/0	
Ettmayer, Hans	23.7.46	**71-75 Stuttgart 97/34**	**124/38**
		75-77 HSV 27/4	67/14
		78-81 Freiburger FC 67/14	
Eufinger, Bernd	11.10.61	**81-82 Ein. Frankfurt**	**1/0**
		81-82 Osnabrück	5/2
Euteneuer, Wolfgang	1.9.55	**75-77 Bochum**	**5/0**

SPIELER	GEBURT	STATIONEN	BILANZ
Evanilson	12.9.75	**99-01 BVB**	**53/3**
Evenkamp, Edgar	1.4.47	75-78 Solingen	63/2
Evers, Harald	3.1.47	74-77 Göttingen	83/1
Ewen, Ralf	11.2.72	92-96 Wolfsburg	40/0
		97-99 Rostock	**5/0**
Ewert, Fritz	9.2.37	**63-66 1.FC Köln**	**45/0**
Ey, Jürgen	4.9.46	**70-71 Bayern**	**1/0**
Eymold, Günter	17.4.59	79-80 Nürnberg 3/0	**2/0**
		82-83/89-90 Kassel 52/12	126/21
		83-84 Ein. Frankfurt 2/0	
		85-87 Osnabrück 71/9	

F

SPIELER	GEBURT	STATIONEN	BILANZ
Faber, Ralf	12.9.48	**68-69 Bremen**	**1/0**
Fabian, Wolfgang	6.12.48	75-76 Leverkusen 2/0	177/2
		75-81 Solingen 175/2	
Fach, Holger	6.9.62	**81-87 Düsseldorf 171/22**	**416/97**
		87-88 Düsseldorf 17/3	27/4
		87-91 Uerdingen 101/27	
		91-95 M'gladbach 102/15	
		95-97 Leverkusen 32/3	
		97-98 1860 München 10/0	
		97-98 Düsseldorf 10/1	
Faeder, Helmut	3.7.35	**63-65 Hertha**	**48/12**
Fährmann, Christian	5.10.75	95-97 Hertha 40/4	**15/0**
		97-98 Hertha 15/0	81/7
		98-00 KSC 41/3	
Fagot, Antoine	24.7.56	74-78 Aachen 60/10	253/48
		77-80 Wuppertal 89/22	
		80-83 Osnabrück 104/16	
Fahrenhorst, Frank	24.9.77	**96-99/00-01 Bochum**	**47/3**
		99-00 Bochum	4/0
Fahrian, Wolfgang	31.5.41	**64-65 Hertha 25/0**	**67/0**
		66-67 1860 München 8/0	50/0
		73-74 Fort. Köln 34/0	
		74-76 Fort. Köln 50/0	
Falk, Patrick	8.2.80	**99-00 Ein. Frankfurt**	**13/0**
Falkenmayer, Ralf	11.2.63	**80-87/89-93 Ein.**	**385/37**
		Frankfurt 337/30	
		87-89 Leverkusen 48/7	
Falkenstein, Markus	16.8.65	84-88 Wattenscheid 94/8	116/9
		88-89 Solingen 22/1	
Falter, Peter	10.12.49	74-75 Uerdingen 36/13	**19/1**
		75-76 Uerdingen 10/0	77/30
		75-77 1860 München 41/17	
		77-78 1860 München 9/1	
Faltin, Frank	22.11.63	87-95 Meppen	203/5
Famulla, Alexander	20.9.60	86-87 KSC 38/0	**112/0**
		87-92 KSC 112/0	47/0
		92-93 Homburg 9/0	
Fankhänel, Udo	30.11.65	91-94 Jena	91/6
Fanz, Reinhold	16.1.54	74-75 Heilbronn 36/4	**70/3**
		75-77 Wuppertal 61/8	116/13
		77-79 Düsseldorf 34/2	
		80-82 KSC 36/1	
		79-80 Freiburger FC 19/1	
Farkashazy, Laszlo	27.1.68	**89-90 Bochum**	**8/0**
Farrington, Mark	15.6.65	**90-91 Hertha**	**9/0**
Faß, Volker	6.2.52	**73-76 Offenbach**	**46/0**
		76-77 Offenbach 24/0	151/0
		77-78 Osnabrück 12/0	
		78-81 SC Freiburg 83/0	
		81-82 Freiburger FC 32/0	
Faul, Volker	30.10.52	74-78 Pirmasens 92/1	114/1
		77-79 Homburg 22/0	
Fechner, Harry	4.5.50	**71-74 Bochum**	**84/4**
		75-76 Saarbrücken 2/0	32/1
		75-76 Gütersloh 30/1	
Fecht, Hans-Peter	11.12.49	**69-71 K'lautern**	**8/0**
Fecht, Uwe	21.6.59	82-86 Duisburg	78/1
Feghelm, Siegbert	22.8.42	**66-72 Ein. Frankfurt**	**24/0**
Fehse, Andreas	1.11.58	77-78 Leverkusen 1/0	**1/0**

SPIELER	GEBURT	STATIONEN	BILANZ
		82-83 Leverkusen 1/0	24/0
		83-84 RW Essen 23/0	
Feiersinger,			
Wolfgang	31.1.65	**95-00 BVB**	**57/0**
Feigenspan,			
Eckehard	13.5.35	**66-67 RW Essen**	**1/0**
Feilzer, Horst	21.2.57	**77-78 St. Pauli 18/1**	**128/16**
		78-79 St. Pauli 31/6	169/65
		79-81 Osnabrück 71/45	
		81-83 Uerdingen 67/14	
		83-86 Uerdingen 84/13	
		86-87 BW Berlin 26/2	
Feinbier, Marcus	30.11.69	**87-92 Leverkusen**	**69/3**
		92-93 Hertha 26/3	159/42
		93-94 Wuppertal 22/2	
		97-99 Wattenscheid 63/22	
		99-00 Nürnberg 16/2	
		00-01 Ahlen 32/13	
Feldhaus, Wilfried	23.8.54	**78-80 Bremen**	**4/0**
Feldhoff, Markus	29.8.74	**92-95 Uerdingen 38/7**	**151/24**
		93-94 Uerdingen	34/6
		95-98 Leverkusen 77/14	
		98-99 M'gladbach 18/	
		99-00 Wolfsburg 18/2	
Feldmüller, Manfred	22.4.40	**63-64 K'lautern**	**1/0**
Felgenhauer, Daniel	10.5.76	97-01 Fürth	109/16
Feller, Dieter	1.12.42	**63-64 Münster 4/0**	**27/0**
		67-70 Stuttgart 23/0	
Fellhauer, Andreas	16.9.71	**89-90 Waldhof**	**2/0**
		90-94 Waldhof	82/2
Fengler, Dirk	3.3.70	**88-89 Stut. Kickers 7/0**	**50/0**
		89-91 Stut. Kickers 55/1	79/2
		91-93 Nürnberg 43/0	
		93-94 Saarbrücken 24/1	
Fengler, Stefan	2.4.68	97-99 Wattenscheid 55/2	87/3
		00-01 Ahlen 32/1	
Fensch, Marcell	23.8.75	**97-98 1.FC Köln 4/0**	**5/0**
		99-00 Bielefeld 1/0	
Fenten, Peter	8.9.58	**77-82 Duisburg**	**114/3**
Ferdinand,			
Hans-Jürgen	21.8.43	**67-68 Aachen**	**25/14**
Fern, Dieter	1.12.44	**68-69 Offenbach 18/1**	**50/3**
		71-72 Bochum 32/2	
Ferner, Dieter	16.1.49	74-75/83-84 RWO 40/0	**62/0**
		75-80 Saarbrücken 85/0	166/0
		76-78 Saarbrücken 62/0	
		80-81 Bocholt 41/0	
Ferner, Diethelm	13.7.41	**63-69 Bremen 188/20**	**239/21**
		69-74 RW Essen 51/1	
Ferrin, Gino	15.3.47	**74-75 TeBe 6/0**	**10/0**
		75-79 St. Pauli	72/2
		77-78 St. Pauli 4/0	
Ferschl, Karl-Heinz	7.7.44	**63-68 Nürnberg 115/5**	**235/6**
		68-72 Hertha 120/1	
Fetkenheuer, Bernd	26.6.47	74-75 Worms 29/3	95/9
		76-79 Wacker Berlin 66/6	
Fetting, Klaus	22.10.38	**66-67 RW Essen**	**28/0**
Feuerhahn, Ronald	26.2.53	**74-75 Braunschweig**	**1/0**
		76-77 Wolfsburg	36/3
Feulner, Hans-Oskar	18.1.54	74-78 Bayern Hof	124/33
Fevre, Ulrik le	25.6.46	**69-72 M'gladbach**	**90/21**
Fiala, Dirk	10.9.49	**74-75 Wuppertal**	**3/0**
		76-77 Wuppertal	1/0
Fichtel, Klaus	19.11.44	**65-80/84-88 Schalke 477/14**	**522/14**
		80-81 Bremen	42/0
		81-84 Bremen 75/0	
Fichtner, Rudolf	11.10.5	74-78 Bayern Hof	143/7
Fiebach, Helmut	8.8.33	**65-66 Tasmania**	**18/0**
Fiedler, Christian	27.3.75	94-97 Hertha	97/0
		97-00 Hertha	**14/0**
Figlus, Gerhard	20.6.48	74-75 Worms 32/0	117/4
		75-78 Homburg 85/4	
Figura, Wolfgang	15.7.52	**75-76 Uerdingen**	**3/0**
		77-78 Bocholt	4/1

SPIELER	GEBURT	STATIONEN	BILANZ
Fincke, Andree	17.9.68	91-93 SC Freiburg 48/15	67/17
		92-93 Wolfsburg 19/2	
Fink, Gerd	8.12.55	75-77 Bayreuth 51/2	263/15
		77-81 Trier 142/9	
		81-83 Fürth 70/4	
Fink, Thorsten	29.10.67	89-90 Wattenscheid 37/1	**328/38**
		90-94 Wattenscheid 125/25	37/1
		94-97 KSC 92/11	
		97-01 Bayern 111/2	
Finke, Dieter	11.3.60	81-87 Stut. Kickers 196/10	**71/5**
		87-89 Waldhof 46/1	265/13
		89-90 Homburg 25/4	
		90-93 Homburg 69/3	
Finken, Herbert	31.12.39	**65-66 Tasmania**	**10/0**
Finkler, Dieter	10.11.52	74-76 Saarbrücken 47/1	**13/0**
		76-77 Saarbrücken 13/0	248/6
		77-78 Pirmasens 32/2	
		78-85 Fort. Köln 169/3	
Finnern, Uwe	2.4.52	**73-76 RW Essen**	**37/0**
		76-79 Uerdingen 48/5	101/5
		78-81 Aachen 63/0	
Fischer, Andreas	20.10.64	87-88 Remscheid 30/2	**303/20**
		89-94 Leverkusen 151/13	30/2
		94-01 HSV 152/7	
Fischer, Axel	27.5.61	83-84 Darmstadt 34/1	77/4
		84-86 Hertha 43/3	
Fischer, Eckard	8.6.53	78-81 Vikt. Köln	101/3
Fischer, Jens-Peter	1.6.66	**89-92 HSV 9/0**	**15/0**
		91-92 Stut. Kickers 6/0	23/1
		92-93 Stut. Kickers 12/0	
		92-93 Rostock 11/1	
Fischer, Klaus	27.12.49	**68-70 1860 Münch. 60/28**	**535/268**
		70-81 Schalke 295/182	
		81-84 Bochum 84/27	
Fischer, Lorenz	2.11.34	63-64 Stuttgart	**1/0**
Fischer, Lutz	25.3.60	**83-84 Braunschweig**	**2/0**
		86-87 Braunschweig	13/0
Fischer, Rainer	28.8.53	74-77 Wacker Berlin 91/21	135/24
		77-79 West. Herne 11/0	
		80-81 Erkenschwick 33/3	
Fistler, Alf	3.10.64	84-85 BW Berlin 9/0	65/2
		85-89 Hertha 56/2	
Fjörtoft, Jan-Aage	10.1.67	**98-01 Ein. Frankfurt**	**52/14**
Flachenecker, Gustav	28.10.40	**63-66 Nürnberg**	**27/12**
Flad, Egon	5.3.64	83-84 Stut. Kickers 25/2	**102/12**
		84-88 BW Berlin 97/7	192/13
		86-87 BW Berlin 30/5	
		88-90 St. Pauli 45/4	
		89-91 Schalke 47/3	
		91-92 Schalke 27/3	
		93-94 TeBe 23/1	
Fladerer, Walter	21.2.40	**63-64 Nürnberg**	**1/0**
Fleer, Jürgen	26.2.57	76-77 Münster 17/1	**101/2**
		77-78 Herford 28/1	88/3
		78-79 Arm. Hannover 34/1	
		79-84 M'gladbach 67/0	
		84-85 Düsseldorf 12/2	
		85-86 Hannover 96 22/0	
		86-87 Hannover 96 9/0	
Fleige, Guido	7.5.64	89-91 Münster	56/10
Flick, Hans-Dieter	24.2.65	**85-90 Bayern 104/5**	**148/6**
		90-93 1.FC Köln 44/1	
Flick, Thorsten	22.8.76	**94-96/98-99 Ein. Frankfurt**	**12/0**
		96-98 Ein. Frankfurt	24/1
Fliege, Franz	10.10.36	**66-67 RWE**	**5/0**
Flindt-Bjerg, Christian	19.2.74	**94-95 KSC**	**1/0**
Flindt-Bjerg, Ove	21.7.48	**75-77 KSC**	**41/8**
		77-78 KSC	31/4
Flo, Havard	4.4.70	**96-99 Bremen**	**55/5**
Flock, Dirk	23.5.72	92-93 Remscheid 25/1	**57/1**
		93-94 Stut. Kickers 27/1	132/12
		94-96 K'lautern 26/0	
		96-99 Gütersloh 61/10	
		98-01 Bremen 31/1	

SPIELER	GEBURT	STATIONEN	BILANZ
		00-01 Bielefeld 19/0	
Flohe, Heinz	28.1.48	**66-79 1.FC Köln 329/77**	**343/81**
		79-80 1860 München 14/4	
Florian, Hans-Gerd	30.10.55	74-76/77-78 SW Essen 41/2	64/3
		76-77 Solingen 23/1	
Flüshöh, Wolfgang	27.7.50	76-81 Herford	126/17
Fock, Klaus	13.7.47	**68-70 HSV**	**25/5**
		74-75 Osnabrück 9/1	42/10
		74-75 Barmbek-Uhl. 24/6	
		75-76 St. Pauli 9/3	
Foda, Franco	23.4.66	**83-84/87-90 K'lautern 90/5**	**321/20**
		84-85 Bielefeld 34/4	46/6
		85-86 Bielefeld 9/4	
		85-86 Saarbrücken 15/1	
		90-94 Leverkusen 113/10	
		94-97 Stuttgart 69/0	
		86-87 Saarbrücken 37/2	
Förschner, Gerhard	26.11.55	74-83 Augsburg	90/12
Förster, Bernd	3.5.56	74-75 Waldhof 16/0	**291/25**
		74-76 Bayern 8/0	16/0
		76-78 Saarbrücken 61/5	
		78-86 Stuttgart 222/20	
Förster, Hans-Joachim	1.8.55	**76-80 Hertha**	**28/1**
Förster, Karlheinz	25.7.58	75-77 Stuttgart	39/5
		77-86 Stuttgart	**272/17**
Forster, Ralf	25.4.61	82-88 Stut. Kickers	147/11
Fos, Hans	7.11.59	78-79 West. Herne 20/4	77/10
		80-83 Fort. Köln 57/6	
Fournier, Hubert	3.9.67	**96-98 M'gladbach**	**36/0**
Fournier, Sebastién	27.6.71	**96-97 Stuttgart**	**11/0**
Foxe, Hayden	23.6.77	**97-98 Bielefeld**	**1/0**
Frackiewicz, Jacek	19.9.69	89-91 Braunschweig 15/1	83/17
		92-95 Wolfsburg 68/16	
Franck, Thomas	24.2.71	**88-90 Waldhof 19/2**	**123/5**
		90-96 BVB 104/3	16/2
		96-97 K'lautern 15/2	
		99-00 Waldhof 1/0	
Frank, Siegfried	19.7.51	**69-70 Aachen**	**4/0**
Frank, Wolfgang	21.2.51	**71-73 Stuttgart 55/23**	**215/89**
		74-78 Braunschweig 106/52	
		77-80 BVB 34/10	
		80-82 Nürnberg 20/4	
Franke, Bernd	12.2.48	**71-85 Braunschweig**	**345/0**
		80-81 Braunschweig	42/0
Franke, Klaus	23.5.48	**74-78 Bochum**	**104/1**
Franke, Wolfgang	24.5.54	74-77 Uerdingen 34/5	**5/0**
		75-76 Uerdingen 5/0	69/9
		77-78 Bocholt 35/4	
Frankowski, Manfred	27.1.42	**66-67 RW Essen**	**29/1**
Frantzen, Helmut	4.12.59	78-81 Aachen	53/0
Franusch, Günter	27.2.59	79-85 Offenbach 122/17	**40/0**
		83-84 Offenbach 31/0	200/19
		84-85 Solingen 18/0	
		85-87 KSC 60/2	
		87-88 KSC 9/0	
Fraßmann, Peter	20.7.58	77-80 Münster 62/3	152/15
		80-86 TeBe 79/12	
		86-87 Kassel 11/0	
Fraydl, Gernot	10.12.39	**68-70 Hertha**	**31/0**
Freier, Paul	26.7.79	99-00 Bochum	6/0
		00-01 Bochum	**22/1**
Freiler, Uwe	2.5.66	**86-88 Homburg 66/15**	**128/30**
		84-86/93-95 Homburg 120/34	167/48
		88-90 Waldhof 62/15	
		91-93 Waldhof 47/14	
Frenken, Friedhelm	2.9.56	**80-82 M'gladbach 13/0**	**33/0**
		82-86 Aachen 142/6	174/6
		86-87 Homburg 20/0	
		87-89 Fort. Köln 32/0	
Frercks, André	12.6.60	79-80 Bremerhaven 16/2	69/4
		82-84 Hannover 96 53/2	
Frese, Robert	26.10.61	**81-82 Bremen**	**1/0**

SPIELER	GEBURT	STATIONEN	BILANZ
Freudenstein, Thomas	28.4.62	83-87/89-90 Kassel 127/16	150/17
		88-89 Hertha 23/1	
Freund, Horst	28.9.60	**80-83 BVB**	**8/0**
Freund, Horst	28.9.60	83-84 RW Essen	35/1
Freund, Oliver	15.4.70	**90-91 Bremen 1/0**	**95/3**
		91-92 Hannover 96 17/1	48/6
		92-93 SC Freiburg 31/5	
		93-97 SC Freiburg 94/3	
Freund, Peter	24.11.53	77-80 Bremerhaven	61/8
Freund, Steffen	19.1.70	**91-93 Schalke 53/3**	**170/9**
		93-99 BVB 117/6	
Frey, Dieter	31.10.72	**93-96 Bayern 47/3**	**98/7**
		96-97 SC Freiburg 21/1	
		97-00 Bremen 30/3	
Frey, Karl-Heinz	8.4.50	**72-73 Schalke**	**9/0**
		74-75 Heilbronn	37/6
Frey, Otto	12.3.52	74-75 Heilbronn 31/1	**22/0**
		76-78 Darmstadt 42/0	138/4
		78-79 Darmstadt 22/0	
		79-81 Bürstadt 65/3	
Fricke, Wilfried	6.11.43	**65-66 Hannover 96**	**2/0**
Friedl, Jürgen	23.2.59	**75-79 Ein. Frankfurt**	**3/0**
Friedmann, Kay	15.5.63	84-86 Homburg 58/12	**169/7**
		86-91 K'lautern 97/4	72/14
		91-94 Nürnberg 72/3	
		94-95 Nürnberg 14/2	
Friedrich, Jürgen	11.11.43	**63-68 Ein. Frankfurt 78/12**	**236/38**
		68-73 K'lautern 158/26	
Friis-Hansen, Jakob	6.3.67	**96-97 HSV**	**16/1**
Frings, Torsten	22.11.76	**96-01 Bremen**	**129/9**
Fritsche, Hans	3.3.50	**69-71 RWO**	**35/7**
		74-77 SW Essen 98/54	215/87
		77-78 Fort. Köln 28/11	
		78-79 West. Herne 24/6	
		79-81 Homburg 65/16	
Fritz, Martin	18.8.66	**84-86 Stuttgart**	**7/0**
Fritz, Matthias	29.11.69	**91-93 KSC**	**14/1**
Friz, Holger	26.4.65	**84-88 Ein. Frankfurt**	**42/8**
		86-90 Aschaffenburg 49/10	96/25
		90-92 Fort. Köln 47/15	
Fröhlich, Gert	25.10.40	**69-73 RWO**	**75/9**
Fröhling, Torsten	24.8.66	**90-91 HSV 1/0**	**4/1**
		91-95 St. Pauli	88/1
		95-97 St. Pauli 3/1	
Frömberg, Rainer	26.3.59	**80-81 Uerdingen**	**2/0**
		81-82 Uerdingen 31/9	127/21
		86-89 Wattenscheid 96/12	
Frohnapfel, Werner	12.6.57	80-83 Kassel	61/7
Fromm, Hartmut	15.10.50	**73-78 Bochum**	**93/4**
		77-79 West. Herne	21/0
Frommer, Nico	8.4.78	**98-99 Stuttgart**	**8/0**
		99-00 M'gladbach 18/3	34/7
		00-01 Reutlingen 16/4	
Frontzeck, Michael	26.3.64	**83-89/95-96 + 98-99**	**436/37**
		M'gladbach 213/18	54/2
		89-94 Stuttgart 163/16	
		94-95 Bochum 28/2	
		96-97/98-99 SC Freiburg 32/1	
		97-98 SC Freiburg 29/2	
		99-00 M'gladbach 25/0	
Frosch, Walter	19.12.50	**74-76 K'lautern 43/3**	**61/3**
		76-79 St. Pauli	**63/8**
		77-78 St. Pauli 18/0	
Frowein, Uwe	3.3.62	**82-84 K'lautern**	**11/0**
		83-84 Hertha	12/3
Fruck, Norbert	28.12.57	**76-82 Duisburg 129/12**	**173/14**
		82-83 Duisburg 22/1	43/6
		83-86 Ein. Frankfurt 44/2	
		86-87 Wattenscheid 21/5	
Frydek, Martin	9.3.69	**97-98 Leverkusen 10/0**	**15/0**
		98-99 Duisburg 5/0	
Fuchs, Bodo	26.6.41	**64-66 Hannover 96**	**32/0**
Fuchs, Fritz	18.10.43	**69-75 K'lautern**	**167/12**
Fuchs, Günther	1.3.47	74-75 KSC	33/6
		75-76 KSC	**16/1**
Fuchs, Henri	23.6.70	**91-94 1.FC Köln 62/16**	**118/23**
		94-95 Dresden 33/6	76/17
		95-96 Chemnitz 18/4	
		96-98 Leipzig 58/13	
		98-01 Rostock 23/1	
Fuchs, Uwe	23.7.66	84-86 Homburg 58/9	**90/18**
		86-87 Stut. Kickers 10/2	151/49
		86-87 St. Pauli 2/0	
		87-89/94-95 Fort. Köln 83/38	
		89-90 Düsseldorf 25/7	
		91-93 1.FC Köln 19/4	
		93-94 K'lautern 19/3	
		96-98 Bielefeld 25/4	
Fuchs, Vincenz	7.2.38	**65-66 Duisburg**	**1/0**
Fuchs, Werner	25.10.48	**67-68 K'lautern**	**1/0**
		74-80 Münster	194/20
Fuchslocher, Jörg	18.11.64	**87-88 KSC**	**2/0**
Füllborn, Peter	7.8.59	78-81 Münster	53/8
Fürhoff, Günter	6.10.47	**69-77 RW Essen**	**153/20**
		77-78 RW Essen 38/3	107/12
		78-80 FV Würzburg 69/9	
Fütterer, Danny	28.8.75	**98-99 Bremen**	**1/0**
Fuhl, Wenanty	2.12.60	84-85 Nürnberg 8/0	
		86-94 Saarbrücken 206/20	214/20
		92-93 Saarbrücken 22/1	
Fuhr, Bernd	11.4.60	78-81/87-89 Offenbach 125/0	**26/0**
		81-85 KSC 26/0	217/0
		83-86 KSC 69/0	
		90-91 Münster 23/0	
Fuhrmann, Adalbert	24.4.54	**72-73 M'gladbach**	**7/0**
Fuhrmann, Jürgen	28.1.49	**67-68 Neunkirchen**	**17/0**
		74-75 Völklingen	2/0
Fukal, Milan	16.5.75	**00-01 HSV**	**12/1**
Funk, Klaus	21.2.54	75-77 Stuttgart 4/0	**37/0**
		79-81 Ein. Frankfurt 34/0	4/0
		85-86 Bremen 3/0	
Funke, Thomas	11.7.60	82-84 Osnabrück	64/15
Funkel, Friedhelm	10.12.53	74-79 Uerdingen 152/66	**320/83**
		75-80/83-90 Uerdi. 254/59	
		80-83 K'lautern 66/24	
Funkel, Wolfgang	10.8.58	83-84 RWO 36/6	**305/41**
		84-91 Uerdingen 210/31	36/6
		91-95 K'lautern 95/10	
Fursth, Christer	6.7.70	**96-97 1.FC Köln**	**4/0**
Furtok, Jan	9.3.62	**88-93 HSV 135/51**	**188/60**
		93-95 Ein. Frankfurt 53/9	

G

SPIELER	GEBURT	STATIONEN	BILANZ
Gaber, Andreas	15.1.73	**91-92 Schalke**	**3/0**
Gabriel, Helmut	3.10.68	91-92 Brandenburg 10/0	**28/0**
		92-93 Leipzig 30/1	56/1
		93-94 Leipzig 28/0	
		96-98 Mainz 16/0	
Gaedke, Jörg	18.11.57	83-84 Charlottenburg 38/15	152/47
		84-89 BW Berlin 114/32	32/1
		85-87 BW Berlin 32/1	
Gäher, Ulrich	6.1.62	89-91 Münster	62/15
Gärtner, Harald	30.11.68	92-93 Düsseldorf 24/0	64/0
		94-96 Meppen 19/0	
		93-00 Hannover 96 21/0	
Gärtner, Manfred	17.12.39	**67-68 Stuttgart**	**4/0**
Gaißmayer, Holger	2.7.70	**95-98 1.FC Köln**	**76/12**
		93-99 1.FC Köln 11/4	56/11
		93-99 RWO 14/3	
		99-00 Offenbach 13/3	
		00-01 Ahlen 18/1	
Galakos, Maik	23.11.51	**72-73 Düsseldorf**	**2/0**
Galbierz, Jürgen-Michael	7.2.50	**68-71 Schalke 27/1**	**65/3**
		73-75 Wuppertal 38/2	51/3
		75-79 Wuppertal 32/3	

SPIELER	GEBURT	STATIONEN	BILANZ
		77-78 Herford 19/0	
Galeski, Erwin	29.10.45	**71-75 Bochum**	**86/0**
Gambo, Bashiru	24.9.78	**97-00 BVB**	**8/0**
Ganea, Ioan Viorel	10.8.73	**99-01 Stuttgart**	**61/15**
Gans, Lothar	17.2.53	75-84 Osnabrück	293/8
Gansauge, Thomas	4.6.70	**96-00 Rostock 71/0**	**81/0**
		99-00 Bielefeld 10/0	10/1
		00-01 Bielefeld 10/1	
Ganz, Klaus	1.12.55	76-79 Baunatal	90/21
Garcia, Alfonso	24.10.69	92-99 Unterhaching	137/21
		99-01 Unterhaching	**22/1**
Gartmann, Peter	30.8.68	88-92 BW Berlin 90/7	144/7
		92-95 Meppen 54/0	
Gatti, Martino	23.10.71	91-94 St. Pauli	73/6
Gaudino, Maurizio	12.12.66	**84-87 Waldhof 60/9**	**294/48**
		87-93 Stuttgart 171/30	32/9
		93-96 Ein. Frankfurt 43/7	
		96-97 Ein. Frankfurt 32/9	
		98-99 Bochum 20/2	
Gawletta, Walter	14.10.35	**63-64 K'lautern**	**19/3**
Gayer, Wolfgang	9.1.43	**67-68 Neunkirchen 34/12**	**132/42**
		69-72 Hertha 98/30	
Gebauer, Claus	15.9.60	**80-82 Duisburg**	**7/0**
Gebauer, Rainer	24.8.51	**72-73 1.FC Köln**	**19/3**
Gebhardt, Klaus	2.8.62	81-90 Bayreuth	142/12
Gebhardt, Marco	7.10.72	97-98 Ein. Frankfurt	31/2
		98-01 Ein. Frankfurt	**64/8**
Gecks, Horst	18.9.42	**63-69 Duisburg 139/41**	**192/53**
		70-71 Offenbach 33/8	30/1
		73-74 RWE 20/4	
		74-75 SW Essen 30/1	
Gede, Hans-Jürgen	14.11.56	**75-77 Schalke**	**33/2**
		77-79 Münster 72/10	416/58
		79-91 Fort. Köln 344/48	
Gehrke, Holger	22.8.60	84-92 BW Berlin 121/0	**86/0**
		86-87 BW Berlin 10/0	148/0
		92-94 Schalke 40/0	
		94-97 Duisburg 36/0	
		95-96 Duisburg 24/0	
		98-99 KSC 3/0	
Gehrmann, Joachim	15.5.65	90-91 Havelse 34/2	68/2
		91-93 Oldenburg 34/0	
Geier, Winfried	23.8.60	**79-83 Schalke**	**53/1**
		81-84 Schalke	34/4
Geiersbach, Gerd	20.2.56	75-78 Pirmasens	72/3
Geiger, Michael	27.9.60	**79-85 Braunschweig**	**134/9**
		80-86 Braunschweig 69/13	81/14
		92-93 Wolfsburg 12/1	
Geiger, Rolf	16.10.34	**63-66 Stuttgart**	**70/19**
Geilenkirchen, Ralf	26.4.66	**84-88 1.FC Köln**	**65/9**
		90-93 Braunschweig 74/6	85/7
		93-94 Uerdingen 11/1	
Geils, Karlheinz	20.5.55	**74-80 Bremen 132/2**	**405/23**
		80-84 Bielefeld 131/16	35/1
		84-87 1.FC Köln 81/3	
		87-89 Hannover 96 61/2	
		89-90 Hannover 96 35/1	
Geinzer, Kurt	3.7.48	74-77 Nürnberg 77/9	264/19
		77-83 Offenbach 187/10	
Geisert, Otto	18.11.39	**63-65 KSC 45/10**	**198/31**
		65-70 K'lautern 153/21	
Geisler, Lothar	8.12.36	**63-67 BVB**	**54/1**
Gelhard, Ulrich	26.5.46	**72-75 Wuppertal**	**30/0**
		76-78 Aachen 55/0	64/0
		78-79 Wuppertal 9/0	
Gellrich, Dirk	12.9.64	83-93 Osnabrück 273/7	279/7
		96-97 Gütersloh 6/0	
Gelsdorf, Jürgen	19.1.53	74-76 Bielefeld 64/3	**189/9**
		76-79 Leverkusen 107/17	171/20
		79-86 Leverkusen 189/9	
Gemein, Peter	14.9.63	91-93 Remscheid	65/11
Gemiti, Giuseppe	3.5.81	**00-01 Ein. Frankfurt**	**3/0**
Genschick, Franz	5.6.49	74-78 Osnabrück 85/16	169/23
		77-80 Arm. Hannover 84/7	
Gentes, Guntram	1.12.48	74-77 Pirmasens	104/7
Genz, Hubert	3.9.49	75-77 FSV Frankfurt 61/9	83/10
		78-79 Hanau 22/1	
Georg, Norbert	28.8.51	78-81 Neunkirchen	65/2
Gerban, Karl	14.7.61	79-86 Wattenscheid	89/1
Gerber, Bernd	21.12.61	**80-81 K'lautern 1/0**	**19/0**
		83-84 Bochum 4/0	128/8
		84-88 BW Berlin 68/3	
		86-87 BW Berlin 14/0	
		87-90 Bayreuth 60/5	
Gerber, Franz	27.11.53	**71-72 Bayern 1/0**	**93/30**
		74-75 Wuppertal 30/12	213/115
		75-76 Wuppertal 32/19	
		76-77/86-88 St. Pauli 73/42	
		78-79 1860 München 35/19	
		77-78 St. Pauli 32/16	
		79-80 1860 München 12/2	
		80-81 ESV Ingolstadt 36/23	
		84-85 Hannover 96 37/12	
		85-86 Hannover 96 18/0	
Gerber, Heiko	11.7.72	91-96 Chemnitz 119/9	**126/10**
		96-98 Bielefeld 43/2	119/9
		98-99 Nürnberg 24/2	
		99-01 Stuttgart 49/6	
Gerber, Roland	20.5.53	**75-81 1.FC Köln 127/8**	**143/8**
		81-82 Darmstadt 16/0	33/2
		82-83 Osnabrück 33/2	
Gergely, Laszlo	28.10.41	**70-72 Hertha**	**35/0**
Gerhardt, Waldemar	6.1.39	**63-65 Schalke 52/21**	**82/33**
		66-67 Düsseldorf 30/12	
Gerl, Rupert	22.8.61	**87-88 BVB**	**4/0**
Gerlach, Jens	3.7.70	91-94/97-98 Jena 125/7	180/13
		95-97 Waldhof 55/6	
Gerlach, Jörg	23.8.67	**89-90 1.FC Köln**	**1/0**
Gerland, Hermann	4.6.54	**72-84 Bochum**	**204/4**
Germann, Frank	26.8.67	**89-90 Leverkusen**	**1/0**
		95-96 Bielefeld	16/0
Gerresheim, Lutz	19.9.58	76-79 West. Herne	86/11
		79-80 Bochum	**5/0**
Gersdorff, Bernd	18.11.46	**69-73/74-77 Braunschweig**	**203/51**
		73-74 Bayern 12/2	
		76-80 Hertha 85/15	**300/68**
Gerstenlauer, Rolf	15.6.49	74-81 Stut. Kickers	194/2
Gerster, Frank	15.4.76	**96-98 Bayern 8/0**	**9/0**
		98-99 Ein. Frankfurt 1/0	
Gerstner, Bernd	31.7.44	**68-70 1860 München**	**8/1**
Gerstner, Thomas	6.11.66	85-88 Bielefeld 100/7	**19/1**
		88-89 Homburg 35/4	322/32
		89-90 Homburg 19/1	
		90-93 Oldenburg 105/12	
		93-94 Wolfsburg 30/5	
		94-95 Saarbrücken 5/0	
		96-98 Jena 47/4	
Gerth, Holger	22.9.52	78-80 Osnabrück	52/3
Gerwien, Klaus	11.9.40	**63-73 Braunschweig**	**237/31**
Geschlecht, Roman	28.12.61	**83-85 Leverkusen 48/1**	**104/2**
		85-86 Hannover 96 16/1	38/1
		86-87 Hannover 96 2/0	
		86-88 Homburg 40/0	
		88-89/93-94 RW Essen 36/1	
Gettinger, Reinhold	4.10.35	**63-64 Nürnberg**	**11/0**
Geye, Reiner	22.11.49	**71-77 Düsseldorf 195/66**	**485/113**
		77-86 K'lautern 290/47	
Geyer, Erich	7.11.50	76-80 Fürth	96/11
Geyer, Peter	11.12.52	**74-75 TeBe 33/6**	**256/41**
		75-76 BVB	37/13
		76-82 BVB 159/25	
		81-84 Braunschweig 64/10	
Geyer, Reiner	20.4.64	**83-88 Nürnberg**	**55/8**
		84-85 Nürnberg 27/7	80/11
		88-90 Saarbrücken 52/4	
		90-91 Schweinfurt 1/0	
Giehl, Jürgen	28.10.65	**88-89 K'lautern**	**1/0**
Gielchen, Andreas	27.10.64	**83-91 1.FC Köln 131/2**	**169/2**

SPIELER	GEBURT	STATIONEN	BILANZ
		91-92 Duisburg 38/0	20/0
		92-93 Duisburg 20/0	
Gierlinger, Wolfgang	1.2.47	**69-70 Bayern**	**1/0**
Giesel, Martin	24.11.62	79-80 Arm. Hannover 1/0	**45/3**
		83-87 Hannover 96 98/16	99/16
		85-86 Hannover 96 28/2	
		87-88 Schalke 17/1	
Giesemann, Willi	2.9.37	**63-68 HSV**	**104/13**
Gigl, Anton	11.4.47	**67-69 1860 München**	**3/0**
Gilewicz, Radoslav	8.5.71	**95-97 Stuttgart 44/6**	**70/11**
		97-98 KSC 26/5	8/1
		98-99 KSC 8/1	
Gill, Thomas	16.5.65	**96-99 Duisburg**	**71/0**
Girschkowski, Gert	23.11.44	**68-71 HSV**	**25/0**
Giske, Anders	22.11.59	**83-84/85-89 Nürnberg 118/4**	**217/13**
		84-86 Leverkusen 29/1	
		89-92 1.FC Köln 70/8	
Glaser, Ferdinand	25.7.54	**81-82 Nürnberg**	**4/0**
		82-83 Fürth	36/5
Glaser, Stefan	28.8.64	**83-84 K'lautern**	**1/0**
		84-88 Darmstadt	98/2
Glaser, Udo	3.9.45	**65-66 KSC**	**1/0**
Glaß, Frank	29.5.65	**85-86 Leverkusen**	**1/0**
		87-88 Remscheid	16/2
Glass, Werner	18.2.50	**69-70 K'lautern**	**1/0**
		75-76 Kreuznach	14/0
Glavas, Vlatko	2.9.62	92-93 Wuppertal 23/0	**36/3**
		94-95 Düsseldorf 32/10	55/10
		95-97 Düsseldorf 36/3	
Glavovic, Ahmet	13.7.48	76-79 1860 München	62/0
		77-78 1860 München	**22/0**
Glenski, Alfred	23.1.40	**67-68 Aachen**	**21/9**
Glesius, Arno	22.9.65	86-76 KSC 35/12	**90/21**
		87-92 KSC 86/21	73/19
		92-93 Saarbrücken 4/0	
		93-95 Mainz 38/7	
Gless, Willi	8.8.60	78-82 Fort. Köln	95/13
Glinka, Jürgen	16.2.40	**66-67 RW Essen**	**15/1**
Glock, Wolfgang	26.5.46	**73-74 Fort. Köln**	**33/7**
		74-76 Fort. Köln 66/4	147/10
		76-79 Aachen 81/6	
Glod, Erwin	9.6.36	**64-66 Neunkirchen**	**31/4**
Gloede, Heikko	12.7.61	80-81 TeBe 21/3	**11/2**
		82-83 Hertha 11/2	325/90
		83-86 Hertha 108/29	
		86-90 Osnabrück 146/55	
		90-92 Saarbrücken 37/3	
		92-93 Remscheid 13/0	
Glowacz, Jürgen	30.9.52	**71-79 1.FC Köln 183/20**	**253/36**
		77-78 Bremen 17/3	
		79-82 Leverkusen 53/13	
Glückler, Achim	10.8.64	**83-84 Stuttgart 1/0**	**10/1**
		84-85 KSC 9/1	32/5
		85-86 KSC 2/0	
		86-88 SSV Ulm 30/5	
Gmeiner, Werner	24.7.57	80-81 Erkenschwick 36/1	99/4
		81-83 Osnabrück 63/3	
Gniech, Harry	14.10.51	**79-81 Leverkusen**	**40/2**
Göbel, Bernd	15.7.52	76-80 FV Würzburg	96/5
Göbel, Mike	30.1.71	**96-97 St. Pauli**	**3/0**
Göddertz, Willi	24.1.56	80-84 Solingen	123/2
Göktan, Berkant	12.12.80	**98-99/00-01 Bayern 2/0**	**21/1**
		98-99 M'gladbach 5/0	
		99-00 Bielefeld 14/1	
Göppl, Paul	1.3.52	74-76 Mainz	65/6
Görgens, Armin	27.8.61	**84-86 1.FC Köln**	**6/0**
		86-87 Fort. Köln	27/0
Görts, Werner	15.1.42	**65-66 Neunkirchen 28/1**	**391/74**
		66-78 Bremen 363/73	
Gößling, Frederik	22.9.77	**99-00 Bielefeld**	**1/0**
Görtz, Armin	30.8.59	**81-83 Ein. Frankfurt 5/0**	**144/9**
		82-83 FSV Frankfurt 17/2	44/3
		86-90 1.FC Köln 112/8	
		90-91 Hertha 27/1	
		91 93 Hertha 27/1	
Götz, Dieter	4.9.64	**87-88 Schalke**	**19/6**
Götz, Falko	26.3.62	**84-88 Leverkusen 115/26**	**242/46**
		88-92 1.FC Köln 127/20	47/5
		94-95 Saarbrücken 30/5	
		96-97 Hertha 17/0	
Götz, Walter	16.6.60	**82-83 KSC**	**1/0**
Götz, Willi	20.9.47	**70-72 Bremen**	**12/0**
		74-75 Wilhelmshaven 36/15	171/51
		75-78 Wuppertal 86/30	
		77-79 Uerdingen 33/5	
		79-80 Arm. Hannover 16/1	
Goldammer, Erich	4.6.65	85-90 Bayreuth	72/1
Goldau, Karl-Heinz	21.1.41	**69-70 1.FC Köln**	**1/0**
Goldbach, Dieter	7.2.52	74-75 BVB 22/4	58/9
		75-77 Solingen 36/5	
Goldbaek, Bjarne	6.10.68	**87-88 Schalke 22/3**	**132/16**
		88-90 Schalke 52/5	76/10
		89-94 K'lautern 80/11	
		93-94 TeBe 24/5	
		94-96 1.FC Köln 30/2	
Golke, André	15.8.64	84-88 St. Pauli 107/24	**194/37**
		88-91 St. Pauli 98/25	199/35
		91-92/93-94 Nürnberg 71/11	
		92-93 Stuttgart 25/1	
		94-95 Nürnberg 29/7	
		95-97 Lübeck 63/4	
Goll, Heinz-Joachim	11.2.55	76-81 Fort. Köln 160/24	247/35
		81-83 Hannover 96 69/11	
		83-84 Saarbrücken 18/0	
Golombek, Andreas	9.8.68	86-88 Bielefeld 52/4	**3/0**
		90-91 SC Freiburg 29/3	218/22
		91-93 Osnabrück 62/7	
		94-96 Wattenscheid 61/7	
		96-97 Uerdingen 14/1	
		96-97 Düsseldorf 3/0	
Golz, Richard	5.6.68	**87-98 HSV 273/0**	**374/0**
		98-01 SC Freiburg 101/0	
Gomminginger, Thomas	3.3.66	**85-87 Stuttgart**	**12/0**
Gool van, Roger	1.6.50	**76-80 1.FC Köln**	**96/28**
Goossens, Michael	30.11.73	**97-99 Schalke**	**51/5**
Gora, Janusz	8.7.63	92-97 Stut. Kickers 57/4	**25/3**
		98-01 SSV Ulm 58/11	90/15
		99-00 SSV Ulm 25/3	
Gores, Rudi	5.9.57	**78-80 M'gladbach 33/3**	**98/16**
		80-82 Duisburg 50/12	62/15
		82-83 Düsseldorf 15/1	
		83-85 Fort. Köln 39/12	
		85-86 TeBe 18/2	
		86-87 Aschaffenburg 5/1	
Gorges, Guido	8.6.73	**97-99 1860 München**	**28/1**
		00-01 Fürth 9/0	18/0
		00-01 Hannover 96 9/0	
Gorgs, Kurt	19.2.39	**63-64 Duisburg**	**1/0**
Gorka, Helmut	13.4.60	78-79 West. Herne 25/1	242/17
		80-81 Münster 36/2	
		82-84 RW Essen 62/4	
		84-88 RWO 119/10	
Gorlukowitsch, Sergej	18.11.61	**89-92 BVB 44/1**	**94/4**
		92-95 Uerdingen 50/3	30/3
		93-94 Uerdingen 30/3	
Gorski, Bernd	4.10.59	**79-80 HSV 1/0**	**34/5**
		79-84 Hannover 96 168/15	324/20
		84-85 Braunschweig 33/5	
		85-91 Braunschweig 156/5	
Goscianiak, Norbert	2.7.54	78-79 Lüdenscheid 32/8	88/13
		79-81 Herford 56/5	
Gospodarek, Uwe	6.8.73	**91-95 Bayern 7/0**	**64/0**
		95-96 Bochum	33/0
		96-98 Bochum 49/0	
		98-00 K'lautern 8/0	
Gothe, Florian	9.8.62	**83-85 Bochum**	**27/1**
		85-88 RWO 93/12	171/15

SPIELER	GEBURT	STATIONEN	BILANZ
		88-91 Saarbrücken 78/3	
Gowitzke, Torsten	8.1.67	85-93 Hertha	128/6
		90-91 Hertha	**19/0**
Grabmeier, Hermann	12.6.52	74-83 Fürth	251/1
Grabosch, Bernd	23.9.58	82-86 Fort. Köln 136/49	**39/3**
		86-87 Schalke 11/0	202/67
		86-90 Stut. Kickers 66/18	
		88-89 Stut. Kickers 28/3	
Grabotin, Dietmar	28.3.59	79-84 Aachen 181/4	**36/0**
		84-87 Düsseldorf 36/0	219/4
		87-89 Osnabrück 38/0	
Grabowski, Jürgen	7.7.44	**65-80 Ein. Frankfurt**	**441/109**
Gräbener, Thomas	15.6.65	89-91 Münster	63/2
Gräber, Manfred	3.1.53	77-80 Bremerhaven	55/1
Gräber, Werner	18.11.39	**64-68 Hannover 96**	**89/13**
Gräfe, Marco	23.9.71	**93-94 Leipzig**	**6/0**
		94-95 Leipzig	4/0
Gräwe, Bernd	14.11.48	74-77 Wattenscheid	70/1
Graf, Daniel	3.8.77	**98-99 K'lautern**	**2/0**
		99-00 Fort. Köln	24/5
Graf, Thomas	25.6.66	**85-86 K'lautern**	**5/0**
Grahammer, Roland	3.11.63	82-83 Augsburg 34/2	**221/19**
		83-88 Nürnberg 119/17	64/4
		84-85 Nürnberg 30/2	
		88-93 Bayern 102/2	
Grammozis, Dimitrios	8.7.78	96-98 Uerdingen 57/3	**55/1**
		98-00 HSV 32/1	57/3
		00-01 K'lautern 23/0	
Grams, Siegfried	13.11.42	**65-66 Schalke**	**1/0**
Granitza, Karl-Heinz	1.11.51	74-75 Gütersloh 21/5	**73/34**
		75-77 Völklingen 45/32	66/37
		76-79 Hertha 73/34	
Granström, Lars	8.12.42	**66-67 KSC**	**3/0**
Granzow, Ulrich	28.4.52	74-76 Gütersloh	76/0
		76-77 RW Essen	**8/0**
Grasser, Markus	18.6.72	97-00 Nürnberg	12/0
		98-99 Nürnberg	**12/0**
Grassow, Dennis	10.10.71	95-97 Unterhaching 51/2	**52/1**
		97-98 1.FC Köln 8/0	75/2
		98-99 1.FC Köln 24/0	
		99-01 Unterhaching 44/1	
Gratz, Rüdiger	6.4.36	**64-65 Neunkirchen**	**1/0**
Grau, Gerd	19.7.60	78-79 St. Pauli 11/0	97/14
		79-81 Homburg 36/5	
		85-88 Osnabrück 50/9	
Grau, Gerhard	27.10.47	**72-78 Hertha**	**157/14**
		80-84 Kassel	125/2
Grau, Werner	9.12.45	**64-66 Schalke**	**12/3**
		76-77 Bonn	29/2
Grauer, Uwe	1.1.70	**90-94 BVB 20/1**	**85/2**
		94-96 Uerdingen 50/1	113/2
		96-99 Uerdingen 93/2	
		99-00 SSV Ulm 15/0	
		00-01 SSV Ulm 20/0	
Graul, Volker	18.6.52	74-76/79-80 Bielefeld 77/42	**45/6**
		76-77 Münster 32/13	156/77
		77-79 Fort. Köln 47/22	
		78-81 Bielefeld 45/6	
Gravesen, Thomas	11.3.76	**97-00 HSV**	**74/6**
Grawunder, Manfred	16.3.52	76-79 Baunatal 105/11	172/13
		80-82 Kassel 67/2	
Gredig, Jürgen	19.1.66	**88-89 Bochum 3/0**	**8/0**
		91-92 Schalke5/0	
Greif, Heinz-Dieter	15.8.49	74-75 BVB 16/0	126/32
		75-78 Osnabrück 109/32	
		78-79 Herne 1/0	
Greif, Manfred	14.10.39	**64-67 Nürnberg**	**61/10**
Greifenberg, Ulrich	23.2.53	77-79 Lüdenscheid 51/0	78/0
		82-83 Schl.-Neuhaus 27/0	
Greifenegger, Harald	18.11.59	78-79/80-81 Augsburg 37/2	53/2
		79-80 Stut. Kickers 16/0	
Greiffendorf, Reiner	17.9.47	74-76 Mülheim 75/9	111/11
		76-77 Bonn 36/2	
Greilich, Holger	12.7.71	91-95 Mainz	92/0
		95-01 1860 München	**109/2**
Grein, Oliver	3.9.66	**90-91 Uerdingen**	**10/0**
		93-97 RW Essen	39/4
Greiner, Frank	3.7.66	**87-88 Nürnberg 5/0**	**311/18**
		88-95 1.FC Köln 176/14	28/0
		95-98 K'lautern 22/0	
		96-97 K'lautern 28/0	
		97-01 Wolfsburg 108/4	
Greiner, Uwe	8.8.59	**79-81 Stuttgart 24/0**	**133/0**
		81-83 Leverkusen 67/0	
		84-86 Düsseldorf 42/0	
Greiser, Dirk	24.2.63	85-86 TeBe 23/0	**28/3**
		88-89 Hertha 63/15	86/15
		90-91 Hertha 15/2	
		91-92 Wattenscheid 13/1	
Gresens, Holger	3.10.67	85-90 Aachen	106/2
Gresko, Vratislav	24.7.77	**99-01 Leverkusen**	**15/0**
Gress, Gilbert	17.12.41	**66-71 Stuttgart**	**149/24**
Greth, Werner	17.6.51	74-75 RWO 35/4	**12/0**
		75-76 Saarbrücken 38/2	103/8
		76-77 Saarbrücken 12/0	
		77-78 Uerdingen 30/2	
Grether, Thomas	14.11.65	91-92 Brandenburg 29/8	69/14
		92-93 Osnabrück 40/6	
Grevelhörster, Marco	26.4.70	94-95 FSV Frankfurt 24/6	134/21
		95-99 Mainz 95/14	
		99-00 Offenbach 15/1	
Griehsbach, Michael	28.9.61	**84-85 BVB 1/0**	**4/0**
		87-88 1.FC Köln 3/0	58/5
		88-89 RW Essen 31/4	
		91-93 Remscheid 27/1	
Gries, Bernd	26.5.68	**87-90 Homburg**	**18/0**
		88-93 Homburg	76/17
Gries, Theo	10.2.61	**83-84 K'lautern 1/0**	**29/6**
		85-89 Aachen 125/47	293/123
		88-94 Hertha 148/68	
		90-91 Hertha 28/6	
		93-94 Hannover 96 20/8	
Grillemeier, Gregor	17.2.59	**78-81 Duisburg 43/7**	**149/35**
		81-82 RW Essen 27/17	147/59
		82-84 Bielefeld 59/14	
		84-86 Hertha 62/21	
		86-87 Hannover 96 24/15	
		87-89 Hannover 96 47/14	
		89-91 Stut. Kickers 34/6	
Grimm, Marco	16.6.72	**94-95 Bayern 1/0**	**33/0**
		95-97 Stuttgart 32/0	11/0
		99-00 KSC 11/0	
Grimm, Reinhard	5.6.52	77-81 Bürstadt	79/1
Grimm, Siegfried	1.12.47	74-75 Bayreuth 35/1	125/11
		75-79 Fürth 90/10	
Grlic, Ivica	6.8.75	97-00 Fort. Köln	85/9
		00-01 1.FC Köln	**2/0**
Grobe, Wolfgang	25.6.56	**76-82 Braunschw. 127/18**	**185/28**
		80-81 Braunschweig	37/12
		82-85 Bayern 58/10	
Grodas, Frode	24.10.64	**98-01 Schalke**	**3/0**
Gröber, Albert	26.4.67	91-94 1860 München 20/2	50/9
		95-98 Unterhaching 30/7	
Größler, Manfred	3.10.44	74-82 Bayreuth	262/76
Groh, Jürgen	17.7.56	**76-80/86-89 K'lautern 197/3**	**351/7**
		80-85 HSV 154/4	
Gronau, Jürgen	25.8.62	84-95 St. Pauli	202/7
		88-97 St. Pauli	**117/11**
Gronbach, Thomas	10.8.63	**89-90 Waldhof**	**2/0**
Gronen, Herbert	13.1.44	**67-70 Aachen 81/4**	**101/5**
		71-72 Düsseldorf 20/1	
Groppe, Friedhelm	17.10.42	**65-69 BVB**	**35/0**
		76-80 FV Würzburg	121/10
Gross, Christian	14.8.54	**80-82 Bochum**	**29/4**
Groß, Lothar	10.2.40	**63-70 Hertha**	**81/3**
Groß, Stefan	23.10.53	78-86 KSC	121/20
		80-85 KSC	**113/30**
Groß, Volkmar	31.1.48	**68-72 Hertha 101/0**	**153/1**

SPIELER	GEBURT	STATIONEN	BILANZ
		76-77 TeBe 17/1	
		77-79 Schalke 35/0	
Grosser, Peter	28.9.38	**63-69 1860 München**	**130/49**
Grosser, Rudolf	13.3.44	**65-67 Bayern**	**4/1**
Großkopf, Jörn	29.8.66	**88-91 St. Pauli**	**30/2**
Großmann, Hans-Peter	23.10.57	79-81 Vikt. Köln 74/2	137/3
		82-84 Duisburg 63/1	
Groth, Martin	20.10.69	**87-89 Hannover 96 17/2**	**134/12**
		89-95 Hannover 96	182/15
		95-98 Rostock 59/1	
		98-01 HSV 58/9	
Groth, René	9.6.72	**93-94 Dresden**	**1/0**
		95-98 Zwickau	48/1
Grubac, Vanja	11.1.71	**98-00 HSV**	**11/2**
Gruber, Peter	7.9.52	**76-80 Bayern**	**41/2**
Gruber, Rigobert	14.5.61	**79-81 Ein. Frankfurt 21/1**	**110/13**
		81-84 Bremen 89/12	
Grünberger, Peter	20.11.62	**81-82 Bayern 2/0**	**9/0**
		83-84 Bochum 7/0	7/0
		84-85 Solingen 7/0	
Gründel, Heinz	13.2.57	**76-78 Hertha 8/1**	**161/24**
		85-88 HSV 62/14	
		88-92 Ein. Frankfurt 91/9	
Grüner, Roland	11.1.63	82-83 Fürth 22/0	**23/0**
		83-84 K'lautern 9/0	127/0
		84-85 Nürnberg 1/0	
		85-86 Nürnberg 14/0	
		87-90 Bayreuth 104/0	
Grünewald, Michael	29.8.58	78-88 Offenbach	178/23
		83-84 Offenbach	**28/2**
Grüninger, Siegfried	28.6.59	**82-83 Stuttgart 5/0**	**28/0**
		83-87 SC Freiburg	134/0
		88-90 Uerdingen 23/0	
Grünther, Rolf	11.2.51	74-79 Münster 187/17	**66/1**
		79-81 1860 München 66/1	278/22
		81-85 Aachen 91/5	
Gruler, Walter	24.8.51	75-77 Göttingen 60/7	**31/1**
		77-80 Homburg 106/14	258/30
		80-82 Hertha 79/8	
		82-83 Hertha 31/1	
		83-84 Saarbrücken 13/1	
Grund, Hans-Günter	11.10.41	**63-64 Saarbrücken**	**1/0**
Grunenberg, Horst	19.6.42	**67-68 Hannover 96**	**2/0**
Grunenberg, Thomas	2.11.55	79-81 TeBe	54/12
Grzyb, Wolfgang	29.7.40	**66-78 Braunschweig**	**305/19**
Grzelak, Adalbert	3.1.56	77-80 Lüdenscheid 104/3	184/4
		80-82 Fort. Köln 37/1	
		81-83 SC Freiburg 43/0	
Gu, Guangming	31.1.59	87-92 Darmstadt	109/8
Gudjonsson, Thordur	14.10.73	93-96 Bochum	44/6
		94-97 Bochum	**29/4**
Gudlaugsson, Janus	7.10.55	79-85 Fort. Köln	130/19
Gudmundsson, Larus	12.12.61	**84-87 Uerdingen 62/17**	**69/17**
		87-88 K'lautern 7/0	
Gue, Michael	21.9.62	84-87 Hannover 96	50/15
		85-86 Hannover 96	**30/8**
Guezmir, Marouene	6.3.74	**96-97 SC Freiburg**	**14/1**
Gülünoglu, Nesat	4.1.79	**96-99 Bochum**	**37/4**
Gümüs, Özkan	24.8.77	**97-98 HSV**	**1/0**
Günes, Ali	23.11.78	97-98 SC Freiburg	13/2
		98-00 SC Freiburg	**46/6**
Günther, Emanuel	13.11.54	74-75 Worms 3/0	**139/41**
		77-78/79-87 KSC 186/98	189/98
		78-79 Düsseldorf 13/4	
		80-85 KSC 126/37	
Günther, Klaus	12.1.41	**68-71 BVB**	**39/0**
Günther, Sven	22.2.74	94-98 Zwickau 103/6	**19/0**
		98-99 Nürnberg 19/0	147/7
		99-01 Nürnberg 44/1	
Günther, Walfried	28.12.55	74-82 Worms	204/5
Gütschow, Torsten	28.7.62	**91-93 Dresden**	**39/12**
		93-94 Jena 9/0	76/31
		94-95 Hannover 96 33/16	
		95-96 Chemnitz 34/15	

SPIELER	GEBURT	STATIONEN	BILANZ
Güttler, Günter	31.5.61	**80-83 Bayern 11/2**	**234/14**
		84-85 Nürnberg 35/7	69/7
		85-87 Nürnberg 53/3	
		87-90 Waldhof 85/5	
		90-91 Schalke 34/0	
		91-94 Schalke 85/4	
Güvenisik, Sercan	1.3.80	**99-00 Duisburg**	**6/0**
		00-01 Duisburg	27/5
Guié-Mien, Rolf-Christel	28.10.77	**97-98 KSC 10/1**	**64/9**
		98-99 KSC	31/6
		99-01 Ein. Frankfurt 54/8	
Guillou, Patrick	16.4.70	**90-93 Bochum**	**9/0**
Gulich, Helmut	16.1.61	**82-83 Ein. Frankfurt 15/0**	**44/10**
		83-85 Uerdingen 29/10	
Gummlich, Hans-Peter	6.4.50	**70-71 HSV**	**1/0**
		74-75 Wilhelmshaven	32/11
Gundelach, Hans-Jürgen	29.11.63	**84-89 Ein. Frankfurt 87/0**	**130/0**
		89-90 Homburg 34/0	64/0
		90-92 Homburg 64/0	
		92-95 Bremen 9/0	
Gundersdorff, Karl-Heinz	25.12.57	73-84 RW Essen	139/5
Gunnlaugsson, Bjarki	6.3.73	94-95 Nürnberg 27/5	66/14
		95-97 Waldhof 39/9	
Gutzeit, Peter	14.12.46	**71-74 Hertha 64/13**	**71/14**
		74-75 KSC	28/11
		74-76 KSC 7/1	
Gutzler, Dieter	28.7.64	86-93 Darmstadt	152/26

H

SPIELER	GEBURT	STATIONEN	BILANZ
Haaga, Werner	3.3.47	**68-71 Stuttgart**	**39/3**
		74-75 Heilbronn	37/0
Haak, Peter	6.8.47	**71-72 Bremen**	**3/0**
Haar, Hans van der	1.2.75	**99-00 SSV Ulm**	**25/10**
		98-99 Uerdingen 21/5	**25/10**
		99-00 SSV Ulm 25/10	29/6
		00-01 SSV Ulm 8/1	
Haaren, Heinz van	3.6.40	**64-68 Duisburg 132/22**	**249/32**
		68-72 Schalke 126/10	
Haas, Michael	15.12.63	87-91 SC Freiburg	118/0
Haas, Uwe	26.2.64	**82-85 1.FC Köln**	**33/2**
		85-86 Bielefeld 27/5	30/5
		86-87 RWO 3/0	
Habel, Wolfgang	30.3.51	**71-72 RWO**	**1/0**
Haber, Marco	21.9.71	**89-95 K'lautern 139/10**	**273/15**
		95-98 Stuttgart 77/3	
		99-01 Unterhaching 57/2	
Habich, Wolfgang	17.6.44	**68-70 Aachen**	**5/0**
Habiger, Werner	3.11.57	**81-83 Stuttgart 29/1**	**47/1**
		83-84 Nürnberg 18/0	
Hach, Eugen	19.9.60	84-87 Aachen 110/8	277/20
		87-92 Saarbrücken 167/12	
Hadewicz, Erwin	2.4.51	**73-75 Bayern 19/0**	**203/9**
		74-83 Stuttgart 184/9	49/9
		75-77 Stuttgart 49/9	
Haebermann, Friedhelm	24.7.46	**69-78 Braunschweig**	**229/8**
Häfele, Anton	15.6.63	89-93 Unterhaching	81/0
Häfner, Horst	5.10.40	**66-67 Düsseldorf**	**17/0**
Hähnchen, Karlheinz	15.6.52	**71-73 1.FC Köln**	**7/0**
		74-75 Saarbrücken	29/1
Häming, Erwin	27.10.53	**73-74 Duisburg**	**1/0**
		74-76 Erkenschwick	42/0
Hänel, Klaus	23.2.36	**63-68 Bremen**	**68/12**
Hänsler, Bernd	24.7.46	**65-66 Tasmania**	**5/0**
Härtel, Jens	7.6.69	96-98 Zwickau	63/1
Häßler, Thomas	30.5.66	**84-90 1.FC Köln 149/17**	**350/62**
		94-98 KSC 118/28	
		98-99 BVB 18/2	
		99-01 1860 München 65/15	
Hagmayr, Max	16.11.56	**82-83 KSC**	**31/6**
Hagner, Matthias	15.8.74	**93-96 Ein. Frankfurt 31/10**	**102/22**

H

SPIELER	GEBURT	STATIONEN	BILANZ
		96-98 Stuttgart 53/10	14/0
		98-99 M'gladbach 18/2	
		99-00 M'gladbach 14/0	
Hahn, Andreas	6.9.66	**86-87 BVB**	**1/0**
		87-88 Wattenscheid	1/0
Hahn, Knut	19.12.64	84-89 Offenbach	70/11
Hahn, Paul	16.1.49	74-79 Uerdingen 134/5	**81/4**
		75-81 Uerdingen 81/4	237/8
		83-86 RWO 103/3	
Hahn, Ralf	27.11.63	87-89 Offenbach	50/12
Hahn, Sebastian	18.12.75	93-97 Uerdingen	32/4
		94-96 Uerdingen	**18/0**
Hahn, Uwe	1.7.54	77-84 Darmstadt 126/16	**57/10**
		78-82 Darmstadt 57/10	158/22
		84-85 Bürstadt 32/6	
Hain, Mathias	31.12.72	91-93 Braunschweig 14/0	60/0
		99-01 Fürth 22/0	
		00-01 Bielefeld 24/0	
Hain, Uwe	18.10.55	**75-82 Braunschweig 38/0**	**45/0**
		84-87 HSV 7/0	126/0
		88-92 Braunschweig 123/0	
		92-93 Wolfsburg 3/0	
Hainer, Walter	3.10.61	**80-81 1860 München**	**3/0**
		81-82/91-92 1860 München	50/4
Hajnal, Tamas	15.3.81	**99-00 Schalke**	**8/0**
Hajradinovic, Elvis	1.8.72	**91-92 K'lautern**	**1/0**
Hajto, Tomasz	16.10.72	**97-00 Duisburg 80/8**	**112/8**
		00-01 Schalke 32/0	
Haller, Helmut	21.7.39	74-76/78-79 Augsburg 60/14	62/14
		76-77 Schwenningen 2/0	
Haller, Jürgen	31.8.61	80-83 Augsburg 51/2	**24/0**
		84-90 BW Berlin 141/2	192/4
		86-87 BW Berlin 24/0	
Hallmann, Carsten	11.10.61	80-84 RW Essen 111/0	**30/0**
		84-87 Saarbrücken 37/0	148/0
		85-86 Saarbrücken 30/0	
Haltenhof, Holger	18.11.53	**72-73 HSV**	**1/0**
		78-79 Kiel	31/8
Halvorsen,	8.3.63	89-92 Hertha	46/5
Jan-Halvor	8.3.63	**90-91 Hertha**	**28/0**
Hamann, Dietmar	27.8.73	**93-98 Bayern**	**106/6**
Hamann, Matthias	10.2.68	88-90 Fort. Köln 50/6	**59/2**
		94-96 K'lautern 28/1	135/10
		95-98 1860 München 31/1	
		88-90 Fort. Köln 50/6	
		98-00 TeBe 57/2	
		00-01 Ahlen 28/2	
Hammerschlag,	28.9.60	83-86 Duisburg 69/3	118/7
Frank		85-86 TeBe 22/4	
		86-87 Fort. Köln 27/0	
Hammes, Ewald	4.8.50	74-80 Wattenscheid	217/36
Hampl, Helmut	29.9.50	80-85 Kassel	161/43
Hampl, Stefan	17.9.74	**98-00 SC Freiburg**	**6/0**
Handschuh,	30.11.47	**66-74 Stuttgart 185/64**	**358/86**
Karl-Heinz		**74-80 Braunschweig 173/22**	
Hanisch, Frank	6.11.53	**71-76 Hertha**	**67/1**
		77-78 Wuppertal 14/0	87/1
		78-81 TeBe 73/1	
Hanisch, Klaus-Peter	29.1.52	**72-74 Hertha 10/0**	**19/0**
		74-76 Wacker Berlin 75/3	90/3
		76-77 TeBe 9/0	
		77-78/79-80 TeBe 15/0	
Hanke, Stefan	19.10.72	**93-94 Leverkusen 1/0**	**62/1**
		94-00 St. Pauli	119/3
		95-97 St. Pauli 61/1	
Hannakampf, Rudolf	22.10.48	74-77 Nürnberg 74/1	184/5
		77-80 Bayreuth 110/4	
Hannes, Wilfried	17.5.57	**75-86 M'gladbach 261/58**	**309/62**
		86-88 Schalke 48/4	
Hanschitz, Robert	5.6.57	78-79 Saarbrücken 28/7	91/15
		81-83 Fort. Köln 37/4	
		83-84 Charlottenburg 26/4	
Hansel, Uwe	29.9.56	**75-76 Uerdingen**	**11/0**

SPIELER	GEBURT	STATIONEN	BILANZ
		76-78 Uerdingen 43/8	77/11
		80-81 Bocholt 34/3	
Hansen, Allan	21.4.56	77-80 TeBe	54/12
		82-84 HSV	**20/4**
Hansen, Heino	24.9.47	74-76 St. Pauli 74/14	137/17
		76-78 Münster 63/3	
Hansen, Johnny	14.11.43	**68-69 Nürnberg 21/0**	**185/7**
		70-76 Bayern 164/7	
Hansen, Wolfgang	29.9.48	74-77 Wacker Berlin	63/3
Hanses, Christoph	6.10.64	**86-89 Bremen**	**4/0**
		90-92 Meppen	34/7
Hansing,	9.3.47	**67-69 K'lautern**	**24/0**
Heinz-Dieter		74-76 Göttingen	50/5
Hantzidis, Minas	4.7.66	**85-88 Leverkusen 24/1**	**27/2**
		87-88 Bochum 3/1	
Hapal, Pavel	27.7.69	**92-95 Leverkusen**	**86/13**
Happe, Markus	11.2.72	90-91 Münster 24/0	**214/9**
		91-00 Leverkusen 188/8	24/0
		99-01 Schalke 26/1	
Harforth, Michael	9.2.59	77-80/83-87 KSC 168/22	**181/14**
		80-81 Freiburger FC 32/9	232/31
		81-82/84-92 KSC 181/14	
		92-93 Duisburg 15/0	
		93-95 Hannover 96 17/0	
Hargreaves, Owen	20.1.81	**00-01 Bayern**	**14/0**
Harig, Dieter	5.9.33	**64-65 Neunkirchen**	**18/0**
Harm, Karl-Heinz	11.6.50	74-80 Waldhof	169/31
Hartenberger, Uwe	1.2.68	**92-93 Uerdingen**	**3/1**
Hartig, Andreas	17.10.70	93-94 1860 München 10/0	105/12
		95-99 Unterhaching 95/12	
Hartl, Hans-Werner	10.11.46	**71-73 Bochum 39/13**	**68/20**
		74-76 BVB 58/23	79/30
		76-78 BVB 29/7	
		77-78 Solingen 21/7	
Hartmann, Bernhard	29.5.47	74-79 1860 München 137/0	**48/0**
		77-78 1860 München 32/0	175/0
		79-80 Nürnberg 38/0	
		80-82 Nürnberg 16/0	
Hartmann, Frank	27.9.60	**80-85 1.FC Köln 84/6**	**300/64**
		84-86 Schalke 52/20	17/1
		86-90 K'lautern 99/30	
		89-90 Wattenscheid 17/1	
		90-93 Wattenscheid 65/8	
Hartmann, Frank	17.8.60	80-85/86-87 Hannover 96	158/46
		85-87 Bayern 20/4	**32/5**
		87-88 Hannover 96 12/1	
Hartmann, Jürgen	27.10.62	**85-91 Stuttgart 174/10**	**363/17**
		91-97 HSV 189/7	
Hartmann, Michael	11.7.74	94-97 Hertha	87/5
		97-01 Hertha	**86/4**
Hartmann, Norbert	16.3.56	79-81 ESV Ingolstadt	64/9
Harttgen, Uwe	6.7.64	**89-98 Bremen**	**82/15**
		94-96 Hannover 96	37/4
Hartung, Harry	30.3.56	**80-82 KSC**	**17/1**
Hartwig, Knut	13.11.69	92-94 Wuppertal	71/9
Hartwig, William	5.10.54	74-77 1860 München 87/20	**244/63**
		77-78 1860 München 34/6	87/20
		78-84 HSV 182/52	
		84-86 1.FC Köln 24/5	
		86-88 Homburg 4/0	
Hasebrink,	28.8.41	**66-67 RW Essen 17/8**	**199/43**
Heinz-Dieter		**67-69 K'lautern 68/19**	
		69-73 Bremen 114/15	
Hasebrink, Jürgen	10.9.54	**73-74 RW Essen**	**1/1**
Hashemian, Vahid	21.7.76	**99-01 HSV**	**12/0**
Hasi, Besnik	25.12.71	**97-98 1860 München**	**7/0**
Hasil, Franz	28.7.44	**68-69 Schalke**	**23/5**
Haskamp, Martin	11.9.58	**78-83 Bremen**	**9/0**
Hassa, Christian	3.10.76	97-98 Nürnberg 7/0	106/0
		97-01 Fürth 76/0	
Haßdenteufel, Dieter	13.10.41	**63-64 Saarbrücken**	**5/0**
Hattenberger,	7.12.48	74-77 Fort. Köln	99/11
Roland		**77-81 Stuttgart**	**99/9**
Haub, Ralf	26.7.64	**87-88 Ein. Frankfurt**	**5/0**

H

SPIELER	GEBURT	STATIONEN	BILANZ
		88-89 Aschaffenburg 36/16	55/18
		90-91 Münster 19/2	
Hauck, Johannes	4.9.67	**86-87 Homburg**	**1/0**
Hauck, Maximilian	20.8.63	83-85 SSV Ulm 65/23	163/30
		85-88 SC Freiburg 98/7	
Hauck, Rainer	16.1.78	**00-01 K'lautern**	**2/0**
Haug, Horst	12.5.46	**67-73 Stuttgart**	**135/32**
		74-79 Stut. Kickers	169/33
Haug, Wolfgang	24.12.49	74-78 Augsburg	150/5
Haun, Eberhard	1.10.49	**70-73 Braunschweig**	**78/1**
Haun, Frank	31.8.67	**86-87 K'lautern 4/0**	**16/0**
		88-89 Mainz	32/1
		89-90 Waldhof 12/0	
Haunstein, Hans	7.8.50	74-75 KSC 26/5	**30/4**
		75-79 1860 München 95/21	121/26
		77-78 1860 München 30/4	
Hauptmann, Ralf	20.9.68	**91-93 Dyn. Dresden 67/0**	**205/5**
		93-98/00-01 1.FC Köln 138/2	41/3
		98-00 1.FC Köln 41/3	
Hausen, Achim	2.8.67	91-93 Remscheid	55/2
Hauser, Hans	17.5.49	70-71 Stuttgart	**2/0**
		74-75 Augsburg	10/0
Hausmann, Christian	21.11.63	**86-89 Leverkusen 56/2**	**106/7**
		88-91 Nürnberg 50/5	21/1
		91-92 Hertha 21/1	
Hausmann, Karl-Heinz	4.9.43	**68-69 Hertha**	**2/0**
Hausser, Gerard	28.10.41	**67-68 KSC**	**28/1**
Hausweiler, Markus	15.4.76	**95-99 M'gladbach**	**27/3**
		99-01 M'gladbach	49/1
Hayduk, Peter	10.4.53	**75-76 Hannover 96 32/11**	**55/12**
		76-78 Saarbrücken 23/1	206/54
		77-79 Wuppertal 49/16	
		79-84 Hannover 96 157/38	
Hayer, Fabrizio	11.5.69	**88-89 KSC**	**2/0**
		89-90 RW Essen 19/1	335/51
		90-94/97-99 Mainz 176/27	
		94-97 Waldhof 91/19	
		99-01 RWO 49/4	
Hayer, Horst	30.9.53	75-77 Göttingen 69/17	201/27
		77-79 FV Würzburg 53/6	
		79-82 Stut. Kickers 79/4	
Haymann, Karl-Heinz	5.5.52	74-75 Fort. Köln 2/0	88/10
		75-77 Solingen 62/9	
		77-79 Aachen 24/1	
Heck, Werner	21.4.55	75-77 Waldhof 69/24	**184/43**
		77-78 Saarbrücken 22/3	135/56
		78-80 Saarbrücken 66/32	
		80-84 Nürnberg 114/34	
		84-88 Waldhof 48/6	
Hecker, René	7.12.67	92-95 Waldhof 94/10	149/17
		95-96 Chemnitz 32/6	
		96-97 Zwickau 22/1	
		00-01 Ahlen 1/0	
Hecking, Dieter	12.9.64	**84-85 M'gladbach 6/0**	**36/0**
		85-90 Kassel 102/18	203/38
		90-92 Waldhof 54/14	
		92-93 Leipzig 31/1	
		93-94 Leipzig 30/0	
		98-99 Hannover 96 16/5	
Heddinghaus, Jürgen	17.12.54	77-81 Herford	68/9
Heemsoth, Bernd	10.10.66	89-93 Hannover 96	87/4
Heeren, Helmut	28.12.42	**68-70 BVB**	**9/2**
Heeren, Henri	25.10.74	99-01 Aachen	52/5
Heese, Horst	31.12.43	**69-73 Ein. Frankfurt 108/27**	**149/38**
		72-74 HSV 41/11	
Heesen von, Thomas	1.10.61	**80-94 HSV 368/99**	**378/100**
		95-96 Bielefeld	28/7
		96-97 Bielefeld 10/1	
Hegekötter, Detlef	6.1.51	74-80 Osnabrück	158/8
Heidemann, Hartmut	5.6.41	**63-72 Duisburg**	**262/18**
Heiden, Günter	10.2.43	**64-66 Neunkirchen**	**52/6**
Heidenreich, Hans-Jürgen	17.8.67	**86-92 Nürnberg**	**55/2**
		89-90 Kassel 26/0	66/0
		92-93 Leipzig 40/0	
Heidenreich, Herbert	15.11.54	74-76 Bayreuth 58/15	**162/15**
		76-78 M'gladbach 25/2	115/32
		77-78 TeBe 23/4	
		78-84 Nürnberg 137/13	
		79-80 Nürnberg 34/13	
Heidenreich, Maximilian	9.5.67	84-87 Hannover 96 68/5	**166/5**
		85-86 Hannover 96 29/1	125/12
		88-89 Ein. Frankfurt 13/0	
		89-90 Hannover 96 11/0	
		92-93 SC Freiburg 46/7	
		93-97 SC Freiburg 114/4	
		97-98 Wolfsburg 10/0	
Heider, Herbert	21.9.59	73-79 KSC 2/0	**22/0**
		79-80 Nürnberg 4/0	76/0
		80-81 Saarbrücken 27/0	
		82-83 Stut. Kickers 18/0	
		83-86 Nürnberg 22/0	
		84-85 Nürnberg 25/0	
Heidkamp, Ferdinand	14.9.44	**68-69 Offenbach 31/0**	**81/2**
		69-71 BVB 50/2	
Heidrich, Steffen	19.7.67	91-93 Chemnitz 73/29	**32/4**
		93-94 Leipzig 30/4	224/84
		94-98 Leipzig 113/42	
		98-00 Cottbus 38/13	
		00-01 Cottbus 2/0	
Heimen, Dieter	7.3.66	**87-88 Schalke**	**2/0**
Hein, Hans	29.5.55	78-83 Waldhof 165/49	**58/6**
		83-86 Waldhof 42/3	225/61
		88-89 Stut. Kickers 16/3	
		86-88 Stut. Kickers 60/12	
Hein, Herbert	27.3.54	**72-79 1.FC Köln 106/7**	**209/8**
		78-84 BVB 103/1	
Heinemann, Frank	8.1.65	**86-95 Bochum**	**195/14**
		93-96 Bochum	21/1
Heinen, Dirk	23.5.64	84-86 Fort. Köln 4/0	**154/0**
		93-00 Leverkusen 107/0	4/0
		99-01 Ein. Frankfurt 47/0	
Heinke, Joachim	4.11.59	**81-82 KSC**	**3/1**
Heinlein, Klaus	23.12.53	74-80 Fürth	190/54
Heinrich, Jörg	6.12.69	**94-96 SC Freiburg 41/7**	**152/23**
		95-98/00-01 BVB 111/16	
Heinrichs, Dieter	29.1.48	**72-73 RWO**	**21/2**
Heintze, Jan	17.8.63	**94-96 Uerdingen 53/3**	**140/8**
		96-99 Leverkusen 87/5	
Heinz, Marek	4.8.77	**00-01 HSV**	**26/4**
Heinze, Gerd	30.11.48	**67-75 Stuttgart 193/0**	**398/0**
		75-82 Duisburg 205/0	30/0
		82-83 Duisburg 30/0	
Heise, Sieghardt	20.12.54	76-78 SW Essen 39/2	253/19
		78-85 Solingen 214/17	
Heiser, Fred	20.11.38	**64-67 Hannover 96**	**38/12**
Heisig, Jochen	6.10.65	**87-89 KSC**	**32/4**
		89-91/92-93 Hannover 89/33	110/36
		91-92 1860 München 21/3	
Heiß, Alfred	5.12.40	**63-70 1860 München**	**169/40**
Heitkamp, Dirk	14.2.63	86-87 RW Essen	33/17
		87-89 Ein. Frankfurt	**17/0**
Hejduk, Frankie	5.8.74	**98-01 Leverkusen**	**19/1**
Helbig, Sebastian	25.4.77	**95-96 Leverkusen 2/0**	**30/4**
		98-00 Cottbus	41/6
		00-01 Cottbus 28/4	
Held, Oliver	10.9.72	**95-01 Schalke**	**96/3**
Held, Sigfried	7.8.42	**65-71/77-79 BVB 230/44**	**422/72**
		72-76 Offenbach 133/25	49/4
		76-77 Offenbach 38/3	
		79-80 Münster 11/1	
		79-81 Uerdingen 59/3	
Heldt, Horst	9.12.69	**90-95 1.FC Köln 130/13**	**305/33**
		95-99 1860 Münch. 111/11	
		99-01 Ein. Frankfurt 64/9	
Hellberg, Bastian	27.10.62	83-90 Hannover 96	93/10
		85-89 Hannover 96	**78/4**
Hellfritz,	25.9.47	**66-72 HSV 98/6**	**152/7**

SPIELER	GEBURT	STATIONEN	BILANZ
Hans-Jürgen		**72-76 Braunschweig 54/1**	
Hellingrath,	8.12.40	**66-67 Düsseldorf 30/1**	**229/4**
Hans-Josef		**67-73 Hannover 96 199/3**	
Hellmann, Dirk	31.8.66	**84-85 Bielefeld**	**1/0**
		86-88 Bielefeld	7/0
Hellmann, Manfred	16.8.62	84-88 BW Berlin 101/12	**44/1**
		86-87 BW Berlin 33/0	101/12
		88-90 Uerdingen 11/1	
Hellström, Ronnie	21.2.49	**74-84 K'lautern**	**266/0**
Hellwig, Peter	13.1.43	**64-65 Neunkirchen**	**1/0**
Helm, Gerhard	30.6.39	**63-64 KSC**	**2/0**
Helmer, Andreas	25.2.66	83-90 Osnabrück 167/10	411/32
		90-98 Meppen 244/22	
Helmer, Thomas	21.4.65	**84-85 Bielefeld 4/0**	**390/41**
		85-86 Bielefeld	35/5
		86-92 BVB 190/16	
		92-99 Bayern 191/24	
		99-00 Hertha 5/1	
Helmes, Uwe	27.6.58	80-81 Lüdenscheid 40/12	**30/6**
		81-82 Duisburg 30/6	206/59
		82-83 Duisburg 36/12	
		83-88 Fort. Köln 130/35	
Helmig, Dirk	3.5.65	83-91/96-97 RW Essen 167/39	**31/5**
		90-92 Bochum 31/5	195/40
		93-94 Bochum 28/1	
Helmreich, Leonhard	21.11.46	**71-73 Düsseldorf**	**10/0**
Helmschrot, Bernd	18.3.47	**67-71 Hannover 96 48/0**	**107/0**
		73-74/75-76 Offenbach 59/0	277/0
		74-75 Wilhelmshaven 38/0	
		76-79 Offenbach 112/0	
		79-81 Vikt. Köln 67/0	
		82-84 Fort. Köln 60/0	
Hemfler, Robert	15.8.47	74-76 Wacker Berlin	61/3
Hemmerlein, Robert	3.12.59	83-85 Fort. Köln	50/0
Hemmersbach,	26.7.41	**63-73 1.FC Köln**	**249/13**
Matthias		75-76 Leverkusen	23/0
Henchoz, Stéphane	7.3.74	**95-97 HSV**	**49/2**
Hendricks, Rowan		**99-00 Ein. Frankfurt**	**1/0**
Hengen, Thomas	22.9.74	**92-96 K'lautern 59/5**	**171/7**
		96-98 KSC 60/1	
		98-99 BVB 13/0	
		99-01 Wolfsburg 39/1	
Henke, Karl-Heinz	24.1.49	**71-72 BVB**	**5/0**
Henke, Michael	27.4.57	80-83 Wattenscheid	69/1
Henkes,	2.5.49	**71-73 K'lautern**	**19/2**
Heinz-Jürgen		74-81 Neunkirchen	74/13
Henrichs, Thomas	15.3.63	**81-83 K'lautern**	**3/0**
Hentrich, Andreas	12.4.63	**83-84 Uerdingen 4/0**	**37/0**
		84-89 Homburg	69/0
		86-88 Homburg 33/0	
Hentschel, Dieter	4.7.44	**69-70 RWO**	**27/1**
		74-80 RWO	61/0
Herbeck,	24.9.51	**71-74 Hannover 96**	**15/0**
Karl-August		74-75 Hannover 96 6/1	63/5
		79-81 OSV Hannover 57/4	
Herbert, Willi	10.6.38	**63-65 Ein. Frankfurt**	**7/0**
Herberth, Alfred	26.12.55	74-79 1860 München	99/19
		77-81 1860 München	**53/4**
Herbst, Thomas	5.10.62	**81-82 Bayern 2/0**	**84/4**
		82-83 Braunschweig 17/3	22/4
		83-88 M'gladbach 65/1	
		86-87 Darmstadt 22/4	
Herget, Matthias	14.11.55	**76-78 Bochum 64/2**	**237/26**
		78-82 RW Essen 142/38	196/43
		82-83 Uerdingen 35/5	
		83-89 Uerdingen 173/24	
		89-90 Schalke 19/0	
Herlovsen, Kai-Erik	25.9.59	**82-89 M'gladbach**	**118/3**
Hermandung, Erwin	25.8.44	**67-70 Aachen 98/19**	**290/53**
		71-77 Hertha 192/34	178/27
		77-81 Trier 151/27	
		81-82 Bayreuth 27/0	
Hermann,	22.3.52	**73-74 HSV 2/0**	**120/12**
Franz-Peter		74-76 Aachen 69/7	167/27

SPIELER	GEBURT	STATIONEN	BILANZ
		76-79 Leverkusen 98/20	
		79-84 Leverkusen 118/12	
Hermann, Günter	5.12.60	**82-93 Bremen 231/8**	**262/8**
		92-94 Wattenscheid 31/0	53/2
		93-96 Hannover 96	
Hermann, Helmut	16.12.66	85-87 KSC	13/4
		87-92 KSC	**129/25**
Hermel, Lars	28.9.70	94-98 Zwickau	123/18
		98-01 SC Freiburg	**58/0**
Hermes, Bernhard	8.9.45	**67-70 1.FC Köln 20/1**	**95/5**
		72-75 Wuppertal 75/4	205/17
		75-79 Wuppertal 119/5	
		79-81 Vikt. Köln 86/12	
Hermesdorf, Erich	12.11.44	**67-68 Neunkirchen**	**23/1**
Herr, Valentin	11.7.57	**81-82 Leverkusen 2/0**	**22/0**
		82-83 Offenbach 38/0	86/0
		83-84 Offenbach 20/0	
		84-86 Aachen 33/0	
		86-87 Aschaffenburg 15/0	
Herrlich, Heiko	3.12.71	**89-93 Leverkusen 75/6**	**243/75**
		93-95 M'gladbach 55/28	
		95-01 BVB 113/41	
Herrmann, Christian	16.1.66	**87-88 Schalke 1/0**	**130/5**
		88-89 Homburg 36/2	85/4
		89-90 Homburg 28/1	
		90-95 Bochum 101/4	
		93-96 Bochum 49/2	
Herrmann, Günther	1.9.39	**63-67 Schalke 110/22**	**134/27**
		67-68 KSC 24/5	
Herrndorf, Fritz	28.2.50	76-77 Homburg 2/0	65/0
		77-78 Herford 13/0	
		78-80 RW Essen 43/0	
		80-81 RWO 7/0	
Hertl, Björn	10.8.76	96-99 Unterhaching	47/2
		99-01 Unterhaching	**20/0**
Hertwig, Michael	17.11.60	**84-85 KSC**	**10/0**
		85-86 TeBe	25/0
Hertzsch, Ingo	22.7.77	**97-01 HSV**	**103/1**
Hery, Markus	27.11.69	**88-89 K'lautern**	**1/0**
Herzberger, Steffen	21.9.69	90-93/96-00 Mainz 202/24	231/26
		93-94 Stut. Kickers 29/2	
Herzog, Andreas	10.9.68	**92-95/96-01 Bremen 227/57**	**255/59**
		95-96 Bayern 28/2	
Herzog, Dieter	15.7.46	**71-76 Düsseldorf 167/40**	**250/46**
		76-79 Leverkusen	110/23
		79-83 Leverkusen 83/6	
Herzog, Hendrik	2.4.69	**91-95 Schalke 73/9**	**208/14**
		95-97 Stuttgart 44/2	
		97-00 Hertha 73/2	
		00-01 Unterhaching 18/1	
Heskamp, Ralf	22.9.65	83-92 Osnabrück 236/13	259/14
		92-93 Braunschweig 23/1	
Heß, Freddy	7.3.64	87-93 Darmstadt	218/10
Hesse, Fred	19.10.42	**66-76 Düsseldorf**	**176/10**
Hesse, Werner	12.2.34	**63-64 Saarbrücken**	**27/2**
Hesselbach, Paul	6.7.51	76-82 Uerdingen 123/0	**72/0**
		79-81 Uerdingen 65/0	143/0
		82-83 M'gladbach 7/0	
		82-83 Schl.-Neuhaus 9/0	
		83-85 Stut. Kickers 11/0	
Hetfeld, Willi	24.8.47	**66-67 Düsseldorf**	**8/0**
Hetmanski, Christof	15.7.65	**89-90 Homburg**	**28/1**
		90-91 Homburg 20/1	82/3
		92-93 Osnabrück 38/2	
		95-97 Lübeck 24/0	
Heubeck, Fritz	10.7.49	74-79 Fürth	165/18
Heuer, Klaus	14.9.35	**63-64 Hertha**	**8/0**
Heuermann, Gerd	26.12.67	87-93 Meppen	110/3
Heun, Dirk	4.1.53	74-75 RWO 35/4	**10/0**
		75-76 TeBe 15/1	50/5
		76-77 TeBe 10/0	
Heuschkel, Volker	28.3.58	**79-80 Braunschweig**	**2/0**
		80-81 Braunschweig	2/0
Hey, Antoine	19.9.70	**89-92 Düsseldorf 49/5**	**68/5**

SPIELER	GEBURT	STATIONEN	BILANZ
		92-94 Schalke 19/0	155/23
		93-94 TeBe 27/7	
		94-97 Fort. Köln 95/16	
		00-01 Osnabrück 33/0	
Hey, Jonny	21.9.49	**72-74 Duisburg**	**32/3**
		74-77 Bielefeld 102/16	127/17
		79-80 Fort. Köln 25/1	
Heyeres, Paul	30.5.46	**68-69 1.FC Köln**	**21/0**
Heym, Ralf	19.11.58	77-78 Uerdingen	5/0
		79-81 Uerdingen	**24/1**
Heynckes, Josef	9.5.45	**65-67/70-78 M'gladbach**	**369/220**
		283/195	
		67-70 Hannover 96 86/25	
Heyne, Dirk	10.10.57	**92-94 M'gladbach**	**24/0**
Hickersberger, Josef	27.8.48	**72-76 Offenbach 118/29**	**177/34**
		76-78 Düsseldorf 59/5	
Hidien, Peter	14.11.53	**72-82 HSV**	**214/9**
Hiegemann, Raimund	6.2.57	**79-81 Duisburg**	**22/0**
Hielscher, Dirk	17.10.62	**85-86 Leverkusen**	**20/1**
		86-90 Fort. Köln	113/1
Hiemann, Holger	12.1.68	91-95 Chemnitz 91/0	**11/0**
		95-97 HSV 5/0	91/0
		97-98 Wolfsburg 6/0	
Hieronymus, Holger	22.2.59	78-79 St. Pauli	30/2
		79-84 HSV	**121/7**
Hiestermann, Otto	7.1.49	74-75 Nürnberg 37/4	**9/1**
		75-76 1.FC Köln 9/1	114/9
		76-79 Würzburg 77/5	
Higl, Alfons	17.12.64	87-89 SC Freiburg 73/10	**172/5**
		89-95 1.FC Köln 172/5	84/10
		95-96 Fort. Köln 11/0	
Hildebrand, Timo	5.4.79	**99-01 Stuttgart**	**38/0**
Hilfiker, Andreas	11.2.69	97-98 Nürnberg 18/0	**17/0**
		98-99 Nürnberg 17/0	81/0
		99-00 TeBe 32/0	
		00-01 SSV Ulm 31/0	
Hilkes, Lorenz	31.8.50	**74-75 M'gladbach 5/0**	**13/1**
		74-75 Stuttgart 8/1	62/21
		75-76 Stuttgart 4/0	
		75-77 Fürth 58/21	
Hill, Andreas	16.10.66	**91-92 Wattenscheid**	**1/0**
Hiller, Franz	22.10.50	**69-70 1860 München 18/2**	**180/6**
		74-80 Bremen 162/4	
Hillmann, Wolfgang	18.9.48	74-75 Fürth 5/0	91/0
		75-77 Bayreuth 31/0	
		77-79 Hannover 96 55/0	
Hillringhaus, Gerald	22.6.62	85-86 Bayreuth 22/0	**17/0**
		91-92 Bayern 17/0	53/0
		93-94 TeBe 31/0	
Hilpert, Helmut	20.9.37	**63-68 Nürnberg**	**83/2**
Hinberg, Helmut	12.2.44	74-77 Göttingen	75/0
Hinkel, Andreas	26.3.82	**00-01 Stuttgart**	**10/0**
Hinterberger, Florian	8.12.58	78-82 Fürth 119/18	**105/2**
		82-84 Fort. Köln 66/7	199/25
		84-90 Leverkusen 105/2	
		91-92 1860 München 14/0	
Hintermaier, Reinhold	14.2.56	79-80/94/95 Nürnberg 52/8	**104/9**
		80-84/92-93 Nürnberg 76/8	139/15
		84-85 Braunschweig 28/1	
		85-86 Braunschweig 35/2	
		86-88 Saarbrücken 52/5	
Hintzen, Ulrich	2.9.57	**77-78 Duisburg**	**6/0**
		78-80 Münster 46/2	53/2
		80-81 Homburg 7/0	
Hinz, Marco	20.2.74	**96-97 Rostock**	**1/0**
Hinz, Thomas	6.2.64	84-85 St. Pauli	34/2
		86-88 HSV	**34/1**
Hirsch, Dietmar	8.12.71	**93-95 M'gladbach 21/0**	**153/8**
		95-96 Duisburg	31/4
		96-00 Duisburg 110/7	
		00-01 Unterhaching 22/1	
Histing, Heinz	14.9.50	74-75 Neunkirchen 31/1	202/15
		76-80 Trier 119/9	

SPIELER	GEBURT	STATIONEN	BILANZ
		79-81 Homburg 52/5	
Hitzfeld, Ottmar	12.1.49	75-77 Stuttgart	55/33
		77-78 Stuttgart	**22/5**
Hjelm, Ari-Juhani	24.2.62	**88-89 Stut. Kickers**	**32/5**
		89-90 Stut. Kickers 23/5	71/12
		92-94 St. Pauli 48/7	
Hleb, Aliaksandr	1.5.81	**00-01 Stuttgart**	**6/0**
Hobday, Peter	9.4.61	82-83 Schl.-Neuhaus 31/1	**61/5**
		83-87 Stut. Kickers 115/20	202/24
		86-87 Hannover 96 19/1	
		87-88 Hannover 96 33/4	
		88-90 Ein. Frankfurt 17/1	
		96-97 Bielefeld 11/0	
		95-96 Bielefeld 30/2	
		96-97 RW Essen 7/0	
Hobsch, Bernd	7.5.68	91-93 Leipzig 52/26	**145/51**
		92-97 Bremen 106/33	76/35
		97-99 1860 München 39/18	
		99-01 Nürnberg 24/9	
Hochheimer, Dieter	24.9.52	74-77 Göttingen 73/14	**17/1**
		75-77 TeBe 17/1	258/31
		77-80 TeBe 92/11	
		79-82 Osnabrück 93/6	
Hochstätter, Christian	19.10.63	**82-98 M'gladbach**	**339/55**
Hock, Christian	11.4.70	83-89 Aschaffenburg 6/0	**1/0**
		92-93 M'gladbach 1/0	200/21
		94-01 Mainz 194/21	
Hodel, Ernst	15.3.50	75-77 Regensburg 66/10	138/20
		77-80 Homburg 72/10	
Höbusch, Herbert	29.1.49	**67-69 Schalke 53/0**	**134/3**
		69-73 Stuttgart 81/3	87/3
		74-77 Augsburg 87/3	
Höfer, Hermann	19.7.34	**63-66 Ein. Frankfurt**	**68/2**
Höfer, Karlheinz	7.1.50	**73-76 Hannover 96**	**29/2**
		74-75 Hannover 96 3/0	65/8
		76-78 Solingen 62/8	
Höfer, Uwe	21.7.59	**76-77/78-81 Schalke 10/2**	**40/3**
		77-78 West. Herne 19/9	193/59
		78-79 KSC 8/4	
		80-85 Offenbach 115/39	
		83-84 Offenbach 26/1	
		85-86 Saarbrücken 4/0	
		85-87 Aachen 27/3	
		88-89 Aschaffenburg 24/4	
Höfert, Rolf	8.2.49	74-79 St. Pauli	118/28
		77-78 St. Pauli	**23/3**
Höfling, Roland	9.6.54	77-81 FSV Frankfurt	127/2
Höher, Heinz	11.8.38	**63-65 Duisburg**	**20/0**
Höller, Dieter	3.9.38	**63-66 Stuttgart**	**60/23**
Hölzenbein, Bernd	9.3.46	**67-81 Ein. Frankfurt**	**420/160**
Hölzenbein, Werner	4.2.39	**63-64 Saarbrücken**	**5/1**
Hölzgen, Willi	8.8.63	**83-84 Leverkusen**	**1/0**
Hönerbach, Mathias	13.4.62	**82-89 1.FC Köln 184/4**	**202/4**
		89-94 Saarbrücken	85/2
		92-93 Saarbrücken 18/0	
Hoeneß, Dieter	7.1.53	75-77 Stuttgart 41/19	**288/127**
		77-79 Stuttgart 64/25	41/19
		79-87 Bayern 224/102	
Hoeneß, Uli	5.1.52	**70-79 Bayern 239/86**	**250/86**
		78-79 Nürnberg 11/0	
Hönig, Franz-Josef	10.7.42	**67-74 HSV**	**205/62**
Hönnscheidt, Norbert	3.11.60	**80-81 Ein. Frankfurt 5/0**	**30/6**
		81-82 Worms 33/4	201/42
		83-87 Saarbrücken 80/18	
		85-86 Saarbrücken 25/6	
		88-92 + 95-96 Mainz 88/20	
Hoersen, Thomas	11.1.72	**91-98 M'gladbach 58/0**	**94/3**
		98-00 Duisburg 36/3	25/1
		00-01 Duisburg 25/1	
Hörster, Thomas	27.11.56	74-77 SW Essen 72/8	**332/16**
		77-79 Leverkusen 72/10	144/18
		79-91 Leverkusen 332/16	
Hösl, Werner	28.3.47	**67-68 KSC**	**10/0**

SPIELER	GEBURT	STATIONEN	BILANZ
Höttges, Horst-Dieter	10.9.43	**64-78 Bremen**	**420/55**
Hof, Norbert	2.2.44	**69-70 HSV**	**29/2**
Hofacker, Robert	22.12.67	**91-92 Stut. Kickers**	**9/0**
		92-98 Stut. Kickers 88/1	113/4
		00-01 Reutlingen 25/3	
Hofeditz, Erhard	7.12.53	76-78 Baunatal 47/24	**163/41**
		77-80 1860 München 54/14	92/32
		78-79 1860 München 33/8	
		80-82 K'lautern 55/13	
		82-83 KSC 30/4	
		83-84 Offenbach 24/10	
		84-85 Offenbach 12/0	
Hoff, Fred	25.1.43	**64-66 Hannover 96 15/6**	**41/12**
		71-73 RWO 26/6	
Hoffer, Hilmar	14.11.37	**66-72 Düsseldorf**	**40/6**
Hoffmann, Andreas	18.2.59	79-80 Völklingen 34/5	70/9
		80-82 Bayreuth 36/4	
Hoffmann, Bernd	9.7.46	**67-68 Duisburg 2/0**	**26/4**
		71-72 RWO 11/2	154/64
		74-75 KSC 37/25	
		75-76 KSC 13/2	
		75-79 Stut. Kickers 117/39	
Hoffmann, Daniel	27.10.71	**91-92 Rostock 30/0**	**84/0**
		92-95 Rostock 100/0	123/0
		96-97 Leipzig 23/0	
		97-01 1860 München 54/0	
Hoffmann, Dietmar	8.11.55	**73-74 Offenbach**	**1/0**
Hoffmann, Erwin	28.10.40	**67-70 Aachen**	**83/9**
Hoffmann, Guido	20.12.65	**85-88 M'gladbach 10/0**	**110/11**
		88-89 Homburg 33/5	106/13
		89-90 Homburg 25/0	
		90-93 K'lautern 57/9	
		92-93 Leverkusen 18/2	
		94-97 Leipzig 73/8	
Hoffmann, Roland	24.11.53	76-80 Arm. Hannover	136/5
Hoffmann, Stephan	9.8.50	**74-75 TeBe**	**17/0**
Hoffmann, Theodor	5.7.40	**63-70 Stuttgart**	**160/10**
Hoffmann, Torben	27.10.74	95-97 Lübeck 54/1	**39/2**
		97-98 SC Freiburg 33/2	87/3
		98-99 SC Freiburg 20/2	
		99-01 Leverkusen 19/0	
Hoffmann, Walter	9.5.52	76-77 Bonn 35/12	116/24
		78-79 Uerdingen 25/3	
		80-82 Fort. Köln 56/9	
Hoffmann, Wilhelm	23.3.48	**71-74 Bayern**	**55/14**
		74-77 Augsburg	92/33
Hoffmann, Yvo	2.7.68	89-93 Darmstadt	85/1
Hoffmeister, Rainer	22.9.63	91-92 Erfurt 10/0	63/0
		94-98 Zwickau 53/0	
Hofmann, Dirk	6.6.69	**90-91 BVB**	**1/0**
		92-93 Osnabrück 41/1	86/1
		95-99 Unterhaching 45/0	
Hofmann, Klaus	5.12.57	81-83 Offenbach	30/1
		83-84 Offenbach	**1/0**
Hofmann, Lutz	4.9.66	90-92 Waldhof	50/9
Hofmann, Michael	3.11.72	**97-01 1860 München**	**48/0**
Hofmann, Norbert	14.8.51	74-80 Bayreuth 171/12	**74/15**
		79-84 Uerdingen 74/15	239/30
		81-83 Uerdingen 68/18	
Hofmann, Norbert	1.1.72	90-97 Waldhof 229/20	**58/3**
		97-99 Bochum 58/3	246/20
		00-01 Saarbrücken 17/0	
Hofmann, Paul-Werner	1.8.51	74-76 Fürth 73/29	231/87
		76-81 FSV Frankfurt 158/58	
Hofmeister, Christian	28.10.60	**84-86 HSV**	**13/0**
Hofmeister, Josef	8.5.46	**67-69 BVB 6/1**	**16/2**
		72-73 Ein. Frankfurt 10/1	
Hofschneider, André	10.6.70	94-95 Rostock 15/0	**77/0**
		95-97 Rostock 43/0	65/0
		97-98 1860 München 12/0	
		98-01 Bielefeld 50/0	
		99-00 Bielefeld 22/0	
Hohenwarter, Erwin	1.12.47	74-76 Mainz 73/25	111/35
		76-77 Völklingen 38/10	

SPIELER	GEBURT	STATIONEN	BILANZ
Hohnhausen, Walter	3.10.45	**70-71 RW Essen 31/9**	**53/11**
		71-72 BVB 22/2	
Hohs, Hans	8.4.60	**87-88 1.FC Köln**	**1/0**
Holcer, Dragan	19.1.45	75-77 Stuttgart 73/1	**106/1**
		77-81 Stuttgart 106/1	85/1
		81-82 Schalke 12/0	
Holetschek, Olaf	12.7.68	91-98 Jena 195/29	**37/1**
		98-00 Rostock 37/1	214/31
		00-01 Chemnitz 19/2	
Hollerbach, Bernd	8.12.69	**90-91 St. Pauli 15/1**	**155/5**
		91-95 St. Pauli	128/5
		95-96 K'lautern 10/0	
		95-01 HSV 130/4	
Hollerieth, Achim	24.9.73	96-99 Uerdingen 40/0	1/0
		99-00 Stuttgart 1/0	73/0
		00-01 Waldhof 33/0	
Hollmann, Reiner	30.9.49	**70-73 RWO 92/9**	**351/33**
		74-84 Braunschweig 259/24	
Holmquist, Hans	27.4.60	**84-86 Düsseldorf**	**59/19**
Holoch, Wolfgang	22.12.47	74-75 Nürnberg 6/0	99/25
		74-78 Stut. Kickers 93/25	
Holscher, Martin	22.12.52	**74-75 Duisburg**	**3/0**
Holtkamp, Wilfried	30.9.54	77-81 Lüdenscheid	106/8
Holz, Paul	27.9.52	**71-74 Schalke 59/3**	**201/21**
		74-75/76-79 Bochum 99/13	12/1
		75-76 Hannover 96 24/5	
		76-77 Hannover 96 12/1	
		79-81 BVB 19/0	
Holze, Stefan	14.5.66	85-89 Osnabrück 119/16	266/51
		89-92 Braunschweig 75/24	
		92-95 Wolfsburg 72/11	
Holzer, Frank	5.3.53	74-76 Saarbrücken	66/10
		76-80 Braunschweig	**39/3**
Holzer, Robert	2.8.66	87-90 BW Berlin 83/12	**26/1**
		89-90 Hertha 15/0	123/13
		90-91 Hertha 26/1	
		91-92 Uerdingen 14/0	
		92-93 Fort. Köln 11/1	
Homann, Theodor	28.4.48	**72-75 Wuppertal**	**49/4**
		75-77 Wuppertal	6/0
Homberg, Wolfgang	18.4.69	88-89 Solingen 24/0	**1/0**
		91-92 BVB 1/0	33/1
		92-93 Düsseldorf 9/1	
Hommrich, Klaus	17.10.50	**69-70 Ein. Frankfurt**	**8/0**
		74-77 Völklingen	96/4
Homp, Tobias	31.10.63	**85-89/96-97 HSV 80/3**	**114/3**
		89-90 Homburg 34/0	157/7
		90-95 Homburg 157/7	
Hoogdalem, Marco van	23.5.72	**96-01 Schalke**	**98/8**
Hoogma, Nico-Jan	26.10.68	**98-01 HSV**	**92/5**
Hoos, Herbert	18.7.65	**83-90 K'lautern**	**133/7**
Hopfstock, Klaus	2.6.62	**82-83 M'gladbach**	**5/0**
Hopp, Joachim	10.7.66	90-96 Duisburg 49/0	**83/4**
		91-98 Duisburg 83/4	77/1
		98-00 RWO 28/1	
Horch, Walter	11.10.52	80-85 Kassel	159/11
Horn, Alfred	7.9.36	**63-64 Ein. Frankfurt**	**20/3**
Horn, Herbert	21.1.49	74-82 Bayreuth	285/22
Horn, Jörg	6.5.64	**82-83 BVB**	**1/0**
Hornig, Heinz	28.9.37	**63-70 1.FC Köln**	**176/33**
Horr, Lorenz	27.9.42	**69-77 Hertha**	**240/75**
		77-78 Worms 37/5	47/8
		78-79 Waldhof 10/3	
Horsch, Helmut	12.10.48	74-79 Wattenscheid	161/22
Horsmann, Udo	30.3.52	**75-83 Bayern**	**242/20**
		84-85 Nürnberg	13/0
Horst, Egon	25.11.38	**63-65 Schalke 39/1**	**158/1**
		65-69 HSV 119/0	
Horst, Heinz-Theo	26.11.47	**74-75 1.FC Köln**	**1/0**
Horsthemke, Gisbert	26.1.53	**74-75 Bochum**	**2/0**
		75-81 Erkenschwick	65/5
Horvath, Ferenc	6.5.73	**00-01 Cottbus**	**9/0**
Hosic, Idriz	17.2.44	**70-73 K'lautern 74/31**	**85/32**

SPIELER	GEBURT	STATIONEN	BILANZ
		73-74 Duisburg 11/1	
Hosny, Ahmed Salah	11.7.79	**98-01 Stuttgart**	**26/2**
Hosung, Helmut	1.4.40	**63-65 Braunschweig**	**32/6**
Hoßbach, Jörg	13.11.64	**84-85 Braunschweig**	**3/0**
		85-87 Braunschweig 52/0	90/0
		92-96 Wolfsburg 38/0	
Hoßmang, Thomas	27.11.66	**94-95 Dresden**	**18/0**
		97-99 Cottbus	57/4
Hotic, Demir	9.7.62	83-87 Solingen 138/32	**134/36**
		87-88/93-94 St. Kickers 59/14	197/46
		88-89 Stut. Kickers 23/7	
		89-90 Stuttgart 11/3	
		89-93 K'lautern 100/26	
Hoyer, Norbert	17.10.42	**69-70 Bremen**	**1/0**
Hristov, Marian	29.7.73	**97-01 K'lautern**	**94/15**
Hrubesch, Horst	17.4.51	**75-77 RW Essen 48/38**	**224/136**
		77-78 RW Essen	35/41
		78-83 HSV 159/96	
		85-86 BVB 17/2	
Hrutka, Janos	26.10.74	**97-00 K'lautern**	**17/1**
Huber, Lothar	5.5.52	**70-74 K'lautern 63/2**	**317/30**
		74-76 BVB	75/18
		76-86 BVB 254/28	
Huberts, Wilhelm	22.1.38	**63-70 Ein. Frankfurt**	**213/65**
Hubner, Michael	12.8.69	**87-91/94-95 Bochum**	**45/3**
		90-91 RW Essen 15/4	93/29
		91-93 Homburg 59/24	
		93-94 Bochum 19/1	
Hubtchev, Petr	26.2.64	**93-97 HSV 65/2**	**128/2**
		96-98 Ein. Frankfurt	44/2
		98-01 Ein. Frankfurt 63/0	
Hübner, Bruno	28.1.61	**81-85 K'lautern**	**76/19**
Hübner, Lothar	14.2.50	74-77 Göttingen	98/4
Hümmer, Michael	7.8.46	75-77 Regensburg 67/0	91/0
		77-79 Trier 24/0	
Hüter, Bernd	24.8.56	80-83 Kassel	51/0
Hütt, Michael	16.9.53	**74-75 Stuttgart**	**1/0**
Hütter, Norbert	28.5.58	79-83 Fürth	51/2
Hug, Dieter	13.12.53	77-80 Freiburger FC	67/8
Hughes, Mark	1.11.63	**87-88 Bayern**	**18/6**
Huhse, Hartmut	22.8.52	**71-75 Schalke 113/1**	**174/5**
		75-77 RW Essen 61/4	57/1
		77-79 RW Essen 57/1	
Huiberts, Max	17.11.70	**95-97 M'gladbach**	**18/0**
Hujdurovic, Faruk	14.5.70	**00-01 Cottbus**	**26/1**
Humm, Karl-Heinz	1.12.50	77-80 Bürstadt	53/0
Hummel, Dietmar	20.10.73	**96-97 SC Freiburg**	**3/0**
		97-98 SC Freiburg	6/0
Hummel, Gerhard	22.8.53	75-78 Nürnberg 13/0	**15/0**
		78-79 Nürnberg 15/0	77/0
		79-80 ESV Ingolstadt 28/0	
		80-81 Homburg 36/0	
Humpa, Hans	17.4.39	**63-64 1860 München**	**7/0**
Hupe, Dirk	29.5.57	75-81 Solingen 187/17	**214/14**
		81-85 Bielefeld 121/8	399/35
		85-88 BVB 93/6	
		88-94 Fort. Köln 212/18	
Hupp, Eugen	19.11.52	75-76 Mainz 15/1	88/11
		79-85 Bürstadt 73/10	
Huschbeck, Thomas	17.12.67	**87-92 M'gladbach**	**31/0**
		92-93 Düsseldorf	14/0
Hußner, Alfred	13.5.50	76-78 Osnabrück	63/19
Hutka, Joachim	22.3.60	**81-82 Düsseldorf**	**21/1**
Huttary, Helmut	28.2.44	**64-68 Stuttgart 87/8**	**138/11**
		68-71 Duisburg 51/3	
Hutwelker, Günter	15.4.64	82-90 Fort. Köln	193/4
Hutwelker, Karsten	27.8.71	**90-92 Düsseldorf 41/4**	**71/8**
		92-93 Düsseldorf 33/3	110/19
		93-94 Wattenscheid 5/0	
		95-96 Jena 22/8	
		96-98 Bochum 25/4	
		98-99 1.FC Köln 24/1	
		00-01 Saarbrücken 31/7	
Huxhorn, Wilhelm	20.9.55	84-93 Darmstadt	214/1

I

SPIELER	GEBURT	STATIONEN	BILANZ
Iaschwili, Alexander	23.10.77	96-97 Lübeck 15/3	**59/11**
		97-98 SC Freiburg 24/4	39/7
Ibrahim, Ali	1.9.69	**90-94 Wattenscheid**	**53/5**
Ibrahim, Dennis	24.12.74	**95-96 Düsseldorf**	**3/0**
		97-98 Düsseldorf 1/0	12/4
		99-00 Fort. Köln 11/4	
Ifejiagwa, Emeka	30.10.77	**00-01 Wolfsburg**	**8/0**
Igler, Uwe	14.11.64	87-88 Stut. Kickers 17/4	**10/2**
		88-89 Stut. Kickers 10/2	46/7
		88-89 Schalke 10/0	
		90-92 Osnabrück 19/3	
Ikpeba, Victor	12.6.73	**99-01 BVB**	**30/3**
Ilic, Dragomir	16.8.25	**63-64 Bremen**	**4/0**
Ilie, Sabin	11.5.75	**00-01 Cottbus**	**10/0**
Illgner, Bodo	7.4.67	**85-97 1.FC Köln**	**326/0**
Illing, Jörg	2.10.64	91-94 Chemnitz	70/1
Imhof, Matthias	25.5.68	86-89 Aschaffenburg 35/2	**28/2**
		89-93 Stut. Kickers 104/8	171/12
		91-92 Stut. Kickers 28/2	
		93-94 1860 München 32/2	
Immel, Eike	27.11.60	**78-86 BVB 247/0**	**534/0**
		86-95 Stuttgart 287/0	
Inceman, Ugur	25.5.81	99-01 Aachen	53/5
Ingendae, Dieter	18.5.59	**84-85 Uerdingen**	**3/0**
Ion, Viorel	2.11.67	**98-99 Bochum**	**12/1**
Ionescu, Ion	5.4.38	**68-70 Aachen**	**46/10**
Ippig, Volker	28.1.63	86-92 St. Pauli	35/0
		88-91 St. Pauli	**65/0**
Ipta, Werner	18.3.42	**68-70 Hertha**	**38/6**
Irrgang, Detlef	27.5.66	91-92 Brandenburg 16/2	100/15
		97-00 Cottbus 84/13	
Irtel, Norbert	22.4.45	**67-68 Hannover 96**	**2/1**
Islacker, Frank	29.8.63	**82-83 Bochum**	**3/0**
Isoaho, Olli	2.3.56	**82-83 Bielefeld**	**15/0**
Issaka, Awudu	26.6.79	**93-99 1860 München**	**1/0**
Istenic, Rudi	10.1.71	**95-97 Düsseldorf**	**45/1**
		97-99 Düsseldorf	62/2
Ivanauskas, Valdas	31.7.66	**93-97 HSV**	**91/13**
Ivangean, Norbert	12.10.54	74-77 Wacker Berlin	63/4
Ivanovic, Josef	5.12.73	**96-98/99-00 Bielefeld**	**20/0**
		97-98 Meppen	**13/1**
Iwan, Andrzej	10.11.59	**87-89 Bochum**	**30/2**
Iwanzik, Klaus	5.9.40	**71-72 Düsseldorf**	**20/1**

J

SPIELER	GEBURT	STATIONEN	BILANZ
Jablonski, Werner	26.6.38	**71-73 Bochum**	**8/0**
Jack, Mathias	15.2.69	91-93 Oldenburg 55/2	**29/1**
		93-94 RW Essen 33/1	151/5
		95-96 Bochum 27/1	
		96-97 Bochum 29/1	
		97-99 Düsseldorf 36/1	
Jackisch, Peter	21.11.63	**87-89 Bochum**	**20/0**
		89-90 Aachen	10/0
Jäcker, Hans	20.11.32	**63-67 Braunschweig**	**58/0**
Jäger, Armin	19.9.62	**83-86 Stuttgart 13/0**	**20/0**
		86-88 Stut. Kickers	35/0
		88-89 Stut. Kickers 7/0	
Jäger, Jürgen	18.8.46	**69-70 RWO**	**3/0**
		74-75 RWO	31/3
Jähnig, Uwe	26.8.69	**91-95 Dresden 84/10**	**99/13**
		95-97 HSV 15/3	
Jagielski, Helmut	15.3.34	**63-67 Bremen**	**64/0**
Jakobs, Ditmar	28.8.53	**71-73 RWO 39/12**	**493/45**
		74-75 RWO 6/0	44/12
		74-77 TeBe 63/4	
		75-76 TeBe 38/12	
		79-90 HSV 323/2	
Jakobs, Michael	18.7.59	78-80 Wattenscheid 72/9	**196/8**
		80-83 Bochum 88/2	167/10
		83-84 Schalke 37/1	

SPIELER	GEBURT	STATIONEN	BILANZ
		84-88 Schalke 97/6	
		88-90 Hertha 58/0	
		90-91 Hertha 11/0	
Jakobs, Reiner	1.2.57	78-80 Wuppertal 49/6	109/13
		83-85 RWO 60/7	
Jakobs, Werner	9.8.62	**83-87 Düsseldorf**	**20/0**
		87-89 Solingen	32/2
Jakobsen, Jahn-Ivar	8.11.65	**93-94 Duisburg**	**2/0**
Jakobsson, Andreas	6.10.72	**00-01 Rostock**	**34/1**
Jalocha, Jan	18.7.57	88-90 Bayreuth	65/10
Jambo, Stefan	2.8.58	79-81 Homburg 66/5	**64/9**
		83-85 Saarbrücken 71/12	170/23
		85-86 Saarbrücken 32/6	
		86-87 Nürnberg 4/1	
		86-88 Homburg 28/2	
		88-89 Mainz 18/4	
		91-92 BW Berlin 15/2	
Jancker, Carsten	28.8.74	**93-95 1.FC Köln 5/1**	**130/49**
		96-01 Bayern 125/48	
Janiak, Jacek	27.1.70	96-97 Oldenburg 28/0	53/1
		00-01 Osnabrück 25/1	
Jank, Klaus-Dieter	23.11.52	**73-75/77-80 Stuttgart**	**44/4**
		75-76 Münster 24/4	100/10
		75-77 Stuttgart 38/6	
		80-81 Bremen 25/0	
		82-83 Stut. Kickers 13/0	
Jankovic, Srdjan	3.2.60	86-90 Wattenscheid 107/20	**6/0**
		90-91 RW Essen 14/3	121/23
		90-92 Wattenscheid 6/0	
Jansen, Albert	3.11.36	**65-66 M'gladbach**	**30/0**
Jansen, Fred	6.11.56	75-84 Aachen	187/10
Jansen, Willi	1.9.47	**71-73 RWO**	**25/0**
Janssen, Dietmar	3.1.66	**85-86 Uerdingen**	**3/1**
		86-89 Solingen	88/7
Janßen, Olaf	8.10.66	**85-96 1.FC Köln 209/16**	**241/17**
		96-98 Ein. Frankfurt	18/2
		98-00 Ein. Frankfurt 32/1	
Janz, Holger	11.9.66	89-91 SC Freiburg	51/16
Janz, Jürgen	30.11.50	74-77 Völklingen	95/3
Janz, Mike	2.9.67	88-96 Mainz	63/0
Janzon, Norbert	21.12.50	**74-76 Offenbach 61/21**	**200/59**
		76-77 KSC 34/16	37/13
		77-81 Bayern 84/20	
		81-82 Schalke 37/13	
		82-83 Schalke 21/2	
Jara, Kurt	14.10.50	**75-80 Duisburg 160/23**	**191/25**
		80-81 Schalke 31/2	
Jarecki, Jacek	26.6.58	85-92 Fort. Köln	166/0
Jarolim, David	17.5.79	**98-99 Bayern**	**1/0**
		00-01 Nürnberg	9/1
Jasarevic, Murat	18.3.69	**93-95 Duisburg**	**17/1**
Jasarevic, Murat	18.3.69	95-96 Hannover 96 26/1	59/1
		96-98 Zwickau 33/0	
Jaschke, Paul	18.4.66	83-87/87-91 Osnabrück 160/7	167/7
		86-87 Bielefeld 7/0	
Jelev, Nasko	9.1.60	87-92 Saarbrücken 89/0	105/0
		92-93 Homburg 16/0	
Jendrosch, Klaus-Peter	30.4.39	**64-65 KSC**	**13/5**
Jendrossek, Jürgen	24.2.48	**66-69 1.FC Köln 53/11**	**82/18**
		71-72 Bielefeld 29/7	158/49
		74-77 Wattenscheid 75/31	
		78-81 Vikt. Köln 83/18	
Jensen, Bent	6.6.47	**72-73 Braunschweig**	**18/2**
Jensen, Henning	17.8.49	**72-76 M'gladbach**	**125/44**
Jensen, Henrik-Ravn	21.9.65	**86-87 Düsseldorf**	**19/7**
		87-88 Düsseldorf	6/1
Jensen, Jann	22.2.69	**88-93 1.FC Köln 42/0**	**54/0**
		92-97 Wolfsburg	121/2
		97-98 Wolfsburg 12/0	
Jensen, John	3.5.65	**88-90 HSV**	**47/0**
Jensen, Viggo	15.9.47	**73-74 Bayern**	**5/0**
		74-78 Fürth	103/5
Jentzsch, Simon	4.5.76	**97-98 KSC 6/0**	**33/0**
		98-00 KSC	63/0
		00-01 1860 München 27/0	
Jepsen, Allan	4.7.77	**97-99 HSV**	**26/1**
Jeremies, Jens	5.3.74	**94-95 Dresden 10/1**	**169/8**
		95-98 1860 München 78/2	
		98-01 Bayern 81/5	
Jeske, Arthur	12.9.62	**82-83 Stuttgart**	**2/0**
		83-87 Stut. Kickers 99/7	109/8
		87-88 RW Essen 10/1	
Jesse, Mike	1.5.73	97-00 Cottbus	74/0
Jessl, Reinhold	2.1.62	**86-87 Ein. Frankfurt**	**4/1**
Jester, Ralph	8.9.68	**89-90 HSV**	**1/0**
Jestremski, Werner	26.4.42	**66-67 Düsseldorf**	**19/0**
Joachimsmeier, Rainer	23.12.56	77-79 Lüdenscheid 49/3	115/7
		79-81 Vikt. Köln 66/4	
Jochimiak, Manfred	26.2.51	78-81 Kiel	85/23
Jörg, Hans	4.11.50	**72-73 Bayern**	**3/0**
		74-81 Augsburg	181/52
Jörgensen, Bo Elvar	20.2.63	**86-88 Waldhof**	**9/0**
Johansson, Nils-Eric	13.1.80	**98-99 Bayern**	**2/0**
John, Wolfgang	14.1.45	**70-71 1.FC Köln**	**1/0**
		74-76 Wacker Berlin 49/29	66/34
		75-76 St. Pauli 17/5	
Johnsen, Erland	5.4.67	**88-90 Bayern**	**21/0**
Jol, Martin	16.1.56	**78-79 Bayern**	**9/0**
Jonas, Karl-Heinz	10.4.56	74-76 Mülheim 44/9	96/14
		76-79 Solingen 52/5	
Jones, Jermaine	3.11.81	**00-01 Ein. Frankfurt**	**2/0**
Jopp, Bodo	12.11.52	**70-73 Stuttgart**	**2/0**
Joppe, Björn	13.12.78	**98-99 Bochum**	**3/0**
		99-00 Bochum	1/0
Jordan, Hans-Otto	13.9.54	77-78/79-81 Bürstadt 68/27	71/28
		79-80 Nürnberg 3/1	
Jordens, Glenn	29.9.57	80-81 Darmstadt	3/3
		81-82 Darmstadt	**8/0**
Jordt, Bernd	12.7.54	78-81 Kiel	116/11
Jorginho,	17.8.64	**89-92 Leverkusen 87/9**	**154/15**
		92-95 Bayern 67/6	
Josef, Waldemar	25.10.60	**82-85 Braunschweig**	**19/0**
		85-86 Braunschweig	21/0
Jovanovic, Vojin	20.12.49	77-81 Solingen	124/4
Jovic, Miroslav	25.3.71	97-00 Cottbus	53/2
Jovov, Hristo	4.11.77	**97-99 1860 München**	**9/1**
Jozic, Ivica	22.7.69	**93-94 Wattenscheid**	**12/4**
Judt, Thorsten	30.6.71	94-98 Düsseldorf 15/1	**43/3**
		95-97 Düsseldorf 43/3	101/8
		98-01 RWO 86/7	
Jüllich, Gernot	31.1.54	77-78 Bürstadt 5/0	57/1
		81-83 SC Freiburg 52/1	
Jüptner, Axel	26.4.69	**88-91 Stuttgart 25/0**	**113/1**
		91-98 Uerdingen 97/7	110/9
		92-96 Uerdingen 88/1	
		97-98 Jena 13/2	
Jürgens, Elmar	13.10.54	77-78 Lüdenscheid 26/15	98/46
		78-80 Münster 44/24	
		79-81 Fort. Köln 28/7	
Jüriens, Joachim	8.8.58	**80-84 Ein. Frankfurt**	**30/0**
		84-85 SSV Ulm	14/0
Jüttner, Robert	24.11.59	80-82 Hertha 26/3	**4/0**
		82-83 Hertha 4/0	36/3
		85-86 TeBe 10/0	
Jung, Erwin	4.3.41	**63-64 Bremen**	**5/1**
Jung, Georg	4.8.46	**69-71 RW Essen 52/3**	**106/6**
		72-75 Wuppertal 54/3	66/1
		75-78 Wuppertal 66/1	
Jung, Gustav	4.6.45	**67-69 Bayern 25/4**	**133/26**
		72-75 Wuppertal 97/21	
		75-77 KSC 11/1	
Jung, Jörg	22.11.65	**85-86 M'gladbach**	**1/0**
Jung, Robert	19.12.48	74-76 Pirmasens	69/0
Junghans, Walter	26.10.58	**79-82 Bayern 67/0**	**205/0**
		82-87 Schalke 110/0	211/0
		83-84 Schalke 38/0	
		88-94 Hertha 143/0	

SPIELER	GEBURT	STATIONEN	BILANZ
		90-91 Hertha 28/0	
		94-96 Fort. Köln 30/0	
Junior	10.10.77	**98-99 K'lautern**	**8/0**
		00-01 Nürnberg	13/0
Juran, Sergej	11.6.69	**96-97 Düsseldorf 16/5**	**39/9**
		97-98 Bochum 23/4	
Jurcevic, Nikola	14.9.66	**95-97 SC Freiburg**	**45/5**
Jurgeleit, Daniel	15.12.63	82-88 Solingen 193/59	**29/4**
		88-93 Homburg 133/34	393/117
		89-90 Homburg 29/4	
		95-97 Lübeck 67/24	
Juric, Frank	28.10.73	97-99 Düsseldorf	36/0
		99-01 Leverkusen	**10/0**
Jursch, Uwe	20.6.63	86-91 Osnabrück 110/31	127/33
		91-93 Hannover 96 17/2	
Juskic, Zivojin	16.12.69	**98-99 Nürnberg**	**3/0**
		99-00 Fürth	10/0
Juskowiak, Andrzej	3.11.70	**96-98 M'gladbach 52/12**	**145/48**
		98-01 Wolfsburg 93/36	
Jusufi, Fahrudin	8.12.39	**66-70 Ein. Frankfurt**	**111/2**
Jusufi, Sascha	20.1.63	81-83 Uerdingen 49/0	**167/19**
		83-84 Uerdingen 25/2	82/8
		84-85 Saarbrücken 33/8	
		85-86 Saarbrücken 30/5	
		86-91 HSV 112/12	

K

SPIELER	GEBURT	STATIONEN	BILANZ
Kaack, Peter	28.4.41	**63-73 Braunschweig**	**299/2**
Kaczor, Edmund	24.12.56	75-80 Münster 99/29	**5/0**
		79-80 Duisburg 5/0	120/34
		80-81 RWO 21/5	
Kaczor, Josef	23.3.53	**74-81 Bochum 142/51**	**157/52**
		82-83 Ein. Frankfurt 15/1	
Kadlec, Miroslav	22.6.64	**90-98 K'lautern**	**210/16**
		96-97 K'lautern	24/1
Käfer, Martin	10.11.67	92-93 SC Freiburg	11/0
		93-94 SC Freiburg	**2/0**
Kaemmer, Rolf	25.3.49	**72-76 Hannover 96**	**79/7**
		74-75 Hannover 96 38/10	86/15
		77-80 Bremerhaven 48/5	
Kaessmann, Jörg	28.8.68	**95-96 M'gladbach**	**5/0**
Kafka, Helmut	17.7.40	**65-68 KSC**	**68/0**
Kahlhofen, Mike	1.10.63	**82-83 Ein. Frankfurt**	**2/0**
		84-86 Kassel 51/5	110/6
		86-88 Aachen 59/1	
Kahn, Oliver	15.6.69	**87-94 KSC 128/0**	**338/0**
		94-01 Bayern 210/0	
Kahn, Rolf	9.12.43	**63-65 KSC**	**11/1**
Kaiser, Andreas	4.5.64	**84-91 Düsseldorf**	**114/9**
		87-89/92-93 Düsseldorf	79/0
Kaiser, Georg	21.9.48	76-80 Arm. Hannover	91/0
Kaiser, Michael	20.6.66	90-91 Waldhof 16/0	53/0
		91-92 Brandenburg 20/0	
		94-95 FSV Frankfurt 17/0	
Kaiser, Werner	29.8.49	**69-70 M'gladbach**	**10/4**
Kajtaz, Sead	14.2.63	**90-91 Nürnberg**	**8/1**
Kakoko, Etepe	22.11.50	**81-82 Stuttgart**	**1/0**
		83-84 Saarbrücken	27/9
Kalb, Jürgen	20.5.48	**68-75 Ein. Frankfurt 185/26**	**285/28**
		75-77 KSC 66/0	78/7
		77-78 KSC 38/2	
		78-79 Darmstadt 34/2	
		79-80 Darmstadt 40/5	
Kaldenhof, Hermann	8.9.45	**72-73 RWO**	**1/0**
Kalkbrenner, Michael	1.7.56	80-81 Oldenburg 37/1	117/2
		83-84 Saarbrücken 15/0	
		85-88 Osnabrück 65/1	
Kallenborn, Jörg	1.8.67	**87-88 Homburg**	**1/0**
Kallius, Ulrich	4.10.45	**71-72 RWO**	**12/1**
Kaltz, Manfred	6.1.53	**71-91 HSV**	**581/76**
Kaminke, Jörn	22.3.55	**79-81 K'lautern**	**17/3**
		84-85 Bürstadt	27/3
Kaminke, Wolfram	14.3.47	**65-67 K'lautern**	**10/3**

SPIELER	GEBURT	STATIONEN	BILANZ
Kaminsky, Jürgen	7.12.57	**76-77 RW Essen**	**1/0**
		77-83 RW Essen	167/20
Kammer, Bernd	22.8.60	78-79 Offenbach 3/0	92/8
		79-82 Worms 89/8	
Kamp, Karl-Heinz	26.9.46	**70-84 Bremen**	**361/26**
		80-81 Bremen	39/4
Kampa, Darius	16.1.77	**98-99 Nürnberg**	**1/0**
		99-01 Nürnberg	15/0
Kamper, Werner	14.8.43	74-76 Osnabrück	66/0
Kampf, Wolfgang	6.5.49	**70-71 HSV**	**3/0**
		74-76 St. Pauli	60/7
Kamps, Uwe	12.6.64	**82-98 M'gladbach**	**389/0**
		99-01 M'gladbach	67/0
Kanders, Ludger	27.5.58	**79-81 Uerdingen 50/7**	**72/7**
		81-83 Düsseldorf 22/0	
Kania, Heribert	2.3.32	**63-64 Münster**	**16/0**
Kapagiannidis, Olaf	11.6.69	93-00 TeBe	50/2
Kapellmann, Hans-Josef	19.12.49	**68-70 Aachen 42/8**	**338/36**
		70-73 1.FC Köln 91/11	
		73-79 Bayern 165/17	
		79-81 1860 München 40/0	
Kapetanovic, Sead	21.1.72	94-95 FSV Frankfurt 33/6	**57/2**
		95-97 Wolfsburg 56/2	89/8
		97-99 Wolfsburg 48/2	
		99-01 BVB 9/0	
Kapic, Adem	16.4.75	**97-98 Duisburg**	**1/0**
		99-00 Aachen 14/1	22/1
		00-01 Stut. Kickers 8/0	
Kapitulski, Helmut	29.9.34	**64-68 K'lautern**	**98/22**
Karaca, Cem	8.5.76	97-00 St. Pauli	75/5
Karadzic, Momir	16.7.52	79-81 TeBe	53/4
Karavajew, Oleg	13.2.61	95-98 Zwickau	74/0
Karbowiak, Günter	5.3.49	**69-71 RWO**	**46/5**
		74-77 Münster	94/7
Karger, Harald	14.10.56	**79-83 Ein. Frankfurt**	**28/9**
Kargus, Rudi	15.8.52	**71-80 HSV 254/0**	**408/0**
		80-84 Nürnberg 119/0	19/0
		84-85 KSC 15/0	
		84-85 Nürnberg 12/0	
		85-86 KSC 7/0	
		86-87 Düsseldorf 20/0	
Karl, Steffen	3.2.70	**89-94 BVB 72/2**	**99/3**
		95-97 Hertha 63/1	94/1
		97-98 Hertha 27/1	
		98-00 St. Pauli 31/0	
Karnhof, Günter	21.10.31	**63-65 Schalke**	**34/1**
Karow, Andreas	3.11.58	**77-78 HSV**	**4/0**
		79-81 Darmstadt	70/3
Karp, Holger	26.3.71	90-93 Osnabrück 62/1	65/2
		00-01 Ahlen 3/1	
Kasalo, Vlado	11.11.62	**89-91 Nürnberg**	**22/1**
		92-94 Mainz	55/4
Kasperski, Gerd	25.12.49	**68-69 Schalke 7/3**	**71/17**
		71-72 Bielefeld 31/5	67/35
		74-75 Hannover 96 38/20	
		75-76 BVB 75/76 29/15	
		76-77 BVB 4/0	
		76-77 Hannover 96 29/9	
Kastenmaier, Thomas	31.5.66	**89-90 Bayern 9/1**	**191/41**
		90-97 M'gladbach 182/40	
Kastl, Manfred	23.9.65	**86-88 HSV 37/17**	**122/31**
		88-89 Leverkusen 26/6	
		89-92 Stuttgart 59/8	
Kastl, Otto	21.8.47	76-79 Baunatal	83/1
Kastner, Frank	29.11.69	**87-90 KSC**	**30/1**
		90-91 Waldhof	10/0
Kastner, Roland	27.12.56	75-83 Fürth	94/1
Katanec, Srecko	16.7.63	**88-89 Stuttgart**	**26/1**
Katemann, Harald	7.7.72	94-99 Düsseldorf	73/4
		95-97 Düsseldorf	**51/3**
Katsaros, Nikolaus	7.1.60	80-83 Augsburg	58/11
Kau, Johannes	10.4.57	76-90 Aachen	219/0
Kauerhof, Rico	9.12.72	91-92 Leipzig	1/0
		93-94 Leipzig	**1/0**

SPIELER	GEBURT	STATIONEN	BILANZ
Kauf, Rüdiger	1.3.75	**99-01 Stuttgart**	**14/0**
Kaul, Michael	18.5.63	84-86 Duisburg 39/0	59/1
		86-87 Salmrohr 20/1	
Kaul, Rolf	29.9.46	74-80 Bayreuth	182/0
Kaya, Markus	20.10.79	**98-99 Schalke**	**1/0**
Kaymak, Burhanettin	25.8.73	**95-99 Ein. Frankfurt**	**10/0**
		97-98 Ein. Frankfurt	7/0
Keegan, Kevin	14.2.51	**77-80 HSV**	**90/32**
Keese, Henning	16.5.55	78-80 Wanne-Eickel 66/5	104/12
		80-81 RWO 38/7	
Kehl, Sebastian	13.2.80	98-00 Hannover 96	32/2
		00-01 SC Freiburg	**25/2**
Kehr, Heinz-Josef	18.12.50	76-77/78-82 Aachen 136/54	189/78
		77-78 TeBe 32/18	
		82-83 RW Essen 21/6	
Keidel, Ralf	6.3.77	**99-00 Duisburg**	**3/0**
		00-01 Duisburg	20/0
Keifler, Günter	30.9.48	**67-71 Ein. Frankfurt**	**16/1**
Keim, Andreas	8.6.62	**84-85 KSC 32/6**	**166/19**
		85-87 Düsseldorf 48/6	116/10
		87-88 Homburg 33/2	
		88-89 1.FC Köln 7/0	
		88-92 Stut. Kickers 46/5	
		89-93 Stut. Kickers 88/8	
		93-94 TeBe 28/2	
Keller, Ferdinand	30.7.46	**69-70 1860 München 24/2**	**125/57**
		70-72 Hannover 96 61/39	82/52
		74-76 1860 München 60/46	
		76-78 HSV 40/16	
		78-79 Neunkirchen 22/6	
Keller, Jens	24.11.70	**90-91/98-00 Stuttgart 49/1**	**90/2**
		93-94 1860 München 23/0	67/3
		94-96 1860 München 5/0	
		95-97 Wolfsburg 44/3	
		97-98 Wolfsburg 31/1	
		00-01 1.FC Köln 29/0	
Keller, Joachim	28.10.67	86-87 KSC	28/4
		87-88 KSC	**4/0**
Keller, Marc	14.1.68	**96-98 KSC**	**61/13**
Keller, Peter	22.6.61	91-94 Chemnitz 82/2	162/4
		94-98 Zwickau 80/2	
Kellermann, Georg	21.9.34	**64-65 Hannover 96**	**10/0**
Kellner, Michael	28.9.42	**70-72 Hertha**	**6/0**
Kellner, Wolfgang	14.4.63	83-85 Saarbrücken 41/0	**15/0**
		85-86 Saarbrücken 5/0	195/0
		86-87 Kassel 26/0	
		87-89 Wattenscheid 53/0	
		89-91 Osnabrück 75/0	
		91-92 Duisburg 10/0	
Kelsch, Walter	3.9.55	75-77 Stut. Kickers 69/15	**246/54**
		77-84 Stuttgart 202/51	69/15
		86-88 Homburg 44/3	
Kemena, Detlef	12.3.47	**70-71 Bielefeld**	**10/0**
Kemmer, Wilfried	20.11.43	74-77 Wolfsburg	52/9
Kempa, Peter	11.7.58	80-83 Kassel 104/16	163/20
		83-84 Hertha 27/1	
		84-85 SSV Ulm 32/3	
Kempe, Thomas	17.3.60	**79-82 Duisburg 88/13**	**391/42**
		82-85 Stuttgart 69/13	
		85-93 Bochum 234/16	
Kemper, Volker	6.10.60	**84-85 Bielefeld**	**2/0**
Kempers, Manfred	8.2.48	**66-68 M'gladbach**	**10/0**
Kempkens, Werner	3.11.69	**89-91 Uerdingen**	**26/0**
		97-99 Wattenscheid	60/0
Kennedy, Joshua	20.8.82	**00-01 Wolfsburg**	**1/0**
Kentschke, Gerd	18.9.42	**63-66 KSC 50/10**	**222/39**
		66-70 K'lautern 120/24	48/5
		70-72 Duisburg 52/5	
		75-77 Leverkusen 48/5	
Kerckhoven, Nico van	14.12.70	**98-01 Schalke**	**60/3**
Kerkemeier, Klaus-Peter	13.11.51	75-77 West. Herne 50/3	83/5
		80-81 Erkenschwick 33/2	

SPIELER	GEBURT	STATIONEN	BILANZ
Kern, Mario	16.8.69	**91-95 Dresden 68/2**	**72/2**
		95-96 K'lautern 4/0	23/0
		96-98 Leipzig 23/0	
Kerscher, Heinrich	17.9.61	**80-81 1.FC Köln**	**5/0**
		81-83 Wattenscheid	36/0
Keser, Erdal	20.6.61	**80-84/86-87 BVB**	**106/27**
Kessler, Siegfried	29.3.41	**65-76 KSC**	**64/0**
Ketelaer, Marcel	3.11.77	**95-99 M'gladbach 54/1**	**68/2**
		99-00 M'gladbach	30/10
		00-01 HSV 14/1	
Kettler, Bernd	13.1.41	**64-70 Hannover 96**	**35/1**
Keuken, Wolfgang	5.11.54	**74-75 Wuppertal**	**3/0**
		76-77 Wuppertal 22/0	85/10
		77-81 Bocholt 63/10	
Keuler, Carsten	30.8.71	**92-94 1.FC Köln**	**28/2**
		94-96 Wattenscheid 51/1	114/4
		97-98 Nürnberg 2/0	
		99-01 Stut. Kickers 61/3	
Keute, Günter	21.12.55	80-81 Braunschweig	32/7
		81-84 Braunschweig	**74/13**
Kevric, Adnan	2.5.70	93-00 Stut. Kickers 144/25	160/25
		00-01 SSV Ulm 16/1	
Keyser, Jean-Pierre de	13.4.65	**86-91 Leverkusen**	**81/1**
		90-92 Osnabrück	35/0
Khatibi, Rasoul	22.9.78	**99-00 HSV**	**4/0**
Kiefaber, Roland	19.9.42	**63-69 K'lautern**	**80/0**
Kiefer, Willi	30.12.55	79-81 Waldhof	62/17
Kiefert, Jürgen	2.10.41	**69-70 Bremen**	**1/0**
Kielwein, Erich	26.4.53	77-79 Würzburg 50/8	70/9
		79-81 SSV Ulm 20/1	
Kienle, Marc	22.10.72	**91-95 Stuttgart 67/7**	**72/7**
		95-96 Duisburg 31/2	91/5
		96-98 Duisburg 5/0	
		98-00 KSC 46/2	
		00-01 Aachen 14/1	
Kientz, Jochen	17.9.72	**92-93 Ein. Frankfurt 1/0**	**49/2**
		93-94 1860 München	7/0
		97-99 1860 München 36/1	
		00-01 HSV 12/1	
Kies, Thomas	16.10.75	**98-00 Stuttgart**	**9/1**
		00-01 Waldhof	15/0
Kieselmann, Wolfgang	15.11.55	77-81 Bocholt 9/0	58/0
		83-86 RWO 49/0	
Kik, Werner	30.1.39	**66-70 RW Essen**	**60/0**
Killmaier, Werner	21.4.55	74-77 Augsburg 73/6	**31/6**
		77-79 FSV Frankfurt 72/16	269/85
		79-80 ESV Ingolstadt 38/14	
		80-84 Hertha 86/49	
		82-83 Hertha 31/6	
Kim, Yoo-Sung	17.1.66	**92-93 Bochum**	**13/0**
		93-94 Bochum	21/4
Kimmel, Michael	8.1.66	88-89 Düsseldorf 21/0	**5/0**
		89-90 Düsseldorf 5/0	74/1
		90-92 Homburg 53/1	
Kindermann, Reinhard	10.3.60	78-79 Augsburg 31/2	**99/6**
		80-86 Braunschweig 65/6	96/8
		81-85 Braunschweig 99/6	
Kindgen, Lars	25.11.71	92-94 Wuppertal 48/1	98/2
		95-97 Lübeck 50/1	
		00-01 Osnabrück 6/0	
Kindvall, Niclas	19.2.67	**94-96 HSV**	**19/2**
Kinkel, Frank	20.12.73	98-99 SSV Ulm 28/1	**11/0**
		99-00 SSV Ulm 11/0	35/1
		00-01 Mainz 7/0	
Kinkeldey, Horst	19.9.56	76-82 Hannover 96	161/6
Kipp, Manfred	5.5.47	**71-72 Braunschweig**	**5/0**
Király, Gabor	1.4.76	**97-01 Hertha**	**122/0**
Kirch, Günter	1.10.48	74-75 Homburg 20/0	74/0
		75-77 FSV Frankfurt 54/0	
Kirchhoff, Frank	13.10.65	**85-89 Uerdingen**	**68/5**
		89-91 Saarbrücken	30/1
Kirchwehm, Hans-Peter	10.12.41	**66-67 Schalke**	**2/0**
Kirjakow, Sergej	1.1.70	**92-98 KSC 145/29**	**174/34**

SPIELER		STATIONEN	
		98-99 HSV 29/5	28/3
		99-00 TeBe 28/3	
Kirn, Frank	17.2.69	**86-87 Düsseldorf**	**1/0**
Kirovski, Jovan	18.3.76	**96-98 BVB**	**20/1**
		98-99 Fort. Köln	23/2
Kirsch, Horst	20.7.39	**64-68 Neunkirchen**	**56/0**
		75-76 Kreuznach	13/0
Kirschner, Eduard	9.11.53	**76-77 Bayern**	**13/1**
		78-80 Fürth 64/48	145/64
		82-83 Augsburg 21/8	
		83-85 Fort. Köln 60/8	
Kirsten, Jörg	18.10.67	92-95 Waldhof 100/37	161/60
		95-97 Zwickau 61/23	
Kirsten, Ulf	4.12.65	**90-00 Leverkusen**	**315/170**
Kischko, Maik	7.7.66	91-97 Leipzig 132/0	**34/0**
		93-94 Leipzig 32/0	158/0
		97-98 Jena 22/0	
		98-99 Bochum 2/0	
		99-00 Stut. Kickers 4/0	
Kispert, Volker	25.8.61	80-83 Waldhof 22/0	216/9
		83-90 Darmstadt 194/9	
Kiß, Karl-Heinz	28.6.41	**63-64 Münster**	**24/3**
Kittel, Peter	3.9.47	**68-69 1860 München**	**7/0**
Kitzmann, Dieter	11.7.64	**81-86 K'lautern 76/5**	**104/8**
		86-88 Ein. Frankfurt 28/3	22/2
		87-89 Solingen 22/2	
Klag, Peter	5.4.52	74-82 Worms	151/23
Klasnic, Ivan	29.1.80	97-01 St. Pauli	95/26
Klau, Ralf	28.9.64	**86-87 Homburg**	**2/0**
Klaus, Fred	27.2.67	84-85 Nürnberg 20/1	**29/3**
		85-86 Nürnberg 6/1	179/44
		86-88 St. Pauli 58/12	
		88-89 HSV 15/2	
		89-90 Hertha 23/7	
		90-91 Hertha 8/0	
		90-93 Osnabrück 78/24	
Klausmann, Urban	29.6.52	**74-75 Bremen**	**19/1**
		75-76 Waldhof 26/1	231/25
		76-77 Göttingen 27/4	
		77-78 SW Essen 35/13	
		78-81 RW Essen 108/7	
		81-82 Freiburger FC 35/0	
Klauß, Michael	15.9.70	**88-91 Uerdingen 28/2**	**41/3**
		91-93 Bochum 13/1	8/0
		91-92 St. Pauli 8/0	
Klaußner, Dieter	1.6.38	**63-65 KSC**	**15/0**
Klausz, Laszlo	24.6.71	99-01 Waldhof	58/20
Klee, Carsten	15.9.70	91-94 Jena 58/8	**15/2**
		95-96 Rostock 15/2	170/33
		96-98 Zwickau 55/13	
		98-00 Fürth 57/12	
Klee, Reinhold	27.11.47	74-77 Wattenscheid	104/0
Kleeschätzky, Peter	1.6.70	92-97 Wolfsburg	86/2
		97-99 Wolfsburg	**26/0**
Kleff, Wolfgang	16.11.46	**68-79/80-82 M'gladbach**	**433/0**
		321/0, 79-80 Hertha 33/0	56/0
		79-80 Hertha 33/0	
		82-84 Düsseldorf 59/0	
		84-85 RWO 31/0	
		85-86 Bochum 20/0	
		86-87 Salmrohr 25/0	
Kleider, Norbert	2.9.51	75-78 Bayern Hof 64/0	**5/0**
		79-80 1860 München 5/0	69/0
		81-82 1860 München 5/0	
Klein, Hubert	31.8.55	75-81 FSV Frankfurt	158/57
Klein, Jürgen	22.12.49	**72-74 Schalke**	**27/0**
		74-76 Gütersloh	57/4
Klein, Klaus	27.8.50	**69-70 Bayern**	**3/0**
		74-78 Bayern Hof	121/7
Klein, Manfred	8.12.35	**63-64 Saarbrücken**	**19/0**
Klein, Michael	22.2.65	**89-93 Ein. Frankfurt**	**49/0**
		94-95 FSV Frankfurt	26/1
Klein, Michael	10.10.59	**90-93 Uerdingen**	**37/0**
		91-92 Uerdingen	25/0

SPIELER		STATIONEN	
Klein, Thomas	23.4.65	**89-91 Nürnberg**	**12/1**
		90-91 Homburg	2/0
Klein, Volker	11.4.49	**67-70 K'lautern 12/0**	**55/1**
		70-72 Bielefeld 44/1	
Klein, Wolfram	8.9.68	92-94 Wuppertal 48/13	83/23
		96-97 RW Essen 28/10	
		99-00 Aachen 7/0	
Kleina, Uwe	11.10.44	**63-66 Schalke**	**19/0**
Kleinhansl, Andreas	21.12.63	86-88 Stut. Kickers	33/2
		88-89 Kick.Stuttgart	**20/0**
Kleinholz, Hans-Jürgen	11.9.45	**65-66 1.FC Köln**	**3/1**
Klepper, Thomas	7.4.65	85-87 Darmstadt	39/1
		87-90 Ein. Frankfurt	**52/2**
Kleppinger, Gerd	1.3.58	75-80/91-93 Darmstadt 140/8	**287/21**
		78-79 Darmstadt 31/1	254/28
		80-82 Hannover 96 79/16	
		82-83 KSC 34/2	
		83-84 KSC 35/4	
		84-87 Schalke 97/12	
		87-88 BVB 31/1	
		88-91 Uerdingen 92/5	
Klews, Gerald	4.4.72	92-95 Hertha 57/1	83/1
		97-99 Cottbus 26/0	
Kliemann, Uwe	30.6.49	**70-72 RWO 56/4**	**292/25**
		72-74 Ein. Frankfurt 68/8	
		74-80 Hertha 168/13	
Kliemt, Andreas	13.1.64	82-83 Solingen	5/0
		83-84 Uerdingen	**2/0**
Klier, Gerd	16.1.44	**70-71 HSV**	**24/4**
		74-76 Mainz	66/27
Klimaschefski, Uwe	11.12.38	**63-65 Hertha 57/7**	**159/12**
		65-69 K'lautern 102/5	
Klimke, Peter	1.9.52	75-79 Leverkusen	125/2
		79-82 Leverkusen	**57/2**
Klimke, Rudi	11.1.50	74-80 Wattenscheid	186/7
Klinge, Dirk	30.6.66	**92-94 KSC**	**26/0**
		94-96 Wattenscheid	51/3
Klinge, Wilfried	15.8.50	74-75 Bielefeld 2/0	138/36
		74-75 Wilhelmshaven 18/2	
		75-76 Leverkusen 23/8	
		76-77 Göttingen 27/18	
		78-81 Homburg 43/3	
		80-81 Oldenburg 25/5	
Klinger, Dietmar	8.1.58	75-78 SW Essen 50/5	**208/15**
		77-83 RW Essen 184/20	234/25
		83-91 Uerdingen 208/15	
Klinkert, Michael	7.7.68	86-87 Saarbrücken 3/0	**301/18**
		87-88 Schalke 27/2	46/8
		88-89 Schalke 36/7	
		89-99 M'gladbach 274/16	
		99-00 M'gladbach 7/1	
Klinkhammer, Hans	23.8.53	**73-80 M'gladbach 149/2**	**163/5**
		80-81 1860 München 14/3	44/1
		81-82 1860 München 27/0	
		82-83 Solingen 17/1	
Klinkisch, Günther	8.6.49	74-76 Bayreuth	54/1
Klinsmann, Jürgen	30.7.64	81-84 Stut. Kickers 61/22	**221/110**
		84-89 Stuttgart 156/79	61/22
		95-97 Bayern 65/31	
Kliouev, Denis	7.9.73	**97-99 Schalke**	**24/1**
Klitzpera, Alexander	19.10.77	**99-00 Bielefeld**	**31/0**
		00-01 Bielefeld	19/4
Klobke, Frank	4.8.63	88-92 Meppen	100/11
Klöckner, Theo	19.10.34	**63-65 Bremen**	**31/8**
Klöckner, Wolfgang	22.6.47	**67-68 Aachen**	**1/0**
Klohs, Udo	12.11.53	74-76 Aachen 66/5	91/8
		76-77 Uerdingen 25/3	
Klopp, Jürgen	16.6.67	90-01 Mainz	325/52
Klos, Stefan	16.8.71	**90-99 BVB**	**254/0**
Klos, Tomasz	7.3.73	**00-01 K'lautern**	**22/2**
Klose, Gisbert	12.7.52	76-78 Arm. Hannover	61/11
Klose, Harald	12.3.45	**63-68 Schalke**	**58/7**
Klose, Heiner	31.10.37	**64-66 Hannover 96**	**9/2**

K

SPIELER	GEBURT	STATIONEN	BILANZ
Klose, Miroslav	9.6.78	**99-01 K'lautern**	**31/9**
Kloss, Thomas	26.3.65	**83-84 Ein. Frankfurt**	**2/0**
		87-89 Offenbach 57/9	97/15
		89-91 Darmstadt 40/6	
Klostermann,			
Heinz-Gerd	22.10.43	**67-69 Aachen**	**59/16**
Klotz, Bernd	8.9.58	**78-81 Stuttgart 54/13**	**250/59**
		81-85 BVB 106/27	36/6
		84-88 Waldhof 68/13	
		88-89 Düsseldorf 22/5	
		89-91 Düsseldorf 22/6	
		91-92 Fort. Köln 14/1	
Klütz, Jörg-Uwe	21.7.68	90-96 Hannover 96 134/5	162/5
		96-97 Oldenburg 28/0	
Kluge, Thomas	16.6.66	91-92 BW Berlin 32/2	133/5
		92-95 Homburg 68/1	
		95-98 Meppen 33/2	
Klump, Helmut	13.8.48	74-80 Fürth	201/2
Kmetsch, Sven	13.8.70	**91-95 Dresden 93/6**	**220/12**
		95-98 HSV 80/4	
		98-01 Schalke 47/2	
Kmiecik, Kazimierz	19.9.51	85-88 Stut. Kickers	81/21
Knäbel, Peter	2.10.66	**84-88 Bochum 38/5**	**108/7**
		88-91 St. Pauli 68/2	120/10
		91-93 St. Pauli 63/5	
		93-94 Saarbrücken 19/3	
		94-95 1860 München 2/0	
		95-98 Nürnberg 38/2	
Knapp, Stefan	21.1.57	76-83 Waldhof	169/10
		83-86 Waldhof	**47/1**
Knappheide, Volker	28.3.66	**85-86 Bochum**	**7/1**
Knauer, Thomas	2.2.64	89-91 Münster	72/4
Knauf, Horst	16.8.60	**80-83 Leverkusen**	**38/2**
		84-87 Kassel	75/15
Knecht, Hans-Peter	12.4.60	78-82 Offenbach 66/24	163/53
		85-89 Aschaffenburg 97/29	
Kneib, Wolfgang	20.11.52	74-75 Mainz 30/0	**245/1**
		76-80 M'gladbach 112/0	138/1
		80-85 Bielefeld 133/1	
		85-88 Bielefeld 108/1	
Kneißl, Roland	5.2.63	85-86 Hertha 36/1	**1/0**
		91-94 1860 München 33/2	69/3
		94-95 1860 München 1/0	
Knoche, Benjamin	11.10.78	**97-98 BVB**	**1/0**
Knodel, Uwe	28.7.55	78-79 Wacker Berlin 36/2	52/3
		79-80 Kiel 16/1	
Knöppel, Hermann	15.10.56	**80-81 1.FC Köln**	**3/1**
Knoflicek, Ivo	23.2.62	**89-91 St. Pauli 27/4**	**37/5**
		91-92 Bochum 10/1	8/1
		91-92 St. Pauli 8/1	
Knoll, Kurt	16.7.58	78-81/85-86 Homburg 109/4	**30/1**
		83-85 Saarbrücken 40/1	241/14
		86-87 Homburg 30/1	
		87-90 Saarbrücken 92/9	
Knopf, Michael	14.2.55	79-81 OSV Hannover	68/1
Knopp, Rainer	10.11.61	79-84 Osnabrück	66/1
Knops, Günter	15.7.42	**67-68 Aachen**	**1/0**
Knoth, Gerd	23.3.46	**70-72 Bielefeld**	**67/0**
		75-76 Solingen	16/0
Knüwe, Heinz	16.1.56	76-78 Herford 61/6	**210/19**
		79-86 Bochum 197/19	94/7
		86-87 Hannover 96 33/1	
		87-88 Hannover 96 13/0	
Knup, Adrian	2.7.68	**92-94 Stuttgart 53/20**	**92/31**
		94-96 KSC 39/11	
Kober, Carsten	11.10.67	**87-96 HSV**	**223/1**
		96-97 Hertha	20/1
Kober, Uwe	24.4.61	83-84 RW Essen 29/6	**12/1**
		89-91 Duisburg 66/20	116/27
		91-92 Duisburg 12/1	
		92-93 Wuppertal 21/1	
Kobiaschwili, Lewan	10.7.77	97-98 SC Freiburg	15/1
		98-01 SC Freiburg	**90/16**
Kobluhn, Friedhelm	12.4.36	**69-71 RWO**	**34/0**

SPIELER	GEBURT	STATIONEN	BILANZ
		74-75 RWO	2/0
Kobluhn, Lothar	12.4.43	**69-73 RWO**	**107/36**
		74-76 Wattenscheid	49/6
Kobylanski, Andrzej	31.7.70	**92-94 1.FC Köln 12/1**	**41/4**
		93-94 TeBe 10/0	154/37
		94-96/98-00 Hannover 89/21	
		95-97 Waldhof 55/16	
		00-01 Cottbus 29/3	
Koch, Georg	3.2.72	92-95 Düsseldorf 46/0	**118/0**
		95-97 Düsseldorf 56/0	80/0
		97-98/99-00 Bielefeld 38/0	
		98-99 Bielefeld 34/0	
		99-01 K'lautern 40/0	
Koch, Hans-Dieter	19.4.44	**67-70 Stuttgart**	**12/0**
Koch, Harry	15.11.69	**95-01 K'lautern**	**143/10**
		96-97 K'lautern	33/6
Koch, Heinz	16.2.44	74-78 Homburg	78/4
Koch, Heinz	3.4.47	**69-71 RW Essen**	**5/0**
Koch, Heinz	3.9.49	74-78 Osnabrück	135/12
Koch, Jürgen	31.5.42	**66-67 Düsseldorf**	**16/2**
Koch, Meinolf	12.7.57	**79-85 BVB**	**140/10**
Koch, Michael	27.9.69	91-93 Hannover 96 31/7	93/18
		93-94 Stut. Kickers 12/0	
		95-97 Lübeck 50/11	
Koch, Oliver	2.10.63	83-90 RW Essen	132/5
Koch, Peter	3.11.50	75-79 FSV Frankfurt	107/7
Koch, Rudolf	21.4.50	**68-71 Offenbach**	**23/1**
		74-77 Darmstadt 26/9	36/11
		77-78 Würz. Kickers 10/2	
Koch, Wolfgang	22.12.55	78-80 Wuppertal	51/6
Kocian, Jan	13.3.58	**88-91 St. Pauli**	**90/5**
		91-93 St. Pauli	39/3
Kocis, Robert	27.12.73	**96-97 Düsseldorf**	**5/0**
		97-98 Düsseldorf 2/1	10/2
		97-98 Jena 8/1	
Kock de, Johan	25.10.64	**96-00 Schalke**	**83/6**
Kock, Reinhard	4.9.58	86-88 St. Pauli	31/1
		88-89 St. Pauli	**1/0**
Köddermann, Werner	1.10.46	**67-68 BVB**	**5/0**
Kögl, Ludwig	7.3.66	**84-90 Bayern 149/8**	**309/23**
		90-96 Stuttgart 139/14	
		99-01 Unterhaching 21/1	
Köhler, André	28.2.65	**91-92 Ein. Frankfurt**	**4/0**
		91-94 Fort. Köln	72/0
Köhler, Benjamin	4.8.80	**00-01 Hertha**	**1/0**
Köhler, Sven	24.2.66	91-96/99-01 Chemnitz	125/4
Köhnen, Egon	24.11.47	**66-81 Düsseldorf**	**272/12**
		81-82 Uerdingen	30/1
Kölbl, Rudolf	11.6.37	**69-70 1860 München**	**21/1**
Köller, Klaus	6.8.43	**70-71 Bielefeld**	**10/0**
König, Jens	7.3.65	91-92 BW Berlin 20/0	108/4
		95-98 Jena 61/2	
		99-00 Chemnitz 27/2	
Köper, Hans-Jürgen	29.8.51	**71-79 Bochum**	**145/17**
Köpke, Andreas	12.3.62	79-81 Kiel 6/0	**346/2**
		83-84 Charlottenburg 38/0	173/0
		84-86 Hertha 71/0	
		86-94/98-99 Nürnberg 280/2	
		94-96 Ein. Frankfurt 66/0	
		99-01 Nürnberg 58/0	
Köppel, Horst	17.5.48	**66-68/71-73 Stuttgart**	**308/82**
		124/44, 68-71/73-78	
		M'gladbach 184/38	
Köpper, Michael	17.11.66	**88-89 Hannover 96**	**1/0**
		89-90 Hannover 96 30/2	253/7
		90-91 Havelse 16/0	
		91-93 Braunschweig 69/1	
		93-97 Waldhof 106/3	
		96-97 Lübeck 20/1	
		99-00 Offenbach 12/0	
Körbel, Karl-Heinz	1.12.54	**72-91 Ein. Frankfurt**	**602/45**
Kösling, Klaus	17.3.58	**76-77 1.FC Köln**	**8/1**
Köstler, Siegfried	15.12.50	**71-72 BVB 26/2**	**35/2**
		74-76 Mainz 66/18	79/19

K

SPIELER	GEBURT	STATIONEN	BILANZ
		76-77 Darmstadt 13/1	
		77-78 1860 München 9/0	
Köstner,	30.1.52	**73-75 M'gladbach 29/3**	**91/7**
Lorenz-Günter		**75-76 Uerdingen 26/4**	86/10
		76-77 Uerdingen 24/3	
		77-80 Bielefeld 62/7	
		78-81 Bielefeld 36/0	
Közle, Peter	18.11.67	**93-95 Duisburg 51/17**	**91/23**
		95-96 Bochum 33/11	38/12
		96-98 Bochum 40/6	
		00-01 Duisburg 5/1	
Kohl, Gerd	19.12.43	**70-71 Bielefeld**	**21/1**
Kohl, Ralf	28.10.65	91-98 SC Freiburg	86/3
		93-97/98-01 SC Freiburg	**147/12**
Kohlars, Wilfried	28.10.39	**63-70 1860 München**	**141/45**
Kohle, Jürgen	5.1.43	**72-74 Wuppertal**	**56/16**
		75-76 Solingen	23/2
Kohlenbrenner,	11.8.49	74-77 Pirmasens 102/7	**9/0**
		77-80 KSC 90/3	192/10
		80-81 KSC 9/0	
Kohler, Jürgen	6.10.65	**83-87 Waldhof 95/6**	**376/28**
		87-89 1.FC Köln 57/2	
		89-91 Bayern 55/6	
		95-01 BVB 169/14	
Kohlhäufl, Alfred	10.10.46	**69-70 BVB 22/1**	**52/5**
		74-79 1860 München	139/17
		77-78 1860 München 30/4	
Kohls, Wilfried	12.10.50	79-82 Offenbach	55/0
Kohn, Stefan	9.10.65	85-86 Bielefeld 33/14	**244/59**
		86-87 Leverkusen 18/2	36/14
		87-89 Hannover 96 49/12	
		89-91 Bochum 55/17	
		91-93 Bremen 44/10	
		93-95/95-97 1.FC Köln 66/13	
		94-95 Schalke 12/5	
		98-99 Wattenscheid 3/0	
Kohn, Thorsten	26.6.66	**89-90 HSV**	**1/0**
Kohnle, Dieter	3.4.57	79-80/83-87 SSV Ulm	136/44
		80-81 Stuttgart	**2/0**
Kohr, Harald	14.3.62	**86-89 K'lautern 86/45**	**97/46**
		90-91 Wattenscheid 11/1	
Koitka, Heinz-Josef	12.2.52	74-76/84-87 W'scheid 134/0	**142/0**
		75-79 Ein. Frankfurt 91/0	231/0
		79-80 Lüdenscheid 27/0	
		80-81/87-89 HSV 51/0	
		82-84 Aachen 70/0	
Kolinger, Dubravko	29.11.75	**96-98 KSC**	**7/0**
		99-00 Offenbach 21/4	43/6
		00-01 St. Pauli 22/2	
Kollenberg, Martin	13.6.65	86-88 Bielefeld 69/8	127/13
		88-90 Wattenscheid 40/4	
		90-91 Münster 18/1	
Kollmannsperger,			
Uwe	19.7.64	83-86 Hertha	60/4
Kolvidsson, Helgi	13.9.71	98-00 Mainz 61/0	90/2
		00-01 SSV Ulm 29/2	
Komljenovic, Fabijan	16.1.68	**93-94 Schalke**	**2/0**
Komljenovic,	2.1.71	**92-96 Ein. Frankfurt 107/4**	**210/10**
Slobodan		96-97 Ein. Frankfurt	27/1
		97-99 Duisburg 64/2	
		99-01 K'lautern 39/3	
Komorowski, Gerd	18.6.49	**71-73 Stuttgart 16/0**	**52/1**
		74-78 KSC	50/0
		75-77 KSC 36/1	
Kompodietas,			
Eftimios	3.2.65	**83-84 Bielefeld**	**4/0**
Konca, Ender	22.10.47	**71-73 Ein. Frankfurt**	**36/7**
Kondé, Oumar	19.8.79	**99-01 SC Freiburg**	**40/2**
Kondert, Janos	10.9.44	**68-69 Offenbach**	**25/3**
Konerding, Dirk	27.2.69	86-88 Bielefeld 30/1	69/3
		96-99 Gütersloh 39/2	
Konetzke, Toralf	10.12.72	97-98 Cottbus 30/6	75/16
		98-00 Fort. Köln 34/6	
		00-01 St. Pauli 11/4	

SPIELER	GEBURT	STATIONEN	BILANZ
Konieczka, Klaus	9.2.44	**65-66 Tasmania**	**30/1**
Konietzka, Timo	2.8.38	**63-65 BVB 43/42**	**100/72**
		65-67 1860 München 47/30	
Konopka, Harald	18.11.52	**71-84 1.FC Köln 335/21**	**352/21**
		83-84 BVB 17/0	
Konrad, Marco	18.10.74	98-01 SSV Ulm	34/0
		99-00 SSV Ulm	**4/0**
Konradi, Udo	26.12.60	81-90 Bayreuth	134/2
Konschal, Hartmut	2.4.53	**71-76 Braunschweig 66/3**	**199/15**
		76-82 Bremen 133/12	45/5
		80-81 Bremen 25/4	
		81-82 Freiburger FC 20/1	
Konstantinidis,			
Kostas	31.8.72	**99-01 Hertha**	**41/2**
Kontny, Dirk	30.11.65	85-90 Wattenscheid 138/21	**24/2**
		90-91 Wattenscheid 23/2	144/22
		91-92 Bochum 1/0	
		91-92 Fort. Köln 6/1	
Kontny, Frank	21.12.64	84-90 Wattenscheid 39/7	79/14
		89-94 RW Essen 40/7	
Kontny, Mario	7.4.53	**72-76 Bremen**	**76/3**
Kopp, Guido	23.2.66	**88-89 M'gladbach**	**2/0**
Koppenhöfer,	25.5.46	**65-69 K'lautern 117/1**	**213/1**
Herward		**69-72 Bayern 71/0**	57/0
		72-73 Stuttgart 5/0	
		72-74 Offenbach 13/0	
		73-74 Hertha 7/0	
		74-76 Mainz 57/0	
Korb, Michael	17.8.63	82-83 Duisburg 16/1	85/5
		87-89 Solingen 69/4	
Korek, Christian	16.6.65	**88-89 Nürnberg**	**1/0**
		90-91 Meppen	18/0
Korell, Steffen	27.10.71	90-95 Homburg 130/7	**66/3**
		95-00 SC Freiburg 66/3	190/9
		97-98 SC Freiburg 31/1	
		00-01 M'gladbach 29/1	
Korput van de,			
Michel	18.9.56	**85-86 1.FC Köln**	**27/0**
Korte, Karl-Heinz	1.4.48	74-76 Erkenschwick 61/0	92/3
		79-80 Herford 31/3	
Korzynietz, Bernd	8.9.79	99-01 M'gladbach	56/4
Kos, Tomasz	4.4.74	98-99 Gütersloh 14/1	62/2
		99-01 Nürnberg 48/1	
Kosanovic, Zdenko	13.5.64	92-93 Remscheid	128/2
Kosar, Fritz	7.5.39	**65-66 Bayern**	**3/0**
Koschmieder, Horst	1.10.48	74-76 Erkenschwick	71/18
Kosien, Roland	25.9.53	**72-73 Schalke**	**2/0**
		78-80 Wanne-Eickel 67/26	100/27
		80-82 Hannover 96 33/1	
Koslowski, Willi	17.2.37	**63-65 Schalke 39/12**	**64/15**
		66-67 RW Essen 25/3	
Kosmann, Rolf	17.5.53	**71-72 Bielefeld**	**1/0**
Koßmann, Peter	19.8.41	**63-68 KSC**	**68/1**
Kostadinov, Emil	12.8.67	**94-96 Bayern**	**27/7**
		99-00 Mainz	4/1
Kostedde, Erwin	21.5.46	**67-68 Duisburg 19/5**	**219/98**
		72-75 Offenbach 93/52	74/41
		75-76 Hertha 26/14	
		76-78 BVB 48/18	
		78-79 Solingen 2/0	
		80-81 Bremen 42/29	
		81-82 Bremen 33/9	
		82-83 Osnabrück 30/12	
Kostmann, Marco	12.4.66	91-94 Saarbrücken	34/0
		92-93 Saarbrücken	**7/0**
Kostner, Michael	7.2.69	**87-89 Ein. Frankfurt 14/0**	**105/5**
		91-92 Saarbrücken	26/4
		92-93 Saarbrücken 32/5	
		93-95 HSV 28/0	
		96-98 1.FC Köln 31/0	
Kostrewa, Willi	14.1.40	**63-66 K'lautern**	**54/1**
Koth, Wolfgang	12.10.6[illegible]	**86-87 Düsseldorf**	**2/0**
Kottan, Georg	6.10.46	**75-76 Uerdingen**	**10/0**
Koulmann, Dieter	4.12.39	**65-68 Bayern 77/12**	**101/15**

SPIELER	GEBURT	STATIONEN	BILANZ
		68-69 Offenbach 22/3	
		69-70 Duisburg 2/0	
Koutsoliakos, Paul	3.7.66	87-88 Offenbach 21/2	56/3
		89-90 Kassel 18/0	
		91-92 1860 München 17/1	
Kovac, Nico	15.10.71	91-96 Hertha 148/15	**132/20**
	1	**96-99 Leverkusen 77/8**	148/15
		99-01 HSV 55/12	
Kovac, Robert	6.4.74	95-96 Nürnberg	33/1
		96-01 Leverkusen	**127/1**
Kovacec, Kreso	20.7.69	95-96 Hannover 96 32/6	**25/3**
		98-99 TeBe 19/7	51/13
		99-01 Rostock 25/3	
Kovacevic, Marijan	31.8.73	**93-97 HSV 54/1**	**118/11**
		97-99 Wolfsburg 45/7	26/2
		99-00 Duisburg 19/3	
		00-01 Duisburg 26/2	
Kovacic, Vladimir	6.3.50	**74-77 HSV**	**6/0**
		77-80 Wuppertal	94/0
Kowalewski, Martin	9.6.70	87-93 Darmstadt 115/0	141/0
		94-95 FSV Frankfurt 26/0	
Kowalski, Jürgen	21.9.47	**67-68 Duisburg**	**5/0**
Kowalski, Kurt	14.12.48	**70-71 1.FC Köln**	**9/0**
Kowarz, Kurt	12.4.58	84-85 Bürstadt 38/0	**11/0**
		85-86 Aschaffenburg 38/0	152/0
		86-88 RWO 76/0	
		88-93 Nürnberg 11/0	
Kraaz, Armin	3.2.65	**83-88 Ein. Frankfurt**	**123/3**
Kracht, Torsten	4.10.67	91-93/94-95 Leipzig 106/9	**167/5**
		93-94 Stuttgart 13/0	139/14
		93-94 Leipzig 7/0	
		95-96 Bochum 33/5	
		96-99 Bochum 83/3	
		99-01 Ein. Frankfurt 64/2	
Kracke, Peter	1.6.43	**69-70 M'gladbach**	**2/0**
Krämer, Carsten	29.7.74	**99-00 Duisburg**	**1/0**
Krämer, Dietmar	11.9.55	**76-80 Hertha**	**51/6**
Krämer, Hans	7.7.29	**63-65 HSV**	**5/0**
Krämer, Harald	13.2.64	**83-87 Ein. Frankfurt 61/15**	
		91-92 Rostock 6/0	**67/15**
Krämer, Kai	4.7.66	**90-91 K'lautern**	**1/0**
Krämer, Werner	23.1.40	**63-67 Duisburg 106/37**	**192/49**
		67-69 HSV 47/9	
		71-73 Bochum 39/3	
Krätschmer, Rudolf	7.5.45	**65-66 M'gladbach**	**6/0**
Krätzer, Michael	12.3.62	84-85 Offenbach 2/0	**27/3**
		89-94 Saarbrücken 121/22	123/22
		92-93 Saarbrücken 27/3	
Krafczyk, Dieter	23.9.41	**63-64 Saarbrücken 28/13**	**135/38**
		64-66 Braunschweig 42/13	
		66-67 Ein. Frankfurt 4/1	
		68-69 Hertha 32/4	
		69-71 K'lautern 29/7	
Krafft, Tadeusz	2.7.61	**85-86 BVB**	**3/0**
		86-87 RW Essen	5/0
Kraft, Gerhard	13.12.44	**70-71 Offenbach**	**13/3**
Kraft, Michael	23.4.66	**88-89/93-98 1.FC Köln**	**27/0**
		98-99 Gütersloh	17/0
Krajczy, Bernd	30.5.62	**82-83 Bielefeld**	**11/0**
		83-84 SC Freiburg 17/1	36/1
		84-85 Darmstadt 19/0	
Kramer, Dieter	12.4.59	80-81 Münster 30/4	**7/0**
		81-82 HSV 1/0	30/4
		82-83 Bochum 6/0	
Kramer, Uwe	18.7.63	85-89 Aschaffenburg	78/1
Kramny, Jürgen	18.10.71	**90-92 Stuttgart 14/0**	**54/4**
		92-94 Nürnberg 40/4	132/18
		94-95 Nürnberg 25/2	
		97-01 Mainz 107/16	
Krampitz, Michael	17.9.42	**64-65 Hertha**	**15/8**
Kranz, Markus	4.8.69	**87-92 K'lautern 57/6**	**121/10**
		92-93 Uerdingen 27/1	81/2
		93-95 Dresden 37/3	
		95-99 Fort. Köln 81/2	

SPIELER	GEBURT	STATIONEN	BILANZ
Kraus, Dieter	1.2.48	74-75 Uerdingen 16/0	72/8
		75-76 Mülheim 32/7	
		76-77 Bonn 24/1	
Kraus, Engelbert	30.7.34	**63-65 1860 München**	**22/9**
Kraus, Hans-Georg	25.10.49	**72-74 Düsseldorf 9/0**	**37/0**
		74-77 TeBe 28/0	
Kraus, Helmut	16.11.38	**63-69 Ein. Frankfurt**	**65/8**
Kraus, Johann-Georg	25.10.49	75-78 TeBe	52/1
Kraus, Willi	1.5.43	**66-68 Schalke**	**36/16**
Kraus, Wolfgang	20.8.53	**71-79 Ein. Frankfurt 189/30**	**327/47**
		79-84 Bayern 138/17	
Krause, Andreas	16.11.67	**91-92 Stut. Kickers**	**2/0**
		92-93 Stut. Kickers	8/0
Krause, Uwe	13.10.55	**77-80 Braunschweig**	**45/7**
Krause, Walter	8.5.53	**72-74 HSV 20/2**	**67/8**
		74-75 RWO 16/9	271/119
		74-76 Duisburg 21/3	
		75-76 Wattenscheid 19/13	
		76-83 Offenbach 236/97	
		83-84 Offenbach 26/3	
Krause, Wolf-Rüdiger	7.9.44	**65-67 Braunschweig**	**5/1**
		74-75 Wolfsburg	35/19
Krauss, Bernd	8.5.57	**76-77 BVB 1/0**	**168/8**
		83-90 M'gladbach 167/8	
Krauß, Hans	28.5.43	**64-66 Stuttgart**	**2/0**
Krauss, Raphael	25.6.73	**94-98 KSC**	**35/0**
Krauth, Raimund	27.12.52	**72-74 Ein. Frankfurt 23/1**	**87/11**
		74-75 Pirmasens 32/12	136/52
		75-82 KSC 64/10	
		77-80 KSC 104/40	
Krauthausen, Franz	27.2.46	**65-66 1.FC Köln 11/4**	**131/25**
		69-71 RWO 57/12	
		71-73 Bayern 57/9	
		73-75 Schalke 6/0	
Krautzun, Eckhard	13.1.41	**66-67 K'lautern**	**3/0**
Krawczyk, Jürgen	1.1.53	74-77 Göttingen 105/7	152/9
		77-79 Homburg 19/0	
		78-79 Baunatal 28/2	
Krech, Bernd	6.4.57	76-77/80-81 Göttingen 36/2	70/10
		78-79 Baunatal 34/8	
Kree, Martin	27.1.65	**83-89 Bochum 164/28**	**401/51**
		89-94 Leverkusen 156/22	
		94-98 BVB 81/1	
Kreißel, Heinz	18.12.34	**63-64 Nürnberg**	**1/0**
Krekeler, Karl-Heinz	19.7.51	74-81 Münster 246/7	263/7
		81-82 Osnabrück 17/0	
Krella, Detlef	4.3.64	**82-84 Bochum**	**23/1**
		84-85 Nürnberg 7/0	178/39
		84-88 RWO 124/35	
		88-89 Offenbach 16/0	
		89-90 Aachen 31/4	
Kremer, Frank	1.9.60	79-81/88-89 Solingen 55/11	120/29
		83-88 Remscheid 65/18	
Kremer, Hans-Werner	17.10.45	**68-71 HSV**	**32/1**
		74-80 Völklingen	107/3
Kremer, Willibert	15.10.39	**64-65 Hertha 28/4**	**119/10**
		66-70 Duisburg 91/6	
Kremers, Andreas	10.2.67	**85-87 Düsseldorf**	**15/0**
Kremers, Erwin	24.3.49	**67-69 M'gladbach 24/1**	**261/61**
		70-71 Offenbach 25/10	
		71-79 Schalke 212/50	
Kremers, Helmut	24.3.49	**67-69 M'gladbach 14/1**	**273/50**
		70-71 Offenbach 33/4	18/4
		71-80 Schalke 226/45	
		80-81 RW Essen 18/4	
Kremm, Kurt	6.11.63	**91-92 Bayern**	**2/0**
Kress, Fritz	26.9.56	**76-77 Saarbrücken**	**5/0**
Kreß, Richard	6.3.25	**63-64 Ein. Frankfurt**	**17/2**
Kretschmer, Sven	31.12.70	88-92 Hertha 67/8	**22/6**
		90-91 Hertha 22/6	97/13
		92-93 Braunschweig 30/5	
Kretzschmar, Jörg	9.12.64	**88-89 M'gladbach**	**8/0**
		89-90 Meppen 30/0	113/2
		90-93 Hannover 96 83/2	

SPIELER	GEBURT	STATIONEN	BILANZ
Kreuz, Ernst	29.9.40	**63-64 HSV**	**25/5**
Kreuz, Manfred	7.3.36	**63-68 Schalke**	**83/17**
Kreuz, Markus	29.4.77	95-98 Mainz 12/0	**25/6**
		98-00 Hannover 96 66/15	78/15
		00-01 1.FC Köln 25/6	
Kreuzer, Oliver	13.11.65	85-87 KSC 50/2	**282/14**
		87-91 KSC 132/6	50/2
		91-97 Bayern 150/8	
Krieg, Rainer	2.2.68	**91-94 KSC 57/15**	**88/18**
		94-96 Uerdingen 31/3	159/65
		95-98 Fort. Köln 69/27	
		98-00 KSC 66/34	
		00-01 Saarbrücken 24/4	
Kriegler, Werner	3.10.46	**71-77 Düsseldorf**	**183/4**
Krisp, Thomas	25.9.61	82-84/89-90 Aachen	69/1
		84-88 M'gladbach	**56/0**
Kristensen, Jörgen	12.12.46	**76-78 Hertha**	**45/8**
Kristl, Thomas	18.4.63	**88-90/93-94 Nürnberg 43/7**	**71/11**
		90-92 Saarbrücken	16/5
		92-93 Saarbrücken 28/4	
Kritzer, Christian	9.2.77	98-00 KSC 40/0	71/0
		00-01 Sut. Kickers 31/0	
Krivitz, Tamas	29.9.46	**74-75 Wuppertal**	**14/0**
Krobbach, Peter	15.1.54	**72-75 HSV 62/6**	**160/11**
		75-78 Ein. Frankfurt 26/0	40/3
		78-82 Bielefeld 72/5	
		79-80 Bielefeld 26/2	
		82-83 Schl.-Neuhaus 14/1	
Kröger, Claus-Dieter	26.12.49	**70-72 HSV**	**5/0**
Kröger, Fred	13.7.65	90-92 Oldenburg	54/0
Kröhler, Andreas	1.11.66	**91-92 K'lautern**	**2/0**
Kröner, Oliver	6.11.73	**96-97 Düsseldorf**	**6/0**
Kröner, Rudolf	6.1.42	**68-69 Hertha**	**25/3**
Kröning, André	23.10.62	80-82 Fort. Köln 6/0	78/6
		91-93 Remscheid 72/6	
Kröpelin, Lothar	6.8.37	**63-65 HSV**	**24/0**
Krohm, Mario	2.6.67	86-89 Aachen 50/7	**20/1**
		94-95 Duisburg 20/1	64/8
		00-01 Ahlen 14/1	
Kroiß, Kurt	16.4.39	**65-66 Bayern**	**2/0**
Kroke, Manfred	18.10.41	74-79 Uerdingen	67/0
		75-76 Uerdingen	**31/0**
Kroner, Reinhard	15.10.60	79-83 FSV Frankfurt	54/3
Kronhardt, Willi	17.2.69	90-91 Havelse 32/2	68/2
		91-93 Fort. Köln 18/0	
		97-98 Cottbus 18/0	
Kroninger, Michael	12.12.66	88-89 Offenbach 30/8	**5/0**
		90-91 Schalke 28/2	58/10
		91-92 Schalke 5/0	
Kronsbein, Peter	12.3.43	**65-66 Hannover 96**	**2/0**
Krontiris, Emmanuel	11.2.83	**00-01 BVB**	**3/0**
Kropp, Achim	9.1.63	82-87 Fort. Köln	105/16
Krostina, Hans	14.8.48	**76-77 RW Essen**	**14/0**
		77-78 RW Essen 1/0	92/28
		77-78 Bayern Hof 22/4	
		78-80 MTV Ingolstadt 69/24	
Kroth, Hans-Günther	22.2.49	**67-70 1860 München 71/1**	**132/2**
		74-76 K'lautern 61/1	53/1
		76-79 Fort. Köln 53/1	
Kroth, Thomas	26.8.59	77-78 Offenbach 2/0	**256/21**
		79-83 1.FC Köln 56/2	2/0
		82-85 Ein. Frankfurt 74/13	
		85-88 HSV 73/6	
		88-90 BVB 53/6	
Krott, Karl-Heinz	6.5.42	**67-70 Aachen**	**52/10**
Krstajic, Mladen	4.3.74	**00-01 Bremen**	**25/2**
Krstic, Branislav	21.2.50	74-75 VfR Mannheim 30/7	88/12
		75-77 Nürnberg 26/4	
		76-78 Pirmasens 32/1	
Krüger, Ingo	26.2.51	74-79 Wacker Berlin	108/3
Krüger, Michael	28.5.54	76-80 Arm. Hannover	130/18
Krüger, Wolfgang	29.11.53	75-88 Solingen	426/26
Krümpelmann, Dirk	22.8.66	**86-93 Düsseldorf**	**87/6**
		87-89 Düsseldorf 63/11	90/12

SPIELER	GEBURT	STATIONEN	BILANZ
		91-92 Uerdingen 27/1	
Krüssenberg, Dirk	29.9.45	**66-67 Düsseldorf**	**22/0**
Krug, Gerhard	5.8.36	**63-66 HSV**	**64/4**
Krumbein, Bernd	1.8.55	**75-76 Hannover 96 1/0**	**18/1**
		79-81 OSV Hannover 53/25	89/39
		80-81 Solingen 25/14	
		81-82 Bielefeld 17/1	
		82-83 S.-Neuhaus 8/0	
		84-85 BW Berlin 3/0	
Krumnow, Hans-Jürgen	17.2.43	**63-69 Hertha**	**10/0**
Kruse, Axel	28.9.67	89-90/96-97 Hertha 41/22	**141/30**
		90-91/97-98 Hertha 23/2	41/22
		90-93 Ein. Frankfurt 54/14	
		93-96 Stuttgart 64/14	
Kruse, Benjamin	4.5.78	**00-01 HSV**	**2/0**
Kruse, Thomas	7.9.59	**78-88 Schalke**	**199/3**
		81-84 Schalke	63/3
Kruszynski, Zbigniew	14.10.60	83-87 Saarbrücken 97/9	**64/2**
		85-86 Saarbrücken 31/0	97/9
		87-88 Homburg 33/2	
Kryger, Waldemar	8.11.68	**97-01 Wolfsburg**	**110/1**
Kryszalowicz, Pawel	23.6.74	**00-01 Ein. Frankfurt**	**18/7**
Krznaric, Davor	22.8.75	93-94 TeBe	1/1
		95-96 M'gladbach	**2/0**
Krzynowek, Jacek	15.5.76	99-01 Nürnberg	67/10
Ksienzyk, Waldemar	10.11.63	91-92 BW Berlin 15/0	**25/1**
		92-94 Wuppertal 83/6	111/6
		94-96 Schalke 25/1	
		96-97 Waldhof 13/0	
Kuballa, Horst	6.11.52	75-78 Solingen	84/9
Kubanczyk, Walter	1.5.52	79-85 SSV Ulm	134/6
Kubek, Werner	29.6.38	**63-64 Duisburg 8/2**	**16/2**
		69-70 RWO 8/0	
Kubik, Lubos	20.1.64	**93-94 Nürnberg**	**21/4**
		94-95 Nürnberg	19/1
Kubik, Manfred	25.2.67	**85-90 Uerdingen**	**81/0**
		90-94 Meppen 130/0	142/0
		94-95 Saarbrücken 12/0	
Kubosch, Martin	1.6.60	80-85 Offenbach	16/2
		83-84 Offenbach	**2/0**
Kucharski, Rolf	19.4.48	**73-74 Fort. Köln**	**22/9**
		74-80 Aachen	191/37
Kuczinski, Günter	7.9.54	76-79 West. Herne 90/3	**121/1**
		79-80 Lüdenscheid 36/0	148/3
		80-86 Düsseldorf 121/1	
		86-87 Kassel 22/0	
Kuday, Oktay	6.8.79	**97-98 KSC**	**1/0**
Kudella, Detlev	20.8.52	77-82 Wattenscheid	147/3
Kübert, Fritz	8.12.39	**64-65 Ein. Frankfurt**	**1/0**
Kübler, Martin	26.10.47	74-78 KSC 54/5	**60/12**
		75-77 KSC 60/12	74/5
		80-81 Eppingen 20/0	
Kück, Marco	14.9.76	**96-97 HSV**	**1/0**
Kügler, Harald	15.2.62	**80-83 Schalke**	**26/5**
		81-82 Schalke 19/6	305/91
		82-83 Aachen 9/2	
		83-90 Wattenscheid 240/78	
		90-91 Münster 21/3	
		93-94 RW Essen 16/2	
Kühbauer, Dietmar	4.4.71	**00-01 Wolfsburg**	**28/7**
Kühlhorn, Stefan	7.12.61	79-80 Bielefeld	1/0
		80-85 Bielefeld	**45/3**
Kühn, Gerd	15.3.63	**92-96 Uerdingen**	**42/1**
		93-98 Uerdingen 44/0	46/0
		98-99 RWO 2/0	
Kühn, Joachim	30.8.55	77-79 Stut. Kickers	61/8
Kühn, Michael	6.5.63	**81-87 Bochum**	**73/8**
		87-88 Remscheid	35/2
Külbag, Jenner	27.9.67	**87-91 KSC**	**5/0**
Kümmerle, Michael	21.4.79	98-01 Stut. Kickers	59/5
Künast, Michael	14.2.61	**79-83 Ein. Frankfurt 22/8**	**52/15**
		83-86 KSC 58/18	103/30
		84-85 KSC 30/7	

SPIELER	GEBURT	STATIONEN	BILANZ
		86-88 Darmstadt 45/12	
Künkel, Rainer	9.4.50	74-76 Darmstadt 42/29	**33/6**
		75-78 Bayern 33/6	147/76
		78-80 Saarbrücken 64/33	
		80-81 Vikt. Köln 41/14	
Küppers, Hans	24.12.38	**63-68 1860 Münch. 120/47**	**153/57**
		68-69 Nürnberg 33/10	
Küsters, Stephan	6.10.71	**92-93 Uerdingen**	**9/0**
		93-94 Uerdingen	4/0
Kuffour, Samuel Osei	3.9.76	**94-01 Bayern**	**104/5**
		95-96 Nürnberg	12/1
Kuhl, Uwe	24.8.61	82-90 Darmstadt	199/69
Kuhlmey, Mathias	28.2.66	84-96 Hannover 96	188/5
		85-89 Hannover 96	**76/1**
Kuhn, Stefan	29.12.64	83-87 Kassel 47/3	**77/4**
		87-88 Wattenscheid 35/13	122/17
		88-90 Nürnberg 49/2	
		90-92 Wattenscheid 28/2	
		92-94 Stut. Kickers 40/1	
Kuhnert, Stephan	7.9.60	81-82 Worms 31/0	242/1
		88-99 Mainz 211/1	
Kujat, Ronny	5.8.74	94-98 Leipzig 94/11	143/14
		99-01 Chemnitz 49/3	
Kuka, Pavel	19.7.68	**93-98 K'lautern 96/39**	**144/50**
		96-97 K'lautern	25/14
		98-99 Nürnberg 28/10	
		99-00 Stuttgart 20/1	
Kula, Karel	10.8.63	**91-92 Stut. Kickers 28/6**	**66/7**
		92-94 Wattenscheid 38/1	21/2
		94-95 Wattenscheid 21/2	
Kulik, Christian	6.12.52	**71-81 M'gladbach**	**220/38**
		86-87 Salmrohr	14/1
Kulik, Hans-Georg	2.1.54	74-80 Hannover 96 155/11	**8/0**
		75-76 Hannover 96 8/0	191/12
		80-81 OSV Hannover 36/1	
Kulik, Heinz	13.10.47	**69-70 Aachen**	**2/1**
Kulka, Wolfgang	24.3.55	74-77 St. Pauli	76/11
		77-78 St. Pauli	**12/4**
Kummant von, Peter	22.5.43	**63-64 Nürnberg**	**4/0**
Kunath, Jens	15.2.67	**91-92 Rostock**	**9/0**
		92-95 Rostock	20/0
Kunert, Dirk	4.12.67	89-92 BW Berlin	53/1
Kunkel, Peter	10.2.56	78-88 Wattenscheid	310/87
Kunstwadl, Adolf	8.2.40	**65-66 Bayern**	**2/0**
Kunter, Dr. Peter	28.4.41	**65-76 Ein. Frankfurt**	**234/0**
Kuntz, Günter	28.11.38	**64-68 Neunkirchen**	**80/22**
Kuntz, Stefan	30.10.62	80-81 Neunkirchen 1/0	**449/179**
		83-86/98-99 Bochum 120/47	1/0
		86-89 Uerdingen 94/32	
		89-95 K'lautern 170/75	
		96-98 Bielefeld 65/25	
Kuntze, Michael	8.6.58	78-79 Wacker Berlin 31/0	155/4
		79-82 Freiburger FC 63/2	
		82-85 Fort. Köln 57/2	
		84-85 Saarbrücken 4/0	
Kunz, Adrian	7.7.67	**97-99 Bremen**	**16/1**
Kunze, Danilo	29.6.71	92-94/99-00 Chemnitz 29/2	59/5
		96-98 Zwickau 30/3	
Kupferschmidt, Peter	2.3.42	**65-70 Bayern**	**135/4**
Kurbjuhn, Jürgen	26.7.40	**63-72 HSV**	**242/10**
Kurrat, Dieter	15.5.42	**63-72 BVB**	**247/9**
Kurrat, Hans-Jürgen	7.7.44	**63-64 BVB**	**1/1**
Kursinski, Peter	15.8.56	**75-78 Bochum**	**10/0**
Kurtenbach, Dirk	2.8.64	83-86/90-91 Fort. Köln 97/32	**4/0**
		86-88 Stut. Kickers 62/22	191/59
		88-89 Waldhof 4/0	
		88-90 Hertha 32/5	
Kurth, Frank	15.3.62	**82-84 Düsseldorf**	**10/0**
		86-94/96-97 RW Essen 192/3	246/3
		94-96 Wattenscheid 54/0	
Kurth, Heiko	4.6.38	**64-65 HSV**	**13/2**
Kurth, Markus	30.7.73	**94-95 Leverkusen 2/0**	**49/9**
		95-98 Nürnberg 66/12	98/21
		99-00 1.FC Köln 32/9	

SPIELER	GEBURT	STATIONEN	BILANZ
		98-99 Nürnberg 21/2	
		00-01 1.FC Köln 26/7	
Kurz, Marco	16.5.69	**89-90 Stuttgart 1/0**	**249/5**
		90-94 Nürnberg 108/0	
		94-95 BVB 4/0	
		95-98 Schalke 58/0	
		98-01 1860 München 78/5	
Kuster, Ernst	25.1.40	**70-71 Bielefeld**	**20/8**
Kutowski, Günter	2.8.65	**84-96 BVB**	**288/3**
		96-97 RW Essen	7/0
Kutschera,	21.3.68	89-91 BW Berlin 73/0	**157/3**
Alexander		**92-93 Uerdingen 24/0**	187/3
		91-94 Uerdingen 65/2	
		94-97 1860 München 53/1	
		96-98 Ein. Frankfurt 49/1	
		98-01 Ein. Frankfurt 51/1	
Kutzop, Michael	24.3.55	79-83 Offenbach 120/30	**152/28**
		83-84 Offenbach 31/5	120/30
		84-90 Bremen 121/23	
Kuzmierz, Karl-Heinz	20.9.46	**70-71 Schalke**	**2/0**
Kwiatkowski, Heinz	16.7.26	**63-64 BVB**	**3/0**
Kwiecien, Bogdan	3.9.59	**85-86 Ein. Frankfurt**	**6/0**
		85-86 Bayreuth	12/0

L

SPIELER	GEBURT	STATIONEN	BILANZ
Laars, Björn	5.12.74	93-94 Rostock	3/0
		98-99 Rostock	**1/0**
Labak, Antun	14.7.70	96-97 Stut. Kickers 24/3	**30/7**
		97-00 Cottbus 79/24	103/27
		00-01 Cottbus 30/7	
Labbadia, Bruno	8.2.66	84-87 Darmstadt 105/43	**328/103**
		87-89 HSV 41/11	169/82
		88-91 K'lautern 67/20	
		91-94 Bayern 82/28	
		94-96 1.FC Köln 41/15	
		95-98 Bremen 63/18	
		98-01 Bielefeld 64/39	
		99-00 Bielefeld 34/11	
Lachmann, Gerhard	28.1.58	84-90 Darmstadt	171/11
Lachmann, Walter	27.8.51	75-77 Nürnberg 16/0	80/16
		76-79 Waldhof 64/16	
Ladage, Wolfgang	16.6.43	**66-67 RW Essen**	**2/0**
Lämmermann,			
Stephan	10.7.67	99-01 Aachen	62/12
Lässig, Andreas	10.11.71	**89-90 Waldhof**	**1/0**
		90-91 Waldhof	1/0
Laessig, Heiko	18.6.68	91-94 Uerdingen	63/17
		92-96 Uerdingen	**82/15**
Lässig, Thomas	25.11.71	**91-92 Rostock**	**3/0**
Lahm, Thorsten	11.11.69	**87-90 Homburg**	**3/0**
		92-93 Homburg	17/1
Lahn, Jürgen	26.10.53	**71-72 Hertha**	**1/0**
Laibach, Detlef	25.11.59	83-89 RW Essen	123/23
Lais, Axel	5.3.64	84-87 SC Freiburg	90/1
Lakies, Carsten	8.1.71	89-90 Kassel 2/0	**4/0**
		96-97 Bayern 1/0	30/1
		97-98 Hertha 3/0	
		99-00 KSC 21/1	
		00-01 Chemnitz 7/0	
Lala, Altin	18.11.75	98-01 Hannover 96	84/8
Lambert, Hans-Georg	7.10.39	**63-64 Schalke**	**1/0**
Lambert, Paul	7.8.69	**96-98 BVB**	**44/1**
Lambertz, Klaus	11.5.40	**63-67 Bremen**	**17/0**
Lambie, Duncan	20.4.52	76-79 Fürth	71/6
Lameck, Michael	15.9.49	**72-88 Bochum**	**518/38**
Lamparth,			
Hans-Peter	25.8.46	**64-66 KSC**	**15/0**
Lander, Thomas	22.8.57	**76-79 Schalke**	**21/3**
		79-81 Münster 70/9	152/17
		81-84 RW Essen 82/8	
Landerer, Ludwig	31.5.37	**63-66 Ein. Frankfurt**	**22/0**
Landgraf, Willi	29.8.68	86-91 RW Essen 119/5	383/14

SPIELER	GEBURT	STATIONEN	BILANZ
		91-94 Homburg 107/4	
		96-99 Gütersloh 94/2	
		99-01 Aachen 63/3	
Lang, Kurt	18.6.59	**83-85 K'lautern**	**15/1**
Lang, Ludwig	9.2.46	**67-68 Neunkirchen**	**14/4**
		74-75 Neunkirchen	33/1
Langbein, Thomas	31.1.67	84-90 Wattenscheid	119/4
		90-93 Wattenscheid	**59/1**
Lange, Jürgen	8.1.67	**88-90 M'gladbach 19/0**	**49/1**
		91-94 Saarbrücken 40/2	57/3
		92-93 Saarbrücken 30/1	
		94-95 Homburg 17/1	
Lange, Reiner	5.12.56	74-76 Darmstadt 19/4	85/15
		77-80 Bürstadt 66/11	
Lange, Timo	19.1.68	91-92 Halle 28/3	**145/12**
		92-95 Rostock 110/18	138/21
		95-01 Rostock 145/12	
Langer, Peter	2.6.50	78-79 Vikt. Köln 35/5	98/18
		82-84 Lüttringhausen 63/13	
Langerbein, Dirk	9.9.71	98-99 Gütersloh 17/0	51/0
		00-01 Ahlen 34/0	
Langers, Robert	1.8.60	**80-82 M'gladbach**	**3/0**
Langner, Marco	8.5.69	93-94 Stut. Kickers 31/0	78/0
		95-97 Waldhof 38/0	
		00-01 Reutlingen 9/0	
Lantz, Marcus	23.10.75	**99-01 Rostock**	**44/2**
Laohakul, Vithaya	1.2.54	**79-80 Hertha**	**3/0**
		80-82 Hertha 31/1	58/4
		83-84 Saarbrücken 27/3	
Larsson, Bo	5.5.44	**66-69 Stuttgart**	**88/20**
Larsson, Lennart	9.7.53	**77-79 Schalke**	**26/3**
Lasch, Udo	3.10.51	74-75 Wattenscheid 14/1	183/18
		75-77 SW Essen 47/2	
		77-81 Offenbach 90/13	
		80-81 Bürstadt 18/2	
		81-83 Solingen 14/0	
Laskowsky, Rainer	17.8.48	**69-71 RWO**	**19/1**
Lasser, Thomas	25.10.69	**88-92 Ein. Frankfurt**	**44/1**
		92-93 Waldhof 38/2	56/4
		94-95 FSV Frankfurt 18/2	
Laszig, Otto	28.12.34	**64-69 Hannover 96**	**118/3**
Latal, Radoslav	6.1.70	**94-01 Schalke**	**187/14**
Latoundji, Moussa	13.8.78	98-00 Cottbus	37/7
		00-01 Cottbus	**26/0**
Latz, Roland	18.11.49	74-80 Völklingen	124/2
Laube, Bernd	13.11.50	**69-70 Hertha**	**1/0**
		74-75 Worms 14/7	154/36
		74-75 Heilbronn 18/3	
		75-77 Regensburg 48/7	
		76-80 Herford 74/19	
Laubinger, Walter	9.11.67	**86-88 HSV**	**10/1**
		87-88 Bayreuth	4/0
Laudeley, Thomas	18.11.66	91-01 Chemnitz	184/5
Laudrup, Brian	22.2.69	**89-90 Uerdingen 34/6**	**87/17**
		90-92 Bayern 53/11	
Laufer, Franz-Josef	1.9.52	**71-74 Bochum**	**44/0**
		74-77 SW Essen 101/1	211/6
		77-79 West. Herne 70/2	
		80-81 Erkenschwick 40/3	
Laukkanen, Kari	14.12.63	87-90 Stut. Kickers 54/0	**28/0**
		88-89 Stut. Kickers 28/0	199/0
		90-95 Waldhof 145/0	
Laumen, Herbert	11.8.43	**65-71 M'gladbach 186/97**	**267/121**
		71-73 Bremen 60/18	
		73-74 K'lautern 21/6	
Lauscher, Detlev	30.9.52	**71-76 1.FC Köln**	**80/10**
Lausen, Helmut	9.6.52	**74-75 Wuppertal 22/1**	**32/1**
		75-78 Wuppertal	78/18
		78-80 M'gladbach 10/0	
Lausen, Wolfgang	25.2.50	74-80 Fürth	174/7
Laux, Philipp	25.1.73	98-99 SSV Ulm 34/0	**37/0**
		99-00 SSV Ulm 34/0	34/0
		00-01 BVB 3/0	
Lay, Udo	13.3.60	79-82 Freiburger FC 69/5	355/23
		82-85 Duisburg 110/9	
		85-91 SC Freiburg 176/9	
Layh, Herbert	2.3.44	**67-68 KSC**	**2/0**
Lazic, Miladin	18.7.55	81-85 Solingen 97/1	**18/0**
		82-83 KSC 18/0	127/5
		85-86 Duisburg 30/4	
Leandro	14.2.75	**99-00 SSV Ulm**	**25/3**
Lebong, Frank	26.2.62	84-89 Homburg	27/0
		85-88 Homburg	**9/0**
Lechner, Georg	18.8.41	**64-66 Ein. Frankfurt**	**45/16**
Leder, Albert	26.4.52	74-75 Homburg 21/1	57/4
		77-78 West. Herne 3/0	
		77-78 Bayern Hof 8/0	
		78-79 Wacker Berlin 25/3	
Ledwon, Adam	15.1.74	**97-99 Leverkusen**	**10/0**
		99-00 Fort. Köln	28/0
Lee, Dong-Gook	29.4.79	**00-01 Bremen**	**7/0**
Le Fevre, Ulrik	25.6.46	**69-72 M'gladbach**	**90/21**
Lefkes, Manfred	7.8.59	**83-85 1.FC Köln**	**22/3**
		85-86 Solingen	27/3
Legat, Thorsten	7.11.68	**86-91 Bochum 107/9**	**243/15**
		91-94 Bremen 70/4	
		94-95 Ein. Frankfurt 22/2	
		95-99 Stuttgart 40/0	
		99-00 Schalke 4/0	
Lehmann, Bernd	1.9.47	**67-76 Duisburg**	**200/43**
Lehmann, Dirk	16.8.71	**92-94 1.FC Köln**	**18/3**
		97-98 Cottbus	24/1
Lehmann, Friedrich	10.3.46	**66-67 Düsseldorf 2/0**	**11/2**
		68-69 BVB 9/2	
Lehmann, Jens	10.11.69	88-91 Schalke 74/0	**275/2**
		91-98 Schalke 200/2	74/0
		98-01 BVB 75/0	
Lehnhoff, Hans-Peter	12.7.63	**84-88 1.FC Köln 98/9**	**237/20**
		94-99 Leverkusen 139/11	
Lehmann, Ralf	22.5.60	79-84 Osnabrück	158/54
Lehr, Hans-Jürgen	25.9.47	75-78 Solingen	62/16
Leiendecker, Lothar	22.9.53	77-81 Trier 126/61	165/69
		81-83 Fürth 39/8	
Leifeld, Uwe	24.7.66	**85-91 Bochum 149/46**	**179/48**
		91-93 Schalke 30/2	
Leifken, Rainer	26.2.57	79-81 Münster	68/5
Leist, Erich	13.5.35	**64-68 Neunkirchen**	**73/3**
Leitl, Reiner	9.4.60	89-93 Unterhaching	54/11
Leitl, Stefan	29.8.77	99-01 Nürnberg	52/4
Lelle, Frank	4.2.65	**86-93 K'lautern**	**85/8**
		93-95 Homburg	28/0
Lellek, Dirk	3.1.64	**83-85 Bremen**	**6/1**
		85-86 Hertha 25/4	160/14
		86-87 Aschaffenburg 9/1	
		88-90 Braunschweig 59/4	
		90-92 Osnabrück 67/5	
Lellek, Jens	31.1.68	**96-97 Bremen**	**2/0**
Lemke, Dieter	14.4.56	**80-82 Bochum**	**25/1**
		82-87 Fort. Köln	97/23
Lense, Sascha	5.10.75	94-95 FSV Frankfurt 26/1	94/4
		95-98 Zwickau 62/3	
		98-99 Unterhaching 6/0	
Lenssen, Heinz	15.11.44	**71-72 Düsseldorf**	**1/0**
Lent van, Arie	31.8.70	**91-98 Bremen**	**32/6**
		92-93 Oldenburg 1/0	103/49
		98-99 Fürth 34/16	
		99-01 M'gladbach 68/33	
Lenz, André	19.11.73	99-01 Aachen	62/0
Lenz, Manfred	21.11.47	**72-73 Hertha**	**7/0**
		74-86 Homburg	303/91
Lenz, Werner	14.11.54	75-83 Solingen	236/95
Lenzen, Norbert	23.11.52	76-77 Bonn 37/7	67/8
		77-78 Solingen 30/1	
Lenzke, Klaus	12.8.49	74-75 Uerdingen	13/0
		75-76 Uerdingen	**14/0**
Leopoldseder, Norbert	19.4.47	**70-72 Bielefeld**	**56/4**
Lerby, Sören	1.2.58	**83-86 Bayern**	**89/22**

SPIELER	GEBURT	STATIONEN	BILANZ
Lerch, Oliver	8.9.69	91-93 Braunschweig	55/0
Lesiak, Andrzej	21.5.66	**94-95 Dresden**	**30/2**
Leske, Peter	22.7.54	78-80 Wanne-Eickel 52/8	83/9
		80-81 RWO 31/1	
Lesniak, Marek	29.2.64	**88-92 Leverkusen 117/19**	**213/42**
		92-94 Wattenscheid 64/18	84/23
		94-95 Wattenscheid 32/7	
		95-96 1860 München 15/2	
		95-96 Uerdingen 17/3	
		97-99 Düsseldorf 52/16	
Letchkov, Yordan	9.7.67	**92-96 HSV**	**101/11**
Leufgen, Günter	27.3.44	74-77 SW Essen	72/3
Leumann, Manfred	1.8.48	74-79 Wacker Berlin	64/2
Leunissen, Udo	14.1.54	74-75 SW Essen 6/0	75/9
		74-77 Homburg 69/9	
Leupold, Horst	30.1.42	**63-69 Nürnberg**	**167/2**
Levy, Stanislav	2.5.58	88-92 BW Berlin 125/7	145/10
		93-94 TeBe 20/3	
Lewe, Ralf	13.5.69	86-90 Wattenscheid 37/0	92/1
		96-99 Gütersloh 55/1	
Lex, Hans-Jürgen	29.12.46	**70-71 1.FC Köln**	**6/0**
Lex, Wolfgang	23.10.46	**67-70 1860 München**	**30/2**
		74-75 Hannover 96 25/2	51/2
		76-77 Schwenningen 26/0	
Leydecker, Wilfried	1.8.41	**64-66 K'lautern**	**25/6**
Libuda, Heinz	8.8.44	**67-69 HSV**	**11/1**
Libuda, Reinhard	10.10.43	**63-65/68-75 Schalke 190/20**	**264/28**
		65-68 BVB 74/8	
Licht, Sascha	27.9.74	**92-93 Nürnberg 1/0**	**2/0**
		94-95 Dresden 1/0	49/12
		99-01 Waldhof 49/12	
Lieberam, Frank	17.12.62	**91-92 Dresden**	**5/0**
		92-96 Wolfsburg	111/5
Lieberknecht, Torsten	1.8.73	**92-94 K'lautern**	**13/1**
		94-95 Waldhof 22/0	109/3
		95-01 Mainz 87/3	
Liebers, Mathias	22.11.58	91-96 Leipzig	74/0
		93-94 Leipzig	**25/1**
Lieberwirth, Dieter	13.1.54	75-85 Nürnberg	130/21
		78-89 Nürnberg	**139/18**
Liedtke, Herbert	18.10.50	**71-73 RWO**	**10/0**
		74-75 Bayreuth	11/2
Liedtke, Rainer	29.9.50	74-79 Wacker Berlin	129/35
Lienen, Ewald	28.11.53	74-77 Bielefeld 96/24	**333/49**
		77-81/83-87 M'gladbach 244/36,	171/27
		81-83 Bielefeld 60/12	
		89-91 Duisburg 75/3	
		91-92 Duisburg 29/1	
Liermann, Heinz	8.10.46	**69-70 Aachen**	**8/0**
Lilienberg, Mats	22.12.69	93-94 1860 München	13/3
		94-95 1860 München	**6/1**
Limbach, Guido	2.12.66	**86-87 Homburg**	**1/0**
Lindemann, Hans	4.9.47	**69-71 Ein. Frankfurt 13/0**	**24/0**
		74-78 Darmstadt	121/28
		78-79 Darmstadt 11/0	
Linden, Axel	7.9.60	86-89 Solingen	71/4
Lindenau, Dieter	9.3.63	85-89 Aschaffenburg	78/15
Linder, Jürgen	20.7.42	**65-66 Tasmania**	**8/0**
Linderer, René	4.6.71	**93-94 SC Freiburg**	**6/0**
Linders, Dietmar	20.11.40	**67-76 Duisburg**	**161/0**
		76-80 Münster	125/0
Lindner, Detlef	29.11.64	**84-85 Braunschweig**	**1/0**
		85-87 Braunschweig	5/0
Lindner, Dieter	11.6.39	**63-71 Ein. Frankfurt**	**189/5**
Lindner, Hermann	16.1.53	**72-74 Stuttgart 7/1**	**47/2**
		74-77 RW Essen 40/1	21/2
		76-77 Schwenningen 21/2	
Lindner, Matthias	5.10.65	91-97 Leipzig 143/10	**31/1**
		93-94 Leipzig 31/1	166/12
		97-98 Jena 23/2	
Lindner, Reinhard	26.3.45	74-79 Wacker Berlin	126/20
Link, Klaus	5.6.48	**70-71 RW Essen**	**2/0**
		74-76 Waldhof	54/1

SPIELER	GEBURT	STATIONEN	BILANZ
Linke, Carsten	19.9.65	90-93 Oldenburg 110/26	283/44
		93-95 Homburg 68/11	
		95-01 Hannover 96 105/7	
Linke, Thomas	26.12.69	91-92 Erfurt 27/1	**257/15**
		92-98 Schalke 175/13	27/1
		98-01 Bayern 82/2	
Linsenmaier, Hans	28.4.41	**67-68 Neunkirchen 29/8**	**45/9**
		68-69 1860 München 16/1	
Linßen, Hannes	28.9.49	**68-74 Duisburg**	**113/9**
		74-84 Fort. Köln	311/44
Lintjens, Sven	5.10.76	**97-98 M'gladbach**	**2/0**
		99-00 Fort. Köln	11/0
Linz, Paul	4.1.56	**78-79 Bremen 10/1**	**33/5**
		79-80 Bremerhaven 19/11	233/115
		80-82 Freiburger FC 69/36	
		82-83 Waldhof 37/16	
		83-84 Waldhof 23/4	
		85-88 Osnabrück 108/52	
Lipinski, Jörg	31.10.67	93-94 RW Essen 36/6	205/30
		94-97 Fort. Köln 89/11	
		98-01 RWO 80/13	
Lippens, Willi	10.11.45	**66-76 RW Essen 172/79**	**242/92**
		76-79 BVB 70/13	67/23
		79-81 RW Essen 67/23	
Lippert, Reinhard	27.2.48	74-78 Bayern Hof	109/23
Lippmann, Frank	23.4.61	**86-87 Nürnberg 6/0**	**22/1**
		87-88 Waldhof 16/1	
Lisztes, Krisztian	2.7.76	**96-01 Stuttgart**	**109/12**
Littbarski, Pierre	16.4.60	**78-86/87-93 1.FC Köln**	**406/116**
Littek, Helmut	15.4.44	**66-71 RW Essen**	**56/9**
Lizarazu, Bixente	9.12.69	**97-01 Bayern**	**75/3**
Ljung, Roger	8.1.66	**94-95 Duisburg**	**13/0**
Ljuty, Wladimir	20.4.62	89-91 Schalke 45/9	**39/6**
		91-92 Duisburg 36/6	45/9
		92-93 Bochum 3/0	
Löbe, Alexander	13.11.72	91-92 Halle 16/3	**43/5**
		92-93 Unterhaching 24/9	100/20
		93-94 Wattenscheid 29/2	
		94-95 Wattenscheid 7/0	
		94-97 Duisburg 14/3	
		95-96 Duisburg 27/3	
		96-97 Lübeck 19/4	
		97-99 Gütersloh 7/1	
Löchelt, Tino	13.8.65	**83-86 K'lautern**	**28/0**
		86-93 Braunschweig	152/15
Löffler, Armin	2.12.63	84-88 SC Freiburg	86/10
Löffler, Reinhard	22.2.42	**66-68 HSV**	**24/1**
Löffler, Uli	21.7.58	77-79/80-82 xxx	75/8
Löhr, Hannes	5.7.42	**64-78 1.FC Köln**	**381/167**
Löhr, Peter	1.9.59	79-81 Bürstadt 42/3	**102/0**
		80-85 Düsseldorf 102/0	126/5
		85-89 Aschaffenburg 84/2	
Lömm, Heinz-Dieter	18.10.43	**65-66 Schalke 5/0**	**91/1**
		72-75 Wuppertal 86/1	21/1
		76-77 FV Würzburg 21/1	
Lösch, Markus	26.9.71	96-98 Stut. Kickers 56/2	**36/0**
		98-99 Nürnberg 21/0	82/2
		99-00 Nürnberg 26/0	
		00-01 Ein. Frankfurt 15/0	**36/0**
Loesch, Michael	2.8.56	77-80 Wuppertal	54/3
Löw, Joachim	3.2.60	78-80/82-84 + 85-89	**52/7**
		SC Freiburg	252/81
		80-81 Stuttgart 4/0	
		81-82 Ein. Frankfurt 24/5	
		84-85 KSC 24/2	
Löwer, Peter	10.11.44	74-81 Fürth	231/0
Lokvenc, Vratislav	27.9.73	**00-01 K'lautern**	**30/9**
Loo, Ludger van de	14.3.59	76-83 Uerdingen	105/7
		79-88 Uerdingen	**143/7**
Loo, Michael van de	1.6.57	78-83 Uerdingen	24/1
		79-80 Uerdingen	**2/0**
Loof, Peter	23.9.47	**68-70 Hannover 96 51/3**	**64/3**
		71-72 Bielefeld 13/0	
Loontiens, Peter	16.9.58	**80-82 M'gladbach 7/1**	**73/20**

SPIELER	GEBURT	STATIONEN	BILANZ
		81-83 Uerdingen	52/14
		83-86 Uerdingen 66/19	
Loos, Wolfgang	6.8.55	74-77 Münster 24/0	58/1
		77-80 Osnabrück 34/1	
Loose, Ralf	5.1.63	**81-86 BVB 120/11**	**211/12**
		86-87 RWO 34/3	97/16
		87-93 Düsseldorf 97/3	
		89-92 Düsseldorf 91/1	
Lopatenko, Manfred	7.11.58	77-81 Lüdenscheid	
Lopes, Victor	10.9.64	**84-85 Stuttgart**	**2/0**
		86-88 SSV Ulm 68/4	179/12
		88-90 Fort. Köln 54/6	
		90-94 Mainz 57/2	
Lopez, Javier	15.12.74	**94-95 Duisburg**	**1/0**
Lorant, Werner	21.11.48	**71-72 BVB 23/0**	**325/46**
		73-77 RW Essen 116/16	33/9
		77-78 Saarbrücken 34/9	
		78-83 E. Frankfurt 134/21	
		82-83 Schalke 18/0	
		83-84 Hannover 96 33/9	
Lorch, Rudi	20.1.66	**83-86 Stuttgart**	**24/0**
Lorenz, Bernd	24.12.47	**69-71 Bremen 51/10**	**81/23**
		74-76 Ein. Frankfurt 30/13	13/3
		77-78 Augsburg 13/3	
Lorenz, Kurt-Jürgen	30.10.51	**70-71 Duisburg**	**1/0**
Lorenz, Max	19.8.39	**63-69 Bremen 176/15**	**247/18**
		69-72 Braunschweig 71/3	
Lorenz, Michael	11.5.52	79-83 Osnabrück	89/22
Lotter, Markus	28.9.70	97-98 Fürth 26/0	101/8
		98-01 St. Pauli 75/8	
Lottermann, Stefan	5.3.59	77-79 Offenbach 54/10	**118/16**
		79-83 Ein. Frankfurt 97/14	110/22
		83-84 Nürnberg 21/2	
		84-85 Nürnberg 13/5	
		85-87 Darmstadt 43/7	
Lottner, Dirk	4.3.72	89-97 Fort. Köln 231/41	**48/12**
		97-99 Leverkusen 17/1	277/58
		98-00 1.FC Köln 46/17	
		00-01 1.FC Köln 31/11	
Lotz, Oskar	23.4.40	**65-69 Ein. Frankfurt**	**97/19**
Lotz, Werner	4.9.38	**63-69 Duisburg**	**145/27**
Loweg, Karl	16.4.38	**67-69 Bremen**	**15/0**
Lowin, Heinz	25.12.38	**65-67 M'gladbach**	**39/0**
Loy, Egon	14.5.31	**63-67 Ein. Frankfurt**	**69/0**
Lubanski, Heinz	8.8.48	74-76 1860 München 59/9	171/12
		77-82 Worms 112/3	
Lucas, Manfred	15.10.43	74-76 Bayreuth	69/3
Lucio	8.5.78	**00-01 Leverkusen**	**15/5**
Ludwig, Franz	6.10.51	79-85 Bürstadt	95/6
Ludwig, Otmar	22.4.51	74-75 Homburg 32/21	261/107
		75-79 Fort. Köln 139/49	
		79-80 Freiburger FC 23/11	
		80-81 Kassel 25/15	
		81-83 SC Freiburg 42/11	
Lübeke, Peter	26.11.52	**71-73 HSV 21/7**	**71/13**
		74-75 Saarbrücken	37/9
		75-76 Uerdingen 23/3	
		77-80 Braunschweig 27/3	
Lübke, Andreas	12.3.67	**86-88 Bochum**	**8/1**
Lücke, Norbert	22.10.50	**69-71 RWO**	**11/0**
		78-80 Wanne-Eickel	64/32
Lüders, Klaus-Dieter	18.8.56	78-81 Trier	82/8
Lühr, Robert	20.9.49	74-75 Worms 24/1	60/4
		75-76 Reutlingen 36/3	
Lünsdorf, Peter	29.5.49	74-76 Osnabrück	53/2
Lünsmann, Mike	23.11.69	88-96 Hertha 188/40	**28/3**
		90-91 Hertha 28/3	211/43
		98-00 TeBe 23/3	
Lütkebohmert, Herbert	24.3.48	**68-79 Schalke**	**286/28**
Lütkebohmert, Hugo	2.6.49	75-76 Erkenschwick 38/7	181/18
		76-78 West. Herne 51/0	
		78-81 Fort. Köln 92/11	
Lüttges, Wolfgang	1.8.50	74-75/78-79 Uerdingen 73/36	**31/7**

SPIELER	GEBURT	STATIONEN	BILANZ
		75-76 Hannover 96 26/7	156/62
		79-80 Uerdingen 5/0	
		76-78 Hannover 96 60/17	
		79-80 Vikt. Köln 23/9	
Lüttkenhaus, Oliver	28.6.71	**94-96 HSV**	**4/0**
		95-97 Wolfsburg	15/0
Luginger, Jürgen	8.12.67	**86-87 Leverkusen 1/0**	
		91-94 Schalke 83/4	**84/4**
Luginger, Jürgen	8.12.67	87-88 Düsseldorf 33/0	
		88-91 Schalke 108/5	
		94-95 Hannover 96 15/0	
		95-97 Waldhof 53/3	
		98-01 RWO 98/4	307/12
Luhukay, Jos	13.3.63	**95-96 Uerdingen**	**2/0**
Lulka, Hermann	4.8.35	**63-64 Münster**	**28/9**
Lund, Fleming	6.10.52	**76-77 RW Essen 34/2**	**96/7**
		77-79 Düsseldorf 62/5	
Lunde, Lars	21.3.64	**86-88 Bayern**	**30/3**
Lunenburg, Horst	18.1.43	74-77 Wacker Berlin	63/18
Lungwitz, Werner	9.4.42	**63-64 Münster 29/2**	**120/9**
		66-74 Düsseldorf 90/7	
Lupescu, Ioan	9.12.68	**90-96 Leverkusen 183/3**	**227/10**
		96-98 M'gladbach 44/7	
Lurz, Ludwig	1.1.45	74-79 Uerdingen	129/4
		75-80 Uerdingen	**54/0**
Lusch, Michael	16.6.64	**82-93 BVB 203/10**	**267/10**
		93-95 K'lautern 44/0	
		95-96 Uerdingen 20/0	
Lussu, Piero	21.10.50	74-75 RWO 17/0	
		76-78 Wattenscheid 51/2	68/2
Lust, Matthias	27.4.70	**90-91 KSC 7/0**	**27/1**
		91-92 Waldhof 27/6	248/30
		92-93 Saarbrücken 17/1	
		93-95 Saarbrücken 68/11	
		95-99 Unterhaching 134/11	
		99-00 Bochum 19/2	
		00-01 Bochum 3/0	
Luttrop, Otto	1.3.39	**63-66 1860 München**	**81/11**
		74-75 Mülheim 21/2	44/2
		75-77 Solingen 23/0	
Lutz, Friedel	21.1.39	**63-66/67-73 E. Frank. 200/4**	**211/4**
		66-67 1860 München 11/0	
Lutz, Hermann	3.11.51	75-76 Mainz 11/0	83/0
		77-78 Würz. Kickers 30/0	
		78-81 Augsburg 42/0	
Lutz, Jürgen	23.9.61	**87-88 K'lautern**	**6/1**
Lutz, Roger	15.7.64	**88-00 K'lautern**	**99/1**
		96-97 K'lautern	5/0
Lux, Peter	4.10.62	**81-85 Braunschweig 87/15**	**227/31**
		85-87 HSV 56/7	48/4
		87-90 Waldhof 84/9	
		90-93 Braunschweig 48/4	
Luy, Hermann	21.3.51	78-79 Hanau 32/3	109/8
		79-80 Bürstadt 12/1	
		80-83 FSV Frankfurt 65/4	

M

Maas, Erich	24.12.40	**63-64 Saarbrücken 21/2**	**208/44**
		64-70 Braunschw. 181/42	
		70-71 Bayern 6/0	
Maas, Rob	17.12.69	**96-98 Bielefeld 56/3**	**68/3**
		98-01 Hertha 12/0	
Macak, Pavel	7.2.57	83-84 Schalke	1/0
		84-87 Schalke	**16/0**
Machala, Oldrich	4.8.63	**91-92 Rostock**	**15/1**
		91-93 Oldenburg	49/1
Macherey, Heribert	3.11.54	83-91 Duisburg	138/0
		91-92 Duisburg	**28/0**
Macela, Ludek	3.10.50	82-85 Darmstadt	100/0
Maciel, Sergio	7.12.65	**89-90 Homburg**	**30/7**
	7.12.65	90-91/92-95 Homburg 139/25	154/29
		91-92 BW Berlin 15/4	

M

SPIELER	GEBURT	STATIONEN	BILANZ
Mack, Peter	30.1.59	**82-83 Hertha**	**7/0**
		79-80 MTV Ingolstadt 19/4	31/6
		81-82 Hertha 5/1	
		83-84 Saarbrücken 7/1	
Mackensen, Uwe	12.8.55	**74-77 HSV 3/0**	**5/0**
		78-79 K'lautern 2/0	35/2
		84-85 St. Pauli 35/2	
Mackowiak, Klaus-Dieter	10.2.47	74-76 Mülheim	63/0
MacLeod, Murdo	24.9.58	**87-91 BVB**	**103/4**
Mackscheidt, Wilfried	29.10.47	74-75 Mülheim 28/0	64/0
		79-80 RWO 36/0	
Mademann, Richard	25.4.68	90-91 Schalke 27/0	**25/0**
		91-93 Schalke 25/0	69/0
		93-95 Homburg 42/0	
Madl, Hartmann	16.11.39	**63-66 KSC**	**40/15**
Maeder, Manfred	14.8.45	**65-66 Tasmania**	**4/0**
Mähn, Karl-Heinz	26.10.60	83-85 SC Freiburg 56/9	115/20
		88-91 Mainz 59/11	
März, Heiko	9.7.65	**91-98 Rostock**	**95/0**
		92-95 Rostock	102/10
Mäurer, Manfred	27.3.62	86-87 Solingen 32/1	63/2
		87-89 RW Essen 31/1	
Magath, Felix	26.7.53	74-76 Saarbrücken	76/29
		76-86 HSV	**306/46**
Mager, Reinhard	2.5.53	**76-84 Bochum 114/0**	**138/0**
		84-89 BW Berlin	115/0
		86-87 BW Berlin 24/0	
Maglica, Nikica	26.1.65	**93-95 Dresden**	**8/0**
Magnusson, Benno	4.2.53	**73-74 K'lautern 16/0**	**36/1**
		74-76 Hertha 20/1	
Magnusson, Roger	20.3.45	**66-67 1.FC Köln**	**20/4**
Mahdavikia, Mehdi	24.7.77	**98-99 Bochum 12/3**	**70/12**
		99-01 HSV 58/9	
Mahjoubi, Ali Muhamed	28.12.66	91-93 Braunschweig	66/9
Mahr, Wolfgang	26.9.52	74-86 Bayreuth	271/0
Mai, Udo	29.7.67	89-90 Wattenscheid 1/0	**77/0**
		90-94 Wattenscheid 77/0	25/0
		95-99 Unterhaching 24/0	
Maier, Bernd	30.11.74	98-01 SSV Ulm	62/2
		99-00 SSV Ulm	**24/1**
Maier, Sepp	28.2.44	**65-79 Bayern**	**473/0**
Maier, Rolf	11.4.60	80-92 SC Freiburg	285/0
Maier, Sascha	2.1.74	**94-95 Stuttgart**	**1/0**
		00-01 Waldhof	6/1
Majak, Slawomir	12.1.69	95-96 Hannover 96	13/1
		97-01 Rostock	**108/15**
Majewski, Jan	27.11.73	**98-99 Bochum**	**1/0**
		99-00 Bochum	1/0
Majewski, Stefan	31.1.56	**84-87 K'lautern**	**63/1**
		87-88 Bielefeld	34/1
Majgl, Reinhard	4.12.49	**72-74 Bochum**	**44/10**
		75-78 Fort. Köln 41/1	77/12
		80-81 Bocholt 36/11	
Majka, Marek	5.1.59	88-91 SC Freiburg	61/21
Majkowski, Jan	20.10.52	74-80 Nürnberg	109/6
		80-81 Nürnberg	**1/0**
Makan, Hans-Peter	1.1.60	**82-85 Stuttgart**	**52/1**
Makan, Jürgen	5.7.60	78-83 Waldhof 106/14	**35/3**
		83-85 Waldhof 29/3	106/14
		85-86 Saarbrücken 6/0	
Makel, Hubert	12.9.45	76-78 Leverkusen	36/0
		79-81 Leverkusen	**5/0**
Malchow, Alexander	11.9.69	92-93 Oldenburg 39/3	162/21
		96-00 Stut. Kickers 97/9	
		00-01 Reutlingen 26/9	
Maljkovic, Vladimir	14.8.82	**00-01 Ein. Frankfurt**	**3/0**
Mall, Roland	17.4.51	**71-75 Stuttgart**	**58/0**
		74-75 Heilbronn 21/8	186/21
		75-76 Stuttgart 7/0	
		76-79 Münster 96/7	
		79-81 Vikt. Köln 62/6	
Mallam, Yahaya	31.12.74	**94-97 BVB**	**5/0**
		96-97/99-00 Waldhof 17/0	24/0
		97-98 Stut. Kickers 7/0	
Maltritz, Marcel	2.10.78	**98-01 Wolfsburg**	**49/0**
Malura, Edmund	24.6.55	78-79 Hanau 30/5	246/16
		80-81 TeBe 38/6	
		83-84 Charlottenburg 34/1	
		84-86 Solingen 75/3	
		86-88 RWO 69/1	
Malz, Stefan	15.6.72	92-93 Darmstadt	16/1
		97-99 1860 München	**36/2**
Mamajewski, Richard	24.2.56	76-77 1860 München 3/0	72/5
		78-80 MTV Ingolstadt 69/5	
Mamic, Zoran	30.9.71	**96-98/00-01 Bochum 67/4**	**82/4**
		98-00 Leverkusen 15/0	
Mandirali, Hami	20.7.68	**98-99 Schalke**	**22/3**
Mandreko, Sergej	1.8.71	**97-00 Hertha 37/1**	**60/1**
		00-01 Bochum 23/0	
Manga, Ben	11.2.74	**95-96 Düsseldorf**	**3/0**
		99-00 Aachen	1/0
Manglitz, Manfred	8.3.40	**63-71 Duisburg**	**257/1**
		75-76 Mülheim	5/0
Mangold, Hans-Dieter	22.6.62	**80-81 Schalke**	**2/0**
Mangold, Werner	19.9.34	**63-66 K'lautern**	**50/1**
Mannebach, Manfred	14.7.54	76-77 St. Pauli 33/4	**3/0**
		77-78 St. Pauli 3/0	146/25
		78-80 RW Essen 74/12	
		80-81 RWO 39/9	
Manns, Helmut	26.10.47	**71-73 Schalke**	**19/1**
Manzi, Leonardo	28.4.69	**89-96 St. Pauli**	**26/2**
		91-95 St. Pauli	86/14
Marasek, Stefan	4.1.70	**96-97 SC Freiburg**	**8/0**
Marczewski, Frank	30.4.54	75-76 Spandau 36/1	202/10
		77-78 Augsburg 12/0	
		77-78 Bremerhaven 21/0	
		78-81 TeBe 102/6	
		83-84 Charlottenburg 31/3	
Marecek, Pavel	19.12.42	**69-70 Duisburg**	**1/0**
Marek, Jürgen	28.8.51	**75-76 Bayern 7/1**	**11/1**
		76-77 Schwenningen 19/2	122/26
		76-77 Saarbrücken 4/0	
		77-81 Freiburger FC 103/24	
Marell, Carsten	8.9.70	88-89 Schalke 17/1	**2/0**
		90-91 M'gladbach 2/0	311/8
		91-98 Meppen 211/6	
		98-01 Stut. Kickers 83/1	
Margetic, Patricio	17.5.60	**88-89 BVB**	**2/0**
Margref, Jürgen	6.1.69	90-97 RW Essen	68/4
Maric, Enver	25.4.48	**76-78 Schalke**	**47/0**
Maric, Marijo	12.1.77	99-00 Bochum	18/4
		00-01 Bochum	**26/8**
Maric, Tomislav	28.1.73	**94-95 KSC 4/0**	**34/6**
		95-96 Wattenscheid 31/7	143/49
		96-00 Stut. Kickers 112/42	
		00-01 Wolfsburg 30/6	
Marin, Marcus	13.12.66	**88-90 HSV 15/0**	**118/33**
		90-91 Stut. Kickers 37/22	168/75
		91-92 Stut. Kickers 32/13	
		92-94 K'lautern 40/9	
		93-94/97-00 St. Pauli 102/40	
		94-97 Duisburg 31/11	
		95-96 Duisburg 29/13	
Markov, Goran	27.2.70	90-91 BW Berlin	10/1
		95-96 Rostock	**7/0**
Markovic, Sasa	17.9.71	**98-99 Stuttgart**	**4/1**
Marmon, Neale	21.4.61	85-89 Osnabrück 131/11	198/13
		89-90 Hannover 96 13/0	
		91-93 Homburg 54/2	
Marquardt, Carsten	2.6.67	**85-88 Schalke**	**42/5**
		88-90 Schalke 40/5	112/14
		90-93 Osnabrück 72/9	
Marques, Rui Manuel	3.9.77	**99-00 SSV Ulm 32/0**	**44/0**
		00-01 Stuttgart 12/0	

SPIELER	GEBURT	STATIONEN	BILANZ
Marschall, Olaf	19.3.66	**93-94 Dresden 32/11**	**166/58**
		94-01 K'lautern 134/47	16/10
		96-97 K'lautern 16/10	
Marschang, Eduard	29.8.53	**77-78 Duisburg**	**2/0**
Marsing, Reinhard	8.6.63	88-91 SC Freiburg	70/1
Martin, Bernd	10.2.55	**73-82 Stuttgart 154/12**	**170/12**
		75-77 Stuttgart	65/11
		82-85 Bayern 16/0	
Martin, Ersen	23.5.79	**98-99 Nürnberg**	**1/0**
Martin, Jürgen	1.2.49	**70-71 Stuttgart**	**3/0**
Martin, Peter	21.12.68	95-99 Wattenscheid	82/0
Martin, Thomas	10.1.58	78-83 Offenbach	127/7
		83-84 Offenbach	**12/0**
Martin, Werner	28.2.49	**67-68 Neunkirchen**	**14/0**
		74-77 Völklingen 97/11	158/18
		77-78 Bürstadt 34/4	
		78-79 Neunkirchen 27/3	
Martinelli, Josef	19.3.36	**67-70 Aachen**	**84/5**
Martins, Luciano	3.3.63	**87-88 Homburg**	**19/0**
Marx, Josef	20.11.34	**63-68 KSC**	**139/2**
Marx, Thorben	1.6.81	**00-01 Hertha**	**1/0**
Marzok, Willi	18.6.46	**66-67 Düsseldorf**	**3/0**
Mason, Michael	28.6.71	**94-97 HSV**	**11/2**
		97-99 St. Pauli	49/6
Maté, Andreas	19.3.40	**64-65 HSV**	**6/2**
Mathes, Reinhold	31.3.49	**71-72 BVB**	**18/0**
		75-77 Regensburg	76/4
Mathy, Reinhold	12.4.62	**80-87 Bayern 100/21**	**178/34**
		87-90 Uerdingen 78/13	11/0
		92-93 Hannover 96 11/0	
Matiebel, Robert	25.11.73	**94-95 Bochum**	**4/0**
Matischak, Klaus	24.10.38	**63-64 Schalke 22/18**	**64/38**
		64-67 Bremen 42/20	
Mattern, Bodo	3.2.58	79-81 Worms 71/42	**57/19**
		81-82 Darmstadt 24/13	189/88
		82-83/87-89 Darmstadt 63/23	
		83-85 Ein. Frankfurt 12/1	
		86-87 BW Berlin 21/5	
		84-86 BW Berlin 55/23	
Mattern, Wolfgang	17.7.56	**74-76 1.FC Köln**	**2/0**
Matthäus, Lothar	21.3.61	**79-88 M'gladbach 162/36**	**464/121**
		92-00 Bayern 302/85	
Mattsson, Jan	17.4.51	**75-77 Düsseldorf 23/10**	**62/23**
		76-79 Uerdingen	78/51
		79-81 Uerdingen 39/13	
Matuschak, Lothar	10.6.48	75-79 West. Herne	82/0
Matysek, Adam	19.7.68	93-96 Fort. Köln 54/0	**78/0**
		96-99 Gütersloh 64/0	118/0
		98-01 Leverkusen 78/0	
Matysik, Waldemar	27.9.61	**90-93 HSV**	**94/1**
		93-94 Wuppertal 35/0	66/0
		96-97 RW Essen 31/0	
Matyus, Janos	20.12.74	99-00 Cottbus	11/2
		00-01 Cottbus	**23/2**
Matz, Wolfgang	15.4.44	**65-67 Braunschweig**	**16/0**
		74-75 Wolfsburg	34/2
Maucksch, Matthias	11.6.69	**91-95 Dresden 118/4**	**123/4**
		95-97 Wolfsburg 41/5	73/5
		97-98 Leipzig 27/0	
		98-99 Nürnberg 5/0	
		99-00 Cottbus 5/0	
Maul, Ronald	13.2.73	90-93 Osnabrück 19/1	**76/5**
		95-99 Bielefeld 58/4	77/5
		96-98/99-00 Bielefeld 73/5	
		00-01 HSV 3/0	
Maurer, Reiner	16.2.60	**83-84 Bayern 7/0**	**20/0**
		84-85 Stuttgart 11/0	112/7
		85-86 KSC 25/3	
		86-87 Bielefeld 23/1	
		91-94 1860 München 64/3	
		94-95 1860 München 2/0	
Mauthe, Jürgen	4.1.50	75-76 Erkenschwick 8/0	71/16
		78-80 Wanne-Eickel 63/16	
Max, Martin	7.8.68	**89-95 M'gladbach 142/22**	**314/82**
		95-99 Schalke 109/33	
		99-01 1860 München 63/27	
Maximow, Juri	8.12.68	**97-01 Bremen**	**69/9**
May, Elmar	5.10.39	**64-66 Neunkirchen 51/18**	**54/18**
		66-67 HSV 3/0	
Mayer, Hans	9.2.45	**68-70 Stuttgart**	**48/1**
Mayer, Michael	17.10.70	**91-92 Stuttgart**	**1/0**
Mazany, Guido	22.11.59	**78-79 Düsseldorf**	**1/0**
		80-81 Münster	12/0
Mazeikis, Romas	28.4.64	95-97 Lübeck	51/1
Mazinho	26.12.65	**91-95 Bayern**	**49/11**
McGhee, Mark	20.5.57	**84-86 HSV**	**30/7**
McKenna, Kevin	21.1.80	98-00 Cottbus	3/0
		00-01 Cottbus	**2/0**
McInally, Alan	10.2.63	**89-92 Bayern**	**40/10**
Mees, Stefan	10.7.69	**90-92 KSC**	**7/0**
Meggle, Thomas	22.2.75	97-99/00-01 St. Pauli	68/15
Mehlhorn, Ulf	21.6.68	91-95/99-01 Chemnitz 204/9	**57/2**
		95-97 Düsseldorf 57/2	237/10
		97-98 Leipzig 33/1	
Mehls, Meinolf	24.7.65	**89-90 Bochum**	**1/0**
Mehnert, Björn	24.8.76	**97-98 BVB**	**3/0**
Meichel, Hans	15.3.47	75-77 Regensburg	73/0
Meichelbeck, Martin	21.11.76	98-00 Fürth	35/5
		00-01 Bochum	**19/0**
Meier, Bernd	11.2.72	**94-98 1860 München**	**93/0**
		00-01 M'gladbach	1/0
Meier, Erich	30.3.35	**63-65 K'lautern**	**26/12**
Meier, Heiko	6.11.61	79-80 Bielefeld 2/0	**10/0**
		80-84 Bielefeld 10/0	47/1
		83-85 Hertha 45/1	
Meier, Helmut	27.1.56	79-81 SSV Ulm	56/3
Meier, Norbert	20.9.58	80-81 Bremen 39/16	**292/68**
		81-90 Bremen 242/66	39/16
		89-92 M'gladbach 50/2	
Meier, Reinhard	11.3.46	**73-81 K'lautern**	**184/21**
Meijer, Erik	2.8.69	**95-96 Uerdingen 32/11**	**128/30**
		96-99 Leverkusen 84/16	
		00-01 HSV 12/3	
Meininger, Karlheinz	1.2.53	74-76 Nürnberg 49/21	**52/12**
		76-78 Bremen 52/12	137/52
		78-81 RW Essen 88/31	
Meis, Dieter	28.4.48	74-75 Gütersloh 26/1	72/1
		75-77 Münster 46/0	
Meisel, Hans	4.12.61	80-83/84-87 SC Freiburg	132/20
		83-84 Bayern	**3/0**
Meisen, Emil	12.11.39	**72-74 Wuppertal**	**59/0**
Meisner, Uli	1.10.53	79-81 OSV Hannover	71/7
Meißel, Bernd	3.10.38	**65-66 Tasmania**	**21/0**
Meißner, Silvio	19.1.73	93-96 Chemnitz 89/21	**108/10**
		96-00 Bielefeld 86/10	117/24
		98-99 Bielefeld 28/3	
		00-01 Stuttgart 22/0	
Meissner, Stefan	8.3.73	90-92 Braunschweig 12/0	**26/3**
		94-97 Wolfsburg 88/16	175/27
		97-98 Wolfsburg 26/3	
		98-00 KSC 57/11	
		00-01 Stut. Kickers 18/0	
Melcher, Achim	4.2.35	**64-66 Neunkirchen**	**52/1**
Melis, Hans-Werner	4.7.55	80-81 Erkenschwick 37/4	55/5
		81-82 Solingen 18/1	
Melzer, Werner	2.5.54	**74-86 K'lautern**	**374/31**
Melzig, Jens	28.9.65	**91-93 Dresden 63/3**	**103/3**
		93-95 Leverkusen 40/0	63/2
		95-96 Chemnitz 20/0	
		98-00 TeBe 43/2	
Memering, Caspar	1.6.53	**71-82 HSV 303/37**	**320/38**
		84-85 Schalke 17/1	
Mendez, Alberto	24.10.74	**99-00 Unterhaching**	**6/0**
Meng, Karl	6.8.38	**63-64 Saarbrücken**	**14/3**
Menger, Andreas	11.9.72	**97-98 1.FC Köln 33/0**	**45/0**
		98-99 1.FC Köln	8/0
		98-00 Duisburg 12/0	
Menger, Jürgen	10.2.61	84-87 SC Freiburg	68/1

SPIELER	GEBURT	STATIONEN	BILANZ
Menges, Günter	11.2.54	**77-79 K'lautern**	**12/0**
		79-81 Darmstadt	29/1
Menke, Josef	3.11.59	87-97 Meppen	245/50
Menne, Gerd	14.12.39	**63-69 Stuttgart**	**121/8**
Mennie, Vincent	19.5.64	**83-86 1.FC Köln**	**29/1**
Mense, Willi	8.9.57	**76-78 Bremen**	**16/3**
		78-80 Münster	42/13
Mensink, Friedel	30.8.49	**71-72 BVB**	**12/0**
		74-76 Göttingen	63/1
Mentzel, Hans-Peter	7.9.57	77-79 Uerdingen 42/3	81/8
		79-80 Arm. Hannover 20/2	
		80-81 Fort. Köln 19/3	
Menze, Steffen	28.1.69	91-92 St. Pauli 3/0	105/8
		94-96 Hannover 96 40/3	
		96-97 Ein. Frankfurt 10/1	
		96-98 Zwickau 52/4	
Menzel, Helmut	26.6.35	**63-64 Münster**	**16/0**
Merkhoffer, Franz	29.11.46	**68-84 Braunschweig**	**419/22**
		80-81 Braunschweig	41/4
Merkle, Andreas	17.4.62	81-86 Stut. Kickers 141/43	**74/10**
		86-88 Stuttgart 41/8	141/43
		88-90 HSV 33/2	
Mertes, Heiko	14.7.47	74-75 Mülheim 30/8	235/48
		75-79 Aachen 121/23	
		79-81 Hannover 96 84/17	
Metschies, Ulf	22.9.63	81-88 Osnabrück 174/12	**78/5**
		88-91 Nürnberg 78/5	240/12
		91-93 Braunschweig 66/0	
Metz, Bernhard	13.5.50	74-78 Darmstadt	126/21
		78-79 Darmstadt	**23/2**
Metz, Gunther	8.8.67	**86-87 K'lautern 8/0**	**286/5**
		87-98 KSC 278/5	8/0
		98-99 KSC 8/0	
Metzelder, Christoph	5.11.80	**00-01 BVB**	**19/0**
Metzger, Erwin	27.7.39	**63-65 KSC**	**20/4**
Metzger, Georg	13.11.46	74-79 1860 München	128/39
		77-80 1860 München	**29/3**
Metzger, Reinhold	20.7.56	77-78 Würz. Kickers 31/0	144/9
		79-80 FV Würzburg 23/1	
		80-81 Solingen 37/5	
		81-83 RW Essen 53/3	
Metzler, Alfred	29.4.51	77-80 Freiburger FC	94/9
Metzler, Wolfgang	23.6.52	75-77 FSV Frankfurt 50/17	**72/6**
		76-77 K'lautern 20/3	200/62
		77-81 1860 München 52/3	
		78-79 1860 München 13/2	
		80-83 Fürth 94/32	
		83-85 Hertha 43/11	
Metzner, Andreas	24.10.54	79-81 Herford	70/2
Meul, Klaus	16.8.57	**80-82 Leverkusen**	**2/0**
Meyer, Christian	24.12.68	96-99 Gütersloh	95/18
Meyer, Dieter	7.4.40	**63-64 Bremen**	**15/9**
Meyer, Edwin	5.2.52	74-77 Wolfsburg	50/2
Meyer, Herbert	12.6.48	**68-71 Bremen 32/0**	**201/3**
		72-74 Offenbach 66/1	32/0
		74-75 Hannover 96 32/0	
		75-76 Hannover 96 24/0	
		76-80 BVB 79/2	
Meyer, Klaus	5.8.37	**63-68 Braunschweig**	**123/1**
Meyer, Peter	18.2.40	**66-67 Düsseldorf 25/8**	**44/27**
		67-70 M'gladbach 19/19	
Meyer, Rolf	3.10.55	78-83 Osnabrück	184/0
		83-90 BVB	**5/0**
Meyer, Sven	4.9.70	92-96 Hertha	70/4
Meyer, Ulrich	11.9.55	79-81 OSV Hannover	55/3
Meyer, Uwe	21.6.64	**88-90 Waldhof**	**30/6**
		90-91 Waldhof	14/1
Micevski, Toni	20.1.70	**95-98 Rostock 46/3**	**62/5**
		98-99 TeBe	19/4
		00-01 Cottbus 16/2	
Michaelsen, Allan	2.11.47	**72-73 Braunschweig**	**22/0**
Michalka, Werner	4.10.55	75-77 Regensburg 67/2	133/5
		79-81 ESV Ingolstadt 66/3	
Michalke, Kai	5.4.76	93-96 Bochum 44/10	**109/14**
		94-99 Bochum 87/11	44/10
		99-01 Hertha 22/3	
Michallik, Heinz	21.7.47	**71-74 M'gladbach**	**39/0**
		74-78 Augsburg	113/1
Michelberger, Franz	28.8.55	76-77 Schwenningen 24/2	194/51
		77-78/79-81 Trier 111/29	
		81-83 Offenbach 59/20	
Michel, Bernd	9.5.47	**68-69 Schalke**	**4/0**
Michel, Uwe	8.8.62	**84-85 BVB**	**1/0**
Michelbach, Werner	23.3.51	**72-73 K'lautern**	**1/0**
Michelberger, Franz	28.8.55	**74-76 Bayern 4/0**	**34/6**
		83-84 Offenbach 30/6	
Michl, Günther	30.5.50	**69-70 Bayern**	**17/2**
		74-76 Pirmasens 66/6	178/30
		76-78 Bayern Hof 72/22	
		78-80 Saarbrücken 40/2	
Mielers, Jörg	2.11.64	**87-88 Schalke**	**3/0**
		88-90 Schalke	30/0
Mielke, Hans-Peter	30.11.51	74-77 Wacker Berlin	72/8
Mielke, Rüdiger	4.9.44	**64-66 Duisburg**	**15/15**
Mießmer, Karl-Heinz	14.3.47	74-77 Waldhof 102/11	208/27
		77-81 Freiburger FC 106/16	
Mietz, Dieter	3.9.43	**71-72 BVB**	**29/0**
Mihajlovic, Radmilo	19.11.64	**89-91 Bayern 34/4**	**90/13**
		90-91 Schalke	12/3
		91-93 Schalke 46/9	
		93-94 Ein. Frankfurt 10/0	
Mikolajczak,			
Christian	15.5.81	**00-01 Schalke**	**13/0**
Mikolajczak, Detlef	15.4.64	**87-88 Bochum**	**8/0**
Mikulasch, Willibald	14.8.43	**66-67 BVB**	**2/1**
Miladinovic, Jovan	30.1.39	**66-67 Nürnberg**	**5/0**
Milanko, Goran	30.10.68	95-96 Chemnitz 24/3	51/8
		96-97 RW Essen 27/5	
Milardovic, Stjepan	17.11.53	76-77 Bayreuth 19/9	**24/2**
		77-78 St. Pauli 24/2	68/17
		78-79 St. Pauli 17/2	
		79-80 Würzburg 32/6	
Milasincic, Pedro	20.6.52	**72-73 Hannover 96**	**3/1**
		74-76 Münster 44/6	101/14
		75-76 Gütersloh 18/2	
		76-77 Bonn 35/6	
		78-79 Osnabrück 4/0	
Milde, Rocco	8.6.69	**90-93 Bochum 52/3**	**68/4**
		93-94 Bochum 2/0	40/12
		93-94 Hannover 96 17/3	
		94-95 Rostock 21/9	
		95-96 Rostock 16/1	
Milder, Egon	22.4.42	**65-69 M'gladbach**	**123/11**
Miletic, Zdenko	23.4.68	95-96 Bielefeld	2/0
		96-98/99-00 Bielefeld	**34/0**
Milewski, Jürgen	19.10.57	**75-76 Hannover 96 5/1**	**171/53**
		76-78 Hannover 96	67/32
		78-80 Hertha 36/4	
		79-85 HSV 130/48	
Milinkovic, Zoran	18.7.68	**98-99 Rostock**	**6/0**
Milinovic, Damir	15.10.72	**00-01 Bochum**	**20/0**
Mill, Frank	23.7.58	**76-77 RW Essen 19/3**	**387/123**
		77-81 RW Essen 130/83	157/88
		81-86 M'gladbach 135/71	
		86-94 BVB 187/47	
		94-95 Düsseldorf 27/5	
		95-96 Düsseldorf 28/2	
Miller, Thomas	13.2.63	91-94 1860 München	67/1
		94-97 1860 München	**82/1**
Milovanovic, Vladan	7.7.70	**92-93 Dresden**	**4/0**
		94-95 FSV Frankfurt	10/4
Mink, Matthias	31.7.67	92-99 Fort. Köln	156/4
Minkwitz, Stefan	1.6.68	92-93 Duisburg 37/2	**10/0**
		93-94/96-01 Stut. Kick. 116/2	173/5
		94-95 Düsseldorf 20/1	
		95-96 Düsseldorf 10/0	
Mirbach, Manuel	23.7.64	**87-88 Schalke**	**6/0**
Miriuta, Vasile	19.9.68	98-00 Cottbus	58/8

SPIELER	GEBURT	STATIONEN	BILANZ
		00-01 Cottbus	**29/11**
Mirnegg, Hans-Dieter	24.5.54	**79-81 Duisburg**	**48/1**
Mirwald, Klaus	11.9.68	**87-89 Stuttgart**	**25/1**
		98-99 SSV Ulm	7/0
Mischke, Frank	19.6.61	80-81 TeBe 15/0	**13/0**
		83-84 Charlottenburg 22/0	102/2
		88-90 Hertha 66/2	
		90-91 Hertha 13/0	
Miß, Erich	16.3.48	**72-75 Wuppertal 87/0**	**110/1**
		75-77 Bochum 23/1	126/3
		76-80 Wuppertal 126/3	
Mitchell, David	13.6.62	**85-87 Ein. Frankfurt**	**35/5**
Mitrovic, Borisa	18.1.61	**84-85 KSC**	**3/0**
Mittendorf, Wolfgang	29.4.53	**71-72 Bielefeld**	**6/0**
		74-78 Bielefeld 96/6	131/7
		77-79 Osnabrück 35/1	
Mittrowski, Winfried	23.9.38	**64-67 Hannover 96**	**79/2**
Modick, Walter	24.9.51	74-77 Augsburg 73/0	169/0
		79-84 SSV Ulm 96/0	
Möckel, Christian	6.4.73	95-98/99-01 Nürnberg 73/15	103/17
		98-99 Fürth 30/2	
Mödrath, Karl-Heinz	22.9.51	**73-74 Fort. Köln**	**4/2**
		74-82 Fort. Köln 247/143	272/150
		82-83 Aachen 25/7	
Möhlmann, Benno	1.8.54	74-78 Münster 150/27	**255/35**
		78-88 Bremen 230/33	187/40
		80-81 Bremen 37/13	
		87-89 HSV 25/2	
Mölby, Johnny	4.2.69	**92-94 M'gladbach**	**16/0**
Möllensiep, Mike	28.11.75	**96-97 Schalke**	**2/0**
Möller, Andreas	2.9.67	**85-88/90-92 Eintr. Frankfurt 104/33**	**364/105**
		87-90/94-00 BVB 228/71	
		00-01 Schalke 32/1	
Möller, Axel	22.9.57	78-81 Kiel	70/12
Möller, Felix	13.8.66	**85-86 Hannover 96**	**8/0**
		86-87 Hannover 96	28/1
Möller, Frank	11.7.67	90-92 Mainz 54/3	**16/0**
		91-94 Ein. Frankfurt 16/0	62/4
		94-95 Nürnberg 8/1	
Möller, Oliver	27.12.68	**92-93 HSV**	**1/0**
Möller, Thomas	12.7.67	90-92 Oldenburg 35/0	121/5
		92-93 Braunschweig 21/0	
		95-97 Lübeck 46/4	
		97-98 Gütersloh 2/0	
		97-98 Leipzig 17/1	
Möller-Nielsen, Ole	26.11.65	**86-87 Bochum**	**2/0**
Mörsdorf, Werner	12.8.56	80-86 Homburg	81/14
		86-88 Homburg	**14/0**
Mohr, Jürgen	18.8.58	**78-80 1.FC Köln 5/0**	**101/12**
		80-82 Hertha 71/26	86/26
		82-83 Hertha 33/5	
		83-85 Ein. Frankfurt 41/5	
		85-86 Saarbrücken 22/2	
		91-92 BW Berlin 15/0	
Mohr, Patrik	29.9.65	**84-87 K'lautern**	**7/0**
		88-91 Mainz	30/3
Mohren, Markus	11.3.61	**81-83 M'gladbach**	**28/2**
Molata, Michael	10.2.73	91-94 Jena 81/12	**24/2**
		95-96 Bielefeld 31/3	192/19
		96-97 Bielefeld 11/2	
		97-98 HSV 13/0	
		98-00 KSC 56/2	
		00-01 Hannover 96 24/2	
Moll, Jürgen	16.11.39	**63-69 Braunschweig**	**162/28**
Molz, Martin	22.12.71	**98-99 Nürnberg**	**1/0**
		00-01 Saarbrücken	15/0
Montanes, Jo	15.8.53	74-89 Aachen	479/10
Montelett, Uwe	24.7.56	**74-75 Duisburg**	**1/0**
		77-81 Bocholt 77/13	108/14
		83-85 RWO 31/1	
Montero, David	16.1.74	99-01 Waldhof	61/6
Moore, Joe-Max	23.2.71	94-95 Saarbrücken 30/13	57/21
		95-96 Nürnberg 27/8	
Moors, Hans-Werner	24.7.50	74-76 Münster 67/23	**34/1**
		76-80 Bielefeld 87/9	154/32
		78-79 Bielefeld 34/1	
Moravcik, Lubomir	22.6.65	**98-99 Duisburg**	**5/0**
Mori, Damian	30.9.70	**96-97 M'gladbach**	**6/0**
Morinas, Igoris	21.2.75	98-01 Hannover 96	68/14
Morlock, Max	11.5.25	**63-64 Nürnberg**	**21/8**
Mornar, Ivica	12.1.74	**95-96 Ein. Frankfurt**	**19/2**
Mors, Egbert-Jan ter	17.1.41	**69-71 RW Essen**	**47/3**
Moser, Hans-Werner	24.9.65	**83-88 K'lautern 115/4**	**281/9**
		88-90 HSV 47/2	13/2
		90-94 Wattenscheid 119/3	
		94-95 Wattenscheid 13/2	
Mostert, Heinz	29.8.49	74-79 Uerdingen	116/20
		75-80 Uerdingen	**37/1**
Motzke, Thomas	12.5.68	89-91 EW Berlin 66/11	87/13
		91-92 1860 München 21/2	
Moutas, Dimitrios	15.4.68	88-90 SC Freiburg 66/20	**47/15**
		90-91/93-94 St. Kickers 66/20	132/40
		91-92 Stut. Kickers 32/12	
		92-93 Bochum 15/3	
Mpenza, Emile	4.7.78	**99-01 Schalke**	**42/19**
Mrosko, Karl-Heinz	11.10.46	**69-71 Bayern 50/13**	**79/16**
		72-73 Hannover 96 29/3	170/67
		76-79 Arm. Hannover 103/56	
		79-81 Hannover 96 67/11	
Mühldorfer, Walter	28.12.54	79-81 ESV Ingolstadt	51/2
Mühlenberg, Herbert	23.4.49	**72-73 1.FC Köln**	**2/1**
		74-78 Osnabrück	126/49
Mühlmann, Horst	2.1.40	**63-66 Schalke**	**42/0**
Mülhausen, Karl-Heinz	18.6.37	**64-67 Hannover 96**	**65/13**
Müller, Albert	6.5.47	74-79 Homburg	156/4
Müller, Andreas	13.12.62	**83-87 Stuttgart 111/13**	**338/32**
		87-88 Hannover 96 27/2	86/13
		88-91 Schalke 86/13	
		91-00 Schalke 200/17	
Müller, Christian	29.8.38	**63-66 1.FC Köln 69/46**	**131/71**
		66-68 KSC 62/25	
Müller, Dieter	1.4.54	**72-73 Offenbach 2/0**	**303/177**
		73-81 1.FC Köln 248/159	
		81-82 Stuttgart 30/14	
		85-86 Saarbrücken 23/4	
Müller, Dieter	1.4.54	87-89 Offenbach	51/26
Müller, Eckhard	12.8.50	**72-75 Stuttgart**	**22/1**
		75-86 Stut. Kickers	332/10
Müller, Gerd	28.3.54	74-76 Homburg 26/0	120/8
		76-77 Göttingen 33/2	
		77-78 Offenbach 34/3	
		78-80 Saarbrücken 27/3	
Müller, Gerd	3.11.45	**65-79 Bayern**	**427/365**
Müller, Hans	27.7.57	75-77 Stuttgart	43/11
		77-82 Stuttgart	**143/54**
Müller, Heinrich	18.2.34	**63-67 Nürnberg**	**43/7**
Müller, Heinz	24.4.43	**66-69 Nürnberg**	**72/6**
Müller, Helmut	12.4.53	**73-80 Ein. Frankfurt**	**139/3**
Müller, Heribert	13.2.54	76-80 FV Würzburg	78/4
Müller, Joachim	25.3.61	79-86 Stut. Kickers 120/9	134/11
		87-88 Offenbach 14/2	
Müller, Jochen	18.4.63	**86-90 Waldhof**	**97/2**
		90-91 Waldhof	23/2
Müller, Jochen-Bernd	23.3.50	**72-73 K'lautern**	**2/0**
Müller, Josef	8.3.52	75-77 Pirmasens	57/7
Müller, Jürgen	25.2.50	**67-68 Neunkirchen**	**9/0**
Müller, Klaus	14.6.59	84-86 Homburg	69/13
		86-87 Homburg	**27/4**
Müller, Klaus	19.11.50	**70-71 Bremen**	**1/0**
Müller, Kurt	9.5.48	**72-75 Hertha**	**77/20**
Müller, Lars	22.3.76	**95-97 BVB**	**6/0**
		96-99 Uerdingen 42/4	86/8
		99-01 Aachen 44/4	
Müller, Ludwig	25.8.41	**64-69 Nürnberg 136/10**	**314/26**
		69-72 M'gladbach 81/6	
		72-75 Hertha 97/10	

SPIELER	GEBURT	STATIONEN	BILANZ
Müller, Manfred	7.8.41	**63-70 Duisburg**	**149/2**
Müller, Manfred	28.7.47	**72-75 Wuppertal 73/0**	**143/0**
		75-76 Wuppertal 34/0	100/0
		76-78 Nürnberg 65/0	
		78-79/86-87 Nürnberg 22/0	
		79-80 ESV Ingolstadt 1/0	
		79-84 Bayern 73/0	
Müller, Max	21.10.49	75-76 Regensburg 28/2	56/4
		76-77 FV Würzburg 28/2	
Müller, Michael	28.10.44	74-79 Wacker Berlin	137/4
Müller, Michael	4.4.64	88-96 Mainz	206/18
Müller, Peter	15.12.69	**91-92 1.FC Köln**	**2/0**
		92-94 Homburg	40/3
Müller, Peter	11.10.48	77-81 Bocholt	58/12
Müller, René	11.2.59	**91-94 Dresden**	**81/0**
		94-95 St. Pauli	5/0
Müller, René	19.5.74	99-00 Bochum 9/1	**1/0**
		00-01 Bochum 1/0	20/3
		00-01 RWO 11/2	
Müller, Rudi	28.9.60	**80-81/93-94 1.FC Köln**	**4/0**
		82-84 RW Essen 49/7	77/11
		92-93 Wuppertal 28/4	
Müller, Stefan	8.3.74	**94-97/98-01 SC Freiburg**	**88/5**
		97-98 SC Freiburg	30/2
Müller, Sven	4.4.80	**00-01 Wolfsburg**	**16/2**
Müller, Uwe	16.10.63	**82-88 Ein. Frankfurt**	**131/18**
Müller, Walter	28.3.54	74-75 Homburg 28/4	**31/0**
		75-78 Fort. Köln 100/11	312/25
		78-87 Saarbrücken 184/10	
		85-86 Saarbrücken 31/0	
Müllner, Georg	24.10.53	**74-75 Stuttgart 3/1**	**26/3**
		75-77 Bremen 23/2	200/32
		76-80 Trier 135/23	
		80-81 Bürstadt 38/8	
		81-82 Worms 27/1	
Münch, Markus	7.9.72	**90-97 Bayern 49/0**	**119/5**
		94-96 Leverkusen 57/3	
		97-98 1.FC Köln 13/2	
Münn, Volker	10.1.60	81-86 Kassel	151/8
		86-88 Ein. Frankfurt	**29/0**
Münz, Volker	5.8.44	**64-68 Neunkirchen**	**13/0**
Mürdter, Dietmar	4.10.43	**67-68 1.FC Köln**	**2/0**
Mulack, Wolfgang	4.1.48	**74-75 TeBe**	**22/0**
Mulder, Youri	23.3.69	**93-01 Schalke**	**167/33**
Mumme, Willi	29.5.46	**71-73 RWO**	**65/5**
Munteanu, Dorinel	25.6.68	**95-98 1.FC Köln 97/11**	**143/17**
		98-99 1.FC Köln	32/7
		99-01 Wolfsburg 46/6	
Muntubila Jean-Santos	20.12.58	84-85 Saarbrücken	32/2
		85-86 Saarbrücken	**30/2**
Muschinka, Anatoly	19.8.70	93-95 Homburg 53/7	76/7
		00-01 Saarbrücken 23/0	
Muschiol, Dirk	13.4.69	90-92 BW Berlin 28/0	55/2
		93-94 TeBe 27/2	
Mutibaric, Dragan	10.11.46	**75-76 Schalke**	**2/0**
		76-77 Schwenningen	22/0
Mutzel, Michael	27.9.79	**99-01 Ein. Frankfurt**	**22/1**
Mykland, Erik	21.7.71	**00-01 1860 München**	**21/0**
Myyry, Marko	15.11.67	87-89/94-98 Meppen	175/24

N

SPIELER	GEBURT	STATIONEN	BILANZ
Naawu, Richard	5.2.71	90-93 Waldhof 41/8	57/9
		93-94 Wuppertal 16/1	
Nabrotzki, Jürgen	26.12.54	75-77 SW Essen 66/10	131/24
		77-78 Bocholt 19/3	
		79-81 RWO 22/7	
		80-81 Erkenschwick 24/4	
Nachbar, Otis	6.8.54	74-75 Heilbronn 27/1	50/1
		80-81 Eppingen 23/0	
Nachreiner, Anton	10.9.55	76-79 1860 München	70/13
		77-80 Bayern	**30/0**
Nachtweih, Norbert	4.6.57	**77-82/91-92 Ein. Frankfurt**	**325/46**
		123/26,	127/10
		82-89 Bayern 202/20	
		91-96 Waldhof 127/10	
Nachtwey, Walter	18.5.34	**63-64 Bremen**	**6/0**
Nadaroglu, Tuncay	22.7.74	**96-98 1.FC Köln**	**4/0**
Nadj, Tibor	24.12.73	**96-97 HSV**	**1/0**
Nadu, Dumitru	10.5.57	**82-85 KSC**	**16/1**
Nafziger, Rudolf	11.8.45	**65-68 Bayern 89/10**	**116/10**
		70-72 Hannover 96 27/0	
Nagel, Andreas	7.11.64	**85-86 Leverkusen 1/0**	**5/0**
		88-89 Hannover 96 4/0	4/0
		89-90 Hannover 96 4/0	
Nagorny, Vitus	21.6.78	**98-00 Wolfsburg**	**5/0**
Nagy, Antal	16.5.44	**74-75 Wuppertal**	**10/2**
Nando	3.7.66	**89-92 HSV**	**65/17**
Nasdalla, Günther	1.10.45	**66-67 Bayern**	**1/0**
Nastase, Viorel	7.10.53	**80-81 1860 München**	**23/14**
		81-82 1860 München	2/1
Nathmann, Bernd	14.7.57	76-79 Offenbach 20/3	135/37
		79-82 Worms 115/34	
Nathmann, Klaus	10.3.47	77-80 Bürstadt	58/4
Naumann, Guido	14.4.68	86-88 Wattenscheid 9/2	72/11
		88-91 Braunschweig 45/7	
		91-92 Brandenburg 18/2	
Nedic, Milos	17.10.64	92-93 Braunschweig 20/1	74/3
		95-97 Jena 54/2	
Nehl, Josef	13.6.61	**86-92 Bochum 145/23**	**201/28**
		91-96 Leverkusen 56/5	
Nehrbauer, Thorsten	12.1.78	98-99 Düsseldorf 25/1	60/2
		99-01 Mainz 35/1	
Neidhart, Christian	1.10.68	86-87 Braunschweig 1/0	68/10
		88-91 Osnabrück 67/10	
Neipp, Wolfgang	24.5.61	83-85 SSV Ulm	53/9
Neitzel, Karsten	17.12.67	91-92 Halle 23/1	**18/0**
		92-94 Stut. Kickers 79/1	102/2
		94-97 SC Freiburg 18/0	
Nelles, Johannes	5.2.65	84-90 Aachen	113/1
Nemec, Jiri	16.5.66	**93-01 Schalke**	**239/6**
Nerlinger, Christian	21.3.73	**93-98 Bayern 156/27**	**215/29**
		98-01 BVB 59/2	
Nerlinger, Helmut	27.2.48	**69-70 Bayern 5/0**	**57/4**
		70-71 Offenbach 16/3	70/12
		74-76 BVB 63/11	
		76-78 BVB 36/1	
		78-79 Vikt. Köln 7/1	
Nester, Uwe	16.1.58	**79-80 Braunschweig**	**7/0**
		80-81 Braunschweig	10/0
Netzer, Günter	14.9.44	**65-73 M'gladbach**	**230/82**
Neubarth, Frank	29.7.62	**82-96 Bremen**	**317/97**
Neuberger, Willi	15.4.46	**66-71 BVB 148/29**	**520/63**
		71-73 Bremen 63/11	
		73-75 Wuppertal 42/5	
		74-83 E. Frankfurt 267/18	
Neuendorf, Andreas	9.2.75	**94-98/00-01 Leverkus. 52/1**	**81/4**
		98-00 Hertha 29/3	
Neues, Hans-Günther	14.11.50	**73-74 Fort. Köln 32/1**	**219/16**
		74-75 Fort. Köln 34/2	48/2
		75-77 RW Essen 57/0	
		77-78 RW Essen 14/0	
		77-83 K'lautern 131/15	
Neufeld, Rudi	8.8.47	**72-73 Wuppertal**	**3/0**
		74-75 RWO 36/2	53/5
		75-76 West. Herne 17/3	
Neuhaus, Uwe	26.11.59	86-88 RW Essen 31/3	**102/12**
		89-95 Wattenscheid 53/2	84/5
		90-94 Wattenscheid 102/12	
Neukirch, Karl-Heinz	21.11.61	82-83 Schl.-Neuhaus 13/0	53/2
		85-87 Kassel 40/2	
Neumann, Franz-Peter	17.8.44	**65-67 1.FC Köln**	**9/5**
Neumann, Herbert	14.11.53	**72-80/82-83 1.FC Köln**	**194/36**
Neumann, Horst	5.11.52	74-79 St. Pauli 132/33	**25/3**
		77-78 St. Pauli 25/3	240/75
		79-81 Darmstadt 64/38	

SPIELER	GEBURT	STATIONEN	BILANZ
		81-84 Hannover 96 44/4	
Neumann, Jürgen	6.12.41	**63-66 K'lautern 69/11**	**70/11**
		70-71 Bielefeld 1/0	
Neumann, Mario	16.12.66	95-98 Jena	59/0
Neumann, Ricardo	12.7.46	**72-74 1.FC Köln**	**16/2**
Neumann, Thorsten	31.10.55	78-81 Kiel 70/3	
Neumann, Wolfgang	5.12.36	**65-66 Tasmania**	**19/2**
Neun, Jörg	7.5.66	84-85 Offenbach 35/0	**358/18**
		85-86 Fort. Köln 18/1	55/1
		85-86 Nürnberg 6/1	
		86-88 Waldhof 48/2	
		87-97 M'gladbach 257/12	
		97-00 Duisburg 47/3	
		00-01 Duisburg 2/0	
Neuser, Gerhard	29.10.38	**65-70 Schalke**	**143/19**
Neustädter, Peter	16.2.66	**92-94 KSC**	**16/0**
		93-94 Chemnitz 18/0	232/9
		94-01 Mainz 214/9	
Neuville, Oliver	1.5.73	**97-99 Rostock 50/22**	**117/41**
		99-01 Leverkusen 67/19	
Ney, Herbert	7.9.55	76-80 Homburg	93/14
Nicastro, Giovanni	7.1.53	74-75 Worms 37/5	102/11
		75-81 Homburg 65/6	
Nickel, Bernd	15.3.49	**67-83 Ein. Frankfurt**	**426/141**
Nickel, Harald	21.7.53	**71-72 Bielefeld 5/0**	**97/48**
		78-79 Braunschweig 27/16	
		79-81 M'gladbach 65/32	
Nickel, Werner	11.8.51	74-76 Mainz 51/15	244/78
		77-79 Waldhof 58/18	
		79-83 Stut. Kickers 97/45	
		86-88 SSV Ulm 28/0	
Nicot, Rainer	6.6.54	**73-78 1.FC Köln**	**8/0**
Niebel, Christian	3.11.59	83-84 Charlottenburg 30/3	150/7
		88-90 Hertha 59/1	
		90-92 BW Berlin 61/3	
Niederländer, Frank	25.3.60	78-80 Saarbrücken 21/0	51/0
		84-86 Homburg 30/0	
Niedermayer, Kurt	25.11.55	74-75 KSC 16/2	**232/40**
		75-77 KSC 14/1	16/2
		77-82 Bayern 145/32	
		82-85 Stuttgart 73/7	
Niedziella, Nico	31.5.70	93-99 Fort. Köln	104/2
Nielsen, Alex	30.9.67	**87-88 Schalke**	**7/0**
		88-89 Schalke	8/0
Nielsen, Allan	13.3.71	**90-91 Bayern**	**1/0**
Nielsen, Carsten	12.8.55	**76-81 M'gladbach**	**109/23**
Nielsen, David	1.12.76	**96-97 Düsseldorf**	**13/1**
Nielsen, Jan-Hoiland	15.1.52	74-79 1860 München	99/10
		77-78 1860 München	**28/1**
Nielsen, Peter	3.6.68	**92-97 M'gladbach**	**101/4**
		99-01 M'gladbach	63/4
Nielsen, Torben	7.12.45	74-76 Pirmasens	76/3
Nierlich, Frank	11.5.72	96-98 Jena	63/3
Niestroj, Robert	2.12.74	**96-97 Düsseldorf**	**1/0**
		97-99 Düsseldorf 43/8	46/8
		99-00 Nürnberg 3/0	
Nievelstein, Werner	12.2.41	**67-70 Aachen**	**20/0**
Nigbur, Norbert	8.5.48	**66-76/79-83 Schalke 355/0**	**456/0**
		76-79 Hertha 101/0	38/0
		81-82 Schalke 38/0	
Niggemann, Jürgen	4.1.62	85-98 Fort. Köln	357/18
Nijhuis, Alfred	23.3.66	**91-97 Duisburg 121/11**	**182/17**
		92-96 Duisburg	59/5
		98-01 BVB 61/6	
Nijskens, Angelo	1.6.63	**88-89 Uerdingen**	**17/5**
Nikl, Marek	20.2.76	**98-99 Nürnberg**	**22/1**
		99-01 Nürnberg	59/5
Niklaus, Thomas	24.1.65	89-93 Unterhaching	55/8
Nikolic, Robert	1.8.68	**88-91 BVB**	**51/0**
		91-93 St. Pauli 56/0	116/0
		97-99 Uerdingen 59/0	
		99-01 Mainz 22/0	
Nikolic, Zarko	16.10.38	**66-68 Schalke**	**11/0**
Nikolov, Oka	25.5.74	**95-01 Ein. Frankfurt**	**59/0**

SPIELER	GEBURT	STATIONEN	BILANZ
		96-98 Ein. Frankfurt	65/0
Nilsen, Roger	8.8.69	**92-93 1.FC Köln**	**10/0**
Nilsson, Torbjörn	9.7.54	**82-84 K'lautern**	**65/22**
Nitsche, Frank	18.3.64	84-85 Nürnberg 25/3	**18/2**
		85-87 Nürnberg 18/2	78/15
		86-87 Aschaffenburg 18/5	
		87-89 BW Berlin 35/7	
Nix, Udo	6.7.41	**64-66 Hannover 96**	**48/4**
Nobs, Edgar	2.12.53	**72-73 HSV**	**5/0**
Nogly, Peter	14.1.47	**69-80 HSV**	**320/38**
		83-84 Hertha 18/2	38/4
		84-85 St. Pauli 20/2	
Nolden, Ludwig	5.10.35	**63-67 Duisburg**	**91/16**
Nonnenbruch, Karl-Heinz	24.7.41	74-76 Gütersloh	61/6
Nordgren, Mats	9.4.55	82-84 Kassel	69/8
Nordmann, Reinhold	7.6.48	74-79 Osnabrück	175/23
Noruschat, Axel	31.1.62	**85-87 Bremen**	**2/0**
		87-88 RW Essen	5/1
Notthoff, Pascal	27.4.63	**81-82 Duisburg**	**1/0**
		82-86 Duisburg 134/31	186/37
		86-88 Aachen 52/6	
Notthoff, Patrick	26.2.66	84-93 Duisburg 140/7	**56/5**
		91-94 Duisburg 56/5	157/8
		94-95 Wattenscheid 17/1	
Novak, Djoni	4.9.69	**00-01 Unterhaching**	**9/0**
Novak, Werner	31.7.51	**74-75 TeBe**	**4/0**
		75-76 TeBe	7/0
Nover, Peter	18.7.49	74-76 Mülheim 26/1	46/3
		76-77 Bonn 13/1	
		77-78 SW Essen 7/1	
Noveski, Nikolce	28.4.79	**98-99 Rostock**	**1/0**
Novkovic, Mile	14.12.50	78-81 Trier	100/9
Novodomsky, Jochen	4.4.68	90-97 Stut. Kickers	49/2
		91-92 Stut. Kickers	**34/1**
Novotny, Pavel	14.9.73	**97-98 Wolfsburg**	**15/0**
Nowak, Hans	9.8.37	**63-65 Schalke 47/3**	**96/7**
		65-68 Bayern 37/4	
		68-69 Offenbach 12/0	
Nowak, Peter	5.7.64	**93-94 Dresden 23/2**	**116/17**
		94-98 1860 München 93/15	
Nowak, Krzysztof	27.9.75	**98-01 Wolfsburg**	**83/10**
Nowotny, Jens	11.1.74	**91-96 KSC 103/7**	**252/10**
		96-01 Leverkusen 149/3	
Nowotny, Jörg	27.12.68	91-92 Halle 27/1	**4/0**
		93-94 Leverkusen 4/0	85/9
		94-95 Saarbrücken 20/3	
		96-98 Uerdingen 38/5	
Nuber, Hermann	10.10.35	**68-71 Offenbach**	**36/5**
Nüssing, Dieter	15.8.49	**68-69 Nürnberg 23/5**	**104/13**
		74-77 Nürnberg	109/38
		77-80 Hertha 81/8	
Nushöhr, Michael	14.8.62	83-92 Saarbrücken 179/5	**45/4**
		85-87 Stuttgart 38/4	179/5
		87-88 K'lautern 7/0	
Nwosu, Henry	14.2.80	**98-99 Ein. Frankfurt**	**4/0**
Nyarko, Alexander	15.10.73	**97-98 KSC**	**22/1**

O

Obad, Adis	12.5.71	99-01 RWO	56/14
Obafemi, Abiodun	25.12.73	**96-97 Düsseldorf**	**1/0**
Obajdin, Josef	7.11.70	**94-95 Ein. Frankfurt**	**3/0**
Oberacher, Franz	24.3.54	79-80 Nürnberg	31/12
		80-81 Nürnberg	**25/9**
Oberländer, Jörg	30.9.64	**95-96 Uerdingen**	**2/0**
Oberleitner, Markus	16.8.73	95-99 Unterhaching 72/14	**76/6**
		96-97 Düsseldorf 13/0	72/14
		99-01 Unterhaching 63/6	
Obermeier, Karl	8.9.49	74-77 Augsburg 46/16	82/21
		78-80 MTV Ingolstadt 36/5	
Oberritter, Dirk	10.7.72	**92-95 Dresden**	**2/0**
		95-96 Leipzig	1/0

SPIELER	GEBURT	STATIONEN	BILANZ
Oberschelp, Klaus	9.4.46	**70-71 Bielefeld**	**10/0**
Oblak, Branko	27.5.47	**75-77 Schalke 49/5**	**120/10**
		77-80 Bayern 71/5	
Ochmann, Bernhard	9.1.52	**73-74 RW Essen**	**1/0**
		75-79 West. Herne 113/33	185/60
		79-81 Vikt. Köln 72/27	
Ockenfels, Gerhard	1.12.54	75-78 Bayreuth 38/9	71/9
		77-78 Herford 7/0	
		79-80 Völklingen 26/0	
Ockert, Frank	8.11.68	**87-88 Waldhof 7/0**	**13/0**
		88-91 Homburg 35/0	83/0
		89-90 Homburg 6/0	
		92-94 Wolfsburg 48/0	
Oechler, Marc	11.2.68	**88-94/98-99 Nürnberg**	**163/14**
		94-98 Nürnberg	77/0
Oehlenschläger, Hans-Jürgen	8.8.43	**68-69 Offenbach**	**11/0**
Oehler, Hans-Jürgen	15.7.55	78-80 Wanne-Eickel 66/2	95/2
		80-81 Lüdenscheid 29/0	
Oehrlein, Alfred	3.11.58	79-82 Worms	91/22
Ökland, Arne-Larsen	31.5.54	**80-83 Leverkusen**	**101/43**
Öller, Burkhardt	9.11.42	**67-71 Braunschweig 22/0**	**30/0**
		71-72 Hannover 96 8/0	
Oelkuch, Michael	5.2.73	**95-97 Stuttgart**	**12/1**
		99-00 Waldhof	1/0
Önal, Erhan	3.9.57	**76-78 Bayern**	**18/1**
Özcan, Arkoc	2.10.39	**67-74 HSV**	**159/0**
Offermanns, Hans-Jürgen	16.3.57	77-79 Lüdenscheid 70/20	**22/1**
		79-80 Bremen 22/1	103/23
		80-81 Bremen 15/3	
		80-81 Vikt. Köln 18/0	
Ogaba, Peter	24.9.74	**93-94 Duisburg**	**2/0**
Ohlhauser, Rainer	6.1.41	**65-70 Bayern**	**160/64**
Ohlicher, Hermann	2.11.49	**73-85 Stuttgart**	**318/96**
		75-77 Stuttgart	72/30
Ohling, Volker	17.1.55	**73-77 Bremen**	**53/8**
		77-78 Bremerhaven 37/12	70/26
		80-81 Oldenburg 33/14	
Ohlsson, Billy	13.1.54	**78-79 Bielefeld**	**9/1**
Ohm, Werner	11.5.48	**69-73 RWO**	**108/1**
		74-75 RWO	38/0
Ojigwe, Pascal	11.12.76	96-97 K'lautern 1/0	**16/0**
		97-99 K'lautern 5/0	33/2
		99-00 1.FC Köln 32/2	
		00-01 Leverkusen 11/0	
Okocha, Augustine	14.8.73	**92-96 Ein. Frankfurt**	**90/18**
Okoh, Matthew	19.5.72	**96-97 1860 München**	**2/0**
		97-98 Unterhaching	12/2
Okonski, Miroslaw	8.12.58	**86-88 HSV**	**62/15**
Okudera, Yasuhiko	12.3.52	**77-81 1.FC Köln 75/15**	**234/26**
		80-81 Hertha	25/8
		81-86 Bremen 159/11	
Olaidotter, Detlef	29.12.57	79-83 Osnabrück 144/26	**223/43**
		83-85 Waldhof 22/2	144/26
		84-88 Stut. Kickers 79/17	
Olck, Bernhard	23.10.62	81-87 Aachen 157/11	**62/2**
		87-93 St. Pauli 88/1	245/12
		88-91 St. Pauli 62/2	
Oldenburg, Sven	31.3.73	**91-92 Rostock**	**7/0**
Oleknavicius, Günter	21.2.50	**73-74 Fort. Köln 28/1**	**41/1**
		74-75 Fort. Köln 27/1	128/15
		75-76 Offenbach 13/0	
		76-77 Offenbach 4/1	
		77-78 Baunatal 37/4	
		78-79 Hanau 26/7	
		82-83 FSV Frankfurt 34/2	
Olic, Ivica	14.9.79	**98-99 Hertha**	**2/0**
Oliseh, Sunday	14.9.74	**95-97 1.FC Köln 54/4**	**76/4**
		00-01 BVB 22/0	
Olivares, Percy	5.6.68	**92-93 Nürnberg**	**19/4**
Olk, Werner	18.1.38	**65-70 Bayern**	**144/2**
Olsen, Morten	14.8.49	**86-89 1.FC Köln**	**80/2**
Olsen, Terje	22.12.70	**88-89 Leverkusen**	**1/0**
Olsson, Jan	18.3.44	**69-71 Stuttgart**	**64/20**
O'Neil, Brian	6.9.72	**98-01 Wolfsburg**	**50/3**
Opitz, Michael	16.7.62	**79-88 Schalke**	**158/7**
		81-84 Schalke	66/5
Opoku, Alexander	31.8.74	**93-94 Leipzig**	**10/1**
		94-98 Leipzig	54/3
Ordenewitz, Frank	25.3.65	**83-89 Bremen 125/37**	**272/68**
		89-93 1.FC Köln 126/30	
		94-96 HSV 21/1	
Orkas, Christos	25.8.65	85-88 Fort. Köln 72/10	87/10
		89-90 Hannover 96 15/0	
Ormslev, Petur	18.7.58	**81-84 Düsseldorf**	**28/2**
Orzessek, Manfred	30.6.33	**65-67 M'gladbach**	**29/0**
Osieck, Holger	31.8.48	74-76 Mülheim	56/10
Ossen, Runald	18.5.63	82-85 Darmstadt 77/9	154/11
		87-90 Stut. Kickers 64/2	**28/1**
		88-89 Stut. Kickers 28/1	
		93-94 1860 München 13/0	
Ostermann, Elard	5.10.68	**89-91 Bochum 27/1**	**36/1**
		95-96 HSV 9/0	
Ostermann, Thomas	25.8.66	85-88 Bielefeld	75/3
Osthoff, Markus	19.11.68	90-91 Saarbrücken 2/0	**130/13**
		94-00 Duisburg 130/13	63/5
		95-96 Duisburg 31/1	
		00-01 M'gladbach 30/4	
Oswald, Kai	29.11.77	**98-99 Stuttgart 5/0**	**51/2**
		99-01 Rostock 46/2	
Oswald, Karsten	30.6.75	99-01 Chemnitz	60/0
Oswald, Walter	8.10.55	74-76 Gütersloh 72/9	**387/26**
		76-77 St. Pauli 38/6	110/15
		77-78 St. Pauli 34/2	
		78-91 Bochum 353/24	
Ott, Thorsten	18.6.73	**91-92 Bayern**	**1/0**
Otte, Siegfried	6.12.48	74-77 Wolfsburg	52/2
Otten, Dirk	22.1.68	**88-89 Nürnberg**	**3/0**
Otten, Jonny	31.1.61	**79-92 Bremen**	**308/1**
		80-81 Bremen 41/2	43/2
		92-93 Oldenburg 2/0	
Ottens, Klaus	4.1.66	**88-91 St. Pauli**	**67/8**
		91-93 St. Pauli	31/6
Otters, Friedhelm	12.7.48	**73-74 Fort. Köln**	**25/2**
		74-79 Fort. Köln	135/21
Otto, Norbert	19.4.57	**81-82 Ein. Frankfurt**	**3/0**
Otto, Oliver	21.11.72	**93-94 Stuttgart 6/1**	**39/3**
		98-01 SSV Ulm	55/4
		99-00 SSV Ulm 33/2	
Oude Kamphuis, Niels	14.11.77	**99-01 Schalke**	**42/2**
Ouedraogo, Alassane	7.9.80	**00-01 1.FC Köln**	**1/0**
Ouakili, Abderrahim	12.12.70	94-98/00-01 Mainz 113/32	**40/6**
		97-99 1860 München 40/6	138/39
		99-00 TeBe 25/7	
Overath, Wolfgang	29.9.43	**63-77 1.FC Köln**	**409/84**
Ozaki, Kazuo	7.3.60	**83-85 Bielefeld 56/9**	**62/9**
		85-88 Bielefeld	57/9
		88-89 St. Pauli 6/0	

P

Pabst, Helmut	29.4.51	**71-74 Schalke**	**11/0**
		74-75 Wacker Berlin 10/0	278/0
		74-77 Fort. Köln 51/0	
		77-84 Solingen 217/0	
Pache, Wolfgang	15.5.59	80-81 Erkenschwick 39/11	67/22
		83-84 RWO 28/11	
Pacult, Peter	28.10.59	93-94 1860 München	37/18
		94-95 1860 München	**16/3**
Pagè, Oliver	10.4.71	**88-91 Leverkusen 6/1**	**9/1**
		91-92 Dresden 3/0	
Pagelsdorf, Frank	5.2.58	76-78/89-90 Hannover 94/15	**236/37**
		78-84 Bielefeld 128/28	130/21
		79-80 Bielefeld 36/6	
		84-89 BVB 102/9	

SPIELER	GEBURT	STATIONEN	BILANZ
		88-89 Hannover 96 6/0	
Pahl, Hans-Heinrich	27.2.60	80-87 Braunschweig	113/12
		81-85 Braunschweig	**101/8**
Pahl, Jürgen	17.3.56	**78-87 Ein. Frankfurt**	**152/0**
Pajonk, Bernhard	1.8.55	**79-80 Düsseldorf**	**1/0**
Palacios,			
Angel Augusto	23.12.53	**83-84 Offenbach**	**3/0**
Palasz, Andrzej	22.7.60	**87-89 Hannover 96**	**40/1**
Pallaks, Uwe	17.1.52	76-81 Herford 141/63	236/87
		81-84 Kassel 95/24	
Palma, Paolo da	18.3.66	90-92 Oldenburg 47/6	**10/1**
		92-93 Osnabrück 34/9	95/15
		93-94 Bochum 14/0	
		94-95 Bochum 10/1	
Pamic, Igor	19.11.69	**97-99 Rostock**	**37/13**
Pampuch, Herbert	23.9.52	74-78 Darmstadt	84/5
Panadic, Andrej	9.3.69	94-96 Chemnitz 65/5	**92/5**
		96-98 Uerdingen 45/3	110/8
		97-01 HSV 92/5	
Pancev, Darko	7.9.65	**93-94 Leipzig 10/2**	**24/4**
		95-96 Düsseldorf 14/4	
Panierschky, Stefan	3.11.63	82-87 Kassel	62/3
Pankotsch, Gerhard	31.1.49	74-78 Homburg 81/33	147/48
		77-80 Fürth 66/15	
Papadopulos, Fotios	1.7.54	**73-74 Bochum**	**2/0**
Papic, Vlado	21.9.68	92-93 Duisburg 17/2	71/8
		96-98 Gütersloh 54/6	
Papies, Jürgen	22.4.44	**70-71 Ein. Frankfurt**	**25/3**
Papin, Jean-Pierre	5.11.63	**94-96 Bayern**	**27/3**
Parits, Thomas	7.10.46	**70-71 1.FC Köln 29/5**	**103/23**
		71-74 Ein. Frankfurt 74/18	
Park, Sang-in	15.11.52	**81-82 Duisburg**	**2/0**
Partzsch, Frank	16.11.62	**83-84 Braunschweig**	**1/0**
Pasic, Predrag	18.10.58	**85-87 Stuttgart**	**46/7**
Pasic, Vladimir	25.8.70	**96-97 Düsseldorf**	**9/0**
Pasieka, Dariusz	3.8.65	99-01 Waldhof	57/6
Paßlack, Stephan	24.8.70	**89-96 Uerdingen 118/16**	**237/25**
		91-92 Uerdingen	30/6
		93-94 1.FC Köln 18/1	
		96-99 M'gladbach 67/7	
		99-01 1860 München 34/1	
Pasulko, Victor	1.1.61	89-93 Fort. Köln 105/14	113/17
		92-93 Braunschweig 8/3	
Pater, Stefan	31.10.60	**82-84 Bochum 59/8**	**71/8**
		84-85 Bielefeld 12/0	
Patzer, Georg	4.5.51	76-78 Baunatal	55/7
Patzke, Bernd	14.3.43	**64-69 1860 München 136/2**	**202/6**
		69-71 Hertha 66/4	
Patzke, Wolfgang	24.2.59	**76-77 RW Essen 5/0**	**150/30**
		77-79 RW Essen 40/2	172/18
		79-81 Wattenscheid 70/9	
		81-83 Bochum 59/21	
		83-87 Leverkusen 59/5	
		86-88 Schalke 21/4	
		88-90 Hertha 62/7	
		90-91 Hertha 6/0	
Patzschke, Rüdiger	18.8.67	86-87 KSC	32/0
		87-88 KSC	**5/0**
Paul, Manfred	13.2.39	**63-66 KSC**	**62/0**
Paul, Wolfgang	25.1.40	**63-70 BVB**	**148/6**
Paulsberg, Dieter	16.11.41	**63-64 Braunschweig**	**1/0**
Paulus, Gerd	31.12.53	74-77 Völklingen 103/5	**23/0**
		77-89 Offenbach 305/8	408/13
		83-84 Offenbach 23/0	
Pauly, Franz-Josef	16.9.49	**69-70 1860 München 4/0**	**98/0**
		71-76 Hannover 96 94/0	229/0
		74-77 Hannover 96 66/0	
		77-82 Fort. Köln 163/0	
Pausch, Hans	9.9.57	77-80 Nürnberg 36/4	**4/0**
		78-79 Nürnberg 4/0	57/4
		79-80 MTV Ingolstadt 21/0	
Pavlic, Djordje	28.8.38	**66-72 Duisburg**	**173/21**
Pavlin, Miran	8.10.71	97-98 SC Freiburg 31/4	**30/1**
		98-00 SC Freiburg 30/1	44/4

SPIELER	GEBURT	STATIONEN	BILANZ
		99-00 KSC 13/0	
Pawellek, Rolf	10.9.39	**67-70 Aachen**	**93/5**
Pechtold, Ulrich	24.7.52	74-77 Nürnberg 110/10	220/16
		77-79 Offenbach 75/6	
		79-81 Fürth 35/0	
Pecl, Gerhard	17.4.55	**74-75 Wuppertal**	**1/0**
		75-80 Wuppertal	122/0
Pedersen, Morten	12.4.72	**97-98 M'gladbach**	**5/0**
Pedersen, Per	30.3.69	**97-98 M'gladbach**	**14/1**
Pedersen, Steinar	6.6.75	**96-98 BVB**	**4/0**
Pedersen, Tore	29.9.69	**95-97 St. Pauli 37/0**	**57/1**
		98-99 Ein. Frankfurt	
Peehs, Gerd	21.1.42	**65-66 Neunkirchen 20/0**	
		66-72 BVB 170/4	**190/4**
Peeters, Jacky	13.12.69	98-99 Bielefeld	28/2
		99-00 Bielefeld	**29/1**
Peitsch, Roland	1.9.49	**69-71 RW Essen 48/3**	**100/9**
		73-74 Hannover 96 21/2	150/28
		74-75 Hannover 96 10/0	
		75-80 Bielefeld 140/28	
		78-81 Bielefeld 31/4	
Pejovic, Zvezdan	28.10.66	92-93 Osnabrück 1/0	**8/0**
		93-94 Jena 15/2	36/2
		94-95 Düsseldorf 6/0	
		95-96 Düsseldorf 8/0	
		96-97 Ein. Frankfurt 14/0	
Pelé, Abédi	5.11.64	**96-98 1860 München**	**50/2**
Peltonen, Juhani	16.6.36	**64-66 HSV**	**38/6**
Penksa, Marek	4.8.73	**92-93/94-95 Frankfurt 23/0**	**49/3**
		93-94 Dresden 26/3	10/2
		00-01 Stut. Kickers 10/2	
Penzel, Jens-Uwe	14.11.64	91-97 Jena	72/1
Pereira, Miguel	23.8.75	**93-99 Schalke**	**16/1**
		99-00 St. Pauli	15/1
Perfetto, Klaus	13.9.64	**86-88 Stuttgart**	**13/3**
		87-88 SSV Ulm	16/4
Perrey, Klaus	10.7.61	80-83 Augsburg	56/5
Persigehl, Stefan	31.1.62	**91-92 Rostock**	**34/3**
		92-95 Rostock	72/7
Perusic, Zeljko	23.3.37	**65-70 1860 München**	**138/1**
Peschel, Peter	26.1.72	**90-01 Bochum**	**154/24**
		93-00 Bochum	94/28
Peschke, Eckhardt	30.8.34	**65-66 Tasmania**	**15/0**
Peschke, Heiko	18.9.63	91-97 Uerdingen	92/4
		92-96 Uerdingen	**67/5**
Peter, Gottfried	3.6.45	**64-66 Neunkirchen 23/1**	**35/1**
		66-68 1860 München 12/0	
Peter, Ingo	23.10.51	**71-72 BVB**	**5/0**
		78-80 Wanne-Eickel	62/11
Peters, Hans-Otto	10.9.41	**65-67 Stuttgart**	**40/13**
Petersen, Jesper	2.4.51	75-86 Homburg	226/12
Petersen, Johnny	27.11.47	74-76 St. Pauli	51/5
Petkovic, Ranko	21.10.47	76-79 Münster 88/32	161/52
		79-81 Lüdenscheid 73/20	
Petrenko, Dimitrij	18.6.66	92-95 Waldhof	53/11
Petrovic, Alen	5.11.69	**98-99 Bochum**	**7/0**
Petrovic, Miodrag	16.11.46	75-76 West. Herne 20/1	**29/0**
		75-76 1.FC Köln 3/0	20/1
		76-77 Bremen 26/0	
Petrovic, Slobodan	2.10.48	74-78 Nürnberg	119/17
		78-79 Nürnberg	**3/0**
Pettersson, Jörgen	29.9.75	**95-99 M'gladbach 114/32**	**164/44**
		99-01 K'lautern 50/12	
Peukert, Christian	21.2.60	**79-80 Ein. Frankfurt 3/0**	**11/2**
		83-84 Offenbach 8/2	14/0
		84-85 Offenbach 14/0	
Pezzey, Bruno	3.2.55	**78-83 E. Frankfurt 141/27**	**255/45**
		83-87 Bremen 114/18	
Pfaff, Jean-Marie	4.12.53	**82-88 Bayern**	**156/0**
Pfahler, Michael	29.11.65	84-86 Homburg 28/0	144/9
		88-93 SC Freiburg 116/9	
Pfannkuch, Thomas	21.2.70	**90-91 M'gladbach**	**1/0**
		92-93 Braunschweig	27/2
Pfeifenberger, Heimo	29.12.66	**96-98 Bremen**	**43/5**

SPIELER	GEBURT	STATIONEN	BILANZ
Pfeifer, Werner	9.9.41	**65-67 Stuttgart**	**4/0**
Pfeiffer, Manfred	9.2.42	**63-65 BVB**	**6/0**
Pfeiffer, Reinhard	25.8.51	**70-71 Schalke**	**1/0**
Pfennig, Andrew	1.1.62	87-88 St. Pauli	3/0
		96-97 St. Pauli	**2/0**
Pfister, Michael	2.3.68	**86-87 Homburg**	**1/0**
Pfisterer, Eberhard	5.1.38	**63-67 Stuttgart**	**55/3**
Pfitzner, Werner	14.2.61	**81-85 KSC**	**5/0**
Pflipsen, Karlheinz	31.10.70	**89-99 M'gladbach**	**197/37**
Pflügge, Heinz	15.11.46	**66-68 Duisburg**	**4/0**
Pflügler, Hans	27.3.60	**81-95 Bayern**	**277/36**
Pfluger, Josef	30.5.61	89-93 Unterhaching	66/2
Pförtner, Christiaan	3.3.66	85-86 Bayreuth 21/0	257/42
		86-89/96-97 Fort. Köln 89/24	
		89-92 Saarbrücken 96/14	
		92-93 Homburg 19/1	
		93-95 Hannover 96 32/3	
Pfuderer, Achim	29.11.75	96-00 Stut. Kickers	119/6
		00-01 1860 München	**9/0**
Philipkowski, Joachim	26.2.61	84-85/92-94 St. Pauli	48/3
		85-92 Nürnberg	**154/13**
Philipp, Lothar	22.5.49	74-76 Erkenschwick	62/1
Philipp, Lutz	22.5.49	77-81 Bocholt	78/0
Pickenäcker, Ingo	7.4.62	80-82/90-97 RW Essen 108/0	**30/0**
		82-83 M'gladbach 8/0	220/8
		84-85 Bochum 22/0	
		85-88 RWO 90/6	
		88-90 Osnabrück 22/2	
Pidancet, Paul	8.9.37	**64-66 Neunkirchen**	**23/4**
Piechowiak, Erwin	15.11.36	**63-66 HSV**	**36/2**
Pieckenhagen, Martin	15.11.71	93-94 TeBe 8/0	**114/0**
		94-95 Duisburg 4/0	19/0
		95-96 Duisburg 11/0	
		96-01 Rostock 110/0	
Pier, Heinz	19.9.57	**81-82 Leverkusen**	**5/0**
Pilipovic, Milorad	3.6.58	84-85 SC Freiburg 34/10	**56/5**
		85-87 KSC 58/16	92/26
		87-90 KSC 56/5	
Piller, Robert	2.7.50	75-76 Reutlingen 25/1	163/17
		79-83 SC Freiburg 138/16	
Pilz, Hans-Uwe	10.11.58	90-91 Fort. Köln 13/1	**107/4**
		91-95 Dresden 107/4	47/5
		95-97 Zwickau 34/4	
Pinder, Holm	21.3.71	94-97 Leipzig 69/2	92/3
		97-98 Zwickau 23/1	
Pink, Mathias	9.8.53	78-81 Neunkirchen	63/1
Pinkall, Kurt	25.6.55	78-79 Vikt. Köln 34/9	**121/40**
		79-81 Bochum 39/19	34/9
		81-86 M'gladbach 82/21	
Pinto, Roberto	22.8.78	**98-01 Stuttgart**	**52/2**
Pinto, Sergio	16.10.80	**99-00 Schalke**	**2/0**
Piontek, Josef	5.3.40	**63-72 Bremen**	**203/14**
Piplica, Tomislav	5.4.69	98-00 Cottbus	68/0
		00-01 Cottbus	**34/0**
Pirkner, Hans	25.3.46	**69-71 Schalke**	**47/8**
Piroth, Peter	19.10.51	74-80 Völklingen	114/4
Pirrung, Josef	24.7.49	**69-81 K'lautern**	**305/61**
		81-82 Worms	27/1
Pirsig, Detlef	22.10.45	**65-77 Duisburg**	**336/9**
		82-84 Lüttringhausen	48/4
Pisarew, Nikolai	23.11.68	**96-97 St. Pauli**	**21/4**
Pisont, Istvan	16.5.70	**98-99 Ein. Frankfurt**	**17/0**
Pistauer, Björn	15.1.68	**88-89 Ein. Frankfurt**	**2/0**
Pivaljevic, Darko	18.2.75	**00-01 1.FC Köln**	**5/1**
Piwowarski, Michael	14.11.48	74-76 Gütersloh	59/0
Pizanti, David	27.5.62	**85-87 1.FC Köln**	**19/0**
Pizarro, Claudio	3.10.78	**99-01 Bremen**	**56/29**
Placente, Diego	24.4.77	**00-01 Leverkusen**	**12/0**
Plagge, Frank	18.4.63	**84-85 Braunschweig**	**32/2**
		85-86 Braunschweig 31/13	38/13
		93-95 Wolfsburg 7/0	
Plaggemeyer, Walter	25.11.49	**69-70 Bremen**	**2/0**
		74-77 Göttingen 102/26	143/29
		77-79 Offenbach 41/3	

SPIELER	GEBURT	STATIONEN	BILANZ
Plath, Manfred	12.12.61	**81-84 K'lautern**	**19/0**
		86-87 Salmrohr	33/1
Plechaty, Mario	18.2.71	**90-91 BVB**	**1/0**
Plehn, Eberhard	15.3.52	76-79 Wacker Berlin	57/1
Plessers, Gerard	30.3.59	**84-88 HSV**	**85/6**
Pleuler, Markus	10.5.70	98-99 SSV Ulm 23/2	**19/1**
		99-00 SSV Ulm 19/1	27/2
		00-01 Stut. Kickers 4/0	
Pleyer, Horst	2.8.52	74-76 Münster 56/9	67/9
		76-77 Völklingen 11/0	
Pliska, Heinz	23.10.41	**65-68 Schalke**	**75/2**
Plomp, Gerrit	27.6.63	**89-90 Bochum**	**10/0**
Plücken, Hans-Günther	15.11.54	76-78 Solingen 57/22	**43/3**
		78-80 HSV 17/2	64/23
		79-80 Hertha 17/1	
		80-81 Uerdingen 9/0	
		81-82 Uerdingen 7/1	
Pochstein, Hans-Joachim	30.10.52	**74-79 Bochum**	**99/6**
Podlasly, Horst	29.3.36	**64-71 Hannover 96**	**187/0**
Podlich, Manfred	14.5.40	**65-66 Bremen**	**11/6**
Pöggeler, Rudolf	12.4.39	**65-69 M'gladbach**	**76/3**
Pöhler, Werner	12.11.49	**68-70 Aachen**	**10/1**
Pöhnl, Dieter	31.10.46	74-76 Schweinfurt	59/3
Pösger, Herbert	25.3.53	76-78 Hannover 96 10/0	81/16
		79-80 OSV Hannover 34/8	
		80-81 Oldenburg 37/8	
Pötzschke, Robert	28.8.49	**68-71 HSV**	**46/4**
Pohl, Norbert	17.7.59	79-81 Herford	58/1
Pohl, Wolfgang	30.12.54	74-80 Bielefeld	152/9
		78-85 Bielefeld	**167/10**
Pohlschmidt, Bernhard	3.7.35	**63-64 Münster**	**1/0**
Pohlschmidt, Manfred	27.8.40	**63-64 Münster 25/6**	**186/53**
		65-67 HSV 55/20	
		67-71 Schalke 106/27	
Policella, Gustav	14.9.75	93-94 Waldhof 8/1	99/30
		96-97/98-01 Mainz 71/24	
		00-01 Duisburg 20/5	
Poll, Heinz	30.1.41	**69-70 RWO**	**6/1**
Polster, Anton	10.3.64	**93-98 1.FC Köln 150/79**	**181/90**
		98-99 M'gladbach 31/11	7/4
		99-00 M'gladbach 7/4	
Polunin, Andrej	5.3.71	**98-99 Nürnberg**	**16/2**
		99-00 St. Pauli	29/4
Polywka, Michael	6.4.44	**67-71 Braunschweig 91/9**	**99/9**
		71-72 Hannover 96 8/0	
Pomp, Manfred	26.10.64	**83-85 Leverkusen**	**7/0**
		85-86 Solingen	7/0
Ponte, Robson	6.11.74	**99-01 Leverkusen**	**36/2**
Pontes, Jürgen	27.7.47	**65-68 Neunkirchen**	**7/1**
Pontzen, Thomas	9.4.59	82-87 Solingen	100/8
Popivoda, Danilo	1.5.47	**75-80 Braunschweig**	**126/30**
		80-81 Braunschweig	3/0
Popovic, Vladimir	17.3.35	**65-66 Stuttgart**	**2/0**
Popowitsch, Alexander	9.4.77	**97-98 Duisburg**	**4/0**
Popp, Fritz	20.11.40	**63-69 Nürnberg**	**136/0**
Popp, Heinz	14.9.52	74-77 Fürth 50/4	81/4
		77-78 Würz. Kickers 31/0	
Poqué, Dietmar	17.2.58	79-85 Aachen	73/7
Port, Albert	24.5.42	**63-64 Saarbrücken**	**13/0**
Posch, Frank	21.2.73	**94-97 Stuttgart**	**5/0**
Posch, Mario	18.7.67	**92-93 Uerdingen**	**20/1**
Poschner, Gerhard	23.9.69	**87-90/94-9 Stuttgart 176/8**	**286/22**
		90-94 BVB 110/14	
Posinski, Hans-Joachim	10.6.32	**65-66 Tasmania**	**2/0**
Posipal, Peer	3.7.62	**82-85 Braunschweig**	**30/2**
		85-89 Braunschweig 89/8	158/17
		89-91 Münster 69/9	
Posner, Walter	22.2.53	**74-75 M'gladbach 2/0**	**136/3**
		75-79 Leverkusen	141/2
		79-84 Leverkusen 134/3	

SPIELER	GEBURT	STATIONEN	BILANZ
Posniak, Oliver	12.7.57	77-80 FSV Frankfurt 113/15	**33/1**
		80-89 Darmstadt 290/17	403/32
		81-82 Darmstadt 33/1	
Pospich, Andreas	8.12.61	**84-85 Braunschweig**	**11/0**
		85-91 Braunschweig	147/12
Pott, Fritz	23.4.39	**63-69 1.FC Köln**	**151/7**
Poulsen, Kaj	31.12.42	**66-68 Hannover 96**	**52/4**
Poulsen, Niels	3.10.55	77-79 Worms 40/5	**5/0**
		78-79 1860 München 7/0	102/18
		79-80 Bayern 5/0	
		79-81 Freiburger FC 55/13	
Povlsen, Flemming	3.12.66	**87-90 1.FC Köln 71/19**	**187/39**
		90-95 BVB 116/20	
Pradt, Walter	12.4.49	74-82 Waldhof	278/12
		83-85 Waldhof	**5/0**
Präger, Roy	22.9.71	91-92 Brandenburg 32/3	**122/36**
		92-95 Fort. Köln 104/15	199/29
		95-97 Wolfsburg 63/11	
		97-99 Wolfsburg 62/22	
		99-01 HSV 60/14	
Pralija, Mladen	28.1.59	**87-88 HSV**	**14/0**
Prange, Jürgen	21.8.65	87-88 Meppen 27/2	**15/0**
		88-89 Hannover 96 15/0	62/4
		89-90 Hannover 96 26/1	
		90-91 Havelse 9/1	
Preetz, Michael	17.8.67	**86-90 Düsseldorf 38/5**	**192/72**
		87-89 Düsseldorf 53/15	256/87
		90-92 Saarbrücken 70/29	
		92-93 Duisburg 42/17	
		93-94 Duisburg 23/2	
		94-96 Wattenscheid 60/17	
		96-97 Hertha 31/9	
		97-01 Hertha 131/65	
Prehn, Lothar	6.10.46	74-75 Uerdingen	33/0
		75-76 Uerdingen	**25/0**
Preißler, Edwin	26.11.42	**66-67 Nürnberg**	**1/0**
Prestin, Dieter	23.8.56	**75-88 1.FC Köln**	**246/7**
Preuß, Günter	10.11.36	**63-67 Duisburg**	**77/0**
Preuß, Christoph	4.7.81	**00-01 Ein. Frankfurt**	**21/1**
Prins, Jacobus	5.6.38	**63-65 K'lautern**	**36/9**
Prinzen, Roger	4.3.69	87-91 Darmstadt 81/7	**60/6**
		91-94 Wattenscheid 60/6	147/11
		94-96 Hannover 96 62/4	
		99-00 Fürth 4/0	
Probierz, Michal	24.9.72	93-94 Uerdingen 9/0	**3/0**
		94-95 Uerdingen 3/0	26/1
		95-96 Wattenscheid 17/1	
Probst, Dieter	4.2.69	95-96 Nürnberg 11/0	52/0
		97-99 Fürth 41/0	
Probst, Michael	20.11.62	**95-96 Bayern**	**2/0**
Probst, Ulf-Volker	3.10.64	89-93 Braunschweig 120/13	190/13
		94-97 Wolfsburg 70/0	
Pröll, Markus	28.8.79	98-00 1.FC Köln	56/0
		00-01 1.FC Köln	**29/0**
Pröpper, Carsten	20.10.67	91-93 Remscheid 67/24	**60/8**
		93-98 St. Pauli 94/8	206/39
		95-97 St. Pauli 60/8	
		98-00 RWO 45/7	
Pröpper, Günter	8.12.41	**72-75 Wuppertal**	**87/39**
		75-79 Wuppertal 107/35	
Pröpper, Michael	30.1.60	86-88 RW Essen	65/6
Prokop, Gerhard	18.5.39	**67-70 Aachen**	**53/0**
		74-76 Aachen	17/0
Prosenik, Christian	7.6.68	**99-00 1860 München**	**19/1**
Prus, Michael	4.2.68	**86-97 Schalke**	**120/0**
		88-91 Schalke 100/0	156/1
		96-98 Meppen 56/1	
Prytz, Robert	12.1.60	**87-88 Uerdingen**	**32/9**
Ptaczynski, Heinz	26.8.53	75-77 West. Herne	50/3
Ptok, Uwe	21.2.63	86-88 RW Essen 14/1	52/1
		89-91 Münster 38/0	
Pudelko, Klaus	26.11.48	74-77 Pirmasens 105/2	
Pürk, Marcus	21.9.74	**99-01 1860 München**	**16/0**
Pütten, Martin van der	27.10.64	87-94 Meppen	175/46
Pulter, Dieter	9.2.39	**63-65 K'lautern**	**25/0**
Pumm, Peter	3.4.43	**68-71 Bayern**	**84/2**
Pusch, Dirk	30.1.62	81-91 RW Essen 253/3	321/12
		92-94 Wuppertal 68/9	
Puschmann, Thomas	28.3.73	**90-93 Uerdingen 4/0**	**60/4**
		91-92 Uerdingen 8/1	81/5
		94-98 Duisburg 56/4	
		95-96 Duisburg 24/2	
		98-01 St. Pauli 49/2	
Puszamszies, Toni	14.8.58	82-83 Uerdingen 25/6	**36/2**
		83-85 Uerdingen 13/1	120/9
		83-84 RWO 7/1	
		85-91 Duisburg 88/2	
		91-92 Duisburg 23/1	
Putz, Ingmar	31.1.69	86-87 RWO 1/0	98/13
		91-93 Remscheid 66/12	
		93-95 Meppen 31/1	
Pyka, Alfred	28.6.34	**65-67 Schalke**	**58/5**
Pyykkö, Seppo	24.12.55	**80-81 Uerdingen**	**3/0**
		81-82 Uerdingen	7/0

Q

SPIELER	GEBURT	STATIONEN	BILANZ
Quabeck, Ralf	30.9.58	79-85 RWO	107/4
Quaisser, Ulf	12.10.62	80-83 Waldhof	73/1
		83-89 Waldhof	**126/0**
Quallo, Peter	2.10.71	**90-92 BVB 22/0**	**24/0**
		92/93 Düsseldorf 15/0	105/0
		95-96 Bielefeld 18/0	
		96-97 Bielefeld 2/0	
		98-01 RWO 72/0	
Quasten, Gregor	3.10.52	75-80 Homburg 185/4	**55/0**
		80-84 Hertha 113/3	298/7
		82-83 Hertha 34/0	
		84-87 Waldhof 13/0	
		87-88 Homburg 8/0	
Quasten, Willi	21.8.55	74-75 RWO 31/2	66/2
		75-77 Leverkusen 35/0	

R

SPIELER	GEBURT	STATIONEN	BILANZ
Raab, Bernhard	17.3.66	**87-90 KSC**	**31/3**
		89-90 Kassel	22/4
Racine, Serge	9.10.51	75-79 Wacker Berlin	60/4
Racky, Heiko	1.10.46	**67-69 Ein. Frankfurt**	**16/1**
		75-76 FSV Frankfurt	1/0
Rada, Karel	2.3.71	**00-01 Ein. Frankfurt**	**11/0**
Rada, Petr	21.8.58	88-89 Düsseldorf 33/1	**19/2**
		89-90 Düsseldorf 19/2	72/4
		90-91 RW Essen 9/1	
		94-95 Düsseldorf 30/2	
Radau, Jürgen	2.10.47	74-75 KSC	37/0
		75-77 KSC	**17/0**
Rademacher, Günther	2.3.48	**69-73 K'lautern**	**38/2**
Radenkovic, Petar	1.10.34	**63-70 1860 München**	**215/0**
Radlspeck, Thomas	16.11.72	95-98 Unterhaching	94/8
		98-99 SC Freiburg	**1/0**
Radoki, Janos	7.3.72	97-99 Fürth 55/0	**25/0**
		99-00 SSV Ulm 25/0	88/0
		00-01 SSV Ulm 33/0	
Radschuweit, Jürgen	4.12.67	**88-93 Leverkusen**	**20/1**
		93-97 Fort. Köln 117/8	162/9
		97-99 Uerdingen 45/1	
Radtke, Volker	4.8.45	74-78 Worms	74/0
Raducanu, Marcel	21.10.54	**82-88 BVB**	**163/31**
Raducioiu, Florin	17.3.70	**97-98 Stuttgart**	**19/4**
Rahm, Günther	2.10.34	**63-64 1860 München**	**1/0**
Rahn, Christian	15.6.79	**96-97 St. Pauli**	**2/0**
		99-01 St. Pauli	46/1
Rahn, Helmut	16.8.29	**63-65 Duisburg**	**19/8**
Rahn, Uwe	21.5.62	**80-89 M'gladbach 227/81**	**318/107**

R

SPIELER	GEBURT	STATIONEN	BILANZ
		88-90 1.FC Köln 43/13	
		90-91 Hertha 21/5	
		91-92 Düsseldorf 15/5	
		92-93 Ein. Frankfurt 12/3	
Rahner, Helmut	29.3.71	90-91 BW Berlin 8/0	**92/1**
		91-97 Uerdingen 61/1	92/1
		92-96 Uerdingen 79/1	
		98-99 Nürnberg 13/0	
		97-98 Nürnberg 23/0	
Raickovic, Dejan	27.10.67	92-94 Hannover 96 57/2	139/5
		95-97 Jena 58/3	
		98-99 TeBe 24/0	
Ramdane, Abder	23.2.74	**98-00 Rostock 21/2**	**66/7**
		99-01 SC Freiburg 45/5	
Ramelow, Carsten	20.3.74	91-96 Hertha	80/5
		95-01 Leverkusen	**165/12**
Ramon	30.6.72	**95-96 Leverkusen**	**15/1**
Ramovs, Darko	3.4.73	98-01 Stut. Kickers	63/1
Ramzy, Hany	10.3.69	**94-98 Bremen 98/3**	**182/9**
		98-01 K'lautern 84/6	
Rank, Werner	15.6.68	91-92 BW Berlin	10/1
		93-95 Dresden	**12/0**
Rapp, Marc	2.12.70	**90-92 KSC**	**18/0**
Raps, Ralf	10.10.60	**81-82 Ein. Frankfurt 1/0**	**89/0**
		84-87 Hannover 96	45/0
		85-89 Hannover 96 88/0	
Raschid, Franz	18.10.54	74-83 Uerdingen	198/30
		75-87 Uerdingen	**166/21**
Raschke, Ulf	23.7.72	**92-93 BVB**	**1/0**
Rasiejewski, Jens	1.1.75	94-95 FSV Frankfurt 23/0	**33/0**
		98-99 Hannover 96 34/1	57/1
		99-01 Ein. Frankfurt 33/0	
Rasmussen, Ole	19.3.52	**75-80/82-83 Hertha**	**109/4**
		81-84 Hertha	46/1
Rasmussen, Peter	16.5.67	**89-91 Stuttgart**	**16/1**
Rasovic, Branco	11.4.42	**69-72 BVB**	**79/0**
Raspe, Torsten	1.8.69	96-01 Stut. Kickers	134/3
Raßmanns,			
Heinz-Willi	10.4.40	**65-66 M'gladbach**	**6/0**
Rath, Marcel	3.9.75	95-97 Hertha 28/5	114/28
		97-00 Cottbus 59/8	
		00-01 St. Pauli 27/15	
Rath, Thomas	26.7.70	91-92 Hertha 28/5	**111/8**
		92-95 Dresden 75/6	31/5
		95-97 SC Freiburg 36/2	
		97-98 Leipzig 3/0	
Ratinho	8.6.71	96-97 K'lautern	27/2
		97-01 K'lautern	**83/6**
Ratke, Sven	3.1.72	**91-95 Dresden 48/1**	**61/1**
		95-97 Wolfsburg	28/6
		97-98 Wolfsburg 13/0	
Ratkowski, Robert	3.8.75	96-97 RW Essen 3/0	62/2
		99-00 Mainz 29/2	
		00-01 RWO 30/0	
Raubold, Horst	26.12.51	74-76 Schweinfurt 74/2	**63/4**
		77-79 Worms 73/3	266/7
		79-81 1860 München 63/4	
		81-82 1860 München 36/0	
		82-83 Solingen 20/1	
		83-85 Stut. Kickers 63/1	
Rauffmann, Rainer	26.2.67	91-92 BW Berlin 18/6	**30/4**
		92-95 Meppen 105/37	123/43
		95-96 Ein. Frankfurt 26/4	
		96-97 Bielefeld 4/0	
Rauh, Walter	31.1.39	**65-67 KSC**	**45/0**
Rausch, Friedel	27.2.40	**63-71 Schalke**	**170/6**
Rausch, Wolfgang	30.4.47	**65-68 1.FC Köln 47/0**	**257/7**
		69-74 RW Essen 91/1	35/18
		74-76 Offenbach 68/3	
		76-77 Offenbach 35/18	
		77-79 Bayern 51/3	
Rauscher, Gerd	23.7.55	78-80 MTV Ingolstadt	56/0
Rautiainen, Pasi	18.7.61	**80-81 Bayern 1/0**	**116/14**
		80-81 Bremen 15/1	52/4

SPIELER	GEBURT	STATIONEN	BILANZ
		81-82 Bremen 26/1	
		82-85 Bielefeld 89/13	
		85-86 Bielefeld 24/3	
		87-89 Wattenscheid 13/0	
Rebele, Hans	26.1.43	**63-69 1860 München**	**115/23**
Reck, Oliver	27.2.65	**83-84 Offenbach 14/0**	**435/0**
		84-85 Offenbach	33/0
		87-98 Bremen 345/0	
		98-00 Schalke 76/0	
Recknagel, Manfred	20.5.52	74-76 Münster 20/0	65/0
		79-81 Herford 45/0	
Redder, Peter	25.9.52	**72-75 Wuppertal**	**17/0**
		75-80 Wuppertal	153/23
Redder, Theodor	19.11.41	**63-69 BVB**	**115/2**
Redl, Robert	7.11.50	74-77 Stut. Kickers	81/12
Redmann, Udo	22.10.42	**69-70 RWO**	**2/0**
Reeb, Jörg	6.1.72	91-95 Saarbrücken 63/3	**120/6**
		92-93 Saarbrücken 1/0	93/4
		95-96 Bielefeld 30/1	
		96-98 Bielefeld 65/5	
		98-01 Leverkusen 54/1	
Reekers, Rob	7.5.66	**86-95 Bochum**	**219/7**
		93-94 Bochum 25/1	95/1
		96-99 Gütersloh 71/0	
Regenbogen, Ralf	24.3.60	78-80 Wanne-Eickel 24/2	**30/3**
		85-87/96-97 Schalke 30/3	177/47
		86-91 RW Essen 153/45	
Regh, Anton	12.9.40	**63-68 1.FC Köln**	**100/4**
Regh, Dieter	29.7.61	**87-88 Leverkusen**	**1/0**
Reghecampf,			
L.-Aurelian	19.9.75	**00-01 Cottbus**	**26/2**
Régis, David	1.12.68	**97-98 KSC**	**30/5**
Regitz, Gerd	3.5.45	**65-68 Neunkirchen 38/0**	**66/1**
		70-72 Stuttgart 28/1	
Reh, Hans-Jürgen	20.7.51	76-78 Arm. Hannover	63/7
Rehbach, Willi	25.12.45	75-78 Leverkusen	73/12
Rehbein, Dirk	14.8.67	**86-88 Leverkusen 2/0**	**29/0**
		88-90 Fort. Köln	35/2
		95-97 Rostock 27/0	
Rehhagel, Otto	9.8.38	**63-65 Hertha 53/6**	**201/22**
		66-72 K'lautern 148/16	
Rehm, Rüdiger	22.11.78	99-01 Waldhof	53/3
Rehmer, Marko	29.4.72	**96-99 Rostock 81/4**	**123/8**
		99-01 Hertha 42/4	
Reich, Burkhard	1.12.64	**91-98 KSC**	**200/13**
		98-99 KSC	14/1
Reich, Hans	10.7.42	**63-69 1860 München 141/6**	**162/6**
		70-71 Offenbach 21/0	69/1
		74-76 1860 München 69/1	
Reich, Marco	30.12.77	96-97 K'lautern	15/1
		97-01 K'lautern	**102/8**
Reich, Siegfried	29.9.59	**81-83 M'gladbach 17/8**	**178/65**
		83-84 BVB 14/2	178/94
		84-85 Bielefeld 33/18	
		85-89 Hannover 96 90/33	
		86-90 Hannover 96 48/35	
		89-91 Uerdingen 24/4	
		92-96 Wolfsburg 130/59	
Reich, Stefan	2.2.68	95-98 Unterhaching	72/6
Reich, Werner	29.4.53	79-80/80-83 Freiburg 48/14	73/24
		80-81 SSV Ulm 25/10	
Reichel, Armin	31.1.58	**81-85 K'lautern**	**63/0**
		85-86 TeBe 36/0	83/0
		86-88 Saarbrücken 47/0	
Reichel, Mirco	2.12.70	94-97 Waldhof 84/19	**9/0**
		97-98 Bochum 9/0	175/32
		98-01 Fürth 91/13	
Reichel, Peter	30.11.51	**70-79 Ein. Frankfurt**	**225/9**
Reichel, Wolfgang	18.2.58	77-79 Baunatal 47/2	75/2
		81-82 Bayreuth 28/0	
Reichenberger, Max	24.1.48	**68-70 1860 München**	**39/0**
		75-76 Kreuznach	23/2
Reichenberger,	14.10.74	**98-00 Leverkusen 24/4**	**65/11**
Thomas		**99-01 Ein. Frankfurt 41/7**	

SPIELER	GEBURT	STATIONEN	BILANZ
Reichert, Manfred	28.10.40	**72-74 Wuppertal**	**67/2**
Reichert, Peter	4.8.61	**81-86 Stuttgart 139/42**	**175/48**
		90-92 KSC 36/6	
Reichold, Günther	10.6.65	97-01 Fürth	105/0
Reif, Hans-Werner	3.12.64	**83-85 1.FC Köln**	**14/0**
		85-86 Solingen 29/4	32/4
		92-93 Wuppertal 3/0	
Reimann, Willi	24.12.49	**70-74 Hannover 96 112/44**	**287/93**
		74-81 HSV 175/49	
Reina, Giuseppe	15.4.72	94-96 Wattenscheid 56/15	**121/26**
		96-98 Bielefeld 64/13	89/24
		98-99 Bielefeld 33/9	
		99-01 BVB 57/13	
Reinbold, Gerhard	12.4.55	76-79 Baunatal	91/9
Reincke, Matthias	23.12.71	**97-98 HSV**	**4/0**
Reinders, Günther	22.9.44	**70-74 K'lautern**	**78/2**
		74-76 Homburg	25/0
Reinders, Uwe	19.1.55	74-77 SW Essen 40/8	**206/67**
		77-85 Bremen 206/67	77/24
		80-81 Bremen 37/16	
Reiner, Helmut	21.2.44	**69-70 1860 München**	**1/0**
Reiner, Manfred	16.9.37	**63-67 Stuttgart**	**52/6**
Reiners, Helmut	7.7.53	77-78 Lüdenscheid 38/15	187/52
		78-83 Wattenscheid 149/37	
Reinhardt, Alois	18.11.61	79-80 Nürnberg 1/0	**267/9**
		80-84 Nürnberg 101/7	1/0
		84-92 Leverkusen 156/1	
		91-93 Bayern 10/1	
Reinhardt, Bastian	19.11.75	98-00 Hannover 96 58/4	90/6
		00-01 Bielefeld 32/2	
Reinhardt, Knut	27.4.68	**85-91 Leverkusen 118/5**	**297/10**
		91-99 BVB 170/5	5/0
		98-99 Nürnberg 9/0	
		99-00 Nürnberg 5/0	
Reinke, Andreas	10.1.69	**91-92 HSV 1/0**	**137/0**
		93-94 St. Pauli 35/0	60/0
		94-00 K'lautern 136/0	
		96-97 K'lautern 25/0	
Reinke, Andreas	3.1.63	**87-88 Hannover 96**	**2/0**
Reinmayr, Hannes	23.8.69	92-93 Duisburg 17/2	**41/3**
		93-94 Duisburg 26/3	17/2
		94-95 Bochum 15/0	
Reis, Thomas	4.10.73	**92-95 Ein. Frankfurt 16/2**	**110/13**
		95-00 Bochum	49/1
		96-01 Bochum 94/11	
Reisch, Stefan	29.11.41	**63-67 Nürnberg**	**86/9**
Reiser, Georg	8.3.62	**84-85 KSC**	**1/0**
Reisinger, Wilhelm	30.6.58	**76-80 Bayern**	**9/1**
		80-81 Stut. Kickers 23/5	44/11
		85-86 TeBe 21/6	
Reiss, Herbert	21.2.57	80-82/83-85 SC Freiburg	45/10
		81-83 Bielefeld	**33/4**
Reiss, Piotr	20.6.72	**98-99/00-01 Hertha 16/1**	**38/6**
		99-00 Duisburg 22/5	
Reiter, Markus	10.8.76	**94-98 Duisburg 40/0**	**50/0**
		95-96 Duisburg 10/0	28/0
		98-99 M'gladbach 10/0	
		99-00 M'gladbach 4/0	
		00-01 Fürth 14/0	
Reitgaßl, Willy	29.2.36	**63-68 K'lautern**	**129/32**
Reitmaier, Claus	17.3.64	86-89 Aschaffenburg 51/0	**269/0**
		91-92 Stut. Kickers 30/0	97/0
		92-93 Stut. Kickers 46/0	
		93-94 K'lautern 7/0	
		94-98 KSC 130/0	
		98-01 Wolfsburg 102/0	
Rekdal, Kjetil-André	6.11.68	**88-90 M'gladbach 9/0**	**73/4**
		97-00 Hertha 64/4	
Remark, Horst	1.6.36	**63-64 Saarbrücken**	**13/0**
Remark, Thomas	5.10.59	**78-83 Hertha 71/13**	**121/31**
		80-84 Hertha 90/55	132/72
		83-86 Waldhof 50/18	
		84-85 Stut. Kickers 23/9	
		88-89 SC Freiburg 19/8	
Renn, Olaf	12.10.69	91-95/00-01 Chemnitz 166/14	275/22
		96-99 Fort. Köln 92/8	
		99-00 Cottbus 17/0	
Renner, Dieter	18.12.49	74-80 Stut. Kickers	190/15
Renner, Herbert	28.9.46	74-75 Mainz 29/9	54/11
		75-77 Bayern Hof 25/2	
Resenberg, Alfred	5.9.42	**68-69 Offenbach**	**32/1**
Respondek, Marian	2.4.57	79-81 Waldhof 61/12	86/15
		81-82 Freiburger FC 25/3	
Rettkowski, Kurt	23.1.49	**67-73 Duisburg**	**131/7**
Reubold, Thomas	13.9.66	**85-86 Ein. Frankfurt**	**2/0**
Reus, Timo	2.5.74	97-98 SC Freiburg	23/0
		99-00 SC Freiburg	**1/0**
Reuter, Stefan	16.10.66	84-85 Nürnberg 25/3	**412/25**
		85-88 Nürnberg 100/10	25/3
		88-91 Bayern 95/4	
		92-01 BVB 217/11	
Reuter, Timo	17.7.73	**94-95 Ein. Frankfurt**	**1/0**
		96-97 Ein. Frankfurt	8/1
Reuter, Uwe	27.11.34	**63-64 HSV**	**3/0**
Reuter, Willi	23.7.53	74-79 Aachen 159/5	241/5
		79-85 Bürstadt 82/0	
Reuther, Friedel	4.2.42	**63-64 Saarbrücken**	**10/2**
Reyna, Claudio	20.7.73	**95-97 Leverkusen 26/4**	**54/6**
		97-99 Wolfsburg 48/2	
Richter, Karl	27.3.58	80-84 RW Essen 136/14	269/24
		84-87 Fort. Köln 90/6	
		87-89 Offenbach 43/4	
Richter, Michael	2.12.63	**84-85 Bielefeld**	**1/0**
Richter, Thomas	1.11.70	**91-92 Stut. Kickers 31/1**	**46/2**
		92-93 Stut. Kickers 9/0	41/3
		97-98 Nürnberg 32/3	
		98-99 1860 München 5/0	
		98-99 Nürnberg 11/1	
Richter, Thomas	29.6.67	**90-93 K'lautern**	**21/0**
		93-97 Hertha 73/7	90/8
		96-97 Waldhof 17/1	
Richter, Thomas	27.2.62	80-81 Kiel 24/0	107/0
		86-88 SSV Ulm 71/0	
		88-89 Aschaffenburg 6/0	
		92-94 Wuppertal 6/0	
Richter, Winfried	19.1.41	**63-71 K'lautern**	**71/14**
Richthammer, Michael	25.6.50	76-77 Regensburg 27/2	67/2
		79-81 ESV Ingolstadt 40/0	
Ricken, Lars	10.7.76	**93-01 BVB**	**186/28**
Ridder, Andreas	27.9.64	85-88 Bielefeld	88/5
		89-91 Bochum	**26/1**
Ridder, Thomas	13.12.72	**93-94 Wattenscheid**	**7/1**
		94-95 Wattenscheid	5/1
Riechmann, Dirk	12.5.67	**87-89 Bochum**	**6/2**
		89-91 Münster	37/2
Riedl, Johannes	2.1.50	**68-72 Duisburg 120/9**	**441/49**
		72-74 Hertha 52/3	
		74-81 K'lautern 215/31	
		83-84 Offenbach 9/6	
Riedl, Thomas	18.6.76	**95-99 K'lautern 48/1**	**81/2**
		96-97 K'lautern	23/5
		99-01 1860 München 33/1	
Riedle, Karlheinz	16.9.65	**86-87 BW Berlin 34/10**	**207/72**
		87-90 Bremen 86/38	
		93-97 BVB 87/24	
Riege, Horst	27.4.53	74-78 Uerdingen	83/11
		75-76 Uerdingen	**33/5**
Riegel, Marko	4.9.74	**95-97 HSV**	**9/0**
Rieländer, Theodor	24.7.50	**69-72 BVB**	**40/6**
		75-78 Leverkusen 44/2	107/14
		78-80 Hannover 96 63/12	
Riemann, Wolfgang	18.11.49	**69-70 1.FC Köln**	**8/0**
		76-79 Trier	47/7
Riepert, Günther	13.9.52	74-78 SW Essen	97/15
Rieske, Volker	4.10.53	77-81 Lüdenscheid	132/4
Rieth, Dennis	10.9.64	**83-84 Ein. Frankfurt**	**3/0**
Riethmann, Frank	9.12.75	**94-98 BVB**	**5/0**
Rietpietsch, Mike	26.3.74	**94-97 Leverkusen 22/0**	**40/0**

R

SPIELER	GEBURT	STATIONEN	BILANZ
		97-98 Düsseldorf 28/3	36/3
		98-99 SC Freiburg 13/0	
		99-00 Bochum 8/0	
		00-01 Bochum 5/0	
Rietzke, Reinhard	19.12.48	74-77 St. Pauli	72/0
		77-78 St. Pauli	**4/0**
Rigotti, Hans	15.5.47	**65-67 Bayern 33/2**	**37/2**
		68-69 Nürnberg 4/0	
Rihm, Willi	18.8.36	**63-66 KSC**	**33/0**
Rinas, Werner	13.1.39	**63-64 Saarbrücken 26/4**	**39/4**
		65-66 Braunschweig 13/0	
Ringel, Karl	30.9.32	**64-65 Neunkirchen**	**1/0**
Ringels, Norbert	16.9.56	**75-85 M'gladbach**	**163/6**
Rink, Paulo Roberto	21.2.73	**97-01 Leverkusen**	**87/29**
Ripke, Franz-Josef	11.10.54	**73-75 Bremen**	**4/0**
Ripkens, Karl-Heinz	9.12.37	**63-64 1.FC Köln**	**1/0**
Ripp, Hans	9.1.46	**69-70 K'lautern**	**16/2**
Ripp, Hans-Jürgen	24.6.46	**70-79 HSV**	**177/0**
Rische, Jürgen	30.10.70	91-96 Leipzig 126/39	126/51
		93-94 Leipzig 32/6	**150/30**
		95-00 K'lautern 78/15	
		96-97 K'lautern 30/12	
		99-01 Wolfsburg 40/9	
Rischker, Wolfgang	8.1.53	79-81 OSV Hannover	78/6
Riseth, Vidar	21.4.72	**00-01 1860 München**	**21/1**
Risom, Henrik	24.7.68	**93-95 Dresden**	**15/0**
Ristau, Hilko	24.4.74	97-99 Wattenscheid 59/3	**13/0**
		99-00 Bochum 23/3	82/6
		00-01 Bochum 13/0	
Ristic, Aleksandar	28.6.44	**74-78 Braunschweig**	**78/3**
Ristic, Sreto	7.2.76	**96-00 Stuttgart**	**47/5**
		00-01 SSV Ulm	13/4
Ritschel, Manfred	7.6.46	**70-72 BVB 57/6**	**231/33**
		72-76 Offenbach 128/25	108/9
		76-78 K'lautern 24/2	
		77-78 Schalke 22/0	
		78-82 Fürth 108/9	
Ritter, Kurt	12.12.48	**68-71 Hannover 96**	**13/1**
Ritter, Peter	9.10.62	85-89 Aachen 114/3	198/3
		88-91 Fort. Köln 65/0	
		91-92 Brandenburg 19/0	
Ritter, Thomas	10.10.67	90-91 Stut. Kickers 35/0	**175/4**
		91-92 Stut. Kickers 36/1	40/0
		92-96 K'lautern 87/2	
		95-98 KSC 52/1	
		98-99 KSC 5/0	
Ritz, Stephan	10.5.65	**89-90 BVB**	**1/0**
Ritz, Willi	28.9.51	74-75 Aachen 4/0	53/11
		74-76 Mainz 39/10	
		76-77 Waldhof 10/1	
Rizzitelli, Ruggiero	2.9.67	**96-98 Bayern**	**45/11**
Rnic, Mileta	31.3.51	76-77 Solingen 26/12	**1/0**
		77-78 Bielefeld 33/11	59/23
		78-79 Bielefeld 1/0	
Roch, Marc	16.1.69	**92-93 Uerdingen**	**3/0**
Rodekamp, Walter	13.1.41	**64-68 Hannover 96**	**123/38**
Rodekurth, Willi	31.5.48	**68-69 Offenbach**	**15/0**
		74-76 Schweinfurt	53/1
Roder, Kurt	25.9.45	**68-69 Bremen**	**4/0**
Roder, Reinhard	6.7.41	**67-68 1.FC Köln**	**11/0**
Rodosek, Branko	2.12.58	**83-86 Uerdingen**	**2/0**
Rodriguez, Leonardo	27.8.66	**93-94 BVB**	**6/0**
Röber, Jürgen	25.12.53	**74-80 Bremen 184/57**	**303/75**
		80-81 Bayern 14/0	104/17
		82-86 Leverkusen 105/18	
		87-91 RW Essen 104/17	
Rödlund, Jonny	22.12.71	99-00 Cottbus	14/3
		00-01 Cottbus	**7/0**
Röhrig, Ernst	28.10.40	**64-65 KSC**	**9/0**
Roeloffzen, Hans	20.1.50	77-81 Bocholt	77/3
Roembiak, Lodewijk	18.5.69	**98-00 Bremen**	**18/3**
		00-01 Waldhof	3/0
Römer, Dirk	25.11.63	82-89 Solingen 236/20	340/22
		89-91 Münster 66/1	

SPIELER	GEBURT	STATIONEN	BILANZ
		91-93 Fort. Köln 38/1	
Röntved, Per	27.1.49	**72-79 Bremen**	**194/40**
Rösele, Michael	7.10.74	**94-98 1.FC Köln**	**30/2**
		98-00 1.FC Köln 36/4	55/4
		00-01 Ahlen 19/0	
Rösen, Siegfried	16.7.48	**69-71 RWO**	**12/0**
Röser, Mario	23.12.66	91-98 Jena	115/1
Rösler, Sascha	28.10.77	98-01 SSV Ulm	56/11
		99-00 SSV Ulm	**26/0**
Rösler, Uwe	15.11.68	**91-92/93-94 Dresden 40/4**	**96/12**
		92-93 Nürnberg 28/0	28/6
		98-99 K'lautern 28/8	
		99-00 TeBe 28/6	
Röver, Enrico	30.9.69	**96-97 Rostock**	**5/0**
Roggensack, Gerd	5.10.41	**67-68 K'lautern 32/10**	**77/19**
		70-72 Bielefeld 45/9	59/10
		74-76 Gütersloh 59/10	
Rogoznica, Vitomir	27.12.55	77-78 Bremerhaven 38/12	205/25
		78-80 Arm. Hannover 65/8	
		80-84 Osnabrück 102/5	
Rohatsch, Gerhard	2.11.56	79-85 Bürstadt	97/17
Rohde, Ferdinand	7.11.57	**76-77 1.FC Köln**	**4/0**
		77-78 Lüdenscheid	24/2
Rohde, Frank	2.3.60	**90-93 HSV**	**103/7**
		93-95 Hertha	48/3
Rohe, Erich	24.8.37	**63-64 Saarbrücken**	**25/0**
Rohloff, Heinz	24.3.39	**65-66 Tasmania**	**18/0**
Rohr, Gernot	28.6.53	**72-74 Bayern 6/0**	**30/0**
		74-75 Waldhof 21/1	59/2
		75-76 Offenbach 24/0	
		76-77 Offenbach 38/12	
Rohr, Karl	11.7.54	82-84 Lüttringhausen	76/0
Rohrbach, Thomas	4.4.49	**70-75 Ein. Frankfurt**	**134/16**
		80-81 SSV Ulm	28/7
Rohrbacher, Bernd	15.9.65	**85-86 Saarbrücken**	**1/0**
		86-94 Saarbrücken	66/11
Rohrschneider, Peter	30.4.46	**66-68 HSV**	**27/1**
Rohweder, Jürgen	12.2.41	**67-68 Neunkirchen**	**22/0**
Roleder, Helmut	9.10.53	**72-86 Stuttgart**	**280/0**
		75-77 Stuttgart	67/0
Rolfes, Helmut	3.4.63	87-91 Meppen	69/2
Rolff, Wolfgang	26.12.59	79-80 Bremerhaven 35/6	**356/47**
		80-82/95-96 Fort. Köln 91/17	126/23
		82-86 HSV 129/24	
		86-89 Leverkusen 99/9	
		90-91 Uerdingen 20/0	
		91-94 KSC 94/14	
		94-95 1.FC Köln 14/0	
Rollmann, Jürgen	17.10.66	**89-92 Bremen 9/0**	**42/0**
		92-93 Duisburg	46/0
		93-95 Duisburg 33/0	
Roloff, Jürgen	4.8.58	76-80 Arm. Hannover 101/1	114/1
		84-87 St. Pauli 13/0	
Rombach, Helmut	25.2.61	82-84/89-90 Aachen 83/27	**32/2**
		84-86 Waldhof 32/2	141/42
		86-87 Kassel 19/8	
		88-90 Hertha 39/7	
Rompel, Dietmar	3.2.62	82-83 FSV Frankfurt 18/0	**3/0**
		85-87 Aschaffenburg 49/3	93/3
		87-88 Offenbach 8/0	
		88-89 Ein. Frankfurt 3/0	
		89-90 Kassel 18/0	
Ronca, Michael	12.12.71	**91-92 Düsseldorf**	**2/0**
Ronge, Uwe	11.8.58	84-85 Hannover 96 31/5	**17/0**
		85-86 Hannover 96 17/0	112/11
		86-89 Solingen 81/6	
Roob, Peter	29.9.57	78-81 Neunkirchen	61/0
Roos, Axel	19.8.64	**84-01 K'lautern**	**303/17**
		96-97 K'lautern	25/1
Roscher, Alfred	11.11.59	**87-88 Waldhof**	**9/1**
Rose, Matthias	24.12.70	**95-97 HSV**	**6/0**
		97-98 Meppen 18/0	31/0
		00-01 Osnabrück 13/0	
Rose, Olaf	28.10.67	88-91 Braunschweig 70/9	87/9

SPIELER	GEBURT	STATIONEN	BILANZ
		91-92 Brandenburg 17/0	
Rosellen, Detlef	31.10.46	74-77 Wattenscheid	62/7
Rosen, Alexander	10.4.79	**98-01 Ein. Frankfurt**	**4/0**
		00-01 Osnabrück	12/1
Rosenberger, Bernd	22.7.47	**72-73 Bremen**	**2/0**
Rosenfeld, Rolf-Peter	18.4.54	75-79 St. Pauli 90/4	**11/0**
		77-78 St. Pauli 11/0	179/10
		79-83 Osnabrück 89/6	
Rosenfeldt,			
Wolfgang	12.10.35	**65-66 Tasmania**	**20/2**
Rosenthal, Shmuel	22.4.47	**72-73 M'gladbach**	**13/1**
Rosicky, Tomas	4.10.80	**00-01 BVB**	**15/0**
Roß, Hermann	21.6.39	**66-67 RW Essen**	**21/0**
Roßberger, Thomas	2.10.63	**83-84 Nürnberg**	**2/0**
		84-85 Darmstadt 1/0	8/1
		87-88 Bayreuth 7/1	
Rost, Frank	30.6.73	**95-01 Bremen**	**113/0**
Rost, Timo	28.8.78	97-98 Nürnberg	9/0
		98-99 Stuttgart	**16/1**
Roth, Dietmar	16.9.63	83-84 KSC 28/0	**318/5**
		84-85 KSC 31/0	82/0
		85-87 Schalke 50/0	
		87-96 Ein. Frankfurt 237/5	
		96-97 Ein. Frankfurt 27/0	
		99-00 Offenbach 27/0	
Roth, Franz	27.4.46	**66-78 Bayern**	**322/72**
Roth, Helmut	5.1.50	**68-72 1860 München**	**11/0**
Roth, Oliver	30.1.68	**88-89 BVB**	**1/0**
		99-00 Offenbach	22/2
Roth, Werner	24.6.48	74-77 Stut. Kickers	108/5
Rothe, Norbert	28.9.53	78-80 Wanne-Eickel	55/6
Rothe, Wolfgang	15.10.53	76-77 Schwenningen 31/2	**2/0**
		78-83 Offenbach 118/5	149/7
		83-84 Offenbach 2/0	
Rother, Christian	2.11.47	74-76 Schweinfurt	54/5
Rother, Heinz	12.5.63	**85-86 1.FC Köln**	**1/0**
Rousajew, Michail	15.11.64	89-90 Aachen 11/1	147/36
		90-92 Oldenburg 53/17	
		93-94 TeBe 33/11	
		96-98 Jena 50/7	
Roy, Bryan	12.2.70	**97-01 Hertha**	**50/3**
Rraklli, Altin	17.7.70	92-93 SC Freiburg 37/16	**111/16**
		93-96 SC Freiburg 49/6	125/39
		95-97 Hertha 28/5	
		97-99 Unterhaching 60/18	
		99-01 Unterhaching 62/10	
Rudel, Volker	27.11.63	82-83 Offenbach 28/1	**19/2**
		83-84 Offenbach 1/0	29/1
		89-90 Waldhof 18/2	
		91-92 1860 München 1/0	
Rudloff, Heinz	31.5.49	74-76 Gütersloh 59/29	114/45
		76-77 Waldhof 16/3	
		76-78 Pirmasens 39/13	
Rudolf, Dieter	1.5.52	74-84 Darmstadt	265/0
		78-82 Darmstadt	**58/0**
Rudolf, Hermann	17.10.60	83-85 SC Freiburg	59/3
Rudy, Andrzej	15.10.65	**89-95 1.FC Köln**	**134/14**
		95-96 Bochum	14/1
Rudzki, Christian	26.7.46	**72-73 Hannover 96**	**4/1**
Rübenach, Peter	16.9.47	75-80 FSV Frankfurt	175/12
Rückert, Stefan	10.5.52	**73-74 Offenbach**	**1/0**
		74-75 VfR Mannheim	6/0
Rühl, Carl-Heinz	14.11.39	**63-65 Hertha 54/9**	**204/65**
		65-67 Duisburg 65/21	
		67-70 1.FC Köln 85/35	
Rühle, Rainer	10.6.56	**78-80 Stuttgart**	**10/0**
		80-81 Aachen	38/2
Rühmkorb, Peter	13.12.48	**71-73 Hannover 96**	**44/2**
Rülander, Hermann	21.11.60	**81-82 Bremen**	**2/0**
		87-92 Meppen	97/0
Rüsing, Manfred	3.6.46	**71-73 Bochum**	**36/0**
		74-77 Nürnberg	79/1
Rüssmann, Rolf	13.10.50	**69-81 Schalke 304/30**	**453/48**
		80-85 BVB 149/18	
Rütten, Klaus	14.6.52	**75-76 Bremen**	**3/0**
		76-81 Fürth	139/3
Rufer, Wynton	29.12.62	**89-95 Bremen**	**174/59**
		96-97 K'lautern	14/4
Ruhs, Herfried	17.1.51	75-77 Regensburg 64/21	127/37
		79-81 ESV Ingolstadt 63/16	
Ruländer, Matthias	16.8.64	84-85 St. Pauli 20/0	**35/1**
		85-88 Bremen 24/0	20/0
		88-89 BVB 11/1	
Ruman, Petr	2.11.76	99-01 Fürth	58/4
Rummel, Manfred	22.1.38	**63-64 Münster 27/7**	**65/22**
		66-67 K'lautern 38/15	
Rummenigge,			
Karl-Heinz	25.9.55	**74-84 Bayern**	**310/162**
Rummenigge,	3.2.64	**82-88 Bayern 152/44**	**309/80**
Michael		**88-94 BVB 157/36**	
Rummenigge,			
Wolfgang	19.11.51	74-76 Gütersloh	60/17
Rumor, Jürgen	19.2.45	**64-68 1.FC Köln 56/1**	**163/10**
		68-70 K'lautern 63/3	
		70-72 Hertha 28/0	
		74-75 TeBe 16/6	
Runge, Norbert	8.7.56	77-78 Bocholt 36/14	**19/5**
		78-80 BVB 19/5	105/33
		80-82 Aachen 47/16	
		83-85 RWO 22/3	
Ruof, Gernot	10.2.64	84-87 Aachen 108/38	222/51
		88-89 Saarbrücken 17/2	
		89-90 Kassel 27/1	
		90-93 Mainz 70/10	
Ruoff, Volker	26.12.69	91-93 SC Freiburg 40/0	83/3
		93-95 Homburg 43/3	
Rupp, Bernd	24.2.42	**65-67/73-74 M'gladbach**	**274/119**
		119/50,	
		67-68 Bremen 58/23	
		69-72 1.FC Köln 97/46	
Ruppenstein, Heinz	2.7.30	**63-64 KSC**	**6/0**
Rus, Teo	30.4.74	93-95 Homburg 46/4	82/5
		98-00 RWO 36/1	
Rusche, Werner	3.4.62	**85-86 HSV**	**4/0**
		87-92 Meppen	117/14
Rybarczyk, Günther	4.11.51	**71-73 Bayern**	**6/0**
		74-76 Mainz 43/3	47/3
		82-83 Schl.-Neuhaus 4/0	
Rydlewicz, René	18.7.73	**92-94/96-98 Leverkus. 43/3**	**160/11**
		94-96 1860 München 46/2	
		97-98/99-00 Bielefeld 41/1	
		98-99 Bielefeld 28/4	
		00-01 Rostock 30/5	
Rylewicz, Burghard	6.12.36	**63-64 BVB**	**11/5**
Rynio, Jürgen	1.4.48	**67-68 KSC 21/0**	**186/0**
		68-69 Nürnberg 25/0	269/0
		69-72 BVB 81/0	
		74-76 RWE 26/0	
		75-79 St. Pauli 75/0	
		77-78 St. Pauli 31/0	
		79-84 Hannover 96 194/0	
		85-86 Hannover 96 2/0	
Ryschkow,			
Alexander	11.10.74	**97-98 1.FC Köln**	**12/1**
Rzany, Axel	27.2.50	**68-70 Duisburg**	**9/0**
Rzehaczek, Michael	17.1.67	**87-93 Bochum**	**139/16**

S

SPIELER	GEBURT	STATIONEN	BILANZ
Saager, Ingo	26.11.68	91-95 Leipzig	8/0
		93-94 Leipzig	**2/0**
Saalfrank, Ernst	12.10.39	**63-65 Braunschweig**	**12/0**
Saba, Christian	29.12.78	**98-99 Hertha**	**1/0**
Sabath, Johann	4.6.39	**63-68 Duisburg**	**117/6**
Saborowski, Frank	14.3.58	**79-82 Duisburg 72/2**	**118/2**
		82-84 Leverkusen 41/0	82/0
		84-85 Bochum 5/0	

SPIELER	GEBURT	STATIONEN	BILANZ
		85-86 Duisburg 30/0	
		86-89 RW Essen 52/0	
Saborowski, Gerd	3.9.43	**66-71 Braunschweig**	**75/12**
Sachs, Stefan	1.2.65	87-90 Bayreuth	52/9
Sackewitz, Christian	11.12.55	75-76 TeBe 15/0	**134/18**
		76-77 TeBe 10/0	127/52
		76-80 Bielefeld 88/49	
		78-81 Bielefeld 62/12	
		81-82 Leverkusen 20/2	
		82-83 Uerdingen 24/3	
		83-84 Uerdingen 29/4	
		84-85 Braunschweig 13/0	
Sadowicz, Dirk	25.2.65	**88-90 Bochum**	**2/0**
Sänger, Carsten	8.11.62	91-92 Erfurt 32/0	169/1
		92-94 Rostock 73/0	
		95-97 Jena 64/1	
Saganowski, Marek	31.10.78	**96-97 HSV**	**3/0**
Sagnol, Willy	18.3.77	**00-01 Bayern**	**27/0**
Saida, Horst	29.10.39	**63-67 KSC**	**71/2**
Saile, Josef	23.5.55	77-80 Stut. Kickers	66/14
Sailer, Markus	26.4.68	91-92/93-94 St. Pauli 50/16	178/39
		92-93 Duisburg 30/5	
		96-00 Stut. Kickers 98/18	
Salewski, Hans-Jürgen	23.8.56	75-77 West. Herne 24/0	**1/0**
		77-79 Münster 71/0	146/1
		79-80 Braunschweig 1/0	
		79-81 TeBe 51/1	
Salihamidzic, Hasan	1.1.77	**95-98 HSV**	**163/30**
		98-01 Bayern 91/11	
Saisch, Peter	25.2.61	82-86 Darmstadt	103/8
Salou, Bachirou	15.9.70	**90-95 M'gladbach 86/13**	**219/47**
		95-96 Duisburg	33/8
		96-98 Duisburg 62/18	
		98-99 BVB 26/5	
		99-01 Ein. Frankfurt 34/8	
		00-01 Rostock 11/3	
Salov, Nenad	6.10.55	85-87 Aschaffenburg 41/5	55/6
		86-87 Darmstadt 14/1	
Salvo, Antonio di	5.6.79	**00-01 Bayern**	**6/0**
Samir, Ibrahim Kamouna	2.4.72	**98-99 K'lautern**	**19/1**
Sammer, Matthias	5.9.67	**90-92 Stuttgart 63/20**	**178/41**
		92-98 BVB 115/21	
Sanchez, Rafael	23.6.63	83-89/90-93 Darmstadt	231/21
Sand, Ebbe	19.7.72	**99-01 Schalke**	**65/36**
Sand, Ulrich	8.2.44	**65-66 Tasmania**	**9/0**
Sandberg, Roland	16.12.46	**73-77 K'lautern**	**118/60**
Sandhofe, Peter	25.10.57	**78-81 Schalke**	**30/0**
Sandhowe, Wolfgang	14.12.53	78-79 Baunatal 36/6	106/24
		79-80 FSV Frankfurt 34/12	
		80-81 Münster 36/6	
Sandmann, Jan	3.5.78	**00-01 HSV**	**5/0**
Sandmann, Helmut	21.12.44	**65-73 HSV**	**195/2**
		74-75 Barmbek-Uhlenhorst	36/0
Sandner, Rudolf	25.10.58	80-81 Augsburg 31/1	**26/1**
		81-85 Offenbach 86/6	117/7
		83-84 Offenbach 26/1	
Sandt, Andreas	5.11.62	**80-81 Schalke**	**1/0**
Sane, Souleyman	26.2.61	85-88 SC Freiburg 107/56	**174/51**
		88-90 Nürnberg 57/12	152/65
		90-94 Wattenscheid 117/39	
		97-99 Wattenscheid 45/9	
Sangulin, Ivan	20.4.38	**68-69 Hertha**	**30/0**
Sanneh, Anthony	1.6.71	**98-01 Hertha**	**32/1**
Santa Cruz, Roque	16.8.81	**99-01 Bayern**	**47/10**
Santl, Bernd	8.1.70	92-93 Unterhaching 26/0	55/0
		96-99 Stut. Kickers 29/0	
Saric, Vlado	27.11.45	**66-67 RW Essen**	**6/0**
		79-80 RW Essen	23/0
Sarpei, Edward	25.6.69	**93-94 1.FC Köln**	**3/0**
Sarpei, Hans	28.6.76	98-00 Fort. Köln 44/0	64/1
		00-01 Duisburg 20/1	
Sarroca, Josef	12.8.60	79-83 FSV Frankfurt 98/21	**33/4**
		84-85 Bürstadt 37/4	153/25

SPIELER	GEBURT	STATIONEN	BILANZ
		85-87 Ein. Frankfurt 33/4	
		86-87 Aschaffenburg 18/0	
Sassen, Andreas	14.1.68	**90-93 Uerdingen 35/5**	**79/6**
		91-92 Uerdingen 31/7	41/8
		93-95 HSV 38/1	
		94-95 Dresden 6/0	
		95-96 Wattenscheid 10/1	
Saternus, Peter	16.7.67	85-90 BW Berlin	17/4
		86-87 BW Berlin	**2/0**
Sattler, Thilo	28.11.55	80-82 Worms	65/0
Sauer, Gunnar	11.6.64	**84-96 Bremen**	**134/8**
		96-97 Hertha 8/0	20/0
		97-98 Leipzig 12/0	
Sauer, Norbert	16.12.49	74-79 Saarbrücken 60/0	**8/0**
		77-78 Saarbrücken 8/0	93/0
		79-81 Bürstadt 33/0	
Sauerland, Jörg	24.12.76	**97-98 BVB**	**2/0**
Sauk, Erich	18.1.58	79-83 Fort. Köln	83/1
Savkovic, Ernst	23.8.53	**72-74 Duisburg 21/0**	**50/0**
		74-76 BVB 53/0	99/0
		76-77 TeBe 29/0	
		77-78 TeBe 13/0	
		79-81 RWO 33/0	
Sawitschew, Juri	13.2.65	**92-93 Saarbrücken 34/8**	**57/14**
		93-94 Saarbrücken 35/12	100/32
		94-99 St. Pauli 65/20	
		95-97 St. Pauli 23/6	
Sawitzki, Günter	22.11.32	**63-71 Stuttgart**	**146/0**
Sbordone, Domenico	3.9.69	**95-96 Ein. Frankfurt**	**7/0**
		97-01 Fürth	106/1
Schaaf, Thomas	30.4.61	**78-95 Bremen**	**262/13**
		80-81 Bremen	19/1
Schabacker, Dietmar	26.1.49	74-75 Nürnberg 36/5	**6/0**
		75-78 Darmstadt 78/4	114/9
		78-79 Darmstadt 6/0	
Schachow, Jewgeni	6.7.62	**89-90 K'lautern**	**5/0**
Schacht, Dietmar	28.9.62	**81-82 Duisburg 17/0**	**22/0**
		82-85 Duisburg 78/2	228/19
		85-86 TeBe 22/0	
		86-87 Bielefeld 29/5	
		88-89 Aachen 37/5	
		89-91 Schalke 62/7	
		91-92 Schalke 5/0	
Schachten, Werner	16.9.54	**79-80 Bochum**	**3/0**
Schade, Hans-Adolf	30.6.44	76-79 Baunatal	**80/2**
Schäfer, Arno	31.8.54	**73-79 Stuttgart**	**33/0**
		75-77 Stuttgart	52/0
Schäfer, Bernd	6.8.54	77-81 Lüdenscheid	63/2
Schäfer, Gerhard	14.4.52	75-79 Fürth 105/12	171/16
		79-80 MTV Ingolstadt 33/1	
		80-81 Eppingen 33/3	
Schäfer, Guido	14.9.64	88-96 Mainz	177/8
Schäfer, Günter	30.8.53	76-79 Osnabrück	81/12
Schäfer, Günther	9.6.62	**80-97 Stuttgart 331/9**	**373/9**
		96-98 Bielefeld 42/0	
Schäfer, Hans	19.10.27	**63-65 1.FC Köln**	**39/20**
Schäfer, Markus	16.4.63	85-89 Aschaffenburg	80/6
Schäfer, Oliver	27.2.69	89-91 SC Freiburg 71/0	**138/1**
		91-99 K'lautern 138/1	120/1
		96-97 K'lautern 20/0	
		00-01 Hannover 96 29/1	
Schäfer, Winfried	10.1.50	**68-70/77-85 M'gladbach 210/15,**	**403/46**
		70-75 Offenbach 125/21	
		75-77 KSC 68/10	
Schäfer, Wolfgang	4.12.58	81-84 Solingen 107/44	**103/29**
		84-86 Uerdingen 48/17	137/51
		86-88 Homburg 55/12	
		88-89 RW Essen 12/4	
		88-89 Offenbach 18/3	
Schäffer, Frank	6.7.52	**74-83 M'gladbach**	**229/6**
Schäffner, Ewald	17.11.48	74-75 KSC 23/1	**27/2**
		75-76 KSC 27/2	94/3
		76-79 Augsburg 71/2	

S

SPIELER	GEBURT	STATIONEN	BILANZ
Schäffner, Franz	29.10.42	**68-69 1860 München**	**8/0**
Schämer, Lothar	28.4.40	**63-73 Ein. Frankfurt**	**216/24**
Schaffeld, Ralf	13.4.59	**77-78 Bochum**	**1/0**
		78-81 Wattenscheid	38/3
Schairer, Horst	10.5.44	74-79 Stut. Kickers	121/1
Schalimow, Igor	2.2.69	**94-95 Duisburg**	**21/0**
Schanda, Jan	17.8.77	**98-99 Wolfsburg**	**2/0**
Scharinger, Rainer	4.3.67	**88-89 KSC 1/0**	**30/4**
		98-99 KSC 11/0	48/7
		99-00 SSV Ulm 29/4	
		00-01 SSV Ulm 31/7	
Scharpenberg, Frank	30.11.71	96-97 RW Essen 25/2	100/6
		97-99 Gütersloh 61/2	
		99-01 RWO 43/2	
Scharping, Jens	16.7.74	93-98 St. Pauli 55/20	**46/12**
		95-97 St. Pauli 46/12	65/20
		98-99 RWO 10/0	
Schatzschneider, Dieter	26.4.58	78-83 Hannover 96 160/131	**96/28**
		82-83/86-87 Fort. Köln 41/22	201/153
		83-84 HSV 31/15	
		84-86 Schalke 47/10	
		88-89 Hannover 96 18/3	
Schaub, Fred	28.8.60	**78-81 Ein. Frankfurt 21/3**	**58/13**
		80-83 Fürth 85/36	209/67
		83-84 BVB 6/1	
		83-85 Hannover 96 53/13	
		85-86 Hannover 96 31/9	
		86-88 SC Freiburg 71/18	
Schauß, Horst	6.11.45	**67-68 Bayern**	**6/1**
		74-75 Neunkirchen 36/6	197/28
		75-77 Völklingen 60/15	
		77-81 Bürstadt 101/7	
Scheepers, Willy	8.4.61	85-87 Darmstadt	50/2
Scheer, Klaus	4.10.50	**69-75 Schalke 165/38**	**206/38**
		75-77 K'lautern 41/0	49/8
		77-79 West. Herne 49/8	
Scheermann, Paul	18.3.49	**71-73 1.FC Köln**	**31/7**
		74-75 RWO 26/3	219/15
		75-77 Völklingen 69/3	
		77-81 Lüdenscheid 124/9	
Scheid, Wolfgang	23.8.42	**69-73 RWO**	**105/0**
Scheike, Michael	11.9.63	**83-85 Braunschweig**	**37/1**
		85-91 Braunschweig	84/2
Scheil, Heinz-Günter	9.11.62	**84-85 Braunschweig**	**1/0**
		85-93 Braunschweig	189/2
Scheinert, Hans-Jürgen	5.10.54	75-79 Leverkusen 135/9	**22/0**
		79-81 Leverkusen 22/0	211/13
		81-84 Fort. Köln 76/4	
Scheinhardt, Daniel	25.10.70	88-94 Hertha 68/2	**24/0**
		90-91 Hertha 24/0	149/2
		98-00 RWO 52/0	
		00-01 St. Pauli 29/0	
Scheler, Rüdiger	10.2.60	79-90 Bayreuth	200/32
Scheller, Herbert	19.5.48	74-76 Mainz 68/15	**113/12**
		76-77 K'lautern 21/0	106/16
		77-81 1860 München 92/12	
		78-79 1860 München 38/1	
Schenk, Vesely	24.8.55	**76-77 Bayern**	**6/0**
		78-80 MTV Ingolstadt	69/12
Schepens, Gunther	4.5.73	**97-98 KSC**	**26/4**
		98-99 KSC	11/0
Scherbe, Jörg	19.10.77	96-99 Uerdingen 55/7	**19/0**
		99-00 Cottbus 12/0	67/7
		00-01 Cottbus 19/0	
Scherer, Klaus	1.7.58	84-89 Homburg	106/0
		86-90 Homburg	**45/0**
Scherr, Uwe	16.11.66	**89-92 K'lautern 80/6**	**183/10**
		92-97 Schalke 82/2	
		96-98 1.FC Köln 21/2	
Scherz, Matthias	14.12.71	**96-97 St. Pauli 25/1**	**55/4**
		97-99 St. Pauli 61/11	91/16
		99-00 1.FC Köln 30/5	
		00-01 1.FC Köln 30/3	
Scherzer, Siegfried	26.8.49	76-79 FV Würzburg	92/0

SPIELER	GEBURT	STATIONEN	BILANZ
Scheu, David	18.9.47	**67-68 KSC**	**20/0**
Scheuber, Frank	21.10.69	93-97 Waldhof	61/2
Scheuch, Ottmar	29.11.54	**79-80 Bochum**	**2/0**
Scheuer, Sven	19.1.71	**89-99 Bayern**	**20/0**
Schick, Franz	22.6.60	**86-87 Bochum**	**4/0**
Schierenbeck, Björn	12.7.74	**96-99/00-01 Bremen**	**16/0**
		98-99 Fürth	2/0
Schierenberg, Mark	1.8.72	**91-99 Schalke**	**17/0**
		95/96 Wattenscheid 10/0	25/0
		99-01 Mainz 15/0	
Schiermoch, Martin	23.12.69	91-93 Remscheid	63/1
Schilbock, Dirk	1.8.72	**91-92 Düsseldorf**	**2/0**
		92-93 Düsseldorf	3/0
Schildt, Hans-Gerd	12.6.52	**73-74 Bremen 20/3**	**40/5**
		74-76 BVB 67/13	84/13
		76-77 BVB 8/0	
		77-78 Bielefeld 17/0	
		78-79 Bielefeld 12/2	
Schiller, Dieter	20.10.50	74-77 St. Pauli	88/4
Schilling, Wolfgang	9.6.55	74-78 Bielefeld 130/17	235/36
		78-81 TeBe 105/19	
Schimeczek, Helmut	4.7.38	**63-70 Bremen**	**78/3**
Schimmöller, Hans-Günter	25.9.35	**63-65 Hertha**	**59/1**
Schindler, Alois	15.11.48	74-77 Stut. Kickers	100/1
Schindler, Bernd	28.12.61	83-88 Stut. Kickers 167/9	**61/4**
		88-89 Stut. Kickers 29/2	222/12
		89-90 Waldhof 32/2	
		90-92 Waldhof 55/3	
Schindzielorz, Sebastian	21.1.79	**98-01 Bochum**	**58/5**
		99-00 Bochum	29/2
Schipper, Mathias	23.9.57	**75-79/82-88 Schalke**	**189/6**
		79-82 Aachen 107/7	139/8
		83-84 Schalke 32/1	
Schjönberg, Michael	19.1.67	90-94 Hannover 96 123/12	**91/12**
		95-97 K'lautern 26/1	149/13
		97-01 K'lautern 91/12	
Schlegel, Dirk	14.6.61	**84-86 Leverkusen 24/4**	**54/4**
		85-86 Stuttgart 12/0	107/3
		86-87 BW Berlin 18/0	
		87-90 BW Berlin 107/3	
Schlegel, Norbert	9.3.61	79-80 Nürnberg 24/4	**59/2**
		81-83 Nürnberg 28/0	257/43
		83-90 Saarbrücken 208/38	
		85-86 Saarbrücken 5/0	
		90-91 Hertha 26/2	
		91-92 Hertha 25/1	
Schleiter, Karlheinz	15.11.52	74-76 Darmstadt 39/7	76/22
		78-79 Hanau 37/15	
Schlesinger, Peter	8.10.37	**63-64 Hertha**	**10/0**
Schley, Gerd	13.9.49	**67-68 Neunkirchen**	**1/0**
		74-75 Neunkirchen	19/1
Schlief, Wolfgang	13.4.49	**75-76 Bremen**	**19/1**
		76-80 Trier	**126/17**
Schlierer, Horst-Werner	29.6.60	**82-83 Stuttgart**	**4/0**
Schlindwein, Dieter	7.2.61	78-83 Waldhof 135/12	**186/6**
		83-86 Waldhof 86/5	214/16
		86-87 Bremen 3/0	
		87-89 Ein. Frankfurt 32/1	
		89-96 St. Pauli 65/0	
		91-95 St. Pauli 79/4	
Schlipper, Günter	13.8.62	83-85 Duisburg 61/2	**37/3**
		86-88 RWO 31/5	170/19
		88-89 1.FC Köln 4/0	
		88-91 Schalke 78/12	
		91-93 Schalke 33/3	
Schlösser, Ralf	7.4.65	83-88 Fort. Köln	85/5
Schlotterbeck, Niels	12.3.67	85-88 Stut. Kickers 63/8	**36/2**
		88-89 Stut. Kickers 22/0	171/28
		90-91 SC Freiburg 33/16	
		91-92 Duisburg 6/0	
		91-92 Rostock 8/2	
		93-94 1860 München 35/4	

SPIELER	GEBURT	STATIONEN	BILANZ
		94-95 Hannover 96 22/0	
		96-97 Waldhof 18/0	
Schlünz, Juri	27.7.61	**91-92 Rostock**	**25/3**
		92-94 Rostock	50/6
Schlüter, Thomas	26.1.72	**98-99 1860 München**	**1/0**
Schlumberger,	29.10.60	**79-80 Hertha**	**8/2**
Thorsten		80-81/85-86 Hertha 29/8	228/65
		80-81 TeBe 19/4	
		83-84 Charlottenburg 34/9	
		87-92 BW Berlin 146/44	
Schmadtke, Jörg	16.3.64	**85-92 Düsseldorf 135/0**	**266/0**
		87-93 Düsseldorf	109/0
		93-97 SC Freiburg 131/0	
Schmäler, Nils	10.11.69	**88-92 Stuttgart 64/2**	**89/4**
		92-94 Dresden 25/2	
Schmäler, Olaf	10.11.69	**88-91 Stuttgart**	**29/5**
		92-93 Waldhof	18/3
Schmarow, Valerij	21.2.65	**91-94 KSC**	**81/10**
Schmedding,	4.12.63	**82-84 BVB**	**3/0**
Franz-Josef		83-84 Lüttringhausen	13/2
Schmid, Ewald	22.4.56	77-79 FV Würzburg 44/1	124/8
		78-80 Osnabrück 27/2	
		79-81 OSV Hannover 53/5	
Schmider, Bernd	3.5.55	75-77 Stuttgart 61/7	**121/7**
		77-81 Stuttgart 49/4	61/7
		78-79 Nürnberg 27/2	
		80-83 M'gladbach 45/1	
Schmidkunz, Anton	3.1.63	81-82 1860 München	14/0
		83-85 Düsseldorf	**7/0**
Schmidradner, Hans	26.2.45	**72-76 Offenbach**	**104/4**
		76-77 Würzburg	19/0
Schmidt, Alfred	5.9.35	**63-67 BVB**	**81/19**
Schmidt, Andreas	14.9.73	93-97 Hertha	82/9
		97-01 Hertha	**119/7**
Schmidt, Axel	1.2.61	**84-85 Uerdingen**	**2/0**
		85-86 Duisburg	18/5
Schmidt, Bernd	1.12.43	**67-74 Bremen**	**150/11**
Schmidt, Bodo	3.9.67	89-90 Unterhaching 27/0	**180/3**
		91-96 BVB 116/2	27/0
		96-98 1.FC Köln 64/1	
Schmidt, Dieter	4.2.47	**67-68 Neunkirchen**	**8/0**
Schmidt, Ferenc	28.7.63	**83-84 1.FC Köln 3/0**	**54/4**
		83-84 Lüttringhausen 18/2	144/25
		85-86/89-96 Duisburg 126/23	
		91-95 Duisburg 51/4	
Schmidt,			
Hans-Jürgen	19.3.65	87-93 Remscheid	80/5
Schmidt, Helmut	9.6.49	**67-70 Bayern 49/2**	**66/2**
		70-71 Offenbach 17/0	
Schmidt, Horst	8.6.48	**67-70 1860 München**	**46/4**
Schmidt, Jens	3.4.63	91-96 Chemnitz	63/0
Schmidt, Jörg	20.12.70	91-92 Erfurt 22/4	83/8
		92-93 Rostock 25/2	
		93-95 Homburg 28/1	
		99-00 Chemnitz 8/1	
Schmidt, Jürgen	25.7.65	85-87 KSC	56/10
Schmidt, Karl	17.2.35	**63-64 Nürnberg**	**8/0**
Schmidt, Lars	13.9.65	85-87 KSC 68/1	**197/4**
		87-95 KSC 197/4	196/4
		95-99 Mainz 99/3	
		99-00 Offenbach 29/0	
Schmidt, Michael	6.8.62	**82-83 HSV 1/0**	**27/0**
		84-92 BW Berlin	219/1
		86-87 BW Berlin 26/0	
Schmidt, Norbert	30.11.60	78-81 Saarbrücken	57/0
Schmidt, Oliver	14.9.73	92-97 Hertha 113/1	**2/0**
		97-98 Hertha 2/0	142/2
		98-00 Fürth 29/1	
Schmidt, Peter	3.12.43	**68-69 K'lautern**	**8/0**
Schmidt, Peter	24.4.51	74-75 Neunkirchen 37/11	**6/0**
		75-79 Saarbrücken 54/14	91/25
		76-77 Saarbrücken 6/0	
Schmidt, René	30.10.74	**93-94 Leipzig**	**8/0**
		94-97 Leipzig 20/0	53/5

SPIELER	GEBURT	STATIONEN	BILANZ
		96-97 Uerdingen 12/1	
		97-98 Zwickau 21/4	
Schmidt, Rudolf	27.9.40	**64-66 Duisburg**	**49/8**
Schmidt, Thomas	19.9.65	84-88 SSV Ulm 91/2	**30/0**
		88-91 Braunschweig 100/6	262/11
		91-93 SC Freiburg 71/3	
		93-94 SC Freiburg 21/0	
		94-96 1860 München 9/0	
Schmidt, Walter	2.8.37	**63-69 Braunschweig**	**183/7**
Schmiedl, Erich	13.10.53	77-78/84-85 Bürstadt	52/3
Schmieh, Heinrich	15.10.47	74-82 Worms	189/4
Schmitt, Edgar	29.4.63	86-87 Salmrohr 31/4	**102/31**
		87-88 Saarbrücken 22/0	78/12
		91-93 Ein. Frankfurt 30/10	
		93-97 KSC 72/21	
		96-98 Fort. Köln 25/8	
Schmitt, Egon	12.11.48	**68-73 Offenbach 88/11**	**156/11**
		74-81 Saarbrücken	163/3
		76-78 Saarbrücken 68/0	
Schmitt, Erich	18.5.54	77-80 FV Würzburg	83/20
Schmitt, Hans	27.2.46	**67-68 1860 München**	**3/0**
Schmitt, Karl-Heinz	30.9.62	85-89 Aschaffenburg	77/2
Schmitt, Oliver	11.8.73	**96-97 Düsseldorf**	**2/0**
Schmitt, Ralf	19.1.53	74-77 Völklingen	50/3
Schmitt, Ralf	21.1.77	**00-01 Ein. Frankfurt**	**1/0**
Schmitt, Stefan	26.6.61	**86-88 Stuttgart**	**15/1**
Schmitt, Sven	27.12.76	96-97 Ein. Frankfurt	3/0
		00-01 Ein. Frankfurt	**2/0**
Schmitt, Wolfgang	27.4.53	75-81 Wattenscheid	74/17
Schmitz, Gerd	7.10.43	**66-67 Düsseldorf**	**1/0**
Schmitz,			
Heinz-Dieter	6.9.50	**71-72 1.FC Köln**	**3/0**
Schmitz, Helmut	28.3.56	79-82 Bayreuth	102/29
Schmitz, Hubert	15.4.55	**76-81 Düsseldorf 74/14**	**98/14**
		81-84 Hertha 63/3	110/3
		82-83 Hertha 24/0	
		86-88 RW Essen 47/0	
Schmitz, Norbert	27.12.58	78-80 TeBe 51/6	93/10
		80-82 Fort. Köln 42/4	
Schmitz, Reinhard	9.6.51	**73-74 1.FC Köln 2/0**	**28/1**
		75-76 Solingen 37/5	173/18
		76-77 TeBe 26/1	
		77-79 TeBe 70/3	
		79-81 Vikt. Köln 66/10	
Schmitz, Robert	1.7.63	**87-88 1.FC Köln**	**2/0**
		87-88 Remscheid	14/2
Schmitz, Werner	6.11.69	89-90 Wattenscheid	4/1
		90-91 Wattenscheid	**2/0**
Schmöller, Frank	21.8.66	**85-87 HSV 29/4**	**48/4**
		87-89 Waldhof 19/0	107/26
		92-95 Hertha 53/14	
		94-95 Fort. Köln 12/1	
		95-97 Unterhaching 42/11	
Schmotz, Michael	29.12.54	77-80 Arm. Hannover	79/8
Schmugge, Thorsten	13.10.71	92-94 Wuppertal 70/3	147/7
		94-95 Saarbrücken 32/2	
		95-96 Bochum 8/0	
		97-99 Wattenscheid 37/2	
Schnalke, Manfred	9.3.65	**89-91 Stuttgart**	**19/1**
		91-96 Waldhof	107/3
Schnarr, Wolfgang	9.6.41	**63-70 K'lautern**	**182/0**
Schneider, Bernd	17.11.73	91-98 Jena 124/13	**96/9**
		98-99 Ein. Frankfurt 33/4	124/13
		99-01 Leverkusen 63/5	
Schneider, Detlef	31.10.58	78-81 RW Essen	65/0
Schneider, Edgar	17.8.49	**70-74 Bayern**	**66/7**
		74-78 Augsburg	91/12
Schneider, Gerd	18.12.40	**63-70 K'lautern**	**161/1**
Schneider, Gerd	13.7.51	75-77 Regensburg 55/10	184/22
		77-81 FSV Frankfurt 129/12	
Schneider, Hans-Jörg	22.1.66	90-00 Fort. Köln	285/14
Schneider, Heinz	2.1.60	**85-86 Nürnberg**	**2/0**
		85-90 Bayreuth	113/27
Schneider, Heinz	18.7.47	**67-68 KSC**	**1/0**

SPIELER	GEBURT	STATIONEN	BILANZ
Schneider, Lothar	3.12.53	**72-76 Duisburg 48/2**	**81/7**
		76-77 TeBe 33/5	35/4
		77-78 TeBe 35/4	
Schneider, Martin	24.11.68	**87-90 Nürnberg 90/2**	**379/10**
		90-99 M'gladbach 266/8	
		99-00 Duisburg 23/0	
Schneider, Peter	1.3.43	74-79 Waldhof	153/13
Schneider, René	1.2.73	94-95 Rostock 31/6	**53/10**
		95-96/99-01 Rostock 42/7	31/6
		96-98 BVB 11/3	
Schneider, Siegfried	15.7.58	79-81 SSV Ulm 64/19	113/23
		81-83 Fürth 49/4	
Schneider, Theo	23.8.60	**78-82 BVB 44/6**	**71/7**
		82-83 Nürnberg 27/1	157/36
		83-86 RWO 98/23	
		86-88 Saarbrücken 59/13	
Schneider, Thomas	24.11.72	**91-01 Stuttgart**	**129/6**
Schneider, Uwe	28.8.71	**90-94 Stuttgart 72/0**	**99/0**
		94-95 Bochum 11/0	32/0
		95-96 Hannover 96 12/0	
		97-98 Nürnberg 20/0	
		98-00 Ein. Frankfurt 16/0	
Schneider, Werner	26.7.54	**71-77 Duisburg 157/7**	**313/18**
		77-82 BVB 122/7	26/0
		81-82 Hertha 26/0	
		82-83 Hertha 34/4	
Schneiders, Josef	2.8.40	**75-76 Uerdingen**	**1/0**
Schnell, Kai-Uwe	14.12.67	89-90 Kassel 34/0	**3/0**
		91-93 Oldenburg 64/0	131/1
		93-94 Uerdingen 33/1	
		94-95 Uerdingen 3/0	
Schnellinger, Karl-Heinz	31.3.39	**74-75 TeBe**	**19/0**
Schnier, Detlef	5.8.56	78-79 Osnabrück 15/0	**158/2**
		79-80/86-88 Bielefeld 54/1	69/1
		80-85 Bielefeld 147/2	
		85-86 Saarbrücken 11/0	
Schnitzer, Heinrich	1.9.49	74-76 Waldhof 44/0	103/1
		77-81 Freiburger FC 59/1	
Schnoor, Horst	11.4.34	**63-67 HSV**	**106/0**
Schnoor, Stefan	18.4.71	**91-98 HSV 131/8**	**148/10**
		00-01 Wolfsburg 17/2	
Schober, Matthias	8.4.76	**96-00 Schalke 25/0**	**28/0**
		00-01 HSV 3/0	
Schock, Dieter	18.1.40	**64-68 Neunkirchen**	**88/1**
Schock, Gerd-Volker	8.4.50	74-79/83-84 Osnabrü. 205/95	**57/23**
		79-80 Bielefeld 37/21	242/116
		80-82 Bielefeld 57/23	
Schöll, Andreas	12.11.69	**90-91 Nürnberg**	**1/0**
Schöll, Hubert	20.10.46	**66-68 Nürnberg 4/0**	**20/1**
		68-70 HSV 16/1	
Schöll, Reinhold	23.10.55	74-80 Nürnberg	50/4
		78-84 Nürnberg	**90/0**
Schömezler, Frieder	9.2.52	76-79 Stut. Kickers	70/0
Schön, Alfred	13.1.62	80-83/90-91 Waldhof 113/5	**180/9**
		83-88 Waldhof 151/9	160/6
		88-89 Stut. Kickers 29/0	
		89-90 Stut. Kickers 35/1	
		93-94 Jena 12/0	
Schön, Frank	22.9.59	**79-84 Braunschweig**	**3/0**
		85-86 Braunschweig	4/0
Schön, Frank	15.1.71	91-92 Halle 18/0	**12/0**
		93-94 Wuppertal 13/1	80/3
		95-97 Schalke 12/0	
		96-97 Waldhof 15/1	
		97-99 Wattenscheid 34/1	
Schönberger, Heinz	30.12.49	**68-71 Offenbach**	**29/1**
Schöngen, Peter	12.10.43	**67-6 Aachen**	**17/0**
Schönwälder, Rainer	29.2.40	**63-64 Saarbrücken**	**24/11**
Schößler, Detlef	3.10.62	**91-95 Dresden**	**113/3**
		95-98 Leipzig	68/0
Schöttner, Volker	9.6.52	**70-71 Bremen**	**1/0**
Scholl, Mehmet	16.10.70	**89-92 KSC 58/11**	**299/81**
		92-01 Bayern 241/70	
Schollbach, Dieter	19.9.47	**66-67 M'gladbach**	**2/0**
Scholtysik, Darius	4.8.66	**87-90 Uerdingen**	**24/0**
Scholz, Heiko	7.1.66	**91-92 Dresden 32/4**	**159/11**
		92-95 Leverkusen 75/5	29/0
		95-98 Bremen 52/2	
		97-99 Fort. Köln 20/0	
		98-99 Wattenscheid 9/0	
Scholz, Rainer	3.9.54	77-73 Würz. Kickers 31/3	**99/3**
		76-83 Hannover 96 168/10	298/13
		83-88 Waldhof 99/3	
		87-92 Darmstadt 99/0	
Scholz, Werner	1.12.44	**68-70 Aachen 45/0**	**252/0**
		72-81 Bochum 207/0	16/0
		81-82 RW Essen 16/0	
Schonert, Frank-Michael	30.8.51	74-75 Göttingen 27/12	**6/0**
		75-76 Düsseldorf 6/0	188/70
		75-77 Leverkusen 50/26	
		77-78 Offenbach 30/7	
		78-79 Homburg 38/6	
		79-81 Vikt. Köln 43/19	
Schonhoff, Rudolf	1.9.51	**75-76 Schalke**	**2/0**
Schopen, Christian	26.9.58	80-82 Worms 68/2	104/5
		84-85 Bürstadt 36/3	
Schopp, Markus	22.2.74	**96-98 HSV**	**40/3**
Schors, Heinz	28.8.40	**67-68 Aachen**	**5/0**
Schrade, Karl-Heinz	29.10.51	79-81 SSV Ulm	52/8
Schrader, Dieter	22.4.45	76-80 Arm. Hannover	63/0
Schrader, Gerhard	1.1.40	**63-64 Braunschweig**	**13/4**
Schramm, Detlef	31.1.51	74-76 Erkenschwick	52/9
Schramm, Thorsten	19.2.79	**98-99 Duisburg**	**10/0**
Schreiber, Olaf	12.9.69	91-94 Jena 103/17	**68/1**
		94-96 Zwickau 54/3	167/20
		96-01 Bochum 68/1	
		99-00 Bochum 10/0	
Schreier, Christian	4.2.59	**81-84 Bochum 98/35**	**331/106**
		84-91 Leverkusen 203/63	5/0
		91-92 Düsseldorf 30/8	
		96-97 RW Essen 5/0	
Schreier, Hans	23.2.37	**64-66 Neunkirchen**	**39/0**
Schreier, Toni	7.3.62	**84-86 Bochum**	**21/1**
Schreiner, Werner	6.8.60	80-83 Augsburg 53/0	62/0
		84-85 BW Berlin 9/0	
Schreiner, Wolfgang	11.4.57	**76-82 Duisburg**	**23/0**
		88-89 Solingen	38/0
Schreml, Uwe	7.2.60	78-81 Bayreuth 38/4	**60/2**
		80-81 1860 München 14/0	208/12
		81-82 1860 München 33/3	
		82-84 Ein. Frankfurt 46/2	
		84-87 Kassel 83/3	
		87-89 Darmstadt 54/2	
Schrodt, Heinz	9.8.44	**67-68 KSC**	**13/3**
		74-75 Waldhof	20/2
Schröder, Gerald	3.2.76	**98-00 Wolfsburg**	**4/1**
Schröder, Günter	11.8.40	**64-66 Neunkirchen**	**60/0**
Schröder, Helmut	1.3.58	77-88 Bielefeld	165/22
		78-85 Bielefeld	**148/12**
Schröder, Herbert	22.12.45	**66-67 Bremen**	**4/0**
Schröder, Marko	18.5.66	**89-92 Leverkusen**	**8/1**
		91-92 Remscheid 7/0	19/0
		92-93 Fort. Köln 12/0	
Schröder, Michael	10.11.59	**80-86/89-91 HSV 118/19**	**190/23**
		86-89 Stuttgart 72/4	21/2
		93-94 TeBe 21/2	
Schröder, Rayk	25.12.74	**96-97 1860 München 7/0**	**36/1**
		98-00 Cottbus	60/3
		00-01 Rostock 29/1	
Schröder, Rouven	18.10.75	**00-01 Bochum**	**8/0**
Schröder, Ulrich	7.8.61	**79-81 Schalke**	**2/0**
Schröter, Dirk	18.4.57	**80-81 1860 München**	**6/0**
		87-88 Remscheid	26/1
Schroff, Karl-Heinz	24.2.53	74-78 Stut. Kickers	78/17
Schroth, Markus	25.1.75	**94-98 KSC 67/11**	**135/22**
		98-01 1860 München 68/11	
Schubert, Günther	11.1.55	**75-77 Schalke**	**3/0**

SPIELER	GEBURT	STATIONEN	BILANZ
		77-78 Bocholt	30/0
Schuberth, Jörg	25.1.68	**91-92 Düsseldorf**	**16/3**
		92-93 Düsseldorf	3/0
Schuberth, Walter	1.4.50	74-76 1860 München 50/9	105/20
		77-79 Worms 55/11	
Schüler, Günter	10.2.34	**63-64 Hertha**	**1/0**
Schüler, Peter	16.7.53	76-79 Baunatal	98/0
Schüler, Wolfgang	17.2.58	78-79 KSC 32/4	**164/35**
		79-80 SC Freiburg 36/14	250/93
		80-82 KSC 53/9	
		82-83 Darmstadt 22/8	
		83-84 KSC 36/19	
		84-86 BVB 54/10	
		86-87 BW Berlin 24/6	
		87-88 BW Berlin 32/13	
		88-89 Stut. Kickers 26/9	
		89-90 Stut. Kickers 34/18	
		90-92 Saarbrücken 58/17	
		92-93 Saarbrücken 7/1	
Schüller, Friedel	1.11.53	75-76 Mülheim 21/0	**2/0**
		76-77 Duisburg 1/0	33/0
		78-79 Bielefeld 1/0	
		79-80 Bielefeld 12/0	
Schürmann, Mike	25.8.72	95-96 Bielefeld 10/0	56/5
		96-97 RW Essen 19/3	
		97-99 Gütersloh 27/2	
Schüssler, Michael	5.12.56	75-81 Waldhof	108/2
Schütt, Helmut	14.9.50	74-84 Aachen	170/12
Schütte, Friedhelm	12.8.57	**75-77 Schalke**	**4/0**
		77-80 Münster 104/9	175/10
		80-81 TeBe 41/1	
		81-82 Bayreuth 30/0	
Schütterle, Rainer	21.3.66	85-87/99-00 KSC 78/26	**236/42**
		87-89 Stuttgart 57/5	152/37
		89-94 KSC 155/35	
		94-95 Duisburg 24/2	
		95-96 Duisburg 31/5	
		97-99 Fort. Köln 43/6	
Schütz, Arnold	19.1.35	**63-72 Bremen**	**253/69**
Schütz, Jürgen	1.7.39	**68-69 1860 München 20/6**	**93/32**
		69-72 BVB 73/26	
Schütz, Michael	12.12.66	87-93 Düsseldorf 112/13	**93/9**
		89-92 Düsseldorf 93/9	126/14
		93-94 Hannover 96 14/1	
Schuhmacher, Michael	20.8.57	**78-80/81-82 K'lautern 25/2**	**44/2**
		80-81 M'gladbach 19/0	205/13
		81-83 Uerdingen 36/3	
		83-84 Wattenscheid 28/1	
		88-93 Mainz 141/9	
Schuhmann, Bernd	25.12.59	**84-85 HSV**	**3/0**
Schuhmann, Heiner	4.11.48	74-78 Augsburg	86/0
Schuiteman, Bernard	3.10.73	**93-95 Leverkusen**	**6/0**
		00-01 Mainz	3/0
Schuler, Markus	1.8.77	98-00 Fort. Köln 31/2	57/2
		00-01 Mainz 26/0	
Schulitz, Dieter	2.1.49	75-76 SW Essen 33/2	74/4
		76-78 Wattenscheid 41/2	
Schult, Jürgen	20.8.39	**66-67 Düsseldorf**	**18/5**
Schulte, Manfred	26.9.66	89-98 Meppen	219/8
Schulten, Heinrich	23.4.41	**66-67 RW Essen**	**5/0**
Schulz, Axel	20.5.59	**91-92 Rostock**	**8/0**
		92-93 Rostock	9/0
Schulz, Detlef	17.2.51	**71-72 Hertha**	**2/0**
Schulz, Dieter	17.5.39	**70-72 Bielefeld**	**28/2**
Schulz, Frank	18.2.61	**83-87 Bochum 116/30**	**213/44**
		87-89 Ein. Frankfurt 50/10	31/5
		89-90 Osnabrück 31/5	
		90-93 M'gladbach 47/4	
Schulz, Hans	4.12.42	**64-66 Bremen 31/6**	**214/40**
		66-71 HSV 109/22	49/7
		71-74 Düsseldorf 74/12	
		74-76 Aachen 49/7	
Schulz, Jürgen	6.10.52	**74-77 TeBe**	**67/6**
		75-81 TeBe 177/10	213/10

SPIELER	GEBURT	STATIONEN	BILANZ
		83-84 Charlottenburg 36/0	
Schulz, Karl-Heinz	21.12.55	77-82 Freiburger FC 176/27	463/47
		82-91 SC Freiburg 287/20	
Schulz, Kurt	2.6.37	**64-65 Hertha**	**22/7**
Schulz, Michael	3.9.61	**87-89 K'lautern 51/3**	**243/9**
		89-94 BVB 133/5	
		94-97 Bremen 59/1	
Schulz, Willi	4.10.38	**63-65 Schalke 52/2**	**263/5**
		65-73 HSV 211/3	
Schulz-Winge, Stephan	13.9.74	**95-97 M'gladbach**	**3/0**
Schulze, Klaus	18.2.54	78-79 Leverkusen	9/1
		79-80 Leverkusen	**2/0**
Schulzke, Hans-Peter	29.10.57	79-85 SC Freiburg	164/11
Schumacher, Dieter	21.8.47	**69-70 1860 München**	**13/0**
Schumacher, Hans	25.7.45	**70-73 RWO**	**71/15**
		74-75 RWO	13/0
Schumacher, Harald	6.3.54	**73-87 1.FC Köln 422/0**	**464/0**
		87-88 Schalke 33/0	
		91-92 Bayern 8/0	
		95-96 BVB 1/0	
Schumacher, Toni	1.12.38	**63-68 1.FC Köln**	**58/0**
Schumann, Andreas	16.6.52	**71-72 Hertha**	**2/0**
Schumann, Daniel	13.2.77	97-98 SC Freiburg	13/1
		98-01 SC Freiburg	**58/1**
Schummer, Stefan	14.8.64	84-89 Offenbach	74/3
Schupp, Markus	7.1.66	**84-91 K'lautern 177/16**	**351/40**
		91-92 Wattenscheid 37/8	
		92-95 Bayern 91/12	
		95-96 Ein. Frankfurt 30/4	
		96-97 HSV 16/0	
Schur, Alexander	23.7.71	94-95 FSV Frankfurt 25/0	**80/7**
		96-98 Ein. Frankfurt 51/5	76/5
		98-01 Ein. Frankfurt 80/7	
Schur, Hans-Georg	26.11.50	76-80 Würzburg	61/0
Schuster, Bernd	22.12.59	**78-81 1.FC Köln 61/10**	**120/18**
		93-96 Leverkusen 59/8	
Schuster, Dirk	29.12.67	90-92 Braunschweig 36/4	**200/6**
		91-97 KSC 167/3	91/9
		97-98 1.FC Köln 33/3	
		98-99 1.FC Köln 29/2	
		00-01 Ahlen 26/3	
Schuster, Ludwig	30.3.51	74-75 Bayern Hof 36/7	**47/3**
		75-76 Bayern 7/0	98/20
		76-78 Saarbrücken 40/3	
		78-81 Fort. Köln 62/13	
Schuster, Willi	23.11.51	76-78 Pirmasens 67/1	
Schwaba, Günter	19.8.48	**73-74 Fort. Köln**	**23/0**
		74-75 Fort. Köln 29/1	63/2
		76-77 Bonn 34/1	
Schwabl, Manfred	18.4.66	**85-86/89-93 Bayern 87/4**	**303/14**
		86-89/92-94 Nürnbe. 133/9	
		94-97 1860 München 83/1	
Schwager, Dietmar	15.8.40	**64-75 K'lautern**	**320/2**
Schwanke, Jörg	12.1.69	**91-95 Bochum**	**59/2**
		93-94 Bochum 25/0	39/0
		00-01 Ahlen 14/0	
Schwartau, Rolf	4.6.44	**65-66 HSV**	**1/0**
Schwartz, Alois	28.3.67	87-93 Stut. Kickers 109/9	**85/4**
		88-92 Stut. Kickers 51/3	128/10
		93-95 Duisburg 34/1	
		96-97 Waldhof 19/1	
Schwarz, Alexander	26.10.54	76-78 Fürth 27/0	150/15
		78-80 Saarbrücken 38/3	
		79-80 FV Würzburg 29/8	
		80-81 Trier 29/2	
		82-83 Augsburg 27/2	
Schwarz, Danny	11.5.75	**95-98 Stuttgart 28/1**	**96/4**
		98-99 KSC	31/4
		99-01 Unterhaching 68/3	
Schwarz, Peter	14.6.53	**72-80 K'lautern 147/20**	**186/21**
		80-84 Uerdingen 39/1	98/10
		81-83 Uerdingen 61/3	
		84-85 Bürstadt 37/7	

SPIELER	GEBURT	STATIONEN	BILANZ
Schwarzbach,			
Helmar	9.3.43	**66-67 Düsseldorf**	**11/0**
Schwarze, Friedhelm	30.12.53	74-76 BVB	45/2
		76-77 BVB	**2/0**
Schwarze, Manfred	28.3.50	75-76 Spandau 36/8	58/10
		78-79 Wacker Berlin 22/2	
Schwarzenbeck,			
Georg	3.4.48	**66-80 Bayern**	**416/21**
Schwarzer, Marc	6.10.72	**94-95 Dresden 2/0**	**6/0**
		95-96 K'lautern 4/0	
Schwarzwälder,			
Franz	11.12.49	74-76 Nürnberg	63/0
Schweers, Herbert	26.12.47	**68-69 1860 München**	**2/0**
Schweger, Helmut	6.6.59	84-88 BW Berlin	44/5
		86-87 BW Berlin	**7/0**
Schwehr, Harald	20.1.60	80-81 SSV Ulm 31/9	66/19
		81-82 Freiburger FC 35/10	
Schweighöfer, Rolf	1.3.39	**66-69 Bremen**	**18/6**
Schweißing, Oliver	3.3.71	**95-97 St. Pauli**	**40/1**
Schweizer, Thomas	13.9.67	86-91/92-93 Freiburg 139/30	156/32
		92-93 Chemnitz 17/2	
Schwemmle, Dieter	28.7.49	**72-73 Stuttgart 33/6**	**79/13**
		74-75 Offenbach 31/7	85/22
		77-78 Bochum 15/0	
		78-79 Hanau 27/11	
		79-81 ESV Ingolstadt 58/11	
Schwerin, Erhard	8.4.39	**64-68 HSV**	**20/0**
Schwickert, Gerd	14.8.49	74-76 Mainz 51/2	208/33
		76-79/84-86 Homburg 157/31	
Schwiderowski,			
Markus	12.12.73	**91-92 Schalke**	**4/0**
Schwidrowski, Gerd	19.9.47	**74-77 TeBe**	**9/1**
Schwierzke,			
Wolfgang	8.3.37	**63-64 Bremen**	**3/0**
Schwinkendorf, Jörn	27.1.71	92-93 St. Pauli 41/2	**23/0**
		93-94 Wuppertal 31/3	179/8
		94-95 Saarbrücken 24/0	
		95-96 Düsseldorf 18/0	
		96-97 Lübeck 31/0	
		97-98 SC Freiburg 21/3	
		98-99 SC Freiburg 5/0	
		99-00 Waldhof 9/0	
		00-01 Osnabrück 22/0	
Schymetzek, Georg	25.7.47	74-76 Erkenschwick	55/7
Schyrba, Peter	17.10.80	**98-99 Duisburg**	**1/0**
		00-01 Duisburg	4/0
Sebert, Günter	29.5.48	74-83 Waldhof	325/69
		83-87 Waldhof	**128/13**
Sebescen, Zoltan	1.10.75	96-99 Stut. Kickers	53/3
		99-01 Wolfsburg	**40/10**
Sebök, Vilmos	13.6.73	99-00 Waldhof	11/1
		00-01 Cottbus	**25/1**
Seckler, Erich	26.9.63	**87-92 Leverkusen**	**86/2**
		92-93 Hertha	7/0
Sedlacek, Roman	12.2.63	**91-92 Rostock**	**24/4**
		92-93 Remscheid	18/3
Seebauer, Willi	31.3.46	**67-68 Neunkirchen**	**4/1**
Seegler, Wilfried	2.12.54	78-82 Solingen	138/40
Seel, Wolfgang	21.6.48	**71-73 K'lautern 65/17**	**361/79**
		73-82 Düsseldorf 274/59	64/16
		83-85 Saarbrücken 64/16	
		85-86 Saarbrücken 22/3	
Seeler, Dieter	15.12.31	**63-65 HSV**	**28/2**
Seeler, Uwe	5.11.36	**63-72 HSV**	**239/137**
Seeliger, Thomas	20.9.66	87-89 Düsseldorf 45/8	**86/10**
		89-91 Braunschweig 68/14	239/37
		92-93 SC Freiburg 45/10	
		93-94 SC Freiburg 19/2	
		93-94 1860 München 18/1	
		94-95 1860 München 7/0	
		94-95 Wolfsburg 12/3	
		95-97 Düsseldorf 60/8	
		97-99 St. Pauli 51/1	
Seelmann,	18.9.52	74-76 1860 München 43/1	190/6

SPIELER	GEBURT	STATIONEN	BILANZ
Hans-Dieter		77-79 Worms 60/3	
		80-83 Fürth 87/2	
Segler, Burkhard	5.3.51	74-76 BVB 58/14	**88/13**
		76-80 BVB 88/13	119/26
		79-8 Vikt. Köln 61/12	
Seibold, Günter	11.12.36	**63-68 Stuttgart**	**133/2**
Seidel, Sören	10.10.72	**97-00 Bremen**	**12/1**
		98-99 Hannover 96 7/2	26/6
		00-01 Duisburg 19/4	
Seidenkranz,			
Karl-Heinz	12.3.43	74-75 Erkenschwick	60/2
Seifert, Jan	14.10.68	91-93 Chemnitz 41/3	**61/5**
		93-94 SC Freiburg 1/0	139/14
		94-95 Leipzig 6/0	
		94-98 Zwickau 71/6	
		98-99 Unterhaching 21/5	
		99-01 Unterhaching 60/5	
Seifert, Jürgen	1.12.48	**68-69 HSV**	**2/0**
Seifert, Manfred	22.4.49	**69-72 Bayern**	**4/0**
		74-78 Bayern Hof	78/0
Seiler, Alfred	18.12.50	74-76 Pirmasens 63/27	198/55
		76-77 Münster 17/4	
		76-79 Offenbach 81/20	
		79-80 Darmstadt 37/4	
Seiler, Klaus	13.1.50	77-80 Lüdenscheid	98/4
Seiler, Uwe	6.8.56	75-89 Osnabrück	203/0
Seitz, Jochen	11.10.76	**96-97 HSV 4/0**	**63/6**
		97-99 Unterhaching	53/7
		99-00 Unterhaching 34/5	
		00-01 Stuttgart 25/1	
Seitz, Roland	1.10.64	92-93 Duisburg 16/3	**1/0**
		93-94 Duisburg 1/0	18/3
		93-94 Homburg 2/0	
Seitz, Thomas	14.7.69	**92-93 Nürnberg**	**2/0**
Sejna, Marco	20.3.72	**90-91 Hertha**	**6/0**
		91-95 Hertha	55/0
Sekularac, Dragoslav	8.11.37	**66-67 KSC**	**17/2**
Selcuk, Yula	8.11.59	**86-87 BW Berlin**	**11/2**
Seliger, Rudi	20.9.51	**71-82 Duisburg**	**288/65**
		82-83 Duisburg	13/1
Selke, Günter	8.3.54	**71-72 HSV**	**2/0**
		74-75 Osnabrück	10/1
Sell, Karl-Heinz	31.5.41	**67-70 Aachen**	**44/6**
Sellimi, Adel	16.11.72	**98-01 SC Freiburg**	**83/22**
Semlits, Oswald	7.6.58	79-81 Münster 64/4	**4/1**
		82-83 Schl.-Neuhaus 37/1	172/9
		83-84 BVB 4/1	
		89-90 Duisburg 36/1	
		90-92 Osnabrück 35/3	
Semlitsch, Nikolaus	27.11.46	**70-74 Offenbach 79/6**	**112/7**
		74-76 Saarbrücken	32/4
		76-78 Saarbrücken 33/1	
Sendscheid, Peter	28.9.65	86-89 Aachen 64/17	**80/18**
		89-91 Schalke 69/28	133/45
		91-95 Schalke 80/18	
Seneca, Kjell	16.12.50	**75-77 Bayern**	**6/0**
Senger, Klaus	19.10.45	**65-71 Schalke 102/3**	**181/3**
		71-73 Düsseldorf 26/0	
		73-75 RW Essen 53/0	
Senzen, Ivica	4.5.51	**79-81 1860 München**	**51/6**
		81-82 1860 München	31/2
Seretis, Paschalis	7.6.67	**93-97 SC Freiburg**	**36/1**
		97-98 Cottbus	3/0
Sergio, Paulo	2.6.69	**93-97 Leverkusen 121/47**	**175/65**
		99-01 Bayern 54/18	
Serr, Jürgen	21.5.65	89-91 RW Essen	59/7
Serr, Michael	14.7.62	**86-93 K'lautern**	**54/0**
		93-94 Saarbrücken	10/0
Seubert, Werner	23.1.50	74-76 Schweinfurt 56/22	134/76
		77-79 Worms 46/40	
		79-80 Freiburger FC 22/12	
		80-81 Fürth 10/2	
Seufert, Peter	29.11.64	87-88 Solingen 37/2	202/15
		88-93 Fort. Köln 165/13	

SPIELER	GEBURT	STATIONEN	BILANZ
Sforza, Ciriaco	2.3.70	**93-95/97-00 K'laut. 152/19**	**202/21**
		95-96/00-01 Bayern 50/2	
Shala, Kujtim	13.7.64	92-93 Stut. Kickers 33/10	**15/0**
		93-95 Chemnitz 42/8	104/19
		95-96 Düsseldorf 15/0	
		96-97 Leipzig 29/1	
Siber, Helmut	16.5.42	**68-69 Offenbach**	**31/4**
Sichmann, Peter	24.5.47	74-77 Bayreuth	84/20
Sichone, Moses	31.5.77	99-00 1.FC Köln	27/0
		00-01 1.FC Köln	**26/0**
Sidelnikow, Andrzej	27.9.67	**91-92 Wattenscheid**	**1/0**
Sidka, Wolfgang	26.5.54	**71-80 Hertha 184/24**	**333/44**
		80-81 1860 München 34/3	59/16
		81-82 1860 München 37/15	
		82-86 Bremen 115/17	
		90-92 Oldenburg 22/1	
Sieber, Siegfried	7.10.43	74-77 Bayern Hof	72/0
Siebert, Helmut	17.3.42	**64-66 Stuttgart**	**10/3**
Siebert, Sascha	28.11.77	**00-01 Bochum**	**1/0**
Siebrecht, Lutz	26.10.67	**88-90 Waldhof**	**44/3**
		90-91 Waldhof	18/2
Sieburg, Richard	24.9.65	**86-87 M'gladbach**	**1/0**
Siegert, Benjamin	7.7.81	**00-01 Wolfsburg**	**1/0**
Siegl, Horst	15.2.69	**95-96 K'lautern**	**13/0**
Siegmann, Norbert	20.5.53	**72-74 Stuttgart 28/0**	**209/10**
		74-75 TeBe 28/0	79/8
		75-76 TeBe 37/4	
		76-84 Bremen 153/10	
		80-81 Bremen 40/4	
		85-86 Fort. Köln 2/0	
Sieloff, Klaus-Dieter	27.2.42	**63-69 Stuttgart 141/21**	**264/36**
		69-74 M'gladbach 123/15	43/3
		74-76 Aachen 43/3	
Siemensmeyer, Hans	23.9.40	**65-74 Hannover 96**	**278/72**
Siese, Gerd	5.1.44	**70-72 Bielefeld**	**37/0**
		74-77 Bielefeld	66/0
Sievers, Jan	19.8.67	92-93 Osnabrück 26/4	124/29
		93-96 Meppen 80/22	
		96-97 Oldenburg 18/3	
Sievers, Jörg	22.9.65	89-01 Hannover 96	336/0
Sievers, Ralf	30.10.61	**82-91 Ein. Frankfurt 205/9**	**232/10**
		90-91 St. Pauli 27/1	44/1
		91-93 St. Pauli 44/1	
Siewert, Thomas	4.11.61	**80-81 Schalke 17/1**	**32/1**
		81-82 Schalke 13/0	243/8
		82-90 Wattenscheid 230/8	
		90-91 Wattenscheid 15/0	
Sigurdsson, Helgi	17.9.74	**94-95 Stuttgart**	**2/0**
Sigurvinsson, Asgeir	8.5.55	**81-82 Bayern 17/1**	**211/39**
		82-90 Stuttgart 194/38	
Sikora, Alfons	5.12.49	**71-72 BVB 17/0**	**26/0**
		73-74 RW Essen 9/0	41/11
		74-76 Mülheim 41/11	
Silberbach, Guido	24.5.67	**92-94 Wattenscheid**	**10/1**
		94-95 Wattenscheid	2/0
Silooy, Sonny	31.8.63	**96-98 Bielefeld**	**37/0**
Silva, Alessandro da	7.11.70	**92-93 Ein. Frankfurt**	**1/0**
Silva, Geovani	25.8.61	**90-91 KSC**	**17/3**
Simmes, Daniel	12.8.66	**84-88 BVB 106/11**	**166/18**
		88-91 KSC 60/7	
Simmet, Heinz	22.11.44	**64-66 Neunkirchen 29/13**	**419/55**
		66-67 RW Essen 33/5	
		67-78 1.FC Köln 357/37	
Simon, Christian	30.6.70	90-93 SC Freiburg 34/8	**11/1**
		93-94 SC Freitag 11/1	78/14
		94-95 Saarbrücken 18/4	
		95-97 Unterhaching 26/2	
Simon, Stefan	18.6.69	91-93 Darmstadt 61/13	163/36
		93-95 Homburg 62/19	
		99-00 Offenbach 28/3	
		00-01 Ahlen 12/1	
Simon, Wolfgang	12.8.46	**65-68 Braunschweig**	**4/0**
Simons, Gerd	20.10.51	**75-77 Ein. Frankfurt**	**7/0**
Simonsen, Allan	15.12.52	**72-79 M'gladbach**	**178/76**

SPIELER	GEBURT	STATIONEN	BILANZ
Simunic, Josip	18.2.78	**97-00 HSV 8/0**	**22/0**
		00-01 Hertha 14/0	
Sinkala, Andrew	18.6.79	**99-00 Bayern 1/0**	**7/0**
		00-01 1.FC Köln 6/0	
Sinnigen, Hartmut	15.8.52	75-79 West. Herne 129/23	215/34
		79-82 Aachen 86/11	
Sippel, Lothar	9.5.65	85-87 Kassel 33/6	**108/23**
		89-92 Ein. Frankfurt 69/18	74/11
		92-94 BVB 39/5	
		94-96 Hannover 96 39/5	
		96-97 Unterhaching 2/0	
Sirocks, André	18.9.66	91-93 Hannover 96 51/8	71/8
		93-98 Stut. Kickers 20/0	
Sitek, Peter	3.4.68	85-89 Aachen	63/6
Six, Didier	21.8.54	**81-83 Stuttgart**	**59/23**
		91-92 Leipzig	12/1
Sjöberg, Thomas	6.7.52	**76-77 KSC**	**6/0**
Skala, Lothar	2.5.52	**70-76 Offenbach 83/3**	**93/3**
		76-77 Offenbach	37/4
		77-79 Ein. Frankfurt 10/0	
Skammelsrud, Bent-André	18.5.66	**97-98 Leverkusen**	**8/0**
Skarabela, Petr	24.11.67	97-01 Fürth	123/13
Skela, Ervin	17.11.76	99-01 Chemnitz 50/11	65/14
		00-01 Waldhof 15/3	
Skibbe, Michael	4.8.65	83-84 Schalke	1/0
		84-86 Schalke	**14/1**
Skoblar, Josip	12.3.41	**67-70 Hannover 96**	**57/30**
Skogheim, Vegard	28.4.66	**88-89 Bremen**	**3/0**
Skok, Olaf	31.7.69	**93-94 Wattenscheid**	**4/0**
		94-99 Wattenscheid	96/4
Skoog, Niklas	15.6.74	**96-98 Duisburg 30/3**	**40/4**
		98-99 Nürnberg 10/1	3/0
		99-00 Nürnberg 3/0	
Skoric, Zlatko	27.7.43	**71-72 Stuttgart**	**24/0**
Skov, Sören	21.2.54	75-77 St. Pauli 53/11	101/18
		83-85 Hertha 48/7	
Skripnik, Victor	19.11.69	**96-01 Bremen**	**76/1**
Skrotzki, Rainer	25.5.45	**70-72 Braunschweig**	**36/2**
		74-76 Schweinfurt	54/8
Slatina, Klaus	19.6.41	**67-68 KSC**	**29/1**
Sljivo, Edhem	16.3.50	**82-84 1.FC Köln**	**32/2**
Slomiany, Waldemar	1.10.43	**67-70 Schalke 52/5**	**98/11**
		70-72 Bielefeld 46/6	
Smolarek, Wlodzimierz	16.7.57	**86-88 Ein. Frankfurt**	**63/13**
Sobbe, Norbert	12.12.53	**73-74 Duisburg**	**3/0**
		75-76 Leverkusen 15/1	61/2
		82-84 Lüttringhausen 46/1	
Sobiech, Jörg	15.1.69	87-90/94-96 Wattensch. 132/1	**81/0**
		90-93 Wattenscheid 81/0	160/2
		93-94 Stut. Kickers 27/1	
		00-01 Waldhof 1/0	
		00-01 Chemnitz 13/0	
Sobieray, Jürgen	2.11.50	**69-79 Schalke 210/14**	**223/15**
		79-80 Wanne-Eickel 31/1	49/1
		80-82 BVB 13/1	
		82-83 Schl.-Neuhaus 18/0	
Sobotzik, Thomas	16.10.74	**94-01 E. Frankfurt 66/12**	**134/18**
		95-97 St. Pauli 65/6	32/10
		97-98 Ein. Frankfurt 32/10	
		99-00 K'lautern 3/0	
Sörensen, Jan Derek	28.12.71	**00-01 BVB**	**9/0**
Sörensen, Ole	25.11.37	**65-66 1.FC Köln**	**13/1**
Sörloth, Göran	16.7.62	**88-89 M'gladbach**	**5/0**
Soldo, Zvonimir	2.11.67	**96-01 Stuttgart**	**144/8**
Soler, Erik	6.8.60	**84-86 HSV**	**25/0**
Solz, Wolfgang	12.2.40	**63-68 Ein. Frankfurt**	**113/46**
Sommer, Michael	19.12.68	**87-90 K'lautern**	**20/1**
Sommer, Peter	6.12.57	76-78 Nürnberg 18/2	**2/0**
		78-79 Nürnberg 2/0	33/7
		79-80 MTV Ingolstadt 15/5	
Sommerer, Uwe	2.7.54	74-86 Bayreuth	256/106
Sondermann, Hans	22.11.41	**69-71 Duisburg**	**37/8**

SPIELER	GEBURT	STATIONEN	BILANZ
Sopic, Zeljko	24.7.74	**98-99 M'gladbach**	**23/2**
		99-00 M'gladbach 29/1	55/6
		00-01 Ahlen 26/5	
Sosa, Ruben	25.4.66	**95-96 BVB**	**17/3**
Soskic, Milutin	31.12.37	**66-71 1.FC Köln**	**65/0**
Sousa, Paulo	30.8.70	**96-98 BVB**	**27/1**
Soya, Willi	11.10.35	**63-66 Bremen**	**34/8**
Soyez, Hermann	15.4.49	**67-70 K'lautern**	**6/0**
Spannenkrebs, Klaus	2.7.52	**72-73 Wuppertal**	**1/0**
		74-75 Heilbronn 9/2	50/7
		74-79 Worms 22/3	
		80-81 Eppingen 19/2	
Spanring, Martin	14.10.69	**89-92 Düsseldorf 49/3**	**172/10**
		92-93 Schalke 8/0	
		93-97 SC Freiburg 92/7	
		97-99 Stuttgart 23/0	
Spasovski, Methodije	4.2.46	74-76 Saarbrücken	51/4
		76-77 Saarbrücken	**9/0**
Spazier, Volker	24.6.53	75-76 Mülheim 28/3	154/14
		76-78 Solingen 40/5	
		77-81 Herford 86/6	
Specht, Reinhold	15.7.51	74-75 Wilhelmshaven 22/0	60/10
		80-81 Oldenburg 38/10	
Sperlich, Hans-Jürgen	29.2.48	**70-72 Hertha 53/3**	**131/14**
		73-77 HSV 78/11	56/8
		77-79 RW Essen 56/8	
Spielberger, Leo	6.10.61	**85-87 K'lautern**	**24/1**
		87-88 Bielefeld	16/2
Spies, Michael	9.7.65	**85-87 Stuttgart 5/1**	**219/46**
		86-87 SSV Ulm 17/5	74/13
		87-89 KSC 63/15	
		89-91 M'gladbach 38/6	
		91-92 Rostock 38/13	
		92-94 HSV 23/3	
		94-95 Dresden 30/6	
		95-97 Wolfsburg 53/8	
		97-98 Wolfsburg 22/2	
		98-99 Unterhaching 4/0	
Spies, Uwe	8.7.67	86-88 SSV Ulm 54/11	**166/34**
		90-93 SC Freiburg 109/32	163/43
		93-97 SC Freiburg 80/20	
		97-00 Duisburg 86/14	
Spillmann, Jörg	7.2.62	88-89 Düsseldorf	1/0
		90-91 Düsseldorf	**1/0**
Spincke, Detlef	27.2.54	**75-76 HSV**	**1/0**
		77-79 Wuppertal	66/3
Spinnler, Erwin	11.4.47	**65-70 M'gladbach 45/0**	**57/0**
		70-71 Offenbach 12/0	
Spizak, Miroslaw	13.1.79	97-99 Uerdingen	51/8
		00-01 Unterhaching	**23/5**
Spörl, Harald	31.10.66	**87-01 HSV**	**321/60**
		00-01 Ahlen	10/3
Spohr, Walter	5.3.48	74-80 Völklingen	149/33
Spott, Roland	20.10.57	**76-77 RW Essen**	**3/0**
		77-78 RW Essen	3/0
Sprenger, Hans	12.10.48	**74-77 TeBe**	**52/2**
		75-79 TeBe	93/6
Sprey, Stefan	17.1.55	74-78 Darmstadt 36/0	65/1
		78-79 Hanau 29/1	
Springer, Christian	15.7.71	94-98 St. Pauli 33/3	**85/11**
		95-97 St. Pauli 56/5	86/11
		98-00 1.FC Köln 53/8	
		00-01 1.FC Köln 29/6	
Spyrka, Adrian	1.8.67	**86-88 BVB 12/0**	**36/0**
		88-91 Saarbrücken 80/6	234/14
		91-92 Stut. Kickers 19/0	
		92-93 1.FC Köln 5/0	
		93-94 RW Essen 31/3	
		95-96 Wattenscheid 15/1	
		96-01 Mainz 108/4	
Srowig, Günter	13.9.46	74-76 Bielefeld	57/8
Stabel, Josef	21.9.48	**67-80 K'lautern**	**74/0**
Stade, Klaus-Günter	24.5.53	**76-77 TeBe**	**3/0**
Stadler, Heribert	4.1.64	85-91 Stut. Kickers	140/14
		88-89 Stut. Kickers	**7/0**
Stadler, Joachim	15.1.70	**89-91 K'lautern 20/1**	**130/3**
		91-97 M'gladbach 79/1	47/0
		98-01 SSV Ulm 47/0	
		99-00 SSV Ulm 31/1	
Stahl, Herbert	28.9.54	77-79 Augsburg 69/7	80/7
		80-81 ESV Ingolstadt 11/0	
Stahl, Klaus-Peter	28.5.46	**71-72 Ein. Frankfurt**	**4/0**
		75-78 FSV Frankfurt	95/2
Stalteri, Paul	18.10.77	**00-01 Bremen**	**31/1**
Stammann, Matthias	8.5.68	**90-94 Leverkusen 41/1**	**83/2**
		93-94 Fort. Köln 15/1	62/7
		94-95 Dresden 15/0	
		95-97 Wolfsburg 47/6	
		97-99 Wolfsburg 27/1	
Stanislawski, Holger	26.9.69	93-01 St. Pauli	151/10
		95-97 St. Pauli	**46/4**
Stapelfeldt, Hubert	19.4.41	**63-65 HSV**	**15/0**
Starek, August	16.2.45	**67-68 Nürnberg 24/5**	**62/10**
		68-70 Bayern 38/5	
Stark, Hans-Peter	16.9.54	**86-87 BW Berlin**	**18/0**
Stark, Marco	9.7.81	**00-01 K'lautern**	**2/0**
Stark, Peter	16.9.54	84-89 BW Berlin	127/0
Stark, Siegfried	17.2.40	**63-65 KSC**	**22/6**
		74-76 Bayern Hof	44/2
Stars, Jürgen	24.6.48	74-77 Völklingen 112/0	**2/0**
		79-80 HSV 2/0	137/0
		80-81 Bürstadt 25/0	
Starzak, Norbert	27.8.50	**71-72 Bremen**	**2/0**
		74-76 1860 München 53/8	121/11
		77-81 Worms 68/3	
Stauce, Gintaras	24.12.69	**97-00 Duisburg**	**46/0**
		00-01 Duisburg	27/0
Staude, Erich	11.2.38	**64-65 Duisburg**	**2/0**
Staudner, Josef	19.3.64	87-90 Bayreuth	78/10
Stauvermann, Heinz	16.6.43	**69-71 RW Essen**	**67/2**
Steck, Hans-Peter	12.1.62	84-88 SSV Ulm	72/6
Steeger, Werner	31.5.58	**75-81 Uerdingen**	**2/0**
		81-82 Uerdingen 15/0	192/1
		82-88 Wattenscheid 177/1	
Steen, Felix van der	2.4.67	95-97 Lübeck	58/2
Steer, Erich	28.11.56	76-79 Augsburg 70/2	270/8
		79-88 SSV Ulm 200/6	
Stefens, Fritz	27.10.48	**69-71 Bremen 6/0**	**8/0**
		73-74 RW Essen 2/0	39/0
		74-75 Mülheim 6/0	
		75-78 Wuppertal 33/0	
Stefes, Manfred	28.3.67	**88-92 M'gladbach**	**46/1**
		92-93 Düsseldorf	6/0
Steffen, Horst	3.3.69	**88-91/94-96 Uerdingen**	**207/16**
		151/14,	64/7
		91-93 M'gladbach 20/0	
		93-94 Uerdingen 35/7	
		96-00 Duisburg 36/2	
		00-01 Duisburg 29/0	
Steffen, Kai	19.9.61	**83-85 HSV**	**7/1**
Steffenhagen, Arno	24.9.49	**68-72 Hertha 132/26**	**183/39**
		76-78 HSV 51/13	8/4
		78-79 St. Pauli 8/4	
Steffensen, Jens	4.8.50	76-79 Uerdingen 74/3	**49/0**
		79-80 Uerdingen 30/0	74/3
		80-82 Bielefeld 19/0	
Stefulj, Danijel	2.6.73	99-01 Hannover 96	63/7
Stegmayer, Roland	22.12.50	**71-72 Bielefeld 28/4**	**157/35**
		72-76 Hannover 96 77/12	102/48
		74-77 Hannover 96 49/24	
		76-78 Saarbrücken 52/19	
		78-80 Fort. Köln 53/24	
Stein, Erwin	10.6.35	**63-66 Ein. Frankfurt**	**41/14**
Stein, Holger	4.10.57	**83-84 HSV**	**1/0**
Stein, Uli	23.10.54	76-80/95-96 Bielefeld 133/0	**512/0**
		78-79/96-97 Bielefeld 60/0	133/0
		80-87/94-95 HSV 228/0	
		87-94 Ein. Frankfurt 224/0	

SPIELER	GEBURT	STATIONEN	BILANZ
Steinbach,			
Wolfgang	21.9.54	90-93 Oldenburg	104/10
Steiner, Burkhard	4.10.58	78-82/84-87 Wattensch. 194/9	348/15
		82-84 Hannover 96 56/4	
		87-89 Saarbrücken 58/1	
		89-91 RW Essen 45/1	
		91-92 Jena 5/0	
Steiner, Paul	23.1.57	75-79 Waldhof 144/16	**349/27**
		79-81 Duisburg 58/7	144/16
		81-91 1.FC Köln 291/20	
Steiner, Rudolf	7.4.37	**63-69 1860 München**	**118/2**
Steinert, Lutz	18.3.39	**63-65 Hertha**	**40/8**
Steinig, Adolf	7.10.39	**66-67 RW Essen**	**25/0**
Steininger,	9.7.60	**80-82/91-95 Duisburg**	**129/8**
Franz-Josef		82-86/89-93 Duisburg 239/15	339/33
		86-87 Solingen 38/12	
		87-89 Saarbrücken 62/6	
Steinkirchner, Alfred	23.10.56	77-78/79-80 Nürnberg 16/0	**5/1**
		78-79 Nürnberg 5/1	91/12
		78-79 SC Freiburg 19/0	
		80-82 Stut. Kickers 56/12	
Steinkogler, Gerhard	29.9.59	**79-80 Bremen**	**7/1**
Steinlein, Ralf	21.8.51	77-80 Bremerhaven	50/2
Steinmann, Heinz	1.2.38	**63-64 Saarbrücken 30/1**	**214/5**
		64-71 Bremen 184/4	
Steinmann, Rico	26.12.67	**91-97 1.FC Köln**	**139/10**
Steinwarz, Dieter	2.9.48	77-80 Freiburger FC	83/1
Steinwedel, Heinz	14.5.38	**64-67 Hannover 96**	**60/0**
Stelzer, Immo	1.4.54	78-81 Kiel	30/9
Stemmer, Alfons	19.10.33	**63-64 1860 München**	**17/2**
Stempfle, Karl-Heinz	22.2.56	76-79 Augsburg 83/8	171/16
		79-82 Fürth 88/8	
Stendel, Daniel	4.4.74	**95-96 HSV**	**7/0**
		97-98 Meppen 34/13	126/33
		98-99 Gütersloh 31/5	
		99-01 Hannover 96 61/15	
Stenzel, Rudi	21.6.60	84-85 Nürnberg	26/3
		85-89 Nürnberg	**73/13**
Stepanovic,	30.8.48	**76-78 Ein. Frankfurt**	**49/3**
Dragoslav		78-80/81-82 Worms	49/0
Stephany, Rainer	27.11.62	**85-86 Uerdingen**	**1/0**
Stering, Josef	6.3.49	78-79 1860 München	34/2
		79-80 1860 München	**27/3**
Sternkopf, Michael	21.4.70	**88-90 KSC 33/4**	**210/15**
		90-95 Bayern 94/4	38/1
		95-97 M'gladbach 34/5	
		96-97 SC Freiburg 16/0	
		97-98/99-00 Bielefeld 33/2	
		98-01 Bielefeld 38/1	
Sterz, Klaus	6.12.46	75-76 Bayreuth 18/4	149/34
		76-80 FV Würzburg 117/28	
		80-81 Eppingen 14/2	
Stetter, Guido	16.12.55	77-81 Bürstadt 95/22	**29/7**
		81-82 Darmstadt 29/7	145/25
		82-84 Darmstadt 36/2	
		83-84 SC Freiburg 14/1	
Steubing, Waldemar	30.11.59	**80-81 Uerdingen 27/3**	**93/7**
		81-83 Uerdingen 20/3	225/61
		82-85 Wattenscheid 89/29	
		85-87 Solingen 39/6	
		86-87 Bielefeld 19/5	
		87-88 SSV Ulm 36/17	
		88-91 St. Pauli 66/4	
		91-92 Hannover 96 22/1	
Stevanovic, Dragan	16.8.71	**97-98 Wolfsburg**	**15/1**
		98-99 St. Pauli	6/2
Stevic, Miroslav	7.1.70	**92-94 Dresden 55/4**	**226/13**
		94-98 1860 München 104/3	
		98-01 BVB 67/6	
Stichler, Peter	15.1.58	75-81/85-86 Stut. Kick. 180/24	266/38
		81-84 Schalke 47/5	**22/1**
		82-85 Schalke 22/1	
		86-88 RW Essen 39/9	
Stickel, Heinz	9.5.49	**73-75 Stuttgart 65/16**	**132/24**

SPIELER	GEBURT	STATIONEN	BILANZ
		75-78 K'lautern 67/8	34/3
		79-80 Völklingen 14/1	
		80-81 Kiel 20/2	
Stickroth, Thomas	13.4.65	83-86 SC Freiburg 92/13	**169/14**
		86-88 Homburg 49/6	219/30
		88-90 Uerdingen 36/2	
		92-93 Saarbrücken 32/2	
		93-95 Saarbrücken 64/14	
		95-00 Bochum 63/3	
		96-01 Bochum 52/4	
Stieber, Edmund	3.1.48	74-77 Uerdingen 64/1	**29/0**
		75-76 Uerdingen 29/0	85/1
		77-78 Bocholt 21/0	
Stielike, Uli	15.11.54	**72-77 M'gladbach**	**109/12**
Stiller, Hans-Jörg	16.8.57	**79-80 Düsseldorf**	**1/0**
Stiller, Rainer	9.9.44	**66-76 Hannover 96**	**254/9**
		74-78 Hannover 96	108/9
Stinka, Dieter	10.8.37	**63-66 Ein. Frankfurt**	**43/4**
Stisi, Kay	12.6.71	94-95 St. Pauli 3/0	**9/1**
		95-97 St. Pauli 9/1	15/1
		96-97 Lübeck 12/1	
Stobeck, Bernd	27.3.51	77-80 Freiburger FC	60/1
Stocker, Peter	30.6.53	75-80 Nürnberg	131/6
		78-83 Nürnberg	**118/2**
Stockhausen, Horst	13.1.44	**70-71 Bielefeld**	**34/2**
		75-76 Solingen	30/1
Stocki, André	31.3.62	82-93 Remscheid	132/0
Stockinger, Günther	29.4.64	85-90 Bayreuth	108/18
Stöckl, Herbert	25.1.46	**67-68 Bayern 3/0**	**90/5**
		72-75 Wuppertal 87/5	
Stöckle, Richard	13.10.55	78-80 MTV Ingolstadt	73/15
Stoecking, Oliver	23.4.67	84-85 Hannover 96	16/0
		85-86 Hannover 96	**1/0**
Stöhr, Edmund	17.9.56	78-80 MTV Ingolstadt 71/9	**16/1**
		80-85 Hertha 120/5	227/16
		82-83 Hertha 16/1	
		89-90 Unterhaching 36/2	
Störzenhofecker,	29.4.65	91-94 1860 München 61/2	**59/1**
Armin		**94-95 1860 München 27/0**	174/5
		95-01 Nürnberg 113/3	
		98-99 Nürnberg 32/1	
Stöver, Uwe	8.2.67	**92-93 Leverkusen 9/1**	**34/1**
		93-94 Bochum 37/2	82/3
		94-95 Bochum 25/0	
		95-99 Mainz 45/1	
Stoffmehl, Herbert	8.8.46	74-76 Mülheim	73/2
Stohn, Tom	21.12.68	92-94 Waldhof 54/1	71/2
		99-00 Offenbach 17/1	
Stojak, Damir	22.5.75	**98-99 Ein. Frankfurt**	**9/1**
Stojkovski, Mitko	18.12.72	**97-99 Stuttgart**	**12/0**
Stollwerk, Peter	5.8.49	74-78 Aachen	61/1
Stolzenburg,	12.5.52	**74-75 TeBe 33/13**	**64/20**
Norbert		75-76/78-81 TeBe	144/76
		76-77 Braunschweig 10/2	
		77-78 Duisburg 21/5	
Storck, Bernd	25.1.63	**81-83 Bochum 24/1**	**171/8**
		83-89 BVB 147/7	
Straal, Roberto	19.12.66	98-01 Bielefeld	19/0
		99-00 Bielefeld	**7/0**
Strack, Gerd	1.9.55	**74-85 1.FC Köln**	**261/30**
		87-88 Düsseldorf	17/2
Strack, Jürgen	22.3.54	77-78/84-85 Bürstadt 75/2	**56/1**
		79-81 1860 München56/1	109/4
		81-82 1860 München 34/2	
Stradt, Winfried	25.9.56	**74-77 Ein. Frankfurt 7/0**	**28/5**
		76-77 TeBe 21/5	121/54
		77-78 TeBe 35/16	
		78-81 Aachen 86/38	
Straka, Frantisek	21.5.58	**88-91 M'gladbach 81/1**	**115/1**
		91-92 Rostock 34/0	64/3
		92-94 Wuppertal 64/3	
Stranzl, Martin	16.6.80	**98-01 1860 München**	**47/1**
Straschitz, Hermann	17.8.40	**64-66 BVB 24/4**	**74/16**
		66-68 Hannover 96 50/12	

SPIELER	GEBURT	STATIONEN	BILANZ
Strasser, Jeff	5.10.74	**99-01 K'lautern**	**57/4**
Stratos, Thomas	9.10.66	**90-92 HSV 33/3**	**129/8**
		92-93 Saarbrücken 7/0	95/3
		93-94/00-01 Saarbrücken 17/0	
		95-01 Bielefeld 78/3	
		96-98/99-00 Bielefeld 89/5	
Straube, Oliver	13.12.71	**93-94 Nürnberg 9/0**	**71/7**
		94-96 Nürnberg 48/6	97/9
		96-98 Uerdingen 49/3	
		98-99 HSV 6/0	
		99-01 Unterhaching 56/7	
Strauch, Eberhard	7.1.48	**73-77 RW Essen**	**89/1**
Straus, Reinhold	19.5.38	**66-67 Düsseldorf 29/5**	**30/5**
		67-68 Aachen 1/0	
Strauß, Dieter	9.3.44	**65-68 HSV**	**32/1**
Strehl, Heinz	20.7.38	**63-69 Nürnberg**	**174/76**
Strehmel, Alexander	20.3.68	**86-94 Stuttgart 157/15**	**214/9**
		94-96 Wattenscheid 41/0	135/3
		96-99 Unterhaching 94/3	
		99-01 Unterhaching 57/4	
Streich, Christian	11.6.65	85-87 Stut. Kickers 21/2	**10/0**
		87-88 SC Freiburg 22/2	64/5
		88-89 Homburg 21/1	
		89-90 Homburg 10/0	
Streit, Albert	28.3.80	**00-01 Ein. Frankfurt**	**4/0**
Streitenbürger, Lutz	21.12.44	**67-68 KSC**	**7/0**
Strelczyk, Friedhelm	26.11.47	**66-67 KSC**	**11/0**
Stremming, Karl-Friedrich	23.6.51	76-81 Herford	142/1
Strerath, Stefan	15.1.67	**89-91 BVB**	**19/1**
		91-92 Waldhof 25/3	70/9
		92-93 Düsseldorf 45/6	
Strich, Dennis	29.8.66	86-88 Solingen 30/1	79/1
		87-88 RWO 23/0	
		88-89 Homburg 26/0	
Strich, Horst-Dieter	8.4.41	**63-65 K'lautern 35/0**	**44/0**
		66-67 Nürnberg 9/0	
Strick, Gerhard	10.1.37	**63-65 Nürnberg**	**6/0**
Strogies, Ralf	18.9.66	91-92 Braunschweig 31/3	**19/0**
		94-95 1860 München 19/0	92/5
		96-99 Stut. Kickers 61/2	
Struckmann, Michael	28.8.64	82-93 Duisburg	166/33
		91-94 Duisburg	**27/3**
Strudal, Marc	29.4.68	**88-89 BVB**	**12/1**
Strunz, Thomas	25.4.68	**89-92/95-01 Bayern 156/24**	**235/33**
		92-95 Stuttgart 79/9	
Struth, Karl-Heinz	17.4.48	**66-67 1.FC Köln 11/2**	**113/31**
		73-74 Fort. Köln 33/9	135/52
		74-76 Fort. Köln 41/13	
		75-82 KSC 69/20	
		77-80 KSC 94/39	
Studer, Stefan	30.1.64	84-88 St. Pauli 101/3	**243/15**
		88-93 Ein. Frankfurt 128/9	133/6
		93-94 Wattenscheid 26/0	
		94-95 Hannover 96 32/3	
		95-98 Rostock 89/6	
Studtrucker, Stefan	25.11.66	95-96/98-99 Bielefeld	32/4
		96-97 Bielefeld	**8/1**
Studzizba, Jaroslav	28.10.55	**82-84 Braunschweig**	**51/9**
Stübner, Jörg	23.7.65	**91-92 Dresden**	**5/0**
Stürz, Georg	19.3.44	**70-72 Bielefeld**	**35/1**
Stumpf, Reinhard	26.11.61	84-85/87-89 Offenbach 84/2	**86/1**
		85-86 KSC 9/1	93/3
		89-92 K'lautern 65/1	
		94-96 1.FC Köln 21/0	
Stumptner, Rainer	7.7.64	**86-87 Nürnberg**	**1/0**
Sturm, Friedhelm	25.11.55	80-81 Eppingen 35/1	90/5
		81-83 Stut. Kickers 36/3	
		83-84 Aachen 19/1	
Sturm, Hans	3.9.35	**63-67 1.FC Köln**	**113/17**
Sturm, Oliver	20.3.71	91-93 Remscheid 57/4	76/4
		93-94 Stut. Kickers 19/0	
Sturm, Ralf	18.10.68	**88-94 1.FC Köln**	**121/28**
Sturm, Wilhelm	8.2.40	**63-71 BVB**	**186/12**
Sturz, Rudolf	18.11.52	74-77 Nürnberg 103/17	**70/3**
		77-73 St. Pauli 34/3	140/24
		78-79 1860 München 37/7	
		79-81 1860 München 36/0	
Subklewe, Karlheinz	6.12.50	**74-77 TeBe**	**42/5**
		75-73 TeBe 39/5	121/15
		77-81 Homburg 82/10	
Suchanek, Dieter	7.9.52	74-75 Wolfsburg 17/1	119/2
		76-77 Herford 34/1	
		77-80 Solingen 45/0	
		81-82 RW Essen 23/0	
Suchanek, Jürgen	24.3.55	74-75 Wolfsburg 3/0	**9/0**
		75-76 Spandau 26/3	91/4
		76-78 Duisburg 9/0	
		77-80 Herford 35/0	
		80-81 Homburg 27/1	
Sude, Ulrich	19.4.56	**80-86 M'gladbach**	**126/0**
Sühnholz, Wolfgang	14.9.46	**70-71 RWO 32/6**	**65/11**
		71-72 Bayern 25/4	
		74-75 TeBe 8/1	
Süss, Thomas	8.4.62	**87-91 KSC**	**109/6**
Sulmann, Dietmar	26.3.63	87-90 Meppen	75/12
Sunday, Ibrahim	1.8.50	**75-76 Bremen**	**1/0**
Sundermann, Axel	23.1.68	**88-89 Hannover 96 7/0**	**139/5**
		89-94 Hannover 96 175/10	200/10
		99-00 Bochum 25/0	
		94-97 SC Freiburg 66/3	
		97-01 Bochum 66/2	
Sundermann, Jürgen	25.1.40	**64-65 Hertha**	**29/0**
Surau, Ulrich	19.8.52	**71-76 M'gladbach 57/3**	**69/6**
		76-77 RW Essen 12/3	7/2
		76-77 Bonn 7/2	
Surbach, Peter	27.7.49	75-77 Leverkusen	50/2
Surmann, Karsten	5.10.59	80-92 Hannover 96 266/29	**91/10**
		85-89 Hannover 96 91/10	294/29
		92-93 St. Pauli 28/0	
Surmann, Mathias	19.12.74	97-98 Meppen 18/1	81/4
		98-01 Fürth 32/0	
Susser, Siegfried	12.7.53	77-78/80-83 Nürnberg 44/14	**10/0**
		78-79 Nürnberg 10/0	156/37
		78-79 SC Freiburg 17/8	
		80-83 Stut. Kickers 95/15	
Sutter, Alain	22.1.68	**93-94 Nürnberg 29/5**	**96/11**
		94-95 Bayern 22/1	
		95-97 SC Freiburg 45/5	
Suurbier, Wim	16.1.45	**77-78 Schalke**	**12/0**
Svensson, Jan	24.4.56	**83-86 Ein. Frankfurt**	**96/16**
Sverrisson, Eyjölfur	3.8.68	**89-94 Stuttgart 110/21**	**223/30**
		95-97 Hertha	56/4
		97-01 Hertha 113/9	
Svinggaard, Jacob	27.9.67	93-96 Fort. Köln	79/15
Szangolies, Uwe	10.8.62	91-94 Jena	90/7
Szatmari, Alexander	9.3.52	**80-82 Stuttgart**	**32/3**
Szaule, Walter	13.11.44	**68-69 BVB**	**4/0**
		76-80 FV Würzburg	110/4
Szech, Peter	26.5.53	74-75 SW Essen 13/0	**91/22**
		78-79 Leverkusen 37/15	83/24
		79-82 Leverkusen 91/22	
		82-83 Uerdingen 27/7	
		83-84 RW Essen 6/2	
Szeimies, Friedel	4.8.50	**71-73 RWO**	**5/0**
Szesni, Guido	30.6.59	**80-82 Duisburg 62/3**	**76/4**
		82-84 Osnabrück 52/9	131/16
		84-89 Saarbrücken 79/7	
		85-86 Saarbrücken 14/1	
Szewczyk, Zbigniew	29.11.67	93-97 Meppen 101/2	147/3
		98-00 TeBe 46/1	
Sziedat, Michael	22.8.52	**71-80 Hertha 280/12**	**379/16**
		80-84 Ein. Frankfurt 99/4	18/0
		84-85 Hertha 18/0	
Szollar, Krisztian	30.8.80	**99-00 Schalke**	**1/0**
Sztani, Istvan	19.3.37	**65-68 Ein. Frankfurt**	**21/3**
Szubert, Dariusz	31.10.70	94-95 St. Pauli 32/6	**23/0**
		95-96 St. Pauli 23/0	45/7

SPIELER	GEBURT	STATIONEN	BILANZ
		96-97 Oldenburg 13/1	
Szücs, Lajos	8.8.73	**97-98 K'lautern**	**3/0**
Szupak, Peter	9.10.52	76-78 Augsburg 34/2	89/13
		79-81 SSV Ulm 55/11	
Szymanek, Detlef	16.4.54	**74-77 Hertha 40/14**	**111/32**
		76-79 Düsseldorf 35/11	25/7
		78-81 Nürnberg 26/5	
		79-80 Nürnberg 16/7	
		80-81 Schalke 10/2	
		81-82 Schalke 9/0	
Szymaniak, Horst	29.8.34	**65-66 Tasmania**	**29/1**

T

SPIELER	GEBURT	STATIONEN	BILANZ
Täuber, Jürgen	12.4.55	76-80 Nürnberg 79/2	**140/4**
		78-79/81-84 Nürnb. 123/3	79/2
		80-81 Schalke 17/1	
Täuber, Klaus	17.1.58	76-80 Nürnberg 61/20	**137/51**
		78-81 Nürnberg 18/4	197/89
		80-83 Stut. Kickers 99/50	
		83-84 Schalke 37/19	
		84-87 Schalke 88/39	
		87-89 Leverkusen 31/8	
Täuber, Stephan	8.10.66	**86-87 Schalke 8/0**	**18/1**
		88-90 Hertha 19/2	238/33
		89-93 Darmstadt 123/19	
		93-95 Wolfsburg 27/2	
		95-98 Unterhaching 97/8	
		98-99 Nürnberg 10/1	
		99-00 Nürnberg 9/0	
		00-01 RWO 13/2	
Tagliari, Raoul	15.7.40	**64-66 Duisburg**	**9/4**
Talaszus, Horst	28.1.36	**65-66 Tasmania**	**9/0**
Tammen, Arne	29.1.72	90-93/96-97 Oldenburg 41/3	**1/0**
		97-99 Unterhaching 41/0	82/3
		99-00 Unterhaching 1/0	
Tanjga, Miroslav	22.7.64	92-96 Hertha 94/2	176/5
		96-99 Mainz 82/3	
Tanko, Ibrahim	25.7.77	**94-01 BVB 52/3**	**57/4**
		00-01 SC Freiburg 5/1	
Tapalovic, Filip	22.10.76	95-96 Bochum 5/0	**70/2**
		96-97 Bochum 20/0	5/0
		98-99 Schalke 18/0	
		99-01 1860 München 32/2	
Tare, Igli	25.7.73	**96-97 KSC 8/0**	**34/4**
		97-99 Düsseldorf	63/24
		99-01 K'lautern 26/4	
Tarnat, Michael	27.10.69	90-93 Duisburg 76/11	**240/16**
		91-94 Duisburg 58/1	76/11
		94-97 KSC 81/7	
		97-01 Bayern 101/8	
Tattermusch, Reinhold	11.4.67	87-89 Meppen 35/1	**20/2**
		89-93 Stut. Kickers 66/2	101/3
		91-92 Stut. Kickers 20/2	
Tautenhahn, Udo	2.8.66	94-96 Zwickau	51/0
Tavcar, Rajko	21.7.74	95-96 Unterhaching 1/0	59/0
		99-00 Fort. Köln 28/0	
		00-01 Nürnberg 30/0	
Tchami, Alphonse	14.2.71	**97-99 Hertha**	**29/3**
Tchipev, Zvetomir	16.8.77	99-01 RWO	56/0
Tebeck, Manfred	17.11.69	**91-94 Duisburg**	**5/0**
		92-93 Duisburg	14/2
Teichmann, Andreas	4.6.70	94-99 Wattenscheid	59/2
Tenbruck, Werner	13.11.41	**68-70 Aachen**	**34/3**
Tenhagen, Franz-Josef	31.10.52	**71-73 RWO 64/6**	**457/25**
		73-81/84-88 Bochum 306/19	
		81-84 BVB 87/0	
Tepe, Wilfried	25.11.40	**64-65 1860 München**	**1/0**
Terhaar, Jochen	6.12.61	86-90 Wattenscheid 100/3	154/5
		89-91 Münster 54/2	
Tetzner, Alexander	23.8.74	99-01 Chemnitz	54/4
Teuber, Ronny	1.9.65	**92-93 Dresden**	**1/0**
		96-97 Gütersloh 5/0	16/0
		97-99/00-01 Fürth 11/0	
Teupel, Gerhard	20.11.41	**66-67 Bremen**	**1/0**
Thaumüller, Wolfram	20.12.48	74-76 Schweinfurt	76/1
Theis, Amand	19.11.49	**68-69 Nürnberg 7/0**	**296/28**
		72-76 Offenbach 100/12	36/11
		76-77 Offenbach 36/11	
		77-80 BVB 84/6	
		80-84 Düsseldorf 105/10	
Theiss, Klaus	9.7.63	**81-85 KSC 87/3**	**146/14**
		83-84 KSC 38/5	94/7
		85-87 Ein. Frankfurt 42/9	
		88-89 Aschaffenburg 36/1	
		89-90 Homburg 17/2	
		90-91 Homburg 17/1	
		93-94 TeBe 3/0	
Thelen, Josef	25.2.41	**67-70 Aachen**	**88/1**
Thelen, Werner	8.7.47	**69-70 1.FC Köln 14/3**	**31/3**
		70-71 Bremen 15/0	19/5
		74-75 K'lautern 2/0	
		75-76 FSV Frankfurt 19/5	
Thiam, Pablo	3.1.74	**94-98 1.FC Köln 89/4**	**178/13**
		98-01 Stuttgart 89/9	
Thiel, Achim	16.10.62	**83-84 Offenbach**	**10/0**
		87-89 Offenbach	70/0
Thiel, Joachim	7.8.51	**74-75 TeBe**	**22/0**
		76-79 Wacker Berlin	41/0
Thiele, Bernd	24.1.56	**73-81 Schalke 162/5**	**178/5**
		81-82 Schalke 27/1	91/5
		83-85 Hannover 96 64/4	
		85-86 Hannover 96 16/0	
Thiele, Günter	7.11.61	**79-86 Düsseldorf 128/44**	**191/58**
		86-89 M'gladbach 63/14	24/1
		89-90 Duisburg 24/1	
Thiele, Wolfgang	4.4.51	**71-72 Hannover 96**	**1/0**
Thielemann, Ronny	15.11.73	**99-00 Rostock 7/0**	**23/0**
		00-01 Cottbus 16/0	
Thielen, Karl-Heinz	2.4.40	**63-73 1.FC Köln**	**221/56**
Thier, Wolfgang	4.11.48	**73-74 Fort. Köln**	**29/0**
		74-75 Fort. Köln 23/2	52/6
		76-77 Bonn 29/4	
Thies, Klaus	25.10.50	**74-77 Duisburg**	**64/8**
		77-78 Wuppertal	28/0
Thimm, Joachim	30.10.39	**63-64 KSC**	**6/3**
Thoben, Robert	17.11.63	87-98 Meppen	361/6
Tholen, Sven	19.11.72	93-94 St. Pauli	1/0
		96-97 St. Pauli	**4/0**
Thom, Andreas	7.9.65	**89-95 Leverkusen 161/37**	**212/42**
		97-01 Hertha 51/5	
Thoma, Axel	5.9.64	**84-85 Stuttgart**	**2/1**
Thomas, Dean	19.12.61	84-86 Aachen 43/5	**48/5**
		85-87 Düsseldorf 48/5	76/9
		87-88 Düsseldorf 33/4	
Thomas, Wayne	2.9.58	78-79 Baunatal 30/2	**66/6**
		80-84 Aachen 113/24	219/33
		83-85 Uerdingen 39/0	
		85-88 Hannover 96 27/6	
		86-87 Hannover 96 28/4	
		87-89 Offenbach 48/3	
Thomforde, Klaus	1.12.62	84-99 St. Pauli	217/0
		88-97 St. Pauli	**100/0**
Thommes, Rolf	21.2.44	**63-64 1860 München**	**1/0**
Thommessen, Frank	31.5.62	**85-89 Uerdingen**	**32/4**
		89-91 RW Essen	48/4
Thomsen, Claus	31.5.70	**98-01 Wolfsburg**	**54/3**
Thon, Olaf	1.5.66	83-84 Schalke 38/14	**438/82**
		84-88/94-01 Schalke 290/52	38/14
		88-94 Bayern 148/30	
Thorstvedt, Erik	28.10.62	**85-87 M'gladbach**	**12/0**
Thun, Dieter	4.6.39	**63-65 Bremen**	**24/6**
Thychosen, Steen	22.9.58	**78-81 M'gladbach**	**27/2**
Thygesen, Poul-Erik	17.7.50	**73-75 Bremen**	**20/4**
Tiffert, Christian	18.2.82	99-00 TeBe	8/2
		00-01 Stuttgart	**6/0**

T

SPIELER	GEBURT	STATIONEN	BILANZ
Tijkuzu, Razundara	12.12.79	**99-01 Bremen**	**38/0**
Tilkowski, Hans	12.7.35	**63-67 BVB 81/0**	**121/0**
		67-69 Ein. Frankfurt 40/0	
Tillich, Wolfgang	25.11.39	**63-65 Hertha**	**26/0**
Tilner, Martin	1.2.64	82-86 Wattenscheid 107/9	216/18
		87-93 Remscheid 109/9	
Timm, Christian	27.2.79	**96-99 BVB 15/0**	**47/8**
		99-00 1.FC Köln	26/7
		00-01 1.FC Köln 32/8	
Timme, Dieter	23.9.56	**79-83 Hertha**	**37/5**
		80-86 Hertha	143/8
Timofte, Daniel	1.10.67	**90-91 Uerdingen**	**15/0**
		91-92 Uerdingen	13/1
Tinnefeld, Günter	28.7.57	78-86 Wattenscheid	274/7
Tipold, Bernd	31.7.59	94-97 Zwickau	76/10
Tippelt, Dieter	20.11.53	**72-73 Bremen**	**5/0**
Tita	1.4.58	**87-88 Leverkusen**	**21/10**
Tobollik, Cezary	22.10.61	**83-85 Ein. Frankfurt**	**42/12**
		85-86 Aschaffenburg	37/18
Toborg, Lars	19.8.75	98-01 RWO	84/10
Tochtermann, Heinz	22.1.56	**74-75 Stuttgart**	**6/1**
		75-77 1860 München 25/2	129/15
		77-80 Bayreuth 47/5	
		79-82 SC Freiburg 57/8	
Todt, Jens	5.1.70	90-91 Havelse 28/3	**187/20**
		91-93 SC Freiburg 73/15	101/18
		93-96 SC Freiburg 95/14	
		96-99 Bremen 72/6	
		99-01 Stuttgart 20/0	
Todzi, Ralf	19.6.55	80-81 Neunkirchen 36/8	63/16
		86-87 SSV Ulm 27/8	
Töfting, Stig	14.8.69	**93-95/00-01 HSV 36/2**	**105/8**
		97-00 Duisburg 69/4	
Tönnies, Michael	19.12.59	**78-81 Schalke 7/0**	**40/13**
		81-82 Bayreuth 24/5	140/62
		86-87 RW Essen 4/0	
		89-91 Duisburg 67/40	
		91-92 Duisburg 33/13	
		92-94 Wuppertal 45/17	
Tönsfeldt, Dietmar	26.1.56	78-81 Kiel	99/1
Tönsfeldt, Volker	24.11.52	78-80 Kiel	52/10
Török, Joszef	30.1.54	**85-87 Waldhof**	**8/0**
		86-87 Kassel	15/2
Tolkmitt, Mario	30.10.70	**92-97 Leverkusen 55/0**	**68/0**
		96-97 Düsseldorf 13/0	4/0
		97-98 Düsseldorf 4/0	
Tomas, Milos	9.1.68	94-95 Saarbrücken 31/0	67/0
		96-97 RW Essen 29/0	
		97-98 Jena 7/0	
Tomcic, Zoran	26.2.70	96-97 Wolfsburg 30/2	**7/0**
		97-98 Wolfsburg 7/0	51/3
		98-99 Uerdingen 21/1	
Tomoski, Borislav	21.9.72	**97-98 Rostock**	**1/0**
Tonello, Raffael	14.6.74	94-95 Düsseldorf	5/1
		95-97 Düsseldorf	**20/3**
Topalovic, Slobodan	8.11.52	**74-77 1.FC Köln**	**17/0**
		78-79 Vikt. Köln	11/0
Toplak, Samir	23.4.70	**98-01 Bochum**	**33/1**
		99-00 Bochum	15/1
Toppel, Michael	8.8.57	**78-80 Hertha**	**4/1**
Toppmöller, Dino	23.11.80	00-01 Saarbrücken	12/1
Toppmöller, Heinz	16.3.50	**74-75 K'lautern**	**4/0**
Toppmöller, Klaus	12.8.51	**72-80 K'lautern**	**204/108**
		86-87 Salmrohr	31/0
Toppmöller, Marco	16.1.78	**00-01 K'lautern**	**2/0**
Torstensson, Conny	28.8.49	**73-77 Bayern**	**81/11**
Torunarigha, Ojokojo	12.3.70	91-95 Chemnitz	77/5
Toth, Franz-Josef	28.8.55	74-79 Stut. Kickers 98/5	122/6
		79-81 Kiel 24/1	
Toth, Gyula	20.4.41	**64-65 Schalke 21/0**	**33/0**
		65-68 Nürnberg 12/0	
Träries, Helmut	10.5.55	76-79 Solingen 25/0	79/0
		82-84 Lüttringhausen 54/0	
Trapp, Wolfgang	1.8.57	**77-82 Ein. Frankfurt 50/0**	**189/12**
		81-82 Darmstadt 19/0	110/16
		82-83 Darmstadt 24/9	
		83-84 Offenbach 32/5	
		84-85 Offenbach 14/1	
		84-85 Solingen 10/0	
		85-87 KSC 62/6	
		87-91 KSC 88/7	
Trares, Bernhard	18.8.65	85-89 Darmstadt 126/28	**183/16**
		89-90 Aachen 30/9	195/41
		91-94 1860 München 39/4	
		94-97 1860 München 94/10	
		97-01 Bremen 89/6	
Traser, Ernst	4.1.53	**72-74 Offenbach 9/0**	**33/0**
		74-85 Saarbrücken	204/16
		76-78 Saarbrücken 24/0	
Traser, Heinz	4.1.53	**72-73 Offenbach 2/0**	**61/6**
		74-81 Saarbrücken 131/38	259/90
		76-78 Saarbrücken 59/6	
		81-85 Kassel 128/52	
Trautmann, Joachim	16.8.67	90-91 Havelse 30/0	92/0
		92-93 Wolfsburg 32/0	
		93-95 Saarbrücken 30/0	
Trautner, Eberhard	7.2.67	**86-99 Stuttgart**	**32/0**
Trejgis, Marek	4.3.75	**97-99 HSV**	**11/0**
		99-01 St. Pauli	26/1
Tremmel, Gerhard	16.11.78	**99-01 Unterhaching**	**39/0**
Trenkel, Wilfried	3.11.53	74-80 KSC	132/17
		75-83 KSC	**121/10**
Trenner, Robert	20.1.73	**90-91 Wattenscheid**	**1/0**
Tretschok, René	23.12.68	91-92 Halle 30/3	**159/23**
		92-97 BVB 61/8	56/4
		93-94 TeBe 26/1	
		97-98 1.FC Köln 34/8	
		98-01 Hertha 64/7	
Tretter, Werner	7.1.48	74-77 Pirmasens	87/3
Trieb, Martin	23.9.61	80-81 Augsburg 38/10	**165/10**
		82-86 Ein. Frankfurt 90/5	52/11
		86-90 Waldhof 75/5	
		89-90 SC Freiburg 14/1	
Trienekens, Stefan	21.8.70	**89-90 Uerdingen 1/0**	**9/0**
		91-92/96-97 Düsseldorf 8/0	5/0
		92-93/97-98 Düsseldorf 5/0	
Trimhold, Holger	13.6.53	74-75 SW Essen 33/10	**134/14**
		75-79 Bochum 105/11	52/10
		79-80 Braunschweig 29/3	
		80-81 Braunschweig 19/0	
Trimhold, Horst	4.2.41	**63-66 Ein. Frankfurt 71/15**	**167/27**
		66-71 BVB 96/12	103/6
		75-78 FSV Frankfurt 103/6	
Trinklein, Gert	18.6.49	**68-78 Ein. Frankfurt**	**230/10**
		78-79 Offenbach	6/0
Tripbacher, Manfred	23.2.57	76-79 Augsburg 50/6	**161/17**
		78-85 Braunschw. 161/17	120/17
		80-86 Braunschweig 70/11	
Trkulja, Dragan	30.9.64	98-01 SSV Ulm	35/14
		99-00 SSV Ulm	**20/1**
Troche, Horacio	14.2.36	**67-68 Aachen**	**24/0**
Trommer, Uwe	29.3.64	91-95 Leipzig	49/2
		93-94 Leipzig	**26/0**
Trulsen, André	28.5.65	86-88/94-01 St. Pauli 206/19	**192/9**
		88-91/95-97 St. Pauli 160/7	206/19
		91-93 1.FC Köln 32/2	
Trunk, Dieter	22.3.59	**81-84 Nürnberg 49/14**	**119/26**
		81-82 Fort. Köln 15/0	43/2
		84-87 K'lautern 70/12	
		87-89 Darmstadt 28/2	
Tschertschessow, Stanislaw	2.9.63	**93-95 Dresden**	**57/0**
Tschiedel, Jens	5.8.68	96-99 Gütersloh	67/3
Tschiskale, Uwe	9.7.62	85-90 Wattenscheid 144/72	**101/25**
		87-88 Bayern 1/0	144/72
		87-88 Schalke 16/4	
		90-94 Wattenscheid 84/21	
Tsionanis, Dimitrios	31.8.61	80-91 Waldhof	62/0

SPIELER	GEBURT	STATIONEN	BILANZ
		83-90 Waldhof	**146/6**
Tsionanis, Pandelis	6.12.62	81-83 Waldhof	15/0
		83-84 Waldhof	**1/0**
Tüfekci, Ilyas	3.2.60	**80-82 Stuttgart 27/13**	**59/21**
		81-82 Schalke	30/7
		82-83 Schalke 32/8	
Türr, Frank	16.9.70	**88-91 Nürnberg 54/9**	**76/11**
		91-93 Bochum 22/2	135/27
		92-93 Braunschweig 20/1	
		97-01 Fürth 115/26	
Tune-Hansen, Niels	19.1.53	76-79 St. Pauli 76/12	**33/1**
		77-78 St. Pauli 33/1	187/26
		79-82 Osnabrück 111/14	
Turowski, Janusz	7.2.61	**86-91 Ein. Frankfurt**	**105/28**
		91-93 Leipzig	43/11
Tutschek, Hans-Georg	18.9.41	**64-65 Ein. Frankfurt**	**7/3**
Twyrdy, Roland	21.8.69	87-91 Osnabrück	58/3
Tybussek, Helmut	10.4.36	**63-64 Münster**	**14/1**
Tyce, Roman	7.5.77	**98-01 1860 München**	**68/2**
Tyszkiewicz, Piotr	4.9.70	95-97 Wolfsburg	49/13
		97-98 Wolfsburg	**12/1**
Tzvetanov, Tzanko	6.1.70	**00-01 Cottbus**	**5/0**

U

SPIELER	GEBURT	STATIONEN	BILANZ
Ueding, Heiko	4.10.69	88-90 Wattenscheid 11/0	63/1
		90-91 Schweinfurt 31/0	
		93-94 RW Essen 21/1	
Ünyazici, Aykut	25.12.36	**63-65 Braunschweig**	**9/0**
Ujfalusi, Tomas	24.3.78	**00-01 HSV**	**19/0**
Ulbricht, Klaus	14.9.65	87-88 St. Pauli	10/0
		88-91 St. Pauli	**20/0**
Ulitzka, Jürgen	22.11.60	**78-81 Duisburg**	**5/0**
		81-82 RW Essen	20/1
Ulm, Hugo	4.9.44	**67-68 Neunkirchen**	**27/1**
Ulrich, Rainer	4.6.49	74-80 KSC	124/0
		75-82 KSC	**121/0**
Ulsaß, Lothar	9.9.40	**64-71 Braunschweig**	**201/84**
Unger, Erich	26.8.51	74-78 Fürth 133/43	192/54
		78-80 Saarbrücken 59/11	
Unger, Lars	30.9.72	**93-97 Bremen**	**24/1**
		97-99 Düsseldorf	39/1
Ungewitter, Dieter	3.1.51	**71-72 Ein. Frankfurt**	**7/0**
Unglaube, René	6.11.65	89-90 Hertha 5/0	**34/5**
		90-91 Hertha 20/4	8/0
		91-92 Wattenscheid 14/1	
		93-94 TeBe 3/0	
Unsöld, Oliver	21.10.73	98-01 SSV Ulm	64/7
		99-00 SSV Ulm	**34/1**
Urosevic, Andelko	1.4.68	90-91 Havelse 13/0	50/1
		92-93 Unterhaching 37/1	
Usbeck, Wulf-Ingo	4.11.43	**65-66 Tasmania 28/4**	**37/4**
		66-67 Nürnberg 9/0	
Usman, Ahmet	29.10.77	**96-97 St. Pauli**	**1/0**
Utzig, Peter	25.8.44	**65-66 Neunkirchen**	**10/0**
Uysal, Soner	24.8.77	96-97 Waldhof 17/3	**13/1**
		97-98 Gütersloh 12/0	29/3
		97-98/99-00 HSV 13/1	

V

SPIELER	GEBURT	STATIONEN	BILANZ
Vaccaro, Angelo	4.10.81	**00-01 Stuttgart**	**2/0**
Valencia, Adolfo	6.2.68	**93-95 Bayern**	**26/11**
Vana, Thomas	9.10.72	95-96/00-01 Duisburg	27/5
		96-99 Duisburg	**50/3**
Vander, Christian	24.10.80	98-99 Uerdingen	5/0
		00-01 Bochum	**2/0**
Vandereycken, René	22.7.53	**86-87 BW Berlin**	**24/0**
Vanenburg, Gerald	5.3.64	**98-00 1860 München**	**43/2**
Varga, Zoltan	1.1.45	**70-72 Hertha**	**34/9**
		74-76 BVB 52/10	60/11

SPIELER	GEBURT	STATIONEN	BILANZ
		76-77 Augsburg 8/1	
Vastic, Ivica	29.9.69	**93-94 Duisburg**	**10/0**
Vata, Rudi	13.2.70	98-00 Cottbus	50/1
		00-01 Cottbus	**30/1**
Veh, Armin	1.2.61	78-79 Augsburg 7/0	**65/3**
		80-85 M'gladbach 65/3	60/1
		87-90 Bayreuth 53/1	
Veit, Michael	12.8.53	76-81 Trier	176/0
Veit, Sixten	7.1.70	92-95 Chemnitz 89/16	**81/6**
		95-97 Hertha 32/3	121/19
		97-01 Hertha 81/6	
Ven, Dirk van der	1.3.70	87-89 Wattenscheid 18/2	**23/2**
		90-91 Schweinfurt 3/1	123/24
		90-99 Bielefeld 23/2	
		96-97 Gütersloh 31/10	
		97-99 Uerdingen 44/9	
		00-01 Bielefeld 27/2	
Vengels, Uwe	14.8.60	82-83 Uerdingen	5/0
		83-84 Uerdingen	**3/0**
Verel, Engin	15.9.56	**79-80 Hertha**	**5/0**
Verlaat, Frank	5.3.68	**95-99 Stuttgart 104/6**	**123/7**
		00-01 Bremen 19/1	
Versen, Dieter	22.6.45	**71-79 Bochum**	**158/4**
Versteeg, Heinz	24.3.39	**63-66 Duisburg**	**62/13**
Vier, Angelo	23.4.72	**95-96 Bremen**	**11/1**
		95-96 Bielefeld 11/0	126/54
		96-97 RW Essen 33/18	
		97-98 Gütersloh 33/18	
		99-01 RWO 49/18	
Viertel, Torsten	16.9.66	94-98 Zwickau	71/6
Villa, Marco	18.7.78	**96-99 M'gladbach**	**24/4**
Vittinghoff, Bernd	9.7.55	80-81 Münster 42/7	139/35
		81-84 Fort. Köln 71/24	
		83-84 Charlottenburg 26/4	
Vjetrovic, Miroslav	21.7.56	84-85 Hannover 96	29/4
		85-86 Hannover 96	**13/1**
Vladimir, Ivica	25.1.65	92-99 Unterhaching	94/2
Vladoiu, Ion	5.11.68	**96-98 1.FC Köln**	**51/10**
		99-00 Offenbach	15/5
Vlugt, Harry de	26.5.47	**73-75 RW Essen**	**27/11**
Vöge, Wolfgang	15.9.55	75-76 BVB 13/1	**223/44**
		76-80 BVB 98/20	13/1
		80-84 Leverkusen 125/24	
Vöhringer, Klaus	1.6.51	74-77 Augsburg 93/26	**18/4**
		77-78 1860 München 18/4	101/27
		78-79 1860 München 8/1	
Völler, Rudi	13.4.60	77-80 Offenbach 73/19	**232/132**
		80-81 1860 München 33/9	110/56
		81-82 1860 München 37/37	
		82-87 Bremen 137/97	
		94-96 Leverkusen 62/26	
Völzke, Hendrik	22.3.75	**96-97 Bremen**	**1/0**
Vofrey, Eckhart	11.1.56	**75-76 Braunschweig**	**1/0**
Vogel, Peter	24.8.52	**77-78 Duisburg**	**14/0**
		78-81 TeBe	67/7
Vogel, Roland	7.4.51	74-75 KSC 36/6	**25/1**
		75-77 KSC 25/1	103/25
		76-79 Waldhof 67/19	
Vogel, Thomas	28.6.65	**91-93 K'lautern**	**36/6**
		93-94 TeBe 18/3	28/3
		95-96 Jena 10/0	
Vogel, Thomas	1.3.67	90-91 Havelse 22/2	**105/0**
		92-93 SC Freiburg 23/1	48/3
		93-97 SC Freiburg 88/0	
		97-99 HSV 17/0	
		99-00 M'gladbach 3/0	
Vogeler, Hans-Joachim	3.9.47	76-78 Arm. Hannover	68/0
Vogler, Claus	25.1.43	**63-64 HSV**	**4/1**
Vogt, Dennis	20.5.78	**97-98 1.FC Köln**	**1/0**
Vogt, Karlheinz	23.2.45	**69-74 K'lautern**	**96/39**
Vogtmann, Bernd	8.4.49	77-80 Freiburger FC	75/8
Vogts, Berti	30.12.46	**65-79 M'gladbach**	**419/33**
Voigt, Alexander	13.4.78	98-00 1.FC Köln	57/4

SPIELER	GEBURT	STATIONEN	BILANZ
		00-01 1.FC Köln	**26/1**
Voigt, Ralf	31.12.64	89-92 Osnabrück 89/11	189/25
		92-94 Wuppertal 38/3	
		94-95 Düsseldorf 31/8	
		95-96 Bielefeld 26/3	
		97-98 Meppen 5/0	
Voise, Heinz-Jürgen	8.12.54	75-82 Stut. Kickers	125/8
Volkert, Georg	28.11.45	**65-69/80-81 Nürnberg**	**410/125**
		136/37, 71-78 HSV 214/62	
		71-78 HSV 214/62	
		78-80 Stuttgart 60/26	
Volkert, Walter	21.9.48	**70-71 HSV**	**1/0**
Vollack, Werner	24.3.55	74-75/82-83 Uerdingen 40/0	**150/0**
		75-88 Uerdingen 134/0	260/0
		76-80 Trier 96/0	
		79-82 Stut. Kickers 88/0	
		87-88 Homburg 16/0	
		88-90 Schalke 36/0	
Vollath, Richard	2.3.59	**81-82 Nürnberg**	**1/0**
		82-83 Augsburg	16/1
Vollborn, Rüdiger	12.2.63	**83-99 Leverkusen**	**401/0**
Vollmar, Heinz	26.4.36	**63-64 Saarbrücken**	**23/3**
Vollmer, Ralf	5.7.62	83-94 Stut. Kickers	275/62
		88-92 Stut. Kickers	**62/8**
Volz, Karlheinz	30.3.47	**70-71 Offenbach 32/0**	**33/0**
		71-72 1.FC Köln 1/0	153/0
		75-80 FSV Frankfurt 153/0	
Vorholt, Eckhard	18.10.67	87-98 Meppen	296/31
		90-91 Uerdingen	**8/0**
Vorreiter, Helmut	11.2.58	**81-82 Darmstadt**	**25/2**
		82-84 Darmstadt 60/10	87/18
		84-85 Bürstadt 27/8	
Voß, Albert	8.9.51	**77-78 Bremen**	**1/0**
		80-81 Bremen	8/0
Voss, Andreas	27.2.79	**99-00 Duisburg 13/1**	**22/1**
		00-01 Wolfsburg 9/0	
Voß, Heinz-Rüdiger	28.10.42	**63-64 Münster**	**28/0**
Vossen, Heinz	8.7.68	**90-92 Wattenscheid**	**4/0**
		98-99 Uerdingen	20/3
Voßnacke, Mike	3.1.65	83-90 Duisburg	82/4
Votava, Mirko	25.4.56	74-76 BVB 68/3	**546/43**
		76-82 BVB 189/25	83/3
		85-97 Bremen 357/18	
		96-97 Oldenburg 15/0	
Votava, Tomas	21.2.74	**99-01 1860 München**	**10/0**
Vranjes, Jurica	30.1.80	**99-01 Leverkusen**	**23/0**
Vries, Achim de	21.6.54	78-80 Solingen	60/11
Vucevic, Goran	18.5.71	**97-98 1.FC Köln**	**9/0**
		98-99 1.FC Köln	7/1
Vuckov, Anton	1.6.38	**65-66 Bayern**	**1/1**
Vujacic, Budumir	4.1.64	85-88 SC Freiburg	76/4
Vukomanovic, Ivan	19.6.77	**00-01 1.FC Köln**	**2/0**
Vural, Hasan	17.12.73	96-97 Hertha 14/0	**1/0**
		97-98 Hertha 1/0	39/0
		97-98 Uerdingen 12/0	
		98-99 Cottbus 13/0	

W

SPIELER	GEBURT	STATIONEN	BILANZ
Waas, Herbert	8.9.63	81-82 1860 München 35/11	**247/74**
		82-90 Leverkusen 209/72	35/11
		91-92 HSV 33/2	
		94-95 Dresden 5/0	
Wabra, Klaus	22.4.65	**83-84 Nürnberg**	**1/0**
Wabra, Roland	25.11.35	**63-69 Nürnberg**	**146/0**
Wache, Dimo	1.11.73	95-01 Mainz	155/0
Wachsmann, Albrecht	28.6.44	**69-70 Ein. Frankfurt**	**3/0**
Wacker, Hans-Dieter	28.12.58	**78-79 Ein. Frankfurt**	**1/0**
Waclawiak, Horst	1.1.38	**63-64 Hertha**	**10/4**
Waddey, Werner	22.3.46	**65-68 M'gladbach**	**22/0**
Wähling, Jürgen	6.12.40	**65-66 Tasmania**	**12/0**
Wagenhaus,	29.10.64	**91-94 Dresden**	**50/1**
Andreas		94-97 Waldhof	51/2
Wagner, David	19.10.71	**90-91 Ein. Frankfurt 1/0**	**30/2**
		91-95 Mainz 94/19	148/26
		95-97 Schalke 29/2	
		97-99 Gütersloh 49/7	
		99-00 Waldhof 5/0	
Wagner, Friedrich	1.8.58	**77-79 Schalke**	**28/1**
		79-81 Homburg	44/11
Wagner, Gerhard	25.8.44	**69-70 Ein. Frankfurt**	**5/0**
Wagner, Joachim	31.1.55	74-76 BVB 71/3	**149/6**
		76-83 BVB 149/6	80/4
		83-84 RW Essen 9/1	
Wagner, Manfred	31.8.38	**63-70 1860 München**	**187/3**
Wagner, Martin	24.2.68	**88-92 Nürnberg 100/14**	**271/37**
		92-00 K'lautern 169/23	31/7
		96-97 K'lautern 31/7	
		00-01 Wolfsburg 2/0	
Wagner, Michael	19.12.75	**96-97 SC Freiburg**	**16/0**
Wagner, Norbert	12.4.61	84-85 Nürnberg 25/0	**67/0**
		85-88 Nürnberg 67/0	50/0
		89-90 BW Berlin 25/0	
Wagner, Walter	26.7.49	**70-71 Ein. Frankfurt**	**11/0**
Wagner, Willi	5.8.51	74-83 Darmstadt	223/18
		78-82 Darmstadt	**42/2**
Wagner, Wolfram	24.6.72	**92-93 Dresden**	**2/0**
Wahl, Jens	24.7.66	**91-92 Rostock**	**34/3**
		92-93 Rostock 43/4	126/8
		93-96 Chemnitz 83/4	
Wahlen, Alfred	15.11.58	79-81 Trier 66/0	226/1
		86-87 Salmrohr 10/0	
		87-92 Saarbrücken 150/1	
Walbeck, Jürgen	8.4.48	**69-70 Aachen**	**2/0**
Walbeek, Stephanus	6.5.48	**75-76 Hertha**	**13/0**
Waldner, Erwin	24.1.33	**63-67 Stuttgart**	**63/12**
		86-87 Stut. Kickers	2/1
Waldoch, Tomasz	10.5.71	**91-99 Bochum 108/6**	**168/12**
		95-96 Bochum	25/2
		99-01 Schalke 60/6	
Walenciak, Gustav	23.8.39	**63-64 Duisburg**	**12/7**
Walitza, Hans	26.11.45	**71-74 Bochum 99/53**	**108/53**
		74-78 Nürnberg	118/71
		78-79 Nürnberg 9/0	
Walker, Marco	2.5.70	**96-98 1860 München**	**53/3**
		98-00 TeBe	55/5
Walleitner, Klaus	12.9.47	**66-67 Bayern 2/0**	**4/0**
		73-74 Hertha 2/0	62/8
		74-76 Augsburg 62/8	
Wallek, Wolfgang	6.4.50	74-77 Wolfsburg 60/24	91/36
		77-79 Arm. Hannover 31/12	
Wallenhorst, Andreas	12.1.66	87-90 Osnabrück	70/0
Walter, Christoph	5.11.43	**67-70 Aachen**	**74/2**
		74-75 Aachen	35/8
Walter, Dieter	25.7.48	74-76 Erkenschwick	72/10
Walter, Fritz	21.7.60	81-83 Waldhof 67/32	**348/157**
		83-87 Waldhof 129/55	103/53
		87-94 Stuttgart 216/102	
		95-96 Bielefeld 33/21	
		96-97 Bielefeld 3/0	
		98-99 SSV Ulm 3/0	
Walter, Karl	8.2.50	75-78 FSV Frankfurt 107/2	143/2
		78-79 Hanau 36/0	
Walter, Thomas	3.3.67	**93-95 KSC**	**4/0**
		96-99 Stut. Kickers 89/0	93/0
		99-00 KSC 4/0	
Walter, Werner	19.3.39	**63-65 Stuttgart**	**16/0**
Walther, Thorsten	20.9.72	**96-97 Düsseldorf**	**14/0**
		97-99 Düsseldorf	33/0
Walz, Bernd	15.10.57	76-83 Offenbach	148/12
Walz, Günter	25.7.62	**82-85 KSC**	**28/1**
		83-86 KSC	28/2
Walz, Manfred	1.9.62	**83-84 BVB**	**5/0**
		84-85 Nürnberg	1/0
Walz, Richard	24.8.67	88-89 Düsseldorf 31/8	**48/7**

W

SPIELER	GEBURT	STATIONEN	BILANZ
		89-91 Düsseldorf 38/4	83/14
		91-92 Uerdingen 23/3	
		92-93 Uerdingen 10/3	
		94-95 FSV Frankfurt 29/3	
Wanner, Gerhard	27.3.39	**63-65 Stuttgart**	**18/4**
Warken, Gerd	5.3.51	74-77 Völklingen 103/25	167/38
		77-80 Homburg 64/13	
Wasner, Manfred	30.12.63	**85-86 HSV**	**4/0**
Wassmer, Uwe	22.1.66	88-89 Schalke 35/10	**93/23**
		93-99 SC Freiburg 93/23	71/18
		97-98 SC Freiburg 25/7	
		99-00 Waldhof 11/1	
Waterink, Thijs	26.12.68	98-99 Gütersloh	28/3
		99-00 Bielefeld	**21/0**
Watson, Dave	5.10.46	**79-80 Bremen**	**2/0**
Watzl, Rüdiger	9.2.51	75-77 Regensburg	58/8
Wawrzyczek, Witold	22.5.73	97-00 Cottbus	81/10
		00-01 Cottbus	**6/0**
Wawrzyniak, Jörg	13.5.64	90-93 Oldenburg	108/13
Weber, Achim	11.3.69	90-91 Fort. Köln 17/2	**9/1**
		98-99/00-01 RWO 33/14	95/42
		99-00 Bochum 31/19	
		00-01 Bochum 9/1	
		00-01 RWO 14/7	
Weber, Frank	23.2.68	88-89 Aachen 15/3	**4/1**
		93-94 Uerdingen 19/3	34/6
		94-95 Uerdingen 4/1	
Weber, Franz	12.8.57	80-83 Fürth 100/14	280/34
		84-89 SC Freiburg 180/20	
Weber, Günter	11.7.52	**75-76 1.FC Köln 2/0**	**58/4**
		76-79 Duisburg 56/4	
Weber, Heiko	26.6.65	91-98 Jena	149/35
Weber, Joachim	3.7.51	**70-71 Ein. Frankfurt 3/0**	**36/5**
		74-80 Darmstadt	153/24
		78-79 Darmstadt 33/5	
Weber, Jörg	28.8.65	**83-85 Bielefeld**	**4/0**
Weber, Jürgen	29.6.44	**65-68 BVB 18/3**	**137/19**
		68-71 Hertha 62/9	17/0
		71-72 Bremen 27/5	
		74-75 Braunschweig 1/0	
		75-76 Hannover 96 29/2	
		76-77 Hannover 96 17/0	
Weber, Klaus	7.4.55	**73-75 Offenbach**	**5/1**
		75-76 Reutlingen	9/0
Weber, Ralf	31.5.69	87-89 Offenbach 51/6	**182/19**
		89-00 E. Frankfurt 182/19	83/16
		96-98 Ein. Frankfurt 32/10	
Weber, Richard	27.6.38	**63-66 Ein. Frankfurt**	**29/0**
Weber, Wolfgang	26.6.44	**63-77 1.FC Köln**	**356/21**
Webers, Detlef	13.9.49	**72-73 Wuppertal**	**8/1**
Wedau, Marcus	31.12.75	93-98 Uerdingen 51/5	**93/7**
		94-96 Uerdingen 49/4	71/9
		98-00 Duisburg 44/3	
		00-01 Duisburg 20/4	
Weetendorf, Dirk	1.10.72	**96-99 HSV 23/3**	**30/3**
		98-99 Bremen 7/0	
Wegmann, Jürgen	31.3.64	81-84 RW Essen 65/32	**203/69**
		83-86/89-93 BVB 117/33	77/34
		86-87 Schalke 28/10	
		87-89 Bayern 58/26	
		92-93 Duisburg 7/2	
		93-94 RW Essen 5/0	
Wegmann, Uwe	14.1.64	**85-95 Bochum 214/52**	**240/54**
		87-89 RW Essen 58/9	116/38
		93-94 Bochum 30/22	
		95-96 K'lautern 26/2	
		96-97 K'lautern 28/7	
Wehlage, Holger	3.7.76	96-98 Meppen 7/0	53/4
		99-01 St. Pauli 46/3	
Wehlmann, Carsten	27.6.72	97-00 St. Pauli	52/0
Wehmeier, Manfred	7.10.49	76-81 Herford	141/23
Wehmeyer, Bernd	6.6.52	**71-72 Bielefeld 2/0**	**206/12**
		73-76 Hannover 96 23/2	131/16
		74-75/76-78 Hannover 104/16	

SPIELER	GEBURT	STATIONEN	BILANZ
		75-76 Bielefeld 27/0	
		78-86 HSV 183/10	
Weichert, Florian	28.1.68	**91-92 Rostock 37/6**	**86/14**
		92-94 HSV 21/4	50/4
		93-94 Leipzig 14/3	
		94-95 Dresden 14/1	
		95-97 Leipzig 50/4	
Weida, Roland	11.12.43	**68-71 Offenbach**	**62/10**
Weidemann, Uwe	14.6.63	**90-92 Nürnberg 23/2**	**102/14**
		92-93 Waldhof 33/5	96/13
		93-95 Duisburg 60/11	
		95-97 Schalke 19/1	
		96-97 Hertha 7/1	
		97-99 Gütersloh 56/7	
Weidenfeller, Roman	6.8.80	**00-01 K'lautern**	**3/0**
Weidlandt, Jürgen	6.9.40	**66-68 KSC**	**59/3**
Weidle, Roland	1.1.49	**67-71 Stuttgart 27/2**	**255/19**
		71-78 E. Frankfurt 198/17	21/1
		78-79 Bielefeld 30/0	
		79-80 Bielefeld 21/1	
Weidmann, Manfred	15.1.45	**67-75 Stuttgart**	**234/32**
		75-76 Stuttgart	34/1
Weigert, Uwe	9.6.58	**78-79 Ein. Frankfurt**	**1/0**
		80-83 FSV Frankfurt	46/2
Weigl, Jochen	21.4.71	97-98 Fürth 33/4	**11/1**
		98-99 Nürnberg 11/1	58/5
		99-01 Nürnberg 25/1	
Weikamp, Werner	20.9.41	**65-66 Schalke**	**5/0**
		77-78 Bocholt	1/0
Weikl, Josef	15.1.54	**77-87 Düsseldorf**	**303/25**
		87-88 Düsseldorf	36/1
Weiland, Niclas	22.7.72	89-94/95-96 Hannover 93/15	125/15
		94-95 St. Pauli 2/0	
		98-00 TeBe 30/0	
Weilandt, Hilmar	29.9.66	**91-01 Rostock**	**156/3**
		92-95 Rostock	102/4
Weilbächer, Josef	29.12.44	**63-65 Ein. Frankfurt 4/0**	**62/2**
		68-71 Offenbach 58/2	
Weiler, Heinz-Rudolf	6.7.55	**74-76 K'lautern 17/1**	**34/1**
		76-79 FSV Frankfurt 51/12	70/14
		78-79 Darmstadt 17/0	
		79-80 Darmstadt 19/2	
Weinberg, Herbert	27.1.39	**66-71 RW Essen**	**81/4**
Weiner, Hans	29.11.51	**72-79 Hertha 217/12**	**309/14**
		79-82 Bayern 91/2	65/3
		84-86 Hertha 65/3	
Weinkauff, Dieter	26.9.47	**70-72 BVB**	**46/12**
		74-78 Pirmasens	107/38
Weise, Matthias	19.6.69	93-95 Hannover 96	50/2
Weiser, Patrick	25.12.71	**91-97 1.FC Köln 110/5**	**175/6**
		99-01 Wolfsburg 65/1	
Weiß, Günter	1.2.55	**74-76 Bayern**	**3/0**
		76-78 Bayreuth 40/1	68/3
		79-80 FV Würzburg 28/2	
Weiß, Gunnar	15.4.56	**81-83 Stuttgart**	**6/0**
		83-87 SSV Ulm	68/5
Weiß, Hartmut	13.1.42	**64-68/70-71 Stuttgart 108/38,**	**158/58**
		68-70 Braunschweig 60/20	
Weiß, Hendrik	31.7.65	88-97 Mainz	148/6
Weiß, Josef	13.3.52	**74-78 Bayern**	**36/0**
		78-80 FV Würzburg 74/1	104/1
		80-81 Bayreuth 30/0	
Weiss, Thomas	12.8.67	90-93 Darmstadt	73/16
Weiss, Willibald	18.7.48	**73-74 RW Essen 26/2**	**72/5**
		74-81 Darmstadt	191/22
		78-82 Darmstadt 46/3	
Weißberger, Georg	21.1.50	78-80 MTV Ingolstadt	75/21
Weissenberger, Markus	8.3.75	**99-00 Bielefeld**	**33/9**
		00-01 Bielefeld	21/3
Weissenberger, Thomas	28.5.71	**92-93 Nürnberg**	**13/0**
Weist, Werner	11.3.49	**68-71 BVB 72/34**	**217/87**

W

SPIELER	Geboren	STATIONEN	Spiele/Tore
		71-77 Bremen 145/53	
		77-78 Stut. Kickers 10/1	
Weißhaupt, Marco	24.6.72	**94-96 HSV 13/0**	**92/9**
		95-96 Mainz 13/2	46/18
		97-98 SC Freiburg 33/16	
		98-01 SC Freiburg 79/9	
Weller,	2.7.46	**70-72 Hannover 96 59/6**	**91/16**
Hans-Joachim		**74-75 Stuttgart 32/10**	37/11
		75-76 Stuttgart 37/11	
Welp, Jürgen	27.12.59	86-87 RW Essen 1/0	**1/0**
		90-91 Schalke 5/0	6/0
		91-92 Schalke 1/0	
Welz, Gerhard	1.2.45	**71-74 1.FC Köln 89/0**	**90/0**
		75-77 Münster 36/0	137/0
		77-79 TeBe 72/0	
		79-80 Stuttgart 1/0	
		80-82 Fort. Köln 29/0	
Wenauer, Ferdinand	26.4.39	**63-69 Nürnberg**	**168/0**
Wendland, Dieter	31.10.50	78-81 Kiel	107/18
Wendt, Benny	4.11.50	**75-76 1.FC Köln 6/0**	**152/55**
		76-77 TeBe 30/20	13/4
		77-81 K'lautern 116/35	
		84-85 SC Freiburg 13/4	
Weninger, Jürgen	25.2.58	78-81 FSV Frankfurt	90/1
Wentzel, Matthias	21.7.70	91-98 Jena	109/3
Wenzel, Horst	2.3.44	**70-72 Bielefeld**	**40/2**
Wenzel, Rüdiger	3.6.53	74-75/84-88 St. Pauli 137/59	**300/91**
		75-79 E. Frankfurt 130/51	137/59
		79-84 Düsseldorf 143/36	
		88-90 St. Pauli 27/4	
Wenzel, Timo	30.11.77	**00-01 Stuttgart**	**7/0**
Werner, Christian	17.5.58	**79-80 Hertha 3/0**	**23/3**
		80-81 1860 München 20/3	
Werner, Hartmut	18.7.49	74-78 Bayern Hof	109/44
Werner, Karl	21.7.66	88-89/94-95 Düsseldorf 70/2	**145/4**
		89-97 Düsseldorf 145/4	82/2
		97-98 St. Pauli 12/0	
Werner, Manfred	2.2.51	**79-80 Hertha**	**2/0**
		81-84 Hertha	5/0
Werner, Mike	13.2.71	**91-96 Rostock**	**2/0**
		92-95 Rostock	100/2
Werner, Peter	25.4.46	**65-68 Bayern 28/5**	**31/5**
		68-69 Offenbach 3/0	
Werner, Ronald	18.9.63	94-98 Leipzig	84/0
Werner, Siegfried	16.12.39	**65-66 Schalke**	**9/1**
Werres,			
Hermann-Josef	10.4.58	80-86 Fort. Köln	173/28
Werthmüller, Gerd	4.11.48	**72-74 Hertha**	**14/0**
		74-77 Völklingen	41/4
Wesche, Günter	25.6.47	**75-76 Hannover 96**	**23/0**
		76-78 Hannover 96	54/0
Weschke, Lothar	11.10.43	**63-66 Braunschweig 15/0**	**21/1**
		71-72 Düsseldorf 6/1	36/3
		74-75 Völklingen 36/3	
Wessel, Bernhard	20.8.36	**63-69 BVB**	**87/0**
Wessel,	26.9.54	**77-78 Bremen**	**2/0**
Karl-Friedrich		78-84 Osnabrück	196/3
Wesseler, Lothar	21.1.54	**73-74 Fort. Köln**	**17/4**
		74-78 Fort. Köln 86/14	213/56
		78-80 Worms 53/23	
		80-82 Hertha 74/19	
Wessels, Andreas	6.7.64	**87-95 Bochum**	**121/0**
		93-94 Bochum 37/0	117/0
		95-98 Fort. Köln 80/0	
Wessels, Stefan	28.2.79	**99-01 Bayern**	**3/0**
Westenberger,	15.10.48	74-84 Darmstadt	281/10
Edwin		**78-82 Darmstadt**	**64/0**
Westerbeek, Oliver	8.2.66	**87-88/89-90 Homburg 36/6**	**142/9**
		88-89 Bochum 15/0	115/7
		90-92 KSC 17/0	
		92-96 Duisburg 60/4	
		93-95/96-97 Duisburg 74/3	
		97-99 Fort. Köln 55/3	
Westerthaler,	11.1.65	97-98 Ein. Frankfurt 16/5	**31/3**

SPIELER	Geboren	STATIONEN	Spiele/Tore
Christoph		**98-00 Ein. Frankfurt 31/3**	23/5
		00-01 Osnabrück 7/0	
Westerwinter,	28.9.63	**82-85 Bielefeld**	**35/4**
Matthias		85-86 Hertha 28/4	79/20
		86-88 Bielefeld 51/16	
Weyerich, Horst	13.8.57	75-85 Nürnberg	98/27
		78-84 Nürnberg	**132/21**
Wibran, Peter	23.3.69	**98-01 Rostock**	**85/9**
Wichniarek, Artur	28.2.77	**99-00 Bielefeld**	**17/0**
		00-01 Bielefeld	25/18
Wicky, Raphael	26.4.77	**97-01 Bremen**	**92/1**
Wieczorek, Andreas	14.1.74	**94-95 Bochum**	**1/0**
		95-96 Bochum	3/0
Wieczorek, Peter	23.2.53	78-80 Wanne-Eickel	69/0
Wieczorkowski, Gert	24.7.48	**74-77 RW Essen**	**101/7**
		77-79 RW Essen	39/5
Wiedener, Andree	14.3.70	**93-01 Bremen**	**164/3**
Wielandt, Ulrich	22.4.56	**79-81 M'gladbach**	**3/0**
		80-84 Kassel	110/17
Wielert, Jürgen	5.7.60	79-80 Wanne-Eickel 2/0	**18/1**
		85-87 Bochum 18/1	37/2
		87-88 RWO 35/2	
Wiemers, Detlef	15.7.53	74-78 SW Essen 53/2	100/4
		77-80 RW Essen 47/2	
Wienhold, Günther	21.1.48	**72-77 Ein. Frankfurt**	**69/0**
		78-85/89-90 SC Freiburg	205/0
Wienhold, Lutz	15.9.65	92-00 Chemnitz	105/12
Wiercimok, Martin	16.3.69	**89-90 BVB**	**2/0**
Wiese, Dietmar	3.5.56	75-76 Gütersloh 1/0	78/0
		78-80 Wanne-Eickel 38/0	
		80-81 Erkenschwick 39/0	
Wiesemes, Gerd	29.1.43	**71-72 Bochum**	**9/0**
Wiesinger, Michael	27.12.72	**93-94/98-99 Nürnberg 53/3**	**72/4**
		94-98 Nürnberg	100/15
		99-01 Bayern 19/1	
Wiesner, Martin	25.12.58	77-80 KSC 83/11	**80/7**
		80-83 KSC 80/7	187/16
		83-85 Stut. Kickers 67/3	
		85-86 TeBe 37/2	
Wiezik, Grzegorz	21.7.63	**89-90 K'lautern**	**3/0**
Wilbertz,	15.6.43	**69-73 RWO**	**116/6**
Hermann-Josef		74-75 RWO 37/7	56/10
		75-76 Mülheim 19/3	
Wilbois, Achim	15.6.63	**85-87 Nürnberg**	**9/2**
		87-90 BW Berlin	63/10
Wild, Horst	4.10.43	**63-67 KSC 100/34**	**131/44**
		67-68 Duisburg 31/10	
Wild, Tasso	1.12.40	**63-67 Nürnberg 79/18**	**167/25**
		68-71 Hertha 88/7	
Wilde, Maik	14.8.72	95-97 Lübeck	68/0
Wilden, Leo	3.7.36	**63-66 1.FC Köln**	**63/1**
Wildmann, Mario	17.11.75	**94-95 Stuttgart**	**4/0**
		00-01 Reutlingen	25/0
Wilhelm, Jürgen	2.11.50	**71-72 BVB**	**7/3**
		75-76 Kreuznach	33/14
Wilhelmi, Heinz	19.8.54	**72-78 K'lautern**	**112/5**
		78-79 Worms 21/1	53/7
		79-80 Freiburger FC 32/6	
Wilk, Rainer	22.11.63	**84-85 Bielefeld**	**2/0**
		86-87 Braunschweig	4/0
Wilke, Michael	30.5.66	85-86 Bielefeld 7/1	90/4
		86-90 Braunschweig 83/3	
Willaarts, Eric	25.8.61	**87-89 M'gladbach**	**11/2**
Willi, Reinhard	26.3.51	**75-76 Uerdingen**	**15/0**
		78-79 SC Freiburg	14/1
Willi, Tobias	14.12.79	**98-01 SC Freiburg**	**56/0**
Willkomm, Jürgen	7.9.59	**79-81 1.FC Köln 5/1**	**10/1**
		81-83 Wattenscheid 66/10	132/15
		83-84 Waldhof 5/0	
		84-86 Aachen 66/5	
Willmer, Holger	25.9.58	**77-84 1.FC Köln 165/14**	**267/21**
		84-87 Bayern 58/5	
		87-89 Hannover 96 44/2	
Wilmots, Marc	22.2.69	**96-00 Schalke**	**104/21**

SPIELER	GEBURT	STATIONEN	BILANZ
Wimmer, Gerd	9.1.77	**00-01 Ein. Frankfurt**	**23/1**
Wimmer, Herbert	9.11.44	**66-78 M'gladbach**	**366/50**
Wimmer, Rudi	20.1.44	**68-69 Offenbach 34/0**	**185/0**
		74-80 KSC	142/0
		75-83 KSC 151/0	
Wimmer, Stefan	21.11.67	**87-88 KSC**	**1/0**
Wimmer, Walter	30.11.43	**65-67 M'gladbach**	**33/1**
Windhausen, Bernd	22.9.42	**67-69 K'lautern 56/14**	**85/22**
		69-71 Bremen 29/8	
Windsperger, Hubert	14.4.45	**65-66 Bayern**	**1/0**
Windsperger, Stefan	30.12.69	91-92 1860 München	3/0
Wingert, Jürgen	27.1.44	**65-68 Neunkirchen**	**26/5**
Winkel, Ludger	24.8.62	**80-81 Schalke**	**2/0**
		81-82 Schalke 1/0	19/3
		82-83 Wattenscheid 18/3	
Winkhold, André	4.3.62	**85-90 M'gladbach 128/3**	**185/7**
		90-91 Hertha 17/1	100/2
		91-93 Hertha 75/2	
		94-95 Düsseldorf 25/0	
		95-97 Düsseldorf 40/3	
Winkler, Andreas	1.12.69	91-92 BW Berlin 20/1	101/12
		93-96 Hannover 96 53/10	
		96-97 Lübeck 28/1	
Winkler, Bernhard	24.6.66	**90-93 K'lautern 18/4**	**187/67**
		91-92 Wattenscheid 12/0	43/17
		92-93 Fort. Köln 7/1	
		93-94 1860 München 36/16	
		94-01 1860 Münch. 157/63	
Winkler, Danny	16.8.73	91-93 Waldhof 17/0	**7/0**
		96-98 Bochum 7/0	33/3
		98-00 Stut. Kickers 16/3	
Winkler, Klaus	25.5.49	**67-69 M'gladbach 5/0**	**165/18**
		70-71 Offenbach 27/8	9/0
		71-77 HSV 117/10	
		77-78 St. Pauli 16/0	
		78-79 St. Pauli 9/0	
Winkler, Norbert	18.2.56	80-83 FSV Frankfurt	52/0
Winklhofer, Helmut	27.8.61	**81-82/85-89 Bayern 50/3**	**140/8**
		82-85 Leverkusen 90/5	
Winklhofer, Thomas	30.12.70	00-01 Saarbrücken	10/0
Winskowsky, Ulf	30.6.58	77-82 Hannover 96	145/2
Winter, Bernd	24.7.71	92-93 Düsseldorf 29/5	12[illegible]/19
		93-94 Wolfsburg 30/10	
		94-98 Meppen 62/4	
Winter, Dieter	17.4.54	74-77 Wolfsburg	57/8
Winter, Thomas	22.9.67	**88-91 M'gladbach**	**29/2**
		90-91 Stut. Kickers	11/1
Wirsching, Reiner	18.1.63	**88-91 Nürnberg**	**72/14**
Wirth, Karl-Heinz	20.1.44	**65-73 Ein. Frankfurt**	**138/0**
Wirth, Manfred	5.8.47	**70-71 Ein. Frankfurt**	**9/0**
Wirtz, Gerd	26.4.58	83-86 RWO	53/3
Wirtz, Heinz	10.11.53	**79-81 Düsseldorf**	**34/1**
Wischniewski, Klaus	8.12.54	**77-78 Bochum**	**12/1**
		78-80 Wanne-Eickel 74/7	109/8
		80-81 Lüdenscheid 35/1	
Wischnowsky, Reinhold	10.10.38	**63-66 KSC**	**46/1**
Wise, Evans	23.11.73	**99-00 SSV Ulm**	**9/0**
Wißmann, Karl-Heinz	2.2.47	**68-70 Duisburg**	**35/6**
Wit, Dirk de	9.6.71	93-98 Fort. Köln	70/7
Witeczek, Marcel	18.10.68	**86-91 Uerdingen 142/22**	**369/49**
		91-93 K'lautern 68/15	64/9
		93-97 Bayern 97/9	
		97-99 M'gladbach 62/3	
		99-01 M'gladbach 64/9	
Witlatschil, Gustav	9.12.35	**63-66 KSC**	**71/9**
Witt, Harry	29.8.54	78-81 Kiel 74/18	99/24
		80-81 Vikt. Köln 15/1	
		81-82 Solingen 10/5	
Witt, Klaus	8.7.43	**70-71 RWO**	**11/0**
Witt, Uwe	25.1.39	**68-72 Hertha**	**123/1**
Witter, Frank	29.5.59	79-81 OSV Hannover	76/1
Wittfoht,	29.1.48	**69-71 Stuttgart**	**12/0**

SPIELER	GEBURT	STATIONEN	BILANZ
Hans-Jürgen		74-78 Osnabrück	109/10
Wittfot, Sven	27.11.74	**96-97 HSV**	**2/0**
Wittkamp, Hans-Jürgen	23.7.47	**67-71 Schalke 101/29**	**280/58**
		71-78 M'gladbach 179/29	36/2
		80-81 Erkenschwick 36/2	
Wittke, Axel	25.3.60	91-94 Jena 101/10	126/11
		94-96 Leipzig 25/1	
Wittke, Manfred	2.1.53	**74-75 TeBe**	**2/0**
		75-76 TeBe	5/0
Wittmann, Heinz	12.9.43	**65-72 M'gladbach**	**123/0**
Wittmann, Jürgen	14.8.66	**89-92 Düsseldorf 10/0**	**37/0**
		95-99 Unterhaching	112/0
		99-01 Unterhaching 29/0	
Wittwer, Michael	18.2.67	**88-98 KSC**	**145/1**
		98-99 KSC	2/0
Wloka, Hans-Jürgen	12.9.51	**70-72 M'gladbach 30/3**	**64/9**
		74-79 Uerdingen 129/21	249/27
		75-76 Uerdingen 34/6	
		79-80 Arm. Hannover 17/1	
		80-85 RWO 103/5	
Wloka, Peter	16.7.53	74-79 Wattenscheid 148/10	173/11
		79-80 Wuppertal 25/1	
Wöhrlin, Karl-Heinz	21.7.57	76-77 Schwenningen 35/0	**122/1**
		78-84 SC Freiburg 197/5	232/5
		84-87 Uerdingen 87/1	
		87-89 KSC 35/0	
Woelk, Lothar	3.8.54	**77-89 Bochum 385/26**	**420/30**
		89-91 Duisburg	64/2
		91-92 Duisburg 35/4	
Wörmer, Gerd	28.8.44	**71-73 RWO 65/1**	**188/5**
		73-77 RW Essen 123/4	5/0
		77-78 RW Essen 5/0	
Wörner, Markus	1.2.65	**89-90 Waldhof**	**2/0**
Wörns, Christian	10.5.72	**89-90 Waldhof 18/0**	**278/13**
		90-91 Waldhof	34/2
		91-98 Leverkusen 211/13	
		99-01 BVB 49/5	
Wörsdörfer, Thorsten	29.9.67	90-91 Schalke 12/1	**24/0**
		91-92 Stut. Kickers 24/0	40/5
		92-93 Stut. Kickers 9/0	
		92-93 Darmstadt 19/4	
Wohl, Walter	21.4.55	78-81 FSV Frankfurt	55/8
Wohland, Karl-Heinz	24.3.53	85-88 Bayreuth	52/2
Wohlers, Horst	6.8.49	74-75 St. Pauli 37/4	**232/22**
		75-80 M'gladbach 95/7	106/7
		79-81 1860 München 49/11	
		81-82 1860 München 35/3	
		82-85 Bielefeld 88/4	
		85-86 Bielefeld 34/0	
Wohlert, Torsten	10.12.65	**87-88 BVB 2/0**	**199/12**
		88-91 Homburg 48/4	182/12
		89-90 Homburg 31/1	
		91-93 Waldhof 75/5	
		93-00 Duisburg 166/11	
		95-01 Duisburg 59/3	
Wohlfahrt, Franz	1.7.64	**96-00 Stuttgart**	**118/0**
Wohlfahrt, Karl-Michael	27.4.56	**75-76 Hertha**	**1/0**
Wohlfarth, Roland	11.1.63	**81-82 Duisburg 17/1**	**287/120**
		82-84 Duisburg 54/38	93/49
		84-93 Bayern 254/119	
		94-97 Bochum 16/0	
		95-96 Bochum 24/7	
		97-98 Leipzig 15/4	
Wohlgemuth, Jürgen	13.10.47	74-77 Osnabrück	103/7
Wojcicki, Roman	8.1.58	**86-88 Homburg**	**59/8**
		88-89 Homburg 34/7	156/20
		89-93 Hannover 96 122/13	
Wojciechowski, Slawomir	6.9.73	**99-00 Bayern**	**3/1**
Wojewsky, Dirk	21.7.72	**95-96 HSV**	**1/0**
Wojtala, Pawel	27.10.72	**96-99 HSV 20/1**	**41/2**
		98-00 Bremen 21/1	
Wojtowicz, Rudolf	9.6.56	**82-86 Leverkusen 76/2**	**162/2**

SPIELER	GEBURT	STATIONEN	BILANZ
		86-92 Düsseldorf 86/0	58/1
		87-89 Düsseldorf 58/1	
Woldmann, Peter	2.3.43	**63-65 HSV**	**6/2**
Wolf, Arno	16.5.59	**79-80 K'lautern**	**11/0**
		80-84 Aachen	119/18
Wolf, Dirk	4.8.72	**91-95 Ein. Frankfurt 34/0**	**49/0**
		95-96 M'gladbach 15/0	73/4
		97-98 Ein. Frankfurt 26/3	
		98-00 St. Pauli 47/1	
Wolf, Egwin	28.1.51	74-76 BVB	64/16
		76-79 BVB	**40/1**
Wolf, Erich	23.5.40	**63-67 KSC**	**27/0**
Wolf, Frank	9.5.68	**90-91 St. Pauli**	**22/1**
		91-93 St. Pauli	6/0
Wolf, Klaus	3.7.48	74-76 Göttingen 72/26	265/99
		76-78 Münster 76/31	
		78-79 West. Herne 23/5	
		79-81 Lüdenscheid 46/19	
		80-81 RWO 28/13	
		81-82 Solingen 20/5	
Wolf, Lothar	16.9.51	74-78 Bayern Hof 135/8	197/10
		79-81 Bayreuth 62/2	
Wolf, Manfred	13.1.49	74-78 Bielefeld	113/15
Wolf, Sascha	3.9.71	**98-99 Schalke**	**14/3**
Wolf, Uwe	10.8.67	**89-94 Nürnberg 81/5**	**90/5**
		94-95 1860 München 9/0	
Wolf, Wolfgang	24.9.57	**78-88 K'lautern 248/11**	**308/16**
		88-92 Stut. Kickers 60/5	71/4
		89-91 Stut. Kickers 71/4	
Wolff, Jörg	26.11.62	**84-86 Stuttgart**	**16/2**
		87-90 Bayreuth 109/38	174/60
		90-92 Waldhof 65/22	
Wolff, Stephan	29.1.70	**89-90 Uerdingen**	**1/0**
Wollitz, Claus-Dieter	19.7.65	**87-88 Schalke 29/3**	**64/5**
		88-89 Leverkusen 7/0	315/78
		89-93 Osnabrück 141/43	
		93-94 Hertha 35/6	
		94-95 Wolfsburg 32/5	
		95-96 K'lautern 26/2	
		96-98 Uerdingen 61/18	
		98-00 1.FC Köln 46/6	
		00-01 1.FC Köln 2/0	
Wollitz, Michael	28.3.61	85-86 Bielefeld 37/7	**36/3**
		86-87 1.FC Köln 21/1	5/8
		87-88 Schalke 15/2	
		88-89 Schalke 18/1	
Wolski, Christian	17.6.73	**95-96 1.FC Köln**	**6/0**
Wolter, Horst	8.6.42	**63-72 Braunschweig 195/0**	**243/0**
		72-77 Hertha 48/0	
Wolter, Thomas	4.10.63	**84-98 Bremen**	**312/12**
Wolters, Carsten	25.7.69	**92-94 Wattenscheid 46/4**	**161/13**
		94-95 Wattenscheid 33/10	63/11
		95-97 BVB 12/1	
		96-00 Duisburg 103/8	
		00-01 Duisburg 30/1	
Woodcock, Tony	6.12.55	**79-88 1.FC Köln**	**131/39**
		88-90 Fort. Köln	37/5
Woodring, Peter	2.5.68	**92-94 HSV**	**6/0**
Worm, Ronald	7.10.53	**71-79 Duisburg 231/71**	**380/119**
		79-85 Braunschw. 149/48	95/44
		80-87 Braunschweig 95/44	
Wormuth, Frank	13.9.60	82-83 SC Freiburg 24/1	95/2
		83-86 Hertha 71/1	
Woronin, Andrej	21.7.79	**97-98 M'gladbach**	**7/1**
		99-00 M'gladbach 2/0	12/1
		00-01 Mainz 10/1	
Wosab, Reinhold	25.2.38	**63-71 BVB 198/61**	**257/70**
		71-72 Bochum 59/9	
Wosz, Dariusz	8.6.69	91-92 Halle 22/5	**231/30**
		91-98 Bochum 146/19	87/11
		93-96 Bochum 65/6	
		98-01 Hertha 85/11	
Wottka, Winfried	17.2.48	**68-69 Hannover 96**	**3/0**
Wouters, Jan	17.7.60	**91-94 Bayern**	**66/6**
Woyke, Wilfried	12.5.44	**66-79 Düsseldorf**	**190/0**
Wrede, Hans-Joachim	5.4.57	77-81 Lüdenscheid	146/4
Wrenger, Wilhelm	5.4.38	**63-67 K'lautern**	**61/10**
Wruck, Torsten	22.7.69	92-95 Homburg	92/4
Wück, Christian	9.6.73	**90-94 Nürnberg 94/13**	**167/18**
		94-98 KSC 59/5	27/4
		99-00 Wolfsburg 14/0	
		00-01 Bielefeld 27/4	
Wüllbier, Dirk	29.7.66	91-92 Halle 29/5	147/8
		92-99 Stut. Kickers 118/3	
Wünsche, Gert	19.2.43	**66-67 Düsseldorf**	**22/0**
Würzburger, Frank	3.12.68	**86-87 Ein. Frankfurt**	**1/0**
		87-89 Offenbach	22/2
Wüst, Alban	31.7.47	**69-71 Schalke**	**32/4**
Wüthrich, Rolf	4.9.38	**64-65 Nürnberg**	**14/3**
Wulf, Hans	31.10.51	74-78 SW Essen 118/0	**8/0**
		78-80 Worms 59/0	440/1
		80-86/89-90 Kassel 231/0	
		86-87 Hannover 96 32/1	
		87-88 Hannover 96 8/0	
Wulf, Peter	13.3.38	**63-66 HSV**	**44/15**
Wulfmeier, Hermann	6.3.63	81-86 Wattenscheid 72/12	97/17
		87-88 Remscheid 25/5	
Wulftange, Markus	11.2.67	94-98 Leipzig	103/0
Wunder, Klaus	13.9.50	**71-74 Duisburg 94/32**	**209/52**
		74-76 Bayern 43/7	59/32
		75-76 Hannover 96 16/1	
		76-78 Hannover 96 59/32	
		78-80 Bremen 56/12	
Wunderlich, Franz	11.10.63	**90-91 1.FC Köln**	**2/0**
Wurm, Erwin	12.8.55	80-83 Augsburg	68/4
Wuttich, Manfred	26.1.41	**63-65 Braunschweig**	**24/12**
Wuttke, Wolfram	17.11.61	**79-80/82-83 Schalke 48/10**	**299/66**
		80-83 M'gladbach 58/9	
		83-86 HSV 58/15	
		85-90 K'lautern 112/32	
		92-93 Saarbrücken 23/0	
Wynalda, Eric	9.6.69	**92-93 Saarbrücken 32/9**	**54/9**
		93-94 Saarbrücken 29/12	36/14
		94-95 Bochum 22/0	
		95-96 Bochum 7/2	
Wynhoff, Peter	29.10.68	**89-99 M'gladbach**	**240/34**
		99-00 Fort. Köln	17/0

Y

SPIELER	GEBURT	STATIONEN	BILANZ
Yakin, Murat	15.9.74	**97-98 Stuttgart 23/2**	**32/2**
		00-01 K'lautern 9/0	
Yang, Chen	17.1.74	**98-01 Ein. Frankfurt**	**65/16**
Yankov, Zlatko	7.8.66	**95-96 Uerdingen**	**15/1**
Yanyali, Timur	26.8.75	**94-95 1860 München**	**16/0**
Yasser, Radwan	22.4.72	**96-01 Rostock**	**113/4**
Yeboah, Anthony	6.6.66	88-90 Saarbrücken 65/26	**218/96**
		90-95 E. Frankfurt 123/68	65/26
		97-01 HSV 95/28	
Yilmaz, Mahmut	6.10.79	**98-01 HSV**	**13/0**
Younga-Mouhani, Macchambes	1.8.74	**95-96 M'gladbach 2/0**	**21/2**
		96-97 Düsseldorf 19/2	81/20
		97-98 Düsseldorf 10/1	
		97-00 Fort. Köln 71/19	

Z

SPIELER	GEBURT	STATIONEN	BILANZ
Zacher, Peter	9.1.48	75-76 Kreuznach 36/4	51/9
		78-79 SC Freiburg 15/5	
Zaczyk, Klaus	25.5.45	**63-68 KSC 104/11**	**400/61**
		68-69 Nürnberg 34/3	65/6
		69-78 HSV 262/47	
		80-82 Kassel 65/6	
Zafirov, Adalbert	29.9.69	**97-98 Bielefeld**	**10/0**
		98-99 Bielefeld	2/0
Zafirov, Martin	26.12.73	**97-98 HSV**	**1/0**

SPIELER	GEBURT	STATIONEN	BILANZ
Zagorny, Reinhold	30.9.56	**81-84 Bochum**	**16/0**
Zahn, Helmut	3.9.55	74-76 Mainz 38/0	**86/3**
		77-79 Worms 68/6	217/10
		79-81 Freiburger FC 75/4	
		81-82 Darmstadt 34/1	
		82-85 KSC 52/2	
		83-84 KSC 36/0	
Zahnleiter, Hans-Dieter	16.12.48	79-81 Worms	63/4
Zajac, Krzysztof	25.2.58	90-93 Oldenburg	101/2
Zallmann, Marco	17.11.67	92-95 Rostock	39/6
		95-01 Rostock	**112/3**
Zampach, Thomas	27.12.69	91-96 Mainz 130/10	**31/2**
		97-98 Ein. Frankfurt 33/1	163/11
		98-00 Ein. Frankfurt 31/2	
Zander, Dirk	13.5.65	86-88/93-94 St. Pauli 90/31	**120/30**
		88-91 St. Pauli 80/20	90/31
		91-93 Dresden 40/10	
Zander, Thomas	10.8.51	**71-76 Hertha 97/0**	**161/0**
		77-79 Worms 57/0	99/0
		78-82 1860 München 42/0	
		79-81 1860 München 64/0	
Zander, Wilfried	3.6.56	77-80 Bremerhaven	52/8
Zandi, Ferydoon	26.4.79	**00-01 SC Freiburg**	**7/0**
Zanter, Peter	11.11.65	**85-88 Leverkusen 40/0**	**90/0**
		88-89 Hannover 96 21/0	
		89-92 Bochum 29/0	
Zapf, Karl-Heinz	1.7.51	74-78 Bayern Hof	143/32
Zarate, Sergio	14.1.69	**90-94 Nürnberg 69/22**	**80/23**
		94-95 HSV 11/1	
Zavisic, Ilija	20.1.52	80-81 Braunschweig	22/6
		81-84 Braunschweig	**64/13**
Zchadadse, Kachaber	7.9.68	**92-96 Ein. Frankfurt**	**64/1**
		96-97 Ein. Frankfurt	9/0
Zdebel, Tomasz	25.5.73	90-91 RW Essen	1/0
		93-97 1.FC Köln	**57/2**
Zdrilic, David Allen	13.4.74	98-99 SSV Ulm 33/12	**38/7**
		99-00 SSV Ulm 22/6	33/12
		00-01 Unterhaching 16/1	
Zé Elias	25.9.76	**96-97 Leverkusen**	**23/0**
Zebrowski, Gerhard	25.4.40	**63-69 Bremen**	**145/40**
Zech, Reinhold	27.5.48	**68-75 Stuttgart 197/4**	**254/5**
		75-79 Saarbrücken	40/0
		76-78 Saarbrücken 57/1	
Zechel, Thomas	25.1.65	**83-88 Leverkusen 70/6**	**108/6**
		88-89 Hannover 96 15/0	52/3
		89-90 Waldhof 7/0	
		90-91 Schalke 20/1	
		91-94 Saarbrücken 32/2	
		92-93 Saarbrücken 16/0	
Zedi, Kristian	31.8.74	93-97 RW Essen 55/1	97/2
		97-99 Düsseldorf 41/1	
		99-00 Mainz 1/0	
Zedler, Klaus	23.4.52	**76-77 RW Essen**	**6/0**
		77-78 Baunatal	33/3
Zeh, Lothar	10.6.43	**65-66 Tasmania**	**14/3**
Zeiler, Peter	8.10.70	91-94 1860 München 35/0	**5/0**
		95-99 Unterhaching 106/8	141/8
		99-00 Unterhaching 5/0	
Zeiser, Rudolf	31.3.36	**63-70 1860 München**	**167/9**
Zele, Gabor	8.7.54	76-78 FSV Frankfurt 56/8	275/15
		78-86 SC Freiburg 219/7	
Zelic, Nedijeljko	4.7.71	**92-95 BVB 41/1**	**154/5**
		95-96 Ein. Frankfurt 17/1	
		97-01 1860 München 96/3	
Zeljko, Zoran	17.10.68	**93-94 Duisburg**	**6/0**
Zeller, Günter	20.12.61	**87-88 Homburg**	**1/0**
Zellner, Tobias	11.9.77	**98-99 Nürnberg**	**1/0**
Zembski, Dieter	6.11.46	**68-75 Bremen 179/4**	**301/4**
		75-80 Braunschweig 122/0	
Zenger, Josef	17.11.35	**63-64 Nürnberg**	**1/0**
Zengerle, Hans	12.4.47	**71-73 Hertha**	**14/1**
Zeravica, Branko	18.1.58	87-92 Osnabrück	87/3
Zernicke, Marco	5.12.69	88-94 Hertha 117/16	**18/1**

SPIELER	GEBURT	STATIONEN	BILANZ
		90-91 Hertha 18/1	230/26
		94-00 Fort. Köln 113/8	
		00-01 Aachen 14/2	
Zé Roberto	6.7.74	**98-01 Leverkusen**	**83/13**
Zerr, Peter	19.11.59	**83-84 Braunschweig**	**1/0**
Zettler, Albert	6.10.57	77-81 Augsburg	67/0
Zetzmann, Thomas	14.12.70	**90-91 Hertha**	**3/1**
Zewe, Gerd	13.6.50	**72-87 Düsseldorf**	**440/41**
Zeyer, Andreas	9.6.68	87-88 SSV Ulm 20/1	**222/27**
		89-93 SC Freiburg 134/14	166/15
		93-97/99-01 SC Freiburg	
		182/23, 97-98 HSV 29/1	
		98-99 Bochum 11/3	
		98-99 KSC 12/0	
Zeyer, Michael	9.6.68	87-88 SSV Ulm 21/0	**146/14**
		89-92 SC Freiburg 103/9	240/20
		92-94 K'lautern 21/1	
		93-96 Waldhof 92/7	
		96-98 Duisburg 67/10	
		98-99 Stuttgart 26/0	
		99-00 Duisburg 32/3	
		00-01 Duisburg 24/4	
Zeze	18.12.42	**64-65 1.FC Köln**	**5/1**
Zick, Claus-Peter	12.9.58	**79-81 Ein. Frankfurt**	**2/0**
Zickler, Alexander	28.2.74	**92-93 Dresden 18/3**	**206/49**
		93-01 Bayern 188/46	
Ziege, Christian	1.2.72	**90-97 Bayern**	**185/37**
Ziegert, Jochen	25.7.54	76-78 Baunatal 67/6	177/14
		78-81 TeBe 86/8	
		80-82 Hertha 24/0	
Ziegler, Marc	13.6.76	**95-99 Stuttgart 41/0**	**46/0**
		99-00 Bielefeld 5/0	
Ziegler, Marcus	10.8.73	**92-96 Stuttgart**	**8/0**
Ziegler, Norbert	14.8.53	75-79 Leverkusen 137/17	**5/0**
		79-81 Leverkusen 5/0	159/19
		80-81 Freiburger FC 22/2	
Zieglmeier, Walter	3.6.48	79-81 ESV Ingolstadt	58/1
Ziegner, Torsten	9.11.77	95-98 Jena 21/0	58/0
		99-01 Stut. Kickers 37/0	
Ziehl, Rüdiger	26.10.77	**00-01 K'lautern**	**3/0**
Ziemer, Thomas	18.8.69	90-92 Homburg 34/6	**24/1**
		91-94 1860 München 31/3	190/43
		94-96/00-01 Mainz 82/27	
		96-97 Rostock 14/0	
		97-01 Nürnberg 43/7	
		98-99 Nürnberg 10/1	
Zietsch, Rainer	21.11.64	**83-89 Stuttgart 134/5**	**265/15**
		89-91 Uerdingen 46/6	67/3
		91-94 Nürnberg 85/4	
		94-96 Nürnberg 55/3	
		97-98 Fürth 12/0	
Zilic, Sead	17.9.82	**00-01 Hertha**	**1/0**
Zimmer, Erwin	17.10.52	76-81 Trier	164/7
Zimmer, Hans-Jürgen	23.9.51	75-77 SW Essen 60/2	285/19
		77-84 Wattenscheid 225/17	
Zimmer, Herbert	12.2.53	74-77 SW Essen 101/23	**78/7**
		77-79 Düsseldorf 22/2	127/26
		79-81 Uerdingen 56/5	
		81-82 Uerdingen 26/3	
Zimmer, Martin	8.3.70	**90-91 Hertha**	**2/0**
		92-93 Meppen	22/2
Zimmer, Michael	18.11.55	75-78 TeBe	26/1
		76-77 TeBe	**21/1**
Zimmermann, Andreas	28.12.69	92-95 Hertha 45/2	75/3
		00-01 Ahlen 30/1	
Zimmermann, Bernd	28.10.52	79-84 SSV Ulm	54/1
Zimmermann, Egbert	19.9.62	83-85 Saarbrücken 25/1	188/37
		84-86 Darmstadt 49/16	
		86-90 Aachen 114/20	
Zimmermann, Gerd	26.9.49	**68-70 M'gladbach 8/0**	**203/44**
		73-74 Fort. Köln 29/4	47/7
		74-80 Düsseldorf 166/40	
		81-83 Solingen 38/5	
		82-83 Fort. Köln 9/2	

SPIELER	GEBURT	STATIONEN	BILANZ
Zimmermann, Herbert	1.7.54	**72-74 Bayern 2/0**	**204/22**
		74-84 1.FC Köln 202/22	
Zimmermann, Mark	1.3.74	92-98 Jena 86/25	**9/0**
		98-99 Unterhaching 11/2	126/31
		99-00 Unterhaching 9/0	
		00-01 Stut. Kickers 29/4	
Zimmermann, Matthias	14.9.70	96-99 Unterhaching	79/8
		99-01 Unterhaching	**66/4**
Zimmermann, Robert	21.5.63	**90-91 K'lautern**	**1/0**
Zimmermann, Uwe	11.2.62	81-83 Waldhof 52/0	**244/0**
		83-90 Waldhof 215/0	238/0
		90-93 Fort. Köln 70/0	
		93-97 Wolfsburg 116/0	
		97-98 Wolfsburg 29/0	
Zimmert, Franz	18.8.49	**68-69 Nürnberg**	**1/0**
Zindel, Manfred	16.10.51	74-77 Göttingen	71/13
Zinnow, Stefan	28.5.80	**98-99/00-01 Ein. Frankfurt**	**3/0**
Zippel, Holger	4.12.53	74-75 Worms 14/0	95/6
		75-76 Spandau 27/3	
		76-78 Aachen 44/3	
		82-83 Lüttringhausen 10/0	
Zipperer, Friedrich	23.6.39	**63-64 Stuttgart**	**2/2**
Zitelli, David	30.10.68	**97-98 KSC**	**3/0**
Zitzer, Jürgen	3.2.52	75-76 Reutlingen 32/4	92/13
		79-81 SC Freiburg 60/9	

SPIELER	GEBURT	STATIONEN	BILANZ
Zivaljevic, Miodrag	9.9.51	76-78 Nürnberg	47/10
		78-79 Nürnberg	**19/4**
Zivkovic, Boris	15.11.75	**97-01 Leverkusen**	**91/6**
Zkitischwili, Levan	10.10.76	**98-01 SC Freiburg**	**37/1**
Zmijani, Hysen	29.4.63	**95-96 St. Pauli**	**7/0**
Zobel, Rainer	3.11.48	**68-70 Hannover 96 66/3**	**246/22**
		70-75 Bayern 180/19	
Zöphel, Jens-Uwe	23.6.69	97-99 Cottbus	51/2
Zoppke, Siegfried	30.3.53	**71-72 M'gladbach**	**3/0**
Zorc, Dieter	17.10.39	**71-72 Bochum**	**21/0**
Zorc, Michael	25.8.62	**81-98 BVB**	**463/131**
Zschau, Josef	7.1.63	87-90 Aachen	68/20
Zuberbühler, Pascal	8.1.71	**00-01 Leverkusen**	**13/0**
Zugcic, Ivan	22.5.58	79-80 Wattenscheid	19/0
		80-87 Bochum	**97/2**
Zumdick, Ralf	10.5.58	80-81 Münster 20/0	**282/1**
		81-93 Bochum 282/1	21/0
		93-94 Bochum 1/0	
Zvetanov, Zanko	6.1.70	95-96 Waldhof 17/0	57/0
		98-00 Cottbus 40/0	
Zwamborn, Kees	28.3.52	**81-82 Duisburg**	**18/0**
		82-83 Duisburg	30/1
Zweigler, Steven	26.11.66	92-95 Chemnitz	80/17
Zyla, Helmut	18.8.52	74-82 Wattenscheid	224/8

REKORDSPIELER DER BUNDESLIGA

Stand: 1. Juli 2001

Karl-Heinz Körbel (Frankfurt) **602**
Manfred Kaltz (HSV) **581**
Klaus Fichtel (Schalke, Bremen) **552**
Mirko Votava (BVB, Bremen) **546**
Klaus Fischer (1860, Schalke, Köln, Bochum) **535**
Eike Immel (BVB, Stuttgart) **534**
Willi Neuberger (BVB, Bremen, Wuppertal, Frankfurt) **520**
Michael Lameck (Bochum) **518**
Uli Stein (Bielefeld, HSV, Frankfurt) **512**
Bernard Dietz (Duisburg, Schalke) **495**
Ditmar Jakobs (RWO, TeBe, HSV) **493**
Reiner Geye (Düsseldorf, K'lautern) **485**
Dieter Burdenski (Schalke, Bielefeld, Bremen) **478**
Sepp Maier (Bayern) **473**
Lothar Matthäus (M'gladbach, Bayern) **464**
Harald Schumacher (Köln, Schalke, Bayern, BVB) **464**
Michael Zorc (BVB) **463**
Jupp Tenhagen (RWO, Bochum, BVB) **457**

Charly Körbel (l.) im Zweikampf mit dem Bremer Otten.

Norbert Nigbur (Schalke, Hertha) **456**
Rolf Rüssmann (Schalke, BVB) **453**
Stefan Kuntz (Bochum, Uerdingen, K'lautern, Bielefeld) **449**
Manfred Burgsmüller (RWE, BVB, Nürnberg, Bremen) **447**
Jürgen Grabowski (Frankfurt) **441**
Hannes Riedl (Duisburg, Hertha, K'lautern, Offenbach) **441**
Gerd Zewe (Düsseldorf) **440**
Olaf Thon (Schalke, Bayern) **438**
Michael Frontzeck (M'gladbach, Stuttgart, Bochum, Freiburg) **436**
Oliver Reck (Offenbach, Bremen, Schalke) **435**
Wolfgang Kleff (M'gladbach, Hertha, Düsseldorf, Bochum) **433**
Gerd Müller (Bayern) **427**
Bernd Nickel (Frankfurt) **426**
Klaus Allofs (Düsseldorf, Köln, Bremen) **424**
Franz Beckenbauer (Bayern, HSV) **424**

Franz Beckenbauer zu seligen HSV-Zeiten. Rechts vom Kaiser stürmt Horst Hrubesch nach vorne.

Siggi Held (BVB, Offenbach, Uerdingen) **422**
Bernd Hölzenbein (Frankfurt) **420**
Horst-Dieter Höttges (Bremen) **420**
Lothar Woelk (Bochum, Duisburg) **420**
Franz Merkhoffer (Braunschweig) **419**
Heinz Simmet (Neunkirchen, RWE, Köln) **419**
Berti Vogts (M'gladbach) **419**
Rudi Bommer (Düsseldorf, Uerdingen, Frankfurt) **417**
Holger Fach (u.a. Düsseldorf, Uerdingen, M'gladbach) **416**
Georg Schwarzenbeck (Bayern) **416**
Dieter Bast (RWE, Bochum, Leverkusen) **412**
Stefan Reuter (Nürnberg, Bayern, BVB) **412**
Georg Volkert (Nürnberg, HSV, Stuttgart) **410**
Wolfgang Overath (Köln) **409**
Rudi Kargus (HSV, Nürnberg, KSC, Düsseldorf) **408**
Pierre Littbarski (Köln) **406**
Michael Bella (Duisburg) **405**
Karlheinz Geils (Bremen, Bielefeld, Köln, Hannover) **405**

REKORDSCHÜTZEN DER BUNDESLIGA

Stand: 1. Juli 2001

Gerd Müller (Bayern) **365**
Klaus Fischer (1860, Schalke, Köln, Bochum) **268**
Jupp Heynckes (M'gladbach, Hannover) **220**
Manfred Burgsmüller (RWE, BVB, Nürnberg, Bremen) .. **213**
Stefan Kuntz (Bochum, Uerdingen, K'lautern, Bielefeld) .. **179**
Klaus Allofs (Düsseldorf, Köln, Bremen) **177**
Dieter Müller (Offenbach, Köln, Stuttgart, Saarbrücken) . **177**
Ulf Kirsten (Leverkusen) **170**
Hannes Löhr (Köln) **167**
Karl-Heinz Rummenigge (Bayern) **162**
Bernd Hölzenbein (Frankfurt) **160**
Fritz Walter (Waldhof, Stuttgart, Bielefeld) **157**
Thomas Allofs (Düsseldorf, K'lautern, Köln) **148**
Bernd Nickel (Frankfurt) **141**
Uwe Seeler (HSV) **137**
Horst Hrubesch (RWE, HSV, BVB) **136**
Rudi Völler (1860, Bremen, Leverkusen) **132**
Michael Zorc (BVB) **131**

Klaus Fischer in Aktion - wenn der Schalker Torjäger so frei zum Zuge kam, klingelte es meist im Kasten des Gegners.

Karl Allgöwer (VfB Stuttgart) **129**
Dieter Hoeneß (Stuttgart, Bayern) **127**
Georg Volkert (Nürnberg, HSV, Stuttgart) **125**
Frank Mill (RWE, M'gladbach, BVB, Düsseldorf) **123**
Herbert Laumen (M'gladbach, Bremen, K'lautern) **121**
Lothar Matthäus (M'gladbach, Bayern) **121**
Roland Wohlfarth (Duisburg, Bayern, Bochum) **120**
Bernd Rupp (M'gladbach, Bremen, Köln) **119**
Ronald Worm (Duisburg, Braunschweig) **119**
Pierre Littbarski (Köln) **116**
Lothar Emmerich (BVB) **115**
Reiner Geye (Düsseldorf, K'lautern) **113**
Jürgen Klinsmann (Stuttgart, Bayern) **110**
Jürgen Grabowski (Frankfurt) **109**
Klaus Toppmöller (K'lautern) **108**

Manni Burgsmüller, des deutschen Fußballs größtes Schlitzohr, in einer typischen Pose.

Uwe Rahn (u.a. M'gladbach, Köln, Hertha, Düsseldorf) **107**
Stéphane Chapuisat (Uerdingen, BVB) **106**
Christian Schreier (Bochum, Leverkusen, Düsseldorf) **106**
Andreas Möller (Frankfurt, BVB, Schalke) **105**
Bruno Labbadia (u.a. HSV, K'lautern, Bayern, Bielefeld) . **103**
Thomas von Heesen (HSV, Bielefeld) **100**
Bum Kun Cha (Darmstadt, Frankfurt, Leverkusen) **98**
Erwin Kostedde (u.a. Duisburg, Offenbach, Hertha, BVB) .. **98**
Franz Brungs (BVB, Nürnberg, Hertha) **97**
Frank Neubarth (Bremen) **97**
Hermann Ohlicher (Stuttgart) **96**
Anthony Yeboah (Frankfurt, HSV) **96**
Erich Beer (Nürnberg, RWE, Hertha) **95**
Marco Bode (Bremen) **94**
Hans-Jörg Criens (M'gladbach, Nürnberg) **94**
Giovane Elber (Stuttgart, Bayern) **94**
Paul Breitner (Bayern, Braunschweig) **93**
Willi Reimann (Hannover, HSV) **93**

REKORDSPIELER DER 2. LIGA

Stand: 1. Juli 2001

Jo Montanes (Aachen) **479**
Karl-Heinz Schulz (Freiburger FC, SC Freiburg) **463**
Hans Wulf (SW Essen, Kassel u.a.) **440**
Wolfgang Krüger (Solingen) **426**
Hans-Jürgen Gede (Münster, Fort. Köln) **416**
Andreas Helmer (Osnabrück, Meppen) **411**
Gerd Paulus (Völklingen, Offenbach) **408**
Oliver Posniak (FSV Frankfurt, Darmstadt) **403**
Dirk Hupe (Solingen, Fort. Köln) **399**
Daniel Jurgeleit (Solingen, Homburg u.a.) **393**
Jürgen Baier (Fort. Köln, Darmstadt u.a.) **392**
Willi Landgraf (RW Essen, Homburg u.a.) **383**
Robert Thoben (Meppen) **361**
Jürgen Niggemann (Fort. Köln) **357**
Udo Lay (Duisburg, SC Freiburg u.a.) **355**
Burkhard Steiner (Wattenscheid, Saarbrücken u.a.) **348**
Günter Diekmann (Bremerhaven, Solingen) **344**
Dirk Römer (Solingen, Münster u.a.) **340**

Joaquin »Jo« Montanes, der flinke Spanier in Diensten der Aachener Alemannia, mit zeitlos modischem Halskettchen.

Franz-Josef Steininger (Duisburg, Saarbrücken u.a.) **339**
Fabrizio Hayer (Mainz, Waldhof u.a.) **335**
Thomas Böttche (Meppen) **332**
Eckhard Müller (Stut. Kickers) **332**
Heikko Glöde (Hertha, Osnabrück u.a.) **325**
Jürgen Klopp (Mainz) **325**
Günter Sebert (Waldhof) **325**
Oskar Bauer (Waldhof, Osnabrück) **324**
Bernd Gorski (Hannover 96, Braunschweig) **324**
Bernhard Bergmann (Fürth) **322**
Thomas Gerstner (Bielefeld, Oldenburg u.a.) **322**
Dirk Pusch (RW Essen, Wuppertal) **321**
Andreas Brandts (Aachen, Fort. Köln) **320**
Ralf Außem (Hannover 96, Fort. Köln u.a.) **319**
Jürgen Elm (SW Essen, Solingen) **317**

Für Dirk Hupe, hier im Trikot von Fortuna Köln, stehen insgesamt 613 Einsätze in 1. und 2. Bundesliga zu Buche.

Sven Demandt (Düsseldorf, Mainz u.a.) **317**
Claus-Dieter Wollitz (Osnabrück, Uerdingen u.a.) **315**
Gerhard Drews (Wattenscheid) **314**
Walter Müller (Fort. Köln, Saarbrücken u.a.) **312**
Hannes Linßen (Fort. Köln) **311**
Carsten Marell (Meppen, Stut. Kickers u.a.) **311**
Peter Kunkel (Wattenscheid) **310**
Jürgen Luginger (Schalke, RWO u.a.) **307**
Harald Kügler (Schalke, Wattenscheid u.a.) **305**
Helmut Balke (Bielefeld, Aachen u.a.) **304**
Manfred Lenz (Homburg) **303**
Horst Ehrmantraut (Homburg, Hertha) **302**
Wolfgang Böhni (Waldhof) **298**
Gregor Quasten (Homburg, Hertha) **298**
Rainer Scholz (Hannover 96, Darmstadt u.a.) **298**
Eckhard Vorholt (Meppen) **296**
Manfred Behrendt (Wattenscheid, Göttingen) **295**

REKORDSCHÜTZEN DER 2. LIGA

Stand: 1. Juli 2001

Dieter Schatzschneider (Hannover 96, Fort. Köln)......153
Karl-Heinz Mödrath (Fort. Köln, Aachen)....................150
Theo Gries (Aachen, Hertha u.a.)................................123
Sven Demandt (Düsseldorf, Mainz u.a.).......................121
Walter Krause (Wattenscheid, Offenbach u.a.) 119
Daniel Jurgeleit (Solingen, Homburg)..........................117
Gerd-Volker Schock (Osnabrück, Bielefeld)................116
Franz Gerber (Wuppertal, St. Pauli u.a.).......................115
Paul Linz (Freiburger FC, Osnabrück u.a.) 115
Peter Cestonaro (Darmstadt, Kassel)...........................111
Otmar Ludwig (Fort. Köln, SC Freiburg u.a.) 107
Uwe Sommerer (Bayreuth)...106
Klaus Wolf (Göttingen, Münster u.a.) 99
Emanuel Günther (Worms, KSC).................................98
Werner Lenz (Solingen)..95
Hubert Clute-Simon (Aachen, Hertha u.a.)....................94
Siggi Reich (Hannover 96, Wolfsburg) 94
Wolfgang Schüler (KSC, Saarbrücken u.a.)....................93

Karl-Heinz »Kalli« Mödrath - eine gewisse Ähnlichkeit mit dem jungen Gerd Müller ist nicht zu übersehen...

Harald Kügler (Schalke, Wattenscheid u.a.)....................................91
Manfred Lenz (Homburg)...91
Heikko Glöde (Hertha, Osnabrück u.a.) 90
Heinz Traser (Saarbrücken, Kassel).. ...90
Klaus Täuber (Nürnberg, Stut. Kickers u.a.) 89
Bodo Mattern (Worms, Darmstadt u.a.) 88
Frank Mill (RW Essen, Düsseldorf)...88
Hans Fritsche (SW Essen, Homburg u.a.)..87
Paul-Werner Hofmann (Fürth, FSV Frankfurt) 87
Peter Kunkel (Wattenscheid) 87
Uwe Pallaks (Herford, Kassel).. 87
Michael Preetz (Saarbrücken, Wattenscheid u.a.)..........................87
Ewald Hammes (Wattenscheid)..86
Werner Killmaier (FSV Frankfurt, Hertha u.a.) 85
Steffen Heidrich (Chemnitz, Leipzig u.a.) 84

Sven Demandt, hier noch zu Beginn seiner 17-jährigen Laufbahn als erfolgreicher Torjäger.

Bruno Labbadia (Darmstadt, Bielefeld)............................82
Joachim Löw (SC Freiburg)..81
Heinz-Josef Kehr (Aachen, TeBe u.a.) 78
Werner Nickel (Waldhof, Stut. Kickers u.a.).......................78
Claus-Dieter Wollitz (Osnabrück, Uerdingen u.a.) 78
Volker Graul (Bielefeld, Fort. Köln u.a.) 77
Manfred Größler (Bayreuth) 76
Rainer Künkel (Darmstadt, Saarbrücken u.a.) 76
Werner Seubert (Schweinfurt, Worms u.a.) 76
Norbert Stolzenburg (TeBe)... 76
Marcus Marin (Stut. Kickers, St. Pauli u.a.).......................75
Horst Neumann (St. Pauli, Darmstadt u.a.) 75
Thomas Remark (Hertha, Stut. Kickers u.a.).....................72
Uwe Tschiskale (Wattenscheid) 72
Lothar Emmerich (Schweinfurt, FV Würzburg u.a.)..........71
Hans Walitza (Nürnberg)..71
Frank-Michael Schonert (Leverkusen, Vikt. Köln u.a.)....70

Die Macht der Bildchen

Über die Bedeutung des Sammelns und Tauschens kleiner Fußball-Bilder

Habich, habich, habich, habich, habich, habich, habichnich, habich, habich, habich, habich, habichnich, boah - den auch nich! Was willste für den? - Jeder von uns hat es getan. Auf dem Schulhof, in der Mensa, im Büro, gleich am Kiosk oder in der Straßenbahn, selbstbewusst in aller Öffentlichkeit oder auch heimlich auf dem Klo - Fußballbildchen sammeln. Und natürlich tauschen. Und dann ins Album einkleben. Und dann das volle oder je nachdem auch halbvolle Album ins Regal stecken und für ein paar Jahre vergessen. Denn mit den Bildchen und dem Album ist es ja bekanntlich wie mit der Modelleisenbahn: Hat man die Aufgabe erst einmal erfolgreich abgeschlossen, so erlischt das Interesse am bloßen Objekt meist recht schnell. Der Weg (Sammeln, Tauschen, Heftvollbekommen) ist eben wesentlicher wichtiger als das eigentliche Ziel - es soll Menschen geben, die ihr mühsam vollgeklebtes Album schon nach wenigen Minuten keines einzigen Blickes mehr würdigen. Und hat man erst einmal ein gewisses Alter erreicht, so erwacht diese nur auf den ersten Blick leicht obskure Leidenschaft bei den meisten »normalen« Fußballfreunden nur noch im soliden Zwei- oder Vierjahresrhythmus, halt anlässlich einer schicken Welt- bzw. Europameisterschaft. Entscheidend dafür verantwortlich ist neben dem vor allem beim Manne nach wie vor stark ausgeprägten Sammeltrieb die Firma Panini, die ihre kleinen, bunten und selbstklebenden Erzeugnisse seit 1974 - zumindest in Deutschland - auf den Markt bringt. Doch bevor wir ausführlicher auf die Könige der Bildchen aus Modena eingehen, wollen wir einen kurzen bis mittellangen Blick auf die Geschichte der Sammelbildchen werfen.

Als Erfinder und Erwecker dieser speziellen Form der Sammelleidenschaft gilt gemeinhin der Pariser, um genau zu sein, die Firma Bognard Lithography, die anno 1867 kleine bunte Bilder verkaufte, auf denen die Pavillons der damals in Paris stattfindenden Weltausstellung abgebildet waren. Reißenden Absatz fanden die Kärtchen jedoch nicht gerade, und erst der findige Besitzer der Pariser Kaufhauskette »Au bon Marché« verhalf dem Sammelbild drei Jahre später zum Durchbruch: Er ließ die Bildchen zunächst kostenlos in ausgewählten Bezirken der Stadt und später in seinen Läden als Geschenk verteilen, um die Kunden, vor allem die Kinder, die ihre Mütter am schulfreien Donnerstag beim Einkauf zu begleiten pflegten, zu einem erneuten Besuch zu motivieren. Das Konzept ging auf. Die Bilder, auf deren Rückseite sich bunte Werbung für die Kaufhäuser befand, kamen derart gut an, dass bald eigene Bilderserien und mit großem Aufwand hergestellte Sammelalben hergestellt wurden.

Auch außerhalb Frankreichs kamen die kleinen Bildchen schwer in Mode. In Deutschland fanden sie ihren Weg in ganz alltägliche Produkte, wobei die Liebig-Fleischextrakt GmbH den Vorreiter spielte. Der Fertignahrungs- und Suppenkönig aus Gießen hatte schnell erkannt, welche Bedeutung die Werbung, damals noch mit Fug und Recht »Reklame« genannt, für den erfolgreichen Absatz eines Markenprodukts hatte und so brachte Liebig seine ersten »Reklamebilder« bereits im Jahre 1872 heraus. Dabei handelte es sich um großformatige Chromolithographien, kurz »Chromos«, die in sehr aufwändiger Drucktechnik hergestellt wurden. Anfangs handelte es sich bei den Bildchen noch um reine Eigenproduktwerbung (»aus reinem Fleische bester Sorte bereitet«), doch bald schon kamen eigenständige Serien (mit bis zu zwölf Einzelbildern) hinzu, die das immense Sammelinteresse weiter anfachten. Die Motive der insgesamt über 1.800 Liebig-Serien (bis 1975), deren 105x70-Format schnell allgemeiner Standard wurde, folgten dabei keinerlei Systematik und kamen aus den unterschiedlichsten Bereichen. So erstreckten sich die Themen von »Schmarotzerpflanzen« und »Mozart:

1.000 Goldmark für ein Original

Figaros Hochzeit« über »Indische Sitten« und »Eigenartige Wohnungen«bis hin zu »Aus den Kindheitstagen berühmter Italiener« - es war also für jeden etwas dabei. Über die Jahre konnten sich fleißige Käufer von Liebigs Fleischextrakt somit eine recht ansehnliche Bild-Enzyklopädie zusammensammeln, doch auf die ersten echten Alben mussten deutsche Sammelfreunde noch bis 1895 warten, wobei sich der Kölner Fabrikant Stollwerck, der seine schokoladigen Produkte bereits 1840 mit Abbildungen verziert hatte, als Initiator hervortat. Anfangs bestanden die Alben nur aus leeren Seiten mit Nummern und einigen dürftigen Bildunterschriften, doch bald schon wurden die Sammelbände mit längeren und anspruchsvolleren Texten sowie Zeichnungen und Graphiken versehen. Dies war nötig geworden, da den Pionieren Liebig und Stollwerck mittlerweile Konkurrenz entstanden war. Viele Firmen eiferten den erfolgreichen Vorbildern nach und brachten eigene Serien mit »Kaufmannsbildern« oder »Reklamemarken« heraus: Palmin, Homann, Nestle, Erdal - die Liste ließe sich beliebig fortführen. Mit Ausnahme von Tabak hatte nach der Jahrhundertwende nahezu jedes Alltagsprodukt seine eigenen Sammelbildserien, eine ganze Branche entstand - über 50 Druckereien waren allein für Liebig tätig. Um sich von der Konkurrenz abzuheben, beauftragten die Hersteller namhafte Künstler mit der Gestaltung ihrer Serien. Max Liebermann, Adolph von Menzel und Otto Modersohn malten so zum Beispiel für Stollwerck, auch die Herren Corinth, Vogeler, Looschen und Schwitters verdienten sich mit den bunten Kaufmannsbildchen etwas dazu. Und das konnte sich durchaus lohnen, auf Auktionen wechselten die Originale auch schon einmal für Preise von bis zu 1.000 Goldmark den Besitzer. Dabei hatte nicht nur die Vorderfront der kleinen Kunstwerke, die maximal die Größe einer Spielkarte besaßen, etwas zu bieten: Oft enthielten die Rückseiten der Bilder Kochrezepte oder Haushaltstipps, die den Kunden bzw. Sammler weiter bei der Stange halten sollten. Aber das war an und für sich schon eigentlich gar nicht mehr nötig, denn die Sammel-Leidenschaft hatte derart um sich gegriffen, dass bereits 1893 der erste Sammelbildchen-Verein in Deutschland gegründet worden war. Der erste Sammelbildchen-Katalog kam noch im gleichen Jahr heraus, und 1896 folgte schließlich »Dreser's Illustrierte Liebigbilder-Zeitschrift«, die sich immerhin 15 Jahre lang behaupten konnte. Sehr seltene Serien sollen vermögenden Sammlern, die sich meist aus dem gehobenen Bürgertum der Städte rekrutierten, damals bis zu 300 Goldmark wert gewesen sein - kein Wunder, dass schon kurz nach der Jahrhundertwende die ersten Fälschungen auftauchten.

Welche Ausmaße die Sammelei angenommen hatte, verdeutlicht ein Zeitungsausschnitt von 1913, dem Jahr, in dem die erste (internationale)

Auch wenn dieses Foto auf den ersten, zweiten und dritten Blick ein wenig gestellt wirkt - derlei Szenen spielen sich in den entlegensten Winkeln der Republik ab. Vor allem, wenn mal wieder eine schicke WM oder auch EM ansteht.

Ein Blick in die heiligen Hallen der Sammelbildchen-Druckerei von Panini in Modena: Ein Mitarbeiter überprüft die Farbqualität der Andrucke. Geht alles in Ordnung, werden Hunderttausende von Eigenrauchs, Janckers oder Wörnse gedruckt.

Reklamemarken-Ausstellung über die Bühne ging: »Reklamemarken sind die Dinge, die der heutige Schuljunge Tag und Nacht bei sich hat, worüber er die Schularbeiten, das Mittagessen und die Polizeivorschrift vergißt, daß auf Straßen nicht geschrieen werden darf; wovon er träumt; wegen denen er Mutter und Vater, Onkel und Tanten lästig fällt und den Buchhändlern, Drogisten und Krämern die Türen einläuft.« Ersetzt man »Reklamemarken« durch »WM-Bildchen« und streicht das mit der Polizeivorschrift, so könnte es sich auch um eine ganz normale Szene aus dem Jahr 1990 oder 1998 handeln. Also alles halb so wild.

Kurze Zeit nach dem Ersten Weltkrieg begann der Siegeszug der Zigarettenbildchen, die um 1869 in den USA erfunden worden waren, in Deutschland bis dato jedoch kaum eine Rolle gespielt hatten. Dies lag daran, dass der Mann traditionell früher eher zu Pfeife oder Zigarre gegriffen hatte und dass das öffentliche Rauchen mittlerweile selbst bei Frauen nicht mehr verpönt war. In den »wilden« 20ern erlebte die deutsche Zigarettenindustrie einen regelrechten Boom. 1923 brachten die Hamburger Reemtsma-Cigarettenfabriken die »Kleinen Bilder« heraus, eine Serie mit insgesamt 267 Bildchen, und führten den »Cigaretten-Bilderdienst« ein: Die Päckchen enthielten nun keine Bildchen mehr, sondern Gutscheine. Hatte man einen Satz Coupons gesammelt, so konnte man ihn beim Bilderdienst gegen die gewünschten Motive eintauschen. Das hatte mehrere Vorteile: So konnte der Sammler zum Einen die Serien seiner Wahl, zum Anderen auch großformatige Bilder erwerben - ferner hielt sich die Zahl der Doppelten spürbar in Grenzen...

Während der Markt für Kaufmannsbilder und Reklamemarken nach dem Erlass der Zugabeverordnung (1932) völlig zusammenbrach, stopften immer mehr Zigarettenfirmen Sammelbilder in ihre Packungen. Parallel dazu wurden die Alben immer aufwändiger gestaltet, oft handelte es sich um großformatige Wälzer, so z.B. das auch heute noch häufig in Antiquariaten aufzutreibende Reemtsma-Album »Olympische Spiele 1936«. Mit der Machtergreifung wurden jedoch nun zunehmend solch hübschen Motive wie »Die schönsten Frauen der Welt« oder »Vom Einbaum zum Ozeanriesen« von militaristischen, rassistischen und propagandistischen Themen (»Das waffenstarrende Ausland«, »Der Führer und sein Lieblingshund«) abgelöst. Den Höhepunkt bildete die Serie »Raubstaat England« - das 16. Reemtsma-Album war 1941 dann auch vorerst das letzte.

Nach dem Zweiten Weltkrieg lebte die alte Sammelleidenschaft der Deutschen sowohl im Westen als auch im Osten wieder auf. Einige Firmen brachten bereits 1945 wieder erst Serien heraus, wobei zunächst die Zigarettenbildchen dominierten, die jedoch in beiden Teilen des Landes auf sanften Druck von Vater Staat allmählich von der Bildfläche verschwanden. Bis die große Zeit der Bilderdienste (Penny, Gloria, Linda) anbrach, war die Szene dann zunächst von den Sammelkarten geprägt, die den Margarinepackungen von Firmen wie Eifein, Voss, Sanella oder Fri-Homa beilagen. Aufgrund der hohen Kosten entschlossen sich die Margarine-Leute 1954 jedoch, auf die ausufernde Bildchenwerbung zu verzichten. Zum Glück kam alsbald ein neues Genre auf, das bislang sträflich vernachlässigt worden war: das Fußball-Sammelbildchen. Als Wegbereiter der Szene gelten dabei die Kosmos-Bilderdienst-Serien (»Fußball - ganz groß«) und die kurzlebigen Reihen von Mercator und Vogelsang, die sich am Anfang der 50er Jahre erstmals intensiv mit dem Kickgeschehen auseinandersetzten - in all den Jahren zuvor waren sportinteressierte Sammlerfreunde stets mit irgendwelchen Olympiaden abgespeist worden. Zwar musste man sich für die Kosmos- oder Herba-Bildchen noch Kippen kaufen (oder aber die Schwester überreden, nun doch endlich mit dem Rauchen anzufangen), doch ging es aufwärts. Dennoch sollten noch einige Jahre ins Land ziehen, bevor die ersten Hersteller reiner Fußballsammelbilchenserien auf den Markt kamen und man ernsthaft sammeln und tauschen konnte, ohne gleich zum Großhändler für Margarine, Tabak oder Damenunterwäsche zu mutieren. Mitte der 60er Jahre machte beispielsweise die recht gediegen daherkommende Eikon-Serie »König Fußball« auf sich aufmerksam. Doch konnten sich weder Eikon oder später Americana noch Exoten wie Renggli (»Große Stars des runden Leders«) und Heinerle lange halten, selbst den begnadeten Sicker-Alben (»Tausend tolle Tore«, »Bundesliga-Asse« etc.) war kein langes Leben beschieden. Daran nicht ganz unschuldig waren die großen Tankstellenketten, die ihre Kunden in den 60er und 760er Jahren mit einigen sammeltechnischen Schmankerln verwöhnten: Unvergessen neben den Esso-Sammelalben »Könige im Tierreich« (feat. Heinz Sielmann) und »Vorstoß in die Tiefe« (mit Hans Hass) bleiben vor allem die grandiosen Sammelmünzen von Shell, die sich neben der Raumfahrt und weltberühmten Sportwagen eben auch dem Fußball (»Traumelf 1969«, »WM Mexiko 1970«) widmeten. Aral konnte da nur mit einem WM-Album kontern, dessen überdimensionale Bilder man auch getrost als Mini-Poster an die Wand pinnen konnte. Schließlich müssen in diesem Zusammenhang auch noch die Sammelbildchen erwähnt werden, die in jenen Jahren den diversen schokoladigen Erzeugnissen beilagen, allen voran die im Namen von Meistertrainer Hennes Weisweiler herausgegebene Serie »Deutschland, deine Bundesliga« (Stollwerck, 1978). Für jedes einzelne Bildchen musste man freilich eine Tafel Alpia kaufen, was damals zu dem ein oder anderen verpickeltem Sammlerantlitz geführt haben soll. Auch Sprengel hatte eine eigene WM-Serie (»1966-1970-1974«), später zogen Nutella und Snickers sowie natürlich Duplo und Hanuta nach.

Zarte Anfänge: Kosmos, Eikon, Sicker

Zu Millionen und Abermillionen stapeln sich die Sammelbildchen, die beim Druck auch gleich mit der Selbstklebeschicht versehen werden, auf riesigen Rollen. Nun muss nur noch geschnitten, gemischt und eingetütet werden.

Doch war dies natürlich alles nichts im Vergleich zu den hervorragenden Sammelalben (und den dazugehörigen Bildchen natürlich) der im schweizerischen Fribourg beheimateten Firma Bergmann, die Mitte der 60er Jahre auf den Plan trat und deren schlicht »Bundesliga 65/66« oder »Fußball 67/68« genannten Serien von Saison zu Saison immer professioneller wurden. Als Höhepunkte galten freilich bereits damals die Weltmeisterschaften. War die WM in England noch nachträglich im Bundesligaheft 66/67 abgehandelt worden, so erschien 1970 erstmals ein Album vor dem Turnier, auf dass man sich die Gesichter der kickenden Halbgötter vorher genauestens einprägen konnte. Als Meisterstück von Bergmann und als das vielleicht beste Fußballsammelbildchenalbum überhaupt gilt das (erste) WM-Album von 1974: Es bot neben einer 32 Seiten starken Einführung (incl. detaillierter Statistik und den Wappen aller FIFA-Mitgliedsverbände) erstmals auch Einzelfotos von allen 16 teilnehmenden Teams sowie der deutschen TV-Moderatoren. Und was waren das für Fotos! Bei den deutschen Profis fallen auch heute noch gestandene Friseurmeister in Ohnmacht, die Italiener sahen eher aus wie Bulgaren, und die Bulgaren - naja, Schwamm drüber. Zudem schienen nicht wenige Gestalten ganz eindeutig der nationalen Schwerverbrecherkartei entsprungen, was für die kompletten Mannschaften der Schotten, Holländer, Jugoslawen und der offenbar in einem abgedunkelten Partykeller abgelichteten Australier galt. Dafür schauten die Spieler von Zaire, Brasilien, der DDR und Chile umso freundlicher drein. Letztere waren in ihren Alltagsklamotten abgebildet, was nicht wenige Fragen über die Qualität der chilenischen Schneider und Modeschöpfer aufwarf: Verwegene Muster, abenteuerliche Farben, schier unfassliche Kragen - auch heute noch ein Spaß für die ganze Familie.

Auf dem Höhepunkt des Schaffens (nach der WM erschien gleich noch ein flottes Sammelalbum mit Spielszenen) bekam es Bergmann dann mit einem neuen und mächtigen Konkurrenten zu tun: Panini brachte, ebenfalls anlässlich der WM 1974, sein erstes Sammelalbum in Deutschland heraus. Die Wurzeln der italienischen Firma, die sich innerhalb kürzester Zeit zum unangefochtenen Marktführer in ganz Europa aufschwingen sollte, reichen bis 1945 zurück. Damals eröffneten die Gebrüder Giuseppe und Benito Panini in Modena (bei Bologna) einen Zeitungsstand, aus dem später ein Vertrieb und 1961 schließlich die Firma Panini erwachsen sollte. In diesem Jahr kam auch das erste Album mit Fußball-Bildchen heraus, das den Händlern von den Tifosi förmlich aus den Händen gerissen wurde. Das Geschäft boomte. Brachte Panini im ersten Anlauf noch drei Millionen Tütchen (Inhalt: zwei Bildchen, Kostenpunkt: zehn Lire) an den Mann gebracht, so waren es 1963 bereits 29 Millionen. Insgesamt schätzt man die Zahl der von Panini gedruckten Bildchen auf knapp 25 Milliarden, der erste abgebildete Spieler überhaupt war übrigens Bruno Bolchi, Kapitän von Inter Mailand.

Die Herren des Sammelbildchen-Imperiums: Sie waren anno 1990 maßgeblich dafür verantwortlich, dass im Kölner Raum kaum ein Adrian Bumbescu aufzutreiben war, wohingegen man mit Stefano Tacconi und Anton Pfeffer seine Wände tapezieren konnte.

Nach dem Schneiden der Bögen erfolgt das »Mischen« der Bildchen. Ein kleiner Griff an der Zufallsgeneratorschraube, und eine ganze Region kann durch die übermäßige Verbreitung eines Tarnats oder Cullmanns ins Unglück gestürzt werden.

Anfang der 70er Jahre begann der Familienbetrieb seine Aktivitäten erheblich auszuweiten. Erstmals brachte man das Jahrbuch des italienischen Fußballs und mit »Mexico 1970« schließlich auch das erste internationale Album heraus, das schon damals über die mehrsprachigen Überschriften und Bildtexte verfügte. Jugendliche in ganz Europa lernten nun, dass »Palmares« nichts zum Essen ist, wohingegen »Bouillon« in Belgien liegt, und dergleichen Dinge. Ungefähr zur gleichen Zeit führte Panini mit den Selbstklebebildchen eine weitere wichtige Neuerung ein. Zuvor hatten die Bildchen noch mühsam mit Hilfe eines Klebers ins Album gefriemelt werden müssen, was leider allzu oft zu hässlichen Flecken auf den Kickervisagen geführt hatte. Nun verrutschte zwar mal hier und da ein Klebebild (bei den legendären vierteiligen Mannschaftsfotos hatte der Spieler im Schnittpunkt der Bildchen so ganz gerne schon mal drei Nasen, dafür aber nur ein Auge), doch dafür pappten die Heftseiten nun nicht mehr so häufig aneinander.

Nachdem 1974 das erste Album in Deutschland erschienen und die Fangemeinde im Sturm erobert worden war, legte Panini bald neue Serien nach, wobei bald unverkennbar auch um andere Klientel geworben wurde: Barbie, Pferde, Biene Maja, Disney, später Muppets, Simpsons, Backstreet Boys. Derzeit scheinen auf den Schulhöfen Pokemon und Digimon zu dominieren - wenn, ja wenn nicht gerade WM-Zeit ist. Dann nämlich schleichen sich auch schon leicht in die Tage gekommene Sammler in die Läden, um die Tütchen mit den Bildern ihrer geliebten Helden, aber auch jener Männer, in deren Heimat der Fußball erst vor kurzem das Hufeisenwerfen als Lieblingssportart abgelöst hat, zu erhaschen. Mitunter scheint es dabei nur bedingt mit rechten Dingen zuzugehen. Denn auch wenn Panini versichert, dass alle Bildchen in gleicher Stückzahl gedruckt, »nach mathematischen Berechnungen« gemischt und mit der von Umberto Panini erfundenen Packmaschine »Fifimatic« eingetütet werden: Wird der Stapel mit den Doppelten immer höher, ohne dass sich die Fehlliste merklich verringert, so vertieft sich beim guten Sammler die Gewissheit, das Opfer einer Verschwörung zu sein, die ihn ins Lager der bösen Sammler treibt, derjenigen also, die ihre fehlenden Bilder einfach bei Panini nachbestellen. Jeder aufrechte Sammler weiß natürlich, dass man so etwas nicht tut. Ebenso verpönt ist der Kauf einer ganzen Tütchen-Kiste. Ungemach droht dem guten Sammler, der allein mit Stapel, Fehlliste und der Standardfrage (»Haste Doppelte?«) bewaffnet durch die Straßen zieht, auch vom Internet: Seiten mit Sammelbild-Tauschbörsen schießen wie norwegische Ersatzkeeper aus dem Boden. Es soll sogar Schurken geben, die sich beizeiten mit ungeöffneten Tüten eindecken, um sie Jahre später zu Fantasiepreisen an verzweifelte Sammler zu verkaufen, denen seit der WM '90 z.B. Sammelbild Nr. 160 fehlt - Adrian Bumbescu (Rumänien). Wer den zufällig doppelt hat, möge sich doch bitte umgehend beim Verlag melden.

DIE SAISONS

1963-2001

Vom ersten Meister über die Teilnahme am UEFA-Cup, die Anzahl der vorzeitigen Trainerwechsel und Eigentore bis hin zu den zielsichersten Torjägern und schlechtesten Absteigern ins Amateurlager - auf den nun folgenden Seiten finden Fußballfreunde und Datensammler alles Wichtige und Wissenswerte über die bislang 38 Spielzeiten der 1. und 2. Bundesliga. Die »Elf des Jahres« haben die Redakteure des Fachmagazins »kicker« im Anschluss an die jeweilige Saison aus der Anzahl der Berufungen in die »Elf des Tages« ermittelt.

SAISON 63/64

FANS

Gesamt: 5.909.776 (240 Spiele)
Schnitt: 24.624
Krösus: Stuttgart (40.459)
Kirchenmaus: Saarbrücken (16.333)

TORE

Gesamt: 857 (Schnitt: 3,57)
Eigentore: 17

TORJÄGER

Uwe Seeler (HSV)	**30**
Timo Konietzka (BVB)	**20**
Rudi Brunnenmeier (1860)	**19**
Willi Huberts (Frankfurt)	**19**
Klaus Matischak (Schalke)	**18**

KARTEN

8 Rote

TRAINER

Meistertrainer: Georg Knöpfle
Vorzeitige Wechsel: **3**
Widmayer-Csaknady (Nürnberg)
Gawliczek-Langner (Schalke)
Wilke-Gawliczek (HSV)

FUSSBALLER

Fussballer des Jahres:
Hans Schäfer (1.FC Köln)
Nationalelf-Debütanten:
Overath, Thielen, Weber (alle Köln), Redder, Sturm (beide BVB), Ferner (Bremen), Gerwien (Braunschweig), Krämer (Duisburg), Libuda (Schalke), Sieloff (Stuttgart), Steiner (1860)
Transfers des Jahres:
Brungs, Tilkowski (BVB), Giesemann (HSV), Grosser, Luttrop (1860), Herrmann, Matischak (Schalke), Huberts, Trimhold (Frankfurt), Kentschke (KSC), Manglitz, Rahn (Meiderich), Prins (K'lautern)

		Punkte	Tore	Heim		Auswärts	
1.	1.FC Köln	45:15	78:40	24:6	48:21	21:9	30:19
2.	Meidericher SV	39:21	60:36	24:6	36:11	15:15	24:25
3.	Eintr. Frankfurt	39:21	65:41	23:7	43:20	16:14	22:21
4.	Bor. Dortmund (M)	33:27	73:57	25:5	54:21	8:22	19:36
5.	VfB Stuttgart	33:27	48:40	21:9	29:12	12:18	19:28
6.	Hamburger SV	32:28	69:60	24:6	45:18	8:22	24:42
7.	1860 München	31:29	66:50	22:8	49:16	9:21	17:34
8.	Schalke 04	29:31	51:53	21:9	33:17	8:22	18:36
9.	1.FC Nürnberg	29:31	45:56	18:12	26:22	11:19	19:34
10.	Werder Bremen	28:32	53:62	21:9	32:21	7:23	21:41
11.	Eintr. Braunschweig	28:32	36:49	20:10	21:31	8:22	15:36
12.	1.FC K'lautern	26:34	48:69	18:12	27:21	8:22	21:48
13.	Karlsruher SC	24:36	42:55	13:17	24:30	11:19	18:25
14.	Hertha BSC Berlin	24:36	45:65	15:15	27:25	9:21	18:40
15.	Preußen Münster	23:37	34:52	14:16	21:23	9:21	13:29
16.	1.FC Saarbrücken	17:43	44:72	10:20	20:31	7:23	24:41

SPIEL DES JAHRES

Für den amtierenden Meister aus Dortmund sollte das Spiel am 18. April 1964 den vorerst letzten Kick in eben dieser Funktion darstellen, wohingegen sich der werdende Meister aus Köln anschickte, den Titel drei Spieltage vor ultimo unter Dach und Fach zu bringen. Und wie: Vor allem in der zweiten Hälfte boten die Geißböcke unwiderstehlichen Offensivfußball und revanchierten sich beim BVB - beide Vereine hatten sich bereits vor Jahresfrist im letzten »echten« Endspiel um die »Deutsche« gegenübergestanden. Damals freilich mit einem positiveren Ausgang für die Dortmunder.

1.FC KÖLN - BORUSSIA DORTMUND 5:2 (1:1)
Köln: Ewert, Pott, Regh, Benthaus, Wilden, Hemmersbach, Thielen, H. Sturm, Weber, Overath, Hornig.
Dortmund: Tilkowski, W. Sturm, Redder, D. Kurrat, Geisler, Bracht, Wosab, Schmidt, Brungs, Konietzka, Emmerich.
Tore: 0:1 Schmidt (22.), 1:1 Sturm (44.), 2:1 Thielen (61.), 3:1 Hornig (63.), 3:2 Brungs (64.), 4:2 Thielen (70.), 5:2 Wilden (86.)
Zuschauer: 40.000, **Schiri:** Tschenscher (Mannheim)

	1.FC Köln	Meiderich	Frankfurt	Dortmund	Stuttgart	HSV	1860	Schalke	Nürnberg	Bremen	Braunschweig	K'lautern	KSC	Hertha	Münster	Saarbrücken
1.FC Köln	●	3:3	1:1	5:2	2:1	4:1	2:2	2:2	5:0	4:3	4:1	5:1	4:0	3:1	3:0	1:3
Meiderich	2:2	●	3:1	3:3	3:0	4:0	3:0	3:0	0:0	1:0	5:1	3:0	2:0	1:3	0:0	3:1
Frankfurt	2:1	2:2	●	2:1	3:2	2:2	5:2	4:2	2:3	7:0	3:0	1:1	0:3	4:0	3:0	3:1
Dortmund	2:3	0:0	3:0	●	7:1	5:2	3:3	3:0	3:1	4:3	3:0	9:3	3:2	7:2	0:0	2:1
Stuttgart	0:1	1:2	0:0	2:1	●	2:2	1:1	2:0	1:0	2:0	5:0	4:0	4:1	2:0	0:3	3:1
HSV	1:1	3:3	3:0	2:1	1:1	●	5:0	3:1	2:2	1:1	2:1	7:3	1:1	5:1	5:0	4:2
1860 München	1:3	0:0	1:1	6:1	1:1	9:2	●	7:1	5:0	3:2	1:1	3:0	1:0	1:2	3:1	7:1
Schalke 04	2:3	2:2	1:2	3:1	2:0	1:0	2:1	●	4:1	2:3	2:0	4:0	2:1	1:0	1:2	4:1
Nürnberg	2:2	2:0	1:0	4:0	0:0	3:2	2:2	0:0	●	3:0	1:0	0:5	2:4	2:3	2:2	2:0
Werder Bremen	1:1	1:1	4:1	3:2	2:2	4:2	4:1	1:0	2:1	●	2:3	2:0	0:0	2:2	4:2	0:3
Braunschweig	1:1	0:0	0:3	2:0	2:0	2:1	0:1	4:3	2:0	1:1	●	0:1	2:0	1:1	1:0	3:1
K'lautern	3:3	1:1	1:1	0:1	1:3	3:2	2:1	2:3	3:1	3:0	2:1	●	1:0	3:0	0:0	2:4
KSC	2:2	1:4	1:2	1:3	0:3	0:4	1:0	1:1	1:3	1:1	3:1	5:1	●	1:1	4:2	2:2
Hertha BSC	0:3	5:2	1:3	0:0	0:2	1:2	3:1	1:0	1:1	5:2	1:2	2:2	2:3	●	2:0	3:2
Pr. Münster	0:2	4:2	1:3	1:2	4:2	1:1	0:0	2:2	0:1	1:3	0:2	1:0	0:0	4:2	●	2:1
Saarbrücken	0:2	0:2	0:4	2:1	0:1	1:1	1:2	1:1	3:5	3:2	2:2	2:4	1:3	3:0	1:1	●

Am Geißbock führte in der ersten Bundesliga-Saison kein Weg vorbei - dies musste u.a. der 1.FC K'lautern feststellen. Hier semmelt Kölns Kapitän Schäfer den Pfälzern eine Kugel ins Netz, Verteidiger Pulter kommt trotz interessanter Körperhaltung zu spät.

Bühne frei für Meister Köln

Der Startschuss fiel am 24. August 1963. Nach langen Vorbereitungen und schier endlos erscheinenden Diskussionen um das Für und Wider und Wann und Wie der neuen Spielklasse konnte es endlich losgehen: Hurra, hurra, die Bundesliga war da! War das spannend, war das aufregend - vor allem für die vielen Fans, die ja zuvor nur recht selten in den Genuss solch exotischer Paarungen wie 1.FC Saarbrücken gegen den Meidericher SV gekommen waren und nun in hellen Scharen in die Stadien strömten. Und dort bekamen sie allerhand zu sehen: Der erste Treffer, von keiner Fernsehkamera aufgezeichnet und von allen Fotografen einmütig verschlafen, gelang dem Dortmunder Timo Konietzka nach 58 Sekunden im Bremer Weserstadion. Den ersten Strafstoß verwandelte der Lauterer Neumann, den ersten Elfer hielt Hans Tilkowski (BVB) gegen Pechvogel Stemmer von 1860 München, das erste Eigentor unterlief dem Schalker Willi Schulz. Den ersten Hattrick schaffte der Kölner Müller beim 5:1 gegen Braunschweig und als erster Rot-Sünder ging ausgerechnet »Boss« Rahn, der zweifache Torschütze beim »Wunder von Bern« und damals in Meidericher Diensten, in die Annalen der noch jungen Liga ein. Geschichte schrieb im ersten Jahr jedoch vor allem der 1.FC Köln, der als domspitzenhoher Favorit ins Rennen gegangen war und der dem Vorschusslorbeer zum Leidwesen der Konkurrenz auch entsprechende Taten folgen ließ. Von Beginn an lagen die Geißböcke auf Titelkurs, besaßen schlussendlich satte sechs Punkte Vorsprung auf den Überraschungszweiten Meiderich und hätten in ihrer Dominanz sicherlich an Bayern München erinnert - wenn die damals schon eine Rolle gespielt hätten.

Finale in Stuttgart, 13. Juni 1964:

1860 München - Eintr. Frankfurt 2:0 (1:0)

BUNDESLIGA-AUFSTIEGSRUNDE

GRUPPE 1

FC St. Pauli - Bayern München	0:4
Tasmania Berlin - Bor. Neunkirchen	5:1
Bayern München - Tasmania Berlin	1:1
Bor. Neunkirchen - FC St. Pauli	4:1
Bor. Neunkirchen - Bayern München	0:1
FC St. Pauli - Tasmania Berlin	3:0
Bayern München - Bor. Neunkirchen	0:2
Tasmania Berlin - FC St. Pauli	3:3
Tasmania Berlin - Bayern München	3:0
FC St. Pauli - Bor. Neunkirchen	0:1
Bor. Neunkirchen - Tasmania Berlin	1:0
Bayern München - FC St. Pauli	6:1

1. Bor. Neunkirchen	**8:4**	**9:7**
2. Bayern München	7:5	12:7
3. Tasmania Berlin	6:6	12:9
4. FC St. Pauli	3:9	8:18

GRUPPE 2

Hessen Kassel - Hannover 96	1:2
FK Pirmasens - Alemannia Aachen	3:0
Hannover 96 - FK Pirmasens	2:0
Alemannia Aachen - Hessen Kassel	1:2
Hessen Kassel - FK Pirmasens	1:4
Hannover 96 - Alemannia Aachen	2:1
FK Pirmasens - Hessen Kassel	2:4
Alemannia Aachen - Hannover 96	3:2
FK Pirmasens - Hannover 96	0:4
Hessen Kassel - Alemannia Aachen	2:0
Hannover 96 - Hessen Kassel	3:1
Alemannia Aachen - FK Pirmasens	5:1

1. Hannover 96	**10:2**	**15:6**
2. Hessen Kassel	6:6	11:12
3. Alemannia Aachen	4:8	10:12
4. FK Pirmasens	4:8	10:16

REGIONALLIGA-TORJÄGER

Nord

Horst Haecks (FC St. Pauli) **36**

West

Jupp Martinelli (Alemannia Aachen) . . . **33**

Südwest

Helmut Kapitulski (FK Pirmasens) **31**

Süd

Klaus-Peter Jendrosch (Hessen Kassel) . **34**

Berlin

Heinz Fischer (Tasmania Berlin) **24**

INTER NATIONAL

Im Europacup der Meister scheitert der BVB im Halbfinale an Inter Mailand (2:2, 0:2)
Der 1.FC Köln scheitert im Halbfinale des Messepokals mit 1:4 und 0:2 am FC Valencia

SAISON 64/65

FANS

Gesamt: 6.492.539 (240 Spiele)
Schnitt: 27.052
Krösus: Hannover 96 (40.985)
Kirchenmaus: Neunkirchen (18.775)

TORE

Gesamt: 796 (Schnitt: 3,32)
Eigentore: 16

TORJÄGER

Rudi Brunnenmeier (1860)	**24**
Timo Konietzka (BVB)	**22**
Christian Müller (1.FC Köln)	**19**
Heinz Strehl (Nürnberg)	**15**
Franz Brungs (BVB)	**14**
Uwe Seeler (HSV)	**14**

KARTEN

10 Rote

TRAINER

Meistertrainer: Willi Multhaup
Vorzeitige Wechsel: **5**
Sommerlatt-Schneider (KSC)
Baluses-Gutendorf (Stuttgart)
Brocker-Liebrich (K'lautern)
Gutendorf-Schmidt (Meiderich)
Schneider-Schulte (Hertha)

FUSSBALLER

Fussballer des Jahres:
Uwe Seeler (HSV)
Nationalelf-Debütanten:
Brunnenmeier, Patzke, Rebele (alle 1860), Lorenz, Piontek (beide Bremen), Hornig (Köln), Manglitz (Meiderich), Rodekamp (Hannover), Ulsaß (Braunschweig)
Transfers des Jahres:
van Haaren (Duisburg), Kapitulski (K'lautern), Krafczyk (Braunschweig), Matischak (Bremen), Peltonen (HSV), Toth (Schalke), Zeze (Köln)

		Punkte	Tore	Heim		Auswärts	
1.	Werder Bremen	41:19	54:29	24:6	30:10	17:13	24:19
2.	1.FC Köln (M)	38:22	66:45	19:11	37:23	19:11	29:22
3.	Bor. Dortmund	36:24	67:48	21:9	38:22	15:15	29:26
4.	1860 München	35:25	70:50	24:6	48:20	11:19	22:30
5.	Hannover 96 (N)	33:27	48:42	21:9	30:17	12:18	18:25
6.	1.FC Nürnberg	32:28	44:38	22:8	28:15	10:20	16:23
7.	Meidericher SV	32:28	46:48	21:9	29:21	11:19	17:27
8.	Eintr. Frankfurt	29:31	50:58	12:18	24:33	17:13	26:25
9.	Eintr. Braunschweig	28:32	42:47	19:11	21:13	9:21	21:34
10.	Bor. Neunkirchen (N)	27:33	44:48	21:9	29:17	6:24	15:31
11.	Hamburger SV	27:33	46:56	18:12	28:25	9:21	18:31
12.	VfB Stuttgart	26:34	46:50	19:11	31:25	7:23	15:25
13.	1.FC K'lautern	25:35	41:53	19:11	24:17	6:24	17:36
14.	Hertha BSC Berlin	25:35	40:62	15:15	18:21	10:20	22:41
15.	Karlsruher SC	24:36	47:62	16:14	28:24	8:22	19:38
16.	Schalke 04	22:38	45:60	15:15	24:26	7:23	21:34

SPIEL DES JAHRES

Wie bereits im Vorjahr stand der BVB Spalier, als es darum ging, den neuen Meister zu küren. Diesmal freilich hatte man sich vor der Partie bei Werder Bremen am vorletzten Spieltag noch selbst einige Chancen auf den Titel ausgerechnet, betrug der Rückstand auf Tabellenprimus Werder doch gerade einmal zwei Pünktchen. Auch Meister Köln besaß noch gute Karten, selbst 1860 durfte noch hoffen. Doch dann kam alles mal ganz anders: Die Elf von »Fischken« Multhaup kanzelte den BVB in beeindruckender Manier mit 3:0 ab und da sich Köln zudem ein schlappes 0:0 gegen Altmeister Nürnberg leistete, war die Sensation perfekt und der SV Werder Bremen neuer Deutscher Meister.

WERDER BREMEN - BORUSSIA DORTMUND 3:0 (2:0)
Werder: Bernard, Piontek, Höttges, Lorenz, Jagielski, Steinmann, Zebrowski, Ferner, Matischak, Schütz, Klöckner.
Dortmund: Wessel, Cyliax, Redder, Kurrat, Paul, Straschitz, Wosab, Schmidt, Brungs, Konietzka, Emmerich.
Tore: 1:0 Matischak (13.), 2:0 Klöckner (45.), 3:0 Zebrowski (87.)
Zuschauer: 40.000, **Schiri:** Tschenscher (Mannheim)

	Bremen	1.FC Köln	Dortmund	1860	Hannover	Nürnberg	Meiderich	Frankfurt	Braunschweig	Neunkirchen	HSV	Stuttgart	K'lautern	Hertha BSC	KSC	Schalke
Werder Bremen	●	0:0	3:0	3:2	3:0	1:1	1:0	2:2	5:1	2:0	0:0	1:0	1:1	5:1	1:0	2:2
1.FC Köln	4:2	●	3:3	1:1	0:1	0:0	1:2	3:4	5:1	4:3	3:0	2:1	3:0	2:3	4:1	2:1
Dortmund	1:2	2:2	●	1:1	0:2	2:1	0:0	1:3	5:4	5:1	2:0	1:0	3:2	6:3	5:1	4:0
1860 München	3:1	2:3	4:4	●	4:0	2:0	2:1	0:1	2:0	4:2	4:1	1:0	2:2	6:4	9:0	3:1
Hannover 96	1:2	2:0	2:0	0:2	●	2:2	2:0	3:2	2:2	1:1	1:2	2:1	4:0	3:1	4:2	1:0
Nürnberg	2:3	3:0	1:0	2:2	1:0	●	1:1	0:0	3:2	2:0	2:3	1:1	1:0	2:0	4:1	3:2
Meiderich	2:2	0:3	3:2	3:0	1:0	2:0	●	1:3	2:0	1:1	3:2	3:3	3:1	2:2	1:1	2:1
Frankfurt	0:2	1:4	0:2	4:1	3:3	1:1	2:3	●	2:2	1:0	2:1	2:3	1:2	3:0	0:7	2:2
Braunschweig	1:1	1:1	0:1	1:1	2:2	1:0	0:1	3:2	●	1:0	2:0	2:1	2:0	1:1	3:0	1:2
Neunkirchen	1:1	1:1	1:2	3:0	2:1	1:1	4:2	4:0	0:0	●	3:1	3:1	0:3	2:2	1:0	3:2
HSV	0:4	0:0	1:4	3:2	3:0	2:1	3:0	2:1	3:0	2:1	●	2:2	3:2	4:1	2:1	2:4
Stuttgart	1:1	3:3	3:2	3:0	0:3	3:1	4:2	1:2	3:1	3:2	2:4	●	1:0	1:1	1:2	2:1
K'lautern	2:1	2:2	1:3	1:2	1:0	3:2	2:0	0:1	2:1	2:0	2:1	2:1	●	1:2	0:1	3:0
Hertha BSC	0:0	1:3	0:0	2:1	1:1	1:2	2:2	1:3	0:3	1:1	0:0	0:0	5:3	●	2:1	2:1
KSC	0:2	2:4	2:0	1:5	2:3	1:1	2:1	3:1	3:0	2:1	2:2	0:0	6:1	0:1	●	2:2
Schalke 04	1:0	2:3	2:6	2:2	2:2	1:3	1:2	1:1	0:3	1:1	3:1	3:1	1:0	3:0	1:1	●

Keinen Sieger verdient hatte das hochklassige und dramatische Match, das sich Ende Januar 1965 Münchner Löwen und Dortmunder Borussen auf schwerem Geläuf lieferten: Es endete 4:4. Hier trägt sich Brunnenmeier in die umfangreiche Torschützenliste ein.

Zwischen Spree und Weser

Bereits in ihrem zweiten Jahr drohte die Bundesliga in einem Sumpf von Schwarzgeld und Schiebung zu versinken. Bei Überprüfungen der Kassenbücher von Hertha BSC Berlin hatte der DFB gewisse Unregelmäßigkeiten bei der Bezahlung von Lizenzspielern entdeckt. Für diese gab es strenge Richtlinien, und an diesen schien sich die Hertha nicht sonderlich gestoßen zu haben. Da war mehr Handgeld als erlaubt geflossen, da waren überhöhte Ablösesummen und statutenwidrige Treueprämien für Eigengewächse gezahlt worden, da klafften bedenkliche Lücken in den Kassenbüchern. Die Hertha hoffte aufgrund des Berlin-Status auf eine milde (Geld-)Strafe, doch der DFB zeigte sich von seiner harten Seite und verurteilte den Sünderklub in zwei Instanzen zum Zwangsabstieg in die Regionalliga. Kurz darauf trat Hertha die Flucht nach vorne an und beschuldigte 14 weitere Bundesligisten ganz konkret der gleichen unsauberen Praktiken. Ein gigantischer Skandal schien unabwendbar, doch der DFB erklärte sich für nicht zuständig und die beschuldigten Klubs saßen die ganze Geschichte einfach aus. Schalke und der KSC konnten sich am Ende jedoch freuen: Da ein Berliner Verein nun mal partout dabei sein sollte, der Status des Hertha-Nachrückers jedoch unklar war, wurde die Liga auf 18 aufgestockt und die vermeintlichen absteiger durften weiter mittun. Ach ja. Beinahe vergessen: Meister wurde mit dem SV Werder übrigens die Mannschaft, die am wenigsten Gegentore zuließ: Nur 29 Stück in 30 Spielen. Zwölfmal war der berüchtigte »Bremer Beton« derart fest angerührt worden, dass dem frustierten Gegner überhaupt kein Treffer gelingen wollte. Dies und eine egradezu erstaunliche Abgeklärtheit in den Spitzenspielen reichte der tollen Elf von »Fischken« Multhaup zum Titel.

BUNDESLIGA-AUFSTIEGSRUNDE

GRUPPE 1

Holstein Kiel - SSV Reutlingen	1:1
Wormatia Worms - Bor. M'gladbach	1:5
Bor. M'gladbach - Holstein Kiel	1:0
SSV Reutlingen - Wormatia Worms	3:0
SSV Reutlingen - Bor. M'gladbach	1:1
Holstein Kiel - Wormatia Worms	3:4
Bor. M'gladbach - SSV Reutlingen	7:0
Wormatia Worms - Holstein Kiel	0:3
Holstein Kiel - Bor. M'gladbach	4:2
Wormatia Worms - SSV Reutlingen	1:2
Bor. M'gladbach - Wormatia Worms	1:1
SSV Reutlingen - Holstein Kiel	1:1

1. Bor. M'gladbach	**8:4**	**17:7**
2. SSV Reutlingen	7:5	8:11
3. Holstein Kiel	6:6	12:9
4. Wormatia Worms	3:9	7:17

GRUPPE 2

Bayern München - Tennis Borussia	2:0
Alemannia Aachen - 1.FC Saarbrücken	2:1
Tennis Borussia - Alemannia Aachen	1:1
1.FC Saarbrücken - Bayern München	1:0
Tennis Borussia - 1.FC Saarbrücken	5:2
Bayern München - Alemannia Aachen	2:1
1.FC Saarbrücken - Tennis Borussia	5:0
Alemannia Aachen - Bayern München	1:1
Bayern München - 1.FC Saarbrücken	5:0
Alemannia Aachen - Tennis Borussia	5:4
Tennis Borussia - Bayern München	0:8
1.FC Saarbrücken - Alemannia Aachen	3:1

1. Bayern München	**9:3**	**18:3**
2. 1.FC Saarbrücken	6:6	12:13
3. Alemannia Aachen	6:6	11:12
4. Tennis Bor. Berlin	3:9	10:23

REGIONALLIGA-TORJÄGER

Nord
Gerd Saborowski (Holstein Kiel) **34**

West
Bernd Rupp (Borussia M'gladbach) **25**

Südwest
Emil Poklitar (1.FC Saarbrücken) **27**

Süd
Rainer Ohlhauser (Bayern München) . . **42**

Berlin
Heinz Fischer (Tasmania Berlin) **25**

Finale in Hannover, 22. Mai 1965:
Bor. Dortmund - Alemannia Aachen 2:0 (2:0)

INTERNATIONAL 1860 München verliert das Finale im Europacup der Pokalsieger 0:2 gegen West Ham United

SAISON 65/66

		Punkte	Tore	Heim		Auswärts	
1.	1860 München	50:18	80:40	28:6	43:17	22:12	37:23
2.	Bor. Dortmund	47:21	70:36	29:5	47:12	18:16	23:24
3.	Bayern München (N)	47:21	71:38	26:8	42:15	21:13	29:23
4.	Werder Bremen (M)	45:23	76:40	30:4	43:14	15:19	33:26
5.	1.FC Köln	44:24	74:41	28:6	44:16	16:18	30:25
6.	1.FC Nürnberg	39:29	54:43	25:9	37:17	14:20	17:26
7.	Eintr. Frankfurt	38:30	64:46	26:8	41:13	12:22	23:33
8.	MSV Duisburg	36:32	70:48	22:21	45:25	14:20	25:23
9.	Hamburger SV	34:34	64:52	21:13	41:21	13:21	23:31
10.	Eintr. Braunschweig	34:34	49:49	21:13	31:21	13:21	18:28
11.	VfB Stuttgart	32:36	42:48	21:13	24:12	11:23	18:36
12.	Hannover 96	30:38	59:57	21:13	40:23	9:25	19:34
13.	Bor. M'gladbach (N)	29:39	57:68	19:15	36:27	10:24	21:41
14.	Schalke 04	27:41	33:55	22:12	22:17	5:29	11:38
15.	1.FC K'lautern	26:42	42:65	20:14	25:18	6:28	17:47
16.	Karlsruher SC	24:44	35:71	22:12	27:22	2:32	8:49
17.	Bor. Neunkirchen	22:46	32:82	16:18	19:36	6:28	13:46
18.	Tasmania Berlin (N)	8:60	15:108	7:27	8:46	1:33	7:62

FANS

Gesamt: 7.094.666 (306 Spiele)
Schnitt: 23.185
Krösus: Hannover 96 (31.682)
Kirchenmaus: B'schweig (14.540)

TORE

Gesamt: 987 (Schnitt: 3,23)
Eigentore: 13

TORJÄGER

Lothar Emmerich (BVB)	**31**
Timo Konietzka (1860)	**26**
Arnold Schütz (Bremen)	**20**
Peter Grosser (1860)	**18**
Hannes Löhr (1.FC Köln)	**18**
Manfred Pohlschmidt (HSV)	**18**

KARTEN

11 Rote

TRAINER

Meistertrainer: Max Merkel

Vorzeitige Wechsel: **4**

Schneider-Roth (KSC)
Linken-Schmidt (Tasmania)
Gawliczek-Schneider (HSV)
Kronsbein-Kirk (Hannover)

FUSSBALLER

Fussballer des Jahres:
Hans Tilkowski (BVB)

Nationalelf-Debütanten:
(Beckenbauer, Maier, Nafziger (alle Bayern), Emmerich, Held (beide BVB), Grabowski (Frankfurt), Grosser (1860), Höttges (Bremen), Netzer (M'gladbach)

Transfers des Jahres:
Brungs (Nürnberg), Pohlschmidt, Schulz (HSV), Klimaschefski (K'lautern), Konietzka (1860), Krauthausen, Rausch (Köln), Libuda (BVB), Neuser (Schalke), Nowak (Bayern), Rühl (Duisburg)

SPIEL DES JAHRES

Das Spiel war schnell entschieden. Löwen-Neuzugang Konietzka schoss bereits nach wenigen Sekunden Bayern-Stopper Danzberg k.o. und traf dann kurz darauf auch in die Maschen: 1:0 im ersten Münchner Bundesliga-Lokalderby, zugleich auch der Endstand einer leidenschaftlich umkämpften Partie, an deren Ende die Machtfrage in München vorerst geklärt schien. Was damals freilich keiner ahnen konnte: Der Ausgang dieses Matches hatte nicht unerheblichen Einfluss auf die Vergabe der Meisterschale. Am Ende fehlten dem sensationell starken Neuling lediglich drei Pünktchen zum ersten Platz - der wiederum von den Löwen eingenommen wurde...

1860 MÜNCHEN - BAYERN MÜNCHEN 1:0 (1:0)

1860: Radenkovic, Wagner, Kohlars, Perusic, Reich, Grosser, Heiß, Küppers, Brunnenmeier, Konietzka, Rebele.
Bayern: Maier, Kunstwadl, Olk, Drescher, Danzberg, Beckenbauer, Nafziger, Müller, Ohlhauser, Koulmann, Brenninger.
Tore: 1:0 Konietzka (1.)
Zuschauer: 44.000, **Schiri:** Ott (Rheinbrohl), **Rot:** Danzberg (86.)

	1860	BVB	Bayern	Bremen	1.FC Köln	Nürnberg	Frankfurt	Duisburg	HSV	Braunsxhweig	Stuttgart	Hannover	M'gladbach	Schalke	K'lautern	KSC	Neunkirchen	Tasmania
1860 München	●	2:1	1:0	3:1	2:1	1:1	4:2	3:3	1:1	1:1	0:0	5:0	3:3	3:0	4:2	2:0	4:1	4:0
Dortmund	0:2	●	3:0	2:1	3:2	2:0	3:0	1:1	2:2	1:1	4:0	4:0	3:1	7:0	4:0	4:1	1:0	3:1
Bayern	3:0	0:2	●	3:1	1:4	0:0	2:0	3:0	3:0	2:2	0:1	3:1	5:2	1:0	3:0	5:1	6:0	2:1
Werder Bremen	0:2	1:0	1:1	●	2:1	1:0	3:2	2:0	2:0	4:0	3:1	3:3	2:0	2:0	4:1	3:1	5:2	5:0
1.FC Köln	3:1	1:2	6:1	2:0	●	2:1	1:0	1:1	5:1	3:0	3:1	0:1	2:2	2:1	3:2	2:0	4:2	4:0
Nürnberg	1:4	0:0	2:2	2:1	2:0	●	0:0	4:1	5:0	1:1	1:1	2:1	2:2	1:0	1:1	3:0	3:1	7:2
Frankfurt	5:2	4:1	0:0	1:0	0:0	1:2	●	2:0	2:0	4:1	3:2	0:1	3:1	4:1	6:0	1:0	1:2	4:0
Duisburg	2:3	2:1	1:1	1:2	2:3	1:2	0:0	●	3:1	4:1	5:2	2:2	3:2	5:1	2:2	8:2	1:0	3:0
HSV	1:2	1:1	0:4	1:3	2:2	0:2	0:1	2:0	●	2:1	4:1	2:1	5:0	1:1	4:1	8:0	3:0	5:1
Braunschweig	2:2	4:0	2:4	1:0	1:2	3:0	2:2	1:0	1:4	●	1:1	2:1	1:1	3:0	1:1	2:0	1:2	3:1
Stuttgart	0:0	1:1	0:1	0:2	0:1	1:0	0:0	2:0	1:3	0:1	●	4:2	5:0	1:0	4:1	1:0	2:0	2:0
Hannover	0:1	1:1	3:4	2:1	1:1	2:2	4:1	0:3	0:0	1:1	4:2	●	2:1	0:3	4:0	5:2	6:0	5:0
M'gladbach	1:1	4:5	1:2	0:7	2:3	8:3	1:2	1:2	0:0	1:0	1:0	2:0	●	2:0	2:0	1:1	4:1	5:0
Schalke 04	0:2	2:3	1:1	1:6	0:0	1:0	3:2	0:0	2:1	1:1	2:0	1:0	0:0	●	2:1	0:0	2:0	4:0
K'lautern	3:0	0:0	1:2	2:3	3:2	0:0	5:2	1:0	2:1	1:1	1:2	1:1	1:2	3:2	●	1:0	0:0	0:0
KSC	1:1	0:0	1:0	3:2	2:1	1:2	4:0	0:4	1:4	1:4	3:0	1:0	3:3	1:0	1:0	●	1:1	3:0
Neunkirchen	1:9	1:3	0:4	1:2	2:1	2:1	1:6	0:1	1:1	1:0	1:2	1:0	1:1	1:0	1:4	1:0	●	3:1
Tasmania	0:5	0:2	0:2	1:1	0:6	0:1	0:3	0:9	0:4	0:2	0:2	1:5	0:0	1:2	1:1	2:0	2:1	●

Bereits in den ersten Aufeinandertreffen zwischen dem FCK und den Münchner Bayern ging es hoch her: Beim 2:1-Triumph des Neulings auf dem Betzenberg verteilte Schiri Herden nicht weniger als vier Rote Karten. Hier trifft es den Lauterer Neumann (Mitte).

Die Löwen und der Letzte

In ihrem dritten Jahr konnte sich die auf 18 Vereine »aufgeblähte« Bundesliga über drei interessante Neuzugänge freuen: Da waren einerseits Bayern München und Borussia M'gladbach, zwei Vereine, die in ihren jeweiligen Regionalligen und der dazugehörigen Aufstiegsrunde mit spektakulärem Fußball für Aufsehen gesorgt hatten, andererseits die Tasmania aus Berlin, die ihre Teilnahme allein dem Lizenzentzug für Hertha BSC zu verdanken hatte. In der DFB-Zentrale war man mit dieser Entscheidung rundum zufrieden, Kölns Präsident Franz Kremer sprach in die Mikrofone: »Ich wünsche allen Vereinen den Erfolg, den Tasmania in der kommenden Saison haben wird.« Na, das wäre eine recht lustige Saison geworden. Die bemitleidenswerten Berliner, bei denen ein Horst Szymaniak allein eben nicht ausreichte, holten sich nach manierlichem Start - 2:0 gegen den KSC vor 81.000 (!) Zuschauern - eine desaströse Klatsche nach der anderen ab und verewigten sich gleich in mehreren Kategorien in der ewigen Negativ-Hitparade der Bundesliga. Der erste Absteiger stand also schon sehr frühzeitig fest, um den zweiten Platz stritten sich lange Zeit Schalke, K'lautern, Neunkirchen und der KSC. Mit Borussia Neunkirchen erwischte es schließlich die Mannschaft, die sich am 33. Spieltag ein peinliches 1:2 bei - genau - Tasmania Berlin leistete. Auch in der Meisterfrage fiel die Entscheidung am vorletzten Spieltag: Der Tabellenzweite Borussia Dortmund, der wenige Tage zuvor als erster deutscher Klub einen Europapokal gewinnen konnte, empfing den punktgleichen Tabellenführer 1860 München. Das »Endspiel um den Titel» entschied die Elf Max Merkels schließlich mit 2:0 für sich - und die Löwen wurden tatsächlich Meister.

Finale in Frankfurt, 4. Juni 1966:

Bayern München - MSV Duisburg 4:2 (1:1)

BUNDESLIGA-AUFSTIEGSRUNDE

GRUPPE 1

Fort. Düsseldorf - Kickers Offenbach	2:0
Hertha BSC Berlin - FK Pirmasens	1:1
Kickers Offenbach - Hertha BSC Berlin	1:0
FK Pirmasens - Fort. Düsseldorf	3:2
Fort. Düsseldorf - Hertha BSC Berlin	4:1
Kickers Offenbach - FK Pirmasens	2:2
Hertha BSC Berlin - Fort. Düsseldorf	3:2
FK Pirmasens - Kickers Offenbach	2:0
Fort. Düsseldorf - FK Pirmasens	2:0
Hertha BSC Berlin - Kickers Offenbach	2:1
Kickers Offenbach - Fort. Düsseldorf	1:5
FK Pirmasens - Hertha BSC Berlin	2:1

1. Fort. Düsseldorf	**8:4**	**17:8**
2. FK Pirmasens	8:4	10:8
3. Hertha BSC Berlin	5:7	8:11
4. Kickers Offenbach	3:9	5:13

GRUPPE 2

FC St. Pauli - Rot-Weiß Essen	1:0
1.FC Saarbrücken - Schweinfurt 05	4:2
Rot-Weiß Essen - 1 FC Saarbrücken	3:2
Schweinfurt 05 - FC St. Pauli	2:1
FC St. Pauli - 1.FC Saarbrücken	3:2
Rot-Weiß Essen - Schweinfurt 05	3:0
Schweinfurt 05 - Rot-Weiß Essen	1:2
1.FC Saarbrücken - FC St. Pauli	3:1
1.FC Saarbrücken - Rot-Weiß Essen	1:2
FC St. Pauli - Schweinfurt 05	3:1
Schweinfurt 05 - 1.FC Saarbrücken	0:0
Rot-Weiß Essen - FC St. Pauli	0:1

1. Rot-Weiß Essen	**8:4**	**10:6**
2. FC St. Pauli	8:4	10:8
3. 1.FC Saarbrücken	5:7	12:11
4. Schweinfurt 05	3:9	6:13

REGIONALLIGA-TORJÄGER

Nord

Horst Haecks (FC St. Pauli) **26**

West

Alfred Glenski (Alemannia Aachen) . . . **26**

Südwest

Emil Poklitar (1.FC Saarbrücken) **30**

Süd

Willi Mikulasch (ESV Ingolstadt). **29**

Berlin

Hans Tylinski (Tennis Borussia Berlin) . . **36**

INTER NATIONAL Der BVB holt durch ein 2:1 n.V. gegen den FC Liverpool den Europacup der Pokalsieger

SAISON 66/67

		Punkte	Tore	Heim		Auswärts	
1.	Eintr. Braunschweig	43:25	49:27	29:5	35:8	14:20	14:19
2.	1860 München (M)	41:27	60:47	26:8	34:17	15:19	25:30
3.	Bor. Dortmund	39:29	70:41	26:8	45:14	13:21	25:27
4.	Eintr. Frankfurt	39:29	66:49	24:10	45:23	15:19	21:26
5.	1.FC K'lautern	38:30	43:42	26:8	26:14	12:22	17:28
6.	Bayern München	37:31	62:47	25:9	37:14	12:22	25:33
7.	1.FC Köln	37:31	48:48	23:11	29:20	14:20	19:28
8.	Bor. M'gladbach	34:34	70:49	23:11	45:19	11:23	25:30
9.	Hannover 96	34:34	40:46	25:9	30:17	9:25	10:29
10.	1.FC Nürnberg	34:34	43:50	18:16	24:26	16:18	19:24
11.	MSV Duisburg	33:35	40:42	20:14	19:14	13:21	21:28
12.	VfB Stuttgart	33:35	48:54	17:17	23:22	16:18	25:32
13.	Karlsruher SC	31:37	54:62	22:12	34:25	9:25	20:37
14.	Hamburger SV	30:38	37:53	22:12	21:16	8:26	16:37
15.	Schalke 04	30:38	37:63	22:12	19:17	8:26	18:46
16.	Werder Bremen	29:39	49:56	19:15	34:27	10:24	15:29
17.	Fort. Düsseldorf (N)	25:43	44:66	16:18	24:31	9:25	20:35
18.	Rot-Weiß Essen (N)	25:43	35:53	17:17	24:23	8:26	11:30

FANS

Gesamt: 7.129.485 (306 Spiele)
Schnitt: 23.299
Krösus: Stuttgart (30.558)
Kirchenmaus: K'lautern (16.914)

TORE

Gesamt: 895 (Schnitt: 2,92)
Eigentore: 11

TORJÄGER

Lothar Emmerich (BVB)	**28**
Gerd Müller (Bayern)	**28**
Herbert Laumen (M'gladbach)	**18**
Christian Müller (KSC)	**17**

KARTEN

14 Rote

TRAINER

Meistertrainer: Helmut Johannsen
Vorzeitige Wechsel: **7**
Roth-Frantz (KSC)
Csaknady-Vincze (Nürnberg)
Merkel-Baumann (1860)
Gutendorf-Sing (Stuttgart)
Pliska-Ribbeck (RWE)
Langner-Marotzke (Schalke)
Klötzer-Melchior (Düsseldorf)

FUSSBALLER

Fussballer des Jahres:
Franz Beckenbauer (Bayern)
Nationalelf-Debütanten:
Heynckes, Rupp, Vogts (alle M'gladbach), B. Dörfel (HSV), Fichtel (Schalke), Heidemann (Duisburg), Löhr (Köln), G. Müller (Bayern), Wolter (Braunschweig), Zaczyk (KSC)
Transfers des Jahres:
Gress, Larsson (Stuttgart), Jusufi (Frankfurt), Rehhagel (K'lautern), Koslowski (RWE), Kraus (Schalke), Kremer, Pavlic (Duisburg), Soskic (Köln), C. Müller (KSC)

SPIEL DES JAHRES

Welch Schlappe, was für ein Debakel! Wie eine Naturgewalt brachen die Gladbacher Fohlen über die hilflos im eigenen Sechzehner hin- und herrutschenden Schalker Schneehäschen herein. Nicht weniger als elfmal musste der bedauernswerte Elting das knallrote Leder aus dem Netz pulen: Rekord. Und während Netzer, Rupp und Co. fröhlich feixend weitere Hundertprozentige vergaben, bekamen die frierenden Mannen in den königsblauen Leibchen noch nicht einmal den Ehrentreffer auf die Reihe. Armes Schalke.

BORUSSIA M'GLADBACH - SCHALKE 04 11:0 (4:0)
M'gladbach: Danner, Lowin, Vogts, Milder, Wittmann, Elfert, Wimmer, Laumen, Heynckes, Netzer, Rupp.
Schalke: Elting, Senger, Rausch, Pyka, Fichtel, Nikolic, Blechinger, Neuser, Bechmann, Herrmann, Klose.
Tore: 1:0 Rup (7.), 2:0 Rupp (21.), 3:0 Laumen (30.), 4:0 Rupp (41.), 5:0 Netzer (47.), 6:0 Laumen (57.), 7:0 Rupp (61.), 8:0 Netzer (67.), 9:0 Laumen (70.), 10:0 Heynckes (85.), 11:0 Heynckes (90.)
Zuschauer: 18.000, **Schiri:** Betz (Regensburg)

	Braunschweig	1860	Dortmund	Frankfurt	K'lautern	Bayern	1.FC Köln	M'gladbach	Hannover	Nürnberg	Duisburg	Stuttgart	KSC	HSV	Schalke	Bremen	Düsseldorf	RW Essen
Braunschweig	●	1:0	3:1	3:0	2:0	5:2	1:0	2:1	0:1	4:1	0:0	1:1	4:1	2:0	1:0	2:0	4:0	0:0
1860 München	2:1	●	1:2	2:1	3:0	1:0	2:1	4:3	3:0	1:2	3:3	1:1	2:1	7:0	6:2	2:0	1:2	0:0
Dortmund	0:0	1:1	●	3:1	2:1	4:0	6:1	3:2	3:0	0:1	4:1	1:1	2:1	7:0	6:2	2:0	1:2	0:0
Frankfurt	0:1	3:3	3:3	●	1:1	2:1	4:0	1:0	3:3	1:4	1:0	4:0	5:1	1:3	4:2	4:1	3:0	5:0
K'lautern	2:0	0:3	1:1	1:1	●	1:0	0:0	1:0	1:0	1:1	0:0	3:3	3:1	2:1	1:0	2:0	2:1	5:2
Bayern	2:0	3:0	1:0	1:2	5:0	●	2:0	4:3	0:0	0:1	2:1	1:1	2:2	3:1	5:0	1:0	1:2	4:1
1.FC Köln	1:0	2:0	1:1	1:4	2:1	2:4	●	1:2	1:1	2:0	1:1	3:1	2:2	0:0	2:1	4:1	2:0	2:1
M'gladbach	0:0	2:3	4:0	0:0	1:1	1:2	3:0	●	2:0	2:0	3:3	1:2	3:1	4:2	11:0	1:1	3:1	4:3
Hannover 96	4:2	2:2	2:0	2:1	2:1	2:1	0:1	1:1	●	2:0	3:0	2:2	3:1	1:0	1:2	2:1	0:2	1:0
Nürnberg	0:4	2:2	2:0	0:1	1:2	0:1	1:1	1:0	1:1	●	3:1	3:3	2:2	1:0	0:4	2:1	4:2	1:1
Duisburg	0:0	1:2	1:5	0:0	1:1	0:0	1:0	1:3	3:0	2:0	●	0:0	0:1	2:1	3:0	1:0	1:1	2:0
Stuttgart	1:2	2:0	1:0	3:0	0:1	2:4	2:2	0:2	1:2	1:0	1:3	●	2:0	1:3	1:1	1:1	3:1	1:0
KSC	3:0	3:1	2:0	3:2	2:2	1:6	1:1	3:3	0:0	0:1	3:0	4:1	●	1:1	1:0	4:4	3:2	0:1
HSV	1:0	3:2	1:1	0:2	1:0	3:1	1:3	2:0	2:1	0:1	0:0	1:1	1:0	●	1:1	1:1	2:1	1:1
Schalke 04	0:0	1:0	1:4	1:1	0:3	2:1	1:0	0:0	2:1	1:0	2:1	2:0	1:3	2:0	●	0:1	2:1	1:1
Werder Bremen	2:3	2:4	2:1	3:0	1:1	4:1	1:3	2:2	3:0	4:4	1:1	1:2	0:3	5:1	2:1	●	1:0	0:0
Düsseldorf	1:1	0:1	0:5	2:4	3:1	0:0	1:3	2:2	1:0	2:2	1:5	3:3	1:0	2:2	3:1	0:1	●	2:0
RW Essen	0:0	2:2	1:1	1:1	1:1	3:1	1:3	2:1	3:0	1:1	0:1	1:3	3:1	1:1	4:1	0:1	0:4	●

Hacki Wimmer und Katsche Schwarzenbeck, die Könige der Wasserträger, beim rassigen Kopfballduell. Im Hintergrund lauern Laumen und Roth. Noch weiter hinten sehen wir die Vorausscheidungen zur Deutschen Meisterschaft im Flutlichtmastklettern.

Braunschweiger Beton

Der aufmerksame Betrachter wähnte sich mitunter in Italien, dem Mutterland des Catenaccio, in welchem auch schon damals ein 2:0 durchaus als Kantersieg durchgehen konnte: Mit Eintracht Braunschweig wurde am Ende die Mannschaft Meister, die sich am geschicktesten bei der Verteidigung des eigenen Tores anstellte. In 34 Spielen ließen die Defensivkünstler um Keeper Horst Wolter nur 27 Gegentreffer zu. In sage und schreibe 17 Spielen behielt die Elf von Trainer Helmut Johannsen eine weiße Weste, wobei man freilich anmerken muss, dass sich die Braunschweiger Stürmergarde in sieben von diesen 17 Begegnungen auch nicht geschickter anstellte. Und so kam es dann schließlich, wie es kommen musste. Mit einem 0:0 (gegen den Meidericher SV) übernahmen die Löwen erstmalig die Tabellenspitze, mit einem 0:0 (bei Schlusslicht RWE) brachten sie den Meistertitel sensationell unter Dach und Fach- italienische Fußballphilosophen alter Schule wären hellauf begeistert gewesen.

Meister Braunschweig - damit hatte vor Saisonbeginn natürlich kaum einer gerechnet, am wenigsten die zuvor als »Provinztruppe« verspottete Eintracht selbst, die ein paar Rekorde für die Ewigkeit aufstellte: Seit dieser Saison ist niemals mehr eine Mannschaft mit so wenigen Punkten (43), erzielten Toren (49) oder einer derart miesen Auswärtsbilanz (14:20) Deutscher Meister geworden. Nur so zum Vergleich: Die Gladbacher Borussen schossen zwar 21 Tore mehr, erreichten damit aber neun Punkte weniger und landeten unter ferner liefen. Die Glanzlichter setzten in dieser Saison in der Tat andere Vereine, doch die Braunschweiger leisteten sich eben am wenigsten Aussetzer und errangen den Titel somit auch vollkommen verdient.

BUNDESLIGA-AUFSTIEGSRUNDE

GRUPPE 1

Bayern Hof - SW Essen	0:0	3:2
Arm. Hannover - Hertha BSC Berlin	1:1	3:0
Bor. Neunkirchen - Arm. Hannover	2:1	4:3
Hertha BSC Berlin - Bayern Hof	2:0	1:2
SW Essen - Hertha BSC Berlin	3:2	1:0
Bayern Hof - Bor. Neunkirchen	5:2	0:4
Bor. Neunkirchen - SW Essen	2:0	1:1
Arm. Hannover - Bayern Hof	3:0	2:1
Hertha BSC Berlin - Bor. Neunkirchen	1:2	1:0
SW Essen - Arminia Hannover	2:1	4:0

1. Bor. Neunkirchen	**11:5**	**17:12**
2. Schwarz-Weiß Essen	10:6	13:9
3. Arminia Hannover	7:9	14:14
4. Bayern Hof	7:9	11:16
5. Hertha BSC Berlin	5:11	8:12

GRUPPE 2

Alem. Aachen - Kickers Offenbach	2:1	2:3
Tennis Borussia - Göttingen 05	1:1	0:1
Göttingen 05 - 1.FC Saarbrücken	1:1	2:2
Kickers Offenbach - Tennis Borussia	2:0	2:0
Tennis Borussia - Alem. Aachen	3:4	2:7
1.FC Saarbrücken - Kickers Offenbach	0:0	4:3
Alem. Aachen - 1. FC Saarbrücken	3:0	0:3
Kickers Offenbach - Göttingen 05	2:0	2:2
Göttingen 05 - Alem. Aachen	1:2	1:3
1.FC Saarbrücken - Tennis Borussia	2:4	2:2

1. Alemannia Aachen	**12:4**	**23:14**
2. Kickers Offenbach	10:6	15:10
3. 1.FC Saarbrücken	8:8	14:15
4. Göttingen 05	6:10	9:13
5. Tennis Bor. Berlin	4:12	12:21

REGIONALLIGA-TORJÄGER

Nord

Günter Pröpper (VfL Osnabrück) **25**

West

Ernst Kuster (Arminia Bielefeld) **23**

Südwest

Alfred Brecht (SV Weisenau) **26**

Süd

Bernd Windhausen (SpVgg Fürth) **32**

Berlin

Michael Krampitz (Hertha BSC Berlin) . . **25**

Finale in Stuttgart, 10. Juni 1967:

Bayern München - Hamburger SV 4:0 (1:0)

INTER NATIONAL

Bayern holt durch ein 1:0 n.V. gegen die Glasgow Rangers den Europacup der Pokalsieger
Eintr. Frankfurt scheitert im Halbfinale des Messepokals an Dinamo Zagreb (3:0, 0:4 n.V.)

SAISON 67/68

		Punkte	Tore	Heim		Auswärts	
1.	1.FC Nürnberg	47:21	71:37	28:6	46:17	19:15	25:20
2.	Werder Bremen	44:24	68:51	24:10	36:27	20:14	32:24
3.	Bor. M'gladbach	42:26	77:45	24:10	45:19	18:16	32:26
4.	1.FC Köln	38:30	68:52	27:7	49:22	11:23	19:30
5.	Bayern München	38:30	68:58	25:9	37:18	13:21	31:40
6.	Eintr. Frankfurt	38:30	58:51	25:9	45:22	13:21	13:29
7.	MSV Duisburg	36:32	69:58	20:14	38:25	16:18	31:33
8.	VfB Stuttgart	35:33	65:54	26:8	37:15	9:25	28:39
9.	Ein. Braunschweig (M)	35:33	37:39	21:13	20:15	14:20	17:24
10.	Hannover 96	34:34	48:52	25:9	32:18	9:25	16:34
11.	Alemannia Aachen (N)	34:34	52:66	26:8	38:24	8:26	14:42
12.	1860 München	33:35	55:39	18:16	35:19	15:19	20:20
13.	Hamburger SV	33:35	51:54	19:15	28:22	14:20	23:32
14.	Bor. Dortmund	31:37	60:59	27:7	44:17	4:30	16:42
15.	Schalke 04	30:38	42:48	19:15	19:17	11:23	23:31
16.	1.FC K'lautern	28:40	39:67	21:13	22:17	7:27	17:50
17.	Bor. Neunkirchen (N)	19:49	33:93	18:16	23:32	1:33	10:61
18.	Karlsruher SC	17:51	32:70	14:20	24:29	3:31	8:41

FANS

Gesamt: 6.147.508 (306 Spiele)
Schnitt: 20.090
Krösus: Nürnberg (37.233)
Kirchenmaus: Neunkirchen (9.787)

TORE

Gesamt: 993 (Schnitt: 3,25)
Eigentore: 14

TORJÄGER

Hannes Löhr (Köln)	**27**
Franz Brungs (Nürnberg)	**25**
Gerd Müller (Bayern)	**20**
Herbert Laumen (M'gladbach)	**19**
Peter Meyer (M'gladbach)	**19**
Rainer Ohlhauser (Bayern)	**19**

KARTEN

13 Rote

TRAINER

Meistertrainer: Max Merkel

Vorzeitige Wechsel: **7**

Brocker-Langner (Bremen)
Frantz-Gawliczek (KSC)
Marotzke-Brocker (Schalke)
Gawliczek-Termath (KSC)
Buhtz-Mülhausen (Hannover)
Knefler-Piechaczek (K'lautern)
Murach-Pfau (BVB)

FUSSBALLER

Fussballer des Jahres:
Gerd Müller (Bayern)

Nationalelf-Debütanten:
Bäse, Maas (beide Braunschweig), Laumen, Meyer (M'gladbach), L. Müller, Volkert (Nürnberg), Köppel (Stuttgart), Neuberger (BVB), Roth (Bayern), Siemensmeyer (Hannover)

Transfers des Jahres:
Heynckes, Skoblar (Hannover), Krämer (HSV), Rühl, Simmet (Köln), Rupp (Bremen), Troche (Aachen)

SPIEL DES JAHRES

Hoppla! Das Bayernderby, das Gipfeltreffen, das absolute Schlagerspiel, in dem es der souveräne Tabellenführer mit dem hartnäckigsten Verfolger zu tun bekam, entschied der Altmeister dann doch relativ deutlich für sich. Es war der große Tag von Franz »Goldköpfchen« Brungs, der Bayern-Keeper Sepp Maier gleich fünf Stück - darunter einen lupenreinen Hattrick - einschenkte. Die 65.000 Zuschauer im Frankenstadion waren ob des Nürnberger Sturmwirbels schier aus dem Häuschen, sogar Berufsskeptiker Max Merkel zeigte sich hernach einigermaßen zufrieden.

1.FC NÜRNBERG - BAYERN MÜNCHEN 7:3 (3:0)

Nürnberg: Wabra, Leupold, Popp, L. Müller, Wenauer, Ferschl, Cebinac, Strehl, Brungs, Starek, Volkert.
Bayern: Maier, Kupferschmidt, Schwarzenebck, Roth, Beckenbauer, Olf, Nafziger, Ohlhauser, Müller, Koulmann, Brenninger.
Tore: 1:0 Strehl (26.), 2:0 Volkert (27.), 3:0 Brungs (37.), 4:0 Brungs (51.), 5:0 Brungs (57.), 6:0 Brungs (62.), 6:1 Müller (72.), 7:1 Brungs (74.), 7:2 Brenninger (77.), 7:3 Brenninger (89.)
Zuschauer: 65.000, **Schiri:** Malka (Herten)

	Nürnberg	Bremen	M'gladbach	1.FC Köln	Bayern	Frankfurt	Duisburg	Stuttgart	Braunschweig	Hannover	Aachen	1860	HSV	Dortmund	Schalke	K'lautern	Neunkirchen	KSC
Nürnberg	●	0:0	1:0	2:1	7:3	0:2	4:1	5:1	3:1	2:1	4:1	1:1	4:0	2:1	2:3	4:1	3:0	2:0
Werder Bremen	0:4	●	0:4	3:1	4:1	2:0	3:3	3:1	3:2	1:0	0:1	2:2	1:4	2:1	2:0	2:1	2:1	6:1
M'gladbach	1:1	3:1	●	1:0	1:1	1:1	1:1	1:1	2:0	5:1	3:0	1:1	4:1	2:2	1:6	8:2	10:0	0:0
1.FC Köln	3:3	1:4	2:5	●	3:3	5:1	3:0	2:2	1:0	2:1	3:1	1:0	2:1	3:1	1:0	5:0	2:1	4:0
Bayern	0:2	2:3	3:1	0:3	●	3:0	0:4	3:1	3:0	1:0	4:1	2:2	1:0	2:0	2:0	4:1	4:0	3:0
Frankfurt	1:2	5:3	3:1	1:2	2:3	●	3:2	4:0	2:0	3:0	1:1	2:1	1:1	4:1	2:2	5:2	4:1	2:0
Duisburg	2:0	1:1	2:2	3:2	3:3	0:1	●	3:3	2:3	1:2	3:0	2:1	1:2	2:2	1:1	7:0	3:1	2:1
Stuttgart	1:1	0:3	1:3	2:0	3:0	4:0	3:0	●	0:0	2:0	4:1	2:1	4:1	4:1	2:0	0:1	2:1	3:2
Braunschweig	0:3	0:3	2:1	1:2	1:0	0:0	3:0	2:1	●	0:1	2:0	0:1	0:1	2:0	1:0	1:0	4:2	1:0
Hannover 96	1:1	4:2	1:1	3:0	2:1	2:1	2:2	2:1	1:1	●	1:1	1:2	2:2	2:2	2:1	2:0	2:0	2:0
Aachen	2:0	1:1	0:0	4:2	0:4	2:1	4:4	3:2	2:1	2:2	●	3:3	2:0	3:0	2:1	1:1	5:1	2:1
1860 München	1:2	1:3	0:0	0:1	3:2	5:0	0:1	3:3	1:0	3:1	6:0	●	0:1	3:0	1:2	0:3	5:0	3:0
HSV	3:1	2:1	2:3	3:1	2:1	0:1	1:3	1:1	0:0	2:3	5:1	2:2	●	3:2	1:1	1:1	0:0	0:0
Dortmund	1:2	1:1	3:1	2:0	6:3	2:1	4:3	2:1	0:1	3:1	1:0	0:0	2:2	●	2:1	4:0	6:0	5:0
Schalke 04	0:0	0:2	3:4	1:1	0:1	0:0	0:3	2:1	0:2	1:1	2:1	0:0	3:0	1:0	●	2:1	2:0	2:0
K'lautern	1:0	2:2	0:1	2:1	2:2	1:1	0:1	2:0	2:2	0:0	1:0	0:0	3:3	2:2	1:0	●	2:1	1:1
Neunkirchen	2:2	0:0	0:3	2:1	1:1	2:2	2:1	0:5	1:2	3:1	0:1	1:0	0:3	3:2	1:5	2:1	●	3:2
KSC	1:1	1:2	3:2	0:1	0:2	0:1	0:2	1:4	1:2	3:1	2:4	0:3	2:1	2:0	1:0	2:2	5:1	●

Da freuen sie sich, die Meisterkicker des Club. Oben (v.l.n.r.): Assi Körner, Volkert, Cebinac, Heinz Müller, Strehl, Merkel, Luggi Müller, Schöll. Unten: Leupold, Ferschl, Popp, Toth. Ein Jahr später freuten sie sich nicht mehr so dolle. Da waren sie nämlich abgestiegen.

Merkels Meisterstück

Erneut wurde ein Klub Meister, den vor Saisonbeginn die wenigsten auf dem Tippzettelchen stehen hatten: diesmal war es der »Club«. Die Mannschaften, die einhellig als Titelfavoriten angesehen wurden, die Blauen und die Roten aus München, Frankfurt, Dortmund, wie immer auch Köln, leisteten sich gleich zu Beginn der Saison teilweise recht peinliche Ausrutscher gegen Außenseiter und vermeintliche Abstiegskandidaten. Zu diesen zählte eigentlich auch Alt- und Rekordmeister Nürnberg, den Max Merkel in der Vorsaison gerade noch vor dem Absturz in die Regionalliga bewahrt hatte. Danach mistete der »Magier« den Kader aus, warf die halbe Mannschaft raus, holte einige viel versprechende frische Kräfte und zimmerte eine kampf- und spielstarke Truppe zusammen, die der Konkurrenz von Beginn an das Fürchten lehrte. Nach drei Spieltagen übernahm der FCN erstmals in der Bundesliga die Tabellenspitze - und gab diese dann bis zum letzten Schlusspfiff der Saison souveränerweise auch nicht mehr ab. Vor allem in den Spitzenspielen gegen die Titelanwärter M'gladbach (1:0), Braunschweig (3:0), Köln (3:3) und Bayern (7:3) zeigten sich die Nürnberger von ihrer besten Seite. Der Club stellte einen neuen Startrekord (12:2 Punkte) auf und lag zum Ende der Hinserie bereits sieben Zähler vor der konsternierten Konkurrenz, die sich das alles wohl ganz anders vorgestellt hatte. Den Vorsprung retteten Volkert, Cebinac und Co. dann relativ locker über die Ziellinie, wenngleich die ganz große Brillanz ein wenig verloren ging, doch am Ende konnte sich Max Merkel bereits zum zweiten Mal in der Bundesliga als Meistermacher feiern lassen. Die Freude währte allerdings nicht eben lange.

Finale in Ludwigshafen, 9. Juni 1968:
1.FC Köln - VfL Bochum 4:1 (2:1)

BUNDESLIGA-AUFSTIEGSRUNDE

GRUPPE 1

TuS Neuendorf - Arm. Hannover	1:0	1:1
Tennis Borussia - Bayer Leverkusen	2:4	1:4
Arm. Hannover - Tennis Borussia	1:0	1:2
Bayer Leverkusen - Kickers Offenbach	1:1	1:2
Kickers Offenbach - Arm. Hannover	1:0	2:3
Tennis Borussia - TuS Neuendorf	2:1	1:1
Arm. Hannover - Bayer Leverkusen	1:1	4:1
TuS Neuendorf - Kickers Offenbach	0:0	0:2
Bayer Leverkusen - TuS Neuendorf	1:1	1:1
Kickers Offenbach - Tennis Borussia	4:1	4:1

1. Kickers Offenbach	**12:4**	**16:7**
2. Bayer Leverkusen	10:6	17:10
3. TuS Neuendorf	7:9	6:8
4. Tennis Bor. Berlin	7:9	11:19
5. Arm. Hannover	4:12	7:13

GRUPPE 2

Rot-Weiß Essen - Hertha BSC Berlin	2:2	0:2
Göttingen 05 - SV Alsenborn	3:0	2:3
Hertha BSC Berlin - Göttingen 05	1:0	0:0
Bayern Hof - Rot-Weiß Essen	0:1	1:1
Göttingen 05 - Bayern Hof	3:1	1:5
SV Alsenborn - Hertha BSC Berlin	2:1	1:1
Rot-Weiß Essen - Göttingen 05	1:0	0:1
Bayern Hof - SV Alsenborn	2:1	1:2
Hertha BSC Berlin - Bayern Hof	2:0	3:2
SV Alsenborn - Rot-Weiß Essen	1:1	2:3

1. Hertha BSC Berlin	**11:5**	**12:7**
2. Rot-Weiß Essen	9:7	9:9
3. SV Alsenborn	8:8	12:14
4. Göttingen 05	7:9	10:11
5. Bayern Hof	5:11	12:14

REGIONALLIGA-TORJÄGER

Nord

Wilfried Kemmer (VfL Wolfsburg) **19**

West

Ernst Kuster (Arminia Bielefeld) **28**

Südwest

Jürgen Schieck (SV Alsenborn). **31**

Süd

Wolfgang Breuer (Bayern Hof) **27**

Berlin

Horst Lunenburg (Tennis Borussia Berlin) **30**

INTER NATIONAL	Der HSV verliert das Finale im Europacup der Pokalsieger gegen den AC Mailand mit 0:2 Für die EM-Endrunde in Italien vermag sich die deutsche Nationalelf nicht zu qualifizieren

SAISON 68/69

FANS

Gesamt: 6.550.497 (306 Spiele)
Schnitt: 21.407
Krösus: Hertha BSC (42.843)
Kirchenmaus: K'lautern (12.388)

TORE

Gesamt: 873 (Schnitt: 2,85)
Eigentore: 17

TORJÄGER

Gerd Müller (Bayern)	**30**
Uwe Seeler (HSV)	**23**
Josib Skoblar (Hannover)	**17**
Werner Görtz (Bremen)	**15**
Herbert Laumen (M'gladbach)	**15**
Hartmut Weiß (Braunschweig)	**15**

KARTEN

14 Rote

TRAINER

Meistertrainer: Branko Zebec
Vorzeitige Wechsel: **7**
Sing-Pilz (1860)
Brocker-Gutendorf (Schalke)
Schneider-Lindemann (BVB)
Merkel-Körner (Nürnberg)
Körner-Klötzer (Nürnberg)
Piechaczek-Weise (K'lautern)
Baumann-Seybold (Stuttgart)

FUSSBALLER

Fussballer des Jahres:
Franz Beckenbauer (Bayern)
Nationalelf-Debütanten:
Brenninger, Ohlhauser (beide Bayern), Bella (Duisburg), Wimmer (M'gladbach)
Transfers des Jahres:
Dörfel (Braunschweig), Friedrich, Rumor (K'lautern), v. Haaren, Libuda (Schalke), Hansen, Küppers (Nürnberg), Huttary (Duisburg), Ionescu (Aachen), Köppel (M'gladbach), Starek (Bayern)

		Punkte	Tore	Heim		Auswärts	
1.	Bayern München	46:22	61:31	28:6	40:10	18:16	21:21
2.	Alemannia Aachen	38:30	57:51	23:11	36:22	15:19	21 29
3.	Bor. M'gladbach	37:31	61:46	22:12	34:20	15:19	27:26
4.	Eintr. Braunschweig	37:31	46:43	21:13	29:23	16:18	17:20
5.	VfB Stuttgart	36:32	60:54	25:9	40:23	11:23	20:31
6.	Hamburger SV	36:32	55:55	23:11	35:22	13:21	20:33
7.	Schalke 04	35:33	45:40	25:9	33:15	10:24	12:25
8.	Eintr. Frankfurt	34:34	46:43	22:12	27:15	12:22	19:28
9.	Werder Bremen	34:34	59:59	26:8	36:23	8:26	23:36
10.	1860 München	34:34	44:59	24:10	27:21	10:24	17:38
11.	Hannover 96	32:36	47:45	21:13	28:21	19:24	11:23
12.	MSV Duisburg	32:36	33:37	23:11	19:10	9:25	14:27
13.	1.FC Köln	32:36	47:56	26:8	33:18	6:28	14:38
14.	Hertha BSC Berlin (N)	32:36	31:39	23:11	20:12	9:25	11:27
15.	1.FC K'lautern	30:38	45.47	24:10	31:14	6:28	14:33
16.	Bor. Dortmund	30:38	49:54	21:13	29:20	9:25	20:34
17.	1.FC Nürnberg (M)	29:39	45:55	21:13	26:15	8:26	19:40
18.	Kickers Offenbach (N)	28:40	42:59	23:11	27:19	5:29	15:40

SPIEL DES JAHRES

Kommissar Zufall hatte in geradezu meisterlicher Weise Regie geführt: Am letzten Spieltag der sechsten Bundesliga-Saison standen sich die vier letztplatzierten Vereine im direkten Duell gegenüber: Der 1.FC Köln (30 Punkte) empfing den 1.FC Nürnberg (29), während Borussia Dortmund (28) die punktgleichen Kickers aus Offenbach zu Gast hatte. Auch der 1.FC K'lautern (28) war noch nicht gerettet, zwei mussten absteigen, alle Konstellationen schienen möglich. Dass es im Herzschlagfinale schließlich neben dem OFC auch den amtierenden Meister aus Nürnberg erwischte, hätten vor Saisonstart wohl noch nicht einmal die ärgsten Pessimisten zu befürchten gewagt. Längst gefeuerte Trainer eingeschlossen...

1.FC KÖLN - 1.FC NÜRNBERG 3:0 (0:0)

Köln: Birkhölzer, Thielen, Hemmersbach, Blusch (Jendrossek), Weber, Biskup, Rühl, Simmet, Löhr, Overath, Hornig.
Nürnberg: Rynio, Leupold, Hansen, L. Müller, Wenauer, Zaczyk, Cebinac (Beer), Küppers, Nüssing (Strehl), H. Müller, Volkert.
Tore: 1:0 Overath (51.), 2:0 Rühl (77.), 3:0 Hornig (84.)
Zuschauer: 53.000, **Schiri:** Horstmann (Hildesheim)

	Bayern	Aachen	M'gladbach	Braunschweig	Stuttgart	HSV	Schalke	Frankfurt	Bremen	1860	Hannover	Duisburg	1.FC Köln	Hertha BSC	K'lautern	BVB	Nürnberg	Offenbach
Bayern	●	1:1	0:0	2:1	2:0	5:1	0:0	2:0	6:0	0:2	2:1	2:2	1:0	3:0	2:0	4:1	3:0	5:1
Aachen	2:4	●	2:1	1:4	1:3	2:0	4:1	4:2	2:1	4:0	2:0	4:0	2:1	0:0	1:0	0:1	4:2	1:2
M'gladbach	1:1	2:2	●	1:1	4:4	1:2	3:0	2:3	1:1	3:0	3:2	1:0	2:1	0:1	4:0	1:0	1:1	4:1
Braunschweig	2:3	2:0	0:0	●	1:2	1:0	3:0	1:0	0:3	2:1	3:3	0:0	2:1	3:3	3:0	4:3	0:2	2:2
Stuttgart	3:0	3:1	0:3	2:2	●	3:0	1:1	2:0	2:2	1:1	1:0	3:2	6:1	4:2	4:3	2:2	2:3	1:0
HSV	2:2	3:0	2:0	0:0	2:1	●	1:3	1:4	5:2	2:0	1:4	1:2	3:1	0:0	3:1	2:0	4:2	3:0
Schalke 04	1:2	3:1	1:1	0:2	1:1	2:3	●	2:0	2:1	2:0	1:1	1:0	3:1	2:0	1:0	4:1	4:1	3:0
Frankfurt	1:1	0:1	1:1	0:1	3:0	2:2	1:0	●	2:1	3:0	0:0	2:1	1:2	2:0	2:2	1:1	3:0	3:2
Werder Bremen	1:0	1:2	6:5	2:1	1:0	1:1	1:3	0:1	●	4:1	3:2	2:1	3:1	2:0	2:1	2:1	3:3	2:0
1860 München	0:3	0:0	0:4	0:1	3:1	3:3	3:1	1:0	4:3	●	2:1	2:1	2:1	0:1	1:0	2:1	2:0	2:0
Hannover 96	1:0	5:2	2:3	1:1	1:0	2:2	1:0	1:2	1:0	3:2	●	1:1	3:0	1:1	0:2	1:1	2:2	2:2
Duisburg	0:0	1:1	1:1	1:1	2:0	0:0	1:0	1:1	2:0	3:4	0:0	●	0:0	2:1	0:0	2:0	1:0	2:1
1.FC Köln	1:1	1:2	1:4	2:0	5:2	4:1	2:0	2:1	3:3	0:0	1:0	1:1	●	1:0	2:1	2:1	3:0	2:1
Hertha BSC	1:2	0:1	2:1	0:0	0:1	3:2	1:0	2:0	1:0	1:2	2:1	1:1	2:1	●	1:0	0:0	2:0	1:0
K'lautern	3:1	2:1	2:0	4:0	1:3	0:1	1:1	2:2	1:0	3:1	0:0	3:0	4:0	1:0	●	1:2	1:1	2:1
Dortmund	0:1	3:1	1:3	2:1	1:0	3:1	0:1	0:1	3:2	2:0	1:1	2:1	1:1	2:2	2:3	●	3:1	3:0
Nürnberg	2:0	1:4	4:0	2:0	1:1	0:0	1:1	1:0	1:1	3:0	1:2	1:1	0:1	3:0	1:0	2:2	●	2:2
Offenbach	0:0	1:1	1:0	0:1	2:1	1:1	1:0	4:2	0:3	2:3	1:1	0:0	3:1	1:0	4:1	4:3	2:1	●

Allmählich begannen die Bazis den Sechzgern den Rang abzulaufen. Deutlich wurde dies auch im Münchner Stadtderby am zweiten Spieltag, als Müller (2) und Roth ein lockeres 3:0 herausschossen. Hier klärt Olk (rechts) konzentriert gegen den Löwen Schäffner.

BUNDESLIGA-AUFSTIEGSRUNDE

GRUPPE 1

SV Alsenborn - RW Oberhausen	1:4	1:4
Hertha Zehlendorf - Freiburger FC	2:3	0:1
RW Oberhausen - Hertha Zehlendorf	1:0	2:3
VfB Lübeck - SV Alsenborn	0:3	2:6
Freiburger FC - RW Oberhausen	3:1	0:0
Hertha Zehlendorf - VfB Lübeck	3:1	4:4
VfB Lübeck - Freiburger FC	1:2	1:5
SV Alsenborn - Hertha Zehlendorf	4:0	0:3
RW Oberhausen - VfB Lübeck	1:0	4:1
Freiburger FC - SV Alsenborn	2:3	0:2

1. Rot-Weiß Oberhausen	**11:5**	**17:9**
2. Freiburger FC	11:5	16:10
3. SV Alsenborn	10:6	20:15
4. Hertha Zehlendorf	7:9	15:16
5. VfB Lübeck	1:15	10:28

GRUPPE 2

Rot-Weiß Essen - TuS Neuendorf	4:2	5:0
Karlsruher SC - Tasmania Berlin	5:0	1:0
Tasmania Berlin - Rot-Weiß Essen	0:3	1:3
TuS Neuendorf - VfL Osnabrück	0:0	0:2
Rot-Weiß Essen - Karlsruher SC	5:0	2:2
VfL Osnabrück - Tasmania Berlin	2:0	2:0
Tasmania Berlin - TuS Neuendorf	2:0	2:1
Karlsruher SC - VfL Osnabrück	1:1	1:2
VfL Osnabrück - Rot-Weiß Essen	3:3	1:3
TuS Neuendorf - Karlsruher SC	1:2	4:2

1. Rot-Weiß Essen	**14:2**	**28:9**
2. VfL Osnabrück	11:5	13:8
3. Karlsruher SC	8:8	14:15
4. Tasmania Berlin	4:12	5:17
5. TuS Neuendorf	3:13	8:19

Beifall für die Bayern

Beifall für die bravourösen Bayern, Anerkennung für die aufstrebende Alemannia und ungläubiges Staunen ob des Schicksals des müden Meisters aus Nürnberg - die Saison 68/69 hatte es wahrlich in sich. Kontrolliert wurde sie zur allgemeinen Überraschung nicht vom Titelverteidiger von der Noris, der sich gleich im Dutzendpack verstärkt hatte, sondern vom »Emporkömmling« von der Isar, den Münchner Bayern. Die waren in diesem Jahr einfach reif. Unter dem schweigsamen Trainer Branko Zebec war das Spiel der Bayern wesentlich disziplinierter, zielstrebiger und erfolgsorientierter geworden, und gegen die überragende Achse Maier-Beckenbauer-Müller schien damals einfach kein Kraut gewachsen. Während die Hintermannschaft lediglich 31 Tore zuließ, etablierte sich Gerd Müller als fleischgewordener Alptraum gestandener Abwehrrecken. Bezeichnend, dass der Bayern-Motor in dieser Saison nur ein einziges Mal ins Stottern geriet, als der kleine Torjäger wegen einer Sperre pausieren musste. Am Ende lagen acht Punkte zwischen dem neuen Meister und dem Überraschungszweiten, der Aachener Alemannia. Während oben also alles recht früh entschieden war, gestaltete sich die Abstiegsfrage wesentlich spannender. Drei Spieltage vor Schluss lag Duisburg als Neunter nur um ganze drei Zähler vor dem Letzten - Meister Nürnberg! Dem FCN half in einer völlig verkorksten Saison nicht einmal das ansonsten so probate Mittel eines ordentlichen Trainerrauswurfs, im März musste Merkel seinen Stuhl räumen, Kuno Klötzer übernahm. Die Entscheidung fiel schließlich am letzten Spieltag (siehe links), doch ein Happy-End gab's nur für die anderen: Das schier Unfassbare war Wirklichkeit geworden und der Meister abgestiegen!

REGIONALLIGA-TORJÄGER

Nord

Wolfgang Kaniber (VfL Osnabrück) . . . **30**

West

Ernst Kuster (Arminia Bielefeld) **23**

Südwest

Dieter Weinkauff (FK Pirmasens) **26**

Süd

Gerd Klier (FC Villingen 08) **23**

Berlin

Peter Rendant (1.FC Neukölln) **25**

Finale in Frankfurt, 14. Juni 1969:

Bayern München - Schalke 04 2:1 (2:1)

INTER NATIONAL Der 1.FC Köln scheitert im Halbfinale des Europacups der Pokalsieger an Barcelona (2:2, 1:4)

SAISON 69/70

		Punkte	Tore	Heim		Auswärts	
1.	Bor. M'gladbach	51:17	71:29	30:4	47:15	21:13	24:14
2.	Bayern München (M)	47:21	88:37	27:7	54:15	20:14	34:22
3.	Hertha BSC Berlin	45:23	67:41	30:4	42:12	15:19	25:29
4.	1 FC Köln	43:25	83:38	26:8	58:18	17:17	25:20
5.	Bor. Dortmund	36:32	60:67	28:6	36:18	8:26	24:49
6.	Hamburger SV	35:33	57:54	21:13	36:29	14:20	21:25
7.	VfB Stuttgart	35:33	59:62	25:9	40:24	10:24	19:38
8.	Eintr. Frankfurt	34:34	54:54	25:9	38:20	9:25	16:34
9.	Schalke 04	34:34	43:54	22:12	29:18	12:22	14:36
10.	1.FC K'lautern	32:36	44:55	24:10	28:19	8:26	16:36
11.	Werder Bremen	31:37	38:47	22:12	22:16	9:25	16:31
12.	Rot-Weiß Essen (N)	31:37	41:54	24:10	29:17	7:27	12:37
13.	Hannover 96	30:38	49:61	25:9	37:19	5:29	12:42
14.	RW Oberhausen (N)	29:39	50:62	22:12	30:21	7:27	20:41
15.	MSV Duisburg	29:39	35:48	20:14	19:15	9:25	16:33
16.	Eintr. Braunschweig	28:40	40:49	18:16	23:21	10:24	17:28
17.	1860 München	25:43	41:56	20:14	23:15	5:29	18:41
18.	Alemannia Aachen	17:51	31:83	16:18	22:26	1:33	9:57

FANS

Gesamt: 6.113.726 (306 Spiele)
Schnitt: 19.979
Krösus: Hertha BSC (41.675)
Kirchenmaus: K'lautern (13.521)

TORE

Gesamt: 951 (Schnitt: 3,11)
Eigentore: 20

TORJÄGER

Gerd Müller (Bayern)	**38**
Werner Weist (BVB)	**20**
Klaus Fischer (1860)	**19**
Herbert Laumen (M'gladbach)	**19**
Hannes Löhr (Köln)	**19**

KARTEN

7 Rote

TRAINER

Meistertrainer: Hennes Weisweiler

Vorzeitige Wechsel: **5**

Langner-Binder (1860)
Cajkovski-Pilz (Hannover)
Stollenwerk-Weth (Aachen)
Zebec-Lattek (Bayern)
Rebell-Tilkowski (Bremen)

FUSSBALLER

Fussballer des Jahres:
Gerd Müller (Bayern)

Nationalelf-Debütanten:
Dietrich (M'gladbach)

Transfers des Jahres:
Ferner, Rausch (RWE), Le Fevre, Sieloff (M'gladbach), Horr (Hertha), Manglitz, Rupp (Köln), L. Müller (M'gladbach), Olsson (Stuttgart), Pirkner (Schalke), Rasovic (BVB), Zaczyk (HSV)

SPIEL DES JAHRES

Das Gastspiel des 1.FC Köln bei Hertha BSC Berlin, das am Abend des 26. September 1969 über die Bühne ging, schrieb Bundesligageschichte. Es war jedoch nicht die Tatsache, dass die aufstrebenden Herthaner der Kölner Startruppe Paroli zu bieten vermochten, die diese Partie so bemerkenswert machte. Dies hatte sich bereits zuvor angedeutet. Auch das Spiel selbst war so klasse nicht. Nein, es war der Umstand, dass im Olympiastadion sage und schreibe und höre und staune und fasse es immer noch nicht (offiziell gezählte) 88.075 Menschen zusammengekommen waren, um diesen Kick zu verfolgen - ein Rekord, zumindest für die etwas nähere Ewigkeit.

HERTHA BSC BERLIN - 1.FC KÖLN 1:0 (0:0)

Hertha: Fraydl, Groß, Wild, Witt, Patzke, Enders, Altendorff (Bredenfeld), Gayer, Ipta, Horr (Brungs), Steffenhagen.
Köln: Manglitz, Blusch, Weber, Biskup (Riemann), Hemmersbach, Flohe (Thielen), Simmet, Overath, Rühl, Rupp, Löhr.
Tore: 1:0 Gayer (63.)
Zuschauer: 88.075, **Schiri:** Betz (Regensburg)

	M'gladbach	Bayern	Hertha BSC	1.FC Köln	Dortmund	HSV	Stuttgart	Frankfurt	Schalke	K'lautern	Bremen	RW Essen	Hannover	Oberhausen	Duisburg	Braunschweig	1860	Aachen
M'gladbach	●	2:1	1:1	2:0	4:2	4:3	3:0	1:2	2:0	1:1	1:0	2:1	5:0	6:1	4:1	1:0	3:1	5:1
Bayern	1:0	●	1:2	1:2	3:0	2:1	1:2	2:1	6:0	1:1	4:1	4:0	7:2	6:2	2:0	5:1	2:0	6:0
Hertha BSC	1:1	0:4	●	1:0	9:1	1:0	3:1	2:0	3:0	3:0	4:1	4:0	1:1	1:0	1:0	2:0	4:2	2:1
1.FC Köln	0:1	0:2	5:1	●	5:2	3:0	3:1	1:2	8:0	6:1	3:0	5:2	5:0	0:1	6:2	3:2	2:1	3:0
Dortmund	2:1	1:3	0:0	1:0	●	2:1	0:0	2:1	1:1	5:1	2:1	4:1	2:1	3:2	3:1	2:2	3:1	3:1
HSV	1:3	1:3	1:0	2:5	4:3	●	1:3	5:1	1:1	2:1	2:2	1:0	2:0	2:1	4:1	3:3	0:1	4:1
Stuttgart	0:0	2:3	1:4	0:3	2:1	1:1	●	4:0	2:0	2:1	1:1	4:1	2:1	4:2	4:3	3:2	3:1	5:0
Frankfurt	1:2	2:1	1:1	0:0	2:0	2:2	4:0	●	2:1	2:1	2:1	2:1	3:3	5:1	0:1	0:0	4:3	6:2
Schalke 04	2:0	2:2	1:3	1:0	1:1	1:1	1:2	0:0	●	4:2	0:0	5:3	2:0	2:2	0:0	1:1	3:1	3:0
K'lautern	1:4	0:0	1:0	3:2	2:2	1:1	3:2	2:0	1:1	●	1:0	0:0	5:2	0:0	0:2	2:0	3:2	3:1
Werder Bremen	0:0	1:0	1:0	2:1	1:3	1:1	1:1	3:2	0:1	3:2	●	2:1	1:0	1:1	0:0	0:1	1:1	4:1
RW Essen	1:0	1:1	5:2	0:0	3:3	2:2	3:3	1:1	1:1	1:1	3:2	●	1:0	1:0	0:0	1:1	3:0	2:0
Hannover 96	1:0	0:1	2:1	3:4	4:2	1:1	2:0	1:1	3:1	4:2	3:2	3:0	●	2:1	0:0	0:2	3:1	5:0
Oberhausen	3:4	3:3	3:1	0:2	2:1	1:3	3:0	3:1	0:3	0:0	3:1	1:1	0:0	●	2:0	2:1	3:0	1:0
Duisburg	0:1	4:2	1:3	1:1	0:1	0:0	1:1	1:1	2:0	0:0	1:1	0:1	1:0	2:1	●	1:0	2:1	2:1
Braunschweig	0:1	0:4	1:2	1:2	1:1	3:0	1:0	3:1	3:0	1:0	1:2	0:0	1:1	0:4	2:1	●	2:2	3:0
1860 München	0:3	2:1	2:0	1:0	3:0	0:2	4:1	1:1	0:2	0:1	0:1	0:0	3:0	4:1	2:2	1:0	●	0:0
Aachen	0:3	1:3	2:4	1:3	3:1	0:2	4:2	2:1	1:2	1:1	0:0	0:0	1:1	2:0	3:2	1:1	0:0	●

Elegant läßt Günter Netzer, der Schrecken aller Friseure, den Ball an der Brust abtropfen. Heinz Simmet, der Hauptverantwortliche des 1.FC Köln für das Zerstören des gegnerischen Aufbauspiels, sucht derweil nach einem Ansatzpunkt für eine zünftige Blutgrätsche.

Fohlen mischen Liga auf

Der »Fluch des Meisters«, er erwischte auch die Bayern. Wie zuvor schon Köln, Bremen, 1860, Braunschweig und Nürnberg schafften es die Münchner nicht, ihren im Vorjahr mit Glanz und Gloria errungenen Titel zu verteidigen. Sie mussten sich am Ende mit einem guten zweiten Platz bescheiden und einer Elf Vortritt lassen, die mit 51:17 Punkten eine neue Rekordmarke setzte: Hennes Weisweilers Fohlen vom Mönchengladbacher Bökelberg waren endlich zu einer echten Spitzenmannschaft gereift. Als entscheidender Schachzug erwies sich dabei die Verpflichtung der Abwehrrecken Luggi Müller (zuvor Nürnberg) und Klaus-Dieter Sieloff (Stuttgart), die der Hintermannschaft die nötige Stabilität verliehen. Und im Offensivbereich lief es bei der Borussia sowieso rund.

Während Hennes Weisweiler, der vor der Saison »Wenn wir nicht Meister werden, dann gehe ich« gedroht hatte, also zufrieden sein konnte, ersetzten die Bayern im März ihren Meistercoach Zebec durch den damals weitgehend unbekannten Udo Lattek. Brachte allerdings auch nix mehr. Auch die Trainerwechsel in Aachen und bei 1860 München fruchteten letztendlich nicht wie geplant: Sowohl der Überraschungszweite aus dem Vorjahr als auch der Meister von 1966 stiegen ab.

Stark dagegen die Berliner Hertha und auch der 1.FC Köln, die lange oben mithielten, freilich ohne am Ende ernsthaft in den Titelkampf eingreifen zu können. Erfreulich auch die Leistung der Rot-Weißen aus Essen und Oberhausen: Beide Aufsteiger schafften den Klassenerhalt relativ souverän und bereicherten die Bundesliga um Typen wie Willi Lippens oder auch Lothar Kobluhn.

BUNDESLIGA-AUFSTIEGSRUNDE

GRUPPE 1

SV Alsenborn - Arm. Bielefeld	0:1	0:3
Karlsruher SC - Tennis Borussia	0:0	2:1
VfL Osnabrück - Karlsruher SC	2:1	0:6
Tennis Borussia - SV Alsenborn	0:1	1:5
Arm. Bielefeld - Tennis Borussia	1:1	2:0
SV Alsenborn - VfL Osnabrück	3:2	1:0
VfL Osnabrück - Arm. Bielefeld	0:0	0:3
Karlsruher SC - SV Alsenborn	2:0	3:2
Arm. Bielefeld - Karlsruher SC	3:1	0:1
Tennis Borussia - VfL Osnabrück	1:1	3:1

1. Arminia Bielefeld	**12:4**	**13:3**
2. Karlsruher SC	11:5	16:8
3. SV Alsenborn	8:8	12:12
4. Tennis Bor. Berlin	5:11	7:13
5. VfL Osnabrück	4:12	6:18

GRUPPE 2

VfL Bochum - FK Pirmasens	3:1	2:0
Hertha Zehlendorf - Kick. Offenbach	2:1	0:3
Kickers Offenbach - VfL Wolfsburg	2:1	3:1
FK Pirmasens - Hertha Zehlendorf	1:0	2:7
Hertha Zehlendorf - VfL Bochum	2:0	0:3
VfL Wolfsburg - FK Pirmasens	2:2	4:4
FK Pirmasens - Kickers Offenbach	1:1	1:4
VfL Bochum - VfL Wolfsburg	4:0	0:1
Kickers Offenbach - VfL Bochum	2:1	1:1
VfL Wolfsburg - Hertha Zehlendorf	3:1	1:5

1. Kickers Offenbach	**12:4**	**17:8**
2. VfL Bochum	9:7	14:7
3. Hertha Zehlendorf	8:8	17:14
4. VfL Wolfsburg	6:10	13:21
5. FK Pirmasens	5:11	12:23

REGIONALLIGA-TORJÄGER

Nord

Winfried Kemmer (VfL Wolfsburg) **25**

West

Hans Walitza (VfL Bochum) **31**

Südwest

Dieter Weinkauff (FK Pirmasens) **22**

Süd

Gerd Klier (FC Villingen 08) **22**

Berlin

Helmut Faeder (Hertha Zehlendorf) . . . **26**

Finale in Hannover, 29. August 1970:

Kickers Offenbach - 1.FC Köln 2:1 (1:0)

INTER NATIONAL Schalke scheitert im Halbfinale des Europacups der Pokalsieger an Manchester City (1:0, 1:5)

SAISON 70/71

FANS

Gesamt: 6.322.114 (306 Spiele)
Schnitt: 20.661
Krösus: Hertha BSC (43.833)
Kirchenmaus: RWO (14.383)

TORE

Gesamt: 926 (Schnitt: 3,03)
Eigentore: 11

TORJÄGER

Lothar Kobluhn (RWO)	**24**
Gerd Müller (Bayern)	**22**
Karlheinz Vogt (K'lautern)	**22**
Lorenz Horr (Hertha)	**20**
Herbert Laumen (M'gladbach)	**20**

KARTEN

5 Rote

TRAINER

Meistertrainer: Hennes Weisweiler

Vorzeitige Wechsel: **4**

Gutendorf-Cendic (Schalke)
Schmidt-Gutendorf (Offenbach)
Gutendorf-Klötzer (Offenbach)
Lorant-Weise (K'lautern)

FUSSBALLER

Fussballer des Jahres:
Uwe Seeler (HSV)

Nationalelf-Debütanten:
Bleidick, Kleff (beide M'gladbach), Breitner, Schwarzenbeck (beide Bayern), Flohe (Köln), Groß (Hertha)

Transfers des Jahres:
Assauer (Bremen), Elting, Hosic (K'lautern), Erlhoff (RWE), Hansen (Bayern), Heynckes (M'gladbach), Kapellmann (Köln), Keller (Hannover), Rumor, Varga (Hertha), Schäfer (Offenbach), Slomiany (Bielefeld)

		Punkte	Tore	Heim		Auswärts	
1.	Bor. M'gladbach (M)	50:18	77:35	28:6	46:13	22:12	31:22
2.	Bayern München	48:20	74:36	30:4	46:15	18:16	28:21
3.	Hertha BSC Berlin	41:27	61:43	29:5	46:21	12:22	15:22
4.	Eintr. Braunschweig	39:29	52:40	28:6	39:15	11:23	13:25
5.	Hamburger SV	37:31	54:63	26:8	31:19	11:23	23:44
6.	Schalke 04	36:32	44:40	22:12	26:13	14:20	18:27
7.	MSV Duisburg	35:33	43:47	27:7	31:16	8:26	12:31
8.	1.FC K'lautern	34:34	54:57	27:7	34:13	7:27	20:44
9.	Hannover 96	33:35	53:49	21:13	30:21	12:22	23:28
10.	Werder Bremen	33:35	41:40	21:13	24:14	12:22	17:26
11.	1.FC Köln	33:35	46:56	23:11	33:24	10:24	13:32
12.	VfB Stuttgart	30:38	49:49	24:10	33:16	6:28	16:33
13.	Bor. Dortmund	29:39	54:60	20:14	35:19	9:25	19:41
14.	Arminia Bielefeld (N)	29:39	34:53	22:12	20:14	7:27	14:39
15.	Eintr. Frankfurt	28:40	39:56	22:12	29:19	6:28	10:37
16.	RW Oberhausen	27:41	54:69	19:15	34:25	8:26	20:44
17.	Kickers Offenbach (N)	27:41	49:65	18:16	32:28	9:25	17:37
18.	Rot-Weiß Essen	23:45	48:68	16:18	27:25	7:27	21:43

SPIEL DES JAHRES

Hups! Hoppla! Was war denn das? Steht hier irgendwo 'ne versteckte Kamera rum? Jetzt sollte ich aber langsam aufwachen, wir ham doch heute das Spiel in Oberhausen! - Solcherlei Gedanken werden den Kickern des HSV nach dem Desaster am 26. September durch den Kopf geschossen sein. Dabei war der ruhmreiche HSV beim Tabellenletzten in der siebten Minute sogar noch in Führung gegangen, doch kurz darauf brach das Kleeblatt-Inferno über die Hanseaten herein. Während der HSV eine geradezu obszön schwache Leistung bot, verpasste RWO gar ein noch höheres Schützenfest.

ROT-WEISS OBERHAUSEN - HAMBURGER SV 8:1 (4:1)
RWO: Scheid, Rösen, Dick, Ohm, Hollmann, Kobluhn, Fröhlich (Laskowsky), Brozulat, Krauthausen, Schumacher, Sühnholz.
HSV: Özcan, Bonn, Sandmann, Hellfritz (Ripp), Kremer (Pötzschke), Schulz, Hönig, Zaczyk, Beyer, Seeler, Dörfel.
Tore: 0:1 Hönig (7.), 1:1 Schumacher (13.), 2:1 Sühnholz (16.), 3:1 Schumacher (29.), 4:1 Krauthausen (45.), 5:1 Schumacher (52.), 6:1 Krauthausen (60.), 7:1 Schumacher (78.), 8:1 Kobluhn (82., Elfmeter)
Zuschauer: 16.000, **Schiri:** Meuser (Ingelheim)

	M'gladbach	Bayern	Hertha	Braunschweig	HSV	Schalke	Duisburg	K'lautern	Hannover	Bremen	1.FC Köln	Stuttgart	Dortmund	Bielefeld	Frankfurt	Oberhausen	Offenbach	RW Essen
M'gladbach	●	3:1	4:0	3:1	3:0	2:0	1:0	5:0	0:0	0:2	1:1	4:1	3:2	0:2	5:0	6:0	2:0	4:3
Bayern	2:2	●	1:0	4:1	6:2	3:0	2:1	3:1	4:1	2:1	7:0	1:0	1:1	2:0	2:1	4:2	0:0	2:2
Hertha BSC	4:2	3:3	●	1:0	2:0	2:1	3:1	5:3	0:0	3:1	3:2	2:0	5:2	0:1	6:2	3:1	3:1	1:1
Braunschweig	1:1	1:1	2:1	●	4:1	3:3	5:0	2:0	0:4	1:0	3:1	4:0	3:0	3:2	2:0	1:1	3:0	1:0
HSV	2:2	1:5	0:0	2:1	●	1:2	2:0	5:2	1:0	1:1	2:0	1:0	2:1	3:2	3:0	0:0	3:2	2:1
Schalke 04	0:0	1:3	0:1	1:0	3:1	●	1:0	2:0	3:0	0:0	2:2	2:1	0:0	0:1	4:1	2:0	1:2	4:1
Duisburg	1:1	2:0	1:0	0:0	2:2	1:0	●	1:1	3:2	3:1	0:0	1:0	4:3	4:1	3:1	2:2	2:2	1:0
K'lautern	0:1	2:1	2:0	0:1	2:0	2:0	3:0	●	2:1	2:1	0:0	0:5	1:0	3:0	2:0	4:1	4:0	5:2
Hannover 96	1:1	2:2	1:1	1:0	0:3	3:0	3:3	2:1	●	0:3	2:0	3:0	4:1	2:0	1:2	1:2	1:1	3:1
Werder Bremen	1:1	0:1	0:0	2:0	2:2	0:1	0:2	1:1	0:0	●	1:1	3:1	3:1	4:1	1:0	2:0	3:1	1:1
1.FC Köln	3:2	0:3	3:2	3:1	3:0	2:0	2:1	1:2	0:1	1:1	●	2:1	2:2	2:0	0:0	2:4	4:2	3:2
Stuttgart	1:1	1:1	1:1	1:1	3:1	1:1	1:0	2:0	1:2	3:0	1:2	●	6:1	1:0	2:1	2:1	1:0	5:1
Dortmund	3:4	0:0	3:1	1:1	1:1	1:2	5:1	0:2	2:2	0:1	0:0	3:1	●	3:0	3:0	2:0	1:1	7:2
Bielefeld	0:2	1:0	1:1	0:1	1:1	0:3	0:0	2:1	3:1	3:0	1:0	1:0	2:3	●	1:0	2:1	2:0	0:0
Frankfurt	1:4	0:1	1:3	5:2	0:0	1:0	0:0	3:2	2:1	0:2	1:1	1:0	2:0	1:1	●	5:0	3:0	3:2
Oberhausen	0:2	0:4	1:1	1:0	8:1	4:1	0:2	4:2	4:3	3:0	2:2	1:2	0:1	4:2	0:0	●	2:2	0:0
Offenbach	1:3	1:1	1:0	0:2	3:3	0:1	2:0	2:2	1:5	2:1	4:1	3:3	3:0	5:0	0:2	3:2	●	1:2
RW Essen	1:2	3:1	0:3	0:1	1:3	1:3	1:1	4:0	2:0	2:2	2:0	1:1	0:1	2:1	2:0	3:3	2:3	●

Im September 1970 gelang Schalke endlich der erste Sieg in der Dortmunder Roten Erde. Überragender Mann beim 2:1-Erfolg war Keeper Norbert Nigbur, der hier gegen »Acker« Weist rettet. Der dezent hüpfende Fichtel braucht nicht mehr einzugreifen.

Skandalöse Zeiten

Von 1969 bis 1977 gab es in der Bundesliga nur zwei verschiedene Meister: Entweder wanderte die Schale in den Mönchengladbacher Trophäenschrank oder aber die Siegesparade fand auf Münchner Straßen statt. Gelegentlich mischten sich auch einmal andere Vereine in das Titelrennen ein, doch am Ende hieß es dann doch stets wieder: Bayern oder Borussia. Selten ging es in der Meisterfrage allerdings derart spannend zu wie in der Spielzeit 70/71, als der Titel erst am letzten Spieltag vergeben wurde, wenn man es genau nimmt, sogar erst in den letzten 20 Minuten. Die Ausgangslage: Kopf an Kopf lagen Bayern und M'gladbach an der Spitze, allein durch das Torverhältnis getrennt: Bayern 74:34, Borussia 73:34. Beide Teams mussten auswärts antreten, Bayern in Duisburg, Borussia in Frankfurt. Zur Pause stand es jeweils 0:0. Die Entscheidung fiel um fünf vor fünf: Köppel traf zum 2:1 für Gladbach (Endstand 4:1), Rainer Budde zum 2:0 für Duisburg. Die Meisterschaft war entschieden.

Leider wurde dieser spannende Zweikampf von Geschehnissen überschattet, die die Fußballwelt noch lange beschäftigen sollten. Offenbachs Präsident Canellas deckte den bislang größten Skandal der Bundesliga auf und enthüllte anhand von Tonbandaufzeichnungen, dass reihenweise Spieler bestochen und Spiele verkauft worden waren - womit auch ein Großteil der zahlreichen Sensationsergebnisse erklärt war. Es folgten Verdächtigungen gegen fast jeden Profi, Verhandlungen, die sich über Jahre hinzogen, denkwürdige Prozesse, Strafen teils drakonischer Natur. Manche Sünder wurden erwischt, einige kamen davon. Doch am meisten litt die Bundesliga, die ihre Unschuld endgültig verloren hatte. Viele Fußballfreunde wandten sich daraufhin von ihr ab. Fürs Erste.

BUNDESLIGA-AUFSTIEGSRUNDE

GRUPPE 1

VfL Osnabrück - VfL Bochum	2:4	1:3
Karlsruher SC - FK Pirmasens	1:0	1:3
VfL Bochum - Karlsruher SC	1:0	2:1
Tasmania Berlin - VfL Osnabrück	2:1	0:1
FK Pirmasens - VfL Bochum	1:0	2:5
Karlsruher SC - Tasmania Berlin	2:1	3:1
VfL Osnabrück - Karlsruher SC	1:1	3:0
Tasmania Berlin - FK Pirmasens	3:0	2:2
VfL Bochum - Tasmania Berlin	4:2	4:2
FK Pirmasens - VfL Osnabrück	0:1	3:1

1. VfL Bochum	**14:2**	**23:11**
2. Karlsruher SC	7:9	11:13
3. FK Pirmasens	7:9	11:14
4. Karlsruher SC	7:9	9:12
5. Tasmania Berlin	5:11	13:17

GRUPPE 2

Bor. Neunkirchen - 1.FC Nürnberg	1:0	0:2
Fort. Düsseldorf - FC St. Pauli	3:1	1:1
1.FC Nürnberg - Fort. Düsseldorf	0:2	2:1
FC St. Pauli - Wacker 04 Berlin	3:0	1:0
Fort. Düsseldorf - Bor. Neunkirchen	2:0	2:2
Wacker 04 Berlin - 1.FC Nürnberg	3:2	0:3
Bor. Neunkirchen - Wacker 04 Berlin	2:1	2:0
1.FC Nürnberg - FC St. Pauli	5:1	1:1
FC St. Pauli - Bor. Neunkirchen	2:1	0:3
Wacker 04 Berlin - Fort. Düsseldorf	2:4	0:3

1. Fort. Düsseldorf	**14:2**	**19:7**
2. Bor. Neunkirchen	9:7	11:9
3. FC St. Pauli	8:8	10:15
4. 1.FC Nürnberg	7:9	14:10
5. Wacker 04 Berlin	2:14	6:20

ELF DES JAHRES

Nigbur (Schalke)

Vogts (M'gladbach) – **Fichtel** (Schalke) – **Beckenbauer** (Bayern) – **Bella** (Duisburg)

Ulsaß (Braunschweig) – **Netzer** (M'gladbach) – **Friedrich** (K'lautern)

Grabowski (Frankfurt) – **Held** (BVB) – **Lippens** (Essen)

Finale in Stuttgart, 19. Juni 1971:

Bayern München - 1.FC Köln 2:1 n.V. (0:1, 1:1)

INTER NATIONAL Der 1.FC Köln scheitert im Halbfinale des Messepokals an Juventus Turin (1:1, 0:2)

SAISON 71/72

		Punkte	Tore	Heim		Auswärts	
1.	Bayern München	55:13	101:38	31:3	69:20	24:10	32:18
2.	Schalke 04	52:16	76:35	33:1	54:8	19:15	22:27
3.	Bor. M'gladbach (M)	43:25	82:40	28:6	57:17	15:19	25:23
4.	1.FC Köln	43:25	64:44	25:9	38:18	18:16	26:26
5.	Eintr. Frankfurt	39:29	71:61	31:3	50:17	8:26	21:44
6.	Hertha BSC Berlin	37:21	46:55	27:7	28:13	10:24	18:42
7.	1.FC K'lautern	35:33	59:53	26:8	36:17	9:25	23:36
8.	VfB Stuttgart	35:33	52:56	22:12	31:24	13:21	21:32
9.	VfL Bochum (N)	34:34	59:69	24:10	36:27	10:24	23:42
10.	Hamburger SV	33:35	52:52	23:11	33:18	10:24	19:34
11.	Werder Bremen	31:37	63:58	23:11	42:20	8:26	21:38
12.	Eintr. Braunschweig	31:37	43:48	21:13	21:13	10:24	22:35
13.	Fort. Düsseldorf (N)	30:38	40:53	19:15	21:17	11:23	19:36
14.	MSV Duisburg	27:41	36:51	21:13	25:17	6:28	11:34
15.	RW Oberhausen	25:43	33:66	18:16	27:27	7:27	6:39
16.	Hannover 96	23:45	54:69	21:13	41:26	2:32	13:43
17.	Bor. Dortmund	20:48	34:83	16:18	18:26	4:30	16:57
18.	Arm. Bielefeld	19:49	41:75	16:18	25:29	3:31	16:46

FANS

Gesamt: 5.487.286 (306 Spiele)
Schnitt: 17.932
Krösus: Bayern (27.748)
Kirchenmaus: RWO (10.024)

TORE

Gesamt: 1006 (Schnitt: 3,29)
Eigentore: 13

TORJÄGER

Gerd Müller (Bayern)	**40**
Klaus Fischer (Schalke)	**22**
Hans Walitza (Bochum)	**22**
Ferdinand Keller (Hannover)	**20**
Jupp Heynckes (M'gladbach)	**19**

KARTEN

13 Rote

TRAINER

Meistertrainer: Udo Lattek

Vorzeitige Wechsel: **6**

Gebhardt-Piontek (Bremen)
Johannsen-Hipp (Hannover)
Witzler-Burdenski (BVB)
Piechaczek-Notermans (Bielefeld)
Lorant-Herings (Köln)
Zebec-Bögelein (Stuttgart)

FUSSBALLER

Fussballer des Jahres:
Berti Vogts (M'gladbach)

Nationalelf-Debütanten:
Bonhof (M'gladbach), U. Hoeneß (Bayern), E. Kremers (Schalke), Steffenhagen (Hertha), Zembski (Bremen)

Transfers des Jahres:
Beer (Hertha), Björnmose, Volkert (HSV), Dietrich, Laumen, Röntved, Weist (Bremen), Ettmayer, Köppel (Stuttgart), Hermandung (Hertha), E.+H. Kremers (Schalke), Schulz (Düsseldorf), Wittkamp (M'gladbach), Wosab (Bochum)

SPIEL DES JAHRES

Beim seit Wochen mit großer Spannung erwarteten »Finale um den Titel« besaß der FC Schalke 04, der am letzten Spieltag der Saison mit nur einem Zähler Rückstand zum Tabellenführer Bayern München gereist war, nicht die Spur einer Chance - sehr zum Leidwesen der gut 10.000 Schalker Fans unter den 80.000 Zuschauern. Über die gesamte Spielzeit kontrollierte der FC Bayern Ball und Gegner, vergaß dabei auch das Toreschießen nicht und schickte die Schalker mit einem satten 5:1 nach Hause. Die wiederum erholten sich recht schnell von dieser Schmach und ließen ihren Frust drei Tage später im Pokalfinale am 1.FC K'lautern aus: 5:0!

BAYERN MÜNCHEN - SCHALKE 04 5:1 (2:0)

Bayern: Maier, Hansen, Schwarzenbeck, Beckenbauer, Breitner, Roth, Hoeneß, Zobel, Krauthausen, Müller, Hoffmann.
Schalke: Nigbur (Pabst), Huhse, Rüssmann, Fichtel, H. Kremers, Lütkebohmert, van Haaren, Scheer, Libuda, Fischer, E. Kremers.
Tore: 1:0 Hansen (31.), 2:0 Breitner (40.), 2:1 Fischer (56.), 3:1 Hoffmann (67,.), 4:1 Hoeneß (80.), 5:1 Beckenbauer (89.)
Zuschauer: 80.000, **Schiri:** Horstmann (Groß Escherde)

	Bayern	Schalke	M'gladbach	1.FC Köln	Frankfurt	Hertha	K'lautern	Stuttgart	Bochum	HSV	Bremen	Braunschweig	Düsseldorf	Duisburg	Oberhausen	Hannover	Dortmund	Bielefeld
Bayern	●	5:1	2:0	1:1	6:3	1:0	3:1	2:2	5:1	4:3	6:2	4:1	3:1	5:1	7:0	3:1	11:1	1:1
Schalke 04	1:0	●	1:1	6:2	2:0	4:0	3:0	2:1	4:1	3:0	2:0	5:1	3:0	2:0	4:0	5:0	1:0	6:2
M'gladbach	2:2	7:0	●	3:0	6:2	5:2	2:1	0:0	1:1	1:0	2:2	4:1	1:2	3:0	5:2	3:0	7:1	5:1
1.FC Köln	1:4	0:1	4:3	●	1:1	3:0	4:2	4:1	1:1	3:0	0:0	2:0	1:2	4:1	4:0	3:1	2:1	1:0
Frankfurt	3:2	2:0	3:0	2:2	●	1:1	1:0	4:1	3:2	4:0	4:0	1:1	4:2	2:1	3:0	3:1	5:2	5:2
Hertha BSC	2:2	3:0	2:1	1:1	0:0	●	2:1	2:1	1:2	2:0	2:1	1:0	1:1	1:0	2:0	3:1	2:1	1:1
K'lautern	0:2	2:2	1:0	2:0	1:1	3:4	●	3:1	4:1	2:1	2:1	2:2	3:1	1:0	0:0	2:0	6:0	2:1
Stuttgart	1:4	0:1	0:1	1:1	4:4	3:0	3:1	●	3:2	0:3	1:0	3:1	3:1	1:0	1:1	3:2	2:0	2:2
Bochum	0:2	0:2	0:2	1:5	3:1	4:2	4:2	1:1	●	2:1	4:2	1:0	3:1	3:1	2:0	2:2	4:2	2:1
HSV	1:4	0:1	1:0	1:1	5:1	1:2	4:0	1:2	3:2	●	2:1	3:1	3:3	2:0	3:0	2:0	0:0	1:0
Werder Bremen	1:2	2:0	2:2	2:2	3:1	5:0	2:2	2:3	2:0	4:0	●	2:4	1:1	1:1	4:0	2:1	3:1	4:0
Braunschweig	1:1	0:0	2:1	0:1	2:0	1:1	1:1	1:1	0:2	1:1	1:1	●	1:1	2:0	0:0	3:0	2:0	3:2
Düsseldorf	0:1	0:2	0:2	1:1	1:0	1:0	0:3	4:0	3:1	0:0	1:3	0:0	●	0:0	1:1	2:0	4:1	3:2
Duisburg	3:0	2:0	1:5	1:1	0:1	2:0	1:0	1:2	2:2	2:4	2:0	0:0	0:0	●	0:0	2:1	2:1	4:0
Oberhausen	1:1	2:3	0:4	1:1	1:0	5:2	2:5	1:1	2:3	1:0	2:2	1:1	2:0	0:1	●	3:2	1:1	2:0
Hannover 96	1:3	1:5	2:0	1:4	3:1	1:1	1:2	3:0	4:0	2:3	5:1	3:0	5:0	3:2	1:0	●	2:3	3:1
Dortmund	0:1	0:3	0:0	0:0	3:1	1:2	2:1	0:4	1:1	1:1	1:5	2:2	1:0	2:3	2:1	1:1	●	1:0
Bielefeld	0:1	1:1	2:3	2:3	3:4	1:1	1:1	1:0	3:1	2:2	1:0	1:7	1:3	2:0	0:1	1:0	3:1	●

Stolz präsentieren die Bayern (v.l.n.r.) Gerd Müller, Katsche Schwarzenbeck, Johnny Hansen und Franz Krauthausen die nach dem 5:1 gegen Schalke errungene Meisterschale, während Gary Glitters kleiner Bruder die Szene auch fürs englische Fernsehen festhält.

Bayern müllert zum Titel

Der Skandal, der allmählich immer weitere Kreise zog, ging an der Liga natürlich nicht spurlos vorüber. Das Interesse der Zuschauer sank spürbar, und auch die Kader gewisser Vereine sollten sich im Laufe der Saison auf unvorhergesehene Art und Weise lichten. Anderen Klubs erging es noch ärger: Die tief in den Skandal verstrickte Arminia aus Bielefeld wurde am 15. April 1972 zu 0:0 Punkten und 0:0 Toren, also zum Zwangsabstieg verdonnert. Auch der FC Schalke 04 stand bald am Pranger, was die junge Mannschaft jedoch kaum zu beeindrucken schien. Völlig unerwartet trumpften die bislang in der Bundesliga so enttäuschenden Knappen mit herzerfrischendem Offensivfußball auf und setzten sich elf Spieltage lang an der Tabellenspitze fest. Selbst ein 0:7 auf dem Bökelberg konnte die Horvath-Truppe nicht aus dem Konzept bringen, im Dezember war Schalke mit drei Punkten Vorsprung Herbstmeister. Dass es für die Königsblauen dennoch nicht zum Titel reichte, lag vor allen Dingen an einem Mann: Gerd Müller. Der »Bomber der Nation« verschliss Manndecker um Manndecker, schoss Tor um Tor und schraubte sein Trefferkonto auf atemberaubende 40 Einschläge in des Gegners Gehäuse. Dennoch brachte der FC Bayern die Meisterschale erst am letzten Spieltag unter Dach und Fach, so lange vermochten die brillanten Schalker mitzuhalten.

Dies konnte die Gladbacher Borussia nicht von sich behaupten, noch weniger allerdings die Borussia aus Dortmund. Der BVB, der aus finanziellen Nöten auf Nachwuchskräfte setzten musste, stieg am Ende einer Saison, die von debakulösen Schlappen durchsetzt war, in die Regionalliga ab.

Finale in Hannover, 1. Juli 1972:

Schalke 04 - 1.FC K'lautern 5:0 (2:0)

BUNDESLIGA-AUFSTIEGSRUNDE

GRUPPE 1

Bayern Hof - Bor. Neunkirchen	3:1	3:4
Tasmania Berlin - Wuppertaler SV	0:3	2:5
Wuppertaler SV - Bayern Hof	2:0	2:1
VfL Osnabrück - Tasmania Berlin	1:0	0:0
Bor. Neunkirchen - Wuppertaler SV	0:2	2:3
Bayern Hof - VfL Osnabrück	1:1	3:4
Tasmania Berlin - Bayern Hof	3:1	0:6
VfL Osnabrück - Bor. Neunkirchen	2:0	0:2
Wuppertaler SV - VfL Osnabrück	5:0	4:0
Bor. Neunkirchen - Tasmania Berlin	10:0	1:3

1. Wuppertaler SV	**16:0**	**26:5**
2. VfL Osnabrück	8:8	8:15
3. Bor. Neunkirchen	6:10	20:16
4. Bayern Hof	5:11	18:17
5. Tasmania Berlin	5:11	8:27

GRUPPE 2

Röch. Völklingen - Kickers Offenbach	1:3	2:7
Rot-Weiß Essen - Wacker 04 Berlin	5:0	4:0
Kickers Offenbach - Rot-Weiß Essen	2:2	1:1
Wacker 04 Berlin - FC St. Pauli	1:1	2:1
FC St. Pauli - Kickers Offenbach	0:0	0:6
Rot-Weiß Essen - Röch. Völklingen	2:1	2:1
Röch. Völklingen - FC St. Pauli	0:1	1:3
Kickers Offenbach - Wacker 04 Berlin	4:1	6:0
FC St. Pauli - Rot-Weiß Essen	0:0	1:6
Wacker 04 Berlin - Röch. Völklingen	1:6	3:2

1. Kickers Offenbach	**13:3**	**29:7**
2. Rot-Weiß Essen	13:3	22:6
3. FC St. Pauli	7:9	7:16
4. Wacker 04 Berlin	5:11	8:29
5. Röchling Völklingen	2:14	14:22

ELF DES JAHRES

Nigbur (Schalke)

Sobieray (Schalke) – **Rüssmann** (Schalke) – **Beckenbauer** (Bayern) – **Breitner** (Bayern)

Horr (Hertha) – **Netzer** (M'gladbach) – **Wimmer** (M'gladbach)

Grabowski (Frankfurt) – **Müller** (Bayern) – **E. Kremers** (Schalke)

INTER NATIONAL

Die Nationalelf wird durch ein 3:0 gegen die Sowjetunion in Brüssel Europameister
Bayern scheitert im Halbfinale des Europacups der Pokalsieger an den Glasgow Rangers

SAISON 72/73

		Punkte	Tore	Heim		Auswärts	
1.	Bayern München (M)	54:14	93:29	33:1	62:14	21:13	31:15
2.	1.FC Köln	43:25	66:51	31:3	43:16	12:22	23:35
3.	Fort. Düsseldorf	42:26	62:45	25:9	34:19	17:17	28:26
4.	Wuppertaler SV (N)	40:28	62:49	26:8	42:22	14:20	20:27
5.	Bor. M'gladbach	39:29	82:61	25:9	57:29	14:20	25:32
6.	VfB Stuttgart	37:31	71:65	28:6	51:19	9:25	20:46
7.	Kickers Offenbach (N)	35:33	61:60	25:9	35:20	10:24	26:40
8.	Eintr. Frankfurt	34:34	58:54	28:6	39:20	6:28	19:34
9.	1.FC K'lautern	34:34	58:68	26:8	37:18	8:26	21:50
10.	MSV Duisburg	33:35	53:54	20:14	30:18	13:21	23:36
11.	Werder Bremen	31:37	50:52	21:13	29:21	10:24	21:31
12.	VfL Bochum	31:37	50:68	23:11	36:24	8:26	14:44
13.	Hertha BSC Berlin	30:38	53:64	24:10	39:23	6:28	14:41
14.	Hamburger SV	28:40	53:59	22:12	31:17	6:28	22:42
15.	Schalke 04	28:40	46:61	22:12	35:19	6:28	11:42
16.	Hannover 96	26:42	49:65	21:13	30:25	5:29	19:40
17.	Eintr. Braunschweig	25:43	33:56	20:14	20:17	5:29	13:39
18.	RW Oberhausen	22:46	45:84	21:13	28:26	1:33	17:58

FANS

Gesamt: 5.014.332 (306 Spiele)
Schnitt: 16.387
Krösus: Bayern (30.943)
Kirchenmaus: RWO (6.090)

TORE

Gesamt: 1045 (Schnitt: 3,42)
Eigentore: 13

TORJÄGER

Gerd Müller (Bayern)	**36**
Jupp Heynckes (M'gladbach)	**28**
Günter Pröpper (Wuppertal)	**21**
Erwin Kostedde (Offenbach)	**19**
Hans Walitza (Bochum)	**18**

KARTEN

5 Rote

TRAINER

Meistertrainer: Udo Lattek
Vorzeitige Wechsel: **2**
Hipp-Baldauf (Hannover)
Weise-Schneider (K'lautern)

FUSSBALLER

Fussballer des Jahres:
Günter Netzer (M'gladbach)
Nationalelf-Debütanten:
Cullmann, Kapellmann (beide Köln), Franke (Braunschweig), Geye (Düsseldorf)
Transfers des Jahres:
Held (Offenbach), Jensen, Simonsen (M'gladbach), Jung (Wuppertal), Kliemann (Frankfurt), L. Müller, Wolter (Hertha), Scholz (Bochum),

Dänisches Dynamit in der Bundesliga: Gladbachs Stürmer Allan Simonsen

SPIEL DES JAHRES

Während die Meisterfrage bereits am 30. Spieltag entschieden war, ging es im Tabellenkeller bis zuletzt um die Wurst. RWO hatte den Klassenerhaltslöffel zwar schon abgegeben, doch den zweiten Absteiger mussten Hannover (24 Punkte) und Braunschweig (25) noch unter sich ausmachen. Nun musste die chronisch auswärtsschwachen Hannoveraner ausgerechnet beim daheim bärenstarken Wuppertaler SV antreten - in Braunschweig, dort erwartete man Fortuna Düsseldorf, rieb man sich bereits insgeheim die Hände. Jedoch wohl etwas verfrüht: Während Hannover den WSV satt mit 4:0 abkanzelte, stolperte sich die geschockte Eintracht eine 1:2-Heimschlappe zusammen.

WUPPERTALER SV - HANNOVER 96 0:4 (0:2)
Wuppertal: Müller, Cremer, Miß, Meisen (Homann), Reichert, Hermes, Kohle, Stöckl, Lömm (Ge. Jung), Gu. Jung, Webers.
Hannover: Dittel, Stiller, Blumenthal, Hellingrath, Anders, Kaemmer, Denz, Siemensmeyer, Deterding, Reimann, Stegmayer.
Tore: 0:1 Stiller (2.), 0:2 Siemensmeyer (35.), 0:3, 0:4 Reimann (72., 90.)
Zuschauer: 25.000, **Schiri:** Quindeau (Ludwigshafen)

	Bayern	1.FC Köln	Düsseldorf	Wuppertal	M'gladbach	Stuttgart	Offenbach	Frankfurt	K'lautern	Duisburg	Bremen	Bochum	Hertha	HSV	Schalke	Hannover	Braunschweig	Oberhausen
Bayern	●	1:1	3:2	4:1	3:0	5:1	3:1	3:1	6:0	2:0	2:1	5:1	4:0	1:0	5:0	7:2	3:0	5:3
1.FC Köln	2:1	●	1:0	1:1	3:1	5:1	1:1	3:1	2:0	3:1	1:0	2:1	4:0	2:1	3:0	3:3	4:3	3:1
Düsseldorf	0:0	3:2	●	2:1	1:3	6:1	2:0	2:2	2:1	2:1	2:1	1:1	3:1	2:2	1:1	0:1	2:0	3:1
Wuppertal	1:1	2:2	1:1	●	0:5	4:0	4:3	1:0	2:0	5:0	1:1	3:0	4:1	5:1	4:1	0:4	2:1	3:1
M'gladbach	0:3	5:2	2:3	2:1	●	3:4	3:2	0:2	6:2	4:3	3:1	6:0	2:2	6:1	4:1	3:1	4:0	4:1
Stuttgart	0:1	3:1	2:2	4:2	3:0	●	4:2	2:2	3:1	3:4	2:1	4:0	4:0	2:1	6:2	2:0	4:0	3:0
Offenbach	0:3	2:3	1:1	3:1	2:1	1:3	●	3:2	2:2	4:1	2:1	4:0	0:0	2:1	2:0	2:1	1:0	4:0
Frankfurt	2:1	5:0	2:1	2:1	3:0	2:1	0:3	●	3:1	1:3	2:2	4:1	2:2	2:1	4:2	2:0	1:0	2:1
K'lautern	3:1	2:1	1:1	1:1	3:1	2:1	3:1	0:1	●	0:0	3:1	2:2	2:2	2:2	2:0	2:1	3:0	6:2
Duisburg	2:0	1:1	0:0	0:0	2:2	0:1	4:0	2:1	3:4	●	1:2	0:1	2:1	3:0	0:1	3:1	3:2	4:1
Werder Bremen	1:0	2:1	1:3	0:1	1:1	0:2	0:0	2:0	5:1	0:2	●	5:2	1:1	1:4	2:0	3:1	4:2	1:0
Bochum	0:2	2:4	2:2	2:2	3:0	3:1	2:3	2:1	3:0	2:1	2:0	●	2:1	3:3	2:0	2:0	2:2	2:2
Hertha BSC	2:5	1:1	2:3	0:1	3:1	5:1	2:5	3:1	4:1	0:0	2:1	2:0	●	2:1	3:0	2:1	3:0	3:1
HSV	0:2	0:0	2:1	2:2	1:3	2:0	1:0	3:1	2:2	1:2	2:2	2:1	4:0	●	0:1	2:0	1:0	6:0
Schalke 04	1:1	2:2	3:1	1:2	2:2	2:0	6:1	3:2	2:2	1:1	1:2	2:0	1:1	2:0	●	3:1	0:1	3:0
Hannover 96	1:3	0:0	2:2	1:1	1:2	3:1	1:1	2:1	2:3	3:3	2:2	1:1	2:0	3:2	1:0	●	2:1	3:2
Braunschweig	0:2	2:0	1:2	0:1	0:0	1:0	2:2	2:1	0:0	1:1	1:0	0:2	2:1	1:1	1:1	3:2	●	3:1
Oberhausen	0:5	2:2	0:3	2:1	1:3	2:2	2:1	1:0	3:1	4:0	2:3	1:1	2:1	3:1	2:1	1:0	0:1	●

Dr. Kunter war stets für eine kleine Zirkusnummer zu haben. Hier zelebriert der Frankfurter Zerberus mit einer akrobatischen Glanzleistung die vergebene Torchance von Lauterns Stürmer Hosic, der sich anschickt, vor lauter Ärger in den Pfosten zu beißen.

Zu gut für diese Welt?

Je länger die Saison 72/73 andauerte, desto größer wurde allmählich die Schar der Bayern-Hasser. Zu eindeutig kontrollierte das Ensemble des mittlerweile nicht mehr so unbekannten Udo Lattek Ball, Gegner und Liga. Die Münchner, die damals ihre vielleicht schönsten Trikots trugen, übernahmen mit einem fulminanten 5:0 in Oberhausen gleich am ersten Spieltag die Tabellenspitze - und gaben sie bis zum Saisonende nicht mehr ab. Woche für Woche wuchs der Vorsprung, Woche für Woche fertigte man die Konkurrenz ab. Puff - 5:0 gegen Schalke! Zack - 3:0 gegen Gladbach! So ging es fast in einem fort. Nur ganz selten leisteten sich Beckenbauer, Breitner und Co. Mal einen Ausrutscher. So schaffte es der 1.FC Köln am letzten Spieltag tatsächlich, einen Punkt aus dem Olympiastadion zu entführen und die ansonsten makellose Heimbilanz der Bayern zu beflecken. Diese lagen am Ende elf Punkte vor dem Zweiten (eben Köln), hatten den Meistertitel aber schon am 30. Spieltag klargemacht.

Tja. Und der Rest? Köln hielt leidlich mit, ohne jemals eine ernsthafte Gefahr für die Bazis dartellen zu können, Gladbach dagegen enttäuschte zumindest auf nationaler Ebene, drehte aber im legendären Netzer-Pokalfinale den Spieß um. Überraschend stark präsentierten sich Düsseldorf und Neuling Wupertal, bei dem ein Meister Pröpper Tor um Tor erzielte. Der Lohn waren Plätze im damals noch recht neuen UEFA-Pokal, für den sich auch Stuttgart zu qualifizieren wusste. Der HSV und das durch die Folgen des Bundesliga-Skandals arg dezimierte Schalke zitterten sich ebenso wie Hannover zum Klassenerhalt, wohingegen Oberhausen und Braunschweig (die liefen als erstes Team mit Trikotwerbung auf) in den bitteren Abstiegsapfel beißen mussten.

BUNDESLIGA-AUFSTIEGSRUNDE

GRUPPE 1

FSV Mainz 05 - FC St. Pauli	3:0	2:2
Karlsruher SC - Fortuna Köln	1:2	0:6
Fortuna Köln - Blau-Weiß 90 Berlin	7:0	3:0
FC St. Pauli - Karlsruher SC	2:2	5:4
Blau-Weiß 90 Berlin - FC St. Pauli	2:6	1:4
Karlsruher SC - FSV Mainz 05	1:1	1:4
FSV Mainz 05 - Blau-Weiß 90 Berlin	5:1	2:3
FC St. Pauli - Fortuna Köln	1:2	3:2
Fortuna Köln - FSV Mainz 05	3:0	0:0
Blau-Weiß 90 Berlin - Karlsruher SC	2:3	1:5

1. Fortuna Köln	**13:3**	**25:5**
2. FC St. Pauli	10:6	23:18
3. FSV Mainz 05	9:7	17:11
4. Karlsruher SC	6:10	17:23
5. Blau-Weiß 90 Berlin	2:14	10:35

GRUPPE 2

VfL Osnabrück - Röch. Völklingen	1:2	0:2
Rot-Weiß Essen - Darmstadt 98	3:1	2:2
Darmstadt 98 - VfL Osnabrück	5:3	1:2
Wacker 04 Berlin - Rot-Weiß Essen	2:2	0:3
VfL Osnabrück - Wacker 04 Berlin	2:1	2:0
Röch. Völklingen - Darmstadt 98	1:1	0:5
Wacker 04 Berlin - Röch. Völklingen	2:1	1:3
Rot-Weiß Essen - VfL Osnabrück	4:1	2:1
Röch. Völklingen - Rot Weiß Essen	0:4	1:3
Darmstadt 98 - Wacker 04 Berlin	2:2	1:1

1. Rot-Weiß Essen	**14:2**	**23:8**
2. Darmstadt 98	8:8	18:14
3. Röchling Völklingen	7:9	10:17
4. VfL Osnabrück	6:10	12:17
5. Wacker 04 Berlin	5:11	9:16

ELF DES JAHRES

Linders (Duisburg)

Vogts (M'gladbach) – **Cullmann** (Köln) – **Beckenbauer** (Bayern) – **Breitner** (Bayern)

Kapellmann (Köln) – **Grabowski** (Frankfurt) – **Wimmer** (M'gladbach)

Geye (Düsseldorf) – **Müller** (Bayern) – **Heynckes** (M'gladbach)

Finale in Düsseldorf, 23. Juni 1973:

Bor. M'gladbach - 1.FC Köln 2:1 n.V. (1:1, 1:1)

INTER NATIONAL Bor. M'gladbach scheitert im UEFA-Cup-Finale am FC Liverpool (0:3, 2:0)

SAISON 73/74

		Punkte	Tore	Heim		Auswärts	
1.	Bayern München (M)	49:19	95:53	31:3	55:17	18:16	40:36
2.	Bor. M'gladbach	48:20	93:52	27:7	54:19	21:13	39:33
3.	Fort. Düsseldorf	41:27	61:47	26:8	35:16	15:19	26:31
4.	Eintr. Frankfurt	41:27	63:50	30:4	39:15	11:23	24:35
5.	1.FC Köln	39:29	69:56	25:9	45:23	14:20	24:33
6.	1.FC K'lautern	38:30	80:69	22:12	41:28	16:18	39:41
7.	Schalke 04	37:31	72:68	25:9	50:28	12:22	22:40
8.	Hertha BSC Berlin	33:35	56:60	24:10	35:23	9:25	21:37
9.	VfB Stuttgart	31:37	58:57	24:10	40:18	7:27	18:39
10.	Kickers Offenbach	31:37	56:62	18:16	36:26	13:21	20:36
11.	Werder Bremen	31:37	48:56	20:14	30:21	11:23	18:35
12.	Hamburger SV	31:37	53:62	21:13	34:25	10:24	19:37
13.	Rot-Weiß Essen (N)	31:37	56:70	16:18	35:40	15:19	21:30
14.	VfL Bochum	30:38	45:57	20:14	28:21	10:24	17:36
15.	MSV Duisburg	29:39	42:56	20:14	23:16	9:25	19:40
16.	Wuppertaler SV	25:43	42:65	19:15	31:27	6:28	11:38
17.	Fortuna Köln (N)	25:43	46:79	18:16	31:32	7:27	15:47
18.	Hannover 96	22:46	50:66	15:19	25:23	7:27	25:43

FANS

Gesamt: 6.293.167 (306 Spiele)
Schnitt: 20.566
Krösus: Schalke (38.743)
Kirchenmaus: Fort. Köln (11.556)

TORE

Gesamt: 1056 (Schnitt: 3,45)
Eigentore: 16

TORJÄGER

Jupp Heynckes (M'gladbach)	**30**
Gerd Müller (Bayern)	**30**
Klaus Fischer (Schalke)	**21**
Klaus Toppmöller (K'lautern)	**21**
Roland Sandberg (K'lautern)	**19**

KARTEN

9 Rote, 490 Gelbe

TRAINER

Meistertrainer: Udo Lattek

Vorzeitige Wechsel: **6**

Schlott-Cajkovski (1.FC Köln)
Witzler-Ferner (RWE)
Faßnacht-Kremer (Duisburg)
Kottman-Holdorf (Fort. Köln)
Kronsbein-Eder (Hertha)
Lorant-Rehhagel (Offenbach)

FUSSBALLER

Fussballer des Jahres:
Günter Netzer (M'gladbach)

Nationalelf-Debütanten:
H. Kremers, Nigbur (beide Schalke), Danner (M'gladbach), Herzog (Düsseldorf), Hölzenbein (Frankfurt), Wunder (Duisburg)

Transfers des Jahres:
Baylon (Fort. Köln), Bücker (Duisburg), Damjanoff (Hannover), Gecks (RWE), Gersdorff, Kapellmann, Torstensson (Bayern), Lorant (RWE), Köppel, Rupp (M'gladbach), Neuberger (Wuppertal), Sandberg (K'lautern)

SPIEL DES JAHRES

Wohl der berühmteste aller Fußballkrimis auf dem Betzenberg - und das, obwohl der letzte Lauterer Treffer weder in der 93. noch in der 97., sondern »schon« in der 89. Minute fiel. Aber der Reihe nach: Meister Bayern agierte zunächst gewohnt souverän und abgeklärt und sah nach gut einer Stunde angesichts einer 4:1-Führung bereits wie der sichere Sieger aus. Doch auf dem Betzenberg muss man bekanntlich mit voreiligen Schlussfolgerungen etwas vorsichtiger sein als anderswo - das war schon im Oktober 1973 der Fall. Und so brannte der FCK sein berühmtes halbstündiges Feuerwerk ab...

1.FC K'LAUTERN - BAYERN MÜNCHEN 7:4 (1:3)

K'lautern: Elting, Huber, Diehl, Schwager, Fuchs, Toppmöller, Bitz, Laumen, Pirrung, Sandberg, Ackermann.
Bayern: Maier, Hansen, Schwarzenbeck, Beckenbauer, Dürnberger, Zobel, Roth, Hoeneß, Gersdorff, Hoffmann, Müller.
Tore: 0:1 Gersdorff (3.), 0:2 Gersdorff (12.), 0:3 Müller (36.), 1:3 Pirrung (43.), 1:4 Müller (57.), 2:4 Toppmöller (58.), 3:4 Pirrung (61,.), 4:4 Pirrung (73.), 5:4 Diehl (84.), 6:4 Laumen (87.), 7:4 Laumen (89.)
Zuschauer: 34.000, **Schiri:** Bonacker (Quadrath-Ichendorf), **Rot:** Gersdorff (76.)

	Bayern	M'gladbach	Düsseldorf	Frankfurt	1.FC Köln	K'lautern	Schalke	Hertha	Stuttgart	Offenbach	Bremen	HSV	RW Essen	Bochum	Duisburg	Wuppertal	Fort. Köln	Hannover
Bayern	●	4:3	3:1	2:2	4:1	1:1	5:1	3:1	3:0	1:0	2:2	4:1	2:0	4:0	4:2	3:0	5:1	5:1
M'gladbach	5:0	●	1:2	0:0	1:1	2:2	6:0	1:1	3:1	5:1	3:1	6:1	2:2	2:0	3:2	7:1	3:1	4:3
Düsseldorf	4:2	1:0	●	1:0	3:0	2:5	0:1	1:1	2:0	3:3	1:1	2:0	3:0	1:1	2:1	2:0	5:1	2:0
Frankfurt	1:1	1:0	2:1	●	2:1	3:1	2:1	2:0	4:3	2:2	1:1	1:0	6:0	3:1	3:0	1:0	4:2	1:1
1.FC Köln	4:3	0:1	4:2	1:1	●	3:1	3:1	3:4	5:2	2:0	2:0	1:2	3:2	2:2	5:1	0:0	5:0	2:1
K'lautern	7:4	2:4	3:2	1:4	1:2	●	4:0	3:1	4:0	3:0	2:2	1:4	0:0	0:2	2:1	4:0	2:1	2:1
Schalke 04	5:5	2:0	4:2	3:1	2:2	3:3	●	3:0	2:3	0:2	4:2	3:1	3:1	3:1	0:1	4:2	6:1	3:1
Hertha BSC	2:2	3:4	2:0	2:1	2:2	3:1	1:0	●	1:0	2:2	0:0	2:1	1:1	4:2	2:4	3:0	1:1	4:2
Stuttgart	1:1	6:1	0:0	3:1	2:1	3:4	3:0	2:0	●	4:0	2:2	3:0	0:3	2:0	0:1	2:2	2:1	5:1
Offenbach	2:2	2:3	3:0	5:2	1:2	2:3	1:2	1:1	2:1	●	4:0	2:5	1:1	2:2	2:0	0:1	4:0	2:1
Werder Bremen	1:1	2:3	0:0	1:2	4:2	3:1	2:1	4:1	1:1	0:2	●	1:1	1:1	1:0	1:2	3:0	2:0	3:3
HSV	0:5	1:0	1:3	4:2	3:1	0:2	5:2	0:2	1:0	0:0	3:0	●	2:3	5:0	2:0	2:1	4:0	1:4
RW Essen	0:1	2:6	1:4	6:3	1:1	3:3	2:5	3:2	3:3	1:2	3:1	1:1	●	2:2	4:2	2:1	0:2	1:1
Bochum	0:1	1:1	3:3	1:1	0:2	2:2	2:5	2:1	0:0	4:1	0:0	2:0	1:2	●	3:0	2:1	2:0	3:1
Duisburg	0:4	1:2	0:1	1:1	5:1	2:1	2:0	1:1	1:0	4:0	3:1	0:0	1:0	0:0	●	0:0	1:3	1:1
Wuppertal	1:4	2:4	2:2	1:1	1:3	2:4	1:1	2:1	3:4	1:1	4:1	3:0	2:0	2:0	2:0	●	0:0	2:1
Fort. Köln	0:3	3:5	1:1	3:2	0:2	3:3	1:1	3:3	1:0	2:1	1:3	3:0	1:3	2:2	3:0	2:1	●	2:2
Hannover 96	3:1	0:2	1:2	0:0	1:0	4:2	0:1	3:1	3:0	2:3	0:1	2:2	1:2	1:2	2:2	1:1	1:1	●

Berti Vogts beim auf den ersten Blick etwas kühn anmutenden Versuch, den Mittelfeldregisseur des 1.FC Köln, Wolfgang Overath, zu umdribbeln. Wie dieses Duell endete, ist nicht überliefert, wohl aber das Resultat des Spiels: Köln verlor gegen Gladbach mit 0:1.

Bayern schaffen Hattrick

Was zuvor noch keinem anderen Verein geglückt war, gelang natürlich den Bayern: Die Münchner wurden zum dritten Mal in Folge Deutscher Meister - das hatten in früheren Zeiten noch nicht einmal der 1.FC Nürnberg oder Schalke 04 geschafft. Dabei sicherten sich Beckenbauer, Müller & Co. den Titel diesmal beileibe nicht so überlegen und deutlich wie in den Jahren zuvor, sondern erst am vorletzten Spieltag durch ein vergleichsweise popeliges 1:0 gegen Kickers Offenbach - wobei man sogar noch von Düsseldorfer Schützenhilfe (1:0 vs. Gladbach) profitierte. Dennoch war es zweifellos eines der größten Jahre für die Bayern. Sechs Tage nach der Meisterfeier, die von Jahr zu Jahr gelangweilter über die Bühne zu gehen schien, eroberten die Lattek-Schützlinge durch ein 4:0 gegen Atletico Madrid in Brüssel nämlich als erstes deutsches Team den Europapokal der Landesmeister. Und wenige Wochen nach diesem tollen Erfolg wurden Maier, Beckenbauer, Schwarzenbeck, Breitner, Hoeneß und Müller im heimischen Olympiastadion Weltmeister. Den totalen Triumph verhinderte allein die Frankfurter Eintracht, die im Halbfinale des DFB-Pokals als Spielverderber fungierte.

In den unteren Tabellenregionen kam es am letzten Spieltag einmal mehr zu einem Abstiegsdrama. Mit einem Punkt Vorsprung auf den Wuppertaler SV ging Neuling Fortuna Köln in das Spiel bei Kickers Offenbach, das mit 0:4 zwar relativ deutlich verloren ging, jedoch zum Klassenerhalt auszureichen schien, da die Schwebebahnstädter bei den heimstarken Stuttgartern lange Zeit zurücklagen. Erst in der 81. Minute war der Traum der Südstädter ausgeträumt, da nämlich erzielte Lömm das 2:2 für Wuppertal. Dabei blieb es. Die Fortuna stieg ab und ward nie mehr in der Bundesliga gesehen.

BUNDESLIGA-AUFSTIEGSRUNDE

GRUPPE 1

1.FC Nürnberg - Eintr. Braunschweig	1:0	0:2
1.FC Saarbrücken - Wacker Berlin	0:1	1:0
Wacker 04 Berlin - 1.FC Nürnberg	5:0	1:9
E. Braunschweig - Wattenscheid 09	2:3	0:0
Wattenscheid 09 - Wacker 04 Berlin	1:1	2:3
1.FC Nürnberg - 1.FC Saarbrücken	3:1	2:2
1.FC Saarbrücken - Wattenscheid 09	1:2	1:2
Wacker Berlin - Eintr. Braunschweig	1:3	1:2
E. Braunschweig - 1.FC Saarbrücken	3:0	1:0
Wattenscheid 09 - 1.FC Nürnberg	1:2	0:1

1. Eintr. Braunschweig	**11:5**	**13:6**
2. 1.FC Nürnberg	11:5	18:12
3. Wattenscheid 09	8:8	11:11
4. Wacker 04 Berlin	7:9	13:18
5. 1.FC Saarbrücken	3:13	6:14

GRUPPE 2

FC St. Pauli - FC Augsburg	2:3	4:4
Tennis Bor. Berlin - Bor. Neunkirchen	0:0	1:1
FC Augsburg - Tennis Bor. Berlin	2:2	2:2
RW Oberhausen - FC St. Pauli	2:1	0:3
Tennis Bor. Berlin - RW Oberhausen	3:1	0:4
Bor. Neunkirchen - FC Augsburg	1:1	1:2
RW Oberhausen - Bor. Neunkirchen	1:2	1:0
FC St. Pauli - Tennis Bor. Berlin	0:2	1:3
Bor. Neunkirchen - FC St. Pauli	2:5	1:0
FC Augsburg - RW Oberhausen	2:2	2:3

1. Tennis Bor. Berlin	**10:6**	**13:11**
2. FC Augsburg	9:7	18:17
3. Rot-Weiß Oberhausen	9:7	14:13
4. Bor. Neunkirchen	7:9	8:11
5. FC St. Pauli	5:11	16:17

ELF DES JAHRES

Scholz (Bochum)

Dietz (Duisburg) · **Bonhof** (M'gladbach) · **Beckenbauer** (Bayern) · **Neuberger** (Wuppertal)

Flohe (Köln) · **Hoeneß** (Bayern) · **Overath** (Köln)

Grabowski (Frankfurt) · **Müller** (Bayern) · **Heynckes** (M'gladbach)

Finale in Düsseldorf, 17. August 1974:

Eintr. Frankfurt - Hamburger SV 3:1 n.V. (1:0, 1:1)

INTER NATIONAL

Bayern München holt durch ein 1:1 und 4:0 gegen Atletico Madrid den Europacup der Meister

M'gladbach scheitert im Halbfinale des Europacups der Pokalsieger am AC Mailand (0:2, 1:0)

SAISON 74/75

		Punkte	Tore	Heim		Auswärts	
1.	Bor. M'gladbach	50:18	86:40	27:7	47:18	23:11	39:22
2.	Hertha BSC Berlin	44:24	61:43	32:2	44:15	12:22	17:28
3.	Eintr. Frankfurt	43:25	89:49	27:7	57:20	16:18	32:29
4.	Hamburger SV	43:25	55:38	27:7	33:14	16:18	22:24
5.	1.FC Köln	41:27	77:51	26:8	45:16	15:19	32:35
6.	Fort. Düsseldorf	41:27	66:55	27:7	41:19	14:20	25:36
7.	Schalke 04	39:29	52:37	28:6	34:10	11:23	18:27
8.	Kickers Offenbach	38:30	72:62	26:8	49:27	12:22	23:35
9.	Ein. Braunschweig (N)	36:32	52:42	26:8	40:17	10:24	12:25
10.	Bayern München (M)	34:34	57:63	23:11	35:24	11:23	22:39
11.	VfL Bochum	33:35	53:53	29:5	42:16	4:30	11:37
12.	Rot-Weiß Essen	32:36	58:68	20:14	33:27	12:22	23:41
13.	1.FC K'lautern	31:37	56:55	25:9	34:11	6:28	22:44
14.	MSV Duisburg	30:38	59:77	20:14	35:31	10:24	24:46
15.	Werder Bremen	25:43	45:69	20:14	30:23	5:29	15:46
16.	VfB Stuttgart	24:44	50:79	19:15	31:23	5:29	19:56
17.	Tennis Bor. Berlin (N)	16:52	38:89	12:22	22:35	4:30	16:54
18.	Wuppertaler SV	12:56	32:86	9:25	20:38	3:31	12:48

FANS

Gesamt: 6.738.303 (306 Spiele)
Schnitt: 22.021
Krösus: Schalke (38.329)
Kirchenmaus: Wuppertal (8.670)

TORE

Gesamt: 1056 (Schnitt: 3,45)
Eigentore: 13

TORJÄGER

Jupp Heynckes (M'gladbach)	**27**
Dieter Müller (Köln)	**24**
Gerd Müller (Bayern)	**23**
Roland Sandberg (K'lautern)	**20**
Manfred Burgsmüller (RWE)	**18**
Erwin Kostedde (Offenbach)	**18**
Allan Simonsen (M'gladbach)	**18**

KARTEN

12 Rote, 524 Gelbe

TRAINER

Meistertrainer: Hennes Weisweiler
Vorzeitige Wechsel: **4**
Buhtz-Bedl (Wuppertal)
Eppenhoff-Sing (Stuttgart)
Lattek-Cramer (Bayern)
Lucas-Krafft (Düsseldorf)

FUSSBALLER

Fussballer des Jahres:
Franz Beckenbauer (Bayern)
Nationalelf-Debütanten:
Beer, Kliemann (beide Hertha), Dietz, Seliger (beide Duisburg), Kostedde, Ritschel (beide Offenbach), Körbel, Nickel (beide Frankfurt), Pirrung (K'lautern), Seel (Düsseldorf)
Transfers des Jahres:
Frank, Handschuh, Ristic (Braunschweig), Hadewicz (Stuttgart), Hellström, Riedl (K'lautern), Kliemann (Hertha), Neuberger (Frankfurt), Reimann (HSV), Schnellinger (TeBe), Wunder (Bayern)

SPIEL DES JAHRES

Und wieder ein außerordentlich torreiches und unterhaltsames Fußballspiel auf Kosten der Münchner Bayern - aber Kaiser Franz und Co. hatten damals ja auch alle Hände voll zu tun, irgendwelche Europapokale wahlweise zu gewinnen oder zu verteidigen. Um die schlichte Teilnahme an derlei Wettbewerben ging es damals hingegen der Fortuna aus Düsseldorf, die sich mit dem tollen Sieg über die Bazis die Chance auf den letzten freien UEFA-Cup-Platz erhielt. Alle elf Tore fielen übrigens in nur 43 Minuten, und Schiri Horstmann kam ohne eine einzige Karte aus - ein echtes Fußballfest eben.

FORTUNA DÜSSELDORF - BAYERN MÜNCHEN 6:5 (2:4)
Düsseldorf: Büns, Baltes, Kriegler, Hesse (Biesenkamp), Czernotzky, Zimmermann, Brei, Köhnen, Geye, Seel, Herzog.
Bayern: Maier, Dürnberger, Schwarzenbeck, J. Weiß, Roth (G. Weiß), Zobel, Kapellmann, Torstensson, Müller, Wunder (Rummenigge).
Tore: 0:1 Kapellmann (29.), 1:1 Seel (35.), 1:2 Müller (38.), 1:3 Müller (40.), 2:3 Kriegler (41.), 2:4 Müller (42.), 3:4 Geye (56.), 4:4 Baltes (59.), 5:4 Brei (63.), 5:5 Torstensson (69.), 6:5 Herzog (72.)
Zuschauer: 32.000, **Schiri:** Horstmann (Groß Escherde)

	M'gladbach	Hertha	Frankfurt	HSV	1.FC Köln	Düsseldorf	Schalke	Offenbach	Braunschweig	Bayern	Bochum	RW Essen	K'lautern	Duisburg	Bremen	Stuttgart	TB Berlin	Wuppertal
M'gladbach	●	1:1	3:0	1:3	1:1	3:1	1:0	5:2	2:0	1:2	3:0	1:1	3:0	4:1	4:2	5:1	3:1	6:2
Hertha BSC	2:1	●	2:1	1:0	1:1	3:3	1:0	4:1	3:1	4:1	4:2	4:2	2:1	3:0	2:0	4:0	2:1	2:0
Frankfurt	1:1	1:2	●	1:3	3:2	4:0	2:1	0:0	2:0	2:0	4:1	9:1	5:1	4:1	2:1	5:5	7:1	5:0
HSV	1:1	1:1	3:1	●	3:1	2:1	1:1	1:0	0:0	1:0	3:2	2:2	2:0	2:3	2:0	1:0	4:0	4:1
1.FC Köln	1:2	2:1	0:0	4:0	●	2:2	4:2	0:1	3:0	1:0	4:1	0:1	2:0	4:2	3:1	4:2	7:1	4:0
Düsseldorf	3:2	0:0	2:2	0:0	3:0	●	2:1	3:2	2:2	6:5	0:1	4:0	2:0	1:1	4:1	4:0	3:2	2:0
Schalke 04	1:3	1:0	1:1	3:1	1:1	3:0	●	2:0	1:1	2:2	1:0	3:0	2:1	5:0	2:0	2:0	3:0	1:0
Offenbach	4:3	3:1	2:1	4:1	1:4	2:3	2:0	●	2:1	6:0	2:0	1:3	2:2	3:3	5:1	3:1	3:2	3:1
Braunschweig	1:3	2:1	2:0	1:2	1:4	3:0	1:0	1:0	●	3:1	2:0	4:2	3:2	4:1	0:0	6:0	5:0	1:1
Bayern	1:1	2:1	2:1	0:1	6:3	4:0	0:2	2:3	1:0	●	2:1	2:2	2:5	2:1	2:0	1:1	3:1	3:1
Bochum	0:0	4:0	3:1	4:2	3:2	4:2	2:1	3:1	1:0	3:0	●	2:2	4:0	1:2	3:1	1:0	0:0	4:2
RW Essen	1:3	2:1	0:5	0:0	1:1	1:2	4:4	5:1	1:2	2:2	1:1	●	3:1	3:0	1:1	3:1	3:2	2:0
K'lautern	1:3	3:0	2:2	1:0	1:1	1:0	1:1	1:2	2:0	0:1	1:0	2:0	●	2:0	4:1	6:0	4:0	2:0
Duisburg	1:1	1:3	1:3	2:0	1:3	0:3	2:0	2:1	3:2	2:1	3:1	3:3	3:2	●	4:0	3:3	2:3	2:2
Werder Bremen	1:4	4:0	0:3	1:0	4:1	0:0	0:1	3:6	0:0	0:2	3:0	0:0	3:1	3:1	●	5:2	1:1	2:1
Stuttgart	1:2	1:2	3:4	1:2	2:0	1:1	3:1	3:1	0:0	1:2	1:0	3:2	0:1	2:1	2:2	●	2:1	5:1
TB Berlin	1:4	0:3	1:4	0:3	2:3	1:4	0:2	0:2	2:2	2:2	2:0	1:0	3:2	2:3	4:0	1:1	●	0:0
Wuppertal	1:5	0:0	2:3	0:4	1:4	2:3	0:1	0:0	0:1	3:1	1:1	0:2	3:3	1:4	2:4	2:2	2:0	●

Der nur 1,77 m große RWE-Stürmer Manni Burgsmüller (links) scheint den Herthaner »Funkturm« Uwe Kliemann hier zwar gleich um drei Köpfe zu überspringen, segelt aber am Ball vorbei - nichsdestotrotz blieb Essen 2:1-Sieger und der Bundesliga erhalten.

Die Rückkehr der Fohlen

Die Vorherrschaft der Bayern war beendet, die Bundesliga atmete auf. Gleich am ersten Spieltag kassierte der Meister in Offenbach ein ordentliches 0:6 und landete am Schluss auf einem desaströsen zehnten Platz - derart schlecht hatten die Münchner noch nie abgeschnitten, Lattek musste gehen. Damit war der Weg frei für Borussia M'gladbach: Nach einer verhaltenen Hinrunde trumpften die Fohlen grandios auf und sicherten sich den Meistertitel mit sechs Punkten Vorsprung vor der wiedererstarkten Hertha. Dennoch flossen nach der Meisterfeier Tränen: Nach elf Jahren verabschiedete sich Hennes Weisweiler gen Barcelona. Auch in Stuttgart wurde geweint, der VfB verabschiedete sich nach zwölf Jahren Bundesliga in die Zweitklassigkeit, die sich seit dieser Spielzeit in einem neuen Gewand präsentierte. In zwei Staffeln à 20 Vereinen kämpfte man nun darum, es Hannover, Uerdingen und dem HSC gleich zu tun.

QUALI 3. AUFSTEIGER

FK Pirmasens - Bayer Uerdingen 4:4 0:6

Finale in Hannover, 21. Juni 1975:

Eintr. Frankfurt - MSV Duisburg 1:0 (0:0)

ELF DES JAHRES

Maier (Bayern)

Vogts (M'gladbach) · **Tenhagen** (Bochum) · **Beckenbauer** (Bayern) · **Dietz** (Duisburg)

Seel (Düsseldorf) · **Grabowski** (Frankfurt) · **Neumann** (Köln)

Simonsen (M'gladbach) · **Heynckes** (M'gladbach) · **Held** (Offenbach)

ZWEITE LIGA NORD

1.	Hannover 96 (A)	54:22	93:39
2.	Bayer Uerdingen	51:25	66:38
3.	FC St. Pauli	50:26	77:48
4.	Arminia Bielefeld	50:26	68:47
5.	Fortuna Köln (A)	46:30	69:43
6.	Bor. Dortmund	46:30	65:44
7.	Wattenscheid 09	46:30	72:53
8.	VfL Osnabrück	42:34	81:62
9.	Preußen Münster	42:34	73:63
10.	Göttingen 05	39:37	60:66
11.	1.FC Mülheim	36:40	47:64
12.	Schwarz-Weiß Essen	34:42	55:69
13.	Wacker 04 Berlin	33:43	54:68
14.	DJK Gütersloh	32:44	57:63
15.	Alemannia Aachen	30:46	57:71
16.	SpVgg Erkenschwick	29:47	49:70
17.	Olympia Wilhelmshaven	27:49	54:81
18.	Rot-Weiß Oberhausen	27:49	38:66
19.	VfL Wolfsburg	26:50	61:89
20.	Barmbek-Uhlenhorst	20:56	34:86

Tore: 1230 (Schnitt: 3,24)
Torkanone: Volker Graul (Bielefeld) **30**
Zuschauer: 2.318.943 (Schnitt: 6.102)

ZWEITE LIGA SÜD

1.	Karlsruher SC	50:26	76:50
2.	FK Pirmasens	48:28	75:62
3.	Schweinfurt 05	48:28	65:59
4.	Bayern Hof	46:30	65:46
5.	1860 München	45:31	64:45
6.	1.FC Nürnberg	42:34	70:52
7.	1.FC Saarbrücken	41:35	72:52
8.	SV Chio Mannheim	40:36	52:42
9.	SpVgg Bayreuth	40:36	53:50
10.	Darmstadt 98	39:37	68:62
11.	FSV Mainz 05	38:38	63:60
12.	FC Augsburg	37:39	61:63
13.	Röchling Völklingen	34:42	56:54
14.	FC Homburg	34:42	71:74
15.	SpVgg Fürth	34:42	40:48
16.	Stuttgarter Kickers	33:43	52:61
17.	VfR Heilbronn	30:46	51:78
18.	Bor. Neunkirchen	28:48	49:73
19.	Wormatia Worms	27:49	36:66
20.	VfR Mannheim	26:50	43:85

Tore: 1182 (Schnitt: 3,11)
Torkanone: Bernd Hoffmann (KSC) **25**
Zuschauer: 2.718.393 (Schnitt: 7.154)

INTER NATIONAL
Bayern München holt durch ein 2:0 gegen Leeds United den Europacup der Meister
Bor. M'gladbach triumphiert im Finale des UEFA-Cups gegen Twente Enschede (0:0, 5:1)

SAISON 75/76

		Punkte	Tore	Heim		Auswärts	
1.	Bor. M'gladbach (M)	45:23	66:37	26:8	38:12	19:15	28:25
2.	Hamburger SV	41:27	59:32	28:6	42:13	13:21	17:19
3.	Bayern München	40:28	72:50	28:6	52:17	12:22	20:33
4.	1.FC Köln	39:29	62:45	25:9	34:18	14:20	28:27
5.	Eintr. Braunschweig	39:29	52:48	29:5	37:13	10:24	15:35
6.	Schalke 04	37:31	76:55	22:12	48:26	15:19	28:29
7.	1.FC K'lautern	37:31	66:60	25:9	41:19	12:22	25:41
8.	Rot-Weiß Essen	37:31	61:67	24:10	37:24	13:21	24:43
9.	Eintr. Frankfurt	36:32	79:58	25:9	44:17	11:23	35:41
10.	MSV Duisburg	33:35	55:62	21:13	32:24	12:22	23:38
11.	Hertha BSC Berlin	32:36	59:61	26:8	35:16	6:28	24:45
12.	Fort. Düsseldorf	30:38	47:57	22:12	32:18	8:26	15:39
13.	Werder Bremen	30:38	44:55	23:11	33:20	7:27	11:35
14.	VfL Bochum	30:38	49:62	24:10	35:21	6:28	14:41
15.	Karlsruher SC (N)	30:38	46:59	21:13	32:27	9:25	14:32
16.	Hannover 96 (N)	27:41	48:60	22:12	33:23	5:29	15:37
17.	Kickers Offenbach	27:41	40:72	21:13	26:28	6:28	14:44
18.	Bayer Uerdingen (N)	22:46	28:69	17:17	18:24	5:29	10:45

FANS

Gesamt: 6.768.448 (306 Spiele)
Schnitt: 22.119
Krösus: Bayern (32.467)
Kirchenmaus: Duisburg (12.030)

TORE

Gesamt: 1009 (Schnitt: 3,3)
Eigentore: 20

TORJÄGER

Klaus Fischer (Schalke) **29**
Erich Beer (Hertha) **23**
Gerd Müller (Bayern) **23**
Klaus Toppmöller (K'lautern) **22**
Horst Hrubesch (RWE) **18**

KARTEN

7 Rote, 512 Gelbe

TRAINER

Meistertrainer: Udo Lattek
Vorzeitige Wechsel: **8**
Rehhagel-Cajkovski (Offenbach)
Cajkovski-Stollenwerk (Köln)
Kronsbein-Baldauf (Hannover)
Burdenski-Rehhagel (Bremen)
Merkel-Rausch (Schalke)
Kremer-Schafstall (Duisburg)
Piontek-Krafft (Düsseldorf)
Weise-Roos (Frankfurt)

FUSSBALLER

Fussballer des Jahres:
Sepp Maier (Bayern)
Nationalelf-Debütanten:
Kaltz, Kargus (beide HSV), Bongartz (Schalke), Gersdorff (B'schweig), Keller (1860), Müller (Köln), Reichel (Frankfurt), Stielike (M'gladbach), Toppmöller (K'lautern), Worm (Duisburg)
Transfers des Jahres:
Ettmayer (HSV), Heinze, Jara (Duisburg), Kostedde (Hertha), Mattsson (Düsseldorf), Oblak (Schalke), Popivoda (B'schweig)

SPIEL DES JAHRES

Über weite Strecken seiner Zugehörigkeit zur Bundesliga musste Bochum hart um den Erhalt in derselben kämpfen, mitunter bis zum allerletzten Spieltag. So auch im Juni 1976, als der VfL im Spiel gegen den KSC noch mindestens einen Punkt sammeln musste, um im Oberhaus zu verbleiben. Doch spätestens nach dem 3:0 war die Kiste gelaufen und die 25.000 Fans im Herner Stadion Schloß Strünkede (im Ruhrstadion wurde gerade umgebaut) konnten sich aufs Feiern und das Erbeuten von Souvenirs konzentrieren. Eines der bevorzugtesten Objekte der Begierde stellte dabei Jupp Tenhagen dar, der hernach froh war, »dass sie mir wenigstens meine Unterhose gelassen haben«.

VFL BOCHUM - KARLSRUHER SC 4:2 (2:0)
Bochum: Scholz, Gerland, Fromm, Franke, Lameck, Köper, Eggert, Tenhagen, Versen, Kaczor (Pochstein), Eggeling.
KSC: Wimmer, Kalb, Struth, Radau, Ulrich (Fuchs), Schäfer, Kübler, Trenkel, Komorowski, Krauth, Vogel (Niedermayer).
Tore: 1:0 Kaczor (4.), 2:0 Eggeling (26.), 3:0 Eggert (51.), 3:1 Niedermayer (61.), 4:1 Pochstein (81.), 4:2 Struth (84., Elfmeter)
Zuschauer: 25.000, **Schiri:** Roth (Salzgitter)

	M'gladbach	HSV	Bayern	1.FC Köln	Braunschweig	Schalke	K'lautern	RW Essen	Frankfurt	Duisburg	Hetrha	Düsseldorf	Bremen	Bochum	KSC	Hannover	Offenbach	Uerdingen
M'gladbach	●	1:1	4:1	2:1	0:0	0:2	3:0	1:2	4:2	3:0	1:1	1:0	3:0	1:1	4:0	2:0	2:0	6:1
HSV	0:0	●	0:1	2:1	4:0	4:1	2:0	4:1	4:2	3:0	2:1	3:1	1:2	5:3	3:0	3:0	2:0	0:0
Bayern	4:0	1:0	●	1:2	1:1	3:2	3:4	5:1	1:1	3:0	7:4	5:0	4:0	4:0	2:0	3:1	3:1	2:0
1.FC Köln	0:4	1:1	1:0	●	1:1	2:1	1:1	3:0	3:3	3:2	2:0	4:0	1:1	1:0	1:3	2:1	4:0	4:0
Braunschweig	0:0	1:0	1:1	0:0	●	4:1	2:0	1:1	2:0	3:1	5:2	3:1	3:2	1:1	2:0	3:2	5:1	1:0
Schalke 04	2:2	0:1	2:2	3:1	5:1	●	2:2	5:1	2:4	5:1	2:2	2:0	4:2	1:1	6:2	1:2	1:1	5:1
K'lautern	0:3	2:0	2:1	1:1	3:1	1:3	●	5:0	3:1	3:0	5:0	2:1	4:0	2:1	3:1	2:2	2:2	1:2
RW Essen	1:3	1:1	3:3	2:3	2:2	0:0	5:1	●	4:3	5:2	3:1	2:2	2:0	1:0	1:0	1:0	2:2	2:1
Frankfurt	1:1	1:0	6:0	2:2	6:1	2:1	1:1	1:3	●	1:1	1:1	5:2	2:0	6:0	0:2	5:1	1:0	3:1
Duisburg	2:3	1:1	1:1	0:4	1:0	1:3	1:2	4:0	1:1	●	2:1	2:2	2:0	1:1	1:0	4:3	6:2	2:0
Hertha BSC	3:0	1:1	2:1	2:1	1:0	2:1	3:0	2:2	4:4	1:2	●	2:2	0:0	4:1	1:1	1:0	1:0	5:0
Düsseldorf	1:1	1:0	1:1	0:0	3:3	1:2	5:1	5:2	1:1	1:3	2:1	●	3:0	3:1	0:2	3:0	0:0	2:0
Werder Bremen	2:2	1:3	0:0	3:2	0:1	1:1	3:2	3:3	1:2	2:0	3:2	3:0	●	4:1	1:0	0:0	3:1	3:0
Bochum	2:0	0:3	3:1	1:0	2:0	1:4	2:0	2:1	5:3	1:2	2:0	0:1	0:3	●	4:2	2:0	5:1	3:0
KSC	2:4	3:2	1:2	3:1	0:2	2:2	3:5	1:2	1:0	2:2	3:0	1:0	2:0	2:2	●	3:2	2:1	1:0
Hannover 96	3:3	1:0	2:2	3:3	2:0	1:1	2:0	0:0	3:2	0:2	2:6	1:2	0:0	4:1	2:0	●	4:0	3:1
Offenbach	1:1	3:2	2:2	1:5	4:2	1:1	1:4	0:4	2:1	2:1	2:1	1:1	2:0	1:0	0:0	1:0	●	2:3
Uerdingen	1:1	0:1	2:1	1:1	0:0	3:2	2:2	1:1	0:5	0:4	1:1	2:0	2:1	0:0	1:1	1:1	1:2	●

In klassischer Gerd-Müller-Manier erzielt der spätere Torschützenkönig Klaus Fischer einen seiner vier Treffer beim Schalker 6:2 gegen den KSC. Die sicherlich gut gemeinte Parade von Keeper Wimmer kommt um ein paar Dutzend Sekundenbruchteile zu spät.

Gladbacher Giganten

Auch im Jahr eins nach »Don« Hennes ließen sich die Gladbacher von niemandem in die Meistersuppe spucken, Udo Lattek machte genau da weiter, wo sein Ex-Kontrahent aufgehört hatte. Freilich bediente er sich eines anderen Systems, vertraute in erster Linie auf eine starke Hintermannschaft. Der Erfolg gab ihm Recht. Als Verfolger traten im Titelrennen neben den Bayern, die sich erholt zu haben schienen, diesmal vor allem Braunschweig, Köln und der HSV auf den Plan. Allerdings hatte man wirklich nur selten das Gefühl, als könnten sie die Gladbacher verdrängen. Da es bei vielen anderen Klubs nicht so lief, wie es eigentlich sollte, kam es zu einem neuen Rekord, was das Auswechseln von Übungsleitern anging: Gleich achtmal wurden da und dort Trainer entlassen, gefeuert oder in die Wüste geschickt. Hier und da soll man sich auch in gegenseitigem Einvernehmen getrennt haben. Aber das waren wohl nur Gerüchte.

QUALI 3. AUFSTEIGER

1.FC Nürnberg - Bor. Dortmund 0:1 2:3

Finale in Frankfurt, 26. Juni 1976:

Hamburger SV - 1.FC K'lautern 2:0 (2:0)

ELF DES JAHRES

Kargus (HSV)

Vogts (M'gladbach) – **Beckenbauer** (Bayern) – **Neuberger** (Frankfurt) – **Dietz** (Duisburg)

Wimmer (M'gladbach) – **Handschuh** (Braunschweig) – **Tenhagen** (Bochum)

Simonsen (M'gladbach) – **Toppmöller** (K'lautern) – **Görts** (Bremen)

ZWEITE LIGA NORD

1.	Tennis Bor. Berlin (A)	54:22	86:43
2.	Bor. Dortmund	52:24	93:37
3.	Preußen Münster	49:27	65:42
4.	Fortuna Köln	45:31	74:49
5.	Wuppertaler SV (A)	45:31	76:53
6.	VfL Osnabrück	45:31	61:47
7.	Schwarz-Weiß Essen	44:32	63:52
8.	Wattenscheid 09	43:33	71:58
9.	Arminia Bielefeld	42:34	49:46
10.	Westfalia Herne (N)	40:36	60:57
11.	Göttingen 05	37:39	63:54
12.	Alemannia Aachen	36:40	45:53
13.	Union Solingen (N)	36:40	45:56
14.	FC St. Pauli	34:42	70:82
15.	Bayer Leverkusen (N)	32:44	46:61
16.	Wacker 04 Berlin	31:45	51:82
17.	1.FC Mülheim	30:46	54:76
18.	SpVgg Erkenschwick	29:47	45:69
19.	DJK Gütersloh	28:48	52:70
20.	Spandauer SV	8:68	33:115

Tore: 1202 (Schnitt: 3,16)
Torkanone: Norbert Stolzenburg (TB Berlin) **27**
Zuschauer: 2.173.591 (Schnitt: 5.720)

ZWEITE LIGA SÜD

1.	1.FC Saarbrücken	57:19	66:28
2.	1.FC Nürnberg	54:22	78:42
3.	FC Homburg	51:25	72:41
4.	1860 München	47:29	78:55
5.	SpVgg Bayreuth	47:29	71:55
6.	Röchling Völklingen	45:31	72:65
7.	Darmstadt 98	43:33	76:64
8.	SV Chio Mannheim	42:34	64:55
9.	Bayern Hof	41:35	60:56
10.	SpVgg Fürth	37:39	64:52
11.	VfB Stuttgart (A)	36:40	67:60
12.	FSV Mainz 05	36:40	81:92
13.	FSV Frankfurt (N)	35:41	49:63
14.	FK Pirmasens	33:43	66:78
15.	FC Augsburg	32:44	57:56
16.	Stuttgarter Kickers	32:44	57:70
17.	Jahn Regensburg (N)	30:46	48:74
18.	Schweinfurt 05	26:50	50:72
19.	Eintr. Kreuznach (N)	23:53	49:83
20.	SSV Reutlingen (N)	13:63	35:99

Tore: 1260 (Schnitt: 3,31)
Torkanone: Karl-Heinz Granitza (Völklingen) **29**
Zuschauer: 2.443.811 (Schnitt: 6.431)

INTER NATIONAL

Die Nationalelf verliert in Belgrad das EM-Finale gegen die CSSR mit 5:7 n.E.
Bayern München holt durch ein 1:0 gegen AS St. Etienne den Europacup der Meister

SAISON
76/77

		Punkte	Tore	Heim		Auswärts	
1.	Bor. M'gladbach (M)	44:24	58:34	27:7	39:13	17:17	19:21
2.	Schalke 04	43:25	77:52	26:8	40:22	17:17	37:30
3.	Eintr. Braunschweig	43:25	56:38	25:9	33:15	18:16	23:23
4.	Eintr. Frankfurt	42:26	86:57	27:7	52:25	15:19	34:32
5.	1.FC Köln	40:28	83:61	28:6	55:23	12:22	28:38
6.	Hamburger SV	38:30	67:56	27:7	44:21	11:23	23:35
7.	Bayern München	37:31	74:65	24:10	49:25	13:21	25:40
8.	Bor. Dortmund (N)	34:34	73:64	20:14	41:30	14:20	32:34
9.	MSV Duisburg	34:34	60:61	24:10	32:17	10:24	28:34
10.	Hertha BSC Berlin	34:34	55:54	23:11	32:22	11:23	23:32
11.	Werder Bremen	33:35	51:59	24:10	27:16	9:25	24:43
12.	Fort. Düsseldorf	31:37	52:54	17:17	31:26	14:20	21:28
13.	1.FC K'lautern	29:39	53:59	24:10	37:20	5:29	16:39
14.	1.FC Saarbrücken (N)	29:39	43:55	20:14	30:21	9:25	13:34
15.	VfL Bochum	29:39	47:62	20:14	31:26	9:25	16:36
16.	Karlsruher SC	28:40	53:75	23:11	32:24	5:29	21:51
17.	Tennis Bor. Berlin (N)	22:46	47:85	18:16	32:31	4:30	15:54
18.	Rot-Weiß Essen	22:46	49:103	18:16	28:42	4:30	21:61

FANS

Gesamt: 7.401.686 (306 Spiele)
Schnitt: 24.189
Krösus: BVB (43.187)
Kirchenmaus: RWE (12.789)

TORE

Gesamt: 1084 (Schnitt: 3,54)
Eigentore: 22

TORJÄGER

Dieter Müller (Köln)	**34**
Gerd Müller (Bayern)	**28**
Bernd Hölzenbein (Frankfurt)	**26**
Klaus Fischer (Schalke)	**24**
Wolfgang Frank (Braunschweig)	**24**

KARTEN

10 Rote, 505 Gelbe

TRAINER

Meistertrainer: Udo Lattek

Vorzeitige Wechsel: **4**

Horvath-Erlhoff (RWE)
Cendic-Krafft (Saarbrücken)
Roos-Lorant (Frankfurt)
Kessler-Klötzer (Hertha)

FUSSBALLER

Fussballer des Jahres:
Franz Beckenbauer (Bayern)

Nationalelf-Debütanten:
Abramczik, Fischer, Rüßmann (alle Schalke), Magath, Nogly (beide HSV), Burdenski (Bremen), K. Rummenigge (Bayern), Tenhagen (Bochum), Zimmermann (Köln)

Transfers des Jahres:
Burgsmüller, Kostedde, Lippens (BVB), van Gool (Köln), Granitza, Nigbur (Hertha), Konschal (Bremen), Lund (RWE), Maric (Schalke), Nielsen (M'gladbach)

SPIEL DES JAHRES

Die (nur) 18.000 Zuschauer im halbfertigen Bochumer Ruhrstadion kamen aus dem Staunen gar nicht mehr heraus: Da führte ihr VfL, die graue Maus der Liga, gegen den dreimaligen und amtierenden Europacupsieger Bayern mit 3:0, lag nach 53 Minuten gar mit 4:0 in Front, um diesen Vorsprung in gerade einmal 19 Zeigerumdrehungen wieder zu verspielen, in Rückstand zu geraten, in der Schlussphase wenigstens noch den umjubelten Ausgleich zu erzielen, um dann in der vorletzten Minute noch den Siegtreffer für die Gäste mitzuerleben. So ist das eben mit den Bayern. Tja. Und mit dem VfL.

VFL BOCHUM - BAYERN MÜNCHEN 5:6 (3:0)

Bochum: Scholz, Gerland, Franke (Ellbracht), Herget, Lameck, Miß, Tenhagen, Eggert, Kaczor, Trimhold, Pochstein.
Bayern: Maier, Andersson, Schwarzenbeck, Beckenbauer, Horsmann, Dürnberger, Torstensson (Künkel), Hoeneß, Rummenigge, Müller, Kapellmann.
Tore: 1:0 Ellbracht (24.), 2:0 Kaczor (39.), 3:0 Ellbracht (43.), 4:0 Pochstein (53.), 4:1 Rummenigge (54.), 4:2 Schwarzenbeck (56.), 4:3 Müller (64.), 4:4 Müller (73., Elfmeter), 4:5 Hoeneß (76.), 5:5 Kaczor (80.), 5:6 Hoeneß (89.)
Zuschauer: 18.000, **Schiri:** Horstmann (Groß Escherde)

	M'gladbach	Schalke	Braunschweig	Frankfurt	1.FC Köln	HSV	Bayern	Dortmund	Duisburg	Hertha	Bremen	Düsseldorf	K'lautern	Saarbrücken	Bochum	KSC	TB Berlin	RW Essen
M'gladbach	●	2:0	1:1	1:3	3:1	0:0	1:0	1:1	1:1	2:1	3:1	3:1	0:0	3:0	4:2	5:1	3:0	6:0
Schalke 04	1:0	●	2:3	1:1	1:1	1:0	0:0	4:2	3:2	4:0	3:2	2:1	5:2	0:1	3:1	2:2	5:4	3:0
Braunschweig	1:1	1:0	●	3:1	4:2	0:1	1:0	3:1	1:1	2:2	0:1	0:0	2:1	1:0	2:0	3:3	3:1	6:0
Frankfurt	1:3	6:3	3:0	●	4:0	2:1	2:1	1:4	3:1	3:3	7:1	1:1	2:0	2:1	2:2	3:2	7:1	3:1
1.FC Köln	0:3	2:0	3:0	2:0	●	3:3	3:0	1:1	5:2	3:2	3:0	2:2	3:1	5:1	6:1	4:1	8:4	2:2
HSV	4:1	2:2	0:2	3:1	2:1	●	5:0	3:4	2:0	2:0	5:3	1:1	1:0	0:0	5:1	2:1	2:1	5:3
Bayern	2:2	0:7	2:2	0:3	4:1	6:2	●	1:2	2:2	1:0	1:0	2:1	3:0	5:1	1:1	5:0	9:0	5:1
Dortmund	0:0	2:2	0:0	2:2	1:2	4:4	3:3	●	2:1	2:1	2:4	1:2	5:2	2:1	0:2	7:2	4:0	4:2
Duisburg	3:2	2:2	1:1	4:3	1:1	0:0	5:2	0:0	●	1:1	3:0	1:0	1:0	2:3	0:0	3:1	1:1	4:0
Hertha BSC	0:1	2:1	2:1	2:3	2:4	2:1	1:1	3:2	2:4	●	2:1	4:0	2:0	1:1	2:0	1:1	2:0	2:1
Werder Bremen	1:0	1:1	2:2	2:1	2:1	2:2	2:3	3:0	2:2	1:0	●	0:2	2:0	1:0	2:0	1:1	0:0	3:1
Düsseldorf	0:1	1:2	1:3	1:2	1:3	2:0	0:0	3:2	2:0	2:3	3:2	●	2:3	5:1	1:0	3:0	0:0	4:4
K'lautern	1:2	2:0	1:3	2:2	4:2	2:0	1:1	2:1	2:0	0:2	4:2	0:2	●	1:0	2:0	3:1	3:1	7:1
Saarbrücken	2:2	2:3	1:2	2:2	3:1	3:2	6:1	2:2	1:0	1:1	2:0	0:0	2:2	●	0:1	1:1	0:0	2:1
Bochum	0:0	1:2	1:1	3:1	1:2	4:2	5:6	2:1	2:1	4:2	0:2	1:2	1:0	1:2	●	1:0	2:1	2:1
KSC	4:0	1:7	1:1	2:0	2:1	2:2	1:2	2:1	2:1	0:3	3:1	1:1	1:1	3:0	2:1	●	4:1	1:1
TB Berlin	0:1	1:3	0:0	1:1	3:2	1:1	3:1	2:3	1:5	2:0	2:4	4:2	4:2	1:1	1:1	4:2	●	2:2
RW Essen	1:0	2:2	2:1	1:8	0:3	1:2	1:4	1:5	1:5	2:2	0:0	5:3	3:2	1:0	3:3	3:2	1:0	●

Kaum war der BVB in die Bundesliga zurückgekehrt, sorgte er gleich schon wieder für Furore - gerne auch auf des Gegners Platz. Dies bekam u.a. der 1.FC Köln zu spüren, der mit Ach und Krach ein 1:1 erkämpfte. Hier entwischt Lippens seinem Bewacher Kösling.

Aller guten Dinge sind drei

Die Gladbacher machten den Hattrick perfekt, doch im Gegensatz zu den Vorjahren mussten sie diesmal bis zum Schlusspfiff des 34. Spieltags zittern. Bis zuletzt mischten die überraschend starken Schalker, die sich endgültig vom Bundesliga-Skandal erholt hatten und u.a. einen sensationellen 7:0-Coup bei den Bayern landeten, und auch noch einmal die Braunschweiger mit. Kaiser Franz verabschiedete sich gen Cosmos New York, Frankfurt legte eine Serie von 21 Spielen ohne Niederlage hin und am Tabellenende wetteiferten RWE und TeBe um den Titel »Schießbude der Saison«. Die Essener machten schließlich mit 103 Gegentoren das Rennen. Als Dritter im Bunde musste der KSC runter, während es im Kampf um den letzten freien Aufstiegsplatz neben St. Pauli und Stuttgart zu einem fürwahr dramatischen Duell zwischen Bielefeld und 1860 München kam. Die Ergebnisse sind in dem Kästchen direkt hier drunter nachzulesen.

QUALI 3. AUFSTEIGER

Arm. Bielefeld - 1860 München 4:0 0:4 0:2

Finale in Hannover, 28. und 30. Mai 1977:

Hertha BSC Berlin - 1.FC Köln 1:1 n.V. + 0:1

ELF DES JAHRES

Nigbur (Hertha)

Vogts (M'gladbach) – **Beckenbauer** (Bayern) – **Kaltz** (HSV) – **Zimmermann** (Köln)

Bonhof (M'gladbach) – **Flohe** (Köln) – **Beer** (Hertha) – **Simonsen** (M'gladbach)

Hölzenbein (Frankfurt) – **Popivoda** (Braunschweig)

ZWEITE LIGA NORD

1.	FC St. Pauli	54:22	69:36
2.	Arminia Bielefeld	50:26	72:39
3.	Wuppertaler SV	47:29	81:55
4.	Bayer Uerdingen (A)	43:33	78:52
5.	Hannover 96 (A)	43:33	73:48
6.	Preußen Münster	43:33	73:52
7.	Alemannia Aachen	43:33	69:56
8.	Schwarz-Weiß Essen	43:33	63:55
9.	VfL Osnabrück	43:33	84:77
10.	Bayer Leverkusen	40:36	59:58
11.	Westfalia Herne	39:37	77:73
12.	Fortuna Köln	38:38	67:62
13.	Arminia Hannover (N)	38:38	64:62
14.	SC Herford (N)	36:40	62:63
15.	Wattenscheid 09	33:43	65:80
16.	Bonner SC (N)	33:43	53:72
17.	Göttingen 05	31:45	57:67
18.	Wacker 04 Berlin	27:49	43:79
19.	Union Solingen	20:56	46:96
20.	VfL Wolfsburg (N)	16:60	46:119

Tore: 1301 (Schnitt: 3,42)
Torkanone: Franz Gerber (St. Pauli) **27**
Zuschauer: 1.993.740 (Schnitt: 5.247)

ZWEITE LIGA SÜD

1.	VfB Stuttgart	57:19	100:36
2.	1860 München	56:20	78:29
3.	Kickers Offenbach (A)	53:23	86:52
4.	FC Homburg	49:27	84:56
5.	1.FC Nürnberg	49:27	77:51
6.	Darmstadt 98	46:30	68:48
7.	FSV Frankfurt	40:36	65:58
8.	SpVgg Fürth	40:36	55:51
9.	FC Augsburg	40:36	72:73
10.	Stuttgarter Kickers	39:37	59:53
11.	SV Chio Mannheim	37:39	70:57
12.	Bayern Hof	37:39	61:53
13.	FV Würzburg 04 (N)	37:39	49:81
14.	SpVgg Bayreuth	34:42	60:64
15.	KSV Baunatal (N)	33:43	64:82
16.	Röchling Völklingen	32:44	47:71
17.	Eintracht Trier (N)	28:48	46:68
18.	FK Pirmasens	19:57	43:85
19.	Jahn Regensburg	19:57	42:87
20.	BSV Schwenningen (N)	15:61	31:102

Tore: 1257 (Schnitt: 3,31)
Torkanone: Lothar Emmerich (Würzburg) **24**
Zuschauer: 2.545.787 (Schnitt: 6.699)

INTER NATIONAL

Bor. M'gladbach scheitert im Finale des Europacups der Meister am FC Liverpool (1:3)
Der HSV holt durch ein 2:0 gegen den RSC Anderlecht den Europacup der Pokalsieger

SAISON 77/78

		Punkte	Tore	Heim		Auswärts	
1.	1.FC Köln	48:20	86:41	29:5	58:20	19:15	28:21
2.	Bor. M'gladbach (M)	48:20	86:44	28:6	52:22	20:14	34:22
3.	Hertha BSC Berlin	40:28	59:48	29:5	38:16	11:23	21:32
4.	VfB Stuttgart (N)	39:29	58:40	30:4	42:11	9:25	16:29
5.	Fort. Düsseldorf	39:29	49:36	28:6	34:13	11:23	15:23
6.	MSV Duisburg	37:31	62:59	26:8	40:19	11:23	22:40
7.	Eintr. Frankfurt	36:32	59:52	25:9	42:23	11:23	17:29
8.	1.FC K'lautern	36:32	64:63	27:7	38:17	9:25	26:46
9.	Schalke 04	34:34	47:52	27:7	33:15	7:27	14:37
10.	Hamburger SV	34:34	61:67	22:12	34:24	12:22	27:43
11.	Bor. Dortmund	33:35	57:71	22:12	36:24	11:23	21:47
12.	Bayern München	32:36	62:64	25:9	43:22	7:27	19:42
13.	Eintr. Braunschweig	32:36	43:53	27:7	32:15	5:29	11:38
14.	VfL Bochum	31:37	49:51	24:10	28:11	7:27	21:40
15.	Werder Bremen	31:37	48:57	26:8	38:19	5:29	10:38
16.	1860 München (N)	22:46	41:60	16:18	25:22	6:28	16:38
17.	1.FC Saarbrücken	22:46	39:70	16:18	24:23	6:28	15:47
18.	FC St. Pauli (N)	18:50	44:86	15:19	28:33	3:31	16:53

FANS

Gesamt: 7.936.765 (306 Spiele)
Schnitt: 25.937
Krösus: Stuttgart (54.003)
Kirchenmaus: St. Pauli (12.408)

TORE

Gesamt: 1014 (Schnitt: 3,31)
Eigentore: 21

TORJÄGER

Dieter Müller (Köln)	**24**
Gerd Müller (Bayern)	**24**
Klaus Toppmöller (K'lautern)	**21**
Manfred Burgsmüller (BVB)	**20**
Klaus Fischer (Schalke)	**20**

KARTEN

11 Rote, 528 Gelbe

TRAINER

Meistertrainer: Hennes Weisweiler

Vorzeitige Wechsel: **7**

Gutendorf-Özcan (HSV)
Lorant-Cramer (Frankfurt)
Cramer-Lorant (Bayern)
Rausch-Maslo (Schalke)
Tilkwoski-Assauer (Bremen)
Krafft-Tilkowski (Saarbrücken)
Rehhagel-Rühl (BVB)

FUSSBALLER

Fussballer des Jahres:
Sepp Maier (Bayern)

Nationalelf-Debütanten:
K. Förster, H. Müller (beide Stuttgart), Konopka, H. Neumann (beide Köln), Burgsmüller (BVB)

Transfers des Jahres:
Bast (Bochum), Buljan, Keegan (HSV), Breitner (Braunschweig), Frank, Theis (BVB), Geye, Neues, Wendt (K'lautern), Groß, Larsson, Suurbier (Schalke), Hattenberger (Stuttgart), Oblak (Bayern), Okudera (Köln), Skala (Frankfurt)

SPIEL DES JAHRES

Ein schwarzer Tag für Borussia Dortmund, beinahe auch ein schwarzer Tag für den deutschen Fußball: Denn hätte sich der BVB noch drei Törchen mehr eingefangen, hättes es für die Gladbacher zum Meistertitel gereicht. So aber konnte der 1.FC Köln (dank eines 5:0 beim FC St. Pauli) die Tabellenführung ins Ziel retten. Unvergessen die Worte Siggi Helds, den BVB- Trainer Otto Rehhagel nach der Pause (beim Stande von 0:6) eigentlich einwechseln wollte: »Soll ich denn das Steuer jetzt noch rumreißen?« Otto verzichtete auf Siggi und der BVB kurz darauf denn auch auf Otto.

BORUSSIA M'GLADBACH - BORUSSIA DORTMUND 12:0 (6:0)
M'gladbach: Kleff, Vogts, Wittkamp, Hannes, Wohlers, Kulik, Wimmer, Nielsen, del'Haye, Heynckes, Simonsen (Lienen).
BVB: Endrulat, Theis, Schneider, Huber, Meyer, Segler, Votava, Wagner, Burgsmüller, Frank, Geyer.
Tore: 1:0, 2:0 Heynckes (1., 12.), 3:0 Nielsen (13.), 4:0 del'Haye (22.), 5:0 Heynckes (32.), 6:0 Wimmer (38.), 7:0 Heynckes (59.), 8:0 Nielsen (61.), 9:0 del'Haye (66.), 10:0 Heynckes (77.), 11:0 Lienen (87.), 12:0 Kulik (90.)
Zuschauer: 38.000 (in Düsseldorf), **Schiri:** Biwersi (Bliesransbach)

	Köln	M'gladbach	Hertha	Stuttgart	Düsseldorf	Duisburg	Frankfurt	K'lautern	Schalke	HSV	BVB	Bayern	Braunschweig	Bochum	Bremen	1860	Saarbrücken	St. Pauli
1.FC Köln	●	1:1	3:1	2:1	1:0	5:2	0:1	4:1	2:4	6:1	4:1	2:0	6:0	2:1	7:2	6:2	3:1	4:1
M'gladbach	2:5	●	2:1	3:1	3:2	1:3	2:0	2:2	2:	2:1	12:0	2:0	3:1	2:2	4:0	2:1	6:1	2:1
Hertha BSC	1:1	2:1	●	1:1	0:0	2:2	2:0	2:1	2:1	3:2	3:1	3:1	1:0	4:3	2:0	4:1	1:1	5:0
Stuttgart	3:0	2:0	1:0	●	1:1	1:0	2:1	3:0	6:1	1:2	4:1	3:3	5:0	3:1	2:0	3:1	1:0	1:0
Düsseldorf	5:1	1:3	0:0	1:0	●	0:0	2:1	4:1	1:1	3:1	1:0	4:2	2:0	1:1	2:0	2:0	2:1	3:1
Duisburg	1:2	1:1	2:1	2:1	0:0	●	3:0	3:2	1:0	5:2	1:2	6:3	3:1	0:0	2:0	1:1	5:0	4:3
Frankfurt	2:2	4:2	0:5	2:0	4:0	3:1	●	1:3	3:0	0:2	2:1	4:0	2:0	5:3	0:2	1:0	4:0	5:2
K'lautern	0:2	0 3	2:0	0:4	3:2	6:1	2:0	●	0:0	3:0	4:0	5:0	2:1	4:1	2:1	1:0	2:1	2:1
Schalke 04	2:0	1:2	2:0	3:1	1:0	0:1	3:2	3:0	●	2:2	0:2	3:2	1:0	3:1	1:0	2:1	2:0	4:1
HSV	1:0	2:6	2:2	2:0	0:3	4:1	0:0	3:1	2:0	●	4:1	2:2	4:2	3:1	1:1	3:1	1:2	0:2
Dortmund	1:2	3:3	1:1	4:1	1:2	2:1	0:2	4:0	2:1	2:1	●	1:1	2:0	5:3	4:1	1:3	2:1	1:1
Bayern	0:3	1:1	0:2	2:0	0:0	3:2	2:1	4:2	7:1	2:0	3:0	●	3:2	1:1	3:1	1:3	7:1	4:2
Braunschweig	1:0	0:5	1:1	3:1	2:0	1:0	1:1	3:1	3:1	4:0	0:1	1:1	●	3:1	2:0	2:1	3:0	2:0
Bochum	0:0	0:0	5:0	1:0	2:1	1:2	0:1	0:1	1:1	2:1	1:0	2:1	1:1	●	2:0	2:0	4:2	4:0
Werder Bremen	0:2	3:2	4:2	0:1	2:1	4:2	3:0	5:3	2:0	1:2	3:1	1:1	2:1	1:0	●	2:0	1:1	4:0
1860 München	1:3	1:1	2:3	1:2	0:1	4:0	2:4	2:2	0:0	2:2	0:2	1:1	1:0	2:0	0:0	●	2:0	4:1
Saarbrücken	1:0	0:1	2:2	1:1	1:1	1:2	0:0	3:3	2:1	3:5	2:2	2:1	0:1	0:1	1:1	1:1	●	4:0
St. Pauli	0:5	0:1	3:0	1:1	2:1	2:2	5:3	0:3	1:1	2:3	3:6	0:0	0:1	1:1	3:1	4:1	1:3	●

Auf dem Weg zum Double ließ sich der 1.FC Köln von niemandem stoppen - auch die Frankfurter Kraus (haltend) und Reichel (grätschend) haben hier alle Mühe, Kölns Millionenstürmer Roger van Gool am erfolgreichen Slalomlauf zu hindern.

Hennes I., König von Köln

Im ersten Jahr hatte es für Weisweilers neue Truppe nur zu einem vergleichsweise läppischen fünften Platz gereicht, doch nun zeigte sich wieder die Handschrift des Meistermachers: Der Titel ging zum dritten und vorerst letzten Mal nach Köln. Hennes und der FC behaupteten sich dabei in einem unvergesslichen Fernduell knapp gegen die Gladbacher, denen selbst ein unter hochgradig fragwürdigen Umständen zustande gekommenes 12:0 gegen Bor. Dortmund nichts mehr nutzte. Zum Glück, muss man sagen, denn wer weiß, was mit der einen Borussia alles passiert wäre, hätte es für die andere Borussia tatsächlich noch zum Titel gereicht. Nun, immerhin reichte es für BVB-Coach Rehhagel zum achtkantigen Rauswurf. Ein Schicksal, das auch Bayern-Trainer Cramer ereilte. Kollege Lorant holte allerdings auch nicht mehr als Platz zwölf heraus.

QUALI 3. AUFSTEIGER

1.FC Nürnberg - Rot-Weiß Essen 1:0 + 2:2

Finale in Gelsenkirchen, 15. April 1978:

1.FC Köln - Fortuna Düsseldorf 2:0 (0:0)

ELF DES JAHRES

Hellström (K'lautern)

Vogts (M'gladbach) – **Zewe** (Düsseldorf) – **K. Förster** (Stuttgart) – **Dietz** (Duisburg)

Bonhof (M'gladbach) – **Grabowski** (Frankfurt) – **Flohe** (Köln) – **Keegan** (HSV)

Abel (Bochum) – **Rummenigge** (Bayern)

ZWEITE LIGA NORD

1.	Arminia Bielefeld	51:25	74:40
2.	Rot-Weiß Essen (A)	50:26	82:49
3.	Preußen Münster	49:27	65:47
4.	Fortuna Köln	48:28	79:62
5.	Hannover 96	43:33	68:57
6.	Wattenscheid 09	41:35	76:65
7.	Bayer Uerdingen	41:35	75:64
8.	Bayer Leverkusen	39:37	58:51
9.	Union Solingen	39:37	60:60
10.	Tennis Bor. Berlin (A)	36:40	58:57
11.	Wuppertaler SV	36:40	56:59
12.	Westfalia Herne	35:41	53:59
13.	RW Lüdenscheid (N)	35:41	59:75
14.	Alemannia Aachen	34:42	51:62
15.	Arminia Hannover	34:42	63:78
16.	VfL Osnabrück	33:43	56:62
17.	SC Herford	33:43	51:58
18.	1.FC Bocholt (N)	32:44	65:70
19.	OSC Bremerhaven (N)	32:44	61:88
20.	Schwarz-Weiß Essen	19:57	45:92

Tore: 1255 (Schnitt: 3,3)
Torkanone: Horst Hrubesch (RWE) **41**
Zuschauer: 1.915.440 (Schnitt: 5.041)

ZWEITE LIGA SÜD

1.	Darmstadt 98	58:18	90:43
2.	1.FC Nürnberg	53:23	75:46
3.	FC Homburg	49:27	65:45
4.	SpVgg Bayreuth	48:28	79:50
5.	Kickers Offenbach	46:30	88:54
6.	SpVgg Fürth	46:30	73:42
7.	Karlsruher SC (A)	45:31	76:54
8.	SV Chio Mannheim	42:34	76:50
9.	Wormatia Worms (N)	42:34	63:56
10.	Stuttgarter Kickers	40:36	63:71
11.	FV Würzburg 04	38:38	52:53
12.	Eintracht Trier	35:41	58:64
13.	Freiburger FC (N)	35:41	58:71
14.	FC Augsburg	34:42	57:54
15.	FSV Frankfurt	34:42	54:62
16.	KSV Baunatal	34:42	55:80
17.	Bayern Hof	33:43	45:62
18.	VfR Oli Bürstadt (N)	25:51	48:68
19.	Würzburger Kickers (N)	17:59	38:93
20.	FK Pirmasens	6:70	25:120

Tore: 1238 (Schnitt: 3,26)
Torkanone: Emanuel Günther (KSC) **27**
Zuschauer: 1.744.543 (Schnitt: 4.591)

INTER NATIONAL Bor. M'gladbach scheitert im Halbfinale des Europacups der Meister am FC Liverpool (2:1, 0:3)

SAISON 78/79

		Punkte	Tore	Heim		Auswärts	
1.	Hamburger SV	49:19	78:32	29:5	50:13	20:14	28:19
2.	VfB Stuttgart	48:20	73:34	30:4	45:8	18:16	28:26
3.	1.FC K'lautern	43:25	62:47	29:5	41:16	14:20	21:31
4.	Bayern München	40:28	69:46	26:8	44:17	14:20	25:29
5.	Eintr. Frankfurt	39:29	50:49	27:7	34:19	12:22	16:30
6.	1.FC Köln (M)	38:30	55:47	22:12	32:21	16:18	23:26
7.	Fort. Düsseldorf	37:31	70:59	26:8	47:23	11:23	23:36
8.	VfL Bochum	33:35	47:46	20:14	26:19	13:21	21:27
9.	Eintr. Braunschweig	33:35	50:55	23:11	26:14	10:24	24:41
10.	Bor. M'gladbach	32:36	50:53	21:13	34:26	11:23	16:27
11.	Werder Bremen	31:37	48:60	23:11	34:23	8:26	14:37
12.	Bor. Dortmund	31:37	54:70	25:9	33:16	6:28	21:54
13.	MSV Duisburg	30:38	43:56	23:11	27:21	7:27	16:35
14.	Hertha BSC Berlin	29:39	40:50	19:15	26:20	10:24	14:30
15.	Schalke 04	28:40	55:61	20:14	36:26	8:26	19:35
16.	Arm. Bielefeld (N)	26:42	43:56	18:16	23:19	8:26	20:37
17.	1.FC Nürnberg (N)	24:44	36:67	20:14	24:24	4:30	12:43
18.	Darmstadt 98 (N)	21:47	40:75	16:18	25:31	5:29	15:44

FANS

Gesamt: 7.351.341 (306 Spiele)
Schnitt: 24.024
Krösus: Stuttgart (41.296)
Kirchenmaus: Duisburg (12.771)

TORE

Gesamt: 963 (Schnitt: 3,15)
Eigentore: 17

TORJÄGER

Klaus Allofs (Düsseldorf)	**22**
Klaus Fischer (Schalke)	**21**
Rüdiger Abramczik (Schalke)	**18**
Kevin Keegan (HSV)	**17**
Klaus Toppmöller (K'lautern)	**17**

KARTEN

12 Rote, 644 Gelbe

TRAINER

Meistertrainer: Branko Zebec

Vorzeitige Wechsel: **8**

Beljin-Rehhagel (Bielefeld)
Kern-Gebhardt (Nürnberg)
Knefler-Rausch (Frankfurt)
Lorant-Csernai (Bayern)
Horvath-Lorant (Schalke)
Olk-Lucas (Braunschweig)
Buchmann-Schlappner (Darmstadt)
Rühl-Maslo (BVB)

FUSSBALLER

Fussballer des Jahres:
Sepp Maier (Bayern)

Nationalelf-Debütanten:
B. Förster, D. Hoeneß, Kelsch, Martin (alle Stuttgart), K. Allofs, Zewe (D'dorf), Hartwig, Memering (HSV), Schumacher, Schuster (Köln), Borchers (Frankfurt), Groh (K'lautern)

Transfers des Jahres:
Bongartz (K'lautern), Breitner (Bayern), Hrubesch (HSV), Lorant, Pezzey (Frankfurt), Remark (Hertha), Volkert (Stuttgart)

SPIEL DES JAHRES

Es war mehr als ein Debakel - es war eine Demontage, eine Wachablösung. Der Meister aus Köln holte sich im Volksparkstadion eine 0:6-Klatsche ab, die sich gewaschen hatte. Auch wenn sich die Hausherren an diesem Tage auch nicht gerade übermäßig mit spielerischem Ruhm bekleckerten, so lieferte der von Branko Zebec brillant eingestellte Hamburger SV eine wahrhaft meisterliche Vorstellung im Rasenschach ab und fertigte den 1.FC Köln locker und lässig ab. Überragend einmal mehr Kevin Keegan, die »Mighty Mouse«, der den HSV nach langer Durststrecke wieder zum Titel führte.

HAMBURGER SV - 1.FC KÖLN 6:0 (3:0)

HSV: Kargus, Kaltz, Nogly, Buljan, Hidien, Hartwig, Memering, Magath, Reimann, Hrubesch, Keegan.
Köln: Schumacher, Konopka (Littbarski), Cullmann, Strack, Zimmermann, Glowacz, Neumann, Flohe, Mohr, Okudera, van Gool (Willmer).
Tore: 1:0 Memering (14.), 2:0 Hartwig (34.), 3:0 Keegan (43.), 4:0 Keegan (73.), 5:0 Kaltz (80., Elfmeter), 6:0 Magath (83.)
Zuschauer: 62.000, **Schiri:** Linn (Altendiez), **Rot:** Flohe (54.), Neumann (54.)

	HSV	Stuttgart	K'lautern	Bayern	Frankfurt	1.FC Köln	Düsseldorf	Bochum	Braunschweig	M'gladbach	Bremen	Dortmund	Duisburg	Hertha	Schalke	Bielefeld	Nürnberg	Darmstadt
HSV	●	1:1	3:0	1:2	4:0	6:0	2:1	1:1	2:0	3:0	2:2	5:0	3:0	4:1	4:2	3:1	4:1	2:1
Stuttgart	1:0	●	3:0	2:0	3:1	1:4	5:0	2:0	3:0	2:0	1:1	1:1	2:0	3:0	4:0	5:1	4:0	3:0
K'lautern	2:1	5:1	●	2:1	2:1	1:1	3:0	1:1	2:1	1:3	4:0	3:1	2:1	3:0	2:2	3:2	3:0	2:0
Bayern	0:1	1:1	1:0	●	3:1	5:1	1:1	2:1	6:1	3:1	4:0	4:0	6:2	1:1	2:1	0:4	4:0	1:1
Frankfurt	0:0	1:2	2:2	2:1	●	1:4	3:2	4:2	3:1	2:0	2:1	3:1	1:0	2:2	3:1	1:0	2:0	2:0
1.FC Köln	1:3	1:2	2:2	1:1	0:2	●	2:2	1:1	3:1	1:1	2:0	5:0	3:3	3:1	1:0	2:1	2:0	2:1
Düsseldorf	0:2	2:0	2:2	7:1	4:2	1:1	●	1:1	2:2	3:3	3:1	3:1	3:0	3:1	3:1	3:2	3:3	4:0
Bochum	2:1	1:2	2:2	0:1	0:0	2:5	2:2	●	3:0	0:0	3:0	4:1	0:0	1:0	2:2	1:0	2:1	1:2
Braunschweig	1:0	2:2	0:0	0:0	0:0	1:0	1:1	1:0	●	3:0	1:1	2:2	0:2	0:1	2:1	5:2	3:1	4:1
M'gladbach	4:3	0:0	5:1	1:7	1:3	2:0	1:0	2:0	2:3	●	4:0	2:2	0:2	0:2	0:0	4:1	3:1	3:1
Werder Bremen	1:1	0:2	3:1	1:1	0:2	1:1	1:1	3:3	3:1	3:1	●	4:4	3:2	1:1	3:1	1:0	3:1	3:0
Dortmund	1:3	4:3	2:3	1:0	3:1	0:0	3:0	2:2	2:2	1:1	1:0	●	4:1	3:0	2:0	2:0	2:0	0:0
Duisburg	0:2	3:1	3:1	3:1	0:2	2:1	1:2	1:0	1:0	0:3	2:0	0:0	●	3:2	2:1	1:1	1:0	4:4
Hertha BSC	1:3	0:0	0:3	1:1	4:1	0:2	4:1	1:1	2:2	1:0	0:2	4:0	1:0	●	1:1	1:2	4:1	1:0
Schalke 04	1:3	2:3	1:1	2:1	4:0	1:1	1:2	1:3	4:4	1:1	2:1	5:1	2:1	1:1	●	4:1	0:0	4:2
Bielefeld	0:0	1:1	0:1	0:2	0:0	1:0	2:0	1:2	2:2	0:2	1:3	4:3	1:1	0:0	3:2	●	2:0	5:0
Nürnberg	3:3	1:0	0:0	4:2	0:0	1:1	3:2	0:2	0:3	1:0	2:2	2:2	2:1	2:1	0:2	0:1	●	3:2
Darmstadt	1:2	1:7	2:2	1:3	2:0	0:1	1:6	3:1	1:1	2:0	3:0	3:2	2:0	0:0	1:2	1:1	1:3	●

Ebenso wie dieser Zweikampf zwischen HSV-Verteidiger Ivan Buljan (links) und Werders Klaus Wunder endeten auch die beiden Nordderbys der Saison 78/79 unentschieden, nämlich 1:1 und 2:2. Dennoch wurde der HSV am Ende neuer Deutscher Meister.

Mighty Mouse wird Meister

Mit nahezu perfektem »Rasenschach«, jenem oft so unterkühlt wirkendem Spielsystem, mit dem Branko Zebec seine ihm unterstellten Mannschaften auf Erfolgskurs zu bringen pflegte, erlangte der HSV nach 29-jähriger Durststrecke endlich wieder Meisterehren. Doch ohne die Leitfiguren Kaltz, Buljan, Nogly, Magath, Hrubesch und Keegan hätte auch das beste Rasenschach nur wenig ausrichten können. Vor allem Kevin Keegan, die »Mighty Mouse« aus Liverpool, die nach einem durchwachsenen erstren Jahr schon als Fehleinkauf abgestempelt worden war, blühte förmlich auf. Der kleine Engländer zeigte sich von seiner allerbesten Seite und entschied so manches Spiel nahezu im Alleingang. Mit den coolen Hanseaten mithalten konnten da einzig und allein die heim- und spielstarken Stuttgarter, denen dann aber ausgerechnet eine 1:4-Schlappe im Neckarstadion gegen den im Titelrennen ansonsten völlig chancenlosen 1.FC Köln zum Verhängnis wurde.

QUALI 3. AUFSTEIGER
SpVgg Bayreuth - Bayer Uerdingen 1:1 1:2

Finale in Hannover, 23. Juni 1979:
Fort. Düsseldorf - Hertha BSC 1:0 n.V. (0:0)

ELF DES JAHRES

Burdenski (Bremen)

Kaltz (HSV) · **Zewe** (Düsseldorf) · **Fichtel** (Schalke) · **Dietz** (Duisburg)

Bast (Bochum) · **Groh** (K'lautern) · **K. Allofs** (Düsseldorf)

K. Rummenigge (Bayern) · **Fischer** (Schalke) · **Keegan** (HSV)

ZWEITE LIGA NORD

1.	Bayer Leverkusen	59:17	87:34
2.	Bayer Uerdingen	53:23	83:44
3.	Preußen Münster	51:25	59:25
4.	Fortuna Köln	47:29	84:52
5.	Westfalia Herne	43:33	65:47
6.	FC St. Pauli (A)	43:33	56:49
7.	Alemannia Aachen	40:36	54:47
8.	Rot-Weiß Essen	39:37	68:62
9.	Union Solingen	39:37	47:49
10.	Wattenscheid 09	36:40	49:47
11.	Tennis Bor. Berlin	36:40	58:61
12.	Arminia Hannover	36:40	56:65
13.	DSC Wanne-Eickel (N)	35:41	66:66
14.	Holstein Kiel (N)	35:41	40:62
15.	Hannover 96	32:42	57:68
16.	Viktoria Köln (N)	32:44	53:60
17.	Wuppertaler SV	30:46	46:57
18.	VfL Osnabrück	29:47	49:71
19.	RW Lüdenscheid	22:54	49:106
20.	Wacker 04 Berlin (N)	21:55	33:87

Tore: 1159 (Schnitt: 3,05)
Torkanone: Karl-Heinz Mödrath (Fort. Köln) **28**
Zuschauer: 1.481.507 (Schnitt: 3.899)

ZWEITE LIGA SÜD

1.	1860 München (A)	53:23	75:38
2.	SpVgg Bayreuth	52:24	86:53
3.	Wormatia Worms	50:26	66:33
4.	SpVgg Fürth	49:27	66:45
5.	Karlsruher SC	47:29	77:50
6.	Kickers Offenbach	43:33	86:62
7.	FC Homburg	43:33	65:47
8.	1.FC Saarbrücken (A)	41:35	70:58
9.	Stuttgarter Kickers	41:35	68:59
10.	Eintracht Trier	36:40	58:57
11.	MTV Ingolstadt (N)	35:41	62:82
12.	FSV Frankfurt	34:42	59:66
13.	Freiburger FC	33:43	58:75
14.	FV Würzburg 04	33:43	40:62
15.	SC Freiburg (N)	32:44	51:75
16.	Waldhof Mannheim	31:45	46:56
17.	FC Hanau 93 (N)	29:47	72:98
18.	FC Augsburg	28:48	55:89
19.	KSV Baunatal	26:50	49:67
20.	Bor. Neunkirchen (N)	24:54	47:84

Tore: 1256 (Schnitt: 3,31)
Torkanone: Eduard Kirschner (Fürth) **33**
Zuschauer: 1.583.314 (Schnitt: 4.167)

INTER NATIONAL
Bor. M'gladbach holt durch ein 1:1 und 1:0 gegen Roter Stern Belgrad den UEFA-Cup
Fort. Düsseldorf verliert das Finale im Europacup der Pokalsieger mit 3:4 n.V. gegen Barcelona

SAISON 79/80

		Punkte	Tore	Heim		Auswärts	
1.	Bayern München	50:18	84:33	30:4	54:12	20:14	30:21
2.	Hamburger SV (M)	48:20	86:35	31:3	54:10	17:17	32:25
3.	VfB Stuttgart	41:27	75:53	25:9	44:18	16:18	31:35
	1.FC K'lautern	41:27	75:53	29:5	49:16	12:22	26:37
5.	1.FC Köln	37:31	72:55	23:11	47:26	14:20	25:29
6.	Bor. Dortmund	36:32	64:56	26:8	43:21	10:24	21:35
7.	Bor. M'gladbach	36:32	61:60	25:9	40:24	11:23	21:36
8.	Schalke 04	33:35	40:51	22:12	22:17	11:23	18:34
9.	Eintr. Frankfurt	32:36	65:61	23:11	45:26	9:25	20:35
10.	VfL Bochum	32:36	41:44	23:11	24:13	9:25	17:31
11.	Fort. Düsseldorf	32:36	62:72	22:12	45:31	10:24	17:41
12.	Bayer Leverkusen (N)	32:36	45:61	27:7	30:14	5:29	15:47
13.	1860 München (N)	30:38	42:53	22:12	28:16	8:26	14:37
14.	MSV Duisburg	29:39	43:57	26:16	19:15	10:24	17:41
15.	Bayer Uerdingen (N)	29:39	43:61	23:11	31:24	6:28	12:37
16.	Hertha BSC Berlin	29:39	41:61	22:12	24:18	7:27	17:43
17.	Werder Bremen	25:43	52:93	22:12	39:32	3:31	13:61
18.	Eintr. Braunschweig	20:48	32:64	17:17	23:21	3:31	9:43

FANS

Gesamt: 7.045.940 (306 Spiele)
Schnitt: 23.026
Krösus: Bayern (38.056)
Kirchenmaus: Leverkusen (12.786)

TORE

Gesamt: 1023 (Schnitt: 3,34)
Eigentore: 16

TORJÄGER

Karl-H. Rummenigge (Bayern) **26**
Horst Hrubesch (HSV) **21**
Dieter Müller (Köln) **21**
Manfred Burgsmüller (BVB) **20**
Harald Nickel (M'gladbach) **20**

KARTEN

7 Rote, 547 Gelbe

TRAINER

Meistertrainer: Pal Csernai

Vorzeitige Wechsel: **9**

Krautzun-Rühl (1860), Lucas-Maslo (Braunschw.), Tippenhauer-Rehhagel (Düsseldorf), Klötzer-Eder (Hertha), Lorant-Schwager (Schalke), Weber-Assauer (Bremen), Höher-Wetzlaff (Duisburg), Weisweiler- Heddergott (Köln), Schwager-Jusufi (Schalke)

FUSSBALLER

Fussballer des Jahres:
Berti Vogts (M'gladbach)

Nationalelf-Debütanten:
Del'Haye, Matthäus, Nickel (alle M'gladbach), Hrubesch, Jakobs (beide HSV), Briegel (K'lautern), Votava (BVB)

Transfers des Jahres:
Flohe, Wohlers (1860), Held (Uerdingen), D. Hoeneß, Kraus (Bayern), Jakobs, Milewski (HSV), Kleff (Hertha), Nickel (M'gladbach), Wenzel (Düsseldorf), Woodcock (Köln), Worm (Braunschweig)

SPIEL DES JAHRES

Am vorletzten Spieltag machte der wiedererstarkte FC Bayern im Neckarstadion sein Meisterstück. Punkt- (46:18) und torverhältnisgleich (+48) lag die Truppe von Pal Csernai hinter dem HSV an der Spitze und hatte mit dem Kick beim heimstarken Tabellendritten VfB Stuttgart die vermeintlich schwerere Aufgabe als der hanseatische Konkurrent, der »nur« bei Bayer Leverkusen anzutreten hatte. Doch dort kassierte der Meister eine verdiente 1:2-Niederlage, wohingegen sich die Bayern von den Schwaben nicht mehr in die Titelsuppe spucken ließen und ein 3:1 nach Hause schaukelten. Der letzte Sieg gegen Schlusslicht Braunschweig war dann nur noch Formsache.

VFB STUTTGART - BAYERN MÜNCHEN 1:3 (0:1)

Stuttgart: Roleder, K. Förster, Holcer, B. Förster, Elmer, Hadewicz (Klotz), Müller, Ohlicher, Schmider (Jank), Kelsch, Volkert.
Bayern: Junghans, Dremmler, Weiner, Augenthaler, Horsmann, Dürnberger, Breitner, Niedermayer, Oblak, Hoeneß, Rummenigge.
Tore: 0:1 Horsmann (45.), 0:2 Horsmann (61.), 1:2 Volkert (84., Elfmeter), 1:3 Hoeneß (86.)
Zuschauer: 71.000, **Schiri:** Messmer (Mannheim)

	Bayern	HSV	K'lautern	Stuttgart	1.FC Köln	Dortmund	M'gladbach	Schalke	Frankfurt	Bochum	Düsseldorf	Leverkusen	1860	Duisburg	Uerdingen	Hertha	Bremen	Braunschweig
Bayern	●	1:1	2:0	4:0	1:2	4:2	3:1	3:1	2:0	3:0	6:0	3:1	6:1	3:1	3:0	1:1	7:0	2:1
HSV	3:1	●	1:0	3:2	3:0	4:0	3:0	4:0	5:0	3:1	1:0	3:0	6:1	1:2	2:2	5:1	5:0	2:0
K'lautern	1:1	4:2	●	2:1	2:0	2:2	4:2	2:2	0:1	4:1	4:0	4:0	3:1	4:2	4:0	4:0	3:1	2:0
Stuttgart	1:3	2:2	3:1	●	3:0	1:2	4:0	0:0	4:2	1:3	5:1	3:2	1:1	2:0	2:0	5:0	5:1	2:0
1.FC Köln	2:4	2:3	2:0	2:2	●	4:1	4:4	3:1	2:2	2:1	1:1	4:0	2:1	2:3	1:0	2:2	4:1	8:0
Dortmund	1:0	2:2	6:2	2:4	3:1	●	1:1	2:1	0:1	2:2	5:3	2:1	0:0	3:1	3:1	4:1	5:0	2:0
M'gladbach	2:1	2:2	0:3	1:1	2:2	2:2	●	1:1	4:1	3:2	2:1	4:2	1:1	6:0	3:2	4:1	2:1	1:1
Schalke 04	1:1	1:0	2:1	0:4	1:1	2:2	1:0	●	1:0	1:0	2:2	0:2	3:0	1:2	1:2	1:0	3:0	1:0
Frankfurt	3:2	3:2	3:5	2:0	3:0	0:1	5:2	3:2	●	0:1	1:2	3:0	1:1	6:0	2:0	0:4	3:2	7:2
Bochum	0:1	0:3	0:0	0:1	2:0	2:2	0:0	0:0	1:0	●	0:0	4:2	2:0	3:0	1:0	2:1	5:2	2:1
Düsseldorf	0:3	1:1	6:1	6:2	3:6	2:1	1:4	4:1	1:3	1:4	●	1:1	4:0	1:0	3:1	4:0	4:1	3:2
Leverkusen	1:0	2:1	3:1	1:3	1:1	2:1	0:0	2:0	2:1	3:1	0:0	●	1:0	2:2	1:1	2:1	4:0	3:1
1860 München	1:2	0:2	3:2	1:1	1:1	0:2	0:0	3:0	2:1	1:0	2:0	2:2	●	2:1	4:0	0:1	4:1	2:0
Duisburg	1:2	3:0	1:1	1:1	0:2	1:0	3:0	1:2	1:0	0:1	0:2	5:0	1:0	●	2:2	2:2	4:1	0:0
Uerdingen	1:3	0:3	3:2	4:2	1:3	3:0	0:1	1:4	3:2	1:0	3:1	2:0	1:0	1:1	●	3:1	2:0	2:1
Hertha BSC	1:1	0:6	0:2	4:2	1:0	3:2	3:1	0:2	1:0	1:0	3:0	3:0	1:1	0:1	3:0	●	0:0	0:0
Werder Bremen	1:4	1:1	2:4	2:3	0:5	2:1	4:2	4:0	4:3	2:0	4:1	1:1	4:6	2:1	1:0	1:0	●	4:0
Braunschweig	1:1	1:1	0:1	0:2	2:1	1:0	0:3	1:1	2:3	3:0	2:3	3:1	0:0	2:0	1:1	3:1	1:2	●

Eike Immel begann sich Ende der 70er Jahre verstärkt ins Rampenlicht zu parieren und fausten - in dieser Szene allerdings scheint auch der junge Dortmunder Keeper relativ machtlos zu sein.

Und doch wieder die Bazis

Und auf einmal waren sie wieder da: Still und heimlich hatten sich die Bayern wieder nach vorne geschlichen, knöpften mit Csernais »Pal-System« an alte Zeiten an und dem HSV den Titel ab. Schier unendlich lange sechs Jahre waren die Münchner ja nun auch schon nicht mehr Meister gewesen. In Hamburg war der Frust groß, denn zu dem zweiten Platz in der Bundesliga gesellte sich der zweite Platz im Europapokal der Landesmeister: Das Finale gegen Nottingham verloren die Hanseaten 0:1. Wesentlich schlimmer erwischte es allerdings die Nordkollegen Braunschweig und Bremen, die sich nach schauderhaften Leistungen ebenso wie Hertha BSC in die Zweite Liga Nord debakelten. Verabschieden mussten sich die Fans auch von einigen ganz Großen: Kevin Keegan wechselte zurück auf die Insel, Gerd Müller über den großen Teich, während Grabowski, Maier und Schwarzenbeck ihre Schuhe gleich ganz an den Nagel hängten.

QUALI 3. AUFSTEIGER

Karlsruher SC - Rot-Weiß Essen 5:1 1:3

Finale in Gelsenkirchen, 4. Juni 1980:

Fortuna Düsseldorf - 1.FC Köln 2:1 (0:1)

ELF DES JAHRES

Junghans (Bayern)

Kaltz (HSV) — **Fichtel** (Schalke) — **Briegel** (K'lautern) — **Dietz** (Duisburg)

Keegan (HSV) — **Breitner** (Bayern) — **Müller** (Stuttgart)

Cha (Frankfurt) — **Hrubesch** (HSV) — **Rummenigge** (Bayern)

ZWEITE LIGA NORD

1.	Arminia Bielefeld (A)	66:10	120:31
2.	Rot-Weiß Essen	54:22	97:54
3.	Hannover 96	52:24	70:38
4.	Viktoria Köln	46:30	77:52
5.	Wattenscheid 09	46:30	72:57
6.	Fortuna Köln	45:31	79:54
7.	Alemannia Aachen	41:35	59:56
8.	VfL Osnabrück	40:36	64:68
9.	Union Solingen	38:38	66:55
10.	Preußen Münster	36:40	53:59
11.	DSC Wanne-Eickel	36:40	63:71
12.	OSV Hannover (N)	36:40	55:79
13.	Tennis Bor. Berlin	35:41	57:65
14.	Holstein Kiel	33:43	61:67
15.	RW Oberhausen (N)	33:43	46:67
16.	RW Lüdenscheid	32:44	56:73
17.	SC Herford (N)	31:45	48:69
18.	OSC Bremerhaven (N)	27:49	52:79
19.	Arminia Hannover	17:59	40:92
20.	Wuppertaler SV	16:60	35:84

Tore: 1270 (Schnitt: 3,34)
Torkanone: Christian Sackewitz (Bielefeld) **35**
Zuschauer: 1.608.929 (Schnitt: 4.234)

ZWEITE LIGA SÜD

1.	1.FC Nürnberg (A)	61:19	88:38
2.	Karlsruher SC	59:21	104:52
3.	Stuttgarter Kickers	52:28	94:54
4.	Darmstadt 98	48:32	81:42
5.	1.FC Saarbrücken	47:33	69:56
6.	SC Freiburg	46:34	68:54
7.	SpVgg Fürth	44:36	56:51
8.	Kickers Offenbach	43:37	78:64
9.	Freiburger FC	43:37	78:83
10.	Wormatia Worms	38:42	67:73
11.	Waldhof Mannheim	38:42	57:69
12.	FC Homburg	37:43	58:62
13.	SpVgg Bayreuth	37:43	77:82
14.	VfR Oli Bürstadt (N)	37:43	57:68
15.	Eintracht Trier	36:44	60:57
16.	SSV Ulm 1846 (N)	36:44	51:57
17.	ESV Ingolstadt (N)	34:46	57:89
18.	FSV Frankfurt	32:48	63:97
19.	MTV Ingolstadt	29:51	58:81
20.	Röchling Völklingen (N)	22:58	49:101
21.	FV Würzburg 04	21:59	42:82

Tore: 1412 (Schnitt: 3,36)
Torkanone: Emanuel Günther (KSC) **28**
Zuschauer: 1.810.003 (Schnitt: 4.310)

INTER NATIONAL
Die Nationalelf wird durch ein 2:1 gegen Belgien in Rom Europameister
Eintr. Frankfurt holt durch ein 2:3 und 1:0 gegen Bor. M'gladbach den UEFA-Cup

SAISON 80/81

		Punkte	Tore	Heim		Auswärts	
1.	Bayern München (M)	53:15	89:41	30:4	57:18	23:11	32:23
2.	Hamburger SV	49:19	73:43	30:4	42:17	19:15	31:26
3.	VfB Stuttgart	46:22	70:44	31:3	45:19	15:19	25:25
4.	1.FC K'lautern	44:24	60:37	28:6	39:18	16:18	21:19
5.	Eintr. Frankfurt	38:30	61:57	26:8	37:20	12:22	24:37
6.	Bor. M'gladbach	37:31	68:64	24:10	40:28	13:21	28:36
7.	Bor. Dortmund	35:33	69:59	24:10	47:30	11:23	22:29
8.	1.FC Köln	34:34	54:55	20:14	33:23	14:20	21:32
9.	VfL Bochum	33:35	53:45	18:16	25:20	15:19	28:25
10.	Karlsruher SC (N)	32:36	56:63	22:12	33:20	10:24	23:43
11.	Bayer Leverkusen	30:38	52:53	23:11	34:17	7:27	18:36
12.	MSV Duisburg	29:39	45:58	20:14	30:24	9:25	13:34
13.	Fort. Düsseldorf	28:40	57:64	20:14	34:27	8:26	23:37
14.	1.FC Nürnberg (N)	28:40	47:57	18:16	24:21	10:24	23:36
15.	Arminia Bielefeld (N)	26:42	46:65	19:15	28:25	7:27	18:40
16.	1860 München	25:43	49:67	19:15	27:24	6:28	22:43
17.	Schalke 04	23:45	43:88	17:17	25:34	6:28	18:54
18.	Bayer Uerdingen	22:46	47:79	19:15	28:26	3:31	19:53

FANS

Gesamt: 6.895.851 (306 Spiele)
Schnitt: 22.535
Krösus: BVB (33.120)
Kirchenmaus: Uerdingen (11.054)

TORE

Gesamt: 1039 (Schnitt: 3,4)
Eigentore: 13

TORJÄGER

Karl-H. Rummenigge (Bayern)	**29**
Manfred Burgsmüller (BVB)	**27**
Klaus Allofs (Düsseldorf)	**19**
Paul Breitner (Bayern)	**17**
Horst Hrubesch (HSV)	**17**
Dieter Müller (Köln)	**17**
Kurt Pinkall (Bochum)	**17**

KARTEN

8 Rote, 582 Gelbe

TRAINER

Meistertrainer: Pal Csernai

Vorzeitige Wechsel: **7**

Heddergott-Michels (Köln), Tippenhauer-Franz (Bielefeld), Rehhagel-Höher (Düsseldorf), Zebec-Ristic (HSV), Heese-Popp/Hoffmann (Nürnberg), Lattek-Bock (BVB), Jusufi-Assauer/Redepennig (Schalke)

FUSSBALLER

Fussballer des Jahres:

Karl-Heinz Rummenigge (Bayern)

Nationalelf-Debütanten:

Dremmler, Niedermayer (beide Bayern), Allgöwer (Stuttgart), Hannes (M'gladbach), Immel (BVB)

Transfers des Jahres:

Abramczik (BVB), Beckenbauer (HSV), Del'Haye, Röber (Bayern), Frank, Kargus (Nürnberg), Jara (Schalke), Klinkhammer, Sidka (1860), Kneib (Bielefeld), Økland (Leverkusen), Rüssmann (BVB), Szatmari (Stuttgart), Sziedat (Frankfurt)

SPIEL DES JAHRES

Die Begegnung am 21. März 1981 war ganz eindeutig das Spiel, das die Meisterschaftsfrage entschied - und das, obwohl sie sich erst am 25. Spieltag ereignete und mit einem Unentschieden endete. Im Duell der beiden damaligen Giganten des deutschen Fußballs sah es lange nach einem Sieg des HSV aus, der sich damit einen Fünf-Punkte-Vorsprung erarbeitet hätte: 2:0 stand es nach einer Stunde, die Hamburger kontrollierten das Spiel. Doch dank der Tore der überragenden Kalle Rummenigge und Paule Breitner holten die Bayern noch einen Punkt und schockten den HSV anschließend mit einer 17:1-Zähler-Serie - letzten Endes landete die Schale wieder in München.

HAMBURGER SV - BAYERN MÜNCHEN 2:2 (0:0)

HSV: Koitka, Kaltz, Beckenbauer, Buljan, Jakobs, Groh, Hieronymus, Magath, Milewski (Reimann), Hrubesch, Memering.
Bayern: Müller, Dremmler, Weiner, Augenthaler, Horsmann, Kraus (Niedermayer), Dürnberger, Breitner, Röber (Janzon), Hoeneß, Rummenigge.
Tore: 1:0 Magath (48.), 2:0 Hrubesch (54.), 2:1 Rummenigge (67.), 2:2 Breitner (89.)
Zuschauer: 61.648, **Schiri:** Eschweiler (Euskirchen)

	Bayern	HSV	Stuttgart	K'lautern	Frankfurt	M'gladbach	Dortmund	1.FC Köln	Bochum	KSC	Leverkusen	Duisburg	Düsseldorf	Nürnberg	Bielefeld	1860	Schalke	Uerdingen
Bayern	●	2:1	1:1	3:0	7:2	4:0	5:3	1:1	3:1	1:1	3:0	5:1	3:2	4:2	5:1	1:1	5:1	4:0
HSV	2:2	●	1:3	3:2	3:1	2:1	2:1	2:0	2:1	3:1	2:0	0:0	2:1	1:0	4:1	4:1	7:1	2:1
Stuttgart	1:2	3:2	●	1:0	1:1	4:2	3:1	3:0	4:1	5:2	2:1	2:0	4:2	2:1	2:1	2:1	3:0	2:2
K'lautern	4:2	2:2	1:0	●	2:0	3:2	1:1	5:1	0:0	1:0	3:1	1:1	3:0	3:1	1:3	3:2	2:0	4:2
Frankfurt	0:0	1:1	2:1	3:2	●	2:1	0:4	4:0	2:2	3:3	2:0	2:1	2:2	3:0	2:0	2:1	5:0	2:2
M'gladbach	1:4	2:2	1:3	1:0	2:2	●	1:0	2:0	2:1	3:3	1:0	4:1	2:2	1:4	4:2	3:2	3:1	7:1
Dortmund	2:2	6:2	3:3	2:2	2:1	0:3	●	2:2	1:3	3:3	5:3	5:1	2:1	1:0	5:0	4:1	2:2	2:1
1.FC Köln	0:3	0:3	3:1	2:2	5:0	2:3	2:1	●	2:2	4:0	1:1	1:0	1:2	2:2	1:0	4:1	0:2	3:0
Bochum	1:3	0:3	1:1	0:0	2:0	1:1	0:2	1:1	●	0:0	1:1	1:1	2:1	4:0	0:2	4:1	5:1	2:2
KSC	0:3	1:1	0:0	1:1	1:1	3:4	1:1	1:1	0:0	●	1:1	2:0	3:0	4:1	2:1	7:2	3:2	3:1
Leverkusen	3:0	1:2	1:1	0:1	3:2	1:5	4:1	1:1	2:0	3:0	●	1:1	2:0	1:1	2:0	1:1	4:0	4:1
Duisburg	0:1	2:0	0:3	1:1	0:0	4:0	2:1	3:4	0:3	2:2	2:4	●	2:1	2:0	1:1	1:0	5:1	3:2
Düsseldorf	3:0	2:3	3:1	0:2	2:2	2:1	2:2	0:0	1:1	1:2	4:3	0:1	●	2:2	3:1	2:1	3:3	4:2
Nürnberg	0:1	2:3	1:2	0:4	1:4	2:0	2:0	2:1	0:2	5:0	1:1	1:0	2:1	●	2:0	1:2	2:0	0:0
Bielefeld	1:2	0:2	1:0	0:1	1:1	2:3	1:0	2:5	3:3	4:1	1:1	2:1	3:0	0:2	●	3:2	1:0	3:1
1860 München	1:3	0:0	0:0	1:1	0:2	0:0	0:1	2:1	2:2	4:2	1:0	1:3	4:3	2:4	2:1	●	3:1	4:0
Schalke 04	2:2	2:1	3:2	0:2	1:4	2:2	1:2	1:2	0:6	1:0	3:1	2:2	0:4	1:1	2:2	1:0	●	3:1
Uerdingen	2:2	0:3	3:3	1:0	4:1	2:0	2:1	0:1	1:0	0:3	3:0	4:1	0:1	3:1	2:2	0:3	1:3	●

Auch im Wiederaufstiegsjahr konnte sich der KSC auf seinen Rudi Wimmer verlassen. Hier klärt der Goalie sicher vor der versammelten Düsseldorfer Offensivabteilung mit Klaus Allofs, Rüdiger Wenzel und Namensvetter Bommer (rechts) an der Spitze.

Blau-weißes Tränenmeer

Erneut führte an den Lederhosenträgern kein Weg vorbei, woran auch Kaiser Franz, der sich auf seine alten Tage ins Trikot des HSV verirrt hatte, wenig ändern konnte. Mit ganz anderen Tatsachen abfinden mussten sich zwei Altmeister: Neben den Münchner Löwen, mit deren Abstieg man bereits hatte rechnen können, erwischte es auch den siebenmaligen Meister Schalke 04, dessen Abwärtstrend in den letzten Jahren ebenfalls schwerlich zu übersehen war. Dennoch war es für die vielen Anhänger der Königsblauen ein Schock, als das Unfassbare tatsächlich Wirklichkeit geworden war. Dort, wo die Löwen und die Knappen nun hin mussten, lieferten sich die Vorjahresabsteiger ein fröhliches Scheibenschießen um die ersten zwei Plätze. Hertha (123 Tore) gewann, musste aber Werder (97) und Braunschweig (102) den Vortritt lassen. Aus der Südliga gesellte sich mit Darmstadt ein weiteres bekanntes Gesicht dazu.

QUALI 3. AUFSTEIGER

Kick. Offenbach - Eintr. Braunschweig 1:0 0:2

Finale in Stuttgart, 2. Mai 1981:

Eintr. Frankfurt - 1.FC K'lautern 3:1 (2:0)

ELF DES JAHRES

Heinze (Duisburg)

Kaltz (HSV) — **Hannes** (M'gladbach) — **Pezzey** (Frankfurt) — **Briegel** (K'lautern)

Burgsmüller (BVB) — **Breitner** (Bayern) — **Nickel** (Frankfurt)

Rummenigge (Bayern) — **Ökland** (Leverkusen) — **Volkert** (Nürnberg)

ZWEITE LIGA NORD

1.	Werder Bremen (A)	68:16	97:33
2.	Eintr. Braunschweig (A)	65:19	102:44
3.	Hertha BSC Berlin (A)	64:20	123:42
4.	Hannover 96	56:28	88:49
5.	Alemannia Aachen	55:29	80:51
6.	VfL Osnabrück	52:32	76:50
7.	Union Solingen	50:34	76:61
8.	Rot-Weiß Essen	47:37	99:74
9.	Fortuna Köln	46:38	83:67
10.	Wattenscheid 09	42:42	62:68
11.	Viktoria Köln	41:43	67:79
12.	1.FC Bocholt (N)	38:46	66:70
13.	Preußen Münster	36:48	48:72
14.	RW Oberhausen	35:49	59:84
15.	VfB Oldenburg (N)	34:50	64:89
16.	SC Herford	32:52	48:65
17.	Tennis Bor. Berlin	32:52	47:71
18.	Göttingen 05 (N)	32:52	67:98
19.	Holstein Kiel	31:53	48:81
20.	RW Lüdenscheid	27:57	43:83
21.	SpVgg Erkenschwick (N)	22:62	46:91
22.	OSV Hannover	19:65	41:108

Tore: 1530 (Schnitt: 3,31)
Torkanone: Frank Mill (RWE) **40**
Zuschauer: 2.522.479 (Schnitt: 5.460)

ZWEITE LIGA SÜD

1.	Darmstadt 98	55:21	85:42
2.	Kickers Offenbach	50:26	87:42
3.	Stuttgarter Kickers	48:28	81:40
4.	Hessen Kassel (N)	48:28	59:35
5.	SSV Ulm 1846	47:29	59:39
6.	Waldhof Mannheim	45:31	65:43
7.	SC Freiburg	41:35	57:50
8.	Eintracht Trier	41:35	56:52
9.	SpVgg Bayreuth	39:37	60:53
10.	Freiburger FC	39:37	76:75
11.	FC Homburg	38:38	66:69
12.	Wormatia Worms	37:39	60:70
13.	VfR Oli Bürstadt	37:39	54:66
14.	SpVgg Fürth	35:41	54:54
15.	FSV Frankfurt	32:44	51:76
16.	ESV Ingolstadt	31:45	62:92
17.	1.FC Saarbrücken	28:48	43:61
18.	FC Augsburg (N)	24:52	55:88
19.	Bor. Neunkirchen (N)	23:53	44:85
20.	VfB Eppingen (N)	22:54	44:86

Tore: 1218 (Schnitt: 3,21)
Torkanone: Horst Neumann (Darmstadt) **27**
Zuschauer: 1.467.649 (Schnitt: 3.862)

INTER NATIONAL
Bayern München scheitert im Halbfinale des Europacups der Meister am FC Liverpool (0:0, 1:1)
Der 1.FC Köln scheitert im Halbfinale des UEFA-Cups an Ipswich Town (0:1, 0:1)

SAISON 81/82

FANS

Gesamt: 6.280.388 (306 Spiele)
Schnitt: 20.524
Krösus: HSV (33.930)
Kirchenmaus: Leverkusen (9.152)

TORE

Gesamt: 1081 (Schnitt: 3,53)
Eigentore: 14

TORJÄGER

Horst Hrubesch (HSV)	**27**
Manfred Burgsmüller (BVB)	**22**
Dieter Hoeneß (Bayern)	**21**
Paul Breitner (Bayern)	**18**
Uwe Reinders (Bremen)	**18**

KARTEN

9 Rote, 542 Gelbe

TRAINER

Meistertrainer: Ernst Happel

Vorzeitige Wechsel: **5**

Elzner-Klug (Nürnberg)
Kremer-Kentschke (Leverkusen)
Krafft-Merkel (KSC)
Wenzlaff-Klötzer (Duisburg)
Olk-Krafft (Darmstadt)

FUSSBALLER

Fussballer des Jahres:
Paul Breitner (Bayern)

Nationalelf-Debütanten:
Engels, Littbarski (beide Köln), Hieronymus, Milewski (beide HSV), Mill (M'gladbach), Reinders (Bremen)

Transfers des Jahres:
K. Allofs, Fischer (Köln), Edvaldsson (Düsseldorf), Fichtel, Okudera (Bremen), Klotz, Tenhagen (BVB), Lienen (Bielefeld), Mill, Pinkall (M'gladbach), D. Müller, Six (Stuttgart)

		Punkte	Tore	Heim		Auswärts	
1.	Hamburger SV	48:20	95:45	28:6	59:17	20:14	36:28
2.	1.FC Köln	45:23	72:38	28:6	43:12	17:17	29:26
3.	Bayern München (M)	43:25	77:56	29:5	52:20	14:20	25:36
4.	1.FC K'lautern	42:26	70:61	29:5	47:23	13:21	23:38
5.	Werder Bremen (N)	42:26	61:52	26:8	36:17	16:18	25:35
6.	Bor. Dortmund	41:27	59:40	23:11	38:21	18:16	21:19
7.	Bor. M'gladbach	40:28	61:51	23:11	42:25	17:17	19:26
8.	Eintr. Frankfurt	37:31	83:72	29:5	56:26	8:26	27:46
9.	VfB Stuttgart	35:33	62:55	20:14	40:27	15:19	22:28
10.	VfL Bochum	32:36	52:51	25:9	33:18	7:27	19:33
11.	Ein. Braunschweig (N)	32:36	61:66	27:7	41:19	5:29	20:47
12.	Arminia Bielefeld	30:38	46:50	22:12	28:14	8:26	18:36
13.	1.FC Nürnberg	28:40	53:72	34:24	24:10	4:30	19:48
14.	Karlsruher SC	27:41	50:68	21:13	30:24	6:28	20:44
15.	Fortuna Düsseldorf	25:43	48:73	20:14	32:22	5:29	16:51
16.	Bayer Leverkusen	25:43	45:72	17:17	20:23	8:26	25:49
17.	Darmstadt 98 (N)	21:47	46:82	14:20	27:37	7:27	19:45
18.	MSV Duisburg	19:49	40:77	17:17	28:26	2:32	12:51

SPIEL DES JAHRES

An und für sich legte Wiederaufsteiger Werder Bremen eine sensationell gute Spielzeit hin, die am Ende mit einem fünften Rang und dem verdienten Einzug in den UEFA-Cup gekrönt wurde. Doch am 14. November leisteten sich die Grün-Weißen eine Schlappe von geradezu zyklopischen Ausmaßen. Dabei präsentierte sich - um es vorsichtig auszudrücken - Werder-Keeper Matthias Rülander nicht unbedingt in länderspielreifer Form. Andererseits: Gegen diesen Frankfurter Sturmwirbel hätte es an diesem Tage wohl jeder Torwart und jede Mannschaft der Welt sehr, sehr schwer gehabt.

EINTRACHT FRANKFURT - WERDER BREMEN 9:2 (4:1)

Frankfurt: Pahl, Falkenmayer, Pezzey, Körbel, Neuberger, Lorant, Borchers, Nickel, Nachtweih, Lottermann, Cha.
Werder: Rülander (Frese), Okudera, Fichtel, Siegmann, Otten, Möhlmann, Bracht (Rautiainen), Gruber, Meier, Reinders, Kostedde.
Tore: 0:1 Meier (7.), 1:1 Nickel (20.), 2:1, 3:1, 4:1 Borchers (24., 40., 43.), 4:2 Reinders (64.), 5:2, 6:2 Nachtweih (7:1, 74.), 7:2 Cha (78.), 8:2 Nickel (80.), 9:2 Cha (89.)
Zuschauer: 23.000, **Schiri:** Uhlig (Dortmund)

	HSV	1.FC Köln	Bayern	K'lautern	Bremen	Dortmund	M'gladbach	Frankfurt	Stuttgart	Bochum	Braunschweig	Bielefeld	Nürnberg	KSC	Düsseldorf	Leverkusen	Darmstadt	Duisburg
HSV	●	3:1	4:1	4:0	5:0	2:2	1:1	2:0	1:1	2:2	4:2	3:1	6:1	3:3	6:1	0:0	6:1	7:0
1.FC Köln	1:1	●	4:0	3:4	4:2	1:0	3:0	2:0	3:0	1:0	3:0	0:1	4:1	2:0	3:0	5:2	1:1	3:0
Bayern	3:4	1:1	●	4:2	3:1	3:1	1:1	3:2	1:0	1:0	3:1	3:2	1:1	4:1	7:0	6:2	4:1	4:0
K'lautern	1:1	1:1	2:1	●	1:1	2:1	3:2	6:2	3:2	3:3	5:3	4:0	2:1	2:1	1:1	5:2	3:1	3:0
Werder Bremen	3:2	1:1	2:0	0:1	●	2:0	0:1	2:1	2:2	3:1	2:0	1:0	3:1	2:1	4:1	0:0	4:4	5:1
Dortmund	2:3	1:0	2:0	2:2	1:0	●	2:3	0:2	2:3	3:2	1:2	3:0	3:1	4:0	4:2	2:0	4:0	2:1
M'gladbach	1:3	0:2	3:0	2:2	2:4	0:1	●	1:0	0:0	4:2	4:2	3:1	4:2	2:2	3:0	3:1	6:1	4:2
Frankfurt	3:2	4:2	4:3	2:2	9:2	1:4	3:0	●	4:1	0:1	4:2	2:1	3:1	4:1	4:0	3:2	2:1	4:1
Stuttgart	1:2	1:1	0:3	4:0	2:4	0:2	2:2	5:2	●	3:0	2:0	2:3	1:2	5:1	3:2	4:2	1:0	4:1
Bochum	2:1	3:1	3:1	1:2	0:2	0:0	1:1	3:2	3:3	●	2:0	1:1	2:0	3:1	3:0	3:1	1:0	2:2
Braunschweig	2:1	4:4	3:1	2:1	1:1	0:1	0:1	4:1	2:0	2:1	●	3:1	4:2	0:0	4:2	5:1	3:0	2:1
Bielefeld	1:1	0:2	1:2	2:0	0:2	1:1	5:0	3:0	1:0	2:0	2:1	●	2:0	3:0	1:1	1:3	1:1	2:0
Nürnberg	0:3	1:3	0:3	4:2	2:1	3:0	3:2	5:3	0:0	2:1	4:0	1:0	●	3:1	2:2	3:2	1:1	0:0
KSC	2:2	1:4	4:1	1:1	3:0	0:2	1:1	2:2	0:2	2:2	2:1	2:1	3:2	●	1:0	1:2	3:1	2:0
Düsseldorf	3:3	1:1	1:2	4:2	0:0	0:0	0:2	2:2	2:3	2:1	1:1	4:1	1:1	2:0	●	5:1	2:2	2:0
Leverkusen	0:3	1:1	0:2	0:1	1:3	2:1	0:0	1:2	0:0	0:3	1:0	2:2	4:0	2:1	1:1	●	3:2	2:1
Darmstadt	2:2	2:4	1:2	0:0	1:1	1:3	1:1	1:4	3:3	2:0	2:3	1:0	2:1	2:6	2:2	1:3	●	3:2
Duisburg	1:2	1:0	2:3	3:1	0:1	1:2	0:1	4:2	1:2	1:0	5:2	1:3	3:2	1:1	2:1	2:1	0:2	●

Didier Six, der Franzose in Diensten des VfB Stuttgart, kommt aus dem Staunen gar nicht mehr heraus, doch ist er soeben tatsächlich von Werner Lorant ausgetanzt worden. Da bekommt sogar dessen Frankfurter Mannschaftskamerad Sziedat (rechts) große Augen.

Hamburger Hoch mit Happel

Es war die Saison der Nordlichter. Aufsteiger Braunschweig feierte ein gelungenes Comeback, geriet selten in Abstiegsnöte und ärgerte die Großen. Noch toller trieb es der zweite »Neuling«, der SV Werder, der sich auf Platz fünf und damit geradewegs in den UEFA-Cup bombte. Vergessen waren die Spiele gegen Lüdenscheid und Erkenschwick, nun warteten Gegner wie Benfica, Man United oder AS Rom - bei der Auslosung erwischte man dann freilich Vorwärts Frankfurt/Oder, Brage IK Borlänge und Dundee United, aber das ist eine andere Geschichte. Am lautesten knallten die Sektkorken nach dem Saisonende allerdings in Hamburg, wo der Sportverein sich und seinen Trainer Ernst Happel feierte. Der geniale Grantler aus Wien hatte den Hanseaten eine ordentliche Prise Offensivfußball mit ein paar Einheiten Pressing und einem Schuss Abseitsfalle verordnet, und siehe da, selbst ohne den maladen Kaiser Franz, der seine Karriere bald beenden sollte, gelang dem HSV das Unternehmen »Titelrückeroberung« mit Bravour. Als härtester Konkurrent erwies sich dabei nicht etwa der FC Bayern, der lange Zeit auf drei Hochzeiten tanzte, dann aber von Glück reden konnte, überhaupt nur einen Titel abzustauben. Nein, es war der 1.FC Köln, der den Hamburgern am längsten Paroli bot. Für die damalige Rekordablösesumme von 2,5 Mio. DM (dafür kriegt man heute keinen Zweitliga-Ersatzkeeper mehr) hatten sich die Geißböcke den Düsseldorfer Klaus Allofs gekrallt, der gemeinsam mit dem aus Schalke gekauften Klaus Fischer sowie dem Engländer Woodcock und Jungstar Littbarski für eine wahre Torflut sorgen sollte. Das Quartett kam immerhin auf 46 Treffer und sorgte so dafür, dass sich die Straftrainingseinheiten von Rinus Michels in Grenzen hielten.

ZWEITE LIGA

1.	Schalke 04 (A)	51:25	70:35
2.	Hertha BSC Berlin	48:28	84:47
3.	Kickers Offenbach	46:30	70:67
4.	1860 München (A)	45:31	87:56
5.	Hannover 96	45:31	72:52
6.	Waldhof Mannheim	44:32	51:44
7.	Stuttgarter Kickers	43:33	76:55
8.	Hessen Kassel	43:33	56:46
9.	Alemannia Aachen	41:35	47:39
10.	Fortuna Köln	39:37	70:72
11.	Rot-Weiß Essen	38:38	60:62
12.	Bayer Uerdingen (A)	38:38	47:57
13.	VfL Osnabrück	37:39	49:59
14.	SpVgg Fürth	35:41	61:60
15.	SC Freiburg	34:42	49:54
16.	Union Solingen	33:43	51:62
17.	Wattenscheid 09	31:45	41:62
18.	Wormatia Worms	24:52	34:74
19.	Freiburger FC	23:53	52:88
20.	SpVgg Bayreuth	22:54	40:76

TORJÄGER

Rudi Völler (1860) **37**
Dieter Schatzschneider (Hannover) **34**
Thomas Remark (Hertha) **28**

RELEGATIONSSPIELE

Kickers Offenbach - Bayer Leverkusen 0:1 1:2

Tore: 1167 (Schnitt: 3,07)
Platzverweise: 31
Zuschauer: 2.940.820 (Schnitt: 7.739)
Krösus: Schalke 04 (25.632)
Kirchenmaus: Stuttgarter Kickers (2.995)

ELF DES JAHRES

Immel (BVB)

Kaltz (HSV) – **Hieronymus** (HSV) – **Briegel** (K'lautern) – **Willmer** (Köln)

Breitner (Bayern) – **Bracht** (Bremen) – **Magath** (HSV)

Littbarski (Köln) – **Rummenigge** (Bayern) – **Bastrup** (HSV)

Finale in Frankfurt, 1. Mai 1982:
Bayern München - 1.FC Nürnberg 4:2 (0:2)

INTERNATIONAL
Bayern München verliert das Finale im Europacup der Meister gegen Aston Villa mit 0:1
Der HSV verliert in den Endspielen um den UEFA-Cup mit 0:1 und 0:3 gegen den IFK Göteborg

SAISON 82/83

FANS

Gesamt: 6.180.704 (306 Spiele)
Schnitt: 20.198
Krösus: Bayern (30.834)
Kirchenmaus: Leverkusen (8.730)

TORE

Gesamt: 1036 (Schnitt: 3,39)
Eigentore: 16

TORJÄGER

Rudi Völler (Bremen)	**23**
Karl Allgöwer (Stuttgart)	**21**
Atli Edvaldsson (Düsseldorf)	**21**
Karl-H. Rummenigge (Bayern)	**20**
Horst Hrubesch (HSV)	**18**

KARTEN

11 Rote, 605 Gelbe

TRAINER

Meistertrainer: Ernst Happel

Vorzeitige Wechsel: **8**

Senekowitsch-Zebec (Frankfurt)
Berger-Kremer (Düsseldorf)
Held-Sundermann (Schalke)
Franz-Strehlau (KSC)
Kröner-Diehl (K'lautern)
Feldkamp-Witte (BVB)
Maslo-Patzig (Braunschweig)
Csernai-Saftig (Bayern)

FUSSBALLER

Fussballer des Jahres:
Karlheinz Förster (Stuttgart)

Nationalelf-Debütanten:
Meier, Otten, Völler (alle Bremen), Rolff, Stein (beide HSV), Strack (Köln), Waas (Leverkusen)

Transfers des Jahres:
Dietz, Junghans (Schalke), Pfaff (Bayern), Hofeditz (KSC), Kempe, Sigurvinsson (Stuttgart), Kleff (Düsseldorf), Nilsson (K'lautern), Raducanu (BVB), Wohlers (Bielefeld), Rolff (HSV), Sidka (Bremen)

		Punkte	Tore	Heim		Auswärts	
1.	Hamburger SV (M)	52:16	79:33	29:5	45:11	23:11	34:22
2.	Werder Bremen	52:16	76:38	32:2	52:16	20:14	24:22
3.	VfB Stuttgart	48:20	80:47	28:6	48:21	20:14	32:26
4.	Bayern München	44:24	74:33	25:9	43:9	19:15	31:24
5.	1.FC Köln	43:25	69:42	29:5	45:18	14:20	24:24
6.	1.FC K' autern	41:27	57:44	28:6	43:18	13:21	14:26
7.	Bor. Dortmund	39:29	78:62	24:10	53:28	15:19	25:34
8.	Arminia Bielefeld	31:37	46:71	25:9	36:21	6:28	10:50
9.	Fort. Düsseldorf	30:38	63:75	22:12	43:35	8:26	20:40
10.	Eintr. Frankfurt	29:39	48:57	25:9	36:13	4:30	12:44
11.	Bayer Leverkusen	29:39	43:66	20:14	21:18	9:25	22:48
12.	Bor. M'gladbach	28:40	64:63	21:13	39:22	7:27	25:41
13.	VfL Bochum	28:40	43:49	19:15	30:19	9:25	13:30
14.	1.FC Nürnberg	28:40	44:70	23:11	31:23	5:29	13:47
15.	Eintr. Braunschweig	27:41	42:65	19:15	26:21	8:26	16:44
16.	Schalke 04 (N)	22:46	48:68	15:19	28:28	7:27	20:40
17.	Karlsruher SC	21:47	39:68	19:15	23:21	2:32	16:65
18.	Hertha BSC Berlin (N)	20:48	43:67	16:18	27:25	4:30	16:42

SPIEL DES JAHRES

Jede Serie geht einmal zu Ende, so lang und stolz sie auch sein mag. Sage und schreibe 36 Bundesligaspiele in Folge war der Hamburger SV ungeschlagen geblieben - doch Ende August 1983 war es dann so weit. Ausgerechnet beim Erzrivalen Werder Bremen musste Ernst Happels Meistertruppe mal wieder beide Punkte lassen. Zwar gab man sich erst nach hartem Kampf geschlagen, doch Werder war an diesem Tage einfach cleverer. Zudem saß der Schock durch den Doppelschlag kurz vor der Pause zu tief, der erwartete Sturmlauf in der zweiten Hälfte fiel aus. Doch trotz dieses Malheurs wusste der HSV seinen Titel zu verteidigen - punktgleich mit Werder.

WERDER BREMEN - HAMBURGER SV 3:2 (2:0)

Werder: Burdenski, Fichtel, Kamp, Otten, Siegmann, Sidka, Möhlmann, Okudera, Bracht (Schaaf), Völler, Neubarth.
HSV: Stein, Hieronymus (Bastrup), Kaltz, Jakobs, Wehmeyer, Hartwig, Groh, Rolff, Magath, Hrubesch, Milewski.
Tore: 1:0 Völler (43.), 2:0 Neubarth (45.), 2:1 Bastrup (49.), 3:1 Möhlmann (65.), 3:2 Jakobs (87.)
Zuschauer: 40.000, **Schiri:** Messmer (Mannheim)

	HSV	Bremen	Stuttgart	Bayern	1.FC Köln	K'lautern	Dortmund	Bielefeld	Düsseldorf	Frankfurt	Leverkusen	M'gladbach	Bochum	Nürnberg	Braunschweig	Schalke	KSC	Hertha
HSV	●	1 1	2:0	1:1	2:1	1:1	5:0	3:1	2:0	3:0	3:0	4:3	0:0	3:0	4:0	6:2	4:0	1:1
Werder Bremen	3:2	●	3:2	1:0	1:1	3:0	4:2	5:1	2:2	3:0	3:1	2:0	3:2	3:2	6:0	4:0	3:0	3:1
Stuttgart	1:2	4:1	●	1:1	2:1	1:1	2:1	2:2	1:1	4:1	5:3	3:2	5:2	3:0	4:0	2:1	4:1	4:1
Bayern	2:2	1:1	4:0	●	0:1	0:1	3:0	5:0	1:0	4:0	5:0	3:1	3:0	1:0	1:1	0:1	6:1	4:0
1.FC Köln	1:1	2:1	1:2	2:0	●	3:0	2:2	1:0	4:0	2:2	4:1	2:1	4:1	5:2	3:1	2:1	4:1	3:2
K'lautern	2:2	2:1	2:3	3:2	3:2	●	0:2	3:0	3:1	3:0	2:0	3:0	1:0	2:1	3:2	2:0	7:0	2:2
Dortmund	1:3	0:0	1:1	4:4	2:0	4:0	●	1:1	1:2	4:1	3:3	4:6	3:1	4:0	3:2	2:0	4:3	2:1
Bielefeld	2:0	1:2	2:2	2:4	2:0	2:2	1:0	●	2:1	2:1	0:2	4:2	1:1	3:0	2:0	3:2	5:1	2:1
Düsseldorf	0:6	2:5	1:1	3:5	2:6	2:1	2:3	2:0	●	5:1	4:0	2:1	2:0	3:1	5:0	3:1	4:3	1:1
Frankfurt	1:1	0:1	3:0	1:0	3:0	2:2	3:1	2:1	2:2	●	5:0	3:0	0:1	3:0	0:1	3:2	2:0	3:1
Leverkusen	0:1	1:1	0:3	1:1	0:0	0:0	1:2	0:1	3:3	1:1	●	3:2	1:0	1:0	1:0	3:1	3:1	2:1
M'gladbach	1:1	1:2	1:4	0:0	1:4	4:2	2:3	3:0	5:0	3:1	3:1	●	3:1	1:2	3:0	0:0	5:0	3:1
Bochum	1:1	1:2	2:2	0:0	0:0	1:1	2:2	1:1	3:1	1:2	3:2	3:1	●	6:0	0:2	2:1	0:1	4:0
Nürnberg	2:2	2:0	0:5	2:3	2:1	1:1	3:2	1:1	3:1	3:0	0:1	1:0	1:1	●	0:0	3:2	3:1	4:2
Braunschweig	2:4	3:1	1:2	1:1	2:2	1:1	0:0	3:0	2:1	1:0	1:3	0:0	0:2	2:2	●	1:1	5:1	1:0
Schalke 04	1:2	0:2	1:3	1:2	1:4	0:0	1:2	5:0	3:3	3:2	2:0	2:4	2:0	0:1	3:3	●	1:0	2:0
KSC	1:2	1:2	1:2	0:4	1:1	1:1	2:0	1:1	2:1	1:0	2:2	2:0	0:0	2:1	3:1	2:2	●	1:1
Hertha BSC	1:2	0:1	1:0	1:3	0:0	0:0	1:3	2:0	1:1	1:0	3:3	0:2	1:1	5:1	3:3	2:3	5:2	●

Der HSV feierte den Titel zunächst mit Sprudel aus Pappbecherchen - von links nach rechts erkennen wir: Kaltz, Magath, Hrubesch (begossen), Hartwig, Trainer Happel, Wehmeyer, Stein, von Heesen. Oben: Hansen, Milewski (gießend), Masseur Rieger, Zeugwart Mayer.

Duell der Nordlichter

Zum ersten Mal schafft es ein anderer Verein als Bayern München oder Borussia M'gladbach, den Meistertitel zu verteidigen, was im Falle des Hamburger SV sooo überraschend allerdings dann auch nicht mehr war. Dafür war es spannend. Sehr spannend sogar. Auf der Zielgeraden lieferte sich der HSV ein Kopf-an-Kopf-Rennen mit Werder Bremen. Punktgleich lagen die beiden Nordlichter nach dem 32. Spieltag an der Spitze, bei jeweils 72 erzielten Treffern hatten die Hamburger vier Tore weniger erzielt. Schon guckten sich die Funktionäre des DFB nach einem geeigneten Stadion für ein etwaiges Entscheidungsspiel um. Doch am 33. Spieltag schoss der HSV ein 5:0 gegen den BVB heraus, der seine UEFA-Cup-Pläne damit in hinterste Schubladenwinkel quetschen durfte, während Werder nur zu einem 1:0 bei der Frankfurter Eintracht kam, deren Saison schon seit Wochen gelaufen war. Die Happel-Schützlinge gingen also mit einem satten Acht-Tore-Vorsprung auf die Ziellinie und ließen im letzten Spiel beim FC Schalke 04, der sich mit dem Erreichen der Relegationsspiele gegen Bayer Uerdingen gerettet zu haben glaubte, nichts mehr anbrennen. Das 2:1 war der Titel, da der VfL Bochum nicht als Borussia Dortmund der 80er Jahre gelten wollte und sich bei der 2:3-Niederlage in Bremen nach Leibeskräften wehrte.

In den unteren Regionen waren die Würfel dagegen frühzeitig gefallen, und zwar gegen die schwachen Herthaner und den nicht sehr viel stärkeren KSC. Später gesellten sich noch die Schalker dazu, was den Schatzmeistern der Klubs, die in dieser Saison sowieso nicht viel zu lachen hatten, die Sorgenfalten auf die Stirn trieb. Doch es sollte noch schlimmer kommen: Waldhof Mannheim stieg auf.

ZWEITE LIGA

1.	Waldhof Mannheim	52:24	88:38
2.	Kickers Offenbach	50:26	77:45
3.	Bayer Uerdingen	48:28	65:44
4.	Hessen Kassel	45:31	69:54
5.	Stuttgarter Kickers	44:32	78:51
6.	Fortuna Köln	43:33	76:50
7.	Darmstadt 98 (A)	42:34	77:61
8.	SC Freiburg	42:34	50:45
9.	Alemannia Aachen	40:36	49:53
10.	VfL Osnabrück	38:38	66:65
11.	MSV Duisburg (A)	37:39	55:57
12.	Hannover 96	36:40	70:72
13.	BV Lüttringhausen (N)	34:42	53:76
14.	Rot-Weiß Essen	33:43	56:60
15.	Wattenscheid 09	33:43	59:65
16.	Union Solingen	32:44	56:76
17.	FC Augsburg (N)	32:44	32:54
18.	SpVgg Fürth	31:45	55:75
19.	FSV Frankfurt (N)	26:50	50:86
20.	TuS Schloß-Neuhaus (N)	22:54	43:92

TORJÄGER

Dieter Schatzschneider (Hannover/F. Köln) **31**
Bodo Mattern (Darmstadt) **21**
Fritz Walter (Waldhof) **21**

RELEGATIONSSPIELE

Bayer Uerdingen - Schalke 04 3:1 1:1

Tore: 1219 (Schnitt: 3,21)
Platzverweise: 31
Zuschauer: 1.809.560 (Schnitt: 4.762)
Krösus: Offenbach (10.135)
Kirchenmaus: FSV Frankfurt (2.287)

ELF DES JAHRES

Franke (Braunschweig)

B. Förster (Stuttgart) – **Bast** (Bochum) – **Strack** (Köln) – **Briegel** (K'lautern)

Matthäus (M'gladbach) – **Breitner** (Bayern) – **Magath** (HSV)

Milewski (HSV) – **Völler** (Bremen) – **K. Rummenigge** (Bayern)

Finale in Köln, 11. Juni 1983:
1.FC Köln - Fortuna Köln 1:0 (0:0)

INTER NATIONAL Der HSV holt durch ein 1:0 gegen Juventus Turin den Europacup der Meister

SAISON 83/84

		Punkte	Tore	Heim		Auswärts	
1.	VfB Stuttgart	48:20	79:33	28:6	49:12	20:14	30:21
2.	Hamburger SV (M)	48:20	75:36	26:8	49:20	22:12	26:16
3.	Bor. M'gladbach	48:20	81:48	32:2	54:16	16:18	27:32
4.	Bayern München	47:21	84:41	31:3	59:14	16:18	25:27
5.	Werder Bremen	45:23	79:46	28:6	49:14	17:17	30:32
6.	1.FC Köln	38:30	70:57	23:11	39:23	15:19	31:34
7.	Bayer Leverkusen	34:34	50:50	24:10	32:16	10:24	18:34
8.	Arminia Bielefeld	33:35	40:49	21:13	25:18	12:22	15:31
9.	Eintr. Braunschweig	32:36	54:69	24:10	39:20	8:26	15:49
10.	Bayer Uerdingen (N)	31:37	66:79	21:13	37:30	10:24	29:49
11.	Wald. Mannheim (N)	31:37	45:58	17.17	29:26	14:20	16:32
12.	1.FC K'lautern	30:38	68:69	23:11	41:22	7:27	27:47
13.	Bor. Dortmund	30:38	54:65	23:11	35:17	7:27	19:48
14.	Fort. Düsseldorf	29:39	63:75	22:12	46:23	7.27	17:52
15.	VfL Bochum	28:40	58:70	22:12	38:25	6:28	20:45
16.	Eintr. Frankfurt	27:41	45:61	18:16	24:19	9:25	21:42
17.	Kickers Offenbach (N)	19:49	48:106	17:17	33:36	2:32	15:70
18.	1.FC Nürnberg	14:54	38:85	29:39	14:20	0:34	9:46

FANS

Gesamt: 5.918.003 (306 Spiele)
Schnitt: 19.340
Krösus: Bremen (31.377)
Kirchenmaus: Leverkusen (10.427)

TORE

Gesamt: 1097 (Schnitt: 3,58)
Eigentore: 14

TORJÄGER

Karl-H. Rummenigge (Bayern)	**26**
Klaus Allofs (Köln)	**20**
Frank Mill (M'gladbach)	**19**
Christian Schreier (Bochum)	**18**
Rudi Völler (Bremen)	**18**

KARTEN

21 Rote, 778 Gelbe

TRAINER

Meistertrainer: Helmut Benthaus

Vorzeitige Wechsel: **8**

Michels-Löhr (Köln), Zebec-Weise (Frankfurt), Maslo-Tippenhauer/Franz (BVB), Klug-Kröner (Nürnberg), Weise-Krafft (K'lautern), Kröner-Höher (Nürnberg), Buchmann-Nuber (Offenbach), Feldkamp-Roggensack (Bielefeld)

FUSSBALLER

Fussballer des Jahres:
Rudi Völler (Bremen)

Nationalelf-Debütanten:
Augenthaler, M. Rummenigge (beide Bayern), Bockenfeld, Bommer (beide Düsseldorf), Brehme (K'lautern), Bruns (M'gladbach), Herget (Uerdingen), Roleder (Stuttgart)

Transfers des Jahres:
Bast, Cha (Leverkusen), Bittcher (BVB), Giske (Nürnberg), Krauss (M'gladbach), Lerby (Bayern), Pezzey (Bremen), Svensson (Frankfurt), Wuttke (HSV)

SPIEL DES JAHRES

In der Saison 83/84 kam es fast an jedem Spieltag zu einem Schützenfest, wobei die Mannschaften, die bei dem fröhlichen Scheibenschießen weniger Spaß hatten, nicht zwangsläufig zu den Abstiegskandidaten zählen mussten. Jeder kam irgendwann mal irgendwo unter die Räder. So holten sich beispielsweise die Dortmunder ihre Schlappe am achten Spieltag in Düsseldorf ab. Eigentlich war der BVB ja ganz gut drauf, wohingegen die Fortuna noch an einem 2:5 in K'lautern zu knacken hatte. Doch das zählte damals alles nicht so viel. Nahezu umgekehrte Vorzeichen dann in der Rückrunde - und selbstverständlich gingen diesmal die Düsseldorfer baden. Zwar »nur« mit 0:6, aber immerhin.

FORTUNA DÜSSELDORF - BORUSSIA DORTMUND 7:0 (3:0)
Düsseldorf: Kurth, Bockenfeld (Ormslev), Zwew, Löhr, Kuczinski, Weikl, Fach, Bommer, Edvaldsson, Dusend (Thiele), Wenzel.
BVB: Immel, Storck (Walz), Koch (Hein), Rüssmann, Loose, Tenhagen, Bittcher, Zorc, Klotz, Raducanu, Dreßel.
Tore: 1:0 Bockenfeld (17.), 2:0 Bommer (18.), 3:0 Dusend (39.), 4:0 Bommer (58.), 5:0 Dusend (62.), 6:0 Zewe (80.), 7:0 Thiele (90.)
Zuschauer: 11.000, **Schiri:** Osmers (Bremen)

	Stuttgart	HSV	M'gladbach	Bayern	Bremen	1.FC Köln	Leverkusen	Bielefeld	Braunschweig	Uerdingen	Waldhof	K'lautern	Dortmund	Düsseldorf	Bochum	Frankfurt	Offenbach	Nürnberg
Stuttgart	●	0:1	0:0	1:0	3:0	3:2	2:2	1:0	3:0	4:0	0:0	5:1	3:1	6:0	4:2	2:2	5:1	7:0
HSV	0:2	●	2:1	2:1	4:0	2:2	3:0	2:0	3:0	2:2	2:3	3:2	7:2	5:2	2:1	0:2	6:0	4:0
M'gladbach	2:0	4:0	●	3:0	3:1	4:2	3:1	3:0	6:2	7:1	3:0	3:2	2:1	1:1	4:2	1:1	3:2	2:0
Bayern	2:2	1:0	4:0	●	0:0	4:2	2:1	3:1	6:0	3:2	6:0	5:2	1:0	1:1	5:1	3:0	9:0	4:2
Werder Bremen	1:2	0:0	2:0	3:2	●	1:0	3:0	3:0	4:0	5:2	5:0	1:1	2:1	2:0	5:2	2:3	8:1	2:0
1.FC Köln	2:2	1:4	1:2	2:0	1:4	●	2:0	2:3	2:1	3:0	2:0	1:4	5:2	1:0	3:0	7:0	1:0	3:1
Leverkusen	1:1	2:0	1:2	1:5	0:0	2:1	●	0:0	3:0	3:1	0:1	2:0	4:2	2:0	3:0	2:2	3:1	3:0
Bielefeld	0:0	0:1	2:2	1:3	2:0	1:2	3:0	●	0:0	3:1	1:1	3:2	0:0	1:3	2:1	2:1	3:1	1:0
Braunschweig	1:0	0:0	3:1	1:2	1:2	2:2	0:0	2:0	●	1:2	3:2	4:0	5:0	4:1	3:1	4:3	4:4	1:0
Uerdingen	3:2	3:1	1:1	1:1	0:3	4:6	2:1	1:3	4:0	●	1:1	3:1	2:1	1:3	1:2	5:2	4:2	1:0
Waldhof	2:2	0:1	2:3	0:0	2:0	2:2	0:3	0:2	2:2	1:4	●	2:0	4:1	1:1	3:3	1:1	6:1	1:0
K'lautern	2:2	0:2	0:2	0:1	3:3	2:2	3:0	6:0	3:1	5:2	2:0	●	2:2	5:2	2:0	1:0	1:1	4:2
Dortmund	0:3	1:2	4:1	1:1	2:3	0:0	3:0	1:0	0:2	2:1	4:1	1:0	●	6:0	1:1	2:0	4:1	3:1
Düsseldorf	3:0	2:3	4:1	4:1	3:4	2:0	2:2	0:0	4:0	1:1	1:2	1:5	7:0	●	1:1	4:2	5:0	2:1
Bochum	0:1	1:1	0:4	3:1	3:3	2:3	2:1	2:3	3:1	2:2	1:0	4:1	2:2	6:1	●	4:1	1:0	2:0
Frankfurt	1:3	0:0	1:1	0:0	0:0	0:2	2:2	1:1	1:2	2:2	1:3	3:0	2:2	3:0	1:0	●	3:0	3:1
Offenbach	1:2	0:4	4:3	2:3	3:7	2:0	0:2	2:2	1:2	3:2	0:2	3:2	0:0	5:1	2:2	2:1	●	3:1
Nürnberg	0:6	1:6	1:3	2:4	2:0	1:3	2:3	2:0	4:2	2:4	0:0	3:4	0:2	2:1	3:1	0:0	4:0	●

Jubel, Trubel, Heiterkeit - trotz des abschließenden 0:1 gegen Titelverteidiger HSV durfte sich der VfB Stuttgart mit der Schale knipsen lassen. Bei dem Herrn in dem modischen Pullover ganz rechts im Bild handelt es sich übrigens um Meistertrainer Benthaus.

Schwabenstreiche

Sie hatten es sich verdient. Nach dem Wiederaufstieg im Jahr 1977 hatte sich der VfB Stuttgart Jahr für Jahr mit frischem Offensivfußball hervorgetan und eigentlich immer einen der vorderen Plätze belegt. Sie waren einfach mal dran. Dabei hatte die Elf von Helmut Benthaus vor Saisonstart eigentlich kaum einer der Experten auf der Rechnung gehabt, als großer Favorit galt einmal mehr der HSV, der sich mit Wuttke und Schatzschneider perfekt verstärkt zu haben schien. Auch mit Werder Bremen und natürlich dem FC Bayern war zu rechnen. Aber die Stuttgarter? Die versagten doch immer in den Spitzenspielen und überhaupt, wer sollte denn bei denen nach dem Abgang von Didier Six die Tore schießen? Die Antwort gaben die Nordlichter in Diensten der Schwaben: Der aus Göteborg geholte Dan Corneliusson traf ebenso wie die beiden überragenden Mittelfeldspieler Sigurvinsson und Allgöwer zwölfmal ins Schwarze. Den entscheidenden Treffer markierte freilich Routinier Ohlicher, der den Titel am 33. Spieltag durch sein 2:1 in Bremen klarmachte.

Große Dinge gingen in dieser Saison aber vor allem im Pokal vor sich. In den beiden Halbfinalspielen fielen insgesamt 26 Treffer! Zuerst bezwangen die Gladbacher Werder Bremen mit 5:4, und einen Tag später trennten sich Zweitligist Schalke 04 und der FC Bayern im wohl dramatischsten Pokalfight aller Zeiten mit einem 6:6 n.V. - im Wiederholungsspiel hatten die Münchner mit 3:2 die Nase vorn. Auch das Endspiel hatte es in sich: Nach 120 Minuten stand es 1:1, das Elfmeterschießen musste entscheiden. Ausgerechnet Jungstar Matthäus, der in der nächsten Saison bei den Bayern auflaufen sollte, semmelte über das Tor - und Borussia verlor mit 6:7.

ZWEITE LIGA

1.	Karlsruher SC (A)	57:19	94:45
2.	Schalke 04 (A)	55:21	95:45
3.	MSV Duisburg	50:26	69:41
4.	Hessen Kassel	48:28	68:39
5.	Union Solingen	44:32	70:54
6.	Alemannia Aachen	44:32	49:43
7.	SC Freiburg	43:33	50:49
8.	Stuttgarter Kickers	39:37	54:52
9.	Fortuna Köln	38:38	66:65
10.	1.FC Saarbrücken (N)	38:38	61:69
11.	Hertha BSC Berlin (A)	37:39	64:57
12.	Darmstadt 98	35:41	48:72
13.	SSV Ulm 1846 (N)	32:44	58:68
14.	Hannover 96	32:44	54:69
15.	Wattenscheid 09	32:44	58:74
16.	RW Oberhausen (N)	31:45	51:62
17.	Rot-Weiß Essen	29:47	48:63
18.	SC Charlottenburg (N)	29:47	49:68
19.	VfL Osnabrück	29:47	46:66
20.	BV Lüttringhausen	18:58	36:87

TORJÄGER

Emanuel Günther (KSC) **30**
Roland Wohlfarth (Duisburg) **30**
Wolfgang Schäfer (Solingen) **21**

RELEGATIONSSPIELE

MSV Duisburg - Eintr. Frankfurt 0:5 1:1

Tore: 1188 (Schnitt: 3,13)
Platzverweise: 31
Zuschauer: 2.225.280 (Schnitt: 5.856)
Krösus: Schalke 04 (16.355)
Kirchenmaus: Wattenscheid 09 (2.837)

ELF DES JAHRES

Stein (HSV)

Schäfer (Stuttgart) – **Herget** (Uerdingen) – **K. Förster** (Stuttgart) – **Falkenmayer** (Frankfurt)

Bommer (Düsseldorf) – **Sigurvinsson** (Stuttgart) – **K. Allofs** (Köln)

K. Rummenigge (Bayern) – **Völler** (Bremen) – **Walter** (Mannheim)

Finale in Frankfurt, 31. Mai 1984:
Bay. München - Bor. M'gladbach 7:6 n.E. (1:1)

INTER NATIONAL Bei der EM in Frankreich scheitert die deutsche Nationalelf bereits in der Vorrunde

SAISON 84/85

FANS

Gesamt: 5.765.284 (306 Spiele)
Schnitt: 18.841
Krösus: Bayern (32.508)
Kirchenmaus: Leverkusen (8.793)

TORE

Gesamt: 1074 (Schnitt: 3,51)
Eigentore: 22

TORJÄGER

Klaus Allofs (Köln)	**26**
Rudi Völler (Bremen)	**25**
Karl Allgöwer (Stuttgart)	**19**
Thomas Allofs (K'lautern)	**19**
Siggi Reich (Bielefeld)	**18**
Klaus Täuber (Schalke)	**18**

KARTEN

19 Rote, 733 Gelbe

TRAINER

Meistertrainer: Udo Lattek

Vorzeitige Wechsel: **4**

Konietzka-Ribbeck (BVB)
Olk-Buchmann (KSC)
Kremer-Brei (Düsseldorf)
Ristic-Patzig (Braunschweig)

FUSSBALLER

Fussballer des Jahres:
Harald Schumacher (Köln)

Nationalelf-Debütanten:
Berthold, Falkenmayer, Kroth (alle Frankfurt), Frontzeck, Rahn (beide M'gladbach), Buchwald (Stuttgart), Kögl (Bayern), Schreier (Leverkusen), Thon (Schalke)

Transfers des Jahres:
Claesen (Stuttgart), Matthäus (Bayern), Fischer (Bochum), Schreier (Leverkusen), Hartwig (Köln), Hintermaier (Braunschweig), Holmquist (Düsseldorf), Klotz (Waldhof), Kutzop (Bremen), Schatzschneider (Schalke), Tenhagen (Bochum)

		Punkte	Tore	Heim		Auswärts	
1.	Bayern München	50:18	79:38	29:5	50:18	21:13	29:20
2.	Werder Bremen	46:22	87:51	30:4	58:21	16:18	29:30
3.	1.FC Köln	40:28	69:66	23:11	36:27	17:17	33:39
4.	Bor. M'gladbach	39:29	77:53	22:12	45:22	17:17	32:31
5.	Hamburger SV	37:31	58:49	28:6	42:15	9:25	16:34
6.	Waldhof Mannheim	37:31	47:50	23:11	30:17	14:20	17:33
7.	Bayer Uerdingen	36:32	57:52	27:7	38:21	9:25	19:31
8.	Schalke 04 (N)	34:34	63:62	25:9	43:23	9:25	20:39
9.	VfL Bochum	34:34	52:54	19:15	24:19	15:19	28:35
10.	VfB Stuttgart (M)	33:35	79:59	25:9	51:21	8:26	28:38
11.	1.FC K'lautern	33:35	56:60	26:8	45:18	7:27	11:42
12.	Eintr. Frankfurt	32:36	62:67	24:10	36:22	8:26	26:45
13.	Bayer Leverkusen	31:37	52:54	22:12	32:22	9:25	20:32
14.	Bor. Dortmund	30:38	51:65	20:14	32:21	10:24	19:44
15.	Fort. Düsseldorf	29:39	53:66	20:14	30:25	9:25	23:41
16.	Arminia Bielefeld	29:39	46:61	19:15	34:31	10:24	12:30
17.	Karlsruher SC (N)	22:46	47:88	15:19	24:30	7:27	23:58
18.	Eintr. Braunschweig	20:48	39:79	16:18	25:26	3:30	14:53

SPIEL DES JAHRES

Viele der ersten Bundesligaderbys zwischen Leverkusen und Köln endeten mit einem schiedlich-friedlichen 1:1, selten passierte aufregendes. Nicht jedoch Ende Mai 1985: Für beide Vereine war die Saison bereits gelaufen, und so entwickelte sich ein tolles Fußballfest mit einigen schönen Toren und den zu solchen Spielen nur mal gehörenden kleinen Ruppigkeiten und atmosphärischen Nebengeräuschen. Langsam schien der FC zu erkennen, dass sich da wenige Kilometer rheinaufwärts ein Konkurrent zu etablieren begann, der partout nicht wieder absteigen wollte. Was für eine Frechheit.

BAYER LEVERKUSEN - 1.FC KÖLN 4:4 (2:3)

Leverkusen: Vollborn, Reinhardt, Gelsdorf, Giske, Hinterberger, Bast, Röber, Patzke (Pomp), Schlegel (Geschlecht), Schreier, Waas.
Köln: Schumacher, Prestin, Lefkes, Geils, Lehnhoff (Geilenkirchen), Hönerbach, Häßler (Haas), Gielchen, Engels, Littbarski, Allofs.
Tore: 1:0 Schreier (22.), 1:1 Littbarski (25.), 2:1 Schlegel (36.), 2:2 Littbarski (39.), 2:3 Lehnhoff (44.), 2:4 Lefkes (50.), 3:4 Waas (64.. Elfmeter), 4:4 Waas (75.)
Zuschauer: 13.000, **Schiri:** Brehm (Kemmern)

	Bayern	Bremen	1.FC Köln	M'gladbach	HSV	Waldhof	Uerdingen	Schalke	Bochum	Stuttgart	K'lautern	Frankfurt	Leverkusen	Dortmund	Düsseldorf	Bielefeld	KSC	Braunschweig
Bayern	●	4:2	2:0	4:0	1:1	1:2	2:1	3:0	2:2	3:2	3:0	4:2	2:1	1:0	6:0	3:3	6:2	3:0
Bremen	4:2	●	6:2	2:0	5:2	1:1	1:0	2:1	2:2	3:1	6:1	3:3	2:2	6:0	2:1	2:1	7:1	4:1
1.FC Köln	0:2	3:2	●	1:5	2:1	0:0	1:5	4:1	2:1	1:1	2:0	2:0	3:1	6:1	4:2	1:1	3:4	1:0
M'gladbach	3:2	1:1	2:3	●	0:1	3:0	0:0	3:1	4:3	2:1	7:0	3:3	1:1	1:1	0:2	2:0	3:3	10:0
HSV	2:1	2:0	3:1	1:1	●	5:2	1:1	2:0	3:1	3:1	3:2	2:0	1:1	4:2	1:2	4:0	0:0	5:0
Waldhof	0:0	1:1	1:2	1:3	3:1	●	2:1	5:2	2:0	1:1	1:1	3:1	2:1	1:2	2:1	0:0	3:0	2:0
Uerdingen	1:3	3:1	2:1	3:2	2:1	2:2	●	1:1	3:1	3:2	3:0	1:1	2:1	2:1	5:2	1:0	3:0	1:2
Schalke 04	1:1	2:2	2:3	4:1	3:0	4:0	2:0	●	2:3	4:3	1:1	1:3	4:2	3:1	1:0	3:0	3:1	3:2
Bochum	1:1	1:3	1:3	0:2	0:0	0:1	1:0	0:1	●	2:1	3:0	3:3	0:0	4:1	1:0	1:1	5:2	1:0
Stuttgart	1:3	1:3	3:1	2:3	1:1	3:0	5:2	1:0	1:2	●	5:0	4:2	4:1	2:0	5:2	2:0	5:0	6:1
K'lautern	0:1	2:2	6:0	2:0	1:1	1:1	6:1	2:2	5:2	2:1	●	2:1	3:3	5:0	3:1	1:1	3:1	1:0
Frankfurt	2:2	1:3	1:4	1:1	1:0	7:2	3:2	1:1	1:1	2:0	1:1	●	2:0	2:1	2:2	3:0	4:2	2:0
Leverkusen	3:0	0:0	4:4	3:2	2:0	2:1	0:0	2:2	1:1	0:2	3:0	3:1	●	0:1	4:3	1:1	4:1	0:3
Dortmund	1:1	2:0	2:0	2:3	1:2	0:0	4:0	4:1	3:0	4:1	0:3	2:1	2:1	●	1:2	1:3	0:2	3:1
Düsseldorf	0:2	3:2	1:2	2:1	4:2	1:1	2:2	1:2	0:2	2:2	1:0	3:1	3:2	0:0	●	1:1	2:2	4:1
Bielefeld	1:3	3:4	1:0	3:3	4:1	0:1	1:0	2:1	2:3	2:7	1:1	2:2	1:1	3:0	1:1	●	4:1	3:2
KSC	0:4	1:1	1:4	0:1	1:1	3:2	0:4	2:2	1:1	1:1	0:0	2:2	0:0	2:4	2:2	4:0	●	4:1
Braunschweig	0:1	0:2	1:3	0:4	3:1	0:1	0:0	4:2	1:3	3:1	2:1	5:0	0:2	2:4	1:0	0:0	3:1	●

Tja. Da mag der Uerdinger Libero Matthias Herget auch noch so verzweifelt mit dem Haupthaar wedeln, der kernige Flachschuss des Gladbachers Ewald Lienen zischt durch seine Beine hindurch in Richtung Vollack. Glück für Herget, es blieb beim 0:0.

Udo, Auge und der Loddar

Mit einer nahezu komplett runderneuerten Elf ging Bayern München ins Rennen - das schien keine leichte Saison für Trainer Lattek zu werden. Nachdem im Vorjahr bereits Paul Breitner die Schuhe an den Nagel gehängt hatte, ging den Bayern nun mit Kalle Rummenigge, der für die damalige Rekordsumme von zwölf Millionen DM zu Inter Mailand gewechselt war, ein weiterer wichtiger Dreh- und Angelpunkt verlustig. Konnte das gut gehen? Es konnte. Und wie: Die Neuzugänge Matthäus, Wohlfarth, Kögl, Eder und Schwabl schlugen wie eine Bombe ein und legten mit dem FC Bayern einen Traumstart von 12:0 Punkten hin. Erst und ausgerechnet Waldhof Mannheim stoppte den bajuwarischen Siegeszug mit einem 2:1 im Olympiastadion, aber dennoch: Die Bayern waren wieder da und hatten frühzeitig die Weichen gestellt. Die Tabellenführung gab das vermeintliche Ensemble der Namenlosen um den überragenden Kapitän Klaus Augenthaler bis zum letzten Spieltag nicht mehr ab, und das mögliche Double verhinderte allein das Husarenstück von Bayer Uerdingen, das im ersten Finale zu »Berlin, Berlin, wir fahren nach Berlin« mit 2:1 siegreich blieb.

Auf den billigen Plätzen landeten die üblichen Kandidaten, wobei Leverkusen Schlappners Waldhof-Buben erst am letzten Spieltag von einem Platz an der UEFA-Cup-Sonne schießen konnte. Nutznießer war der HSV, den Happel vergeblich auf Vordermann zu bringen versucht hatte. Ganz unten schlitterten Dortmund und Düsseldorf nach Trainerwechseln knapp an der Relegation vorbei, während sich Eintracht Braunschweig diesmal endgültig aus der Bundesliga verabschiedete und dabei einmal mehr von der Fahrstuhltruppe des KSC begleitet wurde.

Finale in Berlin, 26. Mai 1985:
Bayer Uerdingen - Bayern München 2:1 (1:1)

ZWEITE LIGA

1.	1.FC Nürnberg (A)	50:26	71:45
2.	Hannover 96	50:26	79:58
3.	1.FC Saarbrücken	49:27	70:41
4.	Hessen Kassel	49:27	72:48
5.	Alemannia Aachen	43:33	60:46
6.	Union Solingen	41:35	64:70
7.	BW 90 Berlin (N)	39:37	66:56
8.	SC Freiburg	38:38	45:49
9.	Stuttgarter Kickers	37:39	51:49
10.	Wattenscheid 09	36:40	61:68
11.	Fortuna Köln	36:40	58:67
12.	RW Oberhausen	35:41	64:70
13.	MSV Duisburg	35:41	56:63
14.	Hertha BSC Berlin	35:41	50:59
15.	Darmstadt 98	35:41	52:64
16.	FC Homburg (N)	34:42	57:58
17.	FC St. Pauli (N)	33:43	48:59
18.	VfR Oli Bürstadt (N)	31:45	48:56
19.	Kickers Offenbach (A)	30:44	43:56
20.	SSV Ulm 1846	22:54	48:81

TORJÄGER
Manfred Burgsmüller (RWO) **29**
Pascal Notthoff (Duisburg) **17**
Dieter Dannenberg (Stut. Kickers) **16**

RELEGATIONSSPIELE
1.FC Saarbrücken - Arm. Bielefeld 2:0 1:1

Tore: 1163 (Schnitt: 3,06)
Platzverweise: 31
Zuschauer: 1.974.100 (Schnitt: 5.195)
Krösus: Hannover 96 (15.515)
Kirchenmaus: Fort. Köln (949)

ELF DES JAHRES

Stein (HSV)

Wöhrlin (Uerdingen) – **Augenthaler** (Bayern) – **Rüssmann** (BVB) – **Brehme** (K'lautern)

Matthäus (Bayern) – **Lerby** (Bayern) – **Rahn** (M'gladbach)

Littbarski (Köln) – **Völler** (Bremen) – **K. Allofs** (Köln)

INTER NATIONAL Bay. München scheitert im Halbfinale des Europacups der Pokalsieger am FC Everton (0:0, 1:3)

SAISON 85/86

		Punkte	Tore	Heim		Auswärts	
1.	Bayern München (M)	49:19	82:31	29:5	58:14	20:14	24:17
2.	Werder Bremen	49:19	83:41	30:4	55:13	19:15	28:28
3.	Bayer Uerdingen	45:23	63:60	28:6	38:24	17:17	25:36
4.	Bor. M'gladbach	42:26	65:51	25:9	39:18	17:17	26:33
5.	VfB Stuttgart	41:27	69:45	25:9	39:14	16:18	30:31
6.	Bayer Leverkusen	40:28	63:51	29:5	42:18	11:23	21:33
7.	Hamburger SV	39:29	52:35	26:8	35:11	13:21	17:24
8.	Waldhof Mannheim	33:35	41:44	23:11	29:16	10:24	12:28
9.	VfL Bochum	32:36	55:57	23:11	38:23	9:25	17:34
10.	Schalke 04	30:38	53:58	22:12	37:21	8:26	16:37
11.	1.FC K'lautern	30:38	49:54	22:12	26:14	8:26	23:40
12.	1.FC Nürnberg	29:39	51:54	19:15	31:22	10:24	20:32
13.	1.FC Köln	29:39	46:59	20:14	31:22	9:25	15:37
14.	Fort. Düsseldorf	29:39	54:78	21:13	31:28	8:26	23:50
15.	Eintr. Frankfurt	26:40	35:49	20:14	23:18	8:26	12:31
16.	Bor. Dortmund	28:40	49:65	21:13	34:24	7:27	15:41
17.	1.FC Saarbrücken (N)	21:47	39:68	17:17	25:28	4:30	14:40
18.	Hannover 96 (N)	18:50	43:92	12:22	20:33	6:28	23:59

FANS

Gesamt: 5.405.571 (306 Spiele)
Schnitt: 17.665
Krösus: Nürnberg (27.182)
Kirchenmaus: Düsseldorf (8.379)

TORE

Gesamt: 992 (Schnitt: 3,24)
Eigentore: 12

TORJÄGER

Stefan Kuntz (Bochum)	**22**
Karl Allgöwer (Stuttgart)	**21**
Frank Neubarth (Bremen)	**20**
Bum Kun Cha (Frankfurt)	**17**
Thomas Allofs (K'lautern)	**16**
Jürgen Klinsmann (Stuttgart)	**16**
Klaus Täuber (Schalke)	**16**

KARTEN

31 Rote, 801 Gelbe

TRAINER

Meistertrainer: Udo Lattek

Vorzeitige Wechsel: **6**

Biskup-Rynio/Berger (Hannover)
Löhr-Kessler (Köln)
Baric-Entenmann (Stuttgart)
Berger-Kalthoff (Hannover)
Klimaschefski-Weber/Müller (FCS)
Csernai-Saftig (BVB)

FUSSBALLER

Fussballer des Jahres:
Hans-Peter Briegel (Hellas Verona)

Nationalelf-Debütanten:
T. Allofs (K'lautern), Eder (Bayern), Funkel (Uerdingen), Gründel (HSV)

Transfers des Jahres:
Andersen (Nürnberg), Bommer (Uerdingen), Burgsmüller, Votava (Bremen), Gründel, Kroth, Wuttke (HSV), Hrubesch, Hupe (BVB), Kempe (Bochum), Reich (Hannover)

SPIEL DES JAHRES

Über die komplette Spielzeit hinweg hatten sich der FC Bayern und Werder Bremen einen spannenden Zweikampf um die Pole Position geliefert. Mal hatte der Meister die Nase vorn, mal lag der Herausforderer an der Spitze. Doch nach dem Elfmeterpfiff von Schiri Roth in der vorletzten Minute des Schlagerspiels Werder (49 Punkte) vs. Bayern (47) am vorletzten Spieltag schien die Sache gelaufen: Kutzop musste nur noch zum 1:0 verwandeln und den Bremern wäre der Titel nicht mehr zu nehmen gewesen. Doch der sonst so sichere Strafstoßschütze setzte die Kugel an den Pfosten, es blieb beim 0:0, Werder verlor am letzten Spieltag 1:2 in Stuttgart, und Bayern war mal wieder Meister.

WERDER BREMEN - BAYERN MÜNCHEN 0:0

Werder: Burdenski, Pezzey, Schaaf, Kutzop, Otten, Wolter, Votava, Meier (Völler), Okudera, Neubarth, Burgsmüller.
Bayern: Pfaff, Augenthaler, Nachtweih, Eder, Pflügler, Matthäus, Lerby, Mathy, Wohlfarth, Hoeneß, Rummenigge.
Tore: -
Zuschauer: 40.800, **Schiri:** Roth (Salzgitter), **BV:** Kutzop verschießt Elfmeter (89.)

	Bayern	Bremen	Uerdingen	M'gladbach	Stuttgart	Leverkusen	HSV	Waldhof	Bochum	Schalke 04	K'lautern	Nürnberg	1.FC Köln	Düsseldorf	Frankfurt	Dortmund	Saarbrücken	Hannover
Bayern	●	3:1	5:1	6:0	4:1	0:0	2:0	3:1	6:1	3:2	5:0	2:1	3:1	2:3	3:0	0:1	5:1	6:0
Bremen	0:0	●	6:1	1:1	6:0	5:0	2:0	2:2	0:0	3:1	2:0	2:1	2:0	7:3	4:0	4:2	1:0	8:2
Uerdingen	1:0	1:0	●	1:1	1:4	2:1	0:3	1:0	3:2	3:2	3:1	6:2	3:2	5:2	1:0	2:0	2:1	3:3
M'gladbach	4:2	1:2	1:2	●	1:1	2:2	2:1	1:1	2:0	4:0	3:0	3:0	1:1	5:1	1:1	2:1	2:0	4:3
Stuttgart	0:0	2:[illegible]	0:2	0:0	●	2:2	1:0	3:1	0:4	0:1	2:0	3:1	5:0	5:0	2:1	4:0	3:1	7:0
Leverkusen	1:2	5:1	2:2	3:1	2:1	●	3:2	3:1	4:2	2:0	3:2	0:0	1:1	3:1	2:0	2:1	2:0	4:1
HSV	0:0	0:1	1:4	4:1	2:0	1:3	●	3:0	1:0	2:0	4:1	2:1	0:0	4:0	1:0	3:0	4:0	3:0
Waldhof	0:4	1:1	2:0	3:1	5:3	1:0	0:1	●	4:1	3:0	1:1	0:1	1:1	2:1	0:0	0:0	1:0	5:1
Bochum	3:0	2:3	1:2	2:2	0:2	1:1	2:0	0:1	●	1:1	3:2	2:1	2:0	5:3	2:1	6:1	3:1	3:2
Schalke 04	0:1	0:1	2:0	2:2	1:2	2:2	1:0	3:1	4:2	●	2:3	2:0	3:0	1:1	3:1	6:1	3:2	2:2
K'lautern	0:2	3:0	5:1	1:1	2:2	4:1	1:2	0:0	2:0	0:0	●	0:3	1:0	2:0	1:1	2:0	1:1	1:0
Nürnberg	0:1	2:2	1:2	2:4	0:1	3:2	0:1	2:0	0:1	3:1	3:1	●	3:0	3:2	4:1	0:0	2:0	3:3
1.FC Köln	1:1	3:3	1:1	0:2	2:1	2:3	1:1	0:1	3:0	4:2	1:1	3:1	●	1:3	1:1	2:0	3:1	3:0
Düsseldorf	4:0	1:4	1:1	2:0	0:7	2:1	3:1	4:1	2:1	1:1	0:0	2:1	1:3	●	0:1	4:2	2:2	2:2
Frankfurt	2:2	0:2	1:1	1:1	1:1	1:0	3:0	0:0	1:0	3:0	1:1	1:1	2:2	2:0	●	2:1	1:3	1:3
Dortmund	0:3	1:1	5:2	2:3	2:0	1:1	1:1	0:0	1:0	1:1	4:2	1:4	5:1	1:2	4:2	●	3:1	2:0
Saarbrücken	1:1	1:1	1:2	1:3	1:1	3:1	2:2	2:1	0:1	3:2	0:6	3:0	1:2	1:1	2:2	1:1	●	2:1
Hannover 96	0:5	2:4	1:1	2:3	1:3	1:1	0:2	1:1	1:2	1:2	3:2	0:2	3:1	1:0	0:0	1:4	2:0	●

Der Augenblick der Augenblicke: Michael Kutzop verlädt Jean-Marie Pfaff. Der Keeper des FC Bayern entscheidet sich für die (vom Schützen aus gesehene) linke Ecke, der Ball jedoch fliegt genau in die rechte Ecke bzw. an den rechten Pfosten.

Kutzops Künstlerpech

Nicht nur das furiose Ende hatte es in sich (siehe oben und links), schon vorher flogen die Fetzen. Am 16. Spieltag trafen die zwei Hauptprotagonisten der 23. Bundesligasaison im direkten Duell aufeinander, und im Münchner Olympiastadion wurde der Knüppel ausgepackt - teilweise ging es zu wie bei einem Abstiegsduell in der Sträflingsliga von Uruguay. Sören Lerby leistete sich gleich in der Anfangsphase Aktionen, die bei anderen Spielern jahrelange Sperren zur Folge gehabt hätten, Klaus Augenthaler trat Rudi Völler für sechs Monate auf die Massagetische der Bremer Physiotherapeuten und Bruno Pezzey benutzte das Knie von Matthäus als Stollenabstreifer, der wiederum Pezzey als Punchingball. Wäre Schiedsrichter Theobald konsequent (und nebenbei überhaupt erst einmal Herr der Lage) gewesen, hätten wohl höchstens 15 Akteure den Schlusspfiff auf dem Rasen erlebt. Das Spiel endete übrigens 3:1 für die Bayern, die nur ein einziges Mal in den Genuss der Tabellenführung kamen: am 34. Spieltag. Als erster Spitzenreiter tat sich Fortuna Düsseldorf hervor, danach übernahm Werder für 32 Spieltage die Pole Position - übrigens mit einem 8:2 gegen die überforderten Hannoveraner, welche sich bald so fest an die Rote Laterne klammerten, als wollten sie sich für einen professionellen St.-Martins-Zug bewerben. Nur wenig stärker präsentierten sich die biederen Saarbrücker, denen um ein Haar auch der BVB ins Unterhaus gefolgt wäre. Die Dortmunder waren bereits mit einvierfünftel Beinen in der Zweiten Liga, da biss »Kobra« Wegmann in der 90. Minute zu und bescherte der Borussia ein drittes Relegationsspiel gegen Fortuna Köln, in dem die frustrierten Domstädter schließlich den Geist aufgaben und sich ein 0:8 abholten. Und das auch noch in Düsseldorf.

Finale in Berlin, 3. Mai 1986:

Bayern München - VfB Stuttgart 5:2 (2:0)

ZWEITE LIGA

1.	FC Homburg	49:27	75:42
2.	BW 90 Berlin	47:29	76:48
3.	Fortuna Köln	46:30	64:52
4.	Arminia Bielefeld (A)	45:31	60:47
5.	Hessen Kassel	44:32	58:47
6.	Stuttgarter Kickers	43:33	73:55
7.	Karlsruher SC (A)	43:33	64:50
8.	Alemannia Aachen	43:33	56:45
9.	Wattenscheid 09	43:33	63:56
10.	Darmstadt 98	41:35	63:57
11.	RW Oberhausen	37:39	61:60
12.	Eintr. Braunschweig (A)	36:40	65:62
13.	Vikt. Aschaffenburg (N)	35:41	57:59
14.	VfL Osnabrück (N)	35:41	48:57
15.	Union Solingen	34:42	48:64
16.	SC Freiburg	33:43	54:62
17.	Hertha BSC Berlin	31:45	50:62
18.	SpVgg Bayreuth (N)	31:45	40:73
19.	Tennis Bor. Berlin (N)	29:47	48:73
20.	MSV Duisburg	15:61	34:86

TORJÄGER

Leo Bunk (BW Berlin) **26**
Paul Linz (Osnabrück) **22**
Uwe Tschiskale (Wattenscheid) **22**

RELEGATIONSSPIELE

Fortuna Köln - Bor. Dortmund 2:0 1:3 0:8

Tore: 1157 (Schnitt: 3,04)
Platzverweise: 40
Zuschauer: 1.580.040 (Schnitt: 4.158)
Krösus: BW 90 Berlin (10.653)
Kirchenmaus: SpVgg Bayreuth (1.559)

ELF DES JAHRES

Immel (BVB)

Kaltz (HSV) — **Pezzey** (Bremen) — **Eder** (Bayern) — **Brehme** (K'lautern)

Allgöwer (Stuttgart) — **Sigurvinsson** (Stuttgart) — **Meier** (Bremen)

T. Allofs (K'lautern) — **Burgsmüller** (Bremen) — **Cha** (Leverkusen)

INTER NATIONAL

Bayer Uerdingen scheitert im Halbfinale des Europacups der Pokalsieger an Atletico Madrid
Der 1.FC Köln zieht im Finale des UEFA-Cups gegen Real Madrid den Kürzeren (1:5, 2:0)

SAISON 86/87

FANS

Gesamt: 5.937.044 (306 Spiele)
Schnitt: 19.402
Krösus: Bayern (36.394)
Kirchenmaus: Homburg (8.111)

TORE

Gesamt: 990 (Schnitt: 3,24)
Eigentore: 13

TORJÄGER

Uwe Rahn (M'gladbach)	**24**
Fritz Walter (Waldhof)	**23**
Rudi Völler (Bremen)	**22**
Norbert Dickel (BVB)	**20**
Frank Hartmann (K'lautern)	**17**
Frank Mill (BVB)	**17**

KARTEN

19 Rote, 759 Gelbe

TRAINER

Meistertrainer: Udo Lattek
Vorzeitige Wechsel: **6**
Fuchs-Klug (Homburg)
Kessler-Daum (Köln)
Weise-Zahnleiter (Frankfurt)
Brei-Meyer (Düsseldorf)
Klug-Schwickert (Homburg)
Coordes-Haan (Stuttgart)

FUSSBALLER

Fussballer des Jahres:
Harald Schumacher (Köln)
Nationalelf-Debütanten:
Pflügler, Wohlfarth (beide Bayern), Eckstein, Reuter (beide Nürnberg), Hörster (Leverkusen), Kohler (Waldhof), Wuttke (K'lautern)
Transfers des Jahres:
T. Allofs, Olsen (Köln), Buncol, Wojcicki (Homburg), Brehme (Bayern), Hannes (Schalke), Immel (Stuttgart), Mill (BVB), Kuntz (Uerdingen), Okonski (HSV), Rolff (Leverkusen), Smolarek (Frankfurt)

		Punkte	Tore	Heim		Auswärts	
1.	Bayern München (M)	53:15	67:31	30:4	41:14	23:11	26:17
2.	Hamburger SV	47:21	69:37	30:4	38:12	17:17	31:25
3.	Bor. M'gladbach	43:25	74:44	24:10	42:18	19:15	32:26
4.	Bor. Dortmund	40:28	70:50	25:9	40:17	15:19	30:33
5.	Werder Bremen	40:28	65:54	29:5	45:19	11:23	20:35
6.	Bayer Leverkusen	39:29	56:38	23:11	34:19	16:18	22:19
7.	1.FC K'lautern	37:31	64:51	25:9	41:21	12:22	23:30
8.	Bayer Uerdingen	35:33	51:49	22:12	30:22	13:21	21:27
9.	1.FC Nürnberg	35:33	62:62	23:11	39:25	23:27	12:22
10.	1.FC Köln	35:33	50:53	22:12	27:19	13:21	23:34
11.	VfL Bochum	32:36	52:44	21:13	30:16	11:23	22:28
12.	VfB Stuttgart	32:36	55:49	24:10	41:18	8:26	14:31
13.	Schalke 04	32:36	50:58	23:11	36:24	9:25	14:34
14.	Waldhof Mannheim	28:40	52:71	26:8	36:20	2:32	16:51
15.	Eintr. Frankfurt	25:43	42:53	20:14	29:20	5:29	13:33
16.	FC Homburg (N)	21:47	33:79	18:16	24:23	3:31	9:56
17.	Fort. Düsseldorf	20:48	42:91	16:18	24:35	4:30	18:56
18.	BW 90 Berlin (N)	18:50	36:76	12:22	20:31	6:28	16:45

SPIEL DES JAHRES

Den 11. April werden sich Freunde von Bayer Leverkusen wahrscheinlich sehr dick und sehr rot im Kalender angestrichen haben, können sie doch alljährlich am 11. April an die Saison 87/88 zurückdenken, an den Tag, an dem Bayer ein Sieg bei den Bayern gelang. Bei den Bayern! In München! 3:0! Es war sogar ein ganz besonderer Sieg, das heißt, eigentlich war es für die Bayern eine ganz besondere Niederlage: Es war nämlich ihre einzige in der kompletten Spielzeit. Dementsprechend interessant gestaltete sich die Meisterschaftsfrage. Aber wenigstens hatte Leverkusen einmal in München gewinnen können. In München! Im Olympiastadion! Bei den Bayern! 3:0! Drei! Zu null!

BAYERN MÜNCHEN - BAYER LEVERKUSEN 0:3 (0:1)
Bayern: Pfaff, Augenthaler, Eder, Pflügler, Nachtweih, Flick, Matthäus, Rummenigge (Kögl), Brehme, Wohlfarth, Lunde (Mathy).
Leverkusen: Vollborn, Hörster, Zanter, A. Reinhardt, Schreier, Rolff, Hausmann, Götz, Hinterberger, Waas, Cha.
Tore: 0:1 Götz (13.), 0:2 Hausmann (79.), 0:3 Götz (87.)
Zuschauer: 47.000, **Schiri:** Wiesel (Ottbergen)

	Bayern	HSV	M'gladbach	Dortmund	Bremen	Leverkusen	K'lautern	Uerdingen	Nürnberg	1.FC Köln	Bochum	Stuttgart	Schalke	Waldhof	Frankfurt	Homburg	Düsseldorf	BW Berlin
Bayern	●	3:1	3:1	2:2	3:2	0:3	3:0	2:2	4:0	3:0	3:2	1:0	1:0	3:0	2:1	3:0	3:0	2:0
HSV	1:2	●	3:1	4:2	3:0	2:1	2:0	2:1	1:1	1:0	1:1	2:0	4:0	1:0	2:0	3:1	4:1	2:1
M'gladbach	0:1	0:3	●	2:2	1:2	2:1	0:1	2:0	4:0	3:1	2:1	4:0	3:1	7:2	1:1	5:0	4:1	2:1
Dortmund	2:2	4:3	0:2	●	2:1	0:0	2:0	1:1	2:2	1:1	3:2	1:2	1:0	6:0	1:0	3:0	4:1	7:0
Bremen	1:1	2:1	1:7	5:0	●	1:0	1:0	5:1	5:3	2:1	0:0	1:0	0:0	4:2	4:1	6:0	5:2	2:0
Leverkusen	0:0	0:1	0:2	3:2	4:1	●	1:0	1:4	2:0	0:1	2:1	4:1	4:2	0:0	2:0	4:2	5:0	2:2
K'lautern	1:1	0:4	1:1	2:3	1:3	1:1	●	1:0	2:1	5:1	4:1	3:0	5:1	3:2	2:1	5:0	3:1	2:0
Uerdingen	0:0	1:0	1:1	2:4	1:1	1:1	1:2	●	3:4	3:1	3:1	2:2	0:0	3:2	1:0	2:1	4:1	2:1
Nürnberg	1:2	3:3	2:0	1:2	5:1	1:1	2:1	1:1	●	1:1	3:3	2:1	2:1	1:1	1:0	2:2	4:3	7:2
1.FC Köln	1:1	1:1	2:4	2:0	3:0	1:4	2:2	1:2	3:1	●	1:0	0:0	3:2	2:1	0:0	3:0	1:0	1:1
Bochum	1:2	1:1	1:1	0:0	1:1	2:1	3:1	2:1	0:1	3:1	●	0:1	1:1	6:1	2:0	0:0	2:2	5:1
Stuttgart	1:3	1:1	2:4	3:0	4:0	1:0	1:1	2:0	1:1	5:1	2:4	●	4:0	2:1	4:1	4:0	3:0	1:1
Schalke 04	2:2	1:1	1:2	2:1	1:0	1:2	3:2	2:1	2:4	2:4	0:0	2:1	●	3:1	3:1	4:0	4:2	3:0
Waldhof	3:3	2:2	1:1	2:1	1:0	2:1	4:3	2:3	3:0	2:0	0:0	3:2	2:0	●	2:1	5:1	1:1	1:1
Frankfurt	0:0	1:3	4:0	0:4	2:2	1:0	2:2	1:0	1:0	1:2	1:1	3:1	0:1	2:1	●	4:0	5:0	1:3
Homburg	2:2	1:1	0:2	2:2	0:1	1:2	1:1	0:2	2:0	1:3	3:1	2:1	1:1	2:1	1:1	●	3:1	2:1
Düsseldorf	0:3	3:2	1:1	0:4	2:1	2:3	1:3	1:1	1:1	0:4	0:4	1:0	3:4	2:0	3:3	1:0	●	3:1
BW Berlin	1:1	1:3	3:2	1:1	1:4	0:1	1:4	1:1	1:4	1:1	0:0	0:2	0:0	4:1	2:2	2:2	1:2	●

In gewohnt rustikaler Manier stoppt der spätere »Weltmeister« Paul Steiner den Schalker Olaf Thon, der seine Brötchen damals noch als Stürmer verdiente. Steiner ließ auch im weiteren Verlauf der Partie nur wenig anbrennen, Köln gewann in Schalke mit 4:2.

Langeweile in der Liga

Es hatte sich bereits in der Mitte der 70er Jahre abgezeichnet, doch nun hatte es den 1.FC Nürnberg erwischt. Zwar schaffte der Neuling den Klassenerhalt ohne größere Schwierigkeiten und vor allem ohne Trainerwechsel, doch am 6. Juni 1987 war der »Club« seinen schönen Beinamen »Deutscher Rekordmeister« los. An diesem 6. Juni brachte der FC Bayern München seinen zehnten Meistertitel durch ein schnödes 2:2 gegen Uerdingen unter Dach und Fach. Selten wurde eine Meisterschaft unspektakulärer errungen - sieht man einmal von Eintracht Braunschweig ab. Aber bei denen war's ja noch eine Überraschung. Im Falle der Bayern schien die Konkurrenz aus Hamburg, Stuttgart, Bremen und auch Leverkusen spätestens im März, nach der längsten Winterpause aller Zeiten, freiwillig die Segel zu streichen. Dabei hatten sich die Bayern bis dato weder überragend noch sonderlich überzeugend präsentiert, doch schon ein kurzer Zwischenspurt reichte, um die Gegner abzuschütteln und bis zum letzten Spieltag ohne Auswärtsniederlage an der Spitze zu bleiben. Auch im Olympiastadion ging nur ein einziges Spiel verloren, kurioserweise gegen Leverkusen - ein solcher Coup blieb den Bayer-Kickern in späteren Jahren, als es wirklich wichtig gewesen wäre, stets verwehrt.

Recht langweilig ging es auch in den unteren Regionen zu. Am zehnten Spieltag gesellten sich die Neulinge Homburg und BW 90 Berlin zu Fort. Düsseldorf ans Tabellenende und machten sich fortan einen Spaß daraus, ein fröhliches Ringelreihen um die Plätze 16 bis 18 zu veranstalten, derweil sich die Konkurrenz immer weiter von den Abstiegsrängen entfernen konnte. Am Ende waren Düsseldorf und Berlin die Dummen - und die Homburger retteten sich über die Relegation gegen St. Pauli.

ZWEITE LIGA

1.	Hannover 96 (A)	56:20	86:48
2.	Karlsruher SC	52:24	79:49
3.	FC St. Pauli (N)	49:27	63:45
4.	Darmstadt 98	47:29	72:48
5.	Alemannia Aachen	46:30	55:36
6.	VfL Osnabrück	44:32	69:66
7.	Stuttgarter Kickers	42:34	72:55
8.	SC Freiburg	39:37	59:56
9.	Arminia Bielefeld	38:38	58:55
10.	Rot-Weiß Essen (N)	38:38	70:69
11.	Wattenscheid 09	38:38	59:66
12.	Union Solingen	35:41	61:65
13.	SSV Ulm 1846 (N)	35:41	55:63
14.	Fortuna Köln	35:41	51:66
15.	1.FC Saarbrücken (A)	34:42	53:71
16.	RW Oberhausen	33:43	52:55
17.	Eintr. Braunschweig	32:44	52:47
18.	Vikt. Aschaffenburg	24:52	47:72
19.	Hessen Kassel	22:54	40:75
20.	FSV Salmrohr (N)	21:55	48:94

TORJÄGER

Siggi Reich (Hannover) **26**
Paul Linz (Osnabrück) **20**
Bruno Labbadia (Darmstadt) **18**
Rainer Schütterle (KSC) **18**

RELEGATIONSSPIELE

FC Homburg - FC St. Pauli 3:1 1:2

Tore: 1199 (Schnitt: 3,16)
Platzverweise: 44
Zuschauer: 2.051.620 (Schnitt: 5.399)
Krösus: Hannover 96 (19.752)
Kirchenmaus: FSV Salmrohr (1.842)

ELF DES JAHRES

Burdenski (Bremen)

Kohler (Mannheim) – **Hörster** (Leverkusen) – **Giske** (Nürnberg)

Nachtweih (Bayern) – **Wuttke** (K'lautern) – **Rahn** (M'gladbach) – **Okonski** (HSV)

Waas (Leverkusen) – **Völler** (Bremen) – **Mill** (BVB)

Finale in Berlin, 20. Juni 1987:
Hamburger SV - Stuttgarter Kickers 3:1 (1:1)

INTERNATIONAL
Bayern München verliert das Finale im Europacup der Meister gegen den FC Porto mit 1:2
Bor. M'gladbach scheitert im Halbfinale des UEFA-Cups an Dundee United (0:0, 0:2)

SAISON 87/88

		Punkte	Tore	Heim		Auswärts	
1.	Werder Bremen	52:16	61:22	29:5	42:12	23:11	19:10
2.	Bayern München (M)	48:20	83:45	31:3	55:17	17:17	28:28
3.	1.FC Köln	48:20	57:28	30:4	38:9	18:16	19:19
4.	VfB Stuttgart	40:28	69:49	25:9	41:15	15:19	28:34
5.	1.FC Nürnberg	37:31	44:40	21:13	26:18	16:18	18:22
6.	Hamburger SV	37:31	63:68	25:9	42:27	12:22	21:41
7.	Bor. M'gladbach	33:35	55:53	20:14	31:18	13:21	24:35
8.	Bayer Leverkusen	32:36	53:60	22:12	25:19	10:24	28:41
9.	Eintr. Frankfurt	31:37	51:50	20:14	31:18	11:23	20:32
10.	Hannover 96 (N)	31:37	59:60	20:14	36:26	11:23	23:34
11.	Bayer Uerdingen	31:37	59:61	22:12	38:25	9:25	21:36
12.	VfL Bochum	30:38	47:51	20:14	33:20	10:24	14:31
13.	Bor. Dortmund	29:39	51:54	16:18	30:26	13:21	21:28
14.	1.FC K'lautern	29:39	53:62	23:11	39:25	6:28	14:37
15.	Karlsruher SC (N)	29:39	37:55	21:13	19:14	8:26	18:41
16.	Waldhof Mannheim	28:40	35:50	16:18	20:23	12:22	15:27
17.	FC Homburg	24:44	37:70	20:14	25:25	4:30	12:45
18.	Schalke 04	23:45	48:84	19:15	29:25	4:30	19:59

FANS

Gesamt: 5.705.523 (306 Spiele)
Schnitt: 18.646
Krösus: BVB (27.921)
Kirchenmaus: Homburg (8.085)

TORE

Gesamt: 962 (Schnitt: 3,14)
Eigentore: 17

TORJÄGER

Jürgen Klinsmann (Stuttgart) **19**
Karlheinz Riedle (Bremen) **18**
Lothar Matthäus (Bayern) **17**
Siggi Reich (Hannover) **17**

KARTEN

27 Rote, 809 Gelbe

TRAINER

Meistertrainer: Otto Rehhagel

Vorzeitige Wechsel: **6**

Klimaschefski-Schwickert (Homburg)
Skoblar-Reimann (HSV)
Bongartz-Stabel (K'lautern)
Köppel-Schafstall (Uerdingen)
Schafstall-Franz (Schalke)
Schwickert-Cendic (Homburg)

FUSSBALLER

Fussballer des Jahres:
Uwe Rahn (M'gladbach)

Nationalelf-Debütanten:
Borowka, Neubarth, Ordenewitz (alle Bremen), Görtz, Illgner (Köln), Hochstätter (M'gladbach), Dorfner (Bayern), Foda (K'lautern), Klinsmann (Stuttgart), Schwabl (Nürnberg)

Transfers des Jahres:
Borowka (Bremen), Detari, Stein (Frankfurt), Hughes, Wegmann (Bayern), Iwan (Bochum), Kohler, Littbarski, Povlsen (Köln), Labbadia (HSV), MacLeod, Möller (BVB), Prytz (Uerdingen), Schumacher (Schalke), Täuber, Tita (Leverkusen)

SPIEL DES JAHRES

Es gibt Tage, an denen bleibt man am besten im Bett, baut sich aus ganz vielen Kissen einen Bunker und legt eine Decke obendrauf. Mladen Pralija und Richard Golz, ihres Zeichens Torhüter des Hamburger SV, wissen davon spätestens seit dem 26. September 1987 ein Liedchen zu singen. Beim Gastspiel auf dem Bökelberg kassierte zunächste Pralija, der sich in den Wochen zuvor den wenig schmeichelhaften Spitznamen »Praline« verdient hatte, in nur vier Minuten drei Tore. Drei weitere Zeigerumdrehungen später stand bereits Richard Golz an seiner Stelle. Der aber wurde angesichts des Gladbacher Sturmwirbels dann auch nicht mehr so richtig froh.

BORUSSIA M'GLADBACH - HAMBURGER SV 8:2 (3:1)

M'gladbach: Kamps, Bruns, Dreßen, Herbst, Winkhold, Herlovsen, Hochstätter (Krisp), Bakalorz (Thiele), Frontzeck, Rahn, Criens.
HSV: Pralija (Golz), Jakobs, Beiersdorfer, Kober (Laubinger), Kaltz, Kroth, von Heesen, Bein, Hinz, Dittmer, Labbadia.
Tore: 0:1 Labbadia (8.), 1:1 Rahn (20.), 2:1 Hochstätter (21.), 3:1 Beiersdorfer (24., Eigentor), 3:2 Kaltz (47., Elfmeter), 4:2 Rahn (51.), 5:2 Criens (74.), 6:2 Criens (76.), 7:2 Frontzeck (86.), 8:2 Thiele (88.)
Zuschauer: 16.000, **Schiri:** Schmidhuber (Ottobrunn)

	Bremen	Bayern	1.FC Köln	Stuttgart	Nürnberg	HSV	M'gladbach	Leverkusen	Frankfurt	Hannover	Uerdingen	Bochum	Dortmund	K'lautern	KSC	Waldhof	Homburg	Schalke
Bremen	●	3:1	2:1	5:1	1:0	1:4	2:0	3:3	2:0	1:0	5:1	0:0	4:0	0:0	2:0	3:1	3:0	5:0
Bayern	2:1	●	2:2	2:1	1:0	6:0	1:0	3:2	3:2	4:1	3:0	5:0	1:3	4:2	2:1	2:1	6:0	8:1
1.FC Köln	2:0	3:1	●	1:1	3:1	1:0	4:1	0:0	1:1	2:0	2:0	2:2	2:0	2:1	4:0	3:0	3:0	3:1
Stuttgart	1:0	3:0	0:2	●	0:1	5:1	6:0	4:1	1:0	3:1	1:3	3:0	2:2	3:0	2:2	1:1	2:1	4:0
Nürnberg	0:0	0:3	1:2	0:0	●	2:2	3:0	2:1	1:1	1:3	3:1	2:1	0:0	3:2	4:0	1:1	2:0	1:1
HSV	0:0	2:2	3:0	3:0	2:2	●	2:1	3:2	2:2	3:3	3:1	2:2	4:3	5:1	0:4	1:1	2:1	5:2
M'gladbach	1:2	2:0	0:1	0:1	3:0	8:2	●	2:1	3:1	1:2	2:1	3:0	0:3	1:0	2:2	0:1	2:0	1:1
Leverkusen	1:3	3:4	1:1	2:1	1:1	2:0	2:1	●	1:3	2:0	0:0	0:0	2:2	2:0	0:0	1:0	2:1	3:2
Frankfurt	0:1	1:1	1:1	0:2	3:1	3:0	2:0	3:2	●	3:3	3:1	0:1	0:0	0:2	4:0	5:1	1:2	2:0
Hannover 96	0:1	2:1	0:3	3:3	1:2	3:1	2:4	6:1	1:2	●	0:0	1:0	2:3	1:0	3:2	3:1	5:1	3:1
Uerdingen	1:2	0:0	1:1	2:5	0:2	1:1	2:4	4:1	3:0	1:0	●	3:1	2:1	3:1	4:2	1:1	5:1	5:2
Bochum	0:1	0:2	0:0	5:1	3:0	4:0	1:2	3:1	1:0	1:1	1:4	●	2:0	1:1	5:0	1:0	4:4	1:3
Dortmund	0:0	1:3	1:2	2:2	1:1	2:3	1:1	2:2	3:1	3:3	4:2	1:2	●	3:0	0:2	0:1	2:0	4:1
K'lautern	0:0	3:1	3:0	2:1	1:2	0:3	5:2	1:3	2:2	4:1	2:2	4:2	3:1	●	1:1	2:2	1:0	5:2
KSC	0:2	0:1	1:1	0:2	2:0	0:0	2:2	1:1	1:1	2:1	1:0	1:0	0:0	1:0	●	1:1	2:1	4:1
Waldhof	0:1	1:2	0:0	2:1	0:1	2:2	0:3	1:4	2:2	2:1	2:2	1:1	1:0	0:2	4:1	●	0:0	2:0
Homburg	1:1	3:2	1:0	2:2	0:4	0:2	0:0	1:1	5:2	1:1	2:2	1:1	0:3	3:2	1:0	1:1	●	3:1
Schalke 04	1:4	1:4	2:2	3:4	0:0	1:0	0:3	2:2	0:0	0:2	2:1	2:1	3:0	5:0	3:1	1:1	3:0	●

Bereits am 31. Spieltag machte Werder Bremen den Titelgewinn klar. Dementsprechend locker präsentierten sich Otto Rehhagel und seine Schützlinge vor dem Nordderby gegen den HSV am 33. Spieltag, das sie dann auch ebenso locker mit 1:4 verloren.

Blauer Pulli, Bremer Wunder

Am 3. Mai 1988 war das »Werder-Wunder« perfekt - da mochten die Bayern in ihren Lederhosen auch Kantersiege feiern, wie sie wollten, da konnten die Kölner ein letztes Mal den blauen Glückspullover von Sportchef Lattek beschwörend aus dem Wäschekorb zerren. Nutzte alles nix. Das 1:0 gegen Eintracht Frankfurt, erzielt von Neuzugang Kalle Riedle, bescherte den Bremern bereits am 31. Spieltag die zweite Deutsche Meisterschaft nach dem Überraschungscoup von 1965. Endgültig hatte Werder den Hamburger SV als kühler Bayern-Gegenspieler aus dem hohen Norden abgelöst. Aus dem Trainer Otto Rehhagel wurde mit einem Mal König Otto I., der König von der Weser. Das Prunkstück des neuen Meisters war die Abwehr um Keeper Reck, Sauer, Bratseth, Borowka, Otten und Schaaf, die nur 22 Gegentreffer zuließ. Im Mittelfeld hatten Norbert Meier und Mirko Votava das Sagen, während im Sturm Kalle Riedle und Frank Ordenewitz den zum AS Rom transferierten Völler mit insgesamt 33 Toren vergessen ließen. Dem hatte die Konkurrent aus München und Köln wenig entgegenzusetzen - außer dem bereits erwähnten blauen Glückspullover, mit dem Udo Lattek lange Zeit für Aufregung sorgen konnte. Weitere Textilien, um die es in dieser Saison viel Wirbel gab, waren die Leibchen der Kicker des FC Homburg. Die hatten sich als Brustsponor einen Kondomhersteller an Land gezogen, doch der DFB sah einen »Verstoß gegen Ethik und Moral im Sport« und legte sein Veto ein. In Schalke mussten dagegen wieder einmal die Taschentücher hervorgekramt werden, um den dritten Abstieg der Königsblauen zu beweinen. Selbst der in Köln geflogene »Anpfiff«-Autor Toni Schumacher konnte das Schalker Debakel nicht verhindern.

Finale in Berlin, 28. Mai 1988:

Eintr. Frankfurt - VfL Bochum 1:0 (0:0)

ZWEITE LIGA

1.	Stuttgarter Kickers	51:25	51:25
2.	FC St. Pauli	49:27	65:38
3.	Darmstadt 98	47:29	48:32
4.	Wattenscheid 09	47:29	62:48
5.	Fort. Düsseldorf (A)	46:30	63:38
6.	Alemannia Aachen	46:30	60:65
7.	BW 90 Berlin (A)	43:33	65:48
8.	Kickers Offenbach (N	39:37	56:49
9.	VfL Osnabrück	38:38	47:47
10.	SC Freiburg	38:38	61:63
11.	Rot-Weiß Essen	34:42	53:60
12.	Fortuna Köln	34:42	58:67
13.	1.FC Saarbrücken	34:42	57:67
14.	SV Meppen (N)	34:42	55:72
15.	Union Solingen	34:42	48:65
16.	RW Oberhausen	33:43	48:54
17.	SpVgg Bayreuth (N)	33:43	55:66
18.	BVL Remscheid (N)	29:47	54:74
19.	SSV Ulm 1846	29:47	51:75
20.	Arminia Bielefeld	22:54	29:67

TORJÄGER

Souleyman Sane (Freiburg) **21**
Theo Gries (Aachen) **19**
Frank Kremer (Remscheid) **18**

RELEGATIONSSPIELE

Darmstadt 98 - W. Mannheim 3:2 2:1 5:4 n.E.

Tore: 1124 (Schnitt: 2,96)
Platzverweise: 47
Zuschauer: 1.558.760 (Schnitt: 4.102)
Krösus: FC St. Pauli (8.122)
Kirchenmaus: Fort Köln (1.622)

ELF DES JAHRES

Köpke (Nürnberg)

Kohler (Köln) – **Bogdan** (KSC) – **Bratseth** (Bremen)

Häßler (Köln) – **Foda** (K'lautern) – **Thon** (Schalke) – **Borowka** (Bremen)

Povlsen (Köln) – **Riedle** (Bremen) – **Klinsmann** (Stuttgart)

INTER NATIONAL

Bei der EM in Deutschland scheitert die Nationalelf im Halbfinale an Holland (1:2)
Bayer Leverkusen gewinnt dank des 0:3 und 6:2 n.E. gegen Espanol Barcelona den UEFA-Cup

SAISON 88/89

		Punkte	Tore	Heim		Auswärts	
1.	Bayern München	50:18	67:26	31:3	44:8	19:15	23:18
2.	1.FC Köln	45:23	58:30	27:7	40:16	18:16	18:14
3.	Werder Bremen (M)	44:24	55:32	30:4	35:10	14:20	20:22
4.	Hamburger SV	43:25	60:36	23:11	32:15	20:14	28:21
5.	VfB Stuttgart	39:29	58:49	27:7	39:17	12:22	19:32
6.	Bor. M'gladbach	38:30	44:43	25:9	31:17	13:21	13:26
7.	Bor. Dortmund	37:31	56:40	22:12	35:20	15:19	21:20
8.	Bayer Leverkusen	34:34	45:44	21:13	26:16	13:21	19:28
9.	1.FC K'lautern	33:35	47:44	23:11	29:11	10:24	18:33
10.	FC St. Pauli (N)	32:36	41:42	22:12	22:13	10:24	19:29
11.	Karlsruher SC	32:36	48:51	20:14	26:20	12:22	22:31
12.	Waldhof Mannheim	31:37	43:52	19:15	26:28	12:22	17:24
13.	Bayer Uerdingen	31:37	50:60	20:14	28:22	11:23	22:38
14.	1.FC Nürnberg	26:42	36:54	20:14	23:22	6:23	13:32
15.	VfL Bochum	26:42	37:57	19:15	21:20	7:27	16:37
16.	Eintr. Frankfurt	26:42	30:53	19:15	17:17	7:27	13:36
17.	Stuttgarter Kickers (N)	26:42	41:68	14:20	20:26	12:22	21:42
18.	Hannover 96	19:49	36:71	12:22	24:36	7:27	12:35

FANS

Gesamt: 5.394.943 (306 Spiele)
Schnitt: 17.631
Krösus: BVB (29.176)
Kirchenmaus: Uerdingen (9.827)

TORE

Gesamt: 852 (Schnitt: 2,78)
Eigentore: 14

TORJÄGER

Thomas Allofs (Köln)	**17**
Roland Wohlfarth (Bayern)	**17**
Uwe Bein (HSV)	**15**
Hans-Jörg Criens (M'gladbach)	**13**
sowie acht weitere Spieler...	**13**

KARTEN

30 Rote, 928 Gelbe

TRAINER

Meistertrainer: Jupp Heynckes
Vorzeitige Wechsel: **8**

Saftig-Köppel (BVB), Feldkamp-Csernai (Frankfurt), Wähling-Siemensmeyer (Hannover), Latzke-Sebert (Waldhof), Csernai-Berger (Frankfurt), Siemensmeyer-Saftig (Hannover), Michels-Gelsdorf (Leverkusen), Tenhagen-Saftig (Bochum)

FUSSBALLER

Fussballer des Jahres:
Jürgen Klinsmann (Stuttgart)

Nationalelf-Debütanten:
Hermann, Riedle (beide Bremen), A. Reinhardt, K. Reinhardt (beide Leverkusen), Fach (Uerdingen), Häßler (Köln), Möller (BVB)

Transfers des Jahres:
Andersen, Eckstein (Frankfurt), Ekström, Thon (Bayern), Furtok, Jensen (HSV), Katanec (Stuttgart), Kocian (St. Pauli), Labbadia (K'lautern), M. Rummenigge (BVB), Rahn (Köln), Straka (M'gladbach)

SPIEL DES JAHRES

Selten hatte es in der Geschichte der Bundesliga vor einem Schlagerspiel ein solches Ballyho gegeben wie vor dem Schlagerspiel Köln-Bayern. Vier Spieltage vor Ultimo besaßen die Bayern zwar zwei Punkte Vorsprung vor den Kölnern, die aber mit Christoph Daum den aktiveren Lautsprecher und die scheinbar bessere Form. Doch als es darauf ankam, waren die von Jupp Heynckes glänzend eingestellten Bayern da und siegten 3:1. Mann des Tages war natürlich Roland Wohlfarth, der in den Wochen zuvor eher durch extreme Tollpatschigkeit im Strafraum aufgefallen war, in Müngersdorf jedoch seinen Ruf als Torjäger mit drei blitzsauberen Treffern aufzupolieren wusste.

1.FC KÖLN - BAYERN MÜNCHEN 1:3 (1:1)

Köln: Illgner, Steiner, Gielchen (Götz), Kohler (Sturm), Häßler, Olsen, Littbarski, Rahn, Görtz, Allofs, Povlsen.
Bayern: Aumann, Augenthaler, Grahammer, Pflügler, Nachtweih, Reuter, Thon, Flick (Dorfner), Kögl, Wohlfarth, Wegmann (Johnsen).
Tore: 0:1 Wohlfarth (25.), 1:1 Allofs (32.), 1:2, 1:3 Wohlfarth (85., 89.)
Zuschauer: 58.000, **Schiri:** Wiesel (Ottbergen)

	Bayern	1.FC Köln	Bremen	HSV	Stuttgart	M'gladbach	Dortmund	Leverkusen	K'lautern	St. Pauli	KSC	Waldhof	Uerdingen	Nürnberg	Bochum	Frankfurt	Stut. Kickers	Hannover
Bayern	●	2:0	0:0	1:0	3:3	3:0	1:1	2:0	5:1	2:1	3:2	1:0	5:0	1:0	5:0	3:0	3:0	4:0
1.FC Köln	1:3	●	2:0	1:2	3:0	3:1	2:0	3:0	2:2	4:2	6:1	1:0	1:1	1:1	1:0	3:2	5:1	1:0
Werder Bremen	2:2	1:2	●	2:1	3:0	2:0	2:0	3:1	1:0	0:0	3:1	2:1	3:1	2:1	2:0	2:0	4:0	1:0
HSV	0:1	0:1	2:0	●	2:1	1:2	0:0	1:1	1:1	1:1	1:1	5:1	3:0	3:2	3:1	2:1	3:0	4:1
Stuttgart	1:2	2:0	3:3	4:2	●	2:1	1:3	0:0	3:1	2:1	2:0	2:0	2:2	4:0	3:1	2:0	4:0	2:1
M'gladbach	2:1	1:0	4:1	0:4	2:2	●	1:1	2:0	4:1	2:2	1:1	1:1	3:0	1:1	2:0	2:1	1:1	2:0
Dortmund	1:1	0:4	3:1	2:2	1:2	0:0	●	2:1	1:1	0:0	3:2	1:2	4:2	4:0	2:1	6:0	1:1	4:0
Leverkusen	1:1	0:0	1:0	1:2	0:0	3:1	2:0	●	0:1	2:2	1:0	3:0	2:2	3:0	1:1	2:2	1:3	3:1
K'lautern	1:1	1:1	0:0	0:0	6:1	0:0	3:2	0:0	●	1:0	1:2	0:3	2:0	2:1	3:0	3:0	6:0	0:0
St. Pauli	0:0	0:1	1:3	1:2	2:1	1:1	1:0	2:0	1:1	●	1:0	2:1	5:1	0:1	1:0	2:0	1:0	1:1
KSC	2:2	0:0	1:0	2:2	2:0	2:2	0:0	2:3	4:1	3:1	●	2:1	0:1	1:1	1:3	1:3	1:0	2:0
Waldhof	0:3	2:1	1:1	0:0	3:4	4:1	0:3	1:1	0:4	2:1	2:0	●	3:3	2:1	2:2	1:0	2:2	1:1
Uerdingen	1:3	1:1	2:1	0:2	0:0	0:0	0:0	3:1	3:1	0:0	0:3	0:0	●	3:2	3:1	4:1	1:3	7:3
Nürnberg	2:1	0:2	0:1	1:4	1:0	0:0	1:1	1:1	1:1	5:3	1:3	1:0	1:0	●	3:1	1:1	3:3	1:0
Bochum	0:0	1:3	0:1	2:1	1:0	1:2	2:2	2:4	2:0	0:0	2:0	2:2	1:1	1:0	●	1:0	2:1	1:3
Frankfurt	2:2	1:0	0:0	0:1	1:3	1:1	2:1	1:1	3:2	1:1	1:0	0:0	0:2	1:0	1:1	●	1:2	1:0
Stut. Kickers	2:0	0:0	0:6	2:0	0:2	3:0	1:2	1:3	2:0	2:2	1:3	1:3	3:1	1:0	1:2	0:1	●	0:1
Hannover 96	0:0	2:2	2:2	2:3	2:0	0:1	1:5	2:2	0:0	2:2	2:3	0:2	0:5	2:2	3:2	1:1	3:4	●

Bei den Spielen zwischen den niederrheinischen Rivalen M'gladbach und Uerdingen handelte es sich nur selten um fußballerische Leckerbissen. Auch das 0:0 im Oktober '88 lebte eher vom Kampf - und von den Laufduellen der Herren Bruns (links) und Klinger.

Osram vs. Cassius

Es war das Duell des Jahres: Jupp »Osram« Heynckes, der Meistertrainer aus München, gegen den selbsternannten »Lautsprecher der Liga«, Christoph »Cassius« Daum. Der Höhepunkt des ins Bizarre abdriftenden medialen Spektakels, mit dem der Kölner Trainer den FC Bayern zu verunsichern suchte, war beim gemeinsamen Auftritt der Streithähne im «Aktuellen Sportstudio« erreicht, als sich Uli Hoeneß und Christoph Daum im Beisein der betreten schweigenden Jupp Heynckes und Udo Lattek gegenseitig Nettigkeiten an die erröteten Köpfe warfen und das Studiopublikum den alten Stadionevergreen »Zieht den Bayern die Lederhosen aus« intonierte. Der Ballyhoo-Gipfel fand wenige Tage vor dem Spitzenspiel des 1.FC Köln gegen Bayern München statt, nach welchem die Gäste dann allerdings ihre traditionellen Beinkleider anbehalten durften.

Im Europapokal gab es für die Bajuwaren dagegen einmal mehr ein schmerzliches Erwachen. Gegen Maradonas SSC Neapel reichte es im Halbfinale nach einer 0:2-Schlappe in Italien nur zu einem 2:2. Der VfB Stuttgart, der sich zuvor gegen Dynamo Dresden durchgesetzt hatte, machte es im Endspiel allerdings auch nicht besser: Dem 1:2 am Vesuv folgte im Neckarstadion nur ein 3:3.

Im nationalen Pokal kam es nach ein paar Langweilern endlich mal wieder zu einem richtigen Kracher: Die wiedererstarkte Dortmunder schlugen dabei den frischgebackenen Ex-Meister Werder mit 4:1 und sackten in ihren nostalgischen Ringelsöckchen den ersten Titel seit 25 Jahren ein. Davon war der Altmeister aus Nürnberg weit entfernt, rettete sich aber gemeinsam mit Frankfurt und Bochum vor den punktgleichen Stuttgarter Kickers. Allein das Torverhältnis entschied über Abstieg, Relegation und Kabinenfeier.

ZWEITE LIGA

1.	Fortuna Düsseldorf	49:27	85:52
2.	FC Homburg (A)	47:29	55:36
3.	1.FC Saarbrücken	46:30	53:43
4.	Fortuna Köln	45:31	80:57
5.	SC Freiburg	42:34	66:52
6.	Wattenscheid 09	42:34	68:58
7.	Alemannia Aachen	41:35	58:55
8.	BW 90 Berlin	41:35	56:54
9.	Eintr. Braunschweig (N)	38:38	43:43
10.	SV Meppen	37:39	55:54
11.	Darmstadt 98	36:40	56:57
12.	Schalke 04 (A)	36:40	58:51
13.	Hertha BSC Berlin (N)	36:40	54:44
14.	VfL Osnabrück	36:40	58:66
15.	Kickers Offenbach	35:41	51:53
16.	Rot-Weiß Essen	35:41	54:60
17.	SpVgg Bayreuth	34:42	52:60
18.	Vikt. Aschaffenburg (N)	34:42	47:60
19.	FSV Mainz 05 (N)	29:47	44:76
20.	Union Solingen	20:56	24:77

TORJÄGER

Sven Demandt (Düsseldorf) **35**
Uwe Fuchs (Fort. Köln) **22**
Ralf Haub (Aschaffenburg) **16**

RELEGATIONSSPIELE

Eintr. Frankfurt - 1.FC Saarbrücken 2:0 1:2

Tore: 1108 (Schnitt: 2,92)
Platzverweise: 49
Zuschauer: 2.116.600 (Schnitt: 5.570)
Krösus: Schalke 04 (14.114)
Kirchenmaus: Union Solingen (1.982)

ELF DES JAHRES

Zumdick (Bochum)

Kohler (Köln) – **Augenthaler** (Bayern) – **Bratseth** (Bremen) – **Duve** (St. Pauli)

Häßler (Köln) – **Littbarski** (Köln) – **Bein** (Frankfurt) – **Möller** (BVB)

Kuntz (K'lautern) – **Walter** (Stuttgart)

Finale in Berlin, 24. Juni 1989:
Bor. Dortmund - Werder Bremen 4:1 (1:1)

INTER NATIONAL Der VfB Stuttgart scheitert im Finale des UEFA-Cups am SSC Neapel (1:2, 3:3)

SAISON 89/90

FANS

Gesamt: 6.048.207 (306 Spiele)
Schnitt: 19.765
Krösus: BVB (34.810)
Kirchenmaus: Homburg (7.682)

TORE

Gesamt: 790 (Schnitt: 2,58)
Eigentore: 17

TORJÄGER

Jörn Andersen (Frankfurt)	**18**
Stefan Kuntz (K'lautern)	**15**
Fritz Walter (Stuttgart)	**13**
Roland Wohlfarth (Bayern)	**13**
Falko Götz (Köln)	**11**

KARTEN

31 Rote, 966 Gelbe

TRAINER

Meistertrainer: Jupp Heynckes

Vorzeitige Wechsel: **7**

Werner-vom Bruch (M'gladbach)
Reimann-Schock (HSV)
Roggensack-Feldkamp (K'lautern)
Haan-Entenmann (Stuttgart)
Gerland-Haan (Nürnberg)
Stabel-Linz (Homburg)
Daum-Rutemöller (Köln)

FUSSBALLER

Fussballer des Jahres:
Thomas Häßler (Köln)

Nationalelf-Debütanten:
Aumann (Bayern), Bein (Frankfurt), Köpke (Nürnberg), Steiner (Köln)

Transfers des Jahres:
Basualdo (Stuttgart), Bein (Frankfurt), Belanow, Meier (M'gladbach), Nando (HSV), Jorginho, Thom (Leverkusen), Kuntz (K'lautern), Knoflicek (St. Pauli), Kohler, McInally, Mihajlovic (Bayern), Laudrup (Uerdingen), Rudy (Köln), Rufer (Bremen), Wegmann (BVB),

		Punkte	Tore	Heim		Auswärts	
1.	Bayern München (M)	49:19	64:28	30:4	41:8	19:15	23:20
2.	1.FC Köln	43:25	54:44	22:12	32:21	21:13	22:23
3.	Eintr. Frankfurt	41:27	61:40	25:9	38:16	16:18	23:24
4.	Bor. Dortmund	41:27	51:35	27:7	28:8	14:20	23:27
5.	Bayer Leverkusen	39:29	40:32	22:12	23:15	17:17	17:17
6.	VfB Stuttgart	36:26	53:47	29:5	38:8	7:27	15:39
7.	Werder Bremen	34:34	49:41	23:11	34:11	11:23	15:30
8.	1.FC Nürnberg	33:35	42:46	22:12	26:13	11:23	16:33
9.	Fort. Düsseldorf (N)	32:36	41:41	20:14	26:15	12:22	15:26
10.	Karlsruher SC	32:36	32:39	23:11	21:11	9:25	11:28
11.	Hamburger SV	31:37	39:46	23:11	26:12	8:26	13:34
12.	1.FC K'lautern	31:37	42:55	20:14	29:23	11:23	13:32
13.	FC St. Pauli	31:37	31:46	20:14	18:14	11:23	13:32
14.	Bayer Uerdingen	30:38	41:48	18:16	29:24	12:22	12:24
15.	Bor. M'gladbach	30:38	37:45	21:13	27:14	9:25	10:31
16.	VfL Bochum	29:39	44:53	21:13	27:19	8:26	17:34
17.	Waldhof Mannheim	26:42	36:53	19:15	27:19	7:27	9:34
18.	FC Homburg (N)	24:44	33:51	15:19	23:26	9:25	10:25

SPIEL DES JAHRES

Darauf hatten die Franken lange, lange warten müssen. All die Jahre, die man im Tabellenkeller der Bundesliga oder gar der Zweiten Liga hatte verbringen müssen, während sich in unerreichbar scheinenden Regionen ein Emporkömmling anschickte, dem Altmeister den Rekordmeisterstatus zu klauen, sie waren vergessen. An diesem Tag stimmte einfach alles: Sichere Hintermannschaft, spielstarkes und lauffreudiges Mittelfeld, gefährlicher Sturm. Zum Rückrundenauftakt nahm der 1.FC Nürnberg Tabellenführer Bayern München im Stile einer echten Klassemannschaft auseinander und verpasste dabei sogar noch einen durchaus höheren Sieg.

1.FC NÜRNBERG - BAYERN MÜNCHEN 4:0 (1:0)

Nürnberg: Köpke, Bayerschmidt, Kuhn, Philipkowski, Brunner, Dusend, Schneider, Kristl, Metschies, Wirsching (Klein), Türr (Sane).
Bayern: Aumann, Reuter, Flick (Kögl), Kohler, Pflügler, Schwabl, Dorfner, Strunz, Bender (Mihajlovic), McInally, Wohlfarth.
Tore: 1:0 Brunner (34., Elfmeter), 2:0 Türr (55.), 3:0 Dusend (72.), 4:0 Kristl (75.)
Zuschauer: 46.500, **Schiri:** Weber (Essen)

	Bayern	1.FC Köln	Frankfurt	Dortmund	Leverkusen	Stuttgart	Bremen	Nürnberg	Düsseldorf	KSC	HSV	K'lautern	St. Pauli	Uerdingen	M'gladbach	Bochum	Waldhof	Homburg
Bayern	●	5:1	1:0	3:0	0:1	3:1	1:1	3:2	0:0	4:1	4:0	3:0	1:0	3:0	2:0	5:1	2:0	1:0
1.FC Köln	1:1	●	3:5	1:1	1:1	0:0	4:2	2:1	1:3	0:5	2:0	4:1	1:0	0:1	3:0	2:0	6:0	1:0
Frankfurt	1:2	3:1	●	0:2	0:3	5:1	1:0	5:1	2:0	1:1	2:0	1:1	4:1	2:1	3:0	4:0	3:1	1:1
Dortmund	2:2	0:0	0:0	●	1:1	2:0	4:1	2:1	1:0	2:0	1:0	1:1	3:1	1:0	3:0	0:1	2:0	3:0
Leverkusen	0:0	0:2	2:0	1:0	●	1:1	1:3	2:0	3:3	1:1	1:0	1:1	1:1	1:1	0:0	2:1	3:0	3:1
Stuttgart	2:1	3:1	1:1	3:1	0:0	●	3:1	4:0	4:0	2:0	3:0	0:1	4:0	1:0	4:0	1:0	1:0	2:2
Werder Bremen	2:2	4:0	1:2	2:0	0:0	6:1	●	4:0	2:2	4:0	2:1	4:0	2:1	0:0	0:0	1:1	0:1	0:0
Nürnberg	4:0	1:1	1:1	1:3	2:2	0:2	1:1	●	3:0	2:0	2:0	0:0	0:1	1:1	2:0	2:1	2:0	2:0
Düsseldorf	1:2	1:1	1:2	1:1	2:0	4:2	2:1	0:0	●	0:0	1:1	1:1	7:0	2:1	0:1	2:2	0:0	1:0
KSC	3:3	0:0	1:0	2:1	2:1	1:0	2:1	0:0	2:2	●	2:0	0:0	0:0	0:0	0:1	2:0	4:0	0:2
HSV	0:3	0:2	1:1	1:1	0:1	1:0	4:0	1:0	1:0	1:0	●	3:0	0:0	6:0	3:0	1:4	1:0	2:0
K'lautern	0:0	1:2	2:1	2:2	2:0	1:2	2:2	0:2	1:0	5:1	1:3	●	1:1	2:1	2:1	2:1	2:3	3:1
St. Pauli	0:2	1:1	2:2	2:1	3:0	0:0	0:0	0:1	1:0	1:1	0:0	0:2	●	1:1	2:1	2:0	2:1	1:1
Uerdingen	2:2	2:3	1:1	1:3	0:2	4:1	0:1	3:3	0:1	1:0	5:2	3:2	1:0	●	0:0	3:1	0:2	3:0
M'gladbach	0:0	0:2	2:1	0:0	1:1	3:1	4:0	3:0	3:1	0:0	1:3	3:1	4:1	0:1	●	1:2	2:0	0:0
Bochum	0:0	0:1	2:2	2:3	0:2	2:0	0:0	3:3	1:2	2:0	3:1	2:0	3:3	2:1	2:1	●	2:0	1:0
Waldhof	1:0	2:3	1:1	2:1	1:1	2:1	0:0	1:1	0:1	0:1	4:1	4:0	0:1	1:1	4:2	3:2	●	1:2
Homburg	1:3	0:1	2:3	3:3	2:1	4:2	1:1	0:1	1:0	2:0	0:1	2:2	0:2	1:2	1:3	1:0	2:1	●

Hoppla! Wenn das mal keine Abwehrlücke war! Beim Versuch, Bayern-Stürmer Alan McInally am (erfolgreichen) Kopfball zu hindern, machen die Frankfurter Charly Körbel (links) und Thomas Lasser keine allzu glückliche Figur. Prompt verlor die Eintracht 1:2.

Bazis machen Dutzend voll

Einmal mehr gelang den Bayern ein Start-Ziel-Sieg, der an Deutlichkeit und Überlegenheit keine Wünsche offen ließ. Schon im August fegten die Heynckes-Schützlinge den letztjährigen Widersacher aus Köln mit einem 5:1 aus dem Olympiastadion und gaben sich auch sonst keine Blöße - sieht man mal von einem kleinen Ausrutscher ab. Am Ende brachten die Bayern ihren zwölften Meistertitel mit einem Vorsprung von sechs Punkten unter Dach und Fach, worauf Trainer Heynckes den feiernden Fans am Marienplatz ein kerniges »und im nächsten Jahr holen wir den Europapokal« entgegenrief. In jenen Tagen war es mit den Orakelkünsten der Münchner freilich nicht weit her, wie auch der legendäre Satz Franz Beckenbauer, »tut mir leid für die anderen Mannschaften, aber Deutschland wird über Jahre die Nummer eins bleiben«, beweisen sollte. Doch was gibt man im Überschwang des Sieges nicht schon alles von sich? Und der Kaiser hatte schließlich soeben nun auch als Trainer den Fußball-Olymp bestiegen und war im Olympiastadion von Rom Weltmeister geworden - ein Triumph, gegen den der Dutzend-Titel der Bayern natürlich ebenso verblasste wie der feine Lauterer Pokalerfolg oder der von den Schatzmeistern der Bundesligaklubs frenetisch bejubelte Abstieg der Publikumsantimagneten Mannheim und Homburg. Um ein Haar hätte sich auch der VfL Bochum dazugesellt, doch die graue Maus der Liga sollte noch ein paar Jährchen unabsteigbar bleiben. Das wichtigste Ereignis der Saison fand aber in Berlin statt, womit ausnahmsweise nicht Herthas Wiederaufstieg gemeint ist: der Fall der Mauer am 9. November. Schon vor Ende der Saison war abzusehen, dass der DFB seine Pläne zur Ligareform wohl noch einmal würde überarbeiten müssen.

Finale in Berlin, 19. Mai 1990:

1.FC K'lautern - Werder Bremen 3:2 (3:0)

ZWEITE LIGA

1.	Hertha BSC Berlin	53:23	65:39
2.	Wattenscheid 09	51:25	70:35
3.	1.FC Saarbrücken	46:30	58:33
4.	Stuttgarter Kickers (A)	45:31	68:48
5.	Schalke 04	43:33	69:51
6.	Rot-Weiß Essen	42:34	49:46
7.	Eintr. Braunschweig	39:37	55:51
8.	Hannover 96 (A)	38:38	53:43
9.	BW 90 Berlin	37:39	46:52
10.	MSV Duisburg (N)	37:39	50:58
11.	SV Meppen	36:40	47:57
12.	Preußen Münster (N)	36:40	45:64
13.	SC Freiburg	34:42	53:52
14.	Fortuna Köln	34:42	48:60
15.	VfL Osnabrück	33:43	58:69
16.	Darmstadt 98	33:43	43:55
17.	Hessen Kassel (N)	33:43	35:64
18.	SpVgg Bayreuth	31:45	54:59
19.	Alemannia Aachen	30:46	52:63
20.	SpVgg Unterhaching (N)	29:47	43:61

TORJÄGER

Maurice Banach (Wattenscheid) **22**
Uwe Tschiskale (Wattenscheid) **19**
Heikko Gloede (Osnabrück) **18**
Theo Gries (Hertha) **18**
Wolfgang Schüler (Stut. Kickers **18**
Peter Sendscheid (Schalke) **18**

Tore: 1061 (Schnitt: 2,79)
Platzverweise: 45
Zuschauer: 2 604.900 (Schnitt: 6.855)
Krösus: Schalke 04 (23.074)
Kirchenmaus: SpVgg Bayreuth (1.549)

ELF DES JAHRES

Golz (HSV)

Grahammer (Bayern) | **Buchwald** (Stuttgart) | **Binz** (Frankfurt) | **MacLeod** (BVB)

Häßler (Köln) | **Littbarski** (Köln) | **Bein** (Frankfurt) | **Möller** (BVB)

Kuntz (K'lautern) | **Walter** (Stuttgart)

RELEGATIONSSPIELE

1.FC Saarbrücken - VfL Bochum 0:1 1:1

INTER NATIONAL

Deutschland wird durch ein 1:0 gegen Argentinien in Rom zum dritten Mal Weltmeister
Bayern München scheitert im Halbfinale des Europacups der Meister am AC Mailand (0:1, 2:1)

SAISON 90/91

		Punkte	Tore	Heim		Auswärts	
1.	1.FC K'lautern	48:20	72:45	27:7	33:18	21:13	39:27
2.	Bayern München (M)	45:23	74:41	23:11	46:19	22:12	28:22
3.	Werder Bremen	42:26	46:29	25:9	32:14	17:17	14:15
4.	Eintr. Frankfurt	40:28	63:40	25:9	44:21	15:19	19:19
5.	Hamburger SV	40:28	60:38	25:9	36:13	15:19	24:25
6.	VfB Stuttgart	38:30	57:44	21:13	34:24	17:17	23:20
7.	1.FC Köln	37:31	50:43	21:13	25:23	16:18	25:20
8.	Bayer Leverkusen	35:33	47:46	21:13	29:23	14:20	18:23
9.	Bor. M'gladbach	35:33	49:54	22:12	25:16	13:21	24:38
10.	Bor. Dortmund	34:34	46:57	15:19	22:27	19:15	24:30
11.	Wattenscheid 09 (N)	33:35	42:51	17:17	19:21	16:18	23:30
12.	Fortuna Düsseldorf	32:36	40:49	17:17	26:25	15:19	14:24
13.	Karlsruher SC	31:37	46:52	21:13	31:22	10:24	15:30
14.	VfL Bochum	29:39	50:52	16:18	19:16	13:21	31:36
15.	1.FC Nürnberg	29:39	40:54	16:18	27:30	13:21	13:24
16.	FC St. Pauli	27:41	33:53	18:16	19:18	9:25	14:35
17.	Bayer Uerdingen	23:45	34:54	13:21	20:27	10:24	14:27
18.	Hertha BSC Berlin (N)	14:54	37:84	9:25	14:28	5:29	23:56

FANS

Gesamt: 6.275.437 (306 Spiele)
Schnitt: 20.508
Krösus: Bayern (34.950)
Kirchenmaus: Uerdingen (7.891)

TORE

Gesamt: 886 (Schnitt: 2,9)
Eigentore: 23

TORJÄGER

Roland Wohlfarth (Bayern)	**21**
Jan Furtok (HSV)	**20**
Andreas Möller (Frankfurt)	**16**
Thomas Allofs (Düsseldorf)	**15**
Wynton Rufer (Bremen)	**15**

KARTEN

46 Rote, 965 Gelbe

TRAINER

Meistertrainer: Kalli Feldkamp

Vorzeitige Wechsel: **12**

Fuchs-Csernai (Hertha), Entenmann-Daum (Stuttgart), Wohlers-Konietzka (Uerdingen), Ristic-Hickersberger (D'dorf), Schulte-Wohlers (St. Pauli), Csernai-Neururer (Hertha), Berger-Stepanovic (Frankfurt), Saftig-Schafstall (Bochum), Neururer-Heine (Hertha), Gelsdorf-Hermann (Leverkusen), Konietzka-Funkel (Uerdingen), Köppel-Hitzfeld (BVB)

FUSSBALLER

Fussballer des Jahres:
Lothar Matthäus (Inter Mailand)

Nationalelf-Debütanten:
Beiersdorfer, Doll (beide HSV), Effenberg, Strunz (beide Bayern), Binz (Frankfurt), Helmer (BVB), Sammer (Stuttgart), Thom (Leverkusen)

Transfers des Jahres:
Doll (HSV), Effenberg (Bayern), Kirsten (Leverkusen), Kadlec (K'lautern), Sammer (Stuttgart), Möller, Yeboah (Frankfurt)

SPIEL DES JAHRES

Sensationell hatten sich die Roten Teufel bis zum letzten Spieltag an der Spitze gehalten, nun mussten sie im Gastspiel beim 1.FC Köln nur noch ein einziges Zählerchen holen, um die Meisterschaft tatsächlich unter Dach und Fach zu bringen. Keine leichte Aufgabe, denn auch der FC besaß bei einem Punkt Rückstand auf den fünften Platz Ambitionen auf eine Rückkehr ins internationale Pokalgeschäft. Die Vorentscheidung in diesem Spiel fiel jedoch schon nach einer Viertelstunde, da stand es bereits 2:0 für die Pfälzer, die sich alsbald in einen regelrechten Spielrausch steigerten und sich zur Freude der in hellen Scharen mitgereisten Fans mit dem Toreschießen nicht zurückhielten.

1.FC KÖLN - 1.FC K'LAUTERN 2:6 (1:4)

Köln: Illgner, Giske, Götz, Higl (Heldt), Greiner, Flick, Littbarski, Rudy (Sturm), Gielchen, Banach, Ordenewitz.
K'lautern: Ehrmann, Kuntz, Lutz, Friedmann, Schupp, Scherr, Dooley, Haber, Kranz, Winkler (Ernst), Hoffmann (Labbadia).
Tore: 0:1 Haber (5.), 0:2 Winkler (14.), 1:2 Ordenewitz (34., Elfmeter), 1:3 Winkler (43.), 1:4 Dooley (45.), 2:4 Greiner (47.), 2:5 Haber (77.), 2:6 Schupp (90.)
Zuschauer: 55.000, **Schiri:** Harder (Lüneburg), **Rot:** Flick (31.)

	K'lautern	Bayern	Bremen	Frankfurt	HSV	Stuttgart	1.FC Köln	Leverkusen	M'gladbach	Dortmund	Wattenscheid	Düsseldorf	KSC	Bochum	Nürnberg	St. Pauli	Uerdingen	Hertha
K'lautern	●	2:1	1:0	1:1	1:0	2:0	2:2	2:1	2:3	2:2	1:1	0:0	3:2	4:1	3:1	1:0	2:0	4:3
Bayern	4:0	●	1:1	2:0	6:1	2:1	2:2	1:1	4:1	2:3	7:0	0:1	3:0	2:2	1:0	0:1	2:2	7:3
Werder Bremen	1:2	1:0	●	1:1	3:1	0:1	2:1	1:1	3:0	1:1	1:1	3:1	2:0	2:1	0:0	1:0	4:3	6:0
Frankfurt	4:3	1:4	0:0	●	0:6	4:0	1:0	3:1	5:1	3:1	4:0	5:1	3:0	1:1	0:1	1:1	4:0	5:1
HSV	1:3	2:3	3:2	0:1	●	2:0	1:1	3:1	3:0	4:0	0:0	1:0	2:2	1:0	4:0	5:0	2:0	2:0
Stuttgart	2:2	0:3	0:1	2:1	2:0	●	3:2	0:2	1:1	7:0	1:4	1:1	2:2	2:2	2:1	2:1	3:1	4:0
1.FC Köln	2:6	4:0	1:0	2:1	1:0	1:6	●	1:1	1:3	0:1	1:1	1:1	0:0	0:0	3:1	2:0	3:1	2:1
Leverkusen	2:2	1:2	0:0	2:2	2:2	0:0	2:0	●	2:5	1:2	2:1	1:1	1:0	4:2	2:2	3:1	1:0	3:1
M'gladbach	2:2	1:1	1:1	1:1	1:1	2:0	2:2	1:1	●	2:1	1:1	2:0	2:1	1:2	2:0	1:1	1:1	2:0
Dortmund	0:2	2:3	1:1	0:3	1:1	0:3	1:2	1:1	1:1	●	2:2	1:1	2:2	1:0	0:2	5:2	1:0	3:1
Wattenscheid	0:0	3:2	2:0	1:0	0:1	2:2	0:3	1:2	1:1	1:1	●	2:0	1:1	0:4	0:1	2:2	0:0	3:1
Düsseldorf	0:0	1:2	1:0	1:0	2:1	0:4	0:2	0:2	4:1	0:0	2:1	●	5:2	3:4	3:0	0:0	0:2	4:2
KSC	4:2	2:3	1:1	2:2	2:2	0:0	1:1	2:0	3:2	1:2	1:3	1:1	●	3:2	2:0	1:1	2:0	3:0
Bochum	0:2	1:2	1:2	0:0	0:1	1:1	1:0	3:1	3:0	2:2	0:0	0:0	0:1	●	0:0	3:0	0:2	4:2
Nürnberg	1:4	0:1	2:3	0:2	3:1	0:1	0:4	1:0	2:2	1:1	4:2	3:0	0:0	3:2	●	5:2	1:1	1:4
St. Pauli	1:0	0:0	0:0	1:1	0:2	2:2	2:0	1:0	1:1	0:2	1:1	2:3	2:0	3:3	0:0	●	1:1	2:2
Uerdingen	3:7	1:1	0:0	2:3	0:0	2:0	0:3	1:1	1:1	1:3	0:2	1:2	1:1	4:1	0:0	2:0	●	1:2
Hertha BSC	0:2	0:0	0:0	1:0	1:4	0:2	0:0	1:2	1:1	2:2	2:3	0:1	1:1	2:4	2:4	1:2	0:0	●

So lang Sven Demandt sein Bein in dieser Szene auch machte, für ihn und seine Fortuna aus Düsseldorf gab es in Frankfurt keinen Blumentopf zu gewinnen. Denn so resolut, wie Binz hier klärt, nahm die Eintracht den Gast auch auseinander: 5:1 hieß es am Ende.

Teuflisches Meisterstück

Endlich wieder ein Sensationsmeister, und was für einer! Mit den Pfälzern hatte nun aber auch wirklich keiner gerechnet. Nun gut, die Elf von Kalli Feldkamp, dem man eigentlich auch nichts mehr zugetraut hatte, hatte sich gerade im DFB-Pokal hervorgetan. Doch in den Jahren zuvor waren die Lauterer zu einem waschechten Abstiegskandidaten mutiert, selbst der Hexenkessel Betzenberg war nicht mehr das, was er mal war. Alles vergessen, alles vorbei. Urplötzlich waren die »Roten Teufel« wieder da. Indem sie sich auf ihre Stärken - Leidenschaft, Kampfkraft, Siegeswille, mannschaftliche Geschlossenheit - besannen, wurden sie von Woche zu Woche stärker und ließen sich auch von einer schier unheimlichen Verletzungsserie nicht stoppen. Fielen wichtige Stammspieler mit Bänderrissen oder Beinbrüchen aus, sprangen eben Amateure oder Nachwuchskicker ein. Und am Ende bewies der FCK auch Nervenstärke, als er den Titel durch eine 2:3-Heimschlappe gegen M'gladbach am vorletzten Spieltag beinahe noch verspielt hätte. Doch in Müngersdorf ließen Kuntz, Scherr, Schupp und Co. dann nichts mehr anbrennen.

Der große Verlierer der Saison war der FC Bayern. In der Meisterschaft von einer Handvoll Nobodies ausgebootet, im Europapokal an Roter Stern Belgrad gescheitert und zu allem Überfluss in der ersten Pokalrunde vom Oberligisten FV Weinheim blamiert. Angesichts der arroganten Art mancher Bayernprofis (stellvertretend Effenbergs Zitat: »Die anderen sind einfach zu dumm für den Titel«) hielt sich das Mitleid für den Goliath doch stark in Grenzen. Das Herz der Fußballfans schlug für den David aus der Pfalz.

Finale in Berlin, 22. Juni 1991:

Werder Bremen - 1.FC Köln 5:4 n.E. (1:1)

ZWEITE LIGA

1.	Schalke 04	57:19	64:29
2.	MSV Duisburg	53:23	70:34
3.	Stuttgarter Kickers	51:25	63:32
4.	FC Homburg (A)	42:37	45:31
5.	1.FC Saarbrücken	44:32	47:30
6.	BW 90 Berlin	44:32	55:42
7.	Waldhof Mannheim (A)	42:34	60:47
8.	FSV Mainz 05 (N)	41:35	45:52
9.	SC Freiburg	40:36	54:48
10.	Hannover 96	38:38	49:49
11.	Fortuna Köln	37:39	51:53
12.	VfB Oldenburg (N)	36:40	58:53
13.	Eintr. Braunschweig	35:41	53:52
14.	VfL Osnabrück	35:41	51:55
15.	Rot-Weiß Essen	34:42	49:52
16.	SV Meppen	34:42	35:42
17.	Darmstadt 98	33:43	46:54
18.	Preußen Münster	29:47	35:59
19.	TSV Havelse (N)	19:57	44:82
20.	Schweinfurt 05 (N)	13:63	26:95

TORJÄGER

Michael Tönnies (Duisburg) **29**
Marcus Marin (Stut. Kickers) **22**
Thomas Adler (BW Berlin) **21**

RELEGATIONSSPIELE

FC St. Pauli - Stut. Kickers 1:1 1:1 1:3

Tore: 997 (Schnitt: 2,62)
Platzverweise: 59
Zuschauer: 2.489.000 (Schnitt: 6.550)
Krösus: Schalke 04 (29.078)
Kirchenmaus: Fort. Köln (1.662)

ELF DES JAHRES

Köpke (Nürnberg)

Scherr (K'lautern) – **Kohler** (Bayern) – **Kempe** (Bochum) – **Helmer** (BVB)

Sammer (Stuttgart) – **Möller** (Frankfurt) – **Bein** (Frankfurt) – **Effenberg** (Bayern)

T. Allofs (Düsseldorf) – **Doll** (HSV)

INTER NATIONAL Bayern München scheitert im Halbfinale des Europacups der Meister an Roter Stern Belgrad

SAISON 91/92

		Punkte	Tore	Heim		Auswärts	
1.	VfB Stuttgart	52:24	62:32	31:7	40:16	21:17	22:16
2.	Bor. Dortmund	52:24	66:47	32:6	44:18	20:18	22:29
3.	Eintr. Frankfurt	50:26	76:41	27:11	40:16	23:15	36:25
4.	1.FC Köln	44:32	58:41	23:15	32:16	21:17	26:25
5.	1.FC K'lautern (M)	44:32	58:42	32:6	45:16	12:26	13:26
6.	Bayer Leverkusen	43:33	53:39	26:12	35:16	17:21	18:23
7.	1.FC Nürnberg	43:33	54:51	27:11	39:19	16:22	22 32
8.	Karlsruher SC	41:35	48:50	25:13	28:20	16:22	20:30
9.	Werder Bremen	38:38	44:45	21:17	25:21	17:21	19:24
10.	Bayern München	36:40	59:61	21:17	35:32	15:23	24:29
11.	Schalke 04 (N)	34:42	45:45	26:12	32:12	8:30	13:33
12.	Hamburger SV	34:42	32:43	19:19	15:17	15:23	17:26
13.	Bor. M'gladbach	34:42	37:49	24:14	21:16	10:28	16:33
14.	Dynamo Dresden (N)	34:42	34:50	25:13	24:13	9:29	10:37
15.	VfL Bochum	33:43	38:55	19:19	23:29	14:24	15:26
16.	Wattenscheid 09	32:44	50:60	19:19	29:22	13:25	21:38
17.	Stuttgarter Kickers (N)	31:45	53:64	16:22	21:23	15:23	32:41
18.	Hansa Rostock (N)	31:45	43:55	24:14	33:18	7:31	10:37
19.	MSV Duisburg (N)	30:46	43:55	20:18	29:22	10:28	14:33
20.	Fort. Düsseldorf	24:52	41:69	15:23	21:28	9:29	20:41

FANS

Gesamt: 8.600.801 (380 Spiele)
Schnitt: 22.634
Krösus: BVB (41.188)
Kirchenmaus: Wattenscheid (9.513)

TORE

Gesamt: 994 (Schnitt: 2,62)
Eigentore: 26

TORJÄGER

Fritz Walter (Stuttgart)	**22**
Stéphane Chapuisat (BVB)	**20**
Roland Wohlfarth (Bayern)	**17**
Anthony Yeboah (Frankfurt)	**15**
Lothar Sippel (Frankfurt)	**14**

KARTEN

36 Rote, 40 Gelb-Rote, 1235 Gelbe

TRAINER

Meistertrainer: Christoph Daum
Vorzeitige Wechsel: **13**

Hickersberger-Schafstall (Düsseldorf), Rutemöller-Berger (Köln), vom Bruch-Gelsdorf (M'gladbach), Heynckes-Lerby (Bayern), Schafstall-Gede (Düsseldorf), Reinders-Rutemöller (Rostock), Schock-Coordes (HSV), Lerby-Ribbeck (Bayern), Gede-Köppel (D'dorf), Kremer- Reinders (Duisburg), Ristic-Fischer (Schalke), Feldkamp-Zobel (K'lautern), Schulte-Sammer (Dresden)

FUSSBALLER

Fussballer des Jahres:
Stefan Kuntz (K'lautern)
Nationalelf-Debütanten:
M. Schulz (BVB), Wörns (Leverkusen)
Transfers des Jahres:
Chapuisat (BVB), Christensen, Mihajlovic (Schalke), Dahlin (M'gladbach), Kula (Stut. Kickers), Labbadia, Wouters (Bayern), Schmarow (KSC), Witeczek (K'lautern)

Daum wird Mammut-Meister

Welch eine Mammtusaison! Normalerweise kann der Fan ja den Hals gar nicht voll genug bekommen, doch nach 38 Spieltagen waren die meisten Anhänger froh, dass die Saison endlich beendet war. Vor allem natürlich diejenigen des VfB Stuttgart, den Diego Buchwald drei Minuten vor dem letzten Schlusspfiff zum Meistertitel geköpft hatte. Trauer dagegen in Dortmund, Frankfurt (nix Meister), Leverkusen, Nürnberg (nix UEFA-Cup) sowie Rostock, Duisburg und Stuttgart-Degerloch (nix Klassenerhalt) - alle diese Entscheidungen fielen erst am letzten Spieltag, teilweise in den letzten Minuten. Es ging spannend zu in dieser ersten gesamtdeutschen Saison, in der nur zwei Vereine aus dem Osten mittun durften und einer gleich schon wieder absteigen sollte. Von den restlichen sechs, die in die zweigeteilte Zweite Liga eingeordnet wurden, blieben allein Jena, Chemnitz und Leipzig übrig. Traurig, traurig.

Auch auf internationaler Ebene lief nicht alles nach Wunsch. Das schwache Abschneiden der deutschen Klubs (der HSV erreichte als einziger UEFA-Cup-Vertreter das Achtelfinale, um dort jämmerlich an Sigma Olmütz zu scheitern, für Meister K'lautern war in der zweiten Runde Schichte) überdeckte allein der Triumph des SV Werder, der im Mai durch ein 2:0 gegen Monaco den Europapokal der Pokalsieger einsacken durfte. Wenige Wochen später hatte dann auch beinahe die Nationalelf etwas Trophäenartiges eingesackt, doch mit den Dänen war in Schweden nicht gut Kirschen essen.

ELF DES JAHRES

Immel (Stuttgart)

Wörns (Leverkusen) – **Fach** (M'gladbach) – **Schulz** (BVB)

Bein (Frankfurt) – **Möller** (Frankfurt) – **Sammer** (Stuttgart) – **Rummenigge** (BVB)

Gaudino (Stuttgart) – **Walter** (Stuttgart) – **Chapuisat** (BVB)

ZWEITE LIGA NORD

1.	Bayer Uerdingen (A)	29:15	35:21
2.	Hannover 96	26:18	25:21
3.	SV Meppen	25:19	30:25
4.	FC St. Pauli (A)	25:19	30:25
5.	VfB Oldenburg	23:21	38:32
6.	Hertha BSC Berlin	23:21	30:26
7.	FC Remscheid (N)	22:22	30:28
8.	VfL Osnabrück	22:22	32:34
9.	Eintr. Braunschweig	21:23	35:37
10.	BW 90 Berlin	20:24	29:37
11.	Stahl Brandenburg	16:28	28:37
12.	Fortuna Köln	12:32	22:41

AUFSTIEGSRUNDE

1.	Bayer Uerdingen	39:25	47:29
2.	VfB Oldenburg	38:26	56:39
3.	Hertha BSC Berlin	35:29	46:41
4.	FC St. Pauli	35:29	40:38
5.	Hannover 96	34:30	34:37
6.	SV Meppen	30:34	36:37

ABSTIEGSRUNDE

1.	Eintr. Braunschweig	33:31	54:48
2.	FC Remscheid	31:33	39:38
3.	VfL Osnabrück	31:33	45:54
4.	BW 90 Berlin	30:34	41:50
5.	Fortuna Köln	25:39	39:50
6.	Stahl Brandenburg	23:41	37:53

TORJÄGER NORD

Radek Drulak (Oldenburg) **21**
Fred Klaus (Osnabrück) **15**
Markus Sailer (St. Pauli) **15**

TORJÄGER SÜD

Michael Preetz (Saarbrücken) **17**
Steffen Heidrich (Chemnitz) **12**
Andree Fincke (Freiburg) **11**

Tore: 1001
(Schnitt: 3,09)
Platzverweise: 60
Zuschauer: 2.101.771
(Schnitt: 5.473)

ZWEITE LIGA SÜD

1.	SC Freiburg	28:16	41:25
2.	1.FC Saarbrücken	27:17	38:24
3.	Carl Zeiss Jena	27:17	28:21
4.	Waldhof Mannheim	26:18	27:17
5.	Chemnitzer FC	26:18	26:19
6.	FC Homburg	24:20	27:22
7.	FSV Mainz 05	21:23	29:25
8.	Hallescher FC	20:24	27:32
9.	VfB Leipzig	19:25	29:33
10.	1860 München (N)	19:25	19:24
11.	Darmstadt 98	19:25	26:36
12.	Rot-Weiß Erfurt	8:36	21:60

AUFSTIEGSRUNDE

1.	1.FC Saarbrücken	42:22	52:30
2.	Waldhof Mannheim	38:26	44:31
3.	SC Freiburg	37:27	52:41
4.	Chemnitzer FC	36:28	35:30
5.	Carl Zeiss Jena	33:31	39:36
6.	FC Homburg	32:32	41:36

ABSTIEGSRUNDE

1.	VfB Leipzig	31:33	42:42
2.	Darmstadt 98	31:33	41:49
3.	FSV Mainz 05	30:34	39:38
4.	1860 München	30:34	31:32
5.	Hallescher FC	27:37	35:47
6.	Rot-Weiß Erfurt	17:47	36:75

	Stuttgart	Dortmund	Frankfurt	1.FC Köln	K'lautern	Leverkusen	Nürnberg	KSC	Bremen	Bayern	Schalke	HSV	M'gladbach	Dresden	Bochum	Wattenscheid	Stut. Kickers	Rostock	Duisburg	Düsseldorf
Stuttgart	●	4:2	1:2	1:0	4:1	2:0	2:0	1:0	1:1	3:2	1:0	3:2	0:1	1:1	4:1	1:1	3:1	3:0	2:0	3:1
Dortmund	0:0	●	2:2	3:1	3:1	3:1	3:2	1:0	2:1	3:0	2:0	2:2	2:2	4:0	1:1	1:1	3:1	4:1	2:1	3:1
Frankfurt	1:1	3:0	●	1:2	2:0	0:1	2:2	1:1	2:2	3:2	5:0	2:1	0:0	3:0	2:1	1:1	6:1	2:0	3:0	1:1
1.FC Köln	1:1	1:2	1:1	●	1:1	1:1	4:0	2:3	5:0	1:1	3:0	0:0	1:1	1:1	1:0	1:1	0:0	3:1	1:1	4:1
K'lautern	0:0	4:0	1:1	2:1	●	2:1	3:0	3:0	2:2	4:0	1:1	0:0	4:2	4:1	1:1	3:2	4:3	3:0	2:1	2:0
Leverkusen	1:2	0:2	1:3	1:1	3:0	●	0:1	2:0	0:0	2:1	2:1	1:1	1:0	4:0	2:0	6:1	3:1	3:0	2:1	1:1
Nürnberg	4:3	2:1	1:3	4:0	3:2	1:0	●	1:2	1:0	1:1	0:1	1:1	2:1	1:1	1:0	3:1	2:0	0:0	1:1	3:1
KSC	0:0	2:2	0:2	0:1	2:1	0:0	1:0	●	2:1	3:0	1:0	4:1	2:0	1:0	1:1	1:2	3:1	2:1	2:2	1:5
Werder Bremen	1:1	0:1	1:0	1:3	0:2	1:1	1:3	0:0	●	1:1	2:1	1:1	0:0	2:0	3:0	2:2	1:3	1:0	5:1	2:1
Bayern	1:0	0:3	3:3	0:0	1:0	2:2	1:3	1:0	3:4	●	3:2	2:0	3:0	1:2	0:2	5:2	1:4	1:2	4:2	3:1
Schalke 04	0:1	5:2	1:1	3:0	2:0	0:0	1:0	3:1	0:0	1:1	●	0:0	3:1	1:1	2:1	1:1	1:2	5:0	3:0	0:0
HSV	1:1	1:1	2:1	1:1	0:1	1:1	0:2	0:1	0:1	1:0	2:1	●	1:0	2:0	0:0	0:1	0:3	1:0	1:1	1:1
M'gladbach	0:1	1:1	1:1	2:2	1:0	2:2	1:0	1:0	0:2	1:1	1:1	1:0	●	1:0	1:2	1:0	2:1	1:1	0:0	3:1
Dresden	1:0	0:0	2:1	0:0	0:1	1:0	1:2	2:0	2:1	0:2	2:1	3:0	1:2	●	0:0	3:0	2:2	2:1	0:0	2:0
Bochum	0:2	0:0	0:0	2:2	0:0	0:2	0:3	1:3	2:2	0:5	1:0	2:3	3:1	1:0	●	1:1	2:2	3:2	2:1	3:0
Wattenscheid	1:3	0:1	2:4	1:2	1:0	3:0	1:1	1:1	0:1	0:0	1:2	1:1	3:2	3:0	1:2	●	4:1	0:0	2:0	4:1
Stut. Kickers	1:3	0:1	0:2	0:3	1:1	0:1	3:1	1:1	2:1	2:4	1:1	1:1	3:0	0:0	2:0	3:0	●	1:1	0:1	0:1
Rostock	2:0	5:1	2:1	1:1	0:1	2:2	4:0	1:2	0:0	2:1	2:0	1:2	2:1	3:0	0:2	1:1	2:2	●	0:0	3:1
Duisburg	1:0	0:1	3:6	1:3	1:1	1:2	3:0	6:2	0:0	1:1	2:0	0:1	1:1	3:0	1:1	0:0	1:1	2:0	●	2:2
Düsseldorf	0:3	1:1	1:2	1:3	1:0	1:1	1:2	2:3	0:0	0:1	1:1	1:0	1:1	1:3	3:0	4:3	1:3	0:0	1:1	●

Finale in Berlin, 23. Mai 1992:
Hannover 96 - Bor. M'gladbach 4:3 n.E. (0:0)

INTER NATIONAL Die Nationalelf verliert in Göteborg das EM-Finale gegen Dänemark mit 0:2
Werder Bremen holt durch ein 2:0 gegen den AS Monaco den Europacup der Pokalsieger

SAISON 92/93

		Punkte	Tore	Heim		Auswärts	
1.	Werder Bremen	48:20	63:30	31:3	38:5	17:17	25:25
2.	Bayern München	47:21	74:45	28:6	43:16	19:15	31:29
3.	Eintr. Frankfurt	42:26	56:39	24:10	38:19	18:16	18:20
4.	Bor. Dortmund	41:27	61:43	25:9	41:18	16:18	20:25
5.	Bayer Leverkusen	40:28	64:45	26:8	43:17	14:20	21:28
6.	Karlsruher SC	39:29	60:54	28:6	40:16	11:23	20:38
7.	VfB Stuttgart (M)	36:32	56:50	23:11	35:22	13:21	21:28
8.	1.FC K'lautern	35:33	50:40	23:11	30:15	12:22	20:25
9.	Bor. M'gladbach	35:33	59:59	19:15	33:30	16:18	26:29
10.	Schalke 04	34:34	42:43	19:15	22:18	15:19	20:25
11.	Hamburger SV	31:37	42:44	16:18	22:17	15:19	20:27
12.	1.FC Köln	28:40	41:51	22:12	30:17	6:28	11:34
13.	1.FC Nürnberg	28:40	30:47	19:15	19:16	9:25	11:31
14.	Wattenscheid 09	28:40	46:67	21:13	29:21	7:27	17:46
15.	Dynamo Dresden	27:41	32:49	20:14	21:13	7:27	11:36
16.	VfL Bochum	26:42	45:52	21:13	32:19	5:29	13:33
17.	1.FC Saarbrücken (N)	24:44	35:64	16:18	20:29	8:26	15:35
18.	Bayer Uerdingen (N)	23:45	37:71	13:21	18:31	10:24	19:40

FANS

Gesamt: 7.396.857 (306 Spiele)
Schnitt: 24.173
Krösus: Bayern (46.036)
Kirchenmaus: Uerdingen (8.127)

TORE

Gesamt: 898 (Schnitt: 2,93)
Eigentore: 18

TORJÄGER

Ulf Kirsten (Leverkusen)	**20**
Anthony Yeboah (Frankfurt)	**20**
Wynton Rufer (Bremen)	**17**
Stéphane Chapuisat (BVB)	**15**

KARTEN

33 Rote, 39 Gelb-Rote, 1149 Gelbe

TRAINER

Meistertrainer: Otto Rehhagel
Vorzeitige Wechsel: **9**

Coordes-Möhlmann (HSV), Osieck-Gelsdorf (Bochum), Gelsdorf- Krauss (M'gladbach), Lattek-Schulte (Schalke), Berger-Jerat (Köln), Stepanovic-Heese (Frankfurt), Sammer-Minge (Dresden), Jerat-Olsen (Köln), Saftig-Stepanovic (Leverkusen), Zobel-Rausch (K'lautern)

FUSSBALLER

Fussballer des Jahres:
Thomas Häßler (AS Rom)

Nationalelf-Debütanten:
Kirsten, Scholz (beide Leverkusen), Labbadia, Ziege (Bayern), Pflipsen (M'gladbach), Wagner (K'lautern), Wolter (Bremen), Zorc (BVB)

Transfers des Jahres:
Eriksson (K'lautern), Hapal (Leverkusen), Jorginho, Scholl (Bayern), Herzog (Bremen), Kim (Bochum), Kirjakow (KSC), Letschkow (HSV), Okocha (Frankfurt), Sammer (BVB), Strunz (Stuttgart), Wuttke, Wynalda (Saarbrücken)

SPIEL DES JAHRES

Am drittletzten Spieltag erhielten die Meisterschaftsambitionen der Bayern einen Dämpfer, und zwar einen ganz gewaltigen. Dass es der Tabellenführer beim aufstrebenden KSC nicht leicht haben sollte, war zwar eigentlich allen Beteiligten klar, aber mit so einer derben Abfuhr hatten die Bayern nicht im Traum gerechnet. Durch die Schlappe, die sich bei entsprechender Chancenauswertung auch leicht zum Debakel hätte auswachsen können, büßte Bayern seinen Vorsprung auf Bremen ein und verpasste am Ende den Titel. Der KSC hingegen fuhr zwei weitere wichtige Punkte ein und verwirklichte sich am Ende den ersehnten Traum vom Einzug in den UEFA-Cup.

KARLSRUHER SC - BAYERN MÜNCHEN 4:2 (3:0)
KSC: Kahn, Nowotny, Reich, Schuster, Schmidt, Schmarow, Rolff, Klinge (Neustädter), Wittwer, Schütterle, Carl (Fritz).
Bayern: Aumann, Thon (Wohlfarth), Kreuzer, Helmer, Jorginho, Schupp, Wouters, Matthäus, Ziege, Scholl, Labbadia (Mazinho).
Tore: 1:0 Carl (24.), 2:0 Carl (34.), 3:0 Rolff (45.), 4:0 Schütterle (49.), 4:1 Mazinho (65.), 4:2 Ziege (90.)
Zuschauer: 40.000, **Schiri:** Harder (Lüneburg)

	Bremen	Bayern	Frankfurt	Dortmund	Leverkusen	KSC	Stuttgart	K'lautern	M'gladbach	Schalke	xx	xx	xx	xx	xx	xx	xx	xx
Werder Bremen	●	4:1	0:0	1:0	1:1	3:0	1:1	1:0	2:0	2:0	5:0	2:0	3:0	3:0	3:0	3:1	2:1	2:0
Bayern	1:3	●	1:0	2:0	4:1	3:3	5:3	1:0	2:2	1:1	4:0	3:0	1:0	1:1	3:1	3:1	2:0	6:0
Frankfurt	3:0	1:1	●	4:1	2:2	4:1	4:0	3:0	1:3	0:3	3:3	2:1	0:0	4:1	1:1	4:1	1:0	1:1
Dortmund	2:2	1:2	3:0	●	1:2	3:1	0:4	1:0	4:1	0:2	3:1	4:1	4:2	6:0	3:0	1:0	2:0	3:0
Leverkusen	2:2	2:4	1:1	3:3	●	5:1	4:0	2:0	4:0	6:1	1:1	3:0	2:1	3:1	0:0	3:1	1:0	1:1
KSC	5:2	4:2	4:1	3:0	1:1	●	1:1	1:1	4:2	0:0	1:0	3:1	1:1	2:1	3:1	1:0	4:0	2:2
Stuttgart	0:3	2:3	2:2	1:0	0:3	2:1	●	3:1	3:2	1:0	1:1	2:0	3:0	4:1	4:0	4:1	1:2	2:2
K'lautern	3:1	1:3	0:2	0:0	4:0	2:3	0:0	●	0:0	3:0	2:2	1:0	2:0	4:1	2:0	3:1	2:1	1:1
M'gladbach	3:1	2:2	3:3	0:3	2:2	3:1	1:1	2:2	●	2:0	0:0	1:2	2:1	4:1	5:1	1:1	0:4	2:5
Schalke 04	0:0	3:3	0:0	0:0	2:1	2:2	1:0	4:0	1:2	●	0:0	1:0	0:0	3:4	2:0	0:3	1:1	2:2
HSV	0:0	3:1	1:2	1:2	0:0	1:2	1:1	2:2	0:2	1:2	●	3:0	0:1	1:1	1:1	2:0	3:0	2:0
1.FC Köln	0:0	1:3	0:1	0:1	1:0	2:0	3:1	0:3	1:2	2:1	2:2	●	2:0	3:0	3:1	1:0	5:0	4:2
Nürnberg	0:0	0:0	1:2	1:2	0:1	0:0	3:2	0:0	0:1	1:4	1:0	2:1	●	2:1	0:0	2:1	2:0	4:1
Wattenscheid	2:2	2:0	1:2	1:3	1:3	0:2	0:0	1:0	3:1	0:0	2:2	4:2	4:1	●	2:1	2:0	1:1	3:1
Dresden	2:3	0:0	0:2	3:0	2:0	3:0	0:0	1:3	1:0	1:0	1:1	3:0	1:2	2:1	●	0:0	1:1	0:0
Bochum	2:0	2:2	1:0	2:2	2:2	2:2	0:0	1:3	2:1	0:1	1:2	0:0	4:0	3:1	2:2	●	4:1	4:0
Uerdingen	0:2	0:3	2:0	0:2	2:1	1:1	3:3	0:5	1:3	4:2	0:2	0:0	2:1	1:1	1:1	2:1	●	1:1
Saarbrücken	0:4	1:1	0:0	3:1	3:1	2:0	1:4	2:0	0:4	1:3	0:3	0:3	0:1	0:1	1:1	1:1	3:3	●

Auf seine alten Tage musste auch Pierre Littbarski einsehen, dass es so leicht nicht ist, einen Dieter Eilts zu umspielen. Zumal dieser damals zu richtig großer Form auflief und sein Scherflein dazu beitrug, die Schale mal wieder an die Weser zu holen.

Bremer Bubenstück

Während sich die Lage im Oberhaus entspannt hatte, war es nun die Zweite Bundesliga, die unter einem irrwitzigen Terminkalender zu leiden hatte. 24 Mannschaften, 46 Spieltage, drei Auf- und sieben Absteiger - und das alles in nur einem Jahr. Da ging es in der 30. Auflage der Bundesliga schon ein wenig entspannter zu, sieht man einmal von dem sehr spannenden Rennen um die Meisterschaft ab. Wieder einmal handelte es sich um einen Zweikampf, auf der einen Seite natürlich die Bayern, auf der anderen der SV Werder, der in der Bundesliga zuletzt einige Kunstpausen eingelegt hatte, sich aber nun mit frischem Personal zurückmeldete. Meister K'lautern stürzte nach seinem Coup ins Mittelmaß zurück, noch ärger erwischte es freilich den 1.FC Köln, der verdächtig lange um den Klassenerhalt zittern musste. In höheren Sphären kristallisierten sich dagegen allmählich einige Spitzenteams heraus: Dortmund, Leverkusen, Frankfurt sowieso, überraschend auch der agile KSC. Und ganz oben kam es zum bereits angesprochenen Duell des Rekordmeister mit dem Herausforderer aus Bremen, das diesmal recht eigentümlich verlief. Wären es nicht die Bayern gewesen, so hätte man fast von Tragik sprechen können: Da führten die Münchner die Tabelle vom ersten bis zum vorletzten Spieltag an, um sich in letzter Sekunde noch von den Bremern abfangen lassen zu müssen. Nahezu Kopf an Kopf gingen die punktgleichen Konkurrenten auf die Ziellinie, Werder lag um ein einziges Tor vorne. Doch während die Schützlinge von »König« Otto Rehhagel zu einem lockeren 3:0 bei de noch an einem UEFA-Cup-Plätzchen interessierten Stuttgartern kamen, holte die Elf von »Sir« Erich Ribbeck nur ein 3:3 in Schalke heraus, womit die Königsblauen nach langer Zeit mal wieder für rundweg positive Schlagzeilen sorgen konnten.

Finale in Berlin, 12. Juni 1993:

Bayer Leverkusen - Hertha BSC (A) 1:0 (0:0)

ZWEITE LIGA

1.	SC Freiburg	65:27	102:57
2.	MSV Duisburg (A)	60:32	65:40
3.	VfB Leipzig	58:34	66:45
4.	Waldhof Mannheim	55:37	66:53
5.	Hertha BSC Berlin	53:39	82:55
6.	Fortuna Köln	50:42	56:44
7.	Chemnitzer FC	50:42	64:56
8.	Carl Zeiss Jena	50:42	66:59
9.	Hannover 96	48:44	60:60
10.	SV Meppen	47:45	41:43
11.	Hansa Rostock (A)	46:46	54:52
12.	FSV Mainz 05	46:46	54:58
13.	Wuppertaler SV (N)	45:47	55:50
14.	VfL Wolfsburg (N)	45:47	65:69
15.	Stuttgarter Kickers (A)	43:49	60:59
16.	FC Homburg	43:49	50:53
17.	FC St. Pauli	43:49	47:52
18.	SpVgg Unterhaching (N)	42:50	58:67
19.	Eintr. Braunschweig	41:51	65:73
20.	VfL Osnabrück	41:51	63:72
21.	Fort. Düsseldorf (A)	34:58	45:65
22.	VfB Oldenburg	34:58	57:90
23.	FC Remscheid	33:59	50:83
24.	Darmstadt 98	32:60	43:79

TORJÄGER

Siggi Reich (Wolfsburg) **27**
Theo Gries (Hertha) **23**
Holger Aden (Braunschweig) **19**
Radek Drulak (Oldenburg) **19**

Tore: 1397 (Schnitt: 2,53)
Platzverweise: 57
Zuschauer: 2.802.415 (Schnitt: 5.077)
Krösus: St. Pauli (14.087)
Kirchenmaus: FC Homburg (2.261)

ELF DES JAHRES

Köpke (Nürnberg)

Beiersdorfer (Bremen) – **Thon** (Bayern) – **Klinkert** (M'gladbach)

Bein (Frankfurt) – **Wouters** (Bayern) – **Matthäus** (Bayern) – **Wosz** (Bochum)

Labbadia (Bayern) – **Yeboah** (Frankfurt) – **Witeczek** (K'lautern)

INTER NATIONAL Der BVB verliert die Endspiele um den UEFA-Cup mit 1:3 und 0:3 gegen Juventus Turin

SAISON 93/94

		Punkte	Tore	Heim		Auswärts	
1.	Bayern München	44:24	68:37	29:5	44:10	15:19	24:27
2.	1.FC K'lautern	43:25	64:36	28:6	38:10	15:19	26:26
3.	Bayer Leverkusen	39:29	60:47	25:9	36:20	14:20	24:27
4.	Bor. Dortmund	39:29	49:45	28:6	35:15	11:23	14:30
5.	Eintr. Frankfurt	38:30	57:41	21:13	29:22	17:17	28:19
6.	Karlsruher SC	38:30	46:43	27:7	29:13	11:23	17:30
7.	VfB Stuttgart	37:31	51:43	22:12	31:16	15:19	20:27
8.	Werder Bremen (M)	36:32	51:44	22:12	31:21	14:20	20:23
9.	MSV Duisburg (N)	36:32	41:52	20:14	21:23	16:18	20:29
10.	Bor. M'gladbach	35:33	65:59	23:11	38:25	12:22	27:34
11.	1.FC Köln	34:34	49:51	20:14	25:22	14:20	24:29
12.	Hamburger SV	34:34	48:52	19:15	31:24	15:19	17:28
13.	Dynamo Dresden	30:38	33:44	21:13	20:16	13:21	13:28
14.	Schalke 04	29:39	38:50	18:16	23:20	11:23	15:30
15.	SC Freiburg (N)	28:40	54:57	16:18	29:27	12:22	25:30
16.	1.FC Nürnberg	28:40	41:55	18:16	25:20	10:24	16:35
17.	Wattenscheid 09	23:45	48:70	17:17	31:27	6:28	17:43
18.	VfB Leipzig (N)	17:51	32:69	13:21	20:28	4:30	12:41

FANS

Gesamt: 7.986.681 (306 Spiele)
Schnitt: 26.100
Krösus: Bayern (48.878)
Kirchenmaus: Leipzig (9.982)

TORE

Gesamt: 895 (Schnitt: 2,92)
Eigentore: 18

TORJÄGER

Stefan Kuntz (K'lautern)	**18**
Anthony Yeboah (Frankfurt)	**18**
Stéphane Chapuisat (BVB)	**17**
Toni Polster (Köln)	**17**
Paulo Sergio (Leverkusen)	**17**

KARTEN

32 Rote, 43 Gelb-Rote, 1054 Gelbe

TRAINER

Meistertrainer: Erich Ribbeck und (ab Januar) Franz Beckenbauer

Vorzeitige Wechsel: **9**

Schulte-Berger (Schalke), Entenmann-Renner/Zobel (Nürnberg), Daum-Röber (Stuttgart), Ribbeck-Beckenbauer (Bayern), Stange-Sundermann (Leipzig), Bongartz-Hartmann (Wattenscheid), Sundermann-Halata (Leipzig), Toppmöller-Körbel (Frankfurt)

FUSSBALLER

Fussballer des Jahres:
Andreas Köpke (Nürnberg)

Nationalelf-Debütanten:
Basler, Eilts, Hobsch (Bremen), Kuntz, Ritter (K'lautern), Gaudino (Frankfurt)

Transfers des Jahres:
Dunga (Stuttgart), Cardoso (Freiburg), Furtok, Gaudino (Frankfurt), Ivanauskas, Töfting (HSV), Kuka, Sforza (K'lautern), Polster (Köln), Sutter, Zarate (Nürnberg), Mulder, Nemec (Schalke), Pancev (Leipzig), Schuster, Sergio (Leverkusen)

SPIEL DES JAHRES

Nach allen Regeln der Kunst nahm Eintracht Frankfurt Ende August den 1.FC Nürnberg, der keinesfalls eine schwache Leistung bot, auseinander und untermauerte einmal mehr die Absicht, bei der Titelvergabe ein Wörtchen mitzusprechen. Diesmal freilich mit einer Vehemenz und spielerischen Brillanz, die den Konkurrenten den Angstschweiß auf die Stirn trieb. Fast im Minutentakt rollten die Angriffe der Marke »Fußball 2000« über Bein und Gaudino in Richtung Nürnberger Tor, vor dem Yeboah und Furtok nie unter Kontrolle zu bringen waren. Der FCN hielt tapfer dagegen - mehr war nicht drin.

1.FC NÜRNBERG - EINTRACHT FRANKFURT 1:5 (0:2)

Nürnberg: Köpke, Zietsch, Kurz (Zarate), Friedmann, Brunner, Sutter, Schwabl, Golke, Kramny (Dorfner), Eckstein, Wück.
Frankfurt: Stein, Binz, Roth, Zchadadse, Bommer, Gaudino, Bein, Falkenmayer, Weber (Komlejenovic), Yeboah, Furtok (Dickhaut).
Tore: 0:1 Yeboah (28.), 0:2 Bein (32.), 1:2 Zarate (53., Elfmeter), 1:3 Yeboah (82.), 1:4 Dickhaut (89.), 1:5 Binz (90.)
Zuschauer: 44.000, **Schiri:** Gläser (Breitungen)

	Bayern	K'lautern	Leverkusen	Dortmund	Frankfurt	KSC	Stuttgart	Bremen	Duisburg	M'gladbach	1.FC Köln	HSV	Dresden	Schalke	Freiburg	Nürnberg	Wattenscheid	Leipzig
Bayern	●	4:0	1:1	0:0	2:1	1:0	1:3	2:0	4:0	3:1	1:0	4:0	5:0	2:0	3:1	5:0	3:3	3:0
K'lautern	4:0	●	3:2	2:0	1:1	0:0	5:0	2:3	2:0	4:2	3:0	3:0	0:0	0:0	1:0	3:1	4:1	1:0
Leverkusen	2 1	3:2	●	2:1	2:2	3:1	1:1	2:2	2:1	0:1	2:1	1:2	1:1	5:1	2:1	4:0	1:1	3:1
Dortmund	1:1	2:1	1:0	●	2:0	2:1	1:2	3:2	2:1	3:0	2:1	2:1	4:0	1:1	3:2	4:1	2:0	0:1
Frankfurt	2:2	1:0	2:0	2:0	●	3:1	0:0	2:2	1:2	0:3	0:3	1:1	3:2	1:3	3:0	1:1	5:1	2:1
KSC	1:1	1:1	2:0	3:3	1:0	●	0:0	0:3	5:0	1:0	2:0	2:0	1:0	0:0	2:1	3:2	2:0	3:2
Stuttgart	2:2	1:1	1:4	2:2	0:2	3:0	●	0:0	4:0	3:0	1:1	4:0	3:0	3:0	0:4	1:0	3:0	0:0
Werder Bremen	1:0	2:0	2:1	4:0	1:0	0:2	5:1	●	1:5	4:2	3:1	0:2	0:1	0:1	3:2	2:2	0:0	3:1
Duisburg	2:2	1:7	2:2	2:2	1:0	1:2	2:2	1:0	●	2:0	0:0	0:1	1:1	1:0	0:2	1:0	2:1	2:1
M'gladbach	2:C	3:1	2:2	0:0	0:4	1:2	0:2	3:2	4:1	●	4:1	2:2	2:1	3:2	1:1	2:0	3:3	6:1
1.FC Köln	0:4	0:2	1:1	2:0	2:3	2:1	3:1	2:0	1:0	0:4	●	3:0	0:1	1:1	2:0	0:1	3:2	3:1
HSV	1:2	1:3	2:1	0:0	3:0	1:1	3:2	1:1	0:1	1:3	2:4	●	1:1	4:1	1:1	5:2	2:1	3:0
Dresden	1:1	3:1	1:1	3:0	0:4	1:1	1:0	1:0	0:1	2:1	1:1	1:1	●	1:0	1:2	1:1	1:1	1:0
Schalke 04	1:1	2:0	1:1	1:0	1:3	2:0	0:1	1:1	1:3	2:1	1:2	1:0	0:0	●	1:3	1:2	4:1	3:1
Freiburg	3:1	2:3	1:0	4:1	1:3	3:3	2:1	0:0	1:2	3:3	2:4	0:1	0:1	2:3	●	0:0	4:1	1:0
Nürnberg	2:0	0:2	2:3	0:0	1:5	1:1	1:0	0:1	0:0	2:4	1:0	0:1	3:0	1:0	2:2	●	4:1	5:0
Wattenscheid	1:3	0:2	1:2	1:2	0:0	5:1	2:4	2:2	0:2	3:1	2:2	3:1	1:1	3:0	3:1	2:1	●	2:2
Leipzig	1:3	0:0	2:3	2:§	1:0	1:0	0:0	1:1	1:1	1:1	2:3	1:4	3:3	2:2	2:2	0:2	0:0	●

Obwohl der 1.FC K'lautern zum Saisonabschluss einen feinen 3:1-Erfolg beim Hamburger SV landete, reichte es »nur« zur Vizemeisterschaft. Im Duell der Regisseure setzt sich hier Ciriaco Sforza gegen den Bulgaren Yordan Letschkow durch.

Frankfurt! Freiburg! KSC!

Es tat sich was im deutschen Fußball. Zwar wurden am Ende doch wieder die Bayern Meister, alldieweil Kaiser Franz, die Lichtgestalt höchstselbst, in der Not auf der Trainerbank Platz zu nehmen geruhte und die kriselnden Münchner in seiner unnachahmlichen Art zum Erfolg beckenbauerte, doch sorgten in dieser Zeit noch ganz andere Teams für positive Schlagzeilen. Allen voran Toppis Frankfurter, die mit ihrer einzigartigen Offensivabteilung Bein, Gaudino, Okocha, Yeboah und Furtok teilweise berauschenden Fußball boten und zur Halbzeit der Saison wie der sichere Meister aussahen. Am Ende stolperte die Eintracht mal wieder über die eigenen Füße und wurde nur Fünfter. Einen Rang dahinter platzierte sich der KSC, der damit seine Vorjahresleistung zu bestätigen wusste und darüber hinaus unvergessliche Sternstunden im UEFA-Cup feierte. Nach den tollen Triumphen über den PSV Eindhoven, FC Valencia, Girondins Bordeaux und Boavista Porto war erst im Halbfinale gegen das vermeintlich schwächste Team, Austria-Casino Salzburg, Feierabend.

Für Überraschungen sorgten auch die Aufsteiger, nun ja, zumindest zwei von ihnen. Der MSV Duisburg blieb lange ungeschlagen und übernahm am 22. Spieltag gar die Tabellenführung, noch dazu mit einem negativen Torverhältnis, bevor er am Ende doch noch bis auf den zehnten Platz abrutschte. Überaus erfrischenden Fußball bot auch Neuling SC Freiburg, der nichtsdestotrotz bereits so gut wie abgestiegen schien. Zwei Spieltage vor dem Ende der Saison lag die Finke-Elf vier Punkte hinter dem 1.FC Nürnberg zurück - und drehte den Spieß mit zwei Siegen gegen Leipzig und in Duisburg tatsächlich noch um.

ZWEITE LIGA

1.	VfL Bochum (A)	48:28	56:34
2.	Bayer Uerdingen (A)	47:29	49:30
3.	1860 München (N)	47:29	55:38
4.	FC St. Pauli	45:31	47:39
5.	VfL Wolfsburg	40:36	47:45
6.	Waldhof Mannheim	40:36	45:45
7.	SV Meppen	39:37	48:52
8.	Hansa Rostock	39:37	51:56
9.	Chemnitzer FC	39:37	34:44
10.	FC Homburg	37:39	53:46
11.	Hertha BSC Berlin	37:39	48:42
12.	Hannover 96	37:39	49:46
13.	FSV Mainz 05	37:39	46:51
14.	1.FC Saarbrücken (A)	37:39	58:69
15.	Fortuna Köln	36:40	53:49
16.	Stuttgarter Kickers	35:41	42:50
17.	Carl Zeiss Jena	34:42	38:41
18.	Wuppertaler SV	31:45	44:52
19.	Tennis Bor. Berlin (N)	26:50	42:60
20.	Rot-Weiß Essen (N)	0:0	0:0

TORJÄGER

Uwe Wegmann (Bochum) **22**
Peter Pacult (1860) **18**
Fredi Bobic (Stut. Kickers) **16**
Bernhard Winkler (1860) **16**

Tore: 949 (Schnitt: 2,5)
Platzverweise: 56 Rote, 81 Gelb-Rote
Zuschauer: 2.344.177 (Schnitt: 6.169)
Krösus: 1860 München (15.865)
Kirchenmaus: Fort. Köln (1.686)

ELF DES JAHRES

Illgner (Köln)

Wohlert (Duisburg) – **Matthäus** (Bayern) – **Berthold** (Stuttgart)

Strunz (Stuttgart) – **Schuster** (Leverkusen) – **Bein** (Frankfurt) – **Pflipsen** (M'gladbach) – **Brehme** (K'lautern)

Polster (Köln) – **Yeboah** (Frankfurt)

Finale in Berlin, 14. Mai 1994:
Werder Bremen - Rot-Weiß Essen 3:1 (2:0)

INTER NATIONAL Der KSC scheitert im Halbfinale des UEFA-Cups an Austria Salzburg (0:0, 1:1)

SAISON 94/95

		Punkte	Tore	Heim		Auswärts	
1.	Bor. Dortmund	49:19	67:33	29:5	35:13	20:14	32:20
2.	Werder Bremen	48:20	70:39	29:5	44:16	19:15	26:23
3.	SC Freiburg	46:22	66:44	26:8	38:15	20:14	28:29
4.	1.FC K'lautern	46:22	58:41	27:7	32:16	19:15	26:25
5.	Bor. M'gladbach	43:25	66:41	25:9	37:16	18:16	29:25
6.	Bayern München (M)	43:25	55:41	25:9	32:19	18:16	23:22
7.	Bayer Leverkusen	36:32	62:51	19:15	31:23	17:17	31:28
8.	Karlsruher SC	36:32	51:47	23:11	38:26	13:21	13:21
9.	Eintracht Frankfurt	33:35	41:49	23:11	28:18	10:24	13:31
10.	1.FC Köln	32:36	54:54	19:15	31:28	13:21	23:26
11.	Schalke 04	31:37	48:54	20:14	28:18	11:23	20:36
12.	VfB Stuttgart	30:38	52:66	22:12	36:26	8:26	16:40
13.	Hamburger SV	29:39	43:50	18:16	24:21	11:23	19:29
14.	1860 München (N)	27:41	41:57	18:16	26:23	9:25	15:34
15.	Bayer Uerdingen (N)	25:43	37:52	17:17	23:22	8:26	14:30
16.	VfL Bochum (N)	22:46	43:67	14:20	21:23	8:26	22:44
17.	MSV Duisburg	20:48	31:64	14:20	19:29	6:28	12:35
18.	Dynamo Dresden	16:52	33:68	12:22	17:26	4:30	16:42

FANS

Gesamt: 8.476.885 (306 Spiele)
Schnitt: 27.702
Krösus: Bayern (54.839)
Kirchenmaus: Uerdingen (13.250)

TORE

Gesamt: 918 (Schnitt: 3,0)
Eigentore: 20

TORJÄGER

Mario Basler (Bremen)	**20**
Heiko Herrlich (M'gladbach)	**20**
Toni Polster (Köln)	**17**
Rodolfo Cardoso (Freiburg)	**16**
Pavel Kuka (K'lautern)	**16**
Rudi Völler (Leverkusen)	**16**

KARTEN

46 Rote, 52 Gelb-Rote, 1175 Gelbe

TRAINER

Meistertrainer: Ottmar Hitzfeld

Vorzeitige Wechsel: **7**

Lienen-Bongartz (Duisburg), Gelsdorf-Toppmöller (Bochum), Held-Hrubesch, Hrubesch-Minge (Dresden), Heynckes-Körbel (Frankfurt), Stepanovic-Ribbeck (L'kusen), Röber-Sundermann (Stuttgart)

FUSSBALLER

Fussballer des Jahres:
Jürgen Klinsmann (Tottenham)

Nationalelf-Debütanten:
Babbel, Kahn, Scholl (alle Bayern), Bobic (Stuttgart), Freund (BVB), Herrlich (M'gladbach), Marschall (K'lautern), Schuster (KSC), Todt (Freiburg), Weber (Frankfurt)

Transfers des Jahres:
Bobic, Elber (Stuttgart), Cesar, Möller (BVB), Häßler (KSC), Heintze (Uerdingen), Kahn, Papin (Bayern), Köpke (Frankfurt), Ramzy (Bremen), Thon (Schalke), Völler (Leverkusen), Schalimow (Duisburg)

SPIEL DES JAHRES

Ehe sich die Bayern versahen, lagen sie auch schon halbwegs hoffnungslos im Hintertreffen. Als sie sich die erste halbwegs nennenswerte Torgelegenheit erarbeiten konnten, hatten die Breisgau-Brasilianer schon den ersten Spielrausch hinter sich und führten durch hübsch herauskombinierte Tore mit 3:0 - gerade einmal 18 Minuten waren gespielt. Auch nach Zieges Anschlusstreffer setzte sich die Demontage der Trapattoni-Stars fort, allein Olli Kahn, der als einziger so etwas ähnliches wie Normalform erreichte, verhinderte ein noch höheres Debakel. Aber es fiel ja auch so schon deftig genug aus ...

SC FREIBURG - BAYERN MÜNCHEN 5:1 (3:1)

Freiburg: Schmadtke, Heidenreich, Neitzel (Müller), Spanring, Braun, Zeyer, Todt, Cardoso, Kohl, Heinrich, Spies (Seretis).
Bayern: Kahn, Matthäus, Kreuzer, Helmer, Frey, Hamann, Scholl, Schupp (Sternkopf), Nerlinger (Ziege), Papin, Sutter.
Tore: 1:0 Spanring (11.), 2:0 Kohl (17.), 3:0 Cardoso (18.), 3:1 Ziege (32.), 4:1 Cardoso (58., Elfmeter), 5:1 Heinrich (68.)
Zuschauer: 18.000, **Schiri:** Weber (Essen), **Gelb-rot:** Papin (76.)

	Dortmund	Bremen	Freiburg	K'lautern	M'gladbach	Bayern	Leverkusen	KSC	Frankfurt	1.FC Köln	Schalke	Stuttgart	HSV	1860	Uerdingen	Bochum	Duisburg	Dresden
Dortmund	●	2:0	1:1	2:1	1:1	1:0	0:3	2:1	1:1	2:1	3:2	5:0	2:0	4:0	3:1	3:1	1:0	2:0
Werder Bremen	3:1	●	5:1	2:2	1:0	0:0	3:2	2:1	2:0	2:2	2:1	4:0	1:4	2:0	6:1	3:0	5:1	1:0
Freiburg	1:1	1:3	●	4:1	1:1	5:1	1:1	2:1	2:0	4:2	3:0	2:0	3:0	1:1	1:0	1:2	3:0	3:1
K'lautern	1:0	1:1	3:2	●	2:2	1:1	1:0	0:0	1:1	3:1	3:1	3:2	4:1	1:1	1:1	3:1	1:0	3:1
M'gladbach	3:3	2:0	1:2	4:0	●	2:2	3:3	2:2	2:0	0:0	0:1	3:1	2:1	2:0	1:0	7:1	1:0	2:0
Bayern	2:1	3:1	2:2	1:1	3:0	●	2:1	0:1	3:3	2:2	2:0	2:2	1:1	1:0	2:1	3:1	1:1	2:1
Leverkusen	2:2	1:2	2:4	0:1	3:1	2:0	●	0:0	4:0	3:1	2:2	3:1	3:1	0:2	1:1	1:3	2:0	2:2
KSC	0:0	3:1	2:0	3:3	2:4	2:2	2:4	●	1:1	0:0	2:2	3:1	2:0	3:1	2:1	2:2	4:1	5:3
Frankfurt	4:1	0:0	1:2	1:3	2:1	2:0	2:0	1:0	●	0:0	0:3	2:2	2:0	3:1	0:3	2:1	4:1	2:0
1.FC Köln	1:6	1:1	2:0	0:1	1:3	3:1	3:3	3:4	3:0	●	5:1	1:0	1:1	2:1	2:0	2:1	0:3	1:2
Schalke 04	0:0	4:2	1:2	0:1	1:1	0:3	3:2	0:0	0:0	3:1	●	1:1	0:1	6:2	2:0	3:2	0:0	4:0
Stuttgart	0:0	[illegible]:4	1:0	2:2	2:4	0:2	4:2	4:0	4:1	2:2	1:1	●	2:1	1:1	3:1	2:2	3:1	4:2
HSV	0:4	0:0	1:2	0:0	1:2	1:1	1:2	3:1	3:1	0:4	3:0	0:2	●	3:0	0:0	3:1	3:0	2:1
1860 München	1:5	1:2	4:0	1:3	2:0	1:3	1:1	1:0	2:1	2:1	0:1	0:2	1:1	●	1:1	4:0	1:1	3:1
Uerdingen	0:2	1:3	0:2	1:3	3:2	1:1	0:1	0:0	1:1	0:0	1:1	4:1	4:1	1:1	●	2:1	1:1	3:1
Bochum	0:2	1:3	1:3	0:2	0:2	1:2	1:3	0:1	0:1	1:0	5:1	4:0	0:0	2:2	2:1	●	1:0	2:0
Duisburg	2:3	0:2	1:2	3:2	0:2	0:3	0:2	0:0	1:0	1:3	2:2	2:0	0:5	1:1	2:0	3:1	●	1:1
Dresden	0:1	1:1	1:3	1:0	0:3	0:1	1:1	1:1	1:2	1:3	2:1	1:1	1:1	1:1	1:2	0:2	4:2	●

Nachdem »Unschuldslamm« Bodo Schmidt den Kölner Torjäger Toni Polster zu Fall gebracht hat, kann Matthias Sammer einen schicken Gegenangriff einleiten. Eine Szene aus dem Spiel BVB vs. 1.FC Köln, das der kommende Meister mit 2:1 für sich entschied.

Begeisterung um Borussia

Es hatte sich angedeutet. Nachdem Ottmar Hitzfeld auf der Dortmunder Trainerbank Platz genommen hatte, wurde die Borussia immer besser: Bei seinem Einstand fehlten am Ende nur drei Minuten zum Titel und in den nächsten beiden Jahren sprangen zwei vierte Plätze heraus, doch nun war der BVB einfach reif. Um die Korsettstangen Klos, Zorc, Sammer, Möller und Chapuisat hatte Hitzfeld ein überragendes Ensemble aufgebaut, das sich vom Start weg an die Spitze setzte und allenfalls mal auf den zweiten Platz abrutschte. Geschah dies, so lag das am Werder Bremen, der zweiten bestimmenden Mannschaft dieser Spielzeit. Die erfahrene Elf von Otto Rehhagel gestaltete das Titelrennen bis zum letzten Spieltag ungemein spannend, dann kostete ausgerechnet eine Schlappe bei den in dieser Saison schwächelnden Bayern die Schale. Rund um den Borsigplatz durfte hingegen gejubelt werden - 32 Jahre lang hatten die Dortmunder auf die Meisterschaft warten müssen.

Nach langer Durststrecke konnte sich auch die andere Borussia auch mal wieder über einen Titel freuen, im Finale des DFB-Pokals ließen die M'gladbacher gegen den tapferen Zweitligisten aus Wolfsburg nichts anbrennen und gewannen mit Stinkefinger Effenberg sicher mit 3:0. Apropos Zweite Liga. Der VfL Bochum verlor nach fast einem Vierteljahrhundert seinen Nimbus des Unabsteigbaren und musste mit dem Nachbarn aus Duisburg eine Etage tiefer. Gleich in die Regionalliga abwärts ging es dagegen für die Dynamos aus Dresden, dem Tabellenletzten verweigerte der DFB wegen »finanzieller Unregelmäßigkeiten« (hübsch formuliert) denn auch gleich die Lizenz für die Zweite Liga.

ZWEITE LIGA

1.	Hansa Rostock	46:22	66:30
2.	FC St. Pauli	44:24	58:33
3.	Fort. Düsseldorf (N)	43:25	51:35
4.	VfL Wolfsburg	43:25	51:40
5.	Waldhof Mannheim	42:26	48:35
6.	SV Meppen	41:27	54:38
7.	1.FC Saarbrücken	35:33	45:43
8.	Fortuna Köln	34:34	55:49
9.	Wattenscheid 09 (A)	33:35	50:52
10.	VfB Leipzig (A)	32:36	43:41
11.	Hertha BSC Berlin	32:36	41:45
12.	Chemnitzer FC	32:36	44:49
13.	Hannover 96	31:37	52:50
14.	FSV Mainz 05	30:38	50:55
15.	1.FC Nürnberg (A)	30:38	38:47
16.	FSV Zwickau (N)	29:39	32:50
17.	FC Homburg	23:45	41:63
18.	FSV Frankfurt (N)	12:56	39:103

TORJÄGER

Torsten Gütschow (Hannover) **16**
Jürgen Rische (Leipzig) **16**
Stefan Beinlich (Rostock) **15**
Rainer Rauffmann (Meppen) **15**

Tore: 862 (Schnitt: 2,82)
Platzverweise: 45 Rote, 58 Gelb-Rote
Zuschauer: 1.944.748 (Schnitt: 6.519)
Krösus: FC St. Pauli (16.554)
Kirchenmaus: FSV Frankfurt (1.349)

ELF DES JAHRES

Köpke (Frankfurt)

Spanring (Freiburg) **Sammer** (BVB) **Andersson** (M'gladbach)

Basler (Bremen) **Effenberg** (M'gladbach) **Möller** (BVB) **Herzog** (Bremen) **Hapal** (Leverkusen)

Völler (Leverkusen) **Spies** (Freiburg)

Finale in Berlin, 24. Juni 1995:
Bor. M'gladbach - VfL Wolfsburg 3:0 (1:0)

INTER NATIONAL
Bayern München scheitert im Halbfinale des Champions League an Ajax Amsterdam (0:0, 2:5)
Bayer Leverkusen und der BVB scheitern im Halbfinale des UEFA-Cups an Parma und Juventus

SAISON 95/96

FANS

Gesamt: 8.906.792 (306 Spiele)
Schnitt: 29.107
Krösus: Bayern (59.766)
Kirchenmaus: Uerdingen (10.923)

TORE

Gesamt: 831 (Schnitt: 2,72)
Eigentore: 16

TORJÄGER

Fredi Bobic (Stuttgart)	**17**
Sean Dundee (KSC)	**16**
Geovane Elber (Stuttgart)	**16**
Jürgen Klinsmann (Bayern)	**16**

KARTEN

33 Rote, 36 Gelb-Rote, 1247 Gelbe

TRAINER

Meistertrainer: Ottmar Hitzfeld

Vorzeitige Wechsel: **9**

Olsen-Engels (Köln), Möhlmann-Magath (HSV), de Mos-Dörner (Bremen), Rausch-Krautzun (K'lautern), Körbel-Stepanovic (Frankfurt), Engels-Neururer (Köln), Rehhagel-Beckenbauer (Bayern), Ribbeck-Hermann (Leverkusen), Funkel-Reutershahn/Thomale (Uerdingen)

FUSSBALLER

Fussballer des Jahres:
Matthias Sammer (BVB)

Nationalelf-Debütanten:
Bode, Reck (beide Bremen), Albertz (HSV), Bierhoff (Udinese), Haber (Stuttgart), Heinrich (Freiburg), Schneider (Rostock)

Transfers des Jahres:
Baiano, Cardoso (Bremen), Balakov, Verlaat (Stuttgart), Decheiver (Freiburg), Herzog, Klinsmann, Sforza (Bayern), Kohler, Sosa (BVB), Meijer (Uerdingen), Munteanu, Oliseh (Köln), Pancev (Düsseldorf), Pettersson (M'gladbach)

		Punkte	Tore	Heim		Auswärts	
1.	Bor. Dortmund (M)	68	76:38	40	45:14	28	31:24
2.	Bayern München	62	66:46	36	35:20	26	31:26
3.	Schalke 04	54	44:36	31	28:16	25	17:20
4.	Bor. M'gladbach	53	52:51	29	29:22	24	23:29
5.	Hamburger SV	50	52:47	31	29:15	19	23:32
6.	Hansa Rostock (N)	49	47:43	26	23:19	23	24:24
7.	Karlsruher SC	48	53:47	24	28:23	24	25:24
8.	1860 München	45	52:46	31	31:15	14	21:31
9.	Werder Bremen	45	39:41	27	22:19	17	17:23
10.	VfB Stuttgart	43	59:62	23	29:26	20	30:36
11.	SC Freiburg	42	30:41	25	17:18	17	13:23
12.	1.FC Köln	40	33:35	22	18:14	18	15:21
13.	Fort. Düsseldorf (N)	40	40:47	26	24:19	14	16:28
14.	Bayer Leverkusen	38	37:38	20	16:15	18	21:23
15.	FC St. Pauli (N)	38	43:51	22	24:28	16	19:23
16.	1.FC K'lautern	36	31:37	21	19:16	15	12:21
17.	Eintr. Frankfurt	32	43:68	25	29:28	7	14:40
18.	KFC Uerdingen	26	33:56	18	26:32	8	7:24

SPIEL DES JAHRES

Der Jubel im Revier kannte keine Grenzen: In der letzten Minute erzielt Schalkes Oldie Andreas Müller den 2:1-Siegtreffer gegen Bayern München, schießt seine an diesem Tag mit einer wahrhaft intergalaktischen kämpferischen Einstellung agierende Mannschaft in den UEFA-Cup (was Folgen haben sollte!) und macht damit so ganz nebenbei den Erzrivalen BVB zum Meister. Die Borussen nämlich gewannen ihr Spiel bei 1860 München mit 2:0 und die BVB-Fans, die zu Zehntausenden an die Isar gereist waren, konnten die erfolgreiche Titelverteidigung - ausgerechnet - in der Kurve feiern, in der sonst die Bayern-Anhänger ihre Lieblinge anzufeuern pflegen.

SCHALKE 04 - BAYERN MÜNCHEN 2:1 (1:1)

Schalke: Lehmann, Thon (Müller), Eigenrauch, Linke, Latal (Scherr), Nemec, Dooley, Anderbrügge (Kurz), Büskens, Max, Mulder.
Bayern: Kahn, Matthäus, Babbel, Helmer, Strunz, Hamann (Zickler), Herzog, Nerlinger, Ziege (Witeczek), Klinsmann, Kostadinov (Papin).
Tore: 1:0 Thon (36.), 1:1 Strunz (45.), 2:1 Müller (90.)
Zuschauer: 70.960, **Schiri:** Strampe (Handorf)

	Dortmund	Bayern	Schalke	M'gladbach	HSV	Rostock	KSC	1860	Bremen	Stuttgart	Freiburg	1.FC Köln	Düsseldorf	Leverkusen	St. Pauli	K'lautern	Frankfurt	Uerdingen
Dortmund	●	3:1	0:0	2:1	1:1	1:2	4:1	3:1	1:1	6:3	3:2	3:0	3:0	2:0	1:0	1:1	6:0	5:0
Bayern	1:0	●	4:0	1:2	3:2	0:1	1:4	4:2	2:0	5:3	2:0	3:2	2:2	1:0	1:1	2:0	1:1	2:0
Schalke 04	1:2	2:1	●	3:3	3:0	1:3	2:1	1:1	2:1	2:0	3:0	0:0	1:1	1:1	2:0	1:1	2:0	1:1
M'gladbach	2:2	3:1	4:1	●	1:2	3:2	1:2	0:2	1:0	1:1	1:0	2:1	1:1	0:0	2:4	1:1	4:1	2:1
HSV	2:2	2:1	1:1	2:1	●	1:1	0:0	2:2	3:3	3:0	0:0	0:0	4:1	2:2	1:0	1:0	5:1	0:0
Rostock	3:2	0:0	1:2	2:3	2:0	●	1:1	0:3	2:1	3:3	1:0	0:1	0:0	1:2	2:0	3:0	1:1	1:0
KSC	5:0	2:6	0:1	4:0	3:1	0:2	●	1:1	1:1	1:2	1:1	1:0	3:1	1:4	2:2	0:0	1:1	2:0
1860 München	2:2	0:2	1:1	4:0	5:0	1:1	1:1	●	1:1	1:1	3:0	2:1	2:1	0:1	2:0	1:1	3:1	2:1
Werder Bremen	2:2	3:2	1:2	2:0	2:1	0:2	1:0	2:0	●	2:2	0:2	0:1	1:1	2:1	1:1	1:1	1:1	1:0
Stuttgart	0:5	0:1	2:2	5:0	3:0	1:1	3:1	2:3	1:1	●	3:1	0:1	2:3	1:4	1:1	2:0	3:2	0:0
Freiburg	0:1	3:1	1:2	0:0	0:3	2:1	0:3	1:0	0:1	2:1	●	2:0	1:1	2:1	0:2	0:0	2:0	1:1
1.FC Köln	0:0	0:0	0:1	0:2	3:2	3:0	0:1	2:0	1:2	2:2	1:1	●	0:0	2:2	1:0	0:1	3:0	0:0
Düsseldorf	1:2	0:2	2:0	3:2	2:2	2:2	2:0	1:1	1:1	1:2	0:0	1:1	●	1:1	2:0	2:1	2:2	1:0
Leverkusen	1:1	1:2	0:0	0:0	0:1	2:0	1:2	2:1	2:2	0:0	0:1	1:2	0:0	●	1:1	1:1	2:0	2:1
St. Pauli	0:3	0:1	2:0	0:2	1:1	3:2	1:1	4:2	1:2	1:3	1:1	3:3	2:1	2:1	●	1:2	2:1	0:2
K'lautern	1:1	2:3	0:0	1:3	1:2	2:0	2:2	0:0	0:0	1:1	1:2	1:1	2:0	1:0	0:0	●	1:1	3:0
Frankfurt	3:4	4:1	0:3	0:2	1:4	1:3	2:2	4:2	1:0	2:2	0:1	1:0	3:0	1:1	2:2	3:1	●	1:0
Uerdingen	0:2	1:6	1:1	0:2	1:1	1:1	2:3	2:0	3:0	3:4	3:1	1:1	1:3	3:0	2:5	1:1	1:1	●

In dieser Szene ist Rudi Völler zwar vor Andreas Herzog am Ball, doch im vermeintlichen Spitzenspiel zog Bayer gegen Bayern den Kürzeren und verlor 1:2. Beinahe hätte Leverkusen in dieser Saison sogar noch mehr verloren, nämlich seine Bundesligazugehörigkeit.

S04 macht BVB zum Meister

Na, das war doch endlich mal wieder so eine richtig schön turbulente Saison. In einer ganzen Reihe von Klubs ging es drunter und drüber, die Trainer flogen früh wie selten. Als ersten erwischte es Morten Olsen, dem das peinliche Pokal-Aus seines 1.FC Köln gegen den Oberligisten Beckum bereits im August den Job kostete. Nachfolger Engels hielt sich immerhin sieben Monate, dann musste auch er seinen Stuhl zu Gunsten von Peter Neururer räumen. Im Oktober erwischte es Benno Möhlmann beim Hamburger SV, und auch beim Nordrivalen Werder Bremen rumorte es bald so heftig, dass Aad de Mos seinen unfreiwilligen Ausstand feiern durfte. Im März mochte man in K'lautern bzw. Frankfurt dem Treiben der Herren Rausch und Körbel nicht länger zuschauen, doch auch die Nachfolger Krautzun und Stepanovic scheiterten bei dem Versuch, die Dinosaurier der Bundesliga vor dem Abstieg zu bewahren. Ende April knallte es dann innerhalb weniger Stunden auch in München und Leverkusen, bei den Bayern, damals immerhin Tabellenzweiter und UEFA-Cup-Finalist, wurde Otto Rehhagel ein 0:1 gegen Rostock zum Verhängnis, Bayer hatte nach einem 1:2 gegen den KSC genug von Erich Ribbeck und setzte im Abstiegskampf fortan auf Peter Hermann. Womit man übrigens Erfolg hatte. Hochgradig sinnlos erschien dagegen die Entlassung von Uerdingens Trainer Funkel fünf Tage vor dem Saisonende - seine Mannschaft war zu diesem Zeitpunkt bereits seit Wochen abgestiegen. Immerhin ging mit den Krefeldern nicht gleich eine ganze »Region« den Bach runter: Neuling Düsseldorf schaffte den Klassenerhalt - auch ohne Trainerwechsel.

Finale in Berlin, 25. Juni 1996:

1.FC K'lautern - Karlsruher SC 1:0 (1:0)

ZWEITE LIGA

1.	VfL Bochum (A)	69	68:30
2.	Arminia Bielefeld (N)	57	55:45
3.	MSV Duisburg (A)	56	55:37
4.	SpVgg Unterhaching (N)	52	52:38
5.	FSV Zwickau	49	39:48
6.	Carl Zeiss Jena (N)	48	49:54
7.	Waldhof Mannheim	46	49:47
8.	Fortuna Köln	46	37:37
9.	VfB Leipzig	45	35:49
10.	SV Meppen	44	45:43
11.	FSV Mainz 05	44	37:41
12.	VfL Wolfsburg	44	41:46
13.	VfB Lübeck (N)	44	40:45
14.	Hertha BSC Berlin	42	37:35
15.	Chemnitzer FC	42	43:51
16.	Hannover 96	37	38:48
17.	1.FC Nürnberg	33	33:40
18.	Wattenscheid 09	31	38:57

TORJÄGER

Fritz Walter (Bielefeld) **21**

Torsten Gütschow (Chemnitz) **15**

Daniel Jurgeleit (Lübeck) **15**

Tore: 791 (Schnitt: 2,58)

Platzverweise: 30 Rote, 60 Gelb-Rote

Zuschauer: 2.104.693 (Schnitt: 6.878)

Krösus: 1.FC Nürnberg (15.158)

Kirchenmaus: Fort. Köln (1.421)

ELF DES JAHRES

Lehmann (Schalke)

Thon (Schalke) – **Sammer** (BVB) – **Baiano** (Bremen)

Spörl (HSV) – **Effenberg** (M'gladbach) – **Jeremies** (1860)

Scholl (Bayern) – **Möller** (BVB) – **Balakov** (Stuttgart)

Dahlin (M'gladbach)

INTER NATIONAL

Die Nationalelf wird in London durch ein 2:1 gegen Tschechien Europameister

Bayern München gewinnt den UEFA-Cup (2:0 und 3:1 gegen Girondins Bordeaux)

SAISON 96/97

		Punkte	Tore	Heim		Auswärts	
1.	Bayern München	71	68:34	43	37:12	28	31:22
2.	Bayer Leverkusen	69	69:41	46	47:13	23	22:28
3.	Bor. Dortmund (M)	63	63:41	40	38:13	23	25:28
4.	VfB Stuttgart	61	78:40	38	46:17	23	32:23
5.	VfL Bochum (N)	53	54:51	38	36:17	15	18:34
6.	Karlsruher SC	49	55:44	29	32:18	20	23:26
7.	1860 München	49	56:56	30	34:25	19	22:31
8.	Werder Bremen	48	53:52	35	27:16	13	26:36
9.	MSV Duisburg	45	44:49	23	25:27	22	19:22
10.	1.FC Köln	44	62:62	28	35:30	16	27:32
11.	Bor. M'gladbach	43	46:48	32	34:17	11	12:31
12.	Schalke 04	43	35:40	22	19.14	21	16:26
13.	Hamburger SV	41	46:60	28	28:28	13	18:32
14.	Arminia Bielefeld (N)	40	46:54	23	23:22	17	23:32
15.	Hansa Rostock	40	35:46	22	20:20	18	15:26
16.	Fort. Düsseldorf	33	26:57	20	17:25	13	9:32
17.	SC Freiburg	29	43:67	22	23:24	7	20:43
18.	FC St. Pauli (N)	27	32:69	19	24:28	8	8:41

FANS

Gesamt: 8.776.265 (306 Spiele)
Schnitt: 28.681
Krösus: Bayern (58.391)
Kirchenmaus: Rostock (16.735)

TORE

Gesamt: 911 (Schnitt: 2,98)
Eigentore: 25

TORJÄGER

Ulf Kirsten (Leverkusen)	**22**
Toni Polster (Köln)	**21**
Fredi Bobic (Stuttgart)	**19**
Sean Dundee (KSC)	**17**
Geovane Elber (Bayern)	**17**
Paulo Sergio (Leverkusen)	**17**
Bernhard Winkler (1860)	**17**

KARTEN

37 Rote, 47 Gelb-Rote, 1213 Gelbe

TRAINER

Meistertrainer: Giovanni Trapattoni

Vorzeitige Wechsel: **6**

Fringer-Löw (Stuttgart), Berger-Stevens (Schalke), Ristic-Wojtowicz (Düsseldorf), Krauss-Bongartz (M'gladbach), Maslo-Nemet (St. Pauli), Magath-Schehr (HSV)

FUSSBALLER

Fussballer des Jahres:
Matthias Sammer (BVB)

Nationalelf-Debütanten:
Nowotny (Leverkusen), Paßlack (M'gladbach), Tarnat (KSC), Wosz (Bochum)

Transfers des Jahres:
Basler, Rizzitelli (Bayern), Dobrowolski, Juran (Düsseldorf), Flo, Herzog (Bremen), Gill, Salou (Duisburg), de Kock, Wilmots (Schalke), Lambert, Sousa (BVB), Nowotny, Zé Elias (Leverkusen), Pelé (1860), Soldo, Wohlfahrt (Stuttgart), Vladoiu (Köln), Yasser (Rostock)

SPIEL DES JAHRES

Auch der zweifache Meister Borussia Dortmund musste in der Saison 96/97 erfahren, dass gegen das »Magische Dreieck« an guten Tagen einfach kein Kraut gewachsen war. Dabei hatte es anfangs für den Tabellenführer gar nicht mal so schlecht ausgesehen, doch dann zerstörte ein Doppelschlag kurz vor dem Pausentee das taktische Konzept der Schwarz-Gelben. In der zweiten Hälfte warf der BVB mit zunehmender Spieldauer immer mehr Offensivkraft in die Waagschale, woraufhin der kühl konternde VfB abermals in der Schlussphase mit einem Doppelschlag antwortete und sich im Kampf um den Titel zurückmeldete.

VFB STUTTGART - BORUSSIA DORTMUND 4:1 (2:1)

Stuttgart: Wohlfahrt, Endreß, Verlaat, Berthold (Grimm), Hagner (Buck), Soldo, Poschner, Legat, Balakov (Lisztes), Elber, Bobic.
BVB: Klos, Kohler, Sammer, Heinrich, Ricken (Tanko), Lambert (Zorc), Reinhardt (Tretschok), Reuter, Möller, Herrlich, Chapuisat.
Tore: 0:1 Reuter (8.), 1:1 Balakov (44., Elfmeter), 2:1 Verlaat (45.), 3:1 Elber (82.), 4:1 Soldo (83.)
Zuschauer: 53.000, **Schiri:** Heynemann (Magdeburg)

	Bayern	Leverkusen	Dortmund	Stuttgart	Bochum	KSC	1860	Bremen	Duisburg	1.FC Köln	M'gladbach	Schalke	HSV	Bielefeld	Rostock	Düsseldorf	Freiburg	St. Pauli
Bayern	●	4:2	0:0	4:2	1:1	1:0	1:1	1:0	5:2	3:2	1:0	3:0	2:1	1:0	2:1	5:0	0:0	3:0
Leverkusen	5:2	●	4:2	0:0	2:0	3:1	3:0	2:1	1:0	4:2	3:0	2:0	5:0	1:0	4:1	0:1	5:3	3:0
Dortmund	1:1	3:1	●	1:1	2:0	1:1	4:1	2:1	2:0	2:1	1:3	1:0	1:1	5:0	3:0	4:0	3:1	2:1
Stuttgart	1:1	1:2	4:1	●	3:1	1:0	1:1	2:1	0:2	4:0	5:0	4:0	4:1	4:2	5:1	0:2	4:2	5:1
Bochum	1:1	2:2	1:0	2:1	●	3:1	2:2	3:2	1:0	2:2	2:0	0:1	3:1	1:1	1:0	3:1	3:2	6:0
KSC	0:2	1:1	1:1	0:2	2:3	●	3:0	1:3	1:0	4:1	1:1	0:0	3:1	5:2	1:1	2:0	3:0	4:0
1860 München	3:3	3:0	1:3	2:5	0:1	1:1	●	0:3	1:1	2:1	3:0	2:1	2:1	1:3	2:0	3:0	4:0	4:2
Werder Bremen	3:0	1:1	0:4	2:2	5:1	1:0	1:1	●	0:2	3:2	1:0	3:0	0:0	2:1	1:1	1:0	1:0	2:1
Duisburg	0:4	1:3	3:2	3:1	1:1	2:2	2:3	3:2	●	3:0	4:2	0:1	1:1	0:0	0:1	0:0	1:4	1:0
1.FC Köln	2:4	4.0	1:3	1:5	2:0	4:1	1:0	4:1	2:5	●	4:0	3:1	2:2	2:5	0:2	2:0	1:0	0:1
M'gladbach	2:2	2:2	5:1	0:1	6:2	1:3	1:0	4:1	0:1	2:1	●	0:0	3:0	0:0	2:0	2:0	4:3	0:0
Schalke 04	1:1	1:2	1:3	1:0	1:1	0:1	4:1	1:1	4:0	1:1	0:0	●	2:0	0:0	2:0	0:1	0:2	0:0
HSV	0:3	0:2	2:1	0:4	2:2	2:0	2:3	3:2	1:1	0:4	2:1	1:0	●	2:2	1:1	2:1	5:1	3:0
Bielefeld	2:0	0:1	2:0	2:0	3:1	1:2	2:3	3:1	1:1	1:4	0:2	0:1	1:1	●	1:3	1:0	2:0	1:2
Rostock	0:3	1:0	0:1	2:2	0:0	2:2	2:4	0:1	0:1	0:0	1:0	0:1	0:1	3:1	●	3:1	3:1	3:1
Düsseldorf	0:2	0:0	2:0	0:4	2:2	0:3	0:0	4:1	1:1	0:3	1:0	1:3	1:1	1:2	0:2	●	2:1	2:0
Freiburg	0:0	1:2	1:2	1:1	0:1	1:1	2:2	3:2	2:0	1:3	1:0	2:3	0:4	2:1	1:0	1:2	●	4:0
St. Pauli	1:2	3:1	0:1	2:1	2:1	2:4	0:0	0:3	0:2	0:0	1:3	4:4	2:2	2:3	0:1	3:0	2:0	●

Zwei Jahre war der geniale Fußballer Abédi Pelé in der Bundesliga für 1860 München am Ball, prompt gelang 96/97 der Einzug in den UEFA-Cup. Doch selbst mit Pelé gingen die Lorant-Löwen in dieser Saison gelegentlich baden, u.a. mit 1:4 in Schalke.

Der Ruhrpott erobert Europa

»Die Null muss stehen«, das simple Rezept von Schalkes Erfolgstrainer Huub Stevens, wurde zum Spruch des Jahres. Am Ende stimmte es zwar nicht ganz, doch auch mit dem einen Gegentreffer wurde der FC Schalke 04 im goldenen Mai 1997 UEFA-Cup-Sieger. In den vorhergehenden Heimspielen gegen Kerkrade, Trabzonspor, Brügge, Valencia und Teneriffa hatte die Null allerdings gestanden, und da die Stevens-Elf auch auswärts ganz ordentlich auftrat, stand sie in jenen schönen Mai-Tagen im Finale gegen den hohen Favoriten Inter Mailand, der im Elferschießen bezwungen wurde. Und kaum war der Jubel verebbt, setzte der Schalker Erzrivale noch eins drauf: Ausgerechnet im Münchner Olympiastadion gewann der BVB nicht nur 3:1 gegen Juventus Turin, sondern als erster deutscher Verein auch die Champions League. Der Ruhrpott kam aus dem Feiern gar nicht mehr heraus. Ach ja, auch in der Bundesliga wurde Fußball gespielt. Meister wurden mal wieder die Bayern, worüber sich aber niemand aufregen musste, zu den mehr oder weniger erwarteten Absteigern St. Pauli und Düsseldorf gesellten sich etwas überraschend die Freiburger, während sich die Aufsteiger stark ins Szene zu setzen wussten. Die lange nicht mehr im Oberhaus gesehenen Bielefelder schafften locker den Klassenerhalt, der MSV Duisburg erreichte den UI-Cup und der VfL Bochum begeisterte mit seinem frischen Zaubermaus-Fußball ganz Deutschland. Gerechter Lohn war der fünfte Rang, die beste Platzierung eines Neulings seit 1981 (Werder Bremen), und der erstmalige Einzug in den UEFA-Cup. Eventuell auch der letztmalige, aber das ist eine andere Geschichte.

Finale in Berlin, 14. Juni 1997:

VfB Stuttgart - Energie Cottbus 2:0 (1:0)

ZWEITE LIGA

1.	1.FC K'lautern (A)	68	74:28
2.	VfL Wolfsburg	58	52:29
3.	Hertha BSC Berlin	58	57:38
4.	FSV Mainz 05	54	50:34
5.	Stuttgarter Kickers (N)	53	38:27
6.	SpVgg Unterhaching	49	35:29
7.	Eintr. Frankfurt (A)	48	43:46
8.	VfB Leipzig	46	53:54
9.	KFC Uerdinger (A)	44	46:44
10.	SV Meppen	44	44:48
11.	Fortuna Köln	42	52:47
12.	Carl Zeiss Jena	42	44:49
13.	FC Gütersloh (N)	42	43:51
14.	FSV Zwickau	42	34:48
15.	Waldhof Mannheim	40	45:56
16.	VfB Lübeck	36	32:53
17.	Rot-Weiß Essen (N)	29	47:74
18.	VfB Oldenburg (N)	27	33:67

TORJÄGER

Angelo Vier (RWE) **18**
Steffen Heidrich (Leipzig) **17**
Axel Kruse (Hertha) **15**

Tore: 823 (Schnitt: 2,69)
Platzverweise: 33 Rote, 66 Gelb-Rote
Zuschauer: 2.476.382 (Schnitt: 8.093)
Krösus: 1.FC K'lautern (35.216)
Kirchenmaus: SpVgg Unterhaching (1.782)

ELF DES JAHRES

Kahn (Bayern)

Wörns (Leverkusen) — **Thon** (Schalke) — **Kracht** (Bochum)

Stickroth (Bochum) — **Effenberg** (M'gladbach)

Pflipsen (M'gladbach) — **Balakov** (Stuttgart) — **Wosz** (Bochum)

Kirsten (Leverkusen) — **Polster** (Köln)

INTER NATIONAL	
	Der BVB gewinnt das Finale der Champions League mit 3:1 gegen Juventus Turin
	Schalke 04 holt nach einem 1:0 und 4:2 n.E. gegen Inter Mailand den UEFA-Cup

SAISON 97/98

		Punkte	Tore	Heim		Auswärts	
1.	1.FC K'lautern (N)	68	63:39	41	36:19	27	27:20
2.	Bayern München (M)	66	69:37	37	36:14	29	33:23
3.	Bayer Leverkusen	55	66:39	34	43:17	21	23:22
4.	VfB Stuttgart	52	55:49	35	27:12	17	28:37
5.	Schalke 04	52	38:32	35	24:12	17	14:20
6.	Hansa Rostock	51	54:46	30	35:22	21	19:24
7.	Werder Bremen	50	43:47	30	27:23	20	16:24
8.	MSV Duisburg	44	43:44	24	21:20	20	22:24
9.	Hamburger SV	44	38:46	23	20:20	21	18:26
10.	Bor. Dortmund	43	57:55	28	36:25	15	21:30
11.	Hertha BSC Berlin (N)	43	41:53	27	25:22	16	16:31
12.	VfL Bochum	41	41:49	28	23:20	13	18:29
13.	1860 München	41	43:54	24	24:24	17	24:17
14.	VfL Wolfsburg (N)	39	38:54	25	17:20	14	21:34
15.	Bor. M'gladbach	38	54:59	23	27:22	15	27:37
16.	Karlsruher SC	38	48:60	23	26:24	15	22:36
17.	1.FC Köln	36	49:64	27	34:30	9	15:34
18.	Arminia Bielefeld	32	43:56	26	29:27	6	14:29

FANS

Gesamt: 9.520.385 (306 Spiele)
Schnitt: 31.112
Krösus: Bayern (54.286)
Kirchenmaus: Wolfsburg (16.014)

TORE

Gesamt: 883 (Schnitt: 2,89)
Eigentore: 27

TORJÄGER

Ulf Kirsten (Leverkusen)	**22**
Olaf Marschall (K'lautern)	**21**
Stéphane Chapuisat (BVB)	**14**
Michael Preetz (Hertha)	**14**
Fredi Bobic (Stuttgart)	**13**
… fünf weitere Spieler …	**13**

KARTEN

20 Rote, 39 Gelb-Rote, 1240 Gelbe

TRAINER

Meistertrainer: Otto Rehhagel
Vorzeitige Wechsel: **8**
Dörner-Sidka (Bremen), Neururer-Köstner (Köln), Bongartz-Meier (M'gladbach), Reimann-Wolf (Wolfsburg), Schäfer-Berger (KSC), Meier-Rausch (M'gladbach), Löw-Schäfer (Stuttgart) Scala-Skibbe (BVB)

FUSSBALLER

Fussballer des Jahres:
Jürgen Kohler (BVB)
Nationalelf-Debütanten:
Hamann, Jeremies (beide Bayern), Lehmann, Linke (Schalke), Kmetsch (HSV), Maul (Bielefeld), Ricken (BVB)
Transfers des Jahres:
Beinlich, Emerson, Rink (Leverkusen), Daei (Bielefeld), Eijkelkamp (Schalke), Elber, Lizarazu (Bayern), Hajto (Duisburg), Hristov, Sforza (K'lautern), Juran (Bochum), Kiraly, Rekdal (Hertha), Neuville, Pamic (Rostock), Yeboah (HSV)

SPIEL DES JAHRES

Bewunderswert, wie Leverkusen in diesem großen Spiel Rückschläge en masse wegsteckte: Der frühe Rückstand in der 6., das Ausscheiden von Emerson in der 9., das 0:2 in der 24. und schließlich den Platzverweis für Wörns in der 33. Minute - andere Teams hätten da wohl schon aufgesteckt und den Rest des Spieles darauf verwandt, eine obszöne Zahl von Gegentoren zu verhindern. Nicht so Bayer 04: Die »Zehn« bewies eine außergewöhnliche Moral und kämpfte weiter um jeden Meter. Belohnt wurde sie durch einen lupenreinen Hattrick Kirstens und einen nicht mehr für möglich gehaltenen Sieg, an den man sich noch in Jahrzehnten erinnern wird.

BAYER LEVERKUSEN - BAYERN MÜNCHEN 4:2 (1:2)

Leverkusen: Heinen, R. Kovac, Wörns, Happe, Ramelow, Emerson (N. Kovac, Frydek), Heintze, Lehnhoff, Beinlich, Kirsten, Meijer (Rink).
Bayern: Kahn, Matthäus, Kuffour, Helmer, Hamann, Fink (Babbel), Nerlinger, Tarnat, Scholl (Zickler), Elber (Rizzitelli), Jancker.
Tore: 0:1 Elber (6.), 0:2 Jancker (24.), 1:2 Heintze (45.), 2:2 Kirsten (69.), 3:2 Kirsten (89.), 4:2 Kirsten (90.)
Zuschauer: 22.500, **Schiri:** Heynemann (Magdeburg), **Rot:** Wörns (33.)

	K'lautern	Bayern	Leverkusen	Stuttgart	Schalke	Rostock	Bremen	Duisburg	HSV	Dortmund	Hertha	Bochum	1860	Wolfsburg	M'gladbach	KSC	1.FC Köln	Bielefeld
K'lautern	●	2:0	0:3	4:3	3:0	4:3	1:3	1:0	2:1	1:1	1:0	3:0	1:0	4:0	3:2	0:0	3:2	3:1
Bayern	0:1	●	2:1	3:3	1:1	2:0	2:0	3:0	3:0	4:0	3:0	0:0	3:1	5:2	3:2	1:1	0:2	1:0
Leverkusen	1:1	4:2	●	6:1	0:0	1:1	4:1	2:1	5:0	2:2	0:1	3:2	2:2	2:1	1:1	6:1	4:0	0:0
Stuttgart	0:1	0:3	1:0	●	0:0	2:1	1:0	1:1	5:2	0:0	4:1	2:0	1:1	2:1	3:0	3:0	1:1	1:0
Schalke 04	1:1	1:0	2:1	3:4	●	0:0	0:1	1:1	2:2	1:0	1:0	2:0	2:0	1:1	2:0	2:0	1:0	2:1
Rostock	2:2	1:3	1:2	1:1	4:1	●	1:2	2:1	2:1	3:1	4:0	2:2	3:0	0:1	2:0	4:2	1:2	2:1
Werder Bremen	1:1	0 3	2:1	2:2	2:1	1:1	●	2:2	0:0	2:1	0:2	1:0	3:3	3:1	1:0	2:4	3:0	2:1
Duisburg	1:1	0:0	1:1	0:3	1:0	0:1	2:1	●	3:0	0:0	0:1	2:0	0:2	2:2	4:5	1:0	2:2	2:1
HSV	1:1	0:2	0:1	0:0	1:1	0:1	2:1	1:0	●	1:3	1:1	2:1	1:2	1:2	2:2	3:1	2:1	2:0
Dortmund	2:2	0:2	0:1	3:1	2:2	3:2	2:2	3:0	0:1	●	3:0	5:2	2:3	2:1	1:2	2:2	3:0	3:2
Hertha BSC	2:0	2:1	2:2	3:0	1:4	1:1	0:2	1:3	0:2	1:1	●	2:2	2:0	1:0	2:2	3:1	1:0	1:1
Bochum	1:3	2:3	0:0	0:2	3:0	1:3	0:1	0:0	0:0	2:1	2:1	●	1:0	2:1	3:1	3:3	2:1	1:0
1860 München	1:3	2:2	3:4	1:3	1:0	0:1	0:1	0:1	1:1	4:2	3:1	0:2	●	2:1	2:0	2:2	1:0	1:0
Wolfsburg	2:1	2:3	1:0	1:0	0:0	1:1	1:0	0:2	1:1	1:4	2:1	0:2	1:0	●	0:2	1:2	1:1	2:0
M'gladbach	1:3	1:1	2:2	0:0	0:1	5:2	0:0	0:3	1:1	1:1	4:2	2:1	5:1	0:2	●	1:1	4:1	0:0
KSC	2:4	1:1	1:1	4:2	0:0	3:0	3:1	1:2	0:1	0:1	0:2	1:1	0:0	2:1	2:5	●	3:1	3:1
1.FC Köln	0:0	1:3	2:2	4:2	0:2	0:0	2:0	3:2	1:2	4:2	2:0	2:1	2:3	5:3	3:2	0:1	●	3:5
Bielefeld	2:2	4 4	2:1	2:1	1:1	0:1	3:0	3:3	0:3	3:1	1:3	0:2	1:1	0:1	3:1	2:1	2:1	●

Aufsteiger Wolfsburg schlug sich in seiner ersten Bundesligasaison mehr als wacker und kam nie mit den Abstiegsrängen in Berührung. Da hatte der BVB anfangs ganz andere Sorgen, behielt jedoch im November mit 2:1 die Oberhand. Hier stoppt Feiersinger Reyna.

Teufel jauchzen himmelhoch

Das hatte es in der langen Geschichte der Bundesliga noch nie gegeben. Gut, es gab gelegentlich Aufsteiger, die es, getragen von einer Euphoriewelle, auf einen vierten oder fünften Platz schafften, doch ernsthaft in den Titelkampf eingreifen? Das war doch lächerlich - so oder so ähnlich dachten damals, als der 1.FC K'lautern, der »Neuling« aus der Pfalz, seinen am zweiten Spieltag eroberten Platz an der Tabellenspitze partout nicht mehr abgeben wollte. Haha, dachte und lachte die Konkurrenz, als der Rehhagel-Elf gleich zum Auftakt ein spaßiges 1:0 beim FC Bayern gelang. Selbst, als die Roten Teufel noch am 15. oder 16. Spieltag vorne lagen, tat man dies als temporäre Erscheinung ab. Jaja, die Lauterer, ach guck mal, immer noch oben, wie? Jaja, die brechen schon noch ein. Erst als der FCK seinen Vorsprung nach dem 2:0 über die Bayern im Dezember auf sieben Punkte ausdehnte, begriffen viele, was da vor sich ging. Für Dortmund oder Leverkusen, jeweils mit handfesten Titelambitionen gestartet, war die Saison zu diesem Zeitpunkt bereits gelaufen. Allein die Bayern hielten mit den wie entfesselt Punkte sammelnden Pfälzern mit. Doch es wirkte wie beim Rennen zwischen Hase und Igel: Kaum waren die Münchner einmal auf zwei, drei Punkte herangekommen, leisteten sie sich einen Ausrutscher. Am 2. Mai 1998 war die Sensation schließlich perfekt und der Aufsteiger tatsächlich Meister geworden. Der erste Meister der Bundesliga dagegen, der 1.FC Köln, musste ebenso wie der KSC, was ein wenig überraschend kam, in die Zweite Liga absteigen. Ein Kelch, der an zwei anderen Traditionsvereinen, Gladbach und 1860, gerade noch einmal vorbeiging. Freilich nicht mehr für lange.

Finale in Berlin, 16. Mai 1998:

Bayern München - MSV Duisburg 2:1 (0:1)

ZWEITE LIGA

1.	Eintr. Frankfurt	64	50:32
2.	SC Freiburg (A)	61	57:36
3.	1.FC Nürnberg (N)	59	52:35
4.	FC St. Pauli	56	43:31
5.	FC Gütersloh	55	43:26
6.	Fortuna Köln	46	53:53
7.	Fort. Düsseldorf (A)	46	52:54
8.	Energie Cottbus (N)	45	38:36
9.	Greuther Fürth (N)	45	32:32
10.	FSV Mainz 05	44	55:48
11.	SpVgg Unterhaching	44	41:35
12.	Stuttgarter Kickers	44	44:47
13.	KFC Uerdingen	43	36:40
14.	Wattenscheid 09	40	41:41
15.	VfB Leipzig	39	31:51
16.	Carl Zeiss Jena	33	39:61
17.	FSV Zwickau	28	32:55
18.	SV Meppen	27	35:61

TORJÄGER

Angelo Vier (Gütersloh) **18**
Marco Weißhaupt (Freiburg) **16**
Sven Demandt (Mainz) **15**
Markus Feinbier (Wattenscheid) **15**
Rainer Krieg (Fort. Köln) **15**

Tore: 774 (Schnitt: 2,53)
Platzverweise: 29 Rote, 48 Gelb-Rote
Zuschauer: 2.468.993 (Schnitt: 8.069)
Krösus: 1.FC Nürnberg (22.010)
Kirchenmaus: SpVgg Unterhaching (1.917)

ELF DES JAHRES

Kamps (M'gladbach)

Wörns (Leverkusen) — **Jeremies** (1860) — **Schjönberg** (K'lautern)

Effenberg (M'gladbach) — **Eilts** (Bremen)

Häßler (KSC) — **Sforza** (K'lautern) — **Balakov** (Stuttgart)

Scholl (Bayern) — **Marschall** (K'lautern)

INTER NATIONAL
Die Nationalelf verliert bei der WM in Frankreich das Viertelfinale gegen Kroatien mit 0:3
Der BVB scheitert im Halbfinale der Champions League an Real Madrid (0:2, 0:0)

SAISON 98/99

FANS

Gesamt: 9.455.582 (306 Spiele)
Schnitt: 30.901
Krösus: Dortmund (60.867)
Kirchenmaus: Duisburg (15.413)

TORE

Gesamt: 866 (Schnitt: 2,83)
Eigentore: 19

TORJÄGER

Michael Preetz (Hertha)	**23**
Ulf Kirsten (Leverkusen)	**19**
Oliver Neuville (Rostock)	**14**
Anthony Yeboah (HSV)	**14**

KARTEN

30 Rote, 50 Gelb-Rote,1301 Gelbe

TRAINER

Meistertrainer: Ottmar Hitzfeld

Vorzeitige Wechsel: **11**

Magath-Reimann (Nürnberg), Sidka-Magath (Bremen), Rausch-Bonhof (M'gladbach), Reimann-Rausch (Nürnberg), Schäfer-Adrion (Stuttgart), Ehrmanntraut-Fanz (Frankfurt), Lienen-Zachhuber (Rostock), Fanz-Berger (Frankfurt), Adrion-Rangnick (Stuttgart), Magath-Schaaf (Bremen)

FUSSBALLER

Fussballer des Jahres:
Oliver Bierhoff (Udinese)

Nationalelf-Debütanten:
Beinlich, Ramelow, Rink (Leverkusen), Ballack, Reich (K'lautern), Jancker, Zickler (Bayern), Neuville, Rehmer (Rostock), Heldt (1860), Nerlinger (BVB), Preetz (Hertha)

Transfers des Jahres:
Ailton (Bremen), Barbarez, Häßler (BVB), Effenberg (Bayern), Fjörtoft (Frankfurt), Hami, Reck (Schalke), Vanenburg (1860), Wosz (Hertha), Zé Roberto (Leverkusen)

		Punkte	Tore	Heim		Auswärts	
1.	Bayern München	78	76:28	45	48:15	33	28:13
2.	Bayer Leverkusen	63	61:30	33	33:15	30	28:15
3.	Hertha BSC Berlin	62	59:32	43	38:10	19	21:22
4.	Bor. Dortmund	57	48:34	44	35:10	13	13:24
5.	1.FC K'lautern (M)	57	51:47	36	33:18	21	18:29
6.	VfL Wolfsburg	55	54:49	35	35:17	20	19:32
7.	Hamburger SV	50	47:46	32	25:14	18	22:32
8.	MSV Duisburg	49	48:45	32	32:18	17	16:27
9.	1860 München	41	49:56	25	28:23	16	21:33
10.	Schalke 04	41	41:54	21	20:23	20	21:31
11.	VfB Stuttgart	39	41:48	29	25:15	10	16:33
12.	SC Freiburg (N)	39	36:44	21	17:18	18	19:26
13.	Werder Bremen	38	41:47	18	23:24	20	18:23
14.	Hansa Rostock	38	49:58	27	30:22	11	19:36
15.	Eintr. Frankfurt (N)	37	44:54	24	26:21	13	18:33
16.	1.FC Nürnberg (N)	37	40:50	20	23:23	17	17:27
17.	VfL Bochum	29	40:65	18	21:28	11	19:37
18.	Bor. M'gladbach	21	41:79	16	25:35	5	16:44

SPIEL DES JAHRES

Einen derart spannenden und verrückten Abstiegskampf hatte es in der Bundesliga noch nicht gegeben: Von insgesamt fünf gefährdeten Vereinen musste schließlich am Ende mit dem 1.FC Nürnberg ausgerechnet der bestplatzierte aller Kandidaten in die Zweite Liga. Damit hatte kaum jemand gerechnet - am wenigsten offenbar die Franken selbst, die nach dem 33. Spieltag auf dem zwölften Rang (!) lagen und drei Punkte sowie fünf Tore zwischen sich und dem 16. Frankfurt wussten. Doch da alle ihre Hausaufgaben erledigten und die Eintracht in den letzten 20 Minuten über sich hinauswuchs, bedeutete die Nürnberger 1:2-Pleite gegen Freiburg den Abstieg.

EINTRACHT FRANKFURT - 1.FC K'LAUTERN 5:1 (0:0)

Frankfurt: Nikolov, Kutschera, Janßen (Westerthaler), Bindewald, Zampach (Brinkmann), Schneider, Schur, Sobotzik, Weber (Gebhardt), Fjörtoft, Yang.
K'lautern: Reinke, Ramzy (Ballack), Koch, Schjönberg, Buck, Ratinho, Sforza, Wagner, Riedl (Reich), Marschall, Rösler (Rische).
Tore: 1:0 Yang (46.), 1:1 Schjönberg (68., Elfmeter), 2:1 Sobotzik (70.), 3:1 Gebhardt (80.), 4:1 Schneider (82.), 5:1 Fjörtoft (89.)
Zuschauer: 58.245, **Schiri:** Jansen (Essen)

	Bayern	Leverkusen	Hertha	Dortmund	K'lautern	Wolfsburg	HSV	Duisburg	1860	Schalke	Stuttgart	Freiburg	Bremen	Rostock	Frankfurt	Nürnberg	Bochum	M'gladbach
Bayern	●	2:0	1:1	2:2	4:0	3:0	5:3	3:1	3:1	1:1	2:0	2:0	1:0	6:1	3:1	2:0	4:2	4:2
Leverkusen	1:2	●	2:2	3:1	2:2	3:0	1:2	2:0	1:1	1:1	0:0	1:1	2:0	3:1	2:1	3:0	2:0	4:1
Hertha BSC	1:0	0:1	●	3:0	1:1	2:0	6:1	1:3	2:1	2:0	2:0	1:0	1:0	2:0	3:1	3:0	4:1	4:1
Dortmund	2:2	1:0	3:0	●	1:0	2:1	2:1	2:0	3:1	3:0	3:0	2:1	2:1	2:0	3:1	3:0	0:1	1:1
K'lautern	2:1	0:1	4:3	1:0	●	1:1	1:0	3:0	1:1	4:1	1:1	0:2	4:0	3:2	2:1	2:0	2:3	2:1
Wolfsburg	0:1	1:0	2:1	0:0	2:1	●	4:1	4:2	1:0	0:0	3:2	1:1	2:4	1:1	2:0	1:1	4:1	7:1
HSV	0:2	0:0	0:4	0:0	2:0	1:1	●	4:1	3:0	2:2	3:1	2:1	1:1	1:0	0:1	2:0	1:0	3:0
Duisburg	0:3	0:0	0:0	3:2	3:1	6:1	2:3	●	1:1	1:2	2:0	1:0	2:0	4:1	2:1	1:1	2:0	2:2
1860 München	1:1	0:2	2:0	2:0	1:2	2:3	0:0	0:0	●	4:5	1:1	2:0	1:3	2:1	4:1	1:2	2:1	3:1
Schalke 04	1:3	0:1	0:0	1:1	0:2	2:0	1:4	2:0	2:2	●	1:0	1:1	1:2	1:0	2:3	2:2	2:2	1:0
Stuttgart	0:2	0:1	0:0	2:1	4:0	1:2	3:1	0:0	0:1	2:1	●	3:1	1:0	1:1	2:0	0:0	4:2	2:2
Freiburg	0:2	1:1	0:2	2:2	0:1	0:0	0:0	2:2	1:2	0:2	2:0	●	0:2	3:0	2:0	1:0	1:1	2:1
Werder Bremen	0:1	2:2	2:1	1:1	0:1	0:1	0:0	1:1	4:1	1:0	2:2	2:3	●	0:3	1:2	2:3	1:1	4:1
Rostock	0:4	1:1	1:2	2:0	2:1	3:3	0:1	3:0	4:1	2:2	3:0	0:2	2:1	●	2:2	1:1	3:0	1:1
Frankfurt	1:0	2:3	1:1	2:0	5:1	0:1	2:2	0:0	2:3	1:2	1:1	3:1	0:2	2:2	●	3:2	1:0	0:0
Nürnberg	2:0	2:2	0:0	0:0	1:1	1:1	1:1	0:2	1:5	3:0	2:2	1:2	1:1	2:2	2:2	●	2:2	2:0
Bochum	2:2	1:5	2:0	0:1	1:2	0:2	2:0	0:2	2:0	1:2	3:3	1:2	2:0	2:3	0:0	0:3	●	2:1
M'gladbach	0:2	2:3	2:4	0:2	0:2	5:2	2:2	0:2	2:0	3:0	2:3	3:1	0:1	1:1	1:1	0:2	2:2	●

Nach zwei besseren Jahren, in denen es einmal sogar für den UEFA-Cup reichte, erlebte Bochum in der Saison 98/99 mal wieder Abstiegskampf pur. Vergeblich versucht Dzafic, am Frankfurter Brinkmann vorbeizukommen - das Spiel endete 0:0, der VfL stieg ab.

Dramatische Minuten

Die Hauptattraktion dieser Bundesligaspielzeit stellte eindeutig der Abstiegskampf dar, der an Spannung, Dramatik und auch Tragik nicht mehr zu überbieten war. Neben den Nürnbergern, die quasi in letzter Minute ins Gras der Zweiten Liga beißen mussten, erwischte es auch - mal wieder - den VfL Bochum, der seinen Titel »Die Unabsteigbaren« nun endgültig in die »Nichtlangedrinbleiber« umtauschen konnte. Der sportliche Exitus von Borussia M'gladbach hatte sich bereits in den letzten Jahren angedeutet, aber dass er derart krass ausfallen würde, damit konnten selbst die Experten nicht rechnen. Nur vier Siege, nur 21 Punkte, nur drei davon auswärts, zudem Klatschen wie ein 2:8 gegen Leverkusen oder ein 1:7 in Wolfsburg - das war schon ganz schön erbärmlich.

Erbärmlich ging es auch in der Meisterfrage zu, erbärmlich langweilig. Schon früh setzten sich die alles überragenden Bayern vom Rest des Feldes ab, allein Leverkusen hielt eine Zeitlang dagegen. Mal wieder umsonst. Am Ende hatten die Münchner einen satten Vorsprung von 15 Punkten herausgeholt und konnten sich auf die beiden anderen Hochzeiten konzentrieren, denn da wurde noch fröhlich getanzt. Doch aus dem Titel wurde dann weder das Triple (wg. Sheringham, Solskjaer) noch das Double (wg. Rost). In wenigen Minuten verspielten die Bayern in Barcelona bzw. Berlin zwei Titel, dabei hatten sie jeweils so souverän begonnen. Manchester und Werder triumphierten, und dem FC Bayern blieben nur ein paar blecherne Medaillen. Und die Meisterschale natürlich. Aber über die konnte sich hernach keiner mehr so richtig freuen. Irgendwie verständlich.

ZWEITE LIGA

1.	Arminia Bielefeld (A)	67	62:32
2.	SpVgg Unterhaching	63	47:30
3.	SSV Ulm 1846 (N)	58	63:51
4.	Hannover 96 (N)	57	52:36
5.	Karlsruher SC (A)	56	54:43
6.	Tennis Bor. Berlin (N)	54	47:39
7.	FSV Mainz 05	50	48:44
8.	SpVgg Greuther Fürth	49	40:31
9.	FC St. Pauli	45	49:46
10.	1.FC Köln (A)	45	46:53
11.	Energie Cottbus	41	48:42
12.	RW Oberhausen (N)	41	40:47
13.	Stuttgarter Kickers	41	38:53
14.	Fortuna Köln	40	49:55
15.	FC Gütersloh	37	39:58
16.	KFC Uerdingen	31	34:57
17.	Wattenscheid 09	30	31:46
18.	Fort. Düsseldorf	28	35:59

TORJÄGER

Bruno Labbadia (Bielefeld) **28**
Rainer Krieg (KSC) **19**
Arie van Lent (Fürth) **16**

Tore: 822 (Schnitt: 2,69)
Platzverweise: 36 Rote, 64 Gelb-Rote
Zuschauer: 2.360.228 (Schnitt: 7.713)
Krösus: Hannover 96 (20.053)
Kirchenmaus: Wattenscheid 09 (2.250)

ELF DES JAHRES

Ernst (Bochum)

Greilich (1860) — **Nowotny** (Leverkusen) — **Panadic** (HSV)

Jeremies (Bayern) — **Effenberg** (Bayern) — **Ramelow** (Leverkusen)

Groth (HSV) — **Beinlich** (Leverkusen)

Elber (Bayern) — **Kirsten** (Leverkusen)

Finale in Berlin, 12. Juni 1999:
Werder Bremen - Bay. München 6:5 n.E. (1:1)

INTER NATIONAL Bayern München verliert das Finale der Champions League gegen Manchester United mit 1:2

SAISON 99/00

	Punkte	Tore	Heim		Auswärts	
1. Bayern München (M)	73	73:28	39	50:17	34	23:11
2. Bayer Leverkusen	73	74:36	43	44:17	30	30:19
3. Hamburger SV	59	63:39	37	37:11	22	26:28
4. 1860 München	53	55:48	36	36:20	17	19:28
5. 1.FC K'lautern	50	54:59	27	31:28	23	23:31
6. Hertha BSC Berlin	50	39:46	31	23:14	19	16:32
7. VfL Wolfsburg	49	51:58	31	29:26	18	22:32
8. VfB Stuttgart	48	49:47	20	22:28	28	22:19
9. Werder Bremen	47	65:52	33	41:25	14	24:27
10. SpVgg Unterhaching (N)	44	40:42	35	22:10	9	18:32
11. Bor. Dortmund	40	41:38	19	31:31	21	20:17
12. SC Freiburg	40	45:56	28	29:19	12	16:31
13. Schalke 04	39	42:44	22	21:17	17	21:27
14. Eintr. Frankfurt	39	42:44	30	29:14	11	13:30
15. Hansa Rostock	38	44:60	28	25:22	10	19:38
16. SSV Ulm 1846 (N)	35	36:62	25	22:23	10	14:39
17. Arminia Bielefeld (N)	30	40:61	18	22:24	12	18:37
18. MSV Duisburg	22	37:71	14	20:25	8	17:46

FANS

Gesamt: 8.849.661 (306 Spiele)
Schnitt: 28.920
Krösus: BVB (58.791)
Kirchenmaus: Unterhaching (7.397)

TORE

Gesamt: 885 (Schnitt: 2,89)
Eigentore: 27

TORJÄGER

Martin Max (1860)	**19**
Ulf Kirsten (Leverkusen)	**17**
Geovane Elber (Bayern)	**14**
Ebbe Sand (Schalke)	**14**
Marco Bode (Bremen)	**13**
Paulo Sergio (Bayern)	**13**

KARTEN

31 Rote, 42 Gelb-Rote, 1222 Gelbe

TRAINER

Meistertrainer: Ottmar Hitzfeld

Vorzeitige Wechsel: **4**

Berger-Magath (Frankfurt)
Skibbe-Krauss (BVB)
Funkel-Eichkorn (Duisburg)
Krauss-Lattek (BVB)

FUSSBALLER

Fussballer des Jahres:
Lothar Matthäus (Bayern)

Nationalelf-Debütanten:
Baumann (Bremen), Butt (HSV), Deisler (Hertha), Dogan (Fenerbahce), Gerber (Stuttgart), Schneider (Leverkusen), Sebescen (Wolfsburg)

Transfers des Jahres:
Akpoborie (Wolfsburg), Arvidsson (Rostock), Asamoah, Mpenza, Sand (Schalke), Ballack, Ponte (Leverkusen), Bobic, Ikpeba (BVB), Bordon, Ganea (Stuttgart), Cardoso, Präger, Mahdavikia (HSV), Deisler, Rehmer (Hertha), Pizarro (Bremen), Sergio, Santa Cruz (Bayern)

SPIEL DES JAHRES

Wie eine Seifenblase zerplatzte im Sportpark zu Unterhaching Leverkusens Meistertraum. Schlapp und ängstlich präsentierten sich die Schützlinge von Christoph Daum und verspielten auf der Ziellinie tatsächlich noch den schon sicher geglaubten Titel - was die Leistung der Unterhachinger Kicker, die allein schon mit ihrem Klassenerhalt für eine riesige Sensation gesorgt hatten, beileibe nicht schmälern soll. Erneut zeigte die Köstner-Truppe auf heimischem Geläuf eine enorm kompakte Mannschaftsleistung und verteidigte geschickt das eigene Tor. Doch über allen thronte heute ein Spieler: der überragende Gerhard Tremmel, der Mann mit den tausend Händen.

SPVGG UNTERHACHING - BAYER LEVERKUSEN 2:0 (1:0)
Unterhaching: Tremmel, Strehmel, Grassow, Seifert, Schwarz, Haber, Zimmermann, Oberleitner (Bucher), Straube, Rraklli (Breitenreiter), Seitz (Garcia).
Leverkusen: Matysek, Nowotny, Zivkovic (Rink), R. Kovac, Neuville (Ponte), Schneider, Emerson, Beinlich, Ballack (Brdaric), Zé Roberto, Kirsten.
Tore: 1:0 Ballack (20., Eigentor), 2:0 Oberleitner (72.)
Zuschauer: 11.300, **Schiri:** Fandel (Kyllburg)

	Bayern	Leverkusen	HSV	1860	K'lautern	Hertha	Wolfsburg	Stuttgart	Bremen	Unterhaching	Dortmund	Freiburg	Schalke	Frankfurt	Rostock	SSV Ulm	Bielefeld	Duisburg
Bayern	●	4:1	2:2	1:2	2:2	3:1	5:0	0:1	3:1	1:0	1:1	6:1	4:1	4:1	4:1	4:0	2:1	4:1
Leverkusen	2:0	●	2:2	1:1	3:1	3:1	4:1	1:0	3:2	2:1	3:1	1:1	3:2	4:1	1:1	4:1	4:1	3:0
HSV	0:0	0:2	●	2:0	2:1	5:1	2:2	3:0	0:0	3:0	1:1	2:0	3:1	1:0	1:0	1:2	5:0	6:1
1860 München	1:0	1:2	0:0	●	2:1	2:1	1:2	1:1	1:0	2:1	0:3	3:1	3:3	2:0	4:3	4:1	5:0	4:1
K'lautern	0:2	1:3	2:0	1:1	●	1:2	2:2	1:2	4:3	4:2	1:0	0:2	2:1	1:0	2:2	6:2	0:2	3:2
Hertha BSC	1:1	0:0	2:1	1:1	0:1	●	0:0	1:1	1:1	2:1	0:3	0:0	2:1	1:0	5:2	3:0	2:0	2:1
Wolfsburg	1:1	3:1	4:4	2:1	3:2	2:3	●	0:2	2:7	2:2	1:0	2:1	0:0	1:0	2:0	1:2	2:0	1:0
Stuttgart	2:0	1:2	1:3	1:3	0:1	1:0	2:5	●	0:0	0:2	1:2	1:0	0:2	0:2	3:1	2:0	3:3	4:2
Werder Bremen	0:2	1:3	2:1	1:3	5:0	4:1	2:2	2:1	●	2:2	3:2	5:2	0:1	3:1	2:1	2:2	3:1	4:0
Unterhaching	0:2	2:0	1:1	1:1	1:2	1:1	1:1	2:0	1:0	●	1:0	1:0	3:1	1:0	1:1	1:0	2:0	2:0
Dortmund	0:1	1:1	0:1	1:1	0:1	4:0	2:1	1:1	1:3	1:3	●	1:1	1:1	1:0	3:0	1:1	1:3	2:2
Freiburg	1:2	0:0	0:2	3:0	2:1	0:1	1:1	0:2	2:1	4:3	1:1	●	2:1	2:3	5:0	2:0	1:1	3:0
Schalke 04	1:1	:1	1:3	2:2	1:2	1:1	1:1	3:0	3:1	1:0	0:0	2:2	●	0:0	0:2	0:0	1:1	3:0
Frankfurt	1:2	1:2	3:0	3:1	0:1	4:0	4:0	0:1	1:0	3:0	1:1	2:0	0:2	●	0:0	2:1	2:1	2:2
Rostock	0:3	1:1	3:3	0:0	4:2	0:1	1:1	1:4	1:1	1:1	1:0	1:1	1:0	3:1	●	2:1	2:1	3:1
SSV Ulm	0:1	1:9	1:2	3:0	3:1	0:1	2:0	1:1	2:1	1:0	0:1	1:1	1:1	3:0	1:1	●	2:0	0:3
Bielefeld	0:3	1:2	3:0	2:2	1:2	1:1	0:0	1:2	2:2	1:0	0:2	2:1	1:2	1:1	2:2	4:1	●	0:1
Duisburg	1:2	0:0	1:1	3:0	2:2	0:0	2:3	1:3	0:1	2:0	2:2	1:2	1:1	2:3	2:2	0:0	0:3	●

Weißbierselige Jubeltraube nach dem letzten Schlusspfiff der Saison 1999/2000: Trainer Hitzfeld, Stefan Effenberg und Markus Babbel können ihr Glück kaum fassen. Soeben kam die Bestätigung: Unterhaching schlägt Leverkusen, Bayern ist doch noch Meister.

Ha-ha-Haching

Tja. War es wirklich das Spiel im Sportpark zu Unterhaching, in dem Bayer Leverkusen den Titel verschenkte? Hätte man angesichts der »Schwäche« des FC Bayern die Meisterschaft nicht schon viel früher unter Dach und Fach bringen müssen? Kostete vielleicht eines der zehn Unentschieden die Schale? Fragen über Fragen. Kein Zweifel, in dieser Spielzeit hätten die Daum-Schützlinge den Titel wirklich verdient gehabt. Sie spielten den schönsten, den spektakulärsten Fußball und hatten mit dem Brasilianer Emerson den brillantesten Spieler in ihren Reihen. Aber sie hatten halt nicht mit Unterhaching gerechnet. Womit sie vor der Saison nicht alleine waren, denn für viele galt die SpVgg als einer der Top-Abstiegskandidaten (von denen es in dieser Saison einige gab). Am Ende wurde die Köstner-Truppe guter Zehnter und hätte es über die Fairplay-Wertung sogar beinahe noch in den UEFA-Cup geschafft. Apropos: Im UEFA-Pokal bekleckerten sich die deutschen Vertreter, deren Zahl sich in der dritten Runde auf wundersame Weise auf fünf erhöhte, nicht gerade übermäßig mit Ruhm. Als letzter Vertreter verabschiedete sich im Viertelfinale der SV Werder, der zweimal gegen Arsenal verlor. Zwar hatten die Bremer mit dem DFB-Pokal noch ein zweites Eisen im Feuer, doch waren es diesmal sie, die am Ende leer ausgingen: Bayern nahm in Berlin eindrucksvoll Revanche und schaffte somit im zweiten Anlauf das Double. Aus dem Triple wurde dagegen wieder nichts: Im Halbfinale der Champions League war Real Madrid eine Handvoll Quentchen besser. Doch auch das sollte sich irgendwann ändern...

ZWEITE LIGA

1.	1.FC Köln	64	68:39
2.	VfL Bochum (A)	61	67:48
3.	Energie Cottbus	58	62:42
4.	1.FC Nürnberg (A)	55	54:46
5.	Bor. M'gladbach (A)	54	60:43
6.	RW Oberhausen	49	43:34
7.	SpVgg Greuther Fürth	46	40:39
8.	Alemannia Aachen (N)	46	46:54
9.	FSV Mainz 05	45	41:42
10.	Hannover 96	44	56:56
11.	Chemnitzer FC (N)	43	42:49
12.	Waldhof Mannheim (N)	42	50:56
13.	Tennis Bor. Berlin	40	42:50
14.	FC St. Pauli	39	37:45
15.	Stuttgarter Kickers	39	49:58
16.	Fortuna Köln	35	38:50
17.	Kickers Offenbach	35	35:58
18.	Karlsruher SC	27	35:56

TORJÄGER
Tomislav Maric (Stut. Kickers) **21**
Achim Weber (Bochum) **19**
Arie van Lent (M'gladbach) **19**

Tore: 865 (Schnitt: 2,83)
Platzverweise: 40 Rote, 57 Gelb-Rote
Zuschauer: 3.306.086 (Schnitt: 10.804)
Krösus: 1.FC Köln (26.314)
Kirchenmaus: Tennis Bor. Berlin (2.606)

ELF DES JAHRES

Butt (HSV)

Baumann (Bremen) – **Nowotny** (Leverkusen) – **Hoogma** (HSV)

Jeremies (Bayern) – **Effenberg** (Bayern) – **Beinlich** (Leverkusen)

Emerson (Leverkusen) – **Ballack** (Leverkusen)

Djorkaeff (K'lautern) – **Max** (1860)

Finale in Berlin, 6. Mai 2000:
Bayern München - Werder Bremen 3:0 (0:0)

INTER NATIONAL
Die Nationalelf fährt bei der EM in Holland und Belgien bereits nach der Vorrunde nach Hause
Bayern München scheitert im Halbfinale der Champions League an Real Madrid (0:2, 2:1)

SAISON 00/01

FANS

Gesamt: 8.696.712 (306 Spiele)
Schnitt: 28.421
Krösus: BVB (59.183)
Kirchenmaus: Unterhaching (7.419)

TORE

Gesamt: 897 (Schnitt: 2,93)
Eigentore: 20

TORJÄGER

Sergej Barbarez (HSV)	**22**
Ebbe Sand (Schalke)	**22**
Claudio Pizarro (Bremen)	**19**
Michael Preetz (Hertha)	**16**
Geovane Elber (Bayern)	**15**
Oliver Neuville (Leverkusen)	**15**

KARTEN

38 Rote, 51 Gelb-Rote, 1307 Gelbe

TRAINER

Meistertrainer: Ottmar Hitzfeld

Vorzeitige Wechsel: **6**

Zachhuber-Funkel (Rostock)
Rehhagel-Brehme (K'lautern)
Daum-Völler/Vogts (Leverkusen)
Magath-Dohmen/Rausch (Frankfurt)
Zumdick-Schafstall (Bochum)
Rangnick-Magath (Stuttgart)

FUSSBALLER

Fussballer des Jahres:
Oliver Kahn (Bayern)

Nationalelf-Debütanten:
Asamoah, Böhme (beide Schalke), Frings (Bremen), Hertzsch (HSV), Kehl (Freiburg), Klose (K'lautern)

Transfers des Jahres:
Adhemar (Stuttgart), Barbarez, Meijer (HSV), Beinlich (Hertha), Lokvenc (K'lautern), Lucio, Placente (Leverkusen), Möller (Schalke), Oliseh, Rosicky (BVB), Mykland (1860), Sagnol, Sforza (Bayern)

		Punkte	Tore	Heim		Auswärts	
1.	Bayern München (M)	63	62:37	37	37:20	26	25:17
2.	Schalke 04	62	65:35	40	36:13	22	29:22
3.	Bor. Dortmund	58	62:42	31	34:20	27	28:22
4.	Bayer Leverkusen	57	54:40	32	30:16	25	24:24
5.	Hertha BSC Berlin	56	58:52	35	38:22	21	20:30
6.	SC Freiburg	55	54:37	32	36:15	23	18:22
7.	Werder Bremen	53	53:48	34	33:18	19	20:30
8.	1.FC K'lautern	50	49:54	27	24:19	23	25:35
9.	VfL Wolfsburg	47	60:45	30	38:18	17	22:27
10.	1.FC Köln (N)	46	59:52	29	33:18	17	26:34
11.	1860 München	44	43:55	27	23:25	17	20:30
12.	Hansa Rostock	43	34:47	29	22:20	14	12:27
13.	Hamburger SV	41	58:58	30	33:21	11	25:37
14.	Energie Cottbus (N)	39	38:52	31	27:20	8	11:32
15.	VfB Stuttgart	38	42:49	32	31:20	6	11:29
16.	SpVgg Unterhaching	35	35:59	27	21:20	8	14:39
17.	Eintr. Frankfurt	35	41:68	27	26:22	8	15:46
18.	VfL Bochum (N)	27	30:67	19	20:28	8	10:39

SPIEL DES JAHRES

18 Jahre lang hatte Schalke 04 nicht mehr bei den Bayern zu siegen vermocht - und dann das! Im Stile einer echten Klassemannschaft agierte die Elf von Huub Stevens im Olympiastadion und ließ sich auch vom frühen Rückstand nicht aus dem Konzept bringen. Schon zehn Minuten später hatte der überragende Sand auf Vorarbeit des nicht minder starken Mpenza ausgeglichen. Danach schienen die Bayern nicht mehr zulegen zu können. Waren sie gedanklich schon bei der Revanche gegen Man United? Oder war Schalke schlicht und ergreifend zu stark? Wie dem auch sei, zumindest das Sturmduo Mpenza-Sand war für die Bayern-Abwehr an diesem Tage einfach zu gut.

BAYERN MÜNCHEN - SCHALKE 04 1:3 (1:1)

Bayern: Kahn, Sagnol, Andersson (Heargraves), Kuffour, Tarnat, Salihamidzic, Jeremies, Scholl, Sergio (Zickler), Jancker, Santa Cruz (Wiesinger).
Schalke: Reck, Nemec, Hajto, Waldoch, van Hoogdalem, Asamoah (Latal), Möller, Büskens, Böhme, Sand, Mpenza.
Tore: 1:0 Jancker (3.), 1:1 Sand (14.), 1:2 Sand (48.), 1:3 Sand (76.)
Zuschauer: 63.000, **Schiri:** Aust (Köln)

	Bayern	Schalke	Dortmund	Leverkusen	Hertha	Freiburg	Bremen	K'lautern	Wolfsburg	1.FC Köln	1860	Rostock	HSV	Cottbus	Stuttgart	Unterhaching	Frankfurt	Bochum
Bayern	●	1:3	6:2	2:0	4:1	1:0	2:3	2:1	3:1	1.1	3:1	0:1	2:1	2:0	1:0	3:1	1:2	3:2
Schalke 04	3:2	●	0:0	0:0	3:1	0:0	1:1	5:1	2:1	2:1	2:0	2:0	0:1	3:0	2:1	5:3	4:0	2:1
Dortmund	1:1	0:4	●	1:3	2:0	1:0	0:0	1:2	2:1	3:3	2:3	1:0	4:2	2:0	0:0	3:0	6:1	5:0
Leverkusen	0:1	0:3	2:0	●	4:0	1:3	3:0	4:2	2:0	4:1	0:0	1:2	1:1	1:3	4:0	1:0	1:0	1:0
Hertha BSC	1:3	0:4	1:0	1:1	●	2:2	4:1	2:4	1:3	4:2	3:0	1:0	4:0	3:1	2:0	2:1	3:0	4:0
Freiburg	1:1	3:1	2:2	0:1	1:0	●	0:1	5:2	4:1	0:0	0:3	0:0	0:0	4:1	4:0	2:0	5:2	5:0
Werder Bremen	1:1	2:1	1:2	3:3	3:1	3:1	●	1:2	2:3	2:1	2:0	3:0	3:1	3:1	1:0	0:0	1:1	2:0
K'lautern	0:0	3:2	1:4	0:1	0:1	0:2	2:0	●	0:0	3:1	3:2	0:1	2:1	1:1	1:0	4:0	4:2	0:1
Wolfsburg	1:3	2:0	1:1	2:0	2:1	1:2	1:1	4:0	●	6:0	0:1	2:1	4:4	1:1	2:2	6:1	3:0	0:0
1.FC Köln	1:2	2:2	0:0	1:1	1:0	0:1	1:3	0:1	0:0	●	4:0	5:2	4:2	4:0	3:2	1:1	4:1	2:0
1860 München	0:2	1 1	1:0	1:0	0:1	3:1	2:1	0:4	2:2	3:1	●	2:1	2:1	0:1	2:1	0:2	2:2	2:4
Rostock	3:2	0:4	1:2	2:1	0:2	0:0	5:2	1:0	1:1	2:1	0:0	●	1:0	1:0	1:1	2:2	0:2	2:0
HSV	1:1	2:0	2:3	1:3	1:2	5:0	2:1	1:1	3:2	1:1	2:2	2:1	●	2:1	2:2	1:1	2:0	3:0
Cottbus	1:0	4:1	1:4	1:2	3:0	0:2	3:1	0:2	0:0	0:2	2:3	1:0	4:2	●	2:1	1:0	2:0	2:0
Stuttgart	2:1	1:0	0:2	4:1	0:1	0:0	2:1	6:1	2:1	0:3	2:2	1:0	3:3	1:0	●	2:2	4:1	1:1
Unterhaching	1:0	0:2	1:4	1:2	5:2	1:1	0:0	0:0	0:3	0:0	3:2	1:1	2:1	2:1	0:0	●	2:0	2:1
Frankfurt	0:2	0:0	1:1	1:3	0:4	3:0	1:2	3:1	1:2	1:5	1:0	4:0	1:1	1:0	2:1	3:0	●	3:0
Bochum	0:3	1:1	1:1	3:2	1:3	1:3	1:2	0:1	2:1	2:3	1:1	1:2	0:4	1:0	0:0	3:0	2:1	●

Der überragende Mann der Saison und »Spieler des Jahres« in Aktion: Lässig fängt Oliver Kahn eine Bochumer Flanke ab. Schon am zweiten Spieltag zeigte der spätere Meister dem späteren Schlusslicht die Grenzen auf und gewann locker mit 3:0 im Ruhrstadion.

Anderssons Abschiedsschuss

In den zwei Jahren, die er für den FC Bayern München am Ball war, hatte er nicht ein einziges Törchen zustandegebracht, noch nicht einmal einen popeligen Elfer verwandelt. Doch mit seinem Schuss in der letzten Minute des letzten Spieltags seiner letzten Saison in der Bundesliga (er wechselte kurze Zeit später nach Barcelona), seiner letzten Amtshandlung sozusagen, entschied Patrik Andersson die Meisterschaft. Noch in vielen Jahren wird man darüber streiten, ob Schiri Merk auch bei einem anderen Verein als den Bayern nach der »Rückgabe« von Ujfalusi auf Freistoß entschieden hätte, ob Schober die Kugel nicht besser auf die Tribüne hätten hämmern müssen, die Schalker den Titel eher verdient gehabt hätten als die Bayern und vieles weitere mehr. Für die in den ersten Tagen untröstlichen Schalker, die die Meisterschaft so knapp verpasst hatten, war es dennoch eine tolle Saison, mit der zuvor nicht unbedingt zu rechnen gewesen war - man denke nur an den Fan-Aufstand nach der Verpflichtung Andy Möllers. Doch da legte sich Volkes Zorn spätestens nach dessen erstem Tor gegen die Bayern. Apropos Bayern: Denen blieb doch tatsächlich zum dritten Mal in Folge das Triple verwehrt. So hübsch die Meisterschaft und Champions League gewonnen, und dann den DFB-Pokal in Magdeburg vergurkt. Buh!

Bei zwei von drei Aufsteigern durfte nach dem Saisonende ein ordentliches Fass aufgemacht werden, wobei vor allem der Leistung von Energie Cottbus Respekt gebührt. Die Lausitzer sorgten im April nebenbei für ein Novum, als in der Anfangsformation des Spiels gegen Wolfsburg erstmals nur auswärtige Kicker standen - Rudi Völler, die neue Nebenlichtgestalt des deutschen Fußballs, dürfte es verschmerzt haben.

ZWEITE LIGA

1.	1.FC Nürnberg	65	58:35
2.	Bor. M'gladbach	62	62:31
3.	FC St. Pauli	60	70:52
4.	Waldhof Mannheim	59	57:42
5.	SpVgg Greuther Fürth	54	55:38
6.	LR Ahlen (N)	54	61:53
7.	SSV Reutlingen (N)	53	64:52
8.	1.FC Saarbrücken (N)	50	48:59
9.	Hannover 96	46	52:45
10.	Alemannia Aachen	46	42:60
11.	MSV Duisburg (A)	45	46:40
12.	RW Oberhausen	45	45:50
13.	Arminia Bielefeld (A)	41	53:46
14.	FSV Mainz 05	40	37:45
15.	VfL Osnabrück (N)	37	40:52
16.	SSV Ulm 1846 (A)	34	42:58
17.	Stuttgarter Kickers	34	31:51
18.	Chemnitzer FC	16	24:78

TORJÄGER

Olivier Djappa (Reutlingen) **18**
Artur Wichniarek (Bielefeld) **18**
Sambo Choji (Saarbrücken) **16**

Tore: 887 (Schnitt: 2,9)
Platzverweise: 43 Rote, 48 Gelb-Rote
Zuschauer: 2.925.227 (Schnitt: 9.560)
Krösus: 1.Fc Nürnberg (20.356)
Kirchenmaus: Chemnitzer FC (4.171)

ELF DES JAHRES

Butt (HSV)

Kohler (BVB) – **Nowotny** (Leverkusen) – **Lucio** (Leverkusen)

Kehl (Freiburg)

Möller (Schalke) – **Lottner** (Köln) – **Scholl** (Bayern)

Pizarro (Bremen) – **Sand** (Schalke) – **Barbarez** (HSV)

Finale in Berlin, 26. Mai 2001:
Schalke 04 - 1.FC Union Berlin 2:0 (0:0)

INTER NATIONAL
Bayern München gewinnt durch ein 6:5 n.E. gegen den FC Valencia die Champions League
Der 1.FC K'lautern scheitert im Halbfinale des UEFA-Cups an CD Alaves (1:5, 1:4)

EWIGE TABELLE DER BUNDESLIGA

(Stand: 1. Juli 2001)

		Jahre	SPIELE	g.	u.	v.	PUNKTE	TORE	Heim		Auswärts	
1.	Bayern München	36	1228	676	293	259	**2321**	2641:1493	**1443**	1662:589	**878**	979:904
2.	Hamburger SV	38	1288	535	351	402	**1956**	2189:1831	**1273**	1330:685	**683**	859:1146
3.	1.FC Köln	36	1220	532	311	377	**1907**	2198:1752	**1217**	1355:731	**690**	843:1021
4.	Werder Bremen	37	1254	525	323	406	**1898**	2071:1795	**1275**	1308:682	**623**	763:1113
5.	VfB Stuttgart	36	1220	508	297	415	**1821**	2125:1802	**1233**	1328:664	**588**	797:1138
6.	1.FC Kaiserslautern	37	1254	500	318	436	**1818**	2045:1959	**1277**	1271:663	**541**	774:1296
7.	Bor. M'gladbach	34	1160	497	309	354	**1800**	2172:1707	**1128**	1330:690	**672**	842:1017
8.	Eintracht Frankfurt	36	1220	470	305	445	**1713**	2043:1892	**1193**	1310:717	**522**	733:1175
9.	Borussia Dortmund	34	1152	471	297	384	**1710**	2009:1774	**1134**	1257:666	**576**	752:1108
10.	Schalke 04	33	1118	399	287	432	**1484**	1625:1736	**1006**	1008:629	**478**	617:1107
11.	Bayer Leverkusen	22	752	291	233	228	**1106**	1191:1033	**716**	706:389	**390**	485:644
12.	VfL Bochum	27	922	284	240	398	**1092**	1274:1501	**775**	780:557	**317**	494:944
13.	MSV Duisburg	26	880	283	242	355	**1091**	1221:1402	**729**	731:530	**362**	490:872
14.	Fortuna Düsseldorf	22	752	238	206	308	**920**	1121:1329	**628**	698:520	**292**	423:809
15.	Hertha BSC Berlin	20	672	247	165	260	**906**	991:1080	**646**	619:378	**260**	372:702
16.	1.FC Nürnberg	21	710	234	182	294	**884**	960:1143	**596**	600:451	**288**	360:692
17.	Karlsruher SC	22	744	222	215	307	**881**	1025:1301	**616**	629:483	**265**	396:818
18.	Eintr. Braunschweig	20	672	236	170	266	**878**	908:1026	**632**	582:340	**246**	326:686
19.	TSV 1860 München	17	570	203	148	219	**757**	887:893	**508**	541:342	**249**	346:551
20.	KFC Uerdingen	14	476	138	129	209	**543**	644:844	**382**	404:352	**161**	240:492
21.	Hannover 96	14	472	136	120	216	**528**	683:835	**390**	436:328	**138**	247:507
22.	Arminia Bielefeld	10	340	101	78	161	**381**	430:576	**271**	268:215	**110**	162:361
23.	SC Freiburg	7	238	84	57	97	**309**	328:340	**187**	189:136	**122**	139:204
24.	Hansa Rostock	7	242	77	69	96	**300**	306:355	**195**	188:143	**105**	118:212
25.	Waldhof Mannheim	7	238	71	72	95	**285**	299:378	**194**	197:149	**91**	102:229
26.	Kickers Offenbach	7	238	77	51	110	**282**	368:486	**209**	238:184	**73**	130:302
27.	Rot-Weiß Essen	7	238	61	79	98	**262**	346:483	**181**	213:198	**81**	133:285
28.	FC St. Pauli	6	204	46	65	93	**203**	224:347	**140**	135:134	**63**	89:213
29.	VfL Wolfsburg	4	136	50	40	46	**190**	203:206	**121**	119:81	**69**	84:125
30.	Wattenscheid 09	4	140	34	48	58	**150**	186:248	**100**	108:91	**50**	78:157
31.	1.FC Saarbrücken	5	166	32	48	86	**144**	202:336	**98**	117:134	**46**	85:202
32.	Dynamo Dresden	4	140	33	45	62	**140**	132:211	**105**	82:68	**39**	50:143
33.	Rot-Weiß Oberhausen	4	136	36	31	69	**139**	182:281	**111**	119:99	**28**	63:182
34.	Alemannia Aachen	3	102	34	21	47	**123**	140:200	**91**	96:72	**32**	44:128
35.	Wuppertaler SV	3	102	25	27	50	**102**	136:200	**74**	93:87	**28**	43:113
36.	Borussia Neunkirchen	3	98	25	18	55	**93**	109:223	**77**	71:85	**16**	38:138
37.	FC Homburg	3	102	21	27	54	**90**	103:200	**71**	72:74	**19**	31:126
38.	SpVgg Unterhaching	2	68	20	19	29	**79**	75:101	**62**	43:30	**17**	32:71
39.	Stuttgarter Kickers	2	72	20	17	35	**77**	94:132	**41**	41:49	**36**	53:83
40.	SV Darmstadt 98	2	68	12	18	38	**54**	86:157	**40**	52:68	**14**	34:89
41.	Tennis Bor. Berlin	2	68	11	16	41	**49**	85:174	**40**	54:66	**9**	31:108
42.	FC Energie Cottbus	1	34	12	3	19	**39**	38:52	**31**	27:20	**8**	11:32
43.	SSV Ulm 1846	1	34	9	8	17	**35**	36:62	**25**	22:23	**10**	14:39
44.	Fortuna Köln	1	34	8	9	17	**33**	46:79	**24**	31:32	**9**	15:47
45.	Preußen Münster	1	30	7	9	14	**30**	34:52	**19**	21:23	**11**	13:29
46.	Blau-Weiß 90 Berlin	1	34	3	12	19	**21**	36:76	**14**	20:31	**7**	16:45
47.	VfB Leipzig	1	34	3	1	20	**20**	32:69	**15**	20:28	**5**	12:41
48.	Tasmania Berlin	1	34	2	4	28	**10**	15:109	**9**	8:46	**1**	7:62

Diese Tabelle wurde nach dem seit der Saison 95/96 gängigen Dreipunktesystem errechnet, einbezogen sind dabei die Punktabzüge für Dynamo Dresden (4 Punkte in der Saison 93/94) und Eintracht Frankfurt (2 Punkte, 1999/2000). Alle Spiele von Arminia Bielefeld wurden 71/72 für den Gegner gewertet.

EWIGE TABELLE DER DDR-OBERLIGA

		Jahre	SPIELE	g.	u.	v.	PUNKTE	TORE	Differenz
1.	FC Carl Zeiss Jena	35	929	442	213	274	**1097:761**	1544:1075	+469
2.	Berliner FC Dynamo	35	897	441	210	246	**1092:702**	1681:1093	+588
3.	1.FC Dynamo Dresden	31	832	437	203	192	**1077:587**	1637:982	+655
4.	FC Wismut Aue	38	1019	376	266	377	**1018:1020**	1406:1485	-79
5.	Vorwärts Frankfurt/Oder	35	939	388	238	313	**1012:866**	1547:1294	+253
6.	Rot-Weiß Erfurt	37	1001	351	270	380	**972:1030**	1467:1479	-12
7.	1.FC Magdeburg	30	793	365	190	238	**920:666**	1351:1046	+305
8.	Sachsenring Zwickau	35	949	336	218	395	**888:1010**	1310:1489	-179
9.	Hallescher FC Chemie	34	923	309	256	358	**874:972**	1330:1426	-96
10.	FC Hansa Rostock	31	819	300	208	311	**808:830**	1114:1105	+9
11.	1.FC Lok Leipzig	27	702	312	174	216	**798:606**	1148:871	+277
12.	Chemnitzer FC	31	806	263	243	300	**769:843**	1048:1193	-145
13.	Chemie/Sachsen Leipzig	20	548	182	159	207	**523:573**	730:798	-68
14.	1.FC Union Berlin	19	520	144	135	241	**423:617**	571:868	-297
15.	Aktivist Brieske-Senftenberg	13	377	153	89	135	**395:359**	594:584	+10
16.	Lok Stendal	14	403	137	82	184	**356:450**	598:715	-117
17.	Stahl Riesa	16	416	110	108	198	**326:506**	472:729	-257
18.	Rotation/Einheit Dresden	11	325	117	86	122	**320:330**	541:549	-8
19.	Rotation Babelsberg	9	260	103	49	108	**255:265**	466:502	-36
20.	Einheit/Rotation Leipzig	9	249	84	73	92	**241:257**	368:385	-17
21.	SC Lok Leipzig	8	221	87	58	76	**232:210**	323:279	+44
22.	Stahl Brandenburg	7	182	58	58	66	**174:190**	228:244	-16
23.	Motor Dessau	5	156	67	30	59	**163:149**	306:277	+29
24.	Stahl Thale	4	130	47	27	56	**121:139**	207:230	-23
25.	Fortschritt Meerane	5	150	44	29	77	**117:183**	246:320	-74
26.	Energie Cottbus	7	182	36	45	101	**117:247**	165:354	-189
27.	Wismut Gera	6	180	36	41	103	**111:249**	225:392	-167
28.	Fortschritt Weißenfels	5	130	33	36	61	**102:158**	167:226	-59
29.	Motor Altenburg	3	96	26	17	53	**69:123**	126:206	-80
30.	Chemie Böhlen	4	104	20	25	59	**65:143**	123:245	-122
31.	Eisenhüttenstädter FC Stahl	3	78	14	33	31	**61:95**	72:92	-20
32.	Empor Lauter	2	60	21	18	21	**60:60**	98:99	-1
33.	Motor Steinach	2	52	16	12	24	**44:60**	58:85	-27
34.	Chemie Zeitz	2	52	16	12	24	**44:60**	85:113	-28
35.	Motor Wismar	2	63	16	9	38	**41:85**	92:140	-48
36.	SG Friedrichstadt	1	26	18	3	5	**39:13**	87:29	+58
37.	Fortschritt Bischofswerda	2	52	13	7	32	**33:71**	47:96	-49
38.	Vorwärts Stralsund	2	52	10	13	29	**33:71**	41:94	-53
39.	Motor Weimar	1	34	10	6	18	**26:42**	45:71	-26
40.	Einheit Pankow	2	70	7	9	54	**23:117**	67:225	-158
41.	Post Neubrandenburg	1	26	7	6	13	**20:32**	34:58	-24
42.	SG Lichtenberg 47	1	34	6	8	20	**20:48**	49:96	-47
43.	Vorwärts Schwerin	1	26	4	3	19	**11:41**	30:84	-54
44.	Chemie Buna Schkopau	1	26	3	5	18	**11:41**	21:77	-56
45.	Motor Suhl	1	26	1	3	22	**5:47**	16:92	-76

In der Tabelle wurden folgende Vereine zusammengefasst (neuer Name-alter Name):
(1.FC Lokomotive Leipzig-SC Leipzig), (1.FC Magdeburg-SC Aufbau Magdeburg), (1.FC Union Berlin-SC Motor Oberschöneweide/SG Union Oberschöneweide), (BSG Chemie Leipzig-FC Sachsen Leipzig/ZSG Industrie Leipzig), (BSG Einheit Pankow-VfB Pankow), (BSG Energie Cottbus-FC Energie Cottbus), (BSG Fortschritt Meerane-BSG Einheit Meerane), (BSG Lokomotive Stendal-BSG Hans Wendler Stendal), (BSG Motor Dessau-BSG Waggonbau Dessau), (BSG Motor Wismar-ZSG Anker Wismar), (BSG Rotation Babels- berg-BSG Märkische Volksstimme Babelsberg), (BSG Sachsenring Zwickau-BSG Motor Zwickau/ZSG Horch Zwickau), (BSG Stahl Altenburg-ZSG Altenburg), (BSG Stahl Brandenburg-BSV Stahl Brandenburg), (BSG Stahl Eisenhüttenstadt-Eisenhüttenstädter FC Stahl), (BSG Wismut Aue-SC Wismut Karl-Marx-Stadt), (BSG Wismut Gera-BSG Motor Gera/SG Gera Süd), (Berliner FC Dynamo-FC Berlin/SC Dynamo Berlin), (FC Carl Zeiss Jena-BSG Motor Jena/SC Motor Jena), (FC Hansa Rostock-SC Empor Rostock), (FC Karl-Marx-Stadt-BSG Chemie Karl-Marx-Stadt/Chemnitzer FC/SC Karl-Marx-Stadt/SC Motor Karl-Marx-Stadt), (FC Rot-Weiß Erfurt- BSG KWU Erfurt/BSG Turbine Erfurt/ SC Turbine Erfurt), (FC Vorwärts Frankfurt/Oder: ASK Vorwärts Berlin, FC Viktoria 91 Frankfurt/Oder, FC Vorwärts Berlin, SV Vorwärts KVP Leipzig, (Hallescher FC Chemie-BSG Turbine Halle/SC Chemie Halle/SC Chemie Halle-Leuna/ZSG Union Halle), (SC Aktivist Brieske-Senftenberg-BSG Aktivist Brieske-Ost/BSG Franz Mehring Marga), (SC Einheit Dresden-BSG Rotation Dresden), (SC Rotation Leipzig-BSG Einheit Ost Leipzig), SG Dynamo Dresden-1.FC Dynamo Dresden/SG Volkspolizei Dresden). Puh.

EWIGE TABELLE DER 2. LIGA

(Stand: 1. Juli 2001)

	Jahre	SPIELE	g.	u.	v.	PUNKTE	TORE	Differenz
1. Fortuna Köln	26	970	371	263	336	**1376**	1589:1432	+157
2. Stuttgarter Kickers	23	864	350	214	300	**1264**	1400:1199	+201
3. Hannover 96	21	784	319	223	242	**1180**	1305:1068	+237
4. Wattenscheid 09	20	748	272	205	271	**1021**	1168:1156	+12
5. Waldhof Mannheim	18	668	269	187	212	**994**	1028:866	+162
6. Alemannia Aachen	18	680	269	182	229	**989**	989:935	+54
7. Darmstadt 98	17	650	272	158	220	**974**	1057:929	+128
8. VfL Osnabrück	19	724	263	183	278	**972**	1111:1165	-54
9. 1.FC Saarbrücken	16	596	242	171	183	**897**	922:810	+112
10. SC Freiburg	16	608	235	177	196	**882**	928:843	+85
11. FC St. Pauli	15	552	227	174	151	**855**	839:693	+146
12. FC Homburg	15	570	230	151	189	**841**	895:765	+130
13. Hertha BSC Berlin*	13	488	195	144	148	**729**	792:606	+186
14. 1.FC Nürnberg*	11	400	199	98	103	**689**	694:477	+217
15. SpVgg Greuther Fürth	13	480	185	126	169	**681**	691:618	+73
16. Rot-Weiß Essen*	13	494	186	122	186	**680**	832:785	+47
17. Union Solingen	14	536	175	145	216	**670**	762:910	-148
18. Arminia Bielefeld	11	406	186	111	109	**669**	700:495	+205
19. FSV Mainz 05	14	506	168	157	181	**661**	690:736	-46
20. Kickers Offenbach*	11	416	178	108	130	**640**	757:602	+155
21. SpVgg Bayreuth	12	458	174	100	184	**622**	727:741	-14
22. Bayer/KFC Uerdingen 05	11	400	170	107	123	**617**	626:499	+127
23. Karlsruher SC	9	336	175	64	97	**589**	659:449	+210
24. SV Meppen	11	404	124	139	141	**511**	495:547	-52
25. Preußen Münster	9	346	139	93	114	**510**	516:484	+32
26. MSV Duisburg	9	342	133	95	114	**494**	500:456	+44
27. Rot-Weiß Oberhausen	11	410	126	113	171	**491**	547:649	-102
28. Hessen Kassel	8	304	129	74	101	**461**	457:408	+49
29. 1860 München	7	260	130	63	67	**453**	468:293	+175
30. Eintracht Braunschweig	8	310	119	81	110	**438**	489:420	+69
31. Tennis Borussia Berlin	9	338	113	91	134	**430**	485:519	-34
32. Blau-Weiß 90 Berlin	7	260	98	85	77	**379**	405:350	+55
33. SSV Ulm 1846	8	298	96	77	125	**365**	427:492	-65
34. Wuppertaler SV	7	274	88	74	112	**338**	393:410	-17
35. FSV Frankfurt	8	302	93	59	150	**338**	430:611	-181
36. Schalke 04	5	190	94	54	42	**336**	356:211	+145
37. VfL Wolfsburg	7	262	85	78	99	**333**	363:437	-74
38. Chemnitzer FC	7	252	81	73	98	**316**	289:358	-69
39. Fortuna Düsseldorf	6	224	83	62	79	**311**	331:303	+28
40. FC Augsburg	7	266	82	63	121	**309**	389:477	-88
41. Wormatia Worms	6	230	84	50	96	**302**	326:372	-46
42. SpVgg Unterhaching	6	220	76	73	71	**301**	276:260	+16
43. VfB Leipzig	6	214	78	58	78	**292**	271:285	-14
44. Carl Zeiss Jena	6	218	70	70	78	**280**	275:300	-25
45. Eintracht Trier	5	192	67	42	83	**243**	278:298	-20
46. Freiburger FC	5	192	64	45	83	**237**	322:392	-70
47. Bayer Leverkusen	4	152	66	38	48	**236**	250:204	+46
48. Bayern Hof	4	152	61	35	56	**218**	231:217	+14
49. DJK/FC Gütersloh*	5	178	58	46	74	**217**	234:268	-34
50. Westfalia Herne	4	152	59	39	54	**216**	255:236	+19
51. VfB Oldenburg	5	192	52	59	81	**215**	268:338	-70
52. VfL Bochum	3	106	58	23	25	**197**	191:112	+79
53. Schwarz-Weiß Essen	4	152	52	36	64	**192**	226:268	-42
54. BVL/FC Remscheid	5	192	47	51	94	**192**	232:358	-126

55. Göttingen 05	4	156	50	39	67	**189**	247:285	-38
56. Röchling Völklingen	4	154	52	29	73	**185**	224:291	-67
57. Hansa Rostock	3	118	51	29	38	**182**	171:138	+33
58. VfR Bürstadt	4	154	50	30	74	**180**	207:258	-51
59. SC Herford	4	156	46	40	70	**178**	209:255	-46
60. FV Würzburg 04	4	154	46	37	71	**175**	183:278	-95
61. Arminia Hannover	4	152	48	29	75	**173**	223:297	-74
62. Viktoria Köln	3	118	40	39	39	**159**	197:191	+6
63. Rot-Weiß Lüdenscheid	4	156	39	38	79	**155**	207:337	-130
64. FSV Zwickau	4	136	39	37	60	**154**	137:201	-64
65. Wacker 04 Berlin	4	152	41	30	81	**153**	181:316	-135
66. Energie Cottbus	3	102	38	30	34	**144**	148:120	+28
67. FK Pirmasens	4	152	38	30	84	**144**	209:345	-136
68. Borussia Dortmund	2	76	39	20	17	**137**	158:81	+77
69. Holstein Kiel	3	118	38	23	57	**137**	149:210	-61
70. VfB Stuttgart	2	76	40	13	23	**133**	167:96	+71
71. KSV Baunatal	3	114	36	21	57	**129**	168:229	-61
72. Viktoria Aschaffenburg	3	114	32	29	53	**125**	151:191	-40
73. Schweinfurt 05	3	114	30	27	57	**117**	141:226	-85
74. Borussia M'gladbach	2	68	31	23	14	**116**	122:74	+48
75. Eintracht Frankfurt	2	68	30	22	16	**112**	93:78	+15
76. 1.FC Köln	2	68	31	17	20	**110**	114:92	+22
77. SpVgg Erkenschwick	3	118	26	28	64	**106**	140:230	-90
78. Borussia Neunkirchen	3	114	26	23	65	**101**	140:242	-102
79. Werder Bremen	1	42	30	8	4	**98**	97:33	+64
80. DSC Wanne-Eickel	2	76	26	19	31	**97**	129:137	-8
81. 1.FC Bocholt	2	80	27	16	37	**97**	131:140	-9
82. ESV Ingolstadt	2	78	27	11	40	**92**	119:181	-62
83. MTV Ingolstadt	2	78	27	10	41	**91**	120:163	-43
84. 1.FC Mülheim	2	76	22	22	32	**88**	101:140	-39
85. VfB Lübeck	2	68	21	17	30	**80**	72:98	-26
86. OSC Bremerhaven	2	76	21	17	38	**80**	113:167	-54
87. OSV Hannover	2	80	20	15	45	**75**	96:187	-91
88. SSV Reutlingen	2	72	20	11	41	**71**	99:151	-52
89. 1.FC Kaiserslautern	1	34	19	11	4	**68**	74:28	+46
90. Jahn Regensburg	2	76	15	19	42	**64**	90:161	-71
91. LR Ahlen	1	34	15	9	10	**54**	61:53	+8
92. Bonner SC	1	38	14	5	19	**47**	53:72	-19
93. FC Hanau 93	1	38	11	7	20	**40**	72:98	-26
94. VfR Heilbronn	1	38	10	10	18	**40**	51:78	-27
95. SC Charlottenburg	1	38	10	9	19	**39**	49:68	-19
96. Olympia Wilhelmshaven	1	38	10	7	21	**37**	54:81	-27
97. Hallescher FC	1	32	7	13	12	**34**	35:47	-12
98. VfR Mannheim	1	38	8	10	20	**34**	43:85	-42
99. Stahl Brandenburg	1	32	8	7	17	**31**	37:53	-16
100. Eintracht Bad Kreuznach	1	38	8	7	23	**31**	49:83	-34
101. VfB Eppingen	1	38	7	8	23	**29**	44:86	-42
102. TuS Schloß Neuhaus	1	38	7	8	23	**29**	43:92	-49
103. HSV Barmbek-Uhlenhorst	1	38	6	8	24	**26**	34:86	-52
104. TSV Havelse	1	38	6	7	25	**25**	44:82	-38
105. FSV Salmrohr	1	38	4	13	21	**25**	48:94	-46
106. Rot-Weiß Erfurt	1	32	5	7	20	**22**	36:75	-39
107. Kickers Würzburg	1	38	4	9	25	**21**	38:93	-55
108. BSV Schwenningen	1	38	4	7	27	**19**	31:102	-71
109. Spandauer SV	1	38	2	4	32	**10**	33:115	-82

* Folgende Vereine wurden mit Punktabzügen belegt: 1.FC Nürnberg (95/96, 6 Punkte), Hertha BSC Berlin (95/96, 3 Punkte), FC Gütersloh (96/97, 3 Punkte) und Kickers Offenbach (84/85, 2 Punkte). Die Begegnungen von Rot-Weiß Essen wurden in der Saison 93/94 für den Gegner gewertet.

EWIGE TABELLE DER ALTEN REGIONALLIGA NORD (1963-1974)

		Jahre	SPIELE	g.	u.	v.	PUNKTE	TORE	Differenz
1.	FC St.Pauli	11	364	221	69	74	**511:217**	847:421	+426
2.	VfL Osnabrück	11	364	190	70	94	**460:268**	755:473	+282
3.	Holstein Kiel	11	364	174	84	106	**432:296**	691:513	+178
4.	VfL Wolfsburg	11	364	181	76	107	**438:290**	680:490	+190
5.	Göttingen 05	10	330	172	66	92	**410:250**	634:397	+237
6.	Arminia Hannover	11	364	161	88	115	**410:318**	656:493	+163
7.	VfB Lübeck	11	364	142	91	131	**373:353**	532:541	-9
8.	TuS Bremerhaven 93	11	364	125	95	144	**345:383**	518:593	-75
9.	VfB Oldenburg	10	330	118	72	140	**308:352**	527:592	-65
10.	SV Barmbek-Uhlenhorst	8	300	107	79	114	**293:307**	445:487	-42
11.	Itzehoer SV	9	298	87	53	158	**227:369**	418:631	-213
12.	Concordia Hamburg	8	262	86	48	128	**220:304**	331:443	-112
13.	Phönix Lübeck	7	234	76	60	98	**212:256**	321:421	-100
14.	ASV Bergedorf 85	7	226	78	37	111	**193:259**	360:449	-89
15.	FC Altona 93	5	162	69	30	63	**168:156**	272:262	+10
16.	Olympia Wilhelmshaven	5	170	56	50	64	**162:178**	222:221	+1
17.	TuS Celle	5	166	46	40	80	**132:200**	131:331	-200
18.	Heider SV	5	170	42	43	85	**127:213**	226:315	-89
19.	SC Sperber Hamburg	5	164	41	41	82	**123:205**	202:308	-106
20.	SC Leu Braunschweig	4	134	40	32	62	**112:156**	198:237	-39
21.	VfV Hildesheim	4	130	35	32	63	**102:158**	149:224	-75
22.	OSV Hannover	3	104	33	24	47	**90:118**	168:210	-42
23.	SV Meppen	3	104	27	31	46	**85:123**	149:213	-64
24.	SV Friedrichsort	3	98	25	23	50	**73:123**	132:218	-86
25.	Victoria Hamburg	3	98	23	26	49	**72:124**	137:228	-91
26.	Eintr.Braunschweig	1	36	30	3	3	**63:9**	125:23	+102
27.	VfR Neumünster	2	66	23	13	30	**59:73**	108:132	-24
28.	Hannover 96	1	34	22	5	7	**49:19**	78:27	+51
29.	Bremer SV	2	64	20	6	38	**46:82**	98:152	-54
30.	VfL Oldenburg	1	34	6	11	17	**23:45**	36:69	-33
31.	VfL Pinneberg	1	36	5	10	21	**20:52**	43:76	-33
32.	TuS Haste	1	32	8	3	21	**19:45**	40:71	-31
33.	Polizei SV Bremen	1	34	6	7	21	**19:49**	31:68	-37
34.	Rasensport Harburg	1	32	6	6	20	**18:46**	39:89	-60

Eine Szene aus dem Spiel VfL Osnabrück gegen Phönix Lübeck (3:0), das am 7. April 1969 über die Bühne ging. Einmal mehr brennt es im Strafraum der Gäste lichterloh.

EWIGE TABELLE DER ALTEN REGIONALLIGA WEST (1963-1974)

		Jahre	SPIELE	g.	u.	v.	PUNKTE	TORE	Differenz
1.	Schwarz-Weiß Essen	11	378	149	98	131	**396:360**	591:552	+39
2.	Wuppertaler SV	9	310	157	78	75	**392:228**	558:353	+205
3.	Alemannia Aachen	8	276	151	57	68	**359:193**	560:325	+235
4.	Arminia Bielefeld	9	310	130	83	97	**343:277**	553:462	+91
5.	Rot-Weiß Essen	7	242	143	51	48	**337:147**	562:305	+257
6.	Fortuna Düsseldorf	7	242	137	56	49	**331:153**	499:253	+246
7.	Bayer Leverkusen	10	344	120	85	139	**325:363**	525:573	-48
8.	Preußen Münster	10	340	123	77	140	**323:357**	521:553	-32
9.	Rot-Weiß Oberhausen	7	242	132	55	55	**319:165**	482:290	+192
10.	Viktoria Köln	10	344	102	91	151	**296:392**	451:550	-99
11.	VfL Bochum	6	204	118	38	48	**274:134**	408:235	+173
12.	Eintr. Gelsenkirchen	9	306	88	76	142	**252:360**	418:550	-132
13.	Westfalia Herne	9	310	91	70	149	**251:369**	383:554	-171
14.	Spfr. Hamborn 07	8	276	85	71	120	**241:311**	388:501	-113
15.	Fortuna Köln	6	204	81	54	69	**216:192**	371:325	+46
16.	TSV Marl-Hüls	7	242	72	60	110	**205:279**	288:402	-114
17.	Wattenscheid 09	5	170	69	49	52	**187:155**	309:253	+56
18.	Lüner SV	7	242	59	66	117	**184:300**	308:446	-138
19.	VfR Neuss	6	204	63	48	93	**174:234**	285:353	-68
20.	DJK Gütersloh	5	170	60	42	68	**162:178**	240:292	-52
21.	SpVgg Erkenschwick	5	170	58	39	73	**155:185**	243:296	-53
22.	Bayer Uerdingen	3	102	51	27	24	**129:75**	204:141	+63
23.	Eintracht Duisburg	4	136	34	34	68	**103:169**	152:255	-103
24.	Bonner SC	4	136	36	29	61	**101:171**	148:231	-83
25.	Sportfreunde Siegen	3	106	32	32	42	**96:116**	183:214	-31
26.	Bor. M'gladbach	2	72	40	13	19	**93:51**	163:86	+77
27.	Arminia Gütersloh	3	102	28	27	47	**83:121**	139:190	-51
28.	1.FC Mülheim	2	68	33	16	19	**82:54**	122:105	+17
29.	Borussia Dortmund	2	68	31	16	21	**78:58**	140:95	+45
30.	STV Horst-Emscher	3	106	23	24	59	**70:142**	131:232	-101
31.	VfB Bottrop	3	106	22	24	60	**68:144**	120:208	-88
32.	Duisburger SV	1	38	13	13	12	**39:37**	54:55	-1
33.	Rot-Weiß Lüdenscheid	1	34	12	8	14	**32:36**	47:58	-11
34.	SpVgg Herten	1	38	12	7	19	**31:45**	55:79	-24
35.	Union Solingen	1	34	7	11	16	**25:43**	46:68	-22
36.	SSV Hagen	1	34	8	8	18	**24:44**	35:69	-34
37.	Hammer SpVg	1	34	7	9	18	**23:45**	45:76	-31
38.	SSVg Velbert	1	34	6	10	18	**22:46**	37:73	-36
39.	Duisburg 48/99	1	38	9	4	25	**22:54**	47:88	-41
40.	Homberger SV	1	34	6	8	20	**20:48**	24:62	-38
41.	VfL Klafeld	1	34	5	4	25	**14:54**	24:71	-47

Düsseldorfs Sturmtank Peter Meyer kommt einen halben Schritt zu spät, dennoch bezwang seine Fortuna die Hamborner Löwen im April 1966 mit 2:1.

EWIGE TABELLE DER ALTEN REGIONALLIGA SÜD

(1963-1974)

	Jahre	SPIELE	g.	u.	v.	PUNKTE	TORE	Differenz
1. Hessen Kassel	11	388	166	89	133	**486:290**	733:609	+124
2. Bayern Hof	11	388	183	81	124	**447:329**	761:554	+207
3. SpVgg Fürth	11	388	162	91	135	**415:361**	612:517	+95
4. Stuttgarter Kickers	11	388	164	87	137	**415:361**	709:619	+90
5. FC Schweinfurt 05	11	388	166	77	145	**409:367**	670:602	+68
6. Freiburger FC	11	388	141	98	149	**380:396**	608:650	-42
7. SSV Reutlingen	10	354	148	77	129	**373:335**	601:556	+45
8. Kickers Offenbach	7	250	149	67	34	**365:135**	597:317	+280
9. VfR Mannheim	9	318	118	88	112	**324:312**	527:519	+8
10. Waldhof Mannheim	9	316	127	63	126	**317:315**	529:544	-15
11. Darmstadt 98	9	314	121	63	130	**305:323**	478:516	-38
12. Karlsruher SC	6	212	108	48	56	**264:160**	393:260	+133
13. 1.FC Nürnberg	5	178	94	43	41	**231:125**	318:224	+94
14. ESV Ingolstadt	7	252	82	61	109	**225:279**	384:477	-93
15. Opel Rüsselsheim	7	246	81	58	107	**220:272**	344:401	-57
16. Jahn Regensburg	7	246	79	58	109	**216:276**	356:431	-75
17. FSV Frankfurt	7	248	82	42	124	**206:290**	344:472	-128
18. Schwaben Augsburg	6	210	75	49	86	**199:221**	359:363	-4
19. FC Villingen 08	6	212	69	55	88	**193:231**	280:334	-54
20. VfR Heilbronn	5	178	69	44	65	**182:174**	299:288	+11
21. 1860 München	4	140	70	32	38	**172:108**	274:159	+115
22. SpVgg Bayreuth	4	142	52	37	53	**141:143**	214:225	-11
23. 1.FC Pforzheim	4	142	41	33	68	**115:169**	172:254	-82
24. Bayern München	2	74	46	15	13	**107:41**	261:93	+168
25. TSG Ulm 46	2	74	29	8	37	**66:82**	126:164	-38
26. VfR Oli Bürstadt	2	68	22	16	30	**60:76**	98:119	-21
27. SpVgg Ludwigsburg	2	70	19	21	30	**59:81**	95:118	-23
28. Wacker München	3	106	18	20	68	**56:156**	130:265	-135
29. BC Augsburg	2	72	20	10	42	**50:94**	97:163	-66
30. FC Augsburg	1	34	20	8	6	**48:20**	79:47	+32
31. SV Göppingen	1	36	7	14	15	**28:44**	47:67	-20
32. SpVgg Weiden	1	34	10	7	17	**27:41**	51:64	-13
33. SpVgg Neu-Isenburg	1	38	11	5	22	**27:49**	49:80	-31
34. VfL Neckarau	1	34	7	12	15	**26:42**	34:65	-31
35. Borussia Fulda	1	38	8	10	20	**26:50**	53:77	-24
36. Amicitia Viernheim	1	38	8	6	24	**22:54**	47:86	-39
37. Viktoria Aschaffenburg	1	36	6	8	22	**20:52**	42:83	-41
38. Rot-Weiß Frankfurt	1	34	7	5	22	**19:49**	36:86	-50
39. SV Wiesbaden	1	34	4	10	20	**18:50**	37:78	-41
40. TSG Backnang	1	34	4	10	20	**18:50**	45:94	-49
41. Germania Wiesbaden	1	34	4	9	21	**17:51**	28:73	-45
42. VfR Pforzheim	1	34	4	3	27	**11:57**	45:122	-77
43. FC Emmendingen	1	36	1	2	33	**4:68**	31:158	-127

EWIGE TABELLE DER ALTEN REGIONALLIGA SÜDWEST

(1963-1974)

		Jahre	SPIELE	g.	u.	v.	PUNKTE	TORE	Differenz
1.	FK Pirmasens	11	342	189	73	80	**451:233**	777:423	+354
2.	FSV Mainz 05	11	342	165	62	115	**392:292**	669:523	+146
3.	1.FC Saarbrücken	10	304	159	63	82	**381:227**	622:357	+265
4.	TuS Neuendorf	11	342	155	68	119	**378:306**	614:526	+88
5.	Wormatia Worms	11	342	145	83	114	**373:311**	600:506	+94
6.	Borussia Neunkirchen	8	248	149	57	42	**355:141**	578:245	+333
7.	Röchling Völklingen	11	342	136	82	124	**354:330**	554:543	+11
8.	SV Alsenborn	9	270	140	58	72	**338:202**	573:349	+224
9.	Südwest Ludwigshafen	10	304	128	82	94	**338:270**	469:372	+97
10.	Eintracht Trier	10	312	113	76	123	**302:322**	533:594	-61
11.	Saar 05 Saarbrücken	8	252	96	63	93	**255:249**	389:366	+23
12.	FC Homburg	8	240	93	50	97	**236:244**	389:404	-15
13.	SV Weisenau Mainz	7	222	78	47	97	**203:241**	353:442	-89
14.	VfR Frankenthal	8	252	67	65	120	**199:305**	339:471	-132
15.	ASV Landau	6	188	66	42	80	**174:202**	257:301	-44
16.	FV Speyer	6	180	50	44	86	**144:216**	230:353	-123
17.	Phönix Bellheim	6	192	49	36	107	**134:250**	262:448	-186
18.	SC Ludwigshafen	4	132	43	22	67	**108:156**	192:265	-73
19.	BSC Oppau	3	102	33	14	55	**80:124**	139:224	-85
20.	TSC Zweibrücken	3	102	25	14	63	**64:140**	144:261	-117
21.	Sportfreunde Saarbrücken	2	72	25	11	36	**61:83**	117:134	-17
22.	VfB Theley	3	90	24	13	53	**61:119**	108:209	-101
23.	VfR Kaiserslautern	2	72	22	16	34	**60:84**	97:133	-36
24.	Phönix Ludwigshafen*	1	38	15	10	13	**40:36**	58:56	+2
25.	Sportfreunde Eisbachtal	2	60	12	15	33	**39:81**	91:170	-79
26.	TuRa Ludwigshafen*	1	38	14	9	15	**37:39**	64:54	+10
27.	SC Friedrichsthal	2	60	12	13	35	**37:83**	83:138	-55
28.	Eintracht Kreuznach	1	30	13	7	10	**33:27**	55:36	+19
29.	Germania Metternich	1	34	4	9	21	**17:51**	26:82	-56
30.	SV Niederlahnstein	1	38	6	1	31	**13:63**	37:123	-86
31.	SpVgg Andernach	1	30	2	5	23	**9:51**	29:93	-64
32.	FC Ensdorf	1	30	1	6	23	**8:52**	18:86	-68
33.	FC Landsweiler	1	30	3	2	25	**8:52**	33:99	-66
34.	SSV Mülheim	1	30	2	3	25	**7:53**	22:76	-54
35.	Germania Metternich	1	30	0	3	27	**3:57**	19:114	-95

* Phönix und TuRa Ludwigshafen fusionierten am 28. Mai 1964 zu SV Südwest Ludwigshafen

Günter Kuntz, Stürmer bei Borussia Neunkirchen und Vater des späteren Nationalspielers Stefan, umkurvt zwei Slalomstangen in Diensten des SC Ludwigshafen.

EWIGE TABELLE DER ALTEN REGIONALLIGA BERLIN (1963-1974)

		Jahre	SPIELE	g.	u.	v.	PUNKTE	TORE	Differenz
1.	Tennis Borussia Berlin	11	330	231	50	49	**512:148**	949:328	+621
2.	Wacker 04 Berlin	11	330	200	48	82	**448:212**	847:464	+383
3.	Tasmania 1900 Berlin	9	267	174	55	38	**404:130**	659:245	+414
4.	Spandauer SV	11	330	160	64	106	**384:276**	663:548	+115
5.	Hertha Zehlendorf	11	330	163	57	110	**382:278**	702:533	+169
6.	Blau-Weiß 90 Berlin	11	330	147	72	112	**366:294**	646:494	+152
7.	Berliner SV 92	10	297	88	64	145	**240:354**	392:579	-187
8.	1.FC Neukölln	9	277	88	59	130	**235:319**	442:593	-151
9.	Rapide Wedding	8	247	76	53	118	**205:289**	329:445	-116
10.	Hertha BSC Berlin	3	90	83	4	3	**170:10**	354:61	+293
11.	BFC Südring Berlin	6	173	50	40	83	**140:206**	272:341	-69
12.	Reinickendorfer Füchse	6	173	42	36	95	**120:226**	225:399	-174
13.	SC Staaken	5	149	43	33	73	**119:179**	201:288	-87
14.	Alemannia 90 Berlin	6	191	38	38	115	**114:268**	200:441	-241
15.	Kickers 1900 Berlin	4	116	27	30	59	**84:148**	164:267	-103
16.	TuS Wannsee	3	92	24	17	51	**65:119**	107:199	-92
17.	VfB Hermsdorf	3	90	24	14	52	**62:118**	152:253	-101
18.	BFC Preußen Berlin	2	65	19	11	35	**49:81**	89:122	-33
19.	Meteor 06 Berlin	3	89	15	17	57	**47:131**	122:245	-123
20.	Lichterfelder SU	2	60	13	9	38	**35:85**	76:174	-98
21.	SC Westend 01	1	33	14	6	13	**34:32**	60:62	-2
22.	BBC Südost Berlin	1	33	12	5	16	**29:37**	53:66	-13
23.	Viktoria 89 Berlin	2	56	10	7	39	**27:85**	81:162	-81
24.	Neuköllner Sportfreunde	2	56	8	7	41	**23:89**	47:216	-169
25.	VfL Nord Berlin	2	63	7	9	47	**23:103**	81:214	-133
26.	SC Tegel	1	30	8	6	16	**22:38**	34:76	-42
27.	SC Gatow	1	30	7	5	18	**19:41**	36:60	-24
28.	Rot-Weiß Neukölln	1	32	6	5	21	**17:47**	27:75	-48
29.	Union 06 Berlin	1	27	4	3	20	**11:43**	23:71	-48

In der Saison 70/71 kontrollierte Tasmania die Regionalliga Berlin nach Belieben, doch in der Aufstiegsrunde zur Bundesliga bekleckerten sich die Blau-Weißen nicht gerade mit Ruhm.

ZUSCHAUERENTWICKLUNG BUNDESLIGA

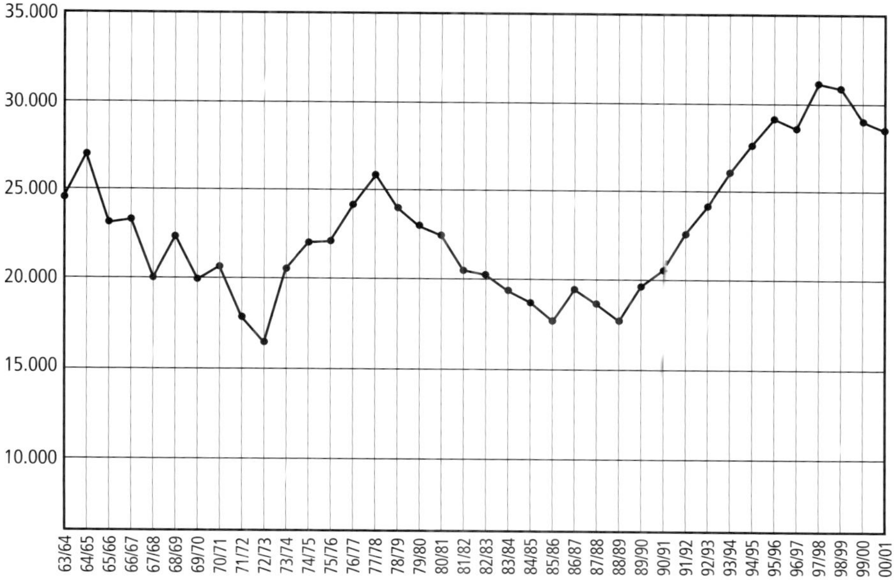

ZUSCHAUERENTWICKLUNG ZWEITE LIGA

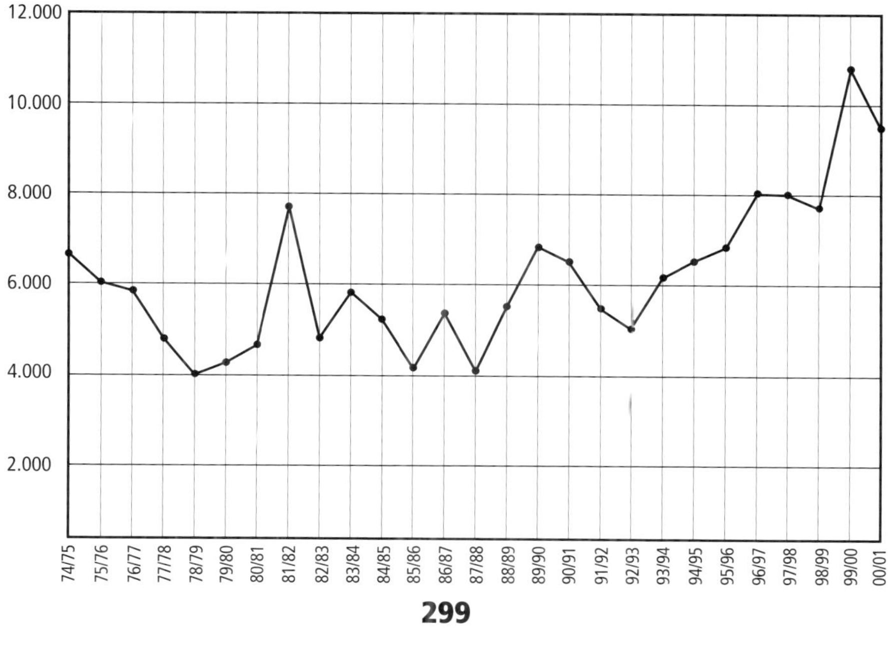

ALLE DEUTSCHEN MEISTER

JAHR	ENDSPIELPAARUNG	ORT/DATUM	ZUSCHAUER
1903	**VfB Leipzig** - DFC Prag **7:2**	Hamburg, 31. Mai	2.000
1905	**Union 92 Berlin** - Karlsruher FV **2:0**	Köln, 21. Mai	3.500
1906	**VfB Leipzig** - 1.FC Pforzheim **2:1**	Nürnberg, 27. Mai	1.100
1907	**Freiburger FC** - Viktoria Berlin **3:1**	Mannheim, 2. Juni	3.000
1908	**Viktoria Berlin** - Stuttgarter Kickers **3:0**	Berlin, 7. Juni	2.000
1909	**Phönix Karlsruhe** - Viktoria Berlin **4:2**	Breslau, 30. Mai	1.500
1910	**Karlsruher FV** - Holstein Kiel **1:0 n.V.**	Köln, 15. Mai	5.000
1911	**Viktoria Berlin** - VfB Leipzig **3:1**	Dresden, 4. Juni	12.000
1912	**Holstein Kiel** - Karlsruher FV **1:0**	Hamburg, 26. Mai	10.000
1913	**VfB Leipzig** - Duisburger SpV **3:1**	München, 11. Mai	5.000
1914	**SpVgg Fürth** - VfB Leipzig **3:2 n.V.**	Magdeburg, 31. Mai	6.000
1920	**1.FC Nürnberg** - SpVgg Fürth **2:0**	Frankfurt, 13. Juni	35.000
1921	**1.FC Nürnberg** - Vorwärts Berlin **5:0**	Düsseldorf, 12. Juni	22.000
1922	kein Meister (Hamburger SV - 1.FC Nürnberg 2:2 und 1:1, der satzungsmäßige Meister HSV verzichtete)		
1923	**Hamburger SV** - Union Oberschöneweide **3:0**	Berlin, 10. Juni	64.000
1924	**1.FC Nürnberg** - Hamburger SV **2:0**	Berlin, 8. Juni	35.000
1925	**1.FC Nürnberg** - FSV Frankfurt **1:0 n.V.**	Frankfurt, 7. Juni	50.000
1926	**SpVgg Fürth** - Hertha BSC Berlin **4:1**	Frankfurt, 13. Juni	40.000
1927	**1.FC Nürnberg** - Hertha BSC Berlin **2:0**	Berlin, 12. Juni	50.000
1928	**Hamburger SV** - Hertha BSC Berlin **5:2**	Hamburg, 29. Juli	50.000
1929	**SpVgg Fürth** - Hertha BSC Berlin **3:2**	Nürnberg, 28. Juli	50.000
1930	**Hertha BSC Berlin** - Holstein Kiel **5:4**	Düsseldorf, 22. Juni	45.000
1931	**Hertha BSC Berlin** - 1860 München **3:2**	Köln, 14. Juni	60.000
1932	**Bayern München** - Eintracht Frankfurt **2:0**	Nürnberg, 12. Juni	55.000
1933	**Fortuna Düsseldorf** - Schalke 04 **3:0**	Köln, 11. Juni	60.000
1934	**Schalke 04** - 1.FC Nürnberg **2:1**	Berlin, 24. Juni	45.000
1935	**Schalke 04** - VfB Stuttgart **6:4**	Köln, 23. Juni	74.000
1936	**1.FC Nürnberg** - Fortuna Düsseldorf **2:1 n.V.**	Berlin, 21. Juni	45.000
1937	**Schalke 04** - 1.FC Nürnberg **2:0**	Berlin, 20. Juni	100.000
1938	**Hannover 96** - Schalke 04 **3:3 n.V. + 4:3 n.V.**	Berlin, 26. Juni/3. Juli	100.000/100.000
1939	**Schalke 04** - Admira Wien **9:0**	Berlin, 18. Juni	100.000
1940	**Schalke 04** - Dresdner SC **1:0**	Berlin, 21. Juli	95.000
1941	**Rapid Wien** - Schalke 04 **4:3**	Berlin, 22. Juni	95.000
1942	**Schalke 04** - Vienna Wien **2:0**	Berlin, 5. Juli	90.000
1943	**Dresdner SC** - FV Saarbrücken **3:0**	Berlin, 27. Juni	80.000
1944	**Dresdner SC** - LSV Hamburg **4:0**	Berlin, 18. Juni	70.000
1948	**1.FC Nürnberg** - 1.FC K'lautern **2:1**	Köln, 8. August	75.000
1949	**VfR Mannheim** - Borussia Dortmund **3:2 n.V.**	Stuttgart, 10. Juli	92.000
1950	**VfB Stuttgart** - Kickers Offenbach **2:1**	Berlin, 25. Juni	86.000
1951	**1.FC Kaiserslautern** - Preußen Münster **2:1**	Berlin, 30. Juni	85.000
1952	**VfB Stuttgart** - 1.FC Saarbrücken **3:2**	Ludwigshafen, 22. Juni	80.000
1953	**1.FC Kaiserslautern** - VfB Stuttgart **4:1**	Berlin, 21. Juni	80.000
1954	**Hannover 96** - 1.FC Kaiserslautern **5:1**	Hamburg, 23. Mai	76.000
1955	**Rot-Weiß Essen** - 1.FC Kaiserslautern **4:3**	Hannover, 26. Juni	76.000
1956	**Borussia Dortmund** - Karlsruher SC **4:2**	Berlin, 24. Juni	75.000
1957	**Borussia Dortmund** - Hamburger SV **4:1**	Hannover, 23. Juni	76.000
1958	**Schalke 04** - Hamburger SV **3:0**	Hannover, 18. Mai	80.000

1959	**Eintr. Frankfurt** - Kickers Offenbach **5:3 n.V.**	Berlin, 28. Juni	75.000
1960	**Hamburger SV** - 1.FC Köln **3:2**	Frankfurt, 25. Juni	71.000
1961	**1.FC Nürnberg** - Borussia Dortmund **3:0**	Hannover, 24. Juni	82.000
1962	**1.FC Köln** - 1.FC Nürnberg **4:0**	Berlin, 12. Mai	82.000
1963	**Borussia Dortmund** - 1.FC Köln **3:1**	Stuttgart, 29. Juni	75.000

Stolz präsentiert der Dortmunder Willi Burgsmüller, der sich beim 3:1 gegen den 1.FC Köln den Spitznamen »Turban« verdiente, die begehrte Schale - das Stuttgarter Finale war das letzte echte Endspiel um die Deutsche Meisterschaft.

SEIT EINFÜHRUNG DER BUNDESLIGA

1964 1.FC Köln
1965 Werder Bremen
1966 1860 München
1967 Eintr. Braunschweig
1968 1.FC Nürnberg
1969 Bayern München
1970 Borussia M'gladbach
1971 Borussia M'gladbach
1972 Bayern München
1973 Bayern München
1974 Bayern München
1975 Borussia M'gladbach
1976 Borussia M'gladbach
1977 Borussia M'gladbach
1978 1.FC Köln
1979 Hamburger SV
1980 Bayern München
1981 Bayern München
1982 Hamburger SV
1983 Hamburger SV
1984 VfB Stuttgart
1985 Bayern München
1986 Bayern München
1987 Bayern München
1988 Werder Bremen
1989 Bayern München
1990 Bayern München
1991 1.FC Kaiserslautern
1992 VfB Stuttgart
1993 Werder Bremen
1994 Bayern München
1995 Borussia Dortmund
1996 Borussia Dortmund
1997 Bayern München
1998 1.FC Kaiserslautern
1999 Bayern München
2000 Bayern München
2001 Bayern München

ALLE DEUTSCHEN POKALSIEGER

JAHR	ENDSPIELPAARUNG	ORT/DATUM	ZUSCHAUER
1935	**1.FC Nürnberg** - Schalke 04 **2:0**	Düsseldorf, 8. Dezember	55.000
1936	**VfB Leipzig** - Schalke 04 **2:1**	Berlin, 3. Januar (1937)	70.000
1937	**Schalke 04** - Fortuna Düsseldorf **2:1**	Köln, 9. Januar (1938)	72.000
1938	**Rapid Wien** - FSV Frankfurt **3:1**	Berlin, 9. Januar (1939)	40.000
1939	**1.FC Nürnberg** - Waldhof Mannheim **2:0**	Berlin, 28. April (1940)	60.000
1940	**Dresdner SC** - 1.FC Nürnberg **2:1 n.V.**	Berlin, 1. Dezember	60.000
1941	**Dresdner SC** - Schalke 04 **2:1**	Berlin, 2. November	65.000
1942	**1860 München** - Schalke 04 **2:0**	Berlin, 15. November	75.000
1943	**Vienna Wien** - LSV Hamburg **3:2 n.V.**	Stuttgart, 31. Oktober	45.000
1953	**Rot-Weiß Essen** - Alemannia Aachen **2:1**	Düsseldorf, 1. Mai	40.000
1954	**VfB Stuttgart** - 1.FC Köln **1:0 n.V.**	Ludwigshafen, 17. April	60.000
1955	**Karlsruher SC** - Schalke 04 **3:2**	Braunschweig, 21. Mai	25.000
1956	**Karlsruher SC** - Hamburger SV **3:1**	Karlsruhe, 5. August	25.000
1957	**Bayern München** - Fortuna Düsseldorf **1:0**	Augsburg, 29. Dezember	42.000
1958	**VfB Stuttgart** - Fortuna Düsseldorf **4:3 n.V.**	Kassel, 16. November	25.000
1959	**Schwarz-Weiß Essen** - Bor. Neunkirchen **5:2**	Kassel, 27. Dezember	21.000
1960	**Bor. M'gladbach** - Karlsruher SC **3:2**	Düsseldorf, 5. Oktober	49.000
1961	**Werder Bremen** - 1.FC Kaiserslautern **2:0**	Gelsenkirchen, 13. September	18.000
1962	**1.FC Nürnberg** - Fortuna Düsseldorf **2:1 n.V.**	Hannover, 29. August	41.000
1963	**Hamburger SV** - Borussia Dortmund **3:0**	Hannover, 14. August	70.000
1964	**1860 München** - Eintracht Frankfurt **2:0**	Stuttgart, 13. Juni	45.000
1965	**Borussia Dortmund** - Alemannia Aachen **2:0**	Hannover, 22. Mai	48.000
1966	**Bayern München** - MSV Duisburg **4:2**	Frankfurt, 4. Juni	60.000
1967	**Bayern München** - Hamburger SV **4:0**	Stuttgart, 10. Juni	68.000
1968	**1.FC Köln** - VfL Bochum **4:1**	Ludwigshafen, 9. Juni	60.000
1969	**Bayern München** - Schalke 04 **2:1**	Frankfurt, 14. Juni	64.000
1970	**Kickers Offenbach** - 1.FC Köln **2:1**	Hannover, 29. August	50.000

Das berühmteste aller Pokalendspieltore: Der erst in der 91. Minute eingewechselte Günter Netzer trifft mit Wut im Bauch zum entscheidenden 2:1 gegen den 1.FC Köln - Borussia M'gladbach ist zum zweiten Mal Pokalsieger.

Günter Netzer auf der äußerst lässig absolvierten Ehrenrunde. Im Hintergrund grinst Klaus-Dieter Sieloff.

1971	**Bayern München** - 1.FC Köln **2:1 n.V.**	Stuttgart, 19. Juni	71.000
1972	**Schalke 04** - 1.FC Kaiserslautern **5:0**	Hannover, 1. Juli	61.000
1973	**Bor. M'gladbach** - 1.FC Köln **2:1**	Düsseldorf, 23. Juni	69.600
1974	**Eintracht Frankfurt** - Hamburger SV **3:1 n.V.**	Düsseldorf, 17. August	52.800
1975	**Eintracht Frankfurt** - MSV Duisburg **1:0**	Hannover, 21. Juni	43.000
1976	**Hamburger SV** - 1.FC Kaiserslautern **2:0**	Frankfurt, 26. Juni	61.000
1977	**1.FC Köln** - Hertha BSC Berlin **1:1 n.V.** und **1:0**	Hannover, 28./30. Mai	57.000/35.000
1978	**1.FC Köln** - Fortuna Düsseldorf **2:0**	Gelsenkirchen, 15. April	70.000
1979	**Fortuna Düsseldorf** - Hertha BSC Berlin **1:0 n.V.**	Hannover, 23. Juni	56.000
1980	**Fortuna Düsseldorf** - 1.FC Köln **2:1**	Gelsenkirchen 4. Juni	55.000
1981	**Eintracht Frankfurt** - 1.FC Kaiserslautern **3:1**	Stuttgart, 2. Mai	71.000
1982	**Bayern München** - 1.FC Nürnberg **4:2**	Frankfurt, 1. Mai	61.000
1983	**1.FC Köln** - Fortuna Köln **1:0**	Köln, 11. Juni	61.000
1984	**Bayern München** - Bor. M'gladbach **8:7 n.E.**	Frankfurt, 31 Mai	61.000
1985	**Bayer Uerdingen** - Bayern München **2:1**	Berlin, 26. Mai	70.400
1986	**Bayern München** - VfB Stuttgart **5:2**	Berlin, 3. Mai	76.000
1987	**Hamburger SV** - Stuttgarter Kickers **3:1**	Berlin, 20. Juni	76.000
1988	**Eintracht Frankfurt** - VfL Bochum **1:0**	Berlin, 28. Mai	76.000
1989	**Borussia Dortmund** - Werder Bremen **4:1**	Berlin, 24. Juni	76.500
1990	**1.FC Kaiserslautern** - Werder Bremen **3:2**	Berlin, 19. Mai	76.400
1991	**Werder Bremen** - 1.FC Köln **5:4 n.E.**	Berlin, 22. Juni	73.000
1992	**Hannover 96** - Bor. M'gladbach **4:3 n.E.**	Berlin, 23. Mai	76.200
1993	**Bayer Leverkusen** - Hertha BSC Berlin (A) **1:0**	Berlin, 12. Juni	76.200
1994	**Werder Bremen** - Rot-Weiß Essen **3:1**	Berlin, 14. Mai	76.400
1995	**Bor. M'gladbach** - VfL Wolfsburg **3:0**	Berlin, 24. Juni	75.700
1996	**1.FC Kaiserslautern** - Karlsruher SC **1:0**	Berlin, 25. Juni	75.800
1997	**VfB Stuttgart** - Energie Cottbus **2:0**	Berlin, 14. Juni	76.400
1998	**Bayern München** - MSV Duisburg **2:1**	Berlin, 16. Mai	75.800
1999	**Werder Bremen** - Bayern München **6:5 n.E.**	Berlin, 12. Juni	75.800
2000	**Bayern München** - Werder Bremen **3:0**	Berlin, 6. Mai	76.000
2001	**Schalke 04** - 1.FC Union Berlin 2:0	Berlin, 26. Mai	73.000

TITELTRÄGER IN DER DDR

EHRENTAFEL DER MEISTER

1948	SG Planitz
1949	Union Halle
1950	Horch Zwickau
1951	Chemie Leipzig
1952	Turbine Halle
1953	Dynamo Dresden
1954	Turbine Erfurt
1955	Turbine Erfurt
1956	Wismut Karl-Marx-Stadt
1957	Wismut Karl-Marx-Stadt
1958	Vorwärts Berlin
1959	Wismut Karl-Marx-Stadt
1960	Vorwärts Berlin
1961	(kein Meister)
1962	Vorwärts Berlin
1963	Motor Jena
1964	Chemie Leipzig
1965	Vorwärts Berlin
1966	Vorwärts Berlin
1967	FC Karl-Marx-Stadt
1968	Carl Zeiss Jena
1969	Vorwärts Berlin
1970	Carl Zeiss Jena
1971	Dynamo Dresden
1972	1.FC Magdeburg
1973	Dynamo Dresden
1974	1.FC Magdeburg
1975	1.FC Magdeburg
1976	Dynamo Dresden
1977	Dynamo Dresden
1978	Dynamo Dresden
1979	Berliner FC Dynamo
1980	Berliner FC Dynamo
1981	Berliner FC Dynamo
1982	Berliner FC Dynamo
1983	Berliner FC Dynamo
1984	Berliner FC Dynamo
1985	Berliner FC Dynamo
1986	Berliner FC Dynamo
1987	Berliner FC Dynamo
1988	Berliner FC Dynamo
1989	Dynamo Dresden
1990	Dynamo Dresden
1991	Hansa Rostock

Wuchtig zieht Torsten Gütschow ab, im Hintergrund erkennen wir seinen Teamkollegen Ralf Minge.
Eine Szene aus dem Europacupspiel Dynamo Dresden vs. Rapid Wien (3:0) vom März 1985.

REKORDSPIELER DER DDR-OBERLIGA

MEISTE EINSÄTZE

Eberhard Vogel (Karl-Marx-Stadt, Jena)	440
Alois Glaubitz (Zwickau)	428
Henning Frenzel (Lok Leipzig)	420
Hans-Jürgen Dörner (Dresden)	392
Reinhard Häfner (Dresden)	391
Wolfgang Seguin (Magdeburg)	380
Joachim Streich (Rostock, Magdeburg)	378
Frank Terletzki (BFC Dynamo)	373
Jürgen Croy (Zwickau)	372
Holger Erler (Aue)	359
Lothar Kurbjuweit (Riesa, Jena, Halle)	357
Peter Ducke (Jena)	352
Bodo Rudwaleit (Dyn. Berlin, Eisenhüttenstadt)	344
Roland Ducke (Jena)	343
Jürgen Raab (Jena)	342
Jürgen Heun (Erfurt)	341
Harald Irmscher (Zwickau, Jena, Gera)	330
Manfred Kaiser (Gera, Aue)	330

MEISTE TORE

Joachim Streich (Rostock/Magdeburg)	229
Eberhard Vogel (Karl-Marx-Stadt, Jena)	188
Peter Ducke (Jena)	153
Henning Frenzel (Lok Leipzig)	152
Günter Schröter (Dyn. Berlin)	142
Hans-Jürgen Kreische (Dresden)	131
Rüdiger Schnuphase (Jena, Erfurt)	123
Dieter Kühn (Lok und Sachsen Leipzig)	122
Bernd Bauchspieß (Chem. Leipzig, Dyn. Berlin)	120
Jürgen Heun (Erfurt)	114
Jürgen Raab (Jena)	114
Hans Schöne (Einheit Leipzig, Babelsberg)	114
Wolf-Rüdiger Netz (Dyn. Berlin)	112
Jürgen Sparwasser (Magdeburg)	111
Hans-Jürgen Riediger (Dyn. Berlin)	105
Willy Tröger (Aue)	105
Torsten Gütschow (Dresden)	104
Ralf Minge (Dresden)	103

EHRENTAFEL DER POKALSIEGER

1949	Waggonbau Dresden
1950	EHW Thale
1952	VP Dresden
1954	Vorwärts Berlin
1955	Wismut Karl-Marx-Stadt
1956	Chemie Halle
1957	Lok Leipzig
1958	Einheit Dresden
1959	Dynamo Berlin
1960	Motor Jena
1962	Chemie Halle
1963	Motor Zwickau
1964	Aufbau Magdeburg
1965	Aufbau Magdeburg
1966	Chemie Leipzig
1967	Motor Zwickau
1968	Union Berlin
1969	1.FC Magdeburg
1970	Vorwärts Berlin
1971	Dynamo Dresden
1972	Carl Zeiss Jena
1973	1.FC Magdeburg
1974	Carl Zeiss Jena
1975	Sachsenring Zwickau
1976	Lok Leipzig
1977	Dynamo Dresden
1978	1.FC Magdeburg
1979	1.FC Magdeburg
1980	Carl Zeiss Jena
1981	Lok Leipzig
1982	Dynamo Dresden
1983	1.FC Magdeburg
1984	Dynamo Dresden
1985	Dynamo Dresden
1986	Lok Leipzig
1987	Lok Leipzig
1988	Berliner FC Dynamo
1989	Berliner FC Dynamo
1990	Dynamo Dresden
1991	Hansa Rostock

LIGAPOKAL

1973	**Hamburger SV** - Bor. M'gladbach **4:0**	Hamburg, 6. Juni	30.000
	Halbfinale: Schalke 04 - Hamburger SV 1:0 + 1:4 n.V., Bor. M'gladbach - Eintr. Frankfurt 3:1 + 0:1		
1997	**Bayern München** - VfB Stuttgart **2:0**	Leverkusen, 26. Juli	15.000
	Halbfinale: VfB Stuttgart - Karlsruher SC 3:0, Bayern München - Bor. Dortmund 2:0		
1998	**Bayern München** - VfB Stuttgart **4:0**	Leverkusen, 8. August	14.000
	Halbfinale: Bayer Leverkusen - Bayern München 0:1, VfB Stuttgart - 1.FC K'lautern 3:2		
1999	**Bayern München** - Werder Bremen **2:1**	Leverkusen, 17. Juli	13.000
	Halbfinale: Werder Bremen - Bayer Leverkusen 2:1, Bayern München - Borussia Dortmund 1:0		
2000	**Bayern München** - Hertha BSC Berlin **5:1**	Leverkusen, 1. August	12.500
	Halbfinale: Bayer Leverkusen - Hertha BSC Berlin 5:6 n.E., Bayern München - 1.FC K'lautern 4:1		
2001	**Hertha BSC Berlin** - Schalke 04 **4:1**	Mannheim, 21. Juli	10.000
	Halbfinale: Schalke 04 - Borussia Dortmund 2:1, Bayern München - Hertha BSC Berlin 0:1		

SUPERCUP

1977	**Bor. M'gladbach** - Hamburger SV **3:2**	Hamburg, 8. Januar	30.000
1983	**Bayern München** - Hamburger SV **5:3 n.E.**	München, 2. April	14.000
1987	**Bayern München** - Hamburger SV **2:1**	Frankfurt, 28. Juli	18.000
1988	**Werder Bremen** - Eintracht Frankfurt **2:0**	Frankfurt, 20. Juli	20.500
1989	**Borussia Dortmund** - Bayern München **4:3**	K'lautern, 25. Juli	16.000
1990	**Bayern München** - 1.FC K'lautern **4:1**	Karlsruhe, 31. Juli	27.000
1991	**1.FC K'lautern** - Werder Bremen **3:1**	Hannover, 6. August	8.000
1992	**VfB Stuttgart** - Hannover 96 **3:1**	Hannover, 11. August	21.200
1993	**Werder Bremen** - Bayer Leverkusen **9:8 n.E.**	Leverkusen, 1. August	14.000
1994	**Werder Bremen** - Bayern München **3:1 n.V.**	München, 7. August	22.000
1995	**Borussia Dortmund** - Borussia M'gladbach **1:0**	Düsseldorf, 5. August	41.000
1996	**Borussia Dortmund** - 1.FC K'lautern **5:4 n.E.**	Mannheim, 3. August	22.000

HALLENMASTERS

1987	**Hamburger SV** - VfB Stuttgart **3:1**	Stuttgart
1988	**Bayer Uerdingen** - Eintracht Frankfurt **5:3**	Frankfurt
1989	**Werder Bremen** - VfB Stuttgart **6:3**	Dortmund
1990	**Borussia Dortmund** - Bayer Uerdingen **5:3**	Dortmund
1991	**Borussia Dortmund** - Werder Bremen **8:7 n.N.**	Dortmund
1992	**Borussia Dortmund** - VfL Bochum **2:1**	München
1993	**1.FC Köln** - VfB Stuttgart **2:1**	München
1994	**Bayer Leverkusen** - 1.FC Köln **5:1**	Dortmund
1995	**Karlsruher SC** - Bayer Leverkusen **6:3**	München
1996	**1860 München** - Hamburger SV **6:3**	Dortmund
1997	**1.FC K'lautern** - Bayern München **3:1**	München
1998	**Hansa Rostock** - Schalke 04 **4:3**	München
1999	**Borussia Dortmund** - VfL Wolfsburg **2:1**	Dortmund
2000	**SpVgg Greuther Fürth** - Bor. M'gladbach **2:0***	München
2001	**SpVgg Unterhaching** - Werder Bremen **6:5 n.N.**	Dortmund

* Gegen die Wertung des Gladbacher Siegs im Finale legte Fürth erfolgreich Einspruch ein, da der Borusse Quido Lanzaat beim 3:2 nachweislich gedopt gewesen war. Das Spiel wurde nachträglich mit 2:0 für die SpVgg gewertet.

DEUTSCHE AMATEURMEISTER

1951 ATSV Bremen 1860 - Karlsruher FV 3:2 (Berlin, 30. Juni - Tore: Schröder 2, Körner)
1952 VfR Schwenningen - SC Cronenberg 5:2 (Ludwigshafen, 22. Juni - Haller 2, Richter, Hauser, Schimmelpfennig)
1953 SV Bergisch Gladbach - Homberger SpV 3:2 (Wuppertal, 28. Juni - Höffken, Förling)
1954 TSV Marl-Hüls - SpVgg Neu-Isenburg 6:1 (Gelsenkirchen, 26. Juni - Schweinsberg 3, Wollenberg 2, Zawiracz)
1955 Sportfreunde Siegen - SpVgg Bad Homburg 5:0 (Wetzlar, 25. Juni - Nauroth 2, Haase 2, Kurth)
1956 SpVgg Neu-Isenburg - VfB Speldorf 3:2 (Berlin, 24. Juni - Müller, Schmitt, Stamer)
1957 VfL Benrath - Alemannia 90 Berlin 4:2 (Hannover, 23. Juni - Fehling, Neunzig, Meyer, Evers)
1958 FV Hombruch 09 - ASV Bergedorf 3:1 (Dortmund, 14. Juni - Prothmann 2, Jördes)
1959 FC Singen 04 - Arminia Hannover 3:2 (Offenburg, 14. Juni - Marin, Strittmaier, Busch)
1960 Hannover 96 - BV Osterfeld 1:1 n.V. und 3:0 (Herford, 26./29. Juni - Hartmann/Schmidtke 2, Patzke)
1961 Holstein Kiel - SV Siegburg 5:1 (Hannover, 24. Juni - Lankeit 2, Mund, Krafczyk, Meyer)
1962 SC Tegel Berlin - Tura Bonn 1:0 (Wuppertal, 30. Juni - Bölk)
1963 VfB Stuttgart - VfL Wolfsburg 1:0 (Kassel, 6. Juli - Talpay)
1964 Hannover 96 - SV Wiesbaden 2:0 (Hagen, 27. Juni - Ferenz, Esch)
1965 Hannover 96 - SV Wiesbaden 2:1 (Siegen, 27. Juni - Esch 2)
1966 Werder Bremen - Hannover 96 5:1 (Herford, 2. Juli - Baumann 3, Ey, Schröder)
1967 STV Horst Emscher - Hannover 96 2:0 (Herford, 1. Juli - Weißpfennig, Urban)
1968 Marathon Remscheid - Wacker München 5:3 n.V. (Bochum, 9. Juni - Kohle 3, Budde, Stachel)
1969 SC Jülich 1910 - SpVgg Erkenschwick 2:1 (Krefeld, 12. Juli - Zander, Marx)
1970 SC Jülich 1910 - Eintracht Braunschweig 3:0 (Siegen, 11. Juli - Classen, Mühlenberg, Rick)
1971 SC Jülich 1910 - VfB Stuttgart 1:0 (Würzburg, 10. Juli - Ender)
1972 FSV Frankfurt - TSV Marl-Hüls 2:1 (Neuwied, 8. Juli - Trimhold, Genz)
1973 SpVgg Bad Homburg - 1.FC Kaiserslautern 1:0 (Offenbach, 30. Juni - Reidel)
1974 SSV Reutlingen 05 - VfB Remscheid 2:2 n.V. und 2:1 (Worms. 16./29. Juni - Kapp, Aymar/Kapp, Eippert)
1975 VfR Oli Bürstadt - Victoria Hamburg 3:0 (Ludwigsburg, 29. Juni - Vogt 3)
1976 SV Holzwickede - VfR Oli Bürstadt 1:0 (Oldenburg, 27. Juni - Weltmann)
1977 Fortuna Düsseldorf - SV Sandhausen 1:0 + 2:2 (Düsseldorf/Sandhaus., 22./26. Juni - Albrecht/Schwidden, Weikl)
1978 SV Sandhausen - ESV Ingolstadt 2:0 + 1:1 (Ingolstadt/Sandhaus., 24./28. Juni - Faltermann, Engelhardt/Frey)
1979 ESV Ingolstadt - Hertha Zehlendorf 4:1 + 0:1 (Ingolstadt/Berlin, 27./30. Juni - Bittl 2, Jung, Ruhs/-)
1980 VfB Stuttgart - FC Augsburg 2:1 (Stuttgart, 20. Juni - Weiß, Frick)
1981 1.FC Köln - FC St. Pauli 2:0 (Köln, 14. Juni - Grabosch, Faust)
1982 FSV Mainz 05 - Werder Bremen 3:0 (Mainz, 17. Juni - Mähn 2, Scherhag)
1983 FC Homburg - Bayern München 2:0 (Homburg, 17. Juni - Petersen, Tilk)
1984 Offenburger FV - Eintracht Hamm 4:1 (Offenburg, 16. Juni - Todzi 3, Hertweck)
1985 Werder Bremen - DSC Wanne-Eickel (Bremen, 22. Juni - Ordenewitz, Sauer, Lellek)
1986 BVL 08 Remscheid - VfR Bürstadt 2:1 n.V. (Remscheid, 21. Juni - Kohler 2)
1987 MSV Duisburg - Bayern München 4:1 (Duisburg, 21. Juni - Tönnies 2, Kober 2)
1988 Eintracht Trier - VfB Oldenburg 0:0 n.v./5:4 n.E. (Oldenburg, 19. Juni)
1989 Eintracht Trier - SpVgg Bad Homburg 1:1 n.V./5:4 n.E. (Trier, 17. Juni - Schüßler)
1990 FSV Salmrohr - Rheydter SpV 2:0 (Salmrohr, 10. Juni - Thiel, Plach)
1991 Werder Bremen - SpVgg 07 Ludwigsburg 2:1 (Ludwigsburg, 9. Juni - Bester, Pizondzioni)
1992 Rot-Weiß Essen - SpVgg Bad Homburg 3:2 n.V. (Essen, 13. Juni - Lipinski, Grein, Kontny)
1993 SV Sandhausen - Werder Bremen 2:0 (Sandhausen, 13. Juni - Stelatovic, Ehmann)
1994 Preußen Münster - Kickers Offenbach 1:0 (Offenbach, 12. Juni - Serr)
1995 VfL Osnabrück - Stuttgarter Kickers 4:2 n.V. (Stuttgart, 13. Juni - Schütte, Balzis, Hartmann, Lammert)
1996 SSV Ulm 1846 - VfR Mannheim 2:1 (Ulm, 15. Juni - Trkulja, Rösler)
1997 SSV Reutlingen 05 - Rot-Weiß Oberhausen 2:1 (Oberhausen, 15. Juni - Beck, Mayer)
1998 Tennis Borussia Berlin - Kickers Offenbach 2:1/- Sportfreunde Siegen 2:0 (Aufstiegsrunde)
1999 Kickers Offenbach - Eintracht Trier 2:0/- VfL Osnabrück 2:1 (Aufstiegsrunde)

Das Jahr der Löwen

In der spannenden Saison 1965/66 gab es in der Bundesliga so manche Überraschung

Mit großer Vorfreude und reichlich hoch gesteckten Erwartungen gingen Fußballfreunde in Deutschland in die dritte Spielzeit der noch recht frischen Bundesliga. Spannung versprach da in erster Linie die Meisterfrage: Wer würde sich am Ende der erstmals 34 Spieltage währenden Saison die Krone aufsetzen können? Zu den Favoriten gehörten natürlich die beiden ersten Meister der Bundesgeschichte, also der 1.FC Köln, der sich bei der Premiere 1963/64 auf so souveräne Art und Weise durchgesetzt hatte, und auch der SV Werder Bremen, der in der folgenden Spielzeit überraschend hatte triumphieren können. Zum hehren Kreis der Titelanwärter zählten ferner der 1.FC Nürnberg, der damals noch im Rang des Rekord- statt eines Altmeisters stand, die Dortmunder Borussen, die der nationalen Konkurrenz im letzten Jahrzehnt immerhin dreimal das Nachsehen gegeben hatten und auch in der Bundesliga stets auf den vorderen Plätzen zu finden waren, und vor allem der TSV 1860 München, der sich in den letzten Jahren unter der Regie von Max Merkel zu einem der heißesten Aspiranten auf den Meisterlorbeer entwickelt hatte und wenige Wochen zuvor im Endspiel des Europapokals der Pokalsieger nur knapp an West Ham United (0:2) gescheitert war. Außenseiterchancen räumte die Fachwelt allenfalls noch dem Hamburger SV und mit Abstrichen der Frankfurter Eintracht sowie dem VfB Stuttgart ein, doch war hier meist doch eher der Wunsch des lokal geprägten Experten Vater des Gedankens. Und stellte man vor dem Startschuss der neuen Saison die Frage nach dem kommenden Meister, fielen fast ausschließlich die Namen Köln, Dortmund oder 1860.

Gespannt waren Fans und Experten aber auch auf das Abschneiden jener beiden Liga-Neulinge, die in den Aufstiegsrunden mit forschem Angriffsfußball für Furore gesorgt hatten: Borussia Mönchengladbach und Bayern München. Vor allem die Bayern legten in ihrer Aufstiegsrundengruppe 2 (mit Saarbrücken, Alemannia Aachen und Tennis Borussia) einen wahren Triumphzug hin, an deren Ende die Kantersiege gegen Saarbrücken (5:0) und in Berlin (8:0) standen, während die Gladbacher im Duell mit Reutlingen, Worms und Kiel bis zum letzten Spieltag um den Klassensprung in die Bundesliga zittern musste. Und schließlich empfing das Oberhaus auch noch einen dritten Neuling, diesen freilich nicht gerade überall mit offenen Armen: Tasmania Berlin hatte seinen »Aufstieg« in die Bundesliga in erster Linie dem politischen Status der Stadt und vor allen Dingen den unrechtmäßigen Tricksereien und Mauscheleien des Lokalrivalen Hertha BSC zu verdanken, den der DFB wegen seiner schwarzen Kassen, überhöhten Handgeldern sowie weiteren Verstößen gegen das Lizenzspielerstatut zum Zwangsabstieg in die Regionalliga und zu einer Geldstrafe von 2.000 Mark (!) verdonnert hatte. Ein außerordentlicher Bundestag des DFB annullierte daraufhin den Abstieg der Vereine Schalke 04 (16.) und Karlsruher SC (15.) und »nominierte« zudem als Berliner Nachrücker (zumindest ein Klub aus der geteilten Stadt sollte aus sportpolitischen Gründen mittun dürfen) den SC Tasmania, der sich in der abgelaufenen Saison nicht gerade übermäßig mit Ruhm bekleckert und in der Regionalliga hinter TeBe und dem Spandauer SV nur den dritten Platz geschafft hatte. Dennoch erschien Tasmania den Funktionären als der am besten geeignete Kandidat für das Berliner Notopfer, und die Blau-Weißen nahmen das Geschenk dankbar an - wenngleich nicht ohne Bedenken. Auch andernorts regte sich Widerstand gegen die DFB-Pläne, doch die Oberen des deutschen Fußballs verteidigten ihren umstrittenen Beschluss. Im Brustton der Überzeugung verkündete da beispielweise Franz Kremer, Präsident des 1.FC

Köln und seinerzeit ein hohes Tier in der Hierarchie des DFB: »Ich wünsche allen Vereinen den Erfolg, den Tasmania in der kommenden Saison haben wird.« Nun ja, das wäre eine recht spaßige Angelegenheit geworden. Doch der Reihe nach.

Der Startschuss zu dieser unvergesslichen Saison fiel am 14. August 1965. Und schon der erste Spieltag hatte es so richtig in sich: Während Titelverteidiger Werder Bremen zu einem für seine Minimalverhältnisse typischem 1:0 gegen Nürnberg kommt, müssen andere Meisterschaftskandidaten bereits überraschend Federn lassen. Ohne die Stürmer Konietzka und Brungs, dafür mit dem Bremer Meistertrainer Willi »Fischken« Multhaup auf der Bank, geht Borussia Dortmund mit 0:4 bei Eintracht Braunschweig unter, während sich der 1.FC Köln ein peinliches 0:1 auf eigenem Platz gegen Hannover 96 leistet. Insgesamt fallen zwar nur 18 Tore, doch strömen sensationelle 368.000 Zuschauer in die neun Stadien - ein neuer Rekord. Die beste Kulisse verzeichnen dabei ausgerechnet die Berliner Tasmanen, deren Kick gegen den Karlsruher SC sage und schreibe 81.000 Fans, oder vielleicht besser: Neugierige, sehen wollen. Da die Elf um Kapitän Atze Becker und Altstar Horst Szymaniak durch zwei Tore von Usbeck mit 2:0 siegreich bleibt, kann man sogar von einem echten Traumstart sprechen. Was damals freilich noch keiner ahnen konnte: Bis zum vorletzten Spieltag sollte es der letzte Sieg der Tasmania bleiben, Usbeck traf nur noch zwei weitere Male und wurde nichtsdestotrotz mit vier Buden klubinterner Torschützenkönig. Und auch die Geschichte mit den Zuschauerzahlen sollte sich noch relativieren: Im Schnitt kamen die Blau-Weißen auf 16.800 Besucher, wobei sich bei der Partie gegen M'gladbach nur 856 Leutchen im weiten Rund des Olympiastadions verliefen. Einer der vielen Minusrekorde, die Tasmania in dieser Saison aufstellte.

Rekordkulisse zum Auftakt

Doch das Spiel des Tages geht an jenem 14. August im Stadion an der Grünwalder Straße über die Bühne: 1860 München vs. Bayern München, der Titelkandidat gegen den Aufsteiger, das erste echte Derby in der Geschichte der Bundesliga. Und in diesem legen die Löwen los wie die Feuerwehr: Gerade mal 40 Sekunden sind gespielt, da hat 1860-Neuzugang Konietzka bereits Bayern-Verteidiger Danzberg k.o. geschossen und die Lederkugel im Netz der Gäste versenkt. Aus Rache, Frust oder ähnlich unlauteren Beweggründen fährt Danzberg dem Stürmer später derart brutal in die Parade, dass er die Rote Karte sieht - einer von drei Platzverweisen, die es zum Auftakt zu registrieren gilt. Das frühe Tor erweist sich in dem hektischen und knüppelharten Spiel auch als das goldene, und so hat die Truppe von Max Merkel ihre erste Bewährungsprobe erfolgreich absolviert. Doch auch die Bayern erholen sich

Das nennt man wohl einen Einstand nach Maß: 1860-Neuzugang Timo Konietzka benötigte für seine erste Kiste gerade einmal 40 Sekunden - sehr zum Leidwesen von Bayern München im Allgemeinen und Sepp Maier (am Boden) im Speziellen.

Bayern-Zerberus Maier macht sich ganz lang und kommt tatsächlich noch vor den Löwenstürmern Brunnenmeier und Luttrop an den Ball. Der junge Franz Beckenbauer schaut ehrfürchtig zu, ganz rechts ist Werner Olk zu erahnen.

schnell und lassen der Schlappe vom Derby nicht weniger als sechs Siege in Serie folgen - die Bundesliga bekommt schnell zu spüren, dass mit dem starken Neuling nicht eben gut Kirschen essen war. Unter der Stärke der Bayern litten dabei insbesondere die Nürnberger, denen der Spielplan diktierte, stets gegen Mannschaften anzutreten zu müssen, die in der Vorwoche gegen Bayern gespielt hatten. Und die hatten in den meisten Fällen etwas gut zu machen... Am zweiten Spieltag bekommen es die Franken so mit 1860 zu tun, das seine Ambitionen mit einem 4:1-Sieg eindrucksvoll untermauert. Brunnenmeier trifft dreimal ins Schwarze, Nürnberg findet sich unverhofft am Tabellenende wieder - Seite an Seite mit dem 1.FC Köln, der den Fehlstart mit dem 2:3 auf dem Betzenberg perfekt macht. Besser ergeht es da schon Aufsteiger M'gladbach, der dem 1:1 beim heimstarken Namensvetter aus Neunkirchen ein sattes 5:0 gegen Tasmania folgen läßt. Netzer, Rupp und Heynckes spielen in bestechender Form auf, in Berlin beginnt man dagegen zu ahnen, auf was man sich da eingelassen hat und was der Rest der Saison wohl noch bringen wird. Gleiches gilt für den ehedem so ruhmreichen FC Schalke 04: In der Glückaufkampfbahn reicht es im Duell der eigentlichen Absteiger nur zu einem 0:0 gegen den KSC. Beide Vereine leiden stark darunter, erst wenige Wochen vor dem Saisonstart Gewissheit über die sportliche Zukunft erhalten zu haben, vor allem die Schalker müssen die Saison mit einer Art Notelf bestreiten. Und so finden sich sowohl die Königsblauen als auch der KSC alsbald schon wieder im dicksten Abstiegsschlamassel wieder, gemeinsam mit Tasmania und den in der Vorsaison noch so beeindruckend auftrumpfenden Neunkirchenerm. Was die Borussia anbelangt, so wird bald schon offenbar, dass die Truppe von Horst Buhtz ihre chronische Auswärtsschwäche nicht hat ablegen können - und daheim im Ellenfeld läuft es nun eben auch nicht mehr immer rund. Die Folge: Neunkirchen gesellt sich recht schnell zu Schalke, Karlsruhe und Berlin - ab dem dritten Spieltag machen diese vier Mannschaften die letzten Tabellenplätze unter sich aus, wobei sich die Tasmania schon frühzeitig als konstanter Träger der Roten Laterne etabliert.

Münchner im siebten Himmel

In oberen Regionen dominieren die beiden Klubs aus München. 1860 übernimmt durch ein 5:0 gegen Hannover, zu dem Konietzka drei Tore beisteuert, am dritten Spieltag erstmals die Pole Position - nur um sie eine Woche später an den Lokalrivalen zu verlieren, der Borussia Neunkirchen mit 6:0 vom Platz fegt. Bayern-Coach Tschik Cajkovski wähnt sich im siebten Himmel, Max Merkel hingegen ist nach dem 0:3 seiner Löwen in K'lautern erstmals in dieser Saison mächtig sauer: »Eine ausgeglichene Leistung meiner Mannschaft. Einer war so schlecht wie der andere.« Der BVB und Köln machen dagegen ordentlich Boden gut.

Lothar Emmerich, der sich später mit insgesamt 31 Treffern die Torjägerkanone abholen wird, schießt Dortmund nahezu im Alleingang nach oben. Nach fünf Spieltagen weist sein Konto bereits sieben Einschläge auf, darunter drei bei dem fantastischen Duell der beiden Borussias auf dem Bökelberg, das nach fünf Elfmetern und 90 tollen Minuten mit einem 5:4 für den BVB endet. Auch der 1.FC Köln erholt sich und schafft vier Siege in Folge, darunter ein hochverdientes 2:0 gegen Meister Bremen. Nach dem fünften Spieltag sieht die Tabellenspitze wie folgt aus:

	Punkte	Tore	Quotient
1. Bayern München	**8:2**	14:3	4.667
2. Werder Bremen	**8:2**	10:3	3.333
3. Borussia Dortmund	**8:2**	12:9	1.333
4. 1860 München	**7:3**	10:4	2.500
5. Hamburger SV	**7:3**	12:6	2.000

Auch am sechsten Spieltag geben sich die Favoriten keine Blöße: Der HSV überrollt M'gladbach mit 5:0, der überragende Beckenbauer, der eine Woche später beim wichtigen 2:1 gegen Schweden in der Nationalelf debütieren soll, treibt seine Bayern zu einem ungefährdeten 5:1 über Hannover. 1860 und Dortmund landen jeweils 3:2-Auswärtssiege, Merkels Löwen beim Meidericher SV, der BVB in einem mitreißenden Westfalenderby, in dem die Hausherren aus Schalke lange mithalten können. Als den Knappen aber am Ende die Kräfte ausgehen, schlägt einmal mehr Lothar Emmerich zu und schraubt seine Trefferausbeute auf neun. Der begnadete Torjäger profitiert dabei natürlich auch von seinen exzellenten Nebenleuten Held, Sturm, Schmidt, Wosab und Libuda, allein 1860 München verfügt über eine ähnlich gut besetzte Sturmreihe. Mit Brunnenmeier, Heiß, Grosser, Rebele, Küppers und Konietzka kann Max Merkel gleich ein halbes Dutzend Offensivkräfte einsetzen, die schon einmal das Nationaltrikot getragen haben...

Starke Sturmreihen in Dortmund und München

Grosser und Rebele sind es auch, die am siebten Spieltag vor 45.000 Zuschauern ein 2:1 gegen den 1.FC Köln herausschießen. Die Geißböcke rutschten auf den siebten Platz ab, vier Punkte hinter Spitzenreiter Bayern, der sich auch auf dem Gladbacher Bökelberg keine Blöße gibt und durch Treffer von Ohlhauser und Müller das erste der Epoche machenden Duelle zwischen der Borussia und dem FCB mit 2:1 für sich entscheidet. Zwei Wochen später - zwischenzeitlich gewinnt Deutschland ein Freundschaftsspiel gegen Österreich mit 4:1 - steht erneut ein großes Duell gegen eine Borussia an. Doch mit der Partie gegen Dortmund endete dann die Siegesserie der Bayern: Zwar ist Emmerich abgemeldet, doch dafür springt Reinhold Wosab in die Bresche und erzielt beide Tore zum 2:0-Erfolg. Der leicht destruktiven Dortmunder Kontertaktik haben Beckenbauer, Müller und Co. nichts entgegenzusetzen, und nach dem Schlusspfiff schimpft Tschik Cajkovski: »Das sein dekadentes Fußball. Borussia großes Mannschaft in Deutschland, und dann spielen mit dreifach Doppelstopper«. Nicht ganz unrichtig, doch schon damals galt wie heute: Wer gewinnt, hat immer Recht. Und so kann sich an diesem achten Spieltag vor allem der Lokalrivale 1860 freuen, der durch ein 2:0 in Bremen (Tore: erneut Grosser und Rebele) wieder die Tabellenführung übernimmt und nebenbei die stolze Heimserie des Meisters beendet, der seit mehr als 19 Monaten auf eigenem Platz unbesiegt geblieben war. Große Freude auch auf Schalke, denn mit dem 2:1 gegen den Hamburger SV kann nun endlich der erste Saisonsieg gefeiert werden. Sensationelles geschieht auf dem Betzenberg: Der 1.FC K'lautern, der zuvor bereits die Titelanwärter Köln und 1860 in die Schranken gewiesen hat, leistet sich eine peinliche Nullnummer gegen Schlusslicht Tasmania Berlin, das mit seinem einzigen Auswärtspunkt überhaupt die Rote Laterne noch einmal für eine Woche an den KSC übergibt. Ansonsten wird man sich in Berlin darauf beschränken, die Höhe der Niederlagen in erträglichen Maßen zu halten - was jedoch nicht immer gelingt. Dafür schafft eine Woche später nun auch der Karlsruher SC den ersten doppelten Punktgewinn: Zwei Tage nach dem ersten Trainerwechsel der Saison (Werner Roth ersetzt Helmut Schneider) schießt Dobat ein 1:0 gegen die von allen guten Geistern verlassenen Lauterer heraus. Ein wichtiger Erfolg, zumal die Konkurrenz im Abstiegskampf mal wieder wenig zustandebringt - Schalke verliert sang- und klanglos 0:3 bei 1860 München, Neunkirchen mit 0:1 gegen Meiderich und Tasmania erkämpft ein 0:2 gegen den VfB Stuttgart, der sich langsam, still und leise nach oben zu pirschen scheint. Doch um die Spitzenteams zu gefährden, reicht es für die Elf von Trainer Rudi Gutendorf noch nicht. Die nämlich machen genau da weiter, wo sie aufgehört haben: Ein Doppelpack von Emmerich beschert Dortmund ein 2:0 gegen Nürnberg und der 1.FC Köln siegt 2:1 in Braunschweig - das Bravourstück des Tages gelingt freilich den Bayern, die vor 70.000 größtenteils konsternierten Zuschauern im Hamburger Volksparkstadion ihre bislang beste Saisonleistung

Wesentlich schwerer als erwartet tat sich Borussia Dortmund gegen den hoffnungslos abgeschlagenen Tabellenletzten Tasmania Berlin. Auf dem Weg zum 2:0 (Endstand 3:1) umkurvt hier Lothar Emmerich die Tasmanen Fiebach (l.) und Becker.

abliefern und durch Tore von Nafziger (2), Drescher und Brenninger mit 4:0 gewinnen. So brillant der Sieg herausgespielt wird, so deutlich ist doch auch die Tatsache, dass sich der HSV in einer schweren Krise befindet. In der Folgewoche setzt es für die Hanseaten gar ein 0:5 in Nürnberg und Trainer Georg Gawliczek kann sich glücklich schätzen, dass es da ja noch das chronisch erfolgslose Kellerquartett gibt, aus dessen Reihen allein Schalke ein einziges Pünktchen, dieses allerdings gegen den FC Bayern (1:1), zu ergattern vermag. Die tabellarische Situation nach dem zehnten Spieltag:

	Punkte	Tore	Quotient
1. 1860 München	**17:3**	24:9	2.667
2. Borussia Dortmund	**16:4**	22:14	1.571
3. Bayern München	**15:5**	26:8	3.250
4. 1.FC Köln	**14:6**	20:13	1.538
5. VfB Stuttgart	**13:7**	10:6	1.667

In den folgenden Wochen ändert sich an dieser Reihenfolge nur wenig, unbehelligt zieht das Spitzenquartett seine Kreise. Gelegentliche Punktverluste werden meist schon in der Folgewoche kompensiert, kein Team leistet sich einmal eine längere Schwächephase. Als hartnäckigste Verfolger der großen Vier stellen sich alsbald Meister Bremen und die allmählich in Fahrt kommende Eintracht aus Frankfurt heraus. Den Hessen gelingen vier deutliche Siege in Folge, bevor sie mit einem 0:4 in Karlsruhe wieder auf den Boden der Tatsachen zurückgeholt werden - beim gleichen Gegner leistet sich auch Werder eine Niederlage. Die Mannschaft des Monats November stellt aber der Meidericher SV dar, der sich mit einer kleinen Serie, darunter ein 3:1 gegen den HSV und ein achtbares 1:1 in Dortmund, immerhin auf den siebten Platz vorarbeiten kann. Auch Tasmania macht in diesem November mal wieder von sich reden, jedoch nicht unbedingt durch sportliche Wundertaten (0:6 gegen Köln, 0:5 in Bremen, 0:5 gegen 1860 - wenigstens verlieren die Berliner auf konstantem Niveau), sondern durch den zweiten Trainer-Rausschmiss der Spielzeit. Der geschasste Übungsleiter Franz Linken legt sich für seine berufliche Zukunft flugs eine geschickte Bewerbungstaktik zurecht: »Um in Deutschland als Trainer etwas zu gelten, muss man Jugoslawe sein. Ich werde mich ab sofort Linkovic nennen.«

Gegen Ende der Hinserie stehen den Fußballfans, deren Begeisterung trotz der spannenden Lage an Tabellenspitze wie -ende deutlich nachgelassen hat (am Ende sinkt der Schnitt auf knapp 23.000 Zuschauer pro Spiel, ein neuer Minusrekord), dann einige Schlagerspiele ins Haus. Das erste verlieren Schorsch Knöpfles Kölner am 14. Spieltag mit 1:2 gegen Borussia Dortmund - in dem eher unspektakulären Kick fallen die Tore in nur vier Minuten: 0:1 Held (29.), 0:2 Emmerich (31.), 1:2 Müller (33.). Das war's. Etwas enttäuscht verlassen die 45.000 Fans das alte Müngersdorfer Stadion - zuvor hatte der FC nicht weniger als sechs Siege in Folge eingefahren. Bis auf Köln gewinnen alle vorne stehenden Mannschaften ihre Spiele - die Liga bleibt spannend. Die Lage nach dem 15. Spieltag:

		Punkte	Tore	Quotient
1.	1860 München	**25:5**	38:13	2.923
2.	Bayern München	**24:6**	37:11	3.364
3.	Borussia Dortmund	**24:6**	32:18	1.778
4.	1.FC Köln	**21:9**	34:19	1.789
5.	Werder Bremen	**18:12**	28:14	2.000

Eine Woche später verliert der BVB, der im Europapacup der Pokalsieger bereits das Viertelfinale in der Tasche hat, das seit Wochen mit großer Spannung erwartete Spitzenspiel bei Merkels Löwen mit 1:2 - den Treffern von Heiß und Rebele können die Dortmunder in einem wahrhaft begeisternden Aufeinandertreffen zwei Spitzenteams nur einen durch »Emma« (wer sonst?) verwandelten Foulelfmeter entgegensetzen. So geht eine schöne Serie zu Ende, für die Multhaup-Elf ist es die erste Niederlage nach der derben Auftaktpleite in Braunschweig. 14 Spiele lang war die Borussia ungeschlagen geblieben und hatte damit den Rekord des 1.FC Köln aus der Saison 63/64 eingestellt. Zu mehr sollte es nicht reichen, doch nicht nur Trainer Multhaup weiß: »Die Saison ist noch lang. Und beide Münchner Vereine müssen noch nach Dortmund...« In der Tat. Da auch die Bayern an diesem 16. Spieltag verlieren, und das nicht zu knapp - der 1.FC Köln steigert sich beim 6:1 in einen regelrechten Spielrausch und meldet sich eindrucksvoll im Kreis der Meisterschaftsanwärter zurück - hat 1860 München die Herbstmeisterschaft bereits in der Tasche. Selbst der notorische Nörgler Merkel scheint zufrieden, zumal seine Löwen auch im letzten Spiel vor der nur drei Wochen währenden Winterpause siegreich bleiben: 2:1 beim HSV. Auch das zweite Duell gegen die Nordlichter geht an diesem 17. Spieltag an die Stadt München: Souverän gewinnt Bayern 3:1 gegen Meister Bremen. Der 1.FC Köln dagegen verliert durch das 0:2 beim 1.FC Nürnberg vorerst den Anschluss an die Spitze, aus dem Quartett scheint ein Trio zu werden. An der Spitze des recht breiten Mittelfelds liegt weiter der Meister aus Bremen, der bereits neun Punkte Rückstand auf Tabellenführer 1860 aufweist. In akuten Abstiegsnöten befinden sich weiterhin Schalke, Neunkirchen und der KSC, dazu nicht ganz unüberraschend auch der 1.FC K'lautern. Für Tasmania ist der Zug zum Klassenerhalt dagegen längst abgefahren, drei Pünktchen aus 17 Spielen sind dann doch ein bisserl zu wenig.

Löwen erringen Herbstmeisterschaft

Am 8. Januar 1966 startet die Rückrunde, und zwar wieder mit einem Paukenschlag im Münchner Derby - Bayern fertigt den Spitzenreiter mit einem verdienten 3:0 ab. Cajkovski ist überglücklich (»Wir haben gespielt wie Weltmeister«), Merkel weniger: »1860 hat gespielt wie im Jahre 1809.

Gegen die beiden Frankfurter Blusch und Lindner gab es für MSV-Stürmer Raoul Tagliari in dieser Szene kein Durchkommen. Das Duell der beiden Gesichertes-Mittelfeld-Aspiranten endete mit einem tristen 0:0.

Wir sind noch längst nicht Deutscher Meister. Hausmeister sind wir.« Kurz darauf gehen die Löwen im Pokal mit 0:4 in Bremen unter, die Spieler revoltieren. Grosser und Brunnenmeier beschweren sich über Merkels brutale Übungseinheiten: »Wir haben keine Kraft. Wir trainieren zu hart. Von Montag bis Freitag ohne Gefühl auf Teufel komm raus.« Nach einiger Aufregung beruhigen sich die Gemüter wieder, statt Peitsche gibt's fortan auch mal ein Zuckerbrot, und bald ist die kleine Krise der Löwen überwunden. Der Vorsprung jedoch schrumpft und schrumpft, wie ein Blick auf die Tabelle nach dem 20. Spieltag verdeutlicht:

	Punkte	Tore	Quotient
1. 1860 München	**32:8**	44:19	2.316
2. Borussia Dortmund	**31:9**	43:23	1.870
3. Bayern München	**30:10**	46:20	2.300
4. 1.FC Köln	**28:12**	45:25	1.800
5. Werder Bremen	**23:17**	38:24	1.583

Selbst die Kölner können sich noch Hoffnungen machen. Währenddessen schießt sich der HSV nach einer verdächtig langen Schwächeperiode mit drei klaren Siegen, darunter einem fulminanten 8:0 gegen Karlsruhe, ins gesicherte Mittelfeld zurück. Am Ende der Tabelle weiterhin die alten Bekannten, wobei sich K'lautern dank seiner Heimstärke bald aus den größten Nöten befreien kann. Die Entscheidung, wer Tasmania als zweiter Absteiger in die Regionalliga begleitet, fällt also zwischen Schalke, Neunkirchen und dem KSC - alle anderen Mannschaften punkten beständig genug, um sich aus dem dicksten Schlamassel heraushalten zu können.

An der Spitze geht es derweil immer enger zu. Am 22. Spieltag übernimmt Bayern durch ein mehr als kümmerliches 2:1 über Tasmania wieder die Tabellenführung (das Spiel von 1860 gegen K'lautern fiel aus), verliert sie jedoch schon in der Folgewoche: In Karlsruhe leisten sich die »Roten« von der Isar ein 0:1 beim Karlsruher SC, während Borussia Dortmund den bemitleidenswerten Schalkern in der Neuauflage des Westfalenderbys nicht die Spur einer Chance lässt - Held (2), Schmidt (2), Sturm, Kurrat und Emmerich schießen vor 30.000 begeisterten Anhängern ein 7:0 heraus. Vier Tage vor dem Europacup-Knüller gegen Atletico Madrid (1:0, der BVB erreicht das Halbfinale) erobert die Elf von Fischken Multhaup damit erstmals in dieser Saison die Tabellenführung. Zwar reicht es am 24. Spieltag nur zu einem 1:1 beim HSV, da aber nach den Bayern auch die Löwen in Köln patzen (1:3), können die Westfalen die Spitze knapp behaupten. Eine Woche später reicht der Borussia dann eine bessere Durchschnittsleistung, um einen relativ ungefährdeten 3:0-Sieg gegen die Münchner Bayern einzufahren. Der Elf von Tschik Cajkovski, der nach dem Abpfiff einmal mehr über die Dortmunder herzieht (»Mit dieser Leistung wird Borussia nicht Meister!«), steckt offensichtlich noch das schwere

Keeper Roland Wabra hatte beim 3:8 seines 1.FC Nürnberg auf dem Gladbacher Bökelberg nicht eben seinen besten Tag erwischt. Auch in dieser Szene sieht es um das Gehäuse der Franken nicht wirklich gut aus...

Die Szene, die letztendlich die Meisterschaft (vor-)entscheiden sollte: 1860-Stürmer Rudi Brunnenmeier schließt einen Konter zum 1:0 für die Löwen ab, der Dortmunder Torwart Hans Tilkowski ist machtlos.

Pokalspiel gegen Köln (2:0) in den Knochen. Die Geißböcke wiederum holen ein 0:0 in Frankfurt heraus, während sich Werder nach dem 1:3 bei 1860 aus dem Titelrennen verabschieden kann. Den Volltreffer des Tages landen allerdings die Gladbacher, deren 8:3 gegen Nürnberg alle anderen Resultate in den Schatten stellt. Die Lage nach dem 25. Spieltag:

	Punkte	Tore	Quotient
1. Borussia Dortmund	**39:11**	57:25	2.280
2. 1860 München	**38:12**	55:28	1.964
3. Bayern München	**36:14**	57:27	2.111
4. 1.FC Köln	**33:17**	50:29	1.724
5. Werder Bremen	**31:19**	52:31	1.677

In den folgenden Wochen präsentiert sich die vier Spitzenmannschaften in unterschiedlicher Verfassung: Der 1.FC Köln schwächelt vor allem auf des Gegners Platz und verliert in Neunkirchen sowie beim KSC jeweils mit 1:2 - wenig erfreuliche Ergebnisse aus Sicht des FC Schalke, der so immer tiefer in den Abstiegsstrudel gerät. Es wird eng für die Königsblauen. Bei Tasmania scheint hingegen neben der Moral nun auch Hopfen und Malz verloren, gegen den gewiss nicht auswärtsstarken MSV Duisburg gehen die Berliner vor sehr freundlich geschätzten 3.000 Augenzeugen mit 0:9 unter. Auch 1860 leistet sich einige Aussetzer, darunter ein 2:5 in Frankfurt und ein nicht minder enttäuschendes 1:1 gegen Braunschweig. Der erzürnte Max Merkel kann sich beim 1.FC Nürnberg bedanken, dass der Rückstand auf den BVB und die Bayern nicht allzu groß wird: Die Franken knüpfen beiden Vereinen jeweils einen Punkt ab.

Am 29. Spieltag melden sich die Löwen zurück, und zwar eindrucksvoll: In Neunkirchen veranstalten Heiß (4), Grosser (2), Konietzka, Küppers und Rebele beim 9:1 ein fröhliches Scheibenschießen, Günter Kuntz, Papa des späteren Nationalstürmers Stefan, verhindert mit seinem Ehrentreffer die Einstellung des tasmanischen Negativrekordes. Doch für Borussia scheinen die Bundesligalichter allmählich auszugehen. Die andere Borussia, die aus Dortmund, fährt mit dem 4:0 über Stuttgart ebenso einen Pflichtsieg ein wie die Bayern, die sich beim 3:1 gegen Hannover 96 allerdings lange Zeit schwertun. Der 1.FC Köln verliert dagegen mit 1:2 in Karlsruhe und ist mit acht Punkten Rückstand raus aus dem Titelkampf, aus dem Spitzenquartett ist nun endgültig ein Trio geworden. Und an der Tabellenspitze wird es jetzt immer spannender: 1860 verpasst es gegen Tasmania, sein Torverhältnis bzw. den Torquotienten entscheidend zu verbessern und siegt nur 4:0. Die Bayern kommen in einem waschechten Skandalspiel mit allem Drum und Dran zu einem 2:1-Erfolg auf dem Betzenberg, nacheinander fliegen die Lauterer Neumann, Klimascheski und Wrenger sowie Bayern-Hitzkopf Koulmann vom Platz - vier Rote Karten in einem Spiel, das bedeutet natürlich einen neuen Rekord. Zur gleichen Stunde versagen auch Borussia Dortmund im Gastspiel beim MSV Duisburg die Nerven:

Nach dem Führungstreffer in der 66. Minute war die Freude bei den Löwen Luttrop, Brunnenmeier (Nr. 11), Konietzka, Patzke und Steiner schier grenzenlos. Später machte Grosser mit seinem Tor zum 2:0-Endstand alles klar.

Wenige Tage nach dem Einzug in das Endspiel des Europacups der Pokalsieger (durch das 2:1 und 3:1 gegen Titelverteidiger und Löwen-Bezwinger West Ham United) verliert der BVB mit 1:2. Alle drei Meisterschaftsanwärter weisen somit vier Spieltage vor Schluss die gleiche Punktzahl auf:

	Punkte	Tore	Quotient
1. Borussia Dortmund	**45:15**	66:27	2.444
2. Bayern München	**45:15**	68:31	2.194
3. 1860 München	**45:15**	73:35	2.086
4. 1.FC Köln	**38:22**	61:35	1.743
5. Werder Bremen	**38:22**	64:38	1.684

Es werden vier außerordentlich dramatische Spieltage. Als erste Mannschaft patzen die Bayern, die sich der nervlichen Belastung nicht gewachsen zeigen und vor (nur) 24.000 Fans mit 0:1 gegen den VfB Stuttgart verlieren. Ein von Klaus-Dieter Sieloff verwandelter Handelfmeter sorgt bereits in der 18. Minute für die Entscheidung und lange Gesichter auf der Bayern Bank. Auch 1860 München bekleckert sich in Karlsruhe nicht mit Ruhm und muss lange Zeit dem Führungstor der Hausherren durch Kentschke (19.) hinterherlaufen. Grosser rettet den Löwen mit seinem Treffer zum 1:1 immerhin einen wichtigen Punkt. Lange sieht es auch im Stadion Rote Erde zu Dortmund nach einer Punkteteilung aus. Mit seinen Saisontreffern 30 und 31 sorgt Lothar Emmerich zwar für eine 2:0-Pausenführung gegen Köln, doch mit einem Doppelschlag (56., 58.) sorgt Christian Müller für den Ausgleich. Erst in der 80. Minute erlöst Cyliax die Fangemeinde des BVB, die nach dem Abpfiff und der Bekanntgabe der Resultate von den anderen Plätzen Jubelgesänge anstimmt. Nun liegen die Schwarz-Gelben mit einem bzw. zwei Zählern vor der Konkurrenz!

32. Spieltag. Während der frischgebackene Europapokalsieger Dortmund (im Finale zu Glasgow setzt sich der BVB mit 2:1 n.V. gegen den FC Liverpool durch, Held und Libuda erzielen die Tore) zum nach wie vor sehr heimstarken Meister an die Weser reisen muss, warten auf den TSV 1860 (gegen M'gladbach) und den FC Bayern (in Duisburg) auf den ersten Blick recht lösbare Aufgaben. Doch es kommt mal wieder alles anders: Beide Vereine aus München schaffen nur ein Unentschieden. Doch während die Bayern mit dem 1:1 bei den Zebras noch eigentlich ganz zufrieden sein können, verspielen die Löwen gegen die Fohlen leichtfertig einen Punkt. Bis zehn Minuten vor dem Schlusspfiff führt die Merkel-Truppe ebenso sicher wie verdient mit 3:1, dann trifft der agile Laumen, der bereits für das Führungstor verantwortlich zeichnete, noch zweimal für die seit Wochen im Niemandsland der Liga anzutreffenden Gladbacher und raubt den Hausherren einen wichtigen Zähler. Noch ärger erwischt es freilich die Dortmunder, die bis zur 89. Minute ein torloses Unentschieden in Bremen halten und den bereits sicher geglaubten Punkt dann doch noch durch einen von Horst-Dieter Höttges verwandelten Foulelfmeter verlieren. Die Meisterschaft bleibt somit weiter völlig offen, für alle drei

Kandidaten gilt: Nichts ist verloren, nichts gewonnen. In unteren Regionen fällt jedoch eine Vorentscheidung: Neunkirchen, das »Schalke des Südwestens«, verliert beim echten Schalke mit 0:2, besitzt damit nur noch eine theoretische Chance, den Abstieg zu verhindern - und nutzt diese prompt nicht. Die Lage nach dem 32. Spieltag:

	Punkte	Tore	Quotient
1. Borussia Dortmund	**47:17**	69:30	2.300
2. 1860 München	**47:17**	77:39	1.974
3. Bayern München	**46:18**	69:33	2.091
4. Werder Bremen	**42:22**	72:38	1.895
5. 1.FC Köln	**40:24**	68:39	1.744

Und so kommt es denn am vorletzten Spieltag zum »Endspiel um die Meisterschaft« - Borussia Dortmund empfängt den TSV 1860 München. Der Blick auf den obigen Tabellenausschnitt verdeutlicht, wie gut es trotz des Punktverlustes bei Werder für den heimstarken BVB, dessen letzte Niederlage im Stadion Rote Erde vom Dezember 1964 (1:2 gegen Bremen) datiert, aussieht. Ein Sieg gegen Merkels Löwen, und die Meisterschaft wäre angesichts des deutlich besseren Torverhältnisses so gut wie unter Dach und Fach - wobei natürlich noch die Bayern zu beachten sind, die aber über ein schweres Restprogramm verfügen (gegen Köln, in Bremen) und zudem das DFB-Pokalfinale gegen den MSV Duisburg im Kopf haben. 1860 dagegen erwartet am letzten Spieltag »nur« den HSV, während der BVB nach Frankfurt muss.

Im Dortmunder »Endspiel« legen die Hausherren los wie die Feuerwehr und drängen die Löwen weit in die eigene Hälfte zurück. Doch die Borussen können sich nur wenige Torchancen herausarbeiten - Emmerich, Held und Libuda sind bei Wagner, Zeiser und Patzke vollkommen abgemeldet. Und kommt einmal ein Angriff durch, so steht da ja immer noch ein Petar Radenkovic im Kasten des TSV: Der Jugoslawe hält heute alles. Als der Druck allmählich nachlässt, erkontert sich 1860 durch Brunnenmeier die Führung. Der BVB wirft nun alles nach vorn, doch in der vorletzten Minute macht der überragnde Grosser mit dem 2:0 alles klar. Riesiger Jubel im Münchner Lager. Keeper Radenkovic, der Vater des Sieges, sprudelt überglücklich in die Mikrofone: »War wenig Arbeit für mich. Emmerich hat tolle Klebe, aber stand Radi immer richtig. Wird Trainer zufrieden sein mit Radi.« War Max Merkel auch. Zumal sich seine Elf am letzten Spieltag die Butter nicht mehr vom Brot nehmen lässt und die Meisterschaft mit dem 1:1 gegen den HSV endgültig perfekt macht - der frustrierte BVB geht hingegen mit 1:4 in Frankfurt unter. Dennoch können am Ende (fast) alle zufrieden sein: Die Löwen gewinnen die Meisterschale, die Borussia kann sich mit dem Gewinn des Europacups trösten (als erste deutsche Mannschaft überhaupt) und die Bayern schließlich halten sich im DFB-Pokal schadlos: In Frankfurt schlugen Beckenbauer, Brenninger, Ohlhauser und Co. den MSV Duisburg mit 4:2. Für den Aufsteiger war dies mehr als nur ein Trostpflaster.

Die sonst so durchschlagskräftigen Stürmer von Borussia Dortmund hatten es im Spitzenspiel gegen 1860 München schwer. Hier bekommt es Siggi Held gleich mit drei Gegenspielern zu tun: Reich, Zeiser und Steiner (v.l.n.r.).

Liebe Leser,

mit großer Wahrscheinlichkeit haben sich in dieses Werk einige kleine und gewiss auch einige größere Fehlerchen eingeschlichen. Diese bitten wir nicht nur in aller Höflichkeit und mit Hinweis auf die große Datenmenge zu entschuldigen, wir möchten Sie auch hiermit dazu auffordern, uns für die geplante Neuauflage auf jede noch so kleine Ungenauigkeit, Nachlässigkeit oder gar Unwahrheit hinzuweisen. Verbesserungsvorschläge, Wünsche und kritische Anmerkungen jedweder Art sind auf das Herzlichste willkommen.

Auf reichlich Post freut sich:

Michael Müller-Möhring
Robert-Heuser-Str. 11, 50968 Köln
Fax: 0221-386629
E-mail: Alma.nach@web.de